Mitarbeit und Redaktion Hermann Neef

Sigrid Neef

Handbuch der
russischen und
sowjetischen
Oper

Henschelverlag Kunst und Gesellschaft Berlin 1988

ISBN 3-362-00257-9

2., durchgesehene Auflage
© Henschelverlag Kunst und Gesellschaft, DDR-Berlin 1985
Lizenz-Nr. 414.235/22/88. LSV-Nr. 8405
Gestaltung: Uwe Häntsch
Printed in the German Democratic Republic
Gesamtherstellung: INTERDRUCK, Graphischer Großbetrieb Leipzig,
Betrieb der ausgezeichneten Qualitätsarbeit, III/18/97
625 497 0
05600

Inhaltsverzeichnis

Benutzerhinweis 6
Abkürzungen 7

Überblickskapitel
Armenische Oper 9
Aserbaidshanische Oper 13
Belorussische Oper 18
Dagestanische Oper 23
Estnische Oper 24
Georgische (Grusinische) Oper 27
Jakutische Oper 31
Kasachische Oper 33
Kirgisische Oper 36
Lettische Oper 39
Litauische Oper 43
Russische Oper 47
Tadshikische Oper 80
Ukrainische Oper 82
Usbekische Oper 88

Lexikalischer Teil
Komponisten Aschrafi — Wolkow 93

Nachwort 721
Komponistenverzeichnis 726
Opernverzeichnis 730
Personenregister 733

Benutzerhinweis

Das Handbuch ist in zwei Teile gegliedert. Überblicksdarstellungen zur Opernentwicklung in den Unionsrepubliken bilden den ersten, Darstellungen einzelner Werke den zweiten Teil. In seiner Gesamtheit gibt es eine Übersicht über die Geschichte der russischen Oper von ihren Ursprüngen bis zur Gegenwart. Die Komponisten erscheinen in alphabetischer Reihenfolge. Soweit mehrere Opern eines Komponisten besprochen werden, sind diese chronologisch geordnet.

Das Informationssystem in den Einzeldarstellungen ist gleichbleibend, es beginnt mit dem exakten Titel und endet mit Literaturhinweisen. Die Werkanalysen unterscheiden sich in ausführliche mit den Abschnitten Genesis, Story, Vorgänge, Strukturen und Aneignung oder Verbreitung und in kürzere mit knapper Beschreibung der Handlung und einem Kommentar. Essays sind Komponisten zugeordnet, deren ästhetische Positionen von allgemeinerer Bedeutung sind.

Die Geburts-, Sterbe- und Aufführungsdaten sind nach dem Gregorianischen Kalender angegeben, der am 1.2.1918 den bis dahin in Rußland gebräuchlichen Julianischen ablöste, indem für diesen Tag statt des 1.2. der 14.2. gesetzt wurde.

Für die Transkription russischer Namen und Titel wurde die in der DDR für populärwissenschaftliche Werke verbindliche Dudentranskription (nach Prof. Wolfgang Steinitz) verwendet; modifiziert gilt dies auch für die übrigen auf kyrillischer Grundlage beruhenden Titel und Namen. Eingeführte Titel und Namen werden in der bisherigen, allgemein gebräuchlichen Form wiedergegeben. Die Bezeichnungen Grusinien und Georgien sind synonym gebraucht. Im Russischen nur Grusinien genannt, hat sich in der DDR für diese Unionsrepublik die Bezeichnung Georgien durchgesetzt. Die Quellen- und Grundlagenforschung zur nationalen Opernentwicklung befindet sich nicht auf einheitlichem Niveau. So stand für die Darstellung in den Sowjetrepubliken unterschiedliches Material zur Verfügung. Wir ließen uns zu dem kühnen Unternehmen, in die Opernentwicklung der einzelnen Unionsrepubliken einzuführen, nur durch die Hoffnung ermuntern, den vielen Interessierten einen Einblick in die multinationale Opernkunst der UdSSR zu geben.

Wir sind deshalb für alle Hinweise, Wünsche und Vorschläge, die zur Verbesserung dieses Handbuchs beitragen können, dankbar.

Hermann Neef

Folgende **Nachschlagewerke** fanden Verwendung: Grigori Bernandt: Handbuch der Oper. Erstaufführungen oder -ausgaben im vorrevolutionären Rußland und in der UdSSR. 1736–1959. (Slowar oper. Wperwyje postawlennych ili isdannych w doreweljuzionnoi Rossii i w SSSR. 1736–1959.) Moskau 1962; Literatur der Völker der Sowjetunion. Hrsg. von Harri Jünger, Leipzig 1967; Grigori Bernandt/Israel Jampolski: Wer schrieb über Musik? (Kto pisal o musyke?) 3 Bde. (A–Tscha) Moskau 1971, 1974 und 1979; Lexikon fremdsprachiger Schriftsteller. Hrsg. von Gerhard Steiner, Herbert Greiner-Mai und Wolfgang Lehmann, 3 Bde. (A–Z) Leipzig 1977, 1979 und 1980; Opernlexikon. Hrsg. von Horst Seeger, Berlin 1978; Musikalische Enzyklopädie. (Musykalnaja enziklopedija.) Hrsg. von Juri Keldysch, 6 Bde. (A–Ja) Moskau 1973–1982

Abkürzungen

A	Alt
ad lib	ad libitum
AFl	Altflöte
AHr	Althorn
AOb	Altoboe
APos	Altposaune
ATrp	Alttrompete
B	Baß
Bal	Balalaika
Bar	Bariton
Bc	Basso continuo
Bck	Becken
BHr	Baßhorn
BKlar	Baßklarinette
BPos	Baßposaune
BTb	Baßtuba
BTrp	Baßtrompete
Buc	Buccina
Cel	Celesta
Cemb	Cembalo
Cym	Cymbal
EGit	Elektrogitarre
EH	Englischhorn
Fg	Fagott
Fl	Flöte
Flex	Flexaton
Git	Gitarre
Gl	Glocken
Glöck	Glöckchen
Glsp	Glockenspiel
GrTr	Große Trommel
Harm	Harmonika
Hck	Heckelphon
Hr	Horn
Hrf	Harfe
Kast	Kastagnetten
Kb	Kontrabaß
KbKlar	Kontrabaßklarinette
KbTb	Kontrabaßtuba
KFg	Kontrafagott
Kl	Klavier
Klar	Klarinette
KlTr	Kleine Trommel
Kor	Kornett (Cornet à piston)
Mand	Mandoline
Mar	Marimbaphon
Mez	Mezzosopran
MTr	Militärtrommel
Ob	Oboe
Oph	Ophikleide
Org	Orgel
Picc	Piccoloflöte
PiccKlar	Piccoloklarinette
PiccTrp	Kleine Trompete
Pkn	Pauken
Pos	Posaune
R	Rute
Rtr	Rührtrommel
S	Sopran
Sch	Schellen
Slzg	Schlagzeug
SSax	Sopransaxophon
Str	Streicher
T	Tenor
Tamb	Tamburin
Tb	Tuba
THr	Tenorhorn
TPos	Tenorposaune
Tr	Trommel
Trgl	Triangel
Trp	Trompete
TSax	Tenorsaxophon
Tt	Tamtam
TTb	Tenortuba
Va	Viola
Vc	Violoncello
Vib	Vibraphon
Vl	Violine
Xyl	Xylophon
GA	Gesamtausgabe
GW	Gesammelte Werke
KlA	Klavierauszug
Part	Partitur

Armenische Oper

Das kleine armenische Volk hat große Gewalt erfahren, es hat grausame Unterdrückung durch Fremde erleben, die Emigration erdulden müssen.

Doch: Geknechtet ist es nicht knechtisch geworden; getreten trat es nicht wieder; leidend hatte es selbst Mitleid. Es achtete Schwache und Abhängige, Frauen, Kinder und Tiere. Das bezeugt die jahrtausendealte armenische Poesie.

Die christlichen Armenier waren gläubig, aber keine Eiferer. Ihre gewaltigste Überzeugungstat war die Versifizierung der Bibel im Jahre 1054 durch Grigór Magistros, weil, einer Überlieferung zufolge, ein arabischer Poet die Sprachgewalt des Korans gelobt hatte. Die Versifizierung der Bibel soll dem armenischen Dichter so gut gelungen sein, daß der Muslim zum Christentum übertrat.

Die Armenier gehören zu den ältesten Völkern Vorderasiens. Spuren ihrer Kultur lassen sich bis ins 10. Jahrhundert v. u. Z. zurückverfolgen. Unter Tigran II. (95 bis 56 v. u. Z.) war Armenien eine Großmacht der hellenistischen Welt. Doch bereits 166 u. Z. wurde es zu einer römischen Provinz und geriet dann für Jahrhunderte unter die Herrschaft muslimischer Eroberer.

Um 300 wurde das Christentum eingeführt. Die armenische Kirche machte sich 554 von Byzanz unabhängig und bildete eine starke feudale Kraft. Der Klerus beteiligte sich an den Befreiungskämpfen des armenischen Volkes. Durch die Bibelübersetzung von Mesróp Maschthóz (361–440) wurde eine einheitliche nationale Schriftsprache geschaffen. Doch von den mutigen Taten im Kampf gegen die muslimischen Eroberer konnten die armenischen Christen jahrhundertelang nur mündlich berichten und in dem Epos ›Davit-bek‹ (auch ›David von Sassun‹ oder ›Dawith aus Sassun‹) ihre Widerstandskraft bezeugen. Erst 1873 wurde das Epos aufgezeichnet und 1874 in Konstantinopel publiziert.

Edgar Oganesjan (geboren 1930) schuf seine 1976 in Jerewan uraufgeführte Ballett-Oper ›David von Sassun‹ nach diesem Epos. Armen Tigranjan (1879–1950) bezog sich in seiner 1950 ebenfalls in Jerewan uraufgeführten Oper ›Davit-bek‹ auf den gleichnamigen Roman des armenischen Dichters Raffi (Akop Melik-Akopjan, 1835–1888). In beiden Werken ist das Erscheinen eines legendären Helden dargestellt, werden dessen Taten verherrlicht, wird eine breite Schilderung von Sitten und Gebräuchen der jeweiligen Zeit (4. bis 10. Jahrhundert bzw. 18. Jahrhundert) gegeben.

Die engen Beziehungen der armenischen Oper zum historischen Geschehen stellen sich nicht nur über die Themen und Stoffe der Kunstwerke her, sie ergeben sich oft auch aus dem Lebenslauf der Komponisten selbst.

Mit ›Arschak II.‹ von Tigran Tschuchadshjan begann 1868 die Geschichte der armenischen Oper. Der Komponist lebte von 1837 bis 1898 und gehörte zu der in Konstantinopel ansässigen armenischen Minderheit. Er mußte vor den Repressalien Abdul-Hamids nach Izmir (Smyrna) flüchten, wo er 1898 in völliger Armut und Vergessenheit starb. Seine Oper ›Arschak II.‹ wurde erst im 20. Jahrhundert von armenischen Musikwissenschaftlern wiederentdeckt und 1945 in Jerewan uraufgeführt. Und wie ein großer Teil armenischer Literatur vom Mittelalter bis zur Neuzeit nicht im Lande, sondern in Italien (Venedig) gedruckt werden mußte, studierte auch Tschuchadshjan in Mailand. Seine Zeitgenossen nannten ihn „il Verdi Armeno", den armenischen Verdi.

Nach den Worten des Musikwissenschaftlers Georgi Tigranow wollte sich Tschuchadshjan „mit seiner Oper an ein europäisches Auditorium wenden und ihm über Armenien in der weitverbreiteten Sprache der italienischen Oper erzählen". Zu Lebzeiten des Komponisten wurde ›Arschak II.‹ von keinem Theater inszeniert, doch fanden konzertante Aufführungen einzelner Nummern in Konstantinopel, Venedig, Paris und Wien statt.

Analog zu Tschuchadshjan könnte man Alexander Spendiarow den armenischen Rimski-Korsakow nennen. Nach ihm ist das Staatliche Akademische Theater für Oper und Ballett in Jerewan benannt. Er war der Begründer einer nationalen armenischen Komponistenschule und der Schöpfer der ersten sinfonischen Werke in der Geschichte der armenischen Musik.

Der 1871 in der Nähe von Simferopol geborene Alexander Spendiarow (armenisch: Spendiarjan) war ein Schüler Rimski-Korsakows und teilte mit seinem Lehrer die Liebe zur fernöstlichen Musik. Davon zeugen die zwei bekannten Suiten ›Krim-Skizzen‹ von 1903 und 1912 sowie das Sinfonische Poem ›Drei Palmen‹ von 1905. 1924 wurde Spendiarow in Jerewan ansässig, wo er 1928 starb. Seiner 1930 am Bolschoi Theater Moskau uraufgeführten Oper ›Almast‹ liegt das berühmte Poem des armenischen Dichters Howhannes Tumanjan (1869–1923) ›Die Eroberung der Festung Tmuk‹ zugrunde. Von Tumanjans lyrischen Poemen sagte der russische Dichter Waleri Brjussow, in ihnen sei Armenien selbst, das alte und das neue, wiedererstanden.

Mit der Oper ›Almast‹ wurde am 20. Januar 1933 das Staatliche Akademische Theater für Oper und Ballett in Jerewan eröffnet. Seither gehört dieses Werk zum ständigen Repertoire des Opernhauses.

Stand Spendiarow ganz in der Tradition der russischen klassischen Opernästhetik des 19. Jahrhunderts, orientierte sich der 1920 geborene Alexander Arutjunjan stärker an der eigenen nationalen Musiktradition. Mit seiner Oper ›Sajáth Nowá‹, 1969 in Jerewan uraufgeführt, huldigte er den Begründern der armenischen weltlichen, professionellen Musik, den Aschugen. Seit dem frühen Mittelalter bis ins 19. Jahrhundert hinein wanderten die Aschugen durch den Kaukasus und trugen auf den Märkten ihre Lieder vor. Sie begleiteten ihren Gesang auf der mandolinenartigen Sas, der Kemantschá (auch Kamantschá) oder dem Zupfinstrument Tar.

Aruthín Sajáth Nowá (1712–1795, nach anderen Quellen 1722–1795) gehörte zu den berühmtesten Aschugen. Seine Lieder werden heute noch gesungen und gespielt. In Arutjunjans Oper sind wirkungsvolle Episoden – ein Sängerwettstreit auf dem Marktplatz, Triumph und Demütigung des Dichters am Kaiserhof sowie seine Ermordung durch die Perser – zu einer Handlung verbunden, die den Lebensweg des Sänger-Poeten nachzeichnet. „Sajáth Nowá, Sohn eines Armeniers aus Aleppo, wuchs in Tiflis auf. Seine Schulbildung soll er in dem armenischen Kloster Sanahin erhalten haben, die handwerkliche Lehre begann er bei einem Weber, doch seine Berufung zum vortragenden Dichter war stärker und brachte ihm frühen Ruhm, auch am Hof des Königs von Georgien, Herakles II. Aber von Dauer war sein Aufenthalt in diesem fürstlichen Intrigennest nicht, und er sah sich gezwungen, im Kloster um Unterkunft zu bitten. Er fand den Tod in einer Kirche von Tiflis, als 1795 die Perser die Stadt erobert hatten und ihn, den ehrwürdigen Greis, zwingen wollten, sich von seinem Christenglauben loszusagen... Aus der Menge der den Kaukasus durchwandernden Aschugen ragt er als der große Meister und Bewahrer einer überlieferten Kunst heraus, die Beifall an den fürstlichen Höfen fand und auf den Plätzen und Straßen von der Menge mit Begeisterung aufgenommen wurde." (Lewon Mkrttschjan)

Sajáth Nowá verfaßte seine Lieder in Armenisch, Georgisch und Aserbaidshanisch. Alexander Arutjunjan zitierte in seiner Oper viele der Lieder des Sängers original, kontrastierte armenische Volksmusik mit persischer Folklore.

Einen besonderen Platz in der Geschichte der armenischen Musik nimmt Armen Tigranjans 1908 entstandene und 1912 in Alexandropol uraufgeführte Lied-Oper ›Anusch‹ ein. Sie gilt als die erste, ihrem Wesen und ihrer Musik nach wahrhaftig nationale Oper. In den Liedern, Chören und Tänzen verwendete Tigranjan armenische Volksmelodien, die sich durch reiche Melismatik auszeichnen. Polytonalität, Synkopierungen und polyrhythmische Strukturen sowie der solistische Einsatz der Hirtenschalmei, der Swirel, charakterisieren den Instrumentalpart. Die Handlung spielt im vorrevolutionären Kaukasus. Der Geliebte der Titelheldin ist ein Hirte. Die Swirel ist „sein" Instrument, mit dem er Zwiegespräche führt. Mit ihrem Ton ruft er die Liebste, drückt er seine Schmerzen und Freuden aus. Der helle und scharfe Ton der Swirel gibt der Oper ein eigenartiges Kolorit. Das populäre Werk erlebte 1935 eine Wiedergeburt am Staatlichen Akademischen Theater für Oper und Ballett in Jerewan.

Um Andrej Babajews Oper ›Die Adlerfestung‹ streiten sich aserbaidshanische und armenische Musikwissenschaftler. Babajew (1923—1964) lebte und arbeitete in Moskau und Baku. Er war Leiter des aserbaidshanischen Volksinstrumentenorchesters und Verdienter Künstler der Armenischen SSR. ›Die Adlerfestung‹ wurde 1957 in der Hauptstadt Armeniens, Jerewan, uraufgeführt. Die Handlung spielt in den ersten Jahren nach der Gründung der Armenischen Sowjetrepublik 1920. Banditen und Konterrevolutionäre kämpfen gegen ehemalige rote Partisanen und jetzige bolschewistische Funktionäre. Vor dem politischen Hintergrund vollziehen sich nach traditionellen dramaturgisch-musikalischen Mustern Szenen der Liebe und der Eifersucht, geschieht ein hinterhältiger Mord, wird ein Unschuldiger verdächtigt, der Schuldige schließlich entlarvt und verurteilt. ›Die Adlerfestung‹ gehört zu den ersten armenischen Opern, deren Handlung im sozialistischen Armenien spielt.

Die armenische Poesie hat auch außerhalb des östlichen Kulturkreises Beachtung gefunden. Waleri Brjussows berühmt gewordene, 1916 in Moskau erschienene Anthologie ›Die Dichtung Armeniens‹ weckte weltweit das Interesse an armenischer Dichtkunst. So bekannte sich Louis Aragon zu zwei der bedeutendsten zeitgenössischen armenischen Dichter mit folgenden Worten:

„Unser Jahrhundert scheint durch die Namen von Dichtern verschönt. In England ist es Kipling, in Frankreich Apollinaire, in Deutschland Rilke, in Spanien García Lorca, in Rußland sind es Majakowski und Jessenin, in Armenien Tscharenz und Issahakjan."

Verse von Jegische Tscharenz (1897–1937) zitierte Awet Terterjan in seiner Oper ›Der Feuerring‹. Er wies ihnen als gesprochenen Texten eine eigenständige Rolle zu, und sie gingen mit der Erzählung ›Der Einundvierzigste‹ des russischen Schriftstellers Boris Lawrenjow eine interessante Verbindung ein. Der 1929 geborene Awet Terterjan folgte in seiner 1966 bis 1967 entstandenen Oper nicht der klassischen Operndramaturgie, sondern gab Sprache, Gesang und Ballett eine jeweils eigenständige Funktion. Zehn Jahre nach Babajews Oper ›Die Adlerfestung‹ und im Unterschied dazu behandelte er sein Thema, Brudermord im Bürgerkrieg, auf eine ganz unheroische Weise.

Der 1933 geborene Erik Arutjanjan bekräftigte mit seiner 1970 in Jerewan uraufgeführten Oper ›Märchen für Erwachsene‹ diese unpathetische Darstellungsweise. Er folgte darin Howhannes Tumanjans Ballade ›Ein Tropfen Honig‹ (entstanden 1909). Ein Tropfen Honig wird verschüttet. Das gibt Ärger, dann Streit, zuerst im Dorf, es kommt zu Konflikten zwischen Dörfern, Städten, Ländern, zu Krieg und Verwüstungen. In der Konsequenz der Ereignisse wird der nichtige Anlaß vergessen.

Der Zusammenhang zwischen Oper, nationaler Geschichte und Dichtkunst stellt sich in Werken wie ›Arschak II.‹, ›Anusch‹, ›Almast‹, ›Davit-bek‹, ›Die Adlerfestung‹ und ›Saját Nowá‹ leicht und unvermittelt her. Darüber hinaus zeigten Awet Terterjan und Erik Arutjanjan in ihren Werken eine für Armenier wesentliche Haltung, auf unerträgliche Ereignisse mit Mut, Würde und Aufrichtigkeit zu reagieren. Die bemerkenswerte armenische Art des „aufrechten Ganges" hat der Dichter Awetík Issahakjan (1875–1957) auf exemplarische Weise in seiner Erzählung ›Vaters Pflug‹ beschrieben: In den Bergen sind schon die Schüsse des nahenden Feindes zu hören, „da macht der alte Bauer, dessen Söhne im Kampf stehen, seinen Pflug zurecht, ungerührt von den Vorhaltungen seiner Frau. ‚Weib, was redest du? Ich baue und zerstöre nicht, die Welt ruht auf dem Pflug. Bleiben wir am Leben, dann kommen wir ohne den Pflug nicht aus, sterben wir aber, dann kann es sein, daß bei dem, der ihn mitnimmt, die Liebe zur Arbeit erwacht – und er wird mir dankbar sein.'" (Zitiert nach Lewon Mkrttschjan)

Literatur Georgi Tigranow: T. Tschuchadshjan und seine Oper ›Arschak II.‹. (T. Tschuchadshjan i jego opera ›Arschak II.‹.) Jerewan 1945; Georgi Tigranow: Das armenische musikalische Theater. (Armjanski musykalny teatr.) 2 Bde., Jerewan 1956 und 1960; A. Schawerdjan: Skizzen zur Geschichte der armenischen musikalischen Kultur des 19. bis 20. Jahrhunderts. (Otscherki po armjanskoi musykalnoi kultury XIX–XX wekow) Moskau 1959; Armenische SSR. (Armjanskaja SSR.) In: Geschichte der Musik der Völker der UdSSR. (Istorija musyki narodow SSSR.) Bd. 5, Teil 2, Moskau 1974; Lewon Mkrttschjan. In: Die Berge beweinen die Nacht meines Leides. Klassische armenische Dichtung. Berlin 1983

Aserbaidshanische Oper

Bül-bül — die Nachtigall — nannten die Aserbaidshaner einen achtjährigen Jungen, der sie mit seiner glockenreinen Stimme, seiner hohen Musikalität und Virtuosität bezauberte. Sein Geburtsjahr war 1897. Den zwölfjährigen Bül-bül kannte man selbst in Tiflis und Jerewan, und es gab keine respektable Hochzeitsfeier, auf der er nicht als Sänger aufgetreten wäre und sich damit sein Brot verdient hätte. Als er 1961 starb, kannten nur wenige seinen eigentlichen Namen: Murtasa Meschadi Rsa-ogly Mamedow, denn er hatte als Bül-bül Operngeschichte gemacht. Der Tenor war Liedsänger, Interpret klassischer Opernrollen und Sachwalter der neuen aserbaidshanischen Opernkunst. Als Professor am Konservatorium Baku regte er 1932 die Einrichtung eines Wissenschaftlichen Kabinetts für Folkloreforschung an, das er bis zu seinem Tode leitete. „Die Komponisten Aserbaidshans sind diesem wundervollen Künstler in vielem verpflichtet", bekannte der Komponist Kara Karajew. „Bül-bül war ein leidenschaftlicher Propagandist unseres Schaffens, er war der Herold unserer Musik, er kämpfte für ihren Erfolg und setzte sich dafür ein, sie bekannt zu machen. Er war aber nicht nur ein kluger Ratgeber und Lehrer, sondern auch der Initiator vieler Werke der verschiedensten Genres — vom einfachen Massenlied bis zu den großen, heute allgemein bekannten sinfonischen Werken und Opern."

Sein Debüt als Opernsänger gab Bül-bül 1921 am Staatlichen Akademischen Theater für Oper und Ballett Baku in ›Asli und Kerem‹ von Useïr Abdul Hussein-ogly Gadshibekow. 1937 gelangte hier das zentrale Werk der neueren aserbaidshanischen Oper, Useïr Gadshibekows ›Kör-ogly‹, zur Uraufführung. Bülbül gab die Titelpartie, den kaukasischen Dichter-Poeten Rowschen, dessen Vater von dem Despoten Chan Hassan geblendet wurde und der sich deshalb Kör-ogly — Sohn des Blinden — nennt. Der Sohn des Blinden bringt Licht in die finsteren Verhältnisse. Er lehrt die geknechteten kaukasischen Völker Widerstand, und vor seinen Liedern öffnen sich selbst die Mauern der feudalen Zwingburg. Gadshibekow nahm die Volksinstrumente Tar, Duduk und Surnaj in sein Orchester auf. Mit dem weithin tragenden hellen Klang der Surnaj, einer oboenartigen Rohrpfeife, ruft Kör-ogly sein legendäres pfeilschnelles Pferd Kyr-at. Auf der Tar begleitet er seinen Gesang und entlockt dem Zupfinstrument virtuose Glissandi. Der lyrisch-singende Ton des klarinettenartigen Blasinstrumentes Duduk dient zur Begleitung von Liedern und Gesängen.

Useïr Gadshibekow (1885—1948) ist der Schöpfer der ersten nationalen Oper und der Begründer des professionellen Musikschaffens in Aserbaidshan. Er schrieb insgesamt acht Opern und drei Musikalische Komödien. Die Komödie ›Der Straßenhändler‹ (›Arschin mal alan‹) spielt man in vielen Unionsrepubliken. Sie wurde bereits in mehr als dreißig Sprachen übersetzt, viermal für das Fernsehen aufgezeichnet, darunter einmal in den USA. Seine ersten Opern sind sogenannte Mugam-Opern. In diesem Genre finden sich sowohl traditionelle, auskomponierte Arien, Chöre, Ensembles als auch vokal-solistisch zu improvisierende Lieder, die die Sänger nach einem Mugam auszuführen haben, der ihnen

ASERBAIDSHANISCHE OPER

vom Komponisten vorgegeben ist. Die aserbaidshanischen Musikwissenschaftler zeichneten bis heute mehr als 70 Mugame auf. Darunter versteht man vokale, instrumentale, auch vokal-instrumentale Stücke, deren rezitativischer, liedhafter oder auch tänzerischer Charakter durch Improvisation entfaltet wird. Kern und Bezugspunkt ist ein melodisch-rhythmisches Grundmuster. Wenn der Komponist das Grundmuster vorschreibt, dann gibt er damit auch den Charakter der Improvisation an. Dem Sänger obliegt es, dem Wesen seiner Rolle und seiner Individualität entsprechend, selbständig zu musizieren.

Die erste aserbaidshanische Oper ›Leili und Medshnun‹ (arabisch: ›Laila wa Madshnun‹) von Useïr Gadshibekow ist eine solche Mugam-Oper. Sie wurde 1908 in Baku am Theater des Erdölmagnaten Tagijew uraufgeführt. ›Leili und Medshnun‹ entstand nach dem gleichnamigen Poem von Mohammed Fisuli (auch Fusuli, 1498—1556). Der Aserbaidshaner Mohammed Fisuli war einer der bedeutendsten orientalischen Dichter des 16. Jahrhunderts. Sein literarisches Schaffen trug entscheidend zur Herausbildung der aserbaidshanischen Schriftsprache bei. Denn lange Zeit verhinderten arabische Eroberer eine national eigenständige Entwicklung der aserbaidshanischen Kultur, obgleich deren Quellen bis ins 7. Jahrhundert v. u. Z. zurückreichen. Fisulis in aserbaidshanischer, persischer und arabischer Sprache geschriebene Ghaselen und Kassiden galten in der orientalischen Lyrik lange Zeit als Vorbild. Schriftlich und mündlich gab man seine Verse weiter, man kannte sie in den Häusern der Mächtigen, lehrte sie in den Schulen und hörte sie auf den Marktplätzen. Der Dichter äußerte Schmerz und Zorn über die Verkümmerung der Menschen in feudalen Standesschranken, über den Verlust von Liebes- und Empfindungsfähigkeit. Als Höhepunkt im poetischen Schaffen Fisulis gilt seine Bearbeitung der legendären Liebesgeschichte von Leila und Madshnun. Dieses weit bekannte Hohelied auf die Liebe war bereits 1188 von dem Klassiker der aserbaidshanischen Literatur, Nisami Gandshewi (um 1141—1209), gestaltet worden. Die Grundvorgänge aller ›Leila und Madshnun‹-Geschichten sind ähnlich: der arme Geis (auch Keis) liebt Leila, die Tochter reicher Leute, und wird von dem Mädchen wiedergeliebt. Er wirbt um sie, doch die Eltern Leilas weisen ihn ab. Geis geht in die Wüste. Das Leid des Unglücklichen erweicht selbst hartherzige Krieger, nicht aber die Eltern des Mädchens. Sie verheiraten Leila nach der Sitte, das heißt mit einem Mann von Stand. Leila welkt in der Ehe mit dem ungeliebten Mann dahin und stirbt. Geis folgt ihr in den Tod.

Protestierte Fisuli mit seiner Geschichte gegen die Moral der feudalen Gesellschaft, wandte sich Gadshibekow 1908 mit seiner Oper nach Fisulis Poem gegen die bürgerliche. Das erwachende Selbstbewußtsein der kaukasischen Völker fand in der Geschichte von Leila und Madshnun einen poetischen Ausdruck. So wie die Dichter den in der feudalen Welt als Schimpfwort gebrauchten Begriff Madshnun (das bedeutet soviel wie Verrückter) zum Ehrennamen eines selbstlos liebenden Menschen gemacht hatten, so gewannen in den 1920 gegründeten kaukasischen Sowjetrepubliken die einst geringgeschätzten Bauern, Hirten und Arbeiter gesellschaftliches Ansehen. Das Poem von ›Leila und Madshnun‹ erlangte

Aserbaidshanische Oper

Bül-bül — die Nachtigall — nannten die Aserbaidshaner einen achtjährigen Jungen, der sie mit seiner glockenreinen Stimme, seiner hohen Musikalität und Virtuosität bezauberte. Sein Geburtsjahr war 1897. Den zwölfjährigen Bül-bül kannte man selbst in Tiflis und Jerewan, und es gab keine respektable Hochzeitsfeier, auf der er nicht als Sänger aufgetreten wäre und sich damit sein Brot verdient hätte. Als er 1961 starb, kannten nur wenige seinen eigentlichen Namen: Murtasa Meschadi Rsa-ogly Mamedow, denn er hatte als Bül-bül Operngeschichte gemacht. Der Tenor war Liedsänger, Interpret klassischer Opernrollen und Sachwalter der neuen aserbaidshanischen Opernkunst. Als Professor am Konservatorium Baku regte er 1932 die Einrichtung eines Wissenschaftlichen Kabinetts für Folkloreforschung an, das er bis zu seinem Tode leitete. „Die Komponisten Aserbaidshans sind diesem wundervollen Künstler in vielem verpflichtet", bekannte der Komponist Kara Karajew. „Bül-bül war ein leidenschaftlicher Propagandist unseres Schaffens, er war der Herold unserer Musik, er kämpfte für ihren Erfolg und setzte sich dafür ein, sie bekannt zu machen. Er war aber nicht nur ein kluger Ratgeber und Lehrer, sondern auch der Initiator vieler Werke der verschiedensten Genres — vom einfachen Massenlied bis zu den großen, heute allgemein bekannten sinfonischen Werken und Opern."

Sein Debüt als Opernsänger gab Bül-bül 1921 am Staatlichen Akademischen Theater für Oper und Ballett Baku in ›Asli und Kerem‹ von Useïr Abdul Hussein-ogly Gadshibekow. 1937 gelangte hier das zentrale Werk der neueren aserbaidshanischen Oper, Useïr Gadshibekows ›Kör-ogly‹, zur Uraufführung. Bülbül gab die Titelpartie, den kaukasischen Dichter-Poeten Rowschen, dessen Vater von dem Despoten Chan Hassan geblendet wurde und der sich deshalb Kör-ogly — Sohn des Blinden — nennt. Der Sohn des Blinden bringt Licht in die finsteren Verhältnisse. Er lehrt die geknechteten kaukasischen Völker Widerstand, und vor seinen Liedern öffnen sich selbst die Mauern der feudalen Zwingburg. Gadshibekow nahm die Volksinstrumente Tar, Duduk und Surnaj in sein Orchester auf. Mit dem weithin tragenden hellen Klang der Surnaj, einer oboenartigen Rohrpfeife, ruft Kör-ogly sein legendäres pfeilschnelles Pferd Kyr-at. Auf der Tar begleitet er seinen Gesang und entlockt dem Zupfinstrument virtuose Glissandi. Der lyrisch-singende Ton des klarinettenartigen Blasinstrumentes Duduk dient zur Begleitung von Liedern und Gesängen.

Useïr Gadshibekow (1885—1948) ist der Schöpfer der ersten nationalen Oper und der Begründer des professionellen Musikschaffens in Aserbaidshan. Er schrieb insgesamt acht Opern und drei Musikalische Komödien. Die Komödie ›Der Straßenhändler‹ (›Arschin mal alan‹) spielt man in vielen Unionsrepubliken. Sie wurde bereits in mehr als dreißig Sprachen übersetzt, viermal für das Fernsehen aufgezeichnet, darunter einmal in den USA. Seine ersten Opern sind sogenannte Mugam-Opern. In diesem Genre finden sich sowohl traditionelle, auskomponierte Arien, Chöre, Ensembles als auch vokal-solistisch zu improvisierende Lieder, die die Sänger nach einem Mugam auszuführen haben, der ihnen

13

vom Komponisten vorgegeben ist. Die aserbaidshanischen Musikwissenschaftler zeichneten bis heute mehr als 70 Mugame auf. Darunter versteht man vokale, instrumentale, auch vokal-instrumentale Stücke, deren rezitativischer, liedhafter oder auch tänzerischer Charakter durch Improvisation entfaltet wird. Kern und Bezugspunkt ist ein melodisch-rhythmisches Grundmuster. Wenn der Komponist das Grundmuster vorschreibt, dann gibt er damit auch den Charakter der Improvisation an. Dem Sänger obliegt es, dem Wesen seiner Rolle und seiner Individualität entsprechend, selbständig zu musizieren.

Die erste aserbaidshanische Oper ›Leili und Medshnun‹ (arabisch: ›Laila wa Madshnun‹) von Useïr Gadshibekow ist eine solche Mugam-Oper. Sie wurde 1908 in Baku am Theater des Erdölmagnaten Tagijew uraufgeführt. ›Leili und Medshnun‹ entstand nach dem gleichnamigen Poem von Mohammed Fisuli (auch Fusuli, 1498—1556). Der Aserbaidshaner Mohammed Fisuli war einer der bedeutendsten orientalischen Dichter des 16. Jahrhunderts. Sein literarisches Schaffen trug entscheidend zur Herausbildung der aserbaidshanischen Schriftsprache bei. Denn lange Zeit verhinderten arabische Eroberer eine national eigenständige Entwicklung der aserbaidshanischen Kultur, obgleich deren Quellen bis ins 7. Jahrhundert v. u. Z. zurückreichen. Fisulis in aserbaidshanischer, persischer und arabischer Sprache geschriebene Ghaselen und Kassiden galten in der orientalischen Lyrik lange Zeit als Vorbild. Schriftlich und mündlich gab man seine Verse weiter, man kannte sie in den Häusern der Mächtigen, lehrte sie in den Schulen und hörte sie auf den Marktplätzen. Der Dichter äußerte Schmerz und Zorn über die Verkümmerung der Menschen in feudalen Standesschranken, über den Verlust von Liebes- und Empfindungsfähigkeit. Als Höhepunkt im poetischen Schaffen Fisulis gilt seine Bearbeitung der legendären Liebesgeschichte von Leila und Madshnun. Dieses weit bekannte Hohelied auf die Liebe war bereits 1188 von dem Klassiker der aserbaidshanischen Literatur, Nisami Gandshewi (um 1141—1209), gestaltet worden. Die Grundvorgänge aller ›Leila und Madshnun‹-Geschichten sind ähnlich: der arme Geis (auch Keis) liebt Leila, die Tochter reicher Leute, und wird von dem Mädchen wiedergeliebt. Er wirbt um sie, doch die Eltern Leilas weisen ihn ab. Geis geht in die Wüste. Das Leid des Unglücklichen erweicht selbst hartherzige Krieger, nicht aber die Eltern des Mädchens. Sie verheiraten Leila nach der Sitte, das heißt mit einem Mann von Stand. Leila welkt in der Ehe mit dem ungeliebten Mann dahin und stirbt. Geis folgt ihr in den Tod.

Protestierte Fisuli mit seiner Geschichte gegen die Moral der feudalen Gesellschaft, wandte sich Gadshibekow 1908 mit seiner Oper nach Fisulis Poem gegen die bürgerliche. Das erwachende Selbstbewußtsein der kaukasischen Völker fand in der Geschichte von Leila und Madshnun einen poetischen Ausdruck. So wie die Dichter den in der feudalen Welt als Schimpfwort gebrauchten Begriff Madshnun (das bedeutet soviel wie Verrückter) zum Ehrennamen eines selbstlos liebenden Menschen gemacht hatten, so gewannen in den 1920 gegründeten kaukasischen Sowjetrepubliken die einst geringgeschätzten Bauern, Hirten und Arbeiter gesellschaftliches Ansehen. Das Poem von ›Leila und Madshnun‹ erlangte in dieser Zeit eine große Popularität. Opern gleichen Titels von Reinhold Glier sowie Juli Mejtus wurden 1940 in Taschkent beziehungsweise 1946 in Aschchabad uraufgeführt.

Das jahrhundertelang von persischen, später von zaristischen Söldnern geknechtete Aserbaidshan begann sich Anfang des 20. Jahrhunderts zu befreien. 1903 bis 1904 fanden in Baku große politische Demonstrationen und Streiks statt. In den gescheiterten Revolutionen von 1905 und 1907 war die nationale Frage eng mit der sozialen verbunden: Freiheit bedeutete unabhängig zu werden, sowohl vom Zugriff fremder Eroberer als auch von der Herrschaft nationaler Erdölmagnaten. Das hat Bül-büls Partnerin, die bekannte Sopranistin Schewket Gasan-kysy Mamedowa (geboren 1897), erfahren müssen. Das hochmusikalische Mädchen hatte im vorrevolutionären Aserbaidshan keine Chance, eine musikalische Ausbildung zu erhalten, bis der Bakuer Erdölmillionär Tagijew, an dessen Theater auch ›Leili und Medshnun‹ zur Uraufführung kam, auf sie aufmerksam wurde. Mit seiner finanziellen Unterstützung begann sie eine Gesangsausbildung in Italien. Doch noch vor Abschluß des Studiums „vergaß" sie ihr Mäzen. Nach Baku zurückgekehrt, gab es in einer von der schiitischen Richtung des Islam beherrschten Gesellschaft keine Broterwerbsmöglichkeiten für eine Musikerin. Freunde organisierten eine Benefizvorstellung für die Sängerin am Bakuer Theater, und Schewket Mamedowa wollte nach dieser Vorstellung selbst noch einige italienische Lieder und Romanzen vortragen. Das rief den Protest der im Saal anwesenden rechtgläubigen Muslime hervor, und die Debütantin konnte mit knapper Mühe ihrer Bestrafung, das heißt ihrer Ermordung entgehen. Wollte sie am Leben bleiben, mußte sie Baku sofort verlassen. Es gelang ihr, am Konservatorium in Kiew unterzukommen und in den ukrainischen und russischen Gebieten mit Konzerten ihren Unterhalt zu verdienen. Erst nach der Revolution konnte sie es wagen, nach Baku zurückzukehren. Nun schickte sie die Sowjetmacht mit einem staatlichen Stipendium nach Italien, und sie schloß dort ihre Studien ab. Die spätere Direktorin des aserbaidshanischen Theaterinstituts und des Operntheaters in Baku, die Professorin am Konservatorium, Schewket Mamedowa, wurde zur beliebtesten Interpretin der neueren aserbaidshanischen Opernliteratur. Auf ihre Initiative lud die Regierung Reinhold Glier nach Baku ein. Der ukrainische Komponist studierte die nationale Folklore und schuf auf dieser Grundlage seine Oper ›Schachsenem‹ (1923—1925). 1927 in Baku uraufgeführt, galt sie damals als Vorbild für eine zeitgenössische professionelle Oper. Glier zitierte viele aserbaidshanische Melodien; doch paßte er sie in die harmonische Struktur westeuropäischer Kompositionstechniken ein und beraubte sie so ihrer Besonderheiten. Wie im musikalischen Bereich wurde auch im textlichen verfahren. Die Liebesgeschichte zwischen der schönen reichen Schachsenem und dem armen Aschugen Gharib (Gharib bedeutet: heimatloser Wanderer) wird mit Effekten aus allerlei Volksmärchen und Legenden versehen und zu einem glücklichen Ende geführt. Die Vorgänge gipfeln häufig in breit angelegten Genreszenen nach dem Vorbild der russischen klassischen Oper.

Abdul Muslim Mahomajews (1885—1937) 1935 in Baku uraufgeführte Oper

›Negris‹ ist die erste aserbaidshanische Oper nach einem revolutionären Sujet. Die Handlung spielt 1920 in einem Dorf Aserbaidshans. Ein Mädchen soll zur Heirat mit einem ungeliebten Mann gezwungen werden. Dieses im islamischen Alltag häufige Ereignis wird mit den Zeichen der Zeit sehr vordergründig versehen. Der Ungeliebte ist ein reicher Feudaler, der Geliebte ein armer Hirte, der als Agitator der Sowjetmacht auftritt. Nach vielen Wirrungen und einem letzten Coup, bei dem das Mädchen dem Ungeliebten ein Stelldichein verspricht, ihn aber erschießt, schließt diese Oper mit einem Happy-End.

Afrasijab Badal-ogly Badalbejli (1907—1976) huldigte mit seiner Oper ›Nisami‹ (1948) dem Klassiker der aserbaidshanischen Literatur, indem er Episoden aus dessen Leben gestaltete. Nijasi Sulfugarowitsch (geboren 1912) vertonte 1942 mit ›Chosrau und Schirin‹ ein berühmtes Poem von Nisami Gandshewi. Prinz Chosrau und Baumeister Farchad werben um die Liebe Schirins. Die Schöne liebt anfangs nach der Sitte, das heißt den Prinzen, dann aber den Baumeister, der für seine Liebe wahre Wunder vollbringt und auf Geheiß Chosraus einen Tunnel durch den granitenen Berg schlägt. Chosrau stellt sich den Liebenden mit Lügen in den Weg, doch Farchad und Schirin ziehen den Tod einem Leben ohne Liebe vor. Der mächtige Chosrau bleibt allein zurück.

Dshangir Schirgent-ogly Dshangirow (geboren 1921) führte mit der im 18. Jahrhundert spielenden Oper ›Asad‹ 1957 die Tradition der Revolutionsoper im Stile Muslim Mahomajews fort.

Bei allen Unterschieden findet sich in allen genannten Opern der gleiche Typ des liebend-leidenden und duldenden Mädchens. In der Oper ›Sewil‹ brach Fikret Meschadi Dschamil-ogly Amirow (1922—1983) 1953 mit diesem traditionellen Frauenbild. ›Sewil‹ zeigt das Charakterporträt einer Frau, die sich mühevoll aus den Fesseln einer patriarchalisch organisierten Familie löst und sich in einem Alltag behauptet, der vom islamischen Gesetz, der Scharia, bestimmt wird.

Seit Anfang der siebziger Jahre zeichnet sich eine neue Tendenz im Schaffen aserbaidshanischer Komponisten ab. Die 1924 geborene Schafiga Gulam-kysy Achundowa verzichtete in ihrer Oper ›Der Felsen der Braut‹ 1974 als eine der ersten darauf, zwischen Volksmusikmodellen und traditioneller Operndramaturgie zu vermitteln. Sie bekannte sich zum Prinzip der Mugam-Oper. In ›Der Felsen der Braut‹ wird von den Interpreten die Beherrschung der Improvisationskunst und von den Sängern außerdem ein nichtakademischer Gesangsstil verlangt. Ihrer Musik entsprechend wählte sich Schafiga Achundowa auch den Stoff. Hier ist es eine Geschichte aus dem mittelalterlichen Aserbaidshan. Ein Mädchen, die Braut eines Hirten, wird durch einen zudringlichen Chan zur Verzweiflung getrieben und stürzt sich vom Felsen herab.

Eine andere Art, sich von traditionellen Opernmodellen zu lösen, entwickelte sich mit der Entdeckung des alten aserbaidshanischen Volkstheaters, des Jahrmarkttheaters. Der Komponist Ibrahim Kurban-ogly Mamedow (geboren 1928 in Baku) versuchte 1963 mit seinem Opern-Ballett für Kinder ›Fuchs und Wolf‹ die alte Einheit von Singen, Sprechen, Tanzen und instrumentalem Musizieren wiederherzustellen.

Um die Verbindung von Jahrmarkttheater und bürgerlichem Weltanschauungstheater bemühte sich der 1936 geborene Mamed Mechti-ogly Kulijew 1976 mit seiner Oper ›Die betrogenen Sterne‹. Er berief sich dabei auf Mirsa Achundows gleichnamige Erzählung. Mirsa Fath Ali Achundow (1812—1878) ist der Begründer der neueren aserbaidshanischen Literatur. Zu seinen Vorbildern wurden die in der Verbannung lebenden Dekabristen, Gegner des zaristischen Willkürregimes und der Leibeigenschaft, aufrechte Demokraten, die ihr Leben für ihre Ideale eingesetzt hatten. Achundow lernte einige von ihnen und auch die russischen Dichter Alexander Puschkin und Michail Lermontow persönlich kennen. Er war ein Aufklärer, Demokrat, materialistischer Philosoph und Staatsmann. Mit seinen sechs sozialkritischen Komödien schuf er die aserbaidshanische Dramatik der Neuzeit. Das Akademische Theater für Oper und Ballett in Baku trägt seit 1930 seinen Namen. Dank Achundows Erzählung zeichnet sich Kulijews Oper durch eine philosophisch interessante, für unsere Zeit bedeutsame, witzig aufbereitete Thematik aus. Die alte bekannte Geschichte vom „König für einen Tag" wird auf ihre möglichen Konsequenzen durchgespielt. Der Schuster Jussuf, für einen Tag auf dem Thron, verkehrt alle bisher geltenden Regeln in ihr Gegenteil. Zwei Narren, Figuren aus dem alten Jahrmarkttheater, geben sich damit nicht zufrieden. Sie wollen ein Verbot aller Verbote, greifen so „nach den Sternen" und bewirken eine Veränderung auf der Erde. Die aserbaidshanischen Dichter liebten die Närrischen, da sie den Sinn „geordneter" Verhältnisse anzweifelten, während sich die Vernünftigen allzu schnell innerhalb des Bestehenden einrichteten.

Literatur Wiktor Beljajew: Skizzen zur Geschichte der Musik der Völker der UdSSR. (Otscherki po istorii narodow SSSR.) Moskau 1963; Aserbaidshanische SSR. (Aserbaidshanskaja SSR.) In: Geschichte der Musik der Völker der UdSSR. (Istorija musyki narodow SSSR.) Bd. 5, Teil 2, Moskau 1974; Elmira Abasowa: Useïr Gadshibekow. Baku 1975; G. Ismailowa: Muslim Muhamajew. Baku 1975; N. Kerimowa: Theater und Musik. Skizzen zur Geschichte der theatralischen Musik Aserbaidshans 1920—1945. (Teatr i musyka. Otscherki po istorii teatralnoi musyki Aserbaidshana 1920—1945.) Baku 1982; Fikret Amirow: Eine lebendige Tradition. (Shiwaja musykalnaja tradizija.) In: Sowjetskaja musyka, Moskau 1983, Nr. 4

Belorussische Oper

Als 1919 die Belorussische SSR entstand, wurde ein Gebiet umgrenzt — souverän erst 1945 —, in dem ein Volk endlich damit beginnen konnte, seine kulturelle Identität zurückzugewinnen, die ihm für Jahrhunderte durch litauische und polnische Fürsten und Grundbesitzer sowie den russischen Zaren vorenthalten worden war.

Vom 7. bis 9. Jahrhundert gehörte das von Ostslawen besiedelte und nach deren weißer (bely) Tracht benannte Belorußland zur Kiewer Rus. Zwischen dem 13. und 14. Jahrhundert vom Großfürstentum Litauen unterworfen, wurde es danach zu einem beliebten Verhandlungsobjekt in den Streitigkeiten zwischen Polen und dem zaristischen Rußland.

Nachdem Belorußland 1569 dem polnischen Staat zufiel (Lubliner Union), polarisierte sich die belorussische Kultur in eine feudal-katholische an Polen und in eine liberal-antikatholische an Rußland orientierte Literatur. Zum Symbol antiklerikalen Denkens wurde der Dichter Simeon Polozki (1629—1680), der 1661 außer Landes gehen mußte und in der Emigration in Moskau starb.

Die belorussische Sprache war zum Träger eines antistaatlichen Denkens geworden und deshalb vom polnischen Sejm 1697 verboten, so daß belorussische Literatur bis ins 19. Jahrhundert hinein nur handschriftlich verbreitet werden konnte. Denn die Repressalien hörten auch dann nicht auf, als das Gebiet durch die dreimalige sogenannte „polnische Teilung" (1772, 1793, 1795) Rußland zufiel. Auch die beiden berühmten, um die Wende des 18. zum 19. Jahrhundert entstandenen anonymen Kampfansagen an den Feudalstaat, die Parodien ›Taras auf dem Parnas‹ und ›Die umgekehrte Aeneis‹, wurden in handgeschriebenen Exemplaren verbreitet.

Da die geschriebene Sprache, die Literatur, für Jahrhunderte verboten war, fiel dem Theater und der Musik eine besondere Rolle zu.

Beide Künste aber entwickelten sich quasi im Untergrund und verbündeten sich mit den religiösen Laienbewegungen, die nach der Brester Union von 1596 antiklerikales Gedankengut verbreiteten und um den Bestand der belorussischen Kultur kämpften. So pflegte zum Beispiel die Bruderschaft von Mogiljow seit dem 17. Jahrhundert eine mehrstimmige, Charakteristika des bäuerlichen Chorgesangs bewahrende Musik, wurde hier wie andernorts der alte Schatz der Volkskunst mündlich tradiert, bevor er Ende des 19. Jahrhunderts zum Forschungsgegenstand wurde.

Die belorussische Volkskunst hat mit der ukrainischen und russischen eine gemeinsame Wurzel: die Kunst und Kultur der Kiewer Rus. Die Entwicklung der drei Völker ging einher mit der Herausbildung der drei kulturellen Hauptzentren der Ostslawen: Kiew und Lwow im Süden, Moskau und Susdal im Nordosten sowie Polozk, Minsk, Turow im Nordwesten. Im mittelalterlichen Belorußland entstanden vielfältige Formen der Volksmusik, die an das heidnische Brauchtum und die bäuerliche Lebensweise gebunden waren: Lieder zum Jahreszeitenwechsel, zur Ernte, zur Hochzeit sowie Klagegesänge und Tanzweisen. Im

16./17. Jahrhundert verbreiteten sich mit den Bauernaufständen Kampflieder, Balladen, Legenden, Heldengesänge. Der antinapoleonische Befreiungskrieg, aber auch die nachfolgenden Rekrutenaushebungen Nikolais I. ließen Rekruten- und Soldatenlieder entstehen. In dem von Großmächten ausgebeuteten Agrarland Belorußland war der überwiegende Teil der Bevölkerung leibeigen oder arbeitete als Tagelöhner. So entstanden die für das Belorußland des 19. Jahrhunderts typischen Knechtslieder. Von den Soldaten- und Knechtsliedern aber war es kein weiter Schritt mehr zu den revolutionären Kampfgesängen. Die Marseillaise und die Warschawjanka gehörten schon sehr früh mit zum Liedschatz des belorussischen Volkes.

Das Theater war lange Zeit nur Bestandteil ritueller Bräuche, der Zeremonien zu Hochzeiten, Totenfeiern, zur Sommer- oder Wintersonnenwende. Die ersten professionellen Theater, die Jahrmarkttheater, stützten sich nicht nur auf die alten naturwüchsigen Bräuche, sie verbreiteten auch hochentwickelte Literatur. Die Dichtungen des Universalgelehrten Kirill Turowski fanden auf den Marktplätzen Gehör. Wie in der Ukraine waren auch in Belorußland Schuldramen verbreitet (siehe Danilo Tuptalo). Die Geburt Christi ließ sich als das heidnische Fest der Wintersonnenwende deuten. In die legendäre christliche Geschichte wurden Menschen und Situationen der jeweiligen Zeit und des jeweiligen Ortes eingefügt. Das Schuldrama war eine populäre Form, sich über Zeitprobleme zu verständigen.

Im 19. Jahrhundert entwickelte sich mit dem Dichter Wikenti Dunin-Marzinkewitsch (1807–1884) und seinen sozialkritischen Komödien die bürgerliche belorussische Dramatik. Die Folge war, daß nach dem niedergeschlagenen antifeudalen Aufstand des Kastus Kalinowski die belorussische Sprache 1863 auch auf dem Theater verboten wurde.

Wieder mußte wortgebundene Kunst in den Untergrund gehen, fielen der Musik neue Aufgaben zu. Wenn der Russe Alexander Glasunow 1881 für das Scherzo seiner 1. Sinfonie die bekannte belorussische Tanzmelodie ›Mikita‹ verwendete, war das für ihn und andere eine Solidaritätsbekundung. Und Rimski-Korsakow ließ in seiner zwischen 1889 und 1890 komponierten Oper ›Mlada‹ nicht nur alte belorussisch-ukrainische Bräuche wiedererstehen, dem fünften Bild der Oper ist ein belorussischer Hochzeitszyklus zugrunde gelegt.

Damit Musik so verstanden werden konnte, mußten ihre Quellen erschlossen werden. Bereits 1817 war eine erste Notenausgabe des von der polnischen Forscherin Maria Czarnowska harmonisierten Volksliedes ›Kupala na Iwana‹ erschienen. Doch die eigentliche Volkslied- und Brauchtumsforschung begann erst um die letzte Jahrhundertwende. Sie ist ein wesentlicher Bestandteil der antizaristischen Oppositionsbewegung. Die dreibändige, zwischen 1887 und 1902 publizierte Sammlung von P. Schein ›Materialien zur Erforschung des Brauchtums und der Sprache der Bevölkerung des Nord-West-Bezirkes‹ wurde seit ihrem Erscheinen als Zitatenquelle von den Berufsmusikern genutzt und gilt noch heute als Standardwerk. Rimski-Korsakow arbeitete bereits 1889/90, während der Komposition der ›Mlada‹, damit.

BELORUSSISCHE OPER

Die Geschichte der belorussischen professionellen Opernkunst beginnt im Jahre 1841, als in Minsk die erste belorussische Oper, ›Die Rekrutenaushebung‹, uraufgeführt wurde. Das Libretto schrieb der bereits erwähnte Begründer der belorussischen sozialkritischen Komödie, Wikenti Dunin-Marzinkewitsch, die Musik der in Minsk geborene Belorusse Stanislaw Moniuszko, der sechs Jahre später in Warschau die polnische Nationaloper ›Halka‹ komponierte. Von seinen insgesamt vier belorussischen Opern ist keine erhalten geblieben.

Bevor 1933 in Minsk das Staatliche Akademische Theater für Oper und Ballett der Belorussischen SSR gegründet wurde, entstanden 1922 und 1927 zwei weitere belorussische Opern: ›Die Befreiung der Arbeit‹ von Nikolai Tschurkin und ›Taras auf dem Parnas‹ von Nikolai Aladow.

Nikolai Tschurkin (1869—1964) war der erste belorussische professionelle Folkloreforscher. Bekannt geworden ist seine Sinfonische Suite ›Belorussische Bilder‹ von 1925. Seine 1924 in Mogiljow uraufgeführte Oper ›Die Befreiung der Arbeit‹ ging im zweiten Weltkrieg verloren.

Nikolai Aladow (1890—1973) gilt als Komponist der ersten belorussischen Programmsinfonie (1931). Seine Oper ›Taras auf dem Parnas‹ entstand 1927 nach den beiden anonymen Parodien ›Taras auf dem Parnas‹ und ›Die umgekehrte Aeneis‹. Aladow arbeitete mit Volksliedzitaten. Und so wie Taras als ein fremdes Element im Götterhimmel erscheint, kontrastiert Aladow den „niederen" bäuerlich-menschlichen Stil mit dem „hohen" göttlichen der klassischen Oper. Der Komponist orientierte sich hierbei an Darstellungsweisen des alten Jahrmarkttheaters.

Diese Oper hat keine Nachfolge gehabt. Nach dem zweiten Weltkrieg, der ein völlig verwüstetes Belorußland hinterließ, sahen sich die Komponisten anderen Aufgaben gegenüber. Aladow selbst widmete seine 1946 entstandene zweite Oper ›Andrej Kosten‹ dem Thema der heldenhaften Verteidigung gegen die faschistischen Eindringlinge.

Das Repertoire des Minsker Operntheaters trägt die Spuren seiner Gründungsgeschichte.

1927 wurde am Minsker Musikalischen Technikum eine Opernklasse eingerichtet, an der russische Gesangspädagogen, unter anderem auch vom Bolschoi Theater Moskau, lehrten. Mit einer Aufführung des ›Faust‹ von Charles Gounod stellte sich diese Opernklasse 1928 der Öffentlichkeit vor. 1930 erhob man sie in den Rang eines Staatlichen Studios für Oper und Ballett. Dieses eröffnete seine Tätigkeit 1931 mit einer Inszenierung des ›Goldenen Hahns‹ von Rimski-Korsakow. 1933 wurden Ausbildungs- und Aufführungsstätte getrennt, und das Minsker Konservatorium wie das erste Belorussische Theater für Oper und Ballett öffneten im selben Jahr ihre Pforten. Im Repertoire dominierten russische und westeuropäische Opern des 18. und 19. Jahrhunderts, bis 1938 der ›Stille Don‹ von Iwan Dsershinski zur Aufführung gelangte und auch in Belorußland Bewunderung fand. 1937 wurde mit Alexej Turenkows (1886—1958) Oper ›Die Blume des Glücks‹ die erste belorussisch-sowjetische Oper am Staatlichen Akademischen Theater für Oper und Ballett in Minsk uraufgeführt.

Alexej Turenkow griff auf ein altes Volksmärchen zurück, schilderte breit und ausführlich heidnische Bräuche, zitierte Volkslieder und machte ein Bauernmädchen und dessen Bruder, einen Tagelöhner, zu Opernhelden. Beide unterliegen im Kampf gegen ihre Herren und Unterdrücker. Die Blume des Glücks ist für sie noch nicht erblüht.

Jewgeni Tikozki (1893—1970) sah das ein Jahr später schon optimistischer. In seiner Oper ›Michas Podgorny‹ (1939) kämpft der Tagelöhner bereits erfolgreich gegen Gewalt und Unterdrückung. Im selben Jahr gestaltete Anatoli Bogatyrjow (geboren 1913) in seiner Oper ›In den Wäldern Polessjes‹ einen Gegenwartsstoff. In der Zeit des Bürgerkrieges muß sein Held, ein ehemaliger Tagelöhner, lernen, zwischen nationalen und sozialen Interessen zu entscheiden. Konnten Turenkow und Tikozki aus dem bäuerlichen Folkloreschatz zitieren, griff Bogatyrjow auf das junge proletarische Liedgut zurück.

Mit dem Überfall Hitlerdeutschlands brach diese Entwicklung ab. Die ersten Opern während und nach dem Krieg wandten sich anderen Themen zu. So hatte sich während des Krieges auch die Stellung und die Rolle der Frau in der Gesellschaft gewandelt. Sie kämpfte neben dem Mann oder stellte sich allein schützend zwischen den Feind und ihre Kinder. Tikozki machte in seiner 1944 uraufgeführten Oper ›Alesja‹ eine legendär gewordene belorussische Partisanin zur Opernheldin. Seine Melodien bezog er aus den zeitgenössischen Kampfliedern.

1947 versuchte der 1911 geborene Dmitri Lukas die jüngsten Kriegsereignisse zu historisieren. Der Einfall Hitlerdeutschlands bildete den letzten der Jahrhunderte währenden Versuche, das belorussische Volk zu berauben. In seiner Oper ›Kastus Kalinowski‹ formte er den historischen antifeudalen Aufstand des Kastus Kalinowski von 1863 nach dem Vorbild eines klassischen Intrigendramas und Historiengemäldes. Das geschah nicht zufällig. Der belorussische Schriftsteller Maxim Bogdanowitsch trat zu Anfang des Jahrhunderts für das musikalische Volksdrama Mussorgskis ein, wurde aber im Streit um die Traditionen des Opertheaters überstimmt.

Anatoli Bogatyrjow (geboren 1913) folgte mit seiner Oper ›Nadeshda Durowa‹ (1956) der bei Lukas sich abzeichnenden Tendenz. In seiner Oper kämpft die belorussische Adlige Durowa neben dem russischen Offizier Polonski 1812 gegen die französischen Söldner, so wie im zweiten Weltkrieg auch die Belorussen und Russen gemeinsam gegen die faschistischen Eindringlinge gekämpft hatten. Soldaten- und Kampflieder aus den Befreiungskriegen geben dieser Oper ihr Kolorit.

Sergej Kortes (geboren 1935) verglich in seiner 1977 komponierten Oper ›Giordano Bruno‹ den jahrhundertelangen Kampf des Volkes gegen seine Unterdrücker mit dem Kampf des Renaissancegelehrten für die Wahrheit und gegen Heuchelei.

Dmitri Smolskis (geboren 1937) Oper ›Graue Legende‹ wurde 1978 uraufgeführt und spielt in der Zeit der Bauernaufstände. Der Stoff bietet gute Möglichkeiten, Volkslieder zu zitieren. In der Gestalt eines idealisierten Adligen wird der Sieg von Liebe und Humanitas über Klassenzugehörigkeit gezeigt. Doch wird hierbei eher die Aufmerksamkeit von Folkloreforschern geweckt — die Oper hat ausgedehnte Genreszenen — als das Interesse an philosophisch-historischen Fragestellungen.

1967 schuf der 1922 in Polen geborene und seit 1939 in Minsk lebende Heinrich Wagner die erste belorussische Fernsehoper, ›Der Morgen‹, nach Arkadi Kuleschows Poem ›Das Lied vom ruhmvollen Feldzug‹.

Literatur Israel Gusin: Jewgeni Karlowitsch Tikozki. Moskau/Leningrad 1965; G. Kluschewa: Die belorussische sowjetische Oper. (Belorusskaja sowjetskaja opera.) Minsk 1967; G. Kluschewa: Nikolai Iljitsch Aladow. Leningrad 1970; T. Dubkowa: Anatoli Bogatyrjow. Minsk 1972 (bel.); .Sima Nisnewitsch: Jewgeni Tikozki. Minsk 1972 (bel.); Dmitri Shurawljow: Dmitri Lukas. Minsk 1973 (bel.); L. Auerbach: Dmitri Smolski. Sergej Kortes. Minsk 1973; Geschichte der belorussischen Musik. (Istorija belorusskoi musyki.) Hrsg. von Georgi Gluschenko. Moskau 1976.

Dagestanische Oper

Die Dagestanische ASSR wurde 1921 gegründet. In ihr schlossen sich mehr als dreißig kleine Völker zu fünf Nationalitäten zusammen, zu den Awaren, Lesgiern, Laken, Darginern und Tabassaranen. Sie nannten ihre Republik Land der Berge: Dagestan (Dag-der Berg). Am Westufer des Kaspischen Meeres gelegen, hat diese kaukasische Republik keine jahrhundertalte Literatur wie die benachbarten armenischen, aserbaidshanischen und grusinischen Republiken, obgleich die dagestanische Sprache zu den vier großen kaukasischen Sprachzweigen gehört.

Im 7. Jahrhundert zählte Dagestan zum Chasarischen Chanat. Seit dem 16. Jahrhundert Streitobjekt zwischen der Türkei und Persien, wurde es nach dem Russisch-Persischen Krieg (1804—1813) Rußland angegliedert.

Die Völker Dagestans kämpften gegen die koloniale Abhängigkeit vom zaristischen System. Berühmt geworden ist der Aufstand unter Schamil (1834—1859).

Eine Spur dagestanischer Geschichte findet sich auch in Michail Glinkas Oper ›Ruslan und Ljudmila‹. Der chasarische Fürst Ratmir wirbt um die Kiewer Fürstentochter Ljudmila, wird abgewiesen und wendet sich, bewogen durch die Treue seiner Geliebten Gorislawa, wieder der Heimat zu. Der Name Gorislawa weist auf die dagestanischen Berge.

Bis ins 20. Jahrhundert war die Musik Dagestans mündlich tradierte Volkskunst. Gottfried Gassanow (1900—1965), der seine Ausbildung am Leningrader Konservatorium erhielt, wurde zum Begründer der dagestanischen Berufsmusik. Sein Klavierkonzert von 1948 ist das erste sinfonische Werk in der Geschichte der dagestanischen Musik. Gassanows Schüler, der 1936 geborene Schirwani Tschalajew, schuf mit dem 1971 in Leningrad uraufgeführten Werk ›Die Bergbewohner‹ die erste dagestanische Oper.

Estnische Oper

Im Opernschaffen der estnischen Komponisten spielen die jahrhundertelangen Befreiungskämpfe ihres Volkes eine besondere Rolle.

Die Esten, zur finno-ugrischen Sprachfamilie gehörend, besiedelten gemeinsam mit den Litauern und Letten das Ostbaltikum, auch als Livland bezeichnet. Nach dem Besitz dieser Gebiete strebten die beiden großen Mächte des mittelalterlich-feudalen Europa: Papstkurie und Kaisertum. Christianisierung und staatliche Unterwerfung gingen Hand in Hand: „Die Kolonisation in Livland ist das gemeinsame Werk der Kirche und des Staates, der Predigt und des Zwanges, des Priesters und des Kriegers." (Weltgeschichte in Daten)

Die Kreuzritter übten beide Arten von Gewalt und teilten sich die Beute mit den deutschen Baronen. Während die Litauer den polnischen König zu Hilfe riefen, um sich der Kreuzritter zu erwehren, verbündeten sich die Esten mit den Letten im Kampf gegen den gemeinsamen Feind aus dem Westen. Doch wurden die Esten unter allen drei Völkern am schwersten bedrängt, denn ihnen drohte auch aus dem Süden und Norden Gefahr. Russische Feudale versuchten den Zugang zum Meer zu erzwingen. Übers Meer aber kamen die Wikinger.

Evald Aav (1900—1939) ist der Schöpfer der ersten estnischen Oper. Mit seinen 1928 am Operntheater Tallinn uraufgeführten ›Wikingern‹ wandte er sich diesen Kämpfen der Esten gegen die normannischen Eroberer im 12. Jahrhundert zu. Den I. Akt seiner Oper hat er nach dem ersten Bild von Michail Glinkas ›Iwan Sussanin‹ gestaltet: Im estnischen Land herrscht Frieden. Burschen und Mädchen vergnügen sich am Meeresstrand, tanzen, singen, winden Kränze. Das eigentliche nationale Element der Oper liegt in der folkloristischen Darstellung alter Bräuche. Die Idylle wird durch den Einfall der Wikinger jäh und effektvoll gestört. Sie rauben eines der estnischen Mädchen und entführen es auf die Burg Sigtune (tatsächlich gehörte um 1120 das estnische Siedlungsgebiet zur schwedischen Stiftung Sigtune). Dort wirbt der Burgherr Olaf um die Schöne. Sie aber bleibt ihrem tapfer kämpfenden estnischen Liebsten treu und wird von ihm befreit. Olaf schenkt man großmütig das Leben. Doch er weiß es nicht zu danken und ermordet den edlen Esten. Die Gestalt des hinterlistigen betrügerischen Feindes erscheint auffallend oft in den zahlreichen estnischen Opern, die Stoffe aus der Geschichte darstellen. Hier wird die doppelte Form der frühen Kolonialisierung, mit Waffe und Wort, wiedergespiegelt.

Kaupos, der tapfere fürstliche Estenkrieger, unterliegt in der 1932 uraufgeführten Oper gleichen Namens nicht in der offenen Feldschlacht, sondern auf dem Krankenlager den Einflüsterungen eines Priesters. Der Heide Kaupos bekennt sich zum Katholizismus und zieht nach Rom, den Papst um den Segen zu bitten, denn er will nun selbst seine heidnischen Brüder bekehren. Die „Bekehrung" des Estenfürsten Kaupos ist historische Realität. Dieser Schachzug hat den Kreuzrittern viele Mühen erspart, denn Kaupos Schritt hatte unter den Esten große Verwirrung hervorgerufen. Adolf Vedro (1890—1944) orientierte sich in seiner Oper ›Kaupos‹ am Musikdrama Richard Wagners.

Der historisch reale Gegenspieler von Kaupos war sein ehemaliger Waffenbruder, der Krieger und Stammesfürst Lembitu. Und tatsächlich wurde auch diese historische Figur zu einer titelgebenden Operngestalt. Villem Kapp (1913—1964) erzählt in seiner Oper ›Lembitu‹ (1961) die Geschichte von Lembitus Sohn, der sechs Jahre in Gefangenschaft bei Kaupos und den Kreuzrittern lebt. Da Lembitu wiederum Kaupos Tochter gefangenhält, werden durch Vermittlung des Ritterordens die Kinder endlich gegeneinander ausgetauscht. Lembitus Sohn aber ist inzwischen ein Mönch geworden. Er ist seinem Volk entfremdet und hat den Auftrag, den heidnischen Vater zu ermorden. Von des Vaters Lauterkeit beeindruckt, sagt er sich aber vom Katholizismus und seinen falschen Freunden los und kämpft Seite an Seite mit dem Vater in der berühmten Schlacht des 21. September 1217 gegen die Ordensritter. Dieser historische Daten genau fixierende Stil ist eine weitere Eigenart im estnischen Opernschaffen.

Die Geschichte der Esten wurde bis ins 19. Jahrhundert im buchstäblichen wie im übertragenen Sinne von den Eroberern geschrieben. Die Entwicklung estnischer Literatur, Geschichtsschreibung und Folkloreforschung begann erst an der Wende zum 19. Jahrhundert. Wenn in den Opern historische Daten genau fixiert werden, enthält das den Anspruch der Esten, nun endlich ihre wahre, das heißt verifizierbare und daher zu datierende Geschichte zu schreiben.

Eugen Kapp (geboren 1908) wählte für seine Oper ›Feuer der Rache‹ den Aufstand der Esten in der St.-Jürgens-Nacht am 23. April 1343. Die Handlung schildert die Anlässe, die zu diesem Aufstand führten. Ein deutscher Herr fordert von einem estnischen Mädchen das Recht der ersten Nacht. Sie nimmt sich das Leben. Da schlagen die Bauern los und siegen. Das letztere allerdings steht in Widerspruch zur historischen Realität. Der 1343 begonnene Aufstand wurde 1345 niedergeschlagen. Der Komponist meinte mit seinem großen Siegesfinale auch weniger die Vergangenheit als vielmehr die Gegenwart. Die Oper wurde 1945 uraufgeführt. Die Esten von 1343 feiern ihren Sieg unter den Klängen revolutionärer Massenlieder des 20. Jahrhunderts.

Eugen Kapp arbeitete auch in seiner zweiten Oper, ›Der Sänger der Freiheit‹ (1950 uraufgeführt), mit genauen Daten. Der Prolog beginnt am 21. Juni 1940. An diesem Tag wurde in Estland die Sowjetmacht proklamiert. Der Epilog spielt am 22. September 1944, am Tag der Befreiung vom Hitlerfaschismus. Auch hier ist die Handlung wieder dem Schicksal einer realen Figur nachgestaltet. Der estnische Dichter Jan Siutist wurde von den Faschisten ermordet. Kapp schildert dessen tapferen Widerstand. Auch hier weicht der Komponist etwas von der Realität ab. Er läßt den vorbildhaften Dichter weiterleben, dafür aber fällt seine Geliebte durch die Kugeln des bereits in die Enge getriebenen Feindes.

Eino Tamberg (geboren 1930) versucht in seiner ersten Oper ›Das eiserne Haus‹ (1965) ebenfalls einer tragischen Handlung ein optimistisches Finale zu geben. Er erzählt, wie estnische Matrosen, Kommunisten, in der Zeit unmittelbar vor Ausbruch des zweiten Weltkrieges Waffentransporte verhindern. Sie werden ins Gefängnis geworfen. Aber dort bleibt ihnen das revolutionäre Lied, und ihr Gesang dringt durch die Kerkermauern.

Am Bemühen, jüngste Geschichte in der Oper darzustellen, wirkte auch Leo Normet (geboren 1922) mit. Der estnische Schriftsteller Hans Leberecht (1910—1960) hatte in seiner Erzählung ›Licht über Koordi‹ (1948) Konflikte der estnischen Landbevölkerung bei der Kollektivierung aufgegriffen. Interessant ist seine Erzählung, weil er zeigt, wie estnische Landarbeiter und Tagelöhner nicht für eine abstrakte Sowjetmacht, sondern dafür gekämpft hatten, daß sie endlich ihren eigenen Hof bekämen. Leo Normet gibt mit seiner 1955 uraufgeführten Oper ›Licht über Koordi‹ nur ein flaches Bild von den Problemen dieser Zeit.

1967 griff Valter Ojakäär (geboren 1923) auf das Stück ›Der König friert‹ von Tammsaare (1878—1940) zurück. Tammsaares 1936 geschriebenes Schauspiel ist eine Parabel über den Personenkult, den Werken von Jewgeni Schwarz vergleichbar. Der 1930 geborene Veljo Tormis ist mit seiner Kurzoper ›Schwanengesang‹ (1966) einer der wenigen Komponisten, die estnische Folklore zitieren. Ein Rousseausches Naturkind erinnert sich einer alten Legende. Ein Schwan, wenn er die Gefährtin verliert, schwingt sich in die Lüfte, hoch über den Wolken legt er seine Flügel zusammen und stürzt wie ein Stein zur Erde nieder. Da tötet ein berühmter Künstler aus der Stadt aus Übermut einen Schwan. Die Strafe ereilt ihn sofort. Seine Leinwand bleibt leer. Er hat keine Einfälle mehr.

Die Wahl von Stoffen der Weltliteratur ist den weltoffenen estnischen Komponisten nicht schwergefallen. So hat sich Eino Tamberg das Libretto für seine zweite, 1976 uraufgeführte Oper ›Cyrano de Bergerac‹ von Jaan Kroos (geboren 1920) schreiben lassen, der als Übersetzer von Béranger, Brecht, Jessenin, Heine und Shakespeare bekannt geworden ist. Eino Tamberg fand in dem verspielten Libretto die Möglichkeit, nach neoklassizistischer Manier Musiziermodelle verschiedener Zeiten und Länder zu mischen.

Einen wichtigen Schritt zur Gewinnung eines Gegenwartsthemas ging der 1947 geborene Raimo Kangro mit seiner Oper ›Opfer‹ (1981). Ihn interessierte, was die nach 1945 Geborenen tun, um die Idee einer menschlichen Gesellschaft zu realisieren, für die ihre Eltern gekämpft hatten.

Die Estnische SSR verfügt über zwei Opernhäuser, die 1865 in den Städten Tallinn und Tartu gegründet wurden. Sie heißen heute Theater Estonia und Theater Vanemune. Das Theater Estonia erhielt 1906 den Status eines Berufstheaters. Hier wurde 1928 die erste estnische Nationaloper, ›Die Wikinger‹ von Evald Aav, uraufgeführt.

Auch die Ausbildung der Musiker konzentriert sich auf diese beiden Städte. Die 1919 in Tartu eröffneten beiden Musikschulen wurden 1921 zu einer Höheren Musikschule vereinigt, und seit 1932 gibt es in Tallinn ein Konservatorium.

Literatur Estnische SSR. (Estonskaja SSR.) In: Geschichte der Musik der Völker der UdSSR. (Istorija musyki narodow SSSR.) Bd. 5, Teil 2, Moskau 1974; Monika Topman: Musik in Estland gestern und heute. Tallinn 1978 (dt.)

Georgische (Grusinische) Oper

Als der Erdball unter die Völker aufgeteilt wurde, gab es Gedränge und eine große Menschenschlange. Die Georgier mögen das nicht, also tranken sie Wein und warteten, bis alle gegangen waren. Nun aber war für sie nichts mehr übrig. Der liebe Gott erbarmte sich ihrer und gab ihnen das Fleckchen Erde, auf dem er selbst hatte leben wollen. So kam es, daß der Alte in den Himmel zog und die Georgier auf einem kleinen, aber dafür einmalig schönen Stück Erde leben. Das weiß eine alte Legende zu berichten.

Das schöne Land wurde aber alsbald eine Beute der Römer, Byzantiner, Perser, Araber, Mongolen, Türken und russischen Zaren. An die schweren vergangenen Zeiten erinnert heute nur noch die Grußformel: „Ich wünsche dir Sieg!" mit der Erwiderung: „Sei auch du ein Sieger!"

Vom 6. bis 4. Jahrhundert v. u. Z. befand sich auf dem Gebiet der heutigen Georgischen SSR ein Sklavenhalterstaat, der Kolchis genannt wurde. Nach dem Feldzug des Pompejus 65 v. u. Z. wurde das Gebiet römische Provinz. Neben den Römern teilten sich Perser und Araber das Land. An der Wende vom 11. zum 12. Jahrhundert konnten sich die Kaukasier von den Eroberern für kurze Zeit befreien, und es entwickelte sich unter König Georg III. (1156–1184) und dessen Tochter Tamar (1184–1212) ein bedeutender und mächtiger Feudalstaat. Diese Zeit blieb den folgenden Generationen als eine goldene in Erinnerung, denn das Land hatte danach unter mongolischen Eindringlingen zu leiden, und der 1783 mit dem zaristischen Rußland abgeschlossene Schutzvertrag führte zu kolonialer Abhängigkeit. Von 1917 bis 1922 dauerte der Kampf der Sowjetmacht. 1922 vereinigten sich Armenien, Aserbaidshan und Georgien zur Transkaukasischen Republik. 1936 wurde die Föderation gelöst, und es entstanden drei autonome Unionsrepubliken.

Die historischen Beziehungen zwischen russischer und grusinischer Kultur basierten auf dem Schutzvertrag von 1783 und trugen ambivalente Züge.

Der Zar konnte politisch unbequeme oder verdächtige russische Untertanen mit Titeln und Staatsfunktionen ehren und sie ins ferne Grusinien senden. Das kam mitunter einer unausgesprochenen Verbannung gleich. Das Leben des Dichters Alexander Gribojedow ist exemplarisch für ein solches Schicksal geworden. Alexander Puschkin, vom Zaren ebenfalls mit einem Ausflug nach Grusinien „geehrt", begegnete dem Dichterfreund auf seiner ›Reise nach Erzerum während des Feldzuges im Jahre 1829‹, und er schrieb in seinem Reisebericht: „Zwei Ochsen zogen einen zweirädrigen Karren den steilen Weg hoch. Einige Grusinier begleiteten den Karren. ‚Woher kommt ihr?' fragte ich sie. ‚Aus Teheran.' — ‚Was habt ihr auf dem Wagen?' — ‚Den Gribojed.' Das war der Leib des toten Gribojedow, der nach Tiflis überführt wurde … Er kam unter den Dolchen der Perser um, ein Opfer der Unwissenheit und des Vertragsbruchs. Sein verunstalteter Leichnam, der dem Pöbel von Teheran drei Tage lang als Spielball gedient hatte, konnte nur an der Hand, die früher von einer Pistolenkugel verletzt worden war, identifiziert werden."

GEORGISCHE (GRUSINISCHE) OPER

David Toradse (geboren 1922) hat in seiner Oper ›Die Braut des Nordens‹ (1958) Gribojedows Leben zu einer effektvollen Liebesgeschichte geformt. Gribojedow stirbt bei Toradse, weil ihn ein eifersüchtiger Nebenbuhler ermordet. Die Realität war anders. Gribojedow hatte in den Konflikten zwischen Grusiniern, Armeniern und Persern zu vermitteln versucht. Der russische Dichter tat damit das, wozu der Zar nach dem Schutzvertrag verpflichtet war, er vertrat die Interessen des grusinischen Volkes. David Toradse war weniger an einer historisch getreuen Darstellung gelegen als vielmehr an einer Huldigung des Dichters, den er sich als eine leidenschaftliche, kämpferische Persönlichkeit dachte. Damit entsprach er der Wahrheit, denn Alexander Puschkin erinnerte sich: „Ich lernte Gribojedow 1817 kennen... Er verließ Petersburg und die müßigen Zerstreuungen, reiste nach Grusinien, wo er acht Jahre in unermüdlicher Tätigkeit lebte. Seine Rückkehr im Jahre 1824 bedeutete einen Umschwung in seinem Schicksal und war der Beginn ununterbrochener Erfolge. Die Komödie ›Verstand schafft Leiden‹ hatte eine unbeschreibliche Wirkung und stellte ihn plötzlich in eine Reihe mit unseren besten Dichtern. Einige Zeit danach bot ihm seine umfassende Kenntnis des Landes, in dem der Krieg begann, die Möglichkeit eines neuen Wirkungsfeldes; er wurde zum Botschafter ernannt. In Grusinien angekommen, heiratete er die, die er liebte... Ich kenne nichts Beneidenswerteres als die letzten Jahre seines stürmischen Lebens." (›Reise nach Erzerum während des Feldzuges im Jahre 1829‹)

Die Beziehungen zwischen russischen und grusinischen Musikern waren Ende des 19. Jahrhunderts sehr eng und freundschaftlich. Der russische Komponist Michail Ippolitow-Iwanow lebte von 1882 bis 1892 in Tiflis, gründete hier eine Zweigstelle der Russischen Musikgesellschaft und nahm Einfluß darauf, daß die Musikschule der Stadt den Rang eines Konservatoriums erhielt. Von ihm stammt eine der ersten Sammlungen georgischer Lieder sowie die theoretische Arbeit ›Das grusinische Lied und seine gegenwärtige Beschaffenheit‹.

„In den 80er Jahren (des 19. Jahrhunderts — S. N.) wurde Tiflis zu einem Zentrum der Opernkunst... Im Repertoire des (Russischen, 1851 gegründeten — S. N.) Theaters befanden sich, dank der Einflußnahme Michail Ippolitow-Iwanows, Opern wie ›Ein Leben für den Zaren‹, ›Ruslan und Ljudmila‹, ›Russalka‹, ›Die Mainacht‹, ›Der Dämon‹, ›Feramors‹, ›Die Maccabäer‹, ›Kaufmann Kalaschnikow‹, ›Eugen Onegin‹, ›Die Jungfrau von Orleans‹, ›Maseppa‹, ›Die Zauberin‹, ›Rogneda‹, ›Des Feindes Macht‹ ..." (Abram Gosenpud). Russische Künstler — unter ihnen Fjodor Schaljapin, Anton Rubinstein, Pjotr Tschaikowski — gastierten regelmäßig in Tiflis. Umgekehrt nutzten grusinische Komponisten die Möglichkeit, in Petersburg oder Moskau zu studieren.

Dazu gehörte auch Meliton Balantschiwadse (1862—1937). Der I. Akt seiner Oper ›Die hinterlistige Tamar‹ wurde, dank Unterstützung und Förderung durch Anton Rubinstein, bereits 1897 konzertant in Petersburg aufgeführt. Das Jahr 1897 gilt daher als Entstehungsjahr der grusinischen Oper, obwohl ›Tamar Zbieri‹ erst 1926 szenisch in Tbilissi uraufgeführt wurde. Meliton Balantschiwadse war ein Schüler Rimski-Korsakows. Er griff in ›Tamar Zbieri‹ einen nationalen Stoff auf, doch interessierten ihn weniger die historischen Ereignisse als vielmehr die Eifersuchtstragödie der schönen Tamar. Musikalisch-dramaturgisch lehnte sich Balantschiwadse an das Vorbild früher Verdi-Opern an. ›Tamar Zbieri‹ kann nur bedingt als grusinische Oper gezählt werden, denn der russische Komponist Nikolai Tscherepnin half seinem grusinischen Kollegen und beeinflußte nicht unwesentlich die Komposition.

Von einer eigenständigen nationalen grusinischen Opernkunst kann man erst seit 1919 sprechen, als Sachari Paliaschwilis große Tragische Oper ›Abessalom und Eteri‹ sowie Viktor Dolidses kleine Komische Oper ›Keto und Kote‹ uraufgeführt wurden. Sachari Paliaschwili (1871—1933) ist der Begründer der klassischen grusinischen Kunstmusik. Das Staatliche Akademische Theater für Oper und Ballett in Tbilissi trägt seit 1937 seinen Namen.

1919 kam auch Dmitri Arakischwilis (1873—1953) Oper ›Legende von Schota Rustaweli‹ zur Uraufführung. Arakischwili begründete damit die Tradition, Dichter oder deren Kunstfiguren zu Helden einer Opernhandlung zu machen. David Toradses schon erwähnte Gribojedow-Oper ›Die Braut des Nordens‹ von 1958 gehört in diese Tradition, ebenso Schalwa Mschwelidses (geboren 1904) ›Legende von Tarieliani‹ (1946, nach Schota Rustawelis ›Der Recke im Tigerfell‹) und Otar Taktakischwilis (geboren 1924) ›Mindija‹ (1961).

Sachari Paliaschwili machte mit seinen beiden Opern ›Daisi‹ (1923) und ›Latawra‹ (1928) den Anfang, historische Ereignisse in legendenhafter Form aufzubereiten. Hierin folgten ihm Schalwa Asmaiparaschwili (1902—1957) mit ›Chewisberi Gotscha‹ (1951) nach der gleichnamigen Erzählung von Alexander Kasbegi, Alexander Bukija (geboren 1906) mit ›Arsen‹ (1958) nach dem gleichnamigen Volkslied des 19. Jahrhunderts, Rewas Lagidse (geboren 1921) mit ›Lela‹ (1975) und Otar Taktakischwili mit ›Der Raub des Mondes‹ (1977).

Grigori Kiladse (1902—1962) brachte mit ›Lado Kezchoweli‹ (1941) einen Kommunisten und Berufsrevolutionär auf die Opernbühne.

Otar Taktakischwili wollte 1967 in ›Drei Novellen‹ das Entstehen revolutionärer Situationen durch die Schilderung von Einzelschicksalen darstellen.

Andrej Balantschiwadse (geboren 1905) versuchte 1949 mit seiner lyrisch-komischen Oper ›Msija‹ das Erbe von Victor Dolidse anzutreten, ebenso Otar Taktakischwili mit ›Mususi‹ (1978).

Die jahrtausendealte, hochentwickelte grusinische Literatur ist eine unerschöpfliche Stoffquelle. So finden sich Epen des 11. Jahrhunderts wie ›Eteriani‹ oder ›Tarielani‹ in Sachari Paliaschwilis ›Abessalom und Eteri‹ und in Schalwa Mschwelidses ›Legende von Tarieliani‹, Schota Rustawelis um 1200 entstandener ›Recke im Tigerfell‹ in Dmitri Arakischwilis ›Legende von Schota Rustaweli‹ und das ›Lied von Arsen‹ in Alexander Bukijas ›Arsen‹. Das ›Lied von Arsen‹ war Anfang des 19. Jahrhunderts, zur Zeit der Bauernaufstände gegen das Leibeigenschaftsregime, entstanden.

Dichter wie Ilia Tschawtschawadse (1837—1907), Akaki Zeretelli (1840—1915), Alexander Kasbegi (1848—1893) und Washa-Pschawela (1861—1915) brachten die Einheit von nationalen und sozialen Interessen in kräftigen poetischen Bildern und eigenartigen Menschenschicksalen zur Anschauung.

Auf Figuren und Motive ihrer Werke griffen Alexej Matschawariani (geboren 1913) mit ›Mutter und Sohn‹ (1945), Meliton Balantschiwadse mit ›Tamar Zbieri‹, Schalwa Asmaiparaschwili mit ›Chewisberi Gotscha‹ und Otar Taktakischwili mit ›Mindija‹ zurück. In der Geschichte der grusinischen Oper haben die Handlungsschemata und Kompositionsweisen russischer Komponisten, hier vor allem Alexander Serows, Nikolai Rimski-Korsakows und Pjotr Tschaikowskis, unverkennbare Spuren hinterlassen. Der Vokalpart wurde nach dem Vorbild des italienischen Operntheaters, besonders des jungen Verdi, gestaltet.

Die russische Kunstmusik war zweifellos wichtig für die Herausbildung der grusinischen Berufsmusik. Doch erlagen manche Komponisten dem starken Vorbild und vernachlässigten die Besonderheiten ihrer Stoffe und Themen.

Sachari Paliaschwili und Victor Dolidse (›Keto und Kote‹) gelang 1919 ein erster, beispielgebender Schritt zur Selbständigkeit. Bei beiden vermischen sich reale und phantastische Elemente, europäische und orientalische Theaterformen, gibt es ein Mit- und Nebeneinander von Charakteren und Typen, von dramatischen und epischen Spielformen. Der Vokalstil ist durch reiche Melismatik charakterisiert. Unter den solistisch, ornamental-figurativ geführten Instrumenten dominieren die Holzbläser. Auffallend ist ein metro-rhythmisches Prinzip, der Wechsel zwischen geraden und ungeraden Akzenten. Sachari Paliaschwili nutzte den grusinischen bäuerlichen Chorgesang, Viktor Dolidse die städtische Folklore als Inspirationsquelle.

Seit 1969 verfügt die Georgische SSR über zwei Opernhäuser, nachdem in der Stadt Kutaisi eine zweite Spielstätte für Opern und Ballett eröffnet worden war.

Das Große Staatliche Akademische Theater für Oper und Ballett Sachari Paliaschwili befindet sich in der Hauptstadt, die seit 1921 in der Landessprache Tbilissi — heiße Stadt — genannt wird. Auch dazu wußte Alexander Puschkin bereits 1829 zu berichten: „Tiflis liegt an den Ufern der Kura in einem Tal, das von steinigen Bergen umgeben ist. Sie schützen es von allen Seiten vor dem Wind und erwärmen, von der Sonne erhitzt, nicht nur die unbewegliche Luft, sondern bringen sie fast zum Glühen. Dies ist der Grund für die unerträgliche Hitze, die in Tiflis herrscht, obwohl die Stadt nur auf dem einundvierzigsten Breitengrad liegt. Ihr eigentlicher Name (Tbilis-Kalar) bedeutet ‚heiße Stadt'."

Literatur Grusinische musikalische Kultur. (Grusinskaja musykalnaja kultura.) Moskau 1958; Ljudmila Poljakowa: Otar Taktakischwili. Moskau 1956 und 1979; Wladimir Donadse: Sachari Paliaschwili. Moskau 1958 und 1971; Abram Gosenpud: Das russische Operntheater des 19. Jahrhunderts. (Russki operny teatr XIX weka.) Leningrad 1973; Grusinische SSR. (Grusinskaja SSR.) In: Geschichte der Musik der Völker der UdSSR. (Istorija musyki narodow SSSR.) Bd. 5, Teil 2, Moskau 1974

Jakutische Oper

Das kleine turksprachige Volk von Pferdezüchtern im Osten Sibiriens wurde seit dem 17. Jahrhundert von Stammesfürsten beherrscht. Diese schlossen sich 1632 Rußland an. Im 18. Jahrhundert wurde die Bevölkerung christianisiert, doch hielten sich animistische und totemistische Vorstellungen bis ins 20. Jahrhundert.

Ein großartiges Bild der Koexistenz heidnischer und christlicher Vorstellungen gibt das jakutische Heldenepos ›Oloncho‹, das mündlich überliefert wurde. Denn erst 1938 entstand auf der Grundlage des russischen Alphabets eine jakutische Schriftsprache. Der Begründer der jakutischen Literatur, Platon Ojunski (1893–1939), zeichnete das ›Oloncho‹ auf und publizierte es unter dem Titel ›Njurgun Bootur, der Kühne‹. Es umfaßt neun Gesänge und sechsunddreißigtausend Verse. Platon Ojunski dramatisierte 1938 das ›Oloncho‹ und schuf damit das erste jakutische Drama. Er nannte es nach der weiblichen Hauptgestalt ›Tuiaamyra-Kuo‹. Auf dieses Schauspiel griff 1940 der Dramatiker Dmitri Siwzew zurück und gestaltete gemeinsam mit dem jakutischen Komponisten Mark Shirkow das musikalische Drama ›Njurgun Bootur‹. Fünf Jahre später entstand auf dieser Grundlage in Zusammenarbeit mit dem Kiewer Komponisten Heinrich Litinski die erste jakutische Oper gleichen Titels. Sie wurde 1947 am Musikalisch-Dramatischen Theater Platon Ojunski in Jakutsk uraufgeführt.

Das ›Oloncho‹ und die nach ihm entstandenen Dramen sowie die Oper ›Njurgun Bootur‹ geben auch einen Einblick in mannigfaltige Beziehungen, die zwischen den Motiven der russischen und sibirischen Folklore bestehen.

Nikolai Leskow schildert in seiner Erzählung ›Am Ende der Welt‹, wie die sibirischen Stämme durch die russischen Kolonisatoren christianisiert wurden. Russische Geistliche und Laienbrüder brachten die christliche Mythologie nach Sibirien. Sie wurde von den Jakuten partiell angenommen. Gleichzeitig gingen die Motive jakutischer Legenden und Erzählungen in den Märchenschatz russischer Ansiedler ein. Auffallende Ähnlichkeit in den Grundvorgängen läßt sich zwischen dem ›Oloncho‹, Puschkins ›Ruslan und Ljudmila‹ und dementsprechend Glinkas gleichnamiger Oper feststellen: Brautraub während der Hochzeit; Befreiung der Braut, die aber entseelt ist; Rückführung des Körpers in die Heimat; Zurückgewinnung der Seele durch einen Dritten, der dem Bräutigam hilft, die Geliebte zum Leben zu erwecken.

Das goldene Ei, im ›Oloncho‹ Symbol des Glückes, erinnert an Kaschtschejs Ei, von dessen Bestand das Leben des mächtigen Zauberers im russischen Märchen abhängt.

In die polytheistische jakutisch-heidnische Vorstellungswelt war durch das Christentum monotheistisches Gedankengut eingedrungen. Ein oberster Richter hat im ›Oloncho‹ höchste Macht, sogar über die Titanen. Er ist hart, grausam und unerbittlich.

In der ersten jakutischen Oper ›Njurgun Bootur‹ werden zwei unterschiedliche Stile miteinander verbunden: die erzählend-deklamierende Art des Olonchovortrages und der europäisch-akademische Gesang.

Jakutische Oper

Nach ›Njurgun Bootur‹ entstanden innerhalb von zwanzig Jahren drei weitere jakutische Opern, die alle am Musikalisch-Dramatischen Theater in Jakutsk uraufgeführt wurden: ›Lookut und Njurgusun‹ von Grant Grigorjan (1959), ›Das Lied von Mantschary‹ von Eduard Aleksejew und Hermann Komrokow (1967) sowie ›Der rote Schamane‹ von Heinrich Litinski (1967) nach Platon Ojunskis 1925 entstandenem gleichnamigem Versdrama.

Mark Shirkow (1892—1951) und Grant Grigorjan (1919—1962) sind die Begründer einer professionellen jakutischen Musik. Mark Shirkow, gebürtiger Jakute, hatte am Moskauer Konservatorium studiert. Er leitete die musikalische Abteilung des Nationaltheaters in Jakutsk und betätigte sich als Sammler und Herausgeber jakutischer Folklore.

Grant Grigorjan, in Suchumi geboren, war Schüler von Heinrich Litinski am Moskauer Konservatorium. Er lebte und arbeitete seit 1953 bis zu seinem Tode in der Jakutischen ASSR und ist der Schöpfer der ersten jakutischen sinfonischen Werke.

Kasachische Oper

Die Kasachische Sozialistische Sowjetrepublik ist die zweitgrößte Unionsrepublik, neben der RSFSR und der Ukraine die dritte große Kornkammer der Sowjetunion. Die Erde Kasachstans, so heißt es, enthalte fast alle Elemente des Mendelejewschen Periodensystems: Temirtau heißt der eiserne Berg, Mystau ist der kupferne, Korgassyntau der bleierne, Altyntau der goldene Berg, und Chromtau ist auch ohne Übersetzung verständlich. In der kasachischen Steppe liegt Baikonur. Von hier aus startete am 4. Oktober 1957 mit dem Sputnik 1 der erste künstliche Erdsatellit. Doch wenn man einen Kasachen loben will, dann nennt man ihn noch heute „Dshigit" — Reiter. So erinnert man sich im Alltag der modernen, schnell wachsenden Städte an die Vergangenheit.

Die kasachische Völkerschaft bildete sich aus türkischen Stämmen, die als nomadisierende Viehzüchter seit dem 6. Jahrhundert v. u. Z. in den kasachischen Steppen lebten. In der Mitte des 15. Jahrhunderts entstanden Chanate, die ersten feudalen Kleinstaaten. Kriege zwischen den einzelnen Chanaten hemmten die wirtschaftliche Entwicklung. Das zaristische Rußland machte sich die Streitigkeiten der kasachischen Feudalherren zunutze, indem es sich bald mit diesem, bald mit jenem Chan verbündete, und eignete sich zwischen 1731 und 1868 die kasachischen Länder an. Zwar entwickelten sich durch den Anschluß an den russischen Markt Handel und Gewerbe, doch hatten die Kasachen nun neben der Ausbeutung durch die eigenen Feudalherren auch noch die koloniale Unterdrückung durch Rußland zu erdulden.

Die doppelt Geknechteten versuchten wiederholt sich zu befreien. Ein Aufstand von 1916 wurde noch niedergeschlagen, die 1918 errichtete Sowjetmacht im Bürgerkrieg aufgerieben. Am 26. August 1920 aber unterzeichneten Lenin und Kalinin das Dekret zur Bildung einer autonomen Kasachischen Sowjetrepublik, und seit 1936 ist Kasachstan eine Sozialistische Sowjetrepublik.

1807 war das erste Buch in kasachischer Sprache erschienen. Seit 1941 wird eine kasachische Schrift auf kyrillischer Grundlage verwendet.

Russische Orientalisten, zum Beispiel Wassili Radlow (1837—1918), machten im 19. Jahrhundert die kasachische Folklore zu einem Gegenstand allgemeinen Interesses. Mit den russischen Intellektuellen kam demokratisch-revolutionäres Gedankengut nach Kasachstan. Schöpfer der modernen nationalen kasachischen Literatur war der Dichter Abai Kunanbajew (1845—1904). Er verbreitete durch seine Übersetzungen aus dem Russischen die Ideen der revolutionären Demokraten in Kasachstan. Abai Kunanbajew selbst trat für eine Umwandlung der feudal-patriarchalischen kasachischen Gesellschaft ein. Das war keineswegs ungefährlich.

Andere Dichter, wie Schortanbai Kanajew (1818—1881) und Dulat Babatajew (1802—1871) verherrlichten dagegen die feudal-patriarchalischen Zustände. So war die Herausbildung der kasachischen Nationalliteratur an die Auseinandersetzung um die politische Zukunft Kasachstans geknüpft. Hier setzt die Opernentwicklung an.

Latyf Chamidi (geboren 1906) gestaltete gemeinsam mit dem Komponisten Achmet Shubanow (1906—1968) in der 1944 am Operntheater Alma-Ata uraufgeführten Oper ›Abai‹ eine Episode aus dem Leben Kunanbajews. ›Abai‹ ist die erste kasachische Oper.

Das Kasachische Staatliche Akademische Theater für Oper und Ballett in Alma-Ata wurde 1934 gegründet und trägt seit 1945 den Namen Abai Kunanbajews.

Die Oper ›Abai‹ erzählt von der Aufhebung eines alten Brauches. Bei den nomadisierenden kasachischen Viehhirten wurde eine Frau, deren Mann gestorben war, an den Bruder des Verstorbenen verheiratet. Das entsprang praktisch-wirtschaftlichen Überlegungen. Die Arbeits- und Gebärkraft der Frau blieb so der Sippe erhalten, die Frau selbst gewann einen Beschützer für sich und ihre Kinder. In der Oper ›Abai‹ gerät eine Frau in Konflikt mit diesem Sippengesetz. Sie flieht mit ihrem Geliebten, wird aber von der Familie verfolgt und gefangengenommen. Ihr und ihrem Geliebten droht der Tod. Der Dichter und Aufklärer Abai Kunanbajew (als Opernfigur) kann eine Lynchjustiz verhindern und überzeugt die Kasachen von der Notwendigkeit, sich von diesem Brauch zu trennen. Die Frau darf den selbsterwählten Mann heiraten.

Von Bräuchen ähnlicher Art wird auch in der kasachischen Erzählung von der schönen Kys-Shibek berichtet, die zur Titelheldin einer Oper des russischen Komponisten Jewgeni Grigorjewitsch Brussilowski (1905—1981) wurde. Brussilowski lebte und arbeitete von 1933 bis zu seinem Tode in Kasachstan. Mit seiner Oper ›Kys-Shibek‹ wurde 1934 das Opernhaus Alma-Ata eröffnet.

›Kys-Shibek‹ galt eine Zeitlang als erste kasachische Oper. Kasachisch aber ist nur das Sujet. Die schöne Kys-Schibek ist in das Gedächtnis des Volkes eingegangen und wurde in Liedern besungen, weil sie darauf bestand, nur den zu heiraten, den sie liebte. Sie wies viele Freier aus ihrer Sippe ab und gab ihr Jawort einem fremdstämmigen Jüngling. Dieser aber wurde von einem der Abgewiesenen umgebracht. Kys-Shibek beging Selbstmord. Brussilowski hat die kasachische Erzählung in eine Eifersuchtstragödie umgewandelt. Ähnlich verfuhr er dann auch in seiner 1937 uraufgeführten Oper ›Er-Targyn‹ mit dem gleichnamigen kasachischen Heldenepos. Mitte der 40er Jahre schuf er gemeinsam mit dem kasachischen Komponisten Mukan Tulebajew (1913—1960) die Oper ›Amangeldy‹ (1945).

Latyf Chamidi, Jewgeni Brussilowski und Mukan Tulebajew komponierten 1945 die kasachische Nationalhymne.

Später bedurfte Tulebajew der Hilfe Brussilowskis nicht mehr. Er stellte mit seiner Oper ›Birshan und Sarah‹ (1946) eine ihrem Gehalt nach kasachische Oper vor. Birshan und Sarah waren zwei beliebte Akyne — so nannte man seit dem Mittelalter die kasachischen Sänger. Zu ihrem Gesang begleiteten sie sich auf der Kobys und der Dombra, den beliebten kasachischen Streich- und Zupfinstrumenten.

Es bildeten sich zwei Gattungen der Akyn-Poesie heraus. In den Aitys trug man den öffentlichen Sängerwettstreit aus, in Tolgaus brachte man Erzählungen und Berichte zu Gehör. Der Aitys war ein Gesangsdialog, der Tolgau eine melodische, rezitativische Art von Meditation. Um Aufmerksamkeit zu erwecken, begannen die Akyne ihren Tolgau oder die jeweilige Strophe mit einem langgedehnten Rufton.

Manche der auf den Marktplätzen entstandenen Aitys oder Tolgaus wurden berühmt. Von den Akynen mündlich überliefert, wurden sie erst im 19. Jahrhundert aufgeschrieben.

In Tulebajews Oper tragen Birshan und Sarah auf dem Marktplatz ihren Aitys aus. Da die beiden Liebenden für ihre fortschrittliche Gesinnung leiden müssen und getrennt werden, erhalten sie vom Komponisten die Gelegenheit, ihrem Schmerz in Tolgaus Ausdruck zu geben. Tulebajew nutzte die in der Volksmusik vorgebildeten Musiziermodelle geschickt für seine Opernkomposition.

In der Form der Komischen Oper versuchte sich der 1924 geborene Sydych Muchamedshanow 1974 mit der Verwechslungskomödie ›Aisulu‹.

Zum Standard der jungen kasachischen Oper gehört das Liebespaar, dessen Glück an den feudal-patriarchalischen Verhältnissen zerbricht. Erkegali Rachmadijew (geboren 1934) hat mit seinen Opern ›Anar-Sulu‹ (1964) und ›Alpamys‹ (1972) solche Schicksale gestaltet. Die populäre Oper ›Anar-Sulu‹ entstand nach dem Roman ›Wer ist schuld?‹ von Sultan-Machmud Toraigyrow (1893—1920) und erzählt das Schicksal der Akyne Anar-Sulu, die an einen reichen Bei verkauft wird. Zum 60. Jahrestag der Gründung Kasachstans, im August 1980, schrieb Rachmadijew seine Oper ›Das Lied vom Neuland‹.

Die jüngste Geschichte und die Zeit des Großen Vaterländischen Krieges fanden auch in der kasachischen Oper mit dem 1981 uraufgeführten Werk ›Die Achtundzwanzig‹ von Gasisa Shubanowa ihre Widerspiegelung. Die 1928 geborene Tochter des Komponisten Achmet Shubanow erinnert in ihrer nach einem Libretto von Aserbaidshan Manbetow geschriebenen Oper an die 28 blutjungen Kämpfer der späteren Panfilow-Gardedivision. Es waren vor allem Kasachen und Kirgisen. Sie stellten sich auf der Höhe 25 an der Wolokolamsker Chaussee 50 faschistischen Panzern entgegen.

Die erste Oper von Gasisa Shubanowa, ›Jenlik und Kebek‹ (1975), geht auf eine kasachische Volkslegende und ein Drama von Muchtar Auesow zurück. Erzählt wird auch hier von zwei Liebenden, die durch ein erstarrtes Sittengesetz nicht zueinander kommen können.

Bei aller Unterschiedenheit im Detail wird das kasachische Opernschaffen vom Vorbild der klassischen russischen Oper des 19. Jahrhunderts stark bestimmt. Folklore findet sich meist nur als schmückendes Beiwerk.

Literatur Anatoli Kelberg: Komponisten des Sowjetischen Kasachstan. (Kompository sowjetskogo Kasachstana.) Alma-Ata 1958; Achmet Shubanow: Die Musik des kasachischen Volkes bis zur Großen Oktoberrevolution. (Musyka kasachskogo naroda do Welikoi Oktjabrskoi rewoljuzii.) In: Abriß der Geschichte der kasachischen sowjetischen Musik. (Otscherki po istorii kasachskoi sowjetskoi musyki.) Alma-Ata 1962; Kasachsche SSR (Kasachskaja SSR) In: Geschichte der Musik der Völker der UdSSR. (Istorija musyki narodow SSR.) Bd. 5, Teil 2, Moskau 1974; S. Kusembajew: Das Herrliche zu besingen. (Wospet prekrasnoje.) Alma Ata 1982

Kirgisische Oper

Die turksprachigen Kirgisen erhielten erst 1924 eine Schrift. Doch die nomadisierenden kirgisischen Hirten, die vom 13. bis 15.Jahrhundert das von Mongolen beherrschte Gebiet besiedelt hatten, besaßen eine sehr reiche Volksdichtung, die durch Sänger (Akyne) lebendigerhalten und weitergegeben wurde. Das sogenannte große Epos ›Manas‹ und die kleinen Epen, unter ihnen ›Kurmanbek‹, spiegeln die Weltanschauung und die Lebensweise der nomadisierenden Hirten wider, unter denen sich Reste der Gentilordnung bis ins 20.Jahrhundert bewahrten. Arbeitslieder (Opmaida), Klagelieder (Koschok) und Lehrgedichte (Terme) begleiteten den Alltag dieses Volkes.

Die Begründer der kirgisischen Sowjetliteratur waren Sänger und Schriftsteller zugleich. Togolok Moldo (1860—1942) und Toktogul Satylganow (1864—1933) zogen schon als Kinder durchs Land, dichteten und komponierten und trugen ihre Lieder auf den Märkten vor. Toktogul Satylganow wurde vom zaristischen Regime, das sich Mitte des 19.Jahrhunderts die kirgisischen Gebiete angeeignet hatte, in die Verbannung geschickt. Er kam dort in Kontakt mit russischen Revolutionären, floh aus Sibirien und beteiligte sich aktiv an den revolutionären Umwälzungen in seiner Heimat. Mit dem Jahr 1924 begann nicht nur die kirgisische Schriftsprache, in diesem Jahr wurde auch das kirgisische Gebiet autonom (Karakirgisisches Autonomes Gebiet). Es erschien die erste kirgisische Zeitung, *Erkin-Too* (Freie Berge). 1926 wurde die Kirgisische ASSR und 1936 die Kirgisische SSR gegründet. Toktogul Satylganow war nicht nur der Stammvater der kirgisischen Nationalliteratur, sein Leben selbst erscheint exemplarisch für den Weg der kirgisischen Intelligenz. Dreimal — 1940, 1956 und 1958 — machte man Toktogul Satylganow zum Helden einer Oper.

1938/39 komponierte Alexander Weprik (1899—1958) seine Oper ›Toktogul‹, 1940 in Frunse uraufgeführt. Das Libretto schrieb Dshoomart Bokonbajew. 1950 bis 1956 schufen die Komponisten Mukasch Abdrajew (1920—1979) und Abdylas Maldybajew (1906—1978) in Koproduktion eine neue Toktogul-Oper, die 1956 auf der Bühne des Operntheaters in Frunse erschien. Als Librettist hatte sich zu Dshoomart Bokonbajew der Schriftsteller Kubanytschbek Malikow gesellt. Das Libretto beider wurde, um zwei Bilder gekürzt, 1957 noch einmal vertont, nun von zwei russischen und einem kasachischen Komponisten. Wladimir Georgijewitsch Fere (1902—1971), Wladimir Alexandrowitsch Wlassow (geboren 1903) und Abdylas Maldybajew hatten bereits 1946 gemeinsam die Staatshymne der Kirgisischen SSR komponiert, 1970 erhielten sie für ihre Oper ›Manas‹ den Staatspreis der Kirgisischen Republik. Ihre Toktogul-Oper nannten sie ›Toktogul, der Sänger des Volkes‹. 1958 wurde sie in Frunse uraufgeführt und noch im selben Jahr zur Dekade der Kirgisischen Kunst und Literatur in Moskau gezeigt. In Text und Musik griffen sie die Lieder von Toktogul Satylganow auf und ahmten stilistische Merkmale der kirgisischen Volksmusik nach: die rezitativische Intonation, gedehnte, häufig ritardierende Melodien und die schnellen chromatisch-gleitenden Läufe an emotionalen Höhepunkten.

Die Akyne begleiteten ihren Gesang auf dem dreisaitigen Komus, der deshalb im Orchester vertreten ist. Die Melodie wird auf der Mittelsaite, die höher als die anderen gestimmt ist, gespielt. Sie kann in parallelen Quarten und Quinten begleitet werden. Beim Präludieren und bei der Gesangsbegleitung zeigten die Spieler artistische Behendigkeit und Virtuosität: Man spielte auf dem Komus, den man bisweilen über den Kopf hob, auf die Schulter legte, auf den Rücken, über das Bein warf, dabei nicht selten auf dem Pferde galoppierend.

Als erste kirgisische Oper gilt die 1939 uraufgeführte ›Mondgleiche‹ (›Ai-tschurek‹), die nach einer Episode des ›Manas‹-Epos entstand. Zum Triumvirat der Komponisten Fere, Wlassow und Maldybajew gesellte sich hier ein Triumvirat von Schriftstellern. Dshussup Tursubekow (1920—1943), Dshoomart Bokonbajew (1910—1944) und Kubanytschbek Malikow (geboren 1911) erzählen die Geschichte von Ai-tschurek, die ihrer Schönheit wegen die Mondgleiche genannt wird. Sie wird von Freiern bedrängt, die das Land zu unterjochen drohen. Ai-tschurek ist nach einer Absprache der Väter Semetej, dem Sohn von Manas, als Braut bestimmt. Vergeblich wartet sie jedoch auf ihren Bräutigam. Semetej hat des Vaters Wort und seine Braut vergessen. Er lebt fern von ihr und glücklich mit seiner Frau Tschatschikej. Die Mondgleiche macht sich auf, sucht und findet den Recken, erinnert ihn an das Versprechen des Vaters. Semetej folgt ihr und verjagt die bösen Freier aus dem Land. Semetej und Ai-tschureks Hochzeit bedeutet das Ende der Fremdherrschaft. Die Librettisten haben die Eigenheiten des alten Epos bewahrt. So wird zum Beispiel der Vorgang, daß ein „verheirateter" Mann ein Mädchen freit, nicht für eine moderne, an der Einzelehe orientierte Moral verändert. Die im ›Manas‹-Epos bewahrte Erinnerung an die Gentilordnung bleibt erhalten.

Saira Kiisbajewa ist als erste Interpretin der Mondgleichen in die kirgisische Operngeschichte eingegangen. Ihre künstlerische Biographie steht beispielhaft für die Entwicklung der kirgisischen Opernsänger der ersten Generation. Als junges Mädchen bewarb sie sich 1936 bei einem Wettbewerb des Volkskunstschaffens, der ausgeschrieben worden war, um für das Opernstudio am dramatischen Theater Frunse Sänger zu gewinnen. 1937 gab sie ihr Debüt in einer Musikalischen Komödie, und 1939 sang sie bereits die Mondgleiche in der gleichnamigen Oper. „Sie kam ans Theater ohne jegliche musikalische Vorbildung, aber schon nach zehn Monaten studierte sie am Moskauer Konservatorium. Der Krieg unterbrach ihre Ausbildung. Sie kehrte ans Theater zurück, um während des Krieges zu arbeiten und an der Front aufzutreten. Sofort nach dem Studium vollendete sie ihre Ausbildung, wobei ihr die Beherrschung des klassischen Repertoires die größten Anstrengungen abverlangte ... Heute verfügt das kirgisische Theater über viele hervorragende Sänger, aber ich meine, jeder von ihnen sollte von Saira Kiisbajewa lernen." Das schrieb der Komponist Wladimir Wlassow über seinen ehemaligen Schützling.

Die Entwicklung der nationalen Opernkunst war ursprünglich mit dem Volkskunstschaffen eng verbunden. „Die Herausbildung ... eines professionellen Musikschaffens — Chorgesang und Ensemblespiel auf Volksinstrumenten — vollzog sich am dramatischen Theater. Aus dem Ensemble des dramatischen Theaters gingen die Schauspieler-Sänger hervor." (Wiktor Winogradow: Kirgisische SSR) 1926 gründete man in Frunse ein Theaterstudio und 1930 ein dramatisches Theater, dem man 1935 ein Opernstudio angliederte. Seit 1936 werden hier auf Beschluß der Kommunistischen Partei auch musikalisch-dramatische Werke aufgeführt. Die kirgisische Republik verfügt seit 1942 über ein Staatliches Akademisches Theater für Oper und Ballett in Frunse, das während der Sommermonate in den verschiedenen Städten des Landes gastiert. Im Repertoire dominieren russische und italienische Opern des 19. Jahrhunderts. Kirgisiens berühmtester Sänger, der Baß Bulat Minshilkijew, gastiert, als Boris Godunow zum Beispiel, oft am Bolschoi Theater Moskau, in anderen Rollen auch an der Mailänder Scala.

Mit Tschingis Aitmatow ist die kirgisische Literatur weltbekannt geworden. Der Schriftsteller selbst hat (zusammen mit S. Bogomolow) ein Opernlibretto nach seiner Erzählung ›Dshamilja‹ geschrieben. Der 1901 geborene russische Komponist Michail Rafailowitsch Rauchwerger vertonte das Libretto und zitierte in seiner Lyrischen Oper ›Dshamilja‹ mehr als vierzig kirgisische Volksliedmelodien.

Aber auch in dieser 1961 am Staatlichen Akademischen Operntheater in Frunse uraufgeführten Oper beherrscht, wie in allen anderen kirgisischen Opern, das Vorbild der klassischen russischen Oper des 19. Jahrhunderts Dramaturgie und Komposition. Folklore erscheint fast ausschließlich als Melodiezitat.

Literatur Wiktor Winogradow: Kirgisische SSR. (Kirgiskaja SSR.) In: Musikalische Kultur der Sowjetrepubliken. (Musykalnaja kultura sojusnych respublik.) Moskau 1957; Wiktor Winogradow: Kirgisische Volksmusik. Kirgiskaja narodnaja musyka.) Frunse 1958; Wiktor Winogradow: Das musikalische Erbe Toktoguls. (Musykalnoje nasledije Toktogula.) Moskau 1961;

Wiktor Beljajew: Skizzen zur Geschichte der Musik der Völker der UdSSR. (Otscherki po istorii musyki narodow SSSR.) Moskau 1962; Kirgisische SSR. (Kirgiskaja SSR.) In: Geschichte der Musik der Völker der UdSSR. (Istorija musyki narodow SSSR.) Bd. 5, Teil 2, Moskau 1974.

Lettische Oper

Die Entwicklung frühfeudaler Stadtstaaten in Lettland wurde im 13. Jahrhundert abgebrochen. Deutsche Feudalherren eroberten das Land und zersplitterten es in viele Kleinstaaten. Kirchliche und weltliche Machthaber arbeiteten auch hier, ähnlich wie in Litauen und Belorußland, Hand in Hand, um eine nationale Formierung zu verhindern. Mit Feuer und Schwert machte der Livländische Orden den Katholizismus zur Staatsreligion.

Auch nachdem der Orden im Livländischen Krieg (1558—1583) geschwächt und schließlich ausgelöscht worden war, blieb die Kirche mächtig und bestimmend im kulturellen Leben.

Das erste Buch in lettischer Sprache (1585) war ein Katechismus. Deutsche Pastoren kamen ins Land und verstanden sich als „Kulturträger". Johann Gottfried Herder, der von 1764 bis 1769 in Riga lebte und Volkslieder sammelte, muß zu dieser Bewegung gezählt, wenngleich auch als Ausnahme gewertet werden. Johann Adam Hiller wirkte seit 1784 im kurländischen Mitau als Theaterkapellmeister.

Die lettische Folkloreforschung entwickelte sich erst zu Anfang des 19. Jahrhunderts und war Teil einer nationalen Besinnung und Befreiungsbewegung. Denn bis ins 19. Jahrhundert blieb Lettland von den mächtigen Nachbarn unterjocht. Das Land nördlich der Düna geriet Ende des 16. Jahrhunderts an Polen-Litauen, das Gebiet südlich wurde als Herzogtum Kurland polnisches Lehen. Im 17. Jahrhundert fielen einzelne Gebiete an Schweden, und im 18. Jahrhundert geriet ganz Lettland unter zaristische Herrschaft.

Mit der Aufhebung der Leibeigenschaft, die in Kurland 1817, in Livland 1819 erfolgte, begann sich eine lettische Literatur und daran anknüpfend die lettische Nationaloper zu entwickeln.

Die literarische Gruppierung der Jungletten erschloß sich zu Anfang des 19. Jahrhunderts die Quellen der nationalen Kultur. Der Dichter Andrejs Pumpurs (1841—1902) arbeitete mit Gestalten und Motiven lettischer Märchen und Sagen, zum Beispiel in seinem 1888 entstandenen Heldenepos ›Lāčplēsis‹ (›Der Bärentöter‹). Er erzählt von den Abenteuern, die der Mensch bestehen muß, wenn er sich selbst erkennen will. Es ist eine phantastische Reise in die menschliche Seele und zugleich in die nationale Vergangenheit.

Ende des Jahrhunderts übernahm eine neue Gruppierung, die Neue Strömung, das Erbe der Jungletten. Zu ihr gehörten Rūdolfs Blaumanis (1863—1908), Jānis Rainis (1865—1929), Anna Brigadere (1861—1933) und Aspāzija (1868—1943), die mit bürgerlichem Namen Elza Rozenberga hieß.

Die Werke dieser Dichter haben für das Opernschaffen Bedeutung gewonnen. So griff Jānis Rainis 1911 Andrejs Pumpurs Epos ›Lāčplēsis‹ auf und schrieb danach sein Drama ›Feuer und Nacht‹. Die Uraufführung am 6. Februar 1911 wurde zu einem großen kulturellen Ereignis, sahen doch hier viele Letten ihre Wünsche, Hoffnungen, Zweifel und Fragen ausgesprochen. Als im April 1914 die hundertste Vorstellung von ›Feuer und Nacht‹ vor ausverkauftem Haus stattfand, hatte das Werk eine klassische Popularität erlangt.

Unter den Zuschauern der Uraufführung von ›Feuer und Nacht‹ war auch der Komponist Jānis Mediņš (1890—1966), und es ist nur Zufall, daß nicht er mit seinem nach diesem Schauspiel geschriebenen Werk zum Schöpfer der lettischen Nationaloper wurde. Denn auch der Komponist Alfrēds Kalniņš (1879—1951) war von Rainis ›Feuer und Nacht‹ fasziniert, fühlte sich aber dem bedeutenden Werk nicht gewachsen und wandte sich mit ›Baņjuta‹ einem gefälligeren Stoff aus der lettischen Geschichte und Sagenwelt zu, der ihm die Möglichkeit zu vielfältigen Genreszenen bot. So geschah es, daß Mediņš' und Kalniņš' Kompositionen zwar im selben Jahr, 1919, fertiggestellt waren, ›Baņjuta‹ aber 1920, ›Feuer und Nacht‹ erst 1921 uraufgeführt wurde. Das Rigaer Theater für Oper und Ballett entschied sich eher für die gradlinig erzählte ›Baņjuta‹ als für die an zwei Abenden zu spielende Oper ›Feuer und Nacht‹.

So gilt Alfrēds Kalniņš mit ›Baņjuta‹ als Schöpfer der lettischen Nationaloper.

Jānis Rainis war ein Dichter von Weltrang, obgleich seine Werke, weil sie schwer zu übersetzen sind, nur wenig bekannt wurden. Mit seiner materialistisch-dialektischen Weltanschauung, seiner universalen Bildung (er übersetzte Goethes Werke, auch den ›Faust‹, sowie Gedichte und Poeme von Puschkin ins Lettische) hat er die Gestalten der Volkspoesie nicht einfach konserviert, sondern für das 20. Jahrhundert konkretisiert.

Die Tendenz, Bilder und Motive der Folklore darauf zu reduzieren, daß sie den Kunstmärchen Farbe geben, findet sich im Schaffen der Dichterin Anna Brigadere. Einige lettische Komponisten haben ihre gefälligen Märchenstoffe als Vorlage gewählt. Zu ihnen gehören Jānis Kalniņš (geboren 1904) mit ›Der Wundervogel Lolita‹, Ādolfs Skulte (geboren 1909) mit der lettischen Version des ›König Drosselbart‹, ›Prinzessin Gundega‹ (1972), Jānis Mediņš mit der lettischen Version des ›Däumling‹, der Kinderoper ›Sprīdītis‹ (1927).

Arvīds Žilinskis (geboren 1905) hat in seiner nach Jānis Rainis entstandenen Märchenoper ›Das goldene Pferd‹ (1971) die Motive und Gestalten des Dichters auf einen platten moralisierenden Sinn gebracht. Vom Komponisten ursprünglich nicht als Kinderoper konzipiert, wird das Werk jetzt für ein Kinderpublikum gespielt.

Imants Kalniņš hingegen (geboren 1941) arbeitete mit einem Dichter als Librettisten zusammen, als er 1977 seine Rainis-Oper ›Ich spielte, ich tanzte‹ komponierte. Der 1933 geborene Imants Ziedonis wurde durch seine provokanten, philosophisch interessanten Verse und Prosaminiaturen bekannt, die einen Spürsinn für das Ungewöhnliche im Alltag verraten. Er war befähigt, Rainis' Drama in ein Opernlibretto umzuformen, Figuren und Handlungen für nachgewachsene Generationen zu schärfen. Kalniņš zitierte lettische Volksmusik nicht, um sie zu konservieren, sondern er stellte Zusammenhänge zwischen Prinzipien lettischer Volksmusik und zeitgenössischer Rockmusik her und machte eine beiden gemeinsame Lexik zur Grundlage seiner Kompositionsweise.

Mit diesem Werk hat sich eine Alternative zur traditionellen bürgerlichen Oper entwickelt, die sich in Lettland seit der Erstaufführung des russischen Singspiels ›Müller, Brautwerber, Betrüger‹ von Sokolowski/Ablessimow 1778 herauszubilden begann. 1772 war in Riga ein musikalisch-dramatisches Theaterensemble gegründet worden, das 1782 eine feste Spielstätte erhielt und sich Rigaer Städtisches Theater nannte. Ādolfs Alunāns (1848—1912) gilt als Schöpfer des lettischen Theaters. Er verfaßte zahlreiche Vaudevilles von pastos-ländlichem und kleinbürgerlich-städtischem Zuschnitt. Zu dieser Traditionslinie zählt Ekon Osols 1893 uraufgeführtes Singspiel ›Zur Gespensterstunde‹. Es gilt als Vorläufer einer lettischen Nationaloper, wiewohl gerade hier Folklore zur Kolorierung einer ansonsten auswechselbaren Handlung und Musik dient. Erzählt wird, wie ein Gespenst, der Schatten eines zum Höllenfeuer verdammten Geizhalses, einem armen Mädchen beisteht und ihm mit Rat und Tat zu Reichtum und Glück und sich selbst zur Seligkeit verhilft. Da der Bourgeois bei seinen Geschäften nicht nach Moral fragte, liebte er sie auf dem Theater um so mehr.

Die Jungletten und die Neue Strömung bauten auf der nationalen Kultur ein antibourgeoises Programm auf. Minder begabte und politisch weniger engagierte Künstler benutzten Folklore, um Volksverbundenheit zu demonstrieren und eine geschichtliche Dimension vorzutäuschen.

Viele Opernkomponisten sind den Auseinandersetzungen um die Folklore mit Naivität begegnet, haben sich herauszuhalten versucht.

Auch Margeris Zariņš (geboren 1910) hat sich mit seinen beiden Opern ›Die grüne Mühle‹ (1958) und ›Das Wunder des heiligen Mauritius‹ (1974) abseits gehalten. Von Meyerholds Theater beeindruckt, fand er zu neuen Spielformen, zu neuen Funktionen von Opernmusik, verspottete er Beamtendünkel, Kleinbürgerstolz, religiöses Eifertum und Heuchelei. Die Uraufführung der ›Grünen Mühle‹ traf auf ein ratloses Publikum, das die neuen Spielvorschläge nicht verstand. Das ›Wunder des heiligen Mauritius‹ ereignete sich erst 1974, nachdem die Oper schon zehn Jahre im Schubfach gelegen hatte.

Die Entwicklung der Interpreten hatte mit der Entwicklung der Komponisten nicht Schritt gehalten. Das ist geschichtlich bedingt. Die Lettische Oper in Riga eröffnete 1913 mit Tschaikowskis ›Eugen Onegin‹ und Rubinsteins ›Dämon‹. Der Rest des Repertoires wurde von Opern Richard Wagners bestritten, die Clemens Krauss dirigierte, während der sogenannte deutsche Caruso, Hermann Jadlowker, in den entsprechenden Partien brillierte.

1924 erwarb sich der lettische Komponist Emils Melngailis das Verdienst, Mussorgskis ›Boris Godunow‹ in der originalen Dramaturgie auf die Bühne des Rigaer Opernhauses gebracht zu haben. Doch nach wenigen Vorstellungen setzte die Direktion stillschweigend Rimski-Korsakows Fälschung wieder an die Stelle des Originals.

Mit Iwan Dsershinskis ›Stillem Don‹ kam 1940 die erste sowjetische Oper auf die Bühne des Opernhauses in Riga. Die Komponisten selbst unterschieden sich ihrer Ausbildung nach in eine Petersburger und eine Rigaer Schule. Die Petersburger nahmen sich Rimski-Korsakow und Tschaikowski zum Vorbild. Von den Rigaern hat sich Jāzeps Mediņš (1877—1947) mit der Oper ›Vaideliotė‹ (1927) am Musikdrama Richard Wagners orientiert. (Richard Wagner war von 1837 bis

1839 Kapellmeister am Opernhaus in Riga.) ›Vaideliotė‹ entstand nach Aspāzijas gleichnamigem Drama von 1894, in dem die Lebensgefährtin von Jānis Rainis erzählt, wie ein Mädchen zur Vaidelote, zur Priesterin, gemacht wird. Vater und Oberpriester belehren sie, daß man gesellschaftliche Funktionen zu privaten Zwecken benutzen kann. Das naive Mädchen wird durch eine unerwiderte Liebe schwer gekränkt und gedemütigt. Vater und Oberpriester spielen ihr nun die Mittel zu, von ihrer Funktion gedeckt, Rache zu üben. Doch sie weigert sich, dem Beispiel der Väter zu folgen.

1918 verteidigten deutsche Truppen das Erbe der deutschen Feudalherren und besetzten das revolutionäre Lettland. Im Dezember 1918 konnten sich die revolutionären Kräfte durchsetzen, gründeten eine Provisorische Sowjetregierung und befreiten im Frühjahr 1919 das Land. Im Mai 1919 eroberten es die deutschen Truppen wieder zurück, um einer bürgerlichen Regierung zur Macht zu verhelfen, die 1934 von einem faschistischen Regime abgelöst wurde. 1940 fand dies sein Ende, und die Lettische SSR wurde gegründet, die noch im selben Jahr der UdSSR beitrat. 1941 besetzten die deutschen Faschisten das Land und wurden 1945 mit Hilfe der Roten Armee vertrieben.

Zwei Komponisten, Olgerts Grāvītis (geboren 1926) und Pauls Dambis (geboren 1936), haben sich in sogenannten Dokumentaropern der jüngsten Geschichte ihres Landes zugewandt.

In ›Audriņi‹ (1965) gibt Olgerts Grāvītis Bericht vom Dorf Audriņi, dessen Häuser niedergebrannt, dessen Bewohner von den deutschen Faschisten ermordet wurden. Der Name Audrini wurde im Nürnberger Prozeß zusammen mit Oradour und Lidice genannt. Pauls Dambis vertonte Briefe des lettischen Partisanen Imants Sudmalis, die dieser aus dem Gefängnis geschrieben hatte. Die Mono-Oper ›Briefe in die Zukunft‹ wurde 1972 uraufgeführt.

Literatur Sofija Vēriņa: Das musikalische Theater Lettlands und die Herausbildung der lettischen nationalen Oper. (Musykalny teatr Latwii i saroshdenije latyschskoi nazionalnoi opery.) Leningrad 1973; Lettische SSR. (Latwiskaja SSR.) In: Geschichte der Musik der Völker der UdSSR. (Istorija musyki narodow SSSR.) Bd. 5, Teil 2, Moskau 1974; Musikalische Kultur der Lettischen SSR. (Musykalnaja kultura Latwiskoi SSR.) Hrsg. von Arwid Darkewitsch, Moskau 1976; Das Theater Riga. Riga 1978 (dt.); Die Geschichte der lettischen Musik. (Istorija latyschskoi musyki.) Hrsg. von Nils Grünfeld, Moskau 1978; Vija Briede-Bulawinowa: Das Opernschaffen lettischer Komponisten. (Opernoje twortschestwo latyschskich kompositorow.) Leningrad 1979; Tatjana Kuryschewa: Margeris Zariņš. Moskau 1980

Litauische Oper

Die Bezeichnung Litauen für ein Siedlungsgebiet baltischer Stämme wird 1009 in den Quedlinburger Annalen das erste Mal erwähnt.

Ein litauischer Staat entstand zwischen 1236 und 1240. Die Großfürsten Gedimin (1316—1341) und Vytautas (1392—1430) hielten Hof in Vilnius — seit dieser Zeit Hauptstadt des Landes.

Die litauischen Großfürsten waren weltoffen. Vytautas lud die Künstler des westlichen Europa zu sich zu Gast. Und sie kamen. Unter ihnen auch der Minnesänger Oswald von Wolkenstein (1377—1445). Im Kampf gegen den räuberischen Deutschen Kreuzritterorden suchten die litauischen Großfürsten Hilfe bei Polen, und so kam es 1385 zur Polnisch-Litauischen Union. 1387 wurde der Katholizismus Staatsreligion. Nachdem sie die Kreuzritter verjagt hatten, griffen die litauischen Großfürsten selbst nach fremden Gebieten und annektierten große Teile Westrußlands, der Ukraine und das gesamte Belorußland.

Nach dem Zusammenschluß Litauens und Polens in der Lubliner Union (1569), polonisierte sich der litauische Adel, Träger der kulturellen Entwicklung in jener Zeit.

Vilnius wurde im 16. Jahrhundert zu einer Großstadt von europäischem Format. Die polnischen Könige, die zugleich litauische Großfürsten waren, zogen Künstler aus aller Welt an ihren Hof in Vilnius. Das musikalische Leben wurde von italienischen Komponisten bestimmt. Das Burgtheater der polnischen Könige und litauischen Großfürsten, das von 1634 bis 1648 in Vilnius spielte, pflegte ausschließlich die italienische Oper.

Der Adel versuchte, es dem polnischen König gleichzutun, wenn möglich, ihn zu übertreffen. Berühmt geworden sind die Hofhaltungen der Fürsten Radvila (Radziwiłł) in Nieśwież und des Fürsten Tiesenhausen in Grodno. Die Radviler Fürsten unterhielten ein Leibeigenenorchester von 44 Musikern und führten seit 1746 regelmäßig Opern von Salieri, Paisiello und Hasse auf. Tiesenhausen hingegen ließ die Kinder seiner Leibeigenen von französischen Tanzmeistern unterrichten und machte mit Le Ballet paysan (einer Gruppe von 60 Tänzern) selbst in Warschau Furore. Nach dem Tod Tiesenhausens schickten seine Töchter die Balletttruppe nach Warschau und schenkten sie dem König Stanislaus August. Das muß so viel Aufsehen erregt haben, daß Nachklänge davon selbst noch im 20. Jahrhundert zu spüren sind. Balys Dvarionas (1904—1972) hat das Schicksal einer dieser Tiesenhausenschen Tänzerinnen in seiner 1959 in Vilnius uraufgeführten Oper ›Delia‹ gestaltet.

Die bäuerliche Folklore wurde mündlich überliefert. Alternative Formen zur feudal-höfischen Kultur entwickelten sich sehr langsam.

Die 1597 in Vilnius gegründete Universität, die Academia ac universitas Vilnensis, war eine der ältesten Universitäten in Europa, blieb aber der feudalen polnischen Kultur zugeordnet.

Ein öffentliches Musikleben entwickelte sich erst durch die Initiative des Arztes Joseph Franck (1774—1842). Er kam 1804 aus Wien nach Litauen, organisierte hier Konzert- und Opernaufführungen, mit deren Erlös er die städtischen Krankenhäuser unterstützte.

Das erste wissenschaftliche Interesse für litauische Volkskunst zeigte der Königsberger Gelehrte Ludwig Rhesa (1776—1840). Er wurde mit der 1825 erschienenen Sammlung litauischer Volkslieder ›Dainos oder litauische Volkslieder‹ zum Begründer der litauischen Folkloreforschung. Erst danach begannen sich auch die Professoren und Studenten der altehrwürdigen Universität Vilnius für die Kultur des eigenen Volkes zu interessieren.

Nach der dritten Teilung Polens 1785 fiel zunächst ein großer Teil Litauens, wenige Jahre später, 1815, das ganze Land an Rußland.

Nach der Polonisierung setzte nun die Russifizierung ein. Viele der polonisierten Adligen verloren ihre Privilegien. Das stimmte sie nicht freundlich gegen die neuen Machthaber. Die litauische Bourgeoisie suchte nach einer nationalen Identität. Mit der scheinbar so harmlosen Folkloreforschung begann Anfang des 19. Jahrhunderts der schwierige Versuch, Litauen zu litauisieren.

Bis 1863 wurde den Litauern noch eine gewisse Freiheit belassen. Das änderte sich. Die Aufhebung der Leibeigenschaft 1861 hatte die Lage der Bauern nicht verbessert. 1863 kam es deshalb zu Bauernaufständen, an denen sich auch die Intelligenz beteiligte. Die soziale Frage wurde programmatisch mit der nationalen verbunden. Vom Kampf gegen den Zaren erhoffte man sich auch soziale Veränderungen. Die Aufstände breiteten sich über Litauen, Polen und Belorußland aus. Sie wurden blutig niedergeschlagen und nationale Ideen als aufrührerisch verboten. Murawjow, vom Volk „der Henker" genannt, stellte im Auftrag des Zaren gewaltsam wieder Ruhe her.

1864 wurde das Drucken litauischer Literatur verboten, die litauische Sprache aus Schulen und Ämtern verbannt, selbst Opern, die das Leben der litauisch-polnischen Herrscher darstellten, durften nicht aufgeführt werden. So weiß man von dem Verbot der Opern ›Mindauga, der litauische König‹ und ›Barbara Radziwiłł‹ des polnischen profeudalen Komponisten Henryk Jarecki (1846—1918).

Es waren russische Intellektuelle, die das zaristische Druckverbot unterliefen. 1867 publizierte die Petersburger Akademie der Wissenschaften die erste Ausgabe der von Antanas Juška (Juszkiewicz) gesammelten Volkslieder, und 1880 kamen in Kasan nacheinander drei Liedbände heraus, die große Bedeutung erlangen sollten. Die litauischen Musikwissenschaftler sind der Ansicht, daß „der wissenschaftliche Wert dieser Sammlungen nicht hoch genug zu schätzen sei, da sie eine Klassifizierung der Texte nach dem Genre sowie Angaben über Zeit und Ort der Aufzeichnung der Lieder, das Alter der Sänger und anderes mehr enthalten". (A. Tauragis: Litauische Musik — gestern und heute) Erst 1954/55 erschienen die 1880 in Kasan publizierten Lieder in Vilnius im Druck.

Der Zusammenhang von nationaler und sozialer Problematik wurde um die Jahrhundertwende in Litauen immer verwirrter und komplizierter.

1915 trat der deutsche Kaiser das Erbe des Deutschen Kreuzritterordens an und besetzte Litauen. Damit begann eine bis zum Ende des zweiten Weltkrieges andauernde Emigrationswelle. Litauer flohen nach Rußland und nach Amerika.

1916/17 bildeten exilierte litauische Sozialdemokraten in Rußland die erste kommunistische Organisation ihres Landes, während die nationale Bourgeoisie, unterstützt von den deutschen Okkupanten, in Vilnius einen bürgerlich-nationalen litauischen Rat (Lietuvos Taryba) mit der Regierung beauftragte. 1918 wurde auf Antrag der KP Litauens eine Provisorische Revolutionäre Arbeiter-und-Bauern-Regierung gegründet, die 1918 die Sowjetmacht in Litauen proklamierte. 1919 stürzte die nationale Bourgeoisie mit Hilfe deutscher und polnischer Kräfte die Sowjetmacht. Der polnische Staat eignete sich die Gebiete um Vilnius und dieses selbst an. 1926 gelangte eine faschistische, von nationalistischen und klerikalen Kräften getragene Diktatur an die Macht, die sich seit 1933 am faschistischen Deutschland orientierte. Nach der Flucht des Diktators Smetona wurde am 21. 7. 1940 die Litauische Sowjetrepublik gegründet, die 1940 der UdSSR beitrat. Viele der nach Westeuropa Geflohenen kehrten zurück, andere versuchten, eine Exilregierung zu bilden und die Ausgliederung Litauens aus der Union der Sozialistischen Sowjetrepubliken zu erreichen.

1967 erschienen zwei Opern, die von den Schwierigkeiten erzählten, die die litauische Intelligenz hatte, um sich in diesen komplizierten geschichtlichen Ereignissen zurechtzufinden. Der 1924 geborene Vytautas Paltanavičius zeigt in seiner 1967 uraufgeführten Oper ›Am Scheideweg‹, wie ein Gelehrter während der faschistischen Okkupation den Weg aus der Studierstube auf die Straße findet, weil dort seine Frau und sein Kind als Geiseln erschossen wurden. Er selbst wird auch umgebracht, stirbt aber in der Erkenntnis, daß sein Tod die Konsequenz seiner Isolierung ist. Da sein Leben kein Beispiel gegeben hat — sein Lieblingsschüler ist Faschist geworden —, hofft er auf das Beispiel seines Todes. Die Oper ist nicht frei von kolportagehaften Situationen und lehrhaften Sentenzen.

Vytautas Laurušas (geboren 1930) wendet sich mit seiner ebenfalls 1967 uraufgeführten Oper ›Verirrte Vögel‹ einem ähnlichen aktuellen Thema zu und findet dafür eine interessante Metapher. Auf den Straßen einer westeuropäischen Großstadt der Nachkriegszeit fällt ein Mann durch die Kugel eines Unbekannten. Zwischen Leben und Tod schwebend, erinnert er sich seiner Vergangenheit. Es entsteht das Bild eines Menschen, der politische Entscheidungen scheute, sich aus allem heraushalten wollte und so ungewollt den faschistischen Machthabern half. Als fremde Menschen auf den Gefallenen aufmerksam werden, steht ihm sein Mörder bei. Der Nationalist, der aus dem Dunkeln auf ihn gezielt hatte, demonstriert in der Öffentlichkeit Humanität.

Einen Helden der Zeitgeschichte wählte sich auch der 1905 geborene Antanas Račiunas. In seiner Oper ›Maryté‹ (1953) zeichnete er das Schicksal der legendären, im Kampf gegen die deutschen Faschisten gefallenen Maryté Melnikaité.

Balys Dvarionas (1904—1972) nahm das tragische Schicksal einer der Tänzerinnen aus dem Leibeigenenballett des Fürsten Tiesenhausen zum Vorwurf, um in seiner Oper ›Dalia‹ (1959) die Geschichte Litauens als den Kampf der Bauern gegen ihre nationalen Unterdrücker zu deuten.

Einen ähnlichen Weg, über eine idealisierte Geschichtsauffassung zu nationaler Identität zu finden, versuchte auch Vytautas Klova (geboren 1926) in seiner berühmt gewordenen, 1956 uraufgeführten Oper ›Pilénai‹. Pilénai ist der Name einer litauischen Festung. Im Kampf gegen die Kreuzritter unterlagen die Pilénaier, weil sie verraten wurden und ihr zum Großfürsten Gedimin um Hilfe geschickter Bote unterwegs ermordet wurde. Um den Kreuzrittern nicht in die Hände zu fallen, setzten die Pilénaier ihre Festung in Brand und kamen selbst in den Flammen um. Klova feiert diesen schrecklichen Heldenmut als den Gipfel patriotischer Haltung. Den in der Festung verbrennenden Kindern, Frauen, Greisen und Kriegern, den Bauern und ihrem Fürsten bereitet er eine große musikalische Apotheose.

Ganz anders ist der Blick auf die Geschichte in der 1933 uraufgeführten Oper ›Gražina‹ von Jurgis Karnavičius (1884—1941). Diese nach dem Poem ›Gražyna‹ (1823) von Adam Mickiewicz entstandene Oper wendet sich derselben Epoche zu. Der Komponist versteht es, sowohl den Krieg als einen Kampf von Räubern gegen Räuber zu zeichnen als auch den Funken Hoffnung auf einen patriotisch denkenden Menschen nicht verlöschen zu lassen.

Den Anfang der professionellen litauischen Oper markiert die Uraufführung von ›Biruté‹ 1906. Mikas Petrauskas (1873—1937) hat sein Melodrama ›Bireté‹ in zwölf gesungene Episoden mit gesprochenen Dialogen gegliedert. Auch hier wird der Kampf der Litauer gegen die Kreuzritter gestaltet, der von den Zeitgenossen als Kampf gegen den Zarismus verstanden wurde. Die Uraufführung in Vilnius fand kurz nach der Aufhebung des zaristischen Druckverbotes statt.

Petrauskas zweite Oper ›Eglé, die Natternkönigin‹ entstand zwischen 1910 und 1923 und wurde 1924 in Boston uraufgeführt, wohin der Komponist emigriert war. Dort wurde die Oper 1924 auch verlegt. Erst 1939 erfolgte eine Inszenierung in Kaunas. Das Libretto basiert auf einem der bekanntesten und eigenartigsten litauischen Volksmärchen. In ihm wird von der Unvereinbarkeit von Besitz- und Standesdenken mit Liebe und Freiheit erzählt.

Diese Problematik interessierte auch Vytautas Barkauskas (geboren 1931) in seiner 1975 uraufgeführten Oper ›Die Legende von der Liebe‹ (nach Nazim Hikmets gleichnamigem Werk).

Literatur A. Tauragis: Litauische Musik — gestern und heute. Vilnius 1971 (dt.); Aus der Geschichte der litauischen Musik (Is istorii litowskoi musyki.) Bd. 2, Hrsg. von Juosas Gaudrimas, Leningrad 1972; Aus der Geschichte der litauischen Musik. (Is istorii litowskoi musyki). Bd. 3, Hrsg. von J. Antanavičius, Leningrad 1978

Russische und sowjetische Oper

Die Russische Sozialistische Föderative Sowjetrepublik erstreckt sich von der Ostsee bis zum Stillen Ozean, vom Schwarzen Meer bis zu den Randmeeren des Arktischen Ozeans. An die hundert Völker und Nationalitäten leben hier zusammen. Die Geschichte des russischen Staates beginnt mit der Kiewer Rus. In der zweiten Hälfte des 9. Jahrhunderts hatten sich ostslawische Stämme zu einem frühfeudalen Staatsverband, mit Kiew als Zentrum, zusammengeschlossen. Im 10. Jahrhundert begann unter der Herrschaft des Fürsten Swjatoslaw die Christianisierung. Im 12. Jahrhundert eroberten Mongolen die Kiewer Rus. Sie verlor für mehr als zweihundert Jahre ihre Selbständigkeit. Litauen und Polen bemächtigten sich der westlichen und südlichen Gebiete, des heutigen Belorußlands und der Ukraine. Für den Nordosten und Nordwesten der alten Rus bürgerte sich im 15. Jahrhundert die Bezeichnung Rußland (Rossija) ein.

Nachdem die Slawen 1240 an der Newa und 1242 in der Schlacht auf dem Peipussee die schwedischen Feudalherren und den deutschen Ritterorden zurückgeschlagen hatten, stand ihnen der Zugang zur Ostsee offen. Der Handel entwickelte sich, und mit ihm entstanden bedeutende Stadtstaaten, wie Nowgorod und Pskow. Im 14. Jahrhundert erstarkte das Großfürstentum Moskau und wurde zum politischen Mittelpunkt Nordostrußlands. Iwan III. (1440–1505) gliederte Nowgorod 1478 dem Großfürstentum Moskau an. 1497 erließ er eine für den Gesamtstaat verbindliche Gesetzessammlung und nannte sich ausländischen Herrschern gegenüber Zar.

Der Einheitsstaat kräftigte und bewährte sich durch erfolgreiche Abwehr der äußeren Feinde. Schon 1380 war den Tataren von den vereinten russischen Streitmächten unter Dmitri Donskoi auf dem Kulikower Feld (Kulikowo polje) eine Niederlage bereitet worden. 1480 gelang den russischen Herrschern die endgültige Befreiung vom tatarischen Joch.

Für den Moskauer Staat war der Handel ein einigendes und lebenswichtiges Element. Iwan IV., als Iwan der Schreckliche in die Geschichte eingegangen, kämpfte im Livländischen Krieg (1558–1583) vergeblich um den Zugang zu den eisfreien baltischen Ostseehäfen. Erst Peter I. (1672–1725), als Peter der Große geehrt, gelang die Sicherung der Ostseeküste im Nordischen Krieg (1700–1721), nachdem er in der Schlacht bei Poltawa (1709) die Schweden besiegt hatte. Die Stadt Petersburg wurde im Verlaufe dieses Krieges, im Jahr 1703, gegründet. Daß Zar Peter sie 1713 zur Hauptstadt erhob, demonstriert, welchen Wert er dem Handel zwischen Rußland und Westeuropa zumaß. Den Zugang zum Schwarzen Meer erlangte Rußland wieder durch einen Krieg, den gegen die Türken im letzten Drittel des 18. Jahrhunderts.

Iwan IV. trieb die Zentralisation des Moskauer Staates rücksichtslos voran. Jeden Widerstand schlug er erbarmungslos nieder. Für sein Volk wurde er zu Iwan dem Schrecklichen. Er verpflichtete den Adel zum Staatsdienst (Dienstadlige: opritschniki), beschlagnahmte feudalen Großgrundbesitz (Staatsland: opritschnina) und fesselte die Bauern an die Scholle. Er nahm ihm seine Menschenwürde, machte ihn zum Leibeigenen. Ende des 16. Jahrhunderts war das Leibeigenschaftssystem durchgesetzt. Es war verhängnisvoll, weil es zwar die Ernährung der Herrschenden sicherte, die Entwicklung der Produktivkräfte aber verhinderte, so daß nie in ausreichendem Maße Nahrung produziert wurde. Die Masse des Volkes hungerte. Es kam zu großen Bauernaufständen, 1606 bis 1607 unter Iwan Bolotnikow, 1667 bis 1671 unter Stenka Rasin und 1773 bis 1775 unter Jemeljan Pugatschow. Die gewaltigen Widersprüche und Spannungen im Innern des zentralisierten Staates erhielten durch die Kolonisationspolitik des Zarismus ein Ventil. Der russische Herrscher bot den durch feudale Zwistigkeiten geschwächten Nachbarvölkern an, sie vor den Angriffen dritter Mächte zu schützen. Sie bezahlten diese Hilfe mit politischer Entmündigung und national-kultureller Unselbständigkeit. Handel und Gewerbe entwickelten sich zwar durch den Anschluß an den gesamtrussischen Markt, doch hatten die kleinen Völker nun das doppelte Joch zu tragen, Unterdrückung durch die eigenen Herren und durch die russischen Kolonisatoren.

Aber nicht nur Soldaten, Händler und Bürokraten schickte das zaristische Rußland in die kolonisierten Gebiete, sondern auch aus politischen Gründen Verbannte. 1825 hatten russische Adlige (Dekabristen) versucht, das System der Selbstherrschaft zu stürzen. Mitte des Jahrhunderts erfaßte der Protest gegen den Zarismus alle Schichten der russischen Intelligenz. Die Repressalien des zaristischen Staates waren hart. Er strafte mit Tod, lebenslänglicher Haft oder Verbannung. Mit den Verbannten aber gelangten revolutionäre Gedanken bis in die entlegensten Winkel Sibiriens. 1861 hob der Zar die Leibeigenschaft auf. Das änderte nichts an der grausamen Realität. Zar Golod herrschte und war allmächtig. (›Zar Golod‹ = ›Zar Hunger‹, ein bekanntes Drama von Leonid Andrejew, 1908). Verzweifelte junge Leute versuchten, Alexander II. zu ermorden, um die Verhältnisse zu ändern. Sie scheiterten an der Wachsamkeit der gut arbeitenden Geheimen Staatspolizei, die Nikolai I. bereits 1826 (als Reaktion auf den Dekabristenaufstand) ins Leben gerufen hatte. Auch als 1881 das von Andrej Sheljabow initiierte Attentat auf Alexander II. glückte, blieb alles beim alten, nur die Repressalien nahmen zu. Die „Zarenmörder", unter ihnen eine Frau, wurden gehenkt. Alle Gnadengesuche, auch das von Lew Tolstoi, waren abgelehnt worden. Die russischen Künstler bewahrten diesen jungen, selbstlosen Menschen ein ehrendes Angedenken. Ihnen hat Juri Trifonow seinen 1973 in Moskau erschienenen historischen Roman ›Neterpenije‹ (›Ungeduld‹) gewidmet. Das Zarenattentat wurde als Mahnung zum Widerstand verstanden. 1883 bildete sich die erste marxistische Gruppe, 1895 schuf Lenin den Kampfbund zur Befreiung der Arbeiterklasse, 1898 betrat die SDAPR die politische Szene. Die bürgerlich-demokratischen Revolutionen von 1905 und 1907 scheiterten. Der erste Weltkrieg aber brachte das Pulverfaß zur Explosion. Im Februar 1917 jagte das Volk den Zaren vom Thron, im Oktober errichteten die Bolschewiki die Sowjetmacht. Im Juli 1918 wurde die erste Verfassung der RSFSR angenommen, im Dezember 1922 trat die RSFSR der UdSSR bei und manifestierte das Ende der jahrhundertelangen zaristischen Kolonisationspolitik.

Altrussische Volkskunst und ihr Einfluß auf die Oper des 18. und des 19. Jahrhunderts

Mit dem ukrainischen Volk teilt das russische den reichen Schatz an Klagegesängen (platschi) und Hochzeitsliedern (swadebnyje pesni) sowie Jahreszeitenliedern (kalendarnyje), die sich in spezielle Weisen für die Wintersonnenwende und für den Frühlingsanfang unterscheiden. Das ukrainische Wertep-Theater und das russische Balaganny-Theater weisen Ähnlichkeiten auf. Die gesungenen, erzählten und getanzten Stücke fanden durch wandernde Gaukler (Skomorochen) auf den Jahrmärkten Verbreitung. Seit 1571 wurden die Skomorochen auch am Zarenhof offiziell zu Theateraufführungen hinzugezogen.

Im 17. und 18. Jahrhundert waren drei quasi „naturwüchsige" Theaterformen verbreitet: die weltlichen Spiele (igrischze), die heroisch-historischen Darstellungen (lodki) und die Faschingsumzüge (maslenizy). Im 19. Jahrhundert griffen Komponisten, unter ihnen Alexander Serow und Nikolai Rimski-Korsakow, auf die Maslenizy zurück.

Ein weiteres Erbe der Kiewer Rus sind die Heldengesänge (Bylinen) und die Ruhmeslieder auf kühne Recken und gastfreundliche Fürsten. War die Musik des Kiewer Staates eng mit bäuerlichem Leben und höfischer Repräsentation verbunden, zeichnete sich die Nowgoroder Kunst in Menschenbild und Weltanschauung als eine weltoffene, städtische Kultur aus. „In Nowgorod entwickelte sich ein besonderer Typ der Bylinė, der sich in bezug auf Inhalt und Mentalität von den Heldenbylinen des Kiewer Zyklus abhebt. Im Mittelpunkt dieser spezifischen Nowgoroder Byline stehen nicht die Verteidigung der Heimat gegen einen äußeren Feind, nicht wunderbare Kriegstaten mutiger und mächtiger Recken, die Freunde und Gefolgsleute des ruhmvollen Großfürsten waren, sondern Ereignisse aus dem Innenleben der Handelsstadt: der Kampf und Wettstreit um Handelsinteressen, Zusammenstöße und Schlägereien rivalisierender Parteien in den engen Gassen der Stadt, die Lust zur Fröhlichkeit, Verschwendung und maßlose Schwelgerei." (Juri Keldysch)

In Nowgorod bildete sich auch der Typ des russischen Skomorochen, des Spielmanns und Gauklers, heraus. „Der populärste Held der auf Nowgoroder Boden entstandenen Byline, Sadko, war ein Spielmann. Dank seiner Gesangskunst und seines Guslispiels (die Gusli ist ein der Zither ähnliches Instrument — S.N.) gelangte er zu Reichtum und Ruhm und wurde ein Mitglied der angesehenen und vornehmen Nowgoroder Kaufmannsgilde." (Juri Keldysch)

Diese Byline vom Kaufmann Sadko gab einer Oper von Rimski-Korsakow den Titel. Aber auch Alexander Borodin verdankt der Nowgoroder Musikkultur Anregung. In Nowgorod entwickelte sich die spezifisch russische Kunst des Glockengeläuts. Mit einem Blagowest, dem feierlichen Klang oder auch Geläut vor dem Gottesdienst, zieht Fürst Igor in Borodins Oper in den Krieg, mit einem Nabat, Sturmglockengeläut oder Glockenalarm, wird der Einfall der Feinde in Putiwl angekündigt, und der feierliche Klang der Glocken zeigt Igors Heimkehr an. Die Gestalt des Skomorochen, des Guslispielers selbst, wurde zu einer „stehenden Figur" in der russischen Oper des 19. Jahrhunderts.

Die russische Intelligenz begann sich Ende des 18. Jahrhunderts für das Volkslied zu interessieren. 1790 gaben Nikolai Lwow und Iwan Pratsch (auch Jan Bohumir Práč) eine Sammlung russischer Volkslieder heraus, wobei sie das Material nach einem bestimmten System ordneten. Die von ihnen eingeführten Begriffe sind noch heute gebräuchlich. Lwow und Pratsch unterschieden zwischen Tanzliedern (pljasowyje) und Gedehnten Liedern (protjashnyje). Den Terminus protjashny entlehnten sie dem Lateinischen protractus (gedehnt) und bezeichneten damit die Art der Stimmführung und Atmung. Nikolai Lwow schrieb auch das Libretto zu einer der ersten russischen Opern, zu Jewstignej Fomins ›Kutscher auf der Poststation‹, uraufgeführt 1782. Er zitierte hierin originale Volksliedtexte. Lwow und Pratsch führten in ihrer Liedsammlung auch den Begriff Volkslied (narodnaja pesnja) ein, denn bis dahin war der Begriff prostoi (einfach) verwendet worden. „Ein wichtiges Ausdruckselement wird dem russischen lyrischen Volkslied durch die polyphone Stimmführung zuteil. Bei chorischem Vortrag zweigt diese russische Volksliedgattung eine Anzahl schmückender kontrapunktischer Nebenstimmen ab, die sich von der Hauptmelodie gleichsam abranken, um später erneut mit ihr einen Unisonoklang zu bilden oder in die entsprechende Oktavparallele zu gehen. Derartige ergänzende Begleitstimmen, die freie und selbständige Varianten der eigentlichen Liedmelodie darstellen, werden von den Volkssängern und Volksmusikern Podgoloski genannt. Gerade mit der Gattung des ,Gedehnten' lyrischen Volksliedes steht die Entwicklung der eigenartigen Strukturform der russischen Podgoloski- beziehungsweise Volkschorpolyphonie in engem Zusammenhang." (Juri Keldysch)

Zu einem Werk der Volkskunst, das weitreichende Spuren in der russischen Operngeschichte hinterlassen hat, gehört das 1800 erstmals herausgegebene ›Lied von der Heerfahrt Igors‹. In ihm wird die Kiewer Rus besungen und der Ehrgeiz der Fürsten beklagt. Der unbesonnene Heereszug des Fürsten Igor Swjatoslawitsch öffnete 1185 den Tataren die Tore zu Rußland. ›Das Lied von der Heerfahrt Igors‹ gehört zur Gattung der Slowa (slowo: Wort). Da die Slowa gesungen wurden, hat sich Lied als Übertragung ins Deutsche eingebürgert. In den Slowa wie in den Bylinen schrieb das Volk seine Geschichte. Slowa und Bylinen gibt es über sagenhafte Recken, wie Solowej Budimirowitsch und Dobrynja Nikititsch (auch Nikitin), aber auch über historisch reale Helden, wie Iwan Bolotnikow und Stepan Rasin.

Kunst für den Moskauer Hof und der Widerstand gegen den imperialen Herrschaftsanspruch

Anders ist es um den Kant bestellt. Der Kant, ein dreistimmiges Strophenlied für A-cappella-Chor, findet sich sowohl in der ukrainischen als auch in der polnischen Musik. Doch im Moskauer/Petersburger Staat erhielt er eine besondere Bedeutung als fester musikalischer Bestandteil der Inthronisationsakte russischer Zaren. Bereits Iwan III. (1440–1505) bezeichnete Moskau als „drittes Rom", um den imperialen Herrschaftsanspruch zu betonen. Für seine Hochzeit mit der Griechin Sofja Paleolog führte er eine besondere höfische Hochzeitszeremonie ein. Seit dieser Zeit gab es einen Chor beamteter Sänger, der den höfischen Gottesdienst und die Gestaltung der Festlichkeiten am Zarenhof bestritt. Gegenüber den quasi naturwüchsigen Bräuchen, die sich auf die Jahreszeiten, auf Aussat und Ernte, und den menschlichen Lebenszyklus, wie Geburt, Hochzeit und Tod, bezogen, etablierte der Zarenhof allmählich eine neue Art von Festlichkeit.

Das deutlichste Zeichen dafür gab Peter I. Er hatte in der Schlacht von Poltawa 1709 die Schweden geschlagen. Zur Siegesfeier ließ er zweiundzwanzig Kants schreiben, in denen er als „zweiter Alexander von Makedonien" und als „russischer Falke" gepriesen wurde. Und wie in der Wortwahl — Alexander auf der einen, russischer Falke auf der anderen Seite —, so mischte sich auch in der Musik imperialer Anspruch mit dem Gestus der Volksverbundenheit. Zum Gedenken an den Sieg von Poltawa befahl Peter I. einen Dankgottesdienst, der von 1710 bis zu seinem Tode (1725) alljährlich wiederholt wurde. Neben den zweiundzwanzig Kants erklang auch ein Konzert des damals berühmten Komponisten Wassili Titow (um 1650—1715) für 12stimmigen Chor. Es vereinten sich Fanfarenklänge und Glockengeläut mit Volksliedmelodien und christlichen Weisen, standen oratorische Elemente, Ruhmeslieder neben theatralischen, wenn die Flucht der Feinde geschildert wurde, wenn Chor und Gegenchor in einem Frage- und-Antwort-Spiel vom Sieg berichteten.

Dieser Dankgottesdienst Peters I. ist ein exemplarisches Beispiel, wie alte musikalische Formen im zentralisierten Staat einen neuen Sinn und eine neue Funktion erhielten. Das hier ausgebildete Schema — Ruhmeslieder auf den Herrscher (Prolog), dramatische Schilderung von Ereignissen, abschließend wieder Ruhmeslieder (Epilog) — griffen die russischen Komponisten im 19. Jahrhundert wieder auf.

In Glinkas Oper ›Iwan Sussanin‹ rühmt das Volk im Epilog nicht nur den Zaren, sondern auch den Sieg des Volkes über den Feind, in ›Ruslan und Ljudmila‹ singen Fürsten und Volk das Lob einer gemeinsamen Heimat. Ohne diesen Bezug bleibt in der Oper ›Ruslan und Ljudmila‹ der plötzliche Jubelgesang auf die russische Heimat unverständlich, denn das Finale bezieht sich nicht unmittelbar auf die vorausgegangene Geschichte des getrennten und wiedervereinten Paares.

Alexander Borodin bezeichnete seinen ›Fürst Igor‹ als Oper in vier Akten mit Prolog und Epilog. Das Volk singt seinem Fürsten im Prolog die rituellen Ruhmeslieder, und es tut auch im Epilog der Form Genüge, aber es verschweigt nicht die Wahrheit über den verhängnisvollen Heereszug, in das Lob mischt sich der Tadel.

Kühn erscheint in dieser Hinsicht Rimski-Korsakow. In seiner zwischen 1894 und 1895 entstandenen Oper ›Die Nacht vor Weihnachten‹ bekommt der Schmied Wakula von der Zarin Katharina II. (1729—1796) ein Paar Schuhe geschenkt. Mit diesen Schuhen gewinnt er das Herz seiner spröden Angebeteten, des Bauernmädchens Oksana. Im Finale der Oper wird ein Rundgesang angestimmt, und es hätte dem Schmied (und dem Komponisten auch) gut angestanden, ein Loblied auf die gnädige Zarin zu singen. Wakula hingegen rühmt seine

Oksana, die „fürstliche Schöne, vor der sich selbst die Herren neigen". Alle Opernfiguren stimmen in das Loblied ein und beenden ihren Rundgesang mit einem gemeinsamen Preislied auf den Dichter Nikolai Gogol.

Noch unmißverständlicher ist Rimski-Korsakow in seiner letzten Oper ›Der goldene Hahn‹ (1906—1907). Rühmen die Höflinge zu Beginn der Oper devot ihr zaristisches Oberhaupt, so singt das Volk an der Leiche des zu Tode gekommenen Zaren Dodon kein Ruhmeslied mehr, vielmehr fragt es, ob man denn überhaupt ohne Zaren leben kann.

Anders ist es bei Cesar Cui. In dessen 1907 bis 1909 entstandener Oper ›Die Hauptmannstochter‹ verzeiht Katharina II. großmütig einem zu Unrecht als Pugatschow-Sympathisanten verdächtigten Adligen und stiftet eine Heirat. Der Schluß der Oper gerät zu einer Hommage an den Zarismus, da der Gnädigen in einem Preislied gedacht wird.

Die Opern ›Der goldene Hahn‹ und ›Die Hauptmannstochter‹ sind fast zur gleichen Zeit (als zwei bürgerlich-demokratische Revolutionen gescheitert waren) und nach den Werken Alexander Puschkins entstanden. Rimski-Korsakow und Cesar Cui waren einstmals Freunde, hatten gemeinsam für eine demokratische russische Kunst gekämpft. Trat Rimski-Korsakow in seiner Oper das Erbe Puschkins an, versündigte sich Cesar Cui am Werk des genialen Dichters, indem er es für ein Loblied auf die Zarin mißbrauchte.

Auch Anton Rubinstein (1829—1894) reagierte kritisch auf den absoluten Herrschaftsanspruch des russischen Zarismus. In seinen fünf geistlichen Opern ist die Erde ein begrenzter Aufenthaltsort des Menschen zwischen Himmel und Hölle. Die auf der Welt Herrschenden erscheinen nicht als Allmächtige, Rubinstein läßt ihnen nur die Wahl zwischen Himmel und Hölle.

Herausbildung der russischen Oper im 18. Jahrhundert – Paschkewitsch, Bortnjanski und Fomin

Bis zur Mitte des 18. Jahrhunderts war der Petersburger Hof Zentrum von Opernaufführungen, vornehmlich von Werken italienischer Komponisten. Giovanni Paisiellos ›Barbier von Sevilla oder Alle Vorsicht war vergebens‹ wurde hier 1782 uraufgeführt. Paisiello (1740—1816) war von 1776 bis 1784 am Petersburger Hof engagiert. Seine Nachfolger wurden Guiseppe Sarti (1729—1802) und Domenico Cimarosa (1749—1801). Sarti war von 1784 bis 1802 Direktor der Kaiserlichen Kapelle sowie der Italienischen Oper, Cimarosa von 1789 bis 1791 Hofkapellmeister. Die ersten russischen Libretti wurden von italienischen und deutschen Komponisten vertont. Alexander Sumarokow (1717—1777) schrieb die Libretti ›Zefal und Prokris‹ sowie ›Alkesta‹. Seine Zeitgenossen nannten ihn den „Vater des russischen Dramas", weil er als einer der ersten nationale Stoffe in seinen Werken aufgriff. ›Zefal und Prokris‹ vertonte Francesco Araja und ›Alkesta‹ Hermann Raupach. Sie wurden 1755 beziehungsweise 1758 in Petersburg uraufgeführt.

Alexander Sumarokow war auch der Leiter des 1756 gegründeten ersten professionellen staatlichen öffentlichen Theaters in Petersburg. Allerdings mußte er die Leitung des Hauses bereits 1759 an die Direktion des Hoftheaters übergeben.

Die Heimstätte der ersten Opern russischer Komponisten war das Freie Theater (Wolny teatr, 1777—1783) des deutschen Apothekers Karl Knipper in Petersburg. Auch hier hatten anfänglich ausländische Komponisten russische Libretti vertont. So komponierte Hermann Raupach die 1780 an Knippers Theater uraufgeführte Oper ›Die guten Soldaten‹, deren Text von Michail Cheraskow (1733—1807), dem „russischen Homer", stammte.

Wassili Paschkewitsch (1742—1792) gilt als der Schöpfer der russischen Oper. Auf Knippers Bühne erlangten seine Werke ›So wie du lebst, so ist dein Ruf‹ (1782), ›Der Geizige‹ (1782) und ›Der tunesische Pascha‹ (1783) größte Popularität. Die Libretti zu den beiden erstgenannten schrieb der Dichter Jakow Knjashnin (1740—1791). Seine Texte sind reich an Redewendungen, Wortspielen und die Personen charakterisierenden Details. Knjashnin trug als Dichter wesentlich zur Entwicklung der russischen Sprache bei. Im Monolog des Haupthelden der Oper ›Der Geizige‹ durchbrach er die klassische Reim- und Periodenstruktur und gab so Paschkewitsch die Gelegenheit, das erste Recitativo accompagnato der russischen Operngeschichte zu schreiben. Die sowjetischen Musikwissenschaftler verliehen Paschkewitsch im 20. Jahrhundert den Ehrennamen „Dargomyshski des 18. Jahrhunderts".

In der Oper ›So wie du lebst, so ist dein Ruf‹ von 1782 (sie ist 1792 unter dem Titel ›Sankt Petersburger Kaufhof‹ bekannt geworden) gestaltete Paschkewitsch ein Hochzeitsritual, für das er ein russisches Hochzeitslied zitierte. Hochzeitsritual und Hochzeitslied sind danach zu Symbolen des Russischen in den Opern des 19. Jahrhunderts geworden. Glinka und Dargomyshski knüpfen unmittelbar daran an. Diese Spuren sind in der russischen Musikgeschichte weiterzuverfolgen und führen bis zu Strawinskis ›Les Noces‹.

Ein knappes Jahrzehnt nach Paschkewitsch wurde Dmitri Bortnjanski geboren (1751—1825), der mit seinen beiden Opern ›Der Falke‹ (1786) und ›Der Sohn als Rivale‹ (1787) als Begründer des russischen Lyrischen Theaters gilt.

Wiederum zehn Jahre nach der Geburt Bortnjanskis erblickte der letzte im Triumvirat, Jewstignej Fomin, das Licht der Welt (1761—1800). Sein Schaffen ist umfangreich, vielfältig und weltoffen und mit den besten Dichtern seiner Zeit und seines Landes verknüpft. Der Chor „Hoch oben fliegt der Falke" aus der Oper ›Die Kutscher auf der Poststation‹ (1787) gilt als frühestes und bedeutendstes Beispiel der Verwendung des Gedehnten Volksliedes. Fomins Melodrama ›Orpheus und Eurydike‹ (1792) ist ein Höhepunkt — wenn auch ein später — dieses Genres. Für die Oper ›Der Amerikaner‹ (1788) schrieb ihm der Dichter Iwan Krylow das Libretto nach Voltaires Tragödie ›Alsire oder die Amerikaner‹. In dieser Oper hat Fomin ein politisch wesentliches Thema überzeugend gestaltet.

Paschkewitsch und Fomin arbeiteten mit bedeutenden Schriftstellern ihrer Zeit zusammen. Sie orientierten sich an westeuropäischen Formen, gestalteten aber russische Figuren und bezogen nationales Liedgut als Charakterisierungsmittel in ihre Kompositionen ein. Die Themen ihrer Opern waren von allgemeinem gesellschaftlichem Interesse. Komponisten und Librettisten wollten sich nicht nur an einen Stand wenden. In Fomins ›Die Kutscher auf der Poststation‹ (Libretto Nikolai Lwow) wird ein zum Militärdienst rekrutierter Kutscher durch die Solidarität seiner Standesgenossen dem Zugriff des Staates entzogen. In der Oper ›Die Amerikaner‹ (Libretto Iwan Krylow) behaupten die amerikanischen Ureinwohner gegenüber den spanischen Eroberern ihre Menschenwürde und ihr Menschenrecht. Im Melodrama ›Orpheus und Eurydike‹ (Libretto Jakow Knjashnin) kündigt der Sänger den Göttern den Gehorsam auf. In Paschkewitschs ›Geizigem‹ (Libretto Jakow Knjashnin) sind die leibeigenen Diener klüger als ihre Herren.

Das Erbe der Zarin Katharina II. – die Darstellung des Bauern in der russischen Oper

Die 1762 inthronisierte Katharina II. (1729–1796) nahm am kulturellen Leben regen Anteil. Sie schrieb selbst einige Libretti, die unter anderen auch von Fomin und Paschkewitsch vertont wurden. Katharina II. stand mit Voltaire, Rousseau, Diderot und d'Alembert in Briefwechsel und gab sich den Anschein einer „aufgeklärten Monarchin". Das hinderte sie allerdings nicht, den Bauernaufstand unter Jemeljan Pugatschow (1773–1775) brutal niederzuschlagen und auch alle weiteren Proteste der notleidenden verelendeten Bauern im Keime zu ersticken. Darauf bedacht, die Wahrheit zu verbergen, förderte sie jene Künstler, die in ihren Werken ein Einverständnis zwischen Bauern und Gutsbesitzern vortäuschten. Die 1772 in Petersburg uraufgeführte Komische Oper ›Anjuta‹ mit dem Text von Michail Popow (1742– etwa 1790) gilt als erstes Werk dieser Art.

Katharina II. hat den russischen Opernkomponisten, und nicht nur ihnen, ein sehr zwiespältiges Erbe hinterlassen. Sie gab den Ton an, wie man den Bauern in der Kunst darzustellen habe. Der Dichter Alexander Block beschrieb 1908 in seiner Schrift ›Volk und Intelligenz‹ die Folgen dieser problematischen Erbschaft: „Zu Katharinas Zeiten ist im russischen Intellektuellen die Liebe zum Volk erwacht und seither nicht mehr erloschen. Immer wieder wurden und werden Materialien zur Erforschung der ‚Folklore' gesammelt und Bücherschränke mit Sammelbänden russischer Lieder, Bylinen, Legenden, Zaubersprüche und Klagelieder gefüllt; man erforscht die russische Mythologie, die Zeremonien, die Hochzeits- und Begräbnisbräuche; man grämt sich um das Volk; man geht ins Volk, man hofft und verliert die Hoffnung, schließlich scheitert man, man geht aufs Schafott oder in den Hungertod um der Sache des Volkes willen. Hat man am Ende sogar die Seele des Volkes verstanden? Jedoch wie verstanden? Bedeutet nicht: alles verstehen und alles lieben, selbst das Feindliche, selbst das, was den Verzicht auf das Teuerste verlangt, bedeutet das nicht: gar nichts verstehen und gar nichts lieben?

Aus der Sicht der ‚Intelligenz' kann man nicht sagen, man wäre immer tatenlos gewesen. Man hat Willenskraft, Herz und Verstand dem Studium des Volkes gewidmet.

Und auf der anderen Seite nach wie vor das leise Lächeln, das Schweigen mit ‚Hintergedanken', Dankbarkeit für die ‚Belehrung' und die Bitte um Verzeihung für die ‚Unwissenheit', aus der die Gewißheit spricht: Bald kommt es anders...

Ist das wirklich alles so, wie ich es sage, oder ist es vielleicht nur Einbildung, ist diese fürchterliche Diskrepanz nicht nur das Produkt einer müßigen Phantasie? Manchmal tauchen Zweifel auf; aber offenbar ist es tatsächlich so, das heißt, es gibt tatsächlich nicht nur zwei Begriffe, sondern auch zwei Realitäten: Volk und Intelligenz; anderthalb Hundert Millionen auf der einen und einige Hunderttausend auf der anderen Seite; Menschen, die einander im Allerwesentlichsten nicht verstehen."

Die „Epoche Werstowski" 1825–1862

Die Zeit zwischen 1825 und 1862 ist als „Epoche Werstowski" in die Annalen eingegangen. Alexej Werstowskis (1799–1862) Opern trugen wesentlich dazu bei, die Wahrheit über das Volk zu vertuschen. In ihnen trat ein idealisiertes Volk in Erscheinung, wurden die Konflikte zwischen Herrschern und Beherrschten auf Intrigen reduziert. Historische Gestalten und Ereignisse dienten dazu, den Geschichten Kolorit, den mittelständisch-beschränkten Ansichten von der Welt eine scheinbar universelle Geltung zu geben. Er schrieb an die 40 Lieder und Romanzen sowie Musik zu mehr als 30 Melodramen und Vaudevilles und setzte sich das Ziel, eine „russische nationale Oper romantischen Charakters auf der Grundlage historischer Überlieferungen" zu schaffen. Die Entwicklung der professionellen russischen Opernkunst konzentrierte sich im wesentlichen auf die beiden Hauptstädte, Petersburg und Moskau. Hier lebten nicht nur die Komponisten von Bedeutung, hier entwickelte sich auch ein interessiertes spezifisches Publikum: Höflinge, Adlige im Staatsdienst, Militärs, Angehörige der Universitäten, Handelsbürger, Kleingewerbetreibende, von der Arbeit ihrer Bauern lebende Gutsbesitzer. Für dieses Publikum wußte Alexej Werstowski zu schreiben.

Die Bewertung Werstowskis hat sich in der russischen/sowjetischen Musikgeschichtsschreibung gewandelt. Noch 1940 galt er als wichtigster Komponist vor Glinka, „als Vorgänger des großen Schöpfers von ›Iwan Sussanin‹ sowie ›Ruslan und Ljudmila‹." (Geschichte der russischen Musik. Hrsg. von Michail Pekelis) Die Inszenierungen von Bortnjanskis ›Falken‹ und Paschkewitschs ›Geizigem‹ 1972 beziehungsweise 1974 am Kammer-Musik-Theater Moskau lenkten die Aufmerksamkeit auf die Werke der Schöpfer der russischen Oper. Die Verwandtschaft zwischen diesen Komponisten und Glinka erscheint heute wesentlicher als Werstowskis zeitliche Nähe zu ihm.

Michail Glinka

In Michail Glinkas (1804–1857) Opern ›Iwan Sussanin‹ (1834–1836) und ›Ruslan und Ljudmila‹ (1837–1842) ging die „westliche Fuge mit den Gegebenheiten der (russischen) Musik eine legitime Ehe" ein. (Michail Glinka, 1856) Seine Opern wurden beispielgebend für die nachfolgenden Komponistengenerationen. Bedeutung erlangten seine sinfonisch konzipierten, die vorangegangene Handlung zusammenfassenden und Nachfolgendes andeutenden Zwischenspiele in ›Iwan Sussanin‹. Glinka gab der Musik eine eigenständige, die Fabel deutende Funktion. Den Slawsja-Chor (Schlußchor des Epilogs zu ›Iwan Sussanin‹) schätzten die Komponisten des 19. Jahrhunderts besonders. Die Form des Slawsja ist die einer polyphonen Variation: ständige Anreicherung durch Hinzutreten von Chorstimmen, durch Orchesterfigurationen und miniaturhafte Sequenzierungen. Hier ist das Podgoloski-Prinzip der russischen Volksmusik glänzend genutzt und in eine neue Form gebracht. Eine materialistisch-dialektisch zu nennende Auffassung zeigt sich in den Figurenkonstellationen. Es gibt zum Beispiel in ›Ruslan und Ljudmila‹ auffallend viele Paare (Ruslan und Ljudmila, Gorislawa und Ratmir, Naina und Finn, Zwerg Tschernomor und Bruder Riesenhaupt) sowie Parallel- und Kontrastfiguren (zwei abgewiesene Freier, zwei liebende Männer, zwei unglückliche Frauen, drei Zauberer). Der Komponist zielte auf wechselseitige Relativierung und Erhellung. Shakespeare und Puschkin dienten ihm hierbei als Vorbilder.

Bereits 1815, 20 Jahre vor Glinkas ›Iwan Sussanin‹, gelangte eine Oper gleichen Titels in Petersburg auf die Bühne. Sie ist heute vergessen, obgleich sie höchst erfolgreich war und sich bis 1854 im Repertoire der zaristischen Theater hielt. Catterino Cavos (1776–1840) schrieb seinen ›Iwan Sussanin‹ nach einem Text von Alexander Sachowskoi (1777–1846). Bei ihm muß Sussanin für seine Treue zum Zaren nicht mit dem Leben einstehen, sondern wird vor den polnischen Feinden rechtzeitig durch die russischen Truppen gerettet. Catterino Cavos und Alexander Sachowski wollten dem regierenden Zaren ihre Verehrung bekunden, Glinka hingegen bekannte sich zum Ideal der Dekabristen, dem eigenverantwortlich handelnden Bürger.

Die Geschichte der beiden hauptstädtischen Opernhäuser
Glinkas Opern kamen 1836 und 1842 am Großen Theater Petersburg zur Uraufführung. Dieses Theater unterstand administrativ direkt dem Zarenhof. Noch zu Ende des 18. Jahrhunderts bestimmten italienische Theatertruppen das Opernrepertoire in Hauptstadt und Provinz. Das änderte sich für Moskau und Petersburg erst, als der Hof in beiden Städten einheimischen Unternehmern, darunter auch Adligen, Konzessionen erteilte, bis dann in der Folge der Zar selbst zum „Opernunternehmer" wurde.

Die Geschichte des heutigen Kirow Theaters Leningrad beginnt im Jahr 1783, als Katharina II. einer Russischen Theatertruppe erlaubte, „außer Komödien und Tragödien auch Opern zu geben". In diesem Jahr wurde das Große (Steinerne) Theater in Petersburg eröffnet. Hier traten sowohl russische als auch ausländische Truppen auf. 1843 mußte das russische Ensemble vorübergehend der italienischen Konkurrenz weichen und spielte ab 1850 im Theater Zirk. Als dieses 1859 abbrannte, erhielt das Ensemble 1860 ein festes Domizil in einem Gebäude, das als späteres Mariinski Theater in die Geschichte eingegangen ist. Ab 1920 heißt das Mariinski Theater Staatliches Akademisches Theater für Oper und Ballett und trägt seit 1935 den Namen des russischen Revolutionärs Sergej Mironowitsch Kirow (1886–1934).

Das Bolschoi Theater in Moskau datiert seinen Beginn auf das Jahr 1776.

Am 17. Mai 1776 verlieh Katharina II. dem Moskauer Gouvernements-Staatsanwalt Fürst Pjotr Wassiljewitsch Urusow (1733–1813) das Monopol, in Moskau Theater zu spielen. Fürst Urusow vereinigte verschiedene Moskauer Unternehmen— das Moskauer Freie Theater von N. Titow, das Moskauer Öffentliche Theater, die Tanzklasse des Findelhauses und die Leibeigenenensembles verschiedener Moskauer Würdenträger — zu einem Opern- und Ballettunternehmen, das er gemeinsam mit dem englischen Kaufmann Michael Maddox (1747–1822) unterhielt. Seit Dezember 1780 spielte diese Truppe regelmäßig in einem Gebäude auf der Petrowska. Lange Zeit galt daher 1780 als Gründungsjahr des Bolschoi Theaters.

Mehr als hundert Jahre zuvor hatte es in Moskau bereits ein zaristisches Theater gegeben, das 1672 Zar Alexej Michailowitsch gegründet hatte. Es wurde kurz nach dessen Tod 1676 wieder aufgelöst.

„Neben dem zunehmend bürgerlichen (wenngleich offiziell unter der Hof-Direktion stehenden) Theaterbetrieb in Petersburg und Moskau entwickelte sich auch in den russischen Provinzen ein öffentliches Theaterleben, häufig noch gebunden an die Leibeigenen-Bühnen des Hochadels, wie zum Beispiel in Pensa, Charkow, Kursk oder Kasan. Rein kommerziell orientierte bürgerliche Theater entstanden in Kaluga (1777), Tula (1777), Charkow (1787) und Woronesh (1787). Zeitweilige Gastspiele von russischen Theatergruppen, die auch Opern darboten, gab es unter anderem Ende des 18. Jahrhunderts in Jaroslawl, Saratow, Kasan, Tambow, Simbirsk, Ufa (sowie in mehreren anderen kleineren Orten des Ural-Gebietes), Perm, Jekaterinenburg (seit 1924 Swerdlowsk) und dem rund 200 Kilometer nordöstlich davon gelegenen Irbit... Auch im weiten Sibirien fanden öffentliche Theateraufführungen statt. Erste Darbietungen von Theatergruppen gab es zum Beispiel spätestens seit 1787 in Irkutsk, seit 1764 in Omsk, später auch in Tobolsk." (Guido Bimberg: Die Oper im russischen Musiktheater des 18. Jahrhunderts.)

Im 19. Jahrhundert verfügte der Zar als Eigner der Petersburger und Moskauer Oper über die größten finanziellen Mittel. Kein privater Unternehmer konnte es in dieser Hinsicht mit ihm aufnehmen. Die zaristischen Theater wurden von Beamten, meist Adligen, geleitet. Administrative Belange hatten vor künstlerischen den Vorzug. Routine blieb nicht aus. Schaljapin schildert das sehr eindringlich in seiner Autobiographie.

Sawwa Mamontow und die Russische Privatoper Moskau

Eine Alternative zum zaristischen Opern- und Musikbetrieb erwuchs aus der privaten Initiative dreier bürgerlicher Unternehmer. Es waren Sawwa Mamontow (1842–1918), Sergej Simin (1876–1942) und Mitrofan Beljajew (Belaieff, 1836–1904). Sie waren hochgebildet, musisch veranlagt und gaben das Geld ihrer Familien zur Förderung der Kunst und der Künstler aus. Ohne Sawwa Mamontow hätte es den Künstler Schaljapin nicht gegeben. Das Talent des hochbegabten Sängers verkam an der zaristischen Petersburger Oper, bevor er sich entschloß, die sichere Existenz eines Staatsangestellten gegen das Risiko eines Engagements bei Mamontow in Moskau einzutauschen. Hier wurde Schaljapin, wie er in seiner Autobiographie schreibt, zu dem Künstler, den die Welt kennen und schätzen lernte.

Am 9. Januar 1885 eröffnete Sawwa Mamontow mit Dargomyshskis ›Russalka‹ seine Russische Privatoper in Moskau. Damit begann auch die Geschichte des künstlerisch gestalteten Bühnenbildes in Rußland. Bei Mamontow arbeiteten Maler wie Lewitan, Korowin, die Brüder Wasnezow, der berühmte Wrubel. Bakst und Benois setzten das hier Begonnene später in Petersburg fort. An der Russischen Privatoper begannen außer Schaljapin auch andere bedeutende Künstlerpersönlichkeiten, wie Nadeshda Sabela-Wrubel, Leonid Sobinow und Jelena Zwetkowa, ihre künstlerische Laufbahn. Sechs der insgesamt fünfzehn Opern Rimski-Korsakows wurden bei Mamontow uraufgeführt. Bis 1899 hatte die Russische Privatoper mehr als vierzig Werke russischer Komponisten gespielt, während am Bolschoi Theater Moskau in der gleichen Zeit gerade zehn das Rampenlicht erblickten. Dabei hatte Mamontow fortwährend gegen Geldnöte zu kämpfen. Er machte 1899 Bankrott. Wegen ungesetzlicher Finanzmanipulationen angeklagt, wurde er verurteilt und eingesperrt. Obwohl man ihn später freisprach, war er geschäftlich ruiniert. Das Ensemble arbeitete eine Zeitlang ohne ihn nach seinen Prinzipien weiter und nannte sich Operngesellschaft (Opernoje towarischtschestwo), manchmal auch Operngesellschaft der Russischen Privatoper oder einfach nur Moskauer Privatoper. Spielstätte war das Theater Solodownikows. Es erhielt 1903 einen neuen Eigner, und die führerlose Operngesellschaft siedelte in das Theater Eremitage über. 1904 löste sich das Ensemble auf.

Sergej Simins Privatoper und die Regisseure Pjotr Olenin und Fjodor Komissarshewski

1904 eröffnete Sergej Iwanowitsch Simin, ebenfalls ein kunstbesessener Mäzen, sein Operntheater (auch Oper S. I. Simins) im Theater im Garten Aquarium. Zu ihm wechselten viele Sänger der ehemaligen Mamontowschen Truppe über. 1917 wurde das Theater verstaatlicht und Gesellschaft der Russischen Privatoper genannt, von 1922 bis 1924 war es eine Aktiengesellschaft Freie Oper S.I.Simin (Swobodnaja opera S. I. Simina). Sergej Simin blieb seinem Ensemble als Direktionsmitglied verbunden. Spielstätte der Operntruppe war ab 1906 wieder das Theater Solodownikows. Es befand sich in der Bolschaja Dmitrowka (heute Puschkinstraße). Hier spielten Mamontows und Simins Opernensembles, war das Theater der Arbeiterdeputierten, später eine Filiale des Bolschoi Theaters. Heute befindet sich hier das Operettentheater.

Sergej Simin eröffnete mit einer Aufführung von Rimski-Korsakows ›Mainacht‹. Zwischen 1904 und 1907 profilierten sich auf seiner Bühne Sängerinnen wie Jelena Zwetkowa (1877–1929) und Wera Petrowa-Swanzewa

(1875—1944). Von 1907 bis 1914 bestimmte der von Sergej Simin als Regisseur engagierte Pjotr Sergejewitsch Olenin (1870—1922) das Gesicht dieses Theaters. Olenin hatte Medizin studiert, seinen Beruf „an den Nagel gehängt", bei Fjodor Petrowitsch Komissarshewski (1838—1905) Gesang studiert und war von 1900 bis 1903 erfolgreich am Bolschoi Theater Moskau tätig. Hier lernte er als Sänger das Opernrepertoire, aber auch die Opernroutine kennen. Bereits seine erste Inszenierung bei Sergej Simin 1907 — Tschaikowskis ›Jungfrau von Orleans‹ — machte deutlich, daß sich Olenin der künstlerischen Wahrheit verpflichtet fühlte und nach neuen Ausdrucksmöglichkeiten suchte. Im März 1908 führte er, das erste Mal in Rußland, Bizets ›Carmen‹ in der Originalfassung, also mit gesprochenen Dialogen, auf und im August desselben Jahres Mussorgskis ›Boris Godunow‹, ebenfalls in der vom Komponisten geschaffenen Form.

Das war keineswegs üblich, und die Kritik reagierte dementsprechend erfreut. So bemerkte der Kritiker Semjon Kruglikow, ein Freund Rimski-Korsakows, in seiner Rezension: „Man muß vor Scham erröten, bedenkt man, daß am Bolschoi Theater, parallel dazu ... der ›Boris Godunow‹ nach der alten Schablone gegeben wird ... (Er meinte damit die Fassung von Rimski-Korsakow — S. N.) Es ist eine Schande, daß gerade diese Oper, die so viel Interesse hervorgerufen hat und noch hervorrufen wird, im Bolschoi Theater Erfolg hat, und wahrlich keinen geringen, aber diesen Erfolg ausschließlich Schaljapin verdankt..."

Pjotr Olenin hatte es schwer, sein alternatives Konzept gegenüber dem Bolschoi Theater zu behaupten. 1909 brachte er Richard Wagners ›Meistersinger von Nürnberg‹ zur russischen Erstaufführung und erfüllte im selben Jahr Rimski-Korsakow gegenüber eine Ehrenpflicht, indem er den ›Goldenen Hahn‹ uraufführte. Das Bühnenbild von Iwan Bilibin zum ›Goldenen Hahn‹ ist in die Kunstgeschichte eingegangen. 1910 folgten Mussorgskis ›Chowanschtschina‹, Puccinis ›La Bohème‹ und 1911 ›Madame Butterfly‹. Olenin plante weitere Puccini-Inszenierungen, darunter ›Das Mädchen aus dem goldenen Westen‹, und er bereitete Inszenierungen von Richard Wagners ›Tristan und Isolde‹ sowie ›Parsifal‹ vor. 1914 verließ er das Ensemble und ging ans Bolschoi Theater, scheiterte dort aber. Eine letzte Bestätigung fand sein künstlerisches Wirken, als Bruno Walter 1914 einige Vorstellungen von Mozarts ›Don Giovanni‹ und Tschaikowskis ›Pique Dame‹ an Simins Theater mit großem Erfolg dirigierte.

1915 engagierte Sergej Simin als neuen Regisseur Fjodor Fjodorowitsch Komissarshewski (1882—1954), den Sohn des Sängers Fjodor Petrowitsch und Bruder der berühmten Schauspielerin Vera Fjodorowna Komissarshewskaja. Seine Antrittsinszenierung am 1. September 1915 war ›Fürst Igor‹ von Alexander Borodin. Während des ersten Weltkrieges hätte eine heroisch-pathetische Deutung des Werkes nahegelegen. Doch Komissarshewski erklärte: „Alle Rechtfertigungen künstlerischer Betätigung in einer Zeit großer Volkstrauer klingen falsch und heuchlerisch. Und falsch und heuchlerisch sind alle Erklärungen, die von einer ‚Nützlichkeit' theatralischer Veranstaltungen während des Krieges sprechen, weil diese den ‚Geist ermutigen', ‚unterhalten' und ‚ablenken' würden. Solche Rechtfertigungen und Erklärungen sind eines künstlerisch tätigen Menschen unwürdig." Allein schon diese Äußerung war und blieb umstritten, so wie Komissarshewskis Arbeiten insgesamt.

Am 18. April 1917 verbrannten die gesamten Kostüme und Dekorationen von Simins Opernunternehmen. Fjodor Komissarshewski arbeitete mit dem Ensemble am Theater der Sowjets der Arbeiterdeputierten weiter und inszenierte hier unter anderem Tanejews ›Orestie‹ (September 1917), Richard Wagners ›Lohengrin‹, Rimski-Korsakows ›Goldenen Hahn‹ sowie Mussorgskis ›Boris Godunow‹. 1919 emigrierte er, arbeitete von 1932 bis 1939 am Shakespeare Memorial Theatre Stratford und nach 1939 in den USA.

Anatoli Lunatscharski (1875—1933), der erste Kommissar für Volksbildung der jungen Sowjetmacht, bezeichnete Fjodor Komissarshewski als „einen der herausragendsten russischen Regisseure ... Er ist davon überzeugt, daß jede Theateraufführung auch eine musikalische sein muß, daß jede szenische Handlung nach einem nur ihr eigenen bestimmten Rhythmus festgelegt werden muß, weil das in ihr Auszudrückende nur durch den offenbar und klar werdenden Rhythmus Authentizität gewinnt... Komissarshewski meint, daß die Oper, wie jedes Theater, ein die Menschen mit seiner Handlung erregendes Drama sein muß. Auf den Schwingen der Musik könne man sich vom gewöhnlichen Niveau des Alltags erheben. Nach Komissarshewskis Auffassung müssen Drama und Oper Hand in Hand gehen. In der Vergangenheit gab es nicht wenige, die diese Meinung vertraten, denken wir nur an Gluck, Wagner oder Nietzsche." (Anatoli Lunatscharski: Theaterfragen. 1919)

Fjodor Komissarshewski zählt zu den wesentlichen Regisseuren seiner Zeit. Sein künstlerisches Erbe ist für die Opernbühne noch nicht erschlossen.

Die „Adlerjungen aus Peters Nest" – das Mächtige Häuflein

Kam Sawwa Mamontow aus einer Familie von Eisenbahnunternehmern, so war Mitrofan Beljajew ein reicher Holzindustrieller. Er wurde zum Mäzen des Petersburger Musiklebens, gründete den Beljajew Verlag (Verlag Belaieff), rief die Russischen Sinfoniekonzerte ins Leben, stiftete den Glinka-Preis und begründete testamentarisch einen Fonds zur Förderung zeitgenössischer Musik und Musiker. Dieser Fonds wurde von Glasunow, Ljadow und Rimski-Korsakow verwaltet. In Beljajews Haus trafen sich in den 80er und 90er Jahren des vorigen Jahrhunderts regelmäßig Petersburger Komponisten. Unter ihnen waren Glasunow, Ljadow, Rimski-Korsakow und Tscherepnin. Die Vertreter des Beljajew-Kreises richteten ihre Aufmerksamkeit auf handwerklich-technische Meisterschaft. Anders war es im Balakirew-Kreis, dem früher auch Rimski-Korsakow angehört hatte. Anfang der 60er Jahre scharten sich um den Autodidakten Mili Balakirew (1836—1910) junge Komponisten, die gemeinsam mit dem Literaten Wladimir Stassow (1824—1906) das Ziel verfolgten, eine national-russische Musik zu schaffen. Stassow war ein hervorragender Kenner der russischen Literatur, Verfechter revolutionär-demokratischer Positionen, schreibgewandt, der kämpferische Propagandist des Balakirew-Kreises. Zu diesem Kreis gehörten Alexander

Borodin (1833—1887), Cesar Cui (1835—1918), Modest Mussorgski (1839—1881) und Rimski-Korsakow (1844—1908). Alexander Serow soll diese Gruppe spöttisch als Mächtiges Häuflein bezeichnet haben — Wladimir Stassow machte daraus einen Ehrennamen.

Als Synonym zum Begriff Mächtiges Häuflein prägten und popularisierten Stassow und Cui den der Neuen Russischen Schule. Doch ist auch diese Bezeichnung nicht schlicht deskriptiv. Sie erfüllte die Funktion, den ethisch-ästhetisch einheitlichen Impetus der Künstlergruppe über Jahre der Desintegration hinweg zu behaupten. Sie sollte auf das Programm einer russischen national-bürgerlichen Musik fern der westeuropäischen Moderne und dem Werk Wagners aufmerksam machen.

Mili Alexejewitsch Balakirew war eine faszinierende Persönlichkeit. Das spricht auch aus den Worten, mit denen sich Nikolai Rimski-Korsakow ihrer ersten Begegnung erinnerte: „Er war jung, hatte wunderbare lebhafte, feurige Augen, einen stattlichen Bart, sprach resolut, maßgeblich und ohne Umschweife…, merkte sich jeden Takt und behielt jede ihm vorgespielte Komposition augenblicklich im Kopfe … Sein Einfluß auf die Menschen seiner Umgebung war unvorstellbar groß …" (Nikolai Rimski-Korsakow: Chronik meines musikalischen Lebens)

Von einer Kaukasus-Reise brachte Mili Balakirew seinen Freunden als Reiseandenken orientalische Volkslieder mit. „Diese neuen Klänge waren damals für uns eine Art Offenbarung, wir waren alle davon buchstäblich verändert." In Nikolai Rimski-Korsakows Opern hat die von Balakirew geweckte Liebe zur fernöstlichen Musik unverkennbare Spuren hinterlassen.

Cesar Cuis ›William Ratcliff‹ war die erste, nach dem Programm der Neuen Russischen Schule geschriebene Oper. Sie entstand zwischen 1861 und 1868. In dieser Zeit diskutierten die Freunde ihre Prinzipien und identifizierten sich mit dem entstehenden Werk. Modest Mussorgski schrieb 1868 an Cesar Cui, ›William Ratcliff‹ „ist nicht Euer, sondern auch unser Werk". Das änderte sich, denn Cuis Opernästhetik war und blieb begrenzt. Allein in der Ablehnung der italienischen Seria- und Buffa-Produktionen, die auch die russischen Bühnen beherrschten, stimmte er mit den Freunden überein. Für Rimski-Korsakow und Modest Mussorgski verloren seine Opern bald an Interesse. 1873 griff Cui Mussorgski öffentlich an. Er brachte in einem Artikel zu ›Boris Godunow‹ seinen Unwillen über die ästhetischen Positionen des ehemaligen Freundes zum Ausdruck. Wladimir Stassow bemerkte: „Cui wurde nach 1874 aus einem Vertreter des progressiven zu einem Vertreter des gemäßigten, sogar des sehr gemäßigten Liberalismus." Eine extrem entgegengesetzte Position zu Cesar Cui bezog Modest Mussorgski. Mit seinen Opern ›Boris Godunow‹ und ›Chowanschtschina‹ hob er die Gattung auf die geistige Höhe der Auseinandersetzungen seiner Zeit. Mussorgski spürte dem Verhältnis von Masse und Macht nach. In der zweiten Hälfte des 19. Jahrhunderts konzentrierten sich die ideologischen Auseinandersetzungen in Rußland auf die Frage nach der historischen Berechtigung der Selbstherrschaft. In ›Boris Godunow‹ (1868/1869, 1871/1872) nahm Mussorgski eine geschichtliche Präzisierung der Gattung vor. Landstreicher, Unwissende, Objekte fremder Interessen werden zu Protagonisten einer Tragödie, während das weltgeschichtliche Subjekt, der Zar, auf die häusliche bürgerliche Existenz zurückgeworfen wird. Mussorgskis Darstellung des Volkes ist unsentimental und nicht idealisierend, weil er für die Masse der Unterdrückten Partei ergreift.

Das ambivalente Wesen des Absolutismus — als humanes, gegenüber Fürstenwillkür Ordnung schaffendes Prinzip und als zerstörerische, gegenüber ordnungsunwilligen Außenseitern Gewalt übende Macht — ist ein Thema der ›Chowanschtschina‹ (1872—1881). Die Petrinischen Reformen führten zur Irritation und Zersplitterung des Volkes, das weder im 16. noch im 17. oder gar im 19. Jahrhundert nach Mussorgskis Meinung wußte, „welche Suppe da mit ihm gekocht wird". Dieser Situation gab Fjodor Dostojewski 1873 Ausdruck: „Auf jeden Fall ist gegenwärtig nicht zu bezweifeln, daß wir als ‚Adlerjungen aus Peters Nest' (Zitat aus Puschkins ›Poltawa‹ — S.N.) versagt haben. Und mit dem 19. Februar (1861, Dekret über die Aufhebung der Leibeigenschaft — S.N.) hat ja genaugenommen auch die Petrinische Periode der russischen Geschichte ihr Ende gefunden, so daß wir schon längst in das absolut Ungewisse eingetreten sind." (Fjodor Dostojewski: ›Wlas‹)

In seiner Opéra dialogue ›Die Heirat‹ berief sich Mussorgski auf Alexander Dargomyshski. Dargomyshski (1813—1869) hatte zwischen 1863 und 1869 Puschkins Versdrama ›Der steinerne Gast‹ vertont. Er wies hier den Weg, die „regelmäßige Periodenstruktur, die im 19. Jahrhundert (so auch noch bei Glinka — S.N.) die Grundlage der Opernmelodie und das Hauptmerkmal populärer Kantabilität bildete", zu durchbrechen. (Carl Dahlhaus) Dargomyshskis Suche nach der „Wahrheit in Tönen" wurde für alle Komponisten des Mächtigen Häufleins ein Ansporn, Modest Mussorgski folgte ihm darin am weitesten.

Der „musikalische Aufklärer Rußlands" — Nikolai Rimski-Korsakow

Rimski-Korsakow vertrat andere ästhetische Positionen als sein Freund Mussorgski, aber auch seine Werke sind der zaristischen Staatsideologie gegenüber subversiv. In einigen seiner fünfzehn Opern berief er sich in Geist und Form auf die ukrainische und Nowgoroder Folklore. In der politischen Situation Rußlands Ende des 19. Jahrhunderts, gekennzeichnet durch Reform im Einzelnen und Restauration im Ganzen, hoffte der Komponist auf verändernde Kräfte und imaginierte sie in Phantasiegestalten. Seine Helden fliehen aus der erstarrten, von Zwängen und Gewalt beherrschten Gesellschaft. Der Wald, der See, das Meer, das Firmament sind Orte, wo die alternativen Kräfte, freie Elementargeister, zu finden sind, so die Pannotschka (›Mainacht‹), die Wolchowa (›Sadko‹), die Schwanenprinzessin (›Märchen vom Zaren Saltan‹). Den Weg zu solchen Orten und Wesen aber suchen und finden nur wenige. Auch in Opern mit historischem Kolorit kritisiert er die herrschende Ordnung. In ›Das Mädchen von Pskow‹, ›Die Bojarin Wera Scheloga‹, ›Die Zarenbraut‹ werden Frauen Opfer roher Willkür, denn nach der altrussischen feudal-patriarchalischen Hausordnung (domostroi) galten die Frauen soviel wie das Vieh. In den Opern ›Die Mainacht‹, ›Die Nacht vor Weihnachten‹, ›Das Märchen vom Zaren Saltan‹ und ›Der goldene Hahn‹ hat Rimski-Korsakow die Herrschenden als beschränkte, marionettengleiche Wesen charakterisiert. Balakirew wird das berühmte Wort zugesprochen, Rimski-Korsakow habe sich keine Gelegenheit entgehen lassen, über die Macht zu lachen. Doch es war nicht immer ein so heiteres Lachen wie in der ›Mainacht‹. Im Sommer 1906 schrieb Rimski-Korsakow in einem Brief an den Freund und Kritiker Semjon Kruglikow: „Was das Komponieren angeht ..., so scheint mir, ist es jetzt an der Zeit, einen Schlußpunkt zu setzen ... Besser rechtzeitig aufhören, als Zeuge des eigenen Niedergangs zu werden ... Mir scheint, daß ich und letztlich wir alle dem späten 19. Jahrhundert und der Periode zwischen der Aufhebung der Leibeigenschaft und dem Sturz der Selbstherrschaft angehören. Jetzt nach dem Umbruch des politischen Lebens in Rußland, tritt für die Kunst entweder eine neue Blütezeit ein, oder, was wahrscheinlicher ist, es kommt eine Periode des Verfalls ... Bekanntlich wirken auch in Verfallsperioden hochbegabte Künstler ..." Seinen „Schlußpunkt" setzte Rimski-Korsakow aber erst noch: mit dem ›Goldenen Hahn‹ (1906—1907), und es ist ganz offensichtlich, daß er in der Musik zum II. Akt, wenn Dodon seine beiden Söhne auf dem Schlachtfeld findet und erkennen muß, daß sie sich gegenseitig umgebracht haben, den Schmerz und das Entsetzen über das totale Versagen der zaristischen Staatsmaschinerie im Russisch-Japanischen Krieg mitkomponiert hat. Rimski-Korsakow trat, wie sein Freund Sergej Tanejew auch, als ganzer Mensch für die Schwachen und gegen die Mächtigen ein. Nach dem „Blutsonntag" vom 9. Januar 1905, als eine friedliche Demonstration Petersburger Arbeiter niedergemetzelt worden war, verfaßten Moskauer Musiker eine Resolution von beispielloser analytischer Klarheit und Kühnheit. Sie wurde am 3. Februar 1905 veröffentlicht und war unter anderem von Sergej Tanejew, Sergej Rachmaninow, Fjodor Schaljapin, den Kritikern Nikolai Kaschkin, Semjon Kruglikow, Juri Sachnowski und Juli Engel unterzeichnet worden. Nachdem bekannt wurde, daß auch Rimski-Korsakow unterschrieben hatte, beschloß der Studentenausschuß des Petersburger Konservatoriums, sich dieser Resolution anzuschließen und seinem Protest durch einen Streik Nachdruck zu verleihen. Damit hatte die Revolution auch in den Mauern des Konservatoriums Fuß gefaßt.

Staatsbürgerliches Bewußtsein, Kühnheit und Prägnanz des Denkens zeichneten die russischen Musiker aus. Die exemplarische Resolution von 1905 kann daher bei einer Betrachtung russischer Kunst nicht außer acht gelassen werden. Es heißt darin: „... Wenn dem Leben Hände und Füße gefesselt sind, kann auch die Kunst nicht frei sein ... Wenn es im Lande keine Gedanken- und Gewissensfreiheit, keine Freiheit des Wortes und keine Pressefreiheit gibt und wenn allen lebendigen, schöpferischen Vorhaben des Volkes Hindernisse in den Weg gelegt werden, muß auch das künstlerische Schaffen verkümmern und der Titel eines freien Künstlers (,Freier Künstler' lautete der offizielle Titel, der seinerzeit allen Absolventen des Petersburger und des Moskauer Konservatoriums nach erfolgreich bestandenem Abschlußexamen verliehen wurde — S.N.) wie bitterer Hohn klingen. Wir sind keine freien Künstler, sondern gleich allen anderen russischen Untertanen rechtlose Opfer der gegenwärtigen anormalen öffentlich-rechtlichen Zustände, aus denen es nach unserer Meinung nur einen Ausweg gibt: Rußland muß endlich den Weg grundlegender Reformen beschreiten!" (Zitiert nach Josif Kunin: Nikolai Andrejewitsch Rimski-Korsakow.)

Der Musikkritiker Hermann Awgustowitsch Laroche nannte Rimski-Korsakow den „musikalischen Aufklärer Rußlands", und er meinte damit, daß die Schüler des Komponisten dessen Ideengut in viele Länder getragen haben. Unter den zahlreichen Schülern Rimski-Korsakows sind einige in die Musikgeschichte ihrer Völker eingegangen als Begründer einer professionellen nationalen Musikkultur. Dazu zählen unter anderen Alexander Spendiarow in Armenien, Wassili Solotarjow in Belorußland, Artur Kapp und Artur Lemba in Estland, Meliton Balantschiwadse in Georgien, Emils Melngailis in Lettland, Jurgis Karnavičius in Litauen sowie Nikolai Lyssenko in der Ukraine. In vielen heutigen Unionsrepubliken begann die nationale Opernentwicklung mit Werken nach dem Vorbild der klassischen russischen Oper des 19. Jahrhunderts.

Alexander Serow, der „Vater der wissenschaftlichen Musikkritik in Rußland"

Als Antipode des Mächtigen Häufleins galt Alexander Serow (1820–1871). Er ist der „Vater der wissenschaftlichen Musikkritik in Rußland" (Georgi Chubow) und bereitete den Weg für eine kritisch-produktive Auseinandersetzung mit Glinkas Werk. Serow warf den Komponisten des Mächtigen Häufleins Dilettantismus und Borniertheit gegenüber der westeuropäischen Moderne vor. Stassow hingegen machte dem ehemaligen Freund zum Vorwurf, daß er in seinen Opern ›Judith‹ und ›Rogneda‹ um des Erfolges willen nicht auf Effekte der Französischen Oper verzichtet habe. Bezogen auf beide Werke sind die hämischen Worte von Cesar Cui überliefert: „Wie soll es auch den Opern Serows an Erfolg fehlen, in der einen gibt es Kamele, in der anderen Hunde." Mussorgski hingegen fand es bemerkenswert, daß Serow in der ›Judith‹ ein gesellschaftlich belangvolles Thema zu gestalten versuchte. „Auf jeden Fall ist die ›Judith‹ nach der ›Russalka‹ (von Dargomyshski — S.N.) die erste ernst zu nehmende Oper auf der russischen Bühne", schrieb er nach einem Aufführungsbesuch 1863 an Mili Balakirew. Für die Oper ›Rogneda‹ (uraufgeführt 1865) wählte Serow eine national folgenreiche Zeit, die Christianisierung der Kiewer Rus. Rimski-Korsakow bekennt in seiner Autobiographie, daß ihn diese Oper beeindruckt habe. Tatsächlich gibt es zwischen Serow und Rimski-Korsakow eine geistige Verwandtschaft.

Serow hatte die Absicht, Gogols Erzählungen ›Die Mainacht‹ und ›Die Nacht vor Weihnachten‹ als Opernstoffe zu verwenden. Es kam nicht dazu, denn er starb kurz vor Vollendung seiner dritten Oper, ›Des Feindes Macht‹. Nach Alexander Ostrowskis Drama ›Leb nicht so, wie du möchtest‹ entstanden, wird hier eine Schilderung bürgerlicher Sitten und Bräuche gegeben.

Gogols Erzählung ›Die Nacht vor Weihnachten‹ übte auf die russischen Komponisten eine besondere Anziehungskraft aus. Bereits Alexander Serow hatte sich von dem Literaten Polonski ein Libretto schreiben lassen und plante eine russische Komische Oper. Dieser Plan gelangte ebenfalls nicht mehr zur Ausführung. 1874 vertonte Pjotr Tschaikowski dieses Libretto und nannte seine Oper ›Wakula, der Schmied‹, nach einer späteren Bearbeitung ›Pantöffelchen‹. Nach Tschaikowskis Tod 1893 konstatierte Rimski-Korsakow, daß der Stoff, der ihn „von jeher angezogen hatte, wieder ‚frei' geworden" sei, und verfaßte nun selbst ein Libretto nach Gogols Erzählung, und so entstand zwischen 1894 und 1895 ›Die Nacht vor Weihnachten‹. Schon 1878 hatte Rimski-Korsakow einen Serowschen Plan aufgegriffen und ›Die Mainacht‹ komponiert. Außerdem gefielen ihm zwei Maslenizy-Szenen in Serows ›Des Feindes Macht‹ so gut, daß er ähnliche Karnevals-Szenen in seine Opern aufnahm. Alexander Borodin parodierte in seinem Opernpasticcio ›Bogatyri‹ (›Die Recken‹) Serows ›Rogneda‹. Auf diese Weise hinterließ Serows Werk Spuren im kompositorischen Schaffen des Mächtigen Häufleins. Das Opernpasticcio wurde mit einem neuen Text von Demjan Bedny 1936 am Kammer-Theater von Alexander Tairow inszeniert.

Für Pjotr Tschaikowski (1840–1893) hingegen interessierten sich die Freunde der Neuen Russischen Schule so wenig, daß er ihnen kaum des Spottes wert schien. Tschaikowski hat mit den Opern ›Eugen Onegin‹ und ›Pique Dame‹ den Typus „des modernen zerrissenen Menschen" auf die russische Opernbühne gebracht. Der Komponist machte in beiden Opern die lautlosen Katastrophen des Alltags hörbar durch schnelle unvermittelte Sinnänderung der orchestralen Textur, durch den raschen Wechsel der Orchesterfunktion vom Interpunktieren der Worte zum Gestalten von Affekten. Diese jähen Umschwünge geben den Figuren den gehetzt-nervösen Charakter. ›Eugen Onegin‹ wurde 1879 auf ausdrücklichen Wunsch des Komponisten von Absolventen des Moskauer Konservatoriums uraufgeführt, weil Tschaikowski mit Recht befürchtete, daß die Sänger der zaristischen Theater das unruhevolle Gejagtsein, die nervöse Sensibilität vereinsamter, verzweifelnder Jugend nicht gestalten könnten.

Richard Wagners Werk in der russischen Operngeschichte
Für Balakirew, Borodin, Cui, Mussorgski und Rimski-Korsakow blieb Richard Wagners Werk anfänglich ohne Belang. „Für die Vertreter des Mächtigen Häufleins war in den 60er Jahren der Kampf für ›Ruslan‹ vorrangig. Sie formulierten ihr Problem so: Glinka und nicht Wagner. Später, nachdem die Opern Tschaikowskis, Mussorgskis, Borodins und Rimski-Korsakows ihren Platz auf der Bühne gefunden hatten, billigten sie auch Richard Wagners Werken eine Bedeutung zu." (Abram Gosenpud: Richard Wagner und die russische Kultur)

Richard Wagner reiste 1863 nach Petersburg und Moskau. Die Einladung war auf Betreiben eines glühenden Verehrers, des Komponisten Alexander Serow, zustande gekommen. Die Programme der von Wagner dirigierten Konzerte umfaßten außer der 3. und 5. Sinfonie Beethovens auch Ausschnitte aus seinen eigenen Werken. Die Opern blieben aber auf den russischen Bühnen bis 1868 ungespielt. In diesem Jahr brachte das Mariinski Theater den ›Lohengrin‹. 1874 machte sich am selben Theater Eduard Naprawnik mit seiner Einstudierung des

›Tannhäuser‹ verdient, und 1879 erschien hier auch ›Rienzi‹. Im Jahre 1889 kam die Prager Operntruppe von Angelo Neumann nach Petersburg und Moskau und stellte den ›Ring des Nibelungen‹ das erste Mal in Rußland vor. Zu dieser Zeit hatten sich die russischen Komponisten bereits mit Wagners Werk vertraut gemacht. Den ersten Schritt ging hierbei wieder Mussorgski. Bereits 1867 schrieb er an Rimski-Korsakow: „Wir kritisieren Wagner oft, doch Wagner ist stark, und stark ist er darin, wie er die Kunst fühlt und daß sie ihm keine Ruhe läßt. Es gibt nichts Talentvolleres als das, was er gemacht hat." Auch Wagners theoretische Schriften waren bekannt. Die russischen Künstler bewunderten ihn anfänglich als Revolutionär. Doch Wagners Annäherung an Ludwig II. veranlaßte sie, von ihm abzurücken. Hier knüpfte Anatoli Lunatscharski 1906 mit seinem programmatischen Artikel ›Die Jugendideale Richard Wagners‹ an. Er behauptete darin, durch das Wesen und das Schaffen des Komponisten ginge ein Riß. Zuerst sei er ein Vertreter progressiver Ideale gewesen, hätte sich aber nach der gescheiterten bürgerlichen Revolution von 1848 mystischen Ideen zugewandt. 1876, im Uraufführungsjahr der ›Ring‹-Tetralogie, besuchte Pjotr Tschaikowski Bayreuth und berichtete seinen Landsleuten in einer Artikelfolge von seinen künstlerischen Eindrücken. Er trug so zu einer Popularisierung Wagners in Rußland bei.

1877 erschien Lew Tolstois Roman ›Anna Karenina‹. Der große und einflußreiche Dichter setzte sich darin mit Wagners ästhetischen Auffassungen auseinander, was beweist, wie bekannt diese bereits in Rußland waren.

Interessant ist Rimski-Korsakows Verhältnis zu dem deutschen Komponisten. Er bekannte 1904 von sich, er sei ein „Glinkanez gewesen, wie er im Buche steht. Und das ist gleichbedeutend mit Antiwagnerianismus." Doch bereits die Opern ›Snegurotschka‹ (1880–1881) und ›Mlada‹ (1889–1890) verraten eine veränderte Haltung. Rimski-Korsakow betonte ausdrücklich, hier habe er Leitmotive verwendet, wenn auch in einem anderen Sinne als Richard Wagner. Im ›Unsterblichen Kaschtschej‹ (1901–1902) strebte er dann eine Synthese von Glinkas und Wagners Orchestersatz an. Seine vorletzte Oper, ›Die Legende von der unsichtbaren Stadt Kitesh...‹ (1903–1904), wurde zu ihrer Entstehungszeit als „slawischer Parsifal" bezeichnet.

Zu Beginn des 20. Jahrhunderts setzten sich die Opern des deutschen Komponisten am Mariinski Theater in Petersburg durch: ›Tristan und Isolde‹ 1899, ›Die Walküre‹ 1900, ›Siegfried‹ 1902, ›Götterdämmerung‹ 1903, die gesamte Tetralogie 1907–1911, ›Parsifal‹ 1914. Wsewolod Meyerhold inszenierte 1909 am Mariinski Theater ›Tristan und Isolde‹ und fand internationale Beachtung mit seiner von Naturalismen freien, auf psychologische Durchdringung der Rollen hin angelegten Spielweise. Diese Inszenierung inspirierte Alexander Block zu seinem Gedicht ›Rose und Kreuz‹.

Im Künstlerkreis Mir iskusstwa (Welt der Kunst), der sich von 1898 bis 1906 um Sergej Djagilew bildete, huldigte man dem deutschen Komponisten ebenfalls. Vor allen anderen begeisterte sich Andrej Bely für Richard Wagner.

In Moskau fand 1895 die russische Erstaufführung des ›Fliegenden Holländers‹ in italienischer Sprache statt. 1902 wurde er dann in russisch gegeben. In dieser Zeit studierte man am Bolschoi Theater auch ›Lohengrin‹ ein. ›Die Meistersinger von Nürnberg‹ brachte Pjotr Olenin 1909 an Sergej Simins Privatoper zur russischen Erstaufführung.

Nach der Revolution setzte sich besonders Anatoli Lunatscharski für Richard Wagners Werk ein. Fjodor Komissarshewski inszenierte 1918 den ›Lohengrin‹ am Theater der Arbeiterdeputierten. Auf Lunatscharskis Betreiben vergrößerte das Bolschoi Theater sein Repertoire. 1918 wurden hier ›Rheingold‹, 1919 ›Tristan und Isolde‹ und die ›Walküre‹ aufgeführt, 1923 ›Lohengrin‹ neu inszeniert und 1925 die ›Walküre‹ einstudiert. ›Die Meistersinger von Nürnberg‹ stellte das Bolschoi Theater 1929 seinem Publikum vor, und 1940 setzte der Filmregisseur Sergej Eisenstein hier die ›Walküre‹ in Szene.

Am Staatlichen Theater für Oper und Ballett, dem ehemaligen Mariinski Theater in Petersburg, wurden nach der Revolution 1918 ›Die Walküre‹, 1923 ›Lohengrin‹, ›Siegfried‹, ›Tannhäuser‹ und ›Rienzi‹, 1926 ›Die Meistersinger von Nürnberg‹, 1931 ›Götterdämmerung‹ und 1933 ›Das Rheingold‹ aufgeführt.

Mit den beiden Tenören Iwan Jerschow (1867—1943) und Leonid Sobinow (1872—1934) waren zwei bedeutende Wagner-Sänger herangewachsen. Sobinow gastierte an der Mailänder Scala, in Monte Carlo, London, Paris, Berlin, Madrid, Warschau, Helsinki und Riga und begeisterte sein Publikum als Lenski, Lohengrin und Werther. Der Dirigent Arthur Nikisch berichtet, er sei von dem himmlischen Gesang Sobinows so bezaubert gewesen, daß „ihm die Tränen in die Augen gestiegen" seien. Niemals wieder habe er einen solchen Lohengrin erlebt. Für die zeitgenössische sowjetische Oper blieb das Vorbild Wagners vorerst ohne sichtbare Wirkung. Sie zeigte sich jedoch in der Dichtung von Alexander Block. „In Hinblick auf das Werk Richard Wagners" publizierte der Dichter 1918 seinen Artikel ›Kunst und Revolution‹. Er schuf damit ein bedeutendes Manifest der russischen Kunst. An der Gestalt Christi machte er deutlich, was die neue Kunst nach der Revolution von Wagner übernehmen kann und wie sie ihrem Wesen nach dabei doch russisch bleibt. „Warum mißlang es, Wagner auszuhungern? Warum mißlang es, ihn zu vernichten, zu verflachen, ihn sich anzupassen und wie ein verstimmtes, nicht mehr brauchbares Instrument im Archiv der Geschichte abzustellen?

Weil Wagner das rettende Gift der schöpferischen Widersprüche in sich trug, die zu versöhnen der kleinbürgerlichen Zivilisation bis jetzt nicht gelungen ist und auch nicht gelingen wird, denn solch eine Versöhnung wäre gleichbedeutend mit ihrem eigenen Untergang ...

Es gibt jedoch einen Widerspruch, der unlösbar ist. Bei Wagner kommt er in ›Kunst und Revolution‹ zum Ausdruck, er bezieht sich auf Jesus Christus.

Während Wagner Christus an einer Stelle haßerfüllt einen ‚armen galiläischen Zimmermannssohn' nennt, schlägt er an anderer Stelle vor, ihm einen Altar zu errichten. Wie kann man gleichzeitig hassen und einen Altar errichten? Wie kann man überhaupt gleichzeitig hassen und lieben? Solange es sich um etwas so ‚Abstraktes' wie Christus handelt, mag es noch angehen, aber wenn solch eine

Verhaltensweise zur Regel wird, wenn man sich zu allem auf der Welt so verhält? Zum ‚Vaterland', zu den ‚Eltern', zu den ‚Frauen' usf.? Das wäre unerträglich, weil es beunruhigend ist. Dieses Gift der Haßliebe, das selbst für den mit allen Wassern der Kultur gewaschenen Kleinbürger unerträglich ist, hat Wagner vor Schande und Verderben bewahrt. Dieses Gift, das er in all seinen Werken verströmt, ist eben jenes ‚Neue', dem die Zukunft gehört.

Die neue Zeit ist erregend und beunruhigend. Wer begreift, daß der Sinn des menschlichen Daseins in der Unruhe und Erregung liegt, ist bereits kein Spießer mehr. Er wird nicht länger ein selbstzufriedenes Nichts sein, er wird ein neuer Mensch sein, eine neue Stufe auf dem Weg zum Künstler." (Alexander Block: Kunst und Revolution. 1918)

Stanislawski und Nemirowitsch-Dantschenko

Anatoli Lunatscharski sorgte sich in besonderem Maße um eine werkgerechte Aneignung der Opernklassik. Bei Sawwa Mamontow und Sergej Simin hatten Ende des 19. Jahrhunderts in Rußland die ersten Versuche einer künstlerischen Opernregie begonnen. 1907 bis 1908 nahm Konstantin Stanislawski (1863—1938) bei Sergej Simin an der vorbereitenden Arbeit zur Aufführung der Originalfassung von Bizets ›Carmen‹ teil.

1918 lud die Leiterin der Akademischen Theater Jelena Malinowskaja die Regisseure vom damals fortgeschrittensten Theater, dem 1898 von Stanislawski und Nemirowitsch-Dantschenko gegründeten Moskauer Künstlerischen Theater (MCHAT), ein und bat sie, am Aufbau einer „Kultur der Operninszenierung" mitzuwirken. Stanislawski lehnte das Angebot ab, mit der alten Sängergarde am Bolschoi Theater zu inszenieren. Er schlug statt dessen die Einrichtung eines Opernstudios vor. Es wurde 1918/19 gegründet. Sein Kollege Wladimir Nemirowitsch-Dantschenko (1858—1943) hingegen versuchte, an der Leitung des Bolschoi Theaters produktiv mitzuwirken, richtete dann aber 1919 ein Musikalisches Studio am MCHAT ein, aus dem sich später das Nemirowitsch-Dantschenko-Musiktheater entwickelte.

Stanislawskis Studio wurde 1920 vom Bolschoi Theater getrennt und selbständig, 1924 der Kompetenz des Obersten Wissenschaftsrates unterstellt und erhielt die Bezeichnung Opernstudio Stanislawski. 1926 bekam der Regisseur für seine Operninszenierungen eine eigene Spielstätte, das Opern-Studio-Theater Stanislawski, ab 1928 Staatliches Operntheater Stanislawski genannt. Hier inszenierte er 1929 Mussorgskis ›Boris Godunow‹ in der Erstfassung des Komponisten. Im September 1941 wurde dieses Theater mit dem Studio von Nemirowitsch-Dantschenko vereinigt und zuerst als Staatliches Stanislawski-Nemirowitsch-Dantschenko-Musiktheater, später als Moskauer Akademisches Stanislawski-Nemirowitsch-Dantschenko-Musiktheater bezeichnet. Stanislawski, der mit einer Inszenierung von Rimski-Korsakows ›Wera Scheloga‹ begonnen hatte, stellte 1922 mit seiner Einstudierung des ›Eugen Onegin‹ erste Arbeitsergebnisse öffentlich vor. Die Aufführung war als eine Informationsveranstaltung gedacht, die Aufschluß über die künstlerische Entwicklung der Studenten geben sollte. Die

Sänger wurden am Klavier begleitet, sie waren ohne Perücke und Maske, traten in ihren Straßenkleidern auf. Der Erfolg war überwältigend. Lunatscharski nannte danach das Stanislawski-Studio „den entscheidenden Fakt auf der Suche nach theatralischer Wahrheit". Stanislawskis Wirken und seine Methode, eine klassische Opernpartitur als Regieanweisung zu entschlüsseln, sind beispielgebend geworden, wenngleich diese Methode kanonisiert wurde und für das Lesen einer zeitgenössischen Partitur nicht ausreicht. Das mußte auch Wsewolod Meyerhold feststellen. Nach der Schließung des Staatlichen Meyerhold-Theaters 1938 hatte Konstantin Stanislawski dem ehemaligen Freund und Mitstreiter eine Stelle als Regisseur an seinem Operntheater angeboten. Nach dem Tode Stanislawskis war Meyerhold noch eine kurze Zeit als Chefregisseur tätig, bis er im Juni 1939 verhaftet wurde. Am Staatlichen Operntheater Stanislawski begann Meyerhold mit der Einstudierung von Prokofjews ›Semjon Kotko‹, hier kämpfte er um die Wiederaufnahme der alten ›Boris Godunow‹-Inszenierung von 1929. Nemirowitsch-Dantschenkos Studio wurde ab 1926 Musikalisches Theater W. I. Nemirowitsch-Dantschenko genannt, bis es 1941 mit Stanislawskis Operntheater zum Staatlichen Stanislawski-Nemirowitsch-Dantschenko-Musiktheater vereinigt wurde. Bei Nemirowitsch-Dantschenko gelangten auch sowjetische Opern zur Aufführung, wie 1930 ›Nordwind‹ von Knipper, 1934 ›Katerina Ismailowa‹ von Schostakowitsch, 1936 ›Der stille Don‹ von Dsershinski und 1939 ›Im Sturm‹ von Chrennikow. Nemirowitsch-Dantschenko trat als Auftraggeber neuer Opernwerke in Erscheinung. So war zum Beispiel Chrennikows erste Oper ›Im Sturm‹ ein Auftragswerk des Nemirowitsch-Dantschenko-Musiktheaters. Chrennikows zweite Oper, ›Frol Skobejew‹ oder ›Der unerwünschte Schwiegersohn‹, entstand zwischen 1945 und 1950 ebenfalls auf Anregung von Nemirowitsch-Dantschenko. Lew Knipper (1898—1974) arbeitete von 1921 bis 1922 als Regieassistent am Moskauer Künstlerischen Theater und von 1929 bis 1930 als Musikalischer Berater am Musikalischen Theater Nemirowitsch-Dantschenko. Seine hier 1930 uraufgeführte Oper ›Nordwind‹ war kühn ihm Konzept eines antithetischen Verhältnisses von Musik und Szene, wenn auch konventionell in Menschenbild und Handlungsführung. Auch Nemirowitsch-Dantschenko vermochte mit seinen Vorstellungen von einer zeitgemäßen Oper nicht den Rahmen des Althergebrachten zu sprengen.

Lunatscharskis Konzept einer „Umwandlung des Operntheaters in ein wahrhaftiges Theater des musikalischen Dramas"

Es muß heute verwundern, daß in einer für die junge sozialistische Republik so schweren Zeit, wie es die Jahre 1918/19 waren, der Verlag Internationale Literatur auf Anregung von Anatoli Lunatscharski und Maxim Gorki sämtliche Operntexte Richard Wagners, die theoretischen Schriften und den Briefwechsel publizierte. Für Lunatscharski war Richard Wagner einer der wichtigsten Vorkämpfer sozialistischer Opernkunst. Als 1920 das Staatliche Institut des musikalischen Dramas gegründet wurde, berief sich Lunatscharski in seiner Eröffnungsrede auf das Werk des deutschen Komponisten. Er betonte die reiche, vielfältige, auch widersprüchliche Gedankenwelt des Bayreuther Meisters, doch sei „für ihn wie für alle Anhänger des musikalischen Dramas bezeichnend, daß sie gegen die bestehenden Formen der Oper und des Dramas, im allgemeinen Sinne gegen die zeitgenössischen Theaterverhältnisse, protestierten". Lunatscharski wünschte dem Institut mit dem programmatischen Namen Studenten, die später zur Veränderung der Theaterverhältnisse beitragen würden. In drei Abteilungen — Oper, Schauspiel, Instrumentalmusik — wurden Komposition, Dramaturgie, Theorie, Instrumentalkunde, Gesang, Schauspiel, Regie, Bühnenausstattung gelehrt. Bereits während der Ausbildung strebte man ein Zusammenwirken der verschiedenen an einer Operninszenierung beteiligten Künste an. Im August 1922 wurde das Institut mit den von Wsewolod Meyerhold geleiteten Staatlichen Höheren Theater-Werkstätten vereinigt, und es wurde in Staatliches Institut für Theaterkunst (GITIS) umbenannt. Es trug zwischen 1925 und 1931 den Namen Zentrales Technikum der Theaterkünste und heißt seit 1931 wieder GITIS. 1934 erhielt es den Namen Lunatscharskis. Dieser entwarf in seiner Eröffnungsrede von 1920 eine Traditionslinie für das sozialistische russische Operntheater. Er berief sich hierbei auf das „berühmte Manifest von Richard Wagner (›Kunst und Revolution‹ — S.N.) ... Es ist einzigartig, mit welcher Klarheit und revolutionären Leidenschaft in diesem Denkmal der Weltliteratur über die Bedeutung eines wahrhaftigen Theaters gesprochen wird und wie darin die Theaterverhältnisse, die Wagner vor der Revolution von 1848 vorfand, gegeißelt werden. Der geniale Verfechter der Oper, Wagner, zeigt, daß es nicht nur Gewohnheit und ökonomische Ursachen waren, die das Theater aus einer aufklärerischen bildenden Anstalt zu einem kommerziellen Unternehmen machten, das nur das eine Ziel hatte, einen Teil der Gesellschaft zu unterhalten ... Wagner war ein Revolutionär der Zukunft. Indem er auf eine soziale Revolution hoffte, erwartete er die Rettung des Theaters von der arbeitenden Klasse. Er erwartete von ihr, daß sie das Drama vom Philistertum befreit" ... (Anatoli Lunatscharski: Über das musikalische Drama. Rede zur Eröffnung des Instituts des musikalischen Dramas. 1920)

Lunatscharski sah in Georges Bizets ›Carmen‹, in Mussorgskis Opern ›Die Heirat‹, ›Boris Godunow‹ und ›Chowanschtschina‹ weitere wesentliche Beispiele musikalischer Dramen, die sich von Wagners Werken wohl unterschieden, aber doch Früchte eines gleichen Baumes wären.

Als Lunatscharskis Rede 1923 publiziert wurde, konnte er in seinen ergänzenden Worten dem Bolschoi Theater Moskau bestätigen, daß es mit den Aufführungen von ›Aida‹, ›Carmen‹ und ›Lohengrin‹ einen Schritt in die richtige Richtung getan habe, doch seinem Publikum die Opern Mussorgskis in ihrer Originalgestalt noch schuldig sei.

Probleme in der Aneignung des künstlerischen Erbes: die Diskussion um das Bolschoi Theater Moskau

Anfang der 20er Jahre mußte sich die junge Republik in einem harten und schweren Kampf gegen die Konterrevolution verteidigen. Viele Komponisten starben an der Front, andere verhungerten im Hinterland. In dieser Situation wurden Stimmen laut, ob man das kostspielige Bolschoi Theater nicht auflösen sollte. Am 10. November 1921 fand eine Diskussion zum Thema „Brauchen wir das Bolschoi Theater?" statt. Das Referat von Wsewolod Meyerhold ist in einer zusammenfassenden Mitschrift erhalten geblieben und gibt Einblick in die Probleme und das Wesen der Auseinandersetzungen. „Gen. Meyerhold betonte die außerordentliche Bedeutung des Bolschoi Theaters als einer sehr wichtigen Erscheinung in der Geschichte der russischen Theaterkultur. Am merkwürdigsten sei, erklärte er, daß in all den Kommissionen, welche über das Schicksal des Bolschoi befinden sollen, die Stimmen seiner Mitarbeiter, der Darsteller und Musiker selbst, fehlen, denen es ja doch hauptsächlich zuständen, über das Schicksal des Bolschoi zu entscheiden. Die Tätigkeit des Bolschoi einschätzend, bemerkte Gen. Meyerhold, es seien gewaltige Fehler gemacht worden und es wäre an der Zeit, sie zu korrigieren, bevor es zu spät sein würde. Natürlich wäre allein durch eine Änderung des Spielplans nichts erreicht — daneben müßten unbedingt neue Methoden in der künstlerischen und der organisatorischen Arbeit gefunden werden... Die Künstler selbst müssen die Wege zur Erneuerung des Theaters festlegen, müssen auf der Erneuerung des Spielplans und der Inszenierungsmethoden bestehen. Das Heranziehen von Meistern der linken Kunst widerspricht nicht dem Geist dieser Akteure, haben doch viele von ihnen mit Djagilew zusammengearbeitet, der seine Inszenierungen mit linken Künstlern und Komponisten erarbeitet hat. W. E. Meyerhold rief dazu auf, die Richtung des Operntheaters von Sawwa Mamontow weiter zu verfolgen, wo erstmalig Rimski-Korsakow gespielt wurde, Wrubel gearbeitet und Schaljapin sein Debüt gegeben hat." Das Bolschoi Theater entwickelte sich nicht in der von Meyerhold vorgeschlagenen Richtung. Es kam vielmehr, wie oben beschrieben, zur Bildung eines Opernstudios und 1941 zur Gründung des zweiten großen Moskauer Musiktheaters.

Erste neue und kühne Schritte in Petrograd/Leningrad: Wsewolod Meyerhold (1874–1940)

Anders verlief die Entwicklung in Petrograd (seit 1924 Leningrad). Auf den Bühnen des Staatlichen Akademischen Theaters für Oper und Ballett (des ehemaligen Mariinski Theaters) und des erst 1918 gegründeten Staatlichen Akademischen Kleinen Theaters für Oper und Ballett (Malegot bzw. Maly Theater) wurden wegweisende Werke der neuen sowjetischen Opernkunst uraufgeführt. Das war nicht zufällig. Seit 1909 hatte Wsewolod Meyerhold mit seinen Inszenierungen am Mariinski Theater Impulse für die Opernregie gegeben. Meyerhold hat hier unter anderem Wagners ›Tristan und Isolde‹ (1909), Mussorgskis ›Boris Godunow‹ (1911), Glucks ›Orpheus und Eurydike‹ (1911), Strauss' ›Elektra‹ (1913), Dargomyshskis ›Der steinerne Gast‹, Rimski-Korsakows ›Snegurotschka‹, Strawinskis ›Die Nachtigall‹, Aubers ›Die Stumme von Portici‹ (alle 1917) inszeniert. Ein herausragendes, noch heute umstrittenes künstlerisches Ereignis wurde 1935 seine Inszenierung von ›Pique Dame‹, ein Versuch, Tschaikowskis und Puschkins Werk in Übereinstimmung zu bringen. Es waren aber nicht diese Inszenierungen allein, die in Leningrad (Petrograd) ein besonderes künstlerisches Klima schufen. Es war vielmehr eine allgemeine Suche nach einer Spiel- und Darstellungsweise, mit deren Hilfe es möglich sein sollte, Spannungen und Widersprüche, Schönheiten und Härten der revolutionären Bewegung auch auf dem Theater darzustellen. Deswegen wandte sich Meyerhold gegen einen bloß psychologisch begründeten Realismus und machte auf alte Volkstheatertraditionen, wie zum.Beispiel auf das altrussische Balaganny-Theater oder die italienische Commedia dell'arte aufmerksam. Der Dichter Alexander Block ging ähnliche Wege. Komponisten wie Wladimir Deschewow (1889–1955), Sergej Prokofjew (1891–1953) und Dmitri Schostakowitsch (1906–1975) empfingen wesentliche Anregungen aus Meyerholds Theaterästhetik. Prokofjew wählte für seine Oper ›Die Liebe zu den drei Orangen‹ eine von Wsewolod Meyerhold bearbeitete Commedia dell'arte von Carlo Gozzi. Schostakowitsch arbeitete mit dem begabten Schriftsteller Jewgeni Samjatin (1884–1937) zusammen und orientierte sich an Gogols und Ljeskows Realismus.

Anfang der 20er Jahre erhielt die Musik- und Theaterszene wichtige Anregungen durch die Zusammenarbeit von Wsewolod Meyerhold mit Valentin Parnach (1891–1951). Parnach war 1922 nach einem längeren Studienaufenthalt in Paris nach Moskau zurückgekehrt, gründete hier eine Jazz-Band und gab mit ihr am 1. Oktober 1922 am Staatlichen Institut für Theaterkunst (GITIS) ein Konzert. Dieses Datum gilt als die Geburtsstunde der russischen Jazzmusik. Unter den begeisterten Zuhörern befand sich auch Meyerhold, der die Band sofort für sein Theater verpflichtete. Hier wirkte sie an seinen berühmt gewordenen Inszenierungen ›Der große Hahnrei‹ von Fernand Crommelynck 1922 und ›D.E.‹ nach Ilja Ehrenburg und Bernhard Kellermann 1923 mit. Legendär geworden ist das Auftreten der Parnach-Truppe zur Maiparade 1923 und ihr Konzert mit Darius Milhauds Ballettmusik ›Der Ochse auf dem Dach‹ zum V. Kongreß der Komintern 1924.

Die Zusammenarbeit des bedeutenden Theatermannes Meyerhold mit dem Jazzmusiker Parnach trug dazu bei, die Grenzen zwischen den musikalischen und theatralischen Genres und Stilen zu öffnen.

Wladimir Deschewow und der Begriff vom „Komponisten-Konstrukteur"
Wladimir Deschewows Oper ›Eis und Stahl‹ kam 1930 am Staatlichen Akademischen Theater für Oper und Ballett zur Uraufführung. Straße, Fabrik und Schlachtfeld sind die Schauplätze der Handlung. Deschewow montierte unterschiedlichste Klangsphären. Sie reichten vom Schreien, Rufen, Pfeifen, Flüstern, auf Tonhöhe Sprechen bis zum ariosen Gesang, von sinfonisch konzipierter Musik bis zum einfachen Volkslied. Er bezog den Gassenhauer, das Massenlied, den Marsch mit ein. Boris Assafjew prägte für ihn den Begriff vom „Komponisten-Konstrukteur". Die Komponisten stellten mit der Montage unterschiedlichster Musizierbereiche die alte Hierarchie ästhetischer Werte in Frage. Mit der Montage arbeiteten daher die besten Komponisten jener Zeit.

Gogols Kunst entsprach dem Zeitempfinden. In seinen Werken fanden sich die Einheit von Tragischem und Komischem, der plötzliche Wechsel vom Prosaischen zum Phantastischen oder vom Burlesken zum tödlich Ernsten, wurde mit großer Kraft das Banal-Alltägliche herausgestellt, „damit all das Unbedeutende, das dem Auge entgleitet, allen groß vor Augen steht". (Gogol)

1926 drehten Juri Tynjanow, Grigori Kosinzew und Lew Trauberg einen Film nach Gogols ›Mantel‹, inszenierten Wsewolod Meyerhold und Igor Terentjew den ›Revisor‹. Es gab Komponisten, die analog zu Gogols Erzählweise in ihren Partituren Trivialmusik und sinfonische Musik, zeitgenössischen Schlager und Opernarie scharf und unvermittelt miteinander kontrastierten. Nach diesem Prinzip arbeiteten Deschewow in ›Eis und Stahl‹ (1929), Prokofjew in ›Der Spieler‹ (1915—1916) und ›Die Liebe zu den drei Orangen‹ (1919), Schostakowitsch in ›Die Nase‹ (1927—1928), ›Lady Macbeth des Mzensker Landkreises‹ (1930—1932) und ›Die Spieler‹ (1942). Der Komponist „bescheidet" sich in der Funktion, zwischen den in der Realität nebeneinander existierenden sozial und ästhetisch gesonderten Musiziersphären sinnerhellende Zusammenhänge herzustellen. Das Neue wurde von den Zeitgenossen sehr wohl bemerkt und in Zusammenhang mit den Bestrebungen auch in anderen Bereichen der Kunst gebracht. Davon zeugt ein Bericht, den der Filmregisseur Grigori Kosinzew von der Uraufführung der ›Nase‹ gegeben hat: „Die besondere Bildsprache der jungen russischen Kunst, verbunden sowohl mit recht kühnen Versuchen auf dem Gebiet der Form als auch mit dem städtischen Liedgut — Aushängeschilder der kleinen Kaufläden und Kneipen ... Orchester bei billigen Tanzabenden —, stürmte ins Reich der ›Aida‹ und des ›Troubadour‹. Gogols Groteske wütete: Was war hier Farce, was Prophezeiung? Unwahrscheinliche Orchesterklänge, Texte, die undenkbar zum Singen schienen ... ungewöhnliche Rhythmen ... die Einbeziehung all dessen, was früher antidichterisch, antimusikalisch, vulgär schien, in Wirklichkeit aber lebendige Intonation, Parodie — Kampf gegen das Konventionelle war."

Wie gut die Leningrader Opernmacher mit diesem neuen Stil zurechtkamen, zeigt sich an dem uneingeschränkten Lob, das Sergej Prokofjew der sowjetischen Erstaufführung seiner ›Liebe zu den drei Orangen‹ 1926 am Leningrader Staatlichen Akademischen Theater für Oper und Ballett zollte.

Bei einigen Werken Prokofjews und Schostakowitschs sind eine neue Art der Handlungsführung und ein neuer Heldentypus zu finden. An Stelle einer kausalfinal erzählten Handlung mit einem zentralen Helden treten nach dem Montageprinzip wechselnde Schauplätze mit vielfältiger Personage. Juri Tynjanow sprach in Anlehnung an Ossip Mandelstam davon, daß „die Abrechnung mit einer psychologisierenden Motivierung von Stunde zu Stunde grausamer wird. Selbst der Begriff Handlung wird für die Persönlichkeit durch den anderen, gesellschaftlich inhaltsreicheren Begriff Anpassung eingetauscht."

›Sieg über die Sonne‹, ein früher avantgardistischer Versuch

Die Zusammenarbeit von Komponisten, Dichtern und Malern zeichnete die Entwicklung der russischen Oper seit der Jahrhundertwende aus. Die Künstler arbeiteten zusammen, weil sie die feudal-bürgerliche Hierarchie der Kunstarten nicht mehr gelten lassen und das Gattungsgefüge verändern wollten. Sie strebten nach einer „ästhetischen Revolution".

1913 zeichnete Kasimir Malewitsch (1878—1935) sein legendär gewordenes Schwarzes Quadrat. Es war eine Vorstudie zu den Bühnenbildentwürfen für die Oper in zwei Akten ›Sieg über die Sonne‹, die im gleichen Jahr im Theater Luna-Park in Petersburg uraufgeführt wurde. Die Musik schuf Michail Matjuschin (1861—1934), den Text Alexej Krutschonych (1886—1968). Welemir Chlebnikow (1885—1922) schrieb den Prolog. Darin machte er verschiedene Angebote, welche neuen Funktionen das Theater haben könnte.

Die Bühnenbildentwürfe Malewitschs markierten die Anfänge des Suprematismus, die Aufführung gilt als ein Höhepunkt des Kubo-Futurismus.

Alte Muster in neuer Zeit

In den meisten Opern der 20er und 30er Jahre trat nach wie vor ein zentraler, meist titelgebender Held in Erscheinung. Die Opernkomponisten wollten an einer neuen Geschichtsschreibung mitwirken. Ehemals vom Zarismus verfolgte und getötete Volkshelden, wie Iwan Bolotnikow, Stepan Rasin oder Jemeljan Pugatschow, nahmen nun die Stelle von Iwan Grosny, Boris Godunow oder Peter I. ein. Es erschienen Stenka-Rasin-Opern von Triodin, Berschadski und Kasjanow 1925, 1926 und 1939. Šhelobinski gestaltete in ›Der Kamarinsker Bauer‹ (1933) das Schicksal von Iwan Bolotnikow. Jemeljan Pugatschow ist die zentrale Figur in den Opern ›Adlerbund‹ von Paschtschenko (1925) und ›Jemeljan Pugatschow‹ von Kowal (1942). Der „neue" Held wurde nach einem alten Muster aufgebaut, „eingeschlossen in eine rein literarisch bedingte Situation, wo er, sozusagen von der Höhe eines absoluten Allwissens, verschiedene Fragen löste". Das schrieb Oleg Jefremow 1983 über ähnlich gelagerte Lenin-Darstellungen in der sowjetischen Dramatik. Seine Beobachtung gilt auch für die Lenin-Darstellungen auf der Opernbühne. Der druckreife Worte verkündende Lenin in der 1939 uraufgeführten Oper ›Im Sturm‹ von Tichon Chrennikow sowie der ein Volkslied nachsingende und zugleich an den Aprilthesen arbeitende Lenin in Wano Muradelis 1964 uraufgeführter Oper ›Oktober‹ sind hierfür die herausragendsten Beispiele.

Auch ein Libretto des Schriftstellers Michail Bulgakow muß paradoxerweise zu dieser Rubrik gezählt werden. Es entstand im Auftrag des Bolschoi Theaters Moskau zwischen 1936 und 1938 und wurde von Boris Assafjew in dieser Zeit vertont. Bulgakow, der seit 1930 am Moskauer Künstlerischen Theater (MCHAT) gearbeitet hatte, verließ es im Oktober 1936 resigniert und „bemühte sich um eine Anstellung am Bolschoi Theater. In Zukunft, so glaubte er zumindest, wollte er sich nur noch mit dem Schreiben von Libretti befassen." (Nyota Thun: Michail Bulgakows Puschkinstück). Doch dann hätte er verhungern müssen, denn das Libretto ›Minin und Posharski‹ war ein Mißerfolg. Die Leitung des Bolschoi Theaters lehnte es mehr oder minder direkt wegen einer zu schematischen Handlungsführung ab. Tatsächlich ähnelt es der 1936 im Auftrag des Bolschoi Theaters von Sergej Gorodezki geschaffenen Textfassung des ›Iwan Sussanin‹. Ausschnitte aus ›Minin und Posharski‹ wurden 1938 im Moskauer Rundfunk gesendet. Das Libretto selbst wurde erst 1980 publiziert.

Der „neue" Held, die Kriegsthematik und die Lied-Oper

1923 betrat mit Furmanows Roman ›Tschapajew‹ ein neuer Heldentypus die literarische Szene: der Irrende und Lernende. Der legendäre Befehlshaber revolutionärer Streitkräfte im Bürgerkrieg, Tschapajew, gelangte bereits 1931 in einer Oper von Andrej Paschtschenko und 1942 in einer Oper von Boris Mokroussow auf die Bühnen Leningrads und Moskaus. 1974 schuf Alexander Cholminow seine Tschapajew-Oper.

Das Entsetzen über den Krieg und über die Notwendigkeit, ein Held sein zu müssen, ist ein Thema der russischen Literatur und wurde durch die Erfahrung zweier Weltkriege und des Bürgerkrieges verstärkt. Erinnert sei an Twardowskis erschütternde Gedichte ›Ich wurde vor Rshew erschlagen‹ (1945—1946) und ›Der Tag, als der Krieg zu Ende ging‹ (1949), Wassiljews Erzählung ›Im Morgengrauen ist es noch still‹ (1969) und Rasputins ›Leb und vergiß nicht‹ (1974). Die beiden letzten Werke wählten sich die Komponisten Kyrill Moltschanow und Kyrill Wolkow als literarische Vorlagen. Mit Kyrill Wolkows Oper ›Leb und vergiß nicht‹ (1981) wurde eine neue Qualität in der Darstellung des Krieges auf der Opernbühne erreicht. Valentin Rasputin hatte sich in seinem Roman ›Leb und vergiß nicht‹ Menschen zugewandt, die dem unmenschlichen Maß des Krieges nicht gewachsen waren. Der Rotarmist Andrej ist nach einer Verwundung nicht mehr an die Front zurückgekehrt. Als Deserteur lebt er außerhalb der menschlichen Gemeinschaft in der Nähe seines Heimatdorfes; allein seine Frau Nastjonka weiß von ihm. Als die Siegesglocken das Ende des Krieges künden, bedeutet das für beide wie auch für viele andere nicht das Ende ihrer Leiden. Die einen werden mit der Erinnerung an Tote leben müssen, die anderen mit einem Krüppel, und Nastjonka wird an dem Konflikt zerbrechen, ihren Mann am Leben zu wissen, aber nicht mit ihm leben zu können.

Bis auf diese Ausnahme überwogen in den anderen Opern mit Kriegsthematik heroisierende, pathetische Darstellungsweisen: ›Im Sturm‹ (1936—1939) von Chrennikow, ›Semjon Kotko‹ (1939) und ›Die Geschichte eines wahren Menschen‹ (1947—1948) von Prokofjew, ›Das Blut des Volkes‹ (1942) und ›Ein Menschenschicksal‹ (1961) von Dsershinski, ›Die Familie Taras‹ (1947—1950) von Kabalewski, ›Der unbekannte Soldat‹ (1967) von Moltschanow.

1935 wurde am Staatlichen Akademischen Kleinen Theater für Oper und Ballett Leningrad Iwan Dsershinskis Oper ›Der stille Don‹ uraufgeführt. Das Werk wurde schnell populär. Auf vielen Bühnen nicht nur der RSFSR, sondern auch der anderen Unionsrepubliken gespielt, galt es bis in die 50er Jahre als Vorbild einer sowjetischen zeitgenössischen Oper. ›Der stille Don‹ ist eine Lied-Oper. Dieses Genre entwickelte sich parallel zur Lied-Sinfonie, deren hervorragendster Vertreter der Komponist Lew Knipper war. Lied-Oper und Lied-Sinfonie haben gemeinsame Charakteristika. Volkstümliches musikalisches Material dient zur Kolorierung einer tradierten Großform, die authentisch klingenden Melodien und Themen werden Techniken der Kunstmusik unterworfen und nicht nach Prinzipien der Volksmusik entwickelt, etwa — der Nebenstimmenpolyphonie entsprechend — in der Art des beweglichen, mehrfachen Kontrapunktes. So besteht die Lied-Oper aus einer Aneinanderreihung von liedhaft-ariosen Gesängen nach dem Potpourri-Prinzip.

Das Kammer-Musik-Theater in Moskau

1972 eröffneten Boris Pokrowski, der Chefregisseur des Bolschoi Theaters Moskau, und der Dirigent Gennadi Roshdestwenski eine neue Spielstätte in Moskau: das Moskauer Kammer-Musik-Theater. Die Eröffnung am 18. Januar 1972 war programmatisch. Gespielt wurde Rodion Schtschedrins Lyrische Oper ›Nicht nur Liebe‹, die 1961 am Bolschoi Theater durchgefallen war. In Pokrowskis Inszenierung am Kammer-Musik-Theater begeisterte sie das Publikum und stand viele Jahre im Repertoire. Musikalische Handlung findet hier statt, indem das Verfertigen neuer Lieder und das Nachsingen alter Weisen auf Angemessenheit, Aufrichtigkeit und elementare Kraft befragt wird. Rodion Schtschedrin machte mit seiner Oper ›Nicht nur Liebe‹ auf das Verhältnis zwischen alter und neuer Volksmusik, auf die Unterschiede zwischen bäuerlicher und städtischer Folklore aufmerksam.

Ein „weitreichendes Geschütz"

Das Repertoire des Kammer-Musik-Theaters ist breit gefächert, aber nicht wahllos; es betont wesentliche Traditionslinien. Es reicht von Danilo Tuptalos Schuldrama, dem 1700 entstandenen ›Rostower Spiel‹ (1983 inszeniert), über Opern des 18. Jahrhunderts, ›Der Falke‹ von Bortnjanski (1972), ›Der Geizige‹ von Paschkewitsch (1974), bis zu Aufführungen von Werken ganz junger zeitgenössischer Komponisten, wie des 1944 geborenen Gleb Sedelnikow.

Vierundvierzig Jahre nach ihrer Leningrader Uraufführung erlebte hier 1974 ›Die Nase‹ von Dmitri Schostakowitsch ihre Moskauer Erstaufführung, 1978 kam Strawinskis Oper ›The Rake's Progress‹ zur sowjetischen Erstaufführung. Obgleich von den Theatern nicht gespielt, war Schostakowitschs ›Nase‹ nicht folgenlos für das sowjetische Opernschaffen geblieben. Sie hatte sich, nach Iwan Sollertinskis Worten, als ein „weitreichendes Geschütz" erwiesen. Zehn Jahre, von 1966 bis 1976, arbeitete Rodion Schtschedrin (1932 geboren) an seiner Gogol-Oper ›Tote Seelen‹. Er suchte in dieser Zeit das Gespräch mit Dmitri Schostakowitsch. Wie dieser hat auch Schtschedrin alle seine Texte, bis auf die Volkslieder, bei Gogol entlehnt. Der ›Nase‹ vergleichbar sind in den ›Toten Seelen‹ Klangfarbencharakteristika stark ausgeprägt, bestimmte Instrumente einzelnen Personen zugeordnet, Musizierbereiche scharf miteinander kontrastiert. Komplizierte Formen der Kunstmusik, vom Duett, Quartett, Sextett bis zum Dezimet, wechseln mit chorpolyphonen A-cappella-Gesängen. Schtschedrin bezieht sich in der Dramaturgie seiner Oper auf Bilder und Darstellungsweisen aus dem alten ukrainischen Volkstheater, dem Wertep, in dem sich Hohes und Niederes, Tragisches und Komisches, Mysteriendarstellung und weltliche Komödie nach einem bestimmten Regelkanon vereinigten (zum Wertep siehe Ukrainische Oper). Der Bauer mit der Ziege ist eine berühmte, in den verschiedenen Handlungen des Wertep-Dramas wiederkehrende Figur. Schtschedrin zitiert sie. Sein Bauer mit Ziege steht am Wegesrand und kommentiert die Geschäfte der hohen Herrn.

In der Nachfolge von Schostakowitschs Gogol-Opern steht auch Alexander Cholminow (geboren 1925) mit seinen Einaktern ›Die Kutsche‹ und ›Der Mantel‹. Beide wurden 1975 am Kammer-Musik-Theater szenisch uraufgeführt. In seiner Oper ›Die zwölfte Folge‹ (UA 1977 am Moskauer Kammer-Musik-Theater) bekennt sich Alexander Cholminow zu der Ästhetik, Hohes und Niederes, Trivialmusik und klassische Musik durch Montage in einen sinnerhellenden Zusammenhang zu bringen.

Das Vorbild Strawinski und Prokofjew

Der 1943 geborene Moskauer Komponist Kyrill Wolkow orientierte sich in seiner 1971 entstandenen Oper ›Das Bauernmärchen‹ am altrussischen Balaganny-Theater. Bauern erwerben sich in einem improvisierten Spiel ein neues Weltverständnis, indem sie ein altes Märchen interpretieren. Ein Zar wird bedroht und bietet seinem Angreifer das halbe Reich an, um sich freizukaufen. Der Konkurrent will aber nicht das Land, sondern nur die Menschen, und zwar den schlechteren Teil, die schmutzigen Arbeitsleute. Schnell und gern willigt der Zar ein und merkt zu spät, daß er sich selbst um seine Ernährer gebracht hat. Unschwer ist in der Erzählweise das Vorbild, der junge Strawinski, erkennbar, dem sich Wolkow auch stilistisch verpflichtet fühlt, indem er in der musikalischen Gestaltung des von Bauern gespielten Zarenhofes Stilimitation als irritierendes Element einsetzt. Dem Vorbild Strawinski fühlte sich auch der junge, mit Wolkow befreundete Regisseur Nikolai Kusnezow verpflichtet. Er brachte 1974 am Stanislawski-Nemirowitsch-Dantschenko-Musiktheater in Moskau Igor Strawinskis ›Renard‹ und ›Mawra‹ zur sowjetischen Erstaufführung. Der Regisseur Kusnezow schrieb 1981 für Wolkow auch das Libretto von ›Leb und vergiß nicht‹.

1974 inszenierte Boris Pokrowski am Bolschoi Theater Moskau Prokofjews Oper ›Der Spieler‹. Auch das war eine sowjetische Erstaufführung. An Prokofjew hatte sich der 1944 geborene Moskauer Komponist Gleb Sedelnikow mit seiner Oper ›Arme Leute‹ (nach Dostojewskis gleichnamigem Briefroman) orientiert.

In dieser Oper für Bariton, Sopran und Streichquartett wird eine zurückgehaltene, nicht ausgesprochene Leidenschaft musiziert, werden Text und Musik in ein spannungsvolles Verhältnis gebracht. Auch dieses Werk inszenierte Boris Pokrowski 1973 am Kammer-Musik-Theater Moskau.

Die Kammeroper

Die Gründung des Kammer-Musik-Theaters und die Tätigkeit Boris Pokrowskis trugen wesentlich dazu bei, daß Opern eines neuen Typus entstanden und aufgeführt wurden, fähige Interpreten und ein aufgeschlossenes Publikum fanden. Das war ausschlaggebend für den Erfolg der ›Toten Seelen‹ von Rodion Schtschedrin, 1977 am Bolschoi Theater Moskau uraufgeführt. Im Genre der Kammeroper nahmen die Komponisten in den 70er Jahren die Suche nach der „Wahrheit in Tönen" (Dargomyshski) auf. Alexander Cholminow sprach 1981 während des Internationalen Seminars zu Problemen der Kammeroper von einem entsprechenden Entwicklungsumschwung in seinem Schaffen. Ihn interessiere es nun in zunehmendem Maße, wie in den Alltagskonflikten tragische oder komische Qualitäten zu entdecken und zu gestalten seien und wie er den intimen Fragestellungen des zeitgenössischen Menschen durch solistisches Musizieren gerecht werden könne. Seine beiden letzten, 1979 entstandenen und zur Uraufführung am Kammer-Musik-Theater vorbereiteten Opern ›Wanka‹ und ›Die Hochzeit‹ (beide nach Tschechow) legen davon Zeugnis ab.

Durch Aufführungen von Werken des 17. Jahrhunderts (Tuptalos ›Rostower Spiel‹), des 18. Jahrhunderts (Paschkewitschs ›Geizigem‹, Bortnjanskis ›Falken‹) und des 20. Jahrhunderts (Prokofjews ›Spieler‹, Schostakowitschs ›Nase‹, Strawinskis ›Renard‹, ›Mawra‹ und ›Rake's Progress‹) wurde die kunstinteressierte Öffentlichkeit in den 70er Jahren wieder auf eine bestimmte Traditionslinie aufmerksam gemacht. Der Erfolg solcher Inszenierungen wie ›Die Nase‹ oder ›The Rake's Progress‹ beweist, daß das Publikum eine nichtaristotelische Darstellungsweise im Musiktheater annimmt. Nicht zufällig besannen sich die Komponisten auf Gogol und orientierten sich in der Dramaturgie ihrer neuen Opernwerke an Formen des Wertep und des altrussischen Balaganny-Theaters. Die Hinwendung zu Tschechows und Dostojewskis Werk wiederum macht das Interesse der Komponisten an subtilen psychologischen Fragestellungen deutlich, hier treten sie das Erbe der russischen Opernklassik an. In seinem Kammer-Musik-Theater arbeitet Boris Pokrowski seit 1972 nach einem von Dmitri Schostakowitsch bereits 1957 geäußerten Gedanken: „Im Bereich der Oper muß kühner experimentiert und eine solche Situation erreicht werden, daß nicht nur ‚Mammutopern', sondern auch bescheidene Experimente das Rampenlicht erblicken können. Ich meine, es ist längst an der Zeit, neben unserer akademischen Opern- und Ballettbühne ein experimentelles Musiktheater ins Leben zu rufen. Es könnte das wichtigste Zentrum unserer Operndiskussionen sein. Und von ihm könnte auch bald ein erfrischender Luftzug in unser akademisches Opern- und Ballettrepertoire wehen." (Dmitri Schostakowitsch: Seien wir anspruchsvoller gegenüber unserem Schaffen! 1957)

Literatur Musik und Musikleben im alten Rußland. (Musyka i musykalny byt w staroi Rossii.) Petrograd 1927; Geschichte der russischen Musik in Forschungsbeiträgen und Materialsammlungen. (Istorija russkoi musyki w issledowanijach i materialach.) Bd. 1, Moskau 1924; Bd. 2 (Sergej Tanejew.) Moskau 1925; Bd. 3 (Glinka und seine Zeitgenossen. Glinka i jego sowremenniki.) Moskau 1926; Bd. 4 (Das russische Beethovenbuch. Russkaja kniga o Beetchowene.) Moskau 1927; Nikolai Findeisen: Abriß der Geschichte der russischen Musik von der ältesten Zeit bis zum Ende des 18. Jahrhunderts. (Otscherki ob istorii musyki w Rossii s drewnejschych wremjon do konza XVIII weka.), 2 Bde., Moskau 1928; G. Kryshizki: Porträts von Regisseuren. (Reshissjorskije portrety.) Darin das Porträt von Fjodor

Komissarshewski. Moskau/Leningrad 1928; Boris Assafjew: Russische Musik. (Russkaja musyka.) Leningrad 1930 (2. Auflage 1979.); Geschichte der russischen Musik. (Istorija russkoi musyki.) Hrsg. von Michail Pekelis, 2 Bde., Moskau/Leningrad 1940; Geschichte der russischen Musik. (Istorija russkoi musyki.) Hrsg. von Juri Keldysch, 2 Bde., Leningrad 1948 (Bd. 1, dt. Leipzig 1956); Tamara Liwanowa: Skizzen und Materialien zur Geschichte der russischen Musikkultur vom 17. bis 18. Jahrhundert. (Otscherki i materialy po istorii russkoi musykalnoi kultury XVII—XVIII weka.) Moskau 1938; Geschichte der russisch-sowjetischen Musik. (Istorija russkoi-sowjetskoi musyki.), 4 Bde., Moskau 1956—1963; Geschichte der Musik der Völker der UdSSR. (Istorija musyki narodow SSSR.) 5 Bde., Moskau 1950—1974; Abram Gosenpud: Das musikalische Theater in Rußland von den Ursprüngen bis zu Glinka. (Musykalny teatr w Rossii ot istokow do Glinki.) Leningrad 1956; Abram Gosenpud: Das russische Operntheater des 19. Jahrhunderts. (Russki operny teatr XIX. weka.) Die Jahre 1836—1856. Leningrad 1969; Die Jahre 1857—1872. Leningrad 1971; Die Jahre 1873—1889. Leningrad 1973; Abram Gosenpud: Das russisch-sowjetische Operntheater 1917—1941. (Russki-sowjetski operny teatr 1917—1941.) Leningrad 1963; Dieter Lehmann: Rußlands Oper und Singspiel in der zweiten Hälfte des 18. Jahrhunderts. Leipzig 1958; M. Kopshizer: Sawwa Mamontow. Moskau 1972; Gisela Erbslöh: Pobeda nad solncem. Ein futuristisches Drama von A. Krutschonych. München 1976; Anatoli Konnonow/Igor Stupnikow: Das Theater für Oper und Ballett S. M. Kirow. (Teatr opery i baleta imeni S. M. Kirowa.) Leningrad 1976; Wiktor Borowski: Die Moskauer Oper S. I. Simins. (Moskowskaja opera S. I. Simina.) Moskau 1977; Stanislawski, der Reformator der Opernkunst. Materialien, Dokumente. (Stanislawski, reformator opernogo iskusstwa. Materialy, dokumenty.) Hrsg. von Grigori Kristi und Olga Sobolskaja, Moskau 1977; Jelena Groshewa: Das Große Theater der UdSSR. (Bolschoi teatr SSSR.) Moskau 1978; Alexander Block. Ausgewählte Werke. Hrsg. von Fritz Mierau, Bd. 2, Berlin 1978; Wsewolod E. Meyerhold. Aufsätze, Reden, Gespräche. Hrsg. von Alexander Fewralski, 2 Bde., Berlin 1979; Anatoli Lunatscharski. Über Musik und musikalisches Theater. Aufsätze, Reden, Vorträge, Briefe, Dokumente. (O musyke i musykalnom teatre. Statji, retschi, doklady, pisma, dokumenty.) Hrsg. von Leonid Chlebnikow, Bd. 1, Moskau 1981; Guido Bimberg: Die Oper im russischen Musiktheater des 18. Jahrhunderts. Philosophische Dissertation. Halle 1981; Juri Tynjanow. Poetik. Ausgewählte Essays. Leipzig und Weimar 1982; Dmitri Schostakowitsch. Erfahrungen, Aufsätze. Erinnerungen, Reden, Diskussionsbeiträge, Interviews, Briefe. Hrsg. von Christoph Hellmundt und Krzysztof Meyer, Leipzig 1983; Chorus an die verkehrte Welt. Russische Dichtung des 18. Jahrhunderts. Hrsg. von Annelies und Helmut Grasshoff, Leipzig 1983; Abram Gosenpud: Richard Wagner und die russische Kultur. (Richard Wagner i russkaja kultura.) In: *Sowjetskaja musyka*, Moskau 1983, Nr. 4 und 5; Sieg über die Sonne. Aspekte russischer Kunst zu Beginn des 20. Jahrhunderts. Katalog zur Ausstellung der Akademie der Künste Berlin (West) und der Berliner Festwochen vom 1. September bis 9. Oktober 1983. Berlin 1983; Nyota Thun: Michail Bulgakows Puschkinstück. In: *Sinn und Form*, Berlin 1983, H. 4

Tadshikische Oper

Die Literatur des tadshikischen Volkes ist sehr alt und reich. Sie bildet einen Zweig der ursprünglich einheitlichen iranischen Sprachengruppe und steht daher wie die armenische und aserbaidshanische in der Tradition der großen persischen Literatur des Mittelalters.

Und wie auf den Märkten Armeniens oder Aserbaidshans trugen auch in Tadshikistan die Aschugen und Bachschen, Volkssänger und Dichter, ihre zwischen Gesang und Rezitation wechselnden Lieder (Dastanen) vor.

Die Geschichte des tadshikischen Volkes war von andauernden Kämpfen gegen die eigenen Feudalherren und gegen fremde Eroberer geprägt. So dominieren auch die heroisch-pathetischen Themen in der tadshikischen Oper. Die Werke des persischen Eulenspiegels, Abdarrahman Muschfiqi (1539—1588), gilt es für die Opernbühne noch zu entdecken.

Der 1914 geborene Sijadullo Schachidi griff mit seiner 1960 uraufgeführten Oper ›Komde und Madan‹ auf das gleichnamige Poem von Mirsa Abdukadir Bedil (1644—1721) zurück und erzählt die Geschichte des Aschugen Madan, dem ein Krieger hilft, die leibeigene Tänzerin Komde zu befreien. Die Instrumentation schufen zwei jüngere tadshikische Komponisten, Malter und Ter-Ossipow. Drei Jahre zuvor, 1957, wurde Scharofiddin Saifiddinows Oper ›Pulat und Gulru‹ von drei Studenten des Moskauer Konservatoriums — Alexander Pirumow, Edison Denissow und Alexej Nikolajew — instrumentiert. ›Pulat und Gulru‹ ist die erste Oper eines tadshikischen Komponisten.

Als erste tadshikische Oper gilt ›Der Wossje-Aufstand‹, 1939 uraufgeführt. Der Komponist Sergej Balassanjan (1902—1982) ist armenischer Abstammung, arbeitete und lebte eine Zeitlang in Tadshikistan.

In der Entwicklung der tadshikischen Oper spiegelt sich die Geschichte des Landes wider. In der zweiten Hälfte des 19. Jahrhunderts hatte der Zarismus die tadshikischen Chanate unterworfen und betrieb eine Kolonialpolitik. Durch den Anschluß an Rußland wurde das mittelasiatische Gebiet in den russischen Markt und zugleich in die revolutionäre Bewegung einbezogen. Von 1917 bis 1923 dauerte der Kampf um die Festigung der Sowjetmacht in Tadshikistan. 1924 wurde innerhalb der Usbekischen SSR die Tadshikische ASSR gegründet und 1929 die Tadshikische SSR.

In den 30er Jahren kamen Musiker aus verschiedenen Unionsrepubliken, vor allem aus der RSFSR, nach Tadshikistan und schufen hier die Grundlage einer professionellen Musikkultur.

Nicht zufällig wurde daher 1954 das 1940 gegründete Akademische Theater für Oper und Ballett in Duschanbe nach dem Dichter Sadriddin Aini benannt. Aini (1878—1954) war nicht nur der Begründer der sowjet-tadshikischen Literatur, er trat auch für die Freundschaft Tadshikistans mit Rußland und die Übernahme revolutionärer und sozialistischer Ideen ein. Drei Jahre danach, 1957, wurde an diesem Haus mit ›Pulat und Gulru‹ die erste Oper eines tadshikischen Komponisten uraufgeführt.

Pulat ist ein Rotarmist, der durch Verrat und Hinterlist in die Hände seiner Feinde fällt. Eine liebende Frau, die Tadshikin Gulru, befreit den Helden. Ganz wie Fidelio spürt sie ihren Pulat im finsteren Kerker des Tyrannen auf. Das liebende Paar wird von einer eifersüchtigen Rivalin bedroht, da tönt in das unterirdische Verließ der Gesang der Rotarmisten, die die Burg des Feudalherren gestürmt haben. Der Stoff gab Saifiddinow Gelegenheit, tadshikische und russisch-revolutionäre Lieder zu zitieren.

Alexander Lenski (1910—1978) schrieb zwischen 1945 und 1968 sechs Opern. Für einige von ihnen verwendete er tadshikische Legenden, so zum Beispiel in der 1945 in Duschanbe uraufgeführten Oper ›Tachir und Suchra‹. Die Musikwissenschaftler zählen daher den Opernkomponisten Lenski zur Tadshikischen SSR. Hier arbeitete und lebte er vom Beginn der 40er Jahre bis 1955. Er war von 1942 bis 1955 Präsident der Leitung des Komponistenverbandes der Tadshikischen SSR. 1955 siedelte er nach Moskau über.

Ganz ähnlich verhält es sich mit Sergej Balassanjan (1902—1982). Er gilt als einer der Schöpfer des nationalen tadshikischen Theaters und war von 1939 bis 1943 Präsident des Komponistenverbandes der Republik. Seit 1943 lebte und arbeitete er in Moskau, wo er 1964 Sekretär, später Leitungsmitglied des Verbandes der Komponisten der RSFSR wurde.

Sergej Balassanjan bevorzugte die heroisch-pathetische Darstellung historischer Ereignisse. In ›Der Wossje-Aufstand‹, als erste tadshikische Oper 1939 uraufgeführt, schildert er den Kampf des Dechkanen (mittelasiatischer Bauer) Wossje gegen den Emir Abdulachan in den Jahren 1883 bis 1885. Der Aufstand wurde niedergeschlagen. Auch in den 1941 und 1954 in Moskau beziehungsweise Duschanbe uraufgeführten Opern ›Schmied Kowa‹ und ›Bachtior und Nisso‹ erzählt Balassanjan von Kämpfen und Niederlagen. Die Handlungen der Opern sind, bis auf Details und Namen, austauschbar und auf die Finali hin angelegt, in denen den scheiternden Helden Gelegenheit gegeben wird, ihre moralische Überlegenheit über den stärkeren Gegner zu zeigen. Das alte Prinzip von Tod und Verklärung findet hier seine Anwendung.

Eine Ausnahme unter diesen heroischen Opern bildet die Lyrisch-komische Oper ›Bibi und Bobo‹ des russischen Komponisten Samuil Urbach (1908 bis 1969), die 1959 im Haus der Schauspieler in Moskau uraufgeführt wurde und als erste Komische Oper Tadshikistans gilt. Urbach lebte und arbeitete von 1937 bis 1942 in Tadshikistan.

Literatur Tadshikische SSR. (Tadshikskaja SSR.) In: Geschichte der Musik der Völker der UdSSR. (Istorija musyki narodow SSSR.) Bd. 5, Teil 2, Moskau 1974

Ukrainische Oper

Die gemeinsame Wiege der russischen, belorussischen und ukrainischen Kultur ist die Kiewer Rus. Die drei ostslawischen Völker wurden auseinandergerissen, als 1240 die Tataren und Mongolen einfielen und der durch feudale Fehden geschwächte Kiewer Staat zersplitterte.

Im 14./15.Jahrhundert wurden Kiew, Tschernigow, Podolsk und Galizien dem litauischen Großfürstentum angegliedert, doch konnte sich die ukrainische Kultur und Sprache bis zum 16.Jahrhundert relativ ungehindert entwickeln. Erst mit der politischen Union zwischen Litauen und Polen (Lubliner Union 1559) wurde dieser Prozeß gestört. Die polnischen Feudalherren wollten mit ihrer Kolonisationspolitik das geistige Zentrum der Ukraine, die orthodoxe Kirche, dem polnischen Katholizismus unterstellen (Union von Brest 1596). Das mobilisierte Gegenkräfte. Geistiger Widerstand ging von den religiösen Bruderschaften aus, und bewaffnete Gegenwehr leisteten die Kosaken. Das waren einstmals entflohene Leibeigene, die sich am Unterlauf des Don niedergelassen, eine freie Völkerschaft gegründet und sich zu einer Kriegerkaste profiliert hatten. Die Kosakenaufstände wurden von polnischen Truppen niedergeschlagen und führten erst 1648 bis 1654 unter Bogdan Chmelnizki zum Erfolg.

Die Ukrainer lösten sich vom litauisch-polnischen Feudalstaat, der Rzeczpospolita, und suchten Hilfe bei Rußland. Die Vereinigung der Ukraine mit Rußland 1654 (Vertrag von Pereslawl) stärkte das Land zwar, brachte es aber in neue wachsende Abhängigkeit, nun vom zaristischen Staat. Der Zarismus verbot zeitweise das Erscheinen ukrainischsprachiger Bücher. Die Schulen dienten der Russifizierung. Doch führte das nie so weit wie in Belorußland. (Dort war die Landessprache für Jahrhunderte verboten, die Entwicklung der Literatur unterbrochen worden.)

Der Name Oukraine bezeichnete ursprünglich das den mittelalterlichen slawischen Staat Kiew (Kiewer Rus) unmittelbar umgebende Land (okrainnaja semlja) und diente seit dem 16.Jahrhundert zur Kennzeichnung der südwestlichen ostslawischen Gebiete. Später bürgerte sich auch der Name Malaja Rus (Kleine Rus) ein. Davon wurde Malorossija (Kleinrußland) abgeleitet.

Ein Staat des ukrainischen Volkes entstand 1919 durch die Bildung der Ukrainischen SSR, aber erst 1945 konnten alle von Ukrainern bewohnten Gebiete in diesem Staat vereinigt werden.

Das Kiewer Höhlenkloster wurde zum ersten frühen Zentrum, in dem sich professionelle Musiker bildeten. Gepflegt wurde hier ein monodischer Gesangsstil. 1632 gründete eine Laienbruderschaft das Kiewer Kollegium, und zur gleichen Zeit wurde die Monodie vom mehrstimmigen Chorgesang abgelöst. Nikolai Dilezki (1630 bis um 1690) schrieb ein erstes Regelwerk, die ›Musikalische Grammatik‹ (›Musikiskaja grammatika‹). In Rostow am Don arbeitete Danilo Tuptalo (1651–1709), der in den 70er Jahren unseres Jahrhunderts durch die Rekonstruktion seines Schuldramas ›Rostower Spiel‹ wiederentdeckt wurde.

Mit ihrem mehrstimmigen, ukrainischsprachigen (kirchenslawischen), partiell von Instrumenten begleiteten Chorgesang zeigten sich die geistlichen Brüder volksverbunden. Im Unterschied zu den Jesuiten mit ihren lateinischsprachigen katholischen Gesängen wollten und konnten die ukrainischen orthodoxen Geistlichen sich verständlich machen. Im gemeinsamen Widerstand gegen den katholischen Eroberer vermischten sich Volkslieder und heidnische Bräuche mit den professionellen kirchlichen Gesängen und Zeremonien. Es entstand jene unverwechselbare Einheit von Kraft und Zartheit, Einfachheit und Kompliziertheit, jene Fülle von poetischen Bildern, plastischen und phantastischen Figuren in den ukrainischen Liedern. „Das Lied war für Kleinrußland alles: sowohl Poesie als auch Geschichte und ein Grabmal der Väter", schrieb Gogol, dessen kleinrussische Erzählungen viele Komponisten inspirierten. Am ukrainischen Liedschatz partizipierten viele, nicht nur Rimski-Korsakow, Mussorgski, Tschaikowski, Aljabjew, Tanejew, auch Spendiarow und sogar Beethoven und Liszt. Charakteristisch waren Jahreszeitenlieder (kalendarnyje), die sich nach Liedern für die Wintersonnenwende (koljadki) und für den Frühlingsanfang (wesnyje) unterschieden. Der epische, von patriotischem Pathos getragene Heldengesang, die Duma, erlangte im Verlauf der Bauern- und Kosakenaufstände besondere Bedeutung und wurde von den Kobsaren im Land verbreitet. Das waren wandernde Volkssänger, die sich auf der Kobsa oder Bandura begleiteten. Man sagt, daß die Bandura wie kein zweites Instrument das charakteristische Kolorit der ukrainischen Musik wiedergibt. Sie ist ein mehrsaitiges, lautenartiges Zupfinstrument mit ovalem Resonanzkörper und kurzem Hals. Im 16. Jahrhundert wurde sie das erste Mal erwähnt.

Die Getragenen Lieder (protjashnyje), die Tanzweisen und Scherzlieder teilt das ukrainische mit dem russischen Volk. Der Kant, ein dreistimmiges Strophenlied für A-cappella-Chor, findet sich zwar sowohl beim östlichen russischen Brudervolk als auch bei den Polen, doch erhielt der Kant in der Ukraine eine besondere Stellung innerhalb des Wertep-Dramas.

Das Wertep war ursprünglich ein Puppentheater, mit dem die Gaukler durchs Land zogen und bis nach Sibirien kamen und ihr Geld auf den Jahrmärkten verdienten. Im Spiel vereinigten sich Volk und Geistlichkeit, fanden Marktplatz und Kirche zueinander, und in Opposition gegen den Pomp der römisch-katholischen Kirche entstanden das Wertep-Drama und das Schuldrama.

Im Wertep-Drama gab es keine Trennung in Schauspiel und Oper. Gesang, Tanz, Sprache, Pantomime bildeten eine Einheit, wechselten einander ab. Die Trennung geschah im 18. Jahrhundert. Die Wertep-Bühne imitierte den Innenraum der Kirche, die Gliederung in ein Oben und Unten, in die Empore, die Kanzel und den ebenerdigen Gemeinderaum. Im oberen Teil spielte man christliche Legenden. Bevorzugt waren die Geburt Christi und der Kindermord zu Bethlehem. Das Wort Wertep (Höhle oder Schlucht) bezieht sich auf eine Überlieferung, nach der Christus in einer Höhle bei Bethlehem geboren wurde. Es traten „stehende Figuren" auf: Christus, Maria, der Unmensch (Irod — eine Typisierung des Herodes) sowie Hirten, Engel und Teufel. Im unteren Teil fanden profane Kontrasthandlungen statt. Auch hier bildeten sich wiederkehrende Typen und Verlaufsschemata heraus. Ein exemplarisches Beispiel für dieses Funktionsmodell ist Danilo Tuptalos ›Rostower Spiel‹ (siehe Danilo Tuptalo).

Die große Popularität dieses Theaters beruhte darauf, daß den Zuschauern die Figuren und Situationen bekannt waren und sie sich sowohl freuten, wenn das Erwartete eintrat, oder aber auch, wenn neue Interpretationen unerwartete Überraschungen boten.

Diesem Funktionsmodell verdankt die erste ukrainische professionelle Oper der Neuzeit, Semjon Gulak-Artemowskis ›Der Saporosher hinter der Donau‹ (1863), ihre seit mehr als einem Jahrhundert andauernde Beliebtheit.

In der Profanhandlung des Wertep-Dramas hatten sich folgende Vorgänge und Figuren als Standard herausgebildet: Auftritt und Tanz von Großvater und Großmutter — Gespräch und Tanz des Soldaten mit der schönen Darja Iwanowna — Tanz des Husaren mit Madjarka, Tanz von Poljka mit Polska — Auftritt, Solo und Monolog des Saporoshers, seine Tänze mit der Wirtin, der Zigeunerin — Szene des Großvaters mit der Ziege, Dialog und Tanz des Judenjünglings — allgemeines Tanz-Finale.

Wenn auch die Reihenfolge wechselte, den Mittelpunkt bildete meist der Saporosher, dem der Soldat hilfreich zur Seite stand, wenn er gegen die Pans kämpfte und sich dabei mit Tod und Teufel verbündete. Elemente des Wertep-Dramas sind direkt in das Schuldrama eingegangen, das sich durch eingefügte instrumentale Nummern vom Volkstheater unterscheidet.

Solange Volkstheater und Schuldrama gegen einen gemeinsamen Feind antraten, ordnete sich der religiöse Inhalt dem Kampf gegen die Unterdrücker unter. Nach der Abwendung der katholischen Gefahr gewannen konservative Züge im religiösen Weltbild und daher auch im Schuldrama die Oberhand.

Im Kampf gegen feudale Autoritäten waren die bürgerlichen Dichter führend. Einer der bedeutendsten schrieb auch für die Bühne. Mit Iwan Kotljarewskis (1769—1838) in Vaudeville-Form aufbereiteten Komödien bestritt das Lwower Theater ab 1864 sein Repertoire. In der 1819 dort aufgeführten ›Natalka aus Poltawka‹ wurde ein letztes Mal für längere Zeit das Wertep-Drama erinnert, die Einheit der verschiedenen Künste realisiert. Zugleich sollte es schon eine Kampfansage an die italienische Oper sein. Diese Bastion feudaler Kultur war nicht länger mit den Mitteln eines quasi naturwüchsigen Jahrmarkttheaters zu bekämpfen. Das Bürgertum benötigte eine ihm gemäße Form, seine Weltanschauung zu proklamieren.

Vermittelte der ›Saporosher hinter der Donau‹ (1863) noch einmal zwischen Wertep-Drama und Oper, ging Nikolai Lyssenko mit seiner Opernfassung des Vaudevilles ›Natalka aus Poltawka‹ (1889) den Schritt zur Ablösung der Oper vom Vorbild des Wertep-Dramas.

Den Veränderungen im Gattungsgefüge waren Veränderungen in den sozialen Bedingungen der Kunstproduktion vorausgegangen. Dominierten im 18. Jahrhundert noch die Leibeigenenensembles und Leibeigenenorchester fürstlicher Gutsbesitzer, so verloren sie allmählich ihren Platz an kommerzielle ukrainische Unternehmungen oder italienische Operntruppen.

In den Leibeigenenensembles entwickelten sich die Musiker und Sänger für die späteren öffentlichen Bühnen. Das Orchester des Kiewer Opernhauses bestand lange Zeit vorwiegend aus den technisch versierten Musikern des ehemaligen Leibeigenenorchesters des Grafen Lopuchin. Mit dem Ende der Leibeigenschaft standen daher für die öffentlichen Unternehmungen Musiker mit hoher Qualifikation zur Verfügung.

Anfang des 19. Jahrhunderts nahmen bereits öffentliche Lehranstalten ihre Arbeit auf. 1805 wurde in Charkow die erste ukrainische Universität gegründet, 1834 folgte Kiew und im gleichen Jahr Odessa mit einem Lyzeum. Das Bürgertum bestritt dem Adel das alleinige Bildungsprivileg. Das hatte auch Folgen für die Musiker. In dem 1780 eröffneten Charkower Theater traten noch Sänger und Instrumentalisten des 1773 gegründeten Charkower Kollegs auf, das ebenso wie das seit 1730 arbeitende Gluchower Kolleg Musiker für den Zarenhof ausbildete.

In der zweiten Hälfte des 19. Jahrhunderts wurde dann auch in der Ukraine die Russische Musikgesellschaft zu einem entscheidenden Förderer öffentlicher Konzerte.

So wie seit 1864 Iwan Kotljarewski mit seinen Komödien auf der Lwower Bühne das Theater zu einer allgemeinen Angelegenheit gemacht hatte, begann 1882 Nikolai Sadowski (auch Tobilewitsch, 1856–1933) in Jelisawetgrad der nationalen Oper einen Platz zu erobern. Er führte hier Moniuszkos ›Halka‹ und Smetanas ›Verkaufte Braut‹ auf. Seinem Bemühen verdanken die Opern Nikolai Lyssenkos ihre Verbreitung. Sadowskis Operntruppe brachte 1889 Lyssenkos ›Natalka aus Poltawka‹ in Odessa und 1910 die Musikalische Komödie ›Aeneis‹ nach Iwan Kotljarewskis gleichnamigem Poem in Kiew zur Uraufführung.

Nikolai Lyssenko (1842–1912) ist zur Vaterfigur für die zeitgenössischen ukrainischen Opernkomponisten geworden. Von Geburt halb Ukrainer, halb Russe, war er beiden Kulturen gleichermaßen zugetan.

›Die Ertrunkene‹, ›Die Nacht vor Weihnachten‹ und ›Taras Bulba‹ entstanden nach Nikolai Gogols gleichnamigen Erzählungen, ›Natalka aus Poltawka‹ und ›Aeneis‹ nach Werken Iwan Kotljarewskis. Lyssenko schrieb neun Opern, darunter drei Kinderopern, und eine Operette. Mit allen seinen Werken wurde er beispielgebend für nachfolgende Generationen.

Zehn Jahre nach ›Natalka aus Poltawka‹ setzte Nikolai Arkas (1852–1909) mit seiner Oper ›Katerina‹ die Tradition des bürgerlichen Rührstücks fort und wählte dazu Motive aus den Werken von Taras Schewtschenko (1814–1861). Die sehr beliebt gewordene Oper erzählt das Schicksal des Bauernmädchens Katerina, das den Soldaten Iwan liebt und von ihm ein Kind erwartet. Der Soldat zieht in den Krieg und kehrt nicht zurück. Das Mädchen wird von den Eltern aus dem Haus gejagt, sucht und findet den Soldaten, der von ihr nichts mehr wissen will. Sie setzt das Neugeborene aus und stürzt sich in den Fluß. Hier sind bürgerliche Moralvorstellungen und alte Volkstheaterfiguren zusammengeführt worden.

Zu Nikolai Lyssenkos Gogol-Vertonungen bilden Boris Podgorezkis (1873–1919) 1901 uraufgeführte Oper ›Kupalo-Feuer‹ und A. Wenjamins 1870 bis 1892 entstandene und 1929 in Charkow uraufgeführte Oper ›Kupalo‹ eine wichtige Ergänzung. Beide Opern stellen unmittelbar, durch keine individuelle Handlung verbrämt, das heidnische Sonnenwendfest, die Nacht des Iwan Kupalo (in der christlich-kirchlichen Terminologie die Johannisnacht), dar. In der Nacht des Iwan Kupalo sind nach heidnischer Vorstellung alle Geister los, finden sich Burschen und Mädchen zur unreglementierten freien geschlechtlichen Vereinigung zusammen. Mit der Erinnerung an den heidnischen Brauch wird Ende des 19. Jahrhunderts der Wunsch nach freiem, ungeknechtetem Dasein laut.

Die Dichterin Lesja Ukrainka (1871–1913) hat diese Sehnsucht 1912 zum Thema ihres großen und bedeutenden Märchendramas ›Das Waldlied‹ (dt. 1931 und 1947) gemacht. Nach diesem schuf der 1926 geborene Witali Kirejko seine Oper ›Das Waldlied‹ (1958). Mit ›Marko in der Hölle‹, nach der gleichnamigen Komödie von Iwan Kotscherga (1881–1952), führte Kirejko die satirische Darstellungsform fort, wie sie Nikolai Lyssenko mit seiner ›Aeneis‹ 1910 begründet hatte.

Jewgeni Stankowitsch (geboren 1942) wiederum knüpfte Ende der 70er Jahre mit der Lyrisch-romantischen Oper ›Die Farbe des Farnkrauts‹ an Podgorezki und Wenjamin an. Reales und Phantastisches mischen sich. Die Darstellung der Bräuche der Saporosher Setsche ist so detailreich und genau, daß ein Bild vom Entstehen der alten Kosakengemeinschaft im 15. Jahrhundert und deren Untergang im 17. Jahrhundert entsteht. Die ukrainischen Musikwissenschaftler vergleichen Jewgeni Stankowitschs Folk-Rock-Oper mit Imants Kalniņš' ›Ich spielte, ich tanzte‹, weil sowohl der ukrainische als auch der lettische Komponist alte Weisen zitiert und gleichzeitig Funktionsmodelle der zeitgenössischen Rock-Musik verwendet.

Die genannten Komponisten blieben mit ihren Werken außerhalb einer nach der Oktoberrevolution einsetzenden starken und anhaltenden Tendenz, Gegenwartsstoffe auf die Bühne zu bringen. Nikolai Lyssenko hatte sich 1912 mit seiner Opern-Miniatur in einem Akt ›Nocturne‹ verabschiedet und doch gleichzeitig mit diesem Phantasiestück in der Art eines Alexander Block einen neuen Weg gewiesen. Ihn hat bisher noch keiner beschritten. Denn mit den revolutionären Ereignissen und dem Bürgerkrieg traten Opernkomponisten und Werke in den Vordergrund, die sich der damaligen unmittelbaren Gegenwart zuwandten.

Die meist männliche, immer aber siegreiche, moralisch vorbildhafte Zentralgestalt steht auf der Seite des historischen Fortschritts. Liebe erscheint als das Rührend-Menschliche dieser Helden. Zu solchen Werken gehören unter anderem: ›Schwarzmeerlied‹ von Boris Janowski (1927), ›Der Durchbruch‹ von Wladimir Femelidi (1929), ›Der Graben‹ von Juli Mejtus (1937/38), ›Georg‹ und ›Der goldene Reif‹ von Boris Ljatoschinski (1938 und 1939).

Im zweiten Weltkrieg wurden viele ukrainische Komponisten evakuiert und lebten in östlichen Unionsrepubliken. Dadurch wurde Juli Mejtus 1946 zum Mitautor der lange Zeit als turkmenische Oper geltenden ›Leili und Medshnun‹ von Dangatar Owesow.

Die erste Oper nach dem zweiten Weltkrieg, mit dem Titel ›Die junge Garde‹, schuf 1947 Juli Mejtus. In den folgenden Jahren tat sich Juli Mejtus durch eine ungeheure Produktivität hervor. Er komponierte an die zehn Opern.

Nach 1945 wandten sich die Opernkomponisten der jüngsten Geschichte — Revolution und Befreiungskampf — zu. Sie gestalteten die Schicksale ihrer noch immer vorwiegend männlich-übermenschlichen Helden nach dem bewährten, beschriebenen Schema. Dazu gehören unter anderem: ›Morgenrot über der Dwina‹ und ›Nördliches Morgengrauen‹ von Juli Mejtus (1955 und 1957), ›Feuerschein‹ von Anatoli Kos-Anatolski (1959), ›Arsenal‹ von Georgi Maiboroda (1960), ›Der Kommunist‹ von Dmitri Klebanow (1967), ›Der Untergang des Geschwaders‹ von Witali Gubarenko (1967), ›Zehn Tage, die die Welt erschütterten‹ von Mark Kaminski nach John Reed (1970).

Historiendarstellungen gaben Konstantin Dankewitsch mit ›Bogdan Chmelnizki‹ (1953), Juli Mejtus mit ›Das verlorene Glück‹ (1958), ›Machtumkuli‹ (1961) sowie ›Die Brüder Uljanow‹ und ›Der weise Jaroslaw‹ (beide 1967), Georgi Maiboroda mit ›Taras Schewtschenko‹ (1964).

Nikolai Lyssenkos Oper ›Taras Bulba‹ wurde 1940 von Lew Rewuzki umgearbeitet, um der plakativen Forderung — alles fürs Vaterland, der Sieg ist uns gewiß — Genüge zu tun.

Die meisten dieser Komponisten gestalteten in ihren Werken den sich ausschließlich fürs Gemeinwohl verzehrenden und aufopfernden Helden. German Shukowski (geboren 1913) versuchte mit seiner zweiten und dritten Oper, ›Der erste Frühling‹ (1959) und ›Ein Schritt zur Liebe‹ (1970), auszubrechen, ebenso Witali Gubarenko (geboren 1934) mit ›Brief der Liebe‹ nach Henry Barbusse (1972).

Literatur Nikolai Lyssenko: Autobiographie. (Awtobiografija.) In: *Sowjetskaja musyka*, Moskau 1937, Nr. 12; Natalja Saporoshez: B.N. Ljatoschinski. Moskau 1947; Grigori Kiseljow: S. Gulak-Artemowski. Kiew 1951 (ukr.); L. Archimowitsch/N. Gordejtschuk: N.W. Lyssenko. Leben und Schaffen. (Shisn i tworetschestwo.) Kiew 1952 und 1963; L. Archimowitsch/A. Schrejer-Tkatschenko/ T. Scheffer/T. Karyschewa: Musikalische Kultur der Ukraine. (Musykalnaja kultura Ukrainy.) Moskau 1961; Geschichte der Musik der Völker der UdSSR in Notenbeispielen. (Istorija musyki narodow SSSR w notnych obrazach.) Bd. 1, Ukrainische klassische Musik. (Ukrainskaja klassitscheskaja musyka.) Hrsg. von Semjon Ginsburg, Moskau 1978; Geschichte der ukrainischen Musik. (Istorija ukrainskoi musyki.) Hrsg. von A. Schrejer-Tkatschenko, Moskau 1981; J. Sinkewitsch: Das Vergangene wird leidenschaftlich im Zukünftigen betrachtet. (Proschloje strastno gljaditsja w grjaduschtscheje.) In: *Sowjetskaja musyka*, Moskau 1983, Nr. 8 (zu Jewgeni Stankowitschs Folk-Rock-Oper ›Die Farbe des Farnkrauts‹)

Usbekische Oper

„Willst du wissen, ob ein Mensch in Reichtum lebt, so frage ihn, wieviel Wasser er besitzt", lautet ein altes usbekisches Sprichwort. Das erinnert daran, daß Usbekistan von der Wüste Kysylkum, in der „sich der Vogel die Schwingen im Flug versengt, der Mensch sich die Füße verbrennt", beherrscht wird. Heute durchziehen Kanäle die Hungersteppe und das Fergana-Tal. Sie spenden den Menschen und der Tachta — der Baumwolle — Wasser.

Usbeken wurden die türkischen Nomadenstämme genannt, die sich unter Usbeg oder Usbek (1313–1341), dem Chan der Goldenen Horde, zusammenschlossen. Sie fielen im 15. Jahrhundert in Zentralasien ein, vermischten sich mit der iranischsprechenden Bevölkerung und bildeten eine Nation.

In den drei Chanaten Buchara, Chiwa und Kokand entwickelte sich eine feudale Gesellschaftsordnung. Der Islam wurde Staatsreligion. Die Fürsten lagen untereinander in Fehde. Kunst und Wissenschaft wurden gefördert. Mit Ulugbeg (1394–1449) saß ein bedeutender Wissenschaftler auf dem Samarkander Thron. Im 19. Jahrhundert brachte sich das zaristische Rußland in den Besitz der Chanate.

Als Begründer der usbekischen Literatur gilt Nisammaddin Alischer Nawoï (1441–1501). In seinem Traktat ›Die Beurteilung der beiden Sprachen‹ hatte er dem (Ost-)Türkischen neben dem Persischen die Eignung für literarische Zwecke zugesprochen. Nach ihm wurde das Staatliche Große Akademische Theater für Oper und Ballett der Usbekischen SSR in Taschkent benannt.

Ende des 19. Jahrhunderts trug man in der Literatur einen scharfen Kampf zwischen nationalistisch-bürgerlichen und demokratisch-sozialistischen Ideen aus. Hier tat sich besonders Hamsa (auch Chamsa) Hakim-sade unter dem Pseudonym Nijasi (1889–1929) als Anhänger der sozialistischen Richtung hervor. Er ist der Begründer der sowjetischen usbekischen Literatur, Autor der ersten professionellen Bühnenstücke und Herausgeber einer Volksliedsammlung (1915–1917).

Nach seinem 1926 geschriebenen Schauspiel ›Die Streiche der Maissara‹ komponierte 1958 Sulaiman Judakow (geboren 1916) die erste usbekische Komische Oper gleichen Namens, die erste Komische Oper der Sowjetrepubliken Mittelasiens überhaupt. Hamsa hat in seinem Schauspiel die Masken des alten usbekischen professionellen Theaters Kisytschka wiederbelebt: den analphabetischen, raffgierig-betrügerischen Richter, den geilen Advokaten, den klugen Schreiber, die scharfzüngige Witwe (Maissara), das junge, unbeholfene Liebespaar.

Hamsa bewahrte in seiner Komödie die alte Form des Maskenspiels, die Librettisten hingegen schufen eine Typenkomödie. Der Komponist mischte Trivialmusik, Tanz- und lyrische Volksmusikelemente mit stilistischen Zitaten der Großen Oper, wagte den Versuch, östliches Melos und italienischen Belkanto zu verbinden.

Zum Kisytschka-Theater gehörte, daß die Musiker gemeinsam mit Puppenspielern und Seiltänzern auftraten. Sie sangen und spielten auf den Marktplätzen und verdienten sich so ihr Brot, nachdem sie die Darbietung des Makom, eines Tonsystems mit verschiedenen Melodiemodellen, in siebenjähriger Lehre erlernt hatten.

Muchtar Aschrafis (1912—1975) Oper ›Buran‹ (1939 uraufgeführt) gilt als erste usbekische Oper. Sie dokumentiert, daß der usbekische Komponist bereit war, sich völlig und unkritisch dem Modell der klassischen russischen Oper unterzuordnen. Geschildert werden die Repressalien zaristischer Militärs, die Leiden der usbekischen Bauern, die Freundschaft zwischen einem russischen kommunistischen Arbeiter und usbekischer Bevölkerung, der Aufstand der Unterdrückten und die Befreiung vom zaristischen Joch. Volksliedmelodien werden zitiert, Volksmusikinstrumente kolorieren den Instrumentalpart, der von dem russischen Komponisten Sergej Wassilenko erarbeitet wurde. Auch in seiner zweiten Oper, ›Der große Kanal‹ (1941 uraufgeführt), wandte sich Aschrafi der jüngsten Geschichte seines Landes zu, dem Bau des Fergana-Kanals, durch den ein ganzer Teil der Wüste fruchtbar gemacht werden konnte. „Willst du wissen, ob ein Mensch im Reichtum lebt, so frage ihn, wieviel Wasser er besitzt." Auch diese Oper hat Aschrafi gemeinsam mit Wassilenko komponiert. Das große Thema ist hier auf eine Intrigenhandlung reduziert.

Der 1905 in Kiew geborene und seit 1936 in Taschkent lebende und wirkende Alexej Koslowski hingegen entdeckte in Ulugbeg (oder Ulugbek), dem Wissenschaftler auf dem Fürstenthron, die Titelfigur für seine 1942 uraufgeführte Oper, in der das Schicksal des bedeutenden Mannes geschildert wird.

Dieser Hinwendung zu Stoffen aus der Vergangenheit folgte 1958 Muchtar Aschrafi mit der Oper ›Dilorom‹. Die Handlung spielt im ersten Jahrhundert unserer Zeitrechnung in Persien. Nach Motiven des Poems ›Die sieben Planeten‹ von Alischer Nawoï wird die Geschichte der unerfüllten Liebe zwischen der leibeigenen Sängerin Dilorom und dem Maler Moni erzählt. Beide wollen mit ihrer Kunst die Menschen veredeln. Die Herrschenden teilen diese Absichten nicht. Moni wird von einem Dilorom liebenden Schah umgebracht, und Dilorom stirbt aus Gram.

Ikram Akbarow (geboren 1921) ging noch weiter in der Geschichte seines Volkes zurück und schildert in seiner 1977 uraufgeführten Oper ›Der Leopard aus Sogdiana‹ eine Episode aus der Zeit Alexanders III. von Makedonien, als das Gebiet des heutigen Usbekistan noch zum Seleukidenreich (4. Jahrhundert v. u. Z.) gehörte. Der geschichtliche Stoff dient dazu, eine Variante der Salome-Figur zu gestalten.

Mit diesem Werk hat sich die usbekische Oper weit von ihrem Vorläufer, dem alten Volkstheater, entfernt. Nach dem Urteil der usbekischen Musikwissenschaftlerin Annaja Korsakowa sind viele der seit 1939 uraufgeführten Werke „russische Opern nach dem (angenommenen — S. N.) Geschmack des usbekischen Volkes". Einen Beleg für diese Annahme gibt die beliebteste Oper der letzten Jahre: ›Gulsara‹ von Reinhold Glier (1874—1956) und Talibdshan Sadykow. Der ukrainische Komponist Reinhold Glier hatte 1937 ein musikalisches

Drama, ›Gulsara‹, komponiert und dafür Volkslieder verwendet, die von dem Usbeken Tuchtasyn Dshalilow gesammelt und von dem Komponisten Talibdshan Sadykow (1907–1957) aufgeschrieben worden waren. 1949 überarbeitete Glier sein musikalisches Drama, und gemeinsam mit Sadykow schuf er die Oper ›Gulsara‹. Sie stand seit ihrer Uraufführung 1949 bis 1957 ununterbrochen im Repertoire und wurde vor ausverkauften Häusern fast 200mal gespielt. Nach dem Tode von Glier (1956) und Sadykow (1957) stellten der Regisseur Faslitdin Schamsutdinow und der Librettist Musaffar Muhamedow eine neue gekürzte Fassung her, die 1958 uraufgeführt und bis 1967 ebenfalls mit großem Erfolg gespielt wurde.

Die usbekischen Musikwissenschaftler schätzen diese Oper und geben dafür drei Gründe an: 1. die Verwendung bekannter usbekischer Volksliedmelodien, 2. die einfache, effektvolle Instrumentation und Harmonisierung durch Reinhold Glier und 3. die Aktualität des Themas. Die beiden Librettisten Musaffar Muhamedow und Kamil Jaschen erzählen die Geschichte des Kommunisten Kadyr und seiner Frau Gulsara. Gulsara legt als äußeres Zeichen ihrer im Jahr 1927 gewonnenen Freiheit den Schleier ab. Während sie von ihrem Mann dazu ermutigt wird, stellt sich ihr der eigene Vater entgegen. Von Fanatikern des islamischen Glaubens aufgehetzt, holt der Vater die Tochter mit Gewalt ins Elternhaus zurück. Gulsara grämt sich und erkrankt. Kadyr befreit seine Frau aus der väterlichen Gefangenschaft.

1940 schufen Glier und Sadykow gemeinsam die Oper ›Leili und Medshnun‹ nach dem gleichnamigen Poem Alischer Nawoïs. Das Liebespaar Leili und Medshnun wird getrennt, weil Leili vom Vater an einen Reichen verheiratet wird. Das Mädchen stirbt vor Gram, der Jüngling wählt den Freitod. Die Geschichte von Leila und Madshnun ist im Orient so bekannt und verbreitet wie in Europa die von Romeo und Julia. Bereits 1908 hatte der aserbaidshanische Komponist Useïr Gadshibekow eine Oper ›Leili und Medshnun‹ nach dem Poem von Fusuli (Fisuli, 1498–1556) vertont. Der ukrainische Komponist Juli Mejtus schuf 1946 zusammen mit dem turkmenischen Komponisten Dagestan Owesow eine Oper gleichen Namens. ›Leili und Medshnun‹ von Glier und Sadykow gilt als zweite usbekische Oper und wurde 1940 in Taschkent uraufgeführt. Weitere Inszenierungen folgten 1948 und 1954 ebenfalls in Taschkent.

Die Geschichte der usbekischen Oper spiegelt sich in der Entwicklung und Namensgebung des Taschkenter Operninstituts wider. Das usbekische Musiktheater wurde 1929 gegründet. Es ging aus dem 1926 entstandenen ethnographischen Ensemble von Muchiddin Kari Jakubow hervor. Als 1939 Muchtar Aschrafis und Sergej Wassilenkows Oper ›Buran‹ ihre Uraufführung erlebte, erhielt das Ensemble die Bezeichnung Staatliches Usbekisches Theater für Oper und Ballett. 1947 wurde nach zehnjähriger Bauzeit ein neues Opernhaus in Taschkent eröffnet. Mit den Opern ›Leili und Medshnun‹ von Reinhold Glier und Talibdshan Sadykow (1940, 1948 und 1958 inszeniert), ›Farchad und Schirin‹ von Wiktor Uspenski und Georgi Muchel (1937 und 1957 inszeniert) sowie ›Dilorom‹ (1958) von Muchtar Aschrafi befanden sich drei Werke nach Alischer

Nawoï im Repertoire des Opernhauses, das seinen Namen trägt. Muchtar Aschrafi war langjähriger Direktor des Opernhauses. Unter seiner Leitung wurde das russische Opernensemble mit dem usbekischen vereinigt, erhielt 1959 den Titel Akademisches Theater, 1966 Großes Theater und trägt heute die Bezeichnung Staatliches Akademisches Großes Theater für Oper und Ballett der Usbekischen SSR.

Literatur Annaja Korsakowa: Das usbekische Operntheater. Abriß der Geschichte. (Usbekski operny teatr. Otscherk istorii.) Taschkent 1961; Jan Pekker: Die usbekische Oper. (Usbekskaja opera.) Moskau 1963; Tamara Wysgo: Alexej Koslowski. Moskau 1966; Usbekische SSR. (Usbekskaja SSR.) In: Geschichte der Musik der Völker der UdSSR. (Istorija musyki narodow SSSR.) Bd. 5, Teil 2, Moskau 1974

Muchtar Aschrafi
1912—1975

Der in Buchara (Usbekische SSR) geborene Komponist beendete 1928 das Musikalische Technikum in seiner Heimatstadt als Dutarist (die Dutar ist ein bei den Usbeken, Tadshiken und Turkmenen gebräuchliches Zupfinstrument) und schloß 1930 ein musikalisches Studium am Institut für Musik und Choreographie Buchara ab. Von 1934 bis 1937 studierte er am Moskauer Konservatorium bei Sergej Nikiforowitsch Wassilenko Komposition. Seit dieser Zeit datiert seine Freundschaft mit dem russischen Komponisten.

Sergej Nikiforowitsch Wassilenko (1872—1956) selbst studierte bei Sergej Tanejew und Michail Ippolitow-Iwanow. Seit 1906 lehrte er am Moskauer Konservatorium und wurde 1907 zum Professor ernannt. 1938 übersiedelte er nach Taschkent und wurde 1939 Verdienter Künstler der Usbekischen SSR. Gemeinsam mit Muchtar Aschrafi komponierte er ›Buran‹ (1939) und ›Der große Kanal‹ (1939—1940, neue Fassung: ›Tal des Glücks‹, 1946). Außerdem schuf er die Opern ›Der Sohn der Sonne‹ (1929), ›Christopher Kolumbus‹ (1933) und ›Suworow‹ (1942) sowie acht Ballette.

Muchtar Aschrafi komponierte seine dritte, 1958 uraufgeführte Oper ›Dilorom‹ allein.

Von 1930 bis 1970 war er Künstlerischer Leiter, Dirigent und Direktor des Usbekischen Akademischen Theaters in Taschkent. 1953 zum Professor ernannt, lehrte er am Taschkenter Konservatorium und wurde 1971 dessen Rektor.

Buran (Buron)_____1938—1939
Oper in zwei Akten
Der große Kanal (Ulug kanal)_____1939—1940
Oper in fünf Akten
Tal des Glücks (Bacht wodisi)_____1946
Oper in vier Akten (2. Fassung von ›Der große Kanal‹)
Dilorom_____UA 1958
Oper in vier Akten

Buran (Buron)
Oper in zwei Akten
Libretto von Kamil Jaschen

Entstehung 1938—1939

Uraufführung 11. Juni 1939
Staatliches Usbekisches Theater für Oper und Ballett Taschkent

Personen

Buran, armer Bauer (Dechkan)	Bariton
Sebinissa, seine Frau	Mezzosopran
Dshura, sein Sohn	Tenor
Schair Radshab, Nachbar	Tenor
Nargul, seine Tochter	Sopran
Mahkamscher, sein Sohn	Tenor
Kumusch-oi, Tänzerin, Freundin Narguls	Sopran
Hamrakul, armer Bauer (Dechkan)	Bariton
Grigori Shelesnow, russischer Soldat	Tenor
Semjon, russischer Arbeiter	Bariton
Farmankul, Bei, Gutsbesitzer	Bariton
Amin Aksakal, Ältester der Kischlaken	Tenor
Schawkat Bek, Nationalist	Tenor
Said Walichan, Mingbaschi	Bariton
Ischanschan, Mufti	Tenor
Ibrahim Mirschab, Polizist	Bariton
Knjasew, Oberstleutnant, Gehilfe des Kreisvorstehers	Bariton
Moltschanow, Polizeiagent	Bariton
General-Gouverneur	Baß
Usbekische Bauern und Bäuerinnen, zaristische Offiziere und ihre Frauen, russische Soldaten	Gemischter Chor und Ballett

Aufführungsdauer I. Akt: 60 Min., II. Akt: 30 Min., Gesamt: 1 Std., 30 Min.

Handlung

Die Handlung spielt 1916/17 in Dshisak und Samarkand.
Die usbekischen Bauern werden von den eigenen Feudalherren ausgebeutet und von zaristischen Beamten und Soldaten unterdrückt. Der Bauer Buran ist verschuldet, man pfändet ihm Haus und Hof. Sein Sohn wird zum Militär geholt.
   Ein im Dorf lebender verbannter Bolschewik, der russische Arbeiter Semjon, lehrt die usbekischen Bauern, sich gegen ihre Unterdrücker zu wehren. Die Bauern organisieren sich, stürzen den zaristischen Gouverneur und vertreiben ihre Feudalherren.

Kommentar

Aschrafi gab seiner Musik durch eine breit estradenhaft angelegte Hochzeitsszene, durch melismatische Wendungen sowie den Klang von Volksinstrumenten nationales Kolorit. Doira (eine Trommel) und Rubob dominieren in den Genreszenen. Die Rubob ist ein Saiteninstrument mit drei Spiel- sowie zwei oberen und zehn bis elf unteren Resonanzsaiten. In der Regel werden auf der Rubob einstimmige Melodien gespielt, nur selten Akkorde. Das gilt auch für Aschrafis Komposition. Der von Sergej Wassilenko geschaffene Orchesterpart, in dem die Streicher dominieren, hat absolute Begleitfunktion. ›Buran‹ gilt als die erste usbekische Oper.

Für eine Neuinszenierung der Oper 1979 gestaltete Kamil Jaschen das Libretto um. Er schrieb die Texte der usbekischen Bauern in der Landessprache, die der zaristischen Söldlinge in Russisch. (In der Usbekischen Republik werden beide Sprachen in der Schule gelehrt.)

Verbreitung

Die Oper wurde nach ihrer Uraufführung 1951 und 1979 in Taschkent erneut inszeniert. 1982 wurde sie während eines Gastspiels des Staatlichen Akademischen Großen Theaters der Usbekischen SSR in der DDR gezeigt.

Ausgaben Text Taschkent 1939   **Literatur** Siehe Usbekische Oper

Alexander Porfirjewitsch
Borodin
1833—1887

Alexander Borodin studierte Medizin und Chemie, übte den Beruf eines Militärarztes aus, wurde zum Professor an der Petersburger Akademie ernannt, machte sich als Chemiker international einen Namen und engagierte sich als Hochschullehrer. 1863 fanden Reformen statt, die den Universitäten in Rußland erstmals eine gewisse Autonomie gewährten, um das wissenschaftliche Niveau in Forschung und Lehre zu heben. In dieser Zeit wirkte Borodin. Er entzog sich als Wissenschaftler und warmherzig empfindender Mensch nicht den Forderungen des Tages, beteiligte sich an den hochschulpolitischen Auseinandersetzungen und sorgte auf sehr persönliche Weise dafür, daß die russischen Frauen Bildung erwerben konnten. So berichtete er 1873 seiner Frau Jekaterina Sergejewna: „Mit der Einrichtung eines zweiten Kursus für Frauen ist die Anzahl der Studenten für mich sehr angewachsen. Hier der Plan für die Lektionen. Im ersten Kurs für Frauen arbeite ich montags von 11.00 bis 13.00 Uhr, freitags von 13.00 bis 15.00; im zweiten Kurs donnerstags von 13.00 bis 15.00, sonnabends von 12.00 bis 13.00 …"

Borodin fühlte sich nicht als Komponist. Komponieren war nur eine seiner Lebenstätigkeiten. Er wollte keine Vereinseitigung seiner schöpferischen Begabungen. „Für andere ist Komponieren eine öffentliche Sache, Verpflichtung, Lebensziel — für mich ist sie Erholung, Spaß, eine Laune, die mich von meinen öffentlichen, tatsächlichen Aufgaben ablenkt — der Professur, der Wissenschaft. Cui ist in diesem Fall für mich kein Vorbild. Ich liebe meine Sache, sowohl meine Wissenschaft als auch die Akademie und meine Studenten. Meine Wissenschaft ist ihrem Charakter nach eine praktische Beschäftigung und beansprucht deshalb eine Menge Zeit. Studenten und Studentinnen stehen mir auch in anderen Beziehungen nahe: als lernende Jugend, die sich nicht darauf beschränkt, daß sie meine Lektionen hört, sondern auch Anleitung bei den praktischen Tätigkeiten und anderem benötigt. Die Interessen der Akademie sind mir teuer. Deshalb möchte ich die Oper (gemeint ist ›Fürst Igor‹ — S. N.) einerseits gern zu Ende bringen; andererseits fürchte ich, mich zu sehr dafür zu begeistern, dann würde meine übrige Tätigkeit aller Wahrscheinlichkeit nach sehr darunter leiden." (Brief an Ljubow Karmalina vom 1. Juni 1876) Borodin fühlte sich im Kreis seiner „musikalischen Gefährten", wie er die Freunde Balakirew, Cui, Mussorgski, Rimski-Korsakow nannte, sehr wohl und aufgehoben. Für sie schrieb er 1867 auch seine Opern-Farce ›Die Recken‹.

Seit 1855 feierte auf der Bühne des Mariinski Theaters in Petersburg Alexander Serows Oper ›Rogneda‹ Erfolge. Die Freunde ärgerten sich darüber und machten sich zugleich über einige, ihrer Meinung nach, stilistische Ungereimtheiten Serows lustig. Sie spotteten zum Beispiel über die Mischung von altertümelnder Sprache und Musik (die Handlung spielt zur Zeit der Christianisierung in der Kiewer Rus), stilistischen Anklängen aus Opern von Richard Wagner und unvermittelten Zitaten zeitgenössischer Folklore. Daher erfreute Borodin die Gefährten mit einem „Stil"-Galimathias par excellence und komponierte ihnen die Opern-Farce ›Die Recken‹. Wiktor Krylow schrieb hierfür den Text. Alte russische Märchengestalten agieren zu Musik von Rossini, Offenbach und Meyerbeer, Cavos und Serow. Borodin mixte altes bäuerliches Liedgut mit zeitgenössischer städtischer Folkore. Die Farce wurde im November 1867 als Benefizvorstellung am Bolschoi Theater Moskau gegeben, erlebte dann eine Aufführung unter der Bezeichnung „Musikalisch-dramatische Chronik" 1886 am Theater Antej in Moskau. 1922 entdeckte Pawel Lamm das verloren geglaubte Material, und Borodins Werk kam am 29. Oktober 1936 in einer neuen Textfassung von Demjan Bedny am Moskauer Kammertheater bei Alexander Tairow zur Aufführung.

An der sehr langsam und etappenweise voranschreitenden Komposition der Oper ›Fürst Igor‹ nahmen die Freunde regen Anteil, und alle waren begeistert: „… sowohl der Ultra-Novator-Realist Modest Petrowitsch (Mussorgski — S. N.) als auch der Novator auf dem Gebiet der lyrisch-dramatischen Musik Cesar Antonowitsch (Cui — S. N.) und der hinsichtlich äußerer Form und musikalischer Tradition strenge Nikolai Andrejewitsch (Rimski-Korsakow — S. N.) …, wenn auch ansonsten ihre Ansichten in bezug auf andere Dinge stark auseinandergehen." (Brief an Ljubow Karmalina vom 1. Juni 1876)

Obgleich Borodin von Jahr zu Jahr intensiver am ›Fürst Igor‹ arbeitete, gelang es ihm immer weniger, den selbstgewählten Aufgaben in allem gerecht zu werden. Aus seinen letzten Lebensjahren ist der erschütternde Aufschrei an seine kranke Frau bekannt, der er in stetiger und treuer Liebe verbunden war. „… Wir haben uns zu viel um fremde Dinge gekümmert, schließlich überwältigen sie einen dann… Man kann eben nicht zu gleicher Zeit ein Glinka und ein Semjon Petrowitsch (das war ein beiden bekannter Beamter, der eine Art von Beamtenideal verkörperte — S.N.), ein Gelehrter und ein Beamter, ein Philanthrop und Vater fremder Kinder, Arzt und Kranker sein. Es muß schließlich damit enden, daß man nur noch letzterer ist." (Brief an Jekaterina Borodina vom 5. Juni 1884)

Die unvollendet gebliebene Oper ›Fürst Igor‹ wurde 1888 in einer Fassung der Freunde Rimski-Korsakow und Glasunow bei Belaieff in Leipzig publiziert und behauptet in dieser die Intentionen des Autors unvollständig und entstellt widergebenden Gestalt einen Platz in den Spielplänen der großen Opernhäuser der Welt.

Es hat verschiedene Versuche gegeben, das Werk durch theatereigene Fassungen dem jeweils herrschendem Geschmack anzupassen. Der einzig legitime Weg, den Pawel Lamm beschritt, blieb lange Zeit unbeachtet. Der Moskauer Musikwissenschaftler machte 1947 durch einen Vortrag vor der Wissenschaftlich-theoretischen Sektion der Allunions-Theater-Organisation in Moskau seine Forschungsergebnisse öffentlich. In Vorbereitung einer wissenschaftlichen Werkausgabe des ›Fürst Igor‹ hatte er alle erreichbaren Autographe zusammengetragen und festgestellt, daß Borodins Oper zu zwei Dritteln fertig war, Rimski-Korsakow und Glasunow davon aber weniger als ein Drittel publiziert hatten. Eine Aufführung des ›Fürst Igor‹ muß sich zu dem von Pawel Lamm rekonstruierten Werk ins Verhältnis setzen.

Die Recken (Bogatyri) _____ 1867
Opern-Farce in fünf Akten
Fürst Igor (Knjas Igor) _____ 1869—1887
Oper in vier Akten, einem Prolog und Epilog

Literatur Alexander Borodin. Briefe. 1857—1887. (Pisma.) Bd.1, Moskau 1927—1928, Bd.2, Moskau 1936, Bd.3, Moskau/Leningrad 1949, Bd.4, Moskau/ Leningrad 1950; Wladimir Stassow: A.P. Borodin, sein Leben, Briefwechsel und musikalische Artikel. (A.P. Borodin, jego shisn, perepiska i musykalnyje statji.) Leningrad 1889 und Moskau 1954; Jewgeni Braudo: A.P. Borodin, sein Leben und sein Schaffen. (A.P. Borodin, jego shisn i twortschestwo.) Petrograd 1922; Georgi Chubow: A.P. Bordin. Moskau 1933; Sergej Dianin: Borodin. Lebensbeschreibung. Materialien und Dokumente. (Borodin. Shisneopissanije. Materialy i dokumenty.) Moskau 1955; Arnold Sochor: A.P. Borodin. Leben. Tätigkeit. Musikalisches Schaffen. (A.P. Borodin. Shisn. Dejatelnost. Musykalnoje twortschestwo.) Moskau/Leningrad 1965

Fürst Igor (Knjas Igor)

Oper in vier Akten, einem Prolog und Epilog
(Opera w tschetyrjoch dejstwijach, s prologom i epilogom)
Libretto von Alexander Borodin auf der Grundlage des russischen Epos ›Das Lied von der Heerfahrt Igors‹

Entstehung 1869—1887

Uraufführung 4. November 1890 Mariinski Theater Petersburg

Personen

Igor Swjatoslawitsch, Fürst von Sewersk	Bariton
Jaroslawna, seine Frau in zweiter Ehe	Sopran
Wladimir Igorjewitsch, Sohn Igors aus erster Ehe	Tenor
Wladimir Jaroslawitsch, Fürst Galizki, Bruder der Fürstin Jaroslawna	Hoher Baß
Kontschak, Polowzer Chan	Baß
Gsak, Polowzer Chan	Stumm (auch Baß)
Kontschakowna, Tochter des Chan Kontschak	Alt
Owlur, getaufter Polowzer	Tenor
Gudokspieler: Skula, Jeroschka	Baß, Tenor
Amme der Jaroslawna	Sopran

Ein Polowzer Mädchen⸺Sopran
Russische Fürsten und Fürstinnen, Bojaren und Bojarinnen,
die Ältesten, russische Krieger, Mädchen, Volk; Polowzer
Chane, russische Kriegsgefangene, Polowzer Wachen⸺Gemischter Chor
Polowzer Mädchen, Sklaven und Sklavinnen, Polowzer Krieger⸺Ballett

Orchester Fassung von Nikolai Rimski-Korsakow und Alexander Glasunow Picc, 2 Fl, 2 Ob, EH, 2 Klar, BKlar, 2 Fg, 4 Hr, 2 Trp, 3 Pos, Tb, Pkn, Slzg, Gl, Hrf, Kl, Str
Bühnenmusik: Kor, AHr, THr, BHr, (alle mehrfach), Tb, KlTr

Aufführungsdauer Fassung von Nikolai Rimski-Korsakow und Alexander Glasunow Ouvertüre: 10 Min., Prolog: 20 Min., I. Akt: 45 Min., II. Akt: 60 Min., III. Akt: 30 Min., IV. Akt: 30 Min.; Gesamt: 3 Stdn., 15 Min.

Fassungen
Borodin hat achtzehn Jahre an seiner einzigen Oper, ›Fürst Igor‹, gearbeitet. Sie war noch unvollendet, als er 1887 starb. Neben Fertigem waren Teile des Werkes in den Gesangsstimmen, im melodischen und harmonischen Verlauf konzipiert, aber noch nicht instrumentiert. Außerdem hatte sich Borodin mehrmals entschlossen, die Arbeit an der Oper aufzugeben, war aber bereit, einzelne Arien für Konzertaufführungen einzurichten. Dies betrifft besonders die Arien des II. Aktes.
Rimski-Korsakow und Glasunow brachten die Oper 1887/88 zur Aufführungsreife. Sie legten die Abfolge der Nummern fest, arrangierten den III. Akt, ergänzten ihn und kürzten den Schluß der Oper. Glasunow stellte außerdem nach dem Potpourri-Prinzip eine Ouvertüre zusammen.
Mit diesen Ergänzungen aus zweiter Hand wurde die Oper uraufgeführt. Das hat zahlreiche Versuche legitimiert, Fassungen des bereits von Nikolai Rimski-Korsakow und Alexander Glasunow „verbesserten" Werkes herzustellen. 1947 bereitete Pawel Lamm eine wissenschaftliche Ausgabe vor und entdeckte dabei, daß sich die beiden Bearbeiter zu den Prinzipien ihrer Arbeit nirgends geäußert hatten. Von 6 890 Takten publizierten sie lediglich 1 023. Ein wesentlicher Grund hierfür könnte darin zu suchen sein, daß beiden unbekannt war, wie sich Borodin die Gesamtarchitektur, die Szenenfolge seiner Oper vorstellte. Erst Pawel Lamm fand in Sergej Dianins Archiv die von Borodin skizzierte Szenenfolge. Sollte sich bestätigen, daß sie die letzte Meinung des Autors manifestiert, würde das zu einer Neubewertung des gesamten Werkes führen und das „Versagen" Rimski-Korsakows und Glasunows erklären. Nach Borodins Vorstellung sollten sich Bilder aus der Heimat und Bilder aus der feindlichen Fremde abwechseln. Dem erwartungsfrohen Auszug in den Kampf sollte sofort die Gefangenschaft folgen und darauf die Konsequenz dieses Unglücks in der Heimat gezeigt werden: Trauer der Frauen, Zwistigkeiten der Fürsten, Einfall des Feindes. Die Flucht Igors aus der Gefangenschaft und seine Heimkehr bildeten den Abschluß. Rim-

ski-Korsakow und Glasunow versuchten das für zwei Szenenkomplexe — Gefangenschaft und Flucht — komponierte Material in einem III. Akt zu vereinheitlichen. Daran mußten sie scheitern.

1974 griffen die beiden sowjetischen Musikwissenschaftler Juri Fortunatow und Jewgeni Lewaschow auf Pawal Lamms Arbeiten zurück. Ihre für Vilnius geschaffene Fassung enthält nun fast alle von Borodin komponierte Musik, vor der Konsequenz einer Szenenumstellung schreckten sie allerdings noch zurück.

Fassung von Nikolai Rimski-Korsakow und Alexander Glasunow
Zehn Nummern von Borodin fertiggestellt, zwölf Nummern und zwei Teilstücke von Rimski-Korsakow instrumentiert; III. Akt aus Skizzen zusammengestellt und instrumentiert von Glasunow (mit Ausnahme des von Borodin komponierten und von Rimski-Korsakow instrumentierten Polowzer Marsches)

Fassung von Juri Fortunatow und Jewgeni Lewaschow
Bisher umfangreichste Fassung unter ausschließlicher Verwendung authentischen Materials; neu hinzukommende Personen:
Fürst Rylski_____Tenor
Fürst Trubtschewski_____Baß
Polowzer Wächter_____Tenor

Gekürzte Fassungen
In der Theaterpraxis entstanden Einrichtungen von Lovro von Matačić, Deutsche Staatsoper Berlin 1957; Joachim Herz, Städtische Theater Leipzig 1967 (Polowzer Tänze als Teil der Hochzeit von Kontschakowna und Wladimir); Marek Bobeth, Deutsche Oper (West-)Berlin 1973 (Aufnahme der Arie des Aufruhrs — Galizki mit Chor — im I. Akt, des Igor-Monologs im Finale des IV. Aktes und Übertragung der zweiten Kontschak-Arie auf Gsak).

Story
Ein kühner, allseits verehrter und beliebter Fürst setzt durch einen unbesonnenen Feldzug das Schicksal seiner Heimat und das Vertrauen seines Volkes aufs Spiel. Die Einheit des russischen Fürstenbundes mißachtend, zieht er allein gegen den mächtigen Gegner, verliert die Schlacht und öffnet dadurch den tatarischen Feinden die Tore zum eigenen Land.

Viele sind betroffen: die den Fürsten Igor bejubelnden und seiner Frau treu ergebenen Bojaren, der durch Fürst Galizki verführte Pöbel, die durch Igors Schuld in Gefangenschaft geratenen russischen Krieger, Mädchen und Frauen, die vom Krieg gezeichneten Bewohner Putiwls. Sie alle erkennen die Wahrheit dieses Heereszuges.

Der Fürst geht einen schweren Weg der Erkenntnis, des Verzichts und der Einsicht.

Vorgänge
Die Handlung spielt im Jahr 1185.
(Die Szenenabfolge entspricht den bisher publizierten Fassungen, weicht von der im Nachlaß entdeckten Skizze Borodins ab, der die Oper in folgende Bilder gliederte: „1. Bild: Prolog, das himmlische Vorzeichen 2. Bild: In Gefangenschaft 3. Bild: Beim Fürsten Wladimir 4. Bild: Das Fürstenvolk feiert 18–19 Min./Bei Jaroslawna/Gottes Gewitter 32 Min. 5. Bild: Die Flucht 6. Bild: Heimkehr")
Prolog (1. Bild): *Platz in der Stadt Putiwl.* Nr. 1: *Introduktion.* Igor Swjatoslawitsch hält Heerlager in der Stadt Putiwl. Laut schallt der Ruhm des kühnen Rekken und seines Sohnes Wladimir. Der Feldzug soll sich gegen die feindlichen, schweifenden Horden der Polowzer wenden. Festliches Gepränge begleitet den Auszug des Heeres. Doch der Tag verfinstert sich. „Da schaute Igor auf zur hellen Sonne und sah seine Krieger von ihr mit Finsternis bedeckt." Aber der Fürst achtet nicht dieses warnenden Zeichens. Allein — ohne den großen Bund der russischen Fürsten — sucht er den Ruhm, die Polowzer im Feld zu besiegen. Zwei von den Mannen Igors — Bänkelsänger — fürchten den Tod mehr als die Schmach feigen Verzagens, und so verstecken sich Skula und Jeroschka. Tief trifft Jaroslawna der Abschied von Igor. Ihrem Bruder, dem Fürsten Galizki, vertraut Igor sein Weib an und empfiehlt auch die Stadt seiner Obhut. Galizki verspricht Igor Ergebenheit und Treue.
Dann aber befiehlt Igor den Aufbruch.
I. Akt, 1. Bild (2. Bild): *Gebetsraum im Hause der Jaroslawna.* Nr. 2: *Arioso der Jaroslawna.* Keine Nachricht von Igor kommt nach Putiwl. Sorgenvoll gedenkt Jaroslawna des fernen Geliebten und bangt um sein Los.
I. Akt, 2. Bild (3. Bild): *Hof im Hause des Fürsten Galizki.* Nr. 3a: *Chor.* Aus dem Hof des Fürsten Galizki lärmt und lacht es allenthalben. Reich gedeckt die Tische stehen, trunken feiern dort die Gäste. Auch die beiden Bänkelsänger fanden hier ein Unterkommen. Um die Gunst des Fürsten buhlend, preisen sie Galizkis Leben: Fressen, Saufen, Mädchen rauben. Nr. 3b: *Rezitativ und das Lied des Fürsten Galizki.* Stolz vom Lob der Trunkenbolde, rühmt sich Galizki der Macht in Putiwl. Nr. 3c: *Rezitativ.* Sich des Pöbels zu versichern, hält der Fürst die Leute frei. Nr. 3d: *Chor der Mädchen.* In den Hof dringen Mädchen, fordern eine geraubte Freundin zurück. Galizki verspottet die Bittenden und weist sie hohnlachend ab. Nr. 3e: *Szene.* Weiter geht das Gelage. Nr. 3f: *Fürstliches Lied.* Trunken vom Wein, singt das Gelichter Galizkis Lob, sinnt finstere Pläne, wünscht den Prasser auf Igors Thron. Nr. 3g: *Chor.* Skula und Jeroschka hetzen zum Aufruhr.
I. Akt, 3. Bild (4. Bild): *Raum im Hause der Jaroslawna.* Nr. 4: *Szene.* Die Mädchen bitten Jaroslawna um Hilfe, flehen um Schutz für die von Galizki geraubte Freundin. Nur zögernd nennen sie ihr den Namen des Entführers, ist es doch der Fürstin leiblicher Bruder. Nr. 5: *Szene.* Galizki verjagt die Mädchen, schmäht die zornige Fürstin und preist sich selbst als Nachfolger Igors. Die fürstliche Schwester droht, ihn aus Putiwl zu verjagen. Nr. 6: *Finale.* Der Sorgenvollen bringen Bojaren die Kunde, Igor liege gefangen, und geschlagen sei das russische Heer.

(Fassung Fortunatow/Lewaschow: *Arie des Galizki und Chor.* In der Stunde der Not erhebt sich Galizki, fordert die Macht und die Herrschaft über Putiwl. Die Igor treuen Bojaren weisen ihn zurück. Bürgerkrieg droht.)

Die Polowzer fallen in Putiwl ein, und die entzweiten Russen finden sich im Kampf gegen den gemeinsamen Feind.

II. Akt (5. Bild): *Polowzer Lager.* Nr. 7/8: *Chor der Polowzer Mädchen und Tanz.* Die abendliche Kühle verlockt die Mädchen zu Tanz und Gesang. Nr. 9: *Kavatine der Kontschakowna.* Die Tochter des Chans Kontschak hat sich in den Sohn des Feindes, in Wladimir, verliebt. Nr. 10: *Chor.* Der Tag versinkt, nur das Lied der Wächter tönt noch im Lager. Nr. 11: *Rezitativ und Kavatine des Wladimir.* Igors Sohn sucht die Nähe der schönen Kontschakowna. Nr. 12: *Duett.* Die Kinder der sich befeindenden Väter gestehen einander ihre Liebe. Nr. 13: *Arie des Igor.* Ruhelos treibt es den Fürsten Igor durchs nächtliche Lager. Er beklagt sein Schicksal. Nr. 14: *Szene Igor und Owlur.* Jaroslawna hat Owlur, einen in Putiwl lebenden getauften Polowzer, geschickt. Er soll Igor helfen, der Gefangenschaft zu entfliehen. Der Fürst will seinen Feind nicht betrügen. Kontschak hält ihn wie einen Gastfreund. Nr. 15: *Arie des Kontschak.* Chan Kontschak bietet Igor die Freundeshand. Vereint wären sie unbesiegbar, könnten Gewalt säen und Völker unterjochen. Igor lehnt das Anerbieten ab. Nr. 16: *Rezitativ.* Den Freudlosen zu erheitern und doch für seinen Plan zu gewinnen, befiehlt der Chan die schönsten Mädchen herbei. Nr. 17: *Polowzer Tanz und Chor.* Die Mädchen umschmeicheln den Traurigen, und Polowzer Männer zeigen dem Fremden ihre kriegerischen Künste.

III. Akt (6. Bild): *Ein anderer Teil des Polowzer Lagers.* Nr. 18: *Polowzer Marsch.* Die Horden des grausamen Chan Gsak kehren von einem Raubzug aus russischen Landen zurück. Nr. 19, 20, 21: *Arie des Kontschak; Rezitativ, Chor und Szene; Chor und Tanz.* Die Polowzer feiern die Wiederkehr und den Erfolg ihrer Krieger. Nr. 22: *Rezitativ.* Igor bereut seinen unbesonnenen Heereszug, denn „die Heiden drangen von allen Seiten siegreich ins Russische Land ein". Er entschließt sich zur Flucht. Nr. 23: *Terzett.* Wladimir zögert, dem Vater zu folgen. Kontschakowna bittet ihn, zu bleiben oder gemeinsam zu fliehen. Nr. 24: *Finale.* Igors Flucht wird entdeckt. Kontschak verschont den Sohn des Feindes, hofft er doch, mit dem jungen Falken den alten zu fangen.

(Fassung Fortunatow/Lewaschow: III. Akt (6. Bild): *Ein anderer Teil des Polowzer Lagers.* Nr. 18: *Polowzer Marsch.* Die Horden des grausamen Chan Gsak kehren von einem Raubzug aus russischen Landen zurück. Nr. 19: *Monolog des Igor.* Igor bereut seinen unbesonnenen Heereszug. Nr. 20: *Verschwörung der Fürsten.* Die gefangenen russischen Fürsten, unter ihnen Wladimir und auch Owlur, raten Igor zur Flucht. Seine Schuld zu sühnen, entschließt sich der Fürst zu diesem Schritt. Nr. 21: *Duett.* Wladimir zögert, dem Vater zu folgen. Kontschakowna bittet ihn, zu bleiben oder gemeinsam zu fliehen. Igors Flucht wird entdeckt. Gsak will Wladimir töten. Kontschak verschont den Sohn des Feindes, hofft er doch, mit dem jungen Falken den alten zu fangen. Nr. 22: *Chor.* Die gefangenen Russen bitten den Don, Igor beizustehen, mit seinen Fluten die Polow-

zer an der Verfolgung zu hindern, damit Igor die Flucht ins russische Land gelinge.)
IV. Akt (7. Bild): *Die zerstörte Stadt Putiwl.* Nr. 25: *Klage der Jaroslawna.* „Es klagt Jaroslawna früh am Morgen zu Putiwl auf dem Wehrgang." Nr. 26: *Chor.* Traurig klingt das Lied der vom Feind heimgesuchten Bewohner Putiwls. Nr. 27: *Duett Igor – Jaroslawna.* Igor erreicht die Heimat. Die Trennung der Liebenden findet ein Ende. Igors Zeichen schmückt wieder die Zinne der Stadt. Nr. 28: *Lied der Gudokspieler, Szene und Chor.* Der Heimkehr Igors unkundig, singen Skula und Jeroschka ein Spottlied auf den Fürsten. Da sehen sie, Igors Zeichen beherrscht wieder Putiwl. Sie läuten die Glocken, rufen das Volk herbei und verkünden Igors Heimkehr. Nr. 29: *Schlußchor.* „Hell steht die Sonne am Himmel – Fürst Igor ist wieder im Russischen Land."
Epilog: (außerhalb der Fassung Rimski-Korsakow/Glasunow) Gesungen wird des Fürsten Lob, aber auch die Wahrheit von Igors Heerzug berichtet. „Im Hader der Fürsten verkürzte sich das Leben der Menschen... Und Igors tapfere Heerschar, sie läßt sich nicht mehr zum Leben erwecken... Dem Fürsten Ruhm und den Mannen!"
(Zitate aus ›Das Lied von der Heerfahrt Igors‹)

Genesis
Borodins Interesse, eine Oper zu schreiben, wurde im April 1869 geweckt. Der Freund Wladimir Stassow sandte ihm ein Szenarium nach dem ›Igor-Lied‹. Stassow war ein hochgebildeter Literat und betätigte sich als Propagandist der zum Mächtigen Häuflein gehörenden Komponisten. Er trat für eine nationale demokratische Kunst ein. Sein Szenarium ist allerdings noch ganz dem Muster einer klassizistischen Ästhetik verpflichtet. Die Opernfiguren sind lediglich durch psychologische Motive charakterisiert. Russisches Altertum wird illustriert, eine große Stoffülle wird ausgebreitet, ist aber auf kein Thema konzentriert. Das Szenarium unterscheidet sich zwar graduell, nicht aber prinzipiell von Alexander Serows verspotteter ›Rogneda‹-Oper. Für Borodin war Stassows Entwurf ein Anstoß, sich der Opernkomposition zuzuwenden. Das Szenarium erwies sich später aber auch als eine Fessel.

Strukturen
„So habe auch ich immer die Absicht gehabt, den ersehnten Traum zu realisieren – eine epische russische Oper zu schreiben", bekannte Alexander Borodin. (Brief an Ljubow Karmalina vom 1. Juni 1876) Unter einer epischen russischen Oper verstand Borodin ein Werk, das bei Menschen unterschiedlichen Standes ein Gefühl der gemeinsamen Verantwortung für die Geschicke des Landes wachruft. Die scharfen sozialen und politischen Konflikte hatten vielen Demokraten die Augen geöffnet, und sie sahen, daß die Herrschenden gegen die Interessen der Nation handelten. Dieser Gedanke war bereits im ›Igor-Lied‹ ausgesprochen worden.
Die Originalhandschrift des zwischen 1185 und 1187 niedergeschriebenen

›Igor-Liedes‹ wurde 1795 entdeckt, 1800 erstmals veröffentlicht und 1812 beim Brand Moskaus vernichtet. Die Edition von 1800 und eine 1796 für die Zarin Katharina II. angefertigte Abschrift stellten die Quellen weiterer Veröffentlichungen dar. Das ›Igor-Lied‹ galt im 18. Jahrhundert als eines der wichtigsten Kunstdenkmäler der „grauen Vorzeit". Bereits 1803 lag von Johann Gottfried Richter eine deutsche Übersetzung vor, 1812 schrieb Wilhelm Grimm eine Abhandlung über das Werk, 1856 beschäftigte sich Karl Marx mit dem christlich-heroischen Lied, in dem „die heidnischen Elemente noch stark durchschimmern". 1904 schuf Rainer Maria Rilke eine interessante deutsche Übertragung.

Das Nebeneinander von christlichem und heidnischem Gedankengut interessierte Borodin ebenso wie der Kontrast zweier verschiedener Kulturen, der russischen und der tatarischen. Ihn hat er musikalisch geformt. Borodins ›Fürst Igor‹ ist ein ungewöhnliches Werk, weil in ihm ein Krieg zwischen zwei Völkern den Konflikt konstituiert, die Helden Gegner sind, der Feind aber nicht diffamiert wird.

Den im ›Igor-Lied‹ berichteten und bewerteten Ereignissen liegen historische, in der Kiewer Chronik belegte Vorgänge zugrunde: Mehrfach bestürmten seit der zweiten Hälfte des 12. Jahrhunderts die nomadisierenden Polowzer das Kiewer Reich. In viele Fürstentümer zersplittert, uneins im Handeln, konnte sich das Land der Gefahr nicht erwehren. 1185 brach der Teilfürst Igor — ohne Wissen des Kiewer Großfürsten und ohne nennenswerte Unterstützung durch andere — zu einem Feldzug auf. Seine Truppen erlitten eine vernichtende Niederlage, er selbst und sein Sohn gerieten in Gefangenschaft. Das Scheitern seiner Heerfahrt ermunterte die Feinde zu schrecklichen Vergeltungsaktionen. Von Igors Feldzug — nur eine Episode in dieser an Kämpfen reichen Zeit — berichtete der anonyme Autor des ›Igor-Liedes‹, um Fürstenwillkür anzuklagen.

Borodin hat sich umfassend und genau mit dem ›Igor-Lied‹ und den historischen Ereignissen beschäftigt. Wie aus dem nachgelassenen Material hervorgeht, wollte er in dem Bild *Die Flucht* den gefangenen Igor mit dem siegreich aus dem russischen Land zurückkehrenden Chan Gsak konfrontieren. Igor sollte, und mit ihm das Publikum, erkennen, daß er durch seinen Ehrgeiz das russiche Volk dem Feinde preisgegeben hatte. Diesen Gedanken bekräftigte Borodin in einem Epilog. Das Volk singt Igor im Prolog noch die rituellen Ruhmeslieder, im Epilog aber wird die Wahrheit über den Heereszug nicht verschwiegen, in das Lob mischt sich der Tadel.

Wenn sich Borodin achtzehn Jahre lang mit seiner Oper beschäftigte und sie zu keinem Abschluß brachte, dann sicherlich auch deshalb, weil es angesichts der realen politischen Verhältnisse in Rußland schwer war, eine „epische russische Oper" zu schreiben. Es gab keine Hoffnung auf ein die Klassen versöhnendes nationales Interesse. ›Fürst Igor‹ ist als Fragment ein wahrheitsgetreues Zeitdokument und Kunstwerk.

Borodin bezeichnete sich selbst 1882 Ljudmila Schestakowa, der Schwester Glinkas, gegenüber als „Autor der **unvollendbaren** Oper ›Fürst Igor‹" (Hervorhebung — S. N.).

Nicht nur in thematischer Hinsicht wußte sich Borodin mit seinem Vorbild Glinka einig, sondern auch in formal-ästhetischer. Im ›Fürst Igor‹ findet sich wie in Glinkas ›Ruslan und Ljudmila‹ das Prinzip der Parallelfiguren: zwei Liebespaare, zwei gefangene Fürsten, zwei liebende Frauen, zwei ruhmsüchtige Krieger. Abgehoben von allen übrigen Figuren sind die Gudokspieler Skula und Jeroschka. Sie allein stellen leibliches Wohl über ideelle Ansprüche und ermöglichen so eine Komplementärperspektive.

Das Prinzip der Kontrastfiguren wird genutzt, national-kulturelle Unterschiede zwischen christlichen Russen und heidnischen Polowzern darzustellen.

Die Bezüge zur russischen nationalen Musik und zur Volksmusik realisieren sich auf verschiedenen Ebenen: Melodien stehen der Art des alten Snamenny raspew (Typus der russischen Kirchenmusik bis zum Ende des 17. Jahrhunderts) nahe, typisierend sind verschiedene Genres der Brauchtumsmusik, so der Glokkenklänge, eingesetzt: Blagowest (Geläut vor dem Gottesdienst oder feierlicher Klang) im Prolog und im IV. Akt — Nabat (Sturmglocken oder Glockenalarm) am Schluß des I. Aktes. Mit dem Blagowest wird Igor verabschiedet, das Nabat verkündet den Einfall der Feinde in Putiwl, und Glocken zeigen Igors Heimkehr an.

Zur Charakterisierung der Figuren verwendet Borodin typisierte Liedformen: das Rituelle Klagelied in der Klage der Jaroslawna im IV. Akt — die Russischen Ruhmeslieder im Lobgesang der russischen Mannen auf Igor im Prolog und auf Galizki im I. Akt — das Langgezogene Lied mit der traditionellen Unterstimmen-Polyphonie im Chor der Bauern.

„Ein weiteres Genre der russischen Volksmusik — das satirische Lied — hat Beziehung zu den Gestalten der wandernden Komödianten Skula und Jeroschka. Die wandernden Komödianten waren oft zugleich auch professionelle Volksmusikanten. Sie vagabundierten oder dienten am Fürstenhof. Borodin nennt Skula und Jeroschka ‚Gudokspieler‘; das bedeutet, daß sie ihren Gesang auf dem Gudok begleiteten. Zu Borodins Zeiten und sogar viel später konnte man von diesem alten Instrument nur hypothetisch sprechen. Der Gudok wurde Mitte der 60er Jahre unseres Jahrhunderts bei archäologischen Ausgrabungen in Nowgorod gefunden. Der Gudok gehört zu den Saiteninstrumenten, die mit einem Bogen gespielt wurden. Seine Saiten waren in gleicher Höhe aufgezogen. Deshalb berührte der Geigenbogen beim Spiel auf einer Seite gleichzeitig alle anderen, und das Instrument ‚summte‘ sozusagen. Daher kam auch seine Name (Gudok — etwa der ‚Summer‘). Den Effekt des Summens gab Borodin durch Orchesterinstrumente wieder." (Juri Fortunatow, Jewgeni Lewaschow, Tatjana Tscherednitschenko: Borodins Oper ›Fürst Igor‹ und die Besonderheiten ihrer Dramaturgie.) Hinsichtlich der Charakterisierung einer aus unterschiedlichen Volksschichten bestehenden Gemeinschaft (Chöre), der Beziehung zwischen einzelnen und Gemeinschaft (Ensembles), gegensätzlicher Kulturen (Ruhmeschöre der Russen, Lieder und Tänze der Polowzer) sowie sozial und psychologisch kontrastierender Figuren (Arien und Liedtypen von Igor — Kontschak, Galizki — Wladimir, Jaroslawna — Kontschakowna) steht Borodins Oper gleichberechtigt neben Glinkas herausragendem Werk.

Verbreitung

Der Petersburger Uraufführung von 1890 folgte 1892 die Moskauer Erstaufführung durch die Operntruppe Prjanischnikows. Erst 1898 gelangte ›Fürst Igor‹ in den Spielplan des Bolschoi Theaters Moskau. In der Fassung von Nikolai Rimski-Korsakow und Alexander Glasunow wurde das Werk in der Welt bekannt: Prag 1899, Paris 1909 (hier gelangte nur der II. Akt zur Aufführung), London 1914, Mailand und New York 1915, Buenos Aires 1919, Sofia, Zagreb, Barcelona, Monte Carlo 1922, Tbilissi und Brüssel 1924, Mannheim 1925, Zürich und Genua 1928, Bukarest und Helsinki 1929, Ljubljana und Berlin 1930, Rom 1932, Stockholm 1933, Poznań 1935, Antwerpen 1936, Budapest 1938, Malmö 1956. 1957 schuf Lovro von Matačić eine Fassung, die an der Deutschen Staatsoper Berlin aufgeführt wurde, 1967 Joachim Herz eine andere für die Städtischen Theater Leipzig. Die Einrichtung der beiden sowjetischen Musikwissenschaftler Juri Fortunatow und Jewgeni Lewaschow, die auf Pawel Lamms Rekonstruktion des Originals zurückgriffen, gelangte 1974 am Litauischen Akademischen Theater für Oper und Ballett zur Aufführung und wurde 1978 an der Deutschen Staatsoper Berlin nachgespielt. Zum 150. Geburtstag des Komponisten bereitete der englische Musikwissenschaftler David Lloyd-Jones nach Pawel Lamms Material eine wissenschaftliche Ausgabe vor.

Autograph Staatliche Öffentliche Bibliothek M.J. Saltykow-Schtschedrin Leningrad
Ausgaben Fassung Rimski-Korsakow/Glasunow Part und KlA Hrsg. von Nikolai Rimski-Korsakow, Alexander Glasunow, Georgi Djutsch, Sigismund Blumenfeld. Belaieff Leipzig 1888; weitere Ausgaben bei Belaieff: dt. von A. Alexandrowa; textliche und dramaturgische Neufassung von Hubert Franz und Winfried Zillig; textliche und dramaturgische Fassung von Marek Bobeth und Claus Henneberg
Neuausgabe der Fassung Rimski-Korsakow/Glasunow Part Musgis Moskau 1954; KlA Musgis Moskau 1962; Part und KlA (dt. von Heinrich Möller) Henschelverlag Berlin 1953, jetzt Belaieff Frankfurt /Main, in der DDR vertreten durch VEB Edition Peters Leipzig; Text Musgis Moskau/Leningrad 1952 und 1961; Text (dt.) Apollo Verlag Zürich 1944
Fassung Fortunatow/Lewaschow Part und KlA (dt. von Sigrid Neef) Deutsche Staatsoper Berlin 1978
Wissenschaftliche Ausgabe von Pawel Lamm KlA (nicht publiziert) Zentrales Museum Musikalischer Kultur M.I. Glinka Moskau

Literatur Anatoli Dimitrijew: Zur Entstehungsgeschichte der Oper ›Fürst Igor‹. (K istorii sosdanija opery ›Knjas Igor‹.) In: *Sowjetskaja musyka*, Moskau 1950, Nr. 11; Boris Assafjew: ›Fürst Igor‹. (›Knjas Igor‹.) In: Ausgewählte Aufsätze über russische Musik. (Isbrannyje statji o russkoi musyke.) Bd. 1, Moskau 1952; Juri Fortunatow, Jewgeni Lewaschow, Tatjana Tscherednitschenko: Borodins Oper ›Fürst Igor‹ und die Besonderheiten ihrer Dramaturgie. In: Programmheft der Deutschen Staatsoper Berlin 1978; Sigrid Neef: Dokumente zu Borodins ›Fürst Igor‹. In: Material zum Theater Nr. 113, Reihe Musiktheater, H. 24, hrsg. vom Verband der Theaterschaffenden der DDR, Berlin 1979; I. Wysgo-Iwanowa/A. Iwanow-Echwet: Noch einmal zu den Quellen des ›Fürst Igor‹. (Jeschtscho ras ob istokach ›Knjasja Igorja‹.) In: *Sowjetskaja musyka*, Moskau 1982, Nr. 4; Pawel Lamm: Zum authentischen Text des ›Fürst Igor‹. Vortrag von 1947. (K podlinnomu tekstu ›Knjasja Igorja‹.) In: *Sowjetskaja musyka*, Moskau 1983, Nr. 12; Sigrid Neef: Gestaltung in klang-räumlicher Perspektive. Zum 100. Todestag von Alexander Borodin. In: Musik und Gesellschaft, Berlin 1987, Nr. 3

Dmitri Stepanowitsch
Bortnjanski
1751—1825

Bortnjanski war 1769 seinem Lehrer, dem italienischen Komponisten Baldassare Galuppi, nach Italien gefolgt. Dort wurden seine ersten Opern, ›Creonte‹, ›Alcide‹ und ›Quinto Fabio‹, aufgeführt.

Nach Petersburg zurückgekehrt, war er als Leiter des Hoforchesters, später auch der Hofkapelle, tätig und schrieb für die zaristischen Liebhabertheater in Pawlowsk und Gatschina die Komödie mit Ballett ›La Fête du Seigneur‹ sowie die beiden Komischen Opern ›Le faucon‹ und ›Le Fils rival ou la Moderne Stratonice‹. Alle drei Opern waren für ein aristokratisches Publikum bestimmt und die Texte deshalb in französischer Sprache.

Späteren Komponisten galt Bortnjanskis Schaffen als typisch für die Epoche Katharinas II. So verwendete Tschaikowski im Schäferspiel der Oper ›Pique Dame‹ eine Melodie aus ›Le Fils Rival‹, um ein musikalisches Zeichen für die höfische Kultur des 18. Jahrhunderts zu setzen.

Noch die beiden russischen Musikwissenschaftler Assafjew und Rabinowitsch beurteilten 1923 beziehungsweise 1948 Bortnjanskis Opern primär danach, ob in ihnen nationale stilistische Elemente Verwendung fanden. Mit Beginn der 70er Jahre änderten sich die Bewertungskriterien. Man begann Bortnjanski als den Schöpfer des russischen Lyrischen Theaters zu schätzen (so bei Rosanow und Ryzarewa). Dies wurde durch den großen Erfolg der russischsprachigen Erstaufführung des ›Falken‹ (›Le faucon‹) 1972 am Kammer-Musik-Theater Moskau bestätigt.

Creonte_____UA 1776 (Venedig)
Dramma per musica
Alcide_____UA 1778 (Venedig)
Aziona teatrale
Quinto Fabio_____UA 1778 (Modena)
Dramma per musica
Das Fest des Lehnsherrn (La Fête du Seigneur)__UA 1786 (Pawlowsk)
Komödie mit Arien und Ballett
Der Falke (Le faucon)_____UA 1786 (Gatschina)
Komische Oper nach dem ›Dekameron‹
Der Sohn als Rivale oder die Neue Stratonice
(Le Fils rival ou la Moderne Stratonice)_____UA 1787 (Pawlowsk)
Komische Oper

Literatur Boris Assafjew: Über die Erforschung der russischen Musik des 18. Jahrhunderts und zwei Opern Bortnjanskis. (Ob isutschenii russkoi musyki XVIII weka i dwuch operach Bortnjanskogo.) In: Musik und musikalisches Brauchtum im alten Rußland. (Musyka i musykalny byt w staroi Rossii.) Leningrad 1927; Nikolai Findeisen: Abriß zur Geschichte der Musik in Rußland von den ältesten Zeiten bis zum Ende des 18. Jahrhunderts. (Otscherki po istorii musyki w Rossii s drewnejschich wremjon do konza XVIII weka.) 2 Bde., Moskau/Leningrad 1928 und 1929; Semjon Ginsburg: Die Geschichte der russischen Musik in Notenbeispielen. (Istorija russkoi musyki w notnych obrazach.) 3 Bde., Moskau/Leningrad 1940–1952, erweiterte Auflage 1961; Alexander Rabinowitsch: Die russische Oper bis Glinka. (Russkaja opera do Glinki.) Moskau 1948; Juri Keldysch: Die Geschichte der russischen Musik. (Istorija russkoi musyki.) Moskau/Leningrad 1948; Boris Dobrochotow: D.S. Bortnjanski. Moskau/Leningrad 1950; Tamara Liwanowa: Die russische musikalische Kultur des 18. Jahrhunderts in ihren Beziehungen zu Literatur, Theater und Brauchtum. (Russkaja musykalnaja kultura XVIII.weka w jego swjasjach s literaturoi, teatrom i bytom.) 2 Bde., Moskau 1952 und 1953; Dieter Lehmann: Rußlands Oper und Singspiel in der zweiten Hälfte des 18. Jahrhunderts. Leipzig 1958; Abram Gosenpud: Musikalisches Theater in Rußland – von den Quellen bis zu Glinka. (Musykalny teatr w Rossii – ot istokow do Glinki.) Leningrad 1959; Boris Assafjew: Die russische Musik. (Russkaja musyka.) Leningrad 1968; Olga Lewaschowa: Die russische vokale Lyrik des 18. Jahrhunderts. Erforschungen, Publikation, Kommentare. (Russkaja lirika XVIII weka. Issledowanije, publikazija, kommentarii.) In: Denkmäler der russischen musikalischen Kunst. (Pamjatniki russkogo musykalnogo iskusstwa.) Ausgabe 1, Moskau 1972; Marina Ryzarewa: Der wiedergeborene Bortnjanski. (Woroshdjony Bortnjanski.) In: *Sowjetskaja musyka* Moskau 1973, Nr. 9; Alexander Rosanow: Das musikalische Pawlowsk. (Musykalny Pawlowsk.) Leningrad 1978; Marina Ryzarewa: Der Komponist Bortnjanski. (Kompositor Bortnjanski.) Leningrad 1979

Der Falke (Le Faucon)

Komische Oper in drei Akten, vier Bildern
(Opéra comique en trois actes et quatre tableaux)
Libretto von Franz-Hermann Lafermière
nach dem ›Dekameron‹ des Giovanni Boccaccio
(Sokol) Russische Fassung von Alexander Rosanow

Entstehung 1786

Uraufführung 23. Oktober 1786 Liebhabertheater des Thronfolgers Pawel Petrowitsch auf dem Gut Gattschina

Personen
Fédéric, Liebhaber der Elvire_____Tenor
Elvire_____Sopran
Pédrillo, Diener von Fédéric_____Tenor
Marine, Dienerin der Elvire_____Sopran
Grégoire, Bauer_____Baß
Jeanette, seine Tochter_____Mezzosopran
Erster Doktor_____Tenor

Zweiter Doktor	Tenor oder Bariton
Chor der Musikanten	Chor (S, A, B)

Orchester 2 Fl, 2 Ob, 2 Fg, 2 Hr, Str mit Bc

Aufführungsdauer 1. Bild: 15 bis 20 Min., 2. Bild: 15 bis 20 Min., 3. Bild: 20 bis 30 Min., 4. Bild: 20 bis 30 Min.; Gesamt: 1 Std., 10 Min bis 1 Std., 40 Min. je nach gesprochenem Dialog

Handlung
Die Handlung spielt in Florenz und auf einem Landgut in der Nähe der Stadt.
I. Akt, 1. Bild (1. Bild): *Florenz, vor dem Haus der Witwe Elvire.* Fédéric (Federigo degli Alberighi) liebt und findet keine Gegenliebe. Die von ihm angebetete Witwe Elvire verschwendet ihre ganze Zärtlichkeit an ihren Sohn. Zu Ehren seiner Dame hat Fédéric sein Vermögen ausgegeben und verläßt die Stadt, um sich mit dem Diener Pédrillo und seinem geliebten Jagdfalken auf ein Landgut zurückzuziehen. Ein letztes Mal bringt er der Angebeteten ein Ständchen. (Nr. 1: *Chor der Musikanten,* Nr. 2: *Arie des Fédéric,* Nr. 3: *Arie des Pédrillo*) I. Akt, 2. Bild (2. Bild): *Im Haus der Witwe Elvire.* Die Dienerin Marine versucht, ihre Herrin an Fédéric zu interessieren, da sie selbst ein Auge auf den Diener geworfen hat. Vergeblich. Elvire ist mit ihrem Sohn beschäftigt, der sich an Konfekt überfressen hat. Herbeigerufene Ärzte werden von Marine geprüft und als Dummköpfe entlarvt. Es ist vergeblich. Elvire vertraut ihnen. (Nr. 4 und 5: *Arien der Elvire und Marine,* Nr. 6: *Finale – Quartett*)
II. Akt (3. Bild): *Vor dem Landgut Fédérics.* Fédéric pflegt seinen Falken und meidet jeden Umgang mit Frauen. Pédrillo dingt einen alten Bauern mit seiner Tochter und hofft, daß Fédéric seinen Liebeskummer überwindet. (Nr. 7: *Arie des Fédéric,* Nr. 8: *Duett Fédéric/Pédrillo,* Nr. 9: *Romanze Jeanettes und Grégoires*) Elvire sucht in Begleitung Marines Fédéric auf. Sie verbirgt ihm den wahren Grund ihres Besuches: der Sohn wünscht sich den Falken. Sie gibt vor, bei ihm essen zu wollen. (Nr. 10 und 11: *Arien von Elvire und Marine*)
III. Akt (4. Bild): *Im Innern von Fédérics Landgut.* Die Früchte seines Gartens sind noch nicht gereift. Fédéric muß seinen geliebten Falken töten, um Elvire ein Gastmahl auszurichten. Als diese ihm den wahren Grund ihres Kommens entdeckt, kann er ihren Wunsch nicht mehr erfüllen; sie aber erkennt seine Liebe und nimmt ihn zum Gemahl. (Nr. 12: *Arie der Jeanette,* Nr. 13: *Arie des Fédéric,* Nr. 14: *Liedchen des Grégoire,* Nr. 15: *Arie der Marine,* Nr. 16: *Duett Elvire/Fédéric,* Nr. 17: *Finale – Sextett*)

Kommentar
Im Wechsel zwischen Gesang und gesprochenen Dialogen trägt das Werk Singspielcharakter. Die Mehrzahl der 17 Musiknummern sind Arien oder Lieder von lyrischem Grundton. Lediglich im Finale des I. Aktes wird eine Aktion in Musik gesetzt. Stilistische Eigenheiten sind plastische Gliederung im vokalen wie instru-

mentalen Bereich, Motivverfestigung und deutliches Instrumentalkolorit bei Bevorzugung der Bläserstimmen; einfache homophone Faktur, die nur gelegentlich mit polyphonen Partien durchsetzt ist.

Musikwissenschaftler und Theaterleute haben gemeinsam die Erstaufführung des ›Falken‹ in russischer Sprache erarbeitet. Sie fand 1972 am Kammer-Musik-Theater Moskau statt. 1975 wurden Partitur und Klavierauszug publiziert, und 1977 lag bei Melodija bereits die Schallplattengesamtaufnahme der Oper mit den Solisten und dem Instrumentalensemble des Kammer-Musik-Theaters Moskau vor.

Autograph Staatliches Institut für Theater, Musik und Film Leningrad
Kopien: Zentrale Musikbibliothek des Staatlichen Akademischen Theaters für Oper und Ballett S.M. Kirow Leningrad; Staatliche Bibliothek der UdSSR W.I. Lenin Moskau
Ausgaben Part und KlA Eingerichtet, herausgegeben und aus dem Französischen ins Russische übertragen von Alexander Rosanow. In: Denkmäler russischer musikalischer Kunst. (Pamjatniki russkogo musykalnogo iskusstwa.) Ausgabe 5, Musyka Moskau 1975

Literatur Alexander Rosanow: D. S. Bortnjanski. ›Der Falke‹. Erforschung, Publikation, Kommentare. (D.S. Bortnjanski. ›Sokol‹. Issledowanije, publikazija, kommentarii.) In: Denkmäler russischer musikalischer Kunst. (Pamjatniki russkogo musykalnogo iskusstwa.) Ausgabe 5, Moskau 1975; Alexander Rosanow: Franz-Hermann Lafermière, der Librettist D.S. Bortnjanskis. (Franz-Hermann Lafermière, librettist D.S. Bortnjanskogo.) In: Musikalisches Erbe. (Musykalnoje nasledstwo.) Bd. 4, Moskau 1976; weitere Literatur siehe Dmitri Bortnjanski

Juri Markowitsch
Buzko
1938

Der in der Stadt Lubny (Gebiet Poltawa) geborene Juri Buzko beendete 1966 das Moskauer Konservatorium und lehrt seit 1967 Instrumentation und Partiturspiel an diesem Institut. Er schrieb einen Vokalzyklus nach Versen von Alexander Block, die Kantate ›Ode der Revolution‹, das Oratorium ›Die Erzählung über den Pugatschow-Aufstand‹, drei Opern, ein Ballett und drei Sinfonien.

Alle drei Opern sind für große Orchesterbesetzung geschrieben, nicht abendfüllend und erfordern eine intime Darstellungsweise. Sie wurden daher in der Sowjetunion bisher nur konzertant gegeben. Die Oper ›Weiße Nächte‹ erlebte 1973 in Dresden ihre szenische Uraufführung.

Aufzeichnungen eines Wahnsinnigen _____ 1963—1964
(Sapiski sumasschedschego)
Opern-Monolog in zwei Akten, einem Prolog und Epilog
nach der gleichnamigen Erzählung von Nikolai Gogol
Weiße Nächte (Belyje notschi) _____ 1967
Sentimentale Oper in vier Bildern
nach dem gleichnamigen Sentimentalen Roman von Fjodor Dostojewski
Aus Briefen eines russischen Künstlers _____ 1974
(Is pissem russkogo chudoshnika)
Musikalische Erzählung für Stimme und Orchester

Literatur David Kriwizki: Die einaktige Oper. (Odnoaktnaja opera.) Moskau 1979

Weiße Nächte (Belyje notschi)
Sentimentale Oper (Sentimentalnaja opera)
Libretto von Juri Buzko
nach dem Sentimentalen Roman ›Weiße Nächte‹ von Fjodor Dostojewski

Entstehung 1967

Uraufführung Konzertant 1970 durch das Radiosinfonieorchester Moskau unter Gennadi Roshdestwenski
Szenisch 15. 9. 1973   Staatstheater Dresden. Großes Haus

Personen
Nastenka _____ Sopran
Ein Darsteller: Der Träumer, der Mieter _____ Tenor, Stumm

Orchester 2 Fl (II auch Picc), 2 Ob (II auch EH), 2 Klar (I auch PiccKlar, II auch BKlar), 2 Fg (II auch KFg), 2 Hr, Trp, Pos, Pkn, Slzg, Cel, Hrf, Kl, Str

Aufführungsdauer 1 Std.

Handlung
Die Handlung spielt in Petersburg im 19. Jahrhundert an der Fontanka, einem der Kais in der Nähe des Winterpalais.
1. Nacht: Der Träumer fragt sich, „ob unter einem so hellen Himmel grausame und böse Menschen ein Lebensrecht haben". Er trifft auf ein weinendes Mädchen. Beide versprechen sich Trost voneinander, verabreden ein Wiedersehen.
2. Nacht: Der Träumer hat den Mut zum Weiterleben verloren. Das Mädchen will ihm helfen und erzählt ihm von seinem Kummer. Vor einem Jahr ging der Geliebte in die Welt, um dort sein Glück zu machen. Jetzt ist er in die Stadt zurückgekehrt, aber nicht zu ihr. (Nastenkas Erzählung). Nun ist die Reihe an dem Träumer, dem Mädchen Mut zuzusprechen. (Duett: Der Brief)
3. Nacht: Sie haben beide Angst vor dem Leben und finden aneinander Halt. Doch der Schatten eines Anderen ist bei ihnen. Das Mädchen läuft dem Träumer davon und in die Arme des schattenhaften Anderen, des zurückgekehrten Geliebten. Der Morgen: Der Träumer erfährt aus einem Brief des Mädchens: „Betrogen habe ich Sie und auch mich. Wären doch Sie an seiner Stelle."

Kommentar
Dostojewski hat seinen Sentimentalen Roman ›Weiße Nächte‹ Erinnerungen eines Träumers genannt. Buzko trug dem Rechnung und löste die Handlung nicht in ein äußerliches Geschehen auf.
In drei Nächten versuchen zwei Menschen, miteinander zu sprechen, einander zuzuhören und zu verstehen. Doch Erinnerungen, Ängste, Hoffnungen mischen sich immer wieder störend in die unmittelbare Hinwendung zum Gesprächspartner. Musikalische Handlung findet statt in dem fortwährenden Versuch der beiden Protagonisten, ihrem vokalen Ausdruck Selbständigkeit und Festigkeit gegenüber dem sich einmischenden übermächtigen Instrumentalpart zu geben.

Verbreitung
1973 Staatsoper Dresden

Ausgaben KlA Musfond SSSR Moskau 1970; KlA (dt. von Horst Seeger) Henschelverlag Berlin 1975

Literatur David Kriwizki: Die einaktige Oper. (Odnoaktnaja opera.) Moskau 1979

Alexander Nikolajewitsch
Cholminow
1925

Der in Moskau geborene Komponist studierte am Konservatorium seiner Heimatstadt. Seit 1961 ist er Sekretär der Zentralen Leitung des Komponistenverbandes der UdSSR.

Das 1955 uraufgeführte ›Lied über Lenin‹ für Solisten, Chor und Orchester op. 12 brachte dem 30jährigen Komponisten einen so großen Erfolg, daß er sich in den folgenden Jahren in seinem Opernschaffen ganz von einer heroisch-pathetischen Thematik bestimmen ließ. Erst die Arbeit des 1972 gegründeten Kammer-Musik-Theaters Moskau machte ihn auf neue Themenbereiche und Darstellungsweisen aufmerksam. Cholminow hat während des Internationalen Seminars zu Problemen des Kammer-Musik-Theaters 1981 in Moskau in diesem Zusammenhang von einem Entwicklungsumschwung in seinem Schaffen gesprochen. Ihn interessiere es zunehmend, in den Alltagskonflikten tragische oder komische Dimensionen aufzuspüren und den intimen Fragestellungen seiner handelnd-singenden Menschen durch solistisches Musizieren gerecht zu werden.

Optimistische Tragödie (Optimistitscheskaja tragedija)_____1964
Oper in drei Akten nach dem gleichnamigen Stück von Wsewolod Wischnewski
Anna Snegina_____1966
Oper in zwei Akten nach dem gleichnamigen Poem von Sergej Jessenin
Der Mantel (Schinel)_____1971
Oper in einem Akt nach der gleichnamigen Erzählung von Nikolai Gogol
Die Kutsche (Koljaska)_____1971
Oper in einem Akt nach der gleichnamigen Erzählung von Nikolai Gogol
Tschapajew_____1974
Oper in drei Akten nach dem gleichnamigen Roman von Dmitri Furmanow
Die zwölfte Folge (Dwenadzataja serija)_____1976
Oper in drei Teilen nach der Erzählung ›Und am Morgen sind sie erwacht‹ von Wassili Schukschin
Wanka_____1979
Oper in einem Akt nach der gleichnamigen Erzählung von Anton Tschechow
Die Hochzeit (Swadba)_____1979
Komische Oper in einem Akt
nach dem gleichnamigen Stück von Anton Tschechow
Die Brüder Karamasow (Bratja Karamasowy)_____1981
Oper in zwei Akten nach dem gleichnamigen Roman von Fjodor Dostojewski
Brennender Schnee (Gorjatschi sneg)_____UA 1985
Oper nach dem gleichnamigen Roman von Juri Bondarew

Der Mantel (Schinel)
Oper in einem Akt (Opera w odnom dejstwii)

Die Kutsche (Koljaska)
Oper in einem Akt (Opera w odnom dejstwii)
Libretti von Alexander Cholminow
nach den gleichnamigen Erzählungen von Nikolai Gogol

Entstehung 1971

Uraufführung Konzertant 20. November 1972   Haus der Komponisten Moskau   Szenisch 25. Dezember 1975   Kammer-Musik-Theater Moskau

Personen Der Mantel
Akaki Akakijewitsch Baschmatschkin, Titularrat_____Tenor
Petrowitsch, Schneider_____Baß
Bedeutende Persönlichkeit_____Bariton
_____Chor-Alt (4—5 Sängerinnen)

Personen Die Kutsche
Pifagor Pifagorowitsch Tschertokuzki, Gutsbesitzer_____Bariton
Seine Frau_____Koloratursopran
General_____Baß
Oberst_____Bariton
Junger Offizier_____Tenor
Lakai_____Tenor
Pferdeknecht_____Baß
(Lakai und Pferdeknecht nur als Stimmen aus den Kulissen)
Kellner_____Stumm

Orchester Fl (auch Picc), Ob, Klar, Fg, Hr, Trp, Pkn, Cel, Hrf, Kl, Str

Aufführungsdauer Jedes Werk 40 Min., als ein Abend konzipiert

Handlung Der Mantel
Die Handlung spielt in Petersburg in der ersten Hälfte des 19. Jahrhunderts. Handlungsort ist das Sterbezimmer des Beamten Baschmatschkin.
   Der Sterbende erlebt noch einmal die für ihn wichtigsten Begebenheiten seines Lebens: die Demütigung beim Erwerb eines neuen Mantels, die Freude über das kostbare Kleidungsstück (Szene mit dem Schneider), der Raub des Mantels und der Schock, von den Vertretern der gesellschaftlichen Ordnung keine Hilfe zu erhalten (Szene mit der Bedeutenden Persönlichkeit).

Handlung Die Kutsche
Die Handlung spielt im 19. Jahrhundert im Provinzstädtchen B und auf dem Gut von Tschertokuzki.

Der Gutsbesitzer Tschertokuzki, von einem General zum Diner geladen, prahlt mit seiner fabelhaften Kutsche, die zum vielbewunderten Pferd des Generals passen würde, und lädt alle zum nächsten Mittag auf sein Gut ein, das Gefährt zu besichtigen. Als die Gäste tatsächlich kommen, flüchtet sich der Hausherr in die Scheune. Doch ereilt ihn die Schande gerade dort. Die Gäste entdecken anstelle der angeblich neuen eine alte, ganz gewöhnliche Kalesche und darin versteckt den Hausherrn und überführten Prahlhans.

Kommentar

Im ›Mantel‹ wird das Scheitern eines Beamten niederer Rangklasse mitleidsvoll betrachtet. Er versucht, sich in der Hierarchie eines auf Unterdrückung beruhenden Systems zurechtzufinden und anzupassen. In der ›Kutsche‹ hingegen werden die Obrigkeit und Militärs verlacht. Sie wähnen sich frei, da sie reich und mächtig sind, und unterliegen doch auch den Systemzwängen. In beiden Werken werden deformierte Menschen dargestellt. Wechselnd ist der Blickwinkel des Komponisten, er kontrastiert beide Einakter und stellt einen spannungsvollen Bezug her.

Cholminow reiht sich mit seinen Gogol-Vertonungen bewußt in die Traditionslinie von Schostakowitschs Werken ›Die Nase‹ und ›Der Spieler‹ ein. Er folgt seinem Vorbild im rezitativischen Deklamationsstil und in den Genreparodien. Die Kontrastierung scheinpolyphoner Bewegungsabläufe mit homophonen Teilen schafft Ruhe- oder Haltepunkte und fällt als dominierendes dramatisch-musikalisches Gestaltungsmoment einer freitonalen Kompositionsweise auf. Im Deklamationsstil hält er sich in den Grenzen einer psychologisierenden Redecharakteristik, stellt aber im Unterschied zu Schostakowitsch nur in Ausnahmefällen kontrapunktische Beziehungen zwischen Situation, Text und Musik her.

Ausgaben KlA Musfond SSSR Moskau 1973; KlA Sowjetski kompositor Moskau 1974

Literatur David Kriwizki: Die einaktige Oper. (Odnoaktnaja opera.) Moskau 1979

Tschapajew (Tschapajew)
Oper in drei Akten, fünf Bildern
(Opera w trjoch dejstwijach, pjati kartinach)
Libretto von Alexander Cholminow nach dem gleichnamigen
Roman von Dmitri Furmanow und dem Filmszenarium der Brüder Wassiljew

Entstehung 1974

Uraufführung 20. Oktober 1977   Moskauer Rundfunk

Personen

Tschapajew	Tenor
Petka, seine Ordonnanz	Tenor
Klytschkow, Kommissar	Bariton
Sedow, neuer Kommissar	Bariton
Anka	Sopran
Jelan	Bariton
Shicharew, Kommandeur	Bariton
Soldatenfrau	Sopran
Terjoscha	Tenor
Alter Arbeiter	Baß
Junger Arbeiter	Tenor
Alter Kämpfer	Baß
Junger Kämpfer	Tenor
Verwundeter Kämpfer	Tenor
Fröhlicher Kämpfer	Tenor
Sanitäter	Ohne Gesang
Knabe	Ohne Gesang
Hochgewachsener Bursche	Tenor
Mädchen mit Kopftuch	Mezzosopran
Bauer mit Ziegenbart	Tenor
Baba	Sopran
General	Baß
Unteroffizier	Bariton
Vorsänger	Baß
Kämpfer Tschapajews, Arbeiter, Bauern	Gemischter Chor und Ballett

Aufführungsdauer Gesamt: 2 Stdn., 30 Min.

Handlung
Die Handlung spielt 1919 in Iwanowo-Wosnessensk und am Ural.
I. Akt, 1. Bild (1. Bild): *Abend am Bahnhof.* Soldaten fahren zur Front. Der Arbeiter Klytschkow verabschiedet sie, ruft zur Verteidigung der Revolution auf und interessiert sich für das Schicksal der einzelnen. I. Akt, 2. Bild (2. Bild): *Dorf. Stab Tschapajews.* Tschapajew macht sich mit seinem neuen Kommissar, Klytschkow, bekannt. Die Ordonnanz bändelt mit der neuen Funkerin Anka an. Klytschkow erläutert Tschapajew die Einheit von Macht und Wissen.
II. Akt, 1. Bild (3. Bild): *Steppe, Nacht, Schlachtengemälde.* Die Sorgen des Kommissars werden laut, die Klage einer Soldatenfrau kontrastiert mit den Kriegsgesängen der Tschapajewkämpfer. II. Akt, 2. Bild (4. Bild): *Tag. Platz vor dem Divisionsstab.* Ein Teil der Tschapajewleute verbrüdert sich mit den Bauern, ein anderer Teil hat geplündert. Klytschkow bestraft die Plünderer, darunter einen Freund Tschapajews. Der Befehlshaber muß gehorchen lernen. Tschapajew setzt ein Meeting an, begeistert alle mit seinen Worten und versöhnt die

Bauern. Klytschkow steht Tschapajew bei, als der Held eine Frage nicht beantworten kann. Tschapajew begreift die Einheit von Macht und Wissen.
III. Akt (5. Bild): *Klage der Soldatenfrau. Divisionsstab.* Klytschkow wird abberufen. Ungern entläßt Tschapajew den unbequemen Weggenossen. In der Schlacht wird der Held getötet.

Kommentar
Cholminows Tschapajew-Oper entstand 1974. Bereits 1931 war die erste Oper über den legendären Helden des Bürgerkriegs von Andrej Paschtschenko komponiert und in Leningrad aufgeführt worden. 1940 schuf Boris Mokroussow eine zweite, 1942 am Stanislawski-Nemirowitsch-Dantschenko-Musiktheater in Moskau uraufgeführte Tschapajew-Oper.

Die Auseinandersetzungen zwischen Klytschkow und Tschapajew, zwischen dem wissenden Bolschewisten und dem anarchistischen Sympathisanten und fähigen Befehlshaber, bilden die Handlung von Furmanows Roman. Höhepunkte sind die Rededuelle zwischen den beiden Protagonisten, die, bei gleicher Zielstellung, um den besten Weg streiten.

Cholminow gestaltet die unterschiedlichen Haltungen der beiden. Der Kommissar Klytschkow kann seine nachdenkliche Besonnenheit in Arien demonstrieren, Tschapajew hingegen reagiert in kurzen appellativen Gesängen. Das ernst-tragische Heldenpaar wird durch ein lustig verliebtes Pärchen, Tschapajews Ordonnanz und die Funkerin, ergänzt. Die Verbrüderung zwischen Arbeitern und Bauern geschieht in der Art eines traditionellen Genrebildes mit Volksliedern, -tänzen und Balletteinlage.

Bemerkenswert ist der Versuch, revolutionäres Pathos der Massen und schmerzvolle Betroffenheit des einzelnen miteinander zu kontrastieren. Das gelingt in der Figur des Kommissars, besonders in dessen erster Arie im 1. Bild der Oper. In einem Schlachtengemälde werden Angst, Schrecken und das kämpferische Trotzdem erfaßt, indem ein altes Klagelied refrainartig zitiert und mit Kampfliedern montiert wird.

Ausgaben KlA Sowjetski kompositor Moskau 1977

Die zwölfte Folge (Dwenadzataja serija)
Wörtlich: Die zwölfte Serie
Oper (Opera)
Libretto von Alexander Cholminow
nach Motiven der unvollendeten Erzählung
›Und am Morgen sind sie erwacht‹ von Wassili Schukschin

Entstehung 1976

Uraufführung 28. Dezember 1977   Kammer-Musik-Theater Moskau

Personen

Brillenträger	Tenor
Urka	Bariton
Nervöser (Sokolow)	Tenor
Trockener	Tenor
Elektriker (Pachomow)	Bariton
Düsterer	Baß
Soziologe	Bariton
Tante Njura	Mezzosopran
Schlüsselgewaltiger	Baß
Natschalnik	Baß
Junge Verliebte: Er, Sie	Bariton, Sopran
Lotterielos-Verkäufer	Tenor
Drei Hausfrauen	Sopran, Mezzosopran, Mezzosopran
Zwei alte Frauen	2 Mezzosoprane
Zwei Freundinnen	Koloratursopran, Mezzosopran
Zwei Fußballfans	Tenor, Baß
Zwei Arbeitskollegen	Tenor, Baß
Vier Studentinnen	2 Soprane, 2 Mezzosoprane
Mädchen aus dem Dorf	Sopran
Bursche aus dem Dorf	Tenor
Reisende im Viererabteil: Erste, Zweite	Sopran, Mezzosopran
Erster (Pedantischer), Zweiter	Tenor, Baß
Kolja (Sibirier)	Baß
Nasarow	Baß
Frau Nasarows	Koloratursopran
Schwiegermutter Pachomows	Mezzosopran
Mutter Pachomows	Sopran
Alte Leute: Er, Sie	Baß, Mezzosopran
Milizionär	Sprechrolle
Alte Frau	Sprechrolle
Städter, Arbeiter, Angestellte, Studenten, junge Leute	Gemischter Chor

Orchester Fl, Ob, Klar, Fg, 3 Hr, Slzg, Cel, Cemb, Kl, Str

Aufführungsdauer Gesamt: 1 Std., 30 Min. (ohne Pause zu spielen)

Vorgänge
Die Handlung spielt in der Stadt X in unseren Tagen.
1. Morgendliche Serenade. Er und Sie sind jung und lieben sich. Eine alte Frau sieht das und denkt sich was. **2.** Die Straße. Das Morgenlied der Straße hat viele Verse: Zeitungsnachrichten, Lebensmittelpreise, Fußballergebnisse, Kinderfreuden, Arbeitssorgen, Einladungen, Verabredungen und einen Refrain — Glück in der Lotterie. **3.** In der Finsternis erwachen sieben Männer und wissen nicht, wo

sie sind. Es wird Licht und sie fragen sich, warum sie mit fremden Leuten in einer Zelle eingeschlossen sind. Ein Schlüsselgewaltiger bringt weder die Freiheit noch eine Klärung, nur eine dumpfe Androhung von Gewalt. **4.** Einer beginnt mit dem Spiel: Da wir nicht wissen, was mit uns geschah, könnte alles geschehen sein. Die anderen spielen mit. Als Opfer wird ein Brillenträger erkoren, weil er ein Intellektueller sein könnte. **5.** Iwan, der Traktorist, versucht, seine Geschichte zu finden. Sie ist harmlos. Das Spiel mit ihm lohnt nicht. Das Katz-und-Maus-Spiel mit dem Brillenträger wird fortgesetzt. Der Brillenträger schreit um Hilfe. **6.** Sie wird ihm zuteil in Gestalt einer Zigarette, serviert von der Reinemachefrau Njura. **7.** Ein Soziologe interessiert sich für die Ursachen von Melancholie und Aggressivität. Er stößt auf Mißtrauen und Spott. Mit Hilfe der Macht, in Gestalt des Natschalniks, bringt er die Männer zum Reden. **8., 9., 10., 11.** Der Finstere, der Nervöse, der Elektriker und Urka erzählen ihre Geschichten. Ihre Vorstellungen von sich selbst stimmen nicht mit der Realität überein. **12.** Der Trockene empört sich. Er stellt die Dinge richtig und auf den Kopf: Die Welt ist schlecht, die Menschen fühlen sich schlecht, einen Grund zur Trunkenheit gibt es nicht. Die Wissenschaft solle besser den Weg zum Mond erkunden. Da möchten alle hin. **13.** Gründe für Traurigkeit und Aggressivität wurden nicht gefunden. Aber ein Urteil erwartet alle. **14.** Das Lied der Straße am Abend. Die morgendliche Liebe fährt in den Ehehafen ein. **15.** Ein altes Paar. Er findet die Jugend besser, sie schlechter als ehedem. Wirklich wichtig aber ist nur eines — die gerade laufende zwölfte Folge einer Fernsehserie.

Kommentar

Cholminow hat die ›Zwölfte Folge‹ als eine Oper in fünfzehn Episoden bezeichnet. Wie Schukschin fragt er nach den Gründen für Melancholie und Aggressivität. Die Trunkenheit ist das Signal für uneingestandene Depressionen. Gesellschaftliche Verhältnisse sind als menschliche Umgangsformen ins Spiel gebracht, in der Konfrontation zwischen Straße und Zelle sowie im Katz-und-Maus-Spiel in der Zelle. Die ausnüchternden Männer sind Gewalttätige und Opfer zugleich. Außerdem wird in der unaufgelösten Konfrontation von Straße und Zelle das Bild draußen und drinnen, von oben und unten, von Oberwelt und Unterwelt angesprochen, der Schlüsselgewaltige als Styx eingeführt, der Natschalnik als Herrscher im unterirdischen Reich. Das alles aber ist unter einer prosaischen Alltagssprache und in kleinen, scheinbar unbedeutenden Vorfällen und Äußerungen versteckt. Es entspricht dem Charakter einer Kammeroper. Cholminow komponierte den Klang der Straße, verwendete dafür kein authentisches Material. Er begleitete mit seiner Musik ausdeutend kommentierend, bezieht verschiedene Musizierbereiche nachahmend ein, wie Estraden- oder Tanzmusik.

Ausgaben KlA Sowjetski kompositor Moskau 1980
Literatur Alexander Cholminow: ›Die zwölfte Folge‹. Komisches und Ernstes in der ›Zwölften Folge‹ (›Dwenadzataja serija‹, Komitscheskoje i tragitscheskoje w ›Dwenadzatoi serii‹) In: *Sowjetskaja musyka*, Moskau 1979, Nr. 2

Tichon Nikolajewitsch Chrennikow
1913

Tichon Chrennikow studierte am Staatlichen Musikalisch-Pädagogischen Gnessin-Institut Moskau bei Michail Gnessin und am Moskauer Konservatorium bei Wissarion Schebalin Komposition sowie Klavier bei Heinrich Neuhaus.

Von 1940 bis 1954 leitete er die Musikabteilung des Zentralen Theaters der Roten Armee. Seit 1961 lehrt er Komposition am Moskauer Konservatorium und wurde 1966 zum Professor ernannt.

Er schrieb drei Sinfonien, mehrere Instrumentalkonzerte, Klavierstücke, Chöre, Romanzen, Lieder, fünf Opern, zwei Operetten und einige Ballette.

Seit 1948 ist Chrennikow Generalsekretär, seit 1957 Erster Sekretär der Zentralen Leitung des Komponistenverbandes der UdSSR, seit 1949 Präsident der Sektion Musik der Allunionsgesellschaft für kulturelle Beziehungen mit dem Ausland und seit 1975 Präsident der Assoziation der Musikschaffenden der sowjetischen Gesellschaft für freundschaftliche Beziehungen mit anderen Ländern.

Im Sturm (W burju) _____ 1936–1939/1952
Oper in vier Akten nach dem Roman ›Einsamkeit‹ von Nikolai Wirta
Frol Skobejew _____ 1945–1950
Oper in vier Akten
Der unerwünschte Schwiegersohn (Besrodny sjat) _____ 1966
Oper in zwei Teilen (Zweite Fassung der Oper ›Frol Skobejew‹) nach der ›Komödie vom russischen Adligen Frol Skobejew ...‹ von Dmitri Awerkijew
Die Mutter (Mat) _____ 1953–1956
Oper in vier Akten nach dem gleichnamigen Roman von Maxim Gorki
Der Riesenjunge (Maltschik-welikan) _____ 1969
Opern-Märchen in drei Akten und einem Prolog
Viel Lärm aus Leidenschaft (Mnogo schuma is-sa serdez ...) _____ 1972
Komische Oper in zwei Akten
nach der Komödie ›Viel Lärm um nichts‹ von William Shakespeare
Dorothea (Doroteja) _____ UA 1983
Komische Oper in zwei Akten
nach der Komödie ›Duenna‹ von Richard Sheridan
Das Goldene Kalb (Solotoi teljonok) _____ UA 1985
Komische Oper
nach dem gleichnamigen Roman von Ilja Ilf und Jewgeni Petrow

Literatur Lew Kaltat: T. N. Chrennikow. Monographie. (Monografija.) Moskau 1946; Leonid Sinjawer: T. Chrennikow. Monographie. (Monografija.) Moskau 1947; Wassili Kucharski: T. N. Chrennikow. Kritisch-biographischer Abriß (Kritiko-biografitscheski otscherk.) Moskau 1957; I. Schechonina: Stilistische Züge der Musik T. N. Chrennikows. Abriß seines Lebens und Schaffens. (Tscherty stilija musyki T. N. Chrennikowa. Otscherk shisni i tworschestwa.) Moskau 1977; Irina Woronzowa: Über den Stil und die musikalische Sprache T. N. Chrennikows. (O stilje i musykalnom jasyke T. N. Chrennikowa.) Moskau 1983

Im Sturm (W burju)

Oper in vier Akten, sechs Bildern
(Opera w tschetyrjoch dejstwijach, schesti kartinach)
Libretto von Alexej Fajko und Nikolai Wirta
nach Motiven des Romans ›Einsamkeit‹ von Nikolai Wirta

Entstehung 1938–1939/1952

Uraufführung Erste Fassung 10. Oktober 1939 Musikalisches Theater W. I. Nemirowitsch-Dantschenko Moskau
Zweite Fassung 12. Oktober 1952 Moskauer Akademisches Musikalisches Theater K. S. Stanislawski und W. I. Nemirowitsch-Dantschenko

Personen

Wladimir Iljitsch Lenin	Sprechrolle
Frol Bajew, Dorfältester	Baß
Natalja, seine Tochter	Sopran
Andrej, alter Bauer	Tenor
Aksinja, Bäuerin	Mezzosopran
Ihre Söhne: Ljonka, Listrat	Bariton, Tenor
Storoshew, Großbauer	Baß
Antonow, konterrevolutionärer Bandenführer	Tenor
Kossowa, seine Geliebte	Mezzosopran
Afonka	Baß
Karas	Tenor
Fedjuscha	Bariton
Tschirikin	Baß
Erstes und zweites Mädchen	Sopran, Mezzosopran
Ein verwachsener Mann	Tenor
Erster und zweiter Bauer	Baß, Bariton
Ein Militär	Bariton oder hoher Baß
Sekretär Lenins	Bariton oder hoher Baß
Bauern, Bäuerinnen, Partisanen, Antonowleute	Gemischter Chor und Ballett

Orchester Picc, 2 Fl, 2 Ob, 2 Klar, BKlar, 2 Fg, 4 Hr, 3 Trp, 3 Pos, Tb, Pkn, Slzg, Hrf, Kl, Str

Aufführungsdauer I. Akt, 1. Bild: 38 Min., I. Akt, 2. Bild: 26 Min., II. Akt: 34 Min., III. Akt, 1. Bild: 20 Min., III. Akt, 2. Bild: 10 Min., IV. Akt: 22 Min.; Gesamt: 2 Stdn., 30 Min.

Handlung

Die Handlung spielt 1920/21 im Tambowsker Gouvernement und in Moskau.
I. Akt: Die Bäuerin Aksinja hat zwei Söhne. Der ältere, Listrat, ist Kommunist und wird Kommandeur bei den Partisanen. Der jüngere, Ljonka, hat sich den konterrevolutionären Antonowleuten angeschlossen, weil er dem Dorfältesten Frol Bajew gefällig sein will. Er liebt dessen Tochter Natalja und wird wiedergeliebt. Beide Brüder besuchen eines Tages die Mutter. Antonowleute umstellen den Hof und wollen Listrat erschießen. Ljonka verteidigt den Bruder, sagt sich von den Weißen los und geht mit dem Bruder in die Wälder.
II. Akt: Die Antonowleute plündern im Dorf und quälen die Bauern. Nataljas Vater aber glaubt noch an Antonow und bittet ihn, die Bauern gegen die Übergriffe des Großbauern Storoshew zu verteidigen, der den Armen das Land stiehlt. Antonow verspottet den Dorfältesten. Da macht sich Frol Bajew gemeinsam mit dem alten Bauern Andrej nach Moskau auf, um von Lenin zu erfahren, „wo der Bauer die Wahrheit findet".
III. Akt: Natalja ist von Ljonka schwanger und versteckt sich vor den Leuten. Derweil wird ihr Vater in Moskau von Lenin empfangen und erfährt, daß die Wahrheit bei den Bolschewiki zu finden sei.
IV. Akt: Ins Dorf zurückgekehrt, verkündet Frol Bajew Lenins Worte, begrüßt und segnet seinen in der Zwischenzeit geborenen Enkel und den Schwiegersohn Ljonka und macht sich auf, Lenins Worte weiterzutragen. Auf seinem Gang durch die Wälder wird er vom Großbauern Storoshew erschossen. Ljonka nimmt den Mörder gefangen, wird aber von Storoshew überlistet. Der Großbauer befreit sich und wird von Natalja auf der Flucht erschossen. Listrat ruft die Bauern zusammen und macht ihnen Hoffnung auf eine bessere Zukunft.

Kommentar

Die Oper entstand im Auftrag des Nemirowitsch-Dantschenko-Musiktheaters Moskau.

Die beiden Fassungen weichen nur unwesentlich voneinander ab, die zweite zeichnet sich durch Kürzungen aus.

Die Oper ›Im Sturm‹ galt längere Zeit als gelungenes Beispiel einer Revolutionsoper. Man verstand darunter die Darstellung einer Geschichte, in der arme und unwissende Menschen zur kommunistischen Bewegung finden.

Die Frage nach der Wahrheit und das Streben nach Wissen ist ein alter Topos in der russischen Kunst, die viele Beispiele des mühsamen und beschwerlichen Suchens nach Wahrheit und Wissen kennt. In Chrennikows Oper wird diese Suche vom Dorfältesten aufgenommen, doch der Weg dahin ist im buchstäblichen wie übertragenen Sinne ausgespart. Demonstriert wird, wie die armen Bauern sich von Reichen und Banditen plündern und beuteln lassen und trotzdem ihre schönen Lieder singen, weil sie die moralisch Überlegenen sind. Dann machen sich zwei alte Bauern auf, die Wahrheit zu suchen. Ihre Begegnung mit Lenin manifestiert Bewunderung dafür, daß der große Mann Zeit für die Sorgen der kleinen Leute findet. Mehr nicht. Im Unterschied zu Muradelis Oper ›Oktober‹ singt Lenin nicht, sondern spricht druckreife Worte. Ins Dorf kehrt ein völlig gewandelter Frol Bajew zurück. Doch auch zu Hause hat sich ein Umschwung vollzogen, die Bolschewiki haben gesiegt und die Antonowleute vertrieben. Durch die Verkettung tragischer Umstände und Zufälle werden die Vertreter der alten Generation umgebracht, so daß der Prozentsatz jüngerer und guter Leute zunimmt und die berechtigte Hoffnung auf eine bessere Zukunft besteht.

Innerhalb dieses Schemas spielen sich private Konflikte nach traditionellen Mustern ab: der arme junge Mann liebt das reiche Mädchen, wird wiedergeliebt, aber ihr Vater ist dagegen. Das Mädchen wird schwanger, fürchtet das Gerede der Leute, leidet, wird aber „ehrlich" gemacht, weil der Geliebte sich zu ihr bekennt und sie nun heiraten darf. Der Bruder kämpft gegen den Bruder; Mutterliebe aber und geschwisterliche Zuneigung sind stärker und bekehren den jüngeren Bruder. Er wendet sich der guten und gerechten Sache zu. Dem Milieu entsprechend zitiert Chrennikow Musik der bäuerlichen Folklore, greift in den Chören der Genreszenen auf den Typus des Gedehnten Liedes und des Tanzliedes zurück, mischt in der Schlußapotheose Pathos und Rhythmus der russischen Marschlieder des 20. Jahrhunderts dazu.

Verbreitung
Erste Fassung: 1939 Kirow Theater Leningrad, Kiew, Saratow, Charkow, 1941 Taschkent, Saransk.
Zweite Fassung: 1952 Swerdlowsk, 1954 Donezk, Kasan, Vilnius, 1956 Gorki, Alma-Ata, Dresden, Bratislava, 1957 Ulan-Ude, Ufa, Kuibyschew, 1959 Russe (Bulgarien), Dessau, 1967 Nordhausen.

Ausgaben Part Musgis Moskau 1958; KlA Musgis Moskau 1954; KlA Musyka Moskau 1971; Part und KlA Übernahme durch Henschelverlag Berlin. Deutsche Bühnenfassung von Rudolf Neuhaus, Rudolf Dittrich, Eberhard Sprink nach einer Übersetzung von W. Balkin
Literatur Siehe Tichon Chrennikow

Der unerwünschte Schwiegersohn
(Besrodny sjat)
Wörtlich: Der alleinstehende (oder auch landlose) Schwiegersohn

Frol Skobejew (Frol Skobejew)

Oper in zwei Teilen, sechs Bildern
(Opera w dwuch tschastjach, schesti kartinach)
Libretto von Sergej Zenin nach Motiven der ›Komödie vom russischen Adligen Frol Skobejew und Annuschka, der Tochter des Bojaren Nardyn-Naschtschokin‹ von Dmitri Awerkijew

Entstehung 1945–1950/1966

Uraufführung Frol Skobejew   24. Februar 1950
Moskauer Akademisches Musikalisches Theater
K. S. Stanislawski und W. I. Nemirowitsch-Dantschenko
Der unerwünschte Schwiegersohn   12. Dezember 1966
Staatliches Akademisches Theater für Oper und Ballett Nowosibirsk

Personen
Frol Skobejew, Adelssprößling — Bariton
Warwara, seine Schwester — Mezzosopran
Lawruschka, beider Bruder — Sopran
Bojar Tugai-Rededin — Baß
Anna Tugai-Rededina, seine Tochter — Sopran
Amme der Anna — Mezzosopran
Bojar Ordyn-Naschtschokin — Baß
Sawwa, sein Sohn — Tenor
Betrunkener Strelize — Bariton
Drei Bauern — Tenor, Bariton, Baß
Amtsschreiber — Tenor
Handlungsgehilfe — Tenor
Katjucha, Dienstmädchen — Sopran
Volk auf dem Jahrmarkt,
Bettler in der Kirchenvorhalle, Dienstmädchen — Gemischter Chor

Orchester Picc, 2 Fl, 2 Ob, EH, 2 Klar, BKlar, 2 Fg, KFg, 4 Hr, 3 Trp, Tb, Pkn, Slzg, 2 Hrf, Str

Aufführungsdauer I. Teil – 1. Bild: 25 Min., 2. Bild: 24 Min., 3. Bild: 25 Min., II. Teil – 4. Bild: 16 Min., 5. Bild: 21 Min., 6. Bild: 19 Min.; Gesamt: 2 Stdn., 10 Min.

Handlung
Die Handlung spielt in Moskau und Umgebung und in der zweiten Hälfte des 17. Jahrhunderts.
I. Teil – 1. Bild: *Fastnachtstreiben auf dem Moskauer Marktplatz.* Drei Bauern

müssen sich als Leibeigene verdingen, da sie dem Bojaren Tugai-Rededin verschuldet sind. Frol Skobejew ist der Sohn eines verarmten, bereits verstorbenen Adligen. Er will Anna, die Tochter des reichen Bojaren, kennenlernen und bietet Annas Amme, die nach einer Wahrsagerin für ihre Herrin sucht, seine Dienste an. Den bemittelten Bojarensohn Sawwa Naschtschokin überredet er, die drei Bauern freizukaufen. Tugai-Rededin erklärt Frol Skobejew den Krieg. 2. Bild: *Zimmer im Haus Skobejews.* Annas Amme fragt nach der versprochenen Wahrsagerin. Frol folgt ihr, als Wahrsagerin verkleidet. Sawwa wirbt um die Schwester seines Freundes. 3. Bild: *Zimmer Annas.* Anna bittet die vermeintliche Wahrsagerin, ihr im Spiegel das Bild des zukünftigen Ehemannes zu zeigen. Frol ist von Annas Schönheit entzückt und zeigt sein eigenes Gesicht. Beide fassen Zuneigung zueinander.

II. Teil — 4. Bild: *Vor dem Haus des Bojaren Ordyn-Naschtschokin.* Der Bojar Tugai-Rededin fordert den Vater Sawwas, den Bojaren Ordyn-Naschtschokin, auf, der Freundschaft zwischen seinem Sohn und dem Dieb Frol Einhalt zu gebieten. Frol erfährt zufällig, daß Tugai-Rededin verreisen wird und in dieser Zeit seine Tochter zur Äbtissin ins Kloster schickt. 5. Bild: *Zimmer im Haus von Tugai-Rededin.* Frol entführt, als Bote der Äbtissin verkleidet, seine Geliebte. 6. Bild: *Vorraum der Kirche in Kolomenskoje zu Pfingsten.* Frol und Anna haben sich trauen lassen. Doch erst als Tugai-Rededin erfährt, daß seine Tochter schwanger sei, ist er bereit, Frol als Schwiegersohn anzuerkennen. Freund Sawwa zwingt seinen Vater Ordyn-Naschtschokin durch eine Selbstmorddrohung, in seine Ehe mit Warwara Skobejewna einzuwilligen.

Genesis

Die Oper ist zwischen 1945 und 1950 auf Anregung von Nemirowitsch-Dantschenko entstanden, der sich eine russische Variante des ›Barbiers von Sevilla‹ wünschte. Bereits Chrennikows erste Oper, ›Im Sturm‹, war 1936 als Auftragswerk des Nemirowitsch-Dantschenko-Musiktheaters entstanden. 1966 wandte sich der Komponist noch einmal seinem ›Frol Skobejew‹ zu und kürzte die Dialoge. In dieser überarbeiteten Fassung und unter der Bezeichnung ›Der unerwünschte Schwiegersohn‹ erlebte die Oper ihre zweite Uraufführung in Nowosibirsk und wurde 1967 am Stanislawski-Nemirowitsch-Dantschenko-Musiktheater in Moskau inszeniert.

Kommentar

Eine wörtliche Übersetzung des Titels mit ›Der alleinstehende (oder landlose) Schwiegersohn‹ wäre zumindest ungeschickt und verwirrend. Es gibt Versuche, den Titel mit ›Der unvornehme Schwiegersohn‹ zu übertragen. Gemeint aber ist mit besrodny nicht Vornehmheit im gebräuchlichen Sinne. Es geht nicht darum, daß Frol Skobejew keinen Stammbaum vorzuweisen hätte. Vielmehr sind seine Eltern früh gestorben, er hat keine weiteren Anverwandten bis auf zwei Geschwister. Die Größe der Familie aber bestimmte über gesellschaftlichen Einfluß, Machtpositionen und damit auch über Einnahmequellen. Über all das verfügt

Frol Skobejew nicht. Deswegen ist er unerwünscht. Die Übersetzung ›Der unerwünschte Schwiegersohn‹ trifft den Konflikt.

Der Kampf des armen, doch gescheiten Frol gegen den reichen Bojaren Tugai-Rededin wird zu komödiantischen Situationen, zu breit angelegten Genreszenen (Fastnachtstreiben, Pfingstfest in Kolomenskoje) und zur Darstellung unterschiedlicher Volksschichten (Händler, Dienstmädchen, Bauern, Bettler) genutzt; die Freuden und Leiden zweier Liebespaare kulminieren in lyrischen Gesängen. Der Komponist zitiert volkstümliche Genres (Lieder, Chöre) und Melodien, sucht keine Reibungsflächen zwischen Stoff und Entstehungszeit.

Das Werk ist ein exemplarisches Beispiel jener Traditionslinie, in der der Versuch unternommen wird, die in der Oper des 18. Jahrhunderts ausgebildete Perspektive der „Leute von unten" zu übernehmen. Der Gedanke an musikalischen Fortschritt und an Wahrhaftigkeit tritt dabei hinter dem Aspekt, neue Inhalte durch alte Formen schmackhaft zu machen, zurück.

Verbreitung
Die Oper ›Frol Skobejew‹ kam 1956 an den Landesbühnen Sachsen Dresden-Radebeul zur deutschsprachigen Erstaufführung.

Ausgaben Frol Skobejew Part und KlA Musfond SSSR Moskau 1947; Part und KlA (dt. von Heinrich Möller) Henschelverlag Berlin 1956

Der unerwünschte Schwiegersohn Part und KlA Musgis Moskau 1969
Literatur Siehe Tichon Chrennikow

Cesar Antonowitsch
Cui
1835—1918

Der Gefangene im Kaukasus _____ 1857—1858, 1881—1882
(Kawkaski plennik)
Oper in drei Akten
nach dem gleichnamigen Poem von Alexander Puschkin
Der Sohn des Mandarins (Syn mandarina) _____ 1859
Komische Oper in einem Akt
William Ratcliff _____ 1861—1868
Oper in drei Akten
nach der gleichnamigen Dramatischen Ballade von Heinrich Heine
Angelo _____ 1871—1875/1900
Oper in vier Akten nach dem gleichnamigen Drama von Victor Hugo
Mlada _____ 1872
Opern-Ballett · Erster Akt
Am Meer (U morja) _____ 1888—1889
Lyrische Komödie in drei Akten
Das Gelage während der Pest _____ 1895—1897, 1900
(Pir wo wremja tschumy)
Dramatische Szenen in einem Akt
nach der gleichnamigen Kleinen Tragödie von Alexander Puschkin
Der Sarazene (Sarazin) _____ 1896—1898
Oper in vier Akten
nach dem Drama ›Karl VII. und seine mächtigen Vasallen‹
von Alexandre Dumas (Vater)
Mademoiselle Fifi _____ 1902—1903
Oper in einem Akt nach der gleichnamigen Erzählung von Guy de Maupassant
Der Schnee-Held (Iwan, der Held) (Sneshny bogatyr) _____ 1905
Opern-Märchen für Kinder in einem Akt
nach dem gleichnamigen russischen Märchen
Mateo Falcone _____ 1906—1907
Dramatische Szene nach der gleichnamigen Novelle von Prosper Mérimée
Die Hauptmannstochter (Kapitanskaja dotschka) _____ 1907—1909
Oper in vier Akten
nach der gleichnamigen Erzählung von Alexander Puschkin
Rotkäppchen (Krasnaja schapotschka) _____ 1911
Kinder-Opern-Märchen in zwei Akten
nach dem gleichnamigen Märchen von Charles Perrault

Iwanuschka, der Dummkopf (Iwanuschka-duratschok) _____ 1913
Opern-Märchen für Kinder in drei Bildern
Der gestiefelte Kater (Kot w sapogach) _____ 1913
Opern-Märchen für Kinder in zwei Akten
nach dem gleichnamigen Märchen von Charles Perrault

Cesar Cui wurde von seinen Freunden Balakirew, Borodin, Mussorgski und Rimski-Korsakow als Opernautorität geschätzt. Dazu trug nicht unwesentlich die Haltung des von ihnen allen verehrten Alexander Dargomyshski bei. Der schwerkranke Komponist befürchtete, seine Oper ›Der steinerne Gast‹ nicht mehr vollenden zu können. Er bestimmte daher Cui als künstlerischen Nachlaßverwalter und zeichnete ihn vor den anderen aus. Cui instrumentierte nach Dargomyshskis Tod 1869 den ›Steinernen Gast‹, und die Komponisten des Mächtigen Häufleins fanden hier ihre opernästhetischen Ideale beispielhaft vorgebildet.

In Cesar Cuis dritter Oper, ›William Ratcliff‹, sahen dann die Freunde ihre Anschauungen erstmals erprobt. Der ›William Ratcliff‹ entstand zwischen 1861 und 1868, und in dieser Zeit diskutierten sie ihre Prinzipien und identifizierten sich daher mit dem Entstehenden so, daß Mussorgski 1868 an Cesar Cui schrieb, diese Oper „ist nicht nur Euer, sondern auch unser Werk".

Doch sollte sich dies bald ändern. Cuis Opernästhetik war begrenzt und erfuhr in der Folgezeit auch keine Erweiterung. Allein in der Ablehnung der die russischen Bühnen beherrschenden italienischen Seria- und Buffa-Produktionen stimmte er mit den Freunden überein. Cui sah seine Ideale bereits erfüllt, wenn es in einer Oper „keine einzelnen, abgesonderten Nummern nach den konventionellen Formen, keine Ensembles mit einer Personnage längs der Rampe…, kein Wiederholen der Worte…" gab. Über diese 1872 in einer Rezension der ›Pskowitjanka‹ (Rimski-Korsakow) getroffenen Feststellung ging sein Verständnis von Oper auch später nicht hinaus. Und so schwand allmählich Cuis Einfluß im Freundeskreis. Für Mussorgski und Rimski-Korsakow verloren seine Opern bald an Interesse. Das belastete die Beziehungen. Ungebrochen blieb nur das Verhältnis zwischen Cui und Balakirew. Noch 1917, ein Jahr vor seinem Tode, berief sich Cui gegenüber der Gründerin und Initiatorin der Moskauer Liebhabergesellschaft russischer Musik, Marija Kersina, auf seinen früheren Ruhm: „Kennen Sie den ›Ratcliff‹? Sie werden sicherlich zugeben, daß ›Ratcliff‹ durch die Neuheit und Freiheit der Form sowie durch das Leitmotiv eine Epoche in der Geschichte der russischen Oper einleitet? Auch Dargomyshski meinte 1868, daß es ohne den ›Ratcliff‹ den ›Steinernen Gast‹ nicht gegeben hätte."

1873 bekundete Cui in einem Artikel zu ›Boris Godunow‹, daß er Mussorgskis Anschauungen nicht mehr verstehen könne und wolle. Cuis Angriff war für alle seine Freunde überraschend und unbegreiflich. Wladimir Stassow, der als unermüdlicher Propagandist des Mächtigen Häufleins immer wieder für Cui und dessen ›William Ratcliff‹ eingetreten war, bemerkte, wie sich Cuis weltanschauliche Positionen veränderten: „Cui wurde nach 1874 aus einem Vertreter des progressiven zu einem Vertreter des gemäßigten, sogar des sehr gemäßigten Liberalismus." Und in seinem Artikel ›Eine traurige Katastrophe‹ (›Petschalnaja katastrofa‹) gab Stassow seiner Enttäuschung offen Ausdruck.

Dennoch bewies Cui Mut und Zugehörigkeit zum Mächtigen Häuflein, als er 1883 gemeinsam mit Rimski-Korsakow demonstrativ aus dem Opernkomitee der Zaristischen Theater austrat, weil Mussorgskis ›Chowanschtschina‹ abgelehnt worden war.

Ab 1864 bis zur Jahrhundertwende betätigte sich Cesar Cui auch journalistisch. Der Begriff Neue russische Schule fand durch ihn Verbreitung. Wenn seine Meinung nach 1873 in zunehmendem Maße auch nicht mehr als die des Mächtigen Häufleins gelten kann, trug er doch zum Verständnis und zur Popularisierung des Schaffens seiner Freunde bei.

Mit der Revolution von 1905 trennte sich Cuis Weg scharf von dem Rimski-Korsakows. Dieser war seiner progressiv-unmißverständlichen Haltung wegen aus den Ämtern in der Russischen Musikgesellschaft und im Konservatorium hinausgeworfen worden. Cuis Schweigen zu diesen Vorgängen blieb von seinen Zeitgenossen nicht unbeachtet. Am 15. April 1905 bat ihn der damals bekannte Kritiker Juli Engel um eine Stellungnahme: „Sie sind einer der Vertreter der alten Generation der großen Musikkritik, mit welcher wir, die Jungen der kleinen Musikkritik, in vielem nicht übereinstimmen können. Doch sind wir gewöhnt, auf Sie, als einen unserer Lehrer, mit Verehrung zu blicken. Aber Lehrerschaft verpflichtet. Deshalb hoffe ich, daß ich einiges Recht habe, mich mit diesem Brief an Sie zu wenden und eine Antwort zu erwarten... Warum schweigen Sie in der Presse über die Entlassung Rimski-Korsakows? Standen Sie doch vor nicht allzulanger Zeit an der Spitze der Petersburger Direktion der Russischen Musikgesellschaft, und Ihre Stimme in der Presse hätte in bezug auf die Entlassung eine gewaltige, wenn auch nicht juristische, so doch moralische Bedeutung für diese Direktion gehabt, ganz zu schweigen von der Bedeutung für das Publikum. Von all dem abgesehen, sind Sie doch ein alter Journalist. Ist es denn nicht so, daß ein altes Streitroß den Wunsch verspürt, sich in die Schlacht zu stürzen, wenn der Klang der Trompete ertönt. Offensichtlich hält Sie etwas zurück... Sollten Sie wirklich die Handlung der Direktion für richtig halten?"

Wladimir Stassow warf dem alten Freund vor, durch seine Haltung der Reaktion zu dienen.

Man kann diesen, den alten Cui aus der Komponistengruppe des Mächtigen Häufleins ausklammern. Aufschlußreicher aber ist es, Cui und Mussorgski als Antipoden zu sehen. Gemeinsam haben sie einen Weg beschritten und sich dann weit voneinander entfernt. Diese Entfernung aber ist auszuschreiten, um die Leistung des Mächtigen Häufleins zu ermessen.

Bei Cui ist ein allmähliches Verlöschen seiner novatorischen Impulse zu verzeichnen. Kollisionen werden in seinen Opern durch Intrigen hervorgerufen, durch Edelmut und Zufall gelöst. Die Situationen gipfeln in Affektklischees. Dem entspricht die Musik in merkwürdiger Weise, indem es ihr an Gestischem und Kontrasthaftem mangelt. Boris Assafjew urteilt in seinem bekannten Buch ›Die russische Musik‹: „Cui öffnete seine Opernkonzeption weit für die Sphäre der

Lyrik und des Details." Seine Opern waren „bar jeder sinfonischen Abfolge", er war „unfähig zu männlich-belebter und theatralisch-dekorativer Schreibweise", er war der Opernkomponist „der einzelnen geglückten Details ohne eine dramatische Grundidee".

Literatur Cesar Cui: Ausgewählte Aufsätze. (Isbrannyje statji.) Leningrad 1952; Cesar Cui: Ausgewählte Briefe. (Isbrannyje pisma.) Leningrad 1955; Juri Keldysch: C.A.Cui. In: Geschichte der russischen Musik. (Istorija russkoi musyki.) Moskau/Leningrad 1940; Wladimir Stassow: Ausgewählte Werke. (Isbrannyje sotschinenija.) Bd. 2, Moskau 1937; Wladimir Stassow: C.A.Cui. Biografischer Abriß. (Biografitscheski otscherk.) Moskau 1954; Boris Assafjew: Russische Musik. (Russkaja musyka.) Leningrad 1979

Der Gefangene im Kaukasus
(Kawkaski plennik)
Oper in drei Akten (Opera w trjoch dejstwijach)
Libretto von Wiktor Krylow
nach dem gleichnamigen Poem von Alexander Puschkin

Entstehung 1857–1858, 1881–1882

Uraufführung 16. Februar 1883   Mariinski Theater Petersburg

Personen
Kasembek_____Baß
Fatima, seine Tochter_____Sopran
Marjam, ihre Freundin_____Mezzosopran
Abubeker, Bräutigam Fatimas_____Bariton
Fecherdin, Mullah_____Baß
Russischer Gefangener_____Tenor
Erster Tscherkesse_____Tenor
Zweiter Tscherkesse_____Bariton
Zweiter Mullah_____Tenor
Tscherkessen und Tscherkessinnen_____Gemischter Chor

Orchester Picc, 2 Fl, 2 Ob, 2 Klar, 2 Fg, 4 Hr, 2 Trp, 3 Pos, Tb, 3 Pkn, Slzg (Trgl, KlTr, GrTr), Hrf, Str

Handlung
Die Handlung spielt im Kaukasus, in einem Aul, dessen Einwohner sich gegen den Zarismus erhoben haben.
I. Akt: *Kaukasische Landschaft.* Fatima wird gegen ihren Willen dem Fürsten Abubeker versprochen. Ein russischer Gefangener erweckt Fatimas Mitleid; sie bringt ihm heimlich Essen.

II. Akt: *Das Innere der Wohnung Kasembeks.* Fatima gesteht ihrer Freundin Marjam, daß sie den Fremden liebe. Der Mullah Fecherdin hat Fatima beobachtet und fordert von Fatimas Vater den Tod des Russen.
III. Akt: *Das Innere der Wohnung Kasembeks.* Die Hochzeit Fatimas mit Abubeker wird gefeiert.
Verwandlung. *Kaukasische Landschaft.* Fatima befreit den Gefangenen. Als ihre Tat entdeckt wird, ersticht sie sich.

Kommentar
Das Libretto zu seiner ersten Oper ließ sich Cesar Cui von einem Freund aus seiner Ingenieursschulzeit, Wiktor Krylow, schreiben und vertonte es 1858. 1881 ergänzte er seine ursprünglich zweiaktige Oper um die Figur des Abubeker und um einen mittleren Akt; gleichzeitig instrumentierte er das gesamte Werk neu.

Mit Puschkins Poem hat Cuis Oper nurmehr den Namen gemein. Im Libretto wird Puschkins Verserzählung über den konflikthaften Zusammenstoß zweier Kulturen zu einer simplen Liebesgeschichte. Folkloristische Elemente — abendliche Gesänge der Mädchen, Hochzeitszeremonien, Gebete der Mullahs — sind genutzt, gehäufte Melismatik soll musikalisches Lokalkolorit geben.

Verbreitung
1886 Liège (Belgien), 1887 Kiew, 1893 Panajewski Theater Petersburg, 1899 Theater Solodownikows Moskau (Gesellschaft der Russischen Privatoper, Bühnenbild von Michail Wrubel), 1900 Kasan, 1903 Theater Solodownikows Moskau (Gesellschaft der Russischen Privatoper), 1907 Mariinski Theater Petersburg, 1909 Volkshaus Petersburg und Bolschoi Theater Moskau.

Autograph Zentrale Musikbibliothek des Staatlichen Akademischen Theaters für Oper und Ballett S.M.Kirow Leningrad

Ausgaben Part und KlA (russ./frz.) Bessel Petersburg 1882
Literatur Siehe Cesar Cui

Der Sohn des Mandarins
(Syn mandarina / Le fils du Mandarin)
Komische Oper in einem Akt (Komitscheskaja opera w odnom dejstwii)
Libretto von Wiktor Krylow

Entstehung 1859

Uraufführung 19. Dezember 1879 Klub der Künstler Petersburg

Personen
Kau-Zing, Mandarin ———————————————— Baß
Sin-Sin-Gu, Schankwirt ———————————————— Bariton

Cui

Yedi, seine Tochter _____ Sopran
Muri, sein Diener _____ Tenor
Sai-Sang, sein zweiter Diener _____ Baß (komisch)

Aufführungsdauer Nicht abendfüllend

Orchester Picc, 2 Fl, 2 Ob, 2 Klar, 2 Fg, Hr, Trp, 2 Pos, Tb, Pkn, Bck, Trgl, Tr, Str

Handlung
Die Handlung spielt in China in einem Gasthaus.
Ein reicher Schankwirt hat seine Tochter Yedi dem ihm zehn Jahre dienenden Sai-Sang versprochen und besteht auf der Heirat, obgleich Yedi den Diener Muri liebt. Ein namhafter Mandarin steigt auf der Suche nach seinem verlorengegangenen Sohn in der Herberge ab und findet in Muri den Gesuchten. Ein tölpelhafter Überlistungsversuch des Sai-Sang, der sich dem Mandarin als Sohn offeriert, schlägt fehl. Yedi und Muri werden ein Paar.

Kommentar
Cesar Cuis zweite Oper entstand ebenfalls wie die erste nach einem Text des Studienfreundes Wiktor Krylow und erlebte noch im Entstehungsjahr 1859 eine Liebhaberaufführung im Hause seiner Schwiegerelern. Krylow entwarf hierfür die Dekoration, Mussorgski sang die Partie des Mandarin, Cui spielte Klavier, und unter den Zuhörern befanden sich Dargomyshski und Stassow.
Das Werk trägt Singspielcharakter. Zehn Musiknummern, darunter zwei Quartette, fügen sich mit gesprochenen Dialogen zur simplen Handlung von unglücklicher Liebe und glücklichem Zufall. Quartklänge werden für das Lokalkolorit genutzt. Musikalisch-komödische Charakterisierung bedeutet hier, das diatonische Ablaufschema mit wortakzentuierenden Chromatismen zu durchbrechen.

Verbreitung
Durch seine technisch-musikalische Einfachheit eignete sich das Werk für kurzfristige Einstudierungen, um einen Abend zu komplettieren, oder für Benefizvorstellungen. So gehörte ›Der Sohn des Mandarins‹ zu den vielgespielten Opern Cesar Cuis und wurde 1891 am Theater Nemettis Petersburg und am Stadttheater Kiew, 1900 am Theater Solodownikows Moskau (Gesellschaft der Russischen Privatoper), 1901 am Neuen Theater Moskau, 1902 am Theater Aquarium Moskau und am Bolschoi Theater Moskau, 1903 in Odessa und am Mariinski Theater Petersburg, 1921 am Maly Theater Petrograd aufgeführt.

Ausgaben KlA Büttner Petersburg 1859; Petersburg/Rahter Hamburg o. J.
KlA (russ./frz. von Malwina Cui) Büttner   **Literatur** Siehe Cesar Cui

William Ratcliff (Wiljam Ratklif)

Oper in drei Akten (Opera w trjoch dejstwijach)
Text nach der Dramatischen Ballade ›William Ratcliff‹ von Heinrich Heine
in der Übersetzung von Alexej Pleschtschejew

Entstehung 1861–1868

Uraufführung 26. Februar 1869   Mariinski Theater Petersburg

Personen
Mac-Gregor, schottischer Laird_____Baß
Maria, seine Tochter_____Sopran
Margareta, Marias Amme_____Mezzosopran
Graf Douglas, Marias Bräutigam_____Tenor
William Ratcliff_____Bariton
Lesley, sein Freund_____Tenor
Gauner: Robin, Tom_____Baß, Bariton
Betsy, Dienerin in der Diebesherberge_____Sopran
Gäste, Diener,
Hochzeitsgäste, Gauner, Räuber_____Gemischter Chor und Ballett

Orchester Picc, 2 Fl, Ob, EH, 2 Klar, 2 Fg, 4 Hr, 2 Trp, 3 Pos, Tb, Pkn, Slzg, Hrf, Str

Vorgänge
Die Handlung spielt im nördlichen Schottland im 17. Jahrhundert.
I. Akt (1. Bild): *Zimmer im Schloß Mac-Gregors.* Marias Hochzeit mit Graf Douglas wird gefeiert. Die Amme der Braut, Margareta, stört das Fest durch ein seltsam-schauerliches Lied, in dem von einem Edward berichtet wird, der sein Liebchen totschlug. Der Brautvater, Mac-Gregor, eröffnet dem Bräutigam, daß der von Maria abgewiesene William Ratcliff bereits zwei Freier umgebracht habe. Graf Douglas läßt sich davon nicht beeindrucken. (2. Bild): *Saal im Schloß Mac-Gregors.* Ratcliffs Freund Lesley bringt dem Bräutigam eine Aufforderung zum Duell.
II. Akt (3. Bild): *Taverne.* Mörder und Diebe vergnügen sich. Ratcliff nennt Lesley die Gründe seiner Morde: Gesichte zwingen ihn, die Freier Marias zu töten. Maria hatte ihn einst geliebt, dann aber abgewiesen. (4. Bild): *Am Schwarzenstein.* Ratcliff wird von Douglas besiegt. Der Graf schenkt ihm das Leben.
III. Akt (5. Bild): *Marias Schlafzimmer.* Margareta erzählt Maria von deren Mutter Schicksal: Schön Betty und Edward Ratcliff, Williams Vater, liebten sich einst. Er lehrte sie frei nach Gottfried Herders ›Stimmen der Völker‹ singen: „Wie ist von Blut dein Schwert so rot, Edward". Als Edward aber fortreimte: „Ich habe geschlagen mein Liebchen tot", da floh Betty ihn schaudernd und hei-

ratete Mac-Gregor. Indes, die Liebe glühte weiter. Als Edward eines Nachts heranschlich und Schön Betty im Begriffe stand, ihm in die Arme zu sinken, hob Mac-Gregor die Mörderhand. Schön Betty erlag dem Schrecken. Soweit erzählt Margareta. Daraufhin bringt William zuerst Maria, dann Mac-Gregor und zuletzt sich selbst um. Margareta behält das letzte Wort und interpretiert das Ganze als Prädisposition der Kinder durch das Schicksal der Eltern.

Genesis
Cuis dritte Oper ist die erste der Neuen russischen Schule, von dem die Freunde des Balakirew-Kreises glaubten, daß sie ihre Prinzipien zur Anwendung brächte. Für die siebenjährige Entstehungszeit machte Cui Existenzzwänge geltend: „Ungeachtet dessen, daß ich im allgemeinen schnell und leicht arbeite, am ›Ratcliff‹ schrieb ich lange — sieben Jahre (1861—1868). Und die Gründe dafür waren folgende. Das Gehalt, das ich erhielt, war für die Existenz nicht ausreichend, so eröffnete ich mit meiner Frau eine Vorbereitungspension für die Absolventen der Ingenieurschule und darin unterrichtete ich, mit Ausnahme der Sprachen, alle Fächer."

Das Interesse, das die Komponistenfreunde am ›Ratcliff‹ nahmen, belegt ein Brief Modest Mussorgskis vom 15. August 1868, in dem er auf den in Aussicht gestellten Abschluß der Komposition reagierte: „Gute Dinge sucht und erwartet man zwar immer, aber der ›Ratcliff‹ ist mehr als eine gute Sache... Der ›Ratcliff‹ ist nicht nur Euer, er ist auch unser. Er kam vor unseren Augen aus Eurem künstlerischen Leib, er wuchs, erstarkte, und jetzt geht er vor unseren Augen unter die Leute hinaus, und kein einziges Mal verriet er unsere Erwartungen... Wie kann man ein solches liebes und gutes Wesen nicht lieben, wie kann man nicht sagen, daß es mehr ist als bloß gut..."

Wladimir Stassow wird gerühmt, den Komponisten auf den Stoff aufmerksam gemacht und ihm eine Sammlung irländischer Volkslieder als Zitatenfundus zugetragen zu haben.

Strukturen
Heines 1821 geschriebene Tragödie ›William Ratcliff‹ ist in der Oper auf eine Schauerballade reduziert. Eine Tavernenszene ist bei Heine Zentral- und Angelpunkt der Tragödie. Nach Heines Vorwort zur Buchausgabe von 1851 brodelt am „Herd des ehrlichen Tom schon die große Suppenfrage". Der „ehrliche Tom" aber ist ein Räuber, der darauf aus ist, mittels seines Gewerbes den knurrenden Magen zu füllen. Die Nebelgesichte des William Ratcliff müssen sich einen Vergleich mit der Realität des hungrigen Magens gefallen lassen.

Cui hob die Tavernenszene aus ihren Angeln und damit das ganze Stück, indem er eine Genreszene mit Balletteinlage über das Thema „wie freundlich-romantisch ist doch das Räuberleben" komponierte. Die Räuber Lesley und Robin bezeichnete Cui als „halbkomische Rollen", und er gefiel sich in dem Irrtum, an der Substanz des Heineschen Werkes nichts verändert zu haben: „Ich verfiel auf dieses Sujet, weil mir seine Phantastik, der unbestimmte, aber leidenschaftliche, verhängnisvollen Einflüssen geneigte Charakter des Haupthelden gefiel, ich war hingerissen vom Talent Heines und der herrlichen Übersetzung Alexej Pleschtschejews (schöne Verse haben mich immer verlockt und hatten einen bedeutenden Einfluß auf meine Musik). Der Text von Heine blieb fast ohne Veränderungen mit kleinen Auslassungen und Ergänzungen, die Krylow für die Entwicklung der Chöre anfertigte."

Obgleich die Partitur in ihrer harmonischen Beweglichkeit und Farbigkeit zu den besten des Komponisten gehört, ist doch der einzige im Libretto noch verbliebene Konflikt — der Gegensatz zwischen Konvention und Leidenschaft — nicht musiziert. Allein das Lied der Margareta — eine Art Leitmotiv — und das Lied des Haupthelden Ratcliff strukturieren das Ganze, und so wird auch im Musikalischen das Librettothema — Determination des Menschen durch unerkannte Kräfte — deutlich artikuliert.

Bedeutsam ist die Oper insofern, als in ihr einige der Prinzipien der Neuen russischen Schule das erste Mal vorgestellt wurden. Sie bestanden nach Cuis eingeschränktem Verständnis in folgendem: „In ihm (›Ratcliff‹ — S. N.) setzte ich alles daran, unsere Opernideale zu verwirklichen, trat als erster im Kampf dafür auf (›Der steinerne Gast‹, ›Pskowitjanka‹, ›Boris Godunow‹ erschienen später — S. N.). In ihm fanden die Hörer anstelle gewöhnlicher Arien... Erzählungen; geschrieben in der zeitgemäßen freien Form, sie fanden einen Chor mit einer nicht sehr großen sinfonischen Entwicklung, sie fanden das Leitmotiv des Ratcliff, das sich in Abhängigkeit von der szenischen Situation und Befindlichkeit entwickelt und verändert. Und wir hatten von den Wagnerschen Tendenzen damals fast gar keine Kenntnis."

Verbreitung

Die Oper wurde 1900 am Theater Solodownikows durch die Gesellschaft der Russischen Privatoper in Moskau aufgeführt. Das Bühnenbild schuf der Maler Michail Wrubel, als Dirigent trat Michail Ippolitow-Iwanow in Erscheinung.

Autograph Zentrale Musikbibliothek des Staatlichen Akademischen Theaters für Oper und Ballett S. M. Kirow Leningrad
Ausgaben KlA (russ./dt.) Bessel Petersburg 1869; KlA (russ./dt., dt. von Alexej Pleschtschejew) Rob. Schütz Leipzig 1869; KlA (rus./dt., dt. von Alexej Pleschtschejew) Bessel et C'ie Petersburg o. J.

Literatur Cesar Cui: Die ersten kompositorischen Schritte Cuis. Erinnerungen. (Perwyje kompositorskije schagi Kjui. Wospominanija.) Jahrbuch der kaiserlichen Theater 1909. (Jeshegodnik imperatorskich teatrow 1909.) In: Ausgewählte Aufsätze. (Isbrannyje statji.) Leningrad 1952

Angelo (Andshelo)

Oper in vier Akten (Opera w tschetyrjoch dejstwijach)
Text von Wiktor Burenin nach dem gleichnamigen Drama von Victor Hugo

Entstehung 1871—1875/1900

Uraufführung Erste Fassung   13. Februar   1876 Mariinski Theater Petersburg
Zweite Fassung   16. Januar 1901   Bolschoi Theater Moskau

Personen

Angelo Malipieri, Podesta	Baß
Catharina Bragadini, seine Frau	Sopran
Thisbe	Mezzosopran
Rodolfo	Tenor
Anafesta Galeofa	Bariton
Ascanio Strozzi	Baß
Daphne	Mezzosopran
Fra Paolo	Tenor
Peppo	Tenor
Erster und zweiter Sbirre	Baß, Baß
Patrizier, Signori, Volk, Sbirren etc.	Gemischter Chor

Orchester 3 Fl (III auch Picc), Ob, EH, 2 Klar, 2 Fg, 4 Hr, 2 Trp, 3 Pos, Tb, Pkn, Bck, Tr, Str

Handlung

Die Handlung spielt in Padua 1549.

I. Akt (1. Bild): *Prachtvoll illuminierter Garten Thisbes.* Der paduanische Adlige Rodolfo plant einen Aufstand gegen den venezianischen Tyrannen Angelo. Die reich gewordene Kurtisane Thisbe wird von Angelo umworben, weist ihn aber ab, weil sie Rodolfo liebt. Angelos Spion Galeofa schleicht sich in das Vertrauen Rodolfos.

II. Akt (2. Bild): *Raum im Palast Angelos.* Catharina ist die Frau Angelos. Sie klagt einer Freundin, daß sie zu dieser Ehe gezwungen wurde, jedoch Rodolfo liebe. Ein Stelldichein mit diesem wird von Thisbe gestört, die in Catharina die Frau erkennt, die vor Jahren ihre Mutter vor dem Tode bewahrte. Thisbe sieht daher davon ab, Angelo die Untreue seiner Frau anzuzeigen, verrät ihm aber den Plan der Aufständischen.

III. Akt (3. Bild): *Am Flußufer.* Die paduanischen Adligen versuchen, das Volk für ihren Aufstand zu gewinnen. Galeofa wird als Spion gelyncht; der bewaffnete Angelo trifft auf Kampfbereite.

IV. Akt (4. Bild): *Zimmer Catharinas.* Angelo konnte die Rebellion blutig niederschlagen. Von dem sterbenden Galeofa erfuhr er, daß ihm seine Frau untreu sei. Er tötet sie, indem er ihr auf Anraten Thisbes Gift gibt. (5. Bild): *Thisbes Schlafgemach.* Rodolfo glaubt, daß Thisbe am Tode Catharinas die Schuld trägt, und er bringt die Kurtisane um. Doch Catharina erhielt durch Thisbes List nur einen Schlaftrunk. Sie erwacht aus ihrem todesähnlichen Schlaf, und die beiden Liebenden bitten die sterbende „ehrbare Dirne" um Vergebung.

Kommentar
Cui interessierte sich für ein zentrales Motiv des Dichters Hugo, für die Darstellung der moralischen Würde des Menschen im Bettlerkleid oder eben im Gewand einer Dirne. Interesse erweckt auch die Figur des Galeofa, weil er die paduanischen Adligen verachtet, erkennt er doch genau, daß sie nicht für das Volk eintreten. Doch wird der Entwicklungsweg dieser Figur durch die Liebesgeschichte zurückgedrängt, und sie wird als verächtlicher Spion und Beutelabschneider disqualifiziert. Die Intrigenhandlung und die parallel dazu laufende Liebesgeschichte mit ihren weitschweifigen Reden in ausgedehnten geradlinig kadenzierenden Formeln münden jeweils in klischierte Affekte, denen ein gleichgeartetes kompositorisches Material zugeordnet ist.

Verbreitung
Die erste Redaktion der Oper wurde von keinem Opernhaus nachgespielt. Der Uraufführung der zweiten Redaktion folgte eine weitere Inszenierung 1910 am Mariinski Theater Petersburg.

Autograph Zentrale Musikbibliothek des Staatlichen Akademischen Theaters für Oper und Ballett S.M.Kirow Leningrad
Literatur Siehe Cesar Cui

Mlada (Mlada)
Opern-Ballett · Erster Akt (Opera-balet, perwy akt)
Libretto von Stepan Gedeonow

Entstehung 1872

Uraufführung 17. Februar 1917 Petrograd (konzertant)

Personen
Mstiwoi, Fürst von Ratarski———Bariton
Woislawa, seine Tochter———Sopran
Jaromir, Fürst von Arkonski———Tenor
Morena, Göttin der Unterwelt in Gestalt der Swjatochna———Mezzosopran
Dienstmädchen, Waffenträger, Jäger———Gemischter Chor

Orchester Picc, 2 Fl, 2 Ob, 2 Klar, Fg, 4 Hr, 2 Trp, 2 Pos, Tb, Pkn, Bck, Trgl, Tr, Tt, Hrf, Str

Handlung
Die Handlung spielt in slawischen Landen im 9. Jahrhundert.
Mstiwoi empfiehlt seiner Tochter, den Recken Jaromir zu heiraten. Woislawa verbündet sich mit der Göttin der Dunkelheit Morena. Jaromir wird von Woislawa und ihrem Vater freundlich empfangen, und er ist bereit, seine kurz zuvor verstorbene Braut Mlada zu vergessen. Doch in einem Traum offenbart sich Jaromir die Wahrheit: Woislawa hat Mlada vergiftet.

Kommentar
Stepan Gedeonow, Direktor der Kaiserlichen Theater, hatte ein Libretto geschrieben, mit dessen Vertonung er 1869 Borodin, Mussorgski, Rimski-Korsakow und Cui beauftragte. Es hätte ein Gemeinschaftswerk des Mächtigen Häufleins werden können, doch Borodin und Mussorgski zogen sich sehr schnell von diesem Projekt zurück. Allein Cui komponierte laut Vereinbarung den ersten Akt. Rimski-Korsakow wandte sich zwar später den 1869 entstandenen eigenen Entwürfen noch einmal zu, doch vertonte er nun, zwischen 1889 und 1890, das gesamte Libretto vom ersten bis zum letzten Akt selbst. Ohne die aktweise vorgenommenen Ergänzungen durch die Freunde blieb Cuis erster Akt zur ›Mlada‹ ein Torso.

Verbreitung
Außer der konzertanten Uraufführung fand das Werk keine weitere Verbreitung.

Ausgaben Part und KlA Belaieff Leipzig 1911

Am Meer / Der Seeräuber
(U morja / Le flibustier)
Lyrische Komödie in drei Akten
Libretto (französisch) von Jean Richepin

Entstehung 1888–1889

Uraufführung 22. Januar 1894 Opéra Comique Paris

Personen
François Legoese, alter Matrose _____ Bariton
Pierre, sein Enkel _____ Baß
Jacquesmain, bretonischer Matrose _____ Tenor
Janicque, Enkelin von Legoese _____ Sopran

Marianne, ihre Mutter	Mezzosopran
Fischer, ihre Frauen, Mädchen	Gemischter Chor
Gaukler	Ballett

Handlung
Die Handlung spielt in Saint-Malo, Ende des 17. Jahrhunderts, in einem Zimmer des Hauses von Legoese mit Blick aufs Meer.
Seit acht Jahren warten der Großvater Legoese auf seinen Enkel und Janicque auf ihren Bräutigam: den Matrosen Pierre. Die Erinnerung ist wach, seine Erscheinung aber verblaßt. Als ein Freund des Erwarteten im Hause der Legoese einkehrt und erfährt, daß die Familie ohne Nachricht ist, glaubt er, der Freund sei auf See umgekommen. So erhebt Jacquesmain auch keinen Einspruch, als der Großvater ihn für seinen Enkel und Janicque ihn für ihren Bräutigam hält. Als Pierre dann endlich doch nach Hause kommt, findet er eine glückliche Familie und ein verliebtes Paar. Deshalb verzichtet er auf Janicque. Doch Jacquesmain steht ihm nicht nach und verzichtet ebenfalls auf das Mädchen. In soviel Edelmut löst sich der Konflikt auf: Der Heimkehrer geht wieder auf See, die Liebenden werden ein Paar, und die Nachbarn finden sich rechtzeitig ein, das Schicksal zu preisen.

Kommentar
Die Eigenart von Cuis Libretti zeigt sich hier exemplarisch in den breiten, die Handlung und Figuren auflösenden Reden, in den von Irrtümern hervorgerufenen und durch Edelmut auflösbaren Pseudokonflikten. Den in Affektklischees gipfelnden Arien und Ensembles, den unplastischen Situationen entspricht die Musik auf eigenartige Weise, indem es ihr an Gestischem und Kontrasthaftem mangelt. Die Figuren bleiben ohne Profil und gehen gleichsam in grauen Gewändern aus geborgten Flicken einher.

Verbreitung
Der Pariser Uraufführung folgte 1908 in Moskau eine russischsprachige Aufführung mit Schülern des Konservatoriums.

Ausgaben KlA (frz.) Heugel et C'ie Paris 1894; KlA (russ.) Gutheil Moskau 1912

Das Gelage während der Pest
(Pir wo wremja tschumy)
Dramatische Szenen in einem Akt (Dramatitscheskije szeny w odnom dejstwii)
Text nach der gleichnamigen Kleinen Tragödie von Alexander Puschkin

Entstehung 1895–1897, 1900

CUI

Uraufführung 24. November 1901   Neues Theater Moskau

Personen
Der Präsident_____Bariton
Junger Mann_____Tenor
Der Pfarrer_____Baß
Mary_____Mezzosopran
Luise_____Sopran

Orchester Picc, 2 Fl, 2 Ob, 2 Klar, 2 Fg, 4 Hr, 2 Trp, 3 Pos, Tb, Slzg (Trgl), 2 Hrf, Str

Aufführungsdauer Nicht abendfüllend

Handlung
Eine Straße. Gedeckte Tafel. Einige zechende Männer und Frauen.
Die Pest herrscht und verbreitet Schrecken und Grauen. Einige Menschen haben sich zusammengefunden und flüchten sich in ein Zechgelage. Ein junger Mann feiert einen verstorbenen Zufallskumpanen, Mary bekennt sich zu einer über den Tod hinausreichenden Liebe; der Präsident aber singt das Lob der Pest, weil Todesgefahr die Sinnenlust schärfe. Ein Priester tadelt diese der Situation unangemessene Haltung. Sein Appell zu Reue und Einkehr wird nicht befolgt. Er beschwört den Präsidenten, der verstorbenen Ehefrau zu gedenken. Das macht den Mann nachdenklich.

Kommentar
In den Liedern Marys und des Präsidenten hat Puschkin sein Thema deutlich durchgeführt. Mary erinnert in ihrem Lied an eine durch Tod nicht umkehrbare erfüllte Liebes- und Lebensbestimmung. Ihre Reue gilt einem in Nichtigkeiten vertanen Leben. Der Präsident feiert den Tod, weil er in dessen Nähe das Leben um so intensiver genießen kann.
Cesar Cui hat mit seiner Musik den simpel-naturalistischen Vorgang: Menschen flüchten sich in den Rausch, nicht zu durchbrechen vermocht. Die Lieder der Mary und des Präsidenten geraten zu idyllischen Einlagen.

Verbreitung
Nach der Uraufführung in Moskau kam es 1915 in Petersburg zu einer Aufführung am Theater des Musikalischen Dramas.

Ausgaben Part und KlA (russ./dt., dt. von August Bernhard) Belaieff Leipzig 1901

Der Sarazene (Sarazin)

Oper in vier Akten (Opera w tschetyrjoch dejstwijach)
Libretto nach dem Drama ›Karl VII. und seine mächtigen Vasallen‹
von Alexandre Dumas (Vater)

Entstehung 1896—1898

Uraufführung 14. November 1899   Mariinski Theater Petersburg

Personen
Karl VII., französischer König_____Tenor
Graf Savoisi_____Baß
Berangera, Gräfin Savoisi_____Sopran
Agnes Sorel_____Sopran
Jakub, Sarazene_____Bariton
Kapellan_____Baß
Dunio_____Bariton
Andrej_____Tenor
Raimond_____Baß
Falkner_____Bariton
Schatzmeister_____Bariton
Page_____Sopran
Erster und zweiter Posten_____Tenor, Tenor
Falkner, Jäger, Trompeter,
Höflinge des Königs und des Grafen Savoisi_____Gemischter Chor und Ballett

Handlung
Die Handlung spielt im 15. Jahrhundert im Schloß des Grafen Savoisi.
I. Akt: Engländer und Burgunder haben nach dem Tod Karls VI. Frankreich annektiert. Die Gefolgschaft des Grafen Savoisi erwartet von Karl VII. eine politische Wende. Der Sarazene Jakub zeigt deutlich sein Desinteresse an der politischen Entwicklung, da er als Sklave von jedem Herrscher ins Joch gespannt wird. Vor der Lynchjustiz der empörten Patrioten rettet ihn die Gräfin Berangera, doch Jakub tötet in Notwehr einen Gefolgsmann des Grafen.
II. Akt: Karl VII. sucht beim Grafen Savoisi Zuflucht und verhindert die Hinrichtung des schuldig gewordenen Sarazenen.
III. Akt: Seiner Liebe zu Agnes Sorel hingegeben, versäumt der König seine Pflicht, den Feind aus dem Land zu jagen. Graf Savoisi mahnt ihn und macht sich Agnes zur Verbündeten. Von seiner Geliebten und seinen treuen Vasallen, Graf Savoisi und Graf Dunois, bestürmt, entschließt sich der König zum Kampf gegen Frankreichs Feinde.
IV. Akt: Graf Savoisi verstößt seine Frau Berangera, da sie ihm keinen Sohn, mithin keinen Vaterlandsverteidiger, geboren hat, und befiehlt, sie in ein Kloster

zu sperren. Er selbst heiratet eine andere Frau. Auf Bitten Berangeras tötet der Sarazene den Grafen. Daraufhin nimmt Berangera Gift, und der Sarazene verzweifelt.

Kommentar
Alle geschichtlichen Dimensionen dieses Stoffen sind eliminiert. Die Tragödie — Frankreich als Spielball fremder Mächte — ist in ein Märchen von wahrhafter Vasallentreue verwandelt. Die Gräfin von Savoisi wird von ihrem tugendhaft-patriotischen Mann verstoßen, da sie ihm keinen Sohn geboren hat. Der Graf wird von dem unverständigen Weib umgebracht, konnte aber noch zuvor seinen König bestimmen, den Kampf gegen Frankreichs Feinde aufzunehmen. Als Lobeshymne auf wahre Vasallentreue gedacht, gerät das Werk in die Nähe der Parodie. Ausgedehnte ariose Klagegesänge, inflammierend gemeinte Chöre und Ensembles im III. Akt mit terz- und quartbetonter Melodik sowie synkopierter Rhythmik fallen im rhythmisch-melodischen Gleichmaß auf.

Verbreitung
Der Petersburger Uraufführung folgte 1902 eine Moskauer Einstudierung am Theater Solodownikows (Gesellschaft der Moskauer Privatoper, Dirigent Michail Ippolitow-Iwanow).

Autograph Zentrale Musikbibliothek des Staatlichen Akademischen Theaters für Oper und Ballett S.M. Kirow Leningrad

Ausgaben KlA und Text Jurgenson Petersburg 1899; KlA Jurgenson Moskau o.J.
Literatur Siehe Cesar Cui

Mademoiselle Fifi (Madmuasel Fifi)
Oper in einem Akt
(Opera w odnom dejstwii po Mopassanu w peredelke dlja sceny A. Metenjera)
Libretto nach Guy de Maupassant
in einer szenischen Bearbeitung von A. Metenier

Entstehung 1902—1903

Uraufführung 17. November 1903   Theater Eremitage mit dem Ensemble der Moskauer Privatoper

Personen
Major Farlsberg _____ Baß
Rittmeister Kalweigstein _____ Bariton
Oberleutnant Otto Großling _____ Baß
Oberleutnant Fritz Scheinaburg _____ Tenor
Leutnant von Eyrik, genannt Mademoiselle Fifi _____ Tenor

„Befehl", Offiziersbursche	Bariton
Pfarrer Chantavoine	Bariton
Ponomar, Kirchendiener	Tenor
Rahel	Sopran
Eva	Sopran
Blondina	Mezzosopran
Pamela	Alt
Amanda	Mezzosopran

Orchester Picc, 2 Fl, Ob, 2 Klar, 2 Fg, 4 Hr, Trp, 2 Pos, Tb, Pkn, Slzg (Trgl, Tr, Glsp), Str

Aufführungsdauer Nicht abendfüllend

Handlung

Die Handlung spielt 1871 im Schloß Uville bei Rouen.
Deutsche Besatzungsoffiziere langweilen sich auf Schloß Uville, befehlen zu ihrer Zerstreuung aus einem Rouener Bordell Mädchen herbei. Während des Gelages beleidigt der Leutnant von Eyrik, genannt Mademoiselle Fifi, eines der Mädchen so, daß es ihm ein Messer in den Hals stößt. Der Leutnant stirbt, das Mädchen entflieht. Das in der Kirche versteckte Mädchen zu schützen, gibt der Pfarrer seinen „Widerstand" auf und erlaubt, die Kirchenglocken für den toten Feind zu läuten.

Kommentar

In die Oper ›Mademoiselle Fifi‹ wurden von der Maupassantschen Novelle kaum mehr als die Personennamen und der anekdotische Vorfall übernommen. Maupassant erzählt von rüden Offizieren voll aggressiver Zerstörungslust, von „Besatzern". Der Leutnant von Eyrik unterscheidet sich von seinen Berufsgenossen lediglich darin, seinen aggressiven Trieben ohne Hemmungen nachzugeben. Wenn die Hure Rahel den Leutnant umbringt, ist das nicht mehr als eine Affekthandlung, die aber — ganz ähnlich wie die Weigerung des Pfarrers, die Kirchenglocken zu läuten — zur patriotischen Tat verklärt wird. Prosaische, von Zufällen diktierte Realität und verklärende Erinnerung ist ein wesentliches Thema der Novelle.

Ganz anders bei Cui. Leutnant von Eyrik ist hier nur ein übermütiger, unberechenbarer Offizier, von seinen Vorgesetzten als „Kind" entschuldigt. Der Pfarrer gibt patriotische Erklärungen ab, so daß sich die Offiziere genötigt sehen, ihn zu bewundern. Rahel muß ein „vaterländisches Lied" singen, bevor sie dem Leutnant das Messer in die Gurgel stößt. Daneben werden Soldaten- und Volkslieder (u. a. auch Die Wacht am Rhein) zitiert.

Verbreitung

Der Uraufführung von 1903 folgten Inszenierungen in Kiew (1905), am Theater des Musikalischen Dramas Petersburg (1915) und 1924 eine Aufführung durch die Erste Opernmeisterklasse des Moskauer Konservatoriums, hier allerdings unter dem Titel ›Die Frau aus Rouen‹, und 1942 am Stanislawski-Nemirowitsch-Dantschenko-Musiktheater Moskau.

Ausgaben Part Jurgenson Moskau 1902; KlA und Text Jurgenson Moskau 1903

Der Schnee-Held (Sneshny bogatyr)
Opern-Märchen für Kinder in einem Akt, zwei Bildern
(Opera skaska dlja detej w odnom dejstwii, dwuch kartinach)
Libretto von Marina Pol nach dem gleichnamigen russischen Märchen

Entstehung 1905

Uraufführung 28. Mai 1906   Jalta

Personen
Zariza_____Sopran
Iwan-Zarewitsch, der Schnee-Held_____Tiefer Mezzosopran
Drache Gorynytsch_____Alt oder Baß
Elf Zaren-Jungfrauen, Ammen und Mütter_____Kinderchor

Iwan, der Held (Iwan bogatyr)
mit neuem Libretto von D. Sedych (1953)

Personen
Mutter_____Sopran
Iwan, der Held_____Tiefer Mezzosopran
Drache Gorynytsch_____Alt oder Baß
Elf Schwestern-Schwanenjungfrauen,
Freundinnen der Schwestern, verzauberte Mädchen_____Kinderchor

Handlung
Iwan, der Held (Neufassung von D. Sedych)
Märchenzeit. Irgendein Zarenreich, irgendein Staat.
1. Bild: *Wiese am Flußufer.* Die elf Schwestern pflücken Flachs. Der dreiköpfige Drache Gorynytsch entführt sie. Bruder Iwan tröstet die Mutter und macht sich auf den Weg, die Schwestern zu befreien.
2. Bild: *Finsterer Wald. Eine Hütte auf Hühnerbeinen (man kann in das Innere hineinsehen).* Iwan richtet sich eine Streitkeule und geht in die Hütte, um auszuruhen. Die Schwestern kehren nach schwerer Tagesarbeit zurück. Der Dra-

che droht mit dem Tod, da sie ihr Tagessoll nicht erfüllten. Iwan besiegt den Drachen mit Hilfe der Schwestern.

Kommentar
Gegenüber der alten Fassung gibt es in Fabel und Handlungsführung keine Unterschiede, da die Neufassung das Werk nur in unwesentlichen Details veränderte und die Handlung straffte.

Ausgaben KlA Jurgenson Moskau 1906;
KlA Neue Fassung · Musgis Moskau 1953

Mateo Falcone (Mateo Falkone)
Dramatische Szene (Dramatitscheskaja szena)
Libretto nach der gleichnamigen Novelle von Prosper Mérimée
in der Übersetzung von Wassili Shukowski

Entstehung 1906—1907

Uraufführung 27. Dezember 1907   Bolschoi Theater Moskau

Personen
Mateo Falcone .... Bariton
Giuseppa, seine Frau .... Sopran
Fortunato, ihr Sohn .... Alt
Sanpiero, Schmuggler .... Tenor
Gamba, Sergeant .... Baß
Eger .... Baß
Einige Soldaten .... Männerchor (T,B)

Orchester 2 Fl (I auch Picc), 2 Ob, 2 Klar, 2 Fg, 4 Hr, 2 Trp, 2 Pos, BTb, Pkn, Slzg, Hrf, Str

Aufführungsdauer Nicht abendfüllend

Handlung
Die Handlung spielt auf Korsika um 1800. Heller Sommertag. Haus und Hof, auf dem Hofplatz die Gottesmutter.
Der zehnjährige Sohn Falcones versteckt für wenige Silberlinge einen Schmuggler vor den Soldaten. Der Sergeant bietet dem Kind eine Uhr, und es verrät den Schmuggler. Mateo Falcone tötet sein Kind, weil es ein Verräter ist.

Kommentar
Mérimées Novelle gerät hier zur Kolportage. Die Handlung gipfelt in folgender Szene: Die Mutter betet, das Kind betet, ab und zu fällt der Vater in das lateinisch gesungene Gebet ein. Dann wird das Kind erschossen, die Mutter fängt den in die Knie gehenden Vater auf und fragt: Was hast du getan? Sie erhält zur Antwort: Meine Pflicht. Dann gehen beide ins Haus, die wogenden Akkorde klingen ab, der tote Sohn bleibt liegen, der Vorhang fällt.

Verbreitung
Die Oper wurde nach der Uraufführung von keinem Theater nachgespielt.

Ausgaben Part und KlA Jurgenson Moskau/ Leipzig 1907

Die Hauptmannstochter
(Kapitanskaja dotschka)
Oper in vier Akten, acht Bildern
(Opera w tschetyrjoch dejstwijach, wosmi kartinach)
Libretto von Cesar Cui
nach der gleichnamigen Erzählung von Alexander Puschkin

Entstehung 1907–1909

Uraufführung 27. Februar 1911   Mariinski Theater Petersburg

Personen
Zarin Jekaterina II. — Mezzosopran
Andrej Petrowitsch Grinjow, Premier-Major a. D. — Baß
Awdotja Wassiljewna, seine Frau — Sopran
Pjotr Andrejewitsch, ihr Sohn — Tenor
Sawelitsch, Oheim — Bariton
Dorofej, Hausherr in einem Unterschlupf der Aufständischen — Tenor
Potap, Kosak — Baß
Der Führer (Pugatschow) — Bariton
Iwan Kusmitsch Miranow, Kommandant der Festung Belogorskaja — Baß
Wassilissa Jegorowna, seine Frau — Alt
Mascha, deren Tochter — Sopran
Alexej Iwanowitsch Schwabrin, Fähnrich — Bariton
Iwan Ignatjewitsch Sharkow, Oberleutnant — Tenor
Maximitsch, Landoffizier (Unteroffizier) — Tenor
Gefreiter — Baß

Tschumakow, Vorsänger_____Tenor
Garnisonssoldaten,
Einwohner, Rebellen, Höflinge_____Gemischter Chor und Ballett

Orchester Picc, Fl, 2 Ob, Klar, BKlar, Fg, 2 Hr, 2 Trp, 2 Pos, Tb, Pkn, Slzg, Str

Handlung
Die Handlung spielt 1775.
I. Akt: Pjotr Grinjow zieht gegen die Aufständischen unter Pugatschow. Er verirrt sich im Schneesturm und wird von einem Unbekannten gerettet.
II. Akt: In der Festung Belogorskaja macht Pjotr Dienst und verliebt sich in Mascha, die Tochter des Festungskommandanten. Er verteidigt Maschas Ehre und wird im Duell verwundet. Der über diese Kaprice seines Sohnes erboste Vater Grinjow verweigert die Einwilligung zur Heirat.
III. Akt: Die Festung wird von den Aufständischen eingenommen. Pugatschow stellt die Offiziere vor die Wahl, der Zarin abzuschwören oder zu sterben. Einige Offiziere retten ihr Leben und leisten Pugatschow den Treueschwur, andere verweigern ihm dies und büßen mit ihrem Leben.
IV. Akt: Obgleich auch Pjotr treu zur Zarin hält, wird er allein nicht hingerichtet. Pugatschow hat Zuneigung zu Pjotr gefaßt, dem er schon einmal das Leben rettete. Er war jener Unbekannte, der im Schneesturm dem Verirrten zu Hilfe kam. Trotz seiner Standhaftigkeit ist der junge Grinjow in den Verdacht geraten, der Zarin untreu geworden zu sein. Der Vater ist verzweifelt. Mascha aber geht zur Zarin und klärt sie über Pjotrs Treue auf. Jekaterina II. glaubt der Hauptmannstochter, und der dankbare Vater verweigert nun nicht länger seine Einwilligung zur Heirat des Sohnes mit Mascha.

Kommentar
Puschkins Überlegungen zu Wesen und Unwesen von Willkürherrschaft, seine versteckten Sympathieerklärungen für Pugatschow haben keine Aufnahme in Cuis Libretto gefunden. Puschkins Erzählung ist auf eine simple Liebesgeschichte reduziert. Die Aktionen Pugatschows sind im III. und IV. Akt von folkloristischen Genreszenen umrahmt. Der Auftritt Jekaterinas II. (Katharina die Große) erscheint wie ein Treuebekenntnis zum Zarismus. So ist die Oper in Geist und Stil ihrer Vorlage unangemessen.

Verbreitung
Nach der Uraufführung 1911 wurde die Oper lediglich noch einmal 1914 am Theater Solodownikows Moskau mit dem Opernensemble Sergej Simins einstudiert.

Ausgaben KlA und Text Jurgenson Moskau 1910

Rotkäppchen (Krasnaja schapotschka)
Kinder-Opern-Märchen in zwei Akten, drei Bildern
(Detskaja opera-skaska w dwuch dejstwijach, trjoch kartinach)
Libretto von Marina Pol nach dem gleichnamigen Märchen von Charles Perrault

Entstehung 1911

Uraufführung Nicht bekannt. 1922 fand in Gomel (Belorussische SSR) eine Aufführung durch Studenten des Städtischen Volkskonservatoriums und des Technikums statt.

Personen
Großmutter — Alt
Mutter — Mezzosopran
Rotkäppchen — Sopran
Wolf — Alt
Jäger — Sopran
Holzfäller — Mezzosopran
Jäger und Holzfäller — Kinderchor (S,A) oder Frauenchor (S,A)

Vorgänge
I. Akt: Rotkäppchen wird von der Mutter verabschiedet und macht sich auf den Weg zur Großmutter. Der Holzfäller ermahnt sie, nicht vom Pfad der Pflicht abzuweichen. Rotkäppchen wird von Blumen verlockt und kommt vom Weg ab. Der Wolf gesellt sich zu ihr, fragt sie aus und läuft zur Großmutter voraus.
II. Akt: Der Chor informiert über den Hunger des Wolfes. Großmutter und Rotkäppchen werden vom Wolf verschlungen, von den Jägern und Holzfällern aber befreit. Die Geretteten bitten um das Leben des Wolfes. Der Angeklagte entschuldigt sich, erklärt seine Handlungsmotive und bittet um Nahrung. Die Jäger jagen ihn mit der Aufforderung, ein anderer zu werden, davon.

Kommentar
Cuis Rotkäppchen-Kinderoper dürfte eine der eigenwilligsten und schönsten Erzählweisen dieses Märchens sein. Die Handlungsmotive des Wolfes werden erwogen und verständlich gemacht, das Märchen-Happy-End enthält eine ernstnaive Frage. Der Chor erzählt die Handlung, so daß die einzelnen Dialoge, Arien oder Chöre wie Zitate erscheinen. Der Chor vermittelt zwischen Handelnden und Publikum, ist aber zugleich auch selbst aktiv Handelnder in Gestalt der Jäger und Holzfäller. Signalmotive, das Piff-Paff der Jäger, das Tuk, Tuk, Tuk der Holzfäller, interessante Modulationen und kräftige harmonische Farben charakterisieren die abwechslungsreiche, präzise Musizierweise.

Ausgaben KlA in der Zeitschrift *Swetlatschok* Moskau 1912

Iwanuschka, der Dummkopf
(Iwanuschka-duratschok)
Opern-Märchen für Kinder in drei Bildern
(Opera skaska dlja detej w trjoch kartinach)
Libretto von Nadeshda Dolomanowa

Entstehung 1913

Uraufführung Nicht aufgeführt

Personen
Zar
Zarewna-Lada
Iwanuschka, der Dummkopf
Erster Bruder Iwanuschkas
Zweiter Bruder Iwanuschkas
Das Pferd Gorbunok
Guslispieler, Skomorochen, Höflinge

Orchester Fl, Ob (auch EH), 2 Klar, Fg, 2 Hr, 2 Trp, Pos, Bck, Trgl, KlTr, Tamb, Sch, RTr, Tt, GrTr, Glöck, Gl, Gong, Tempelblock, Holzblock, Vib, Cel, Hrf, Str

Vorgänge
Die Handlung spielt in einem fernen Zarenreich, in einem fernen Staate.

Kommentar
Cuis letzte drei Opern sind nach Märchen für Kinder geschrieben, zum Teil auch für sie als Interpreten. Er habe sie, so teilte der Komponist Nikolai Findeisen mit, für seinen achtjährigen Enkel verfaßt. Deswegen hatte er bei der Komposition auch die Möglichkeit von Liebhaberaufführungen im Auge. Als ihm berichtet wurde, daß in Rom der ›Gestiefelte Kater‹ als Marionettenoper fünfzig äußerst erfolgreiche Aufführungen erlebte, begrüßte er das Vorhaben des italienischen Impresarios, ›Rotkäppchen‹ und ›Iwanuschka‹ ebenfalls als Marionettenopern spielen zu lassen.

Ausgaben KlA (russ./frz.) Belaieff Leipzig 1914; Part Orchesterbearbeitung und Redaktion von Dmitri Rogajew-Lewizko. Moskau 1939

Der gestiefelte Kater (Kot w sapogach)

Opern-Märchen für Kinder in zwei Akten, vier Bildern
(Opera-skaska dlja detej w dwuch dejstwijach, tschetyrjoch kartinach)
Libretto von Marina Pol nach dem gleichnamigen Märchen von Charles Perrault

Entstehung 1913

Uraufführung 12. Januar 1916 (30. Dezember 1915 Alter Zeitrechnung)
Steinernes Theater Tiflis mit dem Ensemble der Russischen Oper

Personen
Der Kater..Sopran oder Tenor
Jean, der jüngste Bruder,
ein Müllerssohn alias Marquis von Carabas...................................Tenor
Der mittlere Bruder..Bariton
Der ältere Bruder...Baß
Der König..Baß
Die Prinzessin..Sopran
Der Hofmarschall..Baß
Der Unhold..Bariton
Freundinnen der Prinzessin, Höflinge, Schnitter,
Diener des Unholds..Gemischter Chor

Orchester 2 Fl (auch Picc), 2 Ob, 2 Klar, 2 Fg, 3 Hr, 3 Trp, Pos, Tb, Slzg, Hrf, Str
Kammermusikfassung von Gerhard Rosenfeld: Picc, Fl, Ob, Klar, Fg, Hr, Slzg, Str

Aufführungsdauer Gesamt: 1 Std., 10 Min. (ohne Pause)

Handlung
I. Akt, 1. Bild (1. Bild): *Wiese vor einer Mühle.* Die drei Müllerssöhne teilen sich in das Erbe ihres Vaters, und der jüngste erhält den Kater. Dieser sieht sich veranlaßt, seinem neuen jungen Herrn durch Rat und Tat beizustehen, und erbittet sich dessen Stiefel, um in die Welt zu ziehen, das Glück zu suchen. I. Akt, 2. Bild (2. Bild): *Ein Saal im Königsschloß.* Man lebt in Saus und Braus. Die Auflehnung der Prinzessin gegen das ewige Piroggenessen ändert nichts. Der Kater überbringt als Geschenk seines Herrn, den er als Marquis von Carabas ausgibt, einen Hasen und lädt den Hof zu Gast. Durch seine Tänze bringt er den ganzen Hof in Bewegung und aus dem Takt.
II. Akt, 1. Bild (3. Bild): *Eine Wiese am Fluß.* Der Kater gibt Jean Nachricht von der bevorstehenden Ankunft des Hofes, befiehlt seinem Herrn, sich zu entkleiden, und schickt ihn in den Fluß. Ausziehende Schnitter veranlaßt er, die

Ländereien als Eigentum des Marquis von Carabas auszugeben. Alles gelingt nach Plan. Der König gibt dem vermeintlich ausgeraubten Marquis Kleider, die heimkehrenden Schnitter sagen ihre Lektion auf, die Prinzessin verliebt sich in den jungen Mann. Doch nun will der König des Marquis Schloß besichtigen. Der Kater steht vor einem neuen Problem.
II. Akt, 2. Bild (4. Bild): *Im Schloß des Unholds.* Seinem Herrn ein Schloß zu gewinnen, übertölpelt der Kater den Unhold. Der König bekommt in dessen Schloß ein gutes Quartier, Jean die Prinzessin, und der Kater wird in den Hofdienst genommen.

Kommentar
›Der gestiefelte Kater‹ entstand 1913 als letzte von dreizehn Opern. Cui bekannte sich zu seinen Kinderopern ›Rotkäppchen‹, ›Iwanuschka, der Dummkopf‹ und ›Der gestiefelte Kater‹ als reife und zugleich naive Märchenerzählungen. Im ›Gestiefelten Kater‹ sind Natur und Unnatur (Katermilieu und Hofgesellschaft), der mit auffallenden, artfremden Tönen kolorierte Gesang der Schnitter und die pompös-gekünstelte, stereotype Ausdrucksweise der Höflinge gegenübergestellt. Das intakt erscheinende, festlich prangende Hofwesen wird durch die Komplementärfarben und -rhythmik der Katertänze demontiert.

Die Märchenoper für Kinder ist nicht nur eine musikalische Kostbarkeit des Komponisten Cui, sie gehört zugleich auch zu einer spezifischen Entwicklungslinie der russischen Oper, die von Glinkas Zauber-Oper ›Ruslan und Ljudmila‹ zu Rimski-Korsakows satirischem ›Goldenem Hahn‹ reicht. Obgleich das Libretto nach Perraults Märchen geschaffen wurde, sind die Gestalten doch „russifiziert". Seit Puschkin nimmt die Gestalt des Katers in der russischen Kunstgeschichte einen zentralen Platz ein und ist mit einem besonderen Charakter ausgestattet: weise, witzig, treu, aber unberechenbar.

Verbreitung
Neben der Aufführung in Tiflis (Tbilissi) erlebte die Oper in Rom eine Inszenierung als Marionettenspektakel.

Für die DDR-Erstaufführung am Hans-Otto-Theater Potsdam 1978 schuf Gerhard Rosenfeld eine Kammermusikfassung. Diese wurde von den Theatern in Frankfurt/Oder, Görlitz, Neustrelitz, Nürnberg (BRD-Erstaufführung), Senftenberg, von der Hochschule für Musik Franz Liszt in Weimar und 1983 von der Berliner Arbeiteroper des Hermann-Duncker-Ensembles nachgespielt.

Autograph Staatliche Öffentliche Bibliothek M. J. Saltykow-Schtschedrin Leningrad
Ausgaben KlA (Erstausgabe) in der Zeitschrift *Swetlatschok* Moskau 1913; KlA (modernisierter Text von M. Lwowski) Musgis Moskau 1961; Part und KlA Instrumentation für Kammerorchester von Gerhard Rosenfeld. (dt. von Hans Dieter Arnold) Henschelverlag Berlin 1978

Alexander Sergejewitsch
Dargomyshski
1813—1869

Dargomyshski war ein vielseitig begabter Musiker und in den ersten Jahren seiner Laufbahn als Pianist besonders geschätzt. Michail Glinka schenkte dem um neun Jahre jüngeren seine Freundschaft und regte ihn an, neben Romanzen und Klavierwerken auch Opern zu komponieren.

Zu seiner ersten Oper, ›Esmeralda‹, inspirierte ihn Victor Hugos Roman ›Der Glöckner von Notre Dame‹. Von der 1841 vollendeten Oper distanzierte sich Dargomyshski bereits 1859, weil ihm die Musik zuwenig wahr erschien. Das gleiche gilt für das 1848 geschriebene Lyrische Opern-Ballett ›Die Bacchusfeier‹.

Die zweite Oper, ›Russalka‹ (1848—1855), nach Puschkin, machte seinen Namen weltberühmt. Die Uraufführung 1857 fand beim adligen Petersburger Publikum kein Interesse. Erst als die Oper 1865 in derselben Inszenierung wieder aufgenommen wurde, hatte sie plötzlich einen ganz unerwarteten Erfolg und trat ihren Siegeszug über die Bühnen des In- und Auslandes an. „1866 ... ›Russalka‹ wurde in der alten Inszenierung aufgeführt, aber mit einem unglaublichen, rätselhaften Erfolg: es ist eine Sache der Zeit", notierte Dargomyshski in seiner Autobiographie.

Die dritte Oper, ›Der steinerne Gast‹ (1863—1869), ebenfalls nach Puschkin, wurde besonders für die Komponisten des Mächtigen Häufleins beispielgebend. Für Cesar Cui war der ›Steinerne Gast‹ die konsequenteste Ausformung eines „melodischen Rezitativs", Modest Mussorgski bezeichnete Dargomyshski als „den Lehrer der musikalischen Wahrheit".

Dargomyshski selbst hat seine Suche „nach der Wahrheit in Tönen" so beschrieben: „Ein routinierter Blick sucht nach dem Ohr gefälligen Melodien. Denen jage ich nicht nach. Ich habe nicht die Absicht, ihretwegen die Musik zu einer Spielerei herabzuwürdigen. Ich will, daß der Ton das Wort ausdrückt. Ich will die Wahrheit. Sie — die hiesigen Kenner und unbegabten Komponisten — werden das nicht verstehen können." (Brief an Ljubow Karmalina vom 9. Dezember 1857)

Esmeralda _____ 1838—1841
Oper in vier Akten
Die Bacchusfeier (Torshestwo Bakcha) _____ 1848
Lyrisches Opern-Ballett in einem Akt
nach dem gleichnamigen Gedicht von Alexander Puschkin
Russalka _____ 1848—1855
Oper in vier Akten
nach dem gleichnamigen Poem von Alexander Puschkin

Der steinerne Gast (Kamenny gost) _____ 1863—1869
Oper in drei Akten
mit dem Text der gleichnamigen Kleinen Tragödie von Alexander Puschkin

Literatur Siehe ›Der steinerne Gast‹

Esmeralda (Esmeralda)
Oper in vier Akten, sieben Bildern
(Opera w tschetyrjoch dejstwijach, semi kartinach)
Libretto von Victor Hugo

Entstehung 1838—1841

Uraufführung 5. Dezember 1847   Bolschoi Theater Moskau

Personen
Esmeralda _____ Sopran
Phoebus de Chateaupers _____ Tenor
Claude Frollo _____ Baß
Quasimodo _____ Baß
Madame Aloise de Gondelaurier _____ Sopran
Fleur-de-Lys _____ Sopran
Monsieur de Chevreuse _____ Bariton
Diane _____ Sopran
Berangère _____ Sopran
Clopin-Trouillefou _____ Tenor
Herold _____ Tenor
Volk, Zigeuner, Höflinge, Gäste, Wache _____ Gemischter Chor und Ballett

Handlung
Die Handlung spielt in Paris 1482.
Der Mönch Claude Frollo liebt die Zigeunerin Esmeralda und versucht mit Hilfe seines Untergebenen, des Glöckners Quasimodo, eine Entführung. Sie mißlingt. Quasimodo wird verhaftet, Frollo kann unerkannt entkommen. Esmeralda verliebt sich in ihren Retter, den Ritter Phoebus, und wird wiedergeliebt. Der Jüngling sagt sich von seiner Braut los, um mit der Zigeunerin zu leben. Quasimodo wird an den Pranger gestellt. Die Menge neugieriger Gaffer verhöhnt ihn. Allein Esmeralda hat Mitleid. Frollo verübt ein Attentat auf Phoebus und denunziert Esmeralda als Hexe. Doch auch die zum Tode Verurteilte weist seine Werbung zurück. Da gibt er den Befehl zur Hinrichtung. Quasimodo entreißt Esmeralda

den Händen der Wache, der tödlich verwundete Phoebus zeugt in seiner letzten Minute für Esmeraldas Unschuld, klagt Frollo des Mordes an und stirbt. Frollo wird verhaftet. Esmeralda bricht über der Leiche ihres toten Geliebten zusammen. Das Volk steht und staunt.

Kommentar

Dem Lyriker Iwan Panajew (1812—1862) wird das die Entstehungszeit der ›Esmeralda‹ kennzeichnende Wort zugeschrieben: „Nach dem Erscheinen von ›Notre Dame de Paris‹ wäre ich bereit gewesen, für die Romantik aufs Schafott zu gehen."

Auch Dargomyshski war ein Verehrer Victor Hugos. Bereits 1836 hatte er eine Romanze ›Die Tränen Esmeraldas‹ komponiert.

Recherchen des sowjetischen Musikwissenschaftlers Michail Pekelis zufolge, soll Victor Hugo selbst 1836 ein Libretto ›Notre Dame de Paris‹ für eine komponierende junge Dame, Louisa Bertien, Tochter des Chefredakteurs des *Journal des Débats*, geschrieben haben. Deren Oper erlebte eine erfolglose Uraufführung im November 1836 an der Grand Opéra Paris.

Dargomyshski vertonte zwischen 1838 und 1841 das französischsprachige Libretto. Die Übersetzung ins Russische fertigte er selbst mit Hilfe zweier Literaten namens Aksel und Baschuzki an.

1859 fällte Dargomyshski über seine erste Oper folgendes Urteil: „Die Musik ist nicht bedeutend, oft abgeschmackt, wie bei Halévy oder Meyerbeer, doch schimmert in den dramatischen Szenen schon manchmal jene Sprache der Wahrheit und Kraft auf, die ich in der Folgezeit in meiner russischen Musik anstrebte." (Brief vom 30. November 1859)

Verbreitung

Die Oper wurde jeweils als Benefizvorstellung 1851, 1853 und 1859 am Alexandrinski Theater Petersburg sowie 1866 am Bolschoi Theater Moskau gegeben. 1948 sendete der sowjetische Rundfunk einige Szenenausschnitte, und 1958 fand eine Inszenierung am Staatlichen Akademischen Kleinen Theater für Oper und Ballett (Maly Theater) in Leningrad statt.

Autograph Bibliothek des Staatlichen Konservatoriums N. A. Rimski-Korsakow Leningrad
Ausgaben KlA (russ./frz.) Musgis Moskau 1961; Text Smirnow Moskau 1866

Literatur Michail Pekelis: Die erste Oper Dargomyshskis. (Perwaja opera Dargomyshskogo.) In: Klavierauszug ›Esmeralda‹. Vorwort. Moskau 1961

Russalka (Russalka)
Oper in vier Akten, sechs Bildern
(Opera w tschetyrjoch dejstwijach, schesti kartinach)
Libretto von Alexander Dargomyshski nach dem gleichnamigen Drama von Alexander Puschkin und unter Bewahrung vieler Verse des Dichters

Entstehung 1848—1855

Uraufführung 16. Mai 1856   Theater Zirk Petersburg

Personen
Fürst..Tenor
Fürstin..Mezzosopran
Müller..Baß
Natascha, seine Tochter, später Russalka........................Sopran
Olga, eine der Fürstin übergebene Waise.........................Sopran
Der Brautwerber...Bariton
Ein Jäger...Baß
Russalotschka, zwölf Jahre alt...Sprechrolle
Bojaren, Bojarinnen, Jäger,
Bauern, Bäuerinnen, Russalken......................Gemischter Chor und Ballett

Orchester Picc, 2 Fl, 2 Ob, 2 Klar, 2 Fg, 4 Hr, 2 Trp, 2 Kor, 2 Pos, Oph, Pkn, Tr, GrTr, Hrf, Str

Aufführungsdauer Ouvertüre: 6 Min., I. Akt: 50 Min., II. Akt: 30 Min., III. Akt: 35 Min., IV. Akt: 25 Min.; Gesamt: 2 Stdn., 26 Min.

Vorgänge
I. Akt (1. Bild): *Am Ufer des Dnepr, in der Nähe eine Mühle.* Die Müllerstochter Natascha wird von einem Fürsten geliebt. Der Vater drängt sie, aus dieser Liebe Vorteile zu ziehen. Der Fürst gibt der Müllerstochter den Abschied, weil er eine Adlige heiraten will, und findet die schwangere Natascha mit einem Beutel Gold ab. Das Mädchen stürzt sich in den Fluß.
II. Akt (2. Bild): *Im Palast des Fürsten.* Der Fürst feiert seine Hochzeit. Das Zeremoniell wird von einem traurigen Lied gestört. Der Bräutigam glaubt, die Stimme des verlassenen Mädchens zu hören, und gerät darüber in Zorn. Die adlige Braut ahnt künftiges Unheil.
III. Akt, 1. Bild (3. Bild): *Frauengemach.* Die Fürstin beklagt die Unruhe ihres Mannes und seinen Hang zur Einsamkeit. III. Akt, 2. Bild (4. Bild): *Am Ufer des Dnepr.* Russalken spielen am Ufer des Dnepr. Der Fürst erinnert sich seiner einstigen Liebe. Der Müller, Nataschas Vater, ist wahnsinnig geworden und erschreckt den adligen Träumer.

IV. Akt, 1. Bild (5. Bild): *Im unterirdischen Reich der Russalken.* Hier, im unterirdischen Reich der Russalken, herrscht Natascha. Sie beauftragt ihre Tochter, die zwölfjährige Russalotschka, den Vater zu ihr zu bringen. IV. Akt, 2. Bild (6. Bild): *Am Ufer des Dnepr.* Russalotschka trifft den Fürsten am Ufer des Dnepr und entdeckt ihm, daß er ihr Vater sei. Sie führt ihn zum Fluß, der Müller stößt ihn hinein, und die Russalken ziehen ihn in die Tiefe. Auf der Suche nach ihrem Ehemann wird die Fürstin Zeugin des Geschehens.

Genesis

Von 1848 bis 1855 arbeitete Dargomyshski an der ›Russalka‹. In dieser Zeit scharte er gleichgesinnte Freunde um sich, mit denen er unter der Losung „Wahrheit in Tönen" um die Ausbildung eines neuen Gesangsstils bemüht war. ›Russalka‹ steht am Anfang dieser Bemühungen.

Struktur

Die Gestalt der Nixe, der Russalka, erfreute sich in Rußland einer ungeheuren Popularität, seit 1803 am Petersburger Großen Theater die Komische Zauberoper ›Russalka‹ Premiere hatte. Das Original dieser ›Russalka‹-Oper war das 1798 in Wien uraufgeführte deutsche Singspiel ›Das Donauweibchen‹. Für die Petersburger Premiere hatte der russische Komponist Stepan Dawydow die Musik seines deutschen Kollegen Ferdinand Kauer überarbeitet. Der Literat Krasnopolski übertrug den Text von Karl Hensler in die Landessprache, gab den Personen russische Namen und verwandelte die Donau in den Dnepr. Der Erfolg dieses Stückes war so groß, daß das Petersburger Große Theater 1804, 1805 und 1807 Fortsetzungen folgen ließ: ›Die Dnepr-Russalka‹ (Musik von Ferdinand Kauer und Catterino Cavos, Text aus dem Deutschen von Krasnopolski); ›Lesta, die Dnepr-Russalka‹ (Musik von Stepan Dawydow, Text aus dem Deutschen von Krasnopolski); ›Russalka‹ (Musik von Stepan Dawydow oder Catterino Cavos, Text von Alexander Schachowski).

Gegen diese Flut volkstümelnder Trivialität kämpfte bereits Iwan Krylow an. Mit seinem 1806 geschriebenen Text für eine Oper ›Ilja Bogatyr‹ machte er einen künstlerisch ernstgemeinten Vorschlag, altrussische Stoffe zu adaptieren. Alexander Puschkin schloß 1832 mit seiner ›Russalka‹ an Iwan Krylow an. Die Geschichte des verführten Mädchens, das sich ins Wasser stürzt und sich als Nixe an ihrem treulosen Geliebten rächt, wird bei Puschkin zum Anlaß, in den Beziehungen zwischen Müller, Tochter und fürstlichem Verführer den Konflikt zwischen Bürgertum und Adel aufbrechen zu lassen. Als sich Dargomyshski 1848 für diesen Text Puschkins entschied, nahm auch er den Kampf gegen die Verniedlichung und Verharmlosung des konfliktgeladenen Stoffes auf.

Schon bei Puschkin war der Müller die interessanteste Gestalt; sie wurde es auch bei Dargomyshski. Der Alte schaut über die Grenzen seiner Mühle nicht hinaus. Er verkuppelt seine Tochter zwar nicht, drückt aber beide Augen vor ihrer Liaison mit einem Fürsten zu, weil er darin nicht mehr sieht als eine Chance, seine materielle Lage etwas aufzubessern. Diese Blindheit gegenüber einer Realität, in der Bürgertöchter Spielball adliger Lust und Launen waren, bezahlt er mit dem Tod der Tochter. Sehend geworden, verliert er den Verstand.

Dargomyshski hat in einem die Redeintonation charakterisierenden Vokalstil diesen Typ des Bürgers getroffen. Der mit sich selbst entzweite, der wahnsinnige Müller erhält auch die musikalisch zentrale Szene des Werkes, in der das Orchester psychische Reaktionen nachzeichnet und zugleich relativ selbständig den szenischen Vorgang kommentiert. Die Musiziersphäre der unglücklichen Müllerstochter trägt lyrisch-liedhaften Charakter. Die Chöre der Bauern und Bäuerinnen im I. Akt geben stimmungsvolles Kolorit. Dargomyshski hat hier zwar die Stilmerkmale russischer Volksmusik aufgegriffen, aber nicht charakterisierend geformt. Als Kontrastgestalten sind die adligen Figuren angelegt. Hier dominiert der französische Ariettentypus.

Die Oper ›Russalka‹ ist das Werk eines Komponisten, der noch nicht zu den Konsequenzen seiner ästhetischen Konzeption, der Ausbildung des „melodischen Rezitativs" (dieser Begriff wurde von Cesar Cui in bezug auf den ›Steinernen Gast‹ mit seinem an der russischen Sprache orientierten Vokalstil geprägt) gelangt war. Musikalische Kontraste sind in der ›Russalka‹ analog zu den sozial unterschiedlichen Sphären zwar angelegt, aber nicht scharf ausgeprägt.

Verbreitung
Dargomyshskis ›Russalka‹ zählte zu den vielgespielten Opern. Nicht zuletzt hat Fjodor Schaljapins Gestaltung des Müllers zur Popularität beigetragen. Bereits 1856 fand am Bolschoi Theater die Moskauer Erstaufführung statt; 1865 erfolgte eine Wiederaufnahme. Ebenfalls 1865 brachte das Mariinski Theater Petersburg das Werk in einer eigenen Inszenierung heraus, das nunmehr im Spielplan der beiden führenden zaristischen Operninstitutionen stand.

Es folgten Inszenierungen u. a. 1878 in Charkow, Kasan, Kiew, 1885 am Theater Solodownikows Moskau (Eröffnungsvorstellung der Russischen Privatoper von Sawwa Mamontow), 1888 in Kopenhagen (in russischer Sprache), 1889 in Prag, 1893 in Tiflis (hier trat Schaljapin das erste Mal als Müller auf), 1897 erneut am Theater Solodownikows Moskau (Russische Privatoper von Sawwa Mamontow mit Schaljapin als Müller), 1904 am Bolschoi Theater Moskau, 1908 an der Kroll-Oper Berlin (in russischer Sprache), 1909 in Monte Carlo (Schaljapin als Müller), 1911 in Paris, 1917 am Theater Solodownikows Moskau (Privatoper von Sergej Simin), 1917 in Jekaterinenburg, 1922 in San Francisco (in russischer Sprache) und in New York (in russischer Sprache).

Weitere Aufführungen: Riga 1923, Jerusalem 1926, Charkow 1929, London 1931 (in russischer Sprache), Kuibyschew, Tbilissi 1935, Helsinki, Filiale des Bolschoi Theaters Moskau 1937, Jerewan 1938, Minsk 1939, Baku 1942, Stalino (Donezk) 1945, Vilnius 1949, Riga 1952, Bukarest 1958, Neapel 1960, Ulan-Bator 1964.

Autograph 1859 verbrannt
Ausgaben Part Vollständige und wissenschaftliche Ausgabe von Pawel Lamm. Musgis Moskau 1949; KlA Stellowski Petersburg

1857/58; KlA Gutheil Moskau 1885 und 1906; KlA Vollständige und wissenschaftliche Ausgabe von Pawel Lamm. Musgis Moskau 1960; KlA Fürstner Berlin o.J.; KlA Musyka Moskau 1975
Literatur Sofja Siw: ›Russalka‹ von A.S.Dargomyshski. (Russalka A.S.Dargomyshskogo.) Moskau/Leningrad 1949; Alexander Serow: ›Russalka‹. Oper von A.S.Dargomyshski. (›Russalka‹. Opera A.S.Dargomyshskogo.) Moskau 1953; Michail Pekelis: A.S.Dargomyshski und sein Kreis. (A.S.Dargomyshski i jego okrushenije.) Moskau 1966; weitere Literatur siehe ›Der steinerne Gast‹

Der steinerne Gast (Kamenny gost)
Oper in drei Akten, vier Bildern
(Opera w trjoch dejstwijach, tschetyrjoch kartinach)
Text der gleichnamigen Kleinen Tragödie von Alexander Puschkin

Entstehung 1863—1869

Uraufführung 28. Februar 1872   Mariinski Theater Petersburg

Personen
Don Juan_____Tenor
Leporello_____Sopran
Donna Anna_____Sopran
Don Carlos_____Bariton
Laura_____Mezzsopran
Mönch_____Baß
Erster Gast_____Tenor
Zweiter Gast_____Baß
Statue des Komturs_____Baß
Gäste Lauras_____Männerchor (T,B)

Orchester
2 Fl, 2 Ob, 2 Klar, 2 Fg, 4 Hr, 2 Trp, 3 Pos, Slzg, Str

Aufführungsdauer I. Akt, 1. Bild: 20. Min., I. Akt, 2. Bild: 25 Min., II. Akt: 25 Min., III. Akt: 20 Min.; Gesamt: 1 Std., 30 Min.

Fassungen
1869/70 vollendete Cui den Schluß des ersten Bildes (64 Takte) und schuf Rimski-Korsakow die Instrumentation; 1898 bis 1902 überarbeitete Rimski-Korsakow die Instrumentation.

Vorgänge
Die Handlung spielt in Spanien.
I. Akt, 1. Bild (1. Bild): *In der Nähe eines Klosters am Stadtrand von Madrid.* Don Juan, wegen verschiedener Untaten aus Madrid verbannt, ist heimlich zu-

rückgekehrt. Leporello sieht den hohen Herrn seiner Verschwiegenheit ausgeliefert. Ihm mißfällt die Aussicht, Diener eines seiner Privilegien enthobenen Edelmannes zu sein. Er erlaubt sich einige Wahrheiten. Don Juan stößt auf eine das Kloster aufsuchende tiefverschleierte Dame und erfährt, daß es Donna Anna ist, die er zur Witwe gemacht hat. Leporellos praktisch beschränkter und Don Juans leichtentzündbarer, ausschweifender Geist reiben sich aneinander. Don Juan will die Witwe verführen, Leporello fürchtet die Justiz. I. Akt, 2. Bild (2. Bild): *Ein Zimmer. Abendessen bei Laura.* Die Schauspielerin Laura singt ihren Gästen ein kühnes Lied. Nach dem Verfasser befragt, bekennt sie, daß sie Don Juan die Inspiration und die Worte verdankt. Den heftig auffahrenden Don Carlos, Bruder eines von Don Juan Getöteten, bringt sie zum Schweigen. Er beugt sich dem Eros. Laura hat Mühe, ihr Gefühl auf Don Carlos zu fixieren, sehnt sie sich doch nach Don Juan. Der Ersehnte erscheint. Don Carlos läßt sich von seiner Forderung zu einem sofortigen Duell nicht abbringen, wird von Don Juan getötet, und über dem Leichnam erneuert der Mörder seine Leidenschaft für Laura.
II. Akt (3. Bild): *Vor dem Denkmal des Komturs.* Don Juan, als Mönch verkleidet, wartet hier täglich auf die das Grab ihres Mannes besuchende Donna Anna. Sein Versuch, sich auf ihr Kommen vorzubereiten und die rechten Worte zu finden, um sich ihr zu entdecken, mißlingt. Er muß auf die aus der Situation heraus geborene Aufrichtigkeit seiner Empfindungen bauen. Der ganz dem Augenblick Lebende verspottet die idealisierte, auf Nachruhm bedachte Abbildung seines toten Rivalen. Don Juan findet den rechten Ton; Donna Anna verspricht ihm als angeblichem Don Diego ein Stelldichein. Leporello mahnt seinen Herrn, nicht die Sitten zu verletzen. Don Juan ärgert das Standbild des Komturs. Er lädt die Statue ein, vor dem Zimmer der Gattin Wacht zu halten.
III. Akt (4. Bild): *Zimmer Donna Annas.* Dem vermeintlichen Don Diego entdeckt die Witwe, daß sie aus Armut an den reichen Komtur verheiratet wurde. Don Juan sieht, daß sie Liebe und Leidenschaft nicht kennt. Er fordert sie heraus, indem er seinen wahren Namen nennt. Die Widerstreit zwischen der Pflicht, den Ehemann zu rächen, und der Neigung, einem bereits vertrauten Menschen zu verzeihen, erweckt Donna Annas Leidenschaft, die sich so dem Verursacher zuwendet. Der erste Kuß, den sie Don Juan gewährt, ist ihr letzter. Die Statue erscheint. Beider Leben endet. Don Juans letztes Wort gilt Donna Anna.

Genesis
Dargomyshski wollte mit seinem Schaffen dazu beitragen, den auf Rußlands Opernbühnen vorherrschenden, zur Standardisierung und maskenhaften Typisierung neigenden und an französischen sowie italienischen Gesangsmodellen geschulten Vokalstil abzulösen. Er arbeitete an der Herausbildung eines „melodischen Rezitativs" (ein von Cesar Cui verwendeter Begriff), indem er den Charakteristika der russischen Verssprache folgte. Den Höhepunkt dieser Bestrebungen bildete seine letzte Oper, ›Der steinerne Gast‹. Im Hause des Komponisten versammelten sich die jungen Freunde des Balakirew-Kreises und verfolgten interessiert die Entstehung dieser Oper. 1863 begonnen und bis auf den Schluß

des 1. Bildes und die Instrumentation fertiggestellt, wurde der ›Steinerne Gast‹ für die Komponisten des Mächtigen Häufleins richtungweisend.

Strukturen

Dargomyshskis ›Steinerner Gast‹ blieb in der genialen Ausformung und Erfüllung eines künstlerischen Konzepts unwiederholbar, auch wenn die Konsequenz, eine Oper ganz auf den Dialog zu stellen und auf Arien, Ensembles und Chöre zu verzichten, in der russischen Musikgeschichte bei Mussorgski (›Die Heirat‹), Rimski-Korsakow (›Mozart und Salieri‹) sowie bei Rachmaninow (›Der geizige Ritter‹) Nachfolger gefunden hat. Die ästhetische Erfüllung des Vorhabens, durch Musik zusätzlich einem in Wortsinn, -klang und Sprachrhythmus bereits angelegten und gültig formulierten Lebensgefühl und Weltverhalten Ausdruck zu verleihen, beruht auf drei Voraussetzungen: auf der Besonderheit der Puschkinschen Sprache, auf der weltanschaulichen Substanz des Dramas und auf den Erfahrungen, die Dargomyshski durch die Komposition von Romanzen und Liedern gewonnen hatte.

Die Sprache Puschkins bringt durch Wortsinn, Klang und Rhythmus gleichermaßen den jeweiligen sozial-historisch und emotional bestimmten Typus hervor. Musikalische Parameter, wie Klangfarben und Rhythmen, konstituieren die Sprache Puschkins, die gestisch zu nennen ist, ohne daß die Rede zur Sprachformel gerinnt.

Im ›Steinernen Gast‹ treffen verschiedene Typen aufeinander: der noch im kollektiven Bewußtsein Eingebundene (Leporello, Don Carlos, Komtur), der vom kollektiven Gewissen Gelöste, frei Bewegliche, vom Augenblick Fortbewegte (Don Juan, Laura) und der zwischen beiden Fronten Zerriebene (Donna Anna). Da das kollektive Gewissen nur noch als abstraktes erinnert wird, verbieten sich für Dargomyshski jegliche Formen von Ensembles oder Chören. Das Individuum erhebt den Anspruch, allein, aus sich und aus dem Augenblick heraus zu sprechen. Gewinn und Verlust liegen nahe beieinander. Das hat Konsequenzen für die musikalische Dramaturgie, schließt für den Komponisten die Anwendung sinfonischer Prinzipien aus, verbietet thematische Arbeit. Thematisches gerinnt — in Korrespondenz zum Augenblicksverhalten — zur charakteristischen kurzen Geste. Die tonale Funktionsgebundenheit tritt hinter einer den einzelnen Satz, das einzelne Gefühl treffenden Tonartencharakteristik zurück. Der Modulationsplan gehorcht dem sprunghaften Verhalten der Figuren. Fixierungen, wie die stereotype Ganztonleiter des Komturs, sind noch möglich, Entwicklung nicht mehr. Zeitgefühl und -abhängigkeit manifestieren sich im häufigen Wechsel der Metren. Die Pause als komponierte Zeiteinheit gewinnt an Bedeutung. Die Ausdrucksgehalte von Orchester- und Vokalpart sind häufig komplementär.

In der Todesstunde von Donna Anna und Don Juan kontrastieren die starre Ganztonleiter und Sekundklagemotiv. Im Melos (richtungslos auf- und niedersteigende Tonskalen) des Mönches gewinnt das Eingesperrtsein musikalische Gestalt. Die Dialoge zwischen Leporello und Don Juan zeigen in ihrer Imitationstechnik, wie eng Diener und Herr miteinander verbunden sind. Die beiden von

Laura gesungenen Lieder stellen bewußt spanisches Kolorit aus und charakterisieren damit um so deutlicher das russische Umfeld.

Das Zentrum, die Mitte des Werkes im wörtlichen wie im übertragenen Sinne, bilden Don Juans drängende Fragen, ob der Tod gegenüber einem unerfüllten Leben nicht das Sinnvollere sei, ob der menschliche Verstand nur das Gewohnte als das Vernünftige betrachten solle. Die Zentrierung wird nicht nur durch die dreimalige, auch musikalische Wiederholung der Frage betont, sondern ebenfalls durch die Identität dieser dreimal repetierten Gesangsphrase mit einem Hauptthema der Orchester-Introduktion.

Für Cesar Cui bestand die Bedeutung des Werkes in der erstmaligen konsequenten Ausformung eines „melodischen Rezitativs". Mussorgski bezeichnete Dargomyshski „als Lehrer der musikalischen Wahrheit".

Aneignung

Die Rezeptionsgeschichte dieser Oper ist durch den Widerspruch gekennzeichnet, bei der analytischen Beschäftigung zu faszinieren und bei der theatralischen Realisierung zu enttäuschen. Einzig die Inszenierung von Wsewolod Meyerhold 1917 am Mariinski Theater Petrograd entsprach dem intimen Charakter des Werkes, fand aber in der Aneignungsgeschichte der Oper keine Beachtung.

So ist ›Der steinerne Gast‹ zwar zum Vorbild für bedeutende russische Komponisten geworden, doch hat das Werk im Repertoire der Musikbühnen keinen Platz gefunden.

Die Uraufführung 1872 am Mariinski Theater war eine Benefizvorstellung für den Dirigenten Eduard Naprawnik. 1876 wurde ›Der steinerne Gast‹ erneut am Mariinski Theater inszeniert. Es folgten die Russische Privatoper von Sawwa Mamontow Moskau 1887, die Russische Operngesellschaft unter Leitung von Prjanischnikow 1892 in Moskau, das Bolschoi Theater Moskau 1906, das Theater des Musikalischen Dramas Petrograd 1915, das Mariinski Theater Petrograd 1917 (Regie Wsewolod Meyerhold), das Opernstudio am Konservatorium Leningrad 1925 (das Opernstudio gastierte mit dem ›Steinernen Gast‹ 1928 in Salzburg), das Moskauer Radiotheater 1932, Prag 1935, Dresden und Mailand 1958.

Boris Chaikin leitete 1959 eine konzertante Aufführung im Kolonnensaal des Komponistenverbandes in Moskau.

Autograph Staatliche Öffentliche Bibliothek M. J. Saltykow-Schtschedrin Leningrad
Ausgaben KlA (Erstfassung) Bessel Petersburg 1870; KlA (Zweitfassung) (dt. von August Bernhard unter Benutzung der Übersetzung von Franz Bodenstedt) Bessel Petersburg 1906; KlA Musyka Leningrad 1982
Literatur Alexander Dargomyshski. Autobiographien, Briefe, Erinnerungen von Zeitgenossen. (Awtobiografii, pisma, wospominanija sowremennikow.) Hrsg. von Nikolai Findeisen, Petersburg 1922; Alexander Dargomyshski: Ausgewählte Briefe. (Isbrannyje pisma.) Moskau 1952; Oscar von Riesemann: Monographien zur russischen Musik. Bd. 1, München 1923; Iwan Martynow: A. S. Dargomyshski. Moskau/Leningrad 1947; Semjon Schlifschtein: A. S. Dargomyshski. Moskau/Leningrad 1951; Cesar Cui. Ausgewählte Aufsätze. (Isbrannyje stati.) Leningrad 1952; Iwan Remesow: A. S. Dargomyshski. Moskau 1963; Boris Assafjew: Über die Oper. (Ob opere.) Leningrad 1976

Wladimir Michailowitsch Deschewow
1889—1955

Wladimir Deschewow studierte Komposition und Klavier am Konservatorium seiner Heimatstadt Petersburg, unter anderem Kontrapunkt bei Anatoli Ljadow, und beendete seine Ausbildung 1914.

Anfang der 20er Jahre leitete Deschewow die Sektion Volksbildung in Sewastopol und lehrte am dort gegründeten Konservatorium. Seit 1923 lebte und wirkte er in Leningrad, lehrte am Musikalischen Technikum und arbeitete als Bühnenkomponist am Roten Theater und am Theater der Arbeiterjugend.

Neben zahlreichen Bühnenmusiken, den Balletten ›Roter Wirbelwind‹, ›Dsheballa‹, ›Das Märchen von der toten Zarewna und den sieben Recken‹ sowie einer Anzahl sinfonischer Werke schuf er mit ›Eis und Stahl‹ eine der ersten zeitgenössischen Opern des jungen Sowjetstaates.

Deschewow gehörte zum Kreis Neue Musik.

Eis und Stahl (Ljod i stal) _____ 1929
Oper in vier Akten

Literatur D.Schen: W.M.Deschewow. Otscherk. Shisn i tworatschestwo.) Leningrad
Abriß. Leben und Schaffen. (W.M.Deschewow. 1961

Eis und Stahl (Ljod i stal)
Oper in vier Akten (Opera w tschetyrjoch aktach)
Text von Boris Lawrenjow

Entstehung 1929

Uraufführung 17. Mai 1930 Staatliches Akademisches Theater für Oper und Ballett Leningrad

Personen
Herz, Bolschewik _____ Bariton
Musja, Komsomolzin _____ Mezzosopran
Senka, Komsomolze _____ Tenor
Klawdi Dymtschenko, Anarchist, Matrose _____ Tenor
Subarow, Sozialrevolutionär _____ Tenor
Buchtejew, Politarbeiter _____ Bariton

Natalja, Gutsbesitzerin	Mezzosopran
Aufwiegler	Bariton
Labasin, Tschekist	Bariton
Besobrasow	Bariton
Schmied	Bariton
Dunkle Gestalt	Tenor
Polupanow	Tenor
Kowalski	Tenor
Baron Tusenhausen	Baß
Verkäufer und Verkäuferinnen, Arbeiter, Revolutionäre, Konterrevolutionäre	50 solistische Episodenrollen
Arbeiter, Komsomolzen, Soldaten, Matrosen, Revolutionäre, Konterrevolutionäre	Gemischter Chor

Handlung

Die Handlung spielt 1921 in Petrograd und Kronstadt.

I. Akt: *Schwarzer Markt in Petrograd.* Not treibt Menschen unterschiedlichster Herkunft und Überzeugung auf den Schwarzen Markt, der von professionellen Händlern beherrscht wird. Adlige, Angestellte, Bauern und Arbeiter durchschauen seine Gesetze nicht und werden übervorteilt. Ein Milizionär sowie die Komsomolzen Musja und Senka agitieren für die Sowjetmacht. Sie erregen den Zorn der Menge und müssen flüchten. Ein Tschekist wird gelyncht. Ein Kommissar wird von einem Anarchisten, dem Matrosen Dymtschenko, im „Namen des Volkes gerichtet" und erschossen.

II. Akt: *Metallwerk.* Der Hunger treibt die Arbeiter gegeneinander, spaltet sie in solche, die von der neuen Macht Brot verlangen, und andere, die zur Arbeit auffordern, weil diese allein Brot schaffe. Sozialrevolutionäre agitieren gegen die Sowjets. Während sich die Arbeiter noch um die Magen- und Machtfrage streiten, bittet sie der Bolschewik Herz, den Kampf der Sowjets gegen die aufständischen Kronstädter Matrosen zu unterstützen. Die bolschewistischen Arbeiter folgen Herz, unter ihnen auch Musja und Senka.

III. Akt: *Am Strand von Strelna.* Die Streitkräfte der Sowjets entschließen sich, übers Eis zu gehen und Kronstadt zu stürmen. *Das Innere der Festung Kronstadt.* Der Stab der Aufständischen — Anarchisten, Menschewiki, Sozialrevolutionäre — berät über ein gemeinsames Vorgehen. Es kommt zu keiner Einigung. *Am Strand von Strelna.* Musja geht, als Fähnrich verkleidet, nach Kronstadt, die Lage zu erkunden.

IV. Akt: *Das Innere der Kasematten eines Kronstädter Forts.* Das Bündnis der Anarchisten mit den ehemaligen zaristischen Offizieren zerbricht. Musjas Maskerade wird entdeckt. Sie sprengt sich und einen Teil der Anarchisten in die Luft und ermöglicht so den Ihren den Sieg.

Genesis

Wladimir Deschewow war Absolvent des Leningrader Konservatoriums und

Schüler von Steinberg, Ljadow und Nikolajew. Er arbeitete am Roten Theater und am Theater der Arbeiterjugend (TRAM) in Leningrad als Bühnenkomponist. Der Musikwissenschaftler Waleri Bogdanow-Beresowski schätzte ihn 1930 als „den begabtesten Komponisten des linken Flügels der Leningrader musikalischen Front". Die Arbeit am TRAM gab ihm die Möglichkeit zu experimentieren. So enthält seine Partitur der Bühnenmusik ›Gleise‹ (am Roten Theater) Anweisungen zur Erzeugung organisierter Geräusche. Neben vielen Bühnenmusiken entstand 1926 das vieraktige Ballett ›Dsheballa‹ nach einem Szenarium von Radlow und Piotrowski. Ausschnitte aus dieser Ballettmusik erklangen im Mai 1927 in einem Sinfoniekonzert der Leningrader Philharmonie unter der Leitung Wladimir Dranischnikows. Über den Dirigenten Dranischnikow und den Regisseur Radlow ergab sich die Verbindung zum Leningrader Theater für Oper und Ballett, in dessen Auftrag er die Oper ›Eis und Stahl‹ komponierte.

Kommentar
Die Straße, die Fabrik und das Schlachtfeld sind die Schauplätze der Handlung. Aus der Bewegung der Massen heben sich der Anarchist Dymtschenko, die Gutsbesitzerin Natalja, der Sozialrevolutionär Subarow, der Kommunist Herz und die Komsomolzin Musja ab. Im I. Akt mischen sich die cantus-firmus-artigen Rufe der Händler mit den Tschastuschki der Matrosen, dem Lied eines Adligen, dem heiseren Flüstern des Aufwieglers, dem Schreien und Pfeifen der Menge. Der Anarchist Dymtschenko wird feierlich-hymnisch inthronisiert, dann vom fernen Signal der Revolution vom Thron gefegt, reißt aber in Kronstadt erneut das Zepter an sich.

Dem chaotischen, bunt-flickenhaften Ton der Straße steht der Arbeitsrhythmus, das Maschinengedröhn der Fabrik, das Pathos einer Massenversammlung im II. Akt gegenüber.

Deschewow montiert unterschiedliche Klangbereiche: Schreie, Geräusche, Lieder. Er mißt seiner Musik vielfältige Funktionen zu. Sie illustriert, ist Ausdruck von Emotion, Zitat, bestätigt, kontrastiert und kommentiert Figuren wie Vorgänge.

Boris Assafjew prägte für Deschewow 1930 in seinem Aufsatz zur Oper ›Eis und Stahl‹ den Begriff „Ingenieur-Konstrukteur".

Trotz des weiten Klangspektrums ist die Orchesterfaktur kammermusikalisch. Deklamatorische Gestik, exzentrische Intervallik, Sprechen, Flüstern, Schreien bestimmen, von kleinen lyrischen Einlagen unterbrochen, den Vokalpart. So steht Deschewow nach Meinung des Dirigenten der Uraufführung Wladimir Dranischnikow in einer Tradition mit Modest Mussorgski und ordnet sich Zeitgenossen wie Alban Berg oder Sergej Prokofjew zu.

Verbreitung
Die Uraufführung 1930 am Staatlichen Akademischen Theater für Oper und Ballett Leningrad war unter der künstlerischen Leitung von Dranischnikow (musikalische Einstudierung), Radlow (Regie) und Rykow (Ausstattung) ein Erfolg. Das

Ensemble hatte sich in seinem kontinuierlichen Umgang mit zeitgenössischen Werken eine Methode erarbeitet, die es ermöglichte, hinter dem dokumentarischen Detail das Geschichtliche sichtbar zu machen. Auch das Publikum war durch voranggegangene Aufführungen zeitgenössischer Opern auf ein Werk wie ›Eis und Stahl‹ vorbereitet.

Anders war es in Moskau. Hier traf die Oper, nachdem sie bereits im Oktober 1930 in Odessa inszeniert worden war, am 16. Dezember 1930 am Staatlichen Opertheater K. S. Stanislawski in der Regie von Werschilow auf ein unvorbereitetes Publikum und blieb daher ein erfolgloser Versuch, sich mit zeitgenössischer Oper einzulassen.

Ausgaben KlA Leningrader Staatliche Theater o. J.
Literatur Nikolai Malkow: Eine neue Oper von W. M. Deschewow. (Nowaja opera W. M. Deschewowa.) In: *Shisn iskusstwa*, Leningrad 1929, H. 33; Waleri Bogdanow-Beresowski: Wladimir Deschewow. In: *Shisn iskusstwa*, Leningrad 1929, H. 33; Wladimir Draschnischnikow: Die sowjetische Oper wurde Realiät. (Sowjetskaja opera — realnost.) In: *Shisn iskusstwa*, Leningrad 1929, H. 41; Wladimir Deschewow: Musik und dramatisches Theater. (Musyka i dramatitscheski teatr.) In: *Shisn iskusstwa*, Leningrad 1929, H. 50; Wladimir Deschewow: ›Eis und Stahl‹. (›Ljod i stal‹.) Leningrad 1930

Viktor
Dolidse
1890—1933

Der in einem gurischen Dorf Westgrusiniens aufgewachsene Dolidse erlernte autodidaktisch das Gitarre- und Mandolinenspiel so gut, daß er 1910 bei einem Wettbewerb in Tiflis den ersten Preis errang. In Kiew erhielt er eine professionelle Ausbildung als Geiger. Theorieunterricht nahm er nebenbei. 1917 nach Grusinien zurückgekehrt, war er als Interpret und Komponist tätig.

Sein erstes Werk war zugleich sein bestes. Die Komische Oper ›Keto und Kote‹ entstand 1918 und gilt als erste und beste grusinische komische Oper. Dolidse schrieb zwei weitere Opern, ›Leila‹ (1922) und ›Zisana‹ (1929), eine Sinfonische Phantasie ›Iweriada‹ (1925), die Sinfonie ›Aserbaidshana‹ (1931/32) und eine Reihe von Romanzen.

1926 besuchte Dolidse den Norden und Süden Ossetiens, sammelte ossetinische Volksmusik und begann 1931 mit der Arbeit an einer nationalen ossetinischen Oper, ›Samira‹. Sie blieb unvollendet. Die erste ossetische Oper ›Asau‹ wurde von I. Gabarajew 1980/81 komponiert.

Keto und Kote (Keto da Kote)_____1917—1918
Oper in drei Akten nach der Komödie ›Hanuma‹ von A. Zagarelli
Leila_____UA 1922
Oper nach einem Schauspiel von A. Zagarelli
Zisana_____UA 1929
Oper in vier Akten

Keto und Kote (Keto da Kote)
Oper in drei Akten
Libretto von Viktor Dolidse nach der Komödie ›Hanuma‹ von Awksenti Zagareli
(Literarische Fassung von I. Grischaschwili)

Entstehung 1917—1918

Uraufführung 11. Dezember 1919   Theater für Oper und Ballett Tiflis

Personen
Fürst Lewan Palawandischwili, ruinierter Gutsbesitzer_____Bariton
Fürstin Maro, seine Schwester_____Mezzosopran
Kote, beider Neffe_____Tenor

Makar Tkuilkotriaschwili, reicher Kaufmann_____Baß
Keto, seine Tochter_____Koloratursopran
Sako und Siko, Neffen Makars, Kintos_____Tenor, Bariton
Barbale und Babusi, Brautwerberinnen_____Sopran, Mezzosopran
Diener Lewans, Gäste Lewans und Makars,
Freunde Ketos und Kotes, Polizisten, Städter_____Gemischter Chor und Ballett
(Der Name Tkuilkotriaschwili bedeutet soviel wie betrügerischer Bankrotteur.
Ein Kinto ist der georgische Typ des Arlecchino.)

Handlung
Die Handlung spielt in Tiflis in der zweiten Hälfte des 19. Jahrhunderts.
I. Akt: Die Heiratsvermittlerin Babusi macht den Fürsten Lewan auf die Erbschaft und die Reize der Kaufmannstochter Keto aufmerksam. Der verarmte Fürst schickt Babusi als seine Brautwerberin zu dem reichen Kaufmann. Lewans Neffe, der junge Kote, kehrt nach längerer Abwesenheit zu seinem Onkel zurück. Er liebt Keto.
II. Akt: Der Kaufmann ist von einem adligen Eidam entzückt. Babusi sieht ihr Geschäft gemacht. Keto und Kote, die einander lieben, verbünden sich mit Barbale, einer Berufskollegin der Babusi. Fürst Lewan wird getäuscht. Barbale läßt ihn glauben, daß seine künftige Braut alt und häßlich sei. Er tritt von der Heirat zurück.
III. Akt: Der Kaufmann ist blamiert. Die Hochzeit ist vorbereitet, die Gäste sind schon geladen. Barbale rät ihm, die Tochter an den Neffen des Lewan zu verheiraten, denn Fürst sei schließlich Fürst. Als der Kaufmann und Fürst Lewan hinter den wahren Sachverhalt kommen, ist es zu spät, Keto und Kote sind ein Paar. Vater und Onkel machen gute Miene zum bösen Spiel.

Kommentar
›Keto und Kote‹ ist die erste und gilt auch als die beste Komische Oper Georgiens. Sie ist populär und wird nicht nur auf der Bühne des Opernhauses in Tbilissi gespielt.
   Die Intrigenhandlung ist bündig, die Situationen sind witzig, die Charaktere treffend profiliert.
   Dolidse hat Melodien und Genres der städtischen Folklore genutzt, östliche Melismatik und italienischen Belkanto miteinander verbunden.
   Arien, Romanzen, Couplets und Rezitative wechseln einander ab.
   1937 überarbeitete Grigori Kiladse die Oper und kürzte sie von vier auf drei Akte. In dieser Fassung wurde sie zur Dekade grusinischer Kunst und Literatur 1937 in Moskau gespielt, und in dieser Gestalt ist sie heute bekannt. 1950 stellte der russische Komponist Wano Muradeli im Auftrag des Nemirowitsch-Dantschenko-Musiktheaters eine Fassung her und ergänzte die Oper mit eigenen Musiknummern.

Verbreitung
Original: 1924 Tbilissi, 1924 Theater der Freien Oper Moskau; Fassung von Kiladse: 1937 zur Dekade grusinischer Kunst und Literatur in Moskau, 1950 Theater der Musikalischen Komödie Leningrad. Bearbeitung von Wano Muradeli: 1950 Stanislawski-Nemirowitsch-Dantschenko-Musiktheater Moskau.

Ausgaben KlA Edition Khélovnéba Tbilissi 1971

Literatur Siehe Georgische (Grusinische) Oper

Iwan Iwanowitsch Dsershinski
1909–1978

Dsershinski studierte von 1925 bis 1929 am Moskauer Musikalischen Technikum Klavier und danach Komposition am Leningrader Konservatorium, unter anderem bei Boris Assafjew.
　Seit 1930 trat er als Pianist auf.
　Von 1936 bis 1948 arbeitete er in der Leningrader Abteilung des sowjetischen Komponistenverbandes und wurde 1948 Mitglied des Zentralvorstandes.
　Seine Oper ›Der stille Don‹ galt eine Zeitlang als beispielhaft für das sowjetische Opernschaffen und machte ihn berühmt.
　In den nachfolgenden Opern kopierte Dsershinski sein Erstlingswerk.

Der stille Don (Tichi Don) _____1932–1935
Oper in vier Akten nach dem gleichnamigen Roman von Michail Scholochow
Neuland unterm Pflug (Podnjataja zelina) _____1937
Musikalisches Drama nach dem gleichnamigen Roman von Michail Scholochow
Die Tage von Wolotschajew (Wolotschajewskije dni) _____1939
Oper
Gewitter (Grosa) _____1940–1955
Musikalisches Drama nach dem gleichnamigen Stück von Alexander Ostrowski
Das Blut des Volkes (Krow naroda) _____1942
Oper in einem Akt
Nadeshda Swetlowa _____1942
Lyrische Szenen in drei Akten
Der Schneesturm (Metel) _____1945–1946
Komische Oper in einem Akt
nach der gleichnamigen Erzählung von Alexander Puschkin
Fürst-See (Knjas-osero) _____1946–1947
Volksdrama nach der Erzählung ›Menschen mit reinem Gewissen‹
von Pjotr Werschigora
Fern von Moskau (Daleko ot Moskwy) _____1948–1954
Oper in vier Akten nach dem gleichnamigen Roman von Wassili Ashajew
Ein Menschenschicksal (Sudba tschelowjeka) _____1961
Oper in drei Teilen
nach der gleichnamigen Erzählung von Michail Scholochow
Grigori Melechow _____UA 1967
Oper in drei Akten nach dem Roman ›Der stille Don‹
von Michail Scholochow (Zweiter Teil der Oper ›Der stille Don‹)

Feindliche Wirbelstürme (Wichri wrashdebnyje) _____ UA 1969
Oper
Schwere Liebe (Trudnaja ljubow)
Oper nach dem Roman ›Die Shurbins‹ von Wsewolod Kotschetow

Literatur Waleri Bogdanow-Beresowski: Die sowjetische Oper. (Sowjetskaja opera.) Leningrad/Moskau 1940; E. Berljand: Das Schaffen I. Dsershinskis. (Twortschestwo I. Dsershinskogo.) In: *Sowjetskaja musyka*, Moskau 1948, Nr. 9

Der stille Don (Tichi Don)
Oper in vier Akten, sechs Bildern
(Opera w tschetyrjoch dejstwijach, schesti kartinach)
Libretto von Leonid Dsershinski
nach dem gleichnamigen Roman von Michail Scholochow

Entstehung 1932—1935

Uraufführung 22. Oktober 1935   Staatliches Akademisches Kleines Theater für Oper und Ballett (Maly Theater) Leningrad

Personen
Pantelej Melechow _____ Tenor
Iljinitschna, seine Frau _____ Mezzosopran
Beider Söhne: Grigori, Pjotr _____ Tenor, Baß
Dascha, Pjotrs Frau _____ Sopran
Lukinitschna _____ Sopran
Ihre Kinder: Natalja, Mitka _____ Sopran, Hoher Baß
Aksinja _____ Mezzosporan
General Listnizki _____ Baß
Jewgeni, sein Sohn _____ Bariton
Mischuk, Kamerad Grigoris _____ Tenor
Saschka, Kutscher Listnizkis _____ Baß
Irrsinniger Soldat _____ Tenor
Kosakenrittmeister (Jessaul) _____ Bariton
Gäste, Bauern, Kosaken, Soldaten,
Deserteure, Gefangene _____ Gemischter Chor und Ballett

Orchester Picc, 2 Fl, 2 Ob, 2 Klar, BKlar, 2 Fg, 4 Hr, 3 Trp, 3 Pos, Tb, Pkn, Bck, KlTr, Kast, Tamb, MTr, Tt, GrTr, Glsp, RöhrenGl, Hrf, Str

Handlung
Die Handlung spielt am Don zwischen 1914 und 1917.
I. Akt: Grigori wird mit Natalja, der reichen Kosakentochter, verheiratet. We-

nige Tage nach der Hochzeit flieht er mit der von ihm geliebten Aksinja, einer verheirateten Frau, aus seinem Dorf.

II. Akt: Bauern geraten mit Kosaken in Streit, die Sonderrechte beim Mahlen von Getreide beanspruchen. Der General Listnizki ruft die Kosaken zur Verteidigung des Zarenreiches auf. Die Bauern schweigen zu diesem Aufruf, die Frauen klagen. Grigori und Aksinja haben sich bei General Listnizki verdingt. Grigori zieht mit seinem Brotherrn in den Krieg. Aksinja erhält die Nachricht, daß Grigori tot sei. Ihrer beider Tochter stirbt. Listnizkis Sohn tröstet Aksinja.

III. Akt: Grigori ist nicht gefallen. Er war nur schwer verwundet. Zu den Kosakenregimentern dringt die Kunde vom Sturz des Zaren. Die Kosaken schließen sich den von der Front flüchtenden Soldaten an.

IV. Akt: Grigori kehrt aufs Gut Listnizkis zurück, erfährt vom Tod seiner Tochter und von Aksinjas Untreue. Er tötet den jungen Listnizki, verzeiht Aksinja und schließt sich den roten Truppen an.

Genesis

1932 reichte Dsershinski seine Oper ›Der stille Don‹ zu einem vom Bolschoi Theater Moskau und der *Komsomolskaja Prawda* ausgeschriebenen Opernwettbewerb ein. Er erhielt keinen Preis. Die Jury beurteilte sein Werk wie folgt: „Das Libretto der Oper ist zerstückelt und besteht aus Fragmenten des Romans, die im Szenarium ohne Rücksicht auf die elementaren Regeln der Bühne und der Dramaturgie miteinander verbunden sind ... Die Musik offenbart das unbestreitbare Talent des Autors, die Gabe des Gesangvollen zeichnet ihn aus. Leider steht sein handwerkliches Können auf einer sehr niedrigen Stufe. Seine Verfahrensweise ist eintönig, es gibt viele ‚leere' Stellen. Die Instrumentation ist primitiv. All das verleiht dem Werk den Stempel der Monotonie. Dennoch sind die einzelnen Fragmente durch die Kraft des Talents eindrucksvoll." (Zitiert nach Abram Gosenpud)

Einen Erfolg jedoch, der schwerer wog als jeder Preis, erzielte Dsershinski dennoch. Dmitri Schostakowitsch interessierte sich für das Werk und setzte sich für den Komponisten ein: „Obwohl das Material skizzenhaft und unausgereift war, spürte ich das große Talent des Autors ... Mir war sofort klar, nachdem was ich hörte, daß das Werk besser werden könnte. Gleichzeitig stellte sich die Frage, wie man Dsershinski bei der Komposition der Oper unterstützen und ihm helfen könnte. Denn Dsershinski bedurfte der Hilfe, da er ebenso unerfahren wie talentiert war. So kam es zu einer Verbindung Dsershinskis mit dem Maly Theater. Der Musikalische Leiter dieses Theaters, Samuil Samossud, verstand dank seines Feingefühls, daß der ›Stille Don‹ ein Werk werden könnte, daß vielleicht eine nicht kleine Rolle in der Entwicklung der sowjetischen Oper spielen würde." (Dmitri Schostakowitsch in der *Leningrader Prawda* vom 15. Oktober 1935, zitiert nach Abram Gosenpud) Der große Komponist sollte sich in seinem Urteil nicht irren. ›Der stille Don‹ galt bis in die 50er Jahre als Vorbild einer sowjetischen Oper.

Kommentar

Scholochows beliebter Roman ›Der stille Don‹ gab die Handlungsgrundlage. Sittenschilderungen, die Liebesgeschichte Grigoris und Aksinjas sowie historische Ereignisse, Krieg und Sturz des Zaren, sind geschickt miteinander verknüpft. Die Szenen sind so gebaut, daß jeweils Genrebilder dominieren: im I. Akt die Hochzeit, im II. die Schlägerei zwischen Bauern und Kosaken, die Klagezeremonie der Weiber für ihre in den Krieg ziehenden Männer, im III. Akt ein Abendvergnügen von Listnizkis Gesinde und das Lagerfeuer der Kosaken an der Front sowie im IV. die Begrüßungszeremonie für den aus dem Krieg heimkehrenden Grigori.

In die Chöre und Tänze sind effektvoll liedhafte Einlagen und ariose Gesänge der Protagonisten eingestreut. ›Der stille Don‹ gehört zum Genre der Lied-Oper, daher hat das Orchester keine eigenständige Funktion. Die melodische Substanz der Lieder, Chöre und Tänze hat der Komponist meist Volksliedern entlehnt. In der harmonischen Arbeit folgt er bekannten Volksliedbearbeitungen aus dem 19. Jahrhundert.

Verbreitung

Die Oper wurde auf vielen Bühnen der Sowjetunion und anderer sozialistischer Länder gespielt. Der erfolgreichen Uraufführung folgten Einstudierungen in Moskau (Bolschoi Theater sowie Nemirowitsch-Dantschenko-Musiktheater), Kiew, Baku 1936, Brno, Dnepropetrowsk, Alma-Ata 1937, Tbilissi 1938, Tallinn 1939, Kaunas, Riga 1940, Leningrad (in einer vom Komponisten überarbeiteten Fassung) 1947, Schwerin 1954, Karl-Marx-Stadt 1958, Warna 1959, Rostock, Magdeburg 1960 und Dessau 1967.

Ausgaben KlA (russ./engl.) Musgis Leningrad 1937; KlA Überarbeitete Fassung. Musgis Leningrad 1955; KlA Deutsche Bearbeitung von Erwin Bugge nach einer Übersetzung von Helene Kühl. Henschelverlag Berlin 1959; Text Musgis Moskau 1936
Literatur ›Der stille Don‹. (›Tichi Don‹.) In: Artikelsammlung. (Sbornik statej.) Hrsg. vom Nemirowitsch-Dantschenko-Musiktheater, Moskau 1936; Abram Gosenpud: Russisches sowjetisches Operntheater 1917—1941. (Russki sowjetski operny teatr 1917—1941.) Leningrad 1963; Konstantin Sakwa: ›Der stille Don‹. (›Tichi Don‹.) In: Ausgewählte Aufsätze über das musikalische Theater. (Isbrannyje statji o musykalnom teatre.) Moskau 1975

Wenjamin Josifowitsch Flejschman
1913–1941

Wenjamin Flejschman absolvierte eine Leningrader Musikschule, bevor er 1937 am Konservatorium dieser Stadt Schüler von Dmitri Schostakowitsch wurde.

Im vierten Studienjahr meldete er sich als einer der ersten Komsomolzen freiwillig zum Kampf gegen die faschistischen Interventen und fiel 1941.

Die in einem kurzen, jäh abgebrochenen Leben reich entfaltete Begabung des Schülers hatte den Lehrer Schostakowitsch tief beeindruckt. Er fand unter den nachgelassenen Liedern, Romanzen und Klavierkompositionen die im Klavierauszug vollendete Oper ›Rothschilds Geige‹ und orchestrierte sie bereits 1943.

Im Juni 1960 stellte Schostakowitsch diese Oper mit Solisten der Moskauer Philharmonie im Verband der Komponisten der UdSSR vor; Anfang 1962 folgte eine Rundfunkproduktion, 1982 brachte Gennadi Roshdestwenski das Werk in Moskau zur konzertanten Aufführung.

Die Qualität der Oper bestätigt Schostakowitschs Sorge und Liebe für das Werk seines Schülers. Hier wird einfühlsam und prägnant von der Lust und den Mühen dreier Menschen mit ihrer Empfindungsfähigkeit und Leidensbereitschaft erzählt.

Rothschilds Geige (Skripka Rotschilda)
Oper in einem Akt (Opera w odnom dejstwii)
Libretto von Wenjamin Flejschman
nach der gleichnamigen Erzählung von Anton Tschechow

Entstehung 1940–1941

Uraufführung 20. Juni 1960 Konzertante Aufführung im Haus des Komponistenverbandes der UdSSR Moskau mit Solisten der Moskauer Philharmonie

Personen
Jakow Matwejewitsch Iwanow, mit Beinamen Bronze,
Sargtischler und Geiger_____Baß
Marfa, seine Frau_____Mezzosporan
Rothschild, Flötist, später Geiger_____Tenor
Moissej Iljitsch Schachkes, Verzinner, Leiter des
örtlichen jüdischen Orchesters_____Tenor
6–8 Musiker in diesem Orchester_____Tenöre und Bässe

Orchester Picc, 3 Fl, 2 Ob, EH, PiccKlar, 3 Klar, BKlar, 2 Fg, KFg, 4 Hr, 3 Trp, 3 Pos, Tb, Pkn, Slzg, 2 Hrf, Str

Aufführungsdauer Nicht abendfüllend

Vorgänge
Am Rande einer kleinen Provinzstadt. Das Haus des Sargtischlers Jakow Iwanow, gegenüber das Haus eines Kaufmanns, weiter entfernt ein Fluß mit einer Weide. Im Haus des Kaufmanns feiert man Hochzeit, es kommen Gäste, es spielt ein Orchester. Von der Straße, durchs Fenster, sind die Musikanten zu sehen.

Zum munteren Hochzeitstanz bläst Rothschild eine klägliche Flötenweise. Der Geiger Jakow besteht auf der vereinbarten und bestellten Fröhlichkeit. Rothschild befiehlt seinen freudlosen Tönen, davonzufliegen. Doch Jakow ist bereits mißgestimmt. Er verläßt seinen Platz im Orchester. Zu Hause erwartet ihn Unheil. Seine Frau liegt im Sterben. Die Hochzeit endet. Rothschild kann seiner unerfüllten Sehnsucht gemäß spielen, und seine Melodie korrespondiert mit dem Klagegesang der Sterbenden, auf deren Ton sich Jakow nicht einzustimmen versteht.

Wieder ist das Orchester zu froher Weise bestellt und bereit, doch klingt es matt, denn es fehlt Jakows Geige. Rothschild bittet den Geiger zum Spiel. Jakow aber läßt sein Gefühl — Zorn über ein ungelebtes Leben und Schmerz über den Tod der Frau — an Rothschild aus. Er jagt ihn davon.

Doch der Zorn weicht von Jakow, die Verkrustungen seiner Seele lösen sich, und er findet für sein Leid einen Ausdruck. Er gibt Rothschild seine Geige, die zu neuer Weise gestimmt ist und der Rothschild nun auch seine Melodien — und bessere — entlocken kann.

Kommentar
Das nach der gleichnamigen Erzählung Anton Tschechows geschriebene Libretto ist auf einige exemplarische Grundsituationen gebracht. Das Haus des Kaufmanns und die dort stattfindende Hochzeit sind Zeichen für Sorglosigkeit, Wohlstand, Freude, Leben und Lachen; das Hochzeitsorchester schreitet die Spanne zwischen echter und bestellter Fröhlichkeit aus; im Haus des Sargtischlers pflegt man mit den Schattenseiten des Lebens Umgang, hier ist der Tod Alltag — ein Alltag, der Brot, aber auch Sorgen und Mühsal bringt.

Rothschild steht mit seiner ziellosen Sehnsucht zwischen diesen fixierten Welten. Er ist ein Unbehauster. Der Fluß ist ein Zeichen für das Verrinnende. Hier finden sich dann auch der Alte und der Junge, Jakow und Rothschild, hier wird für Jakow Leiden mitteilbar. Und Marfas Leid klingt in den Melodien wieder, die Rothschild der Geige nun entlockt.

Diese Grundsituationen sind aufs engste mit Musizierhaltungen, Klangfarben, melodischen, harmonischen und rhythmischen Grundmustern verquickt: das zur Fröhlichkeit bestellte Orchester mit seinen schmetternden Klängen und seiner rhythmischen Geradlinigkeit, die klägliche Flötenmelodie Rothschilds, der helle, schmale, sich allmählich zum Weichen und Warmen wandelnde Gesang von Jakows Geige. So gelingt es dem Komponisten, die Fabel ganz aus der Musik heraus zu erzählen.

Ausgaben KlA Musgis Moskau 1965

Literatur David Kriwizki: Die einaktige Oper. (Odnoaktnaja opera.) Moskau 1979

Jewstignej Ipatowitsch
Fomin
1761—1800

Fomins Ausbildungsweg umfaßt alle für einen russischen Komponisten zu Ende des 18. Jahrhunderts wichtigen Stationen in exemplarischer Weise.

Der Sohn eines Artilleriesoldaten wurde 1767 in die gerade eröffnete zaristische Petersburger Kunstakademie aufgenommen, studierte dort unter anderem bei dem Deutschen Hermann Friedrich Raupach Musik und wurde nach dem glanzvollen Abschluß der Akademie als Stipendiat nach Bologna zu Giovanni Martini geschickt.

1785 — nur wenig später als der junge Mozart — wurde er zum Mitglied der Philharmonischen Gesellschaft Bolognas gewählt. Das war eine Auszeichnung und bezeugt die Wertschätzung, die dem russischen Musiker zuteil wurde.

1786 kehrte er nach Rußland zurück. Seine Tätigkeit seit dieser Zeit ist nur noch anhand der ihm zugeschriebenen Musikwerke festzustellen, weitere Spuren seines Lebens fehlen.

Sein Opernschaffen — umfangreich, vielgestaltig, weltoffen in Haltung und Thematik — ist mit den besten Dichtern seiner Zeit und seines Landes verknüpft.

Der Nowgoroder Held Bojeslawitsch _____ 1786
(Nowgorodskoi bogatyr Bojeslawitsch)
Komische Oper in fünf Akten nach russischen Märchen und Liedern
Libretto von Katharina II.
Die Kutscher auf der Poststation _____ UA 1787
(Jamschtschiki na podstawe)
Oper in einem Akt
**Abendgesellschaften oder Wahrsage,
wahrsage, Mädchen, errate es, Schöne!** _____ UA 1788
(Wetscherinki ili Gadai — gadai, dewiza, otgadywai, krasnaja!)
Komische Oper in zwei Akten
Orpheus und Eurydike (Orfej i Ewridika) _____ 1791—1792
Melodrama
Die Amerikaner (Amerikanzy) _____ UA 1800
Komische Oper
nach der Tragödie ›Alsire oder Die Amerikaner‹ von Voltaire
Der goldene Apfel (Solotoje jabloko) _____ UA 1803
Komische Oper in zwei Akten mit Chören und Ballett

Fomin werden außerdem die beiden dreiaktigen Komischen Opern ›Zauberer, Wahrsagerin und Brautwerberin‹, ›Die Braut unterm Schleier oder Kleinbürgerhochzeit‹ zugeschrieben. Doch ist hier seine Urheberschaft umstritten. In vielen Quellen wird er auch als Komponist der Komischen Oper ›Müller, Zauberer, Betrüger und Brautwerber‹ genannt. Tatsächlich hat Fomin diese Oper musikalisch nur bearbeitet. Ihr Text stammt von Alexander Ablessimow, die Musik von Michail Sokolowski (siehe unter Sokolowski).

Literatur Alexej Finagin: Jewstignej Fomin. Leben und Schaffen. (Jewstignej Fomin. Shisn i twortschestwo.) In: Musik und musikalisches Brauchtum im alten Rußland. (Musyka i musykalny byt w staroi Rossii.) Leningrad 1927; Boris Dobrochotow: J.I. Fomin. Moskau/Leningrad 1947, 1949 und 1968; Juri Keldysch: Fomin und das russische Musiktheater des 18. Jahrhunderts. In: Beiträge zur Musikwissenschaft. Berlin 1967, H. 3/4

Die Kutscher auf der Poststation
(Jamschtschiki na podstawe)
Oper in einem Akt (Opera w odnom dejstwii)
Text von Nikolai Lwow

Entstehung 1787

Uraufführung Entweder am 13. Januar 1787 auf einer öffentlichen Bühne Peterburgs oder am 8. November 1787 Petersburg

Personen
Timofej Burakow, Kutscher — Tenor
Abram, sein Vater, weißhaariger Alter — Baß
Fadejewna, Frau Timofejs — Sopran
Trifon, genannt Janka, junger Kutscher, Freund Timofejs — Baß
Wachrusch, Dorftrottel — Tenor
Ein Kurier — Baß
Ein Offizier, vier Postkutscher, Filka Prolas, ein Unverheirateter;
Zwei Verbannte, zwei Dragoner — Sprechrollen
Postkutscher — Männerchor

Orchester 2 Fl, 2 Ob, 2 Klar, 2 Fg, 2 Hr, 2 Trp, Pkn, Mand, Str

Aufführungsdauer Nicht abendfüllend

Handlung
Die Handlung spielt auf einer Poststation, die entlang einer der Rußland durchquerenden Straßen gelegen ist.
Kutscher rasten auf der Poststation. Sie unterhalten sich mit Liedern und Tänzen. Ein Offizier will Rekruten ausheben. Der ledige Filka Prolas kauft sich vom

Rekrutendienst frei und gibt als Ersatzmann den verheirateten Timofej an, weil er in dessen Frau verliebt ist. Doch Timofej ist eher bereit, unter die Räuber als unter die Soldaten zu gehen. Seine Kutscherfreunde helfen ihm in dieser Not. Sie entlarven Prolas als einen Betrüger und Dieb. Er hat sich mit gestohlenem Gut freigekauft. Sie bitten den Offizier, Timofej laufenzulassen. Der Offizier kommt ihrer Bitte nach, zieht Timofej nicht ein und läßt Prolas verhaften. Die Kutscher wissen das zu loben.

Kommentar

Der Librettist von Fomins zweiter Oper, ›Die Kutscher auf der Poststation‹, war ein universal gebildeter Dichter. Nikolai Lwow (1751–1803) übersetzte nicht nur Anakreon ins Russische, er war auch der Initiator und Mitherausgeber einer der ersten russischen Volksliedsammlungen. Die ›Sammlung russischer Volkslieder‹ von Lwow/Pratsch (auch Práč) erschien 1790, drei Jahre nach der Oper ›Die Kutscher auf der Poststation‹.

In dieser Sammlung wird das erste Mal der Terminus „narodny" (volks-) zur Kennzeichnung der Folklore gebraucht, während bis dahin die Bezeichnung „prostoi" (einfach) verwendet worden war. Erstmals wurden hier auch die Lieder nach „gedehnten" (protjashnyje) und „tänzerischen" (pljassowyje) unterschieden. Lwows/Fomins Oper ›Die Kutscher auf der Poststation‹ erscheint wie die Probe aufs Exempel.

Lwow verwandte für sein Libretto originale Texte und fügte sie zu einer Handlung, in der die „niederen Schichten", hier die Kutscher, als selbständig handelnde Subjekte erscheinen.

Die Oper besteht aus gesprochenen Dialogen und zehn Musiknummern: 3 Chöre, 2 Duette, 1 Lied, 2 Terzette, 1 Quartett, 1 Marsch (wobei jeweils ein Duett und ein Terzett vom Chor begleitet sind).

Fomin greift originale Volksliedmelodien auf, setzt die gedehnten und tänzerischen Liedtypen der Handlung entsprechend ein und wendet unterschiedliche Methoden der Bearbeitung an: „Die Melodien werden meist vollständig zitiert, dabei wird die Mehrstimmigkeit der Chöre teilweise bewahrt, oft jedoch wird sie nur als charakterisierendes Mittel eingesetzt, die reale Heterophonie wird einem homophonen klassischen Satzstil angeglichen." (Juri Keldysch in der Partiturausgabe der Oper) „Doch im Unterschied zum frühklassischen Stil, in dem die Holzbläser die Streicherharmonien vertikal verdoppeln, sind die Holzbläser bei Fomin hier selbständig und unabhängig, horizontal zu den Streichern geführt." (I. Wetlizyna in der Partiturausgabe der Oper) Ein schönes Beispiel hierfür ist die Klage des Timofej „Unrast meinem jungen Herzen" (Nr. 3: Retiwo serdze molodoje), der sich eine Fagottmelodie selbständig beigesellt. Balalaikaklang wird durch Streicherpizzikati und Mandoline imitiert.

Berühmt geworden ist der Chor „Hoch oben fliegt der Falke" (Nr. 2: Wyssoko sokol letajet). Alexander Serow bezieht sich in seinem Artikel ›Ruslan und die Ruslanisten‹ auf diesen Chor als frühestes und bedeutendstes Beispiel des Gedehnten Liedes in einer russischen Oper.

Die erste Erwähnung der Oper findet sich in Alexander Schachowskis ›Chronik des russischen Theaters‹ (›Letopis russkogo teatra‹) von 1840.

Verbreitung
1786 wurde auf Initiative des Dichters Gawrila Dershawin in Tambow ein Theater gegründet. Dort gelangten ›Die Kutscher auf der Poststation‹ 1788 zur Aufführung. Konzertant wurde die Oper 1947 in Leningrad unter Nikolai Anossows Leitung aufgeführt.

Autograph Zentrale Musikbibliothek des Staatlichen Akademischen Theaters für Oper und Ballett S. M. Kirow Leningrad
Ausgaben Part Hrsg. von Juri Keldysch und I. Wetlizyna. Musyka Moskau 1977; Text Tambow 1788
Literatur siehe Jewstignej Fomin; Nikolai Lwow/Iwan Pratsch (Jan Bohumír Práč): Sammlung russischer Volkslieder mit ihren Stimmen. (Sobranije narodnych russkich pesen s ich golossami.) Neu hrsg. von Michail Pekelis, Moskau 1955; Nikolai Lwow. In: Die Dichter des 18. Jahrhunderts. (Poety XVIII weka.) Bd. 2, Leningrad 1972

Die Amerikaner (Amerikanzy)
Komische Oper in zwei Akten (Komitscheskaja opera w dwuch dejstwijach)
Gesangstexte von Iwan Krylow
Dialogtexte um 1800 von Alexander Kluschin bearbeitet

Entstehung Wahrscheinlich 1788

Uraufführung Original 1788
Textfassung von Alexander Kluschin
20. Februar 1800 Steinernes Theater Petersburg

Personen
Don Gusman, spanischer Würdenträger, Heerführer_____Tenor
Donna Elvira, seine Schwester_____Sopran
Azem, Anführer der Amerikaner_____Baß
Zimara, Geliebte Gusmans, Azems Schwester, Amerikanerin_____Sopran
Soreta, Amerikanerin, Geliebte Folets_____Mezzosporan
Folet, Spanier, Ansiedler_____Baß
Ferdinand, Untergebener Gusmans_____Bariton
Spanische und amerikanische Krieger,
amerikanische Einwohner_____Gemischter Chor

Handlung
Spanier haben unter ihrem Heerführer Gusman Amerika erobert, das Land in Besitz genommen. Zwei der europäischen Eindringlinge, der reiche Gusman selbst und der arme Philosoph Folet, sind in Amerikanerinnen verliebt. Sie dis-

kutieren mit ihnen die Vorteile der Alten und der Neuen Welt und gelangen zu keiner Einigung. Gusman will mit seinen in Amerika erworbenen Reichtümern in Europa glänzen. Die von ihm geliebte Zimara versteht das richtig und lehnt es ab, ihm als Beutestück zu folgen. Folet hingegen läßt sich von seiner Soreta überzeugen, daß es sich in Amerika genauso gut leben läßt wie in Europa. Die von Azem geführten amerikanischen Einwohner haben die Spanier in einer Schlacht besiegt und nehmen Gusman und Folet gefangen. Den beiden droht der Feuertod. Da bittet die von Azem gefangene Spanierin Elvira um Gnade für Gusman, ihren Bruder. Azem liebt sie und gibt die Spanier frei. Gusman willigt in die Heirat seiner Schwester mit Azem ein.

Wieder hat sich das Kriegsglück gewendet. Die Spanier haben amerikanischen Boden zurückerobert, und Azem gerät in Gefangenschaft. Nun schenkt Gusman Azem die Freiheit. Der Amerikaner ist bereit, seiner Elvira nach Europa zu folgen. Weder die Reichtümer Spaniens noch Argumente haben ihn überzeugt, sondern Elviras Liebe und Gusmans Großmut. Für Zimara ist Amerika überall dort, wo Gusman ist. Folet bekommt einen guten Posten angeboten und ist nun ebenfalls bereit, nach Europa zurückzukehren. Von Soreta wird vorausgesetzt, daß sie ihm folgt.

Kommentar

Voltaires Tragödie ›Alzire ou les Américains‹ (›Alzire oder Die Amerikaner‹) wurde am 27. Januar 1736 am Théâtre Français uraufgeführt. Denis Fonwisin übersetzte Voltaires Tragödie 1762 ins Russische. Iwan Krylow muß diese Übersetzung gekannt haben, denn er adaptierte den Stoff und die Ideen und schrieb eine Komödie ›Die Amerikaner‹, die allerdings nur in der Dialogfassung von Alexander Kluschin überliefert ist.

Kluschin war Karamsinist und Werther-Nachahmer. Die Bearbeitung der ›Amerikaner‹ hatte er auf Wunsch des Theaterdirektors, des Fürsten Alexander Lwowitsch Naryschkin, vorgenommen.

Die Oper besteht aus 18 Musiknummern: 9 Arien, 1 Rezitativ mit Arioso, 2 Duette, 2 Quartette, 2 Chöre, 2 Finali mit Chören und Ensembles. Den beiden hohen Paaren Gusman-Zimara und Azem-Elvira mit ihren streng gebauten Arien, den harten Dur-Moll-Kontrasten, den chromatischen Schärfungen steht ein niederes Paar Folet-Soreta mit liedhaft-ariosen Gesängen gegenüber.

Folet wird bei Fomin zur interessantesten Figur. Seine europäische Weisheit nützt ihm im amerikanischen Urwald nicht viel. Der aufgeklärte Philosoph fürchtet sich hier vor Gespenstern. Aber er leistet sich auch selbständige, von den Meinungen des Herrn Gusman abweichende Ansichten, und er ist weise genug, auf eine Frau, Soreta, zu hören, wenn sie ihn recht berät: seiner Armut wird durch die Rückkehr nach Europa nicht abgeholfen, also kann er auch in Amerika bleiben. Als Europäer jedoch läßt er sich durch einen guten Posten korrumpieren und kehrt doch nach Spanien zurück. Aber zwischen diesen beiden Polen seiner Laufbahn hat er Zeit genug, um seine Probleme unter dem Aspekt der Menschenrechte zu bedenken, die Zimara und Soreta gegenüber den europäischen Eindringlingen geltend machen.

Fomins Meisterschaft, die Charakteristik von Figuren und Situationen durch Tonartendispositionen und Kontraste in den Tempi zu geben, zeigt sich vor allem in den beiden Finali sowie in der großen musikalischen Szene des I. Aktes (Nr. 7), in der er Folets Situation im amerikanischen Urwald wiedergibt: der Geist des Philosophen schwankt zwischen Hoffnung und Schrecken, seine Liebe befiehlt ihm auszuharren, sein Instinkt rät ihm zur Flucht.

Mit diesem Werk Fomins hat das russische Opernteater schon früh ein politisches Thema überzeugend zu gestalten vermocht, trat es mit einer Komischen Oper in den Kreis des Weltanschauungstheaters ein, bevor sich das darauffolgende Jahrhundert mit bürgerlichen Rührstücken oder slawophilen Historiendarstellungen hervortat.

Ausgaben KlA Jurgenson Petersburg 1800; KlA Jurgenson Moskau 1895
Literatur Siehe Jewstignej Fomin; Iwan Krylow: ›Die Amerikaner‹. (›Amerikanzy‹.) In: Werke. Bd. 2, Moskau 1946; Michail Sagoskin: Krylow, der Theaterautor. (Krylow — Dramaturg.) In: Iwan Krylow: Stücke. (Pjesy.) Moskau/Leningrad 1944

Orpheus und Eurydike (Orfej i Ewridika)
Melodrama (Melo-Dramma)
Text von Jakow Knjashnin

Entstehung 1791—1792

Uraufführung Datum unbekannt
Erste nachweisliche Aufführung 1792   Petersburg

Personen
Orpheus————————————————————Sprechrolle
Eurydike————————————————————Sprechrolle
Chor—————————————————————————Bässe
Furien————————————————————————Ballett

Orchester 2 Picc, 2 Fl, 2 Klar, 2 Fg, 2 Hr, 2 Trp, 3 Pos, Tb, Pkn, Str

Aufführungsdauer 1 Std. (ohne Pause zu spielen)

Handlung
Die Handlung spielt im Vorhof der Hölle sowie in deren Innerem.
Sie folgt dem antiken Mythos, weist aber in der Schlußgestaltung Besonderheiten auf. Nachdem Orpheus Eurydike ein zweites Mal, nun durch eigene Schuld und auf immer, verloren hat, sucht er die Vereinigung mit der Geliebten im Freitod. Doch die „Ewigen" verwehren ihm dies. Orpheus kündigt ihnen den Gehorsam:

„Ich werde leben, um ... im Stöhnen die Götter der Grausamkeit zu bezichtigen und mich selbst durch Leben zu strafen!"

Genesis

Der zum linken Flügel der russischen Aufklärung zählende Dichter Jakow Knjashnin schrieb 1763 seine auf die Ergänzung durch Musik und Ballett hin konzipierte Tragödie ›Orfej‹ (›Orpheus‹). Sie wurde 1781 von dem in Petersburg ansässigen italienischen Komponisten Federico Torelli vertont. Fomin wandte sich 1791/92 der wegen ihres aufklärerischen Ideengehaltes sehr geschätzten Tragödie Knjashnins noch einmal zu.

Kommentar

Knjashnin griff auf den antiken Mythos zurück, um im Protest des Orpheus gegen die Gewalt der Götter das Recht des Menschen auf Selbstbestimmung zu postulieren. In der russischen Literatur wird der Tragödie Knjashnins eine Schlüsselrolle im antifeudalen Kampf der Aufklärer zugeschrieben.

Die sinfonisch konzipierte Musik verhält sich dem Wort gegenüber affektbetont, gliedert emotionale Abläufe, schafft durch thematische Bezüge Zusammenhänge. Den Individuen (Sprechpart Orpheus und Eurydike) wird die sich anonym und kollektiv gebende Gewalt (Männerchor) gegenübergestellt. Auch am Schluß gibt es keine Versöhnung: nicht Orpheus, sondern den Furien gehört das Finale (Tanz der Furien).

Der Komponist gibt einerseits durch Fermaten Raum für die Sprache und läßt andrerseits die nicht in Worten formulierten Affekte vom Orchester musizieren.

Melodische, harmonische, instrumentale Kontraste sowie musikalisch-thematische Zusammenhänge bestimmen den gesamten Ablauf: die Klagen des Orpheus, die Verkündigung der „Ewigen", das Wiedersehen der Liebenden und ihre neuerliche Trennung, die Verzweiflung und die Auflehnung des Unglücklichen. In Harmonik und Dynamik steht das Werk in der Nähe Bendas und der Mannheimer Schule, zeichnet sich durch konsequente, differenzierte Verbindung zwischen sinfonischem Prinzip und dramatischer Handlung aus.

Verbreitung

Bereits 1779 war in Karl Knippers Freiem Theater in Petersburg Jiří Bendas Melodrama ›Ariadne auf Naxos‹ (1775 entstanden) aufgeführt worden. So erschien Fomins Melodrama ›Orpheus und Eurydike‹ als ein später, aber doch ein Höhepunkt des Genres. Doch blieb der Erfolg auf Petersburg und Moskau beschränkt, wo das Melodrama zwischen 1793 und 1802 gespielt wurde. Dann erklang es erst wieder am 17. Januar 1947 in einer Moskauer Konzertaufführung (Dirigent Nikolai Anossow) und dann noch einmal zur 250-Jahr-Feier der Stadt 1953.

Autograph Zentrale Musikbibliothek des Staatlichen Akademischen Theaters für Oper und Ballett S. M. Kirow Leningrad

Ausgaben Part Hrsg. von Boris Dobrochotow. Musgis Moskau 1953
Literatur Siehe Jewstignej Fomin

Useïr Abdul Hussein-ogly
Gadshibekow
1885—1948

Useïr Gadshibekow ist der Begründer des professionellen Musikschaffens in Aserbaidshan, der Schöpfer der ersten, 1908 in Baku uraufgeführten aserbaidshanischen Oper ›Leili und Medshnun‹.

    1899 bis 1904 lernte er im Lehrerseminar der Stadt Gori Geige, Cello und Bariton spielen und arbeitete als Lehrer für russische Sprache. 1905 siedelte er nach Baku über, besuchte von 1911 bis 1912 Musikkurse der Moskauer Philharmonischen Gesellschaft und studierte von 1913 bis 1914 am Petersburger Konservatorium.

    Er komponierte acht Opern und drei Musikalische Komödien. Sechs Opern entstanden vor der Revolution, dann folgte nach einer langen Entstehungsphase 1937 ›Kör-ogly‹. Die letzte Oper, ›Firusa‹, blieb unvollendet.

    Gadshibekows erste Werke gehören zu den Mugam-Opern. In seiner letzten vollendeten Oper, ›Kör-ogly‹, versuchte Gadshibekow die Besonderheiten der aserbaidshanischen Musik weniger durch Zitate als vielmehr durch die Gesamtheit harmonischer, melodischer und rhythmischer Elemente zu bewahren. Deshalb nahm er auch in sein Orchester die Volksinstrumente Tar, Duduk und Surnaj auf. Weit bekannt und beliebt ist die musikalische Komödie ›Arschin mal alan‹ (›Der Straßenhändler‹). Sie wird auf vielen sowjetischen Bühnen gespielt und ist bereits in mehr als 30 Sprachen übersetzt.

    Gadshibekow gehört zu den Gründern des Konservatoriums in Baku, an dem er selbst als Professor lehrte und dessen Direktor er bis an sein Lebensende war. Er rief das erste aserbaidshanische Volksinstrumentenorchester und das erste Staatliche Chorensemble Aserbaidshans ins Leben und war einer der Initiatoren des Komponistenverbandes der Republik.

    Neben einer Vielzahl von Kantaten, Liedern, Kammermusikwerken für Volksinstrumente und Volksliedbearbeitungen schrieb er theoretische Abhandlungen. 1927 publizierte er gemeinsam mit dem Komponisten Muslim Mahomajew die erste Sammlung armenischer Volkslieder. Als ein Standardwerk gilt sein 1945 erschienenes Buch ›Die Grundlagen der aserbaidshanischen Volksmusik‹.

Literatur Elmira Abassowa: Die Opern und musikalischen Komödien Useïr Gadshibekows. (Opery i musykalnyje komedii Useïra Gadshibekowa.) Baku 1961; Elmira Abasowa: Useïr Gadshibekow. Baku 1975; S. Kafarowa: ›Kör-ogly‹ von Useïr Gadshibekow. (›Kör-ogly‹ Useïra Gadshibekowa.) Baku 1982; weitere Literatur siehe Aserbaidshanische Oper

Gadshibekow

Leili und Medshnun (Leili we Medshnun) _____1907
Mugam-Oper in vier Akten
nach der gleichnamigen Erzählung von Mohammed Fisuli
Scheich Senan _____1909
Mugam-Oper in vier Akten
Rustam und Sochrab (Rustam we Sochrab) _____UA 1910
Mugam-Oper in vier Akten nach dem Poem ›Schah-name‹ von Firdusi
Schah Abbas und Hurschid Banu _____1911
(Schah Abbas we Hurschid Banu)
Oper in vier Akten nach einer Volkslegende
Asli und Kerem (Asli we Kerem) _____UA 1912
Mugam-Oper in fünf Akten nach einer aserbaidschanischen Legende
Harun und Leili (Harun we Leili) _____1912–1915
Oper
Kör-ogly _____1932–1936
Oper in fünf Akten nach dem gleichnamigen Heldenepos
Firusa _____
(unvollendet)

Leili und Medshnun (Leili we Medshnun)
Oper in vier Akten, sechs Bildern
Libretto von Useïr Gadshibekow
nach Motiven des Poems ›Leili und Medshnun‹ von Mohammed Fisuli (Fusuli)

Entstehung 1907

Uraufführung 25. Januar 1908   Dramatisches Theater von G. S. A. Tagijew mit der Operntruppe Nidshat Baku

Personen
Geis (Medshnun) _____Tenor
Leili _____Sopran
Eltern von Geis: Vater, Mutter _____Tenor, Sopran
Eltern von Leili: Vater, Mutter _____Bariton, Mezzosopran
Ibn Salam _____Tenor
Nofel, Heerführer der Araber _____Bariton
Seid, Freund Geis' _____Tenor
Erster und zweiter Araber _____Tenor, Tenor
Brautwerber, Reiter, Gäste, Schüler ____Gemischter Chor und Ballett

Handlung
I. Akt: Leili und Geis lieben einander. Die Eltern Leilis verweigern dem Mäd-

chen die Heirat mit dem armen Lehrer und Dichter. Geis geht in die Wüste. Leili wird einem reichen Kaufmann versprochen.

II. Akt: Geis lebt in der Wüste. Sein Jammer erweicht den die Wüste durchquerenden arabischen Heerführer Nofel. Er schickt zu Leilis Vater, notfalls mit Gewalt die Heirat des Mädchens mit Geis zu erzwingen. Doch Leili ist schon die Braut des Kaufmanns.

III. Akt: Die Hochzeit Leilis. Alle sind fröhlich, nur die Braut nicht.

IV. Akt: Leili siecht vor Kummer dahin. Der Mann hofft, daß die Zeit auch ihre Wunden heile. Doch Leili stirbt. An ihrem Grab erhebt niemand mehr Einspruch gegen eine Gemeinsamkeit der Liebenden. Geis folgt Leili in den Tod.

Kommentar

Mohammed Fisuli (Fusuli) war der bedeutendste aserbaidshanische Dichter des 16. Jahrhunderts (1498–1556). Seine Gedichte galten lange Zeit als Leitbilder der orientalischen Dichtkunst. Fisuli begründete seinen Ruhm mit dem Epos ›Leili und Medshnun‹ (russ. ›Lejli i Medshnun‹ 1958, engl. ›Leyla and Mejnun‹ 1970). Medshnun oder arabisch Madshnun (armenisch Medschlum) bedeutet soviel wie Wahnsinniger. Verrückt war, nach den Vorstellungen der Herrschenden, wer sich den Normen der feudalen Gesellschaft nicht fügte. In diesem Sinne gebrauchst Leilis Vater das Wort. Doch der Dichter wandelte mit seinem Poem den verächtlich gebrauchten Namen zu einer Ehrenbezeichnung für einen selbstlos liebenden Menschen.

Gadshibekows ›Leili und Medshnun‹ gehört zum Genre der Mugam-Opern. Hier finden sich sowohl traditionelle, auskomponierte Arien, Chöre, Ensembles als auch vokal-solistisch zu improvisierende Lieder, die die Sänger nach einem Mugam auszuführen haben, das ihnen vom Komponisten angegeben ist. Mugam ist ein vokales, instrumentales, auch vokal-instrumentales Stück, dessen rezitativischer, liedhafter oder auch tänzerischer Charakter durch Improvisation entfaltet wird. Kern und Bezugspunkt ist ein melodisch-rhythmisches Grundmuster, mit dem der Komponist den Charakter der Improvisation vorschreibt. Dem Sänger obliegt es, dem Wesen seiner Rolle und seiner Individualität entsprechend, selbständig zu musizieren. Reiche Melismatik und Figurationstechnik kennzeichnen die Melodik von ›Leili und Medshnun‹.

Außer von Gadshibekow wurde das Poem ›Leila und Madshnun‹ (arabisch) durch die ukrainischen Komponisten Reinhold Glier und Juli Meitus vertont und 1940 in Taschkent, beziehungsweise 1946 in Aschchabad uraufgeführt.

Verbreitung

1909, 1911, 1924, 1925, 1931 und 1958 an verschiedenen privaten Theatern Bakus sowie am Staatlichen Akademischen Theater für Oper und Ballett Baku.

Ausgaben KlA (aserb./russ., russ. von W. Kafarow) Aserbaidshanischer Staatsmusikverlag Baku 1959
Literatur Elmira Abassowa: Die Oper ›Leili und Medshnun‹ von Useïr Gadshibekow. (Opera ›Leili i Medshnun‹ Useïra Gadshibekowa.) Baku 1960

Michail Iwanowitsch
Glinka
1804—1857

Iwan Sussanin	1834—1836
Oper in vier Akten und einem Epilog	
Ruslan und Ljudmila	1837—1842
Zauber-Oper in fünf Akten	

Nicht ausgeführte Werke

Matilda Rokeby	1822—1824
Oper nach Walter Scott	
Der Marienhain	1834
Oper nach Wassili Shukowski	
Hamlet	1842—1843
Oper nach William Shakespeare	
Die Bigamistin oder Die Räuber von der Wolga	1855
(Dwumushniza ili Wolshskije rasboiniki)	
Oper nach dem gleichnamigen Stück von Alexander Schachowski	

„Iwan Sussanin, das ist nicht einfach ein Mushik, das ist ein Ideal, eine Legende, das gewaltige Werk der Notwendigkeit", schrieb Modest Mussorgski an Glinkas Schwester, Ljudmila Iwanowna Schestakowa.

Mit Legende meinte Mussorgski das fast Archetypische von Gestalt und Situation. Sussanin steht mit seinem Leben dafür ein, daß er sich sowohl für seine eigene kleine Scholle als auch für das große russische Land verantwortlich fühlt. Angesichts des Todes wendet er sich an die ihm als Bauern mütterlich vertraute Erde, und seine Worte sind von einer „erhaben-fließenden Sprache" („welitschawo-plawnaja retsch"). In einer ähnlich erhaben-fließenden Sprache und in der gleichen Tonart (d-Moll) nimmt Mussorgskis streitbarer Dossifej (›Chowanschtschina‹ 1872—1881) Abschied vom Leben und von der Hoffnung, durch Güte die Welt bessern, durch Gewaltlosigkeit dem Bösen widerstehen zu können.

Eine andere archetypische Gestalt ist der Sänger, der Bajan, in ›Ruslan und Ljudmila‹. Er ist zur Hochzeit des Fürstenpaares Ruslan und Ljudmila nach Kiew geladen, um mit seinen Liedern das Fest zu verschönen. Doch stimmt er statt des erwarteten Preisliedes auf den Kiewer Herrscher und das Brautpaar einen Lobgesang auf einen „unbekannten" Dichter an. Und er behauptet, daß diesem Dichter vor allen anderen Ehre gebührt und sein Ruhm allein die Zeiten überdauern wird. Als Glinkas Bajan 1842 auf der Bühne des Großen Theaters in Petersburg vor den zaristischen Höflingen den „unbekannten" Dichter rühmte, wußte jeder, wer gemeint war: Alexander Puschkin. Puschkin war 1837 zu einem Duell proviert und getötet worden. Die Leiche des Dichters wurde auf Allerhöchsten Befehl bei Nacht und Nebel begraben, fürchtete doch der Herrscher aller Reußen antizaristische Kundgebungen. In ganz Rußland wußte man, daß Puschkins Tod ein Mord war, die Konsequenz eines Konfliktes zwischen dem Dichter und dem Zaren.

Fünf Jahre nach dem klanglosen Begräbnis Puschkins sang nun der Glinka-Bajan vor den herrscherlichen Ohren ein Preislied auf den Ermordeten. Das war eine mutige, eine staatsbürgerliche Tat, dem Geiste eines Iwan Sussanin würdig. Glinka war einundzwanzig Jahre alt, als 1825 Adlige, darunter Gleichaltrige, auf dem Senatsplatz von Petersburg Zar Nikolai I. den Treueeid verweigerten und ein demokratisch regiertes Rußland forderten. Der ehemals von Wilhelm Küchelbecker erzogene Komponist war unmittelbar Zeuge dieser Ereignisse, die als Dekabristenaufstand in die Geschichte eingegangen sind. Sie haben sein Weltbild und sein ästhetisches Konzept geprägt.

Mit dem Bajan hat Glinka den Typus des russischen Künstlers geschaffen, der sich nicht zum Fürstenknecht machen läßt. Russische Komponisten haben diesem Vorbild nachgeeifert, erinnert sei hier nur an Nikolai Rimski-Korsakow und Sergej Tanejew. Beide protestierten 1905 gegen die zaristische Willkürherrschaft, traten für die revolutionären Studenten ein und legten ihre Ämter nieder. Rimski-Korsakow stellte Glinkas Bajan seinen Schmied Wakula an die Seite. 1895 stimmte der Schmied im Finale der Oper ›Die Nacht vor Weihnachten‹ nicht das erwartete Loblied auf die gnädige Zarin Katharina II. an, sondern ein Preislied auf den Dichter Gogol. Ein Zeichen dafür, wie sich der Widerspruch zwischen Geist und Macht zugespitzt hatte, setzte er 1897 mit seiner Oper ›Sadko‹. Der Guslispieler Neshata läßt sich von den Nowgoroder Handelsherren kaufen und singt, was diesen gefällt, während Sadko ihnen widerspricht und dafür verstoßen wird.

Abenteuerlust, Sehnsucht nach der Ferne, Liebe zum Süden und Achtung vor dem Andersartigen zeichneten den Menschen Glinka aus. Wie Puschkin wußte er sich fremde Sprachen vollkommen anzueignen, Melodien fremder Völker seiner Musik anzuverwandeln. Herausragende Beispiele hierfür finden sich im III. und IV. Akt von ›Ruslan und Ljudmila‹. Die Mädchen in Nainas Zauberschloß locken die russischen Recken mit einer persischen Melodie vom Pfad der Tugend und Rechtschaffenheit. Glinka zitiert aber nicht nur die Melodie, er übernimmt aus der orientalischen Musikpraxis auch das Prinzip der variierenden Begleitstimmen und läßt seine kleine Melodie in allen Registern des Orchesters erklingen. Als „zärtlich-vollkommen und schwerelos-anmutig, mitunter aber auch kraftvoll und doch geschmeidig" charakterisierte Mili Balakirew orientalische Weisen. Dieses eigenartige Kolorit verlieh Glinka den zauberischen Gesängen, die in Schloß und Garten von Naina und Tschernomor erklingen.

Mit Tschernomor hat Glinka eine Figur geschaffen, die kein Wort zu singen und zu sagen hat und doch vollkommen präsent ist. Die Gamma-Tschernomora (die Tschernomor-Ganztonleiter) ist eine besondere, den Zwerg allein charakterisierende Farbe. In einem Marsch in A-B-A-Form setzt er sich buchstäblich „in Szene". Das ihn begleitende Blechblasorchester ist von Glinka als Bühnenorchester gedacht. Mit eckig-steif auftrumpfendem Bläserklang stellt er sich als Gewalthaber vor, mit Glöckchen, Schellen und Schalmeiengesang ist er dann ein liebenswürdiger Galan, um sogleich in seine Machtpose zurückzufallen. Er zeigt der entführten und gefangengehaltenen Ljudmila „seine Werkzeuge": Peitsche und Butterbrot. Die galante Pose war nur ein Zwischenspiel. Glinkas Tschernomor ist ein Despot.

Kurz vor seinem Tode schrieb Glinka 1856 aus Berlin, wo er bei Siegfried Dehn Kompositionsstudien trieb, an seinen Freund Konstantin Bulgakow: „Ich bin fast überzeugt, daß die westliche Fuge mit den Gegebenheiten unserer Musik eine legitime Ehe eingehen kann." Glinka war als „Brautwerber" erfolgreich, hat er doch polyphone Setzweise und Kontrapunkttechniken mit den Gegebenheiten der russischen Musik zu einer „legitimen Ehe" gebracht. Das schönste Beispiel hierfür ist der berühmte „Slawsja"-Chor im Epilog seines ›Iwan Sussanin‹. Melodien werden nach dem Prinzip der Unterstimmenpolyphonie gleichzeitig und nacheinander variiert und erklingen in allen Registern. Die polyphone Variation des „Slawsja"-Chores wurde in der russischen Operngeschichte zum Vorbild und galt lange Zeit als unübertroffen.

Ebenso war Glinkas Orchesterstil ein Ideal. Er zeichnet sich durch eine differenzierende und konzentrierende Klangmischung aus. Die einzelnen Instrumente entfalten ihre unverwechselbare Farbe, ohne vom Gesamtklang abzulenken. Die russischen Komponisten unterschieden daher in der zweiten Hälfte des 19. Jahrhunderts zwischen einem „Wagner-Orchester" und einem „Glinka-Orchester". Nikolai Rimski-Korsakow brachte 1901/02 in seinem ›Unsterblichen Kaschtschej‹ beide Orchesterstile zu einer Synthese.

Literatur M.I.Glinka. Literarischer Nachlaß. (Literaturnoje nasledije.) 2 Bde., Moskau/Leningrad 1952 und 1953 = Bd.1: Autobiographisches und Schaffensmaterial. (Awtobiografitscheskije i twortscheskije materialy.), Bd.2: Briefe und Dokumente. (Pisma i dokumenty.);   M.I.Glinka: Aufzeichnungen aus meinem Leben. Berlin 1961;   M.I.Glinka. Vollständige Werkausgabe. Literarische Werke und Briefwechsel. (Polnoje sobranije sotschineni. Literaturnyje proiswedenija i perepiska.) Bd.2 (A), Moskau 1975, Bd. 2 (B), Moskau 1977;
A.Ossowskowa (Hrsg.): M.I.Glinka. Forschungen und Materialien. (M.I.Glinka. Issledowanija i materialy.) Moskau/Leningrad 1950;   Tamara Liwanowa (Hrsg.): M.I.Glinka. Sammlung von Materialien und Aufsätzen. (M.I.Glinka. Sbornik materialow i statej.) Moskau/Leningrad 1950;   Jelisaweta Kann-Nowikowa (Hrsg.): M.I.Glinka. Neue Materialien und Dokumente. (Nowyje materialy i dokumenty.), 3 Bde., Moskau 1950, 1951 und 1955;
Nikolai Findeisen: Glinka. Moskau/Leipzig 1903 (russ.);   Oscar von Riesemann: Glinka. In: Monographien zur russischen Musik. Bd.1, München 1923;   Michael Pekelis: Glinka. In: Geschichte der russischen Musik. (Istorija russkoi musyki.) Moskau 1940;   Boris Assafjew: M.I.Glinka. Moskau 1947;   Wladimir Stassow: M.I.Glinka. Monographie. (M.I.Glinka. Monografija.) In: Ausgewählte Werke. (Isbrannyje sotschinenija.) Bd.1, Moskau 1952;   Alexander Serow: Erinnerungen an M.I.Glinka. In: Aufsätze zur russischen Musikgeschichte. Berlin 1955;   Tamara Liwanowa/Wladimir Protopopow: Glinka. Schöpferischer Weg. (Glinka. Twortscheski put.) Moskau 1955; Pjotr Tschaikowski: Michail Glinka und seine Opern (1872). In: Erinnerungen und Musikkritiken. Leipzig 1961; David Brown: Michail Glinka. Eine biographische und kritische Studie. (Mikhail

Glinka. A Biographical and Critical Study.)
London 1974; Boris Assafjew: Glinka und
die Entwicklung der russischen Oper. (Glinka
i raswitije russkoi opery.) In: Russische Musik.
(Russkaja musyka.) Leningrad 1979; Marina
Rachmanowa: Michail Glinka — ein russischer
Genius. In: *Kunst und Literatur*, Berlin 1979,
H. 12; O. Lewaschowa: Glinkas Briefe. In:
Kunst und Literatur, Berlin 1979,
H. 12; Wera Wasina-Grossman: Michail Iwanowitsch Glinka. Berlin 1982

Iwan Sussanin (Iwan Sussanin)

Vaterländische heroisch-tragische Oper
(Otetschestwennaja geroiko-tragitscheskaja opera)
Libretto mit dem Titel ›Ein Leben für den Zaren‹ von Georgi von Rosen
Libretto mit dem Titel ›Iwan Sussanin‹ von Sergej Gorodezki

Entstehung 1834—1836

Uraufführung Ein Leben für den Zaren 9. Dezember 1836   Großes Theater Petersburg   Iwan Sussanin 21. Februar 1939   Bolschoi Theater Moskau

Personen
Iwan Sussanin, Bauer aus dem Dorf Domnino_____Baß
Antonida, seine Tochter_____Sopran
Wanja, Adoptivsohn Sussanins_____Alt
Bogdan Sobinin, Landwehrmann und Bräutigam der Antonida_____Tenor
Sigismund, König von Polen_____Baß
Polnischer Bote_____Tenor
Russischer Krieger_____Baß
Russische Bauern und Bäuerinnen,
Landwehrmänner, polnische Hofgesellschaft, Ritter_____Gemischter Chor
Polnische Hofgesellschaft und Tänzer_____Ballett

Orchester 2 Fl (II auch Picc), 2 Ob (II auch EH), 2 Klar, 2 Fg, 4 Hr, 2 Trp, 3 Pos, Oph, Pkn, Tr, Gl, Hrf, Str
Bühnenmusik: 2 Kor, 2 AHr, 3 THr, BHr, BTb (Banda I und II); Klar, Trp, KlTr, Gl

Aufführungsdauer Ouvertüre: 8 Min., I. Akt: 40 Min., II. Akt: 30 Min., III. Akt: 45 Min., IV. Akt: 40 Min. (mit Sobinin-Arie), Epilog: 10 Min.; Gesamt: 2 Stdn., 53 Min.

Fassungen
Ein Leben für den Zaren Text von Georgi von Rosen: mit Sobinin-Arie, aber ohne Wanja-Szene im IV. Akt; im Text werden der Zar und der russische Adel als Träger der Befreiungsbewegung ausgestellt.

Iwan Sussanin Text von Sergej Gorodezki: Aufnahme der Wanja-Szene; Eliminierung aller zarentreuen Bezüge; Posharski und Minin werden als Bauernführer benannt.

Story

Ein Staat wird von einem räuberischen Feind überfallen. Die Herrschenden verzagen. Das Bestehen der Nation hängt von den Untertanen ab.

Der Bauer Sussanin setzt ein Zeichen, daß der einzelne sowohl für die kleine eigene Scholle, als auch für das große russische Land verantwortlich ist. Er steht für diese Auffassung mit seinem Leben ein.

Auf dem Roten Platz in Moskau wird die Utopie eines sich selbst befreienden Volkes auf befreitem Grund für einen Augenblick Wahrheit.

Der Augenblick hat seinen Preis. Im Freudengesang erklingt die Totenklage.

Eine Utopie wird beschworen. Doch Siegesjubel und Trauerfeier geben noch kein Friedensfest.

Vorgänge

Die Handlung spielt im Dorf Domnino und Umgebung, in Polen und Moskau in den Jahren 1612 bis 1613.
Ouvertüre.

I. Akt: *Straße im Dorf Domnino.* Nr. 1: *Introduktion.* Russische Bauern und Landwehr vereinigen sich, das Land zu schützen. Nr. 2: *Kavatine der Antonida.* In gefahrvoller Zeit träumt Antonida von Glück und Hochzeit. Nr. 3: *Szene und Chor.* Moskau ist vom Adel bereits aufgegeben, doch Sussanin fordert die Bauern zur Verteidigung des Landes auf. Nr. 4: *Szene, Terzett und Chor.* Sobinin berichtet von einem Sieg über die Polen, und Sussanins Sorge wandelt sich in freudige Zuversicht. Er willigt ein, Sobinins und Antonidas Hochzeit sofort und als ein Zeichen der Hoffnung zu feiern.

II. Akt: *Der Thronsaal Sigismunds III.* Nr. 5: *Polonaise (Chor).* Nr. 6: *Krakowiak.* Nr. 7: *Walzer.* Der polnische Adel feiert seinen baldigen Sieg über Moskau. Nr. 8: *Mazurka und Finale.* Der Klang der Mazurka verstummt vor der Nachricht des Boten, daß sich das ganze russische Volk erhoben habe. Hochmut wird laut: russische Bauern gegen polnischen Adel? Die polnischen Ritter wappnen sich zum Kampf. Nr. 9: *Zwischenaktmusik.*

III. Akt: *Stube im Hause Sussanins.* Nr. 10: *Lied des Wanja.* Der Waisenknabe hat in Sussanins Haus eine Heimat gefunden. Nr. 11: *Szene und Duett Wanja – Sussanin.* Sussanin und Wanja verbindet ein starkes Band: die Liebe zur Heimat, der Wille, sie zu beschützen. Nr. 12: *Chor der Bauern.* Die Dorfleute wünschen Glück zur Hochzeit, Sussanin lädt sie zur Feier. Nr. 13: *Quartett.* Sussanin und Wanja, Antonida und Sobinin beschwören die vergangene glückliche Zeit. Sobinin geht, die Freunde zur Hochzeit zu laden. Nr. 14: *Szene und Chor.* Doch statt der erwarteten Gäste erscheinen polnische Krieger und fordern von Sussanin Verrat. Sussanin schickt Wanja, den Bauernführer Minin zu warnen, und täuscht die Polen durch seine Bereitschaft, ihr Wegführer zu sein. Nr. 15:

Hochzeitschor. Die Hochzeitsgäste finden eine einsame Braut. Nr. 16: *Romanze der Antonida.* Die Tochter ahnt, daß der Vater in den Tod geht. Nr. 17: *Finale.* Den Bräutigam Sobinin erwartet kein hochzeitliches Fest, sondern ein kriegerischer Zug. Nr. 18: *Zwischenaktmusik.*
IV. Akt: *(a) Ein dichter Wald.* Nr. 19: *Chor und Arie des Sobinin.* Den Vater zu retten, die Polen zu schlagen, entflammt Sobinins Mut.
(b) Ein anderer Teil des Waldes. Nr. 20: *Rezitativ und Arie des Wanja.* Die Liebe zum Vater bringt im Kinde Wanja den Mann zum Reifen. Er überwindet seine Angst. Das Volk hört seinen Aufruf zur Verteidigung. Die Klosterpforten öffnen sich, die Bauern stehen bereit.
(c) Ein anderer Teil des Waldes, dicht und undurchdringlich. Es beginnt zu dunkeln. Nr. 21: *Szene und Chor.* Der Zug der erschöpften, von Sussanin in die Irre geführten Polen. Nr. 22: *Arie des Sussanin.* Der Bauer Sussanin beschwört die Mutter Erde, und das gibt ihm Mut, seinem Tod entgegenzusehen. Nr. 23: *Rezitativ und Finale.* Den erwachenden Polen gesteht Sussanin seine List. Sie erschlagen ihn im Morgenrot. Nr. 24: *Zwischenaktmusik.*
Epilog: *(a) Vor den Toren zum Roten Platz.* Nr. 25: *Chor, Szene und Terzett.* Das Volk freut sich des Sieges. Ein Krieger fragt Wanja, Antonida und Sobinin nach ihrem Leid. Wanja berichtet von Sussanins mutiger Tat.
(b) Roter Platz. Nr. 26: *Finale.* Ein Volk von Männern solcher Art ist glücklich zu preisen. Jubel erschallt.

Genesis

Als Führer des Aufstandes vom 14. Dezember 1825 wurde der Adlige Kondrati Rylejew vom Zaren verurteilt und hingerichtet.

Als Verfasser des epischen Liedes (Duma) ›Iwan Sussanin‹ wird der Dekabrist Kondrati Rylejew bewundert und lebt als Dichter in Glinkas Oper fort.

Ursprünglich wollte Glinka nach Rylejews Lied ein szenisches Oratorium schreiben. Doch geriet ihm der Stoff in der Ausführung zum Dramatischen, und so faßte er 1834 den Plan zu seiner ersten Oper, entwarf eine Skizze mit Handlungsmotivationen und Geschehensfolge: „Iwan Sussanin. Vaterländische heroisch-tragische Oper in fünf Akten oder Teilen". Wenige Tage vor der Uraufführung wurde die Oper in ›Ein Leben für den Zaren‹ umbenannt. Da der Freund, der „Vater" der russischen Romantischen Ballade Wassili Shukowski, durch andere Arbeiten überlastet war, übertrug Glinka die Anfertigung des Librettos dem Baron von Rosen, dessen Verse jedoch zu weitschweifig gerieten und dessen Ideologie dem Komponisten zu zarentreu war. In Anbetracht der geplanten Aufführung arbeitete Glinka mit ihm zusammen, änderte und kürzte allerdings. Den Epilog ließ sich Glinka jedoch von Shukowski schreiben; und selbst hier griff er ein und gliederte ihn in zwei Szenen und Handlungsorte: a) Das Volk in den Moskauer Vorstädten hört den Bericht von Sussanins Tat. — b) Das Volk auf dem Roten Platz preist das befreite Land. Auf Glinkas Rotem Platz wird nicht dem Zaren zugejubelt, sondern das Volk nimmt den Bauern Sussanin in den Kreis seiner Helden auf.

Glinka erst gab der Figur des Waisenknaben Wanja — bei Rosen und Shukowski ein Statist aus einem familiären Rührstück — ein Profil. Er übertrug ihm den Bericht von Sussanins Tat und Tod. (Bei Shukowski hatte die Tochter Antonida über des Vaters Ende berichtet.) Darüber hinaus ließ sich Glinka nach der Uraufführung von dem Dramatiker und Romancier Nestor Kukolnik eine Szene schreiben, in der Wanja vom Knaben zum Manne reift und in Sussanins Nachfolge handelt. Er komponierte diese Szene 1837 und setzte so in Wanja den Dekabristen ein Denkmal, die die humanistische Gesinnung ihrer Väter ernst genommen und in die Tat umgesetzt hatten.

Die nachkomponierte Szene erklang erstmals 1837 und sollte auf Wunsch des Komponisten anstelle der Sobinin-Arie an den Anfang des IV. Aktes treten. Gorodezki räumt in seiner Fassung der Wanja-Figur den ihr vom Komponisten zugedachten Platz ein.

Strukturen

In der Struktur des Werkes hat die Entstehungsgeschichte besondere Spuren hinterlassen. Von Rylejews Lied, einer Duma, inspiriert, komponierte Glinka zuerst die Ouvertüre und die Szene Sussanins im Walde. Diese Szene bildet den Kern der Oper. Georgi von Rosen hat alle für eine Handlung notwendigen Szenen diesem Kern mehr oder minder geschickt zugeordnet. Die Personen werden durch konventionell motivierte Auftrittslieder oder -arien eingeführt. Andererseits aber durchbricht Glinka eine bloß stimmungsmäßig idyllisierende Zeichnung des dörflichen Lebens (zum Beispiel in der Introduktion), indem er verschiedene musikalische Formen in kontrastierende Beziehungen zueinander setzt. In der Kontrapunktierung von Gedehntem Lied der Frauen (protjashnaja pesnja) und Kriegerischem Lied der Männer (rasboinitschja pesnja) wird der Grundkonflikt, die Erde zu bestellen und den Feind zu vertreiben, etabliert.

Iwan Sussanin wird als Individuum und zugleich als Teil seines sich selbst befreienden Volkes gezeichnet. Das geschieht nicht schlechthin durch volksliedmäßige Intonation (Quint — Sext) oder Volksliedzitate (wie das Zitat des Liedes „Wnis po matuschke, po Wolge" im IV. Akt), sondern sehr viel stärker durch die konsequente Verwendung des Sapew-pripew-Prinzips (etwa zu übersetzen als Vorsänger-Chorrefrain-Prinzip).

Die feindlichen Polen sind durch Mazurka-Rhythmen eindeutig charakterisiert. Diese Eindeutigkeit entspricht Glinkas demokratisch-ästhetischem Konzept, nach dem die musikalischen Formen auf ein schnelles Erkennen durch den Zuhörer ausgerichtet sind. Wenn die von Sussanin in die Irre geführten erschöpften Polen ebenfalls durch diese Tanzrhythmen gekennzeichnet werden, kontrastiert die Musik die Szene.

Die Geschlossenheit der Szene Sussanins mit den Polen im Walde entsteht durch ihre rondoartige Anlage und aus der sinnerhellenden Verschmelzung musikalischer Formen (so dem Fugato) mit poetischen Zeichen, wie dem Schneesturm als Bild für eine äußere Lage und einen inneren Zustand. Die Wirkung der Sussanin-Arie beruht nicht nur auf ihrer musikalischen Gestaltung, sondern auch auf dem Rylejews Duma entlehnten Vorgang, daß da ein Bauer Abschied vom Leben nimmt und sich der Mutter Erde überantwortet.

Besondere Bedeutung kommt den sinfonisch konzipierten, die vorangegangene Handlung zusammenfassenden und Nachfolgendes andeutenden Zwischenspielen zu, da Glinka hier der Musik eine eigenständige, die Fabel deutende Funktion gibt.

Der Slawsja-Chor (Schlußchor des Epilogs) wurde in der russischen Operngeschichte zum Vorbild. Die Form des Slawsja ist die einer polyphonen Variation; Vervollständigung geschieht durch Hinzutreten von Chorstimmen oder durch Orchesterfigurationen und miniaturhafte Sequenzierungen. Glinka beherrscht diese Technik in seinem Schlußchor meisterhaft.

Im ›Iwan Sussanin‹ realisierte Glinka sein Konzept einer epischen nationalen Oper musikalisch vollkommen. ›Iwan Sussanin‹ wurde neben »Ruslan und Ljudmila« für die nachfolgende Opernentwicklung in Rußland richtungweisend.

Aneignung

Die Anwesenheit des Zaren bei der Uraufführung und sein Beifall begünstigten den Erfolg der Oper, brachten sie aber gleichzeitig in einen Ruf, der nicht ihren künstlerischen Intentionen entsprach. Davon gibt Pjotr Tschaikowski in einem Brief an seinen Bruder Modest vom 7. April 1866 ein anschauliches Bild: „... im Bolschoi Theater, beispielsweise, wo ich vorgestern ›Ein Leben für den Zaren‹ gesehen habe, schrie das ganze Publikum, als die Polen auf der Bühne erschienen ‚Nieder, nieder, nieder mit den Polen!'. Im letzten Auftritt des vierten Aufzugs, wo die Polen Sussanin zu töten haben, fing der Kerl, der den Sussanin machte, so mit den Armen an zu fuchteln, daß er — da er über eine immense Kraft verfügte — viele der Choristen-Polen zu Boden warf, und als die übrigen ‚Polen' sahen, daß diese Beschimpfung der Kunst, der Wahrheit und des Anstandes großen Anklang beim Publikum fand, fielen sie alle von selbst nieder, und der triumphierende Sussanin entfernte sich, drohend die Fäuste schüttelnd, unversehrt unter dem donnernden Beifall der Moskowiter. Zum Schluß wurde das Bild des Zaren auf die Bühne getragen, und es begann ein nicht in Worten wiederzugebender Tumult..."

In Moskau wurde die Oper erstmals 1842 aufgeführt. In Petersburg fand 1851 bereits die 100., 1879 die 500. Vorstellung statt. Die deutsche Erstaufführung (Textfassung von Richard Pohl) erfolgte am 12. Dezember 1878 am Opernhaus Hannover. 1924 kam das Werk in Odessa unter dem Titel ›Für Sichel und Hammer‹ (›Sa serp i molot‹) in einer Bearbeitung von N. Krascheninnikow zur Aufführung. Diese Fassung, in der Sobinin unter dem Namen Grebenjuk Angehöriger der Roten Armee ist, wurde noch einmal, 1926, in Baku inszeniert.

1936 wurde der zarentreue Text von Rosens verändert und durch eine den historischen Gegebenheiten und demokratischen Absichten Glinkas angenäherte Fassung von Gorodezki ersetzt.

Autograph Staatliche Öffentliche Bibliothek M.J.Saltykow-Schtschedrin Leningrad
Ausgaben
Ein Leben für den Zaren Part Redaktion von Fjodor Stellowski (ohne Ouvertüre). Stellowski Petersburg 1875; Part Redaktion von Balakirew, Ljadow und Rimski-Korsakow. Stellowski Petersburg 1881; Part Redaktion von Rimski-Korsakow und Glasunow. Belaieff Leipzig 1907; Part Redaktion von Balakirew und Ljapunow. Jurgenson Moskau 1907; KlA Stellowski Petersburg 1857; KlA Gutheil Moskau 1885
Iwan Sussanin Part In: GA (Polnoje sobranije sotschineni.) Bd.12A und 12B, Musyka Moskau 1965; KlA In: GA (Polnoje sobranije sotschineni.) Bd.13, Musyka Moskau 1964; Part und KlA (dt. von Heinrich Möller) Henschelverlag Berlin 1953
Weitere deutsche Textfassungen Friedrich Hake (Stellowski Petersburg 1881); Richard Pohl (Fürstner Berlin 1888); Hans Schmidt (Belaieff Leipzig 1907); L.Ljapunow (Jurgenson Moskau o.J.)
Literatur A.Ossowskowa: Die Dramaturgie der Oper ›Iwan Sussanin‹ von M.I.Glinka. (Dramaturgija opery M.I.Glinki. ›Iwan Sussanin‹.) In: M.I.Glinka. Forschungen und Materialien. (Issledowanija i materialy.) Hrsg. von A.Ossowskowa, Moskau/Leningrad 1950; Cesar Cui: Der sechzigste Jahrestag des ›Iwan Sussanin‹. (Schestidesjatiletije ›Iwana Sussanina‹) In: Ausgewählte Aufsätze. (Isbrannyje statji.) Leningrad 1952; Wladimir Protopopow: Die Entstehungsgeschichte der Ouvertüre des ›Iwan Sussanin‹. (Istorija sosdanija uwertjuri ›Iwana Sussanina‹.) In: *Sowjetskaja musyka*, Moskau 1954, Nr.1; Tamara Liwanowa/Wladimir Protopopow: Glinka. Schöpferischer Weg. (Glinka. Twortscheski put.) Bd.1, Moskau 1955; Alexander Serow: ›Iwan Sussanin‹. Oper von M.I.Glinka. Erfahrungen einer technischen Kritik der Musik Glinkas. Die Rolle eines Motivs in der gesamten Oper ›Iwan Sussanin‹. (›Iwan Sussanin‹. Opera M.I.Glinki. Opyty technitscheskoi kritiki nad musykoi M. I. Glinki. Rol odnogo motiwa w zeloi opere ›Iwan Sussanin‹.) In: Ausgewählte Aufsätze. (Isbrannyje statji.) Bd. 2, Moskau/Leningrad 1957; Wladimir Protopopow: ›Iwan Sussanin‹ von Glinka. Musikalisch-theoretische Forschung. (›Iwan Sussanin‹ Glinki. Musykalno-teoretitscheskoje issledowanije.) Moskau 1961; weitere Literatur siehe Michail Glinka

Ruslan und Ljudmila (Ruslan i Ljudmila)

Zauber-Oper in fünf Akten (Wolschebnaja opera w pjati dejstwijach)
Libretto von Michail Glinka und Walerjan Schirkow
nach dem gleichnamigen Poem von Alexander Puschkin
(Weitere zeitweilige Mitarbeit am Text: Nestor Kukolnik, Nikolai Markowitsch, Michail Gedeonow, Konstantin Bachturin, Alexander Schachowskoi)

Entstehung 1837–1842

Uraufführung 9. Dezember 1842 Großes Theater Petersburg

Personen
Swetosar, Großfürst von Kiew_____Baß
Ljudmila, seine Tochter_____Sopran
Ruslan, Kiewer Ritter und Bräutigam der Ljudmila_____Baß oder Bariton
Ratmir, chasarischer Fürst_____Alt
Farlaf, warägischer Ritter_____Baß
Gorislawa, Gefangene Ratmirs_____Sopran
Finn, guter Zauberer_____Tenor

Naina, böse Zauberin	Mezzosopran
Bajan	Tenor
Tschernomor, böser Zauberer, Zwerg	Stumm
Kopf eines Riesen	Männerchor (T, B)
Gefolgschaft Swetosars, Ritter, Bojaren und Bojarinnen, Dienerinnen, Kinderfrauen, Ammen, Edelknaben, Waffenträger, Truchsesse, Drushina, Volk, Mohren, Zwerge, Sklaven des Tschernomor, Mädchen des Zauberschlosses, Nymphen und Undinen	Gemischter Chor und Ballett

(Drushina: Anhängerschaft des Fürsten)

Orchester Picc, 2 Fl, 2 Ob (II auch EH), 2 Klar, 2 Fg, KFg, 4 Hr, 2 Trp, 3 Pos, Pkn, Bck, Trgl, KlTr, Tamb, GrTr, Glsp, Harm, Hrf, Kl, Str
Bühnenmusik: (Liegt in verschiedenen Einrichtungen vor, u. a. von Rimski-Korsakow und Glasunow.) In der gebräuchlichen Fassung: 2 Blasorchester (davon für die Nr. 1: 2 Kor, 2 AHr, 3 THr, BHr, BTb); Instrumentation von Rimski-Korsakow: Picc, 2 Fl, 2 Ob, 2 Fg, KFg, PiccKlar, 3 Klar, Bthr, BKlar, 2 Kor, 4 Hr, 4 Trp, 3 Pos, 2 AHr, 3 THr, BHr, BTb
(Die Partitur von Gutheil Moskau 1885 gibt an, daß die Bühnenmusik (Militärorchester), die auf Wunsch des Komponisten 1842 von Baron Rall instrumentiert wurde und deren Unterlagen später verbrannten, von Rimski-Korsakow neu instrumentiert wurde. Für die Ausgabe 1904 bei Belaieff Leipzig reduzierte Rimski-Korsakow die Besetzung der Bühnenmusik. Balakirew stellte für die Ausgabe bei Jurgenson Moskau 1907 eine andere Instrumentierung her, um das Werk auch Theatern mit kleinerem Orchesterapparat zugänglich zu machen.)

Aufführungsdauer Ouvertüre: 5 Min., I. Akt: 45 Min., II. Akt: 40 Min., III. Akt: 45 Min., IV. Akt: 35 Min., V. Akt: 25 Min.; Gesamt: 3 Stdn., 15 Min.

Story
Die Fürstenkinder Ruslan und Ljudmila sind jung, schön, reich und lieben sich. Doch ihr Glück ist bedroht, denn am Tisch der Fürsten finden Weisheit, Wahrheit und Kunst kein Gefallen, nur die Loblieder knechtischer Gäste.
  Vor ihrer hochzeitlichen Vereinigung werden die beiden Liebenden getrennt. Sie müssen Prüfungen bestehen, erfahren Leid, Unglück und Gewalt. Sie gewinnen wahre Freunde.
  Als sie sich wiederfinden, fallen die prunkvollen Mauern des Festsaales. Das Fürstenpaar Ruslan und Ljudmila brauchte Schutz und Schirm vor der Welt, dem Menschenpaar Ruslan und Ljudmila gesellen sich die Menschen zu.
  Der Magier Finn stand den wahren Liebenden bei, die Hexe Naina dem Betrüger Farlaf. Der Kampf zwischen den beiden Zauberern ist mit dem Sieg des Kiewer Paares nicht entschieden.

Vorgänge
Rußland in sagenhafter Vorzeit.
Ouvertüre.
I. Akt (1. Bild): *Ein prunkvoller großfürstlicher Festsaal in Kiew.* Nr. 1: *Introduktion.* Von Taten lang vergangener Zeiten singt ein Bajan. Doch die Hochzeitsgäste des Großfürsten Swetosar fordern gefällige Lieder. Der weise Sänger warnt vor dem Wechsel des Schicksals, trifft aber auf taube Ohren. Laut ertönt der Gesang der Gäste zum Lob des fürstlichen Hauses. Abermals erhebt der Bajan die Stimme. Auch er singt ein Loblied, doch auf keinen Fürsten, sondern auf einen Dichter, dessen Kunst einem namenlosen Volke Ruhm brachte. Ihm gebühre Unsterblichkeit. Unberührt singen die Gäste das Lob des Fürstenhauses. Sie feiern die Schönheit der Braut Ljudmila und die Kühnheit Ruslans. Der Bajan verstummt. Nr. 2: *Kavatine der Ljudmila.* Die Braut nimmt heiter Abschied vom Vater, tröstet die abgewiesenen Freier Ratmir und Farlaf. Nr. 3: *Finale.* Swetosar segnet die Kinder. Da ertönt ein Donnerschlag. Dunkelheit breitet sich aus, und allen stockt das Blut in den Adern. Langsam schwindet das Dunkel, die Pulse schlagen wieder, doch vergeblich ruft Ruslan nach Ljudmila. Sie verschwand. Der Vater verspricht sein halbes Reich und die Hand der Tochter dem, der Ljudmila zurückbringt. Ruslan und Ratmir machen sich auf den Weg. Farlaf sinnt finstere Pläne.
Nr. 4: *Zwischenaktmusik.*
II. Akt, 1. Bild (2. Bild): *Die Höhle des Finn.* Nr. 5: *Ballade des Finn.* Bei der Suche nach der verschwundenen Braut trifft Ruslan auf einen Einsiedler. Der Alte erzählt ihm sein Schicksal: Er warb in der Jugend um das Mädchen Naina und wurde von ihr abgewiesen. In langjährigen Studien gewann er magische Kräfte und erzwang sich die Liebe Nainas. Doch er selbst war darüber alt geworden und Naina auch. Die Alte verfolgte ihn nun zuerst mit ihrer Liebe, und nachdem sie von Finn abgewiesen wurde, mit Haß. Nr. 6: *Duett Ruslan – Finn.* Finn weist Ruslan den Weg zu Ljudmila. Der Zwerg und Zauberer Tschernomor hat sie entführt und hält sie in seinem Schloß gefangen. II. Akt, 2. Bild (3. Bild): *Öde Gegend.* Nr. 7: *Szene, Duettino Naina – Farlaf und Rondo Farlaf.* Farlaf beschließt, auf Ljudmila zu verzichten. Naina aber verspricht, ihm beizustehen. Farlaf triumphiert. II. Akt, 3. Bild (4. Bild): *Eine Wüste. Nebel. Ein Schlachtfeld.* Nr. 8: *Arie des Ruslan.* Auf dem Weg in die Gefahr befürchtet Ruslan, einen ruhm- und namenlosen Tod auf dem Schlachtfeld zu finden. Nr. 9: *Szene mit dem Kopf.* Ruslan stört den Frieden der bleichen Gebeine. Der Wächter des Schlachtfeldes, ein Riesenkopf, wendet sich gegen den Recken. Doch Ruslan bezwingt ihn. Unter dem Kopf entdeckt der Sieger ein Schwert und ergreift es. Nr. 10: *Finale.* Erzählung des Kopfes. Der sterbende Kopf gibt sein Geheimnis preis. Eine Weissagung verhieß ihm, dem Riesen, und seinem Bruder, dem Zwerg Tschernomor, den Tod durch dieses Schwert. Um das zu verhindern, nahmen beide das Schwert an sich, doch mißtrauten sie einander. Der Zwerg übertölpelte den Riesen, tötete ihn und versteckte das Schwert unter dessen Kopf. Der Kopf fordert Rache: den Tod Tschernomors.

Nr. 11: *Zwischenaktmusik*.
III. Akt (5. Bild): *Das Zauberschloß Nainas*. Nr. 12: *Persischer Chor*. Nainas Mädchen versprechen Zuflucht vor dem Wind und der Kälte der Welt. So locken sie Wanderer vom Weg und Ritter vom Pfad der Tugend. Nr. 13: *Arie der Gorislawa*. Gorislawa ist auf der Suche nach Ratmir, der sie und seinen chasarischen Harem verlassen hat. Nr. 14: *Arie des Ratmir*. Ermüdet vom Weg, sehnt sich Ratmir nach der Heimat. Nr. 15: *Tänze*. Nainas Mädchen hetzen Ratmirs Sinne zu wilder Lust. Nr. 16: *Finale*. Von Nainas Mädchen um den Verstand gebracht, erkennt Ratmir Gorislawa nicht mehr. Auch Ruslan geht in die Netze der Mädchen. Seine Liebe zu Ljudmila verblaßt, und er glaubt, Gorislawa zu lieben. Finn entlarvt Nainas Blendwerk und führt die Ritter auf den rechten Weg zurück. Ratmir findet sich in Liebe zur treuen Gorislawa, und das Paar vereint sich in Freundschaft mit Ruslan.
Nr. 17: *Zwischenaktmusik*.
IV. Akt (6. Bild): *In den Zaubergärten Tschernomors*. Nr. 18: *Szene und Arie der Ljudmila*. Ljudmila widersteht den Lockungen des Bösen. Nr. 19: *Marsch des Tschernomor*. Der Kleine trägt einen langen Bart und versucht, Ljudmila zu imponieren. Nr. 20: *Östliche Tänze*. Nr. 21: *Chor*. Trompeten rufen den Zwerg zum Kampf mit Ruslan. Er versenkt Ljudmila in einen Zauberschlaf und stellt sich dem Herausforderer. Staunend sehen die Sklaven des Zwerges, wie ihr Herr besiegt wird. Nr. 22: *Finale*. Der Sieg scheint vergeblich. Ljudmila liegt im Zauberschlaf, und nichts kann sie wecken. Ein Lächeln umspielt ihre Lippen. Den mutigen Recken ergreifen Verzweiflung und Eifersucht. Die Freunde Ratmir und Gorislawa bewahren ihn vor dem Wahnsinn und raten zur Heimkehr.
Nr. 23: *Zwischenaktmusik*.
V. Akt, 1. Bild (7. Bild): *Ein Tal. Nachtlager von Ratmir und den Seinen*. Nr. 24: *Romanze des Ratmir*. Ratmir bewacht den Schlaf des Freundes. Nr. 25: *Rezitativ und Chor*. Lärm im Lager. Ljudmila ist abermals entführt worden. Ruslan hetzt dem unbekannten Entführer nach. Nr. 26: *Duett Ratmir – Finn*. Der Alte verrät, wohin Ljudmila entführt wurde, und gibt Ratmir einen Zauberring, mit dem sie aus dem Schlaf zu wecken ist. Finn weiß, daß auch Ratmir sich einstmals um Ljudmila beworben hat. So prüft er ihn. V. Akt, 2. Bild (8. Bild): *Festsaal in Kiew*. Nr. 27: *Finale*. Farlaf hat, mit Nainas Hilfe, Ljudmila nach Kiew gebracht. Er beansprucht den Ruhm der Befreiung, ihre Hand und den Thron. Aber er kann den Zauberschlaf nicht bannen. Schande droht ihm und Schmach. Erst Ruslan erlöst mit Finns Ring die Schlafende. Ratmir, der den Ring an Ruslan weitergab, hat die Prüfung bestanden. Die beiden Paare, Ruslan und Ljudmila, Ratmir und Gorislawa, singen das Lob des Finn. *Es fallen die Wände des Festsaales*, und das Volk vereint sich mit seinem leidgeprüften Fürstenpaar zum Lob der gemeinsamen Heimat.

Genesis
Glinka wählte als Textvorlage für seine zweite Oper Puschkins Poem ›Ruslan und Ljudmila‹.

Der Dichter, vom Komponisten 1836 um ein Libretto (›Ruslan und Ljudmila‹) gebeten, äußerte sein Einverständnis, machte aber geltend, daß er sein Poem dann nicht nur umformen, sondern auch einer Bearbeitung unterziehen würde. Über diese Bemerkung ist viel gerätselt worden. Sicher ist, daß Puschkin 1836 manche Probleme schärfer gefaßt hätte als im Entstehungsjahr des Poems, 1820. Der Dichter hatte erfahren müssen, daß ein russisches Geschichts- und Kulturbewußtsein entschiedener als vor 1825 gegen slawophilen Mystizismus und selbstherrscherlichen Historienkult verteidigt werden muß.

Puschkins Tod im Jahre 1837 verhinderte die Ausführung eines eigenen Librettos. Es kam zu einer Zusammenarbeit Glinkas mit verschiedenen Textautoren. Diese Tatsache unterstützt die seit der Uraufführung des Werkes verbreitete und sowohl in der Literatur als auch in der Theaterpraxis ungeprüft weitergetragene (von Serow zuerst vertretene) Meinung, die Oper ›Ruslan und Ljudmila‹ sei eine geniale Komposition zu einem untauglichen Text und zu einer unstimmigen, Motivationslücken aufweisenden Handlung. Glinka selbst hat durch entsprechende Bemerkungen in seinen Aufzeichnungen nicht unwesentlich zur Verbreitung dieser Legende beigetragen. Die Gründe hierfür liegen einmal in der Ungenauigkeit dieser aus der Erinnerung niedergeschriebenen Aufzeichnungen, andererseits aber wahrscheinlich auch in dem unbewußten Versuch, ihn selbst entlastende Gründe für den eklatanten Mißerfolg der Oper bei ihrer Uraufführung zu finden. Ein von sowjetischen Musikwissenschaftlern sorgfältig zusammengetragenes Material macht deutlich, daß Glinkas Aufzeichnungen nicht als exakte Quelle zur Entstehungsgeschichte des Werkes dienen können. Da Glinka seinen Lebens- und Schaffensweg nur aus der Erinnerung niederschrieb, ergeben sich Widersprüche zu den Tatsachen.

Die Glinka-Forscher haben in der jüngsten Zeit nachgewiesen, daß Glinka selbst einen Plan (die Handlung, Architektur und Charaktere skizzierend) entworfen hatte. Sie belegten außerdem, daß der größte Teil aller Texte von einem Autor, nämlich Walerjan Schirkow, stammt. (Von den siebenundzwanzig Nummern der Oper schrieb Schirkow neunzehn, also zwei Drittel; die verbleibenden Texte wurden entweder dem Puschkinschen Poem entnommen oder, wie der Persische Chor und die Ballade des Finn, von Markowitsch nach Puschkin-Texten erarbeitet; die Szene Farlaf—Naina sowie das Rondo wurden von Glinka selbst textiert; das Ende des II. Aktes, das Duett Finn—Ruslan im II. Akt, schrieb Gedeonow; das Rezitativ und Duett Ratmir—Finn sowie den Schluß des V. Aktes verfaßte Kukolnik.) Die wissenschaftliche Ausgabe der Oper nennt als Librettisten Glinka und Schirkow, alle anderen Autoren sind als weitere Mitarbeiter erfaßt.

Strukturen

Puschkin nennt in der Zueignung sein Poem ein „Kind spielerischer Laune". Diese Bemerkung und offenes spöttisches Kommentieren des Ich-Erzählers im Poem haben die Meinung entstehen lassen, erst der reife Glinka habe in seiner Oper aus dem heiteren Jugendwerk des zwanzigjährigen Puschkin ein aufklärerisch-ambitioniertes, phantastisches Spektakel geformt. Tatsächlich aber verwendet Puschkin in seinem Poem mit größter Meisterschaft die Methode der romantischen Ironie. Mit ihrer Hilfe äußert er sich zu zentralen Problemen seiner Zeit: zum Verhältnis Dichter und Volk, Volk und Kunst, Geschichte und Kultur. Doch er benennt die Probleme nicht expressis verbis, gibt auch seine Meinung dazu nicht autoritär agitatorisch an, sondern setzt hierfür Signale in Form von wiederkehrenden Bildern, Klängen, Gedankenketten — macht den Blick frei für Widersprüche, Kontraste, Unaufgelöstes, so daß der Leser unversehens zu eigener Aktivität und Stellungnahme veranlaßt wird, sich aber im Urteilen selbst immer nur als ein Kettenglied vorangegangener und andauernder geistiger Auseinandersetzungen begreift.

Diese Universalität und Historizität des Denkens hat Glinka in seine Oper aufgenommen und in der Architektur von ›Ruslan und Ljudmila‹ zu realisieren verstanden. Ein Beispiel dafür sind die beiden Außenakte. Der I. und V. Akt thematisieren, ähnlich wie bei Puschkin Prolog und Epilog, die Probleme im Verhältnis von Dichter und Volk, Volk und Geschichte, Geschichte und Kultur. Neu ist (nicht im Vergleich zu Puschkins Gesamtwerk, aber in bezug auf das Poem) das von Glinka im I. Akt der Oper angesprochene spannungsvolle, bisweilen gestörte Verhältnis zwischen Dichter und Herrschenden. Kein alter Kiewer Großfürst ist da zu vernehmen, sondern ein Selbstherrscher des 18./19. Jahrhunderts. Vor dem Lob des Herrschers hat das Lob des Dichters zurückzustehen. Glinka läßt den Bajan verstummen.

Neu gegenüber dem Puschkinschen Poem ist, daß Glinka im Schlußakt die Utopie eines durch Leid geprüften und gereiften jungen Fürstenpaares entwirft und daß er die die Herrschenden und das Volk trennenden Mauern des Kiewer Festsaales fallen läßt. Nicht die Fürsten begeben sich hinaus ins Freie, das Volk dringt vielmehr ein in die Gemächer der Macht und Freude, es begibt sich auf die Ebene, die die beiden jungen Paare — stellvertretend für alle — erreicht haben. Hier manifestiert sich Glinkas Hoffnung auf ein freies Volk. Im Verhältnis zwischen bösen und guten Wesen (Naina und Finn) kommen Böse und Gut als einander bedingende Momente einer allgemeinen Entwicklung ins Spiel.

In der Figurenkonstellation gibt es auffallend viele Paare (Ruslan und Ljudmila, Gorislawa und Ratmir, Naina und Finn, Zwerg Tschernomor und Bruder Riesenhaupt) sowie Parallel- und Kontrastfiguren (zwei abgewiesene Freier, zwei liebende Männer, zwei unglückliche Frauen, drei Zauberer). Die auf gegenseitige Relativierung und Erhellung ausgehenden Beziehungen der Paare zueinander haben ihre Wurzeln in Puschkins Shakespeare-Rezeption. Glinka konstituiert instrumental, melodisch, rhythmisch und dynamisch Kontraste. Die berühmte „Glinkasche Variationstechnik" ist hier verankert. Glinka faßt die Figuren durch die Möglichkeit des Vergleichens nicht nur differenziert-psychologisch, sondern auch historisch-universal durch die Einbeziehung von Musiziermodellen verschiedener Kulturbereiche (russische, finnische, persische), aber auch sozial-national durch die Verwendung und das spannungsvolle Aufeinanderbezogensein von Kunstmusik und Volksmusik. Volksmusikmodelle durchdringen Harmonie,

Melodiebildung und Stimmführung, sind auch dann präsent, wenn sie nicht vordergründig als charakterisierendes Element in Erscheinung treten, zum Beispiel in der Kavatine der Ljudmila im I. Akt und im Persischen Chor im III. Akt, die nach der auf dem Podwodka-Prinzip (die Oberstimme wird mit reichen Ausschmückungen als Gegenstimme zu den tieferen, die auch die Hauptmelodie variieren können, geführt) basierenden variierten Strophenform gebaut sind. Wird die variierte Strophenform in traditionelle Arientypen und Ensembles eingebunden, verschmilzt Glinka wesentliche, die russische Volksmusik charakterisierende Elemente — wie Nebenstimmenpolyphonie — mit sinfonischen Prinzipien und der Kontrapunktik der Kunstmusik, wird diese Verbindung für Stimmführung, Melodik und Harmonik entscheidend. Die Gamma Tschernomora (die Tschernomor-Ganztonleiter) ist eine besondere, allein den Zwerg charakterisierende Farbe.

Glinkas besonderes Augenmerk galt den Finali aller fünf Akte. Hier verknüpfen sich die Motive so, daß die Musik durch „die Verschiedenartigkeit des Eintritts der Stimmen von selbst Leben in den Vorgang bringt, so daß sich jede betonte Gestik der Mitwirkenden erübrigt" (Alexander Glasunow). Eines der schönsten Beispiele für diese Ensembletechnik findet sich im Finale des I. Aktes, wenn nach dem Raub Ljudmilas alle aus ihrer Erstarrung erwachen und die Stimmen kanonisch einsetzen.

Aneignung

Der große Erfolg von ›Iwan Sussanin‹ wiederholte sich bei ›Ruslan und Ljudmila‹ nicht.

1842 trat der politisch rechte Flügel in Rußland offen gegen Glinka auf. Ungenügende Probenzeit, Widerstand von Musikern und Sängern hatten hierin ihre Ursache. Sie beeinflußten zusammen mit unglücklichen Zufällen (wie Erkrankung einer Sängerin) die künstlerische Qualität der Uraufführung.

Der linke demokratische Flügel, Träger und Adressat von Werk und Idee, war zersplittert. Von Serow ist die Injurie „Ruslanisten" in bezug auf Stassow, Ljadow, Balakirew und dessen Freunde überliefert. Dieser Druck von außen veranlaßte die Anhänger des Werkes, die sich als Herausgeber und hervorragende Propagandisten betätigten (Ljadow leitete 1864 die Aufführung des Mariinski Theaters in Petersburg, Balakirew studierte die Oper in Prag ein), bestimmte Züge der Oper besonders zu betonen. Sie legten so den Grund zu Vereinseitigungen. Die Rezeptionsgeschichte von ›Ruslan und Ljudmila‹ ist einerseits von einem klassischen Vorurteil (gute Musik zu schlechtem Text) geprägt, andererseits von einem Fehlurteil (ein Werk heroisch-historischen Charakters). Slawophil-folkloristische Interpretationen verschafften der Oper zwar eine weltweite Anhängerschar (dafür sorgte z. B. eine russischsprachige Aufführung in London 1931), wirken aber einem echten Verständnis des Werkes entgegen.

In der Forschung hat sich — nicht zuletzt durch die Arbeiten Boris Assafjews — die Meinung von der konsequenteren musikalischen Formung des ›Ruslan‹ gegenüber dem ›Sussanin‹ durchgesetzt.

Am Bolschoi Theater Moskau wurde ›Ruslan und Ljudmila‹ erst 1868 aufgeführt, befindet sich aber seitdem ständig im Repertoire. Das Werk wurde 1882, 1897, 1901 (Farlaf: Fjodor Schaljapin), 1907 (Bajan: Leonid Sobinow), 1931, 1948 (Dirigent Alexander Melik-Paschajew) und 1972 (Dirigent Boris Chaikin) jeweils neu inszeniert.

Schaljapin sang den Farlaf nach der Moskauer Inszenierung von 1901 am Mariinski Theater Petersburg 1904 und 1917 am Opern- und Ballett-Theater Petrograd.

Die deutsche Erstaufführung erfolgte 1950 an der Deutschen Staatsoper Berlin.

Autograph Bisher nicht aufgefunden, vermutlich beim Brand des Großen Theaters Petersburg vernichtet. Alles noch vorhandene Material Staatliche Öffentliche Bibliothek M. J. Saltykow-Schtschedrin Leningrad und Zentrales Staatliches Archiv für Literatur und Kunst der UdSSR Moskau
Ausgaben Part Redaktion von Balakirew, Ljadow und Rimski-Korsakow. Stellowski Petersburg 1878 (Erstausgabe); Part Redaktion von Balakirew. Gutheil Moskau 1885 (Zweitausgabe); Part (russ./dt., nach der Zweitausgabe) Gutheil Moskau 1903; Part Redaktion von Rimski-Korsakow und Glasunow. Belaieff Leipzig 1904; Part Redaktion von Balakirew und Ljapunow. Jurgenson Moskau 1907 (Drittausgabe); Part (nach der Drittausgabe) Musgis Moskau/Leningrad 1947; Part In: GA (Polnoje sobranije sotschineni.) Bd. 14 A und 14 B, Musyka Moskau 1967; Ergänzungsband mit der Bühnenmusik Instrumentation von Rimski-Korsakow. In: GA (Polnoje sobranije sotschineni.) Bd. 14 dop., Musyka Moskau 1967; Part (Übernahme aus der GA, dt. von Leipold, Neef, Röhlig) Henschelverlag Berlin 1978; KlA Stellowski Petersburg 1856 (Ein Exemplar dieser Ausgabe befindet sich, mit einer Widmung Glinkas an seinen Lehrer Dehn sowie Anmerkungen und Korrekturen versehen, in der Deutschen Staatsbibliothek Berlin.); KlA Stellowski Petersburg 1876; KlA Hrsg. von Balakirew.

Jurgenson Moskau 1881, KlA In: GA (Polnoje sobranije sotschineni.) Bd. 15, Musyka Moskau 1967; KlA (Übernahme aus der GA, dt. von Leipold, Neef, Röhlig) Henschelverlag Berlin 1978, Text Kommentiert von F. Fachma. Musyka Moskau 1961
Weitere deutsche Textfassungen: Anonym (Gutheil Moskau 1885); Lina Esbeer (Jurgenson Moskau 1907); Kurt Honolka (1969)
Literatur Nikolai Rimski-Korsakow: Mozart und Glinka (Mozart i Glinka). In: Musikalische Aufsätze und Aufzeichnungen 1869—1907. (Musykalnyje statji i sametki 1869—1907.) Petersburg 1911; Alexander Serow: Ruslan und die Ruslanisten. (Ruslan i ruslanisty.) In: Ausgewählte Aufsätze. (Isbrannyje statji.) Bd. 1, Moskau/Leningrad 1950; Cesar Cui: ›Ruslan und Ljudmila‹ von Glinka. (›Ruslan i Ljudmila‹ Glinki.) In: Ausgewählte Aufsätze. (Isbrannyje statji.) Leningrad 1952; Alexander Glasunow: Mozart in uns allen. In: *Stuttgarter Zeitung* vom 24.3.1956; Tamara Liwanowa (Hrsg.): M. I. Glinka. Sammlung von Materialien und Aufsätzen. (M. I. Glinka. Sbornik materialow i statej.) Moskau/Leningrad 1950 = darin: Wiktor Berkow: Aus der Entstehungsgeschichte von ›Ruslan und Ljudmila‹. Der erste Plan der Oper. (Is istorii sosdanija ›Ruslana i Ljudmily‹. Perwonatschalny plan opery.) und Wassili Kisseljow: Zur Frage des Zusammentreffens von Glinka mit Puschkin. (K woprosu o poseschtschenii Puschkinim Glinka.)

Semjon Stepanowitsch
Gulak-Artemowski
1813–1873

Der in der Nähe von Kiew geborene Gulak-Artemowski erhielt an der Akademie der ukrainischen Hauptstadt eine Gesangsausbildung. Seine Begegnung mit Michail Glinka 1838 wurde für seine weitere Entwicklung entscheidend.

Der russische Komponist nahm den begabten ukrainischen Musiker mit sich nach Petersburg. 1839 verwandte dann Gulak-Artemowski den Erlös eines Wohltätigkeitskonzertes dafür, ein Gesangsstudium in Italien zu absolvieren.

1842 nach Petersburg zurückgekehrt, wurde er einer der ersten Solisten am Mariinski Theater und 22 Jahre lang vom Publikum als Sänger bejubelt. Er gehörte zu den ersten und bedeutendsten Interpreten des Ruslan in Michail Glinkas Oper ›Ruslan und Ljudmila‹.

1861/62 schuf Gulak-Artemowski Text und Musik zu der Oper ›Der Saporosher hinter der Donau‹.

In der Uraufführung 1863 am Mariinski Theater sang er selbst die Hauptpartie, den Saporosher Kosaken Iwan Karas. Die Oper eroberte sich rasch das Publikum, war bald auf vielen Bühnen Rußlands und der Ukraine zu finden und gehört noch heute zu den beliebtesten Repertoirewerken. Sie gilt als die erste ukrainische Oper.

Der Saporosher hinter der Donau
(Saporoshez sa Dunajem)
Originale kleinrussische Oper in drei Akten mit Chor und Tänzen
Libretto von Semjon Gulak-Artemowski

Entstehung 1861–1862

Uraufführung 14. April 1863   Mariinski Theater Petersburg

Personen

Iwan Karas, Saporosher	Baß-Bariton
Odarka, seine Frau	Sopran
Oksana, Waise, Ziehtochter von Iwan Karas	Mezzosopran
Andrej, junger Kosak vom Schwarzmeer	Tenor
Sultan	Bariton
Selich-Aga, zum Hof des Sultans gehörend	Tenor
Ibrahim-Ali, Imam	Baß

Hassan, ein Diener..Sprechrolle
Kosaken und Kosakinnen, Schnitter und Schnitterinnen,
Diener des Sultans, türkische Wache...................Gemischter Chor und Ballett

Handlung
Die Handlung spielt im 18. Jahrhundert am Südufer der Donau, das von den Türken beherrscht wird.

I. Akt: Die jungen Kosaken, unter ihnen das Mädchen Oksana und der Bursche Andrej, sehnen sich nach Freiheit und nach ihrer Heimat am Don. Die Eheleute Iwan Karas und Odarka zanken und versöhnen sich.

II. Akt: Der türkische Sultan ist neugierig und verkleidet sich nach alter Sitte, mischt sich unters Volk, um zu erfahren, was die Kosaken denken. Iwan Karas, an dessen Tor er klopft, durchschaut das Spiel und stellt sich dumm. Er sagt dem Sultan einige Wahrheiten. Karas bewirtet den Sultan und betrinkt sich dabei. Der Sultan spielt mit seinem Wirt das Spiel der Mächtigen und überläßt dem Kosaken seinen Thron für einen Tag. Karas nutzt die Gelegenheit und erläßt Gesetze zugunsten der Kosaken.

III. Akt: In seine Hütte zurückgekehrt, spielt Karas weiterhin den Türken und erschreckt damit seine Frau. Oksana und Andrej wurden auf der Flucht in die Heimat von türkischen Häschern gefangen. Sie erwartet eine harte Strafe. Karas erhebt dagegen Einspruch und macht einen Erlaß geltend, denn er selbst hatte, als Sultan für einen Tag, die Rückkehr der Kosaken in die Heimat zugelassen. Der echte Sultan bestätigt den Erlaß. Fröhlich drehen sich alle im Hopak.

Kommentar
Semjon Gulak-Artemowski hat in seinem ›Saporosher hinter der Donau‹ Figuren und Situationen des alten Wertep-Dramas (siehe Ukrainische Oper) adaptiert, mit neuen Motiven, so dem Spiel vom König (Sultan) für einen Tag, ergänzt. Er hat Volkstheatertypen, wie den Saporosher und seine Frau, mit Charakteren der bürgerlichen Komödie, Andrej und Oksana, gemischt. Er zitiert Melodien und Tänze aus der ukrainischen bäuerlichen und städtischen Folklore. Deshalb nannte er sein Werk auch eine „originale kleinrussische Oper".

Wie im Wertep-Drama wechseln Gesangsnummern, gesprochene Dialoge und Tänze miteinander ab, steht die Figur des listigen Saporoshers, der gegen die Mächtigen und für seine Interessen kämpft, im Mittelpunkt. Gulak-Artemowski charakterisiert seine Figuren durch Melodietypisierungen. So setzt er zum Beispiel im Streit-Duett Odarka und Iwan Karas zwei unterschiedliche Melodietypen – Klagegesang und Scherzlied – gegeneinander.

Den türkischen Wächtern sind türkische Märsche angemessen, der Sultan jedoch erhält eine italienische Kavatine.

Nach der Konvention des Wertep endet die Oper mit einem Tanz-Finale.

Verbreitung
Der Erfolg des Stückes wuchs von Jahr zu Jahr. Die Gesangsstars rissen sich um

die Partien. Die Oper gehört noch heute zu den beliebtesten Repertoirewerken. 1933/34 stellte der Dirigent Jorisch eine Bearbeitung her, die sich nicht durchsetzte.

Bekannte Aufführungen fanden statt: 1864 Bolschoi Theater Moskau, 1884 Rostow am Don, 1915 Bolschoi Theater Moskau, 1922 Tbilissi, 1926 Charkow, 1939 Kuibyschew, Gorki, 1942 Swerdlowsk, 1944 Baku, 1945 Kischinjow, 1948 Konservatorium Leningrad, 1951 Minsk, Stanislawski-Nemirowitsch-Dantschenko-Musiktheater Moskau, 1952 Duschanbe, 1953 Kuibyschew, 1954 Ulan-Ude, Nowosibirsk, 1955 Vilnius.

Ausgaben Part (Orchestrierung von Georgi Maiboroda) Mussitschna Ukraina Kiew 1982; KIA Stellowski Petersburg 1863; KIA Gutheil Moskau o.J.; KIA Musgis Moskau 1928; KIA Mysteztwo Kiew 1954; Text Stellowski Petersburg 1863 und 1901

Literatur Siehe Ukrainische Oper

Michail Michailowitsch
Ippolitow-Iwanow
1859—1935

Michail Ippolitow-Iwanow nahm als Pädagoge, Dirigent und Komponist Einfluß auf die Musikkultur seiner Zeit.

Er war ein Schüler Rimski-Korsakows und propagierte die Ideen des Mächtigen Häufleins, teilte insbesondere das Interesse seines Lehrers für die Musik der östlichen Völker.

1882 bis 1893 arbeitete er in Tiflis, gründete hier eine Zweigstelle der Russischen Musikgesellschaft und war als Dirigent am Musikleben der Stadt führend beteiligt. Er bewirkte, daß die Musikschule der Stadt den Rang eines Konservatoriums erhielt. Auf diese Weise leistete er einen wesentlichen Beitrag zur Herausbildung der grusinischen Musikkultur.

Ippolitow-Iwanow erforschte die kaukasische Musik und veröffentlichte eine Sammlung georgischer Lieder sowie eine theoretische Arbeit, ›Das grusinische Lied und seine gegenwärtige Beschaffenheit‹. Die Orchestersuiten ›Kaukasische Skizzen‹, entstanden 1894 und 1895, in denen er georgische und armenische Melodien verarbeitete, machten seinen Namen dem westeuropäischen Konzertpublikum bekannt.

1893 wurde Ippolitow-Iwanow Professor am Moskauer Konservatorium, das er von 1905 bis 1922 leitete. Reinhold Glier, Sergej Wassilenko, Andrej Balantschiwadse und Leonid Nikolajew zählen zu seinen berühmtesten Schülern.

Zwischen 1899 und 1906 war Ippolitow-Iwanow Chefdirigent der Russischen Privatoper. Rimski-Korsakows ›Zarenbraut‹ (1899), ›Das Märchen vom Zaren Saltan‹ (1900) und ›Der unsterbliche Kaschtschej‹ (1902) gelangten in seiner musikalischen Einstudierung hier zur Uraufführung.

Sein Opernschaffen umfaßt sieben Werke. Die Oper mit dem Mädchennamen ›Asja‹ gilt in der sowjetischen Musikgeschichtsschreibung als kleine Schwester des großen Bruders ›Eugen Onegin‹. Tschaikowski und Ippolitow-Iwanow waren miteinander befreundet. Als Dirigent popularisierte Ippolitow-Iwanow Tschaikowskis Opern.

Ruth _____ 1883—1886
Lyrische Oper in drei Akten
Asra _____ 1887—1890
Dramatische Oper in drei Akten und einem Epilog
nach einer maurischen Legende
(Erste Szene des Epilogs nach dem ›Lied von Alpujar‹ von Adam Mickiewicz)

Asja _____1900
Lyrische Szenen in drei Akten
nach der gleichnamigen Erzählung von Iwan Turgenjew
Der Verrat (Ismena) _____1908—1909
Dramatische Oper in vier Akten
nach der gleichnamigen Tragödie von A. Sumbatow-Jushin
Ole aus Nordland (Ole is Norlanda) _____1915
Oper in vier Akten nach einer Erzählung von Bjørnstjerne Bjørnson
Die Heirat (Shenitba) _____1931
Ergänzung der unvollendeten gleichnamigen Oper von Modest Mussorgski
Die letzte Barrikade (Poslednjaja barrikada) _____1933

Asja (Asja)
Lyrische Szenen in drei Akten, fünf Bildern
(Liritscheskije szeny w trjoch dejstwijach, pjati kartinach)
Libretto von N. Manykin-Newstrujew
nach der gleichnamigen Erzählung von Iwan Turgenjew

Entstehung 1900

Uraufführung 11. Oktober 1900 Theater Solodownikows Moskau mit dem Ensemble der Moskauer Privatoper

Personen
Gagin _____Tenor
Asja, seine Schwester _____Sopran
N. N. _____Bariton
Senior der studentischen Landsmannschaft _____Tenor
Ein Kommersbesucher _____Baß
Hannchen, Dienstmädchen _____Sopran
Frau Luise _____Mezzosopran
Fritz, Junge _____Sprechrolle
Wirt des Hauses, in dem Gagin wohnt _____Stumm
Wirt einer Bierbude _____Stumm
Alter Pedell _____Stumm
Studenten einer Landsmannschaft, Bürger: Männer, Frauen und Kinder, Musikanten und Bedienstete im Gasthaus ›Die Sonne‹ _____Gemischter Chor

Handlung
Die Handlung spielt in einer kleinen deutschen Stadt am Ufer des Rheins in der ersten Hälfte des 19. Jahrhunderts.
I. Akt, 1. Bild (1. Bild): *Gasthaus ›Die Sonne‹.* Studenten halten einen Kommers ab. Der Russe N. N. trifft auf Landsleute. Er freundet sich mit dem jungen Adli-

gen Gagin und dessen Schwester Asja an. I. Akt, 2. Bild (2. Bild): *Am Rhein, Abend. Am Hause, in dem Gagin mit seiner Schwester wohnt.* N. N. besucht seine Freunde und gewinnt Interesse an ihnen. Asja verliebt sich in N. N. **II. Akt**, 1. Bild (3. Bild): *Zimmer Asjas.* Asja schreibt N. N. einen Brief und lädt ihn zu einem Stelldichein. Sie gesteht dem Bruder ihre Liebe zu N. N. II. Akt, 2. Bild (4. Bild): *Ein Gasthaus vor der Stadt. Kegelbahn.* N. N. ist von Asjas Verhalten irritiert. Der Bruder entdeckt ihm Asjas Lebensgeschichte. Sie ist seine Halbschwester, das Kind seines Vaters mit einer Kammerzofe.
III. Akt (5. Bild): *Zimmer von Frau Luise.* Asja und N. N. gestehen einander ihre Liebe. N. N. zweifelt noch an seinem Gefühl. Asja flieht. Da begreift N. N., daß er Asja liebt, befürchtet aber, daß er sie verloren hat.

Kommentar
Iwan Turgenjew hat in seiner berühmten Erzählung ›Asja‹ Puschkins ›Eugen Onegin‹ für eine spätere Zeit adaptiert. Ippolitow-Iwanow verhielt sich adäquat. Asjas Briefszene ist eine Reminiszenz an Tatjanas Briefszene, wie sie Tschaikowski in seinem ›Eugen Onegin‹ musikalisch geprägt hatte. Handlung findet in der Oper ›Asja‹ statt als Kontrast zwischen der romanzenhaften Schwärmerei und Innerlichkeit der russischen Helden und der sie umgebenden deutschen Umwelt, die bald im stimmungsvollen Sonnenuntergang, bald in turbulenten Volksvergnügungen lautmalerisch wiedergegeben wird. Burschenschaftslieder bis hin zum Gaudeamus igitur, das Lärmen kegelspielender und biertrinkender Kleinbürger haben den Komponisten zu detailreichen Genreszenen angeregt.

Verbreitung
Obgleich die Oper nach ihrer Uraufführung lediglich 1912 in Charkow inszeniert wurde, steht sie doch in dem Ruf eines außerordentlich erfolgreichen Werkes. Das verdankt sie der künstlerisch glanzvollen Uraufführung durch die Moskauer Privatoper, für die Michail Wrubel das Bühnenbild geschaffen hatte und in der so legendäre Sänger wie Schkafer (Gagin) und Zwetkowa (Asja) sangen.

Ausgaben KlA Jurgenson Moskau 1905
Literatur Michail Ippolitow-Iwanow: Meine Erinnerungen an 50 Jahre russischer Musik. (Moi wospominanija o 50 let russkoi musyki.) Moskau 1934; Briefwechsel zwischen Rimski-Korsakow und Ippolitow-Iwanow. (Perepiska Rimskogo-Korsakowa s Ippolitowym-Iwanowym.) Moskau 1945; Ippolitow-Iwanow. Briefe. Aufsätze. Erinnerungen. (Pisma. Statji. Wospominanija.) Hrsg. von N. Sokolow, Moskau 1984; S. Boguslawski: M. M. Ippolitow-Iwanow. Moskau 1936

Dmitri Borissowitsch Kabalewski
1904—1987

Der in Petersburg geborene Dmitri Kabalewski studierte am Moskauer Konservatorium unter anderem bei Nikolai Mjaskowski und lehrte seit 1932 an diesem Institut Theorie und Komposition. 1939 wurde er zum Professor ernannt.

Er trat auch als Pianist und Dirigent in Erscheinung. Von 1940 bis 1946 war er Chefredakteur der Zeitschrift *Sowjetskja musyka*.

Seit 1952 war er Sekretär der Leitung des Komponistenverbandes der UdSSR.

Neben vielen Kammermusikwerken, Klavierkompositionen, Film- und Schauspielmusiken komponierte er fünf Opern und eine Operette. Besondere Aufmerksamkeit widmete er der Musik für Kinder. Seit 1962 leitete Kabalewski daher auch die Kommission für musikalisch-ästhetische Erziehung der Kinder und Jugendlichen beim Komponistenverband der UdSSR. 1969 wählte man ihn zum Präsidenten des Wissenschaftsrates für ästhetische Erziehung beim Präsidium der Akademie der Wissenschaften der UdSSR und 1972 zum Ehrenpräsidenten der Internationalen Gesellschaft für musikalische Erziehung.

Er war Vize-Präsident der englischen Arbeiterchorvereinigung (seit 1950), Ehrenprofessor des Mexikanischen Konservatoriums (seit 1959) und korrespondierendes Mitglied der Akademie der Künste der DDR (seit 1970).

Colas Breugnon / Der Meister aus Clamecy_____1937/1968
(Kola Brjunjon / Master is Klamsi)
Oper in drei Akten nach dem gleichnamigen Roman von Romain Rolland
Im Feuer / Bei Moskau (W ogne / Pod Moskwoi)_____1941—1942
Oper in vier Akten
Die Familie Taras (Semja Tarassa)_____1947/1950
Oper in vier Akten
nach der Erzählung ›Die Unbesiegbaren‹ von Boris Gorbatow
Nikita Werschinin_____UA 1955
Oper in vier Akten nach der Erzählung und dem
Schauspiel ›Panzerzug 14-69‹ von Wsewolod Iwanow
Schwestern (Sjostry)_____1968
Oper in drei Akten und einem Prolog
nach der Erzählung ›Begegnung mit dem Wunder‹ von Ilja Lawrow

---

Literatur Lew Danilewitsch: Dmitri Kabalewski. Moskau 1954; Jelena Groschewa: D. Kabalewski. Moskau 1956; Dmitri Kabalewski. Schöpferische Begegnungen. Essays, Briefe. (Twortscheskije wstretschi. Otscherki, pisma.) Hrsg. von W. Wiktorow, Moskau 1974

Colas Breugnon (Kola Brjunjon)
Der Meister aus Clamecy (Master is Klamsi)

Oper in drei Akten, acht Bildern, und einem Prolog
(Opera w trjoch dejstwijach, wosmi kartinach, s prologom)
Libretto von W. Bragin und Dmitri Kabalewski
nach dem gleichnamigen Roman von Romain Rolland

Entstehung 1937 Der Meister aus Clamecy   1968 Colas Breugnon

Uraufführung Der Meister aus Clamecy   22. Februar 1938   Staatliches Akademisches Kleines Theater für Oper und Ballett (Maly Theater) Leningrad
Colas Breugnon 16. April 1970   Staatliches Akademisches Kleines Theater für Oper und Ballett (Maly Theater) Leningrad

Personen

Colas Breugnon	Bariton
Seline, die Zärtliche	Mezzosopran
Jacqueline	Sopran
Gifflard	Hoher Baß
Pfarrer Chamaille	Baß
Robinet	Tenor
Herzog von Asnois	Tenor
Fräulein von Termes	Sopran
Herold	Tenor
Erstes Pfarrkind	Tenor
Zweites Pfarrkind	Baß
Zwei Stimmen hinter der Szene	Kinder-Alt, Baß
Glodie, Enkelin Breugnons, vier bis fünf Jahre alt	Stumm
Volk von Clamecy, Gäste des Herzogs, Soldaten	Gemischter Chor
Musikanten auf der Szene	2 Vl, 2 Ob, Hr, Trp, Tamb, Fanfaren, Gl

Orchester Picc, 2 Fl, 2 Ob, EH, 3 Klar, 2 Fg, 4 Hr, 3 Trp, 2 Pos, Tb, Pkn, Slzg, Xyl, Hrf, Str
Musikanten auf der Szene: 2 Vl, 2 Ob, Hr, Trp, Tamb, Fanfaren, Gl

Aufführungsdauer Gesamt: 2 Stdn.

Vorgänge
Die Handlung spielt in Burgund im 16./17. Jahrhundert.
Prolog: Der sechzigjährige Breugnon erinnert sich seines Lebens und beginnt, es niederzuschreiben.
I. Akt, 1. Bild (1. Bild): *Mädchen bei der Weinlese vor den Toren der Stadt.* Colas und Seline lieben einander. Colas hat einen Nebenbuhler: Gifflard. Interme-

dium. Der Herzog hat neue Soldaten angeworben. Die Bürger von Clamecy bitten: Gott rette uns vor unseren Rettern. I. Akt, 2. Bild (2. Bild): *Vor dem Schloß.* Der Herzog spricht zu seinem Volk und findet keinen Anklang. Fräulein von Termes bewundert Breugnons Skulpturen. Der Meister wird ins Schloß gebeten. Gifflard macht Seline weis, Colas liebe das Fräulein. Seline wird Gifflards Frau.

II. Akt, 1. Bild (3. Bild): *Breugnons Werkstatt.* Viele Jahre sind vergangen. Colas ist mit Jacqueline verheiratet. Doch in der Skulptur einer Danae hat er Seline abgebildet. Gifflard und der Herzog von Asnois statten dem Meister Breugnon einen Besuch ab und nehmen diese Skulptur mit. Pfarrer Chamaille besucht seinen alten Freund und tröstet ihn mit einer Flasche Wein. Breugnon singt, der Lehrling Robinet tanzt, Frau Jacqueline gesellt sich zu der fröhlichen Runde. Da künden Klagegesänge und Glockentöne den Ausbruch der Pest. Colas schickt seine Frau und die Enkelin aus der Stadt. Intermedium. Dies irae. II. Akt, 2. Bild (4. Bild): *Alte Weinbergshütte.* Colas war an der Pest erkrankt, ist aber gesundet. Durch Robinet erfährt er, daß Gifflard während seiner Abwesenheit Haus und Werkstatt hat niederbrennen lassen. Frau und Enkelin fanden bei einer Nachbarin Aufnahme und liegen im Sterben. II. Akt, 3. Bild (5. Bild): *Zimmer in einem fremden Haus.* Jacqueline stirbt und gesteht ihrem Mann, sie habe immer gewußt, daß er eine andere liebe. Die Enkelin Glodie gesundet.

III. Akt, 1. Bild (6. Bild): *Vorort von Clamecy.* Die alte Seline und der Greis Breugnon begegnen einander, gestehen sich ihre unverändert gebliebene Liebe und nehmen voneinander Abschied. Intermedium. *Auf dem Wege zwischen Clamecy und dem Schloß des Herzogs.* Empörte Städter berichten von Brandstiftungen und Plünderungen in der Stadt durch Gifflard und herzogliche Truppen. Breugnon begibt sich zum Herzog, um Klage gegen Gifflard zu führen. III. Akt, 2. Bild (7. Bild): *Schloß.* Gifflard flüstert dem Herzog ein, Breugnon habe die Bürger gegen ihn aufgehetzt. Der Herzog zerschlägt die Arbeiten des Meisters. Breugnon verspricht dem Herzog als Dank dafür ein Standbild. III. Akt, 3. Bild (8. Bild): *Vor dem Schloß. Sankt Martinstag.* Die Bürger von Clamecy sind zur Enthüllung des herzoglichen Standbildes geladen. Die Hüllen fallen. Das Denkmal zeigt des Herzogs Konterfei, verkehrt herum auf einem Esel sitzend. Das Volk verlacht den Abgebildeten.

Kommentar

1937 schrieb Kabalewski seine erste Oper ›Der Meister aus Clamecy‹. 1968 überarbeitete er sie und näherte sie stärker der Vorlage an. 1972 erhielt er für ›Colas Breugnon‹, das bedeutendste seiner fünf Opernwerke, den Leninpreis.

Kabalewski bevorzugt symmetrische Verlaufsformen und schlichte Wiederholungen im melodisch-gesanglichen und orchestralen Bereich. Echotechnik, einfache Kontrapunktik, effektvoller Einsatz formalisierter musikalischer Ausdrucksgehalte (wie das Sekundklagemotiv, das Dies irae, das Glockengeläut) kennzeichnen die in thematischer Substanz und Verarbeitungstechnik karge Oper.

Verbreitung
1971 Stanislawski-Nemirowitsch-Dantschenko-Musiktheater Moskau.

Autograph Zentrales Staatliches Archiv für Literatur und Kunst Moskau
Ausgaben Der Meister aus Clamecy: KlA Staatliches Kleines Theater für Oper und Ballett (Maly Theater) Leningrad 1937 Colas Breugnon: Part und KlA Musfond SSSR Moskau 1968; Part und KlA (russ./frz.) Musyka Moskau 1973; Part Ouvertüre Boosey&Hawkes New York 1952; Part Boosey&Hawkes New York 1954
Literatur Lew Danilewitsch: ›Der Meister aus Clamecy‹. Oper von D.Kabalewski (›Master is Klamsi‹. Opera D.Kabalewskogo.) In: *Sowjetskaja musyka*, Moskau 1937 Nr.12; ›Der Meister aus Clamecy‹. (›Master is Klamsi‹) In: Artikelsammlung. (Sbornik statej.) Hrsg. vom Staatlichen Kleinen Operntheater Leningrad (Malegot), Leningrad 1938; Abram Gosenpud: Russisches sowjetisches Operntheater 1917–1941. (Russki sowjetski operny teatr 1917–1941.) Leningrad 1963; weitere Literatur siehe Dmitri Kabalewski

Die Familie Taras (Semja Tarassa)
Oper in vier Akten, acht Bildern
(Opera w tschetyrjoch dejstwijach, wosmi kartinach)
Libretto von Sergej Zenin
nach der Erzählung ›Die Unbesiegbaren‹ von Boris Gorbatow

Entstehung 1947 Erste Fassung   1950 Zweite Fassung

Uraufführung Erste Fassung 2. November 1947   Moskauer Akademisches Musikalisches Theater K. S. Stanislawski und W. I. Nemirowitsch-Dantschenko   Zweite Fassung 7. November 1950   Staatliches Akademisches Theater für Oper und Ballett S. M. Kirow (Kirow Theater) Leningrad

Personen
Taras _____ Baß
Jefrossinja, seine Frau _____ Mezzosopran
Nastja, beider Tochter _____ Sopran
Beider Söhne: Stepan, Andrej _____ Bariton, Tenor
Antonina, Frau Andrejs _____ Sopran
Pawlik, Komsomolze, Freund Nastjas _____ Tenor
Nasar _____ Tenor
Onkel Semjon, Waldhüter _____ Baß
Komsomolzen: Wasja, Wanja _____ Tenor, Bariton
Erster Kolchosnik _____ Baß
Zweiter Kolchosnik (Ältester) _____ Baß
Erster und zweiter Arbeiter _____ Baß, Baß
Deutscher Oberst _____ Baß
Deutscher Leutnant _____ Bariton
Deutscher Begleitposten _____ Tenor

Arbeiter, Komsomolzen, Bewohner der von den Faschisten okkupierten Arbeitersiedlung, Kolchosbauern, Soldaten der Roten Armee — Gemischter Chor

Handlung
Die Handlung spielt während des Großen Vaterländischen Krieges in einem mittleren Landstrich Rußlands.
Der alte Taras und seine Frau haben drei Kinder. Der älteste Sohn Stepan bewährt sich als Partisan und wird wegen seiner Heldentaten allgemein geliebt. Der jüngere Sohn Andrej gerät in deutsche Gefangenschaft, kann entfliehen und flüchtet nach Hause. Der Vater verflucht ihn als Feigling. Andrej ermannt sich und verläßt das Elternhaus mit den Worten: „Sagt meinem Vater, er wird noch von mir hören."

Das jüngste Kind ist die Komsomolzin Nastja. Sie sprengt zuerst den Stab der Faschisten, dann eine Brücke in die Luft. Sie wird gefaßt und standrechtlich erschossen.

Vater Taras selbst weigert sich, den Faschisten die Tanks zu reparieren, und wird von einem deutschen Offizier angeschossen. Andrej macht sein Versprechen wahr und befreit als Soldat der Roten Armee sein Heimatdorf von den Faschisten. Taras kann stolz auf seine Kinder sein.

Kommentar
In dieser Oper dominieren heroische Gesten. Es finden viele Abschiede und Trennungen statt. Die in den Kampf Ziehenden nehmen ihren Heldentod und die sie dafür erwartenden Ehrungen mit Trompetengeschmetter und Posaunenklang voraus. Es gibt keine Stille, keine Besinnung, alle verhalten sich so, als würden sie fürs Geschichtsbuch posieren.

Aus Glinkas ›Iwan Sussanin‹ werden Figuren und Situationen adaptiert. Doch zeigt sich im Vergleich mit dem Vorbild ein wesentlicher Unterschied. Bei Glinka handeln die Individuen eigenverantwortlich und durchleiden Konflikte. Hingegen schaut in Kabalewskis Oper eine anonyme opferbereite Menge (Chor) bewundernd, befehlsbereit und anweisungsbedürftig auf die vorbildhaften einzelnen, in diesem Falle auf Taras und seinen Sohn Stepan. In Taras und Stepan lassen sich unschwer Iwan Sussanin und Sobinin erkennen.

Der Oper wurde 1950 und 1951 der Stalinpreis zuerkannt.

Verbreitung
1951 Alma-Ata, Swerdlowsk, Musiktheater Moskau, Kuibyschew, 1952 Riga, Charkow, Sofia, 1953 Duschanbe, 1954 Wrocław.

Ausgaben KlA Musfond SSSR Moskau 1952; KlA Musgis Moskau 1955
Literatur Ludmila Poljakowa: ›Die Familie Taras‹ von D. Kabalewski. (›Semja Tarassa‹ D. Kabalewskogo.) Moskau/Leningrad 1953; Juri Keldysch: Auf dem Weg zum Opernrealismus in der Oper ›Die Familie Taras‹ von D. Kabalewski. (Na puti opernogo realisma ›Semja Tarassa‹ D. Kabalewskogo.) In: Sowjetskaja musyka, Moskau 1951 Nr. 3; weitere Literatur siehe Dmitri Kabalewski

Schwestern (Sjostry)
Oper in drei Akten, fünfzehn Szenen, und einem Prolog
(Opera w trjoch dejstwijach, pjatnadzati szenach s prologom)
Libretto von Sergej Bogomasow
nach der Erzählung ›Begegnung mit dem Wunder‹ von Ilja Lawrow

Entstehung 1968

Uraufführung 31. Mai 1969   Staatliches Akademisches Theater für Oper und Ballet Perm

Personen
Schwestern: Asja, Slawa_____Sopran, Mezzosopran
Vater_____Baß
Ljowa Tschemissow, Poet_____Tenor
Ein Beamter_____Baß
Anatoli, Pelztierzüchter_____Bariton
Dorofejew, Verwalter der Pelztierfarm_____Tenor
Aljoscha Kosmatsch, Arbeiter auf der Pelztierfarm_____Baß
Grusinzew, Expeditionsleiter der Geologen_____Bariton
Palej, Geologe_____Tenor
Maksimowna, Köchin_____Alt
Arbeiterinnen und Burschen auf der Pelztierfarm,
junge Geologen und Chor hinter der Szene_____Kleiner gemischter Chor

Orchester   Fl, Ob, 2 Klar, ASax, Fg, 3 Hr, 2 Trp, Pos, Pkn, Slzg, Xyl, Cel, Hrf, Kl, Str

Aufführungsdauer   Gesamt: 1 Std., 30 Min.

Handlung
Die Handlung spielt in Moskau und Sibirien in unseren Tagen.
Zwei Schwestern wollen Seeleute werden. Der Vater lacht sie aus, das sei Männersache. Sie verlassen heimlich das Elternhaus und fahren in die Hauptstadt. Doch in den Moskauer Lehranstalten wird ihnen der gleiche Bescheid zuteil. Am Roten Platz schwören die beiden, ihrem Traum vom Seemannsberuf treu zu bleiben. Ein Moskauer Dichter findet an ihnen Gefallen, und sie fahren mit ihm nach Sibirien, arbeiten auf einer Pelztierfarm. Hier wird die Schwester Asja von einem betrügerischen Verwalter des Diebstahls beschuldigt, und die beiden Mädchen schließen sich einer Geologenexpedition an. Auf den Spuren der Mädchen verlassen zwei Arbeiter ebenfalls die Pelztierfarm. Während der Arbeiter Anatoli die Liebe der Schwester Slawa erringt, wird der andere, Aljoscha, von der Schwester Asja abgewiesen. Slawa wird Anatoli heiraten. Asja verläßt die Schwe-

ster und die Geologen und macht sich zum Meer auf, um nun allein ihren Mädchentraum zu realisieren und ein Seemann zu werden.

Kommentar
Die Oper ist für Jugendliche geschrieben und will Mut machen, Träumen nachzugehen und selbständig zu handeln. Der Konflikt der Schwestern ist, einen Beruf ergreifen zu wollen, der Frauen verwehrt ist. Die Konfliktdarstellung bricht mit der 3. Szene ab. Die Pelztierfarm-Episode ist der Schilderung der aufkeimenden Liebe zwischen Slawa und Anatoli gewidmet. Das darauffolgende Geschehen bei den Geologen zeigt, wie Slawas Liebe zu Anatoli stärker wird. Im Gegensatz dazu verhält sich Asja gegenüber allen Werbungen der sie umschwärmenden Männer immer abweisender. In der letzten, der 15. Szene wird das Thema, einen Traum nicht aufzugeben, wieder aufgegriffen.

Die Musik gibt den im Libretto angelegten episodisch-idyllischen Elementen nach. Von der Jugendliche in der zweiten Hälfte des 20. Jahrhunderts interessierenden Musik findet nichts in der Komposition Verwendung.

Verbreitung 1974 Mecklenburgisches Staatstheater Schwerin

Ausgaben KlA Lyrische Oper in drei Akten. Musyka Moskau 1971; KlA Deutsche Bühnenfassung von Klaus C. Barnikol und Hans-Jürgen Schneider nach einer Übersetzung von Liselotte Kolanoske. Henschelverlag Berlin 1972
Literatur Siehe Dmitri Kabalewski

Alfrēds Kalniņš
1879—1951

Alfrēds Kalniņš erhielt seine Ausbildung am Petersburger Konservatorium unter anderem bei Anatoli Ljadow. Nach dem Studium arbeitete er als Organist und Chordirigent in verschiedenen baltischen Städten. Von 1925 bis 1926 war er einer der Direktoren des Lettischen Theaters für Oper und Ballett in Riga.
 Zwischen 1927 und 1933 lebte er in den USA. Nach Lettland zurückgekehrt, war er Domorganist in Riga, von 1944 bis 1948 Direktor des Lettischen Konservatoriums. 1947 wurde er zum Professor ernannt.
 Neben verschiedenen sinfonischen Werken, Chören, Liedern schrieb er 1922 bis 1924 die Oper ›Inselbewohner‹, außerdem ein Ballett. Mit der Oper ›Baņjuta‹ wurde Kalniņš zum Schöpfer der ersten lettischen Nationaloper.

Baņjuta (Baņuta) _____ 1918—1919
Oper in vier Akten
Inselbewohner (Salinieki) _____ 1922—1924
Oper in vier Akten

Baņjuta (Baņuta)
Oper in vier Akten
Libretto von Arturs Krūmiņš

Entstehung 1918—1919

Uraufführung 29. Mai 1920 Lettische Nationaloper Riga

Personen
Walgudis, König _____ Baß
Seine Kinder: Daumant, Maiga _____ Bariton, Mezzosopran
Wishut _____ Tenor
Baņjuta _____ Sopran
Zwantewaitis, ein Krieger Daumants _____ Bariton
Zauberer _____ Tenor
Zwalgonis, Zeremonienmeister _____ Tenor
Krihwis (Priester) _____ Baß
Krihwe Krihwaitis (Oberpriester) _____ Baß
Ältester _____ Bariton

Drei Vaideloten (Priesterinnen)_____3 Chorsolisten (Sopran, Sopran, Alt)
Hochzeitsgäste, Soldaten, Trauergäste, Lihgo-Volk_____Gemischter Chor
Elfen, Zwerge_____Ballett
(Lihgo: Fest der Sonnenwende/die Transkription der lettischen Namen erfolgt nach der Schreibweise im KLA.)

Aufführungsdauer I. Akt: 37 Min., II. Akt: 37 Min., III. Akt: 42 Min., IV. Akt: 34 Min., Gesamt: 2 Stdn. 30 Min.

Handlung

Die Handlung spielt in ferner Vergangenheit in Lettland, der I. und II. Akt auf dem Schloß Walgudis', der III. und IV. Akt bei Romowe, in einem Opferhain.

I. Akt: *Schloß des Königs Walgudis.* Auf Geheiß seines Vaters, des Königs Walgudis, hat sich Daumant eine Braut aus der Fremde geholt. Doch Baņjuta wartet in der Hochzeitsnacht vergeblich auf den Bräutigam. Daumant wird von einem Unbekannten beschuldigt, dessen Schwester vergewaltigt zu haben. Daumant bekennt sich zu der Tat und wird im Zweikampf getötet.

II. Akt: Baņjuta soll nach dem Richtspruch Walgudis' als Sühneopfer für den getöteten Daumant verbrannt werden. Sie fleht um Erbarmen. Ihr soll der Feuertod erlassen werden, wenn sie der Liebe entsagt und den Mörder Daumants findet und tötet. Sie gelobt es.

III. Akt: *Opferhain der Liebesgöttin Lihgo.* Das heilige Fest der Liebe wird gefeiert. Der Lihgo-Priester spricht Baņjuta für die Zeit des Festes, das bis Mitternacht dauert, von ihrem Gelöbnis frei. Wishut und Baņjuta verlieben sich ineinander.

IV. Akt: *Lihgo-Nacht.* Baņjuta und Wishut lieben einander. Um Mitternacht erzählt ihr Wishut sein Leben, und Baņjuta entdeckt, daß er der Mörder Daumants ist. Als Wishut von Baņjutas Schwur erfährt, bringt er sich selbst um. Baņjuta begeht ebenfalls Selbstmord. Geändertes Finale von 1941: Als Baņjuta den Grund erfährt, der Wishut zum Kampf mit Daumant bewogen hat, will sie ihr Gelöbnis nicht mehr einhalten. Wishut aber ist zur Sühne bereit und will sich selbst töten. Davon ist das Volk so beeindruckt, daß es Baņjuta von ihrem Gelöbnis freispricht. Baņjuta und Wishut werden glücklich.

Kommentar

›Baņjuta‹ wurde 1918/19 komponiert. Das von Arturs Krūmiņš geschriebene Libretto war bereits 1908 durch den Lettischen Musikverein Riga bei einem Preisausschreiben ausgezeichnet worden, zu dem auch Jānis Rainis sein Drama ›Feuer und Nacht‹ eingereicht hatte. Kalniņš entschied sich nach anfänglichem Zögern für ›Baņjuta‹. Für eine Neuinszenierung 1941 schrieb der Komponist ein neues, nichttragisches Finale.

Obgleich der Komponist erklärt hatte, für ihn sei „die höchste Form der Oper das Musikdrama", hat er sich bei ›Baņjuta‹ am Prinzip der Nummernoper orientiert.

Ein der Hauptgestalt Baņjuta zugeordnetes liedhaftes Thema hat signalge-

bende Funktion und durchzieht das ganze Werk. In Harmonie, Satztechnik und Phrasierung ist Kalninš dem Stil Michail Glinkas verpflichtet. Die Verwendung einer lettischen Volksmelodie, des Lihgo-Liedes, schafft das entsprechende nationale Kolorit.
Das heidnische Liebesfest wird in der Oper dem Gebot der bürgerlichen Wohlanständigkeit unterworfen. Die Liebesnacht gipfelt in der Regieanweisung: „Baņjuta und Wishut setzen sich auf eine Bank."

Verbreitung
1937, 1941 und 1945 wurde ›Baņjuta‹ in Riga inszeniert und 1955 während der Dekade lettischer Kunst und Literatur im Bolschoi Theater Moskau gespielt.

Ausgaben KlA (lett./frz./dt., dt. von Martha von Dehn-Grubbe) Ausgabe des Staatlichen Lettischen Theaters für Oper und Ballett Riga o.J.; KlA (lett./russ./frz./dt., dt. von Martha von Dehn-Grubbe, dt. Übersetzung des Finales von 1941 von Abgara Skujeniece) Izdevniecība Liesma Riga 1968
Literatur Ekabs Vitolin: Alfrēds Kalniņš — Klassik latyschskoi musyki. Leningrad 1980

Imants Kalniņš
1941

Imants Kalniņš wurde in Riga geboren, besuchte das Konservatorium seiner Heimatstadt und beendete seine Studien 1964. Danach arbeitete er am Liepasker Musikalisch-Dramatischen Theater, wurde durch Liedkompositionen für eine von ihm gegründete und geleitete Folk-Rock-Gruppe und durch Filmmusiken bekannt. Er ist bei Hörern seiner Generation beliebt und hat ein neues Publikum in die Konzertsäle geholt. Seit der Uraufführung seiner 4. Sinfonie, 1973, ist er ein umstrittener Komponist, weil er hier versuchte, sinfonische und Rock-Musik-Prinzipien zu einer Synthese zu bringen.
  Er schrieb bisher drei Werke für die Bühne.

Ist hier irgendeiner?! _____1971
Oper in einem Akt
Aus der süßen Flasche _____1975
Musikalische Komödie in drei Akten
nach Motiven von Rūdolfs Blaumānis und Jānis Peters
Ich spielte, ich tanzte (Spēlēju, dancoju) _____1976–1977
Oper in drei Akten nach dem gleichnamigen Drama von Jānis Rainis
Iphigenie in Aulis (Ifigēnija Aulidā) _____1982
Oper nach Euripides

Ich spielte, ich tanzte (Spēlēju, dancoju)
Oper in drei Akten, vier Bildern
Libretto von Imants Ziedonis nach Jānis Rainis gleichnamigem Drama

Entstehung 1976–1977

Uraufführung 30. Dezember 1977   Staatliches Akademisches Theater für Oper und Ballett der Lettischen SSR Riga

Personen
Lelde, Braut _____Sopran
Tots, Spielmann _____Tenor
Zemgus, Bräutigam _____Bariton
Hochzeitsgäste: eine Hexe, ein Blinder, ein Lahmer,
die Erddurchwühlende _____Mezzosopran, Baß, Bariton, Mezzosopran

I. KALNIŅŠ

Mutter der Braut	Sopran
Mutter des Bräutigams	Mezzosopran
Wagar	Tenor
Teufel	Tenor
Der Dreiköpfige (Satan)	Bariton
Tölpel mit zwei linken Beinen	Bariton
Ein Herr	Baß
Hochzeitsgäste, Bewohner der Hölle, Lichter der Toten	Gemischter Chor und Ballet

Orchester Picc, 2 Fl, 2 Ob, EH, 2 Klar, 2 Fg, KFg, 3 Hr, 3 Trp, 3 Pos, Tb, 2 BTb, Slzg, Jazzmaschine, SoloGit, RhythmusGit, Xyl, Cel, 2 Hrf, Cemb, Ionica, Org, präpariertes Kl (Str als Tonbandeinspielung)

Aufführungsdauer Gesamt: 2 Stdn., 25 Min.

Vorgänge
I. Akt, 1. Bild (1. Bild): Die Heirat von Lelde und Zemgus. Ein Hochzeitsgast klagt: „Ich bin blind bei dieser Sonne, aber vielleicht würde ich bei einer anderen sehend." Die Braut verabschiedet sich von ihren Mädchenträumen. Der Spielmann Tots singt ein Lied. Lelde fühlt sich angesprochen. Zemgus neidet dem Spielmann sein Lied. Ein Herr hat sich selbst zu Gast geladen und fordert Bewirtung, drei Tropfen vom Blut der Braut. Er nimmt sie sich mit Gewalt. Lelde stirbt. An Tots' Kokle (lett. Zupfinstrument) reißen die Saiten. I. Akt, 2. Bild (2. Bild): Zemgus klagt am Grab der toten Braut. Tots wendet sich an die erddurchwühlende Alte, und sie schenkt ihm Wurzeln als Saiten für seine Kokle. Da erinnert sich der Spielmann der totgeschwiegenen Geister seines Landes, und sie schicken ihm ihr Licht. Es wird ihm auf dem Gang in die Unterwelt und zurück den Weg weisen. Das Licht erlischt nur dann, wenn er sich bekreuzigt (d. h. Hilfe bei der Religion sucht). Durch Leldes Blut gekräftigt, entsteigt der Herr seinem Grab. Tots gibt sich als Toter aus und wird zum Fest des Dreihäuptigen mitgenommen.
II. Akt (3. Bild): Tots spielt dem Höllenfürsten auf, sät Zwietracht unter den zum Fest erschienenen toten Herren, bringt sie gegeneinander auf und so den Dreiköpfigen zum Lachen. Die Teufel hetzen die toten Herren auf, sich gegenseitig zu zerfleischen. Der Dreiköpfige entzieht dem Herrn die von Lelde geraubten Blutstropfen, überläßt sie dem Mädchen und entläßt es aus seiner Macht.
III. Akt (4. Bild): Lelde und Tots werden erwartet. Die Bettler haben den Anverwandten vom Geschehen in der Unterwelt Bericht gegeben. Doch der festliche Empfang mißlingt. Lelde bewegt sich zwar, ist aber nicht bei Bewußtsein. Der Blinde weiß Rat: das Blut eines anderen Menschen kann Lelde das Bewußtsein zurückgeben. Zemgus ist nicht bereit, sich für seine Braut zu opfern. Da tötet sich Tots und schenkt Lelde sein Blut. Lelde erwacht.

I. KALNIŅŠ

Kommentar

Imants Kalniņš und sein Librettist, der Dichter Imants Ziedonis, griffen für die Oper ›Ich spielte, ich tanzte‹ auf das gleichnamige, 1921 entstandene Drama von Jānis Rainis zurück.

Rainis war eine ungewöhnliche Dichterpersönlichkeit. Mehrere Sprachen beherrschend und die Kultur vieler Jahrhunderte kennend, adaptierte er Motive der lettischen Folklore und Archetypen der Weltliteratur. Er engagierte sich politisch für die kommunistische Bewegung in Lettland und mußte deshalb emigrieren. Die Welt wird von ihm als veränderungsmöglich dargestellt. Seine Sicht und Gestaltungsweise ist dialektisch-materialistisch.

Wenn Rainis Motive der Weltliteratur adaptierte, so interpretierte er sie nicht nur psychologisch neu. Er stellte vielmehr bekannte Gestalten in neue Konstellationen. So wird im Drama ›Ich spielte, ich tanzte‹ unter anderem an den Gang des Orpheus in die Unterwelt erinnert. Im Unterschied dazu aber geht Tots ins Reich der Schatten, um die Braut eines anderen Mannes zu retten. Dem Sänger gelingt sein Vorhaben, weil er sich der Gestorbenen erinnert, die totgeschwiegen werden. Die Erinnerten gewähren ihm Hilfe, sie schicken ihm ihr Licht. Es ist das Licht der Vernunft, denn es erlischt, wenn man sich bekreuzigt. Die Braut, ans Tageslicht gebracht und der Familie übergeben, atmet zwar, ist aber nicht bei Sinnen, denn Geschehenes kann nicht ungeschehen gemacht werden. Für die dem Tod Entrissene muß ein anderes Leben gegeben werden. Der Spielmann tötet sich, obgleich er gewarnt wird, sein Opfer und seine Lieder könnten vergessen werden. Tots tut es, ohne Hoffnung auf Nachruhm. Die Tat geschieht, weil sie getan werden muß und einer sich findet, der sie auf sich nimmt.

Ein Beispiel, wie Rainis Historisch-Konkretes und Archetypisches miteinander verbindet, ist die Gestalt des Herrn, der sich selbst zur Hochzeit geladen hat. Gemeint ist einer jener Feudalherren, die, obgleich (historisch) tot, mit den drei Blutstropfen ihren Anspruch auf das Recht der ersten Nacht geltend machen. Dieses Blut kräftigt den Herrn. Er kann zum Fest gehen. So wird die Redewendung von den Herrn, die ihrem Volk das Blut aussaugen, ins Bild gesetzt.

Das Leben der Armen, der Bettler, deutet Rainis als Existenz zwischen Leben und Tod. Deshalb können sie den Anverwandten Leldes Nachricht vom Geschehen in der Unterwelt geben.

Tots Schicksal ist auch als der Weg des Intellektuellen nach einer gescheiterten Revolution gedeutet worden. Die lettische Räterepublik war 1919 von den deutschen Truppen zerschlagen worden. Rainis schrieb sein Drama in der Emigration.

Imants Ziedonis hat den Ideengehalt von Rainis Drama in ein Libretto zu übertragen verstanden.

Der Klang von Kalniņš' Musik wird durch das Zusammenspiel von Sinfonieorchester und Rock-Gruppe bestimmt. Aus der lettischen Volksmusik und aus zeitgenössischer Rockmusik hat Kalniņš die beiden gemeinsamen Elemente aufgespürt: rhythmische Vielfalt und Einfachheit, reiche melodische Figurations- und Fortspinnungstechnik, unregelmäßige Metren, chorisches Musizieren von Gruppen, solistische Behandlung einzelner Instrumente im Wechsel zu Tutti-Passagen mit hymnisch angelegten Steigerungen.

Kalniņš begleitet nicht im herkömmlichen Sinn die Handlung. Er schafft eher Klangräume, in denen sich eine theatralische Handlung komplex entfalten soll. Mit seiner Ostinato-Technik wirkt er ein Muster, das großmaschiger als die feingesponnene Handlung ist.

Ausgaben KlA Ausgabe des Staatlichen Lettischen Theaters für Oper und Ballett Riga 1977
Literatur I.Semsare: Imants Kalniņš. In: Komponisten der Sowjetrepubliken. Aufsatzsammlung. Ausgabe 5. (Kompository sojusnych respublik. Sbornik statej. Wypusk 5) Moskau 1986

Raimo
Kangro
1949

Der in Tartu (Estnische SSR) geborene Raimo Kangro besuchte das Konservatorium in Tallinn und studierte bei Eino Tamberg und Jan Rääts Komposition. 1973 schloß er die Ausbildung ab. Seine Examensarbeit war die Komische Oper ›Die wundersame Geschichte‹, die 1974 am Theater Vanemune in Tartu inszeniert und 1978 verfilmt wurde. Für sein Violinkonzert und das Oratorium ›Credo‹ erhielt er 1977 den Republikpreis für Komposition. Im gleichen Jahr erteilte ihm der Estnische Fernsehfunk den Auftrag zu einem Werk für Kinder, und er schuf die Kinderoper ›Wir spielen Oper‹. Ein großer Erfolg wurde seine Rock-Oper ›Das Nordmädchen‹, die 1980 entstand, am Theater Vanemune in Tartu uraufgeführt, in Litwa und Kaunas nachgespielt wurde. Die Oper ›Opfer‹ ist ein Auftragswerk des Theaters Estonia in Tallinn.

Die wundersame Geschichte _____ 1974
Komische Oper nach dem ›Dekameron‹
Das Nordmädchen _____ 1980
Rock-Oper nach dem Märchen ›Wie ich zum Nordmädchen fuhr‹
von Kārlis Skalbe
Opfer (Ohver) _____ 1981
Oper in zwei Akten und einem Prolog
nach der Erzählung ›Die Giftnatter‹ von Alexej Tolstoi

Opfer (Ohver)
Oper in zwei Akten und einem Prolog
Libretto von Kulno Siuvalep
nach Motiven der Erzählung ›Die Giftnatter‹ von Alexej Tolstoi
und unter Verwendung von Versen Sergej Jessenins und L. Tungals

Entstehung 1980

Uraufführung 22. Februar 1981 Staatliches Akademisches Theater Estonia Tallinn

Personen
Olga _____ Alt
Mutter Olgas _____ Mezzosopran
Vater _____ Baß

Vier Soldaten	Tenor, Tenor, Baß, Bariton
Kommandeur	Baß-Bariton
Wirtin	Sopran
Ein lustiges Frauenzimmer	Sopran
Lotse	Baß
Guban	Bariton
Milizionär	Baß oder Bariton
Lilli	Sopran
Roosi	Sopran
Maria	Alt oder Mezzosopran
Mops	Bariton
Pan	Bariton
Hausverwalter	Tenor
Pedotti	Tenor
Mark	Lyrischer Bariton
Arbeitskollegin	Mezzosopran
Ein Angestellter	Bariton
Zwei Angestellte	Sopran, Mezzosopran

Orchester 2 Fl, 2 Ob, 2 Klar, 2 Fg, 2 Hrn, 2 Trp, Pos, Tb, Pkn, Bck, Trgl, KlTr, Kast, Tt, GrTr, Glsp, Gl, Peitsche, Bongo, Mar, Flex, Vib, Xyl, Hrf, Str

Handlung
Die Handlung spielt während des Bürgerkrieges und in den Jahren danach, in der Zeit der Neuen Ökonomischen Politik (NEP).

I. Akt: Während des Bürgerkrieges. Die Eltern des jungen Mädchens Olga werden von Weißgardisten ermordet. Olga findet bei Rotarmisten eine Heimat und im Kommandeur ihrer Abteilung einen Geliebten. In einem der Kämpfe wird der Kommandeur getötet, sie verwundet.

II. Akt: In den Jahren nach dem Krieg. Olga ist Schreibkraft in einem Moskauer Büro geworden. Sie wartet auf das neue Leben mit den neuen, guten und schönen Menschen. In der Gemeinschaftswohnung haßt und fürchtet man die ehemalige Rotarmistin. Sie erscheint fremd und hochmütig. Olga verachtet ihre raffgierigen, klatschsüchtigen und kleinlichen Mitbewohner. Sie verliebt sich in einen Mann, weil er ihrem ehemaligen Geliebten ähnlich sieht. Er heiratet eine der Mitbewohnerinnen. Olga erschießt die Frau.

Kommentar
Raimo Kangro hat mit Alexej Tolstois Erzählung die Frage aufgegriffen, welche Menschen nach den heldenhaften Kämpfen des Bürgerkriegs die neue Gesellschaft aufbauten. Mit dem Schicksal der ehemaligen Frontkämpferin Olga hat er einen Extremfall gewählt, um die Frage unausweichlich zu machen. Kangro identifiziert sich mit dieser Figur, ist mit ihr ungerecht und verbirgt seinen Haß auf die NEP-Zeit-Menschen nicht.

Im I. Akt werden die äußeren Umstände aus Olgas Leben, die zur Entwicklung ihres Charakters geführt haben, ausschnitthaft gezeigt. Im II. Akt vollzieht sich ein Prozeß völliger Isolierung. Olgas Monologe bestehen aus Erinnerungen, das heißt aus musikalischen Zitaten. Um sie herum lärmt mit fröhlichen Marschmelodien, Galopp- und Walzerrhythmen die neue Zeit.

Ausgaben KlA Komponistenverband der Estnischen SSR Tallinn 1981

Literatur D. Daragan: Ein menschliches Schicksal... (Sudba tschelowetscheskaja...) In: *Sowjetskaja musyka*, Moskau 1982, Nr. 3

Jurgis Karnavičius
1884–1941

Karnavičius gilt als Begründer der litauischen Nationaloper.
Er wurde in Kaunas geboren und studierte auf Wunsch der Eltern Jura in Petersburg, absolvierte aber gleichzeitig das Petersburger Konservatorium in den Fächern Gesang und Komposition. Seine Lehrer waren Rimski-Korsakow, Glasunow und Ljadow. Seit 1912 unterrichtete er dann selbst am Petersburger Konservatorium. 1917 schloß er sich dort der Assoziation für Zeitgenössische Musik an.
1927 kehrte er nach Litauen zurück und arbeitete bis zu seinem Tode im Opernorchester von Kaunas und unterrichtete am Konservatorium der Stadt.
1938 wurde er zum Mitglied der Pariser Société des Auteurs et Editeurs de la Musique gewählt.
1925 schuf Karnavičius mit seiner ›Litauischen Phantasie‹ ein Werk ganz aus dem Geist der Folklore. Es wurde beispielgebend für die litauische Musikentwicklung.
Seine 1933 vollendete Oper ›Gražina‹ gilt nach Mikas Petrauskas Opern als die erste nationale Oper von Bedeutung. Karnavičius zitiert hier etwa 40 Volksliedmelodien. Es scheint, als habe er die Versäumnisse von Jahrhunderten aufholen wollen. In seiner zweiten Oper ›Radvila Perkūnas‹ machte er feudale Zwistigkeiten, den Kampf litauischer und polnischer Adliger um die Macht, zum Angelpunkt der Handlung. Die Wahl dieses Themas war 1937 in dem faschistisch regierten, nationalistisch orientierten Litauen kühn.

Gražina _____ 1931–1932
Oper in vier Akten nach dem gleichnamigen Poem von Adam Mickiewicz
Radvila Perkūnas _____ UA 1937
Oper in vier Akten

Gražina (Gražina)
Oper in vier Akten, fünf Bildern
Libretto von K. Inčiura nach dem gleichnamigen Poem von Adam Mickiewicz

Entstehung 1931–1932

Uraufführung 16. Februar 1933   Kaunas

Personen

Fürstin Gražina	Dramatischer Sopran
Liutauras, litauischer Fürst, ihr Mann	Tenor
Rimvydas, alter Krieger, Berater von Liutauras	Baß
Junger Adliger	Bariton
Alter Priester	Tenor
Zweiter Priester	Baß
Laimutis, Page	Mezzosopran
Ramunė, seine Geliebte	Koloratursopran
Festordner	Baß
Adlige, Adelsjugend, Krieger, Gäste	Gemischter Chor und Ballett

Handlung

Die Handlung spielt in Litauen zur Zeit des litauischen Großfürsten Vytautas.
In der litauischen Burg Naugardukas erwarten Gäste die Heimkehr des Fürsten Liutauras. Heimgekehrt, verabschiedet Liutauras die Gäste, denn er hat sich andere geladen: deutsche Kreuzritter. Dem alten Krieger Rimvydas vertraut er an, daß er mit deren Hilfe den Großfürsten Vytautas stürzen will. Rimvydas hinterbringt diesen Plan Gražina, der Frau Liutauras'. Sie versucht, ihren Mann vom Bruderkrieg zurückzuhalten. Es ist vergeblich, sein Ehrgeiz ist stärker. Ohne Wissen Liutauras' weist nun Gražina die Kreuzritter aus der Burg, legt die Rüstung ihres fürstlichen Mannes an und führt als Liutauras die Litauer gegen die Kreuzritter.

Der echte Liutauras ist vom Mut und Patriotismus Gražinas beschämt. Er bereut und kämpft, als schwarzer Ritter verkleidet, mit seinen Truppen gegen die Kreuzritter. Seine Tapferkeit entscheidet den Kampf. Die Litauer siegen, doch Gražina fällt. Sterbend bittet sie Rimvydas, ihr Geheimnis nicht preiszugeben. Doch der schwarze Ritter legt seine Verkleidung ab, und Liutauras erklärt sich schuldig. Er hat tapfer gekämpft. Ihm wird verziehen. Gražinas Beispiel wollen die Litauer in Zukunft folgen.

Kommentar

Karnavičius hat die Anfangsszene seiner Oper dem I. Akt von Glinkas ›Ruslan und Ljudmila‹ nachgebaut. Hier wie dort verherrlichen Untertanen einen Mächtigen, wähnen sich in fürstlichem Schutz sicher, während Verrat und Gewalt schon am Werke sind. Die Handlung gewinnt durch den großen und bedeutenden Konflikt. Karnavičius hat dem Gehalt des Stoffes durch das nationale Kolorit seiner Musik entsprochen.

Verbreitung

1944 in Kaunas (Zweitfassung vom Komponisten in drei Akten, vier Bildern) und 1949 in Vilnius.

Literatur Siehe Litauische Oper

Alexander Alexandrowitsch
Kasjanow
1891—1982

Kasjanow lebte und wirkte nach seiner Ausbildung am Petrograder Konservatorium in Nishni Nowgorod, dem heutigen Gorki. Er war dort nach der Revolution führend an der Organisation des Musiklebens beteiligt, trat als Leiter von Laienkunstensembles, als Pädagoge und Dirigent in Erscheinung.

Von 1924 bis 1949 leitete er die Musikabteilung des Dramatischen Theaters in Gorki, lehrte seit 1951 am Konservatorium der Stadt und wurde 1957 zum Professor ernannt. Von 1951 bis 1960 war er Präsident des Komponistenverbandes in Gorki.

Neben Schauspielmusiken, Ouvertüren und Kammermusiken schrieb er fünf Opern, von denen ›Stepan Rasin‹ als die bedeutendste gilt. Kasjanows Oper ist die dritte sowjetische über diese legendäre Figur.

Stepan Rasin 1937—1938/1951—1952
Musikalisches Volksdrama in vier Akten
Foma Gordejew 1940—1941
Musikalisches Drama nach dem gleichnamigen Roman von Maxim Gorki
Die Partisanin (Partisanka) 1941
(nur im Klavierauszug fertiggestellt)
Im Fernen Norden (Na dalnem sewere) 1947
(nur im Klavierauszug fertiggestellt)
Jermak 1956
Oper in drei Akten

Stepan Rasin (Stepan Rasin)
Musikalisches Volksdrama in vier Akten, acht Bildern
(Narodnaja musykalnaja drama w tschetyrjoch dejstwijach, wosmi kartinach)
Libretto von N. Birjukow

Entstehung 1937—1938 Erste Fassung   1951—1952 Überarbeitung

Uraufführung Erste Fassung 28. Dezember 1939   Staatliches Theater für Oper und Ballett Gorki
Überarbeitung 14. November 1953   Staatliches Theater für Oper und Ballett Gorki

Personen

Stepan Rasin	Baß
Mutter Stepan Rasins	Mezzosopran
Frol Rasin, Bruder Stepans	Tenor
Odnous, entlaufener Bauer	Baß
Lasar Timofejew, Strelize, danach Kosakenführer bei Rasin	Bariton
Meiran, Perserin	Sopran
Froska	Sopran
Ignaschka Schwal, Kosak	Bariton
Kornej Jakowlew, Oberhaupt der ansässigen Kosakenschaft	Baß
Michailo, Kosak, die „rechte Hand" Kornej Jakowlews	Baß
Asak Karatschurin, Tatar, Abgesandter der Stadt Kasan	Tenor oder Bariton
Baba, Hausherrin der Hütte am Don	Mezzosopran
Bauernjunge	Tenor
Erster Wachstrelize	Tenor
Zweiter Wachstrelize	Baß
Zar Alexej Michailowitsch	Tenor
Zarewna Sofja	Mezzosopran
Repew, dem Zaren nahestehender Bojar	Baß
Fürst Prosorowski, Astrachaner Wojewode	Baß
Bojar Barjatinski	Bariton
Reiter aus Astrachan	Tenor
Beamter der Semstwo-Behörde, der das Urteil verliest	Baß
Leibeigener des Fürsten Prosorowski	ohne Gesang
Reiter Prosorowskis	Stumm
Kosak mit Ohrring	Stumm
Unbekannter Mann	Stumm
Junge in der Hütte am Don	Stumm
Alter Beamter in Kolomenskoje	Stumm
Bauern, Strelizen, Ansiedler, Städter, Rasin-Kosaken, Jakowlew-Kosaken, Dienstmädchen und Freundinnen Sofjas, Bojaren, Bauern aus verschiedenen Kreisen: Mordwinen, Tschuwaschen, Kasaner Tataren, Kalmücken, Baschkiren; sowie Reiter, Ausländer, Suite des Zaren	Gemischter Chor

Handlung

Die Handlung spielt vom Juni 1670 bis zum Juni 1671, der Prolog drei Jahre davor.

I. Akt, 1. Bild (1. Bild) Prolog: *Am Ufer der Wolga.* Die russischen Bauern entlaufen der Fron und Leibeigenschaft. Stepan Rasin sieht, daß man ihnen helfen muß. I. Akt, 2. Bild (2. Bild): *Astrachan.* Rasin hat entflohene Bauern um sich geschart. Es kommt zum Konflikt mit dem Astrachaner Wojewoden. Rasin besetzt die Stadt. Hier trifft er die schöne Perserin Meiran.

II. Akt, 1. Bild (3. Bild): *Kolomenskoje.* Der Zar ist Rasin gewogen, doch die

Nachricht von der Besetzung Astrachans treibt ihn auf die Seite der Rasin feindlich gesinnten Bojaren. II. Akt, 2. Bild (4. Bild): *Barken auf dem Wasser.* Stepan Rasins Liebe zu der schönen Perserin beunruhigt die Kosaken, weil sie fürchten, sein Kampfesmut würde nachlassen. Rasin bemerkt den Unmut seiner Leute und wirft die Perserin in den Fluß.
III. Akt, 1. Bild (5. Bild): *Station Simowejskaja.* Die ansässigen Kosaken unter Kornej Jakowlew fürchten die heimatlosen Bauern und armen Kosaken unter Stepan Rasins Führung. Sie planen Verrat. Stepan Rasins Mutter hat einen prophetischen Traum. III. Akt, 2. Bild (6. Bild): *Simbirsk.* Die Mutter warnt Rasin vor Verrat und wird von Jakowlews Leuten ermordet.
IV. Akt, 1. Bild (7. Bild): *Hütte am Don.* Rasin sucht mit seinen geschlagenen Heerscharen Zuflucht, wird entdeckt und von Kornej Jakowlew gefangengenommen. IV. Akt, 2. Bild (8. Bild): *Die Hinrichtung.* Stepan Rasin wird auf dem Roten Platz in Moskau enthauptet. Das Volk huldigt ihm.

Kommentar
Kasjanows Oper ist die dritte sowjetische Oper über Stepan Rasin. Vorausgegangen waren ein Musikalisches Drama von Pjotr Triodin und eine Oper in vier Akten von Berschadski (1925 am Experimentellen Theater in Moskau beziehungsweise 1926 am Leningrader Konservatorium uraufgeführt).
Kasjanow hat seine Oper 1937/38 geschrieben und 1951/52 überarbeitet. 1968 erschien Wassili Schukschins großer Roman über Stepan Rasin ›Ich kam, euch die Freiheit zu bringen‹ (dt. 1978).
In der Oper Kasjanows ist Stepan Rasin eine widerspruchsfreie Vorbildfigur und geht allein an der Übermacht seiner Feinde und durch den Verrat falscher Freunde zugrunde. Bei Schukschin ist Stepan Rasin groß, w e i l er widersprüchlich ist. Der Riß der Zeit geht hier durch den Helden, und so wird an ihm die Epoche sichtbar. Da er in einen Kampf gegen alle Mächte seiner Zeit geraten ist, gegen die Zentralmacht, die Kaufleute, die Kirche, gegen die ansässigen Kosakenstämme, steigert er sich in ein hybrides Sendungsbewußtsein, das ihn zu guten wie bösen, meist aber außerordentlichen Taten treibt.
Stepan Rasin ist als der Unberechenbare und der Gewalttätige, als der Mitleidende und der Grausame auch in die Volkslieder eingegangen. Kasjanow vermeidet es, seine Rasin-Figur widersprüchlich zu zeichnen. So bewegt sich die Opernhandlung unentschieden zwischen Legende und Historiendrama. Die Liebe zum Detail und zur Kantilene bestimmen die Komposition.

Verbreitung
1977 Staatliches Theater für Oper und Ballett Gorki.

Ausgaben KlA Musfond SSSR Moskau 1953; KlA Sowjetski kompositor Moskau 1978

Literatur Alexej Ikonnikow: A. A. Kasjanow. In: Die Musik Rußlands. (Musyka Rossii.) Ausgabe 3, Moskau 1980

Witali Dmitrijewitsch Kirejko
1926

Der im Gebiet von Dnepropetrowsk geborene Kirejko beendete 1949 das Konservatorium in Kiew und verteidigte hier 1953 auch seine Dissertation ›Die Bearbeitungen ukrainischer Lieder für Stimme und Klavier durch sowjetische Komponisten‹. Seither lehrt er Musiktheorie an diesem Institut. Er schrieb drei Opern: ›Das Waldlied‹ (1957), ›Am Sonntagmorgen früh‹ und die Satire ›Marko in der Hölle‹ nach Iwan Kotschergas gleichnamiger Komödie.

Das Waldlied (Lissowa pisnja)
Lyrische Opern-Feerie in drei Akten, fünf Bildern
Libretto von Witali Kirejko
nach dem gleichnamigen Märchendrama von Lesja Ukrainka

Entstehung 1955—1957

Uraufführung 27. Mai 1958   Theater für Oper und Ballett Lwow

Personen
Mawka, ein Waldmädchen — Sopran
Lukasch, ein Dorfjunge — Tenor
Die Mutter von Lukasch — Mezzosopran
Onkel Lew — Baß
Kilina, junge Witwe, später die Frau von Lukasch — Alt
Waldwind, Waldlicht — Bariton
Russalke — Mezzosopran
Waldmensch — Baß
Marischtsche, ein Ungeheuer — Baß
Waldrussalken und Waldgeister — Gemischter Chor und Ballett

Handlung
Die Handlung spielt im Altertum in Wolhynien.
I. Akt: *Frühling.* Der Dorfbursche Lukasch spielt meisterhaft auf der Sopilka (Längsflöte mit Windkapsel), gewinnt mit seinem Spiel die Zuneigung des Waldmädchens Mawka und verliebt sich in sie. Die Russalken warnen die Freundin, sich mit einem Menschen einzulassen. Mawka schlägt ihre Warnungen in den Wind.
II. Akt: *Sommer.* Lukasch hat seine Hütte im Wald gebaut und lebt glücklich

mit Mawka. Die Mutter aber rät zur Heirat mit der reichen jungen Witwe Kilina. Lukasch fügt sich der Mutter. Mawka bittet den Tod um Ruhe und Vergessen.
III. Akt: *Herbst.* Lukasch und Kilina haben ein Kind, doch beider Liebe zueinander ist verflogen, und Lukasch vermag seiner Sopilka keinen Ton mehr zu entlocken. Mawka befreit sich aus der Gewalt des Todes und will dem Geliebten helfen. Kilina verflucht Mawka. Der Fluch verwandelt Mawka in eine Weide. Lukaschs Sohn bricht von ihr einen Zweig ab, und der Vater entlockt der daraus gefertigten Sopilka eine an Mawkas Stimme gemahnende Melodie. Kilina will die Weide fällen. Ein Freund Mawkas, der Waldwind, verhindert dies. Er läßt die Weide und mit ihr die Hütte verbrennen. Lukaschs Mutter, Weib und Kind ziehen ins Dorf. *Winter.* Lukasch allein im Walde spielt auf der Sopilka. Seine Seele erwacht zu neuem Leben, sein Körper hingegen erstarrt, und er stirbt.

Kommentar

Lesja Ukrainka (1871–1913) ist eine der bedeutendsten ukrainischen Dichterinnen und unverwechselbar in ihrer Thematik.

Das romantische Märchendrama ›Lissowa pisnja‹ (1912, dt. ›Das Waldlied‹ 1931 und 1947) ist ihr bekanntestes Werk. Lesja Ukrainka deutet, wie Nikolai Gogol in seinen kleinrussischen Erzählungen, die heidnischen Geister als verdrängte Wünsche, die Macht über den Menschen gewinnen.

Ein Volksinstrument – die Sopilka – spielt eine besondere Rolle. Diese pfeifenartige Flöte wird aus dem Holz der Weide oder des Nußbaums gefertigt. Ihr unteres Register besitzt einen weichen, nicht sehr lauten Klang, der an eine warmgetönte Frauenstimme gemahnt. Beim Überblasen wird ihr Ton scharf und pfeifend.

Kirejko ist es gelungen, seine Feerie nicht zu illustrieren, sondern auf musikalische Weise zu erzählen. Er gestaltet ein instrumental farbiges Bild des Waldes, personalisiert Waldgeister durch instrumental-solistische Passagen. Die Menschen – Lukasch, dessen Mutter, Kilina – werden nach ihrem Vermögen, sich dieser Waldsymphonie einzufügen, unterschieden. Die phantastischen und realen Elemente mischen sich in einer expressiven, bisweilen freitonalen Musizierweise.

Nach Lesja Ukrainas Märchendrama entstand auch 1982 in der Regie von Juri Iljenko der Film ›Das Lied von der Waldfee‹.

Verbreitung

1959 Opernstudio des Staatlichen Konservatoriums Kiew.

Ausgaben KlA (ukr.) Mysteztwo Kiew 1965   **Literatur** Siehe Ukrainische Oper

Lew Konstantinowitsch
Knipper
1898—1974

Der Komponist Knipper wurde in Tiflis geboren, lebte und wirkte aber vornehmlich in Moskau. Hier studierte er auch bei Jelena Gnessina Klavier und bei Reinhold Glier Komposition.

1921/22 arbeitete er als Regieassistent am Moskauer Künstlertheater, 1929/30 war er als Musikalischer Berater am Nemirowitsch-Dantschenko-Musiktheater in Moskau tätig.

1920 trat er der Assoziation für Zeitgenössische Musik bei und war von 1930 bis 1940 Stellvertretender Präsident des Komponistenverbandes der UdSSR. Seit 1933 trat er auch als Dirigent in Erscheinung. Als Sammler von Volksliedern zeichnete er tadshikische, turkmenische, kirgisische und burjatische Folklore auf. Er schrieb neun Opern, wenn man das 1927 entstandene Opern-Ballett ›Candide‹ nach Voltaire hinzurechnen, zwei Ballette, einundzwanzig Sinfonien, zahlreiche vokal-sinfonische Werke, Chöre und Massenlieder.

Die Oper ›Nordwind‹ komponierte er, als er am Nemirowitsch-Dantschenko-Musiktheater in Moskau arbeitete. Der große Erfolg dieser Oper (78 Aufführungen allein in Moskau) wiederholte sich bei keiner der anderen. Die Oper ›Die Wurzel des Lebens‹ (›Herz der Taiga‹) entstand bereits 1948/49, kam aber erst 1958 zur konzertanten Aufführung in Moskau. ›Murat‹ wurde in kirgisischer Sprache in Frunse inszeniert, und die beiden Fassungen der Oper ›Am Baikal‹ erlebten 1948 und 1958 jeweils eine Inszenierung in Ulan-Ude. Alle Opern des Komponisten sind stofflich in der unmittelbar vor- beziehungsweise nachrevolutionären Zeit angesiedelt.

Candide _____ 1927
Opern-Ballett nach Voltaire
Nordwind (Sewerny weter) _____ 1929—1930
Tragische Handlung
nach dem Drama ›Stadt der Winde‹ von Wladimir Kirschon
Städte und Jahre (Goroda i gody) _____ 1931
Oper nach dem gleichnamigen Roman von Konstantin Fedin
Die Schauspielerin (Aktrisa) _____ 1942
Oper
Am Baikal (Na Baikale) _____ UA 1948
Oper in drei Akten
Die Wurzel des Lebens / Herz der Taiga _____ 1948—1949
(Koren shisni / Serdze Taigi)
Opern-Legende in vier Akten

KNIPPER

Murat _____ UA 1959
Oper in drei Akten nach dem Poem ›Sysamyr‹ von N. Imschenezki
Andrej Sokolow _____ 1957
Opern-Erzählung nach Michail Scholochow

Nordwind (Sewerny weter)
Tragische Handlung in neun Bildern
(Tragitscheskoje predstawlenije w dewjati kartinach)
Text von Lew Knipper
nach dem Drama ›Stadt der Winde‹ von Wladimir Kirschon

Entstehung 1929—1930

Uraufführung 31. März 1930 Musikalisches Theater W. I. Nemirowitsch-Dantschenko Moskau

Personen
Bolschewiki:
Gorojan, Wartan, Mischa, Korjagin, Chanlar,   Tenor, Bariton, Baß, Baß, Tenor
Dshangir, Pachomow, Ljutow, Filatow,   Bariton, Baß, Baß, Baß-Bariton
Gadshi, Nina (Mischas Frau), Mascha ____ Bariton (Tenor), Mezzosopran, Sopran
Kerim, Erdölarbeiter _____ Tenor
Ein Aschuge (Volkssänger), Chanlars Vater _____ Tenor
Prof. Wikenti Mironytsch Podobjedow, Maschas Vater _____ Baß-Bariton
Menschewiki und Sozialrevolutionäre:
Stopkin, Listikow, Gromow _____ Tenor, Tenor, Baß
Aserbaidshanische Nationalisten:
Naschatyr, Kaimbekow _____ Tenor, Baß-Bariton
Engländer: General Mackson,   Baß-Bariton
Captain Pearls, Clark, Industrieller; Jerry, Ordonanz _____ Baß, Baß, Tenor
Gefängnisdirektor _____ Tenor
Wärter _____ Tenor
Eine Frau _____ Mezzosopran
Alte Frau _____ Sopran
Alter Mann _____ Baß
Schottische und indische Soldaten,
aserbaidshanische Wachen, Arbeiter, Bürger von Baku _____ Gemischter Chor

Orchester 2 Fl (II auch Picc), 2 Ob, 2 Klar, 2 Fg (II auch KFg), 3 Hr, 2 Trp, 2 Pos, Tb, Pkn, Bck, Trgl, KlTr, GrTr, Tt, Str, Lyrischer Tenor (im Orchester)

Aufführungsdauer Gesamt: 2 Stdn., 20 Min.

NORDWIND **233**

Handlung

Die Handlung spielt im Sommer der ersten Jahre der Revolution in Südrußland, in Baku, der Stadt der Winde.

In Baku versuchen die Bolschewiki im Bündnis mit menschewistischen und sozialrevolutionären Gruppierungen die Sowjetmacht zu festigen. Angesichts der Frage, ob man die Engländer zu Hilfe rufen soll, um die Stadt vor einer türkischen Invasion zu bewahren, zerbricht das Bündnis. Die Bevölkerung entscheidet sich in der Hoffnung auf Brot, darin von den Menschewiki und Sozialrevolutionären bestärkt, für die Engländer. Die Führungsgruppe der Bolschewiki verläßt die Stadt. Sie wollen sich in Zentralrußland der Sowjetmacht anschließen, um dann nach Baku zurückzukehren und die Stadt zu befreien.

Die Engländer enttäuschen die in sie gesetzten Hoffnungen. Sie terrorisieren die Bevölkerung, lindern weder Hunger noch Not und nehmen die bolschewistischen Kommissare gefangen. Dagegen empören sich die Erdölarbeiter. Sie fordern die Freilassung der Kommissare und werden von den Engländern mit falschen Versprechungen getäuscht. Heimlich werden die Bolschewiki hingerichtet. Der Volksaufstand gegen die Engländer und für die bolschewistische Macht kommt für die Kommissare zu spät.

Kommentar

Lew Knippers Oper ›Nordwind‹ ist wegen des mit ihr angestrebten „antithetischen Konzepts" von Musik und Szene interessant. Dazu schrieb der Komponist: „Meine Oper ... war der Versuch einer eigenständigen Vereinigung von Oper und Drama ... Der gewöhnliche Fehler der Regisseure besteht darin, daß sie Musik als ‚Butter zum Fett' begreifen, das heißt, daß das, was auf der Bühne vorgeht, in der Musik wiederholt wird; Musik wird so illustrativ und primitiv." Die Idee der Oper ist für Knipper „die grandiose Epoche des Kampfes für die Diktatur des Proletariats, die Tragödie des Klassenkampfes". (Zitiert nach dem Programmheft der Bühnen der Stadt Magdeburg)

Der Komponist fand für diese Idee eine Art Leitmotiv, eine aus fünf Dreiklängen bestehende musikalische Gestalt. Posaunen und Tuba, Trompeten und Hörner geben ihr bald einen requiemartigen, bald heldischen oder signalartigen Ton. Die „grandiose Epoche" findet sich in einer emphatischen, Melodiefragmente sequenzierenden Musizierweise, freitonaler Harmonik und ausgedehnten Diskussionen im Deklamationsstil.

Knipper läßt dem Tod der Kommissare eine große musikalische Apotheose als Schluß der Oper folgen und hält sich hierbei an das bekannte Prinzip von Tod und Verklärung.

Volksliedzitate, besonders aserbaidshanische Lieder, finden sich häufig, auch die Internationale erscheint als Strukturzitat. Der Handlung der Oper liegen historische Ereignisse in Baku 1917–1918 zugrunde. Am 20. September 1918 wurden 26 Kommissare von den englischen Interventen ermordet, darunter auch der Vorsitzende des Bakuer Sowjets, Stepan Schaumjan.

Verbreitung
Da die Uraufführung ein großer Erfolg war, wurde die Oper bereits 1930 in Swerdlowsk nachgespielt. 1931 folgten Kiew, Baku, Nishni Nowgorod, Samara und 1932 Odessa. 1974 fand der Leipziger Theaterwissenschaftler Eckart Kröplin in den Archiven des Nemirowitsch-Dantschenko-Musiktheaters das alte Aufführungsmaterial, und 1976 gelangte ›Nordwind‹ an den Bühnen der Stadt Magdeburg zur deutschsprachigen Erstaufführung.

Ausgaben Part und KlA Mussektor Gosisdat Moskau 1930; Textbuch Baku 1931; KlA (russ./dt., dt. von Eckart Kröplin, Reinhardt Schau, Andreas Scheinert) Edition Peters Leipzig o.J.

Literatur Programmheft ›Nordwind‹. Bühnen der Stadt Magdeburg 1976; Lew Knipper. Über das Leben, über die Menschen und über sich selbst. (O shisni, o ljudjach, o sebje.) In: Musikalnaja shisn. Moskau 1983 Nr. 22

Mamed Mechti-ogly
Kulijew
1936

Der Komponist wurde in der Aserbaidshanischen SSR geboren, beendete 1956 das Bakuer Musikinstitut, wo er im Spiel der orientalischen Langhalslaute, der Tar, ausgebildet wurde und ersten Kompositionsunterricht erhielt. Danach studierte er bei Kara Karajew am Konservatorium in Baku und schloß sein Studium 1963 ab.

Von 1958—1959 war er als Tarist im Volksinstrumentenorchester beim Rundfunk Aserbaidshan tätig. Seit 1960 lehrt er am Musikinstitut in Baku.

Neben vier Sinfonien schrieb er Werke für Tar und Klavier, sinfonische Poeme und die Oper ›Die betrogenen Sterne‹.

Die betrogenen Sterne
(Aldanmysch Kewakib)
Oper in zwei Akten, vier Bildern, einem Prolog und Epilog
Libretto von W. Paschajew
nach der gleichnamigen Erzählung von Mirsa Fath Ali Achundow

Entstehung 1976

Uraufführung Juni 1977 Staatliches Akademisches Theater für Oper und Ballett Mirsa Fath Ali Achundow Baku

Personen
Ketschal, scharfzüngiger Sprüchemacher und Spaßvogel___Tenor
Kesa, sein ständiger Begleiter, ein Griesgram___Baß-Bariton
Dshemaleddin, Sterndeuter___Baß
Schah Abbas___Tenor
Jussif Sarradsh, Sattler___Tenor
Selma, Geliebte Jussifs___Sopran
Achund, Theologe, Frömmler___Tenor
Baschbilen, Großwesir___Baß
Junrug, Kriegswesir___Baß-Bariton
Bechbechani, höfischer Reimeschmied___Tenor
Scharfrichter___Baß
Ausländische Gäste: Figaro, Holländer, Franzose___Bariton, Baß, Tenor
Volk, Vertraute des Schahs, Tänzerinnen___Gemischter Chor und Ballett

Handlung

Prolog: Ketschal und Kesa kündigen an, das alte Spiel vom betrogenen Betrüger auf neue Weise zu spielen. Schah Abbas läßt sich das Horoskop stellen und droht seinem Astrologen mit dem Schafott, wenn seine Wünsche nicht in Erfüllung gehen.

I. Akt: Das Volk wird damit beschäftigt, sinnlose Vorschriften zu befolgen. In Gestalt Bechbechanis steht die Poesie am Thron und macht auf jede herrscherliche Dummheit einen Reim. Ketschal und Kesa raten dem verängstigten Sterndeuter, dem Herrscher ein Unglück vorauszusagen. Er befolgt ihren Rat. Der Schah will die Sterne überlisten. Er setzt für die Zeit des vorausgesagten Unglücks an seiner Statt den verhaßten Sattler Jussuf auf den Thron.

II. Akt: Der inthronisierte Jussuf nutzt seine Macht und verkehrt alle Vorschriften und Verbote des Schahs in das Gegenteil. Ketschal und Kesa aber genügt das nicht. Als das Fest des Frühlings gefeiert wird, lassen sie nach altem Brauch einen Narrenschah wählen: den Sterndeuter. Mit ihm verbünden sie sich, und zu dritt verbieten sie nun alle Verbote.

Epilog: Schah Abbas fordert seinen Thron zurück. Er will wieder Mittelpunkt des Reiches sein. Das Volk spielt ihm das Spiel von den betrogenen Sternen, die aus den alten Bahnen geworfen sind und neue Kreise ziehen. Die kreisende Menge drängt den Schah an die Peripherie, und er verschwindet im Nichts. Die Nacht, der Winter ist zu Ende; der Frühling, die Herrschaft der Sonne bricht an.

Kommentar

Mirsa Fath Ali Achundow (1812—1878) ist der Begründer der neueren aserbaidshanischen Literatur. Er war ein Aufklärer, Demokrat, materialistischer Philosoph und Staatsmann. Seine satirische Erzählung ›Die betrogenen Sterne‹ erschien 1857.

Der Staat des feudalen Despoten Abbas wird nicht schlechthin durch den Staat des Sattlers Jussuf ersetzt, da das Gegenteil von Schlechtem nach Achundows Auffassung zwar das Bessere sein kann, aber in der Politik nicht das Gute sein muß. Diese Ansicht Achundows wird durch die beiden dem Jahrmarkttheater entlehnten Figuren Ketschal und Kesa in die Oper eingebracht. Die beiden spielen das politische Spiel auch nach Jussufs Thronbesteigung weiter und bringen es zu seiner möglichen Konsequenz.

Die gescheite, witzige, über den bürgerlich-familiären Kreis hinaus zielende, gesamtgesellschaftliche Interessen ansprechende Geschichte von Achundow ist in die Oper übertragen worden. Der Komponist zitiert alte Formen, nutzt vielerlei Mittel; er läßt die Interpreten sprechen, singen, schreien, rufen, er organisiert Geräusche und komponiert kunstvolle Parodien, kontrapunktische Nummern, komplizierte Ensembles.

Ausgaben KlA Baku 1977   **Literatur** Siehe Aserbaidshanische Oper

Nikolai Witaljewitsch
Lyssenko
1842—1912

Nikolai Lyssenko gilt als Begründer der modernen ukrainischen professionellen Musikkultur, als Klassiker der ukrainischen Musik.
Lyssenko besuchte die Kiewer Akademie, verließ sie 1865, studierte von 1867 bis 1869 am Leipziger Konservatorium und von 1874—1876 in Petersburg bei Rimski-Korsakow. Hier wurde er mit Balakirew, Mussorgski, Borodin und Stassow bekannt und gewann deren Freundschaft.
Nach Kiew zurückgekehrt, war er als Pädagoge, Pianist, Chorleiter, Volksliedforscher und Komponist tätig. 1904 gründete er in Kiew eine Musikalisch-Dramatische Schule, an der Orchestermusiker ausgebildet, Gesangs- und dramatischer Unterricht erteilt wurden. In seinen ästhetischen und weltanschaulichen Ansichten fühlte er sich aufgrund seiner Abstammung, er war halb Ukrainer, halb Russe, ukrainischen und russischen Dichtern und Philosophen zugleich verpflichtet. Es waren neben Gogol und Schewtschenko vor allem Puschkin, Belinski, Herzen, Tschernyschewski, Iwan Kotljarewski und Lesja Ukrainka.
Er publizierte Forschungen zum ukrainischen Volkslied, bearbeitete Volkslieder, komponierte Lieder, Romanzen, Kantaten, Chöre, schrieb neun Opern und eine Operette.

Die Ertrunkene / Mainacht (Utoplena / Maiska nitsch)_____1871—1883
Lyrisch-phantastische Oper
nach der gleichnamigen Erzählung von Nikolai Gogol
Die Nacht vor Weihnachten_____1872—1873, 1873, 1877—1882
(Risdwjana nitsch)
Komisch-lyrische Oper nach der gleichnamigen Erzählung von Nikolai Gogol
Taras Bulba_____1880—1891
Historische Oper nach dem gleichnamigen Poem von Nikolai Gogol
Natalka Poltawka_____1888
Oper in drei Akten
nach dem gleichnamigen Schauspiel von Iwan Kotljarewski
Ziege-Zwiederige (Kosa-derjosa)_____1888
Komische Kinderoper
Pan Kozki_____1891
Komische Kinderoper
Winter und Frühling (Sima i wesna)_____1892
Phantastische Kinderoper
Aeneis (Eneida)_____1910
Musikalische Komödie nach dem gleichnamigen Poem von Iwan Kotljarewski

Nocturne 1912
Opern-Miniatur in einem Akt

Literatur Nikolai Lyssenko: Autobiographie. (Awtobiografija.) In: *Sowjetskaja musyka*, Moskau 1937, Nr. 12; Lidija Archimowitsch/ Nikolai Gordejtschuk: N. W. Lyssenko. Leben und Schaffen. (Shisn i tworstschestwo.) Kiew 1952 und 1963; weitere Literatur siehe Ukrainische Oper

Nocturne
Opern-Miniatur in einem Akt
Libretto von L. Starizka-Tschernjachowska

Entstehung 1912

Uraufführung 13. Februar 1914 Städtisches Theater Kiew

Personen
Erster Schatten der Vergangenheit: Das Mädchen
mit der Rose_____Lyrischer Koloratursopran
Zweiter Schatten der Vergangenheit: Der Offizier_____Bariton
Eine belebte Statue: Bacchantin_____Alt
Ein Heimchen_____Lyrischer Sopran
Eine Alte_____Sprechrolle
Ein Stubenmädchen_____Sprechrolle
Träume: Der rosenfarbige und der goldene Traum_____Gemischter Chor

Aufführungsdauer Nicht abendfüllend

Handlung
Ein geschlossener Innenraum. Die Zeit steht still. Erinnerte Schatten: das Mädchen mit der Rose und der Offizier, die sich einst liebten und durch den Krieg getrennt wurden, wiederholen Posen des Abschieds. Die Statue einer Bacchantin ist auf Posen der Ermunterung festgelegt. Die Träume irren heimatlos umher. Ein Fenster öffnet sich nach draußen. Lärm dringt herein. Die Zeit läuft weiter.

Kommentar
Lyssenko hat in seiner letzten Oper, die er zu Ende seines Lebens schrieb, die städtische Romanze und das Volkslied zum Gegenstand der Erinnerung gemacht, hat sie in der Harmonisierung und Instrumentierung deutlich verfremdet und mit einer „neuen" Musik, der von der Straße, konfrontiert. Diese Opern-Miniatur erfaßt auf kongeniale Weise die Situation eines Intellektuellen nach der gescheiterten bürgerlichen und vor der sozialistischen Revolution.

Verbreitung
1959 in Lwow

Ausgaben KlA (ukr./russ.) Kiew 1912   **Literatur** Siehe Nikolai Lyssenko

Abdylas Maldybajew
1906–1978

Abdylas Maldybajew wurde im Rayon Kemin der Kirgisischen SSR geboren und starb 1978 in Frunse.

Er studierte am Pädagogischen Technikum in Frunse, arbeitete bereits als Student am Musikalisch-dramatischen Studio, das später in ein Musikalisch-dramatisches Technikum umgewandelt wurde, dessen Direktor Maldybajew 1930 wurde. Ab 1936 arbeitete er als Sänger am Musikalisch-dramatischen Theater, das 1942 zum Staatlichen Akademischen Theater für Oper und Ballett ernannt wurde. Von 1940 bis 1941 studierte er Komposition am Moskauer Konservatorium, zuerst bei Heinrich Litinski, später (1947–1950) bei Wladimir Fere. Von 1939 bis 1966 war er Präsident des Komponistenverbandes der Kirgisischen SSR.

1936 schuf er gemeinsam mit Wladimir Fere und Wladimir Wlassow die erste kirgisische Oper, ›Ai-tschurek, die Mondgleiche‹, 1946 die Staatshymne der Kirgisischen SSR, und 1970 erhielten alle drei für ihre 1946 uraufgeführte Oper ›Manas‹ den Staatspreis.

Wladimir Georgijewitsch Fere
1902–1971

Der in Kamyschin (Gebiet Saratow) geborene Komponist besuchte das Moskauer Konservatorium und studierte dort unter anderem bei Reinhold Glier und Nikolai Mjaskowski. 1936 wurde er zum Leiter der Kirgisischen Staatlichen Philharmonie ernannt und 1945 als Professor ans Moskauer Konservatorium berufen.

Gemeinsam mit Wladimir Wlassow schuf er die Opern ›Sohn des Volkes‹ (uraufgeführt 1941), ›An den Ufern des Issyk-Kul‹ (uraufgeführt 1951), den Einakter ›Die Hexe‹ (nach Tschechow, uraufgeführt 1965), das Musikalische Drama ›Altyn-kys, das goldene Mädchen‹ (uraufgeführt 1937) sowie die Ballette ›Anar‹, ›Katscheli‹ und ›Frühling im Ala-Too‹.

Mit dem 1937 uraufgeführten Musikalischen Drama ›Altyn-kys, das goldene Mädchen‹ begann in der kirgisischen Musik die Entwicklung zur Großform Oper.

Wladimir Alexandrowitsch Wlassow
1903

Der in Moskau geborene und dort auch vornehmlich lebende Komponist wurde 1946 wegen seiner Verdienste um die Entwicklung der kirgisischen Berufsmusik zum Verdienten Künstler der Kirgisischen SSR ernannt.

Er studierte am Moskauer Konservatorium Geige und Komposition, arbeitete als Dirigent und Komponist an Moskauer Theatern und als Musikredakteur am Rundfunk. Von 1936 bis 1942 war er Künstlerischer Leiter am Musikalisch-dramatischen Theater in Frunse, kehrte aber noch während des Krieges 1943 nach Moskau zurück und arbeitete dort von 1943 bis 1949 als Direktor und Künstlerischer Leiter der Moskauer Philharmonie. Zu seinen Werken zählen die beiden Opern ›Eine Stunde bis zum Sonnenaufgang‹ (uraufgeführt 1970), ›Das goldene Mädchen‹ (uraufgeführt 1973), die Ballette ›Asel‹, ›Die Geburt der Eva‹ und ›Die Prinzessin und der Schuhmacher‹, die Operette ›Fünf Millionen Franken‹ sowie Oratorien, Kantaten und Kammermusikwerke.

Ai-tschurek, die Mondgleiche
(Ai-tschurek)
Oper in vier Akten, sechs Bildern
Libretto von Dshussup Tursubekow, Dshoomart Bokonbajew und Kubanytschbek Malikow nach einer Episode des ›Manas‹-Epos

Entstehung 1938—1939

Uraufführung 12. April 1939   Musikalisch-dramatisches Theater Frunse

Personen
Semetej, Sohn des Helden Manas___Bariton
Ai-tschurek, seine Braut___Sopran
Achun-Chan, Vater Ai-tschureks___Bariton
Bakai, Ratgeber Semetejs___Baß
Tschatschikej, Semetejs Frau___Mezzosopran
Krieger Semetejs: Kultschoro, Kantschoro___Tenor, Bariton
Kalyman, Schwester Ai-tschureks___Sopran
Heerführer Achun-Chans: Tjumenbei, Adshibei___Bariton, Tenor
Toltoi___Tenor
Tschinkodsho___Baß
Hexe___Mezzosopran

Karakirgisin	Sopran
Sarykirgisin	Sopran
Herold	Tenor
Krieger, Mädchen, Derwische, Gefolgsleute	Gemischter Chor und Ballett

Handlung

I. Akt: Die grimmigen Recken Toltoi und Tschinkodsho fordern von Achun-Chan die Hand seiner Tochter Ai-tschurek. Doch ist das Mädchen dem Helden Semetej, dem Sohn des Manas, versprochen. Vergeblich wartet das Mädchen auf seinen Bräutigam. Toltoi und Tschinkodsho drohen mit Gewalt und Krieg. Ai-tschurek erbittet sich Bedenkzeit von den Freiern, verwandelt sich in einen Schwan und macht sich auf, den Bräutigam zu suchen.

II. Akt: Ai-tschurek findet das Lager Semetejs. Der Held ist auf der Jagd. Ai-tschurek gibt sich seiner Frau Tschatschikej zu erkennen. Tschatschikej jagt das Mädchen davon. Ai-tschurek raubt den weißen Falken Semetejs und fliegt wieder davon. Von seiner Frau erfährt der heimgekehrte Held von diesem Raub, kann ihn sich aber nicht erklären. Der weise Bakai gibt ihm Aufschluß: Vater Manas hat den Sohn als Bräutigam für die Tochter seines Freundes Achun-Chan bestimmt.

III. Akt: Semetej ist den Spuren Ai-tschureks gefolgt. Am Ufer des Flusses Urgentsch findet er sie. Er nimmt ihr den Falken ab und will zurückkehren. Die Bitten des Mädchens und die Vorhaltungen Baikas stimmen ihn um. Er begleitet Ai-tschurek in ihre Heimat und befreit Achun-Chans Reich aus der Gewalt Toltois und Tschinkodshos.

IV. Akt: Die Hochzeit Ai-tschureks und Semetejs.

Kommentar

›Ai-tschurek‹ gilt als erste kirgisische Oper. Tatsächlich haben die drei Schriftsteller Tursubekow, Bokonbajew und Malikow die eigenartigen Motive des ›Manas‹-Epos bewahrt, doch formten sie die Handlung nach dem Muster einer westeuropäischen klassizistischen Dramaturgie. Dem entspricht der Charakter der musikalischen Komposition. Es werden zwar viele kirgisische Volksmusikmelodien zitiert, doch sind sie in Stimmführung, harmonischer und rhythmischer Entwicklung den in der klassischen russischen Oper des 19. Jahrhunderts entwickelten Prinzipien unterworfen worden. Die Eigenarten der kirgisischen Musik kommen nicht zur Geltung.

Verbreitung

Die Oper wurde 1939 zur Dekade kirgisischer Kunst und Literatur in Moskau gezeigt.

Ausgaben KlA (russ. von W. Winnikow) Moskau 1956 und 1958

Literatur Siehe Kirgisische Oper

Michail Wassiljewitsch
Matjuschin
1861—1934

Michail Matjuschin war Maler, Graphiker und Komponist. Er studierte am Moskauer Konservatorium und an der Kunstschule in Petersburg, war Gründungsmitglied der Künstlergruppe Union der Jugend (1910—1914), zu der auch Alexej Krutschonych und Kasimir Malewitsch gehörten, sowie der Kubo-Futuristischen Gruppe Hilea (1912).

Von 1909 bis 1913 leitete er den Verlag Shurawl und unterrichtete in Petersburg, seit 1918 am Staatlichen Institut für Künstlerische Kultur (GINCHUK) in Petrograd.

Als Komponist schuf er die Musik zu Jelena Guros Stücken ›Harlekin‹ (1909) und ›Herbstlicher Traum‹ (1912) sowie zu Alexej Krutschonychs Text ›Sieg über die Sonne‹ (1913). 1910 begann Matjuschin mit Vierteltönen zu experimentieren und beschäftigte sich bis 1915 auch mit Konstruktionen einer Vierteltongeige. Damit „jedes Instrument (nicht nur die Geige —S. N.) die Trägheit seiner Chromatismen überwinden" könne, entwickelte er eine spezielle Notationsweise. (Michail Matjuschin: Anleitung für eine neue Teilung der Töne)

„In der Musik zur ersten futuristischen Oper, ›Sieg über die Sonne‹ (1913), benutzte Matjuschin Vierteltöne und das Prinzip von vier selbständig und gleichzeitig geführten Stimmen. Damit stand er Arnold Schönberg und dem russischen Komponisten Nikolai A. Roslawez nahe." (Alla Powelichina: Über die Musik im Schaffen des Malers Michail Matjuschin)

Matjuschins zweite und letzte Oper ›Der Krieg‹ (1916) blieb unvollendet.

Zwischen 1921 und 1922 arbeitete Matjuschin an der Musik zu einem Werk, das er ›Durch die Dimensionen des Raumes‹ nannte. „Die Hauptidee bestand darin, daß verschiedene visuelle und akustische Ereignisse in einem Raum, in dessen Zentrum die Zuschauer plaziert waren, miteinander verbunden wurden... Die Dekorationen, soweit man diesen Begriff anwenden kann, gerieten um den Zuschauer herum in Bewegung.

Hier vollzog sich ein Prozeß, in dem die isolierte Bühne der akademischen Theater zerschlagen wurde. Den Abschluß in der musikalischen Bühnenarbeit Matjuschins bildete 1923 eine Inszenierung unter dem Titel ›Die Geburt des Lichtes und des Volumens‹. Es handelte sich dabei um eine Licht-Farb-Raum-Konstruktion, die aus sich verändernden Körpern bestand, aus einem Konus, einem Kubus, einer Ellipse und einer Kugel. Die Bewegung der Konstruktion, ihrer einzelnen Objekte, wurde von ‚räumlichen' Klängen begleitet... Die Inszenierungen Matjuschins in den 20er Jahren förderten die Idee des totalen Theaters." (Alla Powelichina)

Sieg über die Sonne (Pobeda nad solnzem)
Oper in zwei Akten, sechs Bildern
(Opera w dwuch dejmach, schesti kartinach)
(dejmo ist ein Neologismus und im Sinne von Akt bzw. Handlung zu verstehen)

Entstehung 1913

Uraufführung 2. Dezember 1913   Theater Luna-Park Petersburg

Personen
Zwei futuristische Kraftmenschen
Nero und Caligula (in einer Person)
Reisender
Irgendeiner mit schlechten Absichten
Der Streitsüchtige
Der Feind
Ein Krieger
Der Schwätzer am Telefon
Einer von denen, die die Sonne tragen
Viele von denen, die die Sonne tragen
Der Neue
Der Alteingesessene
Der Feigling_____Bariton
Der Fette
Der aufmerksame Arbeiter
Vorleser
Ein junger Mensch
Pilot_____Tenor
Feindliche Krieger, Sänger in den Kostümen von Sportlern und
Kraftmenschen, Viele, Feiglinge, Totengräber_____Chor
Alle: rhythmisch gegliederter Sprechgesang

Orchester Klavier

Aufführungsdauer 45 Min.

Handlung
Prolog: „Leute! Die ihr geboren wurdet, aber noch nicht gestorben seid. Eilt und macht euch auf in das Schauspielhaus oder das Schauhaus: ‚Budetljanin'. Das Schauhaus leitet euch, die Schaubühne ist Theater, Ansammlung düsterer Anführer.
Von Tragödien und Schauerstücken bis zu Lustspielen und Lachstücken aus dem Jenseits und Komödien, sie alle ziehen... vorüber: Dramen des Vergange-

nen, Dramen des Gegenwärtigen, Chöre, Dramen außerhalb der Zeit, Dramen der Zukunft, auffordernde Dramen, erhebende Dramen, Dramen von Schicksalshaderern und Kinderdramen. Die auffordernden Dramen werden euch rufen, ebenso die halbhimmlischen Jenseitigen. Die Dramen der Vergangenheit erzählen euch, wer ihr wart. Die Dramen außerhalb der Zeit erzählen euch, wer ihr seid, die des Gegenwärtigen, wer ihr sein könntet... Krieger, Kaufmann und Akkermann. Für euch dachten der Phantasierende, der Dichter und der Zauberer. Unterhaltendes, Doppelköpfiges und Gesänge werden euch fesseln..." (Auszug. Diese Zitate wie alle nachfolgenden sind dem Text ›Sieg über die Sonne‹ in der Übersetzung von Gisela Erbslöh entnommen.)

I. Akt, 1. Bild (1. Bild): *Weiß mit Schwarz — Wände weiß, Boden schwarz.* Zwei futuristische Kraftmenschen schließen „fette Schönheiten" vom Spiel aus und planen, die Sonne, „die die Leidenschaften geboren hat", in ein „Haus aus Beton" zu sperren. Ein durch die Jahrtausende Reisender stellt fest, daß „alles männlich geworden" sei. Er schwärmt vom 35. Jahrtausend, weil dort „Kraft ohne Gewalt ist und die Rebellen mit der Sonne kämpfen". Nero und Caligula (in einer Person) erheben Einspruch gegen diese Zukunft. Vergeblich. Sie finden keine Beachtung. Der Reisende verwischt seine Spuren. Irgendeiner mit bösen Absichten greift zum Gewehr, um sich selbst ein Denkmal zu setzen. Er gerät mit dem Streitsüchtigen und dem Feind in ein Gefecht.

I. Akt, 2. Bild (2. Bild): *Grüne Wände und grüner Boden.* Der Konflikt breitet sich aus: „Für sich selbst unerwartet, begannen die Schläfrigen zu kämpfen", und sie bejubeln ihren eigenen Untergang: „Der siegreiche Prunkwagen fährt, das Siegesgespann, wie erfreulich ist es, unter seine Räder zu fallen." Die Sonne „liegt zu Füßen, geschlachtet", und die beiden futuristischen Kraftmenschen sehen, daß sich Dunkelheit ausgebreitet hat. Sie beschließen: „Laßt uns alle Messer nehmen, warten, wo wir eingeschlossen sind."

I. Akt, 3. Bild (3. Bild): *Schwarze Wand — schwarzer Boden.* Das Lied der Totengräber erklingt.

I. Akt, 4. Bild (4. Bild): Der Schwätzer am Telefon: „Was? Die Sonne ist gefangen?! Danke.—" Die Sonne wird ins Verließ gebracht und Jubel erschallt. „Wir sind frei. Zerschlagen ist die Sonne... Es lebe die Dunkelheit! Und die Schwarzen Götter ihres Lieblings — das Schwein!"

II. Akt, 1. Bild (5. Bild): *Zehntes Land.* „Häuser mit Außenwänden, aber die Fenster gehen seltsam nach innen, wie durchbohrte Röhren. Viele Fenster, verteilt in unregelmäßiger Reihe, und es scheint, daß sie sich argwöhnisch bewegen." Ein Neuer hat die Vergangenheit erschossen. „Allen wird leicht zumute, und viele wissen nicht, was sie nun mit sich tun sollen vor unwahrscheinlicher Leichtigkeit. Einige versuchen, sich zu ertränken, die Schwachen haben den Verstand verloren, sie sagten: wir können doch schrecklich stark werden. Das hat sie beschwert." Ein Vorleser gibt dem Ganzen einen angenehmen Anstrich, doch muß auch er eingestehen: „Nur abgenagte Schädel laufen auf den einzigen vier Beinen herum — wahrscheinlich sind es die Schädel der Grundwerte."

II. Akt, 2 Bild (6. Bild): *Zehntes Land.* Der Fette findet sich im Zehnten Land nicht zurecht, weil sich alles immerfort und sehr schnell ändert. Der aufmerksame Arbeiter findet Spaß an den Veränderungen und provoziert sie. Ein junger Mensch „singt verängstigt ein bürgerliches Lied" darüber, daß „die Heimat zugrunde geht". Kolonnen von Sportlern marschieren auf den Wegen, denn „hierher läuft alles ohne Widerstand, hierher führen von allen Seiten die Wege, dampfend fahren Hunderthufige, überholen, täuschen die Dummen, zerdrücken sie einfach. Hütet euch vor den Ungeheuern, den buntäugigen ... Die futuristischen Länder werden sein. Wen Drähte beunruhigen, der soll den Rücken kehren."

Ein Flugzeug stürzt ab, der Pilot kommt mit dem Leben davon und trällert sich ein Kriegslied.

Die beiden futuristischen Kraftmenschen kommen im Zehnten Land an: „Anfang gut, alles gut, was ohne Ende ist. Die Welt wird vergehen, doch wir sind ohne Ende!"

Kommentar

Der große Dichter und Spracherneuerer Welimir Chlebnikow (1885–1922) schlug in seinem Prolog verschiedene Funktionen vor, die Theater haben könnte. Die Oper ›Sieg über die Sonne‹ probierte einige davon aus. Es gibt keine final-kausal erzählte Handlung, vielmehr Variationen über ein Thema. Das war nach Meinung des Textdichters Alexej Krutschonych „die Verteidigung der Technik, und zwar insbesondere der Luftfahrt. Der Sieg der Technik über die kosmischen Kräfte und den Biologismus." Die Handlung besteht darin, daß die beiden futuristischen Kraftmenschen mit ihrem Unternehmen, die Weiblichkeit zu verbannen und die Sonne einzusperren, fortwährend unbekannte, nicht kalkulierte Kräfte freisetzen. Der Text ist mit einem dichten Netz aktueller und literarischer Anspielungen überzogen. Die Bezeichnung Zehntes Land verweist auf die altrussische Erzählformel vom 33. Zarenreich, in dem die Märchen spielen. Der Reisende hat das Märchen bereits hinter sich gelassen, wenn er vom 35. Jahrtausend spricht. Nachdem die Sonne zerschlagen ist, gebrauchen die futuristischen Kraftmenschen den Ausdruck „es fiel Dunkelheit ringsum" und erinnern so an das ›Lied von der Heerfahrt Igors‹. Hier wie dort wurde ein kühner Feldzug unternommen, doch die Konsequenzen entsprachen nicht ganz den Erwartungen. Dem sprachschöpferischen Impetus Krutschonychs entspricht die Fülle von treffenden und witzigen Neologismen. Der Text bezeugt zwar den Glauben der Futuristen an den unaufhaltsamen Fortschritt der Naturwissenschaften und der Technik, doch war Krutschonych ein aufrichtiger Dichter und talentierter Künstler, so daß ihm die Absicht, den Sieg der Technik zu feiern, nie zur Apologie geriet. Die Figuren haben schnell wechselnde, widersprüchliche Gesichter, die Dinge zeigen ihre verborgenen Seiten, geplante Aktionen verselbständigen sich und schlagen auch in ihr Gegenteil um. So entsteht zwar, nachdem „die Sonne des eisernen Zeitalters gestorben ist", viel Bewegung, aber von welcher Art: „Von der Höhe der Wolkenkratzer, wie unaufhaltbar, ergießen sich Equipagen; nicht einmal Kartätschen schlagen so ein." Ein Flugzeug steigt nicht auf, sondern stürzt ab, der Pilot überlebt, freut sich und stimmt ein Kriegslied an. Der Sieg über die

Sonne kann auch eine Niederlage sein. Die „weibliche" Leidenschaft ist eingesperrt, die „männliche" macht sich breit und wird aggressiv.

Die Oper ›Sieg über die Sonne" wurde an einem Abend mit Majakowskis Tragödie ›Wladimir Majakowski‹ uraufgeführt. Die Veranstaltung war als ein Angriff auf die akademischen Theater und das bürgerliche Publikum geplant.

Über die Einstudierung und die Uraufführung berichtet Alexej Krutschonych selbst: „In der Ankündigung stand zwar noch eine weibliche Rolle, aber auch die wurde im Laufe der Probenarbeit gestrichen. Ich glaube, es ist die einzige Oper auf der ganzen Welt, in der es keine einzige weibliche Rolle gibt! Es wurde alles getan, um die weiblichen Apolls und die verschlissenen Aphroditen über Bord zu werfen und eine Epoche männlicher Kühnheit einzuleiten... Die Bühne war so gestaltet, wie ich es gewünscht und erwartet hatte. Blendendes Scheinwerferlicht. Malewitschs Bühnenbild bestand aus großflächigen Gebilden — Dreiecken, Kreisen, Maschinenteilen. Die Darsteller trugen Masken, die den heutigen Gasmasken ähnlich waren. Die ‚Likari' (Schauspieler) wirkten wie laufende Maschinen. Die Kostüme waren — nach Malewitschs Entwürfen — kubistisch konstruiert, aus Karton und Draht. Das hat die Anatomie des Menschen verändert — die Bewegungen der Darsteller waren durch den Rhythmus des Ausstatters und Regisseurs gebunden und dirigiert. Das Lied des Feiglings (in leichten Tönen) und das des Piloten (das nur aus Konsonanten bestand) machten im Publikum besonderen Eindruck... Der Chor der Totengräber, der auf Dissonanzen aufgebaut war und immer wieder unerwartet abbrach, wurde vom Publikum mit mächtigem, ununterbrochenem Geheul begleitet. Das war der Höhepunkt des ‚Skandals' bei unseren Vorstellungen! ... Die Oper hatte eine derart frappierende Wirkung, daß der Verwaltungsleiter Fokin, als man nach der Vorstellung den Autor auf die Bühne rief, das allgemeine Durcheinander ausnutzte und aus seiner Loge heraus dem Publikum verkündete: ‚Den hat man ins Irrenhaus gebracht!'"

Alexej Jelissejewitsch Krutschonych (1886—1968) war Dichter, Prosaist und Bühnenautor. Er absolvierte die Kunstschule in Odessa und war einer der Subskribenten des berühmt gewordenen Manifestes ›Eine Ohrfeige dem öffentlichen Geschmack‹ (1912). Er gehörte zur Gruppe der Kubo-Futuristen und arbeitete mit Welimir Chlebnikow zusammen. Krutschonych war, wie Michail Matjuschin und Kasimir Sewerinowitsch Malewitsch (1878—1935), Gründungsmitglied der Künstlergruppe Union der Jugend.

Der Maler, Graphiker, Bühnenbildner und Publizist Kasimir Malewitsch hatte in Moskau Bildhauerei und Architektur studiert. Er initiierte die Suprematismus genannte Kunstströmung und entwarf die Prospekte und Kostüme zur Uraufführung der Oper ›Sieg über die Sonne‹. Malewitschs Bühnenbildentwürfe markierten die Anfänge des Suprematismus, die Uraufführung gilt als ein Höhepunkt des Kubo-Futurismus.

Nach Michail Matjuschins Meinung konnte mit der Uraufführung der Oper ›Sieg über die Sonne‹ ein für Malerei, Musik und Dichtung gleich verbindliches Konzept realisiert werden: „Wir praktizierten in einer Opernaufführung die totale Zerschlagung der Begriffe und Worte, der alten Dekorationen und der musikalischen Harmonie. Wir schufen ein neues, von konventionellem Erleben befreites Werk — voll in sich selbst in scheinbarer Sinnlosigkeit der Worte, der Malerei und der Laute,-- wir schufen die neuen Zeichen der Zukunft."

Und diese neuen Zeichen der Zukunft zeigten sich in Musik, Malerei und Dichtung gleichermaßen: „In der Malerei alle diese Verschiebungen von Fläche und Perspektive, die Einführung neuer Begriffe von Wölbung, Schwere, Dynamik der Form und Dynamik der Farben.

In der Musik die Idee neuer Harmonien einer neuen Chromatik, der neuen Tonleiter (des Viertteltones). Die gleichzeitige Bewegung von vier vollkommen selbstständigen Stimmen (Reger, Schönberg).

In der Entdeckung des Wortes und daher in der Entdeckung der Loslösung des Wortes vom Sinn: das Recht des Wortes auf Selbstständigkeit, von daher auch die Schöpfung neuer Worte (eine Erfindung des genialen Chlebnikow).
Und dies waren die Folgen:

In der Malerei der Zerfall der alten akademischen Zeichnung, des Klassizismus, dessen wir überdrüssig geworden sind.

In der Musik der Zerfall des alten Tons, des diatonischen Systems, dessen wir überdrüssig geworden sind.

In der Literatur der Zerfall des alten, abgenutzten, vollgepfropften Wortes, des sinnträchtigen Wortes, dessen wir überdrüssig geworden sind.

Nur die in der Finsternis sitzen, können das Licht nicht sehen, nur taube Menschen können den Ton nicht hören." (Michail Matjuschin)

Verbreitung
Die Oper wurde 1913 insgesamt viermal gespielt. 1980 rekonstruierten Studenten des California Instituts of the Arts Los Angeles die Petersburger Uraufführungsinszenierung und gastierten unter anderem auch zu den (West-) Berliner Festwochen 1983. Jerold Frohmader hatte dazu ergänzende Musik komponiert. Die beiden Holländer, der Dadaist Chaim Levano und der Komponist Huub Kerstens, bearbeiteten die Oper 1984 für das Theater-Uni Amsterdam.

Ausgaben Text und Noten Towarischtschestwo Swet Petersburg o.J.; Text In: Gisela Erbslöh: Pobeda nad solnzem. Ein futuristisches Drama von A. Kručënych. Übersetzung und Kommentar. (Mit einem Nachdruck der Originalausgabe.) Slavistische Beiträge, Bd. 99, München 1976
Literatur ›Sieg über die Sonne‹. Aspekte russischer Kunst zu Beginn des 20. Jahrhunderts. Ausstellung der Akademie der Künste, Berlin, und der Berliner Festwochen vom 1. September bis 9. Oktober 1983. Berlin (West) 1983; darin: Alla Powelichina: Über die Musik im Schaffen des Malers Michail Matjuschin; Michail Matjuschin: Über Ton und Farbe; Anleitung für eine neue Teilung der Töne; Alexej Krutschonych: Unser Auftritt. Zur Geschichte des russischen Futurismus. Erinnerungen. Materialien. 1932 (Auszüge); Juan Allende-Blin: ›Sieg über die Sonne‹. Kritische Anmerkungen zur Musik Matjuschins. In: Musik-Konzepte 32/33. Skrjabin und die Skrjabinisten. München 1984: Sigrid Neef: „Zukunftssucher" in einer widerspruchsvollen Welt. In: Musik und Gesellschaft. Berlin 1985, Nr. 5, S. 269; dies.: Vom „Selbstwert" der Künste. Die Ideen des Russischen Formalismus im sowjetischen Musikschaffen der 20er Jahre. In: Musik und Gesellschaft. Berlin 1986, Nr. 8

Kyrill Wladimirowitsch
Moltschanow
1922—1982

Der in Moskau geborene Komponist studierte von 1945 bis 1949 am Konservatorium seiner Heimatstadt bei Anatoli Alexandrow.
 Von 1951 bis 1956 war er Sekretär der Zentralen Leitung des Komponistenverbandes der UdSSR und von 1973 bis 1975 Direktor des Bolschoi Theaters Moskau.
 In seinem Schaffen nimmt die Oper einen zentralen Platz ein. Zwei seiner insgesamt sieben Opern wurden auch in der DDR aufgeführt: ›Der unbekannte Soldat‹ 1972 in Karl-Marx-Stadt, ›Im Morgengrauen ist es noch still‹ 1975 in Rostock.

Die steinerne Blume (Kamenny zwetok) _____ UA 1950
Oper in vier Akten
nach dem Märchen ›Die Malachitschatulle‹ von Pawel Bashow
Morgenrot (Sarja) _____ UA 1956
Oper in vier Akten nach dem Schauspiel ›Der Bruch‹ von Boris Lawrenjow
Via del Corno _____ UA 1960
Oper nach dem gleichnamigen Roman von Vasco Pratolini
Romeo, Julia und die Finsternis (Romeo, Dschuljetta i tma) __ UA 1963
Oper in zwei Teilen und einem Epilog
nach der gleichnamigen Erzählung von Jan Otčenášek
Der unbekannte Soldat (Neiswestny soldat) _____ UA 1967
Oper in zwei Akten und einem Prolog
nach dem Roman ›Die Festung Brest‹ von S. Smirnow
(Uraufgeführt unter dem Titel ›Die Festung Brest‹)
Russische Frau (Russkaja shenschtschina) _____ UA 1969
Oper in zwei Akten
nach der Erzählung ›Der Frau die Regierung‹ von Juri Nagibin
Im Morgengrauen ist es noch still (Sori sdes tichije) _____ UA 1973
Oper in zwei Teilen
nach der gleichnamigen Erzählung von Boris Wassiljew

Im Morgengrauen ist es noch still
(Sori sdes tichije)

Oper in zwei Teilen (Opera w dwuch tschastjach)
Libretto von Kirill Moltschanow
nach der gleichnamigen Erzählung von Boris Wassiljew

Entstehung 1972

Uraufführung April 1973   Staatliches Akademisches Theater für Oper und Ballett der Kirgisischen SSR Frunse

Personen

Waskow, Starschina, Kommandant eines Stützpunktes	Baß
Kirjanowa, Feldwebel, Stellvertreter des Zugführers	Sopran
Rita Osjanina, Unteroffizier	Mezzosopran
Shenka Komelkowa	Mezzosopran
Lisa Britschkina	Sopran
Sonja Gurwitsch	Sopran
Elkina	Sopran
Erste Flakartilleristin	Sopran
Zweite Flakartilleristin	Mezzosopran
Marja, Quartierswirtin Waskows	Mezzosopran
Tschernow, Major	Ohne Gesang
Polina, Witwe	Mezzosopran
Gitarrespieler	Bariton
Erstes Mädchen	Sopran
Zweites und drittes Mädchen	Ohne Gesang
Erster und zweiter Tourist	Ohne Gesang
In den Rückblenden: Rita Osjanina und Leutnant Osjanin, Shenka, Shenkas Eltern, Major Lushin, Sonja, Mischa	Ohne Gesang
Bewohner des Dorfes, in dessen Nähe sich der Flakabwehrstützpunkt befindet, Gäste, Touristen	Gemischter Chor und Ballett

Handlung

Die Handlung spielt während des Großen Vaterländischen Krieges und in der Gegenwart in Karelien.

Prolog: *Gegenwart.* Touristen vergnügen sich. Unter ihnen erscheint ein fremder alter Mann. Er erinnert sich der Kriegsereignisse an diesem Ort.

I. Teil: *Mai 1942.* Flakartilleristinnen gehen ihrer Abendbeschäftigung nach, lesen, singen, unterhalten sich. Rita Osjanina gedenkt ihres Mannes, der am zweiten Kriegstag gefallen ist. Shenka erinnert sich. Ihre Familie wurde von den Faschisten ermordet. Sie lernte den Major Lushin kennen, er stand ihr bei, sie liebt ihn, doch ist er verheiratet. Die Mädchen tanzen miteinander.

Der Feldwebel Waskow erzählt seiner Quartierswirtin von seinem Leben vor dem Krieg. Die Frau ist ihm davongelaufen, der Sohn gestorben.
II. Teil: Waskow will mit Rita, Shenka, Sonja und Lisa zwei deutschen Soldaten den Weg zur Eisenbahnlinie abschneiden. Sie rasten. Sonja liest Gedichte von Block, Waskow verliebt sich in Lisa. Sonja erinnert sich ihrer Liebe. Sie werden von einem Trupp von 16 Deutschen, mit Maschinengewehren ausgerüstet, überrascht. Lisa wird ausgeschickt, Verstärkung zu holen. Sie verunglückt im Sumpf. Sonja wird erschossen, als sie ein vergessenes Feuerzeug bergen und verstecken will, die beiden anderen fallen im Kampf.
Epilog: *Gegenwart.* Die Touristen finden Patronenhülsen im Sand und begreifen, daß sie sich in einem ehemaligen Kampfgebiet vergnügen. Sie sind betroffen.

Kommentar

Boris Wassiljews Erzählung ›Im Morgengrauen ist es noch still‹ erschien im Herbst 1969 (dt. ›Stille Dämmerstunde‹ 1974; ›Im Morgengrauen ist es noch still‹ 1977). Sie fand sofort großes öffentliches Interesse. Juri Ljubimow inszenierte 1972 am legendären Theater an der Taganka eine von ihm und Glagolin geschaffene Dramatisierung. Boris Wassiljew schuf mit Stanislaw Rostozki einen Film. Moltschanows Oper folgte in größerem Abstand. Die Oper unterscheidet sich nicht im Anliegen, aber in der künstlerischen Glaubwürdigkeit wesentlich von Erzählung, Schauspiel und Film. In diesen ist das Entsetzen über die Unerbittlichkeit und Widernatürlichkeit des Krieges zum Motiv der Darstellung geworden, der ehemalige Soldat Boris Wassiljew hat sich mit seinen Erinnerungen gegen jegliche Heroisierung des Krieges zu wehren versucht.

„Der sozialphilosophische Gehalt des zentralen Konflikts und dessen Lösung sind mit dem Grundkonflikt der sowjetischen Kriegsdarstellungen, der militärischen Auseinandersetzung der Sowjetunion mit dem Hitlerfaschismus, verknüpft, können aber nicht ausschließlich auf ihn zurückgeführt werden. Der aufgezwungene Krieg, der dem einzelnen den Einsatz der ganzen Persönlichkeit, und sei es um den Preis des eigenen Lebens, abverlangt, wird als etwas Widernatürliches begriffen. Nicht schlechthin die Konfrontation mit dem Tod löst in den Figuren eine tiefe seelische Erschütterung aus, sondern vor allem die Notwendigkeit, töten zu müssen. Ehrenburg hatte diesen Konflikt schon 1943 benannt: ‚Wir hassen die Deutschen auch deshalb, weil wir gezwungen sind, sie zu töten.‘ Dieser ungeheuren Betroffenheit der im humanistischen Geist erzogenen sowjetischen Generation gab Wassiljew eine bislang in der Literatur wenig entwickelte Motivation: ‚Die Frau ist für mich die Verkörperung von Harmonie des Lebens. Aber Krieg ist Disharmonie. Und die Frau im Krieg ist die ungeheuerlichste, nicht zusammenfügbare Zusammenfügung von Erscheinungen.'" (Nyota Thun)

Moltschanow wußte um den hohen Anspruch, den die Erzählung Wassiljews stellte. So läßt er seine Rita Osjanina im Prolog sagen: „Bedauert mich nicht. Es war unser Schicksal. Erinnert euch." Er siedelt Prolog und Epilog in der Gegenwart an, konfrontiert unbeschwerte Touristen mit der Erinnerung an den Krieg. Er zitiert Estraden- und Tanzmusiken, die während der Kriegsjahre populär waren, Lieder Dunajewskis, das beliebte Gedicht „Wart auf mich" von Konstantin Simonow und läßt eines der Mädchen Gedichte von Alexander Block lesen. Er zeigt die fraulichen Abendbeschäftigungen der Flakartilleristinnen im ersten Teil, das Kämpfen und Sterben der vier Mädchen im zweiten.

Verbreitung
1975 Bolschoi Theater Moskau und Volkstheater Rostock.

Ausgaben KlA Sowjetski kompositor Moskau 1978

Literatur Nyota Thun: Nachwort. In: Boris Wassiljew: ›Im Morgengrauen ist es noch still‹. Berlin 1977

Wano Iljitsch
Muradeli
1908—1970

Der in Gori (Grusinien) geborene Muradeli studierte in Tbilissi und in Moskau. Während des Großen Vaterländischen Krieges war er der Künstlerische Leiter des Zentralen Liedensembles der Kriegsflotte der UdSSR, von 1937 bis 1948 Vorsitzender der Staatlichen Musikfonds der UdSSR.

1959 wurde er zum Vorsitzenden des Moskauer Verbandes der Komponisten der RSFSR gewählt und war ab 1960 Sekretär in der Leitung des Zentralen Verbandes.

Außer Sinfonien und Kantaten schrieb er über zweihundert Lieder, zwei Opern und zwei Operetten.

Die große Freundschaft (Welikaja drushba) _____ 1946—1947
Oper in vier Akten
Oktober (Oktjabr) _____ 1950/1961—1962
Volkstümlich-heroische Oper in drei Akten und einem Prolog

Literatur K. Seshenski: Wano Muradeli. Moskau 1962

Die große Freundschaft
(Welikaja drushba)
Oper in vier Akten, fünf Bildern
(Opera w tschetyrjoch dejstwijach, pjati kartinach)
Libretto von G. Mdiwani, Verse von J. Stremin und E. Iodkowski

Entstehung 1946—1947

Uraufführung 28. September 1947 Staatliches Theater für Oper und Ballett Stalino (Donezk)

Personen
Kommissar _____ Bariton
Murtas, junger Ingusch
(in der zweiten Fassung ein Lesgin) _____ Dramatischer Tenor
Ismail, Vater von Murtas _____ Tiefer Baß
Mairana, Schwester von Murtas _____ Lyrischer Sopran
Galina, junge Kosakin _____ Lyrisch-dramatischer Sopran

Fjodor, ihr Vater	Baß
Pelageja, ihre Mutter	Mezzosopran
Pomasow, weißer Offizier	Dramatischer Bariton
Junger Kosak	Bariton
Dshemal, Hirte, Sänger	Lyrischer Tenor
Jussip, hinfälliger Hirte	Baß
Achmed, junger Hirte	Bariton
Russen, Tschetschenen, Inguschen, Osseten, Kosaken	Gemischter Chor und Ballett

Handlung

Der mit den Kommunisten sympathisierende junge Ingusch Murtas (in der späteren Fassung ein Lesgin) liebt das Kosakenmädchen Galina und wird wiedergeliebt. Bei einem Stelldichein wird er von deren Eltern ertappt. Die Kosaken wollen ihn töten, doch wird er gegen das Versprechen, den kommunistischen Kommissar zu ermorden, freigelassen.

Murtas Vater gewährt dem Kommissar Unterkunft. Dieser gewinnt die armen Leute der verschiedenen Nationalitäten für die kommunistische Sache und überzeugt sie davon, daß sie gegenüber den Reichen ein gemeinsames Interesse zu vertreten haben.

Murtas kann sich nicht entschließen, den Kommissar zu ermorden. Während eines Meetings spricht der Kommissar. Murtas sieht, wie einer der Kosaken auf den Redner anlegt und wirft sich dazwischen. Der Kommissar wird so gerettet. Murtas ist verwundet und stirbt. Das Volk steht, staunt und singt beiden ein Loblied.

Kommentar

Die einfache Geschichte wird umständlich erzählt. Die Handlung besteht aus einer Abfolge konventionell gestalteter Szenen: Liebeswerbung, Stelldichein, Intrigen, Begrüßungs- und Abschiedszeremonien, Volksfeste.

Muradeli hatte in Gestalt des Kommissars georgische Revolutionäre, mithin auch Stalin, ehren wollen. Er hatte deshalb die Opernfigur ganz allgemein-unverbindlich gehalten und auf kein historisches Vorbild fixiert. Doch unter den georgischen Revolutionären befand sich auch ein berühmter, allerdings nicht unumstrittener Name. Der 1886 geborene Georgi Ordshonikidse nahm aktiv an der Revolution in den transkaukasischen Gebieten teil, gehörte zu den Organisatoren des bewaffneten Aufstandes in Petrograd und war seit 1921 Mitglied des ZK der KPdSU (B). 1937 beging er Selbstmord. Muradelis Unverbindlichkeit wurde kritisiert. Am 10. Februar 1948 veröffentlichte das ZK der KPdSU eine Resolution über die Oper ›Die große Freundschaft‹ von W. Muradeli. In ihr wurde dem Komponisten vorgeworfen, den Besonderheiten der verschiedenen georgischen Volksstämme nicht genügend Rechnung getragen zu haben. Muradeli erarbeitete daraufhin eine neue Fassung, die sich in Details, in der Bezeichnung einzelner Volksgruppen, von der ersten unterscheidet. Sie wurde nicht aufgeführt.

Verbreitung
Die Aufführungen der Oper konzentrierten sich auf das Jahr 1947: 24. Oktober Perm, 5. November Maly Theater Leningrad, 7. November Gorki, Bolschoi Theater Moskau, Nowosibirsk, Saratow, 8. November Vilnius und Odessa, 15. November Lwow. 16. November Jerewan, 4. Dezember Riga, 14. Dezember Alma-Ata. In Perm und Vilnius spielte man die Oper unter dem Titel ›Freundschaft der Völker‹.

Ausgaben Part und KlA Verband der Komponisten der UdSSR Moskau 1947; KlA Der Sonderkommissar. Moskau o. J.
Literatur Siehe Wano Muradeli

Oktober (Oktjabr)

Volkstümlich-heroische Oper in drei Akten, acht Bildern, und einem Prolog (Narodno-geroïtscheskaja opera w trjoch dejstwijach, wosmi kartinach, s prologom) Dem XXIII. Parteitag der KPdSU gewidmet
Libretto von W. Lugowski in der Fassung von W. Winnikow

Entstehung 1950/1961–1962

Uraufführung 22. April 1964   Kongreßpalast im Kreml Moskau

Personen
Wladimir Iljitsch Lenin_____Lyrischer Baß
Andrej, Arbeiter des Putilow-Werkes, mittleren Alters, Leiter der
bolschewistischen Untergrundbewegung_____Hoher heroischer Baß
Marina, Krankenschwester, Tochter eines Dorflehrers_____Dramatischer Sopran
Iwan Timofejewitsch, alter Arbeiter, Meister des Putilow-Werkes,
Teilnehmer an der Revolution von 1905_____Tiefer Baß
Massalski, Offizier eines Todesbataillons_____Dramatischer Tenor
Iljuscha, Matrose des Kreuzers Aurora_____Lyrischer Bariton
Lena, Tochter Iwan Timofejewitschs, junge
Arbeiterin des Putilow-Werkes_____Koloratursopran
Fischer_____Lyrischer Tenor
Minister der Provisorischen Regierung_____Baß
Gräfin_____Tiefer Mezzosopran
Kommandeur Wasja_____Charaktertenor
Heizer Kostja_____Tiefer Charakterbaß
Junger Artist_____Lyrischer Tenor
Freundinnen Lenas: Natascha, Manjuscha_____Mezzosopran, Sopran
Vorsänger der Fischer_____Baß
Erster und zweiter Offizier_____Bariton, Baß
Flottenoffizier_____Bariton,

Vertreter der Petrograder bolschewistischen Organisation,
Arbeiter und Arbeiterinnen, Matrosen, Soldaten, Offiziere,
Verschwörer, Ballgäste_____Gemischter Chor und Ballett

Handlung
Die Handlung spielt in Petrograd vom 3. April bis 25. Oktober 1917.
Prolog: *Umgebung von Petrograd.* Der alte Putilow-Arbeiter Iwan Timofejewitsch berichtet von der Revolution 1905 und agitiert für Lenin und die Bolschewiki.
I. Akt, 1. Bild (1. Bild): *Ufer der Newa.* Die politisch schwankende Krankenschwester Marina und der reaktionäre Offizier Massalski lieben einander. Der progressive Arbeiter Andrej hat auch ein Auge auf Marina geworfen. I. Akt, 2. Bild (2. Bild): *Platz vor dem Finnischen Bahnhof.* Lenin wird von den Arbeitern und Matrosen begrüßt. I. Akt, 3. Bild (3. Bild): *Gräflicher Palast.* Ein Fest in den Kreisen der reaktionären Kräfte. Man tanzt Tango und Walzer und plant eine Verschwörung gegen die Revolution. Marina ist darüber empört und läuft Massalski davon.
II. Akt, 1. Bild (4. Bild): *Ufer der Newa.* Andrej trifft Marina und zeigt ihr den richtigen politischen Weg. Sie gibt Massalski einen Korb. II. Akt, 2. Bild (5. Bild): *In Putilow.* Arbeiter und Arbeiterinnen vergnügen sich an frischer Luft, singen und tanzen. II. Akt, 3. Bild (6. Bild): *Rasliw.* Ein Fischer singt traurige Volksweisen und sorgt sich um Lenin. Das Volk singt ein berühmtes Volkslied, die Kamuschka, und Lenin singt eine Strophe solo. Lenin arbeitet an den Aprilthesen. Die Führer der Revolution holen sich bei ihm Rat.
III. Akt, 1. Bild (7. Bild): *An Bord des Kreuzers Aurora.* Matrosen singen und tanzen. Andrej agitiert sie für die Revolution. Massalski tritt für die alte Ordnung ein. Sie geraten in Streit. Die Matrosen entscheiden sich für Andrej. III. Akt, 2. Bild (8. Bild): *Oktobernacht vor dem Smolny.* Der alte Arbeiter Iwan steht Wache, der junge Arbeiter führt die Krankenschwester Marina der bolschewistischen Sache zu. Massalski will Andrej töten, doch trifft seine Kugel Marina. Das Volk ist empört und zur Revolution bereit.

Kommentar
Die 1950 von Ligowski begonnene Arbeit am Libretto wurde durch dessen Tod abgebrochen. Nachdem der Komponist in Winnikow den geeigneten Literaten gefunden hatte, konnte die Arbeit 1961 fortgesetzt und 1962 fertiggestellt werden.
   Handlung besteht in dieser Oper darin, daß unterschiedliche Volksgruppen, Arbeiter, Adlige, Fischer, Bauern, Matrosen, tanzen und singen. Auf dieser Grundlage entwickelt sich eine Liebesgeschichte, gibt es Eifersucht und Mord, eine Verschwörung und Revolution.
   Die Volksmassen gehen im Marschtritt und äußern sich in typisierten Marsch-, Tanz- oder Klageliedern. Die Reaktionäre tanzen Tango und Walzer. Arbeiterführer wie Iwan oder Andrej hat Muradeli in die musikalischen Gewänder eines

Iwan Grosny (Rimski-Korsakow) oder Boris Godunow (Mussorgski) gekleidet. Die Lenin-Darstellung zielt darauf, dessen enge Verbundenheit mit dem Volk kenntlich zu machen. So greift dieser zum Beispiel, während er an den Aprilthesen arbeitet, das aus den Weiten der Felder zu ihm klingende berühmte, legendäre Kamuschka-Lied auf, singt eine Strophe solo, woraufhin das Lied von den Bauern und Fischern kräftiger und lauter als vorher weitergesungen wird.

Ausgaben KlA Musfond SSSR Moskau 1962 und 1963; KlA Musyka Moskau 1967

Literatur Siehe Wano Muradeli

Modest Petrowitsch
Mussorgski
(1839—1881)

Salammbô_____1863—1866
Oper in vier Akten nach dem gleichnamigen Roman von Gustave Flaubert
Fragment
Die Heirat (Shenitba)_____1868
Versuch einer Dramatischen Musik in Prosa nach Nikolai Gogol
Fragment
Boris Godunow_____1868—1869, 1871—1872
Oper in vier Akten und einem Prolog
nach der gleichnamigen Dramatischen Chronik von Alexander Puschkin
Chowanschtschina_____1872—1881
Musikalisches Volksdrama in fünf Akten
Der Jahrmarkt von Sorotschinzy_____1874—1881
(Sorotschinskaja jarmarka)
Oper in drei Akten nach der gleichnamigen Erzählung von Nikolai Gogol
Fragment

„Kunst ist ein Mittel, ein Gespräch zu führen ..."
(Mussorgski)
    Unter den originellen Künstlern des Mächtigen Häufleins wahrscheinlich der kühnste, ein bedeutender Komponist musikalischer Volksdramen, verkannt in seiner Zeit, doch dieser voraus, ein aufgeschwemmter Trinker mit gutmütigem Lächeln und wildem widerborstigem Haar, Außenseiter mit genialer Veranlagung, aber als Autodidakt angreifbar, ein großes Talent, das einem nicht ganz würdigen Charakter aufgebürdet wurde, so daß das wegweisende Werk dem Zerfall, dem Zufall und widrigen Umständen abgerungen werden mußte und seine Lebensfähigkeit treuer Freundeshilfe verdankt. — War das Mussorgski, bedeutet uns das Mussorgski?
    Seine Briefe zeigen einen belesenen, philosophisch interessierten, liebenswürdigen und liebesfähigen Menschen, eine literarisch begabte Persönlichkeit. Schlüpft er doch jedem Briefpartner gegenüber in wechselnde Rollen, spielt bald den Weltmann, bald den scharfsinnigen, couragierten Kritiker eigener und fremder Werke, bald den gelehrigen Schüler, der sich doch seines Lehrers (Stassow als moi dorogoi generalissime) zu erwehren weiß, schreibt Briefe im Stil jener vergangenen Zeiten, die seine Dichterfreunde (z.B. Golenischtschew-Kutusow) in ihren literarischen Werken gerade bevorzugen, offenbart dem Briefpartner jeweils den Teil seines Wesens, der den größten Widerhall im anderen hervorzurufen vermag.

Die Plastizität, Vielschichtigkeit und Wahrhaftigkeit von Mussorgskis Opernfiguren haben ihre Voraussetzung unter anderem in der Veranlagung des Komponisten, im Rollenspiel sich selbst und andere zu erfahren.

Mussorgskis Ansicht, „Kunst ist ein Mittel, ein Gespräch zu führen, nicht das Ziel selbst", greift Puschkins 1823 formuliertes Prinzip des „Plauderns" (boltownja) auf. Mit dem genialen Poeten verbindet den Komponisten nicht nur der Text zu ›Boris Godunow‹, sondern ebenso das beiden gemeinsame Konzept, ein Thema von allen Seiten — wie im Gespräch — abzuschreiten, die Handlung nicht final-kausal kurzzuschließen und sie nicht an eine zentrale Person allein zu binden. Beide gestalten wechselnde Perspektiven, ihre Figuren entziehen sich einem moralisierenden Entweder-Oder-Urteil, wollen nach den Gesetzen ihres Handelns historisch-philosophisch bewertet werden.

Diesen künstlerischen Prinzipien entspricht eine Lebenshaltung: „Leben ist Kampf, Kampf ist eine Kraft, und diese Kraft ist eine Einheit. Diese Einheit ist eine Gemeinschaft von lebendigen Interessen, begeisternden Vorstellungen, Leiden und Verdammtsein zum althergebrachten Übel." (Mussorgski) Diese Auffassung erst gibt den Hintergrund für den vielzitierten Ausspruch des Komponisten: „Das Vergangene im Gegenwärtigen — das ist meine Aufgabe" (proschedscheje w nastojaschtschem — eto moja sadatscha).

Das Vergangene im Gegenwärtigen

Nimmt man diesen Ausspruch in interpretatorischer Hinsicht ernst, müßten in heutigen ›Boris Godunow‹- oder ›Chowanschtschina‹-Inszenierungen die Epochenprobleme der Entstehungszeit (19. Jahrhundert) im Spiegel der stofflichen Ebene, d. h. in den dargestellten historischen Ereignissen (16./17. Jahrhundert), so zur Anschauung gebracht werden, daß Menschen des 20. Jahrhunderts ein Interesse daran zu gewinnen vermöchten. Der Zusammenhang zwischen dem Vorgestern (16./17. Jahrhundert), Gestern (19. Jahrhundert) und Heute (20. Jahrhundert) ergibt sich zum Beispiel in der ›Chowanschtschina‹ sofort und zwingend in der ersten Szene. Ein des Schreibens Kundiger dient mit seinen Fähigkeiten jedem, der ihn bezahlt, läßt sich selbst Denunziationen diktieren, wenn der Lohn gut ist. Wird ihm kein Geld geboten, verweigert er jede Auskunft. Hier hat Mussorgski den Intellektuellen gezeichnet, der den Zusammenhang zwischen der Unmündigkeit und Armut des Volkes und seiner eigenen rechtlosen Lage nicht erkennt.

Verhältnis von Masse und Macht

Will man aber dieses „Vergangene im Gegenwärtigen" als Schaffenskonzept bewerten, muß man den gesamten 1872 an Stassow gerichteten Brief zur Kenntnis nehmen, in dem dieser Ausspruch einen breit dargelegten Gedankengang zusammenfaßt. Für Mussorgski hatte die Beschäftigung mit der Geschichte seines Landes den Beweis erbracht, daß seine Zeit von einem durch die Jahrhunderte unveränderten Zusammenhang zwischen der Gewaltherrschaft weniger und der Unmündigkeit vieler geprägt war. Das Erbe Puschkins und Gogols antretend, machte der Komponist in seinen Opern das Verhältnis von Masse und Macht zu seinem Thema. „Das Vergangene im Gegenwärtigen" bedeutete für ihn, deutlich herauszustellen, daß „dem Volk gar nicht offensichtlich ist, welche Suppe da mit ihm gekocht wird".

Wenn die Französische Revolution mit ihren spontanen Massenerhebungen einer Epoche Hoffnungen gab und zugleich Schrecken säte, so fand sich in Mussorgski ein genauer Bildner der Ideale und Ängste, die für die demokratisch gesinnte Intelligenz mit der Vorstellung von Massenerhebungen verbunden waren.

Keine Abbildungen von Geschichte

›Boris Godunow‹ und ›Chowanschtschina‹ sind keine Abbildungen russischer Geschichte, wenn in ihnen auch Geschichte dargestellt ist. Realisiert ist hier nach den Worten des Historikerfreundes Daniil Mordowzew eine „Sicht von unten", eine „Geschichtsauffassung ohne Feldherrnblick".

Indem Mussorgski dem Verhältnis von Masse und Macht nachspürte, hob er die Gattung Oper auf die Höhe der geistigen Auseinandersetzungen seiner Zeit. In der zweiten Hälfte des 19. Jahrhunderts fragte die russische Intelligenz nach der historischen Berechtigung der zaristischen Selbstherrschaft und nach den Folgen der Petrinischen Macht- und Fortschrittspolitik. Obgleich die Oktoberrevolution auf die erste Frage eine schlagende reale Antwort gab, sollte die zweite für die geistigen Auseinandersetzungen bis in die Gegenwart hinein wesentlich und unbeantwortet bleiben. Die 1973 bis 1975 entstandene Oper des Leningrader Komponisten Andrej Petrow ›Peter der Erste‹ zeugt davon, weist sie doch eine beträchtliche Differenz zu Mussorgskis Auffassung auf.

Für Andrej Petrow ist Peter I. eine Idealgestalt: jugendlich-übermütige Kraft, potenter Liebhaber schöner Frauen, kluger Politiker, Fortschrittsbringer, Vernichter reaktionärer Gegner.

Demgegenüber ist Mussorgskis Sicht auf Peter I. nicht psychologisch orientiert, sie wird vielmehr von geschichtlich-politischen Erwägungen bestimmt und läßt sich mit den Worten des Schriftstellers Alexej Tolstoi präzise wiedergeben:

„Gewiß schlug Peters Beil das Fenster unmittelbar in die Knochen und ins Fleisch des Volkes, gewiß raffte der große Sturm viele friedliche Leute dahin, die nicht einmal wußten, weshalb und für wen sie ihr Leben opferten, gewiß zerbrach prasselnd die ganze Lethargie, doch das Fenster mußte aufgestoßen werden, damit ein frischer Luftzug die morschen Hallen bewegte ... Aber die Sache lief nicht so, wie es der stolze Peter sich wünschte. Rußland begab sich nicht, herausgeputzt und stark, zum Gastmahl der großen Staaten. Und von ihm, Peter, an den Haaren herbeigezerrt, blutbesudelt und verstört vor Angst und Verzweiflung, zeigte es sich den neuen Anverwandten in kläglicher, nicht ebenbürtiger Gestalt — ein Sklave." (Alexej Tolstoi: ›Ein Werktag Peters‹, Erzählung, 1918)

Die Zentralgewalt als humanes, gegenüber Fürstenwillkür Ordnung schaffendes Prinzip und die Zentralgewalt als zerstörerische Macht gegenüber ordnungsunwilligen Außenseitern ist ein Thema von Mussorgskis ›Chowanschtschina‹. Die Petrinischen Reformen führten zur Irritation und Zersplitterung des Volkes, das weder im 16. oder 17. Jahrhundert noch im 19. Jahrhundert nach Mussorgskis Meinung wußte, „welche Suppe da mit ihm gekocht wird". Das findet seinen Niederschlag in der musikalischen Dramaturgie. Motive erhalten keine übergreifende Funktion, vielmehr formal konstruktive, um Figuren und Situationen punktuell zu konstituieren. Emphatischer Widerstand wird von den unter dem Druck der Verhältnisse leidenden Subjekten geleistet und bringt eine besondere, nach Mussorgskis Worten „nichtklassische" Art von Melodie hervor. Variation kleinster vokaler Ausdruckswerte bestimmt die melodische Bewegung. Beschwörende Wiederholung ist die Geste des sich widersetzenden ohnmächtigen Individuums. Volksmusizierweisen, wie das Unterstimmen- und das Nebenstimmenprinzip, werden in die fortlaufenden melodisch-vokalen Variationen eingebunden.

Thematisierte Analogie: Bezug zum religiösen Weltmodell

Auch der ›Boris Godunow‹ stellt keine Abbildung von „grauer Väter Vorzeit" dar. Die Analogie zwischen der Zeit der Wirren (smuta) im 16. Jahrhundert und den wirren Zeiten im 19. Jahrhundert bestand darin, daß die Zentralgewalt gesamtgesellschaftliche Interessen nicht durchzusetzen vermochte. Mussorgski thematisierte diese Analogie, indem er vorführte, wie am Beispiel eines Herrschers und seines Volkes politische Fragen als moralische verstanden und personalisiert werden. Des Zaren Leiden an einem Schuldkomplex und die Hoffnung des unmündigen Volkes, durch einen Gottgesandten erlöst zu werden, bedingen einander. Herrscher und Beherrschte sind als Unwissende gemeinsam an das Rad der Geschichte gekettet, das durch sie bewegt, aber nicht gelenkt wird.

In ›Boris Godunow‹ wird die moralisch-religiöse Vorstellung von der Gottgesandtheit des Zaren in der Kritik Pimens deutlich. Der Zar ist schuldbeladen, daher unfähig zu helfen, argumentiert der Mönch. Das wird von Pimens Zögling, dem Usurpator Grigori, in das Argument verkehrt: er ist unfähig, also schuldbeladen. Und damit gewinnt und manipuliert er die auf einen Erlöser wartenden Massen. Boris Godunow selbst denkt in diesen Kategorien und verfängt sich in den Fallstricken eines solchen Denkens.

Der Bezug auf ein religiöses Weltmodell und die Darstellung seines Zusammenbruchs sind in der ›Chowanschtschina‹ komplexer, weitreichender und zentraler als im ›Boris Godunow‹. Zar Peter zieht die Konsequenz aus dem Schicksal seiner Vorgänger. Er weist dem „himmlischen Herrscher" einen begrenzten Raum und bestimmte Machtbefugnisse zu und setzt sich dem Volk gegenüber an seine Statt. Daher erscheint Zar Peter in den Kategorien des religiösen Weltmodells auch als der Antichrist. Wie Gott tritt der Zar selbst nie in Erscheinung. Er schickt seine Stellvertreter. Die zur Hinrichtung getriebenen Strelizen tragen ihre Richtblöcke genauso demütig zum Hinrichtungsort, wie sie das Todesurteil annehmen: das Opferlamm beugt sich seinem Gott.

Mussorgski hat für die in der ›Chowanschtschina‹ stattfindende Inthronisation des gottgleichen Peter ein deutliches Zeichen gesetzt. Die Weiber der Strelizen flehen nicht nur nicht um das Leben ihrer Männer, sie bestätigen dem Vater

Zar laut und öffentlich die Gerechtigkeit des Urteils. Während die Strelizen den himmlischen Vater (otez) um Erbarmen mit ihren sündigen Seelen bitten, bekräftigen ihre Weiber den Zaren-Vater (Zar-batjuschka) darin, ohne Erbarmen zu sein.

Volksdarstellung ist unsentimental und nicht idealisierend

Mussorgskis Darstellung des Volkes ist unsentimental und nicht idealisierend. Hierin mag er sich von vielen Narodniki (Volkstümlern) unterscheiden, wenn er ihnen auch in den Gestalten der Marfa und des Dossifej ein Denkmal gesetzt hat. Schon die ungewöhnlich ausführlichen Szenenanweisungen zum ersten Prologbild des ›Boris Godunow‹ (in allen Ausgaben außer der von Pawel Lamm und David Lloyd-Jones sind diese Anweisungen gekürzt) geben Aufschluß darüber, daß Mussorgski das Volk nicht als Opfer schlechthin gesehen hat. Die Volksmenge wird vom Pristaw (Polizeioffizier) zu Jubelgesängen angetrieben, doch haben sich die Leute freiwillig, in Erwartung einer einträglichen staatlichen Jubelaktion, eingefunden. Manipulation und Zwang werden gezeigt, ebenso die Demoralisation.

Bezug zum religiösen Weltmodell – der geheime Punkt der ›Chowanschtschina‹-Dramaturgie

An die Stelle des unfähigen Zaren Boris tritt der sehr fähige Zar Peter. Doch die Irritation des Volkes bleibt, weil das alte Weltmodell keine Orientierung mehr gibt. Auf ›Boris Godunow‹ und ›Chowanschtschina‹ wollte Mussorgski eine Oper über den Pugatschow-Aufstand folgen lassen. Diese geplante letzte Oper einer Trilogie verrät das Ziel seiner Kritik am alten Weltmodell: die Versprechungen der christlichen Heilslehre wären mit der Überwindung autoritärer Herrschaftsansprüche einzulösen. Pugatschow gab ein Zeichen, wie durch die Bindung anarchistisch-aggressiver Kräfte an eine richtungsorientierte Bewegung das Volk mündig werden und wie es sich aus der Umklammerung, Opfer fremder Interessen zu sein, lösen kann. Der geheime Punkt der vielkritisierten ›Chowanschtschina‹-Dramaturgie, der alle Szenen und Figuren bindet, ist der Zusammenbruch des christlichen Weltmodells und die Inthronisation eines über das alte Weltmodell hinausreichenden, in dessen Kategorien nicht mehr faßbaren Fortschrittsglaubens.

Gattungsästhetische Präzisierung im ›Boris Godunow‹

Mit der geschichtlichen Präzisierung der Gattung gibt sich im ›Boris Godunow‹ der Standpunkt des 19. Jahrhunderts kund. Unwissende, Objekte fremder Interessen, werden zu Protagonisten einer Tragödie, während das weltgeschichtliche Subjekt, der Zar, auf die häuslich bürgerliche Existenz zurückgeworfen wird. „Wenn also in Mussorgskis ›Boris Godunow‹ das russische Volk der eigentliche Held des Dramas ist, ... so liegt nach gattungsästhetischen Kriterien das realistische Moment der Darstellung ... nicht in der bloßen Tatsache von Massenszenen auf der Bühne, sondern darin, daß das Volk als Protagonist einer Tragödie und nicht einer Komödie erscheint ... Und wenn umgekehrt der Zar in einer häuslichen Szene mit Sohn, Tochter und Amme gezeigt wird, so bedeutet das Idyll, dessen Vorbilder in der Tradition der Comédie larmoyante zu suchen wären, einen krassen Abfall von der Höhe des tragischen Stils ..." (Carl Dahlhaus: Musikalischer Realismus)

Gattungsästhetische Präzisierungen bestimmen die Dramaturgie des ›Boris Godunow‹ wesentlich. Die beiden sogenannten Polenbilder stellen zum Beispiel deutlich eine Differenz zu den massenhaft verbreiteten analogen Politintrigen und Liebesszenen damaliger italienischer Opernfabrikate heraus, in denen die Vorstellung bedient wurde, politisches Handeln realisiere sich durch Intrigen. Das Klischee der durch Schönheit einflußreichen Frau wird von der Marina Mnischek selbst kritisiert und verworfen. Schon mit den Ortsangaben: „Garten. Springbrunnen. Mondnacht" parodiert Mussorgski das Stereotyp eines Schauplatzes, auf dem sich nur eine Liebesszene zwischen edlen Standespersonen abspielen kann. Und tatsächlich finden sich auch ein Kronprätendent und eine Adlige zu einem gemeinsamen Vorhaben, doch wird in ihrem Duett weder Liebeserfüllung noch Interessenübereinstimmung musiziert. In den Polenbildern formt Mussorgski das erwartete Opernklischee, um es gleichsam ad absurdum zu führen. So trifft er in der ideologischen Kritik auch das zählebigere ästhetische Ideal.

Der gewöhnliche Alltagsmensch und das authentische Detail
Auch die beiden Fragmente ›Die Heirat‹ und ›Der Jahrmarkt von Sorotschinzy‹ sind wesentlich für die russische Operngeschichte geworden.

Durch Sekundklänge geschärfte, auf den Untertext von Worten stringent bezogene Harmonik und Klangfarbengeste sind konstituierende Elemente der ›Heirat‹, der ersten Opéra dialogué in der russischen Operngeschichte. Zweiundsiebzig Jahre später wagte ein anderer russischer Komponist den Versuch einer Oper in musikalischer Prosa. Dmitri Schostakowitsch vertonte 1942 Gogols Komödie ›Die Spieler‹. Bezog sich Schostakowitsch auf Mussorgski, berief sich dieser auf Dargomyshski als sein Vorbild. 1863 bis 1868 hatte Dargomyshski Puschkins Versdrama ›Der steinerne Gast‹ vertont. Dargomyshski wahrte die Einheit von Syntagma (Gruppe syntaktisch geordneter Worte) und Rhythmen, entdeckte aber das Enjambement (Übergreifen einer syntaktischen Einheit über das Vers- oder Strophenende hinaus), um die Periodenstruktur zu durchbrechen und eine wahre Redeintonation als Wortmelodie aufzuzeichnen. Mussorgski übernahm das Wahrheitspostulat von Dargomyshski, ging jedoch bei der Auflösung der sprachlichen Periodenstruktur einen Schritt weiter. Für ihn war die Kongruenz der Grenzen von Syntagma und Rhythmen nicht mehr verbindlich, selbst wenn er, wie im ›Boris Godunow‹, in der Sprache des Pimen partiell Puschkinsches Versmaß vertonte. Nach Carl Dahlhaus nahm Mussorgski mit dem Opernfragment ›Die Heirat‹ 1868 eine Methode voraus, die im 20. Jahrhundert zum beherrschenden Prinzip in der Opernkomposition wurde: „ ... die regelmäßige ‚quadratische' Periodenstruktur, die im 19. Jahrhundert die Grundlage der

Opernmelodik und das Hauptmerkmal populärer Kantabilität bildete, wurde suspendiert und in Partikel von ungleicher, irregulärer Länge aufgelöst, deren innerer Zusammenhalt nicht mehr durch die rhythmische Korrespondenz der syntaktischen Glieder garantiert wurde, sondern durch Motivbeziehungen oder durch den Sinnzusammenhang des literarischen Textes hergestellt werden mußte."
(Carl Dahlhaus: Musikalischer Realismus)

Der Begriff des Komischen und das Volksliedzitat

Gattungsästhetische Präzisierung findet auch in der Oper ›Der Jahrmarkt von Sorotschinzy‹ statt. Gegenstand dieser Komödie sind nach Mussorgski die „Frachtfuhrleute und dörflichen Händler, die die echte Wahrheit verkörpern". Mussorgski schloß für sich einen Begriff von Komödie aus, in dem die sozial Niederen zu Objekten von Komik wurden. Vielmehr ist in Mussorgskis Oper das Komische dem Tragischen eng verschwistert. Die gemeinsame Wurzel von Tragischem und Komischem liegt im Widerspruch zwischen reicher Empfindungsfähigkeit und beengender sozialer Wirklichkeit.

Mit Volksliedzitaten will Mussorgski nicht den Anschein ursprünglicher Naivität erwecken, er will bäuerliche Kultur und Lebensweise in der Musik nicht beschwören. Sein Volksliedton ist ein Sehnsuchtston, den der Großrusse und Komponist seinen kleinrussischen Bauern und den in widrigen Verhältnissen Befangenen zur Verfügung stellt. Der Volksliedton wird durch die Fabel bestimmt, stellt sich nicht als spontan elementarer Gefühlsausbruch dar, täuscht keine Pseudoalternative zur städtischen Kultur vor.

Auch wenn er Volksmusik verwendet, ob als Melodie- oder Strukturzitat, deckt der Realist Mussorgski vorhandene Widersprüche auf und nicht zu.

Literatur Modest Mussorgski: Literarischer Nachlaß. Briefe, biographisches Material und Dokumente. (Literaturnoje nasledije. Pisma, biografitscheskije materialy i dokumenty.) Moskau 1971; Modest Mussorgski: Literarisches Werk. (Literaturnoje proiswedenije.), Moskau 1972; Modest Mussorgski: Briefe. (Pisma.), Moskau 1981
Michel Calvocoressi: Mussorgsky. Leipzig/Wien/Zürich 1921; Igor Glebow: Mussorgski. Versuch einer Charakteristik. (Mussorgski. Opyt charakteristiki.) Moskau 1923; Oscar von Riesemann: Monographien zur russischen Musikgeschichte. Bd.2, München 1926; Kurt von Wolfurt: Mussorgskij. Stuttgart 1927; Igor Glebow: Die ästhetischen Anschauungen Modest Mussorgskis. In *Die Musik*, Jg.21, Berlin 1928, H.2; Alexej Ogolewzew: Die vokale Dramaturgie Mussorgskis. (Wokalnaja dramaturgija Mussorgskogo.) Moskau 1966; Georgi Chubow: Mussorgski. Monographie. (Monografija.) Moskau 1969; Wiktor Beljajew: Mussorgski — Skrjabin — Strawinski. Moskau 1972; Semjon Schlifschtein: Mussorgski: Künstler, Zeit, Schicksal, (Chudoshnik, wremja, sudba.) Moskau 1975; Hans Christoph Worbs: Modest P.Mussorgsky in Selbstzeugnissen und Bilddokumenten. Reinbek 1976, Carl Dahlhaus: Musorgskij in der Musikgeschichte des 19.Jahrhunderts. In: Musik-Konzepte 21.Modest Musorgskij. Aspekte des Opernwerks. München 1981; Rusana Schirinjan: Die Operndramaturgie Mussorgskis. (Opernaja dramaturgija Mussorgskogo.) Moskau 1981; Carl Dahlhaus: Musikalischer Realismus. Zur Musikgeschichte des 19.Jahrhunderts. München 1982

Salammbô (Salambo)

Oper in vier Akten (Opera w tschetyrjoch dejstwijach)
Libretto von Modest Mussorgski
nach dem gleichnamigen Roman von Gustave Flaubert
Fragment

Entstehung 1863—1866

Uraufführung Konzertant 10. November 1980 Mailand RAI Radiotelevisione Italiana
Szenisch 30. März 1983 Teatro San Carlo Neapel

Personen
Salammbô, Oberpriesterin der Göttin Tanit, Tochter Hamilkars_____Alt
Mâtho, Anführer der libyschen Krieger_____Baß
Spendius, freigelassener Sklave_____Tenor oder hoher Bariton
Aminachar, Oberpriester des Gottes Moloch_____Baß
Ein Baleare_____Bariton
Libysche Krieger, Priesterinnen der Göttin Tanit,
Priester des Gottes Moloch, Volk_____Gemischter Chor
Kinder_____Kinderchor

Aufführungsdauer I. Akt, 1. Bild (Einleitung, Lied des Balearen, Gesang der libyschen Krieger): 10 Min., II. Akt, 2. Bild: 26 Min., III. Akt, 1. Bild (Opferung und Gebet): 25 Min., IV. Akt, 1. Bild: (Mâthos Monolog und Urteilsverkündung): 17 Min., IV. Akt, 2. Bild (Chor der Priesterinnen): 5 Min.; Gesamt: 1 Std., 23 Min.

Vorgänge
(Rekonstruktion von Pawel Lamm nach Flauberts Roman)
Die Handlung spielt in Karthago 241 v. u. Z.
I. Akt, 1. Bild: *In den Gärten Hamilkars.* Die Stadt hat den ersten Krieg gegen Rom verloren. Die unter den Barbaren Europas und Asiens ausgehobenen Söldner rebellieren, weil sie nicht entlohnt wurden. Um sie zu beruhigen, laden die führenden Karthager sie in die Gärten des abwesenden Heerführers Hamilkar zu einem Gastmahl ein. Das festliche Gelage artet aus. Die betrunkenen Söldner zerstören die Anlagen, befreien Hamilkars Sklaven. Mit ihrem Gesang besänftigt Salammbô, die Tochter Hamilkars, die Barbaren. Der Anführer der libyschen Krieger, Mâtho, und der Numierfürst Nar'Havas verlieben sich in Salammbô. (Komponiert: Lied des Söldners von den Balearen; komponiert und instrumentiert: Gesang der libyschen Krieger)
II. Akt, 2. Bild: *Im Tempel der Tanit.* Salammbô schmückt den Altar und ehrt mit Gesängen die Göttin. Mâtho raubt ihr den heiligen Schleier. Die Priesterinnen klagen um das geraubte Heiligtum. (Dieses Bild ist vollständig komponiert.)

III. Akt, 1. Bild: *Tempel des Moloch*. Die Karthager sehen sich mit dem Schleier auch des Beistandes der Göttin Tanit beraubt. Sie wenden ihre Hoffnung auf den Gott Moloch. Vor den Toren Karthagos stehen die rebellierenden libyschen Heere. Nar'Havas hat sich mit Mâtho verbündet.

Die Priester opfern dem Gott Moloch kleine Kinder. Das Volk fleht um Schutz vor dem Feind. Salammbô schließt sich den Betenden an und teilt ihren Entschluß mit, ins Lager der Barbaren zu gehen, um den Schleier zurückzuholen. (Komponiert: gesamte Szene der Opferung und Gebet)

III. Akt, 2. Bild: (Es gibt keinerlei Hinweise, wie sich Mussorgski dieses Bild gedacht hat. Hier hätte der Gang Salammbôs zu Mâtho stattfinden müssen.)

IV. Akt, 1. Bild. *In den Verliesen der karthagischen Akropolis.* Salammbô hat Mâtho den Schleier wieder entwendet und nach Karthago zurückgebracht. Das Kriegsglück hat sich gewendet. Hamilkar, nun unterstützt von dem treulosen Nar'Havas, hat die Libyer geschlagen.

Mâtho ist gefangen. Er beklagt sein Los und bereitet sich auf den Tod vor. Priester und Pentarchen verurteilen ihn zum Tode. (Komponiert und instrumentiert: Monolog Mâthos und Urteilsverkündung) IV. Akt, 2. Bild: *In den Gemächern Hamilkars oder im Tempel der Tanit.* Priesterinnen kleiden Salammbô für die Vermählung mit Nar'Havas ein. (Komponiert: Chor der Priesterinnen) Hinweise auf den Schluß der Oper fehlen.

Genesis
1862 wurde in Paris Gustave Flauberts Roman ›Salammbô‹ publiziert. 1863 erschien eine Übersetzung in den *Vaterländischen Annalen* (Otetschestwennyje sapiski) in Rußland, und im Dezember desselben Jahres komponierte Mussorgski das 2. Bild des II. Aktes (Salammbôs Kulthandlung und den Raub des Schleiers). Erst im November des nächsten Jahres folgte die Komposition des 1. Bildes des III. Aktes (Opfer im Tempel des Moloch) sowie des 1. Bildes des IV. Aktes (Monolog und Verurteilung des Mâtho). Zwischen diesen beiden ein Jahr auseinanderliegenden Schaffensphasen war im Sommer 1864 nur das Lied des Söldners von den Balearen für den I. Akt entstanden. Im Frühjahr 1866 kehrte Mussorgski noch einmal zu ›Salammbô‹ zurück und komponierte zwei kleinere einzelne Nummern: den Chor der Priesterinnen für den IV. Akt und den Gesang der libyschen Krieger für den I. Akt. Dann gab er die Arbeit an dieser Oper auf.

Insgesamt liegen von ›Salammbô‹ drei Bilder und drei einzelne Nummern vor. Der Gesang der libyschen Krieger und die Szene in den Verliesen der karthagischen Akropolis (Monolog und Verurteilung Mâthos) sind von Mussorgski instrumentiert worden, während die anderen Nummern als Klavierskizzen ausgeführt sind.

Kommentar
Flaubert schildert in seinem Roman ›Salammbô‹ anschaulich, ausführlich und detailreich die blutigen Metzeleien zwischen rebellierenden Söldnern und karthagischen Bürgern.

Der Rückgriff auf den Söldneraufstand 241 v. u. Z. in Karthago trug dem Autor der ›Madame Bovary‹ heftige Kritik ein und rief die Historiker auf den Plan, die dem Roman zwar Authentizität im Detail zugestehen mußten, aber die Gestalt der historisch unbedeutenden, in den Quellen kaum erwähnten Salammbô als romantische Schimäre kritisierten. Doch das gewissenhafte Quellenstudium war für Flaubert nur die Voraussetzung gewesen, um genau und überzeugend im Detail zu sein. Der Roman selbst war nicht als Geschichtsillustration gedacht. Flaubert interessierten der Alltag und die Psychologie von Menschen, denen der Tod vielerorts und in vielerlei Gestalt mehrmals täglich begegnet. So siegt in ›Salammbô‹ das zerstörerische, autoritär-männliche Prinzip Moloch über die schöpferische, unmündig-weibliche Gottheit Tanit. Flauberts Romanthema war mit einer Operndramaturgie, die einzelne Individuen zu Protagonisten eines Konfliktes macht, nicht zu erfassen. Mussorgski hat das erkannt.

In einem Brief an Mili Balakirew analysierte er im Juni 1863 Alexander Serows Oper ›Judith‹, hob die Massenszenen lobend hervor, bedauerte aber ihren kulissenhaften Charakter.

Der Gang Judiths zu Holofernes und der Gang Salammbôs zu Mâtho waren einander sehr ähnlich. Mussorgski scheint, als er das Schicksal der Salammbô nicht weiter ausführte, sondern sich stärker dem Rebellenführer Mâtho zuwandte, die Konsequenzen gezogen zu haben. Wladimir Stassow berichtet, daß Mussorgski seine Oper zwischen 1863 und 1864 aus ›Salammbô‹ in ›Der Libyer‹ umbenannt habe.

Zwischen dem Monolog des Mâtho und dem letzten Monolog des Boris Godunow besteht musikalische Substanzgemeinschaft. Auf weitere motivisch-thematische Übereinstimmungen zwischen der Partitur der ›Salammbô‹-Oper und der des ›Boris Godunow‹ hat Pawel Lamm in seinem Vorwort zum ›Salammbô‹-Klavierauszug von 1939 aufmerksam gemacht und die Beispiele im einzelnen ausgeführt. Die Kongruenzen zwischen beiden Werken heben die für Mussorgski typische Einheit von Figurenhaltung, Situation und musikalischem Ausdruck nicht auf.

Die Kenntnis der Orchesterpalette der ›Salammbô‹-Fragmente ist wesentlich für die Beurteilung des Orchesters von ›Boris Godunow‹. Im Vergleich zum ›Boris Godunow‹ ist die Partitur der ›Salammbô‹ reicher an klanglichen Effekten. Der für die Mailänder Uraufführung der Fragmente verantwortlich zeichnende Zoltán Pescó spricht von ungewöhnlichen instrumentalen Kombinationen. „Zum Beispiel ist die Vielfalt der Schlaginstrumente in ›Salammbô‹ überraschend modern, hinzu kommt eine Mischung aus Klavieren, Harfen und Glockenspiel, wie man sie erst fünfzig Jahre später antrifft."

Unter diesem Aspekt erweist sich die Zurücknahme von Klangeffekten in der ›Boris Godunow‹-Partitur als eine bewußt getroffene ästhetische Entscheidung und die Kargheit der Mittel nicht als dilettantisches Unvermögen.

Mit ›Salammbô‹ beginnt Mussorgskis Suche nach einer ihm gemäßen Dramaturgie.

Aneignung
Für die szenische Uraufführung 1983 am Teatro San Carlo Neapel waren der Regisseur Juri Ljubimow und der Bühnenbildner David Borowski vom Theater an der Taganka Moskau gewonnen worden. Ljubimow machte deutlich, daß er ein Fragment aufführte. Er ließ seine Inszenierung mit einer Art Dialog zwischen Mussorgski und Flaubert beginnen. Auf der im Halbdunkel liegenden Bühne präludierte jemand, vielleicht der Komponist, die Melodie des Söldners von den Balearen, die vom Chor aufgegriffen wurde, während simultan die entsprechenden Texte in russisch und französisch erklangen, bis schließlich Text und Musik sich zu einer neuen Qualität vereinigten, im Lied des Söldners von den Balearen. Die Inszenierung endete mit der Einkleidung Salammbôs für die Hochzeit. „Ljubimow läßt sie in einer Atmosphäre der Angst ablaufen. Die Folter der Rebellen und die schwarzen Schleier der Priesterin kündigen bereits das traurige Ende an: ein Ende, das der Schreiber schuf, nicht aber der Komponist, den wir für einen Augenblick im Hintergrund der Bühne neben Notenblättern sehen, die weiß geblieben sind. So endet die Geschichte, wie sie begonnen hat, im Halbschatten der Bühne." (Rubens Tedeschi zur Uraufführung in Neapel in: *L'unita* vom 31.3.1983)

Autograph Einige Nummern: Bibliothek des Staatlichen Konservatoriums N.A.Rimski-Korsakow Leningrad und Staatliche Öffentliche Bibliothek M.J.Saltykow-Schtschedrin Leningrad; Lied des Söldners von den Balearen: Bibliothèque du Conservatoire de Paris
Ausgaben KlA (Mit Partitur der instrumentierten Nummern.) Hrsg. von Pawel Lamm. In: GA (Polnoje sobranije sotschineni.) Musgis Moskau/Leningrad 1939; Text In: Literarischer Nachlaß (Literaturnoje nasledije.) Bd.2, Musyka Moskau 1972
Literatur Wladimir Stassow: Sammlung von Artikeln W.Stassows über M.Mussorgski und dessen Werke. (Sobranije statej Stassowa o M.Mussorgskom i jego proiswedenijach.) Moskau/Petrograd 1922; Rubens Tedeschi: ›Salammbô‹. In: Musik-Konzepte 21. Modest Mussorgskij. Aspekte des Opernwerks. München 1981

Die Heirat (Shenitba)

Versuch einer Dramatischen Musik in Prosa · Opéra dialogué
Ein vollkommen unglaubhaftes Ereignis (in drei Akten)
(Opyt dramatitscheskoi musyki w prose · Opéra dialogué
Sowerschenno newerojatnoje sobytije (w trjoch dejstwijach))
Text nach dem gleichnamigen vollkommen unglaubhaften Ereignis in zwei Akten von Nikolai Gogol
Fragment

Entstehung 1868 Vier Szenen des I.Aktes

Uraufführung 1. April 1909 Petersburg, konzertant in der Reihe Abende zeitgenössischer Musik

MUSSORGSKI

1917 Petrograd, erste Aufführung mit Orchester (Orchestrierung von Alexander Gauk)
1931 Radiotheater Moskau (Fassung von Michail Ippolitow-Iwanow)

Personen Fragment
Podkolessin, Hofrat im Dienst — Bariton
Kotschkarjow, sein Freund — Tenor
Stepan, Diener Podkolessins — Baß
Fjokla Iwanowna, Heiratsvermittlerin — Mezzosopran

Fassung von Alexander Tscherepnin
Agafja Tichonowna, Kaufmannstochter — Sopran
Arina Pantelejmonowna, ihre Tante — Mezzosopran
Fjokla Iwanowna, Heiratsvermittlerin — Mezzosopran
Dunjaschka, Zimmermädchen im Hause Agafja Tichonownas — Sopran
Podkolessin, Hofrat im Dienst — Bariton
Kotschkarjow, sein Freund — Tenor
Stepan, Diener Podkolessins — Baß

Fassung von Michail Ippolitow-Iwanow
Podkolessin, Hofrat im Dienst — Bariton
Kotschkarjow, sein Freund — Tenor
Stepan, Diener Podkolessins — Baß
Fjokla Iwanowna, Heiratsvermittlerin — Mezzosopran
Agafja Tichonowna — Sopran
Arina Pantelejmonowna — Mezzosopran
Dunjaschka, Hausmädchen — Sopran
Rührei, Exekutor — Baß
Anutschkin, Infanterieoffizier a. D. — Tenor
Shewakin, Seemann — Tenor
Ein Fuhrmann — Baß
In den Intermedien zwischen den Akten:
Straßensängerin — Sopran
Tatar — Bariton
Schleifer — Tenor
Verkäuferinnen von Heringen, Beeren, Pilzen — Soprane und Mezzosopran
Petruschka, Drehorgelspieler, Höfling — Sprechrollen

Orchester Fassung von Alexander Tscherepnin 2 Fl (II auch Picc), 2 Ob (II auch EH), 2 Klar (II auch PiccKlar), 2 Fg, 4 Hr, 2 Trp, 2 Pos, BPos, Tb, Pkn, Slzg, Hrf, Str

Aufführungsdauer Siehe Fassungen

Fassungen
Alexander Tscherepnin führte das Fragment durch ein zweites Bild weiter und brachte die Fabel zu einem Abschluß. Er entnahm hierfür dem Gogol-Text lediglich die Begegnung Podkolessins mit Agafja und die Flucht Podkolessins. Das Werk ist in dieser Fassung nicht abendfüllend.

Michail Ippolitow-Iwanow ergänzte das Fragment zu einer abendfüllenden Oper, indem er den gesamten Gogolschen Text in Noten setzte und dem in vier Akte geliederten Werk Zwischenspiele hinzufügte.

Vorgänge Fragment
I. Akt, 1. Bild: *Zimmer Podkolessins.*
1. Szene: Herr und Diener, Podkolessin und Stepan oder Verkehrung realer Abhängigkeiten.

Der Herr verlangt von seinem Diener Unziemliches, er will als Mensch behandelt werden, unterhalten sein und in seinem Selbstgefühl bestätigt werden. Der Diener entzieht sich listig diesen Forderungen.

2. Szene: Dem einen ist der Lauf der Welt ein Geschäft, dem anderen ein Gegenstand platonischer Betrachtung vom Sofa aus.

Die Heiratsvermittlerin erfüllt Podkolessin ungewollt den vom Diener verweigerten Dienst. Sie bringt ihm die Welt und eine Braut ins Haus. Sie will ein Geschäft, Podkolessin genügt das Vergnügen.

3. Szene: Wie man einen Betrüger betrügt.

Der von der Heiratsvermittlerin Fjokla verheiratete Kotschkarjow läßt diese alle Informationen über Podkolessins Braut ausplaudern. Zu spät erkennt die Eitle, daß sie sich verplaudert hat. Sie verleugnet sich selbst und ihr Gewerbe. Es nützt ihr nichts.

4. Szene: Zwei Freunde.

Kotschkarjow nimmt selbst die Heiratsvermittlung in die Hand. Als Freund Podkolessins ist er zugleich auch dessen Feind. Er kennt seine Schwächen und weiß ihn zu manipulieren, treibt den Hofrat dazu, die Braut aufzusuchen — sein Sofa zu verlassen.

Genesis
„...ich denke, daß die ›Heirat‹ dem Freund vieles in bezug auf meine musikalischen Vermessenheiten vermittelt. Sie wissen ja, wie teuer sie mir ist — diese ›Heirat‹ — und, um der Wahrheit willen, erfahren Sie, daß sie von Dargomyshski (im Scherz) und von Cui (nicht im Scherz) angeregt worden ist", schrieb Mussorgski 1873 an Stassow, als er ihm den Entwurf der Oper zueignete.

Im Sommer des Jahres 1868 (vom 11. Juni bis 8. Juli) arbeitete der Komponist an Gogols Text, mit dem er sich von der exotischen Poesie des ›Salammbô‹-Librettos löste und nach nationaler und sozialer Konkretheit strebte.

Ein Hinweis auf die Gründe, warum er das Projekt einer Opéra dialogué unvollendet liegen ließ, findet sich in einem Brief von 1872 an die Sängerin Alexandra Purgold: „... ›Die Heirat‹ von Gogol ist mir gut bekannt; vor einigen Jahren war ich damit beschäftigt, aber die Sache kam auf dem von mir eingeschlagenen Wege zu keinem Resultat — zu wenig umfaßte sie Mütterchen Rußland in seiner ganzen ursprünglichen Weite..."

Strukturen
Die Substanz der vier von Mussorgski komponierten Szenen liegt (wie die der gesamten Komödie Gogols) nicht darin, daß ein Mann zur Heirat überredet wird und in letzter Minute kneift. Vielmehr gewann Gogol der russischen Kunst den gewöhnlichen Alltagsmenschen und das authentische Detail als ernst zu nehmende Darstellungsgegenstände. Mussorgski war sich dessen bewußt, als er während der Komposition (im Juni 1868) an Cui schrieb: „Was doch der Gogol kapriziös und feinsinnig ist! — Ich habe hier wieder die Bauern und ihre Weiber beobachtet. Es sind viele höchst appetitliche Exemplare darunter. Einer von den Bauernburschen, ein junger Falke, gleicht dem Antonius im Shakespeareschen ›Julius Caesar‹, wie er an der Leiche Caesars auf dem Forum seine Rede hält. Ein kluger und äußerst schlauer Kerl! Alle diese guten Leute werden mir noch vortrefflich zustatten kommen. Und erst die weiblichen Exemplare — ein wahrer Schatz! — Bei mir geht es so: ich merke mir meine Leute, und dann bei Gelegenheit hole ich sie hervor und nehme mir einen künstlerischen Abdruck davon."

Für Fjokla und Kotschkarjow ist der Widerspruch zwischen entschieden-behendem Auftreten und wahrem Marionettendasein kennzeichnend, für Stepan hingegen der zwischen träger Bewegung und geistiger Wendigkeit, für Podkolessin sind es die Einmaligkeit beanspruchende Attitüde und seine tatsächliche Verschlafenheit. Mussorgski gibt Portraits, zeichnet keine an inneren Widersprüchen reichen Individualitäten. Er verwendet Mittel der Reduzierung und Statik. Motivgeflechte ergänzt er (bei Verwendung extremer Register) durch Vokalfarben. Konstruktive Prinzipien sind der thematischen Linie aufs engste verbunden, wie Mussorgski selbst deutlich beschrieben hat: „... Für Podkolessin gewann ich eine sehr treffende orchestrale Phrase, sie scheint mir nirgends geeigneter zu sein als in der Szene mit der Heiratsvermittlerin. Zum erstenmal taucht sie im Gespräch mit Stepan auf bei den Worten: ‚Nun, hat er nicht gefragt?' usw. und betrifft die Heirat... Wie Sie sehen, ist es ein Fragment des Themas; vollständig wird es erst im III. Akt im Augenblick der formellen Brautwerbung erscheinen, nachdem Podkolessin zur Heirat schon entschlossen ist. Es ist sehr geeignet, um die stumpfsinnige Verlegenheit Podkolessins auszudrücken."

Durch Sekundklänge geschärfte, logistischer Funktionalität ausweichende, auf den Untertext der Worte stringent bezogene Harmonik und Klangfarbengestus sind weitere konstituierende Elemente des kompositorischen Verfahrens: „In der ersten Szene aber gelang es mir, den schlauen Ausfall von Stepan zu schildern. Als er zum dritten Mal gerufen wird, tritt er ärgerlich, aber zurückhaltend (versteht sich) ein und antwortet auf Podkolessins Worte ‚Ich wollte Dich, Bruder, etwas fragen' im Fortissimo ‚Die Alte ist gekommen', indem er auf diese Weise die Aufdringlichkeit seines Herrn abwehrt... Jetzt mache ich mich an den Kotschkarjow heran. Alles in allem kann der I. Akt — meiner Meinung nach — als ein

Versuch einer ‚Opéra dialogué' gelten... In meiner ‚Opéra dialogué' bin ich nach Möglichkeit bestrebt, diejenigen Intonationsschwankungen deutlich hervortreten zu lassen, die bei den handelnden Personen während des Dialoges anscheinend aus den geringfügigsten Ursachen nach den allerunbedeutendsten Worten in Erscheinung treten, worin sich, wie mir scheint, die Kraft des Gogolschen Humors offenbart. So zum Beispiel in der Szene mit Stepan verändert dieser seinen trägen Tonfall plötzlich in einen höchst ärgerlichen, nachdem ihn sein Herr mit der Stiefelwichse zum Äußersten gebracht hat. In der Szene mit Fjokla kommen solche Fälle nicht selten vor; von prahlerischer Schwatzhaftigkeit bis zu Grobheiten und zänkischen Ausfällen ist es bei ihr nur ein Schritt..."

Wenn Mussorgski in seinem Brief an Cui über die Anlage des Podkolessin von einer „treffenden orchestralen Phrase" spricht, verrät das sein komplexes musikalisch-instrumentales Denken und Empfinden, wird damit der These vom „klavieristisch" denkenden Komponisten Mussorgski widersprochen.

Als Mussorgski Ljudmila Schestakowa 1868 erklärte: „Was ich eigentlich will, ist dies: die Personen sollen sich auf der Bühne genauso wie gewöhnliche Menschen ausdrücken", dachte er schon an einen neuen, noch nicht existierenden, für alle seine Werke erforderlichen Interpretentyp: „Der Erfolg der Gogolschen Sprache hängt vom Akteur, hängt von dessen echter Intonation ab. Nun, ich will Gogol auf den Platz bannen und den Akteur auch, das bedeutet, es musikalisch so zu sagen, wie man es nicht anders sagen kann, und es so zu sagen, wie es die Gogolschen Figuren sagen wollen. Und deshalb habe ich in der ›Heirat‹ den Rubikon überschritten. Das ist Lebensprosa in Musik, das ist nicht die Geringschätzung der Musikanten-Poeten gegenüber der einfachen menschlichen Sprache, nicht die Einkleidung in eine heldische Robe — das ist die Achtung der menschlichen Sprache, die Wiedererzeugung der einfachen menschlichen Rede..."

Verbreitung

1868 erklangen die vier Szenen des I. Aktes während der musikalischen Abende bei Alexander Dargomyshski. Der Komponist des ›Steinernen Gastes‹ gab die Rolle des Kotschkarjow. Er hatte diese Partie für die häusliche Aufführung kopiert.

1917 kam in Petrograd eine erste Orchesterfassung der Oper, hergestellt vom Dirigenten Alexander Gauk, zur Aufführung. Für eine Pariser Privataufführung hatte 1923 Maurice Ravel die Redaktion übernommen. 1930 fand in Monte Carlo die Erstaufführung der Orchestrierung von Béclart d'Harcourt statt. 1931 brachte der Moskauer Rundfunk die Fassung von Michail Ippolitow-Iwanow. 1934 schuf Alexander Tscherepnin seine Orchestrierung und ergänzende Fassung, in der die Oper 1936 in Duisburg zur deutschen Erstaufführung gelangte. Zu Mussorgskis 100. Todestag stellte 1981 in Mailand Peter Ustinov seine Fassung vor. Sie wurde 1984 in Bonn nachgespielt. Ustinov erfand eine Rahmenhandlung: Seit sechs Jahren probt ein Theater die vier Szenen der ›Heirat‹, jeden Tag weitere Fortschritte der Komposition erwartend. Dazu kommt es nie. Seit längerer Zeit hängt ein Plakat, die Uraufführung ankündigend. Man vergißt, es abzunehmen, so daß sich eines Tages die Premierengäste einfinden. Man zeigt ihnen, was fertig ist, die vier Szenen und beschließt, weiter zu proben, auch wenn keine Hoffnung mehr auf eine Vollendung des Werkes besteht. Die Fassung Ustinovs dauert 1 Stunde und 15 Minuten.

Autograph KlA mit Korrekturen von Mussorgskis Hand, Geschenk an die Sängerin Worobjowa-Petrowa, Staatliches Zentrales Museum Musikalischer Kultur M.I.Glinka Moskau; KlA mit Korrekturen, Staatliche Öffentliche Bibliothek M.J.Saltykow-Schtschedrin Leningrad **Ausgaben** KlA I.Akt. Fassung von Nikolai Rimski-Korsakow. Bessel Petersburg/Moskau / Breitkopf & Härtel Leipzig/Berlin 1908; KlA I.Akt. Hrsg. von Pawel Lamm. In: GA (Polnoje sobranije sotschineni.) Bd.IV/1, Musgis Moskau / Universal Edition Wien/Leipzig 1933; KlA I.Akt. Hrsg. von Pawel Lamm. Musyka Moskau 1965; KlA Musikalische Komödie in vier Akten. I.Akt von Modest Mussorgski, II. bis IV.Akt von Michail Ippolitow-Iwanow. (russ./dt., dt. von Usow) Musgis Moskau 1934; KlA Oper in zwei Bildern. 1.Bild von Modest Mussorgski, 2.Bild von Alexander Tscherepnin. (dt. von Heinrich Burkhard) Universal Edition Wien 1938 **Literatur** E.Antipowa: Zwei Varianten der ›Heirat‹. (Dwa wariazii ›Shenitby‹.) In: *Sowjetskaja musyka*, Moskau 1964, Nr.3; Boris Assafjew: Über die Oper. Ausgewählte Aufsätze. (Ob opere. Isbrannyje stati.) Leningrad 1976; Piero Santi: Über ›Die Heirat‹. In: Musik-Konzepte 21. Modest Musorgskij. Aspekte des Opernwerks. München 1981

Boris Godunow (Boris Godunow)

Oper in vier Akten und einem Prolog
(Opera w tschetyrjoch dejstwijach s prologom)
Sujet nach der gleichnamigen Dramatischen Chronik von Alexander Puschkin unter Beibehaltung eines Großteils seiner Verse
Libretto von Modest Mussorgski

Entstehung 1868—1869, 1871—1872

Uraufführung 8. Februar 1874   Mariinski Theater Petersburg

Personen

Boris Godunow —————————————————————————— Bariton
Seine Kinder: Feodor, Ksenija ————————————— Mezzosopran, Sopran
Amme der Ksenija ————————————————————— Tiefer Mezzosopran
Fürst Wassili Iwanowitsch Schuiski ————————————————— Tenor
Andrej Schtschelkalow, Geheimschreiber ———————————— Bariton
Pimen, Chronist, Eremit ————————————————————————— Baß
Ein Usurpator, dessen eigentlicher Name Grigori ist (Zögling von Pimen) — Tenor
Marina Mnischek, Tochter des Wojewoden von Sandomir ————— Sopran
Rangoni, geheimer Jesuit ———————————————————————— Baß
Landstreicher: Warlaam, Missaïl ——————————————— Baß, Tenor
Ein Gottesnarr ————————————————————————————— Tenor
Nikititsch, ein Pristaw ——————————————————————————— Baß

Mitjucha, ein Bauer	Baß
Ein Leibbojar	Tenor
Bojar Chruschtschow	Tenor
Jesuiten: Lawizki, Tschernikowski	Baß, Baß

Bojaren, Bojarenkinder, Strelizen, Wachen, Polizeioffiziere,
polnischer Adel (Männer und Frauen), Mädchen aus Sandomir
wandernde Mönche, Moskauer Volk, Landstreicher___Gemischter Chor
Knaben___Kinderchor
(Pristaw = Polizeioffizier im zaristischen Rußland)

Orchester Instrumentation von Modest Mussorgski 3 Fl (III auch Picc), 2 Ob (II auch EH), 2 Klar, 2 Fg, 4 Hr, 3 Pos, Tb, Pkn, Bck, KlTr, Tamb, Tt, GrTr, Gl, Kl (zu 4 Hdn), Hrf, Str; Bühnenmusik: 3 Trp, Gl
Instrumentation von Nikolai Rimski-Korsakow 3 Fl (III auch Picc), 2 Ob (II auch EH), 3 Klar (III auch BKlar), 2 Fg, 4 Hr, 2 Trp, ATrp, 3 Pos, BTb, Pkn, Bck, Trgl, KlTr, Tt, GrTr, Glöck, Gl, Hrf, Kl, Str; Bühnenmusik: 2 Trp, Gl, Tt
Instrumentation von Dmitri Schostakowitsch 3 Fl (III auch Picc), 2 Ob, EH, 3 Klar (III auch PiccKlar), BKlar, 3 Fg (III auch KFg), 4 Hr, 3 Trp, 3 Pos, Tb, Pkn, Bck, Trgl, Tr, Tamb, Tt, Glöck, Gl, Xyl, Cel, 2—4 Hrf, Bal (ad lib), Domra (ad lib), Str; Bühnenmusik: 4 Trp, 2—4 Kor, 3—6 Hr, 2—4 BarHr, 2—4 BHr (Tb)

Aufführungsdauer Erweiterte Fassung von 1872/74 (10 Bilder) Prolog: 26 Min., I. Akt: 44 Min., II. Akt: 38 Min., III. Akt: 45 Min., IV. Akt: 63 Min.; Gesamt: 3 Stdn., 36 Min.
Fassung von 1869 (7 Bilder) Gesamt: 2 Stdn.

Fassungen
Fassungen von Modest Mussorgski: Erste Fassung (1869) Oper in vier Akten (sieben Bildern)
Sogenannte vorläufige Fassung (predwaritelnaja redakzija) oder Ur-Boris (Einzelne Teile in handschriftlicher Klavierfassung und Partitur vorhanden)
Zweite Fassung (1872) Oper in vier Akten mit Prolog (neun Bilder)
(Das Bild *Vor der Wassili-Blashenny-Kathedrale* ist nicht enthalten.) (Handschriftliche Partitur vorhanden, einzelne Teile auch in Klavierfassung)
Dritte Fassung (1874) Oper in vier Akten und einem Prolog (neun Bilder)
Sogenannte endgültige Fassung oder Grundredaktion (okontschatelnaja ili osnownaja redakzija) oder Original-Boris (Fassung existiert nicht handschriftlich, sondern nur als ein vom Komponisten selbst eingerichteter, bei W. Bessel Petersburg 1874 gedruckter Klavierauszug.)
Die Bezeichnungen „vorläufige" und „endgültige" Fassungen stammen von Karatygin und wurden bereits von Pekelis beanstandet, da beide Fassungen selbständige Werke sind und die zweite Fassung die erste nicht ersetzt. Die Bezeichnungen „Ur-Boris" und „Original-Boris" (zuerst von Wolfurt und Riesemann

verwendet und in der Praxis auch heute noch gebräuchlich) sind genauso irreführend wie die erstgenannten Bezeichnungen. Die neuere Forschung verwendet daher die Bezeichnungen „Fassung von 1869", „Fassung von 1872" und „Fassung von 1874".

Fassung und Instrumentation von Nikolai Rimski-Korsakow (1896–1908) Musikalisches Volksdrama in vier Akten mit einem Prolog (nach Puschkin und Karamsin)

Ergänzt durch das Bild *Vor der Wassili-Blashenny-Kathedrale* in der Instrumentierung von Michail Ippolitow-Iwanow

Fassung von Emils Melngailis (Riga) (1924)

Instrumentation von Dmitri Schostakowitsch (1940) Oper in einem Prolog und vier Akten (10 Bildern) nach der Redaktion von Pawel Lamm

Fassung von Karol Rathaus (USA) (1952)

Redaktion von David Lloyd-Jones (Großbritannien) (1975)

Genesis

Die Anregung, eine Oper nach Puschkins ›Boris Godunow‹ zu schreiben, erhielt Mussorgski 1868 durch den Historiker Wladimir Nikolski. Zwischen November 1868 und April 1869 schrieb er sieben Bilder im Klavierauszug nieder und hatte die Oper Ende 1869 fertig instrumentiert. Im Sommer 1870 reichte der Komponist sein Werk der Direktion der Kaiserlichen Theater in Petersburg mit der Bitte um Aufnahme in das Repertoire ein. Auf dem Titelblatt war vermerkt: Boris Godunow, Oper in vier Akten von Modest Mussorgski, Sujet nach der gleichnamigen Dramatischen Chronik von Puschkin unter Beibehaltung eines Großteils seiner Verse.

Die Oper wurde von der Kaiserlichen Theaterdirektion abgelehnt. Mussorgski überarbeitete sein Werk 1871/72. Ende Juni 1872 war die Umarbeitung beendet. In ihrer ursprünglichen Gestalt umfaßte die Oper, in den frühen Manuskripten als eine Musikalische Darstellung bezeichnet, sieben Bilder, die von Mussorgski zu vier Teilen, später in Akte umbenannt, gruppiert waren:

I. *Hof im Nowodewitschi-Kloster · Krönung*
II. *Pimens Zelle · Schenke*
III. *Kreml*
IV. *Vor der Wassili-Blashenny-Kathedrale · Tod des Boris*

Bereits 1927 hatte der sowjetische Musikwissenschaftler Wiktor Beljajew anhand des Briefwechsels zwischen Mussorgski und Stassow darauf hingewiesen, daß der Komponist für die Überarbeitung vorhandenes kompositorisches Material aufgegriffen hatte und zur ästhetischen Konsequenz brachte. Überarbeitung bedeutet insofern auch Weiterführung und Ausformung. Die Fassung von 1872 bestand nun im Unterschied zu der siebenbildrigen aus neun Bildern. Die Szenen *Hof des polnischen Wojewoden* und *Waldlichtung bei Kromy* waren hinzugekommen, es fehlte jetzt aber das Bild *Vor der Wassili-Blashenny-Kathedrale*.

Am 5. Februar 1872 wurde die Krönungsszene — als Finale des ersten Aktes angekündigt — mit Solisten, Chor und Orchester unter Eduard Naprawniks Leitung in einem Konzert der Russischen Musikgesellschaft aufgeführt. Im April 1872 erklang die Polonaise des III. Aktes im Konzert der Musikalischen Freischule unter Leitung von Mili Balakirew, und im Februar 1873 wurden auf Drängen der Freunde des Komponisten Ausschnitte aus der Oper — *Schenke an der litauischen Grenze, Ankleidezimmer der Marina Mnischek, Schloßgarten von Sandomir* — als Benefizvorstellung am Mariinski Theater Petersburg uraufgeführt. Der große Erfolg dieser Aufführung veranlaßte die Firma Bessel zur Herausgabe eines Klavierauszuges, der vom Komponisten selbst vorbereitet wurde und 1874 erschien. Da dieser gedruckte Klavierauszug Abweichungen gegenüber der Partiturhandschrift von 1871/72 aufweist, gilt er als dritte autorisierte Fassung des Werkes. Die Bezeichnung Musikalisches Volksdrama hat Mussorgski selbst nie für den ›Boris Godunow‹ verwendet. Unter dieser Bezeichnung wurde die Oper in der Fassung Rimski-Korsakows gedruckt und von der Opernpraxis angenommen. Der Komponist nannte Nikolai Karamsin nicht. Er bekannte sich ausschließlich zu Puschkin als geistigem Anreger seiner Oper.

Es war vielmehr der Historiker und Folkorist Iwan Chudjakow (1842—1876), der Mussorgski entscheidend beeinflußte. Chudjakow wurde, weil zwischen ihm und einigen am Zaren-Attentat von 1866 beteiligten Terroristen Beziehungen bestanden, zum Tode verurteilt und zur Verbannung begnadigt, in der er vierunddreißigjährig starb. Den Text zu Warlaams Lied entnahm Mussorgski der Volksliedsammlung des Verbannten und Geächteten. 1867 erschien auf Initiative von Chudjakows Freunden dessen Buch ›Das mittelalterliche Rußland‹ unter einem Pseudonym in Petersburg. Diese antizaristische Geschichtsdarstellung diente Mussorgski als Nachschlagewerk. Der Prolog im Nowodewitschi- (Jungfrauen-) Kloster folgt vermutlich einer Schilderung Chudjakows.

Bildfolge der Fassungen Fassung von 1869
I. Teil, 1. Bild (1. Bild): *Hof des Nowodewitschi-Klosters bei Moskau* I. Teil, 2. Bild (2. Bild): *Das Innere des Moskauer Kreml* Krönung des Boris
II. Teil, 1. Bild (3. Bild): *In der Klosterzelle bei Pimen* II. Teil, 2. Bild (4. Bild): *Schenke an der litauischen Grenze*
III. Teil (5. Bild): *Zarengemach im Moskauer Kreml* Boris mit seinen Kindern und Schuiski
IV. Teil, 1. Bild (6. Bild): *Vor der Wassili-Blashenny-Kathedrale* IV. Teil, 2. Bild (7. Bild): *Empfangssaal im Moskauer Kreml* Tod des Boris

Fassung von 1872
Prolog, 1. Bild (1. Bild): *Hof des Nowodewitschi-Klosters bei Moskau* Prolog, 2. Bild (2. Bild): *Kreml, an der Uspenski-Kathedrale* Krönung des Boris
I. Akt, 1. Bild (3. Bild): *Eine Zelle des Tschudow-Klosters* I. Akt, 2. Bild (4. Bild): *Schenke an der litauischen Grenze*
II. Akt (5. Bild): *Zarengemächer im Moskauer Kreml*
III. Akt, 1. Bild (6. Bild): *Ankleidezimmer der Marina Mnischek* III. Akt, 2. Bild (7. Bild): *Schloß von Sandomir. Garten. Springbrunnen*

IV. Akt, 1. Bild (8. Bild): *Saal im Moskauer Kreml* Tod des Boris; IV. Akt, 2. Bild (9. Bild): *Waldlichtung bei Kromy*

Fassung von 1874
In der Folge der Bilder 1 bis 9 identisch mit der Fassung von 1872, Abweichungen innerhalb der Szenen.

Story
Das verelendete, rechtlose Moskauer Volk erfährt, daß seine Stimme bei der Inthronisation eines neuen Zaren zählt. Die Menge erwartet von dem neuen Herrscher, als dem Gottgesandten, Erlösung aus der Not.
  Zar Boris hat die Macht und ist ohnmächtig. Seine Almosen lösen die Brotfrage nicht, helfen dem Elend des Volkes nicht ab.
  An das Vorurteil, Unfähigkeit sei durch Sünde verschuldet, glauben Herrscher und Beherrschte. Der Zar sieht das Volk gegen sich aufgebracht und hält sich für schuldig an einem Mord. Der Gottesnarr nennt den Zaren öffentlich einen Mörder, der Bojar Schuiski und der Mönch Pimen rauben ihm in der Stunde der Gefahr das Selbstvertrauen.
  Das Volk wendet sich von dem „Schuldbeladenen" ab und hofft auf Erlösung durch einen „Gerechten". Es wird in dieser Hoffnung betrogen.

Vorgänge
Die Handlung spielt 1598–1605
Prolog, 1. Bild (1. Bild): *Hof des Nowodewitschi-Klosters bei Moskau, umgeben von einer Mauer mit Türmen. Rechts, zur Mitte der Bühne zu, ein großes überdachtes Klostertor.* „Beim Aufgehen des Vorhanges sammelt sich Volk in nicht sehr großen Gruppen auf dem Klosterhof vor der Mauer; die Bewegungen sind träge, der Gang lässig. Über die Szene ziehen Bojaren (voran Fürst Wassili Iwanowitsch Schuiski) und gehen, indem sie mit dem Volk Verbeugungen austauschen, ins Kloster. Wenn die Bojaren im Kloster verschwunden sind, beginnt das Volk auf der Szene umherzuschlendern. Einige, vornehmlich die Frauen, betrachten das Klostertor; andere flüstern miteinander, wobei sie sich im Nacken kratzen. Ein Pristaw tritt auf. Wie das Volk ihn am Klostertor sieht, sammelt es sich, wird eine kompakte Masse und steht unbeweglich: die Frauen neigen sich mit der Wange zur Handfläche, die Männer mit den Mützen in den Händen, wobei sie die Hände über dem Gürtel kreuzen und den Kopf hängen lassen." (Mussorgski)
  Moskauer Volk lungert am Klostertor und wird vom Pristaw mit der Knute zu Bittgesängen angehalten. Vom Geheimschreiber Schtschekalow erhalten die Leute Auskunft über den Anlaß der Aktion. Boris Godunow soll zur Annahme der Zarenkrone bewogen werden. Auf Schtschelkalows Worte reagiert niemand, doch zeigen sich alle von einer Pilgerprozession beeindruckt. Die Pilger fordern zur Huldigung des Boris als neuem Zaren auf. Der Pristaw gibt den Befehl, am nächsten Morgen im Kreml zu erscheinen.

Prolog, 2. Bild (2. Bild): *Platz im Moskauer Kreml. Gegenüber dem Zuschauer, im Hintergrund, die rote Treppe des Zarenpalastes. Rechts, näher zur Vorbühne, liegt das Volk, zwischen der Uspenski-Kathedrale rechts und der Archangelski-Kathedrale links, auf den Knien. In der Ferne sind Kirchen zu sehen. Feierliches Glockengeläut.* Das zur Huldigung befohlene Volk singt dem Zaren Loblieder. Die Bojaren stellen sich hinter Boris. Der Gekrönte erscheint und zeigt sich dem Volk in der Haltung eines Gott huldigenden Sünders. Er erfüllt die Erwartung der Menge und lädt zum Krönungsschmaus ein.

I. Akt, 1. Bild (3. Bild): *Nacht. Eine Zelle im Tschudow-Kloster. Pimen schreibt beim Schein einer Lampe. Grigori schläft.* Der Mönch Pimen fühlt sich nach einem bewegten Leben zum Chronisten berufen. Er gibt den Mächtigen die Verantwortung am Lauf der Welt. Pimen erzählt dem jungen Mönch Grigori von der Ermordung des Zarewitsch Dimitri und der Schuld des Boris Godunow. Grigori übernimmt nicht die ihm von Pimen zugedachte Aufgabe, als sein Nachfolger die Chronik weiterzuführen. Er entschließt sich, als falscher Dimitri die Weltbühne zu betreten.

I. Akt, 2. Bild (4. Bild): *Schenke an der litauischen Grenze. Rechts eine Tür zur Vorratskammer. Im Hintergrund die Eingangstür. Etwas mehr links ein Fenster.* Durch die Kumpanei mit den vagabundierenden Bettelmönchen Warlaam und Missail ist Grigori gedeckt. Er wird bereits als falscher Dimitri von den Häschern des Zaren gesucht. Die Schenkwirtin fühlt sich von den zaristischen Aktionen belästigt. So erfährt Grigori von ihr den Weg nach Litauen, und es gelingt ihm die Flucht.

II. Akt (5. Bild) Fassung von 1869: *Zarengemach im Moskauer Kreml. Prunkvolle Ausstattung der Moskauer Zaren. Hinten links ein Globus und ein Tischchen, an dem sich Feodor mit dem Buch der großen Zeichnung (Atlas) beschäftigt. Rechts, weiter im Hintergrund, sitzt Ksenija an einem geschnitzten Tisch. Neben ihr, auf der Bank, ist die Amme mit einer Handarbeit beschäftigt. Rechts im Vordergrund ein Sessel.* Des Zaren Tochter Ksenija trauert um ihren verstorbenen Bräutigam, der Sohn Feodor lernt als zukünftiger Herrscher Geographie. Der Zar kann den Schmerz der geliebten Tochter nicht lindern, so wie er in sechs Jahren Friedensherrschaft die Not des Volkes nicht mildern konnte. Er vertraut sich dem unmündigen Sohn an. Die Mißerfolge verwirren ihn und schwächen seine Position. Er mißtraut den Bojaren. Der mächtige Bojar Schuiski erprobt die Willensstärke des Zaren und findet den Herrscher schwach. Dem russischen Thron droht Gefahr durch den Usurpator Grigori.

II. Akt (5. Bild) Fassung von 1872: *Das Innere im Zarenpalast des Moskauer Kreml. Prunkvolle Ausstattung. Ksenija weint über dem Porträt ihres Bräutigams. Der Zarewitsch ist mit dem Buch der großen Zeichnung (Atlas) beschäftigt. Die Amme sitzt an einer Handarbeit. Links in der Ecke eine Uhr mit Glockenspiel.* Des Zaren Tochter Ksenija trauert um ihren verstorbenen Bräutigam. Bruder und Amme können sie nicht trösten. Sie werden durch Boris aufgestört. Der Zar kann den Schmerz seiner Tochter so wenig lindern wie die Not des Volkes. Er fühlt sich an der Ermordung des Zarewitsch Dimitri schuldig. Der Sohn berichtet ihm, wie der verhätschelte Zarenpapagei die Mägde tyrannisiert. Der Vorfall erscheint wie ein Sinnbild, der Papagei als die Volksmeinung. Die Mißerfolge verwirren den Zaren und schwächen seine Position. Er hat Grund, den Bojaren zu mißtrauen. Der mächtige Bojar Schuiski erprobt die Willensstärke des Zaren und findet den Herrscher schwach. Dem russischen Thron droht Gefahr durch den Usurpator Grigori.

III. Akt, 1. Bild (6. Bild): *Ankleidezimmer der Marina Mnischek im Schloß von Sandomir. Marina bei der Toilette. Mädchen unterhalten Marina mit Liedern.* Die schöne Tochter des Wojewoden von Sandomir will sich weder vom Vater noch von den Jesuiten verschachern lassen. Sie verfolgt ihre eigenen Ziele und will als Zarin die Ideale legendärer Vorzeiten wieder wachrufen.

III. Akt, 2. Bild (7. Bild): *Schloß der Mnischeks in Sandomir. Garten. Springbrunnen. Mondnacht.* Der in Marina verliebte Grigori lehnt es ab, den Jesuiten als Werkzeug zu dienen. Die adlige Marina und der abenteuernde Mönch Grigori finden sich in der Illusion, frei handeln und gemeinsam der Welt ihren Willen aufzwingen zu können.

IV. Akt, 1. Bild (8. Bild) Fassung von 1869: *Platz vor der Wassili-Blashenny-Kathedrale.* „Eine Menge verarmten Volkes lungert auf dem Platz herum. Die Frauen sitzen etwas weiter weg in Richtung der Seitenausgänge der Kathedrale. Der Pristaw erscheint öfters in der Menge." (Mussorgski)

Der Usurpator wird als Mönch Grigori Otrepjew exkommuniziert. Das Volk läßt sich davon nicht beeindrucken. Zar Boris hat die Not nicht gelindert. Nun erwartet es von Dimitri die Erlösung aus der Not. Der Gottesnarr spricht den Zaren Boris als einen sündigen Menschen an und zeiht ihn des Mordes. Für das Volk ist Boris nicht mehr der Gottgesandte.

IV. Akt, 2. Bild (9. Bild): *Großer Empfangssaal im Moskauer Kreml. An den Seiten Bänke, rechts der Ausgang auf die rote Freitreppe, links in die inneren Zarengemächer. Rechts, näher zur Rampe, ein mit rotem Samt bedeckter Tisch mit Schreibgerät. Mehr nach links der Platz für den Zaren. Außerordentliche Sitzung der Bojaren-Duma.* Die Bojaren wollen Otrepjew und jeden, der ihn stützt, zum Tode verurteilen. Schuiski macht sie auf die Unfähigkeit des regierenden Zaren aufmerksam. Pimen spricht mit seinem Bericht von der wundertätigen Leiche des ermordeten Zarewitsch Boris schuldig. Der Zar übergibt seine Rechte dem unmündigen Sohn und stirbt.

IV. Akt, 3. Bild (10. Bild): *Waldlichtung bei Kromy. Rechts ein steiler Abhang und hinter ihm in der Ferne die Mauern der Stadt. Vom Abhang aus führt ein Weg über die Bühne. Waldesdickicht. Am Abhang ein großer Baumstumpf. Nacht.* Vagabundierendes Moskauer Volk hat einen Bojaren gefangen und will ihn töten. Es huldigt ihm als Statthalter eines Mörders und parodiert hierbei das Krönungsritual. Warlaam und Missail werben im Namen Gottes für den falschen Dimitri und finden Gehör. Zwei Jesuiten werden gefangengenommen und sollen ebenfalls getötet werden. Doch der falsche Dimitri gibt ihnen die Freiheit. Die Menge folgt dem Usurpator als ihrem neuen Heiland. Allein der Gottesnarr läßt sich nicht täuschen.

Strukturen

Genauigkeit in der Quellenforschung und Authentizität in der Darstellung geschichtlicher Ereignisse waren für Mussorgski nur die Voraussetzungen, um mit dem ›Boris Godunow‹ ein musikalisches Drama zu schaffen: „Sich in das Material hineinlesen, es ausschnüffeln, durch alle Fesseln hindurch, mit dem Verstand durchforschen, und das nicht einmal, nicht zweimal, nein hundertmal, sofern es dessen würdig ist... aber das, stimmt's, sind erst einmal die gängigsten Voraussetzungen?" schrieb er 1874 an den Dichterfreund Arseni Golenischtschew-Kutusow. Entscheidend war für Mussorgski, daß „das vom Künstler gewählte Ideal sich dem Zeitgeist gemäß realisieren muß... Der Künstler muß die von ihm gewählten Ereignisse gänzlich begreifen, muß sich von ihnen begeistern lassen... Die künstlerische Entäußerung des Zeitgeistes aber bedarf, wenn möglich, einiger Zeichen, in denen die Anlage der gegenwärtigen Gesellschaft und ihrer Interessen, der Charakter der Reden und Ausdrucksmittel erkennbar werden, und zwar als ein offenerer und reinerer, nicht bloß sichtbarer Horizont. Desto leichter und umfassender empfängt und begeistert sich die Gesellschaft."

Diese Verquickung von Stoff- und Entstehungszeit bestimmt die Dramaturgie der Oper. In den 60er Jahren des 19. Jahrhunderts herrschten in Rußland ebensolche Hungersnöte wie zu Zeiten des Boris Godunow. Es gab Elend und Empörung ganz so wie in den Zeiten der Wirren (1598—1613). Sergej Netschajew verbreitete mit seiner terroristischen Verschwörerorganisation Narodnaja rasprawa (Volksgericht) Schrecken. Nikolai Karamsin versuchte mit seiner ›Geschichte des russischen Staates‹ den ohnmächtigen Zarismus geschichtlich zu legitimieren, die russische Intelligenz entdeckte das Volk als historische Kraft.

Die Analogie zwischen der Zeit der Wirren (smuta) im 16. Jahrhundert und den wirren Zeiten im 19. Jahrhundert bestand darin, daß die Gewalthaber gesamtgesellschaftliche Interessen nicht durchzusetzen vermochten. Mussorgski thematisierte diese Analogie, indem er vorführt, wie am Beispiel eines Herrschers und seines Volkes politische Fragen als moralische mißverstanden und personalisiert werden. Des Zaren Schuldkomplex und die Hoffnung des unmündigen Volkes, durch einen Gottgesandten erlöst zu werden, bedingen einander. Herrscher und Beherrschte sind als Unwissende gemeinsam an das Rad der Geschichte gekettet, das durch sie bewegt, aber nicht gelenkt wird.

Die historische Authentizität der Boris-Figur wird auch nicht in Frage gestellt, wenn neuere Forschungen seine tatsächliche Unschuld an der Ermordung des Zarewitsch Dimitri in Uglitsch nachweisen, ebenso wie auf der Ebene reiner Faktentreue die Frage nach geschichtlicher Authentizität nicht gestellt werden kann.

Mussorgskis Oper ist ein wesentlicher Teil Wirkungsgeschichte Puschkinscher Ideen. Diese mußten sich gegen die von Nikolai Karamsin verbreitete offizielle Geschichts- und Staatsideologie durchsetzen. Karamsins Stellung kennzeichnete Puschkin mit den Worten vom „ersten Historiker und letzten Chronisten" Rußlands. Karamsin hatte in seiner ›Geschichte des russischen Staates‹ (erschienen 1816—1826) den Zarismus als idealen Herrschaftsvertrag zwischen einem Auserwählten und Gott gerechtfertigt. „Selbstherrschaft ist nicht Gesetzlosigkeit, denn wo Pflicht ist, da ist Gesetz, niemand aber zweifelt an der Pflicht des Monarchen, auf das Glück des Volkes zu sehen."

Mit der Oper ›Boris Godunow‹ steht Mussorgski als Bundesgenosse neben Puschkin, der seine prinzipielle ideelle Gegnerschaft zu Karamsin in dem berühmten Epigramm ausgedrückt hatte:
In seiner russischen Geschichte zeigt er klar,
Vorurteilsfrei, brillant, worauf sein Recht beruhte,
Wie wohlberechtigt die Selbstherrschaft war,
Wie reizvoll auch die Knute.

Mussorgski hat mit dem Boris Godunow eine Gestalt der russischen Geschichte gewählt, an der sich das Für und Wider des Gottesgnadentums deutlich diskutieren ließ. Der durch dynastische Abkunft nur schwach legitimierte Boris Godunow führte ein neues Rechtsmoment ein. Um seine Legalität zu stärken, ließ er sich durch eine Bojarenvertretung (semski sobor) wählen. So setzte Boris Godunow neben das dynastische Prinzip den „Volkswillen", führte damit ein Prinzip ein, das ihn letztlich stürzen sollte. Der Widerspruch zwischen dynastischer Legalität und Wahlmonarchie wurde zu Boris Zeiten durch die Begründung „Volkes Stimme ist Gottes Stimme" zwar abgeschwächt, blieb aber als Widerspruch unaufgelöst. Mitte des 19. Jahrhunderts sah sich der zaristische Minister für Volksaufklärung Graf Uwarow gezwungen, die das russische Kaisertum tragenden Prinzipien als die Einheit von „Selbstherrschaft — Rechtgläubigkeit (Orthodoxie) — Volkstum (samodershawije — prawoslawije — narodnost)" zu definieren.

Boris Godunow hatte durch die Politik Iwans IV. (des Schrecklichen) ein völlig ausgeblutetes Land übernommen, in dem der Bauer von der Scholle vertrieben war, vagabundierte oder in die Leibeigenschaft gezwungen wurde. Da Boris Godunow die sozial-ökonomischen Konflikte nicht lösen konnte, mußte er nach Ansicht des Volkes der „falsche Zar" sein. Das heißt, das neue Rechtsmoment der Wahlmonarchie aktivierte das alte reaktionäre dynastische Legalitätsprinzip. Das aber war die Voraussetzung dafür, daß Usurpatoren Anhänger im Volke fanden. In der überarbeiteten Fassung der Oper hat Mussorgski in dem Bild *Waldlichtung bei Kromy* deutlich gemacht, welche Konsequenzen das Moment der Wahlmonarchie für die Bewegung des Volkes hatte. Zweifel an den Mächtigen und aggressive Empörung sind ebenso gewachsen wie die durch Irritation und Unwissenheit bedingte Manipulierbarkeit. Mussorgski hat die bei Kromy zusammengelaufene Menge so wie die Bettler Warlaam und Missaïl als Vagabunden (brodjagi) bezeichnet.

Es gibt Versuche, die Menge bei Kromy als revoltierendes Volk zu deuten. In Korrespondenz dazu wird Boris als Machtbesessener abgewertet. Alle deutschen Textfassungen des Chorliedes der Kromy-Szene verfälschen seinen Gehalt und lassen es als Freiheitslied erscheinen. Tatsächlich aber besingen die Vagabundierenden die rohe Kraft der Gewalt, der aggressiven Anarchie entsprechend, mit der sie gerade dabei sind, den Bojaren Chruschtschow umzubringen. Bereits

1877 beklagte sich Mussorgski bei Golenischtschew-Kutusow über verharmlosende Tendenzen: „Warlaam und Missail riefen Lachen hervor, solange sie sich nicht in der Szene der Landstreicher (gemeint ist die Szene im Bild *Waldlichtung bei Kromy* — S. N.) zeigten: dann begriffen sie, welche gefährlichen Tiere diese offensichtlich lächerlichen Leute sind."

Mussorgski war mit dem Historiker und Literaten Daniïl Mordowzew bekannt, der eine Untersuchung ›Politische Bewegung des russischen Volkes‹ geschrieben hatte, in der er das Räuber- und Bandenunwesen als Reaktion des Volkes auf unerträgliche Repressalien darstellte. Die geschichtliche Parallele muß Mussorgski veranlaßt haben, das Bild *Waldlichtung bei Kromy* zu schreiben, denn er berichtete am 13. Juli 1872 an Stassow: „‚Bald kommt der Feind und Finsternis steht auf — Finsternis — finstere — stockdunkle‘, so singt der Gottesnarr in meinem ›Boris‹, und ich fürchte, er tut es nicht umsonst. Sankt Petersburg und seine Umgebung stellen sich in ihrem zweibeinigen Teil als ein kompaktes Kinderlager dar, Fabrikarbeiter streichen durch die Straßen — gepfiffene und gegrölte Kriegsmärsche — sogar die beerenpflückenden alten Weiber schreien und quieken im kriegerischen Ton ..."

Mussorgskis Überarbeitung bedeutet keine Anpassung seiner Oper an den herrschenden Zeitgeschmack, sie ist eine weitere Ausformung seiner ästhetischen Konzeption. So erhöht das Bild *Waldlichtung bei Kromy* die geschichtliche Authentizität. Das gleiche gilt für den sogenannten Polen-Akt. Mit der Marina Mnischek gelang dem Komponisten das Porträt einer ungewöhnlichen Frau. Die adlige Polin hatte sich ein „Korsett" aus Mazurka-Rhythmen angelegt, in dem sie geharnischt einherschreitet, um der Welt ihre angelesenen altertümlichen Ideale aufzuzwingen. Hier nimmt Mussorgski in Text und Musik kritischen Bezug auf die Frauenbilder seiner Zeit. Der auf Erlösung durch den Mann wartenden Frau wird das den Mann als Werkzeug mißbrauchende Weib entgegengesetzt. Das Stelldichein von Marina und Grigori ist die Parodie einer Liebesszene. Im intimen zwischenmenschlichen Bereich vollzieht sich an Marina und Otrepjew das gleiche Schicksal, das auf politischer Ebene auf sie wartet: Subjekt sein zu wollen und doch nur Objekt fremden Willens zu werden.

Die letzte quellenkritische Ausgabe der Oper durch David Lloyd-Jones bestätigt Pawel Lamms Arbeit. Das Original kann und muß ohne die koloristische Polierung Rimski-Korsakows oder die sinfonische Übermalung Schostakowitschs gespielt werden. Nach Meinung des sowjetischen Musikwissenschaftlers Boris Assafjew dominiert in Mussorgskis Instrumentation der „streng-charakterisierende Klang gegenüber einem poetisch-weichen, fließenden und ausgeglichen kolorierenden". Nur selten entstehen „selbständige instrumental-dynamische Felder", vielmehr geben „Orchester und Gesangspart das Beispiel einer natürlichen und schmiegsamen Liedhaftigkeit ... und einer lebendigen (atmenden) Phrasierung ... Dynamik und Rhythmik entstehen auf der Grundlage der menschlichen Atmung". (Vgl. Boris Assafjew: Das Orchester des ›Boris Godunow‹) Dem entspricht zum Beispiel die Dominanz der Violoncelli im Ensemble der Streicher.

Die Verschränkung von Handlungs- und Entstehungszeit strukturiert die Komposition. Carl Dalhaus hat auf einige Beispiele aufmerksam gemacht, in denen die Mussorgski unterstellte Dilettantenungeschicklichkeit als kompositorisches Kalkül erkennbar wird. Im Chor der Mönche, dessen Klänge in Pimens Zelle dringen, ist eine Harmonik ausgeprägt, „die modal oder kirchentonartlich wirkt, also ‚coleur locale' vermittelt. Die Modalität... ist jedoch als Stilkopie keineswegs unproblematisch: von einer einfachen Reproduktion des ursprünglichen Sinns, den kirchentonartliche Harmonik im 16. Jahrhundert besaß, kann jedenfalls nicht die Rede sein. Durch den tonalen Kontext, in dem sie bei Mussorgski steht, wird die Stilkopie drastisch beeinflußt und umgedreht... Die Veränderungen aber, denen die modale Harmonik bei der Übertragung aus dem 16. ins 19. Jahrhundert unterworfen war, wurden von Mussorgski gewissermaßen ‚mitkomponiert'... In Pimens Erzählung, dem zentralen Teil der Klosterszene, wird der Bericht, daß mancher Zar ‚die Krone selbst, die goldene, mit eines Mönches schlichter Kutte' vertauschte, durch einen Bruch im tonalen Gefüge illustriert: es-Moll wechselt abrupt mit G-Dur (Quartsextakkord). Und der Riß ist um so auffälliger, als beide Tonarten über längere Strecken in schlichter Diatonik ausgebreitet werden... Und das Phänomen einer Vermittlung, der gleichsam der Boden entzogen wurde, ist keineswegs ein Mangel, der auf einen Defekt im Gefühl für harmonische Relationen schließen läßt. Gerade in der gewissermaßen verschobenen Beziehung zwischen der diatonischen Harmonik und dem chromatischen Einschub oder Momentaneffekt liegt der Kunstgriff, durch den Mussorgski eine realistische, den Text drastisch illustrierende Absicht verwirklichte: die Ungebrochenheit der Diatonik, der glänzenden des Herrschertopos ebenso wie der gedämpften des Klosterkolorits, macht die chromatische Wendung im kritischen Augenblick, der davon absticht, überhaupt erst auffällig und durch die Auffälligkeit expressiv." (Carl Dalhaus: Musorgskij in der Musikgeschichte des 19. Jahrhunderts) Durch diese „komponierten Nahtstellen" werden Analogien und Differenzen zwischen dem 16. und dem 19. Jahrhundert musikalisch auffällig gemacht. In vergleichenden Analysen zwischen dem Puschkinschen Text und dem Opernlibretto wird häufig betont, daß der Komponist gegenüber dem Poeten die Linie des Volkes stärker betont habe. Gegen diese ahistorische Betrachtung machte Boris Assafjew geltend, daß „Puschkin von der Position der Dekabristen aus auftrat, Mussorgski — gut vierzig Jahre später — von der Position der gekräftigten Narodniki-Bewegung". Eine Differenz zwischen beiden besteht nur den Jahren nach, denn ihre philosophischen und ästhetischen Positionen gleichen einander.

Aneignung

Bereits in der Petersburger Uraufführungsinszenierung von 1874 wurden die Bilder *Zelle im Tschudow-Kloster* und *Waldlichtung bei Kromy* gestrichen. Die Moskauer Erstaufführung von 1889 übernahm diese schlechte Petersburger Tradition. ›Boris Godunow‹ wurde am Mariinski Theater Petersburg zehnmal im Jahre 1874 und zweimal 1875 aufgeführt, im Oktober 1876 wieder gegeben. Bis Oktober 1882 erlebte das Werk weitere vierzehn Vorstellungen. Die Behauptung, daß die Oper für die Kaiserliche Theaterdirektion kein finanzieller Erfolg war, weil das Publikum ausblieb, und deshalb abgesetzt wurde, ist falsch. Untersuchungen des sowjetischen Forschers Wassili Jakowlew haben den Nachweis erbracht, daß die meisten Vorstellungen ausverkauft, die Einnahmen hoch waren.

1896 begann, nach der Herausgabe von Partitur und Klavierauszug, eine Aufführungsserie im In- und Ausland, die Mussorgskis Oper in der Bearbeitung Rimski-Korsakows bekannt machte. Auf die Aufführung 1896 im Großen Saal des Petersburger Konservatoriums folgten Inszenierungen 1897 in Perm, 1898 an der Russischen Privatoper mit Fjodor Schaljapin als Boris Godunow, 1899 in Kasan, 1900 im Woronesh, Kiew, Saratow, Tiflis, 1901 am Bolschoi Theater Moskau. Diese Aufführungsserie setzte sich fort bis zur Meyerhold-Inszenierung von 1911 am Mariinski Theater Petersburg, die einen gewissen frühen Höhepunkt darstellt. Die Aufführungen nach 1917 führen diese Tradition der Werkaneignung durch sowjetische Musikbühnen fort, wobei die Oper seit 1901 am Bolschoi Theater noch immer in der Bearbeitung Rimski-Korsakows gespielt wird.

Nach der 1908 von Sergej Djagilew initiierten Aufführung mit Solisten und Chor des Bolschoi Theaters, darunter Fjodor Schaljapin, an der Grand Opéra Paris fand das Werk schnell internationale Beachtung und Verbreitung: 1909 Mailand, Buenos Aires, 1910 Rio de Janeiro, Prag, Turin, Genua, 1911 Stockholm, 1912 Monte Carlo, 1913 Lyon, New York (Metropolitan Opera, Arturo Toscanini), London, Breslau (dt. von Max Lippold), Budapest, 1918 Zagreb, 1921 Frankfurt/Main, Brüssel, Wien. Mit der in Paris vorgestellten Bildfolge fand das Werk in der Welt Verbreitung, obwohl es den Ideen seines Schöpfers entfremdet worden war. Mit Boris' Tod als Finale hat die Pariser Fassung sieben Bilder:

I. Akt, 1.(1.) Bild: *Hof des Nowodewitschi-Klosters*
I. Akt, 2.(2.) Bild: *Zelle im Tschudow-Kloster*
I. Akt, 3.(3.) Bild: *Platz im Kreml*
II. Akt, 1.(4.) Bild: *Schloßgarten von Sandomir*
II. Akt, 2.(5.) Bild: *Zarengemach im Moskauer Kreml*
III. Akt, 1.(6.) Bild: *Waldlichtung bei Kromy*
III. Akt, 2.(7.) Bild: *Beratungssaal im Moskauer Kreml*

Die Aufführung von 1923 in Dresden unter Fritz Busch gab in den folgenden zwei Jahren den Anstoß zu elf Inszenierungen an deutschen Bühnen, darunter eine an der Volksoper Berlin.

In der Instrumentation vom Emils Melngailis erklang das Werk 1924 am Rigaer Opernteater.

Die Rückbesinnung auf die Originalgestalt des ›Boris Godunow‹ begann 1928, als unter der musikalischen Leitung von Wladimir Dranischnikow am Staatlichen Akademischen Theater für Oper und Ballett (dem späteren Kirow Theater) in Leningrad eine Kompilation aus erster und zweiter Fassung aufgeführt und somit wieder auf die Originale des Komponisten zurückgegriffen wurde, die sich zum Teil im Besitz des Theaters befanden beziehungsweise noch befinden. Am 5. März 1929 folgte der Leningrader Initiative das Staatliche Opernteater K. S. Stanislawski Moskau mit der Aufführung der Erstfassung des ›Boris‹ (Ur-

Boris) in der Redaktion von Pawel Lamm. Am 5. Juni 1939 wurde eine Mischung aus erster und zweiter Fassung am Maly Theater Leningrad unter Boris Chaikins musikalischer Leitung vorgestellt.

In England hörte man die originale Orchestrierung zum ersten Mal, als die Oper in der Fassung von 1869 (sieben Bilder) am 30. September 1935 in Sadler's Wells Theater gegeben wurde. Die deutsche Erstaufführung der Fassung von 1872 fand unter Eugen Jochum 1936 in Hamburg statt. Zugrunde lagen die von Pawel Lamm revidierte Fassung und die deutsche Übersetzung von Max Hube. In den Jahren zwischen 1936 und 1940 wurde in Deutschland Rimski-Korsakows Bearbeitung gespielt. Heinrich Möller überarbeitete und verbesserte die Übersetzung von Max Lippold.

1946 fand in Leipzig die erste Aufführung nach dem zweiten Weltkrieg statt. 1949 folgten Inszenierungen in Berlin, Chemnitz, Dresden. Der Berliner Staatsopern-Einstudierung lag die Fassung von 1872 zugrunde. Schostakowitschs Instrumentation wurde 1959 in Leningrad, 1960 an der Metropolitan Opera in New York erprobt. Die deutsche Erstaufführung des ›Boris Godunow‹ in dieser Instrumentation fand 1961 an der Deutschen Staatsoper Berlin (neue deutsche Übersetzung von Wolfgang Pieschel und Gerhard Schumann) statt; 1962 folgte Mannheim, 1964 Leipzig (Regie: Joachim Herz). Die Instrumentation von Dmitri Schostakowitsch verdrängte zunehmend die Einrichtung von Rimski-Korsakow. Heute ist die Oper ›Boris Godunow‹ in fünf Fassungen (nach Gerlinde Fulle) verbreitet:

1. Fassung von 1869 mit sieben Bildern (Mussorgski)
2. Fassung von 1869, erweitert auf acht Bilder durch Hinzufügung des Bildes *Waldlichtung bei Kromy* (aus der Fassung von 1872)
3. Fassung von 1872 mit neun Bildern (Mussorgski)
4. Fassung von 1872, erweitert auf zehn Bilder durch die Hinzufügung des Bildes *Vor der Wassili-Blashenny-Kathedrale* (aus der Fassung von 1869)
5. Bearbeitung von Rimski-Korsakow mit neun Bildern (Tod des Boris als Schlußszene)

Autograph Zentrale Musikbibliothek des Staatlichen Akademischen Theaters für Oper und Ballett S.M.Kirow Leningrad
Ausgaben Nach dem Klavierauszug des Komponisten von 1874 KlA (Originalausgabe) Bessel Petersburg 1874; KlA (Nachdrucke) Bessel / Breitkopf & Härtel Paris/Wien/London 1924 und Bessel Paris / Breitkopf & Härtel Wiesbaden 1954 (enthält dt. Text von Heinrich Möller); KlA Chester London 1926; Text Alle Fassungen und Entwürfe. In: Literarischer Nachlaß. (Literaturnoje nasledije.) Bd.2, Musyka Moskau 1972 Nach dem Autograph (von Pawel Lamm) Part Oper in vier Aufzügen mit einem Prolog. Sujet nach der gleichnamigen Dramatischen Chronik von A.S.Puschkin unter Beibehaltung eines Großteils seiner Verse. Nach den Manuskripten des Autors erneuert, durchgearbeitet und mit bisher noch nicht veröffentlichten Bildern, Szenen, Fragmenten und Varianten ergänzt von Pawel Lamm. Hrsg. von Boris Assafjew und Pawel Lamm. (russ./dt./frz./engl., dt. von Max Hube) In: GA (Polnoje sobranije sotschineni.) Bd.I, Musgis Moskau / Oxford University Press London 1928; KlA (Nach obiger Part.) Hrsg. von Boris Assafjew und Pawel Lamm. (russ./dt./frz./engl., dt. von Max Hube) Musgis Moskau /Oxford University Press London 1928; KlA (Neuausgabe obigen KlA) Revi-

diert und geringfügig ergänzt. Musgis Moskau / Oxford University Press London 1931 und 1933 sowie (russ.) Musyka Leningrad 1974; Part *Schenke an der Litauischen Grenze.* (Einzelausgabe 1) Hrsg. von Pawel Lamm. Musgis Moskau / Oxford University Press London 1932; Part *Waldlichtung bei Kromy.* (Einzelausgabe 2) Hrsg. von Pawel Lamm. Musgis Moskau / Oxford University Press London 1933; KlA Hrsg. von Pawel Lamm. Musgis Moskau / Oxford University Press London 1928 und 1931; KlA (Neue verbesserte und erweiterte Ausgabe, russ/dt., dt. von Max Hube) Musgis Moskau / Kalmus New York 1931; KlA Musgis Moskau / Universal Edition Wien 1932; KlA Musyka Leningrad 1974
Nach dem Autograph (von David Lloyd-Jones) Part Oper in vier Akten mit einem Prolog. Libretto vom Komponisten nach Alexander Puschkin und Nikolai Karamsin. Vollständiger originaler Text der ersten (1869) und zweiten (1872) Fassung von Mussorgski mit ergänzenden Varianten und Fragmenten nach den Handschriften des Autors eingerichtet von David Lloyd-Jones. Oxford University Press London 1975; KlA nach obiger Part Oxford University Press 1975, KlA (Nachdruck) Musyka Moskau / Oxford University Press London 1979
Instrumentation von Dmitri Schostakowitsch Part Sowjetski kompositor Moskau 1963; KlA (dt. von Wolfgang Pieschel und Gerhard Schumann) Henschelverlag Berlin 1961 und 1970
Bearbeitung und Instrumentation von Nikolai Rimski-Korsakow Part Bessel Petersburg 1906–1908; KlA Bessel Petersburg/Moskau 1896 und 1898; KlA Musikalisches Volksdrama in vier Akten mit einem Prolog nach Puschkin und Karamsin. Überarbeitete Fassung. (russ./dt., dt. von Max Lippold) Bessel Petersburg / Breitkopf & Härtel Leipzig 1910 und Bessel Petrograd / Breitkopf & Härtel Leipzig 1921; KlA (dt. von Max Lippold, neu bearbeitet von Heinrich Möller) Bessel Paris / VEB Breitkopf & Härtel Leipzig 1951, 1952; KlA Fassung von 1896 und 1908. (Mit dem Bild *Vor der Wassili-Blashenny-Kathedrale)* Iskusstwo Moskau/Leningrad 1939;KlA Fassung von 1896 und 1908. (Mit dem Bild *Vor der Wassili-Blashenny-Kathedrale* in der Fassung von Pawel Lamm) Musgis Moskau 1955; Part (Ergänzt durch das Bild *Vor der Wassili-Blashenny-Kathedrale* in der Instrumentation von Michail Ippolitow-Iwanow) Musgis Moskau 1959; KlA (Nach obiger Part) Musgis Moskau 1962

Literatur ›Boris Godunow‹. Aufsätze und Forschungen. (Statji i issledowanija.) Hrsg. von der Musiksektion der Staatlichen Akademie der Kunstwissenschaften der UdSSR, Moskau 1930; Boris Assafjew: ›Boris Godunow‹ und seine Fassungen. (›Boris Godunow‹ i jego redakzii.) In: Kritische Aufsätze, Skizzen und Rezensionen. (Krititscheskije stati, otscherki i rezensii.) Moskau/Leningrad 1967; Gerlinde Fulle: Modest Mussorgskijs ›Boris Godunow‹. Geschichte und Werk, Fassungen und Theaterpraxis. Wiesbaden 1974; Manfred Schandert: Das Problem der originalen Instrumentation des ›Boris Godunow‹. Hamburg 1979; Iwan Sollertinski: ›Boris Godunow‹. In: Von Mozart bis Schostakowitsch. Essays, Kritiken, Aufzeichnungen. Leipzig 1979; David Lloyd-Jones: Zum Schicksal der ›Boris‹-Komposition. In: Musik-Konzepte 21, Modest Musorgskij. Aspekte des Opernwerks. München 1981;T.Schtscherbakowa: Zum besseren Text wie zu einem Ideal… (K lutschemu tekstu, kak k idealu…) Zur Redaktion von David Lloyd-Jones. In: *Sowjetskaja musyka,* Moskau 1982, Nr. 2; ›Boris Godunow‹. Texte, Materialien, Kommentare. Hrsg. von Attila Csampani und Dietmar Holland. Reinbek 1982; Dmitri Schostakowitsch: Die Partitur einer Oper (1941). In: Dmitri Schostakowitsch. Erfahrungen. Aufsätze. Erinnerungen, Reden, Diskussionsbeiträge, Interviews, Briefe. Leipzig 1983

Chowanschtschina (Chowanschtschina)

Musikalisches Volksdrama in fünf Akten
(Narodnaja musykalnaja drama w pjati dejstwijach)
Libretto von Modest Mussorgski

Entstehung 1872—1881

Uraufführung 21. Februar 1886   Privatbühne im Saal Kononows in Petersburg mit Solisten des Musikalisch-dramatischen Liebhaberzirkels (Fassung von Nikolai Rimski-Korsakow)
25. November 1960   Staatliches Akademisches Theater für Oper und Ballett S. M. Kirow (Kirow Theater) Leningrad (Instrumentation von Dmitri Schostakowitsch, nach dem Klavierauszug des Komponisten)

Personen

Fürst Iwan Chowanski, Führer der Strelizen — Baß
Fürst Andrej Chowanski, sein Sohn — Tenor
Fürst Wassili Golizyn — Tenor
Bojar Schaklowity — Bariton
Dossifej, Haupt der Raskolniki (Altgläubigen) — Baß
Marfa, eine Altgläubige — Alt
Susanna, eine alte Altgläubige — Sopran
Schreiber — Tenor
Emma, ein Mädchen aus dem deutschen Stadtviertel — Sopran
Pastor — Baß
Warsonofjew, Vertrauter des Golizyn — Baß
Kuska, Strelize — Tenor
Streschnew, ein junger Bojar — Tenor
Erster Strelize — Baß
Zweiter Strelize — Baß
Helfershelfer des Golizyn — Tenor
Moskauer, zugewanderte Leute, Strelizen, Raskolniki,
Hausmädchen und persische Sklavinnen
des Iwan Chowanski, Petrowzen, Volk — Gemischter Chor und Ballett
(Petrowzer/Petrowzen (petrowskije poteschnyje) = Spielregimenter Peters I., Militärregimenter, die dem Knaben Peter als Ausbildungsregimenter und „Spielzeug" zugewiesen waren und mit denen er sich später den Thron sicherte)

Orchester Instrumentation von Nikolai Rimski-Korsakow: 3 Fl (III auch Picc), 2 Ob (II auch EH), 2 Klar, 2 Fg, 4 Hr, 2 Trp, 3 Pos, Tb, Pkn, Bck, Trgl, KlTr, Tamb, Tt, GrTr, Gl, Hrf, Kl, Str; Bühnenmusik: 3 Pos, Blasorchester (Banda)
Instrumentation von Dmitri Schostakowitsch: 3 Fl (III auch Picc), 3 Ob (III auch

EH), 3 Klar (III auch BKlar), 3 Fg (III auch KFg), 4 Hr, 3 Trp, 3 Pos, Tb, Pkn, Bck, Trgl, KlTr, Tamb, Tt, GrTr, Glöck, Gl, 2—4 Hrf, Kl, Str; Bühnenmusik: Hr, Trp, Pos

Aufführungsdauer I. Akt: 45 Min., II. Akt: 40 Min., III. Akt: 40 Min., IV. Akt: 40 Min., V. Akt: 30 Min.; Gesamt: 3 Stdn., 15 Min.

Fassungen
Fassung von Nikolai Rimski-Korsakow (1883) Rimski-Korsakow hat ca. 800 Takte gestrichen, darunter die Szene *Schreiber — Volk* im I. Akt sowie fast den gesamten III. Akt.
Ausgabe von Pawel Lamm (1931) Pawel Lamm hat nach dem Autograph des Komponisten, der Klavierfassung des gesamten Werkes, eine wissenschaftlich erarbeitete Zusammenstellung aller Szenen herausgegeben.
Instrumentation von Dmitri Schostakowitsch (1959) Nach dem von Pawel Lamm herausgegebenen Material schuf Schostakowitsch eine Orchestrierung des gesamten Werkes, das nur als Klavierfassung vom Komponisten fertiggestellt worden war. Hierbei bediente er sich bei der Szene *Totenamt der Liebe* einer Überlieferung vom Rimski-Korsakow, ergänzte das Finale des II. Aktes mit dem Preobrashensker Marsch der Petrowzen und das Finale des V. Aktes durch eine Variante der Einleitungsmusik des I. Aktes *Morgendämmerung an der Moskwa*.
Redaktion und Instrumentation von Maurice Ravel (1913) Anläßlich der Pariser Aufführung von ›La Kovantchina‹ durch Sergej Djagilew schuf Maurice Ravel eine Orchestrierung, wobei die Instrumentation der Schaklowity-Arie von Igor Strawinski beigesteuert wurde. Das Finale wurde unter Verwendung zweier Raskolniki-Messen, die man in den Aufzeichnungen Mussorgskis gefunden hatte, verfaßt. Dieses Finale veröffentlichte Bessel 1914 unter der Bezeichnung ›Schlußchor der Chowanschtschina nach Skizzen Mussorgskis‹.

Story
Die gewalttätigen Beschützer Moskaus, die Strelizen, beanspruchen die Macht; die buchstabengetreuen Glaubenseiferer, die Raskolniki, befürchten das Erscheinen des Antichrist; das ausgehungerte, verelendete Moskauer Volk weiß nicht, an wen sich wenden.

Auf den Plätzen Moskaus treffen Gewalttätige, Gottgläubige und Hungernde aufeinander, und keiner sieht den Zusammenhang von Waffen, Glauben und Brot.

Im Innern der fürstlichen Paläste herrscht die Illusion, der Kampf um die Macht werde zwischen Waffen und Wissen entschieden. Man hört gerüchteweise von den Aktionen einer ordnungshütenden neuen Gewalt.

In den Palästen endet die Illusion von Macht tödlich.

Die neue Gewalt exponiert sich. Zar Peter inthronisiert sich als Selbstherrscher, als Gottgleicher. Er läßt den Strelizenführer ermorden, dessen Gefolgsleuten das Grab bereiten und sie begnadigen, er schickt mächtige Fürsten in die Verbannung.

Das Volk kennt Mitleid mit Verbannten, und es schweigt zum Gnadenakt des Zaren.

Der Altgläubige Dossifej verliert die Hoffnung, Volk und Adel nach seinen Idealen formen und von Gottes Liebe überzeugen zu können.

Der selbsternannte Gott-Zar macht Jagd auf Menschen, und die Raskolniki flüchten sich in die Selbstverbrennung.

Vorgänge

I. Akt (1. Bild): *Moskau. Roter Platz. Ein steinerner Pfeiler und daran kupferne Schilder mit Inschriften. Die Bude eines Schreibers. Schräg über den Platz zwischen Pfosten Sperrketten. Es dämmert. Am Pfeiler ein wachhabender Strelize.* Die Strelizen benehmen sich als Herren Moskaus und rühmen sich ihrer Willkürakte. Dem Schreiber bringen die gefährlichen Zeiten Gewinn. Es gibt Denunziationen zu schreiben. Der Bojar Schaklowity diktiert ihm ein Schriftstück, worin er dem Zaren des Großrussischen Reiches eine geplante Verschwörung der Strelizen anzeigt. Der Schreiber läßt sich die Gefahr, in die ihn diese Arbeit bringt, gut bezahlen. Als er von einer Volksmenge gebeten wird, die Inschriften auf dem Pfeiler vorzulesen, verweigert er den Dienst. Erst die Anwendung von Gewalt kann ihn dazu bringen, den Unkundigen mit seinem Wissen zu dienen. Er verliest die Namen der auf der Säule angeschriebenen fürstlichen Verräter am Gemeinwohl und ihre Bestrafung. Das Volk hört die Namen seiner Peiniger, und es hört von deren Verurteilung. Doch die Buße der Reichen lindert nicht die Not der Armen. Klage wird laut.

Gleichwohl jubelt die Menge Iwan Chowanski zu, und des Schreibers Warnung vor dem Strelizenführer als einem wilden Tier verhallt ungehört. Iwan Chowanski setzt sich als Volksbeschützer in Szene: die Menge rühmt den Wolf im Schafspelz.

Der Apfel fällt nicht weit vom Stamm. Iwan Chowanskis Sohn Andrej hat den Vater eines deutschen Mädchens umgebracht, dessen Bräutigam vertrieben und versucht nun, das Mädchen Emma in seine Gewalt zu bekommen. Die ehemalige Geliebte Marfa kann ihn daran nicht hindern. Aber Iwan Chowanski neidet dem Sohn die schöne Emma. Vor allem Volk streiten sich die beiden Wölfe um das Opfer.

Schwarzmönche stellen sich den Strelizen entgegen. Der Führer der Altgläubigen Dossifej rettet die deutsche Protestantin. Dossifej sieht die Willkür der Mächtigen und Rußland ihnen ausgeliefert. Er baut auf Gott, setzt ihn über die Mächtigen der Erde und ermuntert seine Anhänger, die Botschaft des Evangeliums vorzuleben und dadurch wirksam werden zu lassen.

II. Akt (2. Bild): *Beim Fürsten Wassili Golizyn. Sommerarbeitszimmer. Die Einrichtung ist im gemischt moskauisch-europäischen Stil. Fürst Wassili Golizyn liest Briefe. Spätabends.* Golizyn hat die Macht der Bojaren gebrochen und die Polen besiegt. Er befürchtet nun, da die Herrscher seiner Hilfe nicht mehr bedürfen, mit Undank entlohnt zu werden. Den Deutschen gewährt er Hilfe, soweit sie ihm selbst nutzt. Dem lutherischen Pastor verweigert er, das Mädchen Emma vor den Chowanskis zu schützen.

Der aufgeklärte Golizyn ist abergläubisch. Die als Zauberin verschriene kluge Marfa wahrsagt ihm, indem sie die Gefahr ausspricht, die Golizyn fürchtet und sich nicht einzugestehen wagt: Verbannung. Golizyn und Iwan Chowanski geraten in Streit über ihren Anteil an der Macht. Dossifejs Beispiel, der sich als Fürst Myschezki seiner Macht und Würde begab, vermag die Streitenden nicht zu überzeugen. Golizyn beharrt auf seinem Fortschrittsglauben, Chowanski auf seinem Feudalrecht. Dossifejs Ruf nach einer ethischen Maxime bleibt unverstanden. Er muß von Marfa hören, daß Golizyn den Befehl gab, sie zu ermorden. Jedoch konnte sie mit Hilfe der Petrowzen diesem Anschlag entkommen. Schaklowity bringt den Fürsten die Botschaft des Zaren, die Strelizenverschwörung sei entdeckt und ein Gericht anberaumt.

III. Akt (3. Bild): *Samoskworetsche. Die Strelizenvorstadt gegenüber Belgorod. Hinter der Kremlseite an der Moskwa. Mittag.* Altgläubige demonstrieren ihre Glaubensfestigkeit. Marfa empfindet die Ohnmacht ihrer Liebe zu Andrej. Die Eiferin Susanna belauscht die Unglückliche und erhebt Anklage gegen Marfa wegen sündhafter weltlicher Leidenschaft. Dossifej will vermitteln. Die Eiferin Susanna und der mitleidende Dossifej stehen sich in ihrem Urteil über Marfa unversöhnt gegenüber. Marfa will in den Märtyrertod flüchten. Dossifej gebietet ihr Einhalt.

Schaklowity sorgt sich wie Dossifej um das Schicksal der Nation. Doch beide Männer gehen aneinander vorbei, denn sie gehen verschiedene Wege. Im Gegensatz zu Dossifej vertraut Schaklowity nicht der Botschaft des Evangeliums, sondern setzt auf einen mächtigen weltlichen Herrscher.

Die lang von zu Hause weggebliebenen Strelizen werden von ihren Frauen mit Vorwürfen empfangen. Auf den Weibern ruht die Last des Alltags. Männer wie Frauen sind gleichermaßen von Gerüchten, Klatschereien und Denunziationen betroffen. Im Spott über das ihnen verhaßte Übel versöhnen sich die Strelizenfrauen mit ihren Männern. Die Schuld an der Verbreitung von Lügen geben sie den Schriftkundigen. Der ihnen verhaßte Schreiber ist aus Moskau geflüchtet. Er trifft bei ihnen mit der Nachricht ein, daß die Strelizen in Moskau von den Petrowzen ermordet worden sind. Diese Nachricht rettet dem Schreiber das Leben. Die verstörten Strelizen fragen Väterchen Chowanski um Rat. Der beruhigt sie und schickt sie nach Hause.

IV. Akt, 1. Bild (4. Bild): *Prunkvoll eingerichteter Speisesaal in den Gemächern des Fürsten Iwan Chowanski auf seiner Besitzung. Fürst Chowanski am Mittagstisch. Bäuerinnen mit Handarbeiten.* Chowanski befiehlt seinen Dienerinnen fröhliche Lieder und Tänze. Golizyn läßt ihn warnen. Für den Strelizen ist die Warnung eine Beleidigung. Er schickt den Boten in den Tod. Als Schaklowity ihm die Aufforderung bringt, beim Zaren zu erscheinen, schmückt er sich und geht ahnungslos in die Falle. Ohne Gericht und Urteilsspruch wird er ermordet.

IV. Akt, 2. Bild (5. Bild): *Platz vor der Wassili-Blashenny-Kathedrale. Wäh-*

rend sich der Vorhang hebt, sammelt sich zugewandertes Moskauer Volk und besichtigt das Äußere der Kirche. Golizyn wird in die Verbannung geschickt. Das Volk fühlt Mitleid mit seinem Los. Dossifej hat Marfa erkunden lassen, was der Hohe Rat über das Schicksal der Altgläubigen beschlossen hat, und muß erfahren, daß die Raskolniki zusammengetrieben und ermordet werden sollen.

Andrej nimmt die Welt nicht mehr zur Kenntnis. Er sucht Emma. Er haßt Marfa und will sie nun von den Strelizen töten lassen. Doch seinem Signalruf folgt kein Strelize mehr. Die einst Moskau tyrannisiert hatten, werden zur Hinrichtung geführt und lassen sich wie Schafe zum Richtblock treiben. Ihre Weiber identifizieren sich mit dem Richtspruch des Väterchen Zar. Durch einen Gnadenakt des Zaren Peter I. wird den Strelizen in letzter Minute das Leben geschenkt. Zar Peter hat sich damit an Gottes Statt und als Herr über Leben und Tod gesetzt. Das Volk schweigt.

V. Akt (6. Bild): *Fichtenwald. Einsiedelei. Mondnacht.* Die Altgläubigen sind von Petrowzen umzingelt. Dossifej gibt der ausweglosen Situation einen Sinn. Er deutet die Selbstverbrennung als Erlösung, ihr Opfer als Pfand für die Rettung der Welt. Andrej jagt noch immer seiner unerfüllten Liebe nach. Marfa liest ihm das *Totenamt der Liebe.* Die Raskolniki verbrennen sich.

Genesis

Noch während der Überarbeitung des ›Boris Godunow‹ begann Mussorgski im Sommer 1872 mit der Arbeit an der ›Chowanschtschina‹. Nach Meinung des sowjetischen Mussorgski-Forschers Georgi Chubow war die ›Chowanschtschina‹ als zweiter selbständiger Teil einer Trilogie über das Leben des russischen Volkes vom 16. bis zum 18. Jahrhundert geplant. Als erster Teil muß der ›Boris Godunow‹ gelten. Als dritter Teil sollte eine Oper über den Aufstand der Bauern und Kosaken in den Jahren 1773 bis 1775 ›Pugatschowschtschina‹ folgen.

Mussorgski arbeitete bis zu seinem Tode 1881 an der ›Chowanschtschina‹ und hinterließ im Klavierauszug ein bis auf den Schluß des II. Aktes und das Finale des V. Aktes in allen Einzelheiten ausgeführtes Werk. Die Instrumentation war noch nicht begonnen.

Die Vorstudien zu dieser Oper waren umfassend. Sie bezeugen, daß Mussorgski die Herausbildung der Geschichtswissenschaft als ein wesentliches Moment der geistigen Auseinandersetzung begriff. In dem berühmt gewordenen Brief an Wladimir Stassow vom 13. Juli 1872 teilt Mussorgski nicht nur mit, daß er mit der Vorbereitung zu einem Musikalischen Volksdrama (Narodnaja musykalnaja drama) ›Chowanschtschina‹ begonnen habe, sondern er übermittelt dem Freund auch eine Liste der von ihm benutzten und studierten Literatur. An dieser umfangreichen Liste fällt auf, daß sich Mussorgski nicht auf das große offizielle Standardwerk der russischen Geschichtsschreibung beruft, auf Nikolai Karamsins zwischen 1816 und 1826 erschienene ›Geschichte des russischen Staates‹, vielmehr stützt er sich auf Augenzeugenberichte aus der Zeit Peters I. und auf das von Sergej Solowjow seit 1851 in 29 Bänden publizierte Werk ›Geschichte Rußlands von den ältesten Zeiten an‹. Der Komponist mied Geschichtsdarstellungen, in denen versucht wurde, die Selbstherrschaft zu legitimieren. Er konzentrierte sich auf Werke, die ihm authentische Quellen erschlossen. Dazu gehörte auch die zwischen 1859 und 1863 erschienene 5bändige ›Chronik der russischen Literatur und Altertümer‹ des Moskauer Philologen Tichonrawow. Diese Chronik bereitete authentisches Material auf. Dokumente der Raskolniki-Bewegung wurden hier erstmals publiziert. Diese Hinwendung zu „Geschichtsquellen von unten" ist nicht zufällig. Anfang der 60er Jahre wurde Mussorgski mit dem Historiker und Literaten Daniïl Mordowzew bekannt. Der Autor der historischen Erzählung ›Das große Schisma‹ hatte vor 1871 die Untersuchung ›Politische Bewegung des russischen Volkes‹ publiziert, in der er das Räuber- und Bandenunwesen als Reaktion auf unerträgliche Repressalien darstellte. Mordowzew strebte nach einer Geschichtsschreibung, die das Schicksal des Volkes aufzeichnete, eine „Geschichte ohne Feldherrn" (istorija bes polkowodzew).

Wladimir Stassow mit seiner Hinlenkung auf den Strelizenaufstand, seinen Vorschlägen, die Regentin Sofja und Peter den Großen auftreten zu lassen, steht auf der einen, Daniïl Mordowzew mit seiner Forderung nach einer „Geschichte ohne Feldherrn" auf der anderen Seite. Mussorgski erkannte bald, daß die Strelizenverschwörung nur Teil einer größeren Bewegung sein kann. Fast symbolisch begann er seine Arbeit 1872, im Jahr der offiziellen Zweihundertjahrfeier des Geburtstages Peters des Großen. Alexander II. wurde als Reformator und Nachfolger des Großen Zaren gerühmt. Die anläßlich der Zweihundertjahrfeier gesungenen Lobeshymnen auf den Großen, der durch Zwang und Knute das Volk beglückt und zum Besten gelenkt hatte, waren zugleich auch Lobgesänge auf Alexander II. Dieser Volksbeglückung von oben widersetzten sich die russischen Demokraten, unter ihnen Mussorgski mit seiner ›Chowanschtschina‹. Alexander Herzen nannte Peter I. „die ungeheuerlichste Maschinerie der Sklaverei" und 1844 in seinem Tagebuch den „Schöpfer der zivilisierten Folter". Mussorgski schrieb am 16. Juni 1872, einen Monat bevor er Stassow den Beginn der Arbeit an der ›Chowanschtschina‹ mitteilte: „Man kann die Schwarzerde auch mit Geräten fremder Beschaffenheit beackern. Wurde doch Ende des 17. Jahrhunderts Mütterchen Rußland mit solchen Geräten bearbeitet, daß man nicht immer gleich erkannte, womit geackert wurde und in welcher Weise die Schwarzerde aufbrach und zu atmen begann. Und so wurden ihr, der Geliebten, die verschiedenen Wirklichen und Geheimen Staatsräte aufgepfropft, und man gab ihr, der Vielgeprüften, nicht einmal Zeit, zur Besinnung zu kommen und zu überlegen: ‚Wohin geht die Fahrt?' Hingerichtet wurden die Unwissenden und die Verstörten: das war eine Macht. Der Polizeistaat aber lebt fort und das Spitzeltum blüht nach wie vor. Nur die Zeit hat sich verändert; die Wirklichen und Geheimen Staatsräte aber lassen die Schwarzerde nicht aufatmen. Das Vergangene im Gegenwärtigen — das ist meine Aufgabe. ‚Wir sind fortgeschritten!' du lügst, ‚wir sind am gleichen Fleck!' Das Papier, das Buch haben sich entwickelt — wir sind am gleichen Fleck. Solange das Volk nicht mit eigenen Augen prüfen kann, was man aus ihm zusammenbraut, solange es nicht selbst zu der oder jener Speise werden will — sind wir auf dem gleichen Fleck! Es gibt da allerlei Wohltäter, die darauf aus sind, sich Ruhm zu holen und mit Dokumenten die Selbstverherrlichung zu stützen, aber das Volk stöhnt, und um nicht zu stöhnen, betrinkt es sich heftig und stöhnt noch mehr: auf dem gleichen Fleck stehen wir."

Seit der Mitte des 19. Jahrhunderts ist die Frage nach der historischen Bedeutung Peters des Großen untrennbar mit der Frage verbunden, wie sich durch Machtzentralisation erzwungener Fortschritt auf das Leben des Volkes auswirkt. Geschichtsschreiber wie Solowjow wurden von den revolutionären Demokraten scharf kritisiert, weil sie im Volk, das durch eine zentralisierende vereinheitlichende Macht zur Nation gezwungen werden müsse, lediglich Träger anarchischer Tendenzen sahen. Tschernyschewski, Dobroljubow oder auch Herzen versuchten Verständnis dafür zu schaffen, daß der vom absolutistischen Selbstherrscher Peter erzwungene nationale Fortschritt die sozialen Widersprüche verschärft hatte, die nun im 19. Jahrhundert unerbittlich zu einer Lösung drängten. Seit dem Erscheinen der Publikation ›Semstwo und Raskol‹ im Jahre 1862 von A. Schtschapow wurde anhand der Spaltung (raskol) der russischen Kirche nach den Richtungen und Zielen der Volksbewegung gefragt. Schtschapows idealisierende Vorstellungen wurden zwar von den Historikern kritisiert, aber sie kamen den Tendenzen der Narodniki-Bewegung entgegen.

Der Entstehungsprozeß der ›Chowanschtschina‹ ist von diesen geistigen Auseinandersetzungen unmittelbar beeinflußt worden. Gleichberechtigt neben das Strelizen-Thema trat das Thema der Raskolniki, der Altgläubigen, die sich in einer religiös-sozialen Bewegung gegen die Reformbestrebungen, mit denen die Kirche an den Staat gebunden werden sollte, wandten. Der Raskol (Spaltung) fand 1667 mit der Wendung gegen die Nikonschen liturgischen Reformen statt. Die Raskolniki wurden verfolgt.

Der Plan, Peter den Großen und die Regentin Sofja auftreten zu lassen, wurde fallengelassen. Mussorgski wollte ein Musikalisches Volksdrama schaffen. Das bedeutete, Massenbewegungen zu gestalten. Diese waren nicht mehr mit der Konfiguration zentraler handelnder Personen zu erfassen.

Strukturen

Ein mit dem Suffix schtschina versehener Familienname weist aus, daß diese Familie oder eines ihrer Mitglieder gegen die herrschende Moral verstoßen hat. Wenn Mussorgski den Bojaren Schaklowity sagen läßt, Zar Peter habe die Fürsten Chowanski mit diesem Suffix ausgezeichnet, ist das Urteil über sie gesprochen. „Das ist eine Chowanschtschina" (Chowanskerei, Chowanski-Schweinerei), soll Zar Peter ausgerufen haben, als er von den Machtbestrebungen des Fürsten Chowanski und dessen Sohnes erfuhr. Mussorgski knüpft mit seinem Operntitel an diesen Vorfall an, ohne den anekdotischen Aspekt weiter zu verfolgen. Ebenso hielt sich der Komponist, gemessen am realgeschichtlichen Verlauf, nicht an die Chronologie der historischen Ereignisse. Er verknappte die sieben Jahre — von der Thronbesteigung Peters, der Verbrennung des Raskolniki-Führers Awwakum und dem Strelizen-Aufstand 1682 bis zum Sturz der Regentin Sofja, der Verbannung Golizyns und des Machtantritts Peters 1689 — auf eine kurze Zeitspanne. So konnte er die geschichtsbestimmenden Kräfte aufeinandertreffen und ihr Wesen hervortreten lassen.

Nennt Mussorgski seine geplante Oper 1872 Musikalisches Volksdrama (Narodnaja musykalnaja drama), spricht er 1874 von seinen Bemühungen um ein Historisches Musikdrama (Istoritscheskaja musykalnaja drama). Beide Begriffe müssen als korrespondierende Genrebezeichnungen gewertet werden, da sonst die Frage nach der Darstellung des Volkes zu kurz greift. Der Volksbegriff Mussorgskis läßt sich weder auf die Vorstellung von einer Menschenansammlung (Masse) reduzieren noch geht er in einem Sammelbegriff von Strelizen, Raskolniki, Vagabunden und Stadtbürgern auf. Im Genre des musikalischen Volksdramas muß das historische Musikdrama mitgedacht werden, da Mussorgski in der ›Chowanschtschina‹ eine „Sicht von unten", eine Geschichtsauffassung „ohne Feldherrn" realisiert.

In der ›Chowanschtschina‹ interessieren sich die Mächtigen nicht für die von ihnen bewirkten Katastrophen. Die Betroffenen hinwiederum dringen nicht mehr zu den Machthabern vor. Eine Konfrontation zwischen Herrschern und Beherrschten, wie zwischen Boris Godunow und Pimen, ist nicht mehr möglich. Der ehemals mächtige Fürst Myschezki hat sich seiner Würden begeben, hat zwar als Raskolnik Dossifej an persönlicher Integrität gewonnen, aber an Einfluß verloren. Er erfährt seine Ohnmacht, wenn sich die Fürsten Chowanski und Golizyn um die Macht streiten. Seine Selbstverbrennung ist die Konsequenz aus einer ausweglosen Lage. Der neuen Qualität im Verhältnis zwischen Herrschern und Beherrschten wird Mussorgski gerecht, indem er weder die Regentin Sofja noch Peter I. Gestalt werden läßt. Die absolutistische Macht tritt als Schatten realer Gewalt in Erscheinung. Von ihr hört man zuerst als Gerücht. Marfa berichtet von ihrer Errettung vor dem Mordanschlag Golizyns durch die Petrowzen, der Schreiber von der Ermordung der Moskauer Strelizen — ebenfalls durch die Petrowzen. Diese einmal rettende, einmal vernichtende Gewalt ist noch unvorstellbar. Weder in Marfas noch in des Schreibers Bericht erklingt das Thema der Petrowzen, wenn von ihnen die Rede ist. Dmitri Schostakowitsch allerdings läßt in seiner Fassung als Finale des II. Aktes den Preobrashensker Marsch der Petrowzen erklingen und verstößt damit gegen Mussorgskis Dramaturgie. (Mussorgski hatte als Schluß des II. Aktes ein Quartett Golizyn—Iwan Chowanski—Dossifej—Marfa geplant.) Erst mit dem Begnadigungsakt Peters wird der Absolutismus ins Bild gebracht. Mit dem Preobrashensker Marsch setzen sich die Petrowzen und Peters Gesandter als „ungeheuerliche Maschinerie der Sklaverei" (Alexander Herzen) in Szene. Diese Selbstinszenierung des Absolutismus vollzieht sich auf einem perfekt und unvermittelt ausgebreiteten Klangteppich. Es gibt einen scharfen Riß zwischen der fis-Moll-Klage der Strelizen und dem As-Dur-Marsch der Petrowzen. Der Gnadenakt versöhnt nicht.

Zweimal wird von Taten der Petrowzen berichtet — von Marfas Rettung und vom Hinschlachten der Moskauer Strelizen —, bevor die Peter-Regimenter selbst in Aktion treten: einmal als Überbringer einer Begnadigung und zum anderen Mal als Hetzjäger der Raskolniki. Der Begnadigungs-Marsch zersplittert zum Halali, mit dem auf Menschen Jagd gemacht wird. In der Wiederholung zeigt sich die Ambivalenz der neuen Macht: Ordnung als humane Aktion (Rettung Marfas, Begnadigung der Strelizen) und Ordnung als destruktives Prinzip (Treibjagd auf die Moskauer Strelizen und die Raskolniki).

Mussorgski läßt sich nicht auf ein moralisches Für und Wider den Petrinischen Absolutismus festlegen. Peters Reformen mußten sich gegen die Interessen der Bevölkerungsmehrheit durchsetzen, riefen Irritation und Zersplitterung hervor. Es bildete sich keine gesamtgesellschaftliche Bewegung aus. Das hatte Konsequenzen für die musikalische Dramaturgie. Motive erhalten keine übergreifende, zusammenhangbildende Funktion, vielmehr eine formal konstruktive, um eine Figur oder Situation zu konstituieren.

Ursachen und Motive des Nicht-handeln-Könnens von einzelnen oder Gruppen sind verschieden, doch dominiert bei allen der emphatische Widerstand gegen den Druck der Verhältnisse. Dieser emphatische Widerstand seiner Figuren zwingt den auf die wirklichkeitsgetreue Redeintonation eingeschworenen Komponisten zur Melodiebildung: „Indem ich die menschliche Rede erforschte, gelangte ich zur Melodie, die von dieser Rede geschaffen wird; gelangte ich zur Verkörperung des Rezitativs in der Melodie (abgesehen von den dramatischen Gesten, bien entendu, wobei es bis zu Interjektionen gehen kann). Ich möchte dies die *sinnvolle* gerechtfertigte Melodie nennen. Die Arbeit unterhält mich; plötzlich wird, unerwartet-unausgesprochen, das der klassischen Melodie (der so beliebten) Feindliche und sofort durch alles auch jedem Verständliche erklingen. Wenn ich es erreiche, werde ich es als eine Eroberung für die Kunst ansehen... Übrigens gibt es dazu schon Ansätze in der ›Chowanschtschina‹ (der Kummer Marfas gegenüber Dossifej) ..." (Brief vom 25. Dezember 1876)

Marfa wird zur exemplarischen Gestalt, an der sich die verkehrende Gewalt des Widerstehen-Wollens und Nichtwiderstehen-Könnens erweist. Als Altgläubige steht sie außerhalb der staatlich anerkannten Kirchengemeinde (offizielle Kirche), als Liebende wird sie von ihrer Glaubensgemeinschaft (den dogmatischen Altgläubigen galt körperliche Liebe als Sünde) verurteilt, als Weib erfährt sie keine Gegenliebe. Ihre Außenseiterposition als Altgläubige hat sie wie Dossifej frei gewählt. Sie handelt in ihrer religiös motivierten Gattungsliebe als emanzipierter Mensch, in ihrer individuellen Liebe aber ist sie ohnmächtig. So verkehrt sich ihr der Zusammenhang zwischen Gattungsliebe und individueller Liebe. Sie versucht, ihrem Verlöschen zu entgehen, und motiviert ihre Flucht in die Selbstverbrennung als gottgefälliges, daher der Gattungsliebe geschuldetes Vorhaben. Hierin widerspricht ihr Dossifej.

Mussorgski schreibt 1867 an Stassow: „Haben Sie Dank, daß Sie die Marfa verstanden haben, und so wollen wir diese echt russische Frau machen. Pathos ist gut, da im Tragischen der Marfa angelegt ..." Wenn Mussorgski von einer „echt russischen Frau" spricht, meint er, daß im Schicksal der Marfa Konflikte der russischen Intelligenz seiner Zeit gestaltet sind, denn für Marfa und für Dossifej gilt Mussorgskis Bekenntnis: „Nicht mit dem Volk bekannt zu werden, sondern mich mit ihm zu verbrüdern, bin ich begierig: dies flößt mir Schrecken ein, und zugleich lockt es mich." Das bestimmte Mussorgskis Verhältnis zu den Narodniki, zu jener Gruppe der russischen Intelligenz, die Aufklärung ins Volk tragen wollte.

Marfas Konflikt ist die geniale Vorwegnahme von Konflikten der aus der Narodniki-Bewegung hervorgehenden terroristischen Jugend. Ihre zur Ohnmacht verurteilte Gattungsliebe schlug in Todesbereitschaft um. Nicht zufällig wird das *Totenamt der Liebe* (otpewanije ljubownoje) zu einem Zielpunkt der Komposition. Mit diesem Totenamt der Liebe und in der Selbstverbrennung sucht Marfa die Übereinstimmung zwischen individueller und Gattungsliebe herzustellen. Obgleich das *Totenamt der Liebe* noch zu Lebzeiten des Komponisten zur Aufführung gelangte (konzertante Aufführung am 8. April 1880 mit der Sängerin Darja Leonowna in einem Sinfoniekonzert Nikolai Rimski-Korsakows), konnte das Autograph nicht aufgefunden werden. In der ersten Ausgabe der ›Chowanschtschina‹ von Pawel Lamm fehlt daher diese Nummer. Sie ist nur in der Fassung von Rimski-Korsakow überliefert.

Marfa sollte nach Mussorgskis Konzept eine ehemalige Adlige (Fürstin Sizka) sein, die wie Dossifej die Fürstenwürde abgelegt hatte und ins Volk gegangen war. Stassows Einwand: „das wird ja schließlich eine Fürstenoper — und wer kommt direkt aus dem Volk?" hielt den Komponisten von der Ausarbeitung dieser biographischen Vorgeschichte der Marfa ab. In Marfas Wahrsagung und dem ihr von Golizyn zugedachten blutigen Lohn schimmert das Schicksal der Kassandra auf.

Den Fürsten Golizyn charakterisierte Mussorgski als einen „fortschrittlichen Menschen jener Zeit, fähigen Diplomaten, der die Ämterbesetzung nach Geburt abschaffte. Aber er war abergläubisch. Golizyn eroberte Rußland die nördlichen Gebiete und ausgedehnte Landstriche längs des Dnepr zurück. Er lebte europäisch. Er war beharrlich und hitzig, schämte sich seines Aberglaubens, aber er vermochte ihn nicht zu bekämpfen." Der Befehl, Marfa umzubringen, war „von seiten Golizyns keine ungewöhnliche Sache". Die Leibeigenen, die man zu Zeugen seiner Taten oder Vertrautheiten gemacht hatte, brachte man um. Rhythmische Unbeständigkeit, chamäleonartige Anpassung an den jeweiligen Gesprächspartner (in der Szene mit dem deutschen Pastor z. B. vermittels eines deutschen Ländlers) kennzeichnen den Politiker Golizyn.

Der Bojar Schaklowity ist nach Mussorgski „ein Erzspitzbube mit dem Anflug einer gespielten Wichtigkeit, doch selbst bei seiner blutrünstigen Natur ohne jede Größe". Schaklowitys Arie bildet die Achse der Oper. Sie ist in Wort und Gestus der ersten Dossifej-Arie ähnlich und steht in der gleichen Tonart (es-Moll). Das muß als bewußter irritierender Kunstgriff gewertet werden. Die Sorge des Schaklowity um das Schicksal seiner Nation ist eine liberale Phrase. Sie wird durch das hämische Lachen über die Leiche des meuchlings gemordeten Iwan Chowanski offenbar.

Der Raskolniki-Führer Dossifej wird durch den Typus der erhaben fließenden Rede (welitschawo-plawnaja retsch) charakterisiert. Dieser Typus wurde von Glinka in der Figur des Iwan Sussanin ausgebildet, und nicht zufällig stimmen

Gestus und Tonart (d-Moll) der Todesarien beider überein. „Iwan Sussanin, das ist nicht ein einfacher Mushik, nein: das ist ein Ideal, eine Legende, das gewaltige Werk der Notwendigkeit", schrieb Mussorgski der Schwester Glinkas. Im Unterschied zu Sussanin aber ist Dossifejs Opfertod keine Tat von historischer Notwendigkeit.

Die Fürsten Iwan und Andrej Chowanski werden beide von Mussorgski als Dummköpfe bezeichnet. Gemeint ist damit ihre für selbstherrliche Potentaten typische Realitätsblindheit. Iwan schreitet im Schmuck seiner Würden und Ehrenzeichen vermeintlich zum Zaren und geht in den Tod. Er fällt wie ein Opferstier. Andrej eilt zum Stelldichein und erhofft sich Liebesglück. Es erwartet ihn Marfa, die Ungeliebte, und der Tod ist ihm schon bereitet. Obgleich Iwan Chowanski zugrunde geht, verschwindet mit ihm nicht das alte Rußland. Die an seine Person geknüpften Rituale sind Mitte des 19. Jahrhunderts in Rußland nicht nur nicht verschwunden, sondern feiern fröhliche Urständ. Iwan Chowanski inszeniert sich selbst als „Väterchen" (batjuschka), als „Großer" (bolschoi). Er gibt sich das Image eines für sein Volk sorgenden Fürsten. Des Strelizenführers Aufmarsch im I. Akt zielt in der ästhetischen Parodie auf die Travestie aktueller politischer Rituale. Das zugewandte, noch ortsunkundige Volk wird von vorgeschickten Knaben animiert, fröhlich zu sein und zu jubeln. Die Unglücklichen verstehen nichts, werden aber sogleich von einem inszenierten Jubelgesang überrollt. Bestellte Weiber beginnen ihren „Jubelchor nach Lehrbuch" mit den Worten: „Nun Frauen, wollen wir ein Lied abziehen." Offen wird bekundet, daß man auf Bestellung singt. Der Topos vom „weißen Schwan" (bely lebed) strukturiert das Lied. Der Aufrichtigkeit und Lauterkeit inkarnierende Topos kontrastiert zum Gestus der Singenden. Die Szene wird zu einer Darstellung mißbrauchten Volkstums. Deutlich wird das auch in der von Iwan Chowanski wiederholten Wendung „spassi bog". Hier wird die alte Gebetsformel „gospodi, pomilui!" (Herr hilf) „volkstümlich" gemacht, um sich der Menge anzubiedern. In Iwan Chowanskis Selbstinszenierung wurde die vom zaristischen Minister für Volksaufklärung, dem Grafen Uwarow, im 19. Jahrhundert formulierte Einheit von Selbstherrschaft – Rechtgläubigkeit – Volkstum (samodershawije – prawoslawija – narodnost) parodiert.

Der Zusammenhang zwischen 17. und 19. Jahrhundert ergibt sich aber ebenso zwingend über die Figur des Schreibers. In ihm hat Mussorgski den Intellektuellen gekennzeichnet, der durch den Verrat am Volk seine eigenen Interessen verletzt, der an der Unmündigkeit des Volkes partizipiert, die Analphabeten verspottet und nicht begreift, daß die Beseitigung der Unmündigkeit des Volkes auch sein Ausgeliefertsein an die Willkürakte der Strelizen beenden würde. Der Schreiber ist das Gegenbild zu Dossifej, beide Figuren sind streng aufeinander bezogen. Der Schreiber lebt von der Unmündigkeit des Volkes. Folgerichtig sucht er vor dem Absolutismus auch bei seinen Erzfeinden, den Strelizen, Zuflucht. Dossifej betätigt sich als idealistischer Aufklärer. Er strebt eine „ethische Mündigkeit" des Volkes an.

Dossifej versucht, die Mächtigen zu seinen Prinzipien zu bekehren, hofft auf

Vorbildwirkung. Von dem unwissenden, hungernden Volk wird er zwar wahrgenommen, aber nur angestaunt, verehrt, doch nicht begriffen; von Golizyn verlacht, von Iwan Chowanski verspottet und von Peter I. als störender Faktor schließlich beseitigt. Der Schreiber und Dossifej geben ein Sinnbild der Situation der russischen Intelligenz im 19. Jahrhundert und damit des Verhältnisses von Geist und Macht.

Das Fehlen einer Zentralgestalt, die Vielzahl gleichberechtigt agierender, episodisch auftretender Personen hat dem Werk Kritik eingetragen, u. a. von Calvocoressi und von Wolfurt. Als Gründe für das vermeintliche ästhetische Unvermögen wurde angenommen, der Komponist hätte die Stofffülle nicht meistern können. Die Verteidiger des Werkes führen dagegen als Hauptargument an, in der „ungeordneten" Dramaturgie der ›Chowanschtschina‹ habe man das Abbild der „ungeordneten" Zeiten zu sehen (vgl. Karl Dietrich Gräwe: Die „ungeordnete" Dramaturgie der ›Chowanschtschina‹).

Kritiker und Verteidiger gehen davon aus, daß die ›Chowanschtschina‹ ein Geschichtsdrama sei. Die Oper aber ist keine folkloristische Illustration zur russischen Geschichte, sie ist vielmehr ein Kunstwerk mit einer in Struktur und Bewegung deutlich ausgeprägten Thematik. Mussorgski interessierte die zunehmende Entfremdung zwischen Macht und Volk, zwischen Intelligenz und Volk, die zunehmende Spaltung des Menschen in einen „natürlichen" und einen „politischen", der Widerspruch zwischen Gattungsliebe und individueller Liebe.

Der I. Akt exponiert im Machtanspruch der Strelizen, in der Beunruhigung der Raskolniki, in der Irritation der Menge den untrennbaren, nicht mehr durchschauten Zusammenhang von Waffen, Glaube und Brot.

Der II. Akt zeigt, im Innern der Paläste gibt es die Illusion, der Fortschritt sei zwischen Waffen und Wissen auszufechten.

Der III. Akt kehrt die Verhältnisse des I. Aktes um. Die Raskolniki beanspruchen die Macht über ihre Glaubensfeinde, und die Strelizen sind beunruhigt. Wird im I. Akt der Machtanspruch der Strelizen in der Selbstinszenierung des „Väterchen" Chowanski hinterfragt, so wird im III. Akt der Wahrheitsanspruch und die Gottgefälligkeit der Raskolniki in Frage gestellt, wenn die Altgläubige Marfa wegen ihrer Liebe zu Andrej von der Eiferin Susanna verurteilt wird.

Das 1. Bild des IV. Aktes zeigt die Konsequenz des II. Aktes. In den Palästen endet die Illusion von Macht tödlich. Im 2. Bild des IV. Aktes ist den Strelizen das Grab bereitet. Der Zar exponiert sich als Gott, das Volk aber kennt mitleidende Menschlichkeit.

Der V. Akt, als Variation und Bestätigung des Vorausgegangenen, ist eine kollektive und individuelle Grabweihe. Der sich selbst zum Gott Ernannte macht Jagd auf Menschen.

In der ›Chowanschtschina‹ wird Bezug auf ein religiöses Weltmodell genommen und dessen Zusammenbruch dargestellt. Zar Peter setzt sich an Gottes Statt. Deshalb erscheint dieser Zar in den Kategorien des religiösen Weltmodells der Altgläubigen als Antichrist. Wie Gott tritt der Zar nie selbst, sondern nur durch Stellvertreter in Erscheinung. Die zur Enthauptung getriebenen Strelizen tragen ihre Richtblöcke so widerstandslos zum Hinrichtungsort, wie sie ihr Todesurteil annehmen. Das Opferlamm beugt sich Gott. Mussorgski hat für die in der ›Chowanschtschina‹ stattfindende Inthronisierung des gottgleichen Peters I. ein deutliches Zeichen gesetzt. Die Weiber der Strelizen flehen nicht nur nicht um das Leben ihrer Männer, sie bestätigen dem Väterchen Zar laut und öffentlich die Gerechtigkeit seines Richtspruchs. Während die Strelizen den himmlischen Vater (otez) um Erbarmen mit ihren sündigen Seelen bitten, bekräftigen ihre Weiber den Zar-Vater (zar-batjuschka) darin, ohne Erbarmen zu sein. Mussorgskis Darstellung des Volkes ist unsentimental und nicht idealisierend. Hierin mag er sich von vielen Narodniki unterscheiden, wenn er ihnen auch in den Gestalten der Marfa und des Dossifej ein Denkmal gesetzt hat.

Der geheime Punkt der vielkritisierten ›Chowanschtschina‹-Dramaturgie, der alle Szenen und Figuren bindet, ist der Zusammenbruch des christlichen Weltmodells und die Inthronisation eines über das religiöse Weltmodell hinausreichenden, in dessen Kategorien nicht mehr faßbaren Fortschrittsglaubens.

Aneignung

Die Oper ›Chowanschtschina‹ erlebte 1886 in der von Rimski-Korsakow erarbeiteten Fassung ihre Uraufführung. Es folgten Aufführungen 1892 in Kiew, 1893 in Petersburg, 1897 in Moskau (Theater Solodownikows mit dem Ensemble der Russischen Privatoper von Sawwa Mamontow und Fjodor Schaljapin in der Rolle des Dossifej), 1907 Petersburg (Konservatorium), 1909 erneut in Kiew, 1910 wieder in Moskau (Theater Solodownikows mit dem Ensemble von Sergej Simin).

1911 inszenierte Fjodor Schaljapin gemeinsam mit Pjotr Melikow am Mariinski Theater Petersburg die ›Chowanschtschina‹ und sang wieder den Dossifej. 1912 trat der Sänger als allein verantwortlicher Regisseur des Werkes am Moskauer Bolschoi Theater in Erscheinung. Auch hier und in der Pariser Aufführung durch Sergej Djagilews Truppe 1913 sang er den Dossifej. Für die Pariser Aufführung stellten Maurice Ravel und Igor Strawinski auf Djagilews Veranlassung eine Fassung und Instrumentation her. Hierüber berichtet Strawinski in seiner Autobiographie: „Da Djagilew mit der Art, wie sich Rimski-Korsakow dem ganzen Werk Mussorgskis gegenüber verhielt, nicht einverstanden war, hatte er die authentischen Manuskripte zu ›Chowanschtschina‹ studiert, um eine neue Version zu schaffen. Er bat mich nun, die Teile zu orchestrieren, für die ein Orchestersatz des Komponisten nicht existierte, und den Schlußchor zu schreiben, für den Mussorgski nur das Thema, ein russisches Volkslied, notiert hatte... Wir kamen überein, daß ich zwei Stücke der Oper orchestrieren und den Schlußchor schreiben sollte; den restlichen Teil wollte er (Ravel) übernehmen. Nach dem Plan von Djagilew sollte unsere Arbeit nur die vorhandene Partitur ergänzen. Unglücklicherweise aber wurde die neue Version eine Mischung, die noch mehr auseinanderfiel als die Bearbeitung von Rimski-Korsakow. Dessen Fassung wurde nämlich zum größten Teil beibehalten, einiges gekürzt, anderes umgestellt oder einfach ausgetauscht und schließlich der Schlußchor von Rimski durch meine Komposition ersetzt. Mit Ausnahme der erwähnten Arbeit habe ich an der Einrichtung dieser Version keinerlei Anteil gehabt. Ich bin immer aus Überzeugung dagegen gewesen, daß jemand anderes als der Autor darangeht, ein vorhandenes Werk zu arrangieren, besonders dann, wenn es sich um einen Komponisten handelt, der so bewußt und überlegt geschrieben hat wie Mussorgski." Gegen die von Ravel und Strawinski angefertigte Fassung polemisierte Andrej Rimski-Korsakow, der Sohn des Komponisten. Maurice Ravel nahm zur Pariser Fassung der ›Chowanschtschina‹ in der Zeitschrift *Die Musik* (Nr. 129/1913) Stellung. Obgleich durch Ravels und Strawinskis Arbeit bereits deutlich geworden war, daß Rimski-Korsakows Bearbeitung eine Verfälschung des Werkes darstellte, verbreitet man die Oper bis auf den heutigen Tag in dieser Fassung.

Weitere Aufführungen folgten 1913 in London und Barcelona, 1924 in Frankfurt/Main (dt. von Ernst Fritzheim), 1926 in Mailand (La Scala), 1927 in Dresden und Riga, 1928 in Philadelphia, 1929 in Buenos Aires, 1930 in Lyon, 1931 in New York, 1933 in Sofia, 1937 in Budapest, 1961 in Athen, 1967 in Madrid.

Die ersten sowjetischen Aufführungen fanden 1928 am Bolschoi Theater Moskau, 1941 in Saratow und 1952 in Leningrad (Kirow Theater) statt. Eine von Boris Assafjew erarbeitete Orchestrierung wurde nie verwendet.

Dmitri Schostakowitsch begann 1939/40 mit seiner Instrumentation der ›Chowanschtschina‹ und vollendete sie 1958/59.

In dieser Instrumentation erklang sie am 25. November 1960 am Kirow Theater Leningrad und wurde durch ein Gastspiel der Belgrader Oper zum Edinburgher Festival 1962 in Westeuropa vorgestellt.

Autograph Staatliche Öffentliche Bibliothek M.J.Saltykow-Schtschedrin Leningrad
Ausgaben Fassung von Rimski-Korsakow   Part Bessel Petersburg 1883;   KlA Bessel Petersburg 1883; KlA Bessel Petersburg / Breitkopf & Härtel Leipzig 1913; · KlA (dt. von Ernst Fritzheim) Bessel Paris / Breitkopf & Härtel Wiesbaden 1924 und 1956;   KlA Mussektor Gosisdat Moskau 1929;   KlA Musgis Moskau 1960;   KlA Musyka Moskau 1970;   Part Musyka Moskau 1973
Nach dem Original   KlA Zusammengestellt und erarbeitet nach dem Autograph des Komponisten von Pawel Lamm. (russ./dt., dt. von Max Hube) In: GA (Polnoje sobranije sotschineni.) Bd. II, Musgis Moskau / Universal Edition Wien 1931/1932;   KlA Neu durchgesehene und nach den Quellen verbesserte Ausgabe unter Angabe der Abweichungen, die Dmitri Schostakowitsch bei seiner Instrumentation vorgenommen hat. Nach dem Klavierauszug von Pawel Lamm durchgesehen und erarbeitet von Dmitrijew und Wulfson. Musyka Leningrad 1976;   Text In: Literarischer Nachlaß. (Literaturnoje nasledije.) Bd.2, Musyka Moskau 1972
Instrumentation von Dmitri Schostakowitsch   Part Musyka Moskau 1963
Literatur Emilija Frid: Vergangenes, Gegenwärtiges und Zukünftiges in der ›Chowanschtschina‹ von Mussorgski. (Proschedscheje, nastojaschtscheje i buduschtscheje w ›Chowanschtschine‹ Mussorgskogo.) Leningrad 1974;   Boris Assafjew: Über die Oper. Ausgewählte Aufsätze. (Ob opere. Isbrannyje statji.) Leningrad 1976;   Mario Baroni: ›Chovanščina‹ In: Musik-Aspekte 21. Modest Musorgskij. Aspekte des Opernwerks. München 1981;   Karl Dietrich Gräwe: Die „ungeordnete" Dramaturgie der ›Chowanschtschina‹ In: Jahrbuch der Hamburgischen Staatsoper 1974/75. Hamburg 1976

Der Jahrmarkt von Sorotschinzy
(Sorotschinskaja jarmarka)
Oper in drei Akten (Opera w trjoch dejstwijach)
Libretto von Modest Mussorgski
nach der gleichnamigen Erzählung von Nikolai Gogol
Fragment

Entstehung 1874—1881

Uraufführung 16. März 1911 Petersburg, konzertant zum 30. Todestag Mussorgskis
17. Dezember 1911 Theater Komedija Petersburg, szenisch mit Klavierbegleitung, veranstaltet von den Gesellschaften Literaturfonds und Abende zeitgenössischer Musik
Musikalisches Material in der Fassung von Anatoli Ljadow, Wjatscheslaw Karatygin und Nikolai Rimski-Korsakow, in Teilen ergänzt und instrumentiert von Juri Sachnowski mit Textergänzungen von Arseni Golenischtschew-Kutusow 21. Oktober 1913 Freies Theater Moskau
Fassung von Cesar Cui 26. Oktober 1917 Theater des Musikalischen Dramas Petrograd
Fassung von Nikolai Tscherepnin 27. März 1923 Nationaloper Monte Carlo
Fassung von Juri Sachnowski 10. Januar 1925 Staatliches Akademisches Großes Theater der UdSSR (Bolschoi Theater) Moskau
Fassung von Wissarion Schebalin 21. Dezember 1931 Staatliches Akademisches Kleines Theater für Oper und Ballett (Maly Theater) Leningrad
Fassung von Pawel Lamm und Wissarion Schebalin 12. Januar 1932 Musikalisches Theater W. I. Nemirowitsch-Dantschenko Moskau

Personen
Tscherewik_____Baß
Chiwrja, Frau Tscherewiks_____Mezzosopran
Parasja, Tochter Tscherewiks und Stieftochter Chiwrjas_____Sopran
Der Gevatter_____Bariton
Grizko, Bursche_____Tenor
Afanassi Iwanowitsch, Popensohn_____Tenor
Ein Zigeuner_____Baß
Tschernobog (Schwarzgott)_____Baß
Händler und Händlerinnen, Zigeuner, Juden, Burschen, Kosaken, Mädchen, Gäste, Teufel, Hexen, Zwerge_____Gemischter Chor und Ballett

Orchester Fassung von Pawel Lamm und Wissarion Schebalin 3 Fl (III auch Picc), 2 Ob, 2 Klar, 2 Fg, 4 Hr, 2 Kor, 2 Trp, 3 Pos, Tb, Pkn, Bck, Trgl, KlTr, Tamb, Tt, Hrf, Kl, Str

Fassung von Nikolai Tscherepnin 3 Fl (III auch Picc), 2 Ob, EH, 2 Klar, 2 Fg, 4 Hr, 3 Trp, 3 Pos, Tb, Pkn, Slzg, Hrf, Kl, Str
Fassung von Anatoli Ljadow Picc, 2 Fl, 2 Ob, 2 Klar, 2 Fg, 4 Hr, 2 Trp, 3 Pos, Tb, Pkn, Slzg, Str

Aufführungsdauer Fassung von Pawel Lamm und Wissarion Schebalin I. Akt: 35 Min., II. Akt: 40 Min., III. Akt: 30 Min.; Gesamt: 1 Std. 45 Min.

Vorgänge
Fassung von Pawel Lamm und Wissarion Schebalin
Orchestervorspiel: *Ein heißer Tag in Kleinrußland.*
I. Akt (1. Bild): *Jahrmarkt in Sorotschinzy.* Waren werden feilgeboten und gekauft. Die junge schöne Parasja bestaunt das Treiben. Ein Zigeuner bereitet den Boden für kommende Aktivitäten vor und unterhält das Volk mit einer Geschichte vom Teufel, der den Jahrmarkt unsicher mache und auf Diebstahl ausgehe. Parasjas Vater Tscherewik zeigt sich beeindruckt. Der Bauernbursche Grizko verliebt sich in Parasja, und auch sie gewinnt an ihm Gefallen. Der Vater verspricht ihm die Tochter. Abends findet Chiwrja ihren betrunkenen Tscherewik auf der Straße und verbietet die Heirat Grizkos mit Parasja. Grizko betrauert sein verlorenes Glück. (Der Zigeuner verspricht, gegen eine angemessene Belohnung zu helfen. 58 Takte von Schebalin komponiert.)
II. Akt (2. Bild): *Die Hütte des Gevatters.* Chiwrja schickt ihren Mann in die Nacht hinaus, er soll unterm Wagen schlafen, um Hab und Gut vor Diebstahl zu bewahren. Sie kocht, macht sich schön, verjüngt sich, wartet sehnsüchtig, freut sich ausgelassen auf ihren Liebhaber und empfängt den Popensohn zu einem Stelldichein. Bevor die beiden von den lukullischen zu den sexuellen Genüssen kommen können, muß sich der Liebhaber verstecken, da Hausherr und Ehemann mit Gästen heimkehren. (Der Gevatter erzählt die Geschichte vom Roten Kittel des Teufels, erschreckt damit sich selbst und Tscherewik so, daß der Zigeuner leichtes Spiel hat. Tscherewik und der Gevatter nehmen Reißaus, als der Zigeuner einen Schweinsrüssel ins Fenster hält. 158 Takte von Schebalin komponiert.)
III. Akt, 1. Bild (3. Bild): *Straße in Sorotschinzy. Abend.* (Tscherewik und der Gevatter flüchten vor dem Teufel, erschrecken voreinander und fallen in Ohnmacht. Sie werden von der Dorfjugend unter Führung des Zigeuners festgenommen. Beide Arrestanten versuchen, bei sich eine Schuld und damit eine Ursache für ihre Festnahme zu finden. Vergeblich. Grizko befreit sie und erhält dafür die feste Zusage Tscherewiks zur Heirat mit Parasja. 231 Takte von Schebalin komponiert.) Der Bursche schläft ein, träumt von Hexen und Teufeln und wie sie vom Klang der Kirchenglocken vertrieben werden.
III. Akt, 2. Bild (4. Bild): *Straße vor des Gevatters Hütte.* Parasja ersehnt sich Unabhängigkeit von der bösen Stiefmutter, freut sich ihrer Jugend und Schönheit. (Der Vater führt ihr den Bräutigam zu. Chiwrjas Einspruch bleibt ungehört, das Dorf findet sich zur Hochzeit ein. 242 Takte von Schebalin komponiert.)

Genesis

Bereits 1874, während der Überarbeitung des ›Boris Godunow‹ und der vorbereitenden Studien zur ›Chowanschtschina‹, begann Mussorgski Material für eine Oper nach Gogols Erzählung ›Der Jahrmarkt von Sorotschinzy‹ zusammenzutragen. Berichtet er noch 1874 der Vertrauten des Mächtigen Häufleins, der Sängerin Ljubow Karmalina, hoffnungsfroh von diesem Plan, teilt er ihr ein Jahr später seine Zweifel mit, ob es ihm als „Großrussen" gelingen würde, „die Konturen der kleinrussischen Rede wahrheitsgetreu wiederzugeben". Die Freundschaft zu dem Sängerehepaar Anna und Ossip Petrow bewog ihn zur Weiterarbeit. In ihrer Wohnung schrieb er 1877 das Szenarium der Oper, für Ossip Petrow konzipierte er die Rolle des Solip Tscherewik. Der Tod des Sängers 1878 ließ die Arbeit ins Stocken geraten. Im selben Jahr entschloß sich dann Mussorgski, den Hexensabbath aus der ›Nacht auf dem Kahlen Berge‹ von 1867 und die Vokalfassung der *Johannisnacht auf dem Kahlen Berge* aus dem Opernfragment ›Mlada‹ als Intermedium *Der Traum des Burschen* in die Oper ›Der Jahrmarkt von Sorotschinzy‹ aufzunehmen.

1879 führte ihn eine Konzerttournee mit der Sängerin Darja Leonowa in den Süden, und die Erfolge mit konzertanten Ausschnitten aus der Oper bestätigten ihn in seiner Arbeit. 1880 kündigte die Zeitschrift *Der russische musikalische Bote* in einer Vorschau auf das Jahr 1881 bereits eine Inszenierung der Oper an.

Bis auf die Nummern 6 und 7 und auf die *Erzählung vom Roten Kittel* liegen der I. und II. Akt im Klavierauszug vollständig vor, während vom III. Akt nur die Dumka der Parasja und die Schlußnummer, ein Hopak, komponiert sind. Pawel Lamm und Wissarion Schebalin gewannen dem Werk eine schlüssige Handlung ohne größere musikalische Ergänzungen aus zweiter Hand, indem sie das Intermedium *Der Traum des Burschen* in den III. Akt integrierten.

Nikolai Tscherepnins Fassung ist zweiaktig. Er verwendet die für den III. Akt komponierte Dumka der Parasja im Finale des I. Aktes. Parasja stößt, angeblich den Vater suchend, auf Grizko, und beide versichern einander ihre Liebe. In keiner Oper Mussorgskis findet die Sehnsucht nach Liebesglück Erfüllung. Tscherepnin allein unterstellt mit seiner Fassung dem Komponisten diese Zuversicht.

Im II. Akt wird bei Tscherepnin der Zigeuner zum Spiritus rector des Spiels. Er kündigt Chiwrja die Heimkehr des Ehemanns an und demaskiert den Popensohn. Alle sehen nun in Chiwrja die blamierte Ehefrau – und Tscherewik hat leichtes Spiel, seine Tochter an Grizko zu verheiraten. So kommt Tscherepnin zwar zu einem schnellen Ende, doch verfälscht er die Substanz, indem er die Geschichte auf einen anekdotischen Vorfall reduziert. Auch die von Mussorgski geplante und bereits musikalisch angelegte Parallelität zwischen Chiwrja und Parasja verschwindet. Die Dumka der Parasja im III. Akt war als eine Parallele zum Lied der Chiwrja im II. Akt konzipiert. In beiden Fällen erwartet eine verliebte Frau ihren Liebhaber, indem sie sich aus den auf ihr lastenden Zwängen im Gesang befreit. Durch die Auflösung des Parasja zugehörenden musikalischen Materials wird diese Analogie zerstört. Musikalisch-dramaturgisch folgen Lamm und Schebalin konsequenter den Intentionen des Komponisten als Tscherepnin.

Wichtig für die Beurteilung der Fassungen und für die Gesamtanlage des Werkes ist das von Mussorgski entworfene Szenarium für diese Oper, das sich in seinem literarischen Nachlaß befindet. Er verfaßte es am 19. Mai 1877 in der Petersburger Wohnung des Sängerehepaares Petrow:

Orchestervorspiel: *Ein heißer Tag in Kleinrußland.*
I. Akt, 1. *Jahrmarkt* (Chor)
2. Auftritt des Burschen mit den Freunden (Anspielung auf Parasja und Chiwrja)
3. Tschumak (gemeint ist Tscherewik; Mussorgski nennt ihn auch Tschewrin und Tschiwrik – S. N.) mit Parasja (Individualitäten – Weizen – Glasperlen)
4. Chorszene der Händler mit dem Roten Kittel – daraus entwickelt sich die Szene der vier: Gevatter und Tschumak, Parasja und der Bursche.
5. Nachdem er ein wenig abgewartet hat, mischt sich Tschewrin in die Angelegenheit zwischen Parasja und dem Burschen. Rezitativische Szene, in der sich der Bursche und Tschiwrin anerkennen – (Schankwirtschaft). NB. Der Zigeuner ist auf der anderen Seite Zeuge der Szene.
6. Auftritt Chiwrjas – Szene mit Tschiwrik (der Bursche ist Zeuge der Szene), Chiwrja führt ihren Mann fort.
7. Der Bursche in Kummer. Erscheinung des Zigeuners (Vorbehalt der freien Entscheidung Parasjas)
8. Hopatschok
II. Akt NB Intermezzo *Hütte des Gevatters* **1.** Tscherewik schläft. Chiwrja weckt ihn. (Gespräch über die Wirtschaft, das aber mehr den Zweck verfolgt, den Mann loszuwerden)
2. Rezitativ Chiwrjas – Kochen – Afanassi Iwanowitsch erscheint. – Duettino.
3. Heimkehr aller vom Jahrmarkt. Erzählung vom Roten Kittel. Grand scène comique.
III. Akt 1. *Nacht.* Tumult (mit Präludium, vielleicht der Zigeuner) nach der Flucht vor dem Roten Kittel. Der Gevatter und Tscherewik fallen in Ohnmacht – Geschrei über den Diebstahl des Pferdes und des Ochsen. Arrest der beiden. Komisches Gespräch der Arrestanten. Der Bursche rettet sie.
2. Dumka des Burschen.
3. Es wird ein wenig hell. Parasja kommt in den Vorgarten. Dumka. Gedanken über Chiwrja – Unabhängigkeit – feierlich – tänzelnd.
4. Tscherewik und Parasja – Tanz
5. Der Gevatter und der Bursche kommen mit Gelächter – Verlobung feiern. (Gerede über die Habgier der Chiwrja)
6. Finale.
19. Mai 1877 bei A. J. und O. A. Petrow in Petrograd

Strukturen

Mussorgski hat Gogols Erzählung auf ganz eigenständige Weise adaptiert und dabei den Typus der Komischen Oper in besonderer Art ausgeprägt: Komik entsteht aus der Unangemessenheit zwischen Anspruch und Lebensrealität und ist eng mit tragischen Elementen verquickt. Mussorgski selbst nannte seine Oper verschiedentlich Komische Oper, er wollte aber dieses Genre genau und in Abgrenzung zur Bouffonade verstanden wissen: „Jene Gogolsche Komik besteht auch darin, daß die für uns geringfügigen Interessen der Frachtfuhrleute und dörflichen Händler in allem die echte Wahrheit verkörpern. ›Der Jahrmarkt von Sorotschinzy‹ ist keine Bouffonade, sondern eine echte Komische Oper auf dem Boden der russischen Musik und dabei, nach der Numerierung, die erste. Wie gut jene Musikusse (gemeint sind die Komponistenfreunde – S.N.) zu verstehen meinen, worin die komische Seite besteht! Es ist noch nicht lange her, daß sie beim Sawischna und Seminaristen (beides Lieder Mussorgskis – S.N.) vor Lachen umfielen, dabei war diesen Musikussen nicht klarzumachen, daß die beiden Bilder eine tragische Anlage haben", schrieb er 1877 an den Dichterfreund Golenischtschew-Kutusow.

Klingt zum Beispiel bei Gogol leitmotivisch des Erzählers Mitleid mit der alten Stute an, die der Bauer Tscherewik als Dank für ihre jahrelangen treuen Dienste zum Verkauf feilbietet, stattet Mussorgski seinen Tscherewik mit Empfindungsfähigkeit für diese Kreatur aus. In einem Gespräch mit seiner zum Verkauf der Stute drängenden Ehefrau Chiwrja versucht der Bauer, ihr die Parallele zwischen Tier und Mensch zu verdeutlichen, indem er vorgibt, seine Stute ebenfalls Chiwrja zu nennen. Für die Frau aber zeigt die Gleichsetzung ihres Namens mit dem eines Tieres nur einmal mehr die Mißachtung, die ihr der Ehemann entgegenbringt. In ihrem Abscheu gegenüber dem Angetrauten sucht sie, entsprechend den Regieanweisungen Mussorgskis, das Einverständnis mit dem Publikum. Komisch ist die Situation, nicht weil die beiden Protagonisten beschränkt sind, sondern weil jeder seinen Ärger über den anderen so artikuliert, daß einer den anderen nicht versteht, weil sich ihr Konfliktbewußtsein zu einem Vorurteil verfestigt hat. Im Unterschied zu Gogols ist Mussorgskis Chiwrja nicht generell empfindungsarm. Sie verabscheut ihren Ehemann. An die Stelle ehelicher Zuneigung ist Besitzgier getreten. Doch die große musikalische Szene im II. Akt läßt unter der durch Besitzgier und Haß verkrusteten Hülle ein empfindungsreiches Wesen ahnen. Sofort nach Tscherewiks Weggang entfaltet sich das vorher zweimal in D-Dur anklingende dreiklangsbewußt jubilierende, unterdrückte freudige Bewegung signalisierende Thema in strahlendem Es-Dur, einer Tonart, durch die die Szene zentriert wird, weil sie immer dann eintritt, wenn Chiwrja „ganz bei sich ist". Tscherewiks von fern herüberklingendes Lied reißt sie aus dieser Tonalität heraus, und sie kehrt, erst nachdem sie sich wieder beruhigt hat, in die Paralleltonart und damit in eine mollgefärbte sehnsüchtige Erwartungshaltung zurück, um dann in tänzerischer Sinnenfreude den Quintenzirkel aufwärts zu steigen. In A-Dur findet sie sich dann auch mit dem Popensohn im Liebesgeplänkel. So wird die Tonart mit Bedeutung angereichert. Wenn der Liebhaber in dieser Tonart den Speisen akklamiert, werden die eigentlich gemeinten sexuellen Gelüste hörbar.

Ähnlich strukturierende Tonalitätsbeziehungen, eine gleiche Abfolge von lyrischen und tänzerischen Liedtypen, ebensolche scharfen Stimmungsumbrüche finden sich auch in der musikalischen Szene der Parasja im III. Akt. Obgleich beide Frauen Gegenspieler sind, eignet ihrem Wesen etwas Gemeinsames: das unvermittelte Umschlagen von Sehnsucht in tänzerisch-körperliche Sinnenlust sowie die sich an einem anderen Menschen entzündende Empfindungskraft und Äußerungsfreude. Durch die musikalische Parallelität macht Mussorgski Gogols Mitleid mit der bäuerlichen Frau offenbar, deren Leben zwischen einer kurzen Phase als begehrte und umworbene Braut und einem langwährenden Dasein als eine dem Hausinventar und dem Vieh zugeordnete Arbeitskraft verlief. Chiwrja und Parasja stehen auf unterschiedlichen Punkten einer Zielgeraden. Ihre Gegnerschaft ist relativ. Beide unterliegen dem gleichen Schicksal. „Wehe dem, dem die Laune kommt, Puschkin oder Gogol nur als Text zu nehmen!" schrieb Mussorgski 1877 Golenischtschew-Kutusow. In der musikalischen Analogie der beiden Frauengestalten hat er auf exemplarische Weise die Substanz der Erzählung in die Oper übertragen, und zwar so, wie sie von Gogol selbst ins Bild gesetzt wurde: „Ein seltsames, unerklärliches Gefühl hätte den Zuschauer beschlichen, wäre er Zeuge gewesen, wie beim Bogenstrich des Fiedlers... alles plötzlich zu einem harmonischen Ganzen wurde. Menschen, auf deren mürrischen Gesichtern sich offenbar schon ewig kein Lächeln mehr gezeigt hatte, stampften mit den Füßen und zuckten mit den Schultern... Doch ein noch viel seltsameres Gefühl hätte sich in der Tiefe der Seele beim Anblick der alten Frauen erhoben, deren verfallene Gesichter den Gleichmut des Grabes atmeten und die sich neben jungen, lachenden und lebendigen Menschen drängten. Die Sorglosen! Ohne jegliche kindische Freude, ohne einen Funken von Mitgefühl, nur von dem Rausch mitgerissen, so wie ein lebloser Automat von einem Mechaniker zu menschenähnlichem Tun gezwungen wird, wiegten sie bedächtig ihre berauschten Köpfe, tanzten hinter der lustigen Menge her und warfen nicht einmal einen Blick auf das junge Paar." (Gogol) Mussorgskis musikalische Charakteristik beider Frauen zeigt, Chiwrjas und Parasjas Schicksal fügt sich in diesen Kreislauf ein.

Ist bei den Frauenfiguren die Dialektik von Tragischem und Komischem im Widerspruch zwischen reicher Empfindungsfähigkeit und beengenden menschlichen Beziehungen angelegt, läßt Mussorgski in der Figur des Tscherewik die Spannung zwischen tradiertem kosakischem Freiheitsanspruch und geknechteter Existenz anklingen. Das alte Kosakenlied vom Fuhrmann wird noch zitiert, dient noch als forsche Maske und Stütze, die mit der vom Alltag geprägten Indolenz seltsam kontrastiert.

Die spontane elementare Liebe des Bauernburschen Grizko zur schönen Parasja erhält eine kulturgeschichtliche Dimension. Wenn sich im Traum des Burschen Hexen tummeln, der Satan seine Messe liest und das heidnische Volk schließlich dem Klang der Kirchenglocken weichen muß, wird im Phantastischen die Knechtung freier unreglementierter menschlicher Beziehungen durch Institutionen reflektiert. Mussorgski mißtraute dem Verständnis seiner Zeitgenossen und der Theaterpraxis, als er 1880 an Stassow schrieb: „Das Bild *Tschernobog* scheint mir wichtig, gerade trotz der neuen und lebendigen Bedingungen szenischer Gestaltung. Mir sind die undurchdachten Dekorationen ein Greuel, ebenso wie die undurchdachte Gestaltung der menschlichen Traumphantasien, und die Betrunkener um so mehr. Helfen Sie mir." Diesem Brief hat er einen Wegweiser durch den Traum des Burschen hinzugefügt:

„Der Bursche schläft am Fuße eines Hügels, weit entfernt von den Hütten, wohin es ihn verschlagen hat. Im Traum erscheinen ihm:
1. Unterirdisches nichtmenschliches Stimmengewirr, gesprochene nichtmenschliche Worte
2. Das unterirdische Reich der Finsternis tritt in seine Rechte ein — macht sich über den schlafenden Burschen lustig.
3. Vorzeichen der Erscheinung des Tschernobog und des Satans
4. Der Bursche wird von Geistern der Finsternis in Ruhe gelassen. Erscheinung Tschernobogs
5. Huldigung Tschernobogs und Schwarze Messe
6. Sabbath
7. In den entfesselten Sabbath hinein ertönt die Glocke der bäuerlichen Kirche. Tschernobog verschwindet augenblicklich.
8. Qualen der Teufel
9. Stimmen des Klerus
10. Verschwinden der Teufel und Erwachen des Burschen"

Nach Mussorgskis Szenarium hat der Bursche Grizko diesen Traum, als er seine Werbung um Parasja durch Chiwrjas Einspruch zurückgewiesen sieht. Und ihm wird in phantastischer Weise die Verketzerung widerspenstiger Frauen zu Hexen, aber auch die Kraft und Ungebärdigkeit elementarer Leidenschaften und der Widerstand der Kirche gegen spontane Beziehungen bewußt. Das Ambivalent-Heidnische wird durch die eindeutig autoritätshörige christliche Religion verdrängt. In der Fassung von Pawel Lamm und Wissarion Schebalin ist der Traum in den III. Akt verlegt, als der Bursche nach Tscherewiks Zusage auf die Heirat mit Parasja hoffen kann, und so ändert sich seine Motivation und damit auch die Deutung. Chiwrja erscheint als Hexe, das Heidnische als das Chaotische, und die christliche Ordnung verheißt dem Burschen eine glückliche Ehe.

Im ›Jahrmarkt von Sorotschinzy‹ finden sich neben den rezitativischen Strukturen in großer Anzahl ausgeprägt typisierte Liedformen, die Mussorgski unter anderem mit der Notwendigkeit begründete, die Peripetien in den menschlichen Beziehungen und Charakteren „reliefartig zu übermitteln": „Die ›Heirat‹ ist eine Etüde für eine Kammerbühne. Mit der großen Szene (Mussorgski meint den ›Jahrmarkt von Sorotschinzy‹ — S. N.) ist es nötig, daß die Reden der Handelnden, jede nach deren eigener Natur, habituell eine ‚dramatische Zwangsläufigkeit' bekommen, die sich reliefartig dem Auditorium übermittelt. Es ist nötig, das so zu bauen, daß für das Auditorium alle ungekünstelten Peripetien der menschlich wesentlichen Sache leicht fühlbar sind und daß sie, zusammen damit, künstlerisch interessant sind. Stell Dir vor, lieber Freund, was Du in den Reden der Personen bei Gogol liest, das müssen meine Personen von der Szene herab in musikalischer Rede, ohne Veränderungen gegenüber Gogol, übertragen!" (Brief an Golenischtschew-Kutusow)

Das Lied dient als Maske, die den Ausdruck vergrößert. Das Volkslied-Zitat will nicht den Anschein ursprünglicher Naivität der Kunstfiguren erwecken. Es ist gegen das rezitativische Umfeld so abgesetzt und strukturell verfremdet, daß es als Mittel erscheint, dessen man sich bedient, um Eigenes auszudrücken und auffällig zu machen. Als Großrusse und Komponist hat Mussorgski seine distanziert liebevollen Beziehungen zur kleinrussischen Kultur und zur Volksmusik in die Komposition eingebracht.

Verbreitung

Bisher fand die Oper in zwei Fassungen ihre Verbreitung. Die von Pawel Lamm und Wissarion Schebalin wurde, nach ihrer Uraufführung 1931 am Nemirowitsch-Dantschenko-Musiktheater Moskau, 1952 an der Filiale des Moskauer Bolschoi Theaters und 1959 in Rom gespielt. Eine Bearbeitung von Schebalin allein hatte bereits 1931 am Maly Theater Leningrad Premiere. Die Uraufführung der Fassung von Nikolai Tscherepnin 1923 in Monte Carlo verhalf dem Werk zu internationalem Erfolg. Es wurde nun von folgenden Theatern nachgespielt: Barcelona 1924, Brüssel 1925, Breslau 1925, (dt. von Heinrich Möller), Zagreb 1925, Reichenberg 1928, New York 1930, Riga 1932, London 1934, Sofia 1936, Stockholm 1938, Triest 1940, Berlin 1948 (Komische Oper).

Autograph Staatliche Öffentliche Bibliothek M.J.Saltykow-Schtschedrin Leningrad, Archiv der Handschriftenabteilung des Staatlichen Konservatoriums P.I.Tschaikowski Moskau, Bibliothek des Staatlichen Konservatoriums N.A.Rimski-Korsakow Leningrad, Puschkin-Haus Leningrad (Stassow-Archiv) u.a. (Weitere Angaben sind dem KlA von Pawel Lamm und Wissarion Schebalin Moskau 1957 zu entnehmen.)
Ausgaben Fassung von Ljadow, Karatygin, Rimski-Korsakow mit Textergänzungen von Golenischtschew-Kutusow KlA Bessel Petersburg 1904
Fassung von Cesar Cui Part Bessel Petersburg/Moskau o.J.; KlA Bessel Petrograd 1916
Fassung von Anatoli Ljadow Part Bessel Petersburg/Moskau o.J.
Fassung von Nikolai Tscherepnin Part und KlA Bessel Paris/Moskau 1923, später Breitkopf & Härtel; KlA (dt. von Heinrich Möller) Musgis Moskau 1933 und Universal Edition Wien 1938

Nach dem Autograph des Komponisten rekonstruiert von Pawel Lamm, vervollständigt und instrumentiert von Wissarion Schebalin. Part In: GA (Polnoje sobranije sotschineni.) Bd.III/2, Musgis Moskau 1934 und 1957; KlA In: GA (Polnoje sobranije sotschineni.) Bd.III/1, Musgis Moskau 1933; KlA Moskau 1970; Part und KlA (dt. von Manfred Schandert) Sikorski Hamburg 1975 (Subvertrieb durch Henschelverlag Berlin) Text in: Literarischer Nachlaß (Literaturnoje nasledije.) Bd.2, Musyka Moskau 1972
Literatur N.Schumskaja: ›Der Jahrmarkt von Sorotschinzy‹. (›Sorotschinskaja jarmarka‹.) Moskau 1952; Boris Assafjew: Über die Oper. Ausgewählte Aufsätze (Ob opere. Isbrannyje statji.) Leningrad 1976; Gioacchino Lanza Tomasi: ›Der Jahrmarkt von Sorocincy‹ und sein Beitrag zur Suche des spezifisch Russischen in der Musik. In: Musik-Konzepte 21. Modest Musorgskij. Aspekte des Opernwerks. München 1981

Eduard
Naprawnik
1839—1916

Der gebürtige Tscheche studierte an der Prager Organistenschule und wurde gleichzeitig als Pianist ausgebildet.

1861 lud ihn Fürst Nikolai Jussupow nach Rußland ein, und er leitete dort das Hausorchester des adligen Kunstfreundes. Von 1863 bis zu seinem Tode — 53 Jahre lang — bestimmte er als Dirigent das Profil des Mariinski Theaters in Petersburg.

Das Repertoire Naprawniks umfaßte ungefähr hundert Opern. Sein Wort galt, wenn über die Aufnahme neuer Werke in den Spielplan entschieden wurde.

Naprawnik war Angestellter der Kaiserlichen Theater und darauf bedacht, zwischen den unterschiedlichen Kunstauffassungen der Hofkreise und der demokratisch gesinnten Adelskreise zu vermitteln.

Die Uraufführungen von Cuis ›William Ratcliff‹ (1869), ›Angelo‹ (1876), ›Der Gefangene im Kaukasus‹ (1883), ›Der Sarazene‹ (1899) und ›Die Hauptmannstochter‹ (1911), Serows ›Des Feindes Macht‹ (1871), Dargomyshskis ›Der steinerne Gast‹ (1872), Mussorgskis ›Boris Godunow‹ (1874), Rimski-Korsakows ›Das Mädchen von Pskow‹ (1873), ›Mainacht‹ (1880), ›Schneeflöckchen‹ (1882) und ›Die Nacht vor Weihnachten‹ (1895), Tschaikowskis ›Der Opritschnik‹ (1874), ›Die Jungfrau von Orleans‹ (1881) und ›Jolanthe‹ (1892) fanden unter seiner musikalischen Leitung statt.

Naprawnik selbst schrieb vier Opern.

Die Nishegoroder (Nishegorodzy) _____ 1867—1868
Oper in vier Akten
(UA 1868 Mariinski Theater Petersburg; 1875 Prag, 1878 Kasan,
1884 Bolschoi Theater Moskau)
Harold _____ 1884—1885
Dramatische Oper in fünf Akten
nach dem gleichnamigen Drama von Ernst von Wildenbruch
(UA 1886 Mariinski Theater Petersburg; 1888 Prag und
Bolschoi Theater Moskau)
Dubrowski _____ 1894
Oper in vier Akten
nach der gleichnamigen Erzählung von Alexander Puschkin
(UA 1895 Mariinski Theater Petersburg; weitere Aufführungen
siehe Einzeldarstellung)
Francesca da Rimini _____ 1901—1902
Oper in vier Akten

nach der gleichnamigen Tragödie von Charles-Louis Philippe
(UA 1902 Mariinski Theater Petersburg; 1903 Odessa,
1918 Bolschoi Theater Moskau)

Literatur Eduard Naprawnik: Autobiographisches Material, Material zu Werken, Dokumente, Briefe. (Awtobiografitscheskije, tortscheskije materialy, dokumenty, pisma.) Hrsg. von L. Kutateladse, Leningrad 1959; Ljudmila Michewa: Eduard Franzewitsch Naprawnik. Moskau 1985

Dubrowski
Oper in vier Akten (Opera w tschetyrjoch dejstwijach)
Libretto von Modest Tschaikowski
nach der gleichnamigen Erzählung von Alexander Puschkin

Entstehung 1894

Uraufführung 15. Januar 1895   Mariinski Theater Petersburg

Personen
Andrej Dubrowski _____ Baß
Wladimir, sein Sohn _____ Tenor
Kirill Petrowitsch Trojekurow _____ Bariton
Mascha, seine Tochter _____ Sopran
Fürst Werejski _____ Bariton
Kreispolizeichef _____ Baß
Beisitzer _____ Tenor
Deforges, Franzose _____ Tenor
Schabaschkin, Assessor _____ Tenor
Jegorowna, Amme _____ Mezzosopran
Gesinde Dubrowskis: Archip, Anton _____ Tenor, Bariton
Tanja, Stubenmädchen bei Mascha Trojekurowa _____ Sopran
Erste Dame _____ Sopran
Zweite Dame _____ Alt
Leibeigene Dubrowskis und Trojekurows, Gäste,
Assessoren, Räuber _____ Gemischter Chor und Ballett

Handlung
Die Handlung spielt Anfang des 19. Jahrhunderts.
I. Akt: *Auf dem Gut der Dubrowskis.* Wladimir Dubrowski ist auf das Gut seiner Väter zurückgekehrt. Der Vater berichtet ihm über einen Streit mit dem ehemaligen Freund, dem Gutsnachbarn Trojekurow. Trojekurow hat gegen den alten Dubrowski prozessiert, das Gericht bestochen und das Erbgut der Dubrowskis zugesprochen bekommen. Der reiche Trojekurow wollte zeigen, wer

der Stärkere ist. Nun will er als Sieger dem Unterlegenen die Hand zur Versöhnung reichen. Der alte Dubrowski weist das zurück und stirbt an den Folgen der Aufregung. Die Gerichtsvollzieher kommen, das Gut zu pfänden. Wladimir Dubrowski läßt die Gebäude in Brand stecken und geht mit seinen leibeigenen Bauern unter die Räuber.

II. Akt: *Auf dem Gut Trojekurows.* Die schöne Mascha, des reichen Trojekurows Tochter, singt mit der Schar ihrer weiblichen Dienstboten Lieder.

III. Akt: *Auf dem Gut Trojekurows.* Dubrowski hat sich als französischer Hauslehrer in Trojekurows Haus eingeschlichen, weil er sich rächen wollte, doch verliebt er sich in Mascha.

IV. Akt: *Auf dem Gut Trojekurows.* Ein alter, reicher Fürst hält um Mascha an und erhält die Zusage des Vaters. Mascha ist unglücklich, da sie in den Hauslehrer verliebt ist. Trojekurow richtet einen Verlobungsball aus. Obgleich die Polizei schon die Spur des Brandstifters und Räubers Dubrowski aufgenommen hat und er gewarnt ist, trifft sich der Verwegene mit Mascha. Dabei wird er gestellt, auf der Flucht angeschossen und stirbt in den Armen der Geliebten. Das Mädchen wird wahnsinnig.

Kommentar
Die 1894 entstandene Oper ›Dubrowski‹ ist neben Cesar Cuis ›Hauptmannstochter‹ (1907—1909) ein exemplarisches Beispiel dafür, wie aus Werken Puschkins sentimental-effektvolle Opernlibretti entstehen können. Modest Tschaikowski hat ein Libretto aus Standardsituationen zusammengefügt: Jubel des Vaters und der Dienstboten über die Heimkehr des verlorenen Sohnes, Konflikt des schönen und guten Mädchens zwischen Liebe und Standesheirat, Konflikt des Räubers zwischen Rache und Liebe, das Stelldichein bei Nacht und Gefahr, der Tod in den Armen der Geliebten, der Wahnsinn des Mädchens (Mascha-Ophelia).

Naprawnik setzte die Klischees in adäquate standardisierte Musik. Er verfügte über die Mittel, eine Situation effektvoll zu gestalten. Naprawniks Oper ›Dubrowski‹ bringt klar das weltanschauliche Konzept der Kaiserlichen Theater zum Ausdruck. Die Bilder von der schönen, guten Gutsbesitzerstochter, die mit den Leibeigenen in holder Eintracht Lieder trällert und sich an der Natur ergötzt, vom jungen Gutsbesitzersöhnchen, dem seine leibeigenen Bauern in solcher Liebe anhangen, daß sie mit ihm unter die Räuber gehen, geben das Gemälde einer heilen gutsherrlichen Welt. Diese bekommt nur durch den untugendsamen, zu später Reue bekehrten Trojekurow einen häßlichen Fleck.

Naprawniks Dubrowski zahlt für seine Aufmüpfigkeit mit dem Leben und Trojekurow für seine Untugend mit dem Verstand der Tochter. Die Standesheirat mißlingt. Die Liebe zwischen Wladimir und Mascha bildet das Zentrum der Opernhandlung.

Ganz anders ist es bei Puschkin. Dort ist die Liebe der beiden Moment einer Erzählung, die über Macht und Ohnmacht von Selbsthelfertum berichtet. Dubrowskis Selbsthelfertum, die von ihm gewaltsam beanspruchte Gerechtigkeit für sich selbst, führt zur Zerstörung vieler Existenzen. Dubrowski reißt die von ihm abhängigen Bauern in den Abgrund und verläßt sie dann. Die Staatsordnung erweist sich stärker als der Gerechtigkeit beanspruchende einzelne. Dubrowski geht außer Landes. Für die von ihm ins Räuberleben, damit außerhalb des Gesetzes geführten Leibeigenen gibt es diesen Ausweg nicht. Mascha fügt sich in die Ehe mit dem ungeliebten Mann. Der Repräsentant der Ordnung, Trojekurow, bleibt ungeschoren.

Verbreitung
Im Dezember 1895 kam die Oper unter Naprawniks Leitung am Bolschoi Theater Moskau zur Aufführung. Es folgten 1896 Inszenierungen in Kasan, Charkow, Prag (am Nationaltheater in tschechischer Sprache), 1897 in Leipzig, Jekaterinoslaw, Kiew, Nishni-Nowgorod, Odessa, Poltawa, Saratow, Jalta, 1898 in Plzeň, Brno, 1929 in Kaunas, 1950 in Taschkent und 1956 in Moskau (Stanislawski-Nemirowitsch-Dantschenko-Musiktheater).

Autograph Zentrale Musikbibliothek des Staatlichen Akademischen Theaters für Oper und Ballett S.M.Kirow Leningrad

Ausgaben KlA Jurgenson Moskau 1894; KlA (russ./dt., dt. von Philipp Bock) Jurgenson Moskau 1901; KlA Musyka Moskau 1972; Text (russ./dt., dt. von Philipp Bock) Prag 1895

Sachari Petrowitsch Paliaschwili
1871–1933

Sachari Paliaschwili studierte bei Sergej Tanejew in Moskau Komposition. Er war einer der Gründer der grusinischen Philharmonischen Gesellschaft (1905) und beteiligte sich als Professor und ab 1919 als Direktor des Konservatoriums in Tbilissi führend am Aufbau der georgischen Kunstmusikkultur. In seinem Schaffen nehmen die drei Opern ›Abessalom und Eteri‹ (1910), ›Daïsi‹ (1921–1923) und ›Latawra‹ (1927) eine zentrale Stellung ein. Diese drei Werke markieren gleichzeitig den Anfang einer nationalen georgischen Opernkunst.

Paliaschwili gilt als Begründer der „klassischen grusinischen Kunstmusik". Mit diesem Terminus wird von der sowjetischen Musikwissenschaft eine Epoche in der Musikkultur Georgiens gekennzeichnet, die zwei Charakteristika aufweist: Entstehen musikalischer Großformen (wie Oper, Suite, weltliche Kantate) und Verschmelzen grusinischer Volksmusik mit europäischen Kunstmusikmodellen.

1925 wurde Paliaschwili als erster georgischer Komponist mit dem Titel Volkskünstler der Grusinischen SSR ausgezeichnet. Seit 1971 trägt das Opernhaus in Tbilissi seinen Namen. Seine Opern „begründeten eine ganze Epoche in der Geschichte der grusinischen musikalischen Kultur" (Gulbat Toradse).

Abessalom und Eteri (Abessalom da Eteri) _____ 1910–1918
Oper in vier Akten nach dem Epos ›Eteriani‹
Daïsi/Dämmerung (Daïsi) _____ 1921–1923
Oper in drei Akten
Latawra _____ 1927
Oper in drei Akten nach dem gleichnamigen
Drama von S. Schanschiaschwili

Abessalom und Eteri (Abessalom da Eteri)
Oper in vier Akten, fünf Bildern
Libretto von P. Mirianaschwili nach Motiven des grusinischen mittelalterlichen lyrischen Epos ›Eteriani‹ unter Verwendung von Versen der Dichter Schota Rustaweli, Ilia Tschawtschawadse und Washa-Pschawela

Entstehung 1910–1918

Uraufführung 21. Februar 1919   Operntheater Tiflis

Personen

Abio, Kaiser von Kartalinija	Baß
Abessalom, sein Nachfolger	Tenor
Natela, Kaiserin, Mutter Abessaloms	Mezzosopran
Maricha, Schwester Abessaloms	Sopran
Eteri, Waise	Sopran
Stiefmutter der Eteri	Mezzosopran
Murman, Wesir	Bariton
Naana, Mutter Murmans	Mezzosopran
Tandaruch, Heerführer	Tenor
Ein Gast, zugleich auch ein Vorsänger	Tenor
Ein Höfling	Baß
Volk, Jäger, Würdenträger, Höflinge, Suite des Kaisers, neun Brüder und neun Schwestern Murmans, Krieger, Diener, Tänzer und Tänzerinnen	Gemischter Chor und Ballett

Orchester Picc, 2 Fl, 2 Ob, EH, 2 Klar, 2 Fg, 4 Hr, 3 Trp, 3 Pos, Tb, Pkn, Bck, Trgl, Tamb, Tt, GrTr, Glsp, Dimplipito (orient. KlPkn), Doli (orient. Tr), Daira (orient. Tamb), Hrf, 2 Mand, Str

Handlung

Die Handlung spielt im mittelalterlichen Grusinien.

Das Bauernmädchen Eteri wird vom Prinzen Abessalom gefreit und den Fängen einer bösen Stiefmutter entrissen. Auch der Wesir Murman hat sich in die Schöne verliebt. Er schenkt ihr zur Hochzeit ein Halsband, dessen böse Kraft Eteri erkranken und ihre Schönheit welken läßt. Nichts kann sie heilen. Hoffnung bleibt allein, daß sie in Murmans Kristallpalast inmitten schneebedeckter Berge gesunden könne. Schweren Herzens trennt sich Abessalom von der Geliebten.

Eteri gesundet in Murmans Palast und erblüht in alter Schönheit. Abessalom aber wird vor Herzeleid siech und welkt dahin.

Der Prinz stirbt in den Armen der neu erstandenen Schönen. Eteri tötet sich. Unsterblich aber ist ihre Liebe.

Kommentar

Das Libretto zu Sachari Paliaschwilis erster Oper schrieb der Pädagoge und Literat P. Marianaschwili (1860–1940) auf der Grundlage des mittelalterlichen Epos ›Eteriani‹. Das Epos ›Eteriani‹, seine vielfältigen Überlieferungen und die Oper zeichnen sich dadurch aus, daß Phantastisches und Reales nicht voneinander geschieden sind.

Ein epischer Ton ist der Oper durch die wechselnden Funktionen des Chores eigen. Er stellt einesteils real handelnde Gruppen — Höflinge, Hochzeitsgäste, Jäger, Volk — dar, er beschreibt und deutet aber auch die Situationen und das Verhalten der Helden.

Jeder Akt der Oper gewinnt Thema und Gestalt aus dem mythischen Gesamtgeschehen: I. Akt — Geburt (der Liebe), II. Akt — Hochzeit, III. Akt — Trennung, IV. Akt — Tod.

Im I. Akt dominieren Monologe und Ensembles; rituelle Zeremonien im II. (Hochzeitslieder, -tänze, Huldigungschöre).

Im III. Akt kontrastieren individuelle Schmerzbekundungen mit kollektiven Trauerzeremonien, und im IV. Akt wird alles Voraufgegangene zu einer Synthese gebracht.

Paliaschwili verwendete keine Leitmotive. Es dominieren Reprisenformen. Der Komponist arbeitete mit Melodie- und Stilzitaten, baute Szenenkomplexe auf fragmentarisierten Originalzitaten auf. Er zitierte einerseits aus dem Schatz der bäuerlichen, das heißt der kartalino-kachetischen sowie der swanischen Folklore, andererseits aus der städtischen.

Die grusinische Trauerzeremonie (im III. Akt), Sari genannt, das Hochzeitslied Aralo und der Tschakrulo-Gesang (beide im II. Akt) weisen die typischen Elemente der grusinischen Volksmusik auf: Mehrstimmigkeit mit ostinatem Grundbaß oder motorisch geführter Baßstimme, phrygische Kadenzbildungen (I–III) sowie die eigentümlich metro-rhythmische Struktur von $\frac{3}{4}$, $\frac{1}{4}$, $\frac{3}{4}$, $\frac{1}{4}$, $\frac{3}{4}$, $\frac{5}{4}$, $\frac{3}{4}$, $\frac{3}{2}$, $\frac{3}{4}$. Neben der klassischen Dur-Moll-Tonalität behaupten sich auch ladoharmonische Muster aus der grusinischen Volksmusik.

Paliaschwili bringt in seiner ersten Oper Prinzipien zur Anwendung, die er als Sammler und Herausgeber grusinischer Folklore 1908 notiert hatte: „Wenn ein Komponist Volkslieder bearbeitet, dann muß er, abgesehen von der Grundmelodie, das gesamte Wesen des Liedes zu bewahren suchen. In diesem Sinne sind die ein- oder zweistimmigen Lieder von wesentlich geringerer Bedeutung als die dreistimmigen, geben diese doch durch ihre Struktur dem Komponisten mehr Möglichkeiten, sein Ziel zu erreichen und das nationale Kolorit zu bewahren." (Sachari Paliaschwili in der Zeitschrift *Amriani* 1908 Heft IX)

Verbreitung

Die Oper ›Abessalom und Eteri‹ befindet sich seit einem halben Jahrhundert im Repertoire des Opertheaters in Tbilissi. Bereits im Februar 1923 fand die 100. Vorstellung statt. 1958 belief sich die Anzahl der Aufführungen auf sechshundert. Das ist auf viele Neuinszenierungen (1924, 1930, 1937, 1942, 1947 und 1953) zurückzuführen.

In Moskau wurde die Oper 1937 durch ein Gastspiel des Opern- und Ballett-Theaters Tbilissi bekannt. 1931 wurde ›Abessalom und Eteri‹ in ukrainischer Sprache in Charkow einstudiert, 1939 in russischer Sprache am Bolschoi Theater Moskau.

Autograph Staatliches Museum Sachari Paliaschwili Tbilissi
Ausgaben Part Sabtschota Sakartwelo Tbilissi 1964; KlA (grus./russ., russ. von R. Iwnew, A. Kantscheli, M. Kwaliaschwili) Sachelgami Tbilissi 1941; KlA Sabtschota Sakartwelo Tbilissi 1961
Literatur Wladimir Donadse: Sachari Paliaschwili. Moskau 1958

Daïssi/Dämmerung (Daïssi)

Oper in drei Akten
Libretto von Walerijan Gunija nach Versen von Schota Rustaweli,
Nikolos Barataschwili, Akaki Zereteli und Washa-Pschawela

Entstehung 1921–1923

Uraufführung 19. Dezember 1923   Operntheater Tbilissi

Personen

Malchas, ein Höfling	Tenor
Kiaso, ein Krieger und Heerführer	Bariton
Maro, ein Mädchen	Sopran
Nano, ihre Freundin	Mezzosopran
Tito, ein junger Bauer	Tenor
Zangala, ein alter Bauer	Baß
Junge Bauern und Bäuerinnen, Krieger, Wallfahrer	Gemischter Chor und Ballett

Orchester Picc, 2 Fl, 2 Ob, EH, 2 Klar, 2 Fg, 4 Hr, 2 Trp, 3 Pos, Tb, Pkn, Slzg, Doli (orient. Tr), Daira (orient. Tamb), Glsp, Hrf, Str

Aufführungsdauer Gesamt: 2 Stdn.

Handlung

Die Handlung spielt in einer Periode des 18. Jahrhunderts, in der die Grusinier gegen fremde Eroberer kämpften.

Vorgeschichte: Das junge Mädchen Maro liebt den Höfling Malchas und wird wiedergeliebt. Die grusinische Sitte verweigert Mädchen das Recht der freien Gattenwahl. Maro wurde mit dem Krieger Kiaso verlobt.

I. Akt: *Die Hütte von Maros Mutter.* Malchas kehrt nach langer Abwesenheit ins Dorf zurück. Maro und Malchas gestehen sich ihre Liebe. Nano, Maros Freundin, will den Liebenden helfen und schlägt für den Reigentanz Maro und Malchas als Hohes Paar vor. Der alte Bauer Zangala hört davon und sieht darin eine Verletzung der Sitten.

II. Akt: *Kirchenfest. Mondnacht. Vor der Kirche.* Die Dorfjugend feiert mit Tänzen ein Kirchenfest. Zangala hat Kiaso das Gerücht von einer Liebe zwischen Maro und Malchas zugetragen. Kiaso glaubt sich von Maro verraten, der „Geist des Bösen und der Trauer" bemächtigt sich seiner. Maro erkennt im „Joch grausamer Gebräuche" die Ursache ihrer Leiden; Malchas entschließt sich, für sein Glück und gegen Kiaso zu kämpfen. Die endgültige Auseinandersetzung der Rivalen wird durch den Einfall von Feinden verschoben. Kiaso inflammiert das Volk zum Kampf gegen die Eindringlinge.

III. Akt: *In der Nähe der Kirche. Morgendämmerung.* Kiaso will vor Beginn des Feldzuges eine Entscheidung. Malchas wird im Zweikampf getötet. Das Volk verurteilt Kiaso, im Angesicht des Feindes private Händel ausgetragen zu haben. Kiaso verspricht, das vergossene Blut in der Schlacht gegen die Feinde abzugelten.

Kommentar

Das Libretto zu ›Daïssi‹ schrieb der grusinische Schriftsteller und Schauspieler Walerijan Gunija. Er wählte eine grusinische Legende aus dem 18. Jahrhundert. Die Typen des Höflings (Malchas), des Kriegers (Kiaso), des Mädchens (Maro), der Freundin (Nano) und des Spaßmachers (Zangala) sind als Gestalten eines asiatisch beeinflußten Volkstheaters erkennbar.

Die Arie des Kiaso „Geist des Bösen, Geist der Trauer" bildet den Kern des gesamten Werkes, das Arienthema besitzt zentrale Bedeutung schon in der Ouvertüre. Die Musik will Zeugnis ablegen, daß es nicht um eine psychologisch gedeutete Dreiecksgeschichte geht, sondern vielmehr um den Verstoß zweier Liebender gegen einen Sittenkodex. Das Mädchen Maro lehnt den von den Eltern bestimmten Freier ab, der Höfling Malchas kämpft um das einem anderen zugesprochene Mädchen und verleitet so den Krieger Kiaso, in der Stunde der Not individuelle Belange über gesellschaftliche zu stellen.

Der absolute Gehorsam der Frau gegenüber familiären Geboten war für eine hierarchisch geordnete, von der Kriegerkaste bestimmte Gesellschaft wesentlich, um innere Konflikte zu vermeiden. Der Komponist identifiziert sich mit dem Anspruch der beiden Liebenden auf individuelle Freiheit, verlangt aber gleichzeitig von dem Krieger Kiaso Disziplin und Maß, seiner Verantwortung für die Gesellschaft auch dann nachzukommen, wenn das gegen seine individuellen Interessen verstößt.

Die Verbindung asiatischer und europäischer Theatertradition zeigt sich nicht nur im Menschenbild, das heißt in der Mischung von Typendarstellung und Charakterzeichnung, sondern auch in der Gesamtdramaturgie des Werkes. Die Personen kommen dann auf die Bühne, wenn sie über sich und ihre Probleme etwas mitzuteilen haben. Während der Auseinandersetzung zwischen Maro, Malchas und Kiaso im III. Akt kommentieren zum Beispiel die Figuren ihre Haltungen, durchbrechen sie während des Spiels die vierte Wand mit Publikumsadressen. Der Einfall der Feinde ist nicht als dramatisches Geschehen gestaltet, sondern in der alten Form des Botenberichts.

Der Vokalstil wird von häufigen melismatischen Wendungen charakterisiert. Unter den partiell solistisch, ornamental-figurativ geführten Instrumenten dominieren Oboe, Klarinette, Englischhorn, Flöte, Fagott und Cello. In der Harmonik ist ›Daïssi‹ stärker als die erste Oper, ›Abessalom und Eteri‹, an der klassischen russischen Oper orientiert. Die grusinische „phrygische Kadenz" (I–III) findet sich selten, und das metro-rhythmische Prinzip, der Wechsel zwischen ungeraden und geraden Zählzeiten, wird selten angewandt.

Verbreitung
Die Oper wurde 1937 und 1958 anläßlich eines Gastspieles des Operntheaters Tbilissi am Bolschoi Theater in Moskau gezeigt. Inszenierungen fanden 1938 in Kiew, 1943 in Alma-Ata, 1956 in Baku statt. 1957 kam es am Staatlichen Akademischen Theater für Oper und Ballett Tbilissi zu einer Neueinstudierung. Die westeuropäische Erstaufführung erfolgte am 14. Januar 1973 am Saarländischen Staatstheater (dt. Bühnenfassung von Lutz Herbig).

Autograph Staatliches Museum Sachari Paliaschwili Tbilissi
Ausgaben KlA (grus.) Staatliches Theater für Oper und Ballett Tbilissi 1938 und 1947; KlA (grus./russ., russ. von E. Alexandrowa) Musgis Moskau 1960 und Musyka Moskau 1971; Part (grus./russ., russ. von E. Alexandrowa unter Verwendung der russischen Arientexte von M. Kwaliaschwili und R. Iwnew) Musgis Moskau 1960 Deutsche Bühnenfassung von Lutz Herbig auf der Grundlage des deutschen Textes von Nelly Amaschukeli und Wolfgang Offermanns. Sikorski Hamburg
Literatur Wladimir Donadse: Sachari Paliaschwili. Moskau 1958

Latawra (Latawra)
Oper in drei Akten, vier Bildern
Libretto von S. Schanschiaschwili nach dessen gleichnamigem Drama

Entstehung 1927

Uraufführung 16. März 1928 Operntheater Tbilissi

Personen
Latawra ⎯⎯⎯ Sopran
Engitschar ⎯⎯⎯ Baß
Elischuch ⎯⎯⎯ Baß
Neno ⎯⎯⎯ Mezzosopran
Ein Inkubus ⎯⎯⎯ Bariton
Rati ⎯⎯⎯ Tenor
Guram ⎯⎯⎯ Baß
Bekar ⎯⎯⎯ Baß
Mourawi ⎯⎯⎯ Baß
Ein Poet ⎯⎯⎯ Tenor
Volk, Krieger ⎯⎯⎯ Gemischter Chor

Handlung
Die Handlung spielt in der Vergangenheit des grusinischen Volkes.
Die schöne Latawra wird von dem blutrünstigen iranischen Krieger Engitschar begehrt. Er will Grusinien besiegen und Latawra unterwerfen. In dem Feudalherren Elischuch findet er einen Verräter am grusinischen Volk und Bundesgenos-

sen. Elischuch sät Zwietracht unter den Brüdern Latawras. Engitschar fällt in Grusinien ein, findet es im Bruderzwist wehrlos und unterjocht es. Latawra beugt sich ihm nicht. Das Volk, von ihrem Beispiel beeindruckt, befreit sich, Latawra und das gesamte Land.

Kommentar
Die letzte Oper Paliaschwilis halten die georgischen Musikwissenschaftler für mißlungen: die Handlungsführung sei schematisch, die dramatisch zugespitzten Situationen fänden in den lyrischen Ergüssen der handelnden Personen keine Entsprechung, der Komponist würde sich ganz auf Selbstzitate aus seinen beiden vorangegangenen Opern zurückziehen; äußerliche Effekte, Kriegsmärsche, hymnische Gesänge würden überhand nehmen. Es werden aber auch einzelne Szenen als besonders schön und gelungen herausgehoben.

Die Kritiker an der Oper ›Latawra‹ berufen sich auf Prinzipien einer klassizistischen Opernästhetik. Das Urteil trägt daher keinen endgültigen Charakter.

Die Oper wurde bisher nicht gedruckt.

Verbreitung
Nach der Uraufführung fand 1937 eine weitere Inszenierung am Operntheater in Tbilissi statt, und 1950 wurde die Oper am gleichen Ort in einer Fassung des Komponisten Andriaschwili, des Dirigenten Iwan Paliaschwili und des Regisseurs Kwaliaschwili vorgestellt.

Autograph Staatliches Museum Sachari Paliaschwili Tbilissi

Literatur Wladimir Donadse: Sachari Paliaschwili. Moskau 1958

Wassili Alexejewitsch Paschkewitsch
1742–1797

Das Unglück von der Kalesche (Nestschastje ot karety)_____UA 1779
Komische Oper in zwei Akten (Libretto von Jakow Knjashnin)
**So wie du lebst, so ist dein Ruf
oder Sankt Petersburger Kaufhof**_____1782
(Kak poshiwjosch, tak i proslywjosch ili Sanktpeterburgski gostiny dwor)
Komische Oper (Libretto von Michail Matinski)
(Eventuell schon 1779 uraufgeführt, 1782, 1784 und 1792 überarbeitet.
Erhalten blieb nur die Fassung von 1792. Wird in manchen
Quellen Michail Matinski als Komponisten zugeschrieben.)
Der Geizige (Skupoi)_____UA 1782
Komische Oper in einem Akt (Libretto von Jakow Knjashnin)
Der tunesische Pascha (Tuniski pascha)_____UA 1783
Komische Oper in zwei Akten (Libretto von Michail Matinski)
Fewej_____UA 1786
Komische Oper in fünf Akten mit Chören und Balletten
(Text von Katharina II.)
Der Regierungsantritt Olegs_____UA 1790
(Natschalnoje uprawlenije Olega)
Opern-Pasticcio (Text von Katharina II.)
(Gemeinschaftskomposition von Wassili Paschkewitsch und Giuseppe Sarti,
vermutlich auch Carlo Canobbio)
Fedul mit Kindern (Fedul s detmi)_____UA 1791
(Text von Katharina II.) (Gemeinschaftskomposition
von Wassili Paschkewitsch mit Vicente Martin y Soler)

Paschkewitschs Schaffen fällt in die Regierungszeit Katharinas II. (1762–1796). Er selbst stand als Geiger und Hofkomponist in deren Diensten. Seine Tätigkeit war aber nicht auf den Zarenhof beschränkt. Er war auch musikalischer Leiter eines der ersten kommerziellen Privattheater Rußlands, des Freien Theaters von Karl Knipper, in Petersburg. Er trat hier als dirigierender Geiger in Erscheinung, unterrichtete die Sänger und studierte Opern ein. In der Zeit, in der er an diesem Theater arbeitete, kamen hier drei seiner Werke zur Uraufführung: ›So wie du lebst, so ist dein Ruf oder Sankt Petersburger Kaufhof‹, ›Der Geizige‹ und ›Der tunesische Pascha‹.

Doch Paschkewitschs Opern waren nicht nur auf Karl Knippers Freiem Theater vertreten. Sie gelangten ebenso ins Repertoire der höfischen Theater, wurden von den Leibeigenenensembles der Fürsten Scheremetjew, Jussupow, Woronzow und Wolkonski gespielt sowie von anderen öffentlichen, kommerziellen Theatern aufgegriffen, deren Spielpläne von einem gemischten Publikum bestimmt wurden.

Paschkewitschs Opern waren auch in den Provinzstädten beliebt. Aufführungen in Charkow, Odessa, Nishni Nowgorod, Kasan, Jaroslawl, Kursk, Woronesh, Rjasan, Pensa, Kaluga sind belegt. Die Opernarien dieses Komponisten wurden bald zu „russischen Liedern", gesungen in den Salons des Adels wie in den Wohnstuben der Beamten und Kaufleute und publiziert in Sammelbänden.

Im Urteil der sowjetischen Musikwissenschaft gilt Paschkewitsch als „Dargomyshski des 18. Jahrhunderts" und als „Schöpfer der russischen Oper".

Die Bedeutung dieses Altmeisters der russischen Opernkunst hat sich in der Theaterpraxis durch die erfolgreiche Inszenierung seiner Oper ›Der Geizige‹ am Kammer-Musik-Theater Moskau 1974 auf das glänzendste bestätigt.

„Dargomyshski des 18. Jahrhunderts"

Für Paschkewitschs Opern ›Das Unglück von der Kalesche‹ und ›Der Geizige‹ hat Jakow Knjashnin die Libretti geschrieben. Dessen Komödien, Tragödien, Poeme und Fabeln galten nicht nur den Zeitgenossen viel, auch nachfolgende Generationen — unter ihnen der Fabeldichter Iwan Krylow, der Apostel einer realistisch-derben Sprache Pawel Katenin und Alexander Puschkin — beriefen sich auf ihn. Die Tragödie ›Wadim von Nowgorod‹ schrieb Knjashnin 1793 in tyrannos. Das Schauspiel wurde verboten und doch gelesen; es beeinflußte das Schaffen der Dekabristendichter. Jakow Knjashnin trug wesentlich zur Entwicklung der russischen Literatursprache bei, indem er eine frei fließende Sprachmelodie anstrebte und sich von den deutschen grammatikalischen Konstruktionen löste, die bis dahin die russische Literatursprache beherrscht hatten. Knjashnins Dialoge sind reich an Redewendungen, Wortspielen, Personen charakterisierenden Details. In einem Monolog des Librettos ›Der Geizige‹ durchbrach er die klassizistische Periodenstruktur und gab Paschkewitsch so die Grundlage, einen rezitativischen Stil auszubilden. Das meinte der russische Musikwissenschaftler Rabinowitsch, als er Paschkewitsch den „Dargomyshski des 18. Jahrhunderts" nannte. Der Monolog des Skrjagin in der Oper ›Der Geizige‹ ist das erste Recitativo accompagnato in der russischen Operngeschichte. „Dieser Monolog weist mit seinem Rezitativ in die Zukunft und bringt seinem Schöpfer außerordentliche Ehre", prophezeite 1787 das berühmte Dramatische Wörterbuch (Drammatitscheski slowar).

„Schöpfer der russischen Oper"

In der Oper ›So wie du lebst, so ist dein Ruf‹ von 1782 (sie ist seit 1792 unter dem Titel ›Sankt Petersburger Kaufhof‹ bekannt geworden) gestaltete Paschkewitsch ein Hochzeitsritual mit einem originalen russischen Hochzeitslied.

Hochzeitsritual und Hochzeitslied sind danach zu Symbolen des Russischen geworden. Glinka und Dargomyshski knüpfen in ihren Opern unmittelbar daran an. Die Spuren sind in der Musikgeschichte weiterzuverfolgen, sie finden sich auch in Strawinskis Russischen Tanzszenen mit Gesang ›Les Noces‹.

Zu den drei letzten Opern Paschkewitschs, ›Fewej‹, ›Der Regierungsantritt Olegs‹ und ›Fedul mit Kindern‹, hatte Katharina II. selbst die Texte geschrieben. Auch in diesen von allerhöchster Seite inspirierten Opern ist Paschkewitsch im einzelnen Wegweisendes gelungen. So hat er als erster die spezifische Variationstechnik und das Prinzip der „atmenden Melodie" aus den russischen Volksliedern in das Lied des Ledmer (›Fewej‹), in den Chor „Die Kinder langweilen sich" („Deti skutschat" aus der Oper ›Fedul mit Kindern‹) und in die Hochzeitschöre des II. Aktes der Oper ›Der Regierungsantritt Olegs‹ übertragen.

Der „Kalmückenchor" in der Oper ›Fewej‹ ist das erste Beispiel dafür, wie sich ein russischer Komponist dem „Thema Orient" zuwandte. Paschkewitsch gehört mit Bortnjanski und Fomin zu den Schöpfern der russischen Oper im 18. Jahrhundert.

Literatur Siehe Dmitri Bortnjanski

Der Geizige (Skupoi)
Komische Oper in einem Akt (Opera komitscheskaja w odnom destwii)
Libretto von Jakow Borissowitsch Knjashnin nach Molières ›L'avare‹

Entstehung 1781

Uraufführung Sommer 1782
Freies Theater von Karl Knipper Petersburg

Personen

Skrjagin, Ljubimas Vormund, der Geizige	Tenor
Ljubima, seine Nichte	Sopran
Milowid, ihr Liebhaber	Tenor
Marfa, Dienerin Milowids, gibt sich als Gräfin aus, in die sich Skrjagin verliebt	Sopran
Prolas, Diener Milowids, in Diensten bei Skrjagin	Tenor

Orchester 2 Fl, 2 Ob, 2 Klar, 2 Fg, 2 Hr, Str mit Bc

Aufführungsdauer Die Aufführungsdauer der 14 Musiknummern beträgt 33 Min. Je nach Länge des gesprochenen Dialoges schwankt die Aufführungsdauer zwischen 60 und 75 Min. (In der Fassung des Kammer-Musik-Theaters Moskau von 1974 wird die Oper, der Bühnenpraxis des 18. Jahrhunderts folgend, durch ein Divertissement, das in keiner Beziehung zur Handlung steht, unterbrochen.)

Handlung

Die Handlung spielt im Hause des Geizigen, Ende des 18. Jahrhunderts in Rußland.

Man bringt Herrn Skrjagin Pfänder — er gibt Geld / Handel und Wandel erhält die Welt. / Es häuft sich hier — es häuft sich dort, / ein Pfand geht ein — das Geld rollt fort / und kehrt mit Zinsen zurück zum Spender, / denn sonst verfallen ihm die Pfänder. / Sein Reichtum wächst — der Mann lebt schlecht, / ißt wenig, trinkt nichts, kennt nichts recht. / Der Mann klebt ganz an der Kopeke, / ein jeder geht ihm aus dem Wege. / Als Vormund dünkt er sich gescheit, / verschweigt dem Mündel die Mündigkeit. / Und weiter schlägt er Geld aus Geld, / das er dem Mündel vorenthält. / Da wird er plötzlich in Liebe verstrickt, / doch wird ihm zum Fluch, was andre beglückt.

Das Mündel wird mündig: / ist verliebt und wird fündig / mit einem Manne, der gefällt. / Drum braucht Ljubima ihr Recht, drum braucht sie ihr Geld.

Milowid liebt sie — sie liebt ihn wieder, / der Hahn ist schön, bunt sein Gefieder, / doch ist er nicht sonderlich gescheit / und bedarf der Hilfe der kleinen Leut'.

Marfa spielt im Auftrag ihres Herrn / die reiche Gräfin doch ganz gern. / Es wächst ihr Mut, sie fühlt sich gut, / ihr Herr zerplatzt darob vor Wut.

Prolas allein tut, was man sagt, / noch niemals hat er sich beklagt. So ergaunern die Diener ihrem Herrn das Geld. / Von solcher Beschaffenheit ist das Glück auf der Welt. (Versifizierung Sigrid Neef)

Kommentar

Die Oper ›Der Geizige‹ ist nach einem Libretto von Jakow Borissowitsch Knjashnin (1740–1791) komponiert. Knjashnin gehörte zum linken Flügel der russischen Aufklärung und trug wesentlich zur Entwicklung der russischen Nationalsprache bei. Sein Vorbild war Alexander Sumarokow (1717–1777), „dem die Ehre gebührt, als erster die komische Prosa bei uns eingeführt zu haben" (N. Bulitsch 1893). Knjashnins Text ›Der Geizige‹ verrät, welchen Einfluß die 1750 von Sumarokow geschriebene Komödie ›Der Vormund‹ auf ihn gehabt hat. Knjashnins Sprachkunst wiederum beeinflußte den Stil des Komponisten Paschkewitsch.

Die musikalisch-dramatische Entwicklung im ›Geizigen‹ beruht auf dem Mit- und Gegeneinander von Herren und Knechten. Ljubima und Milowid sind herzlich zueinander und großzügig gegenüber Leibeigenen. In ihren Herzensangelegenheiten frei, sind sie doch in ihren Ansprüchen vom Geld abhängig. Die beiden Diener aber haben als „Sklaven" keine eigenen Interessen zu vertreten. Marfa und Prolas unterscheiden sich allerdings in ihrem Mut, auch einmal gegen die Befehle des Herrn zu handeln. Marfa zum Beispiel findet so viel Gefallen an ihrer Rolle als Gräfin, daß sie die Grenzen zwischen Spiel und Realität überschreitet. Wenn sich die Gelegenheit bietet, demonstriert sie ihrem Herrn deutlich, daß er in diesem Falle von ihr abhängig ist. Bedenkt man, daß die Leibeigenschaft in Rußland noch ein Jahrhundert lang herrschen sollte, erscheinen

Marfas Unbotmäßigkeiten als erste Zeichen einer Gehorsamsverweigerung und bedeuten daher mehr als nur einen harmlosen Spaß.

Paschkewitsch hat seinen ›Geizigen‹ als Komische Oper bezeichnet, doch trägt das Werk im Wechsel zwischen Musiknummern und gesprochenen Dialogen Singspielcharakter (14 Musiknummern, davon 7 Arien, 2 Duette, 2 Terzette, 1 Quartett, 1 Quintett und 1 Rezitativ). Die einzelnen Figuren sind in Ansätzen individuell charakterisiert; deutlich kontrastieren die lyrischen Arien der Liebenden zu den rhythmisch akzentuierten des Dienerpaares.

Der Monolog des Skrjagin ist die erste geschlossene dramatische Szene in der freien Form des Recitativo accompagnato in der russischen Operngeschichte und stellt zugleich die psychologisch meisterhafte Charakterstudie eines von Konflikten zerrissenen Menschen dar.

Verbreitung

1974 inszenierte Boris Pokrowski den ›Geizigen‹ am Kammer-Musik-Theater Moskau; 1980 fand am Volkstheater Rostock die deutschsprachige Erstaufführung statt.

Autograph Zentrale Musikbibliothek des Staatlichen Akademischen Theaters für Oper und Ballett S.M.Kirow Leningrad
Ausgaben Part und KlA Eingerichtet und herausgegeben von Jewgeni Lewaschow. In: Denkmäler russischer musikalischer Kunst. (Pamjatniki russkogo musykalnogo iskusstwa.) Ausgabe 4, Musyka Moskau 1973; Part und KlA (dt. von Sigrid Neef) Henschelverlag Berlin 1980; Text In: J.B.Knjashnin: Gesammelte Werke in vier Bänden. (Sobranije sotschineni w tschetyrjoch tomach.) Bd.3, Petersburg 1787

Literatur Jewgeni Lewaschow. W.A.Paschkewitsch und seine Oper ›Der Geizige‹. (W.A.Paschkewitsch i jego opera ›Skupoi‹.) In: Denkmäler russischer musikalischer Kunst. (Pamjatniki russkogo musykalnogo iskusstwa.) Ausgabe 4, Musyka Moskau 1973; Sigrid Neef: Paschkewitschs ›Der Geizige‹. Eine Spielplanempfehlung. In: Material zum Theater Nr.113, Reihe Musiktheater, H.24. Hrsg. vom Verband der Theaterschaffenden der DDR, Berlin 1979; A.P.Sumarokow: Ausgewählte dramatische Werke. (Isbrannyje dramatitscheskije proiswedenija.) Petersburg 1893 (darin N.N.Bulitsch: Die Komödien Sumarokows.)

Mikas
Petrauskas
1873—1937

Mit seinen beiden Werken ›Birutė‹ und ›Eglė, die Natternkönigin‹ schuf Petrauskas die ersten litauischen Opern.

Im Gebiet von Vilnius geboren, lernte er zunächst bei seinem Vater, einem Organisten, und studierte später Gesang am Petersburger Konservatorium.

Nach Litauen zurückgekehrt, beteiligte er sich aktiv an den revolutionären Bewegungen von 1905 und 1907, verbreitete Aufrufe zum Sturz des Zaren, bearbeitete die Marseillaise, die Warschawjanka und die Internationale. In dieser Zeit entstand die Oper ›Birutė‹. Der Kampf der Litauer gegen die Kreuzritter wurde als historisches Vorbild für den Kampf gegen den Zarismus gedeutet.

Kurz nach der aus privaten Kreisen finanzierten Uraufführung 1906 mußte der von der zaristischen Polizei gesuchte Petrauskas emigrieren. Er ging in die Vereinigten Staaten von Amerika. In Boston organisierte und leitete er litauische Arbeiterchorvereinigungen und schrieb dort auch seine zweite Oper ›Eglė, die Natternkönigin‹.

Die letzten Jahre seines Lebens verbrachte er in Kaunas.

Zwischen 1909 und 1916 erschienen in Amerika seine theoretischen Schriften, so das Kleine Musiklexikon in Boston. Auch der Klavierauszug der zweiten Oper wurde dort 1924 gedruckt. In seinem Heimatland wurde er zu Lebzeiten totgeschwiegen. Die in Kaunas geschriebene Studie über Orchesterinstrumente und das erweiterte Musiklexikon erschienen nicht.

Birutė_____UA 1906
Volksoper (als Melodrama uraufgeführt)
Eglė, die Natternkönigin (Eglė žalčiu karalienė)_____1910—1923
Oper in sechs Akten nach dem gleichnamigen litauischen Volksmärchen

Eglė, die Natternkönigin
(Eglė žalčiu karalienė)
Oper in sechs Akten
Libretto von Mikas Petrauskas
nach dem gleichnamigen litauischen Volksmärchen

Entstehung 1910—1923

Uraufführung 30. Mai 1924 Boston

Personen

Žilvinas, König der Nattern und Wassergott	Tenor
Schwanengott, Vertrauter Žilvinas', Beschützer der Menschen	Bariton
Vaidevutis, Bauer, redlicher Mensch	Baß
Audronė, seine Frau	Tiefer Mezzosopran
Beider Söhne: Rustulis, grausam; Vainis, gutherzig	Bariton, Tenor
Auksė, Tochter von Vaidevutis und Audronė	Alt
Gražutė, gutmütiger Charakter	Hoher Mezzosopran
Eglė, dem Schicksal gefügig	Hoher Mezzosopran
Kinder von Žilvinas und Eglė:	
Kernius (7 Jahre) und Mildė (9 Jahre)	Sprechrollen
Rimonas, Priester	Tiefer Baß
Baniute, Priesterin des Festes des Vaisgancio	Sopran
Gegutė	Sopran (hinter der Szene)
Gott Krapirmas, Stimme aus der Unterwelt	Tiefer Baß
Nachbarn und Nachbarinnen, drei Gehilfinnen Baniutės	Gemischter Chor
Chor der Geister	Gemischter Chor (hinter der Szene)

Handlung

Die Handlung spielt in Litauen in vorhistorischer Zeit.
Am Meeresstrand baden drei Schwestern, die Töchter eines Bauern. In den Kleidern der Jüngsten — Eglė — versteckt sich eine Natter. Es ist Žilvinas, der König der Nattern. Er will Eglė die Kleider nur dann zurückgeben, wenn sie ihn heiratet. Von den Schwestern überredet, willigt Eglė ein, und bald schon schlängeln sich die Brautwerber auf den Hof des Bauern. Die Eltern versuchen sie zu betrügen, und bieten zuerst ein Schaf, dann eine Gans an, doch zuletzt müssen sie die Tochter ausliefern. Eglė reist in das Meeresreich der Nattern, wo sie mit Žilvinas, der ein schöner Jüngling ist, und mit ihren Kindern fünfzehn glückliche Jahre verlebt. Sie sehnt sich aber nach den Eltern und Verwandten und will sie besuchen. Sie wird mit Freuden empfangen. Ihre Brüder wollen verhindern, daß sie zum Natternkönig zurückkehrt. Sie zwingen die Kinder, ihren Vater zu rufen, und töten die an den Strand gekrochene Natter. Eglė und ihre Kinder verwandeln sich in Bäume.

Kommentar

Der Reiz dieses Volksmärchens besteht darin, daß hier zwei unterschiedliche Formen menschlichen Zusammenlebens gegenübergestellt werden. Im Motiv des Kleiderraubes klingt der Brauch der Mädchenraubfreite an. Nach der Meinung von Friedrich Engels war sie für die nach exogamen Prinzipien organisierten Horden in der Barbarei die normale Art der Heirat. Eglė wird daher auch glücklich mit ihrem Žilvinas.

Eltern und Brüder aber wollen das Mädchen nicht aus der Familie entlassen. Warum die Brüder Eglė an der Rückkehr hindern, wird nicht motiviert, so wie auch der Mord an dem Mann, der die Schwester glücklich gemacht hat, sich einer psychologischen Deutung entzieht. Hier wird eine andere Form menschlichen Zusammenlebens in der Barbarei erinnert: in der endogam organisierten Gruppe waren alle Gruppenangehörigen, also auch Schwestern und Brüder, einander Mann und Frau. Mikas Petrauskas ist dem alten Märchen gefolgt. In Genreszenen werden alte Volksbräuche dargestellt. ›Eglė, die Natternkönigin‹ ist eines der beliebtesten Märchen in Litauen. Eduardas Balsys machte es 1965 zur Grundlage seines gleichnamigen Balletts.

Verbreitung
Die Oper erklang am 15. Februar 1939 in Kaunas in einer Fassung von Dambrauskas und Formas-Gužutis. Eine weitere Fassung stellte Jurgis Karnavičius her.

Ausgaben KlA (lit.) Gabijos Fondas Boston 1924

Literatur Siehe Litauische Oper

Andrej Pawlowitsch Petrow
1930

Der in Leningrad geborene Petrow beendete 1954 seine Ausbildung als Komponist am Konservatorium seiner Heimatstadt. Bekannt wurde er durch zahlreiche Liedkompositionen. Seit 1964 ist er Vorsitzender der Leningrader Abteilung des Komponistenverbandes der RSFSR und seit 1968 Sekretär der Leitung der Komponistenverbände der UdSSR und der RSFSR.

Die Oper ›Peter der Erste‹ gilt als eines seiner bedeutendsten Werke. Mit dem Ensemble des Kirow Theaters Leningrad verbindet ihn eine enge, schöpferische Freundschaft. Es brachte seine Ballette, von denen ›Der Postmeister‹ (nach Alexander Puschkin) und ›Die Erschaffung der Welt‹ (nach Jean Effel) sehr erfolgreich waren, sowie seine beiden Opern zur Uraufführung.

Peter der Erste (Pjotr I) _____ 1973–1975
Musikalisch-dramatische Fresken in drei Akten
Majakowski beginnt (Majakowski natschinajetsja) _____ UA 1984
Opernphantasie nach dem gleichnamigen Stück von Mark Rosowski

Peter der Erste (Pjotr I)
Musikalisch-dramatische Fresken in drei Akten
(Musikalno-dramatitscheskije freski w trjoch dejstwijach)
Libretto von Natalja Kassatkina und Wladimir Wassiljow unter Verwendung der Originaltexte historischer Dokumente und alter Volkslieder

Entstehung 1973–1975

Uraufführung 14. Juni 1975 Staatliches Akademisches Theater für Oper und Ballett S. M. Kirow (Kirow Theater) Leningrad

Personen
Peter _____ Baß
Martha, später Jekaterina und Frau Peters _____ Mezzosopran
Tichon, Soldat _____ Bariton
Anastassija, Braut Tichons _____ Lyrischer Sopran
Menschikow, Kampfgenosse Peters _____ Dramatischer Tenor
Lefort, Kampfgenosse Peters _____ Bariton
Fürst Romodanowski _____ Baß
Sofja, Schwester Peters _____ Dramatischer Sopran

Makari, Vertrauter Sofjas	Baß
Wladimir, Maler	Lyrischer Tenor
Rshewskaja, Fürstäbtissin	Mezzosopran
Gerrit, holländischer Schiffsbaumeister	Tenor
Bojar	Tenor
Erster Soldat	Bariton
Zweiter Soldat	Baß
Volk, Peters Heer, Strelizen, Mönche, Nonnen, Holländer und holländische Matrosen	Gemischter Chor und Ballett

Orchester Picc, 2 Fl (II auch 2. Picc), 3 Ob (III auch EH), 3 Klar (auch Pick-Klar und BKlar), 2 Fg, KFg, 4 Hr, 4 Trp, 3 Pos, Tb, Pkn, Bck, Trgl, 3 Tr, Tom-tom, Tamb, 2 HolzTr, Tt, Glsp, Bongos, Amboß, Xyl, Cel, Hrf, Cemb, Kl, Str Bühnenmusik (Militärkapelle): Picc, 2 Fl, 3 Klar, 2 Kor, 2 Trp, 2 AFlügelHr, 2 TFlügelHr, 2 BarFlügelHr, 2 BTb, 2 Pos, Bck, Tamb, KlTr, GrTr mit Bck, Löffel (russ. volkstümliches Schlaginstrument), Rute

Aufführungsdauer Einleitung: 2 Min., I. Akt, 1. Freske: 10 Min., 2. Freske: 6 Min., 3. Freske: 12 Min., 4. Freske: 17 Min., II. Akt, 5. Freske: 11 Min., 6. Freske: 17 Min., 7. Freske: 16 Min., III. Akt, 8. Freske: 10 Min., 9. Freske: 9 Min., 10. Freske: 10 Min.; Gesamt: 2 Stdn.

Vorgänge
Die Handlung umfaßt die historischen Ereignisse der Jahre 1689 bis 1703.
Introduktion: Anastassija. Eine Altgläubige, das Mädchen Anastassija, singt von der Schönheit der Erde und dem die Menschen bedrückenden Leid. Anastassijas Kantilene und ihr „Erbarme Dich, Herr!" gehen im Klang einer Militärkapelle unter.
I. Akt — 1. Freske: Sofja. Wie Anastassija empfinden viele. Den Leidenden scheint die Religion ein Schutz. Der schwache Iwan regiert; Sofja giert nach der Macht. Sie verbündet sich mit den Altgläubigen. Ihr Führer Makari fordert zum Kampf gegen Peter, für Gott und Sofja auf. Gerüchte gegen Peter werden in Umlauf gesetzt. Anastassija glaubt den Gerüchten. Tichon, ihr Geliebter, steht zu Peter. 2. Freske: Peter. Preobrashenskoje. Militärische Übungen der Petrinischen Truppen. Tichon benachrichtigt Peter vom Strelizenaufstand. Peter vermutet darin ein Werk seiner Schwester Sofja. 3. Freske: Die Thronbesteigung. Peter strebt danach, die Macht in Rußland zu zentralisieren. Es eilen ihm Bundesgenossen zu. Peter schreibt einen Brief an den regierenden Bruder Iwan und schlägt ihm die Mitregentschaft vor. Iwan ist unentschlossen. Peter besteigt den Thron, verbannt Sofja ins Kloster. Tichon billigt Peters Taten. Anastassija sieht darin Unrecht. 4. Freske: Die närrische Versammlung. Peter und seine Gesellen parodieren eine Patriarchenkrönung. Die Hausherrin und Fürstäbtissin Rshewskaja unterhält die Gäste und singt ihnen Lieder. Ein Bojar wird gezwungen, sich zu Tode zu saufen. Peter sinnt derweil über seinem Regierungspro-

gramm und bekennt den Freunden seinen Traum, in die Welt hinauszufahren.

II. Akt — 5. Freske: Amsterdam. Holländische Bürger und Seeleute ehren den lernwilligen Zaren. Russen und Holländer finden sich zum gemeinsamen Tanz. Die Russen erfaßt Heimweh. 6. Freske: Das alte Moskau. Die Strelizen, von Sofja angestachelt, meutern erneut. Der Schwedenkönig bedroht Rußlands Grenzen. Peter sucht Sofja auf. Seine Worte überzeugen nicht. Er zeigt ihr seine Taten: die gehenkten Strelizen. 7. Freske: Vor Narwa. Die Wäscherin Martha wird vom Zaren und einem seiner Kampfgenossen, Menschikow, hofiert. Peter nennt sie Jekaterina und verspricht ihr seinen Schutz und seine Liebe. Dann zieht er gegen die Schweden.

III. Akt — 8. Freske: Die Glockenabnahme. Platz in Nowgorod. Peter läßt die Kirchenglocken abnehmen, um Erz für Kanonen zu gewinnen. Zum Schutz ihrer Heiligtümer stellen sich die Altgläubigen unter die Glocken. Anastassija wird vom fallenden Erz erschlagen. Makari erklärt sie zur Märtyrerin und ruft Tichon zur Rache auf. 9. Freske: Das Attentat. Peter zieht erneut in die Schlacht gegen die Schweden und nimmt Abschied von seiner Frau Jekaterina. Tichons Pistole versagt, als er Peter töten will. Peter läßt den geistigen Urheber des Attentats, Makari, hinrichten. Tichon aber läßt er frei, damit er bezeugen könne, wie Gott den Zaren schützte. 10. Freske: Die Schlacht gegen die Schweden. Peter erklärt seinen Soldaten, daß sie nicht für ihn, sondern für das Heimatland kämpfen. Die Russen siegen. Peter legt den Grundstein für die Stadt Petersburg. Die Stimmen von Anastassija und Makari sind noch zu hören, sie werden aber vom lauten Jubelchor auf Peter und die Heimat übertönt.

Kommentar

Der Komponist schrieb vor allem Film- und Schauspielmusiken, eine Reihe sinfonischer Werke und Vokalzyklen sowie zwei Ballette. ›Peter der Erste‹, seine erste Oper, entstand zwischen 1973 und 1975. In der Art einer Studie gingen der Oper die gleichnamigen Vokal-sinfonischen Fresken für Solisten, Chor und Orchester voraus, die 1973 in Leningrad uraufgeführt wurden. Die beiden Librettisten haben sich als Choreographen einen Namen gemacht. Ihre Einstudierung von Petrows Ballett ›Die Erschaffung der Welt‹, zu dem sie ebenfalls das Libretto geschrieben hatten, wurde zu einer international geschätzten Modellchoreographie.

Die Oper ›Peter der Erste‹ setzt auf Effekte und ist wirkungsvoll. Es wird geschickt mit Kontrasten gearbeitet, in der handlungsreichen Geschichte werden historische Vorfälle und individuelle Schicksale glaubwürdig miteinander verknüpft. Nach dem Muster, daß der große Zar auch nur ein Mensch sei, säuft und hurt Peter, verliebt sich schließlich in eine arme schöne Wäscherin und macht sie zur Zarin.

Seine musikalische Ästhetik hat der Komponist selbst erklärt: „Ich bemühe mich, aus unserer Zeit heraus die Musik jener fernen, weit zurückliegenden Tage, die Eigenart ihrer Melodien zu erspüren und sie schöpferisch in moderne

Vokalpartien umzugestalten." Zur Charakteristik der Altgläubigen werden altrussische Kirchenweisen in mehrstimmigen Chorgesängen stilistisch nachgeahmt, zur Darstellung des Zaren und seiner Anhänger dienen Zitate von Volksliedern des 17. und 18. Jahrhunderts. Die Auftritte sind nach dem Nummernopern-Prinzip strukturiert. Es dominieren liedhafte Weisen, das Orchester begleitet einfühlsam die Vorgänge.

Verbreitung
Deutsche Erstaufführung 1978 am Städtischen Theater Karl-Marx-Stadt.

Ausgaben KlA Musfond SSSR Moskau 1974; KlA Sowjetski kompositor Leningrad 1977 und 1984; KlA (dt. von Carl Riha und Volkmar Leimert) Henschelverlag Berlin 1977

Literatur W. Rubzow: Eine Oper für die Bühne geboren. (Opera roshdena dlja sceny.) In: Die Musik Rußlands. (Musyka Rossii.) Moskau 1978

Sergej Sergejewitsch Prokofjew
1891–1953

Maddalena ——————————————————————————— 1911, 1913
Oper in einem Akt, op. 13
Der Spieler (Igrok/Le joueur) ——————————— 1915–1916/1927–1928
Oper in vier Akten, op. 24
nach dem gleichnamigen Roman von Fjodor Dostojewski
Die Liebe zu den drei Orangen ——————————————————— 1919
(Ljubow k trjom apelsinam/L'amour des trois oranges)
Oper in vier Akten, op. 33 nach dem gleichnamigen Stück von Carlo Gozzi
Der feurige Engel (Ognenny angel/L'ange de feu) ——————— 1919–1927
Oper in fünf Akten, op. 37
nach dem gleichnamigen Historischen Roman von Waleri Brjussow
Semjon Kotko ———————————————————————————— 1939
Oper in fünf Akten, op. 81
nach der Erzählung ›Ich bin ein Sohn des werktätigen Volkes‹
von Valentin Katajew
Die Verlobung im Kloster (Obrutschenije w monastyre) ——————— 1940
Lyrisch-komische Oper in vier Akten, op. 86
nach der Komödie ›The Duenna‹ von Richard Sheridan
Krieg und Frieden (Woina i mir) ——————— 1941–1942, 1946–1953
Oper in dreizehn Bildern, op. 91
nach dem gleichnamigen Roman von Lew Tolstoi
Die Geschichte eines wahren Menschen ———————————— 1947–1948
(Powest o nastojaschtschem tscheloweke)
Oper in vier Akten, op. 117
nach der gleichnamigen Erzählung von Boris Polewoi

Nicht ausgeführte Werke:
Der Riese (Welikan) ————————————————————————— 1900
Auf unbewohnten Inseln (Na pustynnych ostrowach) ————— 1900–1902
Das Gelage während der Pest (Pir wo wremja tschumy) —— 1903–1908
nach der gleichnamigen Kleinen Tragödie von Alexander Puschkin
Undine (Undina) ————————————————————————— 1904–1907
nach dem gleichnamigen Märchen von Friedrich de La Motte Fouqué
Ferne Meere (Daljokije morja) ———————————————————— 1948
Lyrisch-komische Oper nach ›Die Hochzeitsreise‹ von W. Dychowitschny

Das Schaffenszentrum

Das Œuvre Sergej Prokofjews wird mit einer Klaviersonate eröffnet und beschlossen. Die erste — 1909 — und die elfte — 1953 — tragen die Opuszahlen 1 beziehungsweise 138. Mag das noch als ein Zufall erscheinen, so fand doch der Komponist gerade in diesem Genre zu dem seinem Wesen gemäßen Ausdruck. Das gibt die Perspektive, sein Gesamtwerk und damit auch sein Opernschaffen zu erfassen. Zeitgenössische Komponisten, unter ihnen so bekannte und unterschiedliche wie Alfred Schnittke und Edison Denissow, berufen sich auf Prokofjews Sonaten. Alfred Schnittke schätzt sie „als einen Zweig vom ‚Sonatenbaum' des 20. Jahrhunderts", und Edison Denissow interessieren sie, weil ihnen „das Prinzip der ununterbrochenen Entwicklung aus einem thematischen Kern, wie es im 20. Jahrhundert von Schönberg, Bartók, Schostakowitsch genutzt wurde, fremd ist".

Prokofjews Musik zeichnet sich durch eine besondere theatralische Qualität aus. Er „bevorzugt die energische Verwandlung des Themas, er konzentriert und verbreitert, beschleunigt und verlangsamt, ähnlich dem Schauspieler, der unentwegt die Masken wechselt, sich bis zur Unkenntlichkeit verwandelt. Darin zeigt sich die zielstrebige, theatralische, scharf profilierende Dynamik der Musik Prokofjews." (Michail Tarakanow)

Der theatralische Charakter der thematischen Arbeit und das Operngenre: Masken und Verlarvung

Prokofjew machte sich, sehr jung noch, auf die Suche, seinem Temperament entsprechende Stoffe zu finden. 1900, mit neun Jahren, erprobte er sich das erste Mal im Operngenre. Auf dem Aktendeckel des zwölf Seiten umfassenden Klavierauszuges ist vermerkt: „Der Riese. Oper in 3 Akten von Serjoshenka Prokofjew". Das Märchenungeheuer hat laut Regiebemerkungen des jungen Komponisten alles aufzuessen und ein Arioso zu singen, es wird marschiert und Walzer getanzt. Mit dem Riesen, mit Marsch und Walzer kommen in diesem kindlichen Versuch bereits wesentliche Elemente des späteren Opernschaffens zur Geltung: Verhaltens- und Körpermasken. Dem Erstling folgen weitere Versuche, die Opern ›Auf unbewohnten Inseln‹, ›Das Gelage während der Pest‹, ›Undine‹.

Die zwischen 1911 und 1913 geschriebene ›Maddalena‹ ist die erste Oper mit Opuszahl. Das Libretto entsprach Prokofjews Wünschen, denn es „enthielt immerhin einen Konflikt, eine Liebesgeschichte, Treuebruch und Mord, wodurch der Komponist anderen Aufgaben als in der blutleeren ›Undine‹ gegenüberstand". (Sergej Prokofjew: Autobiographie)

Maddalena verwirft das ihr diktierte Maskenspiel, Hure oder Heilige zu sein, und sucht nach einer neuen und anderen Rolle.

Im ›Spieler‹ wird die Figur der Babulenka zum Zentrum der Handlung, weil die alte, steinreiche Moskauer Adlige ihren platten Materialismus ungehemmt auslebt und genüßlich darstellt. Die skandalöse Selbstinszenierung des fossilen Ungeheuers wird zum Stein des Anstoßes, an dem der verlarvte Materialismus scheitert. Wesen und Erscheinung familiärer Liebe geraten in Widerspruch.

Im ›Feurigen Engel‹ putzt sich der Böse, Mephisto, als Theatermaske heraus und setzt sich selbst auffällig in Szene, derweil das Böse unerkannt bleibt und unbemerkt sein zerstörerisches Werk betreibt.

In der Oper ›Die Liebe zu den drei Orangen‹ führt Prokofjew eine Welt vor, in der das Rollenspiel des Lebens und die Maskerade ineinander übergehen, in der man die Larve für ein Gesicht und das Gesicht für eine Larve hält. Das Libretto geht auf die von Meyerhold bearbeitete Commedia dell'arte ›L'amore delle tre melarance‹ von Carlo Gozzi zurück.

Prokofjew hat die Erfahrungen mit seiner Oper ›Die Liebe zu den drei Orangen‹ für seine zweite und letzte Komische Oper ›Die Verlobung im Kloster‹ zu nutzen versucht. Meyerhold war tot. Prokofjew schrieb sich das Libretto selbst. Die Handlung spielt während des Karnevals in Sevilla. Doch bleibt der Mummenschanz unerheblich für die stattfindende Handlung, er ist nur Kolorit für die reale Maskerade der jungen Leute, mit deren Hilfe sie die Väter überlisten.

Der pathetisch-heroische Ton der Libretti zu den Opern ›Semjon Kotko‹, ›Krieg und Frieden‹ sowie ›Die Geschichte eines wahren Menschen‹ forderte dem Komponisten die ihm eigene besondere Musizierweise nicht ab.

Wechselnde Gesangsstile

In seinen ersten Opern führte Prokofjew den Vokalpart relativ selbständig zum Orchesterpart. In der ›Maddalena‹ und im ›Feurigen Engel‹ gesellt sich das Orchester selten dem Gesang helfend-begleitend zu, vielmehr verlaufen vokale und instrumentale Linien gleichberechtigt nebeneinander.

Im ›Spieler‹ probierte Prokofjew einen Deklamationsstil aus, maß er den Figuren „Stimmasken" an, ohne sich dem ›Pierrot lunaire‹ von Arnold Schönberg zu nähern.

In der Oper ›Die Liebe zu den drei Orangen‹ ließ er Handlung unter anderem im Mit- und Gegeneinander der verschiedensten traditionellen und avantgardistischen Methoden des Singens stattfinden.

Erst mit der Oper ›Semjon Kotko‹ wandte sich der Komponist einer konventionellen Kantilenenform zu.

Die Hoffnung auf Volkstümlichkeit

Prokofjew wählte mit den Opern ›Semjon Kotko‹, ›Krieg und Frieden‹ sowie ›Die Geschichte eines wahren Menschen‹ Stoffe und Themen, mit denen er die Gefühle vieler Menschen anzusprechen hoffte. Doch die seine Helden zu heroisch-pathetischem Handeln zwingenden Konflikte entsprachen nicht dem Grundzug seines Musizierens, und so entfremdete sich der Komponist in diesem Genre allmählich sich selbst.

Diese Entfremdung wird als ein fortgeschrittener Prozeß bereits in der zwischen 1941 und 1946 publizierten Autobiographie erkennbar. Prokofjew teilte hier sein Schaffen in vier Hauptrichtungen ein und saß über sich selbst zu Gericht. Er verurteilte den motorischen, den expressiven und den scherzando-grotesken Charakter seiner Werke als wenig wertvoll und setzte an die Spitze der

Bewertungspyramide das Melodische. Er sah in „melodischeren Kompositionen" den Garant für Volkstümlichkeit. Verständlichkeit bedeutete für ihn ein subjektiv-moralisches und nicht primär ein objektiv-historisches Problem. Daher kam es zu seiner Selbstkasteiung von 1948. Nachdem das ZK der KPdSU (B) am 10. Februar 1948 einen Beschluß zu Fragen der Musik veröffentlicht hatte und darin auch Prokofjews Musik als schwer verständlich und dekadent verurteilte, schrieb der Komponist einen offenen Brief, in dem er sich zur Melodie, „die auch einem nicht geschulten Hörer sogleich verständlich ist", bekannte.

Für das Volk zu schreiben war keine an Prokofjew von außen herangetragene Aufgabe. Er hatte sich diesen Auftrag selbst gegeben und sehr ernst genommen. Bereits 1937 schrieb er: „Es ist heute nicht mehr an der Zeit, Musik für einen kleinen Kreis von ästhetisierenden Hörern zu schreiben. Unsere Gegenwart sieht eine entscheidende Begegnung von weitesten Kreisen unseres Volkes mit ernster Musik. Die Aufgabe des Komponisten ist es, diese Tatsache aufmerksam zu verfolgen. Wenn der neue Hörer nicht ernst genommen wird, läßt er sich vom Jazz und vom seichten Schlager einfangen."

Der sogenannte Intonationskonflikt

In seinen letzten vier Opern ordnete Prokofjew den guten Helden simple Diatonik und den bösen sekundgeschärfte Harmonik zu. Den Kämpfern für den sozialen Fortschritt maß er traditionell-konventionelle harmonische Gewänder, den Verteidigern des Alten Kleider nach der jüngsten Mode an. Israel Nestjew, der Prokofjew-Biograph, bezeichnete das als den Intonationskonflikt dieser Opern und meinte, daß die Guten mit solcher Musik verherrlicht, die Bösen aber diffamiert würden. Prokofjew selbst schrieb in seinem offenen Brief von 1948: „In einigen meiner Werke der letzten Jahre sind einzelne atonale Elemente zu finden. Ohne besondere Sympathien für sie zu haben, bediente ich mich dennoch dieser Methode, vor allem um der Kontrastwirkung willen und um die tonalen Stellen stärker hervorzuheben. Ich hoffe, in Zukunft dieses Verfahren überwinden zu können."

Prokofjews Charaktermaske

Dem Komponisten und Interpreten eigener Werke wurde schon in der Jugend nachgesagt, er sei ein bedenkenlos gegen Tradition und Sitte aufbegehrender Revoluzzer. Tatsächlich aber war er ein Orientierung suchender Künstler, der seine Unrast, bisweilen auch Unsicherheit hinter einer Maske zu verbergen trachtete.

Igor Strawinski und Sergej Djagilew haben die Schutzlosigkeit, das Anschmiegsam-Liebevolle Prokofjews früh und schnell erkannt. Obgleich sie sich in ihren künstlerischen Erwartungen von ihm enttäuscht sahen, waren sie immer darauf bedacht, Prokofjew zu helfen, ohne ihn zu verletzen. Prokofjew hat Djagilew als absolute künstlerische Autorität anerkannt und Strawinski verehrt. Am 8. März 1915 schrieb Djagilew an Strawinski: „Lieber Igor, viele Fragen, aber zuallererst Prokofjew. Gestern spielte er im Augusteo und mit welchem Erfolg, aber darauf kommt es nicht an. Worauf es ankommt: er brachte mir etwa ein Drittel der Musik seines neuen Balletts (gemeint ist das Ballett ›Der Narr‹ — S.N.). Die Vorlage ist ein St. Petersburger Machwerk; es wäre gut gewesen fürs Mariinski Theater vor zehn Jahren, aber nichts für uns... Nun müssen wir wieder von vorn anfangen, darum sind wir auch nett mit ihm gewesen und haben ihn zwei oder drei Monate lang bei uns gehabt. Ich zähle auf Deine Hilfe. Er ist begabt... Er läßt sich leicht beeinflussen, und es scheint mir, er ist ein viel netterer Mensch, als wir ursprünglich nach seinem arroganten Aussehen befürchtet hatten. Ich will ihn zu Dir bringen. Er muß ganz geändert werden, sonst verlieren wir ihn für immer..."

Und 1960, fünfundvierzig Jahre später, antwortet Strawinski auf Robert Crafts Frage nach Prokofjew: „Ich sollte still sein, solange ich über einen solchen Mann nichts Gutes zu sagen weiß. Prokofjew hatte zweifellos seine Verdienste und jenes seltene Ding: den unverkennbaren Stempel der Persönlichkeit. Es war auch nichts billig an ihm — denn Leichtigkeit ist nicht dasselbe wie billig. Nur hätte er leider kaum verstanden, was Mallarmé antwortete, als ihn jemand zu einer ‚so klaren' Rede beglückwünschte: ‚Dann muß ich noch einige Schatten hinzufügen.'"

Prokofjews Opern und das Meyerhold-Theater

Der Regisseur Wsewolod Meyerhold hat viele Künstler seiner Zeit beeinflußt. Seine Theaterästhetik ist auch für Prokofjew wesentlich geworden.

Meyerholds Auffassung von Oper läßt sich auf den Satz bringen: „Die Kunst der Oper beruht auf einer Konvention." 1913 erläuterte Meyerhold in seinem Aufsatz ›Über Theater‹ diesen Satz. „In den meisten Fällen sind die Textbücher so nahe am Alltagsleben, daß die Darsteller versucht sind, nach den Methoden der Schauspielkunst zu arbeiten... Wenn aber der Naturalismus Theater und Opernbühne regiert..., ist das Mißverhältnis unerträglich: zunächst stimmen Musik und Alltagsgebärde nicht zusammen, und das Orchester... wird auf die Funktion eines bloßen Accompagneurs beschränkt... und ferner spaltet sich das Bewußtsein des Zuschauers auf verhängnisvolle Weise. Eine gute schauspielerische Leistung läßt die Naivität von Oper auffällig werden. Es erscheint absurd, wenn die sich auf der Bühne wie im Alltag bewegenden Menschen plötzlich zu singen anfangen. Die Kunst der Oper beruht auf einer Konvention: Die Menschen drücken sich singend aus. Man kann in der Oper dem Alltag entlehnte Bewegungen nicht einführen, ohne den Widerspruch zwischen Konvention und Wirklichkeit zu betonen; damit erweist sich die Unzulänglichkeit der naturalistischen Darstellung. Ein künstlerisches Grundgesetz würde verletzt. Das musikalische Drama muß so aufgeführt werden, daß der Zuschauer sich nicht fragt, warum die Darsteller singen und nicht sprechen... Die Musik bestimmt die Ausdehnung des Bühnengeschehens und vermittelt damit einen Rhythmus, der mit dem Alltag nichts mehr gemein hat... Der Rhythmus auf der Bühne ist seinem Wesen nach dem des Alltagslebens entgegengesetzt... Infolgedessen muß die Opernfigur eine künstlerische Erfindung durch den Darsteller sein, die zwar unter Umständen auf den Alltag verweisen kann, aber letzten Endes keineswegs mit dem, was wir im täglichen Leben sehen, identisch ist ... Im Musikdrama ist der Darsteller nicht das einzige Medium zwischen Autor und Publikum. Er ist hier nur eines unter verschiedenen Ausdrucksmitteln, nicht mehr und nicht weniger wichtiger als die anderen..."

Meyerholds Opernästhetik konnte sich positiv und bestätigend in ›Maddalena‹, ›Der Spieler‹, ›Die Liebe zu den drei Orangen‹ und ›Der feurige Engel‹ geltend machen.

Doch „1939 wurde Meyerhold rechtswidrig verhaftet. Am 2. Februar 1940 kam er ums Leben." (Alexander Fewralski) Mit dem Leben dieses Mannes standen auch seine ästhetischen Positionen am Pranger. Nach dem ›Feurigen Engel‹ begann Prokofjews Suche nach einer Opernästhetik fern von Meyerholds Theaterauffassung.

Literatur Sergej Prokofjew. Dokumente, Briefe, Erinnerungen. Hrsg. von Semjon Schlifstein, Leipzig 1965; Sergej Prokofjew. Mensch, Ereignisse, Zeit. (Tschelowek, sobytija, wremja.) Hrsg. von Israel Nestjew, Moskau 1981 Marina Sabinina: Sergej Prokofjew. Moskau 1957; T. Woganowa: National-russische Traditionen in der Musik S. Prokofjews. (Nationalnorusskije tradizii w musyke S. Prokofjewa.) Moskau 1961; Sergej Djagilew und Igor Strawinski zu Prokofjew. In: Strawinsky. Gespräche mit Robert Craft. Zürich 1961; Israel Nestjew: Sergej Prokofjew. Der Künstler und sein Werk. Berlin 1962; Larissa Danko: Die Opern Prokofjews. (Opery Prokofjewa.) Moskau 1963; Semjon Schlifstein: Segej Prokofjew. Moskau 1965; Juli Kremljow: Die ästhetischen Anschauungen Sergej Prokofjews. (Estetitscheskije wsgjaady S. Prokofjewa.) Moskau 1966; Tigran Ter-Martirosjan: Einige Besonderheiten der Harmonie Prokofjews. (Nekotoryje osobennosti garmonii Prokofjewa.) Moskau/Leningrad 1966; Juri Cholopow: Zeitgenössische Züge der Harmonie Prokofjews. (Sowremennyje tscherty garmonii Prokofjewa.) Moskau 1967; Wsewolod Meyerhold: Über Theater. (O teatre.) In: Aufsätze, Briefe, Reden, Gespräche. (Statji, pisma, retschi, besedy.) Bd. 1 1891–1917, Moskau 1968; Alfred Schnittke: Über einige Züge des Neuerertums in den Klaviersonatenzyklen Prokofjews. (O nekotorych tschertach nowatorstwa w zyklach sonat dlja piano Prokofjewa.) In: Sergej Prokofjew. Aufsätze und Forschungen. (Sergej Prokofjew. Statji i issledowanija.) Hrsg. von Wladimir Blok, Moskau 1972; Edison Denissow: Die Sonatenform im Schaffen Prokofjews. (Sonatnaja forma w twortschestwe Prokofjewa.) daselbst; Michail Tarakanow: Prokofjew und einige Fragen der zeitgenössischen musikalischen Sprache. (Prokofjew i neskolko woprosow sowremennogo musikalnogo jasyka.) daselbst; Fajna Krassinskaja: Die Autographe Prokofjews. (Awtografi Prokofjewa.) Moskau 1977; Alexander Fewralski: Wsewolod Emilowitsch Meyerhold. Biographie. In: Wsewolod E. Meyerhold. Schriften, Bd. 2, Berlin 1979

Maddalena (Maddalena)
Oper in einem Akt (Opera w odnom dejstwii)
Libretto von M. Liwen (M. Lieven)
(Instrumentation der ersten Szene von Sergej Prokofjew, der letzten drei Szenen von Edward Downes)

Entstehung 1911, 1913

Uraufführung Konzertant 25. März 1979   Studio der BBC London
Szenisch 28. November 1981   Vereinigte Bühnen Graz

Personen
Maddalena_____Sopran
Genaro, ein Maler, Mann der Maddalena_____Tenor
Stenio, ein Alchimist, sein Freund_____Baß
Gemma, Erzieherin_____Sopran
Romeo, ein Venezianer_____Tenor
Gondolieri_____Männerchor (T,B) (hinter der Bühne)

Orchester   Picc, 2 Fl, 2 Ob, EH, 2 Klar, 2 Fg, 6 Hr, 4 Trp, 3 Pos, Tb, Pkn, Slzg, 2 Hrf, Str

Aufführungsdauer 55 Min.

Handlung
Die Handlung spielt Anfang des 15. Jahrhunderts in Venedig, im Hause des jungen Malers Genaro.
Venedigs Jugend besingt die Liebe, und die junge Frau Maddalena stimmt ein, ihre Melodie erscheint als Cantus firmus in einer die Stadt durchflutenden Musik. (Szene 1) Ihre Leidenschaft findet bei ihrem Mann Genaro Erwiderung. (Szene 2)

Eine Dissonanz stört diese Harmonie. Genaros Freund Stenio atmet den Pesthauch von Eifersucht und ungestilltem Verlangen. Der Alchimist Stenio zeichnet dem Maler Genaro das Bild einer Hexe, die Stenio verführt, ihn beglückt, unerkannt bleibt und sich ihm immer wieder entzieht. Stenio bezichtigt Maddalena, die beschworene Hexe zu sein. Maddalena bekennt sich zu ihrer Doppelexistenz: Engel für Genaro und Hexe für Stenio. (Szene 3)

Einem von beiden Männern allein anzugehören, weigert sie sich. Genaro und Stenio sprechen sie schuldig und wollen sie töten, doch sie bringt die beiden Männer gegeneinander auf, und einer fällt durch des anderen Hand. Maddalena sieht sich nach beider Tod frei, ihren Leidenschaften ungehemmt zu folgen. (Szene 4)

Genesis
Die Oper ›Maddalena‹ wurde als Opus 13 von einem Zwanzigjährigen komponiert. Nach vier vorausgegangenen Opern ohne Opuszahl — ›Der Riese‹ (1900), ›Auf unbewohnten Inseln‹ (1900—1902), ›Das Gelage während der Pest‹ (1903—1908) und ›Undine‹ (1904—1907) — war ›Maddalena‹ die fünfte Oper. Sie wurde 1911, noch während des Studiums, in der Hoffnung auf eine Aufführung durch die Opernklasse geschrieben: „Im Sommer 1911 schrieb ich die einaktige Oper ›Maddalena‹ nach dem gleichnamigen Theaterstück der Baronin Lieven. Ich hoffte, daß sie auf einer der Konservatoriumsaufführungen gegeben

werden könnte... Baronin Lieven erwies sich übrigens als eine mondäne junge Dame, die angenehmer im Umgang als talentiert in der Dramaturgie war. Aber die ›Maddalena‹, deren Handlung im Venedig des 15. Jahrhunderts spielte, enthielt immerhin einen Konflikt, eine Liebesgeschichte, Treuebruch und Mord, wodurch der Komponist anderen Aufgaben als in der blutleeren ›Undine‹ gegenüberstand. Ich schrieb die Musik schnell hin, instrumentierte aber von vier Szenen nur eine. Im Jahre 1913 arbeitete ich die ›Maddalena‹ um, gab ihr jedoch keine neue Orchesterfassung." (Sergej Prokofjew: Autobiographie) Von einem innigen Verhältnis zu seinem Werk berichten Prokofjews Briefe, die er im Sommer 1911 an den Freund Nikolai Mjaskowski schrieb: „... eifrig komponiere ich an der ›Maddalena‹. Die Arbeit geht schnell und leicht vor sich, und mein Fleiß kennt keine Grenzen: Jeden Tag sitze ich nicht weniger als fünf Stunden daran." (11. Juni) „Im Laufe einer Woche beende ich die liebe ›Maddalena‹." (26. August)

Im Sommer 1912 instrumentierte Prokofjew die erste Szene und wußte an Mjaskowski zu berichten: „... Ich beschäftige mich mit der Partitur der ›Maddalena‹, schreibe nicht besonders schnell, vier durchsichtige Seiten am Tage, dafür mit wirklichem Genuß: Es ist keine Partitur, sondern Schokoladenkonfekt, noch dazu mit gutem Likör gefüllt." (15. Juni)

Die Hoffnung auf eine Aufführung am Konservatorium erfüllte sich nicht, da die Gesangspartien für die Schüler zu schwer erschienen. Zwei sich 1913 und 1916 bietende Möglichkeiten einer Inszenierung an professionellen Theatern zerschlugen sich ebenfalls, so daß Prokofjew, als er 1918 die Sowjetunion verließ, neben anderen Manuskripten auch Klavierauszug und Partitur seiner noch nicht aufgeführten Oper ›Maddalena‹ mit sich nahm. Als er 1934 zurückkehrte, ließ er das Material im Russischen Musikverlag in Paris. Hier wurde es 1953 aufgefunden und von dem Dirigenten und Musikwissenschaftler Edward Downes durch die Instrumentierung der letzten drei Szenen komplettiert.

Edward Downes berichtet dazu: „Nur ein knappes Viertel der vollständig komponierten Musik lag orchestriert vor... Ich schlug vor, die letzten drei Szenen im Stil der ersten zu instrumentieren... Es gibt gelegentlich Hinweise zur Instrumentation im handschriftlichen Klavierauszug, aber nicht viele. Während die Art der Instrumentation, die Prokofjew in seinen späten Balletten und Symphonien anwandte, gut bekannt ist, waren zur Übernahme seines Jugendstils ausgedehnte Studien der Werke notwendig, die gleichzeitig oder kurz nach ›Maddalena‹ entstanden waren. Diese schließen das erste Klavierkonzert und die Oper ›Der Spieler‹ ein. Danach Prokofjews ›Maddalena‹ zu instrumentieren, war ungefähr dieselbe Aufgabe, die Deryck Cooke für Mahlers Zehnte Symphonie unternahm, nämlich die Ausarbeitung einer Version, die versuchen mußte, die letzten Absichten des Komponisten zu erraten."

Strukturen

Mit ›Maddalena‹ hat Prokofjew ein Thema angeschlagen, das ihn später noch einmal im ›Feurigen Engel‹ interessieren sollte. In ›Maddalena‹ ist die Identitätssuche eines Menschen auf ungehemmte Trieberfüllung konzentriert, tritt uns ein Individualitätsanspruch in allgemeiner Form und gleichzeitig in zeittypischer Ausformung entgegen: die Frau als Engel und Hexe, als Gottes und Satans Geschöpf, als Opfer und Täter. Die Frau als Wesen, durch das der Riß der Zeit geht, war ein weit verbreitetes Bild in fast allen Kunstgattungen zu Beginn des Jahrhunderts und wurde besonders von Vertretern des Symbolismus bevorzugt. Die Oper ›Maddalena‹ ordnet sich hier ein.

In der Komposition zeigt sich Prokofjews motorisch-expressive Musizierweise. Aus mehrfach geschichteten Klangflächen löst sich eine impulsgebende Gestalt, zögernd zuerst, dann sich kräftigend, und daneben gewinnt ein aus heller Höhe niederschwingendes, sich zurückwendendes und in der Höhe wieder verklingendes Motiv wesenhafte Bedeutung. So wird Maddalena als ein mit unruhevoller Kraft begabtes Wesen vorgestellt. Dieses ihr musikalisches Signum bleibt unverändert, unterliegt keinem Wandel.

Handlung findet statt im Kontrast zwischen einer den Worttext und die Situation begleitenden und deutenden sowie einer den unmittelbaren Handlungsvorgang überlagernden expressiven Melodik.

Stenio ist ganz leidenschaftliche, kurzatmig auffahrende Gebärde in sekundgeschärftem Gewand und hartem Bläserklang. Vertreibt Prokofjew mit motorisch orchestralem Gestus jede Baßgemütlichkeit aus Stenios Partie, gibt er Genaros Gestalt tenoralen Glanz und durch Orchesterfarben zusätzlich Licht und Geschmeidigkeit. Maddalenas Sopran erscheint im koloristisch reichen Orchestergewebe als ein Primus inter pares.

In der Oper ›Maddalena‹ sind wesentliche Eigenarten der Opernmusik Prokofjews ausgebildet: plastische Kontraste, reiche Orchesterfarben, wechselnde Beziehungen und Abhängigkeiten zwischen Orchesterpart und Gesangsstimme, Sinn für Proportionen, hier besonders für das Prinzip der musikalisch gedeuteten Situation und des sich in der musikalischen Bewegung darstellenden Charakters.

Der Freund und Komponist Nikolai Mjaskowski äußerte bereits 1911 seine Begeisterung über die ›Maddalena‹: „Nicht zu reden von der stellenweise in ihrer Frische und der düsteren Gewalt vollkommen ungewöhnlichen Harmonie überrascht das vulkanische Temperament. In der stilistischen Haltung erinnert die Oper an Richard Strauss, aber ohne dessen Gemeinplätze. Nur schade, daß dieses Werk schwerlich bei uns aufgeführt werden wird, so bühnenmäßig es ist. Schwierigeren Gesangspartien bin ich überhaupt noch nicht begegnet..." (Brief an Wladimir Dershanowski).

Ausgaben Part und KlA Boosey & Hawkes Bonn 1979 (dt. von Peter Daniel Wolfkind, Pseudonym von Peter Vujica)

Literatur Sergej Prokofjew. Dokumente, Briefe, Erinnerungen. Hrsg. von Semjon Schlifstein, Leipzig 1965; Edward Downes: Prokofjews Oper ›Maddalena‹. In: *Österreichische Musikzeitschrift*, Wien 1981, Nr. 10/11

Der Spieler (Igrok / Le joueur)

Oper in vier Akten, sechs Bildern
(Opera w tschetyrjoch dejstwijach, schesti kartinach)
Libretto von Sergej Prokofjew
nach dem gleichnamigen Roman von Fjodor Dostojewski

Entstehung 1915—1916 Erste Fassung   1927—1928 Zweite Fassung

Uraufführung Erste Fassung   Kam nicht zur Aufführung
Zweite Fassung   29. April 1929 Théâtre Royal de la Monnaie Bruxelles (in frz. Sprache ›Le joueur‹)

Personen

General a. D., in Zivil	Baß
Polina, Stieftochter des Generals	Sopran
Alexej, Hauslehrer der Kinder des Generals	Tenor
Babulenka, hochbetagte begüterte Verwandte des Generals	Mezzosopran
Marquis	Tenor
Mister Astley, ein reicher Engländer	Bariton
Blanche, eine Halbweltdame	Alt
Fürst Nilski	Falsett-Tenor
Baron Würmerhelm	Baß
Potapytsch	Bariton

In der Roulette-Szene:

Direktor	Baß
Erster und zweiter Croupier	2 Tenöre
Ein dicker und ein langer Engländer	2 Bässe
Bunte Dame	Sopran
Blasse Dame	Sopran
Eine Dame comme ci comme ça	Mezzosopran
Verehrungswürdige Dame	Mezzosopran
Verdächtige Alte	Alt
Hitziger Spieler	Tenor
Krankhafter Spieler	Tenor
Buckliger Spieler	Tenor
Erfolgloser Spieler	Bariton
Alter Spieler	Baß
Sechs Spieler	2 Tenöre, 2 Baritone, 2 Bässe
Baronin Würmerhelm, Oberkellner, Boy, die Babulenka begleitenden Dienstboten: Fjodor, der andere Fjodor, Marfa	Stumm
Spieler, Hotelgäste, Dienstboten, Träger	Gemischter Chor

(Stimmen im Orchester oder hinter der Szene im zweiten Zwischenspiel zwischen 5. und 6. Bild des IV. Aktes.)

Orchester 3 Fl, 3 Ob (III auch EH), 3 Klar, 3 Fg, 4 Hr, 3 Trp, 3 Pos, Tb, Pkn, Slzg, 2 Hrf, Str

Aufführungsdauer I. Akt: 23 Min., II. Akt: 37 Min., III. Akt: 30 Min., IV. Akt: 40 Min.; Gesamt: 2 Stdn., 10 Min.

Vorgänge
Die Handlung spielt im Jahre 1865 in der imaginären Stadt Roulettenburg bei Spa.
Ouvertüre. **I. Akt**. (1. Bild): *Park eines großen Hotels in Roulettenburg.* In Roulettenburg treffen sich Spieler und Falschspieler des Lebens. So hat sich hier auch die Familie eines russischen Generals eingefunden. Der General ist in eine schöne Französin verliebt. Blanche will durch den Alten zu Rang und Geld kommen. Der General hofft auf eine reiche Erbschaft, und Telegramme aus Moskau lassen das baldige Ableben der wohlhabenden Großmutter vermuten. Das Vermögen des Generals ist bereits einem Marquis verpfändet. Der Marquis macht Polina, der Stieftochter des Generals, den Hof. Der Hauslehrer Alexej wird von der Familie als Lakai behandelt. Nur der Engländer Mister Astley schenkt ihm Interesse. Polina hingegen spielt mit dem sie liebenden Alexej. Da sie sonst keine nützliche Verwendung für ihn hat, verlangt sie ihm dumme Streiche ab.

II. Akt. (2. Bild): *Im Vestibül des Hotels.* Im Auftrag Polinas hat Alexej einen deutschen Baron beleidigt. Der General fürchtet einen Skandal und entläßt seinen Hauslehrer. Von Mister Astley wird Alexej über die Hintergründe seiner Entlassung aufgeklärt. Trotz dieser Einweisung in die Regeln des Spiels um Liebe und Geld gelingt es Alexej nicht, im Gesellschaftsspiel mitzuhalten. Er läßt sich seine Trümpfe von Polina aus der Hand schlagen.
   Die angeblich im Sterben liegende Moskauer Großmutter erscheint in Roulettenburg. Sie verspottet die ihren Tod Erwartenden, entscheidet: Geld bekommt ihr keins. Sie entschließt sich, selbst zu spielen, und nimmt Alexej in ihre Dienste.
III. Akt. (3. Bild): *Im Salon des Hotels.* Die Großmutter spielt und verliert ihr gesamtes flüssiges Kapital. Blanche kündigt dem General die Verlobung auf. Die Großmutter reist ab, Blanche setzt auf einen neuen Mann, den Fürsten Nilski. Der General verzweifelt.
IV. Akt, 1. Bild (4. Bild): *Im Zimmer Alexejs.* Der Marquis hat das sinkende Schiff verlassen. Polina flüchtet sich zu Alexej. Sie wünscht, dem Marquis die Schulden zurückzuzahlen. Alexej geht zum Spiel, um Geld zu gewinnen. – Erstes Zwischenspiel – IV. Akt, 2. Bild (5. Bild): *Spielsaal.* Alexej spielt Roulette, setzt immer auf Rot und gewinnt ein Vermögen. – Zweites Zwischenspiel – IV. Akt, 3. Bild (6. Bild): *Zimmer Alexejs.* Alexej gibt Polina seinen Gewinn. Sie wirft ihm das Geld ins Gesicht und verläßt ihn. In Alexej entflammt die Spielleidenschaft.

Genesis

Prokofjew ordnete die Oper ›Der Spieler‹ und ihre Entstehungszeit der Phase des Suchens „nach einer Sprache für starke Emotionen" zu. (Sergej Prokofjew: Autobiographie)

Den Plan, eine Oper nach Dostojewskis Roman ›Der Spieler‹ zu schreiben, faßte Prokofjew 1914, während eines London-Aufenthaltes. „Damals war es auch, als ich auf den Gedanken kam, eine Oper nach dem ›Spieler‹ von Dostojewski zu schreiben, und unterbreitete dies auch Djaghilew. Er erwiderte, daß die Oper als Form abstürbe, die des Ballettes dagegen aufblühe und ich daher ein solches schreiben solle." (Autobiographie)

Trotz Djaghilews Rat verfolgte Prokofjew seinen Plan weiter und erzählte davon dem Konzertunternehmer, Pianisten und Dirigenten Alexander Siloti, der ihn daraufhin mit Albert Coates bekannt machte, „der im Mariinski Theater mehr und mehr Napravnik ersetzte, da dieser alt geworden und kaum noch dirigierte. Coates fürchtete sich nicht vor neuer Musik und erklärte: ‚Schreiben Sie ruhig ihren ›Spieler‹, wir werden ihn schon bringen.' Eine bessere Konjunktur war gar nicht denkbar. Ich las mir den ›Spieler‹ durch, verfaßte ein Libretto und begann im Herbst 1915 die Komposition..." (Autobiographie)

Im März 1916 war die Musik dreier Akte fertig. „Im vierten blieb ich in der Roulette-Szene stecken, die in die ganze Anlage nicht hineinpassen wollte. Hier half mir Boris Demtschinski, der einiges hinzufügte, was ich in der Erzählung Dostojewskis nicht gefunden hatte." (Autobiographie)

Zu einer Aufführung am Mariinski Theater sollte es nie kommen. Da den Sängern die Partien zu schwer erschienen, hintertrieben sie alle Inszenierungsversuche.

1927 entschloß sich Prokofjew zu einer Umarbeitung dieser noch nicht aufgeführten Oper. „Die zehn Jahre, die seit der Komposition vergangen waren, gaben mir die Möglichkeit, klar zu erkennen, was darin Musik und was mit schrecklichen Akkorden bedecktes Füllsel war. Diese Stellen warf ich hinaus und ersetzte sie durch anderes, das ich in der Hauptsache solchen Abschnitten entnahm, die ich für gelungen hielt. Außerdem achtete ich darauf, die Vokalpartien gesanglicher zu gestalten und die Instrumentation zu vereinfachen." (Autobiographie) In Briefen an Nikolai Mjaskowski spricht Prokofjew davon, daß „aus der Umarbeitung im wesentlichen eine völlige Neufassung wurde, wenn auch die Hauptthemen und der Plan bestehen blieben". (5. April 1928)

Strukturen

Der 1867 entstandene Roman ›Der Spieler‹ gilt als wesentlich, um Dostojewskis Konzept von der „historischen und sittlichen Lösung" der Menschheitsprobleme zu entschlüsseln.

Zu Anfang des 19. Jahrhunderts hatten die Ideen der Freiheit und Gleichheit (der Mächtigen) auch in die russische Kultur Eingang gefunden. In der feudal-patriarchalischen Gesellschaft verbanden sich diese Ideen auf merkwürdige, das heißt nationaltypische Weise mit dem Streben nach Besitz, Geld und Macht. Seit

Alexander Puschkins ›Pique Dame‹ war das Glücksspiel zum Sinnbild dafür geworden: Vor dem Zufall, im Spiel waren alle gleich und wurden alle in einer Leidenschaft ausgerichtet. Nach Dostojewskis Konzeption bestand die historische Lösung darin, dem Streben nach Profit nachzugeben, aber anstelle der Kasinos Banken und Fabriken zu erbauen. Die sittliche Lösung hingegen würde bedeuten, eine Welt außerhalb der Ware-Geld-Beziehungen zu errichten.

Für den Hauslehrer Alexej gibt es weder eine historische noch eine sittliche Lösung seiner Lebensprobleme. Er wird daher zum Spieler. Entstanden ist so die Studie eines mit den Idealen der Freiheit und Gleichheit infizierten Domestiken, eine russische Variante des Hofmeisters. Der Domestik wurde hier erstmals in der russischen Operngeschichte zum Helden einer Tragödie.

Prokofjew erklärte 1916 zu seiner Oper: „In meinem neuen Werk richtete ich besonderes Augenmerk auf die szenische Gestaltung, da sich darin in den russischen Opern der letzten Zeit ein Nachlassen des Interesses bemerkbar machte, woraus sich Stillstand und langweilige Schablonen ergaben, und fortschrittliche Künstler wie Strawinski und Djaghilew sich veranlaßt sahen, einen Verfall der Oper als Gattung zu prophezeien.

Der Stoff des ›Spielers‹ von Dostojewski beschäftigte mich schon lange, zumal dieser Roman, abgesehen von seinem ergreifenden Inhalt, fast ganz aus Dialogen besteht, ein Umstand, der es mir ermöglicht, im Libretto den Stil Dostojewskis zu erhalten. Durchaus auf das Szenische in der Oper bedacht, bemühte ich mich, den Sängern nach Möglichkeit leere Redensarten zu ersparen mit dem Ziele, ihnen um so mehr für die dramaturgische Gestaltung der Partie Freiheit zu lassen.

Aus demselben Grunde wird die Instrumentierung durchsichtig sein, damit jedes Wort zu verstehen ist, was besonders in Anbetracht des unvergleichlichen Textes von Dostojewski anzustreben war. Ich bin der Meinung, daß die üblichen gereimten Libretti vollkommen sinnlos und überlebt sind...

Im ›Spieler‹ wächst die Spannung mit dem Fortschreiten der Handlung auf das Ende zu immer mehr... Der Höhepunkt der Oper ist unbedingt das vorletzte Bild in der Spielbank.

Dieser Auftritt weist keinen Chor auf — da ein Chor nicht beweglich und bühnenwirksam ist —, verlangt aber zahlreiche Mitwirkende: Spieler, Croupiers, Zuschauer, wobei ein jeder von ihnen seinen bestimmten vorgezeichneten Charakter besitzt. Alles das stellt in Anbetracht des so schnellen und komplizierten Geschehens die größten Anforderungen an die Inszenierung." (Sergej Prokofjew: Zum ›Spieler‹. In der Abendausgabe der *Börsenzeitung* vom 12. Mai 1916)

„In Anbetracht dessen, daß bei Dostojewski das Dramatische der Handlung gegen Ende des Romans erheblich geringer wird und in psychologisches Erleben übergeht... hielt ich es für besser, die Oper in dem Augenblick zu Ende gehen zu lassen, wo Polina den Haupthelden seinem Schicksal überläßt. Die ganze Oper ist im Deklamationsstil (Konversationsstil) geschrieben...

Ich bin der Meinung, daß sich die Größe Wagners unheilvoll auf die Entwicklung der Oper ausgewirkt hat, weshalb selbst die hervorragendsten Musiker ein

Absterben der Oper als Gattung voraussehen, während doch bei Verständnis des Szenischen, genügender Elastizität, Freiheit und Ausdrucksfähigkeit der Deklamation die Oper die großartigste und machtvollste aller darstellenden Künste sein müßte." (Sergej Prokofjew: Zum ›Spieler‹. In der *Abendzeitung* vom 13. Mai 1916)

Prokofjew selbst berief sich auf kein Vorbild, wie es in Mussorgskis Opéra dialogue ›Die Heirat‹ zu vermuten wäre. Für Mussorgski war die Sprachintonation wichtig, Prokofjew hingegen läßt seine Personen singend sprechen, das heißt deklamieren.

In der Oper werden die Porträts von vier Gestalten gegeben: des Domestiken Alexej, des feudalen großmütterlichen Fossils, eines aus den Bahnen geworfenen Militärs und eines durch den Zwiespalt von Geld und Leidenschaft irritierten adligen Fräuleins. Die anderen Figuren geben Stichworte.

Diese Eigenart der Oper findet sich auch wieder in der 1931 entstandenen Sinfonischen Suite für großes Orchester ›Der Spieler‹. Sie besteht aus fünf Sätzen: 1. *Alexej*, 2. *Babulenka*, 3. *Der General*, 4. *Polina* und 5. *Der Ausgang*.

Verbreitung

Wsewolod Meyerhold versuchte wiederholt bis zu Beginn der 30er Jahre, an einem sowjetischen Theater den ›Spieler‹ zu inszenieren. 1925 äußerte er sich grundsätzlich zu Problemen von Musik und Theater und bekannte sich zu einer für das sowjetische Opernschaffen wichtigen Tradition, die er in Dargomyshskis ›Steinernem Gast‹, Mussorgskis ›Heirat‹ und Prokofjews ›Spieler‹ realisiert sah. Doch konnte sich Meyerhold mit seinen ästhetischen Ansichten auf der Opernbühne nicht durchsetzen, und so erlebte ›Der Spieler‹ seine Uraufführung in französischer Sprache und zahlreiche Aufführungen im nicht-russischen Sprachraum, so 1953 in Neapel, 1956 in Darmstadt, 1957 in Plzeň, 1962 in Belgrad, 1966 in Toulouse, 1969 in Hannover, Edinburgh, 1970 in Tartu (Estnische SSR), 1972 in Leipzig, 1973 in München, bevor die Oper 1974 von Boris Pokrowski (der auch 1972 die Leipziger Einstudierung besorgt hatte) am Bolschoi Theater in Moskau inszeniert wurde. 1963 erklang die Oper allerdings schon einmal unter Gennadi Roshdestwenskis Leitung in einer konzertanten Aufführung in Moskau. 1980 inszenierte Bohumil Herlischka die Oper in Düsseldorf.

Autograph Zweite Fassung Zentrales Staatliches Archiv für Literatur und Kunst Moskau
Ausgaben Erste Fassung KlA Mariinski Theater Petersburg 1917
Zweite Fassung KlA (russ./frz./dt., dt. von Gustav von Festenberg) Edition Russe de Musique Berlin 1930, KlA Neudruck von 1930. Musyka Moskau 1967 und 1981; Part und KlA Boosey & Hawkes Bonn
Literatur Sergej Prokofjew: Dokumente, Briefe, Erinnerungen. Hrsg. von Semjon Schlifstein, Leipzig 1965; A. Stratijewski: Einige Besonderheiten des Rezitativs der Oper ›Der Spieler‹ von Prokofjew. (Nekotoryje osobennosti retschitatiwa opery ›Igrok‹ Prokofjewa.) In: Russische Musik des 20. Jahrhunderts im Ausland. (Russkaja musyka na rubeshe XX weka.) Moskau/Leningrad 1966; Julija Fridljand: Die Oper ›Der Spieler‹ von S. Prokofjew. (Opera ›Igrok‹ S. Prokofjewa.) Moskau 1979

Die Liebe zu den drei Orangen
(Ljubow k trjom apelsinam)
L' amour des trois oranges
Oper in vier Akten, zehn Bildern, und einem Prolog
(Opera w tschetyrjoch dejstwijach, desjati kartinach s prologom)
Libretto nach dem gleichnamigen Stück von Carlo Gozzi und der gleichnamigen Komödie von Konstantin Wogak, Wsewolod Meyerhold und Wladimir Solowjow

Entstehung 1919

Uraufführung 30. Dezember 1921 Opera Company Chicago (in frz. Sprache: ›L' amour des trois oranges‹)

Personen
König Treff, König eines imaginären Staates,
kostümiert wie der Treff-König im Kartenspiel___Baß
Prinz, sein Sohn___Tenor
Prinzessin Clarice, Nichte des Königs___Alt
Leander, erster Minister, kostümiert wie Pik-König___Bariton
Truffaldino, ein Mensch, der es versteht, andere lachen zu machen___Tenor
Pantalone, Vertrauter des Königs___Bariton
Der Magier Tscheli (Celio), beschützt den König___Baß
Fata Morgana, Hexe, beschützt Leander___Sopran
Prinzessinnen in den Apfelsinen:
Linetta, Nicoletta, Ninetta___Alt, Mezzosopran, Sopran
Köchin von Kreonta___Rauher Baß
Farfarello, Teufel___Baß
Smeraldina, Negerin___Mezzosopran
Zeremonienmeister___Tenor
Herold___Baß
Trompeter___Musiker mit einer Baßposaune
Zehn Sonderlinge___Chor (5 Tenöre und 5 Bässe)
Die Tragödienverfechter___Chor-Bässe
Die Komödienverfechter___Chor-Tenöre
Die Lyrikanhänger___Chor (Sopran und Tenor)
Die Hohlköpfe___Chor (Alt und Bariton)
Die Teufelchen___Chor-Bässe
Die Ärzte___Chor (Tenor und Bariton)
Hofgesellschaft___Gesamter Chor
Mißgestalten, Säufer, Fresser, Wachen, Diener, vier Soldaten___Stumm

Orchester Picc, 2 Fl, 2 Ob, EH, 2 Klar, BKlar, 2 Fg, KFg, 4 Hr, 3 Trp, 3 Pos, BTb, Pkn, Slzg, 2 Hrf, Str.

PROKOFJEW

Bühnenmusik: 3 Trp, 3 Pos, Bck, Trgl, KlTr, Hrf

Aufführungsdauer I. Akt: 30 Min., II. Akt: 25 Min., III. Akt: 42 Min., IV. Akt: 12 Min.; Gesamt: 1 Std., 50 Min.

Vorgänge
Prolog: *Großes Proszenium. Rechts und links ein Turm mit kleinen Balkons und Balustraden.* Anhänger der Tragödie, der Komödie, des lyrischen Dramas und Hohlköpfe fordern mit Heftigkeit die ihnen gemäßen Werke, vertreten mit Ausschließlichkeit ihre unterschiedlichen Kunstauffassungen und sind gewillt, ihre Ansichten handgreiflich durchzusetzen. Die Streitenden werden von Sonderlingen beruhigt. Sie kündigen ein Werk an, dessen seltsamer Titel ›Die Liebe zu den drei Orangen‹ jeder Partei alles und nichts verspricht.
I. Akt, 1. Bild (1. Bild): *Der Palast des Königs.* Der König klagt um seinen kranken Sohn. Ein Ärztekonsilium diagnostiziert, analysiert, prognostiziert. Der Sohn bleibt ungeheilt. Der König und sein Vertrauter Pantalone sind auf den eigenen Verstand angewiesen. Pantalone entdeckt, daß das Hofleben Melancholie verursacht. Ein Fachmann für Fragen des Lachens, Truffaldino, wird herbeigeholt. Der König ordnet Feste an, die Sonderlinge stimmen ihm jubelnd zu. Dem ersten Minister Leander wird aufgetragen, für die Durchführung zu sorgen.
I. Akt, 2. Bild (2. Bild): *Vorhang mit kabbalistischen Zeichen. Nur ein Teil der verdunkelten Bühne ist sichtbar.* Der Magier Celio und die Hexe Fata Morgana liegen miteinander im Streit. Eine Schar Teufelchen richtet ihnen den Spieltisch. Im Spiel verliert der Treff-König (Magier Celio) und gewinnt Pik-König (Fata Morgana).
I. Akt, 3. Bild (3. Bild.): *Der Palast des Königs. (Szene wie im ersten Bild)* Der Minister Leander fürchtet um seine Perspektive. Wenn der Prinz durch Lachen geheilt werden sollte, entgeht ihm die Chance, durch eine Heirat mit Clarice selbst König zu werden. Clarice stimuliert den schlappen Minister, und er beschließt, die Kost des Prinzen mit schlechten Versen zu vergiften. Die Tragödienanhänger wittern eine Wendung der Handlung zu ihren Gunsten und werden von den Sonderlingen zur Ruhe gerufen. Truffaldinos Festvorbereitungen geben den Komödienanhängern neue Hoffnung. Die Dienerin der Fata Morgana, Smeraldina, weiht Leander und Clarice in die verborgenen Machtkonstellationen ein und verspricht den Beistand Fata Morganas.
II. Akt, 1. Bild (4. Bild): *Zimmer des hypochondrischen Prinzen.* Der Prinz wird von Truffaldino zur Teilnahme am Fest gezwungen. Ein Marsch kündet von der beginnenden Feierlichkeit.
II. Akt, 2. Bild (5. Bild): *Im Hofe des Palastes.* Truffaldino läßt, den Prinzen zu erheitern, verschiedene Divertissements vorführen. Aber der Prinz bleibt grämlich. Fata Morgana erscheint und gerät mit Truffaldino in Streit. Dabei wird dieser handgreiflich, und die Alte stolpert und fällt. Der Prinz hat das beobachtet, gerät darüber ins Lachen und wird geheilt. Doch Fata Morgana verflucht den unerzogenen jungen Mann: Er werde sich in drei Orangen verlieben.

Der Fluch wirkt sofort. Der melancholische Prinz ist aktiviert und macht sich gegen den Widerstand seines Vaters auf den Weg. Der König sucht einen Schuldigen an dem neuen Dilemma und macht das Theater dafür verantwortlich. Die Hohlköpfe sehen ihre Chance und fordern Klamauk anstelle von Konflikten, werden aber vom König selbst von der Bühne gewiesen. Teufel Farfarello bläst den Prinzen und Truffaldino in die Fremde.

III. Akt, 1. Bild (6. Bild): *Wüste.* Magier Celio beschwört Farfarello, von den beiden Reisenden abzulassen. Doch Farfarello erinnert an des Magiers verlorenes Spiel und kündigt Celio den Gehorsam auf. Celio steckt Truffaldino ein Zauberbändchen zu, das ihnen helfen soll. Farfarello bläst sie nach Kreonta.

III. Akt, 2. Bild (7. Bild): *Der Hof im Schloß Kreonta.* Der Prinz stiehlt aus der Küche die Orangen, die Köchin wird derweil von Truffaldino mit dem Bändchen abgelenkt. So kommen beide mit dem Leben davon.

III. Akt, 3. Bild (8. Bild): *Wüste. (Szene wie im sechsten Bild.)* Prinz und Truffaldino sind vom Heimmarsch durstig und ermüdet. Farfarello bläst nicht mehr. Während sich der Prinz schlafen gelegt hat, öffnet Truffaldino eine Apfelsine. Ihr entsteigt eine schöne Prinzessin, die sofort um Wasser fleht. Sie zu retten, öffnet Truffaldino die zweite Orange, aus der ihm wieder ein Mädchen entgegentritt. Beide Mädchen verdursten. Truffaldino flieht. Der Prinz erwacht und öffnet die dritte Orange. Die Orangenprinzessin Ninetta sinkt ihm in die Arme, doch verlangt auch sie nach Wasser und müßte verdursten, brächten ihr nicht die Sonderlinge einen Kübel mit Wasser auf die Bühne. Prinzessin Ninetta schickt den Prinzen zum Schloß. Während sie auf seine Rückkehr wartet, wird sie von Fata Morganas Dienerin, Smeraldina, in eine Ratte verwandelt, und Smeraldina setzt sich an Ninettas Stelle. Der unglückliche Prinz wird von seinem Vater gezwungen, die Falsche als Braut heimzuführen.

IV. Akt, 1. Bild (9. Bild): *Vorhang mit kabbalistischen Zeichen. (Szene wie im zweiten Bild.)* Celio und Fata Morgana werfen sich gegenseitig unlautere Kampfmittel vor, doch Fata Morgana ist die Mächtigere. Deswegen greifen die Sonderlinge ein, locken Fata Morgana in einen der Proszeniumstürme, sperren sie dort ein und beauftragen Celio, die Sache einem guten Ende zuzuführen.

IV. Akt, 2. Bild (10. Bild): *Thronsaal des königlichen Palastes.* Alles ist zur Hochzeit vorbereitet. Als die Braut sich zeigen soll, sitzt auf ihrem Thron eine Ratte. Celio versucht vergeblich, den Zauber zu lösen. Die Wache schießt auf die Ratte, und Ninetta erscheint. Die Komplizenschaft Smeraldinas, Leanders und Clarices wird erkannt, der König gibt Befehl, sie zu hängen. Nur Truffaldino bittet für sie. Fata Morgana entkommt mit ihren Schützlingen durch eine Falltür. Der Hofstaat und die Sonderlinge aber jubeln: Es lebe der König, die Prinzessin und der Prinz!

Genesis

Im Januar 1919 unterschrieb Prokofjew einen vom Impresario der Chicagoer Oper, Campanini, vermittelten Vertrag über die Komposition und Aufführung einer neuen Oper. Meyerhold, der mit seiner Kunstkonzeption Prokofjew wesentlich beeinflußte, hatte von 1914 bis 1916 ein Journal unter dem programmatischen Titel *Die Liebe zu den drei Orangen oder Doktor Dapertuttos Magazin* herausgegeben und den Komponisten noch vor dessen Abreise aus der Heimat auf Gozzis Stück ›L' amore delle tre melarance‹ aufmerksam gemacht. Eine Divertissement-Bearbeitung der Commedia dell'arte Gozzis von Wogak, Meyerhold und Solowjow war in der ersten Nummer der Zeitschrift abgedruckt und diente Prokofjew als Grundlage seines Librettos. Vertragsgemäß stellte Prokofjew die Partitur am 1. Oktober 1919 fertig, doch verzögerte sich durch den Tod Campaninis die Uraufführung bis 1921.

Strukturen

„Mit Rücksicht auf den amerikanischen Geschmack wählte ich eine einfachere musikalische Sprache als im ›Spieler‹. Ganz besonders reizte mich das Szenische. Etwas Neues stellten die drei ineinander verwobenen Handlungen dar, die der Personen aus dem Märchen (Prinz, Truffaldino usw.), die der unterirdischen Mächte, von denen die ersteren abhängen (der Zauberer Celio, die Fata Morgana), und schließlich die der Sonderlinge als Vertreter der Direktion, die alle Vorgänge kommentieren." (Sergej Prokofjew: Autobiographie)

Die szenische Phantastik, der philosophische Witz, das Mit- und Gegeneinander der drei Handlungsebenen wird durch verschiedene melodisch-gestische und instrumental-farbige, scharf charakterisierende Musizierbereiche getroffen. Musikalische Sinngebung entsteht aus dem Zusammenhang von Figur, Situation und Wort sowie aus den darin implizierten Haltungen der Autoren gegenüber den sozial-historisch, psychologisch und ästhetisch gewerteten Vorgängen. Das Lachen über satten Bürgersinn und Königswürde (Repräsentationsrituale des Hofes), Larmoyanz, leerlaufende Emotionalität und Aktivismus anstelle von Empfindsamkeit (Krankheit und Liebesfluch des Prinzen), Schicksalsgläubigkeit (Spiel zwischen Celio und Fata Morgana) ist musikalisch deutlich ausgeprägt.

Die Handlung wird fortwährend aufgebrochen, das Theatralische bloßgelegt. Übergangslos erscheinen und verschwinden einzelne musikalische Gestalten. Die Musik vollzieht so gleichsam das Anlegen und Abnehmen von Masken im Improvisationstheater nach. Diese dialektische Komplexität wird nur einmal, nämlich in dem zu Recht berühmten Marsch, zugunsten einer festen Form und abgeschlossenen Nummer aufgehoben. Das Moment der Improvisation findet sich nach Wladimir Dranischnikow, dem Dirigenten der Leningrader Aufführungen von 1926 bis 1934, auch im Vokalpart: „Die Oper Prokofjews liefert dem Sänger ein kurzes, lakonisches bis zu einem Schema entblößtes und nur rhythmisch zugespitztes vokales Gerüst der Partie, wodurch der Sänger gezwungen ist, aktiv an der Figurengestaltung des Stücks teilzunehmen, Intonationen zu finden und Phrasen erfinderisch umzugestalten."

In Entsprechung zum Streit über Tragödie, Komödie, Kunst, Kitsch und Unterhaltung hat Prokofjew in der Oper seinen Standpunkt zum Problem des musikalischen Fortschritts mitkomponiert. Und wie vom ironisch-witzigen Meyerhold-Verehrer nicht anders zu erwarten, „geht es in der Hölle, bei Magie und

Zauberspuk, stets gewagter, raffinierter, experimentierfreudiger zu als im normalen irdischen Dasein. Der Fortschritt ist allemal ein unheimliches Element — das trifft nicht nur für diese, sondern für alle anderen einschlägigen Szenen zu: für Celios Misterioso-Defilé im 3. Bild ebenso wie für Fata Morganas Fluch, die harmonisch kühnste Stelle des ganzen Stücks (5. Bild) ... Die Märchenwelt am Hofe des Königs, die romantische Abenteuerjagd des Prinzen nach den drei Orangen hat Prokofjew weniger einheitlich gefärbt ... Dennoch zeigt sich an der vorwiegend diatonischen Melodik, am kaum verfremdeten Dur-Moll-Spektrum, am Rückgriff auf traditionelle Form- und Ausdrucksmodelle durchgängig ein stärkerer Hang zum Bewährten und Sanktionierten — zur musikalischen Vergangenheit ... Ein Sonderfall ist Truffaldino, der Spaßmacher und Begleiter des Prinzen ... Als einzigen hat Prokofjew ihn mit einem veritablen Leitmotiv ausgestattet — einer tänzerisch beschwingten, flötenbegleiteten Melodie im Scherzando-Stil der Klassischen Sinfonie ...

Die Ambivalenz von Illusion und Ironie, von Affirmation und Verfremdung — bezeichnend für die musikalische Diktion generell, besonders aber für die Personencharakteristik — wird nicht zuletzt am Verhältnis von vokaler und instrumentaler Dimension evident. Wo das Orchester in illustrativem Realismus schwelgt, karikieren die Singstimmen mit trockenem Parlando oder gespreizter Deklamation. Wo die Sänger sich in sublimer Lyrik ergehen, konterkariert das Orchester mit lakonischen Einwürfen oder geschäftiger Figuration." (Monika Lichtenfeld: Märchen, Magie und Maskenspiel in Prokofjews ›Liebe zu den drei Orangen‹)

Für Prokofjews Freunde war die Oper ›Die Liebe zu den drei Orangen‹ eine Polemik gegen emotionale Hypertrophie, falsches Pathos und ein Plädoyer für eine neue Empfindsamkeit, und sie ordneten dieses Werk in die latente nationale Auseinandersetzung mit Richard Wagners Kunstkonzeption ein. Der sowjetische Musikwissenschaftler Boris Assafjew hat diese Ansicht 1934 in exemplarischer Weise zum Ausdruck gebracht:

„Er (Prokofjew —S.N.) konstruiert die Szenen mosaikartig, formiert sie aus dem Wechsel von mehr oder weniger entwickelten charakteristischen Momenten, die jeweils nicht in sich abgekapselt sind, sondern gleichsam eine vorwärtstreibende Entwicklung provozieren, die Möglichkeit der weiteren Fortbewegung der Musik in sich tragen. Durch diesen neuen eigenständigen Versuch der Gestaltung einer Oper und die Verwendung einer in ihrer Art dialektischen Verarbeitung des Materials kennt die Musik in den ›Drei Orangen‹ fast keine statischen Zustände: eins entwickelt sich aus dem anderen.

Eine Erscheinung gebiert die nächste, und weil das eine durch das andere bedingt ist, spürt man unablässig die Einheit der Konzeption ... Im Opernstil Prokofjews gibt es keinerlei Anzeichen einer Überlastigkeit der thematischen Gestaltung. Es gibt keinen Emotionalismus, keine kompakten Leitmotiv-Signalisationen, kein philosophisches, außertheatralisches Geschwätz, keine Beschreibung um der Beschreibung willen ... Das Lachen ist die Hauptperson ... In der ›Liebe zu den drei Orangen‹ werden belacht: der satte Bürgersinn, die Königswürde, die Wichtigtuerei der Doktoren, Mystik und Magie, höfische Verschwörungen und

Intrigen und im Zusammenhang damit auch alle Methoden und Prinzipien des seriösen Dramas und der Tragödie. Besonders deutlich ist der Angriff gegen Wagner... An die Stelle langwieriger lyrischer Ergüsse und Betrachtungen tritt hier das dreist schreiende Plakat, an die Stelle komplizierter dramatischer Kollisionen treten Improvisationen von Masken, an die Stelle von Romantik und Mystik gutherzige Theatermagie, die niemanden zu täuschen versucht... Die Oper Prokofjews ist eine wirkliche ‚Götterdämmerung' aber nicht in einem kosmischen Brand und nicht in den sturmgepeitschten Wellen des Rheins, sondern inmitten eines bürgerlichen Theaterfeuers und eines mitreißenden Lachens..."

Aneignung

Die Oper wurde nach ihrer Uraufführung sehr schnell in Europa — so auch in der Sowjetunion — nachgespielt. Nach der deutschen Erstaufführung 1925 in Köln folgte 1926 die sowjetische Erstaufführung in Leningrad. Der Berliner Aufführung von 1926 bescheinigte Prokofjew eine so weitgehende „Germanisierung", daß der Prinz eher einem zu klein geratenen Wagnerschen Siegfried gliche als einer Gozzischen Komödienfigur. In seiner Kritik der Bolschoi-Inszenierung (1927), die sich sinngemäß auch auf andere Inszenierungen beziehen könnte, machte Meyerhold auf das Wesen der zu findenden Spielweise aufmerksam: „Dort ist eine Szene — der Streit zwischen den verschiedenen Theaterströmungen. Aber niemand im Bolschoi Theater hat daran gedacht, daß man nur eine theatralische Formel hätte zu finden brauchen, um den gegenwärtigen literarischen Kampf wiederzugeben. Das wäre ein lebendiges Verhältnis zum Stoff gewesen!"

Die Inszenierung am Staatlichen Akademischen Theater für Oper und Ballett Leningrad (Dirigent Wladimir Dranischnikow, Regisseur Sergej Radlow, Bühnenbildner Wladimir Dmitrijew) hielt Prokofjew für die beste, und er schrieb 1927 an den Direktor: „Ich möchte Ihnen sagen, welchen außerordentlichen Eindruck auf mich die Vorstellung der ›Liebe zu den drei Orangen‹ im Akademischen Theater für Oper und Ballett gemacht hat. Es war nicht nur die beste Aufführung im Vergleich zu allen bisher von mir gesehenen, sondern auch in einem solchen Maße die beste, daß alle anderen im Vergleich mit ihr als finstere Provinz erscheinen. Der Glanz und die Beschwingtheit, die den Prolog auszeichneten, die Phantastik der Szene in der Hölle, die laufenden Tische, der fliegende Truffaldino, die Trapeze, der Käfig mit der Fata Morgana, die schwindelerregenden Tempi und die Genauigkeit in der Szene vor dem Erscheinen der Köchin — das konnte alles nur erreicht werden durch das außerordentliche künstlerische Niveau des Akademischen Operntheaters mit seinen mustergültigen Solisten, seinem Chor, Orchester und technischem Personal und durch die seltenen Fähigkeiten der Schöpfer dieser Aufführung Dranischnikow, Radlow und Dmitrijew. Ich bitte Sie, Ihnen meine größte Dankbarkeit für eine solche Behandlung meiner Oper ausdrücken zu dürfen. Ich bin glücklich, daß dies in meinem Heimatland geschah."

Unter der musikalischen Leitung von Wladimir Dranischnikow fand am Staatlichen Akademischen Theater für Oper und Ballett Leningrad (dem späteren Kirow Theater) 1934 erneut eine Einstudierung der Oper statt. Eine vom Theater herausgegebene Broschüre mit Artikeln bedeutender Musikwissenschaftler, unter ihnen Boris Assafjew, stellt eine wichtige Materialsammlung zum Werk dar.

Weitere Aufführungen: Ljubljana 1927, Bratislava 1931, Festival Monte Carlo 1952, Wiener Volksoper 1954, Ljubljana 1956, Dresden 1958, Köln 1962, Komische Oper Berlin (Inszenierung Walter Felsenstein) 1968, Mailänder Scala 1974.

Autograph Zentrale Musikbibliothek des Staatlichen Akademischen Theaters für Oper und Ballett S.M. Kirow Leningrad
Ausgaben KlA (russ./franz., frz von Véra Janacopulos und Sergej Prokofjew) Gutheil Leipzig 1922; KlA (dt. von Vera Miller) Gutheil Leipzig 1924; Part und KlA (frz./dt., frz. von Véra Janacopulos und Sergej Prokofjew, dt. Neufassung von Jürgen Beythien und Eberhard Sprink) Boosey & Hawkes 1947; Text Deutsche Neufassung von Beythien und Sprink. Boosey & Hawkes 1960; KlA (russ./frz.) Sowjetski Kompositor Moskau 1963
Literatur Sergej Prokofjew. Dokumente, Briefe, Erinnerungen. Hrsg. von Semjon Schlifstein, Leipzig 1965; Boris Assafjew: Artikel zur Oper. In: ›Die Liebe zu den drei Orangen‹. Hrsg. vom Staatlichen Akademischen Theater für Oper und Ballett Leningrad, Leningrad 1934; Eugen Szenkar: ›Die Liebe zu den drei Orangen‹. Die deutsche Erstaufführung Köln 1925. In: Musik der Zeit. Eine Schriftenreihe zur zeitgenössischen Musik, H. 5, Bonn 1953; Israel Nestjew: Prokofjew. Der Künstler und sein Werk. Berlin 1962; Galina Grigorjewa: Das Komische in der Oper Prokofjews ›Die Liebe zu den drei Orangen‹. (Komitscheskoje w opere Prokofjewa ›Ljubow k trjom apelsinam‹) In: Fragen der Musiktheorie. (Woprossy teorii musyki.) Moskau 1968; Walter Felsenstein: Notizen zur Inszenierungs-Konzeption ›Die Liebe zu drei Orangen‹ (1967). In: Jahrbuch der Komischen Oper Berlin IX. Berlin 1969; Stephan Stompor: ›Die Liebe zu drei Orangen‹. Dokumente zur Aufführungsgeschichte. In: Jahrbuch der Komischen Oper Berlin IX. Berlin 1969;
O. Stepanow: Maskentheater in der Oper Prokofjews ›Die Liebe zu den drei Orangen‹. (Teatr maskow w opere S.Prokofjewa ›Ljubow k trjom apelsinam‹.) Moskau 1972; Vsevolod Meyerhold: Theaterarbeit 1917—1930. Hrsg. von Rosemarie Tietze, München 1974;
Monika Lichtenfeld: Märchen, Magie und Maskenspiel in Prokofjews ›Liebe zu den drei Orangen‹. In: Programmheft ›Die Liebe zu den drei Orangen‹. Wiener Volksoper 1978/79

Der feurige Engel (L' ange de feu)
Oper in fünf Akten, sieben Bildern
Libretto von Sergej Prokofjew
nach dem gleichnamigen historischen Roman von Waleri Brjussow

Entstehung 1919—1927

Uraufführung Konzertant 25. November 1954 Théâtre de Champs-Elysées Paris, Radiodiffusion et Télévision Française (in frz. Sprache: ›L'ange de feu‹)
Szenisch 29. September 1955 Teatro La Fenice Venedig

Prokofjew

Personen

Ruprecht, ein Ritter	Baß-Bariton
Renata, von Ruprecht geliebt	Sopran
Eine Wahrsagerin	Sopran
Wirtin einer Herberge	Mezzosopran
Mephistopheles	Tenor
Agrippa Nettesheim, Doktor	Hoher Tenor
Johann Faust, Doktor der Philosophie und Medizin	Baß-Bariton
Inquisitor	Baß
Äbtissin	Mezzosopran
Jakob Glock	Tenor
Arzt	Bariton
Knecht	Bariton
Matthäus Wißmann, Universitätsfreund Ruprechts	Tenor
Schankwirt	Bariton
Graf Heinrich	Stumm
Zwei junge Nonnen	Sopran, Sopran
Drei Skelette	Sopran, Tenor, Baß
Drei Nachbarn	Bariton, Baß, Baß
Nonnen	Frauenchor
Gefolge des Inquisitors	Männerchor

Frauen- und Männerchor hinter der Szene

Orchester 3 Fl, 3 Ob, EH, 2 Klar, 2 Fg, 4 Hr, 3 Trp, 3 Pos, Tb, Pkn, Slzg, 2 Hrf, Str

Aufführungsdauer I. Akt: 35 Min., II. Akt: 25 Min., III. Akt: 25 Min., IV. Akt: 20 Min., V. Akt: 20 Min.; Gesamt: 2 Std., 5 Min.

Story
Der ehemalige Humanismusstudent Ruprecht, der sich als Kaufmann versuchte und als Landsknecht an der Eroberung der Neuen Welt beteiligte, kehrt in seine Heimat zurück. Hier bindet er sein Schicksal an das eines Weibes. Renata wird von heftigen widersprüchlichen Gefühlen gequält, weil sie weder zur Hure noch zur Heiligen taugt und Leib und Seele durch eine vollkommene Liebe zu erlösen hofft.

Ruprecht ist weit gereist und hat doch nur Weniges über die menschliche Natur erfahren. Erst durch und mit Renata entdeckt er die Wirrnisse der Seele, von denen er sich in „seiner Schulweisheit nichts träumen ließ".

Auf der Suche nach dem Engel im Mann — Madiel — wenden sich beide an Wissenschaft, Magie und Religion. Die Wissenschaft täuscht über die Abgründe der menschlichen Natur hinweg, die Magie schlägt Kapital aus den seelischen Nöten, und die Religion verketzert die Gequälten.

Da Renata leben will und es keinen Platz für Frauen ihrer Art — weder Eheweib noch Jungfrau – gibt, geht sie gegen ihre eigene Natur an. Renata kämpft mit bösen Geistern – das sind ihre mit dem Bannfluch des Lasters belegten Wünsche, Ängste und Hoffnungen. Ihr Wesen zerbricht. Sie wird seelisch krank. Doch – im Gesang – stellt sie immer wieder, mit größter Anstrengung allerdings, die Utopie, die Einheit ihres Wesens her. Für die „gesunden" Menschen ist die Welt in Ordnung, und mit dem Bösen verkehren sie freundlich. Mephisto stiftet selbst kein Unheil, er registriert es nur und sorgt, daß es unter die Leute kommt. Wissenschaftler und Inquisitoren haben Mephisto längst schon überflügelt. Sie setzen die Zeichen der Zeit, indem sie behaupten, die Welt gründe sich auf Gewalt. Der Gewalt angetan wurde, Renata, wird als Hexe gebrandmarkt. Denn an ihr wird die Behauptung zuschanden, eine auf Gewalt gründende Gesellschaft sei in Ordnung.

Renata und Ruprecht nehmen die Zeichen der Zeit nicht wahr, wenngleich sie sich an ihnen erfüllen. Ruprecht muß zusehen, wie Renata zum Feuertod verurteilt wird. Den Hilflosen flankieren Mephisto und der in sein Buch vertiefte Faust.

Vorgänge
Die Handlung spielt in Köln und Umgebung um 1534.
I. Akt (1. Bild): *Zimmer in einer Herberge.* Nach seiner Rückkehr aus Amerika, in der ersten Nacht im Heimatland, begegnet der Ritter Ruprecht dem Mädchen Renata, das sich von Dämonen verfolgt glaubt und mit ihnen ringt. Er steht ihr bei, und das Mädchen vertraut sich ihm an. Dem Kind Renata inkarnierten sich die Geheimnisse und Schönheiten der Welt in einem Engel namens Madiel. Er wurde ihr Spielgefährte. Als später die Jungfrau den Engel zu körperlicher Liebe drängte, versagte sich dieser, versprach ihr aber seine Reinkarnation als Mensch. Renata fand Madiel in Graf Heinrich wieder. Mit ihm floh sie aus dem Elternhaus und verlebte zwei glückliche Jahre auf seinem Schloß, bis Heinrich das Mädchen verließ. Seitdem sucht Renata den Grafen.

Die Ansicht der Herbergswirtin, das Mädchen sei eine irre Dirne, verleitet Ruprecht zu roher Gewalt, um das Mädchen zur Liebe zu zwingen. Doch Renatas unbedingte Verweigerung erweckt in dem stumpfen Krieger Verantwortung für eine Hilflose. Er wird ihr Beschützer. Eine von der Wirtin bestochene Wahrsagerin kündet Renata ein schlimmes Ende. Die Verängstigte verläßt mit Ruprecht die Herberge.
II. Akt, 1. Bild (2. Bild): *Ein gut eingerichtetes Zimmer.* Renata und Ruprecht sind in Köln. Renata bekommt von Jacob Glock Bücher über Magie und studiert sie. Ruprecht fahndet nach dem Grafen Heinrich auf Straßen und Plätzen der Stadt. Während einer magischen Sitzung vernehmen Renata und Ruprecht Klopfzeichen und wähnen, Heinrich beschworen zu haben. Doch ist das eine Täuschung. Jakob Glock lädt Ruprecht zu Agrippa Nettesheim, dem dreifachen Doktor, ein.

Zwischenspiel. II. Akt, 2. Bild (3. Bild): *Ein unbestimmter phantastischer Ort.* Agrippa gibt sich als Philosoph aus. Er warnt Ruprecht vor Weibermärchen und dem Blendwerk der Magie und empfiehlt ihm die Wissenschaft. Der aufgeklärte Weise glaubt an die Allmacht der Naturwissenschaft. Ruprecht ist beeindruckt.

III. Akt, 1. Bild (4. Bild): *Straße vor dem Haus Heinrichs.* Renata hat Heinrich gefunden. Dieser beleidigt das Mädchen. Renata bittet Ruprecht, sie zu rächen. Der Landsknecht fordert den Grafen zum Zweikampf. Renata verlangt von Ruprecht, er möge Heinrich im Zweikampf kein Haar krümmen.

Zwischenspiel. III. Akt, 2. Bild (5. Bild): *Steiles Ufer am Rhein.* Heinrich hat Ruprecht schwer verwundet. Der Freund Matthäus holt einen Arzt. Renata fühlt sich schuldig und vermeint, ihren Beschützer nun zu lieben. Doch sind höhnende Stimmen zu hören, die an dieser Liebe zweifeln. Der Arzt glaubt an sein Jahrhundert und daran, daß der Medizin nichts unmöglich sei.

IV. Akt (6. Bild) *Ein Platz in Köln.* Ruprecht ist wiederhergestellt. Renata, die den Unterschied zwischen Dankbarkeit und Liebe erfahren hat, verläßt ihren Beschützer. Im Streit nennt sie den Namen des Teufels, und aufs Stichwort erscheint Mephistopheles mit Faust. Mephisto posiert als Magier und drängt dem verlassenen Ruprecht seine Bekanntschaft auf.

V. Akt (7. Bild) *Düsteres Gewölbe in einem Kloster. Instrumentale Einleitung.* Renata ist Novizin geworden. Ihre erotomanische Ausstrahlung bringt Unruhe ins Kloster. Der Inquisitor will die Dämonen austreiben, entfacht aber die Aggressivität der Nonnen, die sich teils für, teils gegen Renata erklären. Mephisto zeigt Ruprecht das Schauspiel. Renata fleht um Gnade, doch dann schlägt ihre Angst um, und sie klagt den Inquisitor der Selbstgerechtigkeit, Sünde und des Umgangs mit dem Teufel an. Dieser überantwortet sie als Hexe dem Feuertod.

Genesis

Bereits 1919 gewann Prokofjew an Brjusssows Historischem Roman ›Der feurige Engel‹ Interesse. Es war ein starker Kontrast zu der eben fertiggestellten Gozzi-Oper ›Die Liebe zu den drei Orangen‹. Das Buch fesselte ihn so, daß er zwischen 1922 und 1927 die Oper niederschrieb, obgleich sich nach dem Weggang der Sängerin Mary Gordon aus Chicago 1921 kein neuer Auftraggeber für das Werk fand. Zu Lebzeiten des Komponisten gab es keine Bühne, die den ›Feurigen Engel‹ spielte. Eine erfolgreiche Konzertaufführung von Teilen des Werkes 1928 in Paris regte den Komponisten an, die instrumentalen Zwischenspiele der Oper für eine konzertante Form aufzubereiten. Ursprünglich wollte er eine Suite zusammenstellen, doch geriet ihm eine sinfonische Form, und so entstand die Dritte Sinfonie. Prokofjew hielt sie für eine seiner „wesentlichsten Kompositionen".

Strukturen

Brjussows Historischer Roman erschien 1908/09 in Rußland und wurde dort sofort sehr populär. Der Schriftsteller wollte mit seinem Buch kein „Zeitgemälde der deutschen Renaissance im 16. Jahrhundert" geben, wie es noch der Klappentext zur Ausgabe von Rütten & Loening 1981 glauben machen will. Brjussow reagierte vielmehr auf bestimmte Widersprüche seiner Zeit und Gesellschaft besonders scharf. Mit dem Erstarken der Industrie erlebten auch die Naturwissenschaften eine Blüte in Rußland, aber Elend und Unwissenheit blieben und brachten Religion und Aberglauben bei der Mehrheit des Volkes zu hohem Ansehen. Brjusssow interessierte sich für die deutsche Renaissance, weil sich in dieser Zeit sowohl die Wissenschaften als auch die Magie ausbreiteten, sowohl die Vernunft als auch der Aberglaube Triumphe feierten. Er schreibt darüber in seinem Vorwort: „Zweifelhafte Zaubereien und Wahrsagereien des Mittelalters wurden im 16. Jahrhundert zu strengen Wissenschaftszweigen erklärt ... Der Geist des Jahrhunderts, der bestrebt war, alles der Ratio unterzuordnen, vermochte auch die Magie in eine rationale Lehre zu verwandeln, machte die Wahrsagerei zu einer Sache der Vernunft und der Logik, stellte den Flug zum Hexensabbat auf eine wissenschaftliche Grundlage ... Kepler verteidigte seine Mutter, die man der Hexerei anklagte, ohne gegen die Anklage als solche Einwände zu erheben. ... Die Päpste erließen spezielle Bullen ... wie ‚An das Werk von Hexen nicht zu glauben ist größte Ketzerei.' Die Zahl dieser Ungläubigen war sehr klein, von ihnen sollte man aber unbedingt Johannes Weyer (auch Jean Wier) erwähnen, der als erster erkannte, daß die Hexerei eine besondere Krankheit darstellt." Hexenverbrennungen sind keine Entsetzlichkeiten des Mittelalters, sondern Tatsachen auch aus der Zeit der Renaissance. Die letzte Hexe wurde 1782 in der Schweiz (Glarus) hingerichtet.

Im ›Feurigen Engel‹ wird das Schicksal einer Hexe, daß heißt nach Brjussows Auffassung einer seelisch Kranken, aus der Sicht des Mannes Ruprecht erzählt. Renatas Worte: „Wir alle müßten uns vor uns selbst entsetzen und, wie der Hirsch vor dem Jäger flieht, den Klosterzellen zueilen!" bilden den Schlüssel des Romans, den man als eine frühe psychologische Fallstudie bezeichnen kann. Prokofjew unterscheidet nicht zwischen „gesunden Männern" und „kranken Frauen", sondern zwischen Tätern, Opfern und Hilflosen. Die Motive der Täter sind vielfältig, sehr heutig. Die Wirtin zum Beispiel handelt aus Geschäftssinn, Graf Heinrich aus Gewohnheit, Faust aus Gleichgültigkeit, die Natur- und Geisteswissenschaftler – Agrippa und der Inquisitor – handeln aus Überzeugung. Mangel an Gefühl, das banale Böse ist das Reale. Das Phantastische sind die Reaktionen des Opfers: daß sich eine noch so lange wehren kann! Diese Frau soll irritieren. Prokofjew stellt auf bestürzend deutliche Weise die Frage, wie wir uns als „Kinder des wissenschaftlichen Zeitalters" (Brecht) im Dschungel zurechtfinden, der aus den Nöten der menschlichen Natur entsteht. Analog zu Brjussows Beispiel – der den Hexenwahn nicht grundsätzlich in Frage stellende Kepler – sind nicht einzelne Menschen der Gewalt anzuklagen, sondern die auf Gewalt gründende Gesellschaft selbst ist in Frage zu stellen. Sublime Spielarten der Gewalt bestimmen auch das Verhältnis Renata – Ruprecht, Ruprecht – Renata.

In der Ablehnung eines blinden Fortschrittsglaubens sowie im scharfen Blick auf die gequälte und erniedrigte menschliche Kreatur trifft sich Prokofjews ›Feuriger Engel‹ mit Alban Bergs ›Wozzeck‹. Die stoffliche Ebene – Deutschland im 16. Jahrhundert – erweist sich lediglich als ein die thematische Linie kolorierendes Element, ist aber dann doch von wesentlicher Bedeutung, wenn der alte, aber noch bezeugte und beglaubigte Gegenspieler menschlich schöpferischen Strebens — der Teufel — als Opernbuffo und Scharlatan verabschiedet wird. Noch aber verfügt er über die Fähigkeit, Ruprecht zum geheimen Zeugen des Aufruhrs im Kloster zu machen. Der Teufel wird noch gebraucht, wenn der Mensch dem Schrecklichen ins Auge blicken soll. Hier steht die Oper in der Traditionslinie, die eine ihrer literarischen Ausformungen in Bulgakows Roman ›Der Meister und Margarita‹ gefunden hat.

In musikwissenschaftlichen Analysen wurde zu Recht die Zuordnung melodisch-thematischer Komplexe zu bestimmten Figuren — so zu Renata und Ruprecht — und der sinfonische Charakter bestimmter Passagen hervorgehoben. Doch damit ist das Wesen dieser bedeutenden Opernkomposition noch nicht bestimmt. In der musikalischen Bewegung der den beiden Hauptfiguren zugehörenden und deren Grundsituation signalisierenden Themenkomplexe werden die Motive als in sich geschlossene Einheit bewahrt. Sie unterliegen weniger den klassischen Gesetzen sinfonischer Entwicklung, sondern vielmehr starken Verwandlungen, Verengung und Verbreiterung ihrer melodischen sowie Beschleunigung und Verlangsamung ihrer rhythmischen Struktur, tauchen aber immer wieder in ihrer ursprünglichen Gestalt im musikalischen Fluß auf. Der musikalische Bewegungsduktus vermittelt so nicht den Eindruck von etwas sich Veränderndem, sondern von etwas in sich Kreisendem. Die akzentuierte Motorik und scharf zupackende Bläserklänge drängen die Streicherkantilenen zu ausweglos schreiender Höhe, so die psychologische Grundsituation der Hauptfiguren vermittelnd. Der sinfonische Kern steht inmitten angrenzender Szenen mit traditionellen Operntypen (Wirtin, Wahrsagerin, Mephistopheles, Faust). Diese Figuren und die mit ihnen verknüpften Szenen werden durch ein fest umrissenes, in sich beschränktes Material konstituiert, das den sinfonischen Kern nie durchstößt, sondern ihn nur tangiert und somit auch kontrastiert. In der Schlußszene verläuft die Reduktion des musikalischen Materials analog der hier durch Zwang hervorgerufenen Reduzierung menschlicher Empfindungen auf Angst und auf Aggressivität. Chromatische Tonalität, freier Wechsel zwischen funktionell-harmonischen Bindungen und nicht-funktionellen Strukturen, Ambivalenzen zwischen Dur und Moll in der Bewegung und im Akkordaufbau sind in dieser Oper deutlich ausgeprägt, korrespondieren mit der Expressivität und Unrast der Hauptfiguren.

Aneignung
In der physisch überaus anstrengenden Partie der Renata (die 1 1/2 Stunden von insgesamt 2 Stunden Spieldauer umfaßt) liegen Schwierigkeiten bei der szenischen Realisierung des Werkes. Doch ist die Oper seit der Uraufführung 1955 in Venedig (Regie Giorgio Strehler, Bühnenbild Luciano Damiani) — wenn auch nicht häufig inszeniert — nicht mehr aus dem Repertoire des Welttheaters wegzudenken, wie die Inszenierungen in Mailand (La Scala) 1956, in Basel (Städtisches Theater) 1957, Spoleto (Festival) 1959, Graz 1963, Prag 1963, Paris (Opéra Comique) 1964, London (Sadler's Wells Theatre) 1965, New York (New York City

Opera) 1965, Berlin/DDR (Deutsche Staatsoper) 1965, Buenos Aires 1966, Lausanne 1966, Frankfurt/Main 1969 und Prag 1981 beweisen.

1978 publizierte der Prokofjew-Biograph Israel Nestjew in der Zeitschrift *Sowjetskaja Musyka* einen offenen Brief an Boris Pokrowski. Darin forderte er den Chefregisseur des Bolschoi Theaters Moskau auf, die Opern Prokofjews stärker auch im Repertoire des hauptstädtischen Theaters zu berücksichtigen und insbesondere den ›Feurigen Engel‹ nicht zu vergessen.

Nestjew trug den gängigen Einwand gegen das Werk, es sei nicht frei von mystischen Zügen, vor und widerlegte ihn. Boris Pokrowski antwortete ihm in einem offenen Brief 1980 in der gleichen Zeitschrift, in dem Augenblick, da er wußte, daß er den ›Feurigen Engel‹ 1981 am Smetana-Theater in Prag inszenieren würde. Die Antwort berührt grundsätzliche Aspekte.

„... Die Hauptpersonen dieser Oper sind so anzufassen und zu interpretieren... wie wir es mit Lear, Boris Godunow, Tartuffe oder Don Juan machen würden... Renata ist eine Freiheitsliebende, wie sie sich im Dunkel des Mittelalters zeigt. Sie hat eine bis zum Schmerzhaften gehende Überzeugung von der unbedingten Vorherbestimmung ihrer Lebensrichtung, sie verfügt über außerordentliche Kräfte, sie glaubt, daß ihre Absichten von Gott eingegeben sind, so auch ihre romantische Leidenschaft. Das alles erscheint als eine Art Protest gegenüber dem den menschlichen Willen hemmenden religiösen Dogma. In Renata ist ein ekstatisches Bestreben, Dunkles, Vorurteile und Gewalt zu überwinden. Die Liebe ist hierbei von zweitrangiger Bedeutung. Deswegen denke ich, daß Werner Otto (der Dramaturg der Aufführung an der Deutschen Staatsoper Berlin 1965 — S.N.) den Rahmen des Werkes wesentlich eingeengt hat, wenn er glaubte, mystische Details scheuen zu müssen, und den Ideengehalt des Werkes auf ‚den menschlichen Kern des Liebesdramas um Renata und Ruprecht' reduziert hat.

Ich bin auch nicht einverstanden mit seiner Meinung, der Librettist Prokofjew sei schlechter als der Komponist Prokofjew. Die Zweiteilung des Opernschöpfers in einen Dramaturgen und in einen Komponisten ist in unserer Zeit etwas archaisch, um es vorsichtig auszudrücken. Wozu taugt es, was nützt es, ein Werk zu ‚analysieren' und hierbei sein Wesen zu verletzen? Ich arbeite an der Berliner Staatsoper, ich habe dort viele Freunde. Bei aller Achtung vor ihrer Aufführung halte ich nichts von dem naiven Bestreben, den Schöpfer einer Oper durch literarische Erläuterungen zu ‚verbessern'. (An der Deutschen Staatsoper wurden die Bilder durch gelesene Auszüge aus Brjussows Roman ‚erläutert'. — S.N.)

Prokofjew wäre nicht Prokofjew gewesen, wenn er nicht in die ebenmäßige dramatische Kollision ein irritierendes, schärfendes Moment (wörtlich: einen Igel — S.N.) eingebaut hätte. Es sind Faust und Mephisto. Ich bin überzeugt davon, daß diese ‚Helden' (bei Brjussow sind es andere) nicht zufällig aus volkstümlichen, populären Werken ausgeliehen sind. Sie dienen der ‚shakespearehaften' Gegenüberstellung zwischen den wahrhaften Geheimnissen der menschlichen Seele und dem provinziellen Getue ‚opernhafter Teufelei'. Aller ‚Hokuspokus' à la Mephisto, der den Faust langweilt, ist fade und kleinlich neben dem tiefen seelischen Trauma der Heldin.

Prokofjew ist Prokofjew. Man sollte ihn nicht redigieren, dämpfen, man sollte seine Struktur nicht vereinfachen, wobei man schamhaft Unebenheiten verbirgt, man sollte sie vielmehr schärfen ...

Sie (Nestjew — S. N.) haben sehr genau und eindringlich die möglichen Einwände gegen die Oper wegen ihres angeblichen ‚Mystizismus und ihrer krankhaften Exaltation' widerlegt. Tatsächlich sind dies lediglich künstlerische Mittel, eindrucksvolle künstlerische Mittel dazu. Wirft man sie beiseite, entschärft man sie, würde das bedeuten, sie durch ein fades Grau zu ersetzen. Und das eben ist Sergej Sergejewitsch Prokofjew in seinem Schaffen stets hassenswert erschienen.

Letztlich besteht ja unsere Aufgabe nicht darin, Leben, wie es ist, auf der Bühne zu zeigen, sondern unsere Aufgabe besteht darin, das Leben zur ästhetischen Realität zu bringen. Wen mag es erschrecken, wenn es auf dem Boden oder an der Decke klopft? Wenn es um ‚kleine Geister' geht, wer wird an diese glauben? In unserer Zeit? Und doch ist die künstlerische Wirkung ungeheuer! Die wütenden Verwünschungen des Inquisitors, das furchtbare Urteil über die arme Frau, das sind Tatsachen, die von der Insolvenz und Furcht der Dogmatiker zeugen, von deren Schwächen und zugleich Tollkühnheit, wenn es um die Festigung ihrer wankenden ‚Wahrheiten' geht ...

Ihr Brief ist von der Zuneigung zum Schaffen Prokofjews, von der Sorge um die Entwicklung der Kunst im Operntheater und vom Glauben an seine Zukunft geprägt. Es gibt keine größere Ehre für den Regisseur, als der Adressat dieser ‚Ansprüche' zu sein. Ich hoffe, daß dem sowjetischen Theater genügend Kraft gegeben sein wird, in der Zusammenarbeit zwischen Dirigenten und Darstellern dieses lang anstehende Problem (Prokofjews Werk in seiner ganzen Breite anzueignen — S. N.) zu lösen ...."

Die sowjetische Erstaufführung des ›Feurigen Engels‹ fand 1983 am Theater Perm statt, das Opernhaus in Taschkent stellte 1984 das Werk erstmals in einer ungekürzten Fassung dem sowjetisch-usbekischen Publikum vor.

Autograph Lithographie des handschriftlichen KlA Zentrales Staatliches Archiv für Literatur und Kunst Moskau
Prokofjew hat den ›Feurigen Engel‹ in russischer Sprache komponiert. Der russische Text wurde bei der Edition durch Boosey & Hawkes überklebt und galt lange Zeit als verloren. 1977 wurde das russischsprachige Autograph in London gefunden, und auf dieser Grundlage gab 1981 der Verlag Musyka in Moskau seinen Klavierauszug heraus.
Ausgaben KlA (dt.) Lithographie, Gutheil 1927; Part und KlA Boosey & Hawkes Bonn o. J.; Text (dt.) Boosey & Hawkes Bonn 1960; KlA Musfond SSSR Moskau 1967; KlA (russ.) Musyka Moskau 1981
Literatur Sergej Prokofjew. Dokumente, Briefe, Erinnerungen. Hrsg. von Semjon Schlifstein, Leipzig 1955; Israel Nestjew: Prokofjew. Der Künstler und sein Werk. Berlin 1962; N. Rshawinskaja: Über die Rolle des Ostinato und einige Formprinzipien in der Oper ›Der feurige Engel‹. (O roli ostinato i nekotorych prinzipach formoobrasowanija w opere ›Ognenny angel‹.) In: Sergej Prokofjew. Aufsätze und Forschungen. (Sergej Prokofjew. Statji i issledowanija.) Hrsg. von Wladimir Blok, Moskau 1972; Briefwechsel zwischen Israel Nestjew und Boris Pokrowski zum ›Feurigen Engel‹. In: *Sowjetskaja musyka*, Moskau 1978, Nr. 4 und 1980, Nr. 5: Israel Nestjew: Warum wird der ›Feurige Engel‹ nicht inszeniert? Offener Brief an B. A. Pokrowski. (Potschemu ne stawjat ›Ognennogo angela‹. Otkrytoje pismo B. A. Pokrowskomu.) und Boris Pokrowski:

Zum ›Feurigen Engel‹. Antwort auf den offenen Brief von I. Nestjew. (Ob ›Ognennom angele‹. Otwet na otkrytoje pismo I. Nestjewa.);

Werner Otto: ›Der feurige Engel‹ — Stück und Deutung. In: Programmheft ›Der feurige Engel‹. Deutsche Staatsoper Berlin 1965

Semjon Kotko (Semjon Kotko)

Oper in fünf Akten, sieben Bildern
(Opera w pjati dejstwijach, semi kartinach)
Libretto von Valentin Katajew und Sergej Prokofjew nach der Erzählung ›Ich bin ein Sohn des werktätigen Volkes‹ von Valentin Katajew

Entstehung 1939

Uraufführung 23. Juni 1940   Staatliches Operntheater K. S. Stanislawski Moskau

Personen

Semjon Kotko, demobilisierter Soldat	Tenor
Seine Mutter	Alt
Frosja, Schwester Semjons	(Hoher) Mezzosopran
Remenjuk, Vorsitzender des Dorfsowjets, Kommandeur der Partisanenabteilung	Baß
Tkatschenko, ehemaliger Feldwebel	Baritonaler Baß
Chiwra, seine Frau	Alt
Sofja, Tochter Tkatschenkos	Sopran
Zarjow, Matrose	Bariton
Ljubka, Braut Zarjows	Sopran
Mikolka, junger Bursche	Tenor
Iwassenko, Alter	Baß
Klembowski, Gutsbesitzer	Tenor
von Virchow, Oberleutnant der deutschen Armee	Bariton
Alter Deutscher, Wachtmeister	Bariton
Dolmetscher	Tenor
Erster und zweiter Alter	Baß, Baß
Erste, zweite, dritte und vierte Alte	Sopran, Mezzosopran, Alt, Sopran
Zwei Altersgenossen	Bariton, Tenor
Bursche	Baß
Bandura-Spieler	Baß (Bariton)
Erster und zweiter Haidamake	Baß, Tenor
Ordonnanz	Baß (Bariton)
Bauern, Partisanen, Rotarmisten, Deutsche, Haidamaken	Gemischter Chor

Orchester Picc, 2 Fl, 2 Ob, EH, 2 Klar, BKlar, 2 Fg, KFg, 4 Hr, 3 Trp, 3 Pos, Tb, Pkn, Slzg, Hrf, Str

Bühnenmusik: 2 Hr, 2 Trp, 3 Pos, Tb, Slzg, Sch, Gl, Git, Domra (oder Hrf im Orchester), Ziehharm

Aufführungsdauer I. Akt: 50 Min., II. Akt: 35 Min., III. Akt: 45 Min., IV. Akt: 30 Min., V. Akt: 20 Min.; Gesamt: 3 Stdn.

Vorgänge
Die Handlung spielt 1918 in der Ukraine.
Vorspiel. **I. Akt**, 1. Bild (1. Bild): *Vor der Hütte Kotkos.* Der Soldat Semjon Kotko kehrt aus dem Krieg zurück. Er wird freundlich willkommen geheißen und genießt als Soldat bei alt und jung im Dorf ein hohes Ansehen, so auch bei dem geliebten Mädchen Sofja Tkatschenko.
I. Akt, 2. Bild (2. Bild): *Hütte Semjons.* Auf Anraten seiner Schwester Frosja schickt Semjon Brautwerber zum reichen Bauern Tkatschenko.
II. Akt (3. Bild): *Haus Tkatschenkos.* Der Vorsitzende des Dorfsowjets Remenjuk und der Matrose Zarjow werben für Semjon um Sofja. Der ehemalige zaristische Feldwebel Tkatschenko fürchtet die bolschewistischen Brautwerber. Gegen den Willen des Vaters willigt Sofja ein, Semjons Frau zu werden. Die Verlobungsfeier endet, als ein deutscher Unteroffizier von den Dorfbewohnern für seine Leute Verpflegung erpressen will. Er wird betrunken gemacht, entwaffnet und davongejagt. Der Vorsitzende des Dorfsowjets rechnet mit einem Vergeltungsschlag und geht als Partisan in die Wälder.
III. Akt (4. Bild): *Garten neben Tkatschenkos Haus.* Die Deutschen üben Vergeltung. Tkatschenko gibt ihnen die Namen der im Dorf verbliebenen Bolschewiki an. Der alte Bauer Iwassenko und der Matrose Zarjow werden gehängt; Semjon kann mit Mikolka, dem Freund seiner Schwester, fliehen. Semjons Anwesen wird niedergebrannt, Zarjows Braut wird wahnsinnig.
IV. Akt, 1. Bild (5. Bild): *In der Steppe.* Semjon und Mikolka stoßen zu den Partisanen. Die Leichen der beiden Gehängten haben sie mitgebracht. Remenjuk betrauert die Toten.
IV. Akt, 2. Bild (6. Bild): *In der Steppe. Monate später, im Herbst.* Frosja berichtet den Partisanen von den Repressalien der Deutschen und ruft Semjon zu Hilfe, um Sofja vor der Heirat mit dem Gutsbesitzer Klembowski zu bewahren. Die Hauptabteilung der Partisanen kündigt ihr Kommen an und beauftragt Remenjuks Abteilung, Panik unter den Deutschen herbeizuführen und Kontakt zur Dorfbevölkerung aufzunehmen. Semjon macht sich auf, den Befehl auszuführen und Sofja zu retten.
IV. Akt, 3. Bild (7. Bild): *Platz vor der Kirche in Semjons Dorf.* Das Hochzeitsritual endet, als Semjon eine Handgranate in die Kirche wirft. Klembowski wird verwundet. Die Deutschen ziehen sich vor den anrückenden Partisanen zurück. Den Verräter Tkatschenko erwartet die gerechte Strafe. Semjon wird weiterkämpfen.

Genesis

Den Rat, eine Oper nach der 1937 erschienenen Erzählung Valentin Katajews zu schreiben, erhielt Prokofjew von Alexej Tolstoi. Katajew selbst verfaßte das Libretto für Prokofjew. Doch zeigte sich in beider Zusammenarbeit, daß sie verschiedene ästhetische Konzeptionen vertraten. Prokofjew nahm daher entscheidenden Einfluß auf die Ausarbeitung des Librettos.

„Katajew stellte sich die Oper im Charakter ukrainischer volkstümlicher Opern mit einer großen Anzahl von Arien, Liedern und Tänzen vor. Prokofjew lehnte das entschieden ab. Wie bei seinen früheren Werken wollte er sich erneut an das Prinzip der ‚Dialog'-Oper halten, die die Arienform nur minimal anwendet. ‚Ich brauche keine Arien und Verse', meinte er zu Katajew. Der Forderung des Komponisten entsprechend, schuf Katajew ein Libretto, das viele Prosadialoge unverändert beibehielt. Gereimte Texte wurden, abgesehen von einigen später der bereits fertigen Musik unterlegten Versen, überhaupt nicht verwendet." (Israel Nestjew: Sergej Prokofjew. Der Künstler und sein Werk)

Zwischen Frühjahr und Herbst 1939 entstand die Oper. Die Instrumentierung erfolgte nach einer (vorwiegend in der Unterhaltungsindustrie) in Amerika gebräuchlichen Methode: Prokofjew versah den Klavierauszug mit entsprechenden Instrumentierungsvermerken, die von Gehilfen — hier von den Musikwissenschaftlern Pawel Lamm und Wladimir Dershanowski — realisiert wurden, die auch die Reinschrift der Partitur anfertigten.

Kommentar

Prokofjew war sich der Schwierigkeiten bewußt, eine Oper nach einem unmittelbaren Gegenwartsstoff zu komponieren. Er wußte auch, daß die zeitgemäße Thematik nicht von einer konservativen Position aus zu gestalten sei. 1940 schrieb er für eine vom Stanislawski-Operntheater geplante Festschrift seine Gestaltungsabsichten und Prinzipien nieder: „Eine Oper über einen sowjetischen Stoff zu schreiben ist keineswegs eine einfache Aufgabe. Hier handelt es sich um neue Menschen, neue Empfindungen, eine neue Art zu leben, so daß uns vieles aus der Rüstkammer der klassischen Oper fremd und unangebracht vorkommen kann. Wenn Arien des Lenski oder des Fürsten Igor in den Opern Tschaikowskis oder Borodins natürlich erscheinen, so dürfte zum Beispiel eine Arie des Vorsitzenden eines Dorfsowjets bei der geringsten Ungeschicklichkeit des Komponisten Befremden beim Publikum hervorrufen. Ein Rezitativ, mit dem ein Kommissar eine Telefonnummer verlangt, kann die Schultern zucken lassen... Mich fesselte die Erzählung Valentin Katajews ›Ich bin ein Sohn des arbeitenden Volkes‹, die die gegensätzlichen Elemente in sich vereinigte: Liebe junger Menschen, Haß der Vertreter der alten Welt, kämpferisches Heldentum, Tränen über Verlorenes und lustige, dem Humor der Ukrainer so ureigene Späße ... Ich sorgte bei meiner Oper für ständige Bewegung auf der Bühne, bemüht, die Handlung keinen Augenblick abflauen zu lassen. Aber was wird mit den Arien? Die Arie ist in der Oper etwas Feststehendes, sie gibt dem Komponisten die Möglichkeit, eine Melodie auszuspinnen, und dem Sänger die Gelegenheit, seine Stimme hören zu lassen. Aber wie, wenn während einer solchen Arie fünf Minuten lang ... nichts anderes vor sich geht, als daß der Sänger manchmal den einen oder den anderen Arm hebt? Von diesem Gesichtspunkt aus teile ich die Arien in zwei Arten. Zur ersteren zähle ich die Arie des Lenski, während der tatsächlich nichts vor sich geht, und zur letzteren, sagen wir, die Briefszene der Tatjana ... Ich möchte, daß meine Oper Arien dieser (der letzteren — S. N.) Art aufwiese. Natürlich sind solche viel schwerer zu erfinden und gelegentlich durch Szenen mit kantablen Partien zu ersetzen, die, ohne Arien im eigentlichen Sinne zu sein, doch der Entfaltung des Gesangs nicht weniger Möglichkeiten geben ...

Trockenen Rezitativen wich ich als dem am wenigsten interessanten Opernelement aus. An ausdrucksvolleren Momenten war ich bestrebt, das Rezitativ gesanglich zu gestalten, womit ich ein sogenanntes melodisches Rezitativ erhielt. An mehr ‚sachlichen' Stellen ging ich zur rhythmisch gesprochenen Rede über ... Für einen der wesentlichsten Bestandteile eines Kunstwerkes halte ich das melodische Element und legte daher auf das Melodische im ›Semjon Kotko‹ ganz besonderen Wert. Jede Melodie prägt sich bald ein, wenn ihre Intervalle an etwas erinnern, wenn sie nach bestehenden Vorbildern aufgebaut ist. Wenn dagegen die Intervalle einer Melodie neu sind, werden sie im ersten Moment nicht für melodisch gehalten und die Tonfolgen erst nach mehrmaligem Hören als Melodie empfunden. Und noch etwas: Wenn eine Oper wenig Motive enthält, aber ein jedes hartnäckig mehrere Male wiederholt wird, so behält sie der Hörer und nimmt sie mit nach Hause. Enthält sie viele Motive, so verliert sie der Hörer beim ersten Mal, behält sie nicht und ist geneigt, den Überfluß für Armut anzusehen ...

Trotz des offensichtlichen ‚Vorzuges' des sofortigen Einschlagens einer in ihren Wendungen bekannten und aus oft wiederholten Melodien bestehenden Oper habe ich das entgegengesetzte Verfahren vorgezogen und mit neuem Material operiert, nach Möglichkeit neue und viele Melodien gebracht. Wenn eine solche Musik auch beim ersten Kennenlernen schwerer zu verstehen ist, so tritt doch vieles beim zweiten und dritten Hören hervor. Besser, wenn der Hörer jedesmal etwas Neues entdeckt, als wenn er nach dem zweiten Hören erklärt, daß ihm alles bekannt sei und sich weiteres Anhören nicht lohne ..." (Sergej Prokofjew: Semjon Kotko)

Prokofjew hielt sich nur partiell an seine eigenen Grundsätze. Hartnäckig wiederholt er ganze Themenkomplexe, gibt ihnen leitmotivische Funktion, gestaltet viele seiner Melodien nach gängigen bekannten Mustern, die er unter anderem ukrainischen Volksliedsammlungen entnahm.

Musikalische Handlung findet als ein Nebeneinander von Liedern, Arien und Chören mit simpler Melodik auf diatonischer ungebrochener Grundlage und mit Redeintonationen im sekundgeschärften musikalischen Umfeld statt.

Israel Nestjew hat das positiv als „Intonationskonflikt" definiert, ohne zu prüfen, was es bedeutet, wenn technisch avanciertes Material zur Charakteristik des Überlebten eingesetzt wird, während die konventionelle Simplizität dem fortgeschrittenen Teil der Menschheit Gestalt verleihen soll: „Die Fabel mit den sich gegenüberstehenden Kräftepolen (einerseits die einfachen Menschen, die nach Frieden und Glück streben — Semjon, Sofja, Frosja, Mikolka, die Bolschewisten Remenjuk und Zarjow, andererseits die Feinde der Revolution — der Kulak Tkatschenko, der Gutsbesitzer Klembowski, die deutschen Okkupanten und die ukrainischen Haidamaken) legte dem Komponisten einen entsprechenden ‚Intonationskonflikt' nahe: Züge warmer Lyrik oder listigen Humors, Elemente volkstümlicher Liedhaftigkeit bei der Charakteristik der positiven Helden; harmonische Schärfen bei der Darstellung der Feinde... Das Prinzip der Leitmotive wird in ›Semjon Kotko‹ besonders auffällig angewandt. Sie werden entweder zu rein instrumentalen Formeln, oder sie entstehen auf der Grundlage charakteristischer Vokalrepliken. Bemerkenswert ist zum Beispiel das Liebesthema Semjons und Sofjas, das über der zarten rezitativischen Szene des Abschieds steht... Die Orchesterleitmotive der Feinde sind grob-lapidar, melodisch und harmonisch geschärft (Thema des deutschen Einfalls, Thema der Haidemaken, Thema Klembowskis u. a.)." (Israel Nestjew: Sergej Prokofjew. Der Künstler und sein Werk)

Verbreitung
Israel Nestjew berichtet über die Uraufführung: „Gegenüber der fast einmütigen Anerkennung des Balletts ›Romeo und Julia‹ (wenige Monate vor der Uraufführung des ›Semjon Kotko‹ hatte das Ballett am 11.Januar 1940 am Kirow Theater seine sowjetische Erstaufführung — S.N.) rief die Oper ›Semjon Kotko‹ in Musikerkreisen starke Meinungsverschiedenheiten hervor. Ein Teil der Musiker hielt die Oper für ein Meisterwerk der sowjetischen realistischen Kunst, andere beschuldigten Prokofjew der Entstellung der lebendigen Wahrheit und der Rückkehr zum Modernismus. Ein halbes Jahr dauerte die Diskussion auf den Seiten der *Sowjetskaja musyka*. Einige Teilnehmer der Auseinandersetzung verglichen die Oper Prokofjews mit der Oper ›Im Sturm‹ von Chrennikow, die in der gleichen Saison erschien. Man fand Chrennikows Oper demokratischer und verständlicher. Die Diskussion wurde später von der Allunionskonferenz (Dezember 1940) wieder aufgenommen... 1941 verschwand die Oper ›Semjon Kotko‹ aus dem Repertoire des Theaters."

Im November 1957 fand in Moskau eine konzertante Aufführung des ›Semjon Kotko‹ im Haus der Bühnenschaffenden statt. Es folgten Einstudierungen in Brno 1959, Perm 1960, Karl-Marx-Stadt und Dresden 1962 sowie in Moskau 1970 (Bolschoi Theater, Regie Boris Pokrowski).

Autograph Autorisierte Reinschrift Part Zentrales Staatliches Archiv für Literatur und Kunst Moskau KlA Staatliches Zentrales Museum Musikalischer Kultur M.I. Glinka Moskau
Ausgaben Part Musgis Moskau 1947; Part Musyka Moskau 1967; KlA Musgis Moskau 1960; KlA Deutsche Bühnenfassung von Ilse Winter und Carl Riha. Henschelverlag Berlin 1961; KlA Sowjetski kompositor Moskau 1962; Text Musgis Moskau 1962
Literatur Sergej Prokofjew: ›Semjon Kotko‹ In: Sergej Prokofjew. Dokumente, Briefe, Erinnerungen. Hrsg. von Semjon Schlifstein, Leipzig 1965; Israel Nestjew: Sergej Prokofjew. Der Künstler und sein Werk. Berlin 1962; Marina Sabinina: ›Semjon Kotko‹ und die Dramaturgie Prokofjews. In: *Kunst und Literatur*, Berlin 1961, H. 3

Die Verlobung im Kloster/Duenna
(Obrutschenije w monastyre)/(Duenja)

Lyrisch-komische Oper in vier Akten, neun Bildern
(Liriko-komitscheskaja opera w tschetyrjoch dejstwijach, dewjati kartinach)
Libretto von Sergej Prokofjew nach der Komödie ›The Duenna‹ von
Richard Sheridan, Verstexte von Mira Mendelson

Entstehung 1940

Uraufführung 3. November 1946 Staatliches Akademisches Theater für Oper und Ballett (Kirow Theater) Leningrad (›Duenna‹)

Personen

Don Jerome, ein Edelmann aus Sevilla	Tenor
Don Ferdinand, sein Sohn	Bariton
Luisa, seine Tochter	Sopran
Duenna bei Luisa	Alt
Antonio	Tenor
Clara, Freundin Luisas	Mezzosopran oder tiefer Sopran
Mendoza, reicher Fischhändler	Baß
Don Carlos, verarmter Edelmann, Freund Mendozas	Bariton
Vater Augustin, Abt eines Klosters	Bariton
Vater Eustaph	Tenor
Vater Chartreuse	Bariton
Vater Benedikt	Baß
Erster und zweiter Klosterbruder	Tenor, Tenor
Lauretta, Dienerin Luisas	Sopran
Rosina, Dienerin Claras	Alt oder Mezzosopran
Lopez, Diener Ferdinands	Tenor
Ein Freund Don Jeromes	Stumm, spielt auf dem Cornet à piston
Sancho, Diener Don Jeromes	Stumm, spielt auf einer großen Trommel
Diener, Dienerinnen, Mönche, Nonnen, Gäste, Masken, Händler	Gemischter Chor und Ballett

Orchester 3 Fl, 2 Ob, EH, 2 Klar, BKlar, 2 Fg, KFg, 3 Trp, 3 Pos, Tb, Pkn, Slzg, Glasharm, Hrf, Str
Bühnenmusik: Fl, Klar, ASax, 2 Hr, Kor, Trp, Pos, Tb, Bck, Trgl, GrTr, 4 Vl, 3 Va, 3 Vc, 2 Kb

Aufführungsdauer I. Akt: 30 Min., II. Akt, 1. Bild: 17 Min., II. Akt, 2. Bild: 20 Min., II. Akt, 3. Bild: 15 Min., III. Akt, 1. Bild: 15 Min., III. Akt, 2. Bild: 12 Min., III. Akt, 3. Bild: 15 Min., IV. Akt, 1. Bild: 16 Min., IV. Akt, 2. Bild: 15 Min.; Gesamt: 2 Stdn., 35 Min.

Vorgänge
Ort und Zeit der Handlung ist Sevilla im 18. Jahrhundert.
Ouvertüre. **I. Akt** (1. Bild): *Platz vor Don Jeromes Haus.* Der Edelmann Jerome partizipiert am Reichtum des alten Fischhändlers Mendoza und läßt sich dafür seine Tochter Luisa abschwatzen. Es ist Karnevalszeit. Der arme, aber junge und adlige Antonio singt Serenaden und gewinnt das Herz Luisas.
II. Akt, 1. Bild (2. Bild): *Zimmer Luisas im Hause des Vaters.* Vergeblich erheben Luisa und ihr Bruder Ferdinand Einspruch gegen die Heirat. Die alternde Duenna rät zur List. Luisa flieht in den Kleidern der Duenna aus dem Haus.
 II. Akt, 2. Bild (3. Bild): *Am Ufer.* Eine Freundin Luisas, Clara, hat ebenfalls das Elternhaus verlassen. Sie wird von Luisas Bruder Ferdinand geliebt, fühlt sich aber von ihm beleidigt und flieht in ein Kloster. Luisa bittet Mendoza, der nicht weiß, daß er die Tochter Don Jeromes vor sich hat, um Unterkommen in seinem Haus.
 II. Akt, 3. Bild (4. Bild): *Don Jeromes Haus.* Die Duenna macht Mendoza glauben, sie sei die Tochter des Hauses, und bittet, er möge sie entführen und sich heimlich mit ihr trauen lassen. Mendoza ist erstaunt, willigt aber ein.
III. Akt, 1. Bild (5. Bild): *Im Hause Mendozas.* Antonio und Luisa wollen sich trauen lassen. Mendoza schließt sich ihnen mit seiner vermeintlichen Luisa — der Duenna — an.
 III. Akt, 2. Bild (6. Bild): *In Don Jeromes Haus.* Papa Jerome übt mit zwei Freunden sein Lieblingsmenuett, wird aber immerfort gestört. Mendoza und Luisa bitten ihn durch zwei Boten um seine Einwilligung zur Heirat. Don Jerome gibt seiner Tochter und Mendoza die gewünschte Einwilligung, ohne daß er der wirklichen Zusammenhänge gewahr wird.
 III. Akt, 3. Bild (7. Bild): *Garten eines Nonnenklosters.* Auf der Suche nach Clara findet Ferdinand endlich die Geliebte, erklärt ihr seine Treue und versöhnt sie.
IV. Akt, 1. Bild (8. Bild): *Mönchskloster.* Die Mönche fressen und saufen, spielen aber vor Mendoza und Antonio die Pflichtbewußten. Sie lassen sich durch Geld bewegen, die Paare Mendoza—Duenna, Antonio—Luisa, Ferdinand—Clara heimlich zu trauen.
 IV. Akt, 2. Bild (9. Bild): *Saal im Hause Don Jeromes.* Jerome hat Hochzeitsgäste geladen und wartet auf das Paar Mendoza—Luisa. Von der völlig anderen Konstellation ist er überrascht, weiß sich aber über den ins Haus gekommenen armen Schwiegersohn Antonio mit der reichen Schwiegertochter Clara schnell zu trösten. Nur Mendoza grollt. Doch hofft die Duenna, ihn zu versöhnen.

Genesis
Prokofjew schrieb, angespornt vom Interesse des Ensembles, die Komische Oper ›Die Verlobung im Kloster‹ für das Stanislawski-Operntheater in sehr kurzer Zeit, vom Frühjahr bis Herbst 1940. Bereits im Juni 1941 konnte die Einstudierung des Werkes in einigen geschlossenen Vorstellungen gezeigt werden, sendete der sowjetische Rundfunk Ausschnitte. Der Überfall Hitlerdeutschlands auf die

Sowjetunion ließ es nicht zur geplanten Uraufführung kommen. Das Werk erlebte, leicht überarbeitet, erst 1946 seine Uraufführung. 1948 verfiel auch diese Oper dem Formalismus-Verdikt und kam erst 1959 in Inszenierungen des Opernstudios des Moskauer Konservatoriums sowie des Stanislawski-Nemirowitsch-Dantschenko-Musiktheaters Moskau wieder auf die sowjetischen Bühnen.

Kommentar

So verwickelt sich die Handlung gibt, so simpel ist der Inhalt der Komödie in der Opernversion geworden: Ein Edelfräulein liebt den armen Jüngling Antonio, soll aber an einen reichen Fischhändler verheiratet werden. In den Kleidern ihrer alternden Duenna flieht das Mädchen aus dem Vaterhaus, während sich die Bedienstete als Fräulein ausgibt und den alten Krösus heiratet. Luisa bekommt ihren Antonio und ihr Bruder seine Liebste. Die Jugend triumphiert über die Generation der Väter.

Die Situationen dieser Nummernoper sind geschickt gebaut, wiewohl in der Darstellung das Bemühen um naive Antiquiertheit deutlich wird. Das schlägt auf die Musik zurück. Es dominiert das Heiter-Idyllische, die raffinierte Pseudo-Naivität und die kleine effektvolle Lustigkeit.

„In einem sehr einfachen Kosmos melodischer, harmonischer und rhythmischer Gestalten wird eine erstaunliche Fülle an musikalischer Bewegung entwickelt... In den karnevalistischen Aufzügen vor Jeromes Haus fesselt ein langsamer, sich steigernder Walzer mit klopfendem Schlagzeug; Beckmesserklänge würzen das Gitarrenlied der Duenna, ein Fugato belebt die häusliche Streit-Szene Jeromes mit seinen Kindern. Ganz im Stil der späten Symphonie-Scherzi ist die Mönchs-Szene gehalten, wo parodistische Choräle die allgemeine Besäufnis übertönen... Spanische Folklore wird vermieden. Doch im Lyrischen wird Prokofjews Erfindung teils anämisch, teils banal... Die Liebesduette, so wirksam sie gebaut und gesteigert sind, bleiben unecht, aufgesetzt; ihr Schmelz hat etwas Geflissentliches, ihre Empfindsamkeit ist nicht glaubhaft. Und so stehen die lieben, sympathischen jungen Leutchen in der Charakterisierung hinter den närrischen alten zurück... Der eigentliche buffoneske Stil erfüllt sich in Einfällen wie der koloraturistisch fallenden Sextenleiter Jeromes und dem Stakkato-Nonensturz Mendozas. Äußerst skurril in der Komik, Glanznummer von zirkushafter Intensität ist das unterbrochene Hauskonzert mit den Fanfaren der Trompete, den Läufen und Arpeggien der Klarinette, den ewig zu lauten Akzenten der Trommel ...." (Hans Heinz Stuckenschmidt)

Prokofjew selbst schrieb 1943 zu seiner Oper: „... Als ich an die Komposition einer Oper über den Stoff der ›Duenna‹ ging, standen mir zwei Wege offen — entweder die komische Seite des Stückes zu unterstreichen oder die lyrische. Ich entschloß mich zu letzterem. Es scheint mir, daß ich mit der besonderen Betonung des Lyrischen in der ›Duenna‹ recht habe, handelt es sich doch um die Liebe zweier junger, lebensfroher, schwärmerischer Paare — Luisa und Antonio, Clara und Ferdinand —, um die sich ihrer Liebe entgegenstellenden Hindernisse und ihre glückliche Verlobung, um das poetische Sevilla, das an einem stillen Abend vor den Augen der Liebenden ausgebreitet liegt, um nächtlichen, verhallenden Karneval und ein altertümliches, verlassenes Nonnenkloster ... Das Textbuch für meine Oper schrieb ich selbst, wobei mir die Behandlung des Stoffes als Oper einige neue Möglichkeiten vermittelte. So gebe ich am Ende des ersten Bildes nach einigen Zwischenfällen verliebt-komischen Charakters die in Musik gesetzte Vorstellung der allmählich einschlafenden Stadt in Gestalt einer großen Ballettszene ... Des weiteren habe ich mir ausgedacht, die Handlung eines der komischen Bilder unter den Klängen eines Liebhabertrios sich abspielen zu lassen — Papa Don Jerome mit zwei Freunden; dieses Musizieren wird in einem fort durch den Verlauf der Intrige unterbrochen, und Don Jerome erteilt, auf der Klarinette sein Lieblingsmenuett spielend, dem Bunde seiner Tochter mit dem ihm unerwünschten Antonio anstelle des reichen Mendoza seinen Segen, ohne daß er dessen gewahr wird.

Das in seinem Verlauf viele Lieder enthaltende Stück Sheridans gab mir die Möglichkeit, eine ganze Reihe von in sich abgeschlossenen, abgerundeten Nummern — Serenaden, Arietten, Duetten, Quartetten und größeren Ensembles — hineinzubringen, ohne den Gang der Handlung aufzuhalten."

Verbreitung
Moskau 1959 (Opernstudio des Konservatoriums und Stanislawski-Nemirowitsch-Dantschenko-Musiktheater), 1983 Moskau (Bolschoi Theater); Ausland: 1959 Düsseldorf (gekürzte Fassung von Günther Rennert), Zagreb, Neapel; 1973 Strasbourg; 1976 Luzern; Aufführungen in der DDR: 1957 Leipzig, 1958 Berlin (Deutsche Staatsoper), Erfurt, Wismar, Schwerin, Neustrelitz; 1959 Nordhausen, Weimar, Plauen, Rostock; 1960 Halberstadt, Gera, Dessau, Stralsund;1961 Stendal, Halle; 1962 Zwickau, Potsdam; 1963 Cottbus, Weimar (Franz-Liszt-Hochschule); 1965 Rudolstadt; 1967 Eisenach; 1969 Karl-Marx-Stadt; 1970 Dresden; 1971 Brandenburg, Neustrelitz; 1972 Wittenberg

Autograph Zentrale Musikbibliothek des Staatlichen Akademischen Theaters für Oper und Ballett S.M. Kirow Leningrad, Staatliches Zentrales Museum Musikalischer Kultur M.I. Glinka Moskau
Ausgaben KlA (Erstausgabe) Musfond Moskau 1944; KlA Sowjetski Kompositor Moskau 1960; KlA Musyka Moskau 1964; KlA Le Chant du Mond Paris 1964; Part Musyka Moskau 1967; Part und KlA (dt. von Gerhard Schwalbe und Walter Zimmer) Henschelverlag Berlin 1975; KlA (engl.) Leeds Music Corporation New York 1954; Text Reclam Leipzig 1960
Literatur Sergej Prokofjew: ›Die Verlobung im Kloster‹. Geschrieben für das Sowjetische Informationsbüro am 26. März 1943. In: Sergej Prokofjew. Dokumente, Briefe, Erinnerungen. Hrsg. von Semjon Schlifstein, Leipzig 1965; Larissa Danko: Sergej Prokofjews Arbeit an der ›Duenna‹. Die Schaffung des Librettos. (Sergej Prokofjew w rabote na ›Duennoi‹. Sosdanije libretto.) In: Die Stilmerkmale Sergej Prokofjews. Sammelband theoretischer Aufsätze. (Tscherty stilja S. Prokofjewa. Sbornik teoretitscheskich statej.) Moskau 1962; Hans Heinz Stuckenschmidt: Serge Prokofieff. ›Verlobung im Kloster‹. Staatsoper Berlin 1958. In: Oper in dieser Zeit. Europäische Opernereignisse aus vier Jahrzehnten. Velber 1964

Krieg und Frieden (Woina i mir)

Oper in dreizehn Bildern nach dem gleichnamigen Roman von Lew Tolstoi
(Opera w trinadzati kartinach po romanu Lwa Tolstogo)
Libretto von Sergej Prokofjew und Mira Mendelson-Prokofjewa
unter Verwendung der Aufzeichnungen des Dichters und Partisanen
Denis Wassiljewitsch Dawydow über das Jahr 1812

Entstehung 1941–1942, Überarbeitung 1946–1953

Uraufführung Erste Fassung mit 11 Bildern 16. Oktober 1944 Moskau, konzertante Uraufführung mit Klavier
Erste Fassung mit 11 Bildern 7. Juni 1945 Moskauer Konservatorium, konzertante Aufführung mit Orchester
Fassung für zwei Abende 12. Juni 1946 Staatliches Akademisches Kleines Theater für Oper und Ballett (Maly Theater) Leningrad, szenische Aufführung des ersten Teils mit 8 Bildern
Fassung für zwei Abende 4. Dezember 1948 Staatliches Akademisches Kleines Theater für Oper und Ballett (Maly Theater) Leningrad, szenische Aufführung des zweiten Teils mit 8 Bildern (Geschlossene Veranstaltung)
Überarbeitete Fassung mit 11 Bildern 1. April 1955 Staatliches Akademisches Kleines Theater für Oper und Ballett (Maly Theater) Leningrad
Überarbeitete Fassung mit 13 Bildern 8. November 1957 Moskauer Akademisches Musikalisches Theater K. S. Stanislawski und W. I. Nemirowitsch-Dantschenko
Aufführung einer theatereigenen Fassung 15. Dezember 1959 Staatliches Akademisches Großes Theater der UdSSR (Bolschoi Theater) Moskau, ungekürzte Fassung mit 13 Bildern und Chor-Epigraph

Personen
Fassung letzter Hand
Fürst Andrej Bolkonski — Hoher Bariton
Natascha Rostowa — Lyrisch-dramatischer Sopran
Sonja, ihre Cousine, Ziehtochter bei Rostows — Mezzosopran
General Uwarow, Gastgeber des Balls — Tenor
Lakai von Uwarow — Tenor
Marja Dmitrijewna Achrossimowa, angesehene Moskauerin — Mezzosopran
Peronskaja, Hofdame — Sopran
Graf Ilja Andrejewitsch Rostow, Vater Nataschas — Baß, weich und baritonal
Graf Pierre Besuchow — Dramatischer Tenor
Gräfin Hélène, geborene Kuragina, seine Frau — Alt
Anatol Kuragin, deren Bruder — Tenor
Leutnant Dolochow, Freund Anatols — Baß
Alexander I. — Tanzrolle

Alter Lakai der Bolkonskis	Bariton
Stubenmädchen der Bolkonskis	Mezzosopran
Kammerdiener der Bolkonskis	Baß
Fürst Nikolai Andrejewitsch Bolkonski, Vater Andrejs	Baß
Fürstin Marja, seine Tochter	Mezzosopran
Kutscher Balaga	Baß
Matrjoscha, Zigeunerin	Alt
Joseph, französischer Kammerdiener Anatols	Stumm
Dunjascha, junges Stubenmädchen der Rostows	Sopran, nicht hoch
Gawrila, Lakai der Achrossimowa	Bariton oder Baß
Mètivier, französischer Doktor	Weicher Bariton oder Baß
Abbé, ein Franzose	Tenor
Denissow	Baritonaler Baß
Mitglieder der Bauernwehr: Tichon Schtscherbaty,	Baß (ohne tiefe Töne),
Fjodor, Matwejew	Tenor (ohne hohe Töne), Bariton
Wassilissa, die Bauernälteste	Mezzosopran
Trischka	Alt
Zwei deutsche Generale	Sprechrollen
Ordonnanzoffizier des Fürsten Andréj	Tiefer Tenor
Feldmarschall Michail Illarionowitsch Kutusow	Baß
Adjutant Kutusows	Tenor (scharf)
Erster Stabsoffizier	Tenor
Zweiter Stabsoffizier	Baß oder Bariton
Napoleon	Bariton
Adjutant des Generals Compans	Tenor
Adjutant des Marschalls Murat	Alt (Travestie)
Marschall Berthier	Baritonaler Baß
Marquis Caulaincourt	Stumm
General Belliard	Baß (rauh, ohne tiefe Noten)
Adjutant des Prinzen Eugèn	Tenor
Stimme hinter den Kulissen	Tenor (hoher)
Adjutant aus der Suite Napoleons	Baß (hoher)
Herr de Beausset, Chef der Pariser Hofhaltung Napoleons	Tenor
General Benigsen	Baß
General Barclay de Tolly	Tenor
General Jermolow	Baß
Konownizyn	Tenor
General Rajewski	Bariton
Vorsänger	Bariton
Das Mädchen Malascha	Stumm
Kapitän Ramballe	Baß
Leutnant Bonnet	Tenor
Jacqueau	Baß
Gérard	Tenor

Junger Fabrikarbeiter	Tenor oder Bariton
Händlerin	Tiefer Sopran
Mawra Kusminitschna, eine Alte, Beschließerin der Rostows	Alt
Iwanow	Tenor
Marschall Davout	Baß (tiefer, dunkler, aber ohne tiefe Noten)
Französischer Offizier	Bariton
Platon Karatajew	Tenor (weich)
Drei Wahnsinnige	Tenor, hoher, Baß, stumm
Zwei französische Schauspielerinnen	Sopran, Mezzosopran
Begleitsoldat	Stumm
Gäste auf dem Ball, Bewohner Moskaus, Bauernwehr, russische Soldaten, Partisanen, Franzosen	Gemischter Chor und Ballett

Orchester Picc, 2 Fl, 2 Ob, EH, 2 Klar, BKlar, 2 Fg, KFg, 4 Hr, 3 Trp, 3 Pos, Tb, Pkn, Slzg, Glsp, Xyl, Hrf, Str
Bühnenmusik (im 8. Bild und in der ersten Fassung auch im 13. Bild): Picc, Fl, 3 Trp, AHr, 2 THr, Slzg, Str (ad lib.)

Aufführungsdauer Epigraph: 4 Min., 1. Bild: 12 Min., 2. Bild: 23 Min., 3. Bild: 12 Min., 4. Bild: 12 Min., 5. Bild: 11 Min., 6. Bild: 20 Min., 7. Bild: 18 Min., 8. Bild: 12 Min., 9. Bild: 20 Min., 10. Bild: 12 Min., 11. Bild: 15 Min., 12. Bild: 12 Min., 13. Bild: 12 Min.; Gesamt: 3 Stdn. 15 Min.

Vorgänge
Die Handlung spielt in Rußland zwischen 1809 und 1812.
Epigraph: (Kann nach Angabe des Komponisten als Ouvertüre oder vor dem 8. Bild gespielt werden.) Das Land ist von Feinden bedroht.
Ouvertüre. — **1. Bild:** *Garten und Haus auf dem Landgut der Rostows.* Im Auftrag des Zaren ist Fürst Andrej Bolkonski unterwegs und hält bei den Rostows kurze Rast. In einer Mainacht gewinnt der vom Leben enttäuschte Mann neuen Lebensmut. Die Stimme des Mädchens Natascha, ihre unruhevolle, sehnsüchtig gestimmte Jugendlichkeit wecken in ihm den Wunsch nach Liebe.
2. Bild: *Petersburg. Ball bei einem Jekaterinischen Würdenträger.* Es ist der erste Ball Nataschas. Fürst Andrej ist ein guter Tänzer. Sie scheinen füreinander bestimmt.
3. Bild: *Moskau. Monate später. Empfangssaal des alten Fürsten Bolkonski.* Andrej hat um Nataschas Hand angehalten. Der alte Bolkonski ist als Vertreter der Hocharistokratie gegen die Verbindung seines Sohnes mit dem niederen Adel. Er hat Andrej, damit dieser Natascha vergesse, ins Ausland geschickt. Graf Rostow will mit Natascha dem alten Bolkonski seine Aufwartung machen, wird aber von diesem nicht empfangen.
4. Bild: *Salon im Hause des Grafen Pierre Besuchow.* Des Grafen Frau, Hélène, gibt eine Soirée und vermittelt ihrem von den Reizen Nataschas entzückten Bruder Anatol die Bekanntschaft mit der jungen Rostowa. Natascha ist vom War-

ten auf Andrej ermüdet und vom Verhalten des zukünftigen Schwiegervaters verletzt. Sie vermeint, in Anatols spontaner Begeisterung aufrichtiger Liebe zu begegnen.

5. Bild: *Zimmer bei Dolochow.* Leutnant Dolochow hilft dem Freund, die Entführung Nataschas vorzubereiten. Anatol ist bereits verheiratet, doch glaubt er an den Ernst seiner Leidenschaft zu Natascha.

6. Bild: *Im Hause der Achrossimowa.* Natascha ist bereit, mit Anatol zu fliehen, und erwartet ihn. Die Freundin Sonja, Ziehtocher der Rostows, verrät das Vorhaben. Anatol wird gestellt. Pierre Besuchow überzeugt Natascha, daß sie einem Abenteurer geglaubt hat. Das Mädchen begeht einen Selbstmordversuch.

7. Bild: *Im Hause Pierre Besuchows.* Pierre stellt seine Frau und ihren Bruder zur Rede und verurteilt ihr oberflächliches Leben. Napoleons Heer ist in Rußland eingefallen.

8. Bild: *Feld bei Borodino. Vor der Schlacht.* Die Bauernwehr unter Führung Andrejs baut Verschanzungen. Denissow wirbt für seine Partisanenabteilung. Bauern berichten von den Greueltaten des Feindes. Andrej hat durch einen Brief von Nataschas Episode mit Anatol erfahren. Er beschließt, dem Tod in der Schlacht nicht auszuweichen. Pierre sucht den Freund vor der Schlacht auf. Kutusow besichtigt die Verschanzungen und gibt seiner Bewunderung für das Volk und der Hoffnung auf dessen Kräfte Ausdruck (nachkomponierte Arie).

9. Bild: *Auf der Schanze von Schewardino während der Schlacht bei Borodino auf seiten Napoleons.* Napoleon, der dem Glück vergangener Tage vertraut, sieht sich mit den gewaltigen Kräften des russischen Volkes konfrontiert.

10. Bild: *Bauernhaus in Fili. Das Ende des Kriegsrates der russischen Generale.* Kutusow übernimmt allein die Verantwortung, die russischen Truppen hinter Moskau zurückzuführen. Obgleich er überzeugt ist, daß diese Entscheidung richtig ist, fällt es ihm schwer, Moskau, das Symbol der russischen Nation, dem Feind zu überlassen.

11. Bild.: *Straße in Moskau.* Die Franzosen fühlen sich als Herren der Stadt. Napoleon proklamiert den Schutz des Eigentums, doch seine Soldaten brandschatzen und morden. Pierre Besuchow ist Offizier der russischen Miliz. Er will Teil haben an der Befreiung seines Landes und plant ein Attentat auf Napoleon. Die Bewohner Moskaus zünden unter der Losung, verbrennt alles, was dem Feind nutzen könnte, ihre Stadt an. Die Brandstifter werden festgenommen und erschossen. Auch Besuchow wurde gefangengenommen, wird jedoch begnadigt. Der Graf findet Freundschaft und Hilfe bei dem mitgefangenen Bauern und Soldaten Platon Karatajew. Moskau brennt. Die Große Armee stirbt an ihrem Sieg. Die Franzosen verlassen Moskau.

12. Bild: *Bauernhütte.* Der verwundete Andrej wird von Natascha gepflegt. Die beiden versöhnen sich und träumen von einem gemeinsamen Leben. Andrej stirbt.

13. Bild: *Smolensker Weg. Schneesturm.* Rückzug der französischen Armee mit ihren Kriegsgefangenen. Wer zurückbleibt, wird erschossen, so auch Pierres Freund, der Bauer Platon Karatajew. Pierre wird von Partisanen befreit und erfährt vom Tod seiner Frau und dem Andrejs. Das siegreiche Volk feiert Kutusow und die Kraft der russischen Nation.

Genesis

Mira Mendelson-Prokofjewa berichtet, daß sich Prokofjew bereits 1935 mit dem Plan trug, Tolstois Roman ›Krieg und Frieden‹ für ein Opernprojekt zu nutzen. 1940 hatte sich der Komponist erneut — allerdings mit dem Roman ›Auferstehung‹ — dem Werk Tolstois zugewandt. Die Kriegsjahre scheinen ihn dann aber endgültig auf ›Krieg und Frieden‹ hingelenkt zu haben. Im April 1941 entstand der erste Entwurf (11 Bilder) zur Oper, und im April 1942 war die erste Fassung im Klavierauszug vollendet. Ein erstes Klaviervorspiel (mit Swjatoslaw Richter und Anatoli Wedernikow) fand im selben Jahr in Moskau statt, weitere folgten im Januar 1943 und im Oktober 1944 (der 16. Oktober 1944 gilt als Uraufführungsdatum). Durch den Weggang des Freundes und Dirigenten Samuil Samossud vom Bolschoi Theater zerschlug sich die dort geplante szenische Uraufführung des Werkes. Es kam lediglich zu einer konzertanten Aufführung in Samossuds musikalischer Einstudierung am 7. Juni 1945. Für diese Konzertaufführung hatte Prokofjew eine Kutusow-Arie neu geschrieben, und — angeregt von Samuïl Samossud, der zum Künstlerischen Leiter des Maly Theaters Leningrad ernannt worden war — ergänzte der Komponist die Oper um zwei Bilder: Ball bei der Gräfin Hélène, Beratung der russischen Generale in Fili. Durch diese und weitere Ergänzungen war nun das Werk auf eine Länge von zwei Abenden angewachsen.

Mit dem Ball-Bild und seinem berühmten Walzer, dessen Motiv die Liebe zwischen Natascha und Andrej signalisiert und erinnert, gelangte ein Komplex mit den ersten acht Bildern am 12. Juni 1946 am Maly Theater in Leningrad zur Aufführung. Im Dezember 1948 wurde der zweite Teil des Werkes in einer geschlossenen Aufführung mit anschließender Diskussion vorgestellt. Obgleich es nicht an Befürwortern für dieses zweiteilige Projekt mangelte, kam es zu keiner öffentlichen Aufführung. Durch die Zweiteilung war es zu einer unbeabsichtigten, ganz unmittelbaren Parallelisierung der Ereignisse von 1812 und 1941 gekommen, so daß Prokofjew den Vorschlag aufgriff, eine Fassung der Oper für einen Abend zu erarbeiten, um im Verhältnis von individuellen Schicksalen und Kriegsereignissen eine stärkere Historisierung zu erreichen. 1946 erklang die Oper in der sowjetischen Botschaft in London in einer Konzertaufführung. Bevor die für einen Abend überarbeitete Fassung am 1. April 1955 am Maly Theater zur szenischen Aufführung gelangte, wurde die szenische Realisation der Fassung für zwei Abende 1948 in Prag und 1953 in Florenz erprobt.

Kommentar

In der Oper ›Krieg und Frieden‹ unternahm Prokofjew den erstaunlichen Versuch, in der Zeit des Großen Vaterländischen Krieges von 1941 bis 1945 dessen historische Parallele, den Vaterländischen Befreiungskrieg von 1809 bis 1812 im Kunstwerk zu gestalten. Tolstoi band die Vielzahl seiner Personen und individuellen Schicksale, indem er sie mit der Bewegung eines Landes verknüpfte, das zur Nation heranwächst. Im Roman wurden die widersprüchlichsten nationalen Ideale selbst zur Diskussion gestellt. Adel, Intelligenz, Bauern, Städter und Soldaten sahen sich als Klassen- und Standesangehörige durch die Idee der Französischen Revolution und durch den Krieg in neue Verhältnisse versetzt, mußten ihren eigenen Wert und den ihrer Standesgenossen neu bestimmen, wurden in neue Verbindungen und Aufgaben hineingeworfen und mußten sich mit anderen Ständen und Klassen zusammenfinden. So beharren zum Beispiel Hélène und ihr Bruder Anatol auf den alten Adelsprivilegien, während Besuchow und Andrej Bolkonski neue Aufgaben suchen und finden. Prokofjew ist es in der Dramaturgie seiner Oper weder gelungen, diesem Thema Tolstois zu folgen, noch unter den gegebenen historischen Voraussetzungen ein anderes neues zu finden. Der Versuch, das Tolstoische Mit- und Gegeneinander von individuellem Schicksal und Gesamtbewegung eines Landes darzustellen, scheiterte an der linear-kausalen Dramaturgie der Oper, der es an Kontrasten, Kontrapunktischem, Widersprüchlichem, Gegenläufigem mangelt.

Charakteristisch für die musikalische Dramaturgie sind Erinnerungsmotive, die besonders an die Liebe zwischen Andrej und Natascha gebunden sind, eine psychologisierende Begleitfunktion des Orchesterparts, ein lyrischer Grundton der positiven Figuren und eine betonte Einfachheit. Das alles korrespondiert mit einer Zurückhaltung in der instrumentalen und harmonischen Farbgebung. Die Musik beschränkt sich darauf, in gradliniger Weise Situationen zu zeichnen, Affekte zu malen, in den einzelnen Bildern psychologische Zusammenhänge auch musikalisch noch einmal hervorzuheben. Prokofjew bescheidet hier seine Musik auf die Funktion, Rezeptionshilfe zu geben.

Verbreitung

Boris Pokrowski, seit 1952 Chefregisseur des Bolschoi Theaters Moskau, war der Regisseur der szenischen Uraufführung am Maly Theater Leningrad 1946 und inszenierte auch nachfolgende Einstudierungen: 1955 am Maly Theater in Leningrad, 1957 in Sofia und 1959 am Bolschoi Theater Moskau. Außerdem wurde das Werk 1956 in Kiew (in ukrainischer Sprache) aufgeführt und erschien 1957 auf der Bühne des Stanislawski-Nemirowitsch-Dantschenko-Musiktheaters Moskau. 1957 in New York vom Fernsehen produziert und 1948 in Prag sowie 1953 in Florenz dem Publikum vorgestellt, kam die Oper 1961 in Leipzig in der Regie von Joachim Herz zur deutschen Erstaufführung. 1974 gelangte ›Krieg und Frieden‹ in einer Übertragung der Fassung des Stanislawski-Nemirowitsch-Dantschenko-Musiktheaters an der Komischen Oper Berlin zur Aufführung.

Autograph Klavierstimmen, Partitur und Librettoentwurf (ohne Ball-Bild) Zentrales Staatliches Archiv für Literatur und Kunst Moskau Ball-Bild Staatliches Zentrales Museum Musikalischer Literatur M. I. Glinka Moskau

Ausgaben KlA (Erste Fassung) Musfond SSSR Moskau 1943; KlA (Letzte überarbeitete Fassung) In: GA (Polnoje sobranije sotschineni.) Bd. 7A und 7B, Musgis Moskau 1958; KlA (Letzte Fassung als Einzelaus-

gabe) Musyka Moskau 1973; Part (Letzte überarbeitete Fassung) In: GA (Polnoje sobranije sotschineni.) Bd. 6A, 6B und 6W, Musgis Moskau 1958   Part und KlA Deutsche Bühnenfassung der Leipziger Oper -15 Bilder-. Henschelverlag Berlin 1964;   KlA (dt. von Ljubomir Romansky) Alkor Edition Kassel (Nr. 331) o. J.
Literatur Sergej Prokofjew: Der Künstler und der Krieg. In: Sergej Prokofjew. Dokumente, Briefe, Erinnerungen. Hrsg. von Semjon Schlifstein, Leipzig 1965;   Larissa Danko: Die Opern Prokofjews. (Opery Prokofjewa.) Moskau 1963;   Anatoli Wolkow: ›Krieg und Frieden‹ von S. Prokofjew. Analyse der Varianten der Oper. (›Woina i mir‹ S. Prokofjewa. Opyt analisa wariantow opery.) Moskau 1976

Die Geschichte eines wahren Menschen
(Powest o nastojaschtschem tscheloweke)

Oper in drei Akten, zehn Bildern
(Opera w trjoch dejstwijach, desjati kartinach)
Libretto von Sergej Prokofjew und Mira Mendelson-Prokofjewa
nach der gleichnamigen Erzählung von Boris Polewoi

Entstehung 1947–1948

Uraufführung 3. Dezember 1948   Staatliches Akademisches Theater für Oper und Ballett S. M. Kirow (Kirow Theater) Leningrad (Einmalige geschlossene Aufführung ohne Dekorationen und Kostüme)
7. Oktober 1960   Staatliches Akademisches Großes Theater der UdSSR (Bolschoi Theater) Moskau

Personen
Alexej, Flieger _____ Bariton
Olga _____ Sopran
Großvater Michailo _____ Tenor
Großmutter Wassilissa _____ Alt
Warja, Schwiegertochter des Großvaters Michailo _____ Mezzosopran
Petrowna, Kolchosbäuerin _____ Sopran
Kinder aus dem Kolchos: Fedja, Serjonka _____ Sprechrollen
Andrej Degtjarenko, Flieger, Freund Alexejs _____ Baß
Wassili Wassiljewitsch, berühmter Chirurg _____ Baß
Erster und zweiter Chirurg _____ Baß, Tenor
Mutter Alexejs _____ Mezzosopran
Kommissar Worobjew _____ Baß
Klawdija, Krankenschwester _____ (Tiefer) Mezzosopran
Kukuschkin, Flieger _____ Charaktertenor
Gwosdew, Panzersoldat _____ Tenor
Anjuta, Studentin _____ Sopran (nicht hoch)

Alter Arzt	Tenor
Ein Oberst	Baß
Ein Korrespondent	Baß
Kolchosbauern, Flieger, Volk	Gemischter Chor

Orchester 2 Fl, 2 Ob, 2 Klar, 2 Fg, 4 Hr, 2 Trp, 3 Pos, Tb, Pkn, Slzg, Hrf, Kl, Str

Aufführungsdauer I. Akt: 40 Min., II. Akt: 45 Min., III. Akt: 40 Min.; Gesamt: 2 Stdn., 5 Min.

Vorgänge

Die Handlung spielt 1942.

Einleitung. **I. Akt** — 1. Bild: *Wald.* Der Flieger Alexej ist abgestürzt. 2. Bild: *Schlachtfeld.* Obgleich verwundet, schleppt sich Alexej in Richtung Heimat. Zwischenaktmusik. 3. Bild: *Verbranntes Waldbäumchen.* Bauernkinder finden den Hilflosen. Zwischenaktmusik. 4. Bild: *Erdhöhle.* Bauern, die sich vor den Faschisten im Wald versteckt haben, pflegen den Schwerverwundeten. Der Junge Serjonka benachrichtigt Alexejs Abteilung, und der Freund Andrej bringt den Flieger ins Hospital.

II. Akt — 5. Bild: *Zimmer im Hospital.* Alexej wurden beide Beine amputiert. Er hat Alpträume. Ein schwerverwundeter Kommissar macht den anderen Verwundeten Mut. Er erzählt eine Ballade, der Flieger Kukuschin singt ein lustiges Liedchen, nur Alexej ist nicht zu helfen. Der Kommissar macht Alexej auf eine Zeitungsnotiz aufmerksam, in der von einem Flieger aus dem ersten Weltkrieg berichtet wird, dem wie Alexej die Beine amputiert wurden und der doch wieder geflogen ist. Er rät Alexej, sich daran ein Beipiel zu nehmen. Zwischenaktmusik. 6. Bild: *Sonnenterrasse des Hospitals.* Alexej lernt laufen. Der Kommissar stirbt und wird als „ein wahrer Mensch" betrauert.

III. Akt — 7. Bild *(Ohne Ortsangabe.)* Alexej schreibt seiner Braut Olga einen Brief, in dem er ihr mitteilt, daß er wieder fliegen will, seine Beinamputation aber verschweigt. 8. Bild: *Sanatorium der Luftstreitkräfte.* Genesende melden sich vorzeitig gesund, um wieder an die Front zu kommen. Nur Alexej gelingt es nicht, an die Front entlassen zu werden. Erst als er seinem Arzt und einem Oberst zeigt, daß er wie ein Unversehrter Walzer und Rumba tanzen kann, glaubt man ihm. 9. Bild: *Am Abend des gleichen Tages.* Alexej, Andrej und Anjuta machen eine Kahnpartie. Alexej denkt an Olga. Er hört ihre Stimme. 10. Bild: *Flugplatz. Wald.* Alexej fliegt wieder und kämpft erfolgreich. Olga besucht ihn und bekennt sich, obwohl er doch ein Krüppel ist, zu Alexej und ihrer Liebe.

Genesis

Wie viele Komponisten vor und nach ihm befand sich auch Sergej Prokofjew ständig auf der Suche nach einem neuen, möglichst zeitgenössischen Stoff für eine Oper.

„Gemeinsam mit seiner ständigen Mitarbeiterin Mira Mendelson sah er eine Fülle von Büchern durch, um eine wirkungsvolle Vorlage zu finden. Ursprünglich wollt er Nikolai Ostrowskis ›Wie der Stahl gehärtet wurde‹ oder ›Die junge Garde‹ von Alexander Fadejew einer Oper zugrunde legen... Endlich kam ihm die gerade erschienene Erzählung ›Ein wahrer Mensch‹ von Boris Polewoi in die Hände. Die Leitung des Kirow Theaters Leningrad unterstützte lebhaft die Idee einer Oper, die der Heldentat des Fliegers Meressjew gewidmet sein sollte.

Im Herbst 1947 wurde ein Libretto in vier Akten und zehn Bildern von Mira Mendelson und dem Komponisten vorbereitet. Das Libretto folgt der Fabel von Polewois Erzählung und stützt sich wörtlich auf dessen Text. Der Komponist bemerkte dazu: ‚Für die Oper werde ich Trios, Terzette, Duette und kontrapunktisch entwickelte Chöre schreiben und dabei die außerordentlich wertvollen Aufzeichnungen russischer Volkslieder aus dem Norden benutzen. Klare Melodien und nach Möglichkeit eine einfache harmonische Sprache — das sind die weiteren Elemente, um die ich mich in dieser Oper bemühen werde.'

Mitte 1948 war die Oper niedergeschrieben und instrumentiert... Zu Beginn der neuen Saison wurde sie vom Kollektiv des Kirow Theaters einstudiert und am 3. Dezember 1948 mit dem Orchester in einer geschlossenen Vorstellung aufgeführt. Das Urteil über die Oper fiel nicht zugunsten des Komponisten aus. Man wies darauf hin, daß das Libretto mit nebensächlichen Details überladen sei, daß das Bühnenwerk nicht überzeugend das Leben des Volkes während des Großen Vaterländischen Krieges zeige und daß sich diese Mängel in der Musik bemerkbar machten. Das große heroische Thema sei durch naturalistische Details verwässert. Die Oper ›Die Geschichte eines wahren Menschen‹ kam damals nicht auf die Bühne und sie wurde auch nicht veröffentlicht." (Israel Nestjew: Sergej Prokofjew. Der Künstler und sein Werk)

Kommentar

Sergej Prokofjew publizierte am 30. Oktober 1947 einen kleinen Artikel in der *Wetschernjaja Moskwa*, in dem er seine Gaben für die Dreißigjahrfeier des Großen Oktober aufzählt. Die Oper ›Die Geschichte eines wahren Menschen‹ rechnete er auch dazu: „Dem sowjetischen Menschen, seiner grenzenlosen Tapferkeit widme ich auch meine neue Oper, da der Stoff, ›Die Geschichte eines wahren Menschen‹ von Boris Polewoi, mich außerordentlich ergriffen hat. Diese Erzählung ist mit ihrer so gelungenen Charakterisierung des Helden und aller übrigen Personen mein stärkstes literarisches Erlebnis der letzten Zeit. Die Komposition ist bereits von mir in Angriff genommen, und ich glaube, sie im Laufe des bevorstehenden Jahres fertigzustellen."

In diesen vom Komponisten angegebenen Zeitraum aber fällt der Beschluß des Zentralkomitees der KPdSU(B) vom 10. Februar 1948, in dem nach dem Bericht Nestjews „die künstlerischen Verirrungen einiger sowjetischer Komponisten, darunter auch Prokofjews, streng verurteilt wurden". (Israel Nestjew: Sergej Prokofjew. Der Künstler und sein Werk)

Eine Woche nach diesem Beschluß wurde am 17. Februar 1948 auf einer Versammlung aller Moskauer Komponisten ein Brief Prokofjews verlesen. Er schrieb: „Der Beschluß des ZK der KPdSU(B) trennte im Schaffen der Komponisten das Morsche vom Gesunden. Wie schmerzhaft das auch für eine ganze Reihe von Komponisten, unter ihnen auch für mich, sein mag, ich begrüße den Beschluß des ZK der KPdSU(B), der die Voraussetzungen für eine Gesundung des ganzen Organismus der sowjetischen Musik schafft." Er dankte für die konkreten Hinweise des Beschlusses, „die mir helfen, eine musikalische Sprache zu finden, die unser Volk versteht und die unseres Volkes und unseres Landes würdig ist".

Die Konsequenz für sein kompositorisches Schaffen sah er darin, „eine Melodie zu finden, die auch einem nicht geschulten Hörer sogleich verständlich und dabei originell ist..." Das sei „die schwerste Aufgabe für einen Komponisten. Hier droht ihm eine ganze Reihe von Gefahren; er kann ins Triviale und Banale abgleiten, oder er läuft Gefahr, schon Geschaffenes zu wiederholen. In dieser Hinsicht ist das Komponieren komplizierter Melodien wesentlich leichter. Es kommt auch vor, daß der Komponist sich lange mit seiner Melodie abmüht und an ihr herumbessert, ohne zu bemerken, daß sie zu gekünstelt oder zu kompliziert geworden ist. Man muß beim Komponieren besonders wachsam sein, damit die Melodie einfach bleibt und dabei nicht billig, süßlich oder epigonal wird. Das ist leicht gesagt, aber schwer getan. Und all mein Bemühen wird immer darauf gerichtet sein, daß diese Worte nicht nur ein Rezept bleiben, sondern daß ich sie in meinen künftigen Arbeiten in die Wirklichkeit umsetze."

Die Oper ›Die Geschichte eines wahren Menschen‹ war die Probe aufs Exempel. Prokofjew unterlag der gesamten Reihe der von ihm genannten Gefahren: Abgleiten ins Triviale und Banale, Wiederholung von schon Vorhandenem.

Wie schon beim ›Semjon Kotko‹ hatte sich Prokofjew in ehrlicher Absicht und mit ernstem Bemühen ein heroisch-pathetisches Thema gewählt und sich damit gegen sein eigenes Temperament versündigt.

Auffallend ist an seiner letzten Oper die Unangemessenheit zwischen Situationen und Vorgang. Äußerlich dramatische Momente dominieren. Es geht immer um Tod und Leben. Doch die Personen verhalten sich merkwürdig, schwelgen in Erinnerungen, tragen nichtige Gedanken oder abgegriffene Allgemeinplätze vor; emotionale Klischees werden hartnäckig wiederholt. Melodische und harmonische Verständlichkeit war beabsichtigt, an ihre Stelle aber trat graue Simplizität. Die Melodien blieben einfach — wie Prokofjew es selbst gefordert hatte —, dabei „aber billig, süßlich und epigonal".

Verbreitung

Das Prager Nationaltheater hat sich um das Opernschaffen Sergej Prokofjews verdient gemacht. Hier fand 1961 unmittelbar nach der Moskauer Uraufführung die erste Inszenierung außerhalb der Sowjetunion statt. 1963 veranstaltete das Prager Nationaltheater zum 10. Todestag Sergej Prokofjews das erste und bisher einzige Prokofjew-Festival mit Opern- und Ballettaufführungen mehrerer Theater der ČSSR. Im selben Jahr — 1963 — begann in der DDR eine Aufführungsserie der ›Geschichte eines wahren Menschen‹: 1963 Radebeul, Erfurt; 1964 Berlin (Deutsche Staatsoper), Görlitz, Magdeburg, Halle, Senftenberg; 1968 Stralsund-Greifswald-Putbus; 1969 Schwerin; 1970 Plauen; 1971 Neustrelitz, Nordhausen; 1973 Frankfurt/Oder, Halberstadt.

Ausgaben KlA Musfond Moskau 1960; KlA Sowjetski kompositor Moskau 1962; KlA (dt. von Gerhard Schwalbe und Walter Zimmer) Henschelverlag Berlin 1962 **Literatur** Sergej Prokofjew: Eine Erzählung von der Tapferkeit des Menschen. In: Sergej Prokofjew. Dokumente, Briefe, Erinnerungen. Hrsg. von Semjon Schlifstein, Leipzig 1965; Sergej Prokofjew: Brief in Antwort auf den Beschluß des ZK der KPdSU(B). In: Israel Nestjew: Sergej Prokofjew. Der Künstler und sein Werk. Berlin 1962

Sergej Wassiljewitsch Rachmaninow
1873–1943

Der 1873 geborene Rachmaninow wurde als neunjähriger Knabe am Petersburger Konservatorium aufgenommen. 1885 begann er in Moskau bei Alexander Siloti Klavier und bei Sergej Tanejew und Anton Arenski Komposition zu studieren.

Die musikalische Begabung Rachmaninows war so außerordentlich, daß ihn seine Zeitgenossen mit dem jungen Mozart verglichen. Seine Studien als Pianist schloß er mit achtzehn Jahren ab, die Prüfung als Komponist bestand er ein Jahr später. Seine Examensarbeit war die Oper ›Aleko‹.

Rachmaninow trat als Pianist, Komponist und seit seiner Berufung an die Russische Privatoper Moskau 1897 auch als Dirigent in Erscheinung.

Die Jahre seiner Tätigkeit am Bolschoi Theater Moskau von 1904 bis 1906 werden gerühmt als eine Zeit bedeutender musikalischer Ereignisse. Auf seine Veranlassung wurden die Opern ›Iwan Sussanin‹, ›Fürst Igor‹, ›Pique Dame‹ und ›Boris Godunow‹ neu einstudiert.

Sein Ruhm als Pianist verbreitete sich über die ganze Welt, als Komponist schätzte man ihn besonders wegen seines Zweiten Klavierkonzertes.

Wenig bekannt ist seine Oper ›Der geizige Ritter‹, mit der er ein originelles Kunstwerk und ein exemplarisches Beispiel einer russischen Rezitativoper geschaffen hat.

1917 verließ Rachmaninow mit seiner Familie Rußland, lebte zuerst in der Schweiz und ab 1935 in den USA. 1943 starb er in Beverly Hills/Kalifornien.

Seine letzte Oper, das Fragment Monna Vanna, wurde im August 1984 am Performing Arts Center in Saratoga (New York) uraufgeführt, nachdem der verloren geglaubte Klavierauszug in der Library of Congress Washington gefunden worden war.

Aleko _____ 1892
Oper in einem Akt nach dem Poem ›Zigeuner‹ von Alexander Puschkin

Francesca da Rimini _____ 1900–1904
Oper in einem Akt, Prolog und Epilog
nach der ›Göttlichen Komödie‹ von Dante Alighieri

Der geizige Ritter (Skupoi ryzar) _____ 1903–1904
Oper in einem Akt
nach der gleichnamigen Kleinen Tragödie von Alexander Puschkin

Monna Vanna _____ 1907
Fragment

Literatur Sergej Rachmaninow. Briefe. (Pisma.) Moskau 1955; Sergej Rachmaninow. Literarischer Nachlaß. (Literaturnoje nasledije.) 3 Bde., Hrsg. von Saruï Apetjan, Moskau 1978, 1980 und 1981; T. Zytowitsch (Hrsg.): Sergej W. Rachmaninow. Sammlung von Aufsätzen und Materialien. (Sbornik statej i materialow.) Moskau/Leningrad 1947; S. W. Rachmaninow und die russische Oper. Sammelband Artikel. (S. W. Rachmaninow i russkaja opera. Sbornik statej.) Hrsg. von Igor Belsa, Moskau 1947; Anatoli Solowzow: S. W. Rachmaninow. Moskau/Leningrad 1947; Alexander Alexejew: S. W. Rachmaninow. Leben und schöpferische Tätigkeit. (Shisn i tworcheskaja dejatelnost.) Moskau 1954; Alexej Kandinski: Die Opern Rachmaninows (Opery Rachmaninowa.) Moskau 1956; Juri Keldysch: S. W. Rachmaninow und seine Zeit. (S. W. Rachmaninow i jego wremja.) Moskau 1973; Wera Brjanzewa: S. W. Rachmaninow. Moskau 1976; Robert Threlfall/Geoffrey Norris: A Catalogue of the Compositions of Serge Rachmaninoff. London 1982

Aleko (Aleko)

Oper in einem Akt (Opera w odnom dejstwii)
Libretto von Wladimir Nemirowitsch-Dantschenko
nach dem Poem ›Zigeuner‹ von Alexander Puschkin

Entstehung 1892

Uraufführung 9. Mai 1893   Bolschoi Theater Moskau

Personen
Aleko———————————————————————————Bariton
Junger Zigeuner———————————————————————Tenor
Alter, Vater Semfiras——————————————————————Baß
Semfira———————————————————————————Sopran
Alte Zigeunerin————————————————————Mezzosopran
Zigeuner——————————————————————Gemischter Chor

Orchester Instrumentation von Nikolai Golowanow 2 Fl, 2 Ob, 2 Klar, 2 Fg, 3 oder 4 Hr, 2 Trp, 2 Pos, Tb, Pkn, Hrf, Str

Aufführungsdauer 1 Std.

Handlung
Die Handlung spielt in unmittelbarer Nähe eines Zigeunerlagers, in einem Zigeunerzelt und an einem Grabhügel.
Der Städter Aleko ist vor der Zivilisation geflohen und hat Aufnahme bei den Zigeunern gesucht und gefunden. Er lebt mit der Zigeunerin Semfira, und beide haben ein Kind. Der Vater Semfiras erzählt aus seinem Leben und schildert Aleko, wie ihm die Frau Maruila nach Jahren gemeinsamen Glücks mit einem anderen Mann davongegangen sei. Das Kind Semfira ließ sie zurück. Er hat es, in Erinnerung an die Frau, die er noch immer liebt, aufgezogen. Aleko versteht nicht, daß der Alte ein Beispiel dafür gibt, daß Zigeuner die Entscheidung und

den freien Willen anderer Menschen achten und keine Besitzansprüche stellen.

Semfira verliebt sich in einen fremden jungen Zigeuner und verabredet mit ihm ein Treffen.

Mit einem Lied über ihre Liebe singt Semfira ihr Kind in den Schlaf. Aleko hört ihr Lied.

Semfira und der junge Zigeuner lieben sich. Sie werden von Aleko entdeckt und getötet. Die Zigeuner verstoßen den Mörder, denn „bei uns, der Wildnis freien Söhnen, gibt es keine Folter, kein Gericht, nicht lechzen wir nach Blut und Tränen, doch dulden wir den Mörder nicht". (Puschkin: ›Aleko‹)

Kommentar

Die Oper ›Aleko‹ entstand 1892 als Examensarbeit des neunzehnjährigen Rachmaninow.

Puschkin läßt sein 1823/24 entstandenes Poem im Zigeunermilieu spielen, doch schildert er keine exotische Welt. Aleko hat sich vom bürgerlichen Leben abgewandt, denkt aber noch in dessen Kategorien. Das Leben der Zigeuner bleibt ihm fremd. Er erhebt Anspruch auf den Besitz der Frau Semfira. Deshalb tötet er sie und ihren Geliebten. Nach den christlich-bürgerlichen Gesetzen müßte nun dieser Schuld auch eine Sühne folgen. Die Zigeuner aber durchbrechen den Kreislauf von Schuld und Sühne. Die ungebildeten Nomaden repräsentieren so bei Puschkin eine weitaus höhere Kultur als der gelehrte Aleko und seine seßhaften liberalen Freunde.

Diese historische Dimension des Puschkinschen Poems ist im Libretto von Nemirowitsch-Dantschenko nur noch schwach erkennbar. Rachmaninow erhält und nimmt sich kaum Gelegenheit, Charaktere zu profilieren. Die Gesangspartien sind weithin an der Ausdruckstypologie städtischer Romanzen orientiert. Die Funktion des Orchesters besteht darin, die Tragödie psychologisch nachzuvollziehen. Es dominiert ein Thema, das in der Literatur bezeichnenderweise das ›Schicksalsthema‹ (tema roka) genannt wird. Die Zigeuner werden durch Lieder und Tänze vorgestellt, in denen Rachmaninow an die Tradition „östlicher Weisen" anknüpft, deren Charakteristik im häufigen Gebrauch melismatischer Wendungen besteht. Rachmaninow hat hier den voyeurhaften Blick auf ein fremdes, exotisches Volk komponiert.

Verbreitung

1897 sang Fjodor Schaljapin den Aleko in einer Liebhaberaufführung im Taurischen Palais in Petersburg, später dann (1903) am Neuen Theater in Moskau. Außer in Petrograd (1914 am Mariinski Theater und 1923 am Maly Theater) wurde ›Aleko‹ 1893 in Kiew, 1902 in Rostow am Don, 1943 in Gorki, 1956 in Tbilissi und 1953 in Ulan-Ude inszeniert. 1915 erklang die Oper in London. Von Nikolai Golowanow stammt eine Neufassung und Instrumentation.

Autograph Zentrales Staatliches Museum Musikalischer Kultur M. I. Glinka Moskau

Ausgaben KlA Gutheil Moskau 1892; KlA (russ./frz./dt.) Gutheil Moskau

1926; KlA Musgis Moskau/Leningrad 1948 und 1960; Part Musgis Moskau 1953; KlA Musyka Moskau 1966
Literatur Ljudmila Poljakowa: ›Aleko‹ von S. Rachmaninow. (›Aleko‹. S. Rachmaninowa.) Moskau/Leningrad 1949; I. Giwental: Die Oper ›Aleko‹ von S. Rachmaninow (Opera ›Aleko‹. S. Rachmaninowa.) Moskau 1963; weitere Literatur siehe Sergej Rachmaninow

Francesca da Rimini
(Francesca da Rimini)
Oper in einem Akt, Prolog und Epilog
(Opera w odnom dejstwii, s prologom i epilogom)
Libretto von Modest Tschaikowski nach der Dramatischen Episode des V. Gesanges der Hölle aus der ›Göttlichen Komödie‹ von Dante Alighieri

Entstehung 1900–1904

Uraufführung 24. Januar 1906   Bolschoi Theater Moskau

Personen
Dante .... Tenor
Schatten Vergils .... Bariton
Lanceotto Malatesta, Regent von Rimini .... Bariton
Francesca, seine Frau .... Sopran
Paolo, sein Bruder .... Tenor
Kardinal .... Stumm
Visionen der Hölle .... Gemischter Chor

Orchester 3 Fl (III auch Picc), 2 Ob, EH, 2 Klar, BKlar, 3 Fg, 4 Hr, 3 Trp, 3 Pos, Tb, Pkn, Slzg, Hrf, Str

Aufführungsdauer 1 Std., 5 Min.

Vorgänge
Prolog: *Im ersten Kreis der Hölle, an einem Felsenhang.* Von Vergils Schatten geleitet, wird Dante in das Reich der Verdammten geführt. Er fragt eines der leidenden Paare nach seinem Schicksal.
1. Bild: *Rimini. Palast des Malatesta.* Lanceotto Malatesta gelobt, gegen die Feinde des Papstes zu streiten. Doch bringt ihm sein Kriegshandwerk keine Freude mehr. Er leidet, denn einst hatte er seinen Bruder Paolo als Brautwerber zur schönen Francesca geschickt, und zwischen Francesca und Paolo war eine tiefe Liebe entstanden. Lanceotto aber hatte auf seinem Anspruch beharrt, erzwang die Heirat mit Francesca und wird nun von Eifersucht gequält. Er bereitet den Liebenden eine Falle, um seine bösen Gedanken bestätigt zu sehen. (Monolog des Lanceotto)

2. Bild *Ein Zimmer im Palast.* Paolo liest Francesca die Geschichte von Lanzelot und der schönen Ginevra, die König Artus' Frau war, vor. Das Schicksal des unglücklich liebenden Paares Lanzelot und Ginevra ähnelt so stark ihrem eigenen, daß sich Paolo und Francesca ihre bisher unausgesprochene Leidenschaft gestehen. Lanceotto hat beide belauscht und tötet sie.

Epilog: *Im ersten Kreis der Hölle, an einem Felsenhang.* Wieder stürmt das Heer der Verdammten durch die Hölle. Dante verstummt vor dem unendlichen Schmerz der Leidenden.

Genesis

Rachmaninow hatte sich von Modest Tschaikowski ein Libretto erbeten, und dieser hatte ihm mit ›Francesca da Rimini‹ einen Text in fünf Bildern geschrieben. Rachmaninow wünschte eine Konzentration der Handlung, und auf seinen Vorschlag reduzierte Modest Tschaikowski sie auf zwei Bilder mit einem Prolog und Epilog. Bereits 1900 war die Szene zwischen Francesca und Paolo komponiert, doch erst 1905, nach dem ›Geizigen Ritter‹, wurde die Oper vollendet.

Kommentar

Rachmaninows vokal-sinfonischer Operntypus konstituiert sich hier in breit angelegten Verläufen, konstant wiederkehrenden Charakterisierungsmitteln, in den an Personen, Situationen und Ideen gebundenen Leitmotiven und gewinnt durch das klug gebaute Libretto an Schärfe und Freiheit durch Kontraste. Chromatische Läufe und instrumental geführte Chorstimmen beherrschen das Klangbild von Prolog und Epilog. Die Chorstimmen sind hier Teil des Orchesters. Die zeitgenössische Kritik sprach vom Chor als einem „singenden Instrument", von „stöhnenden Chromatismen", „das war kein Gesang, das war ein tiefes Stöhnen" (der Chor hat mit geschlossenem Mund Vokalisen zu singen). Prolog und Epilog heben sich gegen die rezitativische Szenenstruktur des ersten Bildes ab, in dem der große Monolog des Lanceotto das Gemälde eines Menschen gibt, der von einer fixen Idee verfolgt wird. Das zweite Bild ist auf Stimmungen, Spannung und Kulmination hin registriert. Wegen des Versuchs, in den Höllenszenen das Schreckliche wiederzugeben, erregte die Oper bei ihrer Uraufführung Aufsehen und fand den Beifall von Publikum und Kritik.

Verbreitung

Das Moskauer Bolschoi Theater fühlte sich dieser Oper besonders verpflichtet, und so kam es dort, nach der Uraufführung von 1906 zu weiteren Inszenierungen 1912 und 1956. Rachmaninow wünschte ›Francesca da Rimini‹ mit dem ›Geizigen Ritter‹ an einem Abend zu spielen, was aber nur bei der von ihm selbst dirigierten Uraufführung geschah.

Autograph Staatliches Zentrales Museum Musikalischer Kultur M. I. Glinka Moskau
Ausgaben Part und KlA (russ./dt., dt. von Lina Esbeer) Gutheil Moskau/Breitkopf & Härtel Leipzig 1905
Literatur Siehe Sergej Rachmaninow

Der geizige Ritter (Skupoi ryzar)
Oper in einem Akt, drei Bildern
(Opera w odnom dejstwii, trjoch kartinach)
Text nach der gleichnamigen Kleinen Tragödie von Alexander Puschkin

Entstehung 1903—1904

Uraufführung 24. Januar 1906   Bolschoi Theater Moskau

Personen
Baron_____Bariton
Albert, sein Sohn_____Tenor
Herzog_____Bariton
Wucherer_____Tenor
Diener_____Baß

Orchester 3 Fl (III auch Picc), 2 Ob, EH, 2 Klar, BKlar, 2 Fg, 4 Hr, 3 Trp, 3 Pos, Tb, Pkn, Slzg, Hrf, Str

Aufführungsdauer 1 Std., 5 Min.

Vorgänge
Die Handlung spielt im Mittelalter.
1. Bild: *Im Turm.* Albert, der Sohn eines Barons, will an den Turnierfestlichkeiten des Herzogs teilnehmen. Doch fehlt ihm die standesgemäße Rüstung. Vom Vater erhält er kein Geld. Der Jude Salomo ist nicht mehr bereit, ihm zu leihen. Albert versichert, der alte Baron werde bald sterben, und er würde dann als Erbe die Schulden zurückzahlen können. Daraufhin bietet ihm der Wucherer die Adresse eines Giftmischers an, damit er das Ende des alten Barons beschleunige. Der Sohn lehnt diese Lösung ab und entschließt sich, beim Herzog Hilfe zu erbitten.
2. Bild: *Ein Kellergeschoß.* Der alte Baron füllt seine Kisten und Truhen mit Geld. Das den Witwen und Waisen abgenommene Gut schlägt ihn in seinen Bann. Er feiert bei Kerzenschein die im Gold verborgene Macht. Doch der Freudengesang über die gehorteten Schätze schlägt um in ein Klagelied, denkt er an seinen Erben, den auf Rittertugenden versessenen Sohn Albert.
3. Bild: *Im Palast des Herzogs.* Albert klagt dem Herzog seine Armut, die ihn hindere, am Ritterleben teilzunehmen. Der Herzog verspricht ihm Hilfe. Er befiehlt den alten Baron herbei und treibt ihn mit der Frage nach seinem mündigen, dem Ritterleben verpflichteten Sohn in die Enge. Der Baron verleumdet seinen Sohn als einen unehrenhaften Dieb. Albert hört, im Nebenzimmer lauschend, des Vaters falsches Zeugnis, bezichtigt ihn vor dem Herzog der Lüge. Der Vater wirft den Fehdehandschuh. Albert nimmt die Forderung an. Der Her-

zog trennt das „entartete Paar". Der Baron stirbt vor Aufregung. Der Herzog entsetzt sich über das „gräßliche Jahrhundert".

Genesis
Mit der Kleinen Tragödie ›Der geizige Ritter‹ von Puschkin hatte sich Rachmaninow das Libretto selbst gewählt, und er unterbrach zugunsten dieser Oper die Arbeit an ›Francesca da Rimini‹. ›Der geizige Ritter‹ entstand zwischen 1903 und 1904, in einer Zeit, da Rachmaninow als Dirigent am Bolschoi Theater in Moskau tätig war. 1906 wurden die beiden einaktigen Opern ›Der geizige Ritter‹ und ›Francesca da Rimini‹ in der musikalischen Einstudierung des Komponisten am Bolschoi Theater Moskau uraufgeführt.

Kommentar
Rachmaninow vertonte — ähnlich wie Dargomyshski im ›Steinernen Gast‹ und Rimski-Korsakow in ›Mozart und Salieri‹ — eine der Kleinen Tragödien von Puschkin ohne Veränderungen und größere Striche. Im Unterschied zu seiner ersten Oper nach einem Werk Puschkins blieb so im ›Geizigen Ritter‹ der philosophische und historische Gehalt des Textes gewahrt. Der ritterliche Ehrgeiz des Sohnes und das bürgerliche Besitzdenken des Vaters werden einander gegenübergestellt.

In Rachmaninows Oper sind Orchester und Gesangsstimme gleichberechtigt und selbständig einander ergänzend an der Darstellung des Konflikts beteiligt. Dem Orchester kommt der entscheidende Part in der Gestaltung von Kontrasten zu. Auch erweist sich Rachmaninow als dramaturgisch genauer und überzeugender Instrumentator. Die Figuren sind durch Timbre, Intonation und harmonische Eigenarten charakterisiert. Ariose und rezitativische Elemente gehen ineinander über. Rachmaninow beteiligt sich, damit bei Dargomyshski anknüpfend, an der Herausbildung eines „melodischen Rezitativs".

Verbreitung
Der Uraufführung von 1906 folgten Inszenierungen in Petrograd (1921) und Gorki (1943). Das Werk hat bisher keinen Platz im Repertoire gefunden.

Autograph Staatliches Zentrales Museum Musikalischer Kultur M.I.Glinka Moskau
Ausgaben Part und KIA (russ./dt.) Gutheil Moskau o.J.; Part (russ./dt., dt. von Friedrich Fiedler) Musyka Moskau 1968 und 1972
Literatur Siehe Sergej Rachmaninow

Nikolai Andrejewitsch
Rimski-Korsakow
1844—1908

Pskowitjanka/Das Mädchen von Pskow
(Pskowitjanka) .... 1868—1872, 1876—1878, 1891—1892
Oper in drei Akten
nach dem gleichnamigen Drama von Lew Mej
Die Bojarin Wera Scheloga .... 1877—1878, 1898
(Bojarynja Wera Scheloga)
Musikalisch-dramatischer Prolog zur Oper ›Das Mädchen von Pskow‹
Mainacht (Maiskaja notsch) .... 1878—1879
Oper in drei Akten nach der gleichnamigen Erzählung von Nikolai Gogol
Snegurotschka/Schneeflöckchen (Snegurotschka) .... 1880—1881
Frühlingsmärchen in vier Akten und einem Prolog
nach dem gleichnamigen Frühlingsmärchen von Alexander Ostrowski
Mlada .... 1889—1890
Zauber-Ballettoper in vier Akten
Die Nacht vor Weihnachten (Notsch pered Roshdestwom) ... 1894—1895
Eine wahre Geschichte und ein Lied zur Winterwende
nach der gleichnamigen Erzählung von Nikolai Gogol
(Oper in vier Akten)
Sadko .... 1895—1896
Opern-Byline in sieben Bildern
nach Motiven der Byline ›Sadko, der reiche Handelsmann‹, des ›Märchens vom Meereskönig und der weisen Wassilissa‹ sowie anderer Bylinen und russischer Märchen
Mozart und Salieri (Mozart i Saljeri) 1897
Dramatische Szenen
nach der gleichnamigen Kleinen Tragödie von Alexander Puschkin
Die Zarenbraut (Zarskaja newesta) 1898
Oper in vier Akten nach dem gleichnamigen Drama von Lew Mej
Das Märchen vom Zaren Saltan (Skaska o zare Saltane) ... 1899—1900
Oper in vier Akten und einem Prolog
nach dem gleichnamigen Märchen von Alexander Puschkin
Servilia .... 1900—1901
Oper in fünf Akten nach dem gleichnamigen Drama von Lew Mej
Der unsterbliche Kaschtschej (Kaschtschej bessmertny) ... 1901—1902
Ein kleines herbstliches Märchen (Oper in einem Akt)
Pan Wojewode (Pan Wojewoda) .... 1902—1903
Oper in vier Akten

**Die Legende von der unsichtbaren Stadt Kitesh
und der Jungfrau Fewronija**_____1903—1904
(Skasanije o newidimom grade Kiteshe i dewe Fewronii)
Oper in vier Akten
Der goldene Hahn (Solotoi petuschok)_____1906—1907
Eine unglaubliche Geschichte
nach dem gleichnamigen Märchen von Alexander Puschkin
(Oper in drei Akten)

Fortschritt und Begrenzung

Mit fünfzehn Werken ist die Oper im Schaffen Rimski-Korsakows das zentrale Genre und er selbst einer der produktivsten Komponisten des Mächtigen Häufleins. Seit der ersten Oper, ›Pskowitjanka‹, wurden, mit Ausnahme der letzten, alle nachfolgenden sehr bald nach der Partiturreinschrift an einer Bühne der beiden Kulturzentren — Petersburg oder Moskau — uraufgeführt. Die unmittelbare Aufeinanderfolge von Komposition und klanglich-szenischer Realisation war eine wesentliche Bedingung für die Produktivität und das reformatorische Streben des Komponisten. Nicht zufällig fanden die Uraufführungen von ›Sadko‹, ›Mozart und Salieri‹, ›Die Bojarin Wera Scheloga‹, ›Die Zarenbraut‹, ›Das Märchen vom Zaren Saltan‹, ›Der unsterbliche Kaschtschej‹ sowie die künstlerisch wegweisende Reprise von ›Schneeflöckchen‹ an einer Privatoper statt. An Sawwa Mamontows Theater in Moskau erhielten nicht nur die Opernfiguren Rimski-Korsakows durch Interpretenpersönlichkeiten wie Schaljapin, Sobinow, Sabela-Wrubel oder die Zwetkowa erste Gestalt und Geltung. Hier schufen die Brüder Wasnezow, die Maler Korowin, Wrubel, Serow und Lewitan künstlerisch bedeutende, national orientierte Bühnenbilder, die sich von den feudal-kosmopolitischen an den großen zaristischen Operninstituten unterschieden. Von der kalten Routine des Mariinski Theaters trieb es Rimski-Korsakow wie auch Schaljapin in die Arme des mäzenatischen Großindustriellen Sawwa Mamontow, dessen künstlerische Vorhaben manchmal allerdings seine materiellen Mittel überstiegen. Bis auf die Uraufführungen der ›Servilia‹ und der ›Legende von der unsichtbaren Stadt Kitesh ...‹ wurden nach ›Sadko‹ alle Opern von Mamontows und der ›Goldene Hahn‹ von Simins Privatensemble uraufgeführt. Das Opernschaffen des in seiner Zeit national wirksamen und auch international erfolgreichen Komponisten erfuhr nach seinem Tode eine verengende und vereinseitigende Aneignung. Wird nicht in Wort und aufführungspraktischer Tat Rimski-Korsakow zum folkloristisch-bunt malenden Märchenerzähler und Schilderer altrussischer Sitten und heidnischen Brauchtums gemacht? Wirkten an Mamontows Operntheater die altrussischen Bühnenbilder progressiv, wurden sie alsbald Rimski-Korsakows Werken „als Zwangsjacke angepaßt". Kaftan und Sarafan strangulierten die lebendigen Gestalten, und an die Stelle von Menschen des 19. und 20. Jahrhunderts traten folkloristisch aufgeputzte Opernsänger. Als Natalia Gontscharowa 1914 in Paris den ›Goldenen Hahn‹ ausstattete und dabei neue Wege beschritt, klagten die Erben des Komponisten bei den französischen Gerichten gegen die

Künstlerin. Iwan Bilibins berühmt gewordene Ausstattung der Uraufführung 1909 am Theater Simins allein galt ihnen als authentisch.

Der ethische Einfluß des Pädagogen Rimski-Korsakow auf nachfolgende Komponistengenerationen ist unbestritten. Ungeklärt ist hingegen, ob Rimski-Korsakows Opern auf dem Theater der zweiten Hälfte des 20. Jahrhunderts zu wirken vermögen.

Periodisierung

Rimski-Korsakow selbst hat sein Schaffen in Perioden gegliedert: „So sehe ich in der ›Mlada‹ und in der ›Nacht vor Weihnachten‹ gleichsam zwei große Vorstudien zu ›Sadko‹, jener Oper, in der sich die Musik auf geradezu ideale Weise dem ausdrucksstarken Stoff verbindet und die die mittlere Periode meines Opernschaffens abschließt... Die ›Nacht vor Weihnachten‹ war der Beginn meines nun folgenden ununterbrochenen Opernschaffens." (Chronik meines musikalischen Lebens) Das wird duch die 1892 nach Beendigung der dritten und endgültigen ›Pskowitjanka‹-Fassung getroffene Feststellung ergänzt: „Von allen meinen größeren Werken aus der Zeit bis ›Mainacht‹ war nicht eins mehr unbearbeitet." (Chronik) Mit dem ›Märchen vom Zaren Saltan‹ kündigt sich an der Jahrhundertwende ein erneuter Qualitätsumschwung an. Er führte, um in der Terminologie des Komponisten zu bleiben, mit dem ›Unsterblichen Kaschtschej‹, der ›Legende von der unsichtbaren Stadt Kitesh...‹ und dem ›Goldenen Hahn‹ zu den Höhepunkten der Spätperiode.

Es hieße allerdings den Komponisten und sein Werk mißverstehen, wollte man diese Perioden, ihre Aufeinanderfolge und Ablösung im Sinne einer Entwicklung vom Dilettanten zum Professional, vom Niederen zum Höheren, vom Guten zum Besseren interpretieren. Das gilt allein für die Ablösung der Anfangsphase durch die mittlere, aber nicht mehr für die nachfolgende Periode. Man könnte den ›Unsterblichen Kaschtschej‹ und den ›Goldenen Hahn‹ nach dem Maßstab der Materialentwicklung als progressivste Kompositionen herauslösen. Doch solche Betrachtung ließe das Erbe auf einige wenige exemplarische Leistungen schrumpfen. Schöpferische Aneignung würde dann bedeuten, die Gegenwart als Konsequenz fortwährender Progression zu bestätigen. Die Periodisierung kann daher nur eine Hilfe sein, um in der Abfolge von fünfzehn Opern einen Prozeß zu erkennen, der im Sinne der oft zitierten Äußerung zu verstehen ist: „Ich bin stolz darauf, daß ich nie an die Existenz nur einer einzigen Opernform geglaubt habe und in meiner Musik eine ganze Reihe von Lösungen dieses komplizierten Problems gegeben habe." (Chronik)

Konstante Themen

Erstens: Beziehungen des Menschen zur Natur

Rimski-Korsakows fast alle Werke durchdringendes Interesse am heidnischen Polytheismus entsprach ganz dem Wunsch, der autoritär-monistische Zarismus möge einer „vielgöttrigen" Demokratie weichen. Der historischen Situation in Rußland, gekennzeichnet durch Reform im Einzelnen und Restauration im Ganzen, setzte der Komponist die Hoffnung auf verändernde Kräfte entgegen. Einer erstarrten, von Zwängen und Gewalt beherrschten Gesellschaft wird die Natur als Alternative gegenübergestellt. Der Wald, der See, das Meer, das Firmament werden zu Orten, an denen Elementargeister im freien Spiel ihrer Existenzformen zu finden sind, so die Pannotschka (›Mainacht‹), die Wolchowa (›Sadko‹), die Schwanenprinzessin (›Märchen vom Zaren Saltan‹). Den Weg zu solchen Orten und Wesen aber suchen und finden nunmehr nur noch Menschen, die eine Sehnsucht aus ihrer prosaischen Umwelt heraustreibt, wie Lewko, Sadko oder Gwidon. Wenn Rimski-Korsakow in den Stoffen Gogols, Ostrowskis und Puschkins den lebendigen Austausch zwischen Menschen und Phantasiewesen poetisch akzentuiert, stellt er gleichzeitig auch den Gegensatz hierzu, die mumifizierende prosaische Existenzweise der Mächtigen und Reichen, heraus. Zum Austausch mit der Natur sind nur phantasiebegabte, schöpferische Menschen befähigt. Wenn sie in Beziehung zu Elementarwesen treten, erfahren sie eine Erweiterung ihres Seins. Die sozialkritisch gemeinte, realistisch bewertete Abhängigkeit des Menschen von der Natur trägt unübersehbar einen in unsere Zeit hinein wirkenden Aspekt.

Zweitens: Frauen als (Domostroi-)Opfer und als Idealbilder

Kritik an der Macht findet sich auch in anderen Bereichen und dort unvermittelter, so an Beispielen der nach den Gesetzen des Domostroi geopferten Frau. Im Unterschied zu Mussorgski interessierte sich Rimski-Korsakow weder für das Verhältnis vom einzelnen zur Masse noch für den Charakter von Massenbewegungen, als er sich historischen, nationalen Stoffen zuwandte und die Zeit Iwans IV. wählte. Iwan Grosny veranlaßte die Niederschrift eines Sittenkodex, der als Domostroi (Hausordnung) bekannt, bis ins 20. Jahrhundert hinein Gültigkeit und Folgen haben sollte. Nach dem Domostroi wurde die Frau auf gleicher Stufe wie das Vieh dem feudal-patriarchalischen Hausstand zugeordnet. Olga Tokmakowa (›Das Mädchen von Pskow‹), Wera Scheloga (›Die Bojarin Wera Scheloga‹), Marfa Sobakina (›Die Zarenbraut‹), Militrissa (›Märchen vom Zaren Saltan‹), Marina (›Pan Wojewode‹) sind Opfer oder unter der Knechtung Leidende. Die wenigen um ihre Liebe und damit um ihr Menschenrecht kämpfenden Frauen wie Ljubascha in der ›Zarenbraut‹ oder Jadwiga im ›Pan Wojewode‹ sind Giftmischerinnen, die ihr Ziel verfehlen.

Man kann es sehr wohl als einen Ausdruck von Realitätssinn werten, wenn Rimski-Korsakow, die fortwährende Unterdrückung der Frau vor Augen, die „befreite" Frau als Phantasiegestalt oder eben als Elementarwesen, als Zarin Schemacha (›Der Goldene Hahn‹), Schwanen-Zarewna (›Das Märchen vom Zaren Saltan‹) oder als des Meereszaren Lieblingstochter Wolchowa (›Sadko‹) in Erscheinung treten läßt. Dem geistig und sexuell emanzipierten Weib hatte Puschkin auch immer den entsprechenden sozialen Status gegeben. Seine beiden Idealgestalten — die Schwanen-Zarewna und Zarin Schemacha — treten auch in Rimski-Korsakows Opern dem Mann als unabhängige, freie Wesen entgegen. Demgegenüber haben die Gogol entlehnten bäuerlichen Mädchen Hanna (›Die Mainacht‹) und Oksana (›Die Nacht vor Weihnachten‹) bei Rimski-Korsakow

391

weniger Selbstbewußtsein. Sie ähneln in ihrer Koketterie eher einer Primadonna, die einen salonhaften Folkloreton anschlägt.

Drittens: Kritik an der Macht und der Marionette

Balakirew wird das berühmte Wort zugesprochen, Rimski-Korsakow habe sich keine Gelegenheit entgehen lassen, über die Macht zu lachen. Dieses Lachen manifestiert sich nicht in der weitverbreiteten geistlosen, jeder Erfahrung spottenden Manier, die Mächtigen zu simplifizieren. Es zeigt sich vielmehr in einer die marionettenhaft-beschränkte Existenz der Mächtigen hervorhebenden Musizierweise. So sind Machtrituale, zum Beispiel Märsche oder Hymnen jedweder Art, quasi „vergegenständlicht", haben ein konstantes, den ursprünglichen Anlaß reproduzierendes Ambiente erhalten.

Tönendes Ambiente und reale Gewichtigkeit der Dorfpotentaten (wie Oberhaupt, Schreiber, Beamter in der ›Mainacht‹ und ›Nacht vor Weihnachten‹) bringen das falsche Selbstbewußtsein und das wirkliche Sein zu komischem Kontrast. Im ›Goldenen Hahn‹ hat Rimski-Korsakow darüber hinaus die Mechanismen von Macht in Musik gesetzt. Parade-, Kriegs-, Hochzeitsmärsche, Hymnen, Jubelchöre, Signalmotive werden in ihrer Charakteristik so typisiert, daß das Zitat zu einer Funktion der Kritik wird. Es wird zum Schild verdinglichter Macht, hinter dem sich ein Nichts, ein Schatten, ein Zar Dodon verstecken und agieren kann.

Zeitbetroffenheit und Zeitbezogenheit

In den Werken der Spätperiode, dem ›Unsterblichen Kaschtschej‹, der ›Legende von der unsichtbaren Stadt Kitesh‹ und dem ›Goldenen Hahn‹, kommt die Betroffenheit des Komponisten von der erstarrten, lebenstötenden zaristischen Macht und der Ohnmacht der Intellektuellen am unmittelbarsten zum Ausdruck. Im ›Unsterblichen Kaschtschej‹ ist der Fabel die Hoffnung unterlegt, daß die Lakaien der Macht (wie der Recke Sturmwind) zu unbotmäßigen Dienern werden oder wie die unmündige Kaschtschejewna ihre Situation erkennen und ihre Lage verändern. Die Volkspoesie ist hier mit politischen Bezügen versehen. Hingegen ist die ›Legende von der unsichtbaren Stadt Kitesh ...‹ ganz Ausdruck eines an gesamtgesellschaftliche Veränderungen nicht mehr Glaubenden, doch ist die Suche nach einer moralisch integren Haltung noch nicht aufgegeben. Auf sie wird nun alle Hoffnung gesetzt. So wurde diese Oper zu einem eschatologischen Loblied auf den Altruismus.

Den marionettenhaften Zar Dodon (›Goldener Hahn‹) umgibt nicht mehr der helle, aktivistisch-bramarbasierende Ton des Zaren Saltan (›Märchen vom Zaren Saltan‹). Zwischen beiden Werken liegt eine verlorene Revolution, machten Mächtige mit dumpfem Fanfarenton auf Lebende Jagd (wie der Wojewode im ›Pan Wojewode‹). Das hat dunkle Klangschatten auch auf Dodons Welt geworfen.

Die Legende vom modernistischen Charakter der letzten Werke

Wenn sich die erste Schaffensphase gegen die mittlere abhebt, dann durch die zielgerichtete Qualifikation Rimski-Korsakows vom begabten Dilettanten zum professionell Gebildeten.

Die Hinwendung zum weltoffenen, Kunst und Geschäft auf angenehme und saubere Weise miteinander verbindenden Beljajew-Kreis bestimmte Rimski-Korsakows mittlere Periode. Die letzte Schaffensphase ist davon gekennzeichnet, daß der Komponist in seinen Werken kühne Neuerungen praktizierte, aber in seinen theoretischen Äußerungen vorsichtig und zurückhaltend war. Der alternde Musiker wurde von der nachdrängenden Generation und den Künstlern des Mir iskusstwa (Welt der Kunst, Petersburger avantgardistischer Künstlerkreis um Sergej Djagilew) als „überholt" kategorisiert, und er glaubte, sich verteidigen zu müssen. Heftig und sachlich unscharf griff er Richard Strauss und Claude Debussy an. Polemisch grenzte er sich gegen Modernismus ab, unter dem er die ungerechtfertigte, bloß effektvolle Verwendung neuartiger harmonischer Mittel verstand.

Paradoxerweise holten ihn aber gerade hier die Vorwürfe volkstümelnder Slawophile ein. Sie bezichtigten Rimski-Korsakow nunmehr selbst des Modernismus und der Dekadenz in seinen Spätwerken. Diese Anschuldigungen haben die Aneignung der letzten Werke einige Jahrzehnte begleitet und standen einer Erschließung seines Gesamtschaffens im Wege. Erst 1955 publizierte Dmitri Kabalewski einen Artikel ›Gegen die modernistische Legende über Rimski-Korsakow‹, und noch 1961 mußte sich Lew Danilowitsch zur Verteidigung einer Arbeit über Rimski-Korsakows Spätwerk mit Kabalewskis Thesen rechtfertigen.

Tonartendramaturgie

Rimski-Korsakow verband Klang- und Farbvorstellungen miteinander und hat sich selbst verschiedentlich dazu geäußert. Es hat Versuche gegeben, diese Beziehungen von Klang und Farbe zu katalogisieren. Dorothee Eberlein unternahm 1978 einen Vergleich, indem sie die Tonarten-Farbbedeutungen bei Rimski-Korsakow und Skrjabin einander gegenüberstellte. Bei zufällig ähnlichen synästhetischen Veranlagungen beider Komponisten war jedoch Rimski-Korsakow weit davon entfernt, Farb-Ton-Vorstellungen zum strukturbestimmenden Prinzip seiner Musik zu machen. Auch sind die Farbvorstellungen meist in die Sinngebungen von Motiven, Figuren oder Orten integriert. Berühmt geworden ist das F-Dur als Rimski-Korsakows Zeichen für die freundliche, hell-weiß strahlende Stadt, so für Kitesh und Ledenez, oder das D-Dur für die goldenen Fische, jenes Geschenk der Wolchowa in ›Sadko‹.

Wesentliche, sinnstiftende Bedeutung besitzen die Tonarten meist nur innerhalb eines konkrete Relationen setzenden Einzelwerkes. Zwar sind auch konstante, das Gesamtschaffen durchziehende Tonartenbedeutungen vorhanden, sie sind aber nicht immer eindeutig und bindend. So wird Es-Dur häufig zur Gestaltung von Elementarkräften verwandt, D-Dur bei Siegesjubel und Sonne (so zum

Beispiel beim Sonnenaufgangszauber in ›Schneeflöckchen‹). D-Dur gilt seit Wolchowas Goldfisch-Geschenk an Sadko als Signum für Gold in der russischen Musikgeschichte. Oscar von Riesemann berichtet in seinen Aufzeichnungen über Rachmaninow, daß dieser sich in einem Gespräch auf den D-Dur-Goldglanz aus ›Sadko‹ berufen habe, um zu erklären, warum er die gleiche Tonart für das aus den Truhen blinkende Gold in seiner Oper ›Der geizige Ritter‹ verwendet habe.

Rimski-Korsakow gab aber auch eine entschiedene Einschränkung eines an außermusikalische Gegebenheiten geknüpften Tonartenverständnisses, wenn er 1898 der Sängerin Sabela-Wrubel schrieb: „Aber ich sage Ihnen, daß meine Tonalitätentheorie durchaus nicht das musikalische Verständnis verstärkt, sondern nur meine persönliche Absonderlichkeit darstellt, welche ich in den Kompositionen festhalte, aber welche für den Hörer fremd und überflüssig bleibt."

Der Operntypus

Im Unterschied zum Musikdrama Richard Wagners werden Rimski-Korsakows Opernkompositionen davon charakterisiert, daß für ihn kadenzbestimmte, periodische musikalische Abläufe, Reprisenbildungen und Variationsmuster formbildende und bildformende Mittel waren, musikalische Handlung nicht als permanenter Entfaltungsprozeß verstanden wurde.

Wenngleich in sich abgeschlossene Nummern die Architektur seiner Opern nicht bestimmen, erscheinen die Arien bis zur ›Servilia‹ und selbst noch im ›Pan Wojewode‹ als Behauptungen einer individuellen Integrität. Im ›Unsterblichen Kaschtschej‹ und dem ›Goldenen Hahn‹ unterliegen mit der Kritik an der Selbstherrschaft auch Arien- und Nummernform als lügnerischer Schein individueller Integrität der Kritik. Generell aber steht dem sich in einer abgeschlossenen Nummer kristallisierenden musikalischen Material die Tendenz gegenüber, Individuum und Umwelt, Aktion und Reaktion, Gehalt und Bedeutung komplex aneinander zu binden.

Die Auflösung der strengen Nummernoper erfolgt bei Rimski-Korsakow nicht über die zur Konsequenz getriebenen inneren Widersprüche. Bis auf die Schwanen-Zarewna (›Märchen vom Zaren Saltan‹), die Kaschtschejewna (›Der unsterbliche Kaschtschej‹) und Kuterma (›Legende von der unsichtbaren Stadt Kitesh …‹) sind alle Charaktere aus homogenem Material gefügt. Es gibt keine zerrissenen, gespaltenen, zwiespältigen Charaktere. Daher erscheint die Sequenzierung in den frühen Opern als dominierendes Mittel musikalischer Charakterdarstellung, verleiht diesen oft etwas Starr-Ungelenkes.

„Dämonische Gestalten…, die Negation, der übertriebene Stolz usw. erfreuen mich nicht. Ich bin ein mittlerer Charakter (mezzo carattere), war es immer und werde es immer bleiben — bis zum Ende. Hauptsächlich brauche ich ein nicht großes Stück, Schürzungen, Lösung des Knotens, wenigstens nichts Gekünsteltes …! Am besten etwas Volkstümliches, aber es könnte auch außerhalb des Volkstümlichen liegen (wie ›Mozart und Salieri‹). Ich muß mich ausruhen, mich zerstreuen, aber nicht den Frieden zerstören und gegen die Götter aufstehen. Unsere Kunst, die Musik, ist auch nicht imstande, das zu tun." Dieser Brief Rimski-Korsakows von 1905 an Wladimir Belski erklärt das Welt- und Kunstverständnis des Komponisten.

Das musikalische Figurenkabinett
Wenn es auch keine Zerrissenen, Gespaltenen, Zwiespältigen unter den Figuren Rimski-Korsakows gibt, sind doch nicht alle seine Gestalten Wunschbilder einer verlorenen Integrität. Der Zeitgenosse erscheint im Typus des reduzierten Menschen, der Machtmarionette, der prosaischen Existenz, er ist in den Figuren des Kaschtschej und Dodon durch nichtvollendete Perioden und unterbrochene Kadenzen exemplarisch gestaltet. Den Typus des liebesfähigen und empfindungsreichen Menschen hat er in den Figuren der Wolchowa, der Schwanen-Zarewna und der Zarin Schemacha ausgebildet und in der ihm eigenen Mischung zwischen „vokalem" und „instrumentalem" Stil gefaßt.

Architektur
Durch ein dramaturgisch weitgefaßtes und begründetes Prinzip der Antizipation schuf er eine besondere Architektur. Die Einlösung der Antizipation erfolgt, wenn in einer neuen, aber rückbezüglichen theatralischen Situation das musikalische Motiv wiederholt erklingt. In der finalen Synthetisierung erhält das Bekannte in der Wiederholung einen neuen Sinn. Das Prinzip des Sinfonischen ist eine Funktion dieser Architektur.

Prinzip der Assoziation
Nach dem Prinzip der Assoziation stellt Rimski-Korsakow eine Reihe von Kriterien auf: „Kraft, Zartheit, Dunkelheit, Funkeln, Mattheit, Licht." So bedeutete ihm Harmonik „Licht und Dunkelheit", Dur und Moll waren ihm „Freude und Trauer, Klarheit und Undeutlichkeit, Verworrenheit". Orchestrierungseffekte und Farbklänge dienten ihm für „Glanz, Leuchten, Durchsichtigkeit, Verschwommenheit/Nebel, Glitzern/Funkeln, Blitzen, Mondlicht, Sonnenuntergang, -aufgang, Glanzlosigkeit, Finsternis". Er unterschied „Tonnachahmungen im genaueren Sinne mit Glocken, Instrumenten, Kriegstrompeten, Schreien, Rufen, Geräuschen, Sprechen, mit Vögeln, Wind, Blätterrauschen, Donner". Scharf grenzte er sich in seinen Auffassungen von Dargomyshski und Mussorgski ab, wenn er postulierte, daß „Stimmennachahmung die Bedeutung der Kunst erniedrige", und meinte, daß es „eine solche Nachahmung in den künstlerischen Werken auch nicht" gebe.

Leitharmonien
Leitharmonien bedeuten bei Rimski-Korsakow gewöhnlich eine harmonische Folge von Sequenzen, wobei der Grundaufbau eine Akkordkette ist, die sich im Terz- oder Tritonusverhältnis befindet. Eine besondere Stellung nimmt die „Gamma Rimskogo-Korskowa" (Skala Rimski-Korsakows) ein. So benannten sowjetische Musikwissenschaftler die charakteristische Halb-Ganz-Ton-Skala Rim-

ski-Korsakows in Analogie zu Glinkas Ganztonleiter, der „Gamma Tschernomora".

Diese Halb-Ganz-Ton-Skala verbreiterte den harmonischen Ausdrucksbereich insgesamt und ist vorwiegend der Kennzeichnung des Phantastischen vorbehalten, aber nicht darauf beschränkt. So dient sie sowohl zur Charakteristik des unterirdischen Meeresreiches, ist aber auch das Signum der Wolchowa, das Signal der Tatareninvasion, das Zeichen für Unaufgelöstes im Schlußchor der ›Pskowitjanka‹. Zwar gibt es in ›Schneeflöckchen‹ und auch im ›Goldenen Hahn‹ Akkorde, die alle sechs Töne der Ganztonleiter bringen, doch bleibt im musikalischen Denken Rimski-Korsakows die harmonische Horizontale das entscheidende logisch-konstruktive Prinzip, bestimmt sie über Grenzen und Möglichkeiten seiner auf dem Dur-Moll-System gründenden harmonischen Mittel.

Das Phantastische als Anlaß zur Grenzüberschreitung

Rimski-Korsakow nutzte alle Möglichkeiten zum chromatischen Ausschmücken. Dabei bediente er sich verstärkt der Nebendominante, des Wechsels zwischen tonal festen und erweiterten Komplexen, des Übergangs zu einem nicht streng tonikalen „verfeinerten" Stil. Rimski-Korsakow unterschied zwischen „strengem" (strogi) und „verfeinertem" (isyskanny) Stil, das korrespondiert mit den Begriffen vom „vokalen" und „instrumentalen" Stil. Da aber das Dur-Moll-System die verbindliche Grundlage blieb, schaffte sich der Komponist mit den phantastischen Gestalten Anlässe, dieses System zu erweitern. Alle harmonischen Neuerungen und Kühnheiten hat er sich selbst und anderen gegenüber mit dem Hinweis auf den notwendigen besonderen Charakter des Phantastischen begründet.

Überschreitungen und Erweiterungen der Grenzen des Dur-Moll-Systems blieben weitgehend episodisch: „Mit der mittelalterlichen lado-harmonischen Sprache der Kirchenmusik (besonders der Raskolniki) nehmen die ‚leeren' Quintharmonien Rimski-Korsakows ihren Anfang, sie geben den musikalischen Gestalten ihr archaisches Kolorit. Sie sind in Analogie zu den Harmonien der ›Chowanschtschina‹ entstanden." (Lew Danilewitsch)

Grenzüberschreitungen werden in den Spätwerken häufiger und ausgedehnter. Ein Höhepunkt ist der ›Unsterbliche Kaschtschej‹. Daneben werden die Ganztonleiter, die Gamma Rimskogo-Korsakowa und übermäßige Dreiklänge als athematische Impulse verwendet. Ohne das Dur-Moll-System aufzulösen, hält sich Rimski-Korsakow von Ganztonkomplexen, mit denen er die Grenzen des Terzaufbaus durchbricht, nicht fern.

Melodik

Das horizontale Denken entscheidet auch über die melodische Logik. Rimski-Korsakow sprach von der „richtigen Stimmführung" und meinte damit, daß bei ihm die Melodie eine Funktion der harmonischen Entwicklung sei. Hieraus erklärt sich, daß der Komponist als Kenner und Sammler des Volksliedes dessen Charakter doch nicht zu bewahren verstand. Die nicht nach tonalen Modi gebauten Volksliedmelodien wurden auf die Dur-Moll-Logik gebracht, verloren dadurch ihre strukturellen Eigenarten. An deren Stelle trat Simplizität. Authentisches Profil gewinnen Volksliedzitate bei Rimski-Korsakow nur dann, wenn Halte- und Durchgangstöne die festen Verankerungen lösen.

Orchester

Rimski-Korsakow unterschied zwischen einem „Wagner-Orchester" und einem „Glinka-Orchester" und meinte damit den Unterschied zwischen einem durch die Instrumentation erzielten Verschmelzungsklang und einer instrumental ungemischten Farbgebung. Er hat beide Instrumentationsprinzipien angewandt, aber das Glinka-Orchester bevorzugt. Streicher- und Holzbläserkombinationen dominieren in den frühen Opern. Schlagzeug und Blechbläser werden episodisch eingesetzt, Posaunen, Hörner und Trompeten in ihrem eigenständigen Farbklang mit der dritten ›Pskowitjanka‹-Fassung entdeckt und als ausgeprägt charakterisierende Instrumente im ›Pan Wojewode‹ und im ›Goldenen Hahn‹ verwendet. Boris Assafjew hat den Wechsel und die Entwicklung des Orchesterstils nachgezeichnet: „Das Opernorchester Rimski-Korsakows ist kein dynamisch-sinfonisches, sondern ein Klang darstellendes (Natur ... Landschaft ...) und ein emotional-deskriptives ... Vom aquarellierenden Orchester bei ›Mainacht‹ und ›Schneeflöckchen‹ schritt er zum üppig-dekorativen der ›Mlada‹, der ›Nacht vor Weihnachten‹ und des ›Boris Godunow‹. Im ›Märchen vom Zaren Saltan‹ gibt es wieder ein neues Orchester: durchsichtig und klangvoll, aber nicht aquarellierend ... In der ›Legende von der unsichtbaren Stadt Kitesh ...‹ erreicht das Orchester Rimski-Korsakows eine ideale Verbindung von Kraft und Klarheit mit Geschmeidigkeit und Rundheit. Die nächste Entwicklungsstufe der Korsakowschen Instrumentationskunst ist die virtuose Partitur des ›Goldenen Hahns‹. Sie vereinigt die Ökonomie der Mittel mit Fülle, die Durchsichtigkeit mit alles durchdringender Klangpracht, das strenge klassische Relief mit impressionistisch-schöner Freizügigkeit. Bei alldem ist die erstaunliche Partitur, von der ein direkter Weg zu den farbigen Partituren Strawinskis führt, voll Dynamik."

Literatur Nikolai Rimski-Korsakow. Musikalisches Erbe. (Musykalnoje nasledstwo.) Hrsg. von Kabalewski, Lewit, Ossowski u. a., 2 Bde. Moskau 1953 und 1954; Nikolai Rimski-Korsakow. Literarische Werke und Briefwechsel. (Literaturnyje proiswedenija i perepiska.) In: GA (Polnoje sobranije sotschineni.) Bd.1: Chronik meines musikalischen Lebens. (Letopis mojej musykalnoi shishni.) Moskau 1955; Nikolai Rimski-Korsakow. Literarische Werke und Briefwechsel. (Literaturnyje proiswedenija i perepiska.) In: GA (Polnoje sobranije sotschineni.) Bd.2 Moskau 1963; Nikolai Rimski-Korsakow. Literarische Werke und Briefwechsel. (Literaturnyje proiswedenija i perepiska.) In GA (Polnoje sobranije sotschineni.) Bd.5: Briefwechsel mit den Komponisten des Mächtigen Häufleins, mit W.W. sowie D.W. Stassow. (Perepiska s kompositorami Mogutschej kutschki s W.W. i D.W. Stassowymi.) Moskau 1963; Nikolai Rimski-Korsakow. Literarische Werke und Briefwechsel. (Literaturnyje proiswedenija i perepiska.) In: GA (Polnoje sobranije sotschineni.) Bd.6: Briefwechsel mit A.K. Glasunow und A.K. Ljadow. (Perepiska s A.K. Glasunowym i A.K. Ljadowym.) Moskau 1965; Nikolai Rimski-Korsakow. Literarische Werke und Briefwechsel. (Literaturnyje proiswedenija i perepiska.) In: GA (Polnoje sobranije sotschineni.) Bd. 8 A und 8 B: Briefwechsel mit S.N. Kruglikow. (Perepiska s S.N. Kruglikowym.) Moskau 1981 und 1982; Nikolai Rimski-Korsakow: Chronik meines musikalischen Lebens. Hrsg. und aus dem Russischen übertragen von Lothar Fahlbusch, Leipzig 1968; Igor Chlebow: Rimski-Korsakow. Versuch einer Charakteristik. (Opyt charakteristiki.) Petersburg/Berlin 1923; Michail Gnessin: N. A. Rimski-Korsakow im Umgang mit seinen Schülern. (N. A. Rimski-Korsakow w obtschtschenii so swoimi utschenikami.) In: *Musika i rewoluzija*, 1928, Nr. 7/8; Andrej N. Rimski-Korsakow: N. A. Rimski-Korsakow. Leben und Schaffen. (Shisn i tworstschestwo.) 5 Bde., Moskau 1933—1946; Moĭssej Jankowski: N. A. Rimski-Korsakow und die Revolution von 1905. (N. A. Rimski-Korsakow i rewoljuzija 1905 goda.) Moskau/Leningrad 1950; N. A. Rimski-Korsakow. Dokumente. Sammelband. (Sbornik dokumentow.) Hrsg. von Wassili Kisseljow, Moskau 1951; Wassili Jastrebzew: N. A. Rimski-Korsakow. Erinnerungen. (Wospominanija.) Leningrad 1959; Lew Danilewitsch: Die letzten Opern Rimski-Korsakows. (Poslednije opery Rimskogo-Korsakowa.) Moskau 1961; Juri Cholopow: Symmetrische Leitern in der russischen Musik. In: *Die Musikforschung*, Kassel/Basel 1975; H. 4; Dorothee Eberlein: Russische Musikanschauung um 1900. Regensburg 1978; Boris Assafjew: Russische Musik. (Russkaja musyka.) Leningrad 1979; Josif Kunin: Nikolai Andrejewitsch Rimski-Korsakow. Berlin 1981

Pskowitjanka
Das Mädchen von Pskow (Pskowitjanka)

Oper in drei Akten (opera w trjoch dejstwijach)
Libretto von Nikolai Rimski-Korsakow
nach dem gleichnamigen Drama von Lew Mej

Entstehung 1868—1872, Überarbeitung 1876—1878 und 1891—1892

Uraufführung Erste Fassung 13. Januar 1873 Mariinski Theater Petersburg
Zweite Fassung nicht aufgeführt
Dritte Fassung 6. April 1895 Panajewski Theater Petersburg, durch die Gesellschaft der Musikfreunde

Personen

Zar Iwan Wassiljewitsch Grosny	Baß
Fürst Juri Iwanowitsch Tokmakow, Statthalter des Zaren und Führer der Possadbevölkerung	Baß
Bojar Nikita Matuta	Tenor
Fürst Afanassi Wjasemski	Baß
Bomeli	Baß
Michail Andrejewitsch Tutscha, Sohn eines Possadnik	Tenor
Juschko Welebin, Bote	Baß
Fürstin Olga Jurjewna Tokmakowa	Sopran
Bojarin Stepanida Matuta, Freundin Olgas	Sopran
Ammen: Wlasjewna, Perfiljewna	Alt, Mezzosopran
Stimme des Wächters	Tenor

Hauptleute, Richter, Pskower Bojaren, junge Possadniks,
Opritschniki, Wächter, Moskauer Strelizen,
Dienstmädchen, Burschen, Volk, Hetzjäger des Zaren_____Gemischter Chor

Orchester 3 Fl (III auch Picc), 2 Ob, EH, 2 Klar, 2 Fg, KFg, 4 Hr, 2 Trp, ATrp, 3 Pos, Tb, Pkn, Bck, Trgl, Tt, GrTr, 2 Hrf, Str Hinter der Szene: 2 Kor (III. Akt, 1. Bild), Tt (I. Akt, 2. Bild)

Story
Die Pskower Fürstin Olga Tokmakowa liebt den jungen Possadbürger Michail Tutscha, ist aber dem Bojaren Matuta versprochen. Iwan Grosny droht, wie schon in Nowgorod nun auch in Pskow, den stolzen Bürgersinn in Blut zu ersticken. Während sich die Reichen unterwerfen wollen, verläßt Tutscha mit den Armen die Stadt, um gegen Iwan Grosny zu kämpfen.
 Der Zar verschont Pskow, da er in Olga Tokmakowa sein eigenes Kind erkennt.
 Tutscha ist bereit, nach Pskow zurückzukehren und sich Iwan IV. zu unterwerfen. Olga bittet den Zaren, dessen Zuneigung sie gewahrt, ohne den Grund zu ahnen, um Verzeihung für Tutscha. Sie wird ihr gewährt. Eine Intrige des eifersüchtigen Matuta macht Iwans IV. Familienglück zunichte. Tutscha wird erschossen und die ihm bestimmten Kugeln treffen zufällig auch Olga, des Zaren Kind.

Vorgänge
Die Handlung spielt 1570 in Pskow und Umgebung.
I. Akt, 1. Bild: *Pskow. 1570. Garten des Fürsten Juri Tokmakow. Abenddämmerung.* Olga Tokmakowa ist dem Bojaren Matuta versprochen, liebt aber den armen Pskower Bürger Michail Tutscha. Im Garten des Fürsten treffen sich beide, gestehen einander ihre Liebe ein, und Olga entschließt sich, den Vater zu bitten, sie mit Tutscha zu verheiraten. Doch Tokmakow hat andere Sorgen. Der Bojar Matuta meldet ihm den bevorstehenden Rachefeldzug Iwan Grosnys, und Tokmakow fürchtet den Widerstand der Pskower Bürger. Er vertraut Matuta an, daß Olga nicht seine Tochter ist, sondern das Kind seiner verstorbenen Schwägerin. Der Vater Olgas aber ist unbekannt. Olga hat das Gespräch zwischen Matuta und Tokmakow belauscht.
Intermezzo. I. Akt, 2. Bild: *Marktplatz in Pskow. Platz der Wetsche (der altslawischen Volksversammlung). Auf dem Platz sind Feuer entfacht worden. Glocken läuten. Nacht.* Ein Bote aus Nowgorod berichtet den Pskower Bürgern vom Wüten des Zaren in seiner Heimatstadt. Fürst Tokmakow rät zur Unterwerfung, da der Zar mit seinen Opritschniki gegen Pskow zieht. Die Bojaren stimmen ihm zu. Tutscha aber überredet einen Teil der armen Bürger, mit ihm die Stadt zu verlassen und in den Wäldern Zuflucht zu suchen.
II. Akt, 1. Bild: *Großer Platz in Pskow vor dem Terem, dem Wohnturm des Fürsten Tokmakow. Am Haus stehen Tische mit Brot und Salz.* Iwan Grosny wird von Pskower Bürgern mit Brot und Salz empfangen.

Intermezzo. II. Akt, 2. Bild: *Zimmer im Hause des Fürsten Tokmakow.* Fürst Tokmakow, Fürst Wjasemski und Bojar Matuta huldigen dem Zaren. Olga reicht als Tochter des Hauses dem Zaren den Trunk. Ihr Anblick erinnert Iwan Grosny an eine alte Leidenschaft, und auf Befragen des Zaren gesteht ihm Tokmakow, daß Olga die Tochter seiner Schwägerin Wera Scheloga sei. Der Zar zeigt sich von dieser Nachricht bewegt und verspricht, Pskow zu schonen.

Musikalisches Bild: *Wald. Zarenjagd. Gewitter.*

III. Akt, 1. Bild: *Der Weg zum Höhlenkloster. Dichter Wald. Nacht.* Olga trifft sich mit Tutscha. Tutscha beschließt, nach Pskow zurückzukehren. Olga will den Zaren um Gnade für Tutscha bitten. Doch die Knechte Matutas nehmen Tutscha gefangen und führen Olga auf Befehl Matutas davon. Tutscha kann sich befreien.

III. Akt, 2. Bild: *Im Zarenzelt.* Iwan Grosny erinnert sich seiner Leidenschaft und Liebe zu Wera Scheloga. Matuta verleumdet Olga, sie habe sich mit Tutscha im Höhlenkloster getroffen und Verrat am Zaren geplant. Olga überzeugt den Zaren von ihrer Unschuld. Tutscha, der von allem nichts weiß, fordert mit Waffengewalt den Zaren auf, Olga freizugeben. Die Schüsse der Strelizen auf Tutscha und die Empörer treffen auch Olga tödlich, die sich aus des Zaren Armen gerissen hat. Iwan Grosny betrauert seine Tochter.

Genesis

Rimski-Korsakow hat seine erste Oper zweimal überarbeitet. Beide Überarbeitungen — 1878 und 1892 — markieren jeweils auch bestimmte Entwicklungsperioden im Schaffen des Komponisten. 1878 hatte er die Neuherausgabe von Glinkas ›Ruslan und Ljudmila‹ abgeschlossen, war noch ganz dem Freundeskreis um Balakirew verpflichtet, strebte aber bereits eine professionelle Ausbildung seiner kompositorischen Fähigkeiten an. In den darauffolgenden Jahren vervollkommnete er sein handwerklich-technisches Rüstzeug, integrierte sich in den Beljajew-Kreis und zog 1892 nach eigener Aussage mit der Überarbeitung der ›Pskowitjanka‹ und der Sinfonischen Dichtung ›Sadko‹ einen Strich unter seine kompositorische Vergangenheit.

Bereits 1867 erhielt der Komponist von Balakirew und Mussorgski („die sich beide in der russischen Literatur besser als ich auskannten") den Hinweis auf Lew Mejs Drama ›Pskowitjanka‹. Die Arbeit an der Oper zwischen 1868 und 1872 vollzog sich in größter Nähe zu Mussorgski, mit dem Rimski-Korsakow im Winter 1871/72 ein gemeinsames Quartier bewohnte. „Mussorgski schrieb für seinen ›Boris Godunow‹ den Polen-Akt und die Szene *Bei Kromy.* Ich vollendete und instrumentierte die ›Pskowitjanka‹." (Chronik meines musikalischen Lebens)

1872 legte Rimski-Korsakow seine Oper der Zensur vor. Diese verlangte, „daß jede kleinste Anspielung auf eine republikanische Regierungsform im alten Pskow aus dem Libretto verschwinde, daher müsse das Wetsche im II. Akt als einfacher Aufruhr dargestellt werden" (Chronik). Das Haupthindernis aber für die Freigabe des Werkes war „ein Allerhöchster Befehl des Zaren Nikolai I. aus den vierziger Jahren, nach dem es außer in Dramen und Tragödien verboten war, Herrscher aus dem Hause Romanow auf die Bühne zu bringen. Als ich fragte warum, bekam ich zur Antwort: Was soll man denken, wenn plötzlich ein Zar ein Liedchen anstimmt?" (Chronik). Durch einen glücklichen Zufall konnte der Komponist die Aufhebung dieses Befehls für sein Werk erwirken. Die der Oper so zuteil gewordene Aufmerksamkeit des „Allerhöchsten" veranlaßte das Mariinski Theater zur Annahme des Werkes.

Nach zehn Lehrjahren wandte sich Rimski-Korsakow 1878 erneut der ›Pskowitjanka‹ zu, „deren musikalische Struktur mich nicht befriedigte. Mich störten gewisse harmonische Übertreibungen, die unorganische Verbindung der Rezitative, das Fehlen von Gesang an Stellen, wo er notwendig war, die zum Teil nicht hinreichend entwickelten überlangen Formen, die ungenügende kontrapunktische Arbeit und anderes mehr ... Auch die Instrumentation ließ mir, ungeachtet meines Rufs als eines guten Instrumentators, keine Ruhe: Für die Hörner und Trompeten hatte ich ganz unsinnige Stimmungen gewählt (zwei Hörner in F und zwei in C, Trompeten in C), die Stricharten waren zu einförmig, und es gab kein volles klangschönes Forte. Außer den erwähnten Änderungen und Einschüben nahm ich mir folgendes vor: die Festspiel-Szene zu erweitern, das Arioso der Olga im dritten Akt mit seinen scharfen Dissonanzen vollständig umzuarbeiten; in das letzte Bild eine Arie Iwan Grosnys einzufügen ... das ganze Werk zu glätten und schließlich die Ouvertüre zu kürzen und, besonders im Hinblick auf die unerträglichen Dissonanzen am Schluß, umzuarbeiten." (Chronik)

Rimski-Korsakow war an die Arbeit gegangen, um die musikalische Struktur zu verbessern, doch kam er auch den Ratschlägen und Wünschen Balakirews nach und komponierte für den Anfang des III. Aktes einen Chor fahrender blinder Sänger und schuf die Gestalt des Narren Nikola. Dieser Chor und die Narrenfigur erschienen ihm schon sehr bald als seinem Wesen fremde, unnötige Zusätze. So tilgte er diesen Chor, die Gestalt des Nikola und einige andere Nebenfiguren in der dritten Fassung, behielt aber die Arie des Iwan Grosny auch gegen die Bedenken einiger seiner Freunde bei. „Die Arie des Zaren Iwan in der phrygischen Tonart zeichnet sich durch Sanglichkeit aus, wurde aber von verschiedenen Seiten nicht gutgeheißen mit der Begründung, Iwan Grosny dürfe nun mal keine Arie singen." (Chronik)

Zur nachkomponierten Arie des Iwan Grosny berichtete Fjodor Schaljapin in ›Maske und Seele‹: „Ich singe in Rimski-Korsakows ›Pskowitjanka‹ den Zaren Iwan Grosny und merke, daß ich zu Beginn des lezten Bildes der Oper Schwierigkeiten habe. Ich kann ganz einfach nicht so singen und spielen, wie es notwendig wäre. Und warum nicht? Anfangs ist der Zar in Gedanken versunken. Er erinnert sich seiner Jugend, des Tages, an dem er unter Haselsträuchern Wera, der Mutter Olgas, begegnete ... Doch unmittelbar darauf wenden sich seine Gedanken in eine andere Richtung ... Der Träumer und Liebhaber vergangener Jahre verwandelt sich augenblicklich in den reifen staatspolitischen Denker, der die Stärke der Zentralgewalt und den Nutzen der Selbstherrschaft preist. Für diesen jähen Übergang aus einer seelischen Verfassung in eine ganz andere bedarf es einer Pause oder irgendeiner anderen musikalischen Zäsur ... Schließlich spreche ich mit dem Komponisten selbst darüber... Nach einiger Zeit brachte er mir eine neue Arie für diese Szene. Er widmete sie mir..., aber ich habe sie nur ein einziges Mal gesungen, und zwar auf einer Probe. Das frühere Rezitativ war, von der fehlenden Zäsur einmal abgesehen, ausgezeichnet ... Eine ‚Arie' aus dem Munde Grosnys widerstrebte mir; ich fühlte, daß sie die natürliche, schlichte Entwicklung meiner Darstellung störte."

Nach der Fertigstellung der dritten, endgültigen und allein vom Komponisten autorisierten Fassung konnte Rimski-Korsakow 1892 sagen: „Von allen meinen größeren Werken aus der Zeit bis ›Mainacht‹ war nicht eines mehr unbearbeitet." (Chronik)

In der dritten Fassung sind fast alle Handlungs- und Figurenergänzungen der zweiten eliminiert: „Im Frühjahr 1891 nahm ich mir abermals die ›Pskowitjanka‹ vor. Die erste Fassung aus meinen jungen Jahren befriedigte mich nicht, die zweite noch viel weniger. So entschloß ich mich, die Oper ein weiteres Mal zu bearbeiten, dergestalt, daß ich im großen und ganzen von der ersten Fassung ausging, ihren Umfang auch nicht erweiterte und nur die schwachen Stellen durch die entsprechenden Abschnitte aus der zweiten Fassung ersetzte. Für eine solche Übernahme kam in erster Linie die Szene mit Olga und Wlasjewna vor dem Einzug des Zaren Iwan in Frage. Tschetwjorka Terpogorew, Nikola Salos und auch die fahrenden blinden Sänger mußten dabei eliminiert werden. Das Gewitter und die Jagd wollte ich beibehalten, allerdings nur als Musikalisches Bild vor dem G-Dur-Chor der Mädchen. Des weiteren mußte ich das Gespräch des Zaren mit Matuta während der Trink-Szene in die neue Fassung übernehmen, während ich den letzten Chor wie ursprünglich stehenließ und ihn nur etwas breiter anlegen wollte. Da auch die Instrumentation der zweiten Fassung mit den Naturinstrumenten meinen jetzigen Vorstellungen nicht mehr entsprach, mußte sie ebenfalls umgearbeitet werden, wobei ich teils für die Glinkasche, teils für die Wagnersche Besetzung schrieb." (Chronik)

Strukturen

Bis auf die im 2. Bild des I. Aktes dargestellte Pskower Volksversammlung – das Wetsche – gibt das Libretto in seiner Konflikt- und Figurenkonstellation nicht zwingend vor, daß die Handlung zur Zeit der Zentralisierung des russischen Nationalitätenstaates durch Iwan IV. spielt. Die Oper ist ein antifeudales Rührstück; die unglückliche Liebe der Fürstin Olga zu einem niederen Pskower Bürger bestimmt die Handlung. Mej erzählt, wie Iwan Grosny im Pskower Fürstenkind Olga seine Tochter entdeckt, und gibt vor, damit einen von den Historikern nicht völlig enträtselten Fakt zu erklären. Die beiden Bojarenoligarchien Nowgorod und Pskow widerstanden sehr lange der Zentralgewalt und der Politik Iwans IV. zur Vernichtung des Hochadels. 1570 setzte der Zar mit äußerster Gewalt und Grausamkeit – unter anderem mit Blutgerichten in Nowgorod – seine Politik der Opritschnina durch. Er nahm dem Hochadel das Land beziehungsweise liquidierte ihn, teilte dessen Besitz dem niederen Adel zu und verpflichtete diesen als Gefolgschaft der Zentralmacht. Pskow, vom gleichen Schicksal bedroht wie

Nowgorod, wurde vom Zaren verschont. Der bereits 1510 durch Privilegien gewonnene und durch das Beispiel Nowgorods abgeschreckte Adel der Stadt unterwarf sich dem Zaren völlig. Doch das allein erklärt noch nicht des Zaren Milde, dessen Politik nicht auf Unterwerfung, sondern vielmehr auf Vernichtung des Hochadels ausging. Mejs Quelle war Karamsins ›Geschichte des russischen Staates‹. Bei Karamsin verschont Iwan IV. die Stadt Pskow, weil ihm vorgehalten wird, daß er Christenblut vergieße. Mej ersetzte das religiöse Motiv durch ein familiäres. Auch führte er eine Tradition der russischen Literatur fort, in der die Städte Nowgorod und Pskow als republikanisch-demokratische Ideale gefeiert werden. Eine solche Idealisierung — beide Städte waren Bojarenoligarchien — findet sich unter anderem bei Rylejew, Odojewski und Lermontow und entspringt zarismusfeindlichen Tendenzen.

Iwan Grosny ist in Mejs Drama ein einsamer Willkürherrscher, der Sehnsucht nach Familienglück empfindet. Sein Gegenspieler Tutscha ist auf das Maß eines Liebhabers reduziert, der bereit ist, sich zu unterwerfen, wenn ihm sein persönliches Glück, die Heirat mit Olga, gewährt wird. Der glückliche Ausgang des Familiendramas wird lediglich durch die Intrige eines abgewiesenen Freiers verhindert. Die Vereinigung des russischen Landes spricht der „Opernzar" allein im Monolog des III. Aktes an. Als handlungsbewegendes Moment spielt sie keine Rolle.

Trotz dieser Einschränkungen galt der sowjetischen Musikwissenschaft die ›Pskowitjanka‹ noch 1976 als die „zweite historische russische Oper nach Glinkas ›Iwan Sussanin‹. Gleichzeitig mit dem ›Boris Godunow‹ entstanden, gelangte Rimski-Korsakows ›Pskowitjanka‹ früher zur Aufführung ..." (Ljudmila Poljakowa) Tatsächlich spielten Drama und Oper im Verständigungsprozeß der russischen Intelligenz über Aufgabe und Funktion des Staates in der russischen Geschichte eine Rolle. Die Auseinandersetzungen um den „schrecklichen" Herrscher (Iwan der Schreckliche) wurden in Literatur und Bildender Kunst (siehe Ilja Repin) geführt und dauern heute noch an.

1980 machte Wladimir Tendrjakow einen Schulaufsatz über Iwan Grosny zum Zentrum seiner Erzählung ›Sechzig Kerzen‹: „Botscharows Aufsatz ... Diesmal zeichnete er sich nicht vor den übrigen aus: ‚Der Kampf Iwans des Schrecklichen gegen die vornehmen Bojaren trug progressiven Charakter ...' Langweilig, glatt, glanzlos, richtig. Das nächste Heft gehörte Soja Sybkowez. Was war denn das? Nur eine halbe Heftseite in Jungmädchenhandschrift? ‚Zu seiner (Iwans des Schrecklichen) Zeit wurde erzählt, er (Iwan der Schreckliche) habe einem Beamten die Frau weggenommen und später, er mochte erfahren haben, daß der Mann sein Mißvergnügen bekundet hatte, die vergewaltigte Frau über der Schwelle seines Hauses aufknüpfen und den Leichnam dort zwei Wochen lang hängen lassen; die Frau eines anderen Beamten sei über seinem Mittagstisch aufgehängt worden. (N. Kostomarow. ›Geschichte Rußlands in Lebensbeschreibungen ihrer größten Männer‹. Band 1, S. 418) Ein solcher Mann konnte Menschen nichts Gutes wünschen. Wenn er die Bojaren unterdrückte, dann nur aus Bosheit. Wenn es zu seiner Zeit irgendeinen Fortschritt gab, ist er nicht Iwans

Verdienst.' Das war alles." (Wladimir Tendrjakow: ›Sechzig Kerzen‹).

Die dritte Fassung der ›Pskowitjanka‹ weist alle wesentlichen musikalisch-konzeptionellen Merkmale der Spätphase, wie Leitmotivtechnik, Klangfarben- und Tonartendramaturgie, freie Nummerngliederung, auf. Das ästhetische Ideal, die Dissonanzen der Erstfassung auszumerzen, führte Rimski-Korsakow 1892 zu einer harmonischen Glättung. Die zwei instrumentalen Intermezzi und das Musikalische Bild *Wald – Zarenjagd – Gewitter* zeigen das in der Drittfassung vorherrschende Interesse des Komponisten an einer technisch-handwerklichen Vervollkommnung. Auf Rimski-Korsakows Vorschlag hin wurde zur Aufführung 1903 am Mariinski Theater die Szene im Wald gestrichen. „Die Musik dieser Szene sowie die Jagd- und Gewitter-Szene wurde vor dem dritten Akt als sinfonisches Intermezzo gespielt, das dann mit dem bei geschlossenem Vorhang gesungenen Lied der Mädchen (G-Dur) ausklang." (Chronik)

Verbreitung

Seit Fjodor Schaljapin in der Inszenierug an der Russischen Privatoper von Sawwa Mamontow 1896 als Iwan Grosny aufgetreten war, wuchs mit dieser Rolle die Popularität des Sängers. Schaljapins Erfolg als Iwan Grosny machte Rimski-Korsakows Oper im In- und Ausland bekannt.

Rimski-Korsakow bemerkte dazu lakonisch: „Schaljapin aber stellte alles in den Schatten." (Chronik) In fast allen nachfolgenden Inszenierungen sang Schaljapin diese Partie, so 1901 am Bolschoi Theater Moskau, 1903 am Mariinski Theater Petersburg, 1909 in Paris, 1912 in Mailand, 1913 in London, wo Djagilews Truppe die Oper unter dem Titel ›Iwan der Schreckliche‹ gab. Danach folgten Aufführungen 1918 in Manchester, 1919 in Petrograd, 1924 in Krefeld, 1927 in Barcelona, 1932 in Moskau (an einer Filiale des Bolschoi), 1951 in Leningrad (Kirow Theater), 1955 in Birmingham. 1959 in Palermo, 1969 in Genua, 1972 in Belgrad.

Autograph Staatliche Öffentliche Bibliothek M. J. Saltykow-Schtschedrin Leningrad
Fassungen Der Komponist erarbeitete drei Fassungen, die dritte Fassung gilt als die verbindliche.
Ausgaben Erste Fassung KlA und Text Bessel Petersburg 1872; Part In: GA (Polnoje sobranije sotschineni.) Bd. 1A nd 1B, Musgis Moskau 1966; KlA In: GA (Polnoje sobranije sotschineni) Bd. 29A, Musgis Moskau 1965
Zweite Fassung Nicht verlegt
Dritte Fassung Part und KlA Bessel Petersburg 1895; KlA (dt. von Heinrich Möller) Bessel Moskau/Breitkopf & Härtel Leipzig 1912/1924; Text Das Mädchen von Pskoff/Iwan der Schreckliche (dt. von Heinrich Möller) Breitkopf & Härtel Berlin/Leipzig 1924; Part In: GA (Polnoje sobranije sotschineni.) Bd. 1W und 1G, Musgis Moskau 1968; KlA In: GA (Polnoje sobranije sotschineni.) Bd. 29B Musgis Moskau 1967
Literatur Ljudmila Poljakowa: ›Pskowitjanka‹. In: Die Opern N. A. Rimski-Korsakows (Opery N. A. Rimskogo-Korsakowa.) Moskau 1976; Cesar Cui: ›Pskowitjanka‹. Oper von Rimski-Korsakow. (›Pskowitjanka Opera Rimskogo-Korsakowa.) In: Ausgewählte Aufsätze. (Isbrannyje statji.) Leningrad 1952

Die Bojarin Wera Scheloga
(Bojarynja Wera Scheloga)

Musikalisch-dramaturgischer Prolog zur Oper ›Pskowitjanka‹
nach dem gleichnamigen Drama von Lew Mej
(Musykalno-dramatitscheski prolog k drame L. Meja ›Pskowitjanka‹)
Libretto von Nikolai Rimski-Korsakow

Entstehung 1877–1878, 1898

Uraufführung 27. Dezember 1898 Theater Solodownikows Moskau mit dem Ensemble der Russischen Privatoper von Sawwa Mamontow

Personen
Bojar Iwan Semjonowitsch Scheloga_____Baß
Wera Dmitrijewna, seine Frau_____Sopran
Nadeshda Nasowa, Weras Schwester_____Mezzosopran
Fürst Juri Iwanowitsch Tokmakow_____Bariton oder Baß
Wlasjewna, Amme Nadeshdas_____Alt

(Der musikalisch-dramatische Prolog ›Die Bojarin Wera Scheloga‹ kann als selbständiges Stück gegeben werden, aber auch als Prolog zur Oper ›Pskowitjanka‹. Im letzteren Fall ist vor dem Prolog dessen Ouvertüre zu spielen und die Ouvertüre der Oper vor Beginn des ersten Aktes. Rimski-Korsakow.)

Orchester 2 Fl, 2 Ob, 2 Klar, 2 Fg, 4 Hr, 2 Trp, 3 Pos, Pkn, Str

Aufführungsdauer Gesamt: 50 Min.

Story
Wera Scheloga wurde gezwungen, einen alten ungeliebten Mann zu heiraten, der sie seit Jahren allein läßt, um Kriegsruhm zu suchen. Der anteilnehmenden Schwester gesteht sie ihre Furcht vor dessen Heimkehr. Sie bangt um das Leben ihrer Tochter, eines Kindes von Iwan Grosny. Die Schwester zeigt sich solidarisch und rettet das Kind vor dem Ehemann.

Vorgänge
Die Handlung spielt 1555 in Pskow.
Wohnstube im Hause des Bojaren Scheloga. Morgen.
Nadeshda besucht ihre ältere Schwester Wera Scheloga. Nadeshdas Bräutigam und Weras Mann kämpfen in Livland für Zar Iwan IV. gegen die Deutschen. Als Grund für Weras auffallende Traurigkeit vermutet die Amme Wlasjewna Sehnsucht nach dem abwesenden Mann. Wera aber gesteht der Schwester, daß ihr der Bojar Scheloga gegen ihren Willen angetraut wurde. Während seiner Abwe-

senheit traf Wera Scheloga auf den jungen Zaren Iwan IV. Die neun Monate später geborene Tochter Olga ist des Zaren Kind. Wera fürchtet, ihr Ehemann werde das Kind umbringen. Als die beiden Schwestern von den aus dem Krieg heimkehrenden Männern überrascht werden, rettet Nadeshda Weras Tochter, indem sie Olga als ihr Kind ausgibt.

Genesis

Den Bericht von der Liebe zwischen der Bojarin Wera Scheloga und Iwan Grosny hatte Rimski-Korsakow als Vorgeschichte zu seiner ›Pskowitjanka‹ konzipiert. Diese Vorgeschichte wurde in einem Wiegenlied und einer Erzählung mitgeteilt (entstanden 1877/78), als der Komponist die ›Pskowitjanka‹ das erste Mal überarbeitete und ergänzte. 1891/92 entfielen diese Ergänzungen. Erst 1898 fügte Rimski-Korsakow dem Wiegenlied und der Erzählung ein Rezitativ hinzu, und so entstand die Oper ›Die Bojarin Wera Scheloga‹ als ein in sich geschlossener Prolog zur ›Pskowitjanka‹.

„Ich schrieb den Prolog unter dem Titel ›Die Bojarin Wera Scheloga‹ neu und gab ihm eine Form, in der er gleichermaßen als selbständiger Einakter wie auch als Prolog zu meiner Oper gespielt werden konnte. Den größeren Teil der Erzählung Weras übernahm ich mit kleinen Änderungen aus dem Prologentwurf zur zweiten ›Pskowitjanka‹-Fassung der siebziger Jahre, ebenso das Finale; den gesamten ersten Teil mit Ausnahme des Wiegenliedes schrieb ich ganz neu, und zwar in meinem neuen vokalen Kompositionsstil. Das Wiegenlied wurde lediglich überarbeitet." (Chronik meines musikalischen Lebens)

Kommentar

Kristallisationspunkt des Prologs ist die Erzählung der Wera Scheloga über ihre Liebe zu Iwan Grosny. Dem Prologcharakter entsprechend, werden hier die Leitmotive des Zaren und der Tochter Olga bereits antizipiert. Das gibt dem Orchesterpart eine über die bloße Begleitung hinausreichende Funktion. In den rezitativischen Gesprächen Nadeshdas mit der Amme und der Schwester versucht Rimski-Korsakow zwischen Redennachahmung und melodischer Stilisierung zu vermitteln.

Verbreitung

Zur Uraufführung 1898 in Moskau und zur Petersburger Erstaufführung 1899 wurde ›Die Bojarin Wera Scheloga‹ als selbständiger Einakter gegeben. Erst die Inszenierungen 1901 am Bolschoi Theater Moskau und 1903 am Mariinski Theater in Petersburg brachten das Werk als Prolog zur ›Pskowitjanka‹.

Autograph Gelangte 1934 durch Wassili Jastrebzew in den Besitz von Maximilian Schteinberg.
Ausgaben Part und Text Bessel Petersburg 1898; Part In: GA (Polnoje sobranije sotschineni.) Bd. 8, Musgis Moskau/Leningrad 1946; KlA In: GA (Polnoje sobranije sotschineni.) Bd. 36, Musgis Moskau/Leningrad 1948
Literatur Ljudmila Poljakowa: ›Die Bojarin Wera Scheloga‹. In: Die Opern N. A. Rimski-Korsakows (Opery N. A. Rimskogo-Korsakowa). Moskau 1976

Mainacht (Maiskaja notsch)

Oper in drei Akten nach der Erzählung von Gogol
(Opera w trjoch dejstwijach po powesti Gogolja)
Text eingerichtet von Nikolai Rimski-Korsakow

Entstehung 1878–1879

Uraufführung 21. Januar 1880   Mariinski Theater Petersburg

Personen
Oberhaupt der Gemeinde _____ Baß
Lewko, sein Sohn _____ Tenor
Hanna _____ Mezzosopran
Kalenik _____ Bariton oder hoher Baß
Schreiber _____ Tenor
Branntweinbrenner _____ Tenor
Schwägerin des Oberhaupts _____ Alt
Pannotschka-Russalka, ehemalige Tochter eines Pans _____ Sopran
Erste Russalke (Glucke) _____ Mezzosopran
Zweite Russalke (Rabe) _____ Mezzosopran
Dritte Russalke (Stiefmutter) _____ Mezzosopran
Burschen, Mädchen, Gemeindewächter, Russalken _____ Gemischter Chor

Orchester 2 Fl (II auch Picc), 2 Ob (II auch EH), 2 Klar, 2 Fg, 4 Hr, 2 Trp, 3 Pos, Pkn, Bck, Trgl, Tamb, MTr, Tt, GrTr, Glöck, 2 Harf, Kl, Str
Bühnenmusik im II. Akt: 2 Picc, 2 Klar, 2 Hr, Pos, Tamb, Str (ohne Vc)

Aufführungsdauer I. Akt: 55 Min., II. Akt: 30 Min., III. Akt: 50 Min.; Gesamt: 2 Stdn., 15 Min.

Story
Im ukrainischen Dorf singt nachts nicht nur die Nachtigall. Auch respektlose Lieder auf die Obrigkeit sind zu hören. Ein Vater verweigert dem Sohn die Heirat mit der Geliebten und stellt selbst der Schönen nach. Eine Russalke greift ein. Sie allein vermag das Außergewöhnliche, verhilft der jungen Generation zum Glück.

Vorgänge
I. Akt (1. Bild): *Dorfstraße. Hannas Haus, im Hintergrund ein See mit einem verfallenen Herrensitz. Frühlingsfest im Dorf.* Lewko erzählt dem geliebten Mädchen Hanna von den ehemaligen Bewohnern des verfallenen Herrenhauses: Als der Pan nach dem Tode seiner Frau ein zweites Mal heiratete, trieb die Stiefmutter die Tochter der ersten Frau in den Selbstmord. Seitdem lebt die unglückliche

Pannotschka als Russalke im See. — Hanna wird nicht nur von Lewko umworben. Lewkos Vater, das Oberhaupt der Gemeinde, streicht trotz seines Alters um Hannas Haus. Lewko sieht das und beschließt, um seine Liebe zu kämpfen.

II. Akt (2. Bild): *Im Haus des Oberhauptes.* Der Gemeindevorsteher, seine Schwägerin und ein Branntweinbrenner machen einen Abendschwatz. Der betrunkene Kosak Kalenik verirrt sich ins fremde Haus, meint, es sei das seine, und sagt im Suff die Wahrheit über die Obrigkeit. Vor dem Zorn des Hausherrn schützt ihn der Branntweinhändler, für den jeder Trinker ein nützlicher Mensch ist.

Auch auf der Straße singt man, angestiftet von Lewko, die Wahrheit über das Oberhaupt. Der Branntweinbrenner gibt sich als Ästhet, lobt die Schönheit der Reime, bedauert nur, daß in ihnen ungehörig von der Obrigkeit gesprochen wird. Ein Stein wird ins Zimmer geschleudert. Das Oberhaupt will den Attentäter dingfest machen. Er wird aber überlistet, greift anstelle des Übeltäters die Schwägerin und hat nun zum Spott auch noch den Schaden, den Schimpf des zornigen Weibes.

III. Akt (3. Bild): *Landschaft am See.* Lewko träumt von Hanna. Sein Gesang lockt die Russalken herbei. Pannotschka-Russalka bittet ihn um Hilfe, die unter den Gespielinnen sich versteckende böse Stiefmutter ausfindig zu machen. Die Russalken spielen das Spiel vom Raben, der der Henne die Kücken raubt. Lewko erkennt in der Rolle des Raben die Stiefmutter. Zum Dank erhält er von den Russalken ein an seinen Vater gerichtetes kaiserliches Schreiben. Lewko wird als Unruhestifter von harter Strafe bedroht. Ihn rettet allein das Schreiben, in dem das Oberhaupt an seine versäumten Pflichten gemahnt und ihm befohlen wird, Lewko und Hanna miteinander zu verheiraten.

Genesis
Das Studium russischer Volkslieder — 1877 gab Rimski-Korsakow bei Bessel die Sammlung ›Hundert russische Volkslieder‹ heraus — und die redaktionelle Mitarbeit an der Edition beider Opern Glinkas prägten nicht unwesentlich das Ausdrucksvermögen Rimski-Korsakows und bestimmten ihn 1878/79, den seit seiner Hochzeit mit Nadeshda Nikolajewna Purgold im Jahre 1872 bestehenden Plan auszuführen und eine Oper nach Gogols Erzählung ›Die Mainacht‹ zu schaffen. Das Aufzeichnen und Ordnen der russischen Volkslieder weckte des Komponisten Interesse am heidnischen Brauchtum. Für Rimski-Korsakow war ›Die Mainacht‹ die erste in „einer ganzen Reihe phantastischer Opern, in denen die Anbetung der Sonne und der Sonnengötter zum Ausdruck kommt, und zwar entweder unmittelbar, wenn, wie in ›Schneeflöckchen‹ oder in der ›Mlada‹, der Inhalt der heidnischen Zeit in Rußland entstammt, oder aber mittelbar reflektierend, wenn der Stoff, wie in der ›Mainacht‹ oder der ›Nacht vor Weihnachten‹, der späteren christlichen Zeit entlehnt ist" (Chronik meines musikalischen Lebens). Diese Hinwendung zu heidnischen Kulthandlungen, Glinkas Vorbild instrumentaler Charakterisierung sowie der über Jahre hinweg impulsgebende Anlaß bestimmen die Struktur des Werkes. Rimski-Korsakow widmete es seiner

Frau in Erinnerung an den Tag ihres Heiratsversprechens und an die gemeinsame Lektüre der Gogolschen Erzählung.

Strukturen

Die beiden Außenakte der Oper mit ihren Brauchtumsgesängen, mit der Ballade von der unglücklichen Russalke, den Reigenspielen und Liedern der Russalken, der Schilderung der ukrainischen Nacht und den Gesängen des jungen Lewko bilden eine Einheit, geben der Liebesgeschichte zwischen Hanna und Lewko Atmosphäre und Ausdruck. Die Hopak-Nummer des betrunkenen Kosaken Kalenik verbindet wie ein Zapfen den I. mit dem II. Akt. Kaleniks Behauptung „Ich bin selbst das Oberhaupt" („Sam sebje ja golowa") wird von dem Kosaken so häufig wiederholt, daß sie, auf das intonatorische wie rhythmische Gerüst gebracht, als aufmüpfige Wendung gegen die Obrigkeit auch ohne Worte verifizierbar ist und das weitere Geschehen musikalisch kontrapunktiert. Wenn der mittlere Akt sich gegen den voraufgehenden und den nachfolgenden scharf abhebt, wird damit auch der Kontrast zwischen den Generationen betont. Hanna und Lewko mit ihren Freundinnen und Freunden lieben die freie Natur. Hingegen fühlt sich die dörfliche Aristokratie — Oberhaupt, Branntweinbrenner und Schreiber — nur in den muffigen Hütten und im prosaischen Tageslicht wohl. Nacht und Straße werden von den Jungen beherrscht. Hochmut und Willkür in den eigenen vier Wänden finden sich bei der Obrigkeit. Die Alten fürchten sich vor der Dunkelheit und sind abergläubisch. Das alles ist ein Ausdruck ihrer mangelnden Beziehung zur Natur.

Wie Gogol löst Rimski-Korsakow die Verknüpfungen zwischen realen und phantastischen Elementen nicht rationalistisch auf, so wenn sich mitten im allgemeinen Jubel um die glücklich errungene Heiratserlaubnis Hanna und Lewko dankbar des Beistandes der Nixe erinnern und der Russalke als einer realen Person Glück wünschen.

Eine Eigenart der musikalischen Dramaturgie Rimski-Korsakows ist in diesem Werk deutlich ausgebildet. Im I. und II. Akt exponiert er nacheinander die den Konflikt konstituierenden gegensätzlichen Welten, um sie dann im III. Akt, im Augenblick der Lösung, zusammenzuführen, so daß bereits bekannte Motive und musikalische Gestalten im konflikthaften Aufeinandertreffen neue Sinngehalte offenbaren können. Rimski-Korsakow erhebt den Anspruch, diese Oper musikalisch authentisch gestaltet zu haben: „In allen Chorliedern meiner Oper schwingt etwas von den alten Brauchtumsliedern und -liedspielen mit: in dem Frühlingslied ‚Die Hirse' (‚My proso sejali'), dem Pfingstlied ‚Hei, ich winde Kränze' (‚Sowju wenki'), dem gedehnten und dem bewegten Russalkenlied aus dem letzten Akt und im Russalkentanz selbst. Indem ich die Handlung der Oper in die Pfingst- beziehungsweise Russalkenwoche (heidnische Feier am Beginn des Jahres zur Erneuerung der Natur und zur Ahnenverehrung) verlegte und die Gogolschen Ertrunkenen zu Nixen machte, gelang es mir, den Inhalt der geliebten Gogolschen Erzählung mit den noch lebendigen Resten alten heidnischen Brauchtums zu verknüpfen." (Chronik)

Die sowjetische Musikwissenschaft (z. B. der Musikologe Jewsejew) schätzt den das Werk eröffnenden Chor „My proso sejali" als ein exemplarisches Beispiel dafür, wie es Rimski-Korsakow gelungen sei, bestimmte Eigenarten der russischen Volksmusikpraxis — Unterstimmenpolyphonie, melodische Linearität, Diatonik, Gleichzeitigkeit von Dur und Moll, Variantentechnik — mit Kontrapunkttechnik und homophoner Satzweise der Kunstmusik zu verbinden. Doch rückt hier, ähnlich wie in den ebenso geschätzten Russalkenliedern, das instrumentale Ambiente (Tamburinklappern, Hornweisen, expressive Streichermelodien, Harfenarpeggien) die Figuren in eine unangemessene Salonatmosphäre. Ähnliches gilt für Lewkos wie Hannas Arien und Duette, wenn der in der Vokalpartie angestrebte Volksliedton durch Klavier- oder Harfenarpeggien gebrochen wird. Die orchestrale Einleitung zum III. Akt, vom Komponisten als *Ukrainische Nacht* bezeichnet, erscheint mit den in Quintparallelen „Baumstämme malenden Hornakkorden", mit dem Blätterrascheln der Streichertremoli, dem klarinettenbegleiteten Flötenschlag der Nachtigall und dem in cis-Moll aufsteigenden Mond als eine ins Musikalische gewendete Darstellung von Versatzstücken romantischer Naturauffassung.

Demgegenüber steht die Welt der Dorfaristokratie. Deren Abendklatsch vollzieht sich im feierlichen Polonaisetakt und -ton; ein Fagott lacht über die einfallslose Geschichte des Branntweinbrenners, vielleicht lacht auch dieser selbst über den Schrecken, in den er seine Zuhörer versetzt. Das bleibt unentschieden. Der Dorfschreiber marschiert, von seiner Macht überzeugt, martialisch und im Paradeschritt einher; die hymnischen Erinnerungen des Oberhauptes an seine glorreiche Fahrt mit der Kaiserin werden frech kadenzierend von Branntweinbrenner und Schreiber einem jähen Ende zugeführt.

Aberglaube wirkt ansteckend. Als das Oberhaupt meint, in der Hütte sitze der Teufel, fugiert das Satanas-Thema in der Runde. Will das Oberhaupt mit seiner Macht protzen, muß sich sein „Sie sollen erfahren, was meine Macht bedeutet" im immerwährend gleichlautenden Anlauf behaupten, demonstriert eine Fughetta, in der die anderen Personen ihm die führende Stimme streitig machen, seine reale Ohnmacht. Die sinnvoll und witzig eingesetzten kontrapunktischen Techniken zeigen, daß Rimski-Korsakow nach eigener Aussage nun frei war „von den Fesseln des Kontrapunkts". (Chronik)

Am zweiten Akt bestätigt sich auch des Komponisten Selbsteinschätzung: „Mit der ›Mainacht‹ legte ich das erste Zeugnis der durchsichtigen Operninstrumentation im Stile Glinkas ab; mangelt es der Partitur noch etwas an Klangintensität, so sind dafür die Streicher unter Ausnutzung ihres ganzen Klangreichtums frei und lebendig behandelt." (Chronik)

Verbreitung

Fjodor Strawinski sang in der Uraufführung die Partie des Oberhaupts. Erst zwölf Jahre später, 1892, wurde die ›Mainacht‹ in Moskau gespielt, als dort die Russische Operntruppe Prjanischnikows auftrat. In Prag erfolgte 1896 die erste Inszenierung außerhalb Rußlands. Die zweite Moskauer Inszenierung am Theater Solodownikows durch die Russische Privatoper von Sawwa Mamontow wurde musikalisch von Sergej Rachmaninow geleitet, das Oberhaupt sang Fjodor Schaljapin, die Pannotschka-Russalka Nadeshda Sabela, die Frau des Malers Wrubel. In Frankfurt/Main gelangte ›Die Mainacht‹ 1900 zur deutschen Erstaufführung (dt. von August Bernhard). Stanislawski inszenierte die Oper 1928 in seinem Studiotheater.

Autograph Bibliothek des Staatlichen Konservatoriums N. A. Rimski-Korsakow Leningrad
Ausgaben Part und KlA Belaieff Leipzig 1893; KlA (dt. von August Bernhard) Belaieff Leipzig 1895; KlA (russ./dt.) Musgis 1931; Text (dt. von Hans Schmidt) Belaieff Leipzig 1895; Part In: GA (Polnoje sobranije sotschineni.) Bd. 2A und 2B, Gosisdat Moskau/Leningrad 1948; KlA In: GA (Polnoje sobranije sotschineni.) Bd. 30, Gosisdat Moskau/Leningrad 1951; KlA (russ./dt., dt. von August Bernhard) Musyka Moskau 1970

Literatur W. Jewsejew: Rimski-Korsakow und das russische Volkslied. (Rimski-Korsakow i russkaja narodnaja pesnja.) Moskau 1970; Juli Kremljow: Die Ästhetik der Natur im Schaffen Rimski-Korsakows. (Estetika prirody w twortschestwe Rimskogo-Korsakowa.) In: Die Opern N. A. Rimski-Korsakows. (Opery N. A. Rimskogo-Korsakowa.) Moskau 1976; Cesar Cui: ›Mainacht‹. (›Maiskaja notsch‹.) In: Ausgewählte Aufsätze. (Isbrannyje statji.) Leningrad 1952

Snegurotschka / Schneeflöckchen (Snegurotschka)

Frühlingsmärchen in vier Akten und einem Prolog
(Wessennjaja skaska w tschetyrjoch dejstwijach s prologom)
Libretto von Nikolai Rimski-Korsakow
nach dem gleichnamigen Frühlingsmärchen von Alexander Ostrowski

Entstehung 1880—1881

Uraufführung 10. Februar 1882   Mariinski Theater Petersburg

Personen
Frühlingsschöne_____Mezzosopran
Großvater Frost_____Baß
Snegurotschka, beider Tochter_____Sopran
Waldgeist_____Tenor
Fastnachtstrohpuppe_____Baß
Zar Berendej_____Tenor
Bermjata, dem Zaren nahestehender Bojar_____Baß
Der Häusler Bakula_____Tenor
Die Häuslerin, seine Frau_____Mezzosopran
Lel, ein Hirte_____Alt
Kupawa, junges Mädchen, Tochter eines reichen Bürgers_____Sopran

Misgir, Kaufmann von einem Marktflecken der Berendäer_____Bariton
Erster und zweiter Rufer_____Tenor, Baß
Edelknabe_____Mezzosopran
Gefolge des Frühlings (Kraniche, Gänse, Enten, Stare, Elstern,
Krähen, Lerchen u. a.), Bojaren, Bojarinnen und Gefolge
des Zaren, Guslispieler, Blinde, Skomorochen,
Gudokspieler, Geiger, Hirten, Burschen und Mädchen,
Berendäer beiderlei Geschlechts und jeglichen Alters sowie
jederlei Standes, Blumen-Suite des Frühlings_____Gemischter Chor und Ballett

Orchester 3 Fl (II und III auch Picc), 2 Ob, (II auch EH), 2 Klar (II auch BKlar), 2 Fg, 4 Hr, 2 Trp, 3 Pos, BTb, Pkn, Bck, Trgl, Tamb, Tt, GrTr, Glöck, Cel, Hrf, Str

Aufführungsdauer Prolog: 45 Min., I. Akt: 35 Min., II. Akt: 40 Min., III. Akt: 40 Min., IV. Akt: 35 Min.; Gesamt: 3 Stdn., 15 Min.

Story
Die Vögel, des Frühlings Gefolgschaft, frieren im Wintersturm. Durch die Liebschaft des Frühlings mit dem Winter wurde die Abfolge der Jahreszeiten gestört. Zwar trennt sich die Frühlingsschöne von Großvater Frost, doch ist die Verbindung nicht folgenlos geblieben. In beider Kind Snegurotschka ist die gestörte Harmonie personifiziert: Ihr väterliches Erbteil ist die Unfähigkeit zur Liebe, ihr mütterliches der Wunsch nach Liebe. Auch die auf Liebe gründende Gemeinschaft der Menschen ist verwirrt. Snegurotschkas liebeerweckendes Zwitterwesen stiftet Unheil. Erst die Erlösung des Mädchens von seiner Liebesunfähigkeit versöhnt den über den Mißklang in Natur und Menschenwelt erzürnten Sonnengott Jarilo. Snegurotschka und der sie liebende Mann sind Opfer und Unterpfand einer Versöhnung von Mensch und Natur.

Vorgänge
Die Handlung spielt im Land der Berendäer in prähistorischer Zeit.
Prolog: *Frühlingsanfang. Mitternacht. Wald und Roter Berg.* Die Frühlingsschöne und Großvater Frost liebten sich dereinst. Jetzt geht jeder seinen eigenen Weg. Ihre gemeinsame Tochter Snegurotschka (Schneemädchen) ist fünfzehn Jahre alt. Bevor der Frost in die sibirischen Fernen davonzieht, einigen sich die Eltern, das Kind aus der väterlichen Obhut zu entlassen und es den Menschen anzuvertrauen.
I. Akt: *Berendäerdorf. Häuslerkate.* Snegurotschka lebt als Adoptivkind bei armen Leuten. Der junge und schöne Hirte Lel lehrt Snegurotschka Empfindsamkeit, kann aber ihr kaltes Herz nicht zur Liebe bewegen. Hingegen ist Snegurotschkas Freundin Kupawa in Liebe zu dem Handelsherrn Misgir entflammt, und beider Hochzeit wird vorbereitet. Misgir aber verliebt sich in Snegurotschka, beleidigt seine Braut Kupawa und wendet sich von ihr ab.

II. Akt: *Offene Halle im Palast des Zaren Berendej.* Die Inkarnation von Güte und Weisheit, der alte Zar Berendej, sieht mit Sorge, daß der Sonnengott Jarilo seinem Reich zürnt und unter den Berendäern die Lieblosigkeit wächst. Kupawa führt vor dem Zaren Klage über Misgir. Ihr Leid bestätigt Berendejs Sorgen. Er verurteilt Misgir. Doch sieht er auch Snegurotschka und erstaunt über diese Unnatur: ein Mädchen licht und schön und nicht zur Liebe fähig. Zar Berendej fordert die Männer auf, um Snegurotschka zu werben und ihre Sinne zu erwecken. Misgir gibt sein Wort, daß es ihm gelingen werde, des Mädchens Neigung zu erringen. Zar Berendej ordnet zu Ehren des Sonnengottes Jarilo und zum Empfang des Sommers ein gemeinsames Hochzeitsfest aller berendäischen Liebespaare an.

III. Akt: *Weite Waldlichtung.* Misgir bedrängt Snegurotschka. Die Vater Frost dienstbaren Waldgeister beschützen das Mädchen. Snegurotschka sieht, wie sich Lel in Liebe der gekränkten unglücklichen Kupawa zuwendet, und Eifersucht erwacht in ihr.

IV. Akt: *Jarilotal und der Kahle Berg Jarilos.* Snegurotschka bittet die Mutter um die Fähigkeit, wie alle Menschen lieben zu können, und sie wird ihr geschenkt. Als Snegurotschka und Misgir sich in Liebe finden, trifft der Strahl der aufgehenden Sommersonne das Mädchen. Snegurotschka vergeht. Misgir stürzt sich von der Kuppe des Kahlen Berges. Zar Berendej und sein Volk huldigen Jarilo, dem Sonnengott.

Genesis

Über die Entstehungsgeschichte gibt Rimski-Korsakow in seiner ›Chronik aus meinem musikalischen Leben‹ Auskunft: „Im Winter (1879) war ich auf die Idee gekommen, eine Oper über Ostrowskis ›Snegurotschka‹ zu schreiben. Zum erstenmal hatte ich das Märchen um das Jahr 1874, gleich nach dessen Erscheinen, gelesen. Ich konnte ihm damals wenig Geschmack abgewinnen: das Reich des Zaren Berendej machte einen zu seltsamen Eindruck auf mich. War ich damals noch zu sehr den Ideen der 60er Jahre verpflichtet? Oder den Forderungen der 70er Jahre nach Opernsujets, die – wie es heißt – aus dem Leben gegriffen sein sollten? Oder zog mich der Naturalismus Mussorgskis zu sehr an? Sicher werden alle drei Faktoren mein damaliges Urteil mitbestimmt haben. Als ich dann, im Winter 1879/80, ›Snegurotschka‹ ein zweites Mal las, fiel es mir wie Schuppen von den Augen, und ich erkannte die erstaunliche poetische Schönheit dieses Werkes. Sofort spürte ich das Verlangen, eine Oper über diesen Stoff zu schreiben, und je mehr ich darüber nachdachte, um so verliebter wurde ich in Ostrowskis Märchen. Meine Neigung zu russischen Volksbräuchen und dem heidnischen Pantheismus entzündete sich daran in noch nie gekanntem Maße. Es konnte für mich kein besseres Sujet, keine besseren poetischen Vorbilder geben als Snegurotschka, den Hirten Lel oder die Frühlingsschöne; es konnte für mich nichts Schöneres geben als das Reich des wundersamen Zaren Berendej und keine schönere Religion als die der Sonnenanbetung. Noch während des Lesens flogen mir Motive, Themen, Akkordfolgen zu, und bald schwebten mir, zuerst undeutlich, dann immer klarer die Stimmungen und Farben der einzelnen Handlungsmomente vor. Ich setzte mich vor einen Stapel Notenpapier und begann (im Februar 1880), das alles in Form von Skizzen aufzuschreiben." 1881 war die Oper vollendet.

Strukturen

Rimski-Korsakow schätzte seine Oper ›Snegurotschka‹ sehr hoch, denn noch zwei Jahre vor seinem Tod bekannte er in Erinnerung an die Moskauer Inszenierung 1893 am Bolschoi Theater: „Ich nahm auch die Überzeugung mit, daß ›Snegurotschka‹ nicht nur meine beste Oper ist, sondern — in der Gesamtschau, als Idee und ihre Realisierung gesehen — vielleicht die beste zeitgenössische Oper überhaupt. Sie ist lang, hat aber keine Längen, und sie darf nur ungekürzt beziehungsweise mit ganz unbedeutenden Strichen gespielt werden." (Chronik)

Rimski-Korsakow unterschied die Figuren seiner Oper nach ihren Beziehungen zur Mythologie: „Es gibt Figuren als Teil der Mythologie, als Personifizierung der ewigen, periodisch wiederkehrenden Kräfte der Natur: Großvater Frost, Frühlingsschöne, Waldgeist und Fastnachtstrohpuppe (der Vertreter eingebürgerten Brauchtums und religiöser Vorstellungen in der Faschingszeit); aber auch halbmythologische, halbreale Figuren: Snegurotschka, der Hirte Lel, der Zar Berendej ... Der Hirte Lel ist der Sänger von Liebesliedern und der Eroberer der Frauenherzen im halben berendäischen Zarenreich, er ist die Personifikation der ewigen Kunst der Musik, die offensichtlich im herrlichen und friedlichen Land der Berendäer schon seit ewigen Zeiten gepflegt und bewahrt wird. Es ist völlig unbekannt, wann der ewig alte Zar und der ewig junge Hirte geboren wurden und wie lange sie leben werden... Der verbleibende Teil der Figuren besteht aus realen Personen, die geboren und sterben werden, Menschen verschiedenen Standes...

Außer dem berendäischen Volk beiderlei Geschlechts und jeglichen Standes gibt es noch Vertreter des Brauchtums: die blinden Gusli-Spieler, Schäfer, Skomorochen..., als Vertreter der Natur erscheinen Vögel und Blumen in der Suite der Frühlingsschönen. Diese Vögel und Blumen sind weise, mit menschlichen Stimmen und in menschlicher Sprache singende Wesen. Ebenso ist es mit dem Waldgeist ... Über allem aber herrscht die Gottheit Jarilo-Sonne, der schöpferische Anfang, der Ausgang des Lebens in der Natur und Menschenwelt. Am Ende des Stückes steht diese Gottheit für einen Augenblick sichtbar vor den handelnden Personen. Das Frühlingsmärchen ›Snegurotschka‹ ist eine vereinzelte Episode und ein Lebensbild aus der Chronik ohne Anfang und Ende des berendäischen Zarenreiches." (Chronik)

In diesen Worten zeigt sich die Absicht Rimski-Korsakows sehr deutlich, die menschliche Geschichte (für ihn ist ›Snegurotschka‹ ein Zeitstück) als Reich der prästabilierten Harmonie des Gottes Jarilo-Sonne zu interpretieren. Darin liegt die Wurzel für den naiv-idyllischen Charakter dieses Werkes.

Wenn Snegurotschka im ersten Sonnenstrahl vergeht, wird an den alten heidnischen Ritus des Frühlingsopfers erinnert. Die Menschen glaubten, sich mit dem

Kreislauf der Jahreszeiten in Übereinstimmung bringen zu können, wenn sie einen Menschen oder ein Tier opferten.

Die Anlage der Oper entspricht Rimski-Korsakows aquarellierendem, Konflikte als Kontraste empfindendem und widerspiegelndem Temperament. Auch das Opernorchester Rimski-Korsakows ist nach Meinung des sowjetischen Musikwissenschaftlers Boris Assafjew „kein dynamisch-sinfonisches, sondern ein lautmalerisches (Landschaften und Genres, Natur und Brauchtum) und psychologisierend-beschreibendes".

Die Frühlingsschöne ist in ihrem musikalischen Wesen halb Russin und halb Orientalin. Wenn sie sich der warmen Länder erinnert, weht in Melismen und Arabesken aus dem Orchester der Hauch des Orients. Großvater Frosts Alterssturheit und der ihm eigene Eiseshauch sind durch Stakkati und chromatische Läufe gekennzeichnet. Die Suite der Frühlingsschönen artikuliert sich in der stilisierenden Nachahmung von Vogelrufen, wobei in den Gesang der Vögel russische Volksmelodien Eingang gefunden haben. Rimski-Korsakow griff hier die animistischen Vorstellungen der Volkspoesie auf.

Die Abfolge der einzelnen Musiknummern ist nicht immer dramaturgisch bindend. So vereinzeln sich zum Beispiel im I. Akt die Lieder des Lel, im III. Akt der Chor der blinden Guslispieler, die Arie der Snegurotschka oder der Tanz der Gaukler zu Nummern mit Einlagecharakter. Hier zeigt sich eine Tendenz zum malerisch-idyllischen Ausdeuten von Situationen und Charakteren.

Die Gestalt des Berendej erscheint wie eine Vorwegnahme des Astrologen aus der Oper ›Der goldene Hahn‹. Hohes Register im vokalen und instrumentalen Bereich, Falsetton, wie Tropfen fallende Skalenmotive, mechanisch wiederholte kleingliedrige Themen verleihen der Gestalt geschlechtlich Neutrales und Marionettenhaftes. Das Puppenhafte der Figur ist am deutlichsten im Abgang des Zaren im III. Akt (alla marcia) manifestiert, wenn durch Sekundrutscher und fallende Quinten, Aufzappeln in Terzen und erneutes Abrutschen und Fallen das Motiv zur grotesken Schlenkergebärde gerät.

Im Duett Kupawa—Zar Berendej folgt der Komponist eng dem Sprachrhythmus des Dichters (hier dem zweifüßigen Daktylus) und schafft doch gleichzeitig eine besondere musikalische Bedeutungsebene. Kupawa klagt in abgerissenen kurzen Phrasen dem Zaren den Verrat Misgirs, der Zar unterbricht und ermuntert sie. Die Musik zeigt, wie sich Erregung von einem Menschen auf den anderen überträgt, wie beide eine Steigerung ihres unterschiedlich motivierten emotionalen Zustandes erfahren.

Rimski-Korsakow übernimmt Ostrowskis Versmaß und gewinnt durch den Sprachrhythmus ein zusätzlich formendes Element. Es dominiert der fünffüßige erzählende Jambus. Wenn dieses Versmaß durchbrochen wird, deutet das auf besondere Gefühlslagen der handelnden Personen.

In der ›Chronik meines musikalischen Lebens‹ macht der Komponist auf die häufige Verwendung von Volksliedmelodien aufmerksam, bekennt sich zur „Erfindung von Melodien im Volksliedton" und zum Gebrauch von Kirchentonarten: „Das erste Lied des Hirten Lel, Teile des Butterwochen-Geleites, der Heroldsruf, der Hymnus der Berendäer, das Reigenlied ‚Hei, auf dem Feld, ... da steht ein Lindenbaum ...' sind in Kirchentonarten geschrieben. In einigen Abschnitten, so im Lied vom Biber mit dem Tanz des Häuslers, finden sich Übergänge in die verschiedenen Tonarten. Diese Vorliebe für die Kirchentonarten ist mir während meiner gesamten weiteren kompositorischen Tätigkeit treu geblieben, und ich bin mir gewiß, daß ich gleich den anderen Komponisten der russischen Schule hier etwas Neues geschaffen habe ..."

Rimski-Korsakow gibt mit seiner Analyse der Oper ›Snegurotschka‹ Einblick in seine gesamte Opernästhetik. Sie sei daher ausführlicher zitiert: „Ich glaube, daß das Fugato in der Szene des plötzlich hervorwachsenden Waldes (III. Akt: der Waldgeist schützt Snegurotschka vor Misgir) ... und das vierstimmige Fugato des Chores ‚Nie wurde früher der Brautkranz entweiht' mit der Klage Kupawas schöne Beispiele ... sind ... In harmonischer Hinsicht betrat ich in ›Snegurotschka‹ Neuland, zum Beispiel mit dem Akkord aus sechs Tönen der Ganztonleiter beziehungsweise aus zwei übermäßigen Dreiklängen, für den sich in der Theorie schwerlich eine Bezeichnung findet, der aber zu den betreffenden Szenenmomenten (der Waldgeist umarmt Misgir) sehr gut paßt, oder durch den fast ausschließlichen Gebrauch von Dur-Dreiklängen und des Sekundakkordes — ebenfalls mit aufsteigendem Dur-Dreiklang — im Schlußhymnus an den Sonnengott Jarilo (Elfvierteltakt)...

Von der Leitmotivtechnik habe ich in ›Snegurotschka‹ ausgiebig Gebrauch gemacht... allerdings auf eine andere Art als Wagner. Während Leitmotive bei Wagner stets als Elemente des orchestralen Gewebes auftreten, erscheinen sie bei mir außerdem einmal in den Singstimmen, zum anderen als Bestandteile mehr oder weniger langer Themen, der Hauptmelodie Snegurotschkas oder des Berendej-Themas. Die Leitmotive haben entweder die Gestalt rhythmisch oder melodisch fest umrissener Motive oder stellen sich nur als harmonische Fortschreitungen dar; in diesen Fällen sollte man sie besser als Leitharmonien bezeichnen... Zu den gleich beim erstenmal relativ leicht herauszuhörenden Leitharmonien gehört die charakteristische übermäßige Quarte g—cis, die bei jeder neuen zauberhaften Erscheinung in der phantastischen Waldszene mit Misgir fortissimo in den gestopften Hörnern erklingt. ›Snegurotschka‹ war meine erste Oper mit wirklich völlig frei und ungezwungen dahinfließenden Rezitativen; die Begleitung habe ich fast durchweg so angelegt, daß sie a piacere ausgeführt werden kann...

Die ›Snegurotschka‹-Instrumentation bedeutet ... einen deutlichen Fortschritt... (auch in der) Klangintensität. Noch nie war mir vordem ein so kräftiger und strahlender Klang gelungen wie hier im Schlußchor, noch nie eine so saftige, samtweiche Klangfülle wie in der Des-Dur-Melodie der Kußszene. Daneben stehen ganz neue Wirkungen, wie das akkordische Tremolo der drei Flöten zu Berendejs Worten ‚Beim ersten Morgenrot'. Mir kam es überhaupt darauf an, die einzelnen Instrumente möglichst individuell zu behandeln. Das drückt sich sowohl in einer Vielzahl von Instrumentalsoli der Bläser und Streicher als auch in der Anlage der reinen Orchesterpartien und der Gesangsbegleitung aus. Auf

Schritt und Tritt begegnen Soli der Violine, des Violoncellos, der Flöte, der Oboe, besonders aber meines damaligen Lieblingsblasinstrumentes, der Klarinette, die dadurch eine gewichtige Rolle innerhalb der Oper spielt...

In formaler Hinsicht enthält ›Snegurotschka‹, einesteils der Glinkatradition folgend, in sich abgeschlossene Nummern (vornehmlich die Lieder), andernteils (besonders im Prolog und im IV. Akt) fließende Übergänge ähnlich den Wagnerschen, jedoch unter steter Beachtung eines festen architektonischen Planes, der in der konsequenten Wiederholung einzelner musikalischer Abschnitte und im Charakter der Modulation zum Ausdruck kommt." (Chronik)

Verbreitung
Nach den beiden Moskauer Inszenierungen von 1885 (Theater Solodownikows mit der Russischen Privatoper von Sawwa Mamontow) und 1893 (Bolschoi Theater) kam die Oper 1903 am Petersburger Volkshaus, 1905 in Prag, 1907 abermals am Bolschoi Theater Moskau, 1908 in Paris, 1921 in Zagreb, 1922 in Seattle (USA) und in Barcelona, 1923 in New York und Berlin (dt. von August Bernhard), 1931 in Turin, 1933 in London, 1954 in Rom, 1958 in Buenos Aires und 1962 in München zur Aufführung.

1917 inszenierte Wsewolod Meyerhold mit dem Bühnenbildner Konstantin Korowin die Oper in Petrograd. 1928 und 1947 folgten Einstudierungen am Leningrader Maly Theater. 1954 wurde das Werk (zum ersten Mal nach der Oktoberrevolution) am Bolschoi Theater Moskau inszeniert; Regie führte Boris Pokrowski, die musikalische Leitung hatte Kyrill Kondraschin, und das Bühnenbild schuf Wadim Ryndin. Die letzte Inszenierung am Bolschoi Theater hatte 1978 Premiere.

Die Interpretationen der Snegurotschka durch die Sängerinnen Sabela-Wrubel und Neshdanowa wurden berühmt, ebenso die des Berendäerzaren durch Sobinow und Lemeschow.

Die Inszenierung von ›Snegurotschka‹ 1885 an der Russischen Privatoper von Sawwa Mamontow in Moskau wurde zu einem besonderen Ereignis. Der Maler Wiktor Wasnezow schuf zum ersten Mal in der russischen Operngeschichte eine dem Werk angemessene und dessen Idee verpflichtete künstlerische Ausstattung. Ganz in diesem Sinne weist Wladimir Stassow in seiner Kunstgeschichte des XIX. Jahrhunderts auf diese Arbeit hin, während der Maler Ilja Repin in einem Brief an Stassow auf einen anderen, ebenso wichtigen Aspekt aufmerksam macht: auf die mit diesem Bühnenbild stattfindende Ablösung der feudal-antikisierenden Ästhetik durch eine national orientierte Bildsprache. Noch 1882 hatte Rimski-Korsakow beklagt, daß zur Uraufführung Großvater Frost wie ein Neptun und Lel wie ein Paris ausgesehen haben.

Autograph Zentrale Musikbibliothek des Staatlichen Akademischen Theaters für Oper und Ballett S. M. Kirow Leningrad
Ausgaben Part und KlA Bessel Petersburg 1881; Part (Neue gekürzte Ausgabe) Bessel Petersburg 1898; KlA (russ./dt./frz., dt. von August Bernhard) Bessel Petersburg/Moskau/London/New York / Breitkopf & Härtel Berlin/

Leipzig 1908;   Part In: GA (Polnoje sobranije sotschineni.) Bd. 3A und 3B, Musgis Moskau 1953;   KlA In: GA (Polnoje sobranije sotschineni.) Bd. 31A und 31B, Musgis Moskau 1953
Literatur Lew Kulakowski: ›Snegurotschka‹. In: Die Opern N.A. Rimski-Korsakows (Opery N.A. Rimskogo-Korsakowa.) Moskau 1976;   Abram Gosenpud: Rimski-Korsakow in der Arbeit am Opernlibretto. (Rimski-Korsakow w rabote nad opernym libretto.) In: Musikalisches Erbe. (Musykalnoje nasledstwo.) Bd. 1, Moskau 1953

Mlada (Mlada)
Zauber-Ballettoper in vier Akten
(Wolschebnaja opera-balet w tschetyrjoch dejstwijach)
Libretto von Stepan Gedeonow und Wiktor Krylow

Entstehung 1889–1890

Uraufführung 1. November 1892   Mariinski Theater Petersburg

Personen
Mstiwoi, Fürst von Ratarski_____Baß
Woislawa, seine Tochter_____Sopran
Jaromir, Fürst von Arkonski_____Tenor
Oberpriester des Gottes Radegast_____Bariton
Ein tschechischer Sänger_____Alt
Morena, unterirdische Göttin (im I. Akt in Gestalt der alten Swjatochna)_____Mezzosopran
Tschernobog_____12–16 Chorbässe
Der unsterbliche Kaschtschej_____12–16 Chortenöre
Personen der Markt-Szene im II. Akt:
Ein Nowgoroder_____Tenor
Seine Frau_____Mezzosopran
Ein Waräger_____Bariton
Ein Profos_____Baß
Ein Maure aus dem Kalifat_____Tenor
Erster Händler (mit Fellen)_____Tenor
Zweiter Händler (mit Waffen)_____Tenor
Erste Händlerin (mit Glasperlen und Götzen)_____Sopran
Zweite Händlerin (mit Garn)_____Mezzosopran
Dritte Händlerin (mit Fisch)_____Alt
Schatten der Fürstin Mlada_____Pantomimin
Schatten der Königin Kleopatra_____Tänzerin
Dienstmädchen, Waffenträger und Suite des Mstiwoi, Händler, Betende, Volk der verschiedenen slawischen Länder, darunter auch Litauer, indische Zigeuner, Priester und Priesterinnen

des Gottes Radegast, Trompeter und Hornisten,
Tscherw (Gottheit der Vernichtung von Pflanzen), die Pest,
Topelez (Gottheit der Überschwemmung und des Versinkens), Waldgeister,
Werwölfe, Gespenster, Hexen, Schatten Verstorbener,
Schatten der Tänzer und der schwarzen Sklaven
und Sklavinnen der Königin Kleopatra, Erscheinungen der
alten klassischen Helden, Heilige Gottheiten_____Gemischter Chor und Ballett

Orchester 4 Fl (II und III auch Picc, IV auch AFl), 3 Ob (II und III auch AOb, eine AOb auch EH), 3 Klar (II und III auch PiccKlar), BKlar, 3 Fg (II auch KFg); 6 Hr, 3 Trp (I auch PiccTrp, II auch ATrp), 3 Pos, Tb, 4 Pkn, Bck, Trgl, Tamb, Tt, Tr, Glsp, Xyl oder Holzharm, 3 Hrf, Org, Str
Bühnenmusik: I. Akt: 2 Hr (IV und V aus Orchester); II. und V. Akt: 12 Hr, Tb (nicht chromatisch); III. Akt (Kleopatra-Szene): 2 PanFl, 8 Liren, KlPkn, Tamb (vom Chor zu bedienen), Bck (mit Ruten zu schlagen), Tr; 2 PiccKlar und 2 Picc (aus dem Orchester)

Aufführungsdauer I. Akt: 42 Min., II. Akt: 40 Min., III. Akt: 40 Min., IV. Akt: 33 Min.; Gesamt: 2 Stdn., 35 Min.

Story
Ein Mädchen tötet die Freundin, um deren Verlobten für sich zu gewinnen, doch der Schatten der unerfüllten wahren Liebe stellt sich zwischen ihren Wunsch und seine Erfüllung. Lichte und dunkle Geister, Götter des Himmels und der Unterwelt, Heroen der Landesgeschichte werden um Hilfe angerufen und ergreifen Partei. Das Dunkle triumphiert mit Vernichtung und Tod, dem Lichten gebührt Huldigung und jenseitiger Glanz.

Vorgänge
Die Handlung spielt im 9. und 10. Jahrhundert in den slawischen Ländern des baltischen Küstenlandes und in der Stadt Rethra in der Nähe der Laba (Elbe).
I. Akt: *Schloß des Fürsten Mstiwoi. Vorbereitung auf einen heidnischen Frühlingsfesttag.* Woislawas Wehmut deutet der Vater Mstiwoi als Trauer über den Verlust der kürzlich verstorbenen Freundin Mlada, und er tröstet sein Kind mit der Hoffnung, sie könne sich das Herz von Mladas Verlobtem Jaromir gewinnen. Woislawa jedoch ersehnt sich bereits die Liebe Jaromirs, aber die Erinnerung an die tote Freundin steht zwischen ihrem Wunsch und seiner Erfüllung. Morena, die Göttin der Unterwelt, bietet ihre Dienste an, da Lada, die Göttin der Liebe und des Lichts, ihre Hilfe versagt. Woislawa begibt sich in die Macht Morenas. Jaromir wird von Mstiwoi und seinem Gefolge als Gast begrüßt. Morenas Zauber wirkt, Jaromir fühlt sich zu Woislawa hingezogen. Da erschreckt ihn eine Vision. Träumend erlebt er seine Hochzeit mit Mlada und sieht Woislawa der Freundin einen Ring schenken, der Mlada den Tod bringt.
II. Akt: *Eine Ebene bei Rethra am Ufer des Dolinskischen Sees.* Das Volk treibt

Handel. Es kommt zu Streitigkeiten. Ein tschechischer Volkssänger bringt die Erregten zur Besinnung. Man begrüßt und bejubelt die Fürsten. Priester und Priesterinnen des Gottes Radegast weissagen und treiben Opfergaben ein. Das Volk belustigt sich, Litauer und indische Zigeuner stellen sich mit Tänzen vor. In einem allgemeinen Chorowod finden sich auch Jaromir und Woislawa, doch der Schatten Mladas stellt sich zwischen die beiden und zieht Jaromir hinweg aus dem Kreis der verliebten jungen und fröhlichen Paare.

III. Akt: *Nacht. Bergschlucht. Reigen der seligen Geister.* Mladas Schatten versucht sich Jaromirs Seele verständlich zu machen. Es gelingt nicht. *Teufelssabbat.* Morena bittet den Schwarzen Gott (Tschernobog) um Beistand, Jaromirs Seele von Mlada abzulenken. Kleopatra wird beschworen, und der Ägypterin gelingt es, Jaromir zu sexueller Lust zu verlocken. Mladas Einfluß scheint gebrochen. Da macht der erste Hahnenschrei der Macht des Bösen ein Ende. Jaromir erwacht und entschließt sich, den Priester Radegasts um die Deutung seiner Träume zu befragen.

IV. Akt: *Tempel Radegasts.* Der Oberpriester verheißt Jaromir — als dem Enkel berühmter Ahnen — Aufklärung von den Erscheinungen der alten verstorbenen Helden. Diese alten Recken beschuldigen Woislawa des Mordes an Mlada und fordern Jaromir zur Rache auf. Woislawa bekennt sich schuldig. Jaromir erschlägt sie. Die Sterbende wird von Morena gerächt. Eine höllische Sturmflut zerstört den Tempel Radegasts, bringt allen Vernichtung und Tod. Die seligen Geister huldigen den endlich in Liebe vereinten Seelen von Jaromir und Mlada.

Genesis

Stepan Gedeonow war von 1867 bis 1875 Direktor der Kaiserlichen Theater von St. Petersburg und verfaßte ein Szenarium aus dem Leben der Polaben (Elbslawen) mit dem Titel ›Mlada‹, das Rimski-Korsakows ›Chronik meines musikalischen Lebens‹ zufolge von dem Schriftsteller Wiktor Krylow zu einem Libretto ausgearbeitet wurde. 1869 machte Gedeonow den Freunden Borodin, Cui, Mussorgski und Rimski-Korsakow den Vorschlag, gemeinsam die Musik zu dieser Ballett-Oper zu schreiben. Um Gedeonow, dem Direktor der Kaiserlichen Theater, nicht abzusagen, teilten sich die Komponisten die verschiedenen Akte ihrer unterschiedlichen Veranlagung entsprechend auf und begannen mit der Arbeit. Während Cui den ihm zugewiesenen I. Akt schnell vollendete, blieb die Arbeit der anderen in Skizzen stecken. Der pseudofolkloristische und dilettantische Grundzug des Szenariums versperrte Borodin und Mussorgski den Zugang zum Werk, während sich Rimski-Korsakow (nach eigener Aussage auf Anraten Wladimir Stassows) dem Werk nochmals zuwandte und es zwischen 1889 und 1890 komponierte.

Strukturen

Gedeonow hat in seinem Libretto der ›Mlada‹ eine Vielzahl bewährter Versatzstücke aus Oper und Ballett vereint, ohne daß es ihm gelang, die einzelnen Topoi zu einem neuen Ganzen zu binden. So demonstriert das Libretto zwar die Belesenheit seines Autors, die Kenntnis heidnischer Legenden, Göttersagen und alten Brauchtums, aber darin erschöpfen sich im wesentlichen Wort und szenische Aktion.

Woislawa, die die Freundin Mlada tötet, um deren Verlobten zu gewinnen, die aber die Kraft wahrer Liebe doch nicht zu brechen vermag und ihre gerechte Strafe findet, diese Geschichte der Woislawa steht relativ unvermittelt neben den vielen, breit ausgemalten Genreszenen, wie der Festtagsvorbereitung im I. Akt, dem Markttreiben und den Jubelchören im II. Akt, dem Hexensabbat im III. und den Priesterszenen im IV. Akt. Zwar gewinnt gerade in den Genreszenen die Musik gegenüber der konventionellen, mit erborgtem heroischem Gestus arbeitenden psychologisierenden Mord- und Liebesgeschichte größere Farbigkeit und Kraft, doch vergleicht man den Hexensabbat in ›Mlada‹ mit Mussorgskis Jahre früher entstandener ›Nacht auf dem Kahlen Berge‹ erscheinen die bösen Geister bei Rimski-Korsakow als sehr zahme, mit ein paar falschen Tönen im forschen Rhythmus klappernde Theatermarionetten, deuten die lautmalerischen Schreie wie „tschuch" und „sabanah" so gar nicht auf reale infernalische Klänge hin.

Die Genreszenen mit ihren darin eingebundenen Tanzszenen treten hier ausschließlich als retardierendes Moment in Erscheinung. Trotz dieser Einschränkungen am Kunstwert der ›Mlada‹ sind in den Mädchen- und Priesterchören, in den Rufintonationen schreiender und sich überschreiender Händler und Händlerinnen Strukturen ausgeformt, die für nachfolgende Komponisten — so auch Schostakowitsch und Strawinski — wichtig geworden sind.

Verbreitung
Der Petersburger Uraufführung 1892 unter dem Dirigat von Eduard Naprawnik und mit der Choreographie von Lew Iwanow und Enrico Cecchetti folgten 1903 und 1913 in Moskau weitere Inszenierungen. 1923 wurde die Oper in Petrograd am Staatlichen Akademischen Kleinen Theater für Oper und Ballett (Maly Theater) von Samuil Samossud, dem großen Förderer der zeitgenössischen Musik, dirigiert; Regie führte Rappaport, die Choreographie stammte von Petrow, und die Ausstattung hatten Schtschuko und Benois entworfen.

Ausgaben Part, KlA und Text (russ./frz.) Belaieff Leipzig 1891; Part In: GA (Polnoje sobranije sotschineni) Bd. 4 Dop. Musgis Moskau 1959; KlA In: GA (Polnoje sobranije sotschineni) Bd. 32 Musgis Moskau 1959

Literatur D. Alexandrow: ›Mlada‹ von Rimski-Korsakow und deren Probleme. (›Mlada‹ Rimskogo-Korsakowa i jego problemy.) In: *Sowjetskaja musyka*, Moskau 1982, Nr. 3

Die Nacht vor Weihnachten
(Notsch pered Roshdestwom)

Eine wahre Geschichte und ein Lied zur Winterwende
nach der Erzählung von Nikolai Gogol
Oper in vier Akten
(Byl-koljadka po powesti Gogolja)
(Opera w tschetyrjoch dejstwijach)
Libretto von Nikolai Rimski-Korsakow

Entstehung 1894–1895

Uraufführung 10. Dezember 1895   Mariinski Theater Petersburg

Personen
Tschub, ein bejahrter Kosak_____Baß
Oksana, seine Tochter_____Sopran
Das Oberhaupt der Gemeinde_____Bariton
Solocha, Witwe, den Gerüchten nach eine Hexe_____Alt
Schmied Wakula, ihr Sohn_____Tenor
Panas, Tschubs Gevatter_____Baß
Ossip Nikiforowitsch, Beamter_____Tenor
Pazjuk, alter Saporosher, Quacksalber_____Baß
Der Teufel_____Tenor
Die Zarin_____Mezzosopran
Frau mit violetter Nase_____Alt
Frau mit gewöhnlicher Nase_____Sopran
Mädchen, Burschen, Kosaken und Kosakinnen aus Dikanka, Hexen,
Zauberer, dunkle und lichte Geister, die Erscheinungen von Koljada
und Owsen, der Morgenstern (Venus) und andere Sterne,
Höfische Kavaliere und Damen, Lakaien_____Gemischter Chor und Ballett

Orchester 3 Fl (III auch Picc), 2 Ob (II auch EH), 3 Klar (III auch PiccKlar), 2 Fg, 4 Hr, 2 Trp, ATrp, 3 Pos, Tb, 3 Pkn, Bck, Trgl, Tamb, Tr, Tt, Glsp, Xyl, 2 Hrf, Str

Story
Mit einem Schneegestöber will der Teufel den gottesfürchtigen Schmied Wakula ärgern, ermöglicht aber nur der Dorfobrigkeit durch die so entstandene Dunkelheit ein heimliches Stelldichein mit der Witwe Solocha. Wakulas Unglück ist nicht der Teufelsspuk, sondern die Koketterie der schönen Oksana, die ihm die Ehe nur dann versprechen will, wenn er ihr ein Paar Schuhe der Zarin bringt.
   Der Teufel verfängt sich in der eigenen Schlinge, Wakula macht ihn sich botmäßig und zwingt ihn, nach Petersburg zu fliegen. In der luftigen Höhe tanzen

die Sterne, treffen sich die Hexen und Zauberer und werden durch den dahinfliegenden Wakula erschreckt. Die Zarin schenkt dem Schmied gnädig ein Paar ihrer Schuhe. Auf Wakulas Rückflug hat sich die luftige Welt verändert. Die Hexen und dunklen Geister sind vertrieben, und der Morgenstern tanzt mit den heidnischen Idolen Koljada, Owsen und den lichten Geistern. Oksana schenkt dem Schmied ihre Liebe.

Vorgänge
Die Handlung spielt im 18. Jahrhundert; in Kleinrußland, im Dorf Dikanka; am Hof in der Hauptstadt und im Luftreich.
I. Akt, 1. Bild: *Dorfstraße. Die Hütte Tschubs. Weihnachtsabend. Mond und Sterne leuchten hell. Aus dem Schornstein einer der Hütten steigt Rauch auf, und mit ihm fliegt auf einem Besen Solocha als Hexe heraus, setzt sich auf den Dachfirst und singt ein Lied. Der Teufel erscheint auf einem anderen Dachfirst und stimmt ein.* Der Teufel beklagt den allgemeinen Verfall der Sitten. Solocha ist bereit, dem Teufel beizustehen, wenn es gilt, die Liebe Wakulas zu Oksana zu hintertreiben. Um die Menschen in ihren Hütten zurückzuhalten, entfesseln beide einen Schneesturm. Mond und Sterne sind nicht mehr zu sehen, es wird dunkel im Dorf. Tschub entschließt sich, trotz des Unwetters auszugehen. Wakula begibt sich zu Oksana.
I. Akt, 2. Bild: *Das Innere der Hütte Tschubs.* Wakula wirbt um Oksana. Doch sie weist ihn kokett ab und fordert ihn auf, ihr Schuhe der Zarin zu bringen, dann würde sie ihn heiraten.
II. Akt, 1. Bild: *Das Innere der Hütte Solochas. In der Ecke einige große Säcke mit Kohle.* Der Teufel und Solocha vergnügen sich. Doch werden sie vom Oberhaupt gestört, das sich ein Schäferstündchen bei Solocha verspricht. Aber weder er noch Ossip oder Tschub gelangen ans Ziel ihrer Wünsche. Ein Liebhaber stört den anderen, und ein jeder versteckt sich in den Kohlensäcken. Wakula besucht seine Mutter und hält es für Sohnespflicht, die vollen Kohlensäcke noch vor dem Fest aus dem Haus zu schaffen.
II. Akt, 2. Bild: *Dorfstraße. Die Schmiede Wakulas. Mondnacht.* Wakula lädt die Säcke neben seiner Schmiede ab, sagt der mit den Dorfmädchen Koljadki singenden Oksana Lebewohl und geht davon. Die Dorfjugend vermutet in den Säcken Koljadki-Geschenke und findet die Dorfobrigkeit.
III. Akt, 1. Bild: *Das Innere der Hütte Pazjuks.* Der Wunderdoktor Pazjuk weiß Wakula keine Hilfe, macht ihn aber darauf aufmerksam, daß er im Sack auf der Schulter den Teufel mit sich herumschleppe. Wakula hatte vergessen, den kleinsten Sack vor der Schmiede abzuladen. Der Schmied zwingt den Teufel, an den Zarenhof zu fliegen.
III. Akt, 2. Bild: *Firmament. Mond und Sterne, selten auch eine lichte Wolke. Spiele und Tänze der Sterne (Mazurka, Aufzug der Kometen, Chorowod, Csárdás, Reigen der Sterne).* Zauberer und Hexen — darunter auch Pazjuk und Solocha — treffen sich zum Teufelskoljadka. Als Wakula angeflogen kommt, verschwinden sie, und der Schmied kann ungefährdet passieren.

III. Akt, 3. Bild: *Geschmückter, hell erleuchteter Saal am Hof.* Die Höflinge, unter ihnen der gut gekleidete Wakula, huldigen der Zarin. Wakula bittet die Allergnädigste um ein Paar Schuhe, erhält diese und fliegt zurück.

III. Akt, 4. Bild: *Firmament. Nacht. Graue Wolken. Leere Besen, Topf- und Heugabeln fliegen durch die Luft.* Wakula jagt vorüber. Der Morgenstern erscheint in Gestalt einer Jungfrau, Koljada als junges Mädchen und Owsen als junger Bursche. Sie tanzen und singen mit den lichten Geistern. Die Sonne beleuchtet die Dächer Dikankas. Es ertönen Glocken, und man hört Gesang aus der Dikanker Kirche.

IV. Akt, 1. Bild: *Tageslicht. Tschubs Gehöft, von einem Palisadenzaun umgeben.* Einander widersprechende Gerüchte über den Schmied erreichen Oksana. Sie fürchtet um sein Leben, sorgt sich und erkennt, daß sie ihn liebt. Wakula bringt Oksana die Schuhe und hält um ihre Hand an. Vater Tschub segnet das junge Paar.

Finale: *Zum Gedenken Gogols*
Wakula stimmt einen Rundgesang an. Er wird nicht verraten, ob er wirklich bei der Zarin war; doch wie auch immer: diese Geschichte werde mit goldener Feder aufgeschrieben und zu jeder Weihnacht erzählt. Oksana, der Beamte, das Oberhaupt, Tschub und die Bewohner Dikankas stimmen in diesen Rundgesang ein.

Genesis

Gogols Erzählung ›Die Nacht vor Weihnachten‹ fand durch die Einbeziehung phantastischer Vorstellungen in die Schilderung des dörflichen Alltagslebens und durch die Vermischung von heidnischen und christlichen Bräuchen die besondere Liebe Rimski-Korsakows. Nach Tschaikowskis Tod im Jahre 1893 war seiner Ansicht nach der Stoff, der ihn von jeher angezogen hatte, wieder frei geworden. „Trotz so mancher musikalisch gelungener Stellen habe ich Tschaikowskis Oper (›Tscherewitschki‹ — S. N.) schon immer für schwach und Polonskis Libretto für gänzlich mißlungen gehalten. Zu Pjotr Iljitschs Lebzeiten konnte ich es ihm nicht antun, diesen Stoff zu benutzen, obschon ich seit eh und je ein moralisches Recht dazu hatte; nun fühlte ich mich auch in dieser Hinsicht frei.

Zu Beginn des Frühjahrs 1894 stand mein Entschluß fest, die ›Nacht vor Weihnachten‹ zu komponieren. Das Libretto schrieb ich mir in weitestgehender Anlehnung an Gogol selbst. Hierbei erfaßte mich wieder meine alte Vorliebe für die slawische Götter- und Teufelswelt und die Mythen des Sonnenkultes, die mir schon in der ›Mainacht‹, besonders dann in ›Snegurotschka‹ die Feder geführt hatte und die auch in der Zeit der ›Mlada‹-Komposition nicht versiegt war. So hatte ich es auf verschiedene Motive der Gogolschen Novelle abgesehen, zum Beispiel die Koljada-Bräuche, das Blindekuhspiel der Sterne, den Flug der Besen und Heugabeln, die Begegnung mit der Hexe. Auf Grund dessen, was ich bei Afanassjew (Die poetischen Naturanschauungen der Slawen) über den Zusammenhang der christlichen Weihnachtsfeier mit den vorchristlichen Bräuchen der Wintersonnenwende, mit alten nebelhaften Vorstellungen von Gottheiten wie Owsen und Koljada und so weiter gelesen hatte, führte ich diese Elemente ausgestorbenen heidnischen Volksglaubens in das bei Gogol geschilderte ukrainische Dorfleben vor Weihnachten ein. Mit anderen Worten: Mein Libretto schließt sich einerseits eng, bis in die Diktion hinein, an die Gogolsche Vorlage an, enthält aber andererseits eine Menge fremder, von mir hinzugefügter phantastischer Elemente. Mir und allen, die mich verstehen wollen, war dieser Zusammenhang klar; dem Publikum später erschien die Verbindung völlig unverständlich, es hielt sie für unnötig und in starkem Maße störend. Wenn ich aus lauter Begeisterung der Gogolschen Erzählung mythische Bilder aufband, so lag der Fehler bei mir, gewiß; aber dieser Fehler gab mir die Möglichkeit, viel interessante Musik zu schreiben." (Chronik meines musikalischen Lebens)

Anfang 1895 war die Komposition vollendet. „Alles in allem hat die Arbeit an der Oper ein knappes Jahr gedauert." (Chronik) Nach der Fertigstellung des Werkes machte die Zensurbehörde Schwierigkeiten, da gegen eine zaristische Anordnung verstoßen worden war, der zufolge russische Herrscher in Opern nicht dargestellt werden durften. Durch einen glücklichen Zufall und die Bekanntschaft des Komponisten mit einem hohen Würdenträger konnte der aus dem Jahr 1837 stammende Allerhöchste Befehl für diese Oper aufgehoben werden. Doch zur Hauptprobe erkannten zwei anwesende Großfürsten in der dargestellten Zarin ihre Großmutter Katharina II. und bewirkten die Zurücknahme der Erlaubnis. Die Uraufführung konnte nur durch den Kompromiß gerettet werden, die Partie der Zarin (Mezzosopran) durch die eines Durchlauchtigsten Fürsten (Bariton) zu ersetzen. Rimski-Korsakow berichtet: „Musikalisch ließ sich das ohne weiteres machen, denn ein Bariton kann leicht eine Mezzosopranpartie — eine Oktave tiefer — singen... Aber von der Handlung her mußte Unsinn dabei herauskommen. Immerhin konnte man damit die höchsten und niederen Herren Zensoren lächerlich machen, denn mit ihrer Erlaubnis war es nun ein Durchlauchtigster Fürst, der über die Garderobe der Zarin verfügte. Mehr brauche ich hierzu wohl nicht zu sagen. Ich tat mir selber leid und kam mir entsetzlich lächerlich vor, doch da ich ohnehin nichts dagegen machen konnte, willigte ich ein." (Chronik)

Strukturen

Obgleich alle Figuren der Gogolschen Erzählung auch in Rimski-Korsakows Oper anwesend und im Libretto die wesentlichen Situationen der Gogolschen Vorlage nachgestaltet sind, weichen Opernkomposition und dichterisches Werk voneinander ab. Gogol läßt erkennen, wie das dörfliche Leben selbst heidnisch-phantastische Vorstellungen produziert, wie sich empfindungsreiche und phantasiebegabte Menschen gegen christliche Autoritätsgläubigkeit, soziale Hierarchie und Heuchelei zur Wehr setzen. Rimski-Korsakow aber baut über seinem Dorf Dikanka eine zweite Welt auf. Allerdings begegnen sich am Firmament nicht nur die heidnischen Gottheiten und Himmelskörper, um miteinander zu promenieren und den Chorowod zu tanzen, es treffen sich hier auch die lichten und dunklen Geister, darunter Dorfbewohner, wie die Solocha und Pazjuk. Im Unterschied zu Gogol aber ist diese Welt nicht die phantastische Widerspiegelung der Dorfrealität, sondern sie dient vielmehr dazu, das Interesse des Komponisten an heidnischen Gottheiten zu demonstrieren, so wie er es in seinem Vorwort dargestellt hat: „‚Koljadki nennt man bei uns die Lieder, die am Abend vor Weihnachten unter den Fenstern gesungen werden. Es heißt, irgendwann hatte es einmal einen Narren namens Koljada gegeben, den man für einen Gott hielt, und von ihm seien auch die Koljadki abgeleitet. Wer weiß das schon? Wir einfachen Leute können uns darüber kein Urteil erlauben.' So spricht Gogol... in der Einleitung zu seiner Erzählung ›Die Nacht vor Weihnachten‹.

Wenn uns das mittelalterliche Schrifttum die Namen Swarog, Stribog, Perun und andere slawische Idole überliefert hat, dann bewahrten uns die russischen Brauchtumslieder die Namen von Lada, Kupalo, Jarilo, Owsen und Koljada. Ob man in ihnen Idolen oder Narren ein Denkmal gesetzt hat — wir wissen es nicht. Viele bestreiten sogar, daß die Namen göttliche Wesenheiten vorstellen, indem die Namen selbst durch Gleichklänge, Liedrefrains oder Rufe zu erklären seien. Jedoch zeigen die alten Brauchtumslieder deutlich die Verbindung dieser Namen mit der Vorstellung gewisser mythologischer Wesen. Ihnen allen wird in den Liedern als handelnden Personen Erwähnung zuteil. Vielleicht bezieht sich ihre klare Personifikation und ihre Verehrung als Götter noch stärker auf das tiefe Mittelalter als der Götzendienst, wie er uns in Handschriften oder im Lied von Igors Heerfahrt begegnet.

Die Brauchtumslieder stellen diese Wesen als Sonnengötter dar. Ihre Namen sind mit der lebenspendenden Kraft der Sonne verbunden, Kupalo und Jarilo werden in der Zeit der Sommersonnenwende, Koljada und Owsen in der Zeit der Wintersonnenwende gefeiert.

Die Brauchtumslieder mit dem Namen Koljada (in Groß- und Kleinrußland) und Owsen (in Großrußland) singt man zu Weihnachten, das mit dem Heiligabend beginnt.

Die Geburt der Sonne feierte man im Altertum zur Zeit Koljadas, wenn sich das Gestirn seiner Sommerbahn zuwendet. Diese Wende fällt mit den stärksten Frösten, Schneestürmen und mit den ausgelassensten Gelagen der unreinen Geister und Hexen zusammen. Ihre größten Gelage finden dreimal im Jahr statt, am Koljada, bei der Ankunft des Frühlings, in der Nacht nach Iwan Kupalo. Die hellen Sonnengottheiten Koljada und Owsen stehen im direkten Gegensatz zu den dunklen Kräften, den Dämonen, Zauberern, Hexen, die die Himmelsgestirne verhüllen, Winde, Schneestürme und Fröste hervorrufen (siehe hierzu Afanassjew, Die poetischen Naturanschauungen der Slawen)."

Die Oper erscheint als Probe aufs Vorwort. Im Sieg der lichten über die dunklen Geister wird das Weihnachtsfest durch den Rückbezug auf die heidnische Wintersonnenwende in den Jahreszeitenzyklus eingebunden, wenn vor Wakulas Flug zur Hauptstadt sich die bösen Geister im Himmel tummeln, während bei seinem Rückflug nur noch leere Besen und Topfgabeln herumwirbeln. Die vom Dorf und aus der Kirche heraufeltönenden Glocken und Gesänge kontrapunktieren die heidnische Vorstellungswelt. Rimski-Korsakow hat sich ein Libretto geschaffen, in dem er Anlässe zur Komposition finden konnte, um die für ihn wesentlichen stilistischen Mittel der Tonartenbeziehungen, des Einsatzes von Klangfarben und Leitharmonien weiter ausbilden zu können. Das tönende Universum des Himmelsgewölbes erscheint, gemessen am Einlagencharakter der italienisierenden Arien Oksanas und Wakulas, kompositionstechnisch am fortgeschrittensten. Die Koljadki-Chöre sind durch die Einbindung der auf Unterstimmenpolyphonie abgestimmten Melodien in diatonische Strukturen nicht frei von einer gewissen akademischen Steifheit.

Kühn erscheint das Finale, denn Wakula hätte es 1895 gut angestanden, ein Loblied auf die gnädige, Schuhe spendende Zarin anzustimmen. Mit der Lobpreisung Gogols aber knüpfte Rimski-Korsakow an das Ruhmeslied auf Puschkin in Glinkas ›Ruslan und Ljudmila‹ an, bekräftigte er die Tradition russischer demokratischer Kunst. Dem Geist wird vor der Macht der Vorzug gegeben. Deutlich — wenngleich auch versteckt — ist dieses Thema von Rimski-Korsakow in der Entgegensetzung von Zarin und Oksana fortgeführt. Das Ruhmeslied der Höflinge besingt die „herrschende Frau", das Lied der Dorfburschen aber rühmt in Oksana die „fürstliche Schöne, vor der sich selbst die Herren neigen".

Verbreitung

Das Bolschoi Theater Moskau spielte die Oper 1898, drei Jahre nach der Uraufführung. 1913 folgte Odessa. Doch dann wurde das Werk bis 1943, als Solisten des Leningrader Kirow Theaters einige Vorstellungen in Perm gaben, nicht mehr gespielt.

Die deutsche Erstaufführung fand 1940 in Wuppertal statt.

Ausgaben Part und KlA Belaieff Leipzig 1895;   KlA (russ./dt., dt. von Heinz Herbert Steves) Belaieff Leipzig (Boosey & Hawkes) 1943;   Text Deutsche Bearbeitung von Heinz Herbert Steves Belaieff Leipzig o.J. und Belaieff Bonn 1959;   Part In: GA (Polnoje sobranije sotschineni.) Bd.5, Musgis Moskau/Leningrad 1951;   KlA In: GA (Polnoje sobranije sotschineni.) Bd.33, Musgis Moskau/Leningrad 1951

Sadko (Sadko)

Opern-Byline in sieben Bildern (Opera-bylina w semi kartinach)
Libretto von Nikolai Rimski-Korsakow
unter Beteiligung von Wladimir Stassow, Wassili Jastrebzew, Nikolai Schtrup, Nikolai Findeisen und Wladimir Belski
nach Motiven der Byline ›Sadko, der reiche Handelsmann‹,
des ›Märchens vom Meereskönig und der weisen Wassilissa‹,
des ›Taubenbuchs‹ sowie anderer Bylinen und russischer Märchen

Entstehung 1895–1896

Rimski-Korsakow

Uraufführung 7. Januar 1898 Theater Solodownikows Moskau mit dem Ensemble der Russischen Privatoper von Sawwa Mamontow

Personen
Statthalter Nowgorods:
Foma Nasaritsch, Ältester; Luka Sinowitsch, Wojewode — Tenor, Baß
Sadko, Guslispieler und Sänger in Nowgorod — Tenor
Ljubawa Buslajewna, seine junge Frau — Mezzosopran
Neshata, junger Guslispieler aus Kiewgorod — Alt
Possenreißer und Gaukler: Duda, Sopel — Baß, Tenor
Erster Possenreißer — Mezzosopran
Zweiter Possenreißer — Mezzosopran
Erster Zauberer — Tenor
Zweiter Zauberer — Tenor
Überseeische Handelsleute: Waräger, Inder, Venezianer — Baß, Tenor, Bariton
Ozean, der Meereszar — Baß
Wolchowa, die schöne Meeresprinzessin, die jüngste
und Lieblingstochter des Ozean — Sopran
Die Erscheinung: mythischer mächtiger Recke
in der Gestalt eines Pilgers — Bariton
Nowgoroder Bürger beiderlei Geschlechts und
jeglichen Standes, Nowgoroder und
überseeische Handelsleute, Schiffsleute, Gefolgschaft
Sadkos, Skomorochen: eine lustige Gesellschaft,
Pilger: ernste Greise, Wassermädchen,
schöne Mädchen, weiße Schwäne und Meereswunder — Gemischter Chor
Die Frau des Meereszaren: die weise Zarin Wodjaniza;
ihre zwölf ältesten Töchter: die Flüsse, mit den
blauen Meeren vermählt; die kleinen Enkelkinder: die Bäche,
Goldene und silberne Fische und andere Meereswunder — Ballett

Orchester 3 Fl (III auch Picc), 2 Ob, EH, 3 Klar (II auch PiccKlar, III auch BKlar), 2 Fg, KFg, 4 Hr, 3 Trp (III auch ATrp), 3 Pos, Tb, Pkn, Bck, Trgl, Tamb, Tr, Tt, GrTr, Glöck, Gl, Hrf, Org, Kl, Str

Aufführungsdauer 1. Bild: 30 Min., 2. Bild: 30 Min., 3 Bild: 15 Min., 4 Bild: 40 Min., 5. Bild: 15 Min., 6. Bild: 30 Min., 7. Bild: 25 Min.; Gesamt: 3 Stdn., 5 Min.

Story
Stadtluft macht frei, meinen die Nowgoroder. Städtischer Borniertheit widerspricht nur der Sänger Sadko um den Preis des Ausgelacht- und Ausgestoßenwerdens. Zuneigung und Verständnis findet er bei den Elementarwesen. Des Meereszaren Lieblingstochter verspricht ihm Beistand und Liebe. So trotzt der Sänger den Kaufleuten, gewinnt sich die Freiheit, in die Welt zu ziehen. Seine

Sangeskunst verschafft ihm die Gunst der Elementargewalten. Bevor er einer der ihren wird, reklamiert ihn die menschliche Gesellschaft in Gestalt des mythischen Recken für sich: Sadko hat in Nowgorod durch seine Kunst zu wirken, die schöne Meeresprinzessin als Fluß dem Handel dienstbar zu sein. Sadkos Anspruch, gemeinsam mit der Meeresprinzessin Wolchowa die Welt zu erkunden, verflüchtigt sich, als die Wolchowa aufhört, die Geliebte Sadkos zu sein. Sie wird als Fluß allen Nowgorodern untertan. Gegen seine Verherrlichung als Bezwinger des Meeres erhebt Sadko Einspruch. Sein Einwand verhallt im Jubelgesang.

Vorgänge
Die Handlung spielt in Nowgorod, auf dem Meere und in der Tiefsee in halb sagenhaften, halb geschichtlichen Zeiten.
Zwischen dem vierten und fünften Bild liegen zwölf Jahre. Die sieben Bilder der Oper können bei der Inszenierung in drei oder fünf Akte zusammengezogen werden. Das 1. und 2. Bild bilden dann den I. Akt, das 3. und 4. Bild den II. Akt, das 5., 6. und 7. Bild den III. Akt — oder 1. Bild I. Akt, 2. und 3. Bild II. Akt, 4. Bild III. Akt, 5. und 6. Bild IV. Akt und 7. Bild V. Akt (Rimski-Korsakow)

1. Bild: *In den Räumen der Kaufmannsgilde von Nowgorod.* Die reichen Kaufleute feiern. Der Guslispieler Neshata singt alte Weisen und erhält Beifall, auch Gaukler finden ihren Lohn. Der Guslispieler Sadko aber vergleicht das enge Leben in der Stadt mit freier Fahrt auf Schiffen in die Ferne. Er wird verlacht und verstoßen.

2. Bild: *Ufer des Ilmensees.* Der Menschen Ohr ist ihm verschlossen, so sucht nun der Gekränkte Trost bei der Natur. Wassermädchen schenken ihm Gehör. Des Meereszaren Lieblingstochter Wolchowa schenkt ihm ihr Herz und drei goldene Fische.

3. Bild: *Haus des Sadko.* Ljubawa wartet auf den Eheliebsten, doch Sadko hat für ihre Liebe und für ihre Klagen keinen Sinn.

4. Bild: *Kai der Landungsstelle in Nowgorod.* Der Guslispieler Sadko trotzt den reichen Handelsleuten. Er wettet, daß er goldene Fische fangen könne und setzt seinen Kopf gegen das Vermögen der Kaufleute. Sadko gewinnt die Wette, ist nun reich, rüstet dreißig Schiffe aus, wirbt eine Mannschaft und sticht in See.

5. Bild: *Mitten auf dem Ozean.* Zwölf Jahre sind vergangen. Sadko hat Reichtümer gewonnen. Die Flotte eilt heimwärts. Allein Sadkos Schiff liegt unbeweglich, von unsichtbaren Mächten im Lauf gehemmt. Sadko wird von der Wolchowa gerufen. Er verläßt sein Schiff, das ohne ihn davoneilt. Der Meereszar zieht Sadko in die Tiefe.

6. Bild: *Palast des Meereszaren.* Wolchowa bewegt den Vater, in ihre Hochzeit mit dem Guslispieler einzuwilligen. Sadko huldigt dem Meereszaren, singt ihm ein Lied, und alle Flüsse und Meere freuen sich und feiern die Hochzeit der Wolchowa mit dem Sänger. Der Aufruhr der Elemente versenkt Schiffe, bringt den Menschen Not. Der mythische Held gebietet Einhalt. Er bestimmt, daß Sadko zu seiner Frau zurückzukehren habe und daß Wolchowa als Fluß eine Brücke zwischen Nowgorod und dem Meer bilden solle.

7. Bild: *a) In einer Muschelschale geht die Hochzeitsfahrt der Wolchowa mit Sadko nach Nowgorod. b) Am Ufer des Ilmensees.* Die Meeresprinzessin nimmt Abschied von Sadko und verwandelt sich in einen Fluß. Ljubawa findet ihren Ehemann. Sadko bekennt sich zu ihrer Liebe. Die Nowgoroder bejubeln den Fluß und begrüßen Sadko als Bezwinger der Elemente. Sadko erhebt Einspruch. Als Sänger hat er die Gunst des Meereszaren erworben. Dank gebührt dem mythischen Helden. Sadkos Lehre verhallt im Jubel. Alle singen das Lob des mythischen Helden und der Stadt Nowgorod.

Genesis

Die von Rimski-Korsakow aus der Sammlung von Danilow und Rybnikow aufgegriffene Byline ›Sadko, der reiche Handelsmann‹ war gegen Ende des vorigen Jahrhunderts Gegenstand des Interesses demokratisch gesinnter russischer Künstler und Kunsthistoriker. Stassow, Mussorgski und Tschaikowski wird zugeschrieben, Rimski-Korsakow zur Vertonung der Byline angeregt zu haben. Die im ›Sadko‹-Stoff angelegte Thematik — Sehnsucht nach Weite und Ferne, Gewalt der Elemente, Phantasie als schöpferische Kraft — hat Rimski-Korsakow unabhängig davon jahrzehntelang beschäftigt. Schon 1867 entstand sein Musikalisches Bild für Orchester ›Sadko‹, und seit den 80er Jahren trug er sich mit dem Plan einer gleichnamigen Oper. Als ihm 1894 der Musikhistoriker Nikolai Findeisen ein Szenarium zur Oper vorschlug, war das der letzte Anstoß, das Projekt zu realisieren. Und so entstanden im Sommer 1895 sechs der insgesamt sieben Bilder der Oper. Wladimir Stassows Idee war es, die Darstellung des Schicksals Sadkos mit einer Schilderung des städtischen Lebens in Nowgorod zu verbinden. Neben Nikolai Findeisen und dem Kritiker Wladimir Stassow beteiligten sich auch der Musikschriftsteller Wassili Jastrebzew und das Mitglied des Petersburger Künstlerischen Rates der Gesellschaft der Musikfreunde Nikolai Schtrup an der Ausarbeitung des Librettos. Entscheidenden Einfluß sollte auch der Jurist und Naturwissenschaftler Wladimir Belski gewinnen. Rimski-Korsakow berichtet: „Ich spielte ihm aus meinen ›Sadko‹-Entwürfen vor... Hernach führten wir endlose Gespräche über den Stoff... Dabei wurde der Gedanke geboren, die Gestalt der Frau Sadkos einzuführen und die folkloristischen Szenen der Oper zu erweitern. Doch vorerst konnte ich mich nicht zu Änderungen entschließen, denn das Szenarium war auch in der vorliegenden Form interessant und organisch. Im August, als der Entwurf der Oper nach dem ursprünglichen Plan abgeschlossen war, begann ich mir Gedanken über Sadkos Frau zu machen. Ich hatte nämlich damals, so komisch es klingen mag, eine gewisse Sehnsucht nach der Tonart f-Moll, in der ich lange nichts geschrieben hatte und die bislang in ›Sadko‹ nicht vorkam. Dieses Gefühl war so stark, daß es mich bestimmte, eine Arie der Ljubawa zu schreiben, für die ich den Text sogleich verfaßte. Das Stück gefiel mir; es legte den Grund zum 3. Bild. Den übrigen Text dazu bat ich Belski zu liefern ... So stand gegen Ende des Sommers (1895) die Aufnahme des neuen (3.) Bildes in die Oper fest. Des weiteren ergaben sich aus der Einführung dieser liebenden, treuen Frauengestalt noch zahlreiche Ergänzungen im 4. und 7. Bild. Die Oper war in der ursprünglichen Fassung also noch keineswegs vollendet. Als ich mir dessen bewußt wurde, erschien mir darüber hinaus auch eine breitere Anlage der Volksszene des 4. Bildes wünschenswert." (Chronik meines musikalischen Lebens) Wladimir Belski wollte durch die Ljubawa-Figur der Sadko-Geschichte eine zusätzliche Dimension geben. Ljubawa ist das Ideal der ihrem Mann und dem christlichen Eheversprechen bis zur Selbstaufgabe treuen Frau. Darauf bezieht sich Sadkos Aussage im Finale der Oper, Ljubawas Liebe habe sein Schicksal entschieden. Diese Aussage wird, trotz der nachträglichen Ergänzungen, durch die Handlung kaum bestätigt. Denn die Rückkehr Sadkos nach Nowgorod, seine Trennung von der Wolchowa und deren Verwandlung in einen Fluß geschieht auf Geheiß des mythischen Helden. Ljubawas Anteil am Geschick Sadkos beschränkt sich auf Klagen über den treulosen Ehemann, Jammer über dessen Ausfahrt und Jubel über seine Heimkehr. Durch Ergänzungen des im Sommer 1895 bereits vertonten Librettos sollte der christlich-mythische Hintergrund der Ljubawa-Figur eine Verankerung in der Handlung finden: „Bis zum Ende des Sommers (1896) schrieb ich so gut wie alle Ergänzungen gemäß dem neuen Plan und instrumentierte große Teile der Oper. Die Hauptarbeit konzentrierte sich auf das 4. und 7. Bild. Für das 4. Bild erweiterte ich auf Grund des Belskischen Textes die Volksszene, in der jetzt Pilger und Gaukler Platz fanden, und schrieb die Szenen Ljubawa—Sadko; für das 7. Bild entstanden Ljubawas Klagelied und das Duett Ljubawa—Sadko, die Erzählung Sadkos wurde neu gestaltet, das Finale der Oper erweitert." (Chronik)

Im Herbst 1896 war die Arbeit an der Oper abgeschlossen. Auf die Vielzahl der von ihm verwendeten Quellen hat Rimski-Korsakow im Vorwort zu seiner Oper aufmerksam gemacht: „Der Inhalt der Opern-Byline ›Sadko‹ ist hauptsächlich aus den verschiedenen Varianten der geschichtlichen Legende von ›Sadko, der reiche Handelsmann‹ (Sammlung von Kirsch Danilow, Rybnikow u.a.) sowie dem ›Märchen vom Meereskönig und der weisen Wassilissa‹ (Afanassjew: Russische Volksmärchen) entnommen, einige Einzelheiten stammen aus dem ›Taubenbuch‹ und aus der Sage ›Terenti der Kaufmann‹ u.a."

Strukturen

Die Besonderheit dieser Oper liegt nach Meinung des Komponisten in ihrem rezitativischen Stil: „Was aber der Oper ›Sadko‹ unter allen meinen Opern, vielleicht in der gesamten Opernliteratur, eine Sonderstellung verleiht, ist das epische (bylinenhafte) Rezitativ ... Es ist kein musikalisches Sprechen im herkömmlichen Sinne, sondern ein Singen in altertümlichem epischem Erzählton nach der Bylinendeklamation des Volksdichters Rjabinin." (Chronik) (Rjabinin war einer der letzten Vertreter der altrussischen Rhapsodenkunst und hatte 1868 Petersburg und Moskau besucht.)

In Rede und Gegenrede, im Gesang der Guslispieler Neshata und Sadko, in den Reaktionen der Kaufleute und des Volkes wird der rezitativische bylinenhafte Stil im 1. Bild exponiert, so im archaisierenden elfvierteltaktigen Chorsatz. Nach der lautmalerischen Schilderung des Ilmensees tritt mit einer vom Wechsel zwischen Halb- und Ganztönen geprägten Skala (der sogenannten Gamma Rimskogo-Korsakowa) das Phantastische in die Handlung ein. Mit ihm bildet sich die musikalische Gestalt der Wolchowa aus. Ein von Streichertremoli und stehenden Bläserakkorden erfüllter Klangraum charakterisiert das ruhige Wasser des Ilmensees. Auf dieser Grundlage heben sich kleingliedrige Klanggebärden ab, und in weitgespannten Intervallen dringt Gesang wie ein fernes Rufen übers Wasser. Sie künden Sadko die Existenz mitleidender Wesen. Die Meeresprinzessin hat nicht nur Sadko, sondern auch den Komponisten „zu neuen Ufern" geführt. Mit dem vielzitierten Ausspruch wird ein besonderer Gestaltungsaspekt dieser Figur vom Komponisten bezeichnet: „Die Meeresprinzessin singt bei mir während des Russalken-Chores Vokalisen auf den Buchstaben A. Zu neuen Ufern!!!", schreibt Rimski-Korsakow dem Freund und Mitautor Jastrebzew 1895. Daß dieser Satz sehr wohl auch ironisch gemeint ist und als Abwehr von Anfechtungen zu gelten hat, beweist die nachfolgende Bemerkung: „Schaklowity nennt sich selbst einen ‚der Jungen der Zukunft', und ich, so scheint es, erweise mich als einer ‚der Vergangenen der Gegenwart' oder einer ‚der Gegenwärtigen der Vergangenheit'!"

Abgehoben von der Wolchowa mit ihrer farbigen, üblicher Funktionalität ausweichenden Harmonik erscheint im 3. Bild die Ljubawa im Struktur-Zitat des russischen Volksliedes mit Klageintonation und streng kadenzierenden Folgen. So werden in den drei Bildern drei musikalische Bereiche exponiert und dienen als Bausteine für das 4. Bild, in dem Sadko, mit der Klangwelt der Wolchowa verbündet, gegen die Nowgoroder antritt und nun siegt. Wenn das Musikalische Gemälde ›Der blaue Ozean‹ das 1. und 5. Bild eröffnet, wird eine Brücke zwischen dem ersten und zweiten Teil der Oper geschlagen. Doch der im ersten Teil Durbestimmte, hellgefärbte Klangraum des ›Blauen Ozeans‹ dunkelt durch Moll-Terzen im zweiten Teil ein, und das Thema des Todes wird angesprochen. Die Arie des Sadko im 5. Bild „Goi drushina" ist ein ausgeprägtes Beispiel der musikalischen Rede im Bylinenton. Von Sekundfortschreitungen bestimmt, wird der Redefluß durch Verzierungen und Vorschläge gedehnt oder beschleunigt; die abfallende Linie dominiert. Während die instrumentale Begleitung Stützpunkte gibt, füllt die Gesangsstimme die nachklingenden Akkorde; im Wechsel dazu fügt sich dann der Vokalpart in das orchestrale Geflecht der Nebenstimmen ein. Stilistisch von allen andern abgehoben, sind dem mythischen Helden Orgelklang und Choralintonation zugeordnet.

Die Sympathie des Komponisten gilt jedoch der Wolchowa: „Die Reihe der phantastischen Mädchengestalten, die dem Schicksal der Verwandlung unterliegen, führt von dem verschwundenen Fräulein (›Mainacht‹) über die schmelzende Snegurotschka und den Schatten der Fürstentochter Mlada zur schönen Meeresprinzessin in ›Sadko‹, die sich in den Fluß Wolchowa verwandelt. Die Variationen des Wiegenliedes der Meeresprinzessin, ihr Abschied von Sadko und ihre Auflösung in einen rosigen Nebel gehören für mich zum Schönsten, was ich an phantastischer Musik geschrieben habe. So sehe ich in der ›Mlada‹ und in der ›Nacht vor Weihnachten‹ gleichsam zwei große Vorstudien zu ›Sadko‹, jener Oper, in der sich die Musik auf geradezu ideale Weise dem ausdrucksstarken

Stoff verbindet und die die mittlere Periode meines Opernschaffens abschließt."
(Chronik)

Im Unterschied zum vergleichbaren Peer-Gynt-Stoff enthält die Sadko-Geschichte keine christlichen Schuld-und-Sühne-Motive. Sadkos Ausfahrt entspricht nicht dem Streben nach Reichtum, das später gesühnt werden muß. Der den Menschen Entfremdete muß nicht durch die Treue einer Frau erlöst werden. Wenn Belski durch die Ljubawa-Figur der Geschichte nachträglich diese Deutung geben wollte, ist es ihm nicht gelungen. Fremd und ohne Bezug zu den Hauptmotiven steht diese Figur in einer auch ohne sie schlüssigen Handlung.

Leitmotive sind Figuren wie der Wolchowa oder dem Meereszaren zugewiesen, sie erscheinen auch als Klangräume, um Orte (wie das Unterirdische Zarenreich oder die Stadt Nowgorod) zu kennzeichnen. Mit Leitmotiven werden aber auch Handlungsmotive thematisiert (z. B. die Sadko und Wolchowa vorwärtstreibende „Hoffnung auf ein Wiedersehen"); mit ihnen werden auch Gegenstände und deren Bedeutung herausgehoben, so die Goldenen Fische, das Geschenk der Wolchowa an Sadko.

Mit der Oper ›Sadko‹ trennte sich Rimski-Korsakow von der Vorstellung einer prästabilierten Harmonie. Der Komponist mußte erkennen, daß die moderne kapitalistische Gesellschaft auf die Unterjochung der Natur ausgeht. Der Schlußchor der fünf Jahre vorher entstandenen Oper ›Snegurotschka‹ kündete noch die Utopie einer nach vorübergehenden Störungen wieder herzustellenden Einheit von Mensch und Natur. Sadko hingegen muß Einspruch erheben, wenn ihn die Nowgoroder als Bezwinger der Natur verherrlichen wollen. Als Sänger hat Sadko die Gunst des Meereszaren erworben, aus Zuneigung ist ihm die Wolchowa gefolgt: Sadkos Erfolg ist nicht die Konsequenz einer Unterjochung, sondern gründet auf einer Liebesbeziehung. Folgerichtig wehrt Sadko seine Verherrlichung als Welteroberer ab: „Ich, Sadko, kann nur singen. Höher als ich ist das heilige Nowgorod!". Der auf Belskis Veranlassung für das Finale komponierte Lobgesang auf den mythischen Helden wie auf die Stadt Nowgorod beschwört ein im Glauben vereintes Gemeinwesen, meint eine soziale Utopie.

Obgleich der Komponist im Finale der Oper durch den Mund seines Helden deutlich vor einer Fehlinterpretation warnt, ist Sadko oft als Typus des Welteroberers mißverstanden worden. Der sowjetische Musikwissenschaftler Abram Gosenpud hat dieses Mißverständnis auf exemplarische Weise formuliert: „Das Ideengerüst des ›Sadko‹ bekräftigt einen hohen und bedeutenden Gedanken: in der Welt gibt es nichts Höheres und Stärkeres als den Menschen, der sich die Natur gebieterisch unterwirft und erkämpft. Sadko ist der russische Seefahrer, der Recke und begeisterte Träger des heroischen Anfangs. Er festigt die Romantik der Heldentat, die Eroberung der Meereselemente ... Die Natur unterwirft sich der Kraft des Menschen und unterwirft ihm ihre Reichtümer. So schenkt die Meeresprinzessin anfangs Sadko die Goldenen Fische, und danach verwandelt sie sich in einen Fluß, eröffnet so den Weg aus Nowgorod über den Ladoga-See zum Meer."

Die wechselvollen Beziehungen zwischen Mensch und Natur binden selbst die als Einlagen erscheinenden Arien des warägischen, indischen und venezianischen Kaufmanns. Im Gesang der Kaufleute klingt der Ton dreier Meere auf: das wilde strenge Nordmeer in der weitgespannten Intervallik und den schwer beweglichen Akkordblöcken; der mittäglich sanft bewegte Indische Ozean in den gleitenden, kreisenden Phrasierungen und die blaue Adria, die vom Kirchengesang und Barkarolenton der Stadt Venedig beherrscht wird.

In der Oper ›Sadko‹ steht Rimski-Korsakow seinem Vorbild Glinka sehr nahe. Kämpft in ›Ruslan und Ljudmila‹ der Bajan gegen kurzsichtige Fürstenknechte um Nationalbewußtsein, unterliegt und wird seine Idee durch den Gang der Handlung doch gerechtfertigt, so geschieht Sadko ähnliches. Die Nowgoroder Kaufleute haben sich den Guslispieler Neshata zur Erbauung und die Skomorochen zur Belustigung gekauft und werden böse, wenn der Guslispieler Sadko der städtischen Enge die weite Welt entgegensetzt. Auch Sadko unterliegt gegen die Bojaren, wird aber durch den Gang der Handlung, wie Glinkas Bajan, gerechtfertigt. Sadko setzt auf die Phantasie als schöpferische Kraft und bewirkt Veränderung, während Neshata das Bestehende als das Beste verherrlicht, also nichts in Bewegung bringt.

Aneignung

1897 reichte Rimski-Korsakow der Petersburger Theaterdirektion seine Oper ›Sadko‹ zur Annahme ein. Rimski-Korsakow machte mit dem Werk bekannt, jedoch das Vorspiel verlief ungünstig, und der Direktor Wsewoloshski verbarg seine Ablehnung hinter Ausflüchten. So gab der Komponist seine Oper dem Industriellen Sawwa Mamontow, der am Moskauer Theater Solodownikows eine private Operntruppe unterhielt. Wieder, wie schon bei ›Snegurotschka‹, waren Bühnenbild und Kostüme von Korowin und Maljutin national geprägt und auf die Idee des Werkes konzentriert. Nadeshda Sabela, die Frau des Malers Wrubel, feierte Erfolge als Wolchowa. Die Uraufführung war musikalisch schlecht einstudiert, so daß der Komponist 1898 zum Petersburger Gastspiel von Mamontows Truppe die Oper musikalisch mit allen Beteiligten nachstudierte. Das Gastspiel verhalf dem Werk zum entscheidenden Durchbruch. Schon 1898 wurde es in Charkow, 1899 in Kasan, 1900 in Tiflis aufgeführt. Erst 1901 kam es am Mariinski Theater in Petersburg und 1906 am Bolschoi Theater Moskau zur Aufführung. 1911 fand in Paris die erste Inszenierung außerhalb Rußlands statt. 1921 folgte Monte Carlo, 1925 Antwerpen, 1926 Baku, 1927 Riga, 1928 Prag und Barcelona, 1930 Zagreb, Buenos Aires und New York, 1931 Rom und London, 1934 Stockholm, 1935 Sofia, 1938 Mailand. Am Bolschoi Theater Moskau wurde das Werk 1935 und 1949, am Kirow Theater Leningrad 1953 inszeniert. 1947 wurde ›Sadko‹ an der Deutschen Staatsoper Berlin in der Textfassung von Heinrich Möller vorgestellt.

Autograph Staatliche Öffentliche Bibliothek M.J.Saltykow-Schtschedrin Leningrad
Ausgaben Part und KlA Belaieff Leipzig 1897; KlA (dt. von Heinrich Möller) Belaieff Leipzig 1926; Part In: GA (Polnoje sobranije sotschineni.) Bd. 6A, 6B und 6W, Musgis

Moskau/Leningrad 1952; KlA In: GA (Polnoje sobranije sotschineni.) Bd. 34, Musgis Moskau/Leningrad 1952 **Literatur** Wiktor Zukerman: ›Sadko‹ In: Die Opern N. A. Rimski-Korsakows. (Opery N. A. Rimskogo-Korsakowa.) Moskau 1976; Abram Gosenpud: Rimski-Korsakow in der Arbeit am Opernlibretto. (Rimski-Korsakow w rabote nad opernym libretto.) In: Musikalisches Erbe. (Musykalnoje nasledstwo.) Bd. 1, Moskau 1953

Mozart und Salieri (Mozart i Saljeri)

Dramatische Szenen von Alexander Puschkin
(Dramatitscheskije szeny A. S. Puschkina)
Text der gleichnamigen Kleinen Tragödie Alexander Puschkins,
von Nikolai Rimski-Korsakow geringfügig gekürzt
Dem Andenken A. S. Dargomyshskis gewidmet

Entstehung 1897

Uraufführung 7. Dezember 1898 Theater Solodownikows Moskau mit dem Ensemble der Russischen Privatoper von Sawwa Mamontow

Personen
Mozart _____Tenor
Salieri _____Bariton
Ein blinder Geiger_____Stumm
Unsichtbare Stimmen_____Gemischter Chor (ad libitum)

Orchester Fl, Ob (EH), Klar, Fg, 2 Hr, Kl, Str — 3 Pos und Pkn ad lib

Aufführungsdauer Gesamt: 45 Min.

Story
Für Salieri ist Leben gleich Herrschen, Kunst ein Herrschaftsinstrument in den Händen Auserwählter. Seine Prinzipien werden durch den Ruhm des mit aller Welt brüderlich verschwisterten Mozart in Frage gestellt. Er vergiftet ihn.
  Von dem Ermordeten bleiben Glanz und Klang, um den Lebenden aber ist Verstummen.

Vorgänge
1. Szene: *Zimmer.* Salieris Weltgebäude wankt. Seine Auffassung von Gerechtigkeit beruht auf der kaufmännischen Voraussetzung, daß an das Schicksal gezahlte Auslagen wie Fleiß, Entbehrung und Strebsamkeit in Form von Genie und Ruhm zurückerstattet werden. Die Existenz eines Künstlertyps wie Mozart, dem der Erfolg scheinbar mühelos zufliegt, stellt diese Prinzipien und damit Salieris Leben wie Schaffen in Frage. Mozart gilt die Popularität seiner Musik viel, und

so freut er sich auch an einem die erste Zerlinen-Arie aus seinem ›Don Giovanni‹ spielenden Bettelmusikanten, den er auf der Straße aufliest und zu Salieri bringt, um mit dem Komponistenkollegen das Vergnügen zu teilen. Für Salieri ist das falsche Spiel des Straßenmusikanten eine Beschmutzung der Kunst, und Mozarts Freude darüber ist ihm unverständlich. Er fühlt sich berufen, die Kunst von ihrem unwürdigen Diener zu befreien. Er lädt Mozart zum Mittagessen ins Gasthaus und plant, ihn dort zu vergiften.

2. Szene: *Im Gasthaus. Ein separates Zimmer. Klavier.* Mozart berichtet von einem unbekannten, schwarz gekleideten Mann, der ein Requiem bei ihm bestellte, und er beschreibt dabei gleichzeitig die Psychologie seines Schaffens: ihm gilt Komponieren wie Leben als höchst subjektive Anteilnahme an einem streng objektiven Geschehen, er fühlt sich an einer universellen Bewegung beteiligt. Er spricht von Todesahnungen und spielt aus dem Requiem vor. Für Salieri ist Leben Herrschen und Triumphieren. Mozarts Talent stellt seines in den Schatten. Er gibt ihm Gift. Mozarts Worte „Genie und Verbrechen schließen einander aus" hört Salieri noch, bevor er das Verbrechen begeht, doch begreift er ihren Inhalt erst nach der Ausführung und erkennt seinen Richtspruch.

Genesis
In der ›Chronik meines musikalischen Lebens‹ betont Rimski-Korsakow die stilistische Abhebung von ›Mozart und Salieri‹ gegenüber den vorausgegangenen Opern: „Ich wurde mir bewußt, daß ich in eine neue Schaffensperiode eintrat und im Begriff war, mir eine musikalische Handschrift anzueignen, welcher ich mich vordem nur zufällig und ausnahmsweise bedient hatte... Nach einer ganzen Reihe von Liedern vertonte ich ›Mozart und Salieri‹ in Form von zwei rezitativisch-arios angelegten Opernszenen. Dieses Werk ist in der Tat eine reine Gesangskomposition. Zuallererst entwarf ich, genau den Wendungen des Textes folgend, das melodische Gewebe der Singstimmen; die recht anspruchsvolle Begleitung entstand später, wobei ich feststellen mußte, daß die endgültige Form des Orchesterparts weitgehende Abweichungen gegenüber dem ersten Entwurf aufwies. Ich war zufrieden mit dem Werk, das für mich etwas ganz Neues bedeutete und dem Stil Dargomyshskis im ›Steinernen Gast‹ sehr nahe kam."

Strukturen
Puschkin nannte die zweite seiner insgesamt vier Kleinen Tragödien ursprünglich ›Neid‹. Die spätere endgültige Umbenennung in ›Mozart und Salieri‹ zeigt die Richtung der das Werk bestimmenden poetischen Idee: Konfrontation zweier historisch und sozial gegensätzlicher Auffassungen von Leben und Kunst. Das historische Gewand, die bekannten Namen Mozart und Salieri, sind gestalterische Mittel, unbewußt alltäglich geübte Verhaltensweisen als bemerkenswerte alternative Lebensprinzipien darzustellen. Hier ganz seinem Vorbild Dargomyshski folgend, dem das Werk gewidmet ist, hat Rimski-Korsakow die poetische Idee Puschkins und nicht nur den Ausdrucksgehalt einzelner Worte und Sätze musikalisiert. Darauf und auf die oft behauptete Einheit von Klang, Sinn und Gestus

in der Sprache Puschkins verweisen die von Rimski-Korsakow selbst berichteten Details zur Entstehungsgeschichte. Er begann die Komposition mit der Notation des rezitativisch-ariosen Vokalparts, in dem die Redeweise der Protagonisten interpunktiert und durch Verlängerung oder Verkürzung des Zeitmaßes der emotionale Ausdrucksgehalt der Worte gestaltet wurde. Parallel dazu entstanden erste Skizzen zum Orchesterpart, die dann aber, nach Vollendung des Vokalparts, verworfen wurden, weil Rimski-Korsakow dazu überging, die jeweiligen Figuren stärker durch einen Grundgestus zu charakterisieren. Zwar teilen sich Wesen und Gedanken Salieris bereits in dessen Wortwahl mit, doch werden ihm, der sich als Bezwinger einer feindlichen Umwelt begreift, Gradtaktigkeit, Schwerpunktakzente und sich aggressiv mühende Intervallsprünge zugemessen. Salieris Rede wird von keinem Widerhall aufgefangen und stürzt ins Nichts. Jeder seiner Gedanken ist ein kräftezehrender, immer wieder zu vollziehender Neuanfang. Mozart hingegen ist ein Welt in sich aufnehmendes und Welt Ausdruck verleihendes Wesen. Nicht böse Arglist, Neid und Rationalität auf der einen und heitere Sorglosigkeit, naives Gemüt und Emotionalität auf der anderen Seite stehen sich — wie oft behauptet wird — gegenüber, sondern vielmehr zwei Existenzweisen. In der einen manifestiert sich Tätigsein als Gewalt und Herrschaftsanspruch, in der anderen als organische, wenngleich spannungsreiche Wechselbeziehung zwischen Subjekt und Umwelt. Diese Gegensätzlichkeit war nicht nur im Vokalpart allein, sondern auch im Orchesterpart zu gestalten. Für Salieri ist ein kurzer schmerzlich-chromatischer Nachhall charakteristisch.

Der offene, Umwelt in sich aufnehmende, spontan reagierende Mozart hingegen wirft seine Klangschatten voraus. Seine Rede erklingt wie eine nur zeitweise führende Stimme in einer bereits vorhandenen musikalischen Bewegung, die ohne ihn schon begonnen hat und mit ihm nicht endet. Die Beziehungen von Orchesterpart und Gesangsstimmen wechseln zwischen Anpassen, Bestimmen, Führen, Ausformen und Ineinanderaufgehen. Das Mozart zugehörende vokale Klanggebilde wird orchestral-instrumental objektiviert und existiert auch ohne seinen Schöpfer. Von Salieri aber bleibt nichts, um ihn ist Verstummen.

So hat Rimski-Korsakow Puschkins poetischer Idee musikalischen Ausdruck verliehen.

Gehalt und Wahrheit dieser Partitur erschließen sich nur durch eine den Intentionen des Komponisten sorgfältig folgende Interpretation, die chargierenden Gesang und Al-fresco-Musizieren vermeidet, die sich der im modernen Sinn gestisch-kleingliedrigen, allein funktionell-harmonisch nicht mehr erklärbaren Struktur der Partitur verpflichtet fühlt. Ganz wie Dargomyshskis ›Steinerner Gast‹ eignet sich auch dieses Werk nicht für große Bühnen, und es teilt mit ihm das gleiche Schicksal, eine geniale, im Schaffen seines Komponisten unikale Partitur zu sein, die in der Theaterpraxis auf große Bühnenmaße gebracht und zu orchestraler Dickleibigkeit aufgebläht wird und so an Wahrhaftigkeit und Überzeugungskraft verlieren muß.

Ein Brief des Komponisten vom 29. Oktober 1898 — noch vor der Uraufführung an den Musikkritiker Semjon Kruglikow geschrieben — zeigt, daß sich Rimski-Korsakow um das Schicksal seines Werkes sorgte: „Ich fürchte, das Orchester des ›Mozart‹ ist viel zu einfach und bescheiden und erfordert eine genaue Ausformung, so wie es bei der zeitgenössischen Üppigkeit gar nicht mehr üblich ist... Ich fürchte auch, daß der ›Mozart‹ einfach eine Kammermusik ist, fähig, auch ohne jede Szene in einem Zimmer mit Klavier einen Eindruck hervorzurufen, die aber ihren Reiz auf der großen Bühne verliert. Ganz so wie der ›Steinerne Gast‹, der in allem noch etwas dekorativer ist. Dort gibt es Spanien, den Friedhof, die Statue, Laura mit den Liedern, aber bei mir sind nur ein Zimmer, ein Gasthaus, gewöhnliche Kostüme, wenn auch aus dem vorigen Jahrhundert, und Gespräche und Gespräche. Der Abgang Mozarts wird auch nicht bemerkt werden. Alles ist viel zu intim und kammermusikalisch. Vielleicht hätte ich darin mit der Instrumentation nicht ganz folgen sollen, das vor allem geht mir oft durch den Kopf."

Funktionsharmonik, Modulation und Phrasierungen nähern sich der Musik des 18. Jahrhunderts und heben sich doch wieder von ihr ab. So werden Stoff- und Entstehungszeit in eine spannungsvolle Beziehung gebracht. Rimski-Korsakow mag auch hierin für Strawinski ein Vorbild gewesen sein.

Aneignung
In der Moskauer Uraufführung von 1898, für die der Maler Michail Wrubel die Kostüme und Dekorationen entworfen hatte, sang Fjodor Schaljapin den Salieri. Der berühmte Sänger verkörperte diese Rolle in fast allen darauffolgenden Inszenierungen, 1899 im Großen Saal des Petersburger Konservatoriums, dann 1901 im Neuen Theater Moskau, 1902 im Eremitage-Theater Petersburg und 1905 im Mariinski Theater Petersburg. In die Theatergeschichte eingegangen ist der 26. November 1906, als Schaljapin während eines Abends bei Rimski-Korsakow beide Partien der Oper sang beziehungsweise deklamierte.

Nach der Revolution wurde das Werk erst wieder 1941, und zwar im Großen Saal des Moskauer Konservatoriums, und 1944 am Stanisławski-Nemirowitsch-Dantschenko-Musiktheater Moskau aufgeführt. Seit 1976 befindet sich ›Mozart und Salieri‹ im Repertoire des Bolschoi Theaters.

Aufführungen fanden 1924 in Ljubljana, 1927 und 1934 in London, 1929 in Warschau, 1932 in Würzburg (dt. von August Bernhard) und Paris, 1933 in Forest Park (USA) statt.

Autograph Staatliche Öffentliche Bibliothek M. J. Saltykow-Schtschedrin Leningrad
Ausgaben Part und KlA Belaieff Leipzig 1898; KlA Musgis Moskau 1937; Part In: GA (Polnoje sobranije sotschineni.) Bd. 7, Musgis Moskau/Leningrad 1950; KlA In: GA (Polnoje sobranije sotschineni.) Bd. 35, Musgis Moskau/Leningrad 1950
Literatur Igor Belsa: ›Mozart und Salieri‹. Tragödie von Puschkin. Dramatische Szenen von Rimski-Korsakow. (›Mozart i Saljeri‹. Tragedija Puschkina. Dramatitscheskije sceny Rimskogo-Korsakowa.) Moskau 1953; Boris Lewik: ›Mozart und Salieri‹. (›Mozart i Saljeri‹.) In: Die Opern N. A. Rimski-Korsakows. (Opery N. A. Rimskogo-Korsakowa.) Moskau 1976

Die Zarenbraut (Zarskaja newesta)
Oper in vier Akten (Opera w tschetyrjoch dejstwijach)
Libretto von Nikolai Rimski-Korsakow und Ilja Tjumenew
nach dem gleichnamigen Drama von Lew Mej

Entstehung 1898

Uraufführung 3. November 1899 Theater Solodownikows Moskau mit dem Ensemble der Russischen Privatoper von Sawwa Mamontow

Personen
Wassili Stepanowitsch Sobakin, Nowgoroder Kaufmann — Baß
Marfa, seine Tochter — Sopran
Opritschniki: Grigori Grigorjewitsch Grjasnoi, — Bariton,
Grigori Lukjanowitsch Maljuta Skuratow — Baß
Iwan Sergejewitsch Lykow, Bojar — Tenor
Ljubascha — Mezzosopran
Jelissej Bomeli, Leibarzt des Zaren — Tenor
Domna Iwanowna Saburowa, Kaufmannsfrau — Sopran
Dunjascha, ihre Tochter, Freundin der Marfa — Alt
Petrowna, Wirtschafterin der Sobakins — Mezzosopran
Heizer am Zarenhof — Baß
Dienstmädchen — Mezzosopran
Junger Bursche — Tenor
Zwei vornehme Reiter — Stumm
Opritschniki, Bojaren und Bojarinnen, Sänger und Sängerinnen,
Dienstmädchen, Diener, Volk — Gemischter Chor
Tänzerinnen — Ballett

Orchester 3 Fl (III auch Picc), 3 Ob (III auch EH), 3 Klar, 2 Fg, 4 Hr, 3 Trp, 3 Pos, Tb, Pkn, Slzg, Hrf, Kl ad lib, Str

Aufführungsdauer I. Akt: 55 Min., II. Akt: 45 Min., III. Akt: 30 Min., IV. Akt: 30. Min.; Gesamt: 2 Stdn., 40 Min.

Story
Die schöne Kaufmannstochter Marfa liebt den jungen Lykow, ist ihm versprochen, wird vom Bojaren Grjasnoi umworben und von Zar Iwan IV. geheiratet.
  Die schöne Ljubascha liebt ihren ehemaligen Entführer, den Bojaren Grjasnoi, wird vom Arzt Bomeli begehrt, verkauft sich ihm um den Preis eines der Nebenbuhlerin zugedachten Giftes. Die vergiftete Zarin Marfa wird durch die Nachricht von der Hinrichtung des als Giftmischer verleumdeten Lykow wahnsinnig. Ljubascha bekennt und wird von Grjasnoi getötet.

Grjasnoi gesteht, Lykow verleumdet zu haben. Er fällt als Opfer seiner Leidenschaft und als Mittäter an einer feudal-patriarchalischen Knechtung der Frau.

Vorgänge
Die Handlung spielt in der Alexandrowskischen Vorstadt Moskaus im Herbst des Jahres 1572.
I. Akt: Kleiner Schmaus (Piruschka) *Gemach im Hause des Bojaren Grigori Grjasnoi.* Der Bojar hat um die Kaufmannstochter Marfa angehalten, ist aber von deren Vater abschlägig beschieden worden, da Marfa bereits dem jungen Bojaren Iwan Lykow versprochen ist.
   Grjasnoi hat Gäste geladen, darunter Lykow und den Leibarzt des Zaren. Der Hausherr läßt seine Geliebte Ljubascha vor den Gästen singen. Vom Arzt Bomeli erbittet sich Grjasnoi einen Liebestrank, mit dem er Marfas Liebe zu erringen hofft. Ljubascha belauscht das Gespräch zwischen Grjasnoi und Bomeli und entdeckt dadurch, daß der Bojar, der sie mit Gewalt aus dem Elternhaus raubte und zu seiner Geliebten machte, sie nun verlassen will. Auch mit Zärtlichkeiten und Tränen vermag sie ihn nicht mehr zu halten.
II. Akt: Zaubertrank (Priworotnoje selje) *Straße in der Alexandrowskischen Vorstadt. Ein Kloster, die Häuser des Kaufmanns Sobakin, des Arztes Bomeli und des Fürsten Rostowski. Herbst. Gegen Abend.* Das von der Abendvesper nach Hause kehrende Volk bemerkt beunruhigt die Aktivitäten der Opritschniki im Hause des Fürsten Rostowski und belehrt zwei junge Burschen, die sich bei Bomeli Arznei holen, daß der Zarenarzt ein Deutscher, also ein Ungläubiger und daher ein Hexenmeister sei. Marfa erzählt der Freundin Dunjascha von ihrer Liebe zu Lykow. Der Vater geleitet den von einer Reise heimgekehrten Lykow zu Marfa, und die glückliche Familie begibt sich zum Abendbrot ins Haus.
Intermezzo. Ljubascha schleicht sich zum Haus Sobakins, erspäht durchs Fenster Marfa und erkennt, daß sie neben deren Schönheit nicht bestehen kann. Von Bomeli erkauft sie gegen den Preis einer Liebesnacht ein langsam wirkendes, Marfa bestimmtes Gift.
III. Akt: Brautführer (Drushko) *Ein Zimmer im Hause Sobakins.* Grigori Grjasnoi trägt sich Sobakin als Brautführer an. Man will Marfas Hochzeit mit Lykow feiern. Marfa und Dunjascha waren, wie andere Mädchen auch, zur Brautschau des Zaren bestellt. Nun glaubt Dunjaschas Mutter, daß der Zar sich für ihre Tochter interessiere. Der Verbindung Marfas mit Lykow scheint nichts im Wege zu stehen. Nach altem Brauch reicht Grjasnoi als Brautführer der Braut den Hochzeitstrunk, in den er ein vermeintliches Liebeselixier gemischt hat. Da bringen die Bojaren dem Brautvater die Kunde, daß der Zar Marfa erwählt habe.
IV. Akt: Die Braut (Newesta) *Ein Durchgangszimmer im Zarenschloß, das in die Zarengemächer führt.* Sobakin ist geadelt worden, doch kann ihn das nicht über das Unglück seiner Tochter trösten. Marfa ist erkrankt. Der Zar vermutet eine Vergiftung. Grjasnoi wird beauftragt, nach dem Giftmischer zu fahnden, vermutet aber, sein Liebestrank habe gewirkt und Marfa verzehre sich nach ihm. Er berichtet Marfa von seinem Erfolg, Lykow ein Geständnis erpreßt zu haben. Der

Unschuldige wurde bereits hingerichtet. Marfa, die Lykow nach wie vor liebt, wird wahnsinnig. Grjasnoi sieht sich all seiner Hoffnungen beraubt und gesteht seine Verfehlungen. Ljubascha offenbart, daß sie den Liebestrank gegen ein Gift ausgetauscht habe, Grjasnoi tötet sie. Ihn selbst erwartet das Schafott. Die wahnsinnige Marfa glaubt, sie werde nun endlich mit Lykow vereint.

Genesis

Die Idee zu einer Oper nach Lew Mejs Stück ›Die Zarenbraut‹ beschäftigte den Komponisten schon seit den 60er Jahren, seit seiner ersten Opernkomposition nach Mej, der ›Pskowitjanka‹. Aber erst 1898 gelangte der Plan zur Ausführung, sah Rimski-Korsakow doch gerade in Mejs Stück eine gute Grundlage für die Verwirklichung seines Ideals einer Oper „in vorwiegend kantablem Stil". Was er unter diesem Begriff verstand, erläuterte er in der ›Chronik meines musikalischen Lebens‹: „... die Arien und Monologe beabsichtigte ich so breit anzulegen, wie es die dramatischen Situationen nur irgend gestatteten; weiter wollte ich wirkliche, in sich abgerundete Ensembles schreiben im Gegensatz zu jenen blassen, in schneller Folge sich abhaspelnden Verkettungen der Stimmen, die heutigentags als Ausdruck der ‚dramatischen Wahrheit' gefordert werden, mit der das gleichzeitige Singen mehrerer Stimmen angeblich unvereinbar ist. Im Hinblick auf diese Konzeption mußte an dem Mejschen Text so manches geändert werden, denn für die Arien und Ensembles bedurfte es ja zahlreicher lyrischer Momente. Mein ehemaliger Schüler Ilja F. Tjumenew, ein guter Kenner der russischen Literatur und des russischen Altertums, mit dem ich in letzter Zeit wieder nähere Beziehungen pflegte, übernahm auf meine Bitte die Bearbeitung des Textes. Noch vor den Sommerferien begann ich mit dem ersten Akt." Die Vokalpartien entwarf Rimski-Korsakow vollständig im Sommer 1898, begann sofort mit der Instrumentation und führte diese im Herbst zu Ende. Ursprünglich hatte er seine Oper in drei Akte mit vier Bildern gegliedert. Auf Bitten des Sängers Sekar-Roshanski komponierte er eine Arie des Lykow für den III. Akt nach, deren Uraufführung am 3. Januar 1900 erfolgte. Diese Erweiterung des III. Aktes veranlaßte den Komponisten zu einer Änderung von drei auf vier Akte. So enthält die Erstausgabe des Klavierauszuges bei Belaieff 1899 zwar die Arie, die Oper ist hier aber noch in drei Akte gegliedert, während die Erstausgabe der Partitur aus dem gleichen Jahr bereits die vierteilige Gliederung aufweist.

Strukturen

Der Stoff der Oper findet sich in Karamsins ›Geschichte des russischen Staates‹. Dort wird über Iwan IV. berichtet: „Da er sich als Witwer langweilte ... suchte er sich eine dritte Ehefrau ... Aus allen Städten rief er die Bräute in die Vorstadt (Aleksandrowskaja sloboda von Moskau, wo Iwan Grosny längere Zeit lebte – S. N.), sowohl vornehme als auch nicht-vornehme, ungefähr zweitausend: jede stellte man ihm besonders vor. Zuerst wählte er 24, dann 12 aus ... Lange verglich er sie nach ihrer Schönheit, Liebenswürdigkeit und ihrem Verstand. Endlich zog er Marfa Wassiljewna Sobakina allen anderen vor. Sie war die Tochter eines Nowgoroder Kaufmanns. Gleichzeitig wählte er für den älteren Zarewitsch eine Braut, Jewdokija Bogdanowa Saburowa. Die Väter der glücklichen Schönen wurden aus nichts zu Bojaren ... Aber die Zarenbraut erkrankte, begann abzumagern und auszutrocknen: man sagte, daß sie von Bösewichtern, Feinden Iwans, verdorben worden sei ... und der Verdacht richtete sich auf die nächsten Verwandten der verstorbenen Zarinnen Anastasija und Marija ..." Obgleich ein Giftmord nie nachgewiesen werden konnte, weiß Karamsin weiter zu berichten, daß der Zar, auf Einflüsterungen seines Arztes Jelissej Bomeli hin, selbst die ihm am nächsten Stehenden verdächtigte und so den Bojaren Grigori Grjasnoi und den Fürsten Iwan Gwosdjew-Rostowski hinrichten ließ: „Am 28. Oktober (1572) heiratete der Zar die kranke Marfa. Er hoffte, nach seinen eigenen Worten, daß sie mit Hilfe wahrer Liebe und Gottvertrauen gerettet würde. Nach sechs Tagen verheiratete er auch den Sohn mit Jewdokija, aber die Hochzeitsfeiern endeten mit einem Leichenbegängnis. Marfa starb am 13. November, entweder wirklich als Opfer menschlicher Bosheit oder nur als unglücklich Schuldige an der Hinrichtung Unschuldiger."

In der ›Zarenbraut‹ wandte sich Rimski-Korsakow wie in der ›Pskowitjanka‹ der Zeit Iwans IV. zu. Doch ähnlich wie in seiner ersten Oper waren ihm in der ›Zarenbraut‹ die historischen Ereignisse nur ein Vorwand, um die Tragödie der Frau unter den patriarchalischen Verhältnissen der alten Rus zu gestalten.

Der Komponist und sein Mitarbeiter Ilja Tjumenew sind Mejs Stück im wesentlichen gefolgt. Lediglich einige Nebenpersonen — wie ein Bruder Marfas, der Opritschnik Wassili Grjasnoi und der Fürst Gwosdjew-Rostowski — wurden eliminiert. Obgleich alle Figuren bis auf Ljubascha geschichtlich nachweisbar sind, entsprechen sie nicht den historischen Vorlagen, sondern sind Typisierungen im Sinne bestimmter Affekte. Der Zar selbst kommt nur einmal kurz als stumm und unerkannt vorüberreitende Person ins Spiel. Es dominiert das Schicksal der beiden Frauen Marfa und Ljubascha. Abweichend von der Karamsinschen Überlieferung motiviert Mej die Krankheit Marfas als Giftmord einer eifersüchtigen Nebenbuhlerin und baut das Stück als Intrigen- und Eifersuchtsdrama. Nach den Worten Mejs ist Marfa ein „bescheidenes, schüchternes Mädchen, dem Willen des Vaters gefügig". Wenn auch mit gegensätzlichen Charaktereigenschaften ausgestattet — heftig, leidenschaftlich und aktiv —, soll auch Ljubascha als Opfer der Verhältnisse verstanden werden. Die eine kommt um, weil sie sich nicht wehrt, die andere, weil sie sich wehrt. In diesem Sinne ist das Stück als Tragödie der Frau in der alten Rus zu verstehen, wenn auch die Intrige dominiert und die kritische Sicht auf die patriarchalischen Verhältnisse in den Hintergrund drängt. Die Konfigurationen der Affekte, die für den Komponisten bei dieser Oper erklärtermaßen im Vordergrund standen, sind simpel-konventionell, so daß Leitmotivik und Leitharmonien wenig selbständig ausgebildet sind.

Rimski-Korsakow lenkte in dieser Oper sein Augenmerk auch auf eine entwickelte Ensembletechnik, wollte er doch mit der ›Zarenbraut‹ Glinkas Opernästhetik bestätigen und fortsetzen. Im Unterschied aber zu Glinkas Ensembles, in denen nach Glasunows zutreffender Bemerkung „die Handlung jedesmal so zusammenschießt, daß die Musik allein durch die Verschiedenartigkeit des Eintritts der Stimmen von selbst Leben in den Vorgang bringt", sind die Ensembles in der ›Zarenbraut‹ weitgehend idyllische oder aquarellierende Stimmungsschilderungen. Der Komponist selbst meinte dazu: „Die größeren Ensembles — das Quartett im II. Akt und das Sextett des III. Aktes — hatten für mich ganz besonderen Reiz, weil sie mich vor neue Aufgaben stellten; seit Glinka dürften wohl keine Opernensembles von solcher Sanglichkeit und solcher Eleganz der selbständigen Stimmführung mehr geschrieben worden sein. Im ganzen genommen, mag der I. Akt der ›Zarenbraut‹ streckenweise etwas trocken sein; doch nach der Volksszene des II. Aktes, der man die erfahrene Hand deutlich anmerkt, wächst das ergreifende lyrische Drama bis zum IV. Akt zu starker Spannung an. Alle Singstimmen halten sich streng innerhalb ihres jeweiligen Tonbereiches und sind bequem auszuführen. Obschon in der ganzen Oper das Schwergewicht auf dem Gesang liegt und die herkömmliche Orchesterbesetzung verwendet wird, sind Instrumentierungen und Anlage des Orchesterparts überall wirkungsvoll und interessant. Ich erinnere in diesem Zusammenhang nur an das Orchesterzwischenspiel, die Szene mit Ljubascha und Bomeli, den Einzug des Zaren Iwan oder das Sextett. Beim Lied der Ljubascha im I. Akt verzichtete ich, mit Ausnahme von ein paar Akkorden zwischen den einzelnen Strophen, überhaupt auf eine Begleitung, zum Schrecken der Sängerinnen, die natürlich befürchteten abzurutschen. Doch die Angst erwies sich als unbegründet, denn die Melodie (äolisch g) war so angelegt, daß alle Solistinnen zu ihrer großen Überraschung den Ton bequem halten konnten...

In der ›Zarenbraut‹ verwendete ich entgegen meiner Gewohnheit keine Volksliedthemen, ausgenommen die Melodie des Liedes ›Der Ruhm‹ (›Slawa‹), die das Sujet geradezu verlangte. Für die Szene, in der Maljuta Skuratow die Absicht des Zaren verkündet, Marfa zu heiraten, wählte ich das Zarenthema aus der ›Pskowitjanka‹ und verarbeitete es kontrapunktisch mit der Melodie des Ruhm-Liedes..." (Chronik)

Verbreitung
Die von Michail Ippolitow-Iwanow musikalisch geleitete Uraufführung 1899 an der Russischen Privatoper in Moskau wurde mit Nadeshda Sabela-Wrubel als Marfa und dem Bühnenbild von Michail Wrubel zu einem unbestrittenen Erfolg bei Publikum und Presse. So wurde das Werk zum festen Bestandteil des Repertoires der russischen Opernbühnen. Bereits 1899 spielte Charkow die ›Zarenbraut‹ nach, es folgten 1900 Saratow, 1901 Petersburg (Mariinski Theater) und Kiew. 1904 übernahm Simins Theater in Moskau die Oper aus dem Repertoire des Mamontowschen Ensembles. Das Bolschoi Theater Moskau spielte die ›Zarenbraut‹ 1906, und Antonina Neshdanowa feierte hier als Marfa Triumphe. Konstantin S. Stanislawski inszenierte mit seinem Bruder Wladimir S. Alexejew das Werk 1926 in seinem Opernstudio. 1966 folgte eine weitere Moskauer Inszenierung der ›Zarenbraut‹ am Bolschoi Theater.

Weitere Aufführungen gab es in Prag 1902, Helsinki 1906, Paris 1911, Seattle

1922, New York 1922, Berlin 1923 (dt. von August Bernhard), Sofia 1923, Ljubljana 1924, Zagreb 1924, London 1931, Tallinn 1932, Brünn 1934, Stockholm 1945.

Autograph Staatliche Öffentliche Bibliothek M.J. Saltykow-Schtschedrin Leningrad
Ausgaben Part und KlA Belaieff Leipzig 1899; KlA (russ./dt./frz., dt. von August Bernhard) Belaieff Leipzig 1899 und 1928; Part In: GA (Polnoje sobranije sotschineni.) Bd. 9 A und 9 B, Musgis Moskau 1956; KlA In: GA (Polnoje sobranije sotschineni.) Bd. 37, Musgis Moskau 1956, KlA Musyka Moskau 1980

Literatur Ilja Tjumenew: Erinnerungen an N.A. Rimski-Korsakow. (Wospominanija o N.A. Rimskom-Korsakowe.) In: Musikalisches Erbe. (Musykalnoje nasledstwo.) Bd. 2, Moskau 1954; Anatoli Solowzow: ›Die Zarenbraut‹. (›Zarskaja newesta‹.) In: Die Opern N.A. Rimski-Korsakows. (Opery N.A. Rimskogo-Korsakowa.) Moskau 1976

Das Märchen vom Zaren Saltan

Das Märchen vom Zaren Saltan, von seinem Sohn, dem ruhmreichen und mächtigen Recken Fürst Gwidon Saltanowitsch, und von der wunderschönen Schwanen-Zarewna
(Skaska o zare Saltane, o syne jego slawnom i mogutschem bogatyre knase Gwidone Saltanowitsche i o prekrasnoi zarewne lebedi)
Oper in vier Akten und einem Prolog, sieben Bildern
(Opera w tschetyrjoch dejstwijach s prologom, w semi kartinach)
Libretto von Wladimir Belski nach Alexander Puschkin

Entstehung 1899—1900

Uraufführung 3. November 1900 Theater Solodownikows Moskau mit dem Ensemble der Russischen Privatoper von Sawwa Mamontow

Personen
Zar Saltan_____Baß
Zariza Militrissa, jüngste Schwester_____Sopran
Tkatschicha, mittlere Schwester_____Mezzosopran
Powaricha, älteste Schwester_____Sopran
Babaricha, Schwiegermutter des Zaren, Mutter der drei Mädchen_____Alt
Zarewitsch Gwidon: als Knabe, als Jüngling_____Stumm, Tenor
Schwanen-Zarewna, anfangs Schwanen-Vogel_____Sopran
Alter Mann_____Tenor
Bote_____Bariton
Skomoroche_____Baß
Erster Seemann_____Tenor
Zweiter Seemann_____Bariton
Dritter Seemann_____Baß

Stimmen des Wunders und der Geister	Chorsolisten
Bojaren, Bojarinnen, Höflinge, Ammen, Beamte, Wächter, Bewaffnete, Seeleute, Sterndeuter, Schnelläufer, Sänger	Gemischter Chor
Diener und Dienerinnen, Tänzerinnen und Tänzer, Volk, dreiunddreißig von Tschernomor geführte Meeresritter, Eichhorn, Hummel	Ballett

Orchester Picc, 2 Fl, 2 Ob, EH, 3 Klar (II auch BKlar), 2 Fg, KFg, 4 Hr, 3 Trp, 3 Pos, Tb, Pkn, Bck, Trgl, Tamb, GrTr, Xyl, Glöck, Cel, Hrf, Str
Bühnenmusik: Trp, GrTr (Kanonen), Gl

Aufführungsdauer Prolog und I. Akt: 50 Min., II. Akt: 35 Min., III. Akt: 40 Min., IV. Akt: 45 Min.; Gesamt: 2 Stdn., 50 Min.

Story
Der mächtige Zar Saltan läßt sich von hinterlistigen Frauen schnöde betrügen und verurteilt seine verleumdete Frau mit ihrem neugeborenen Sohn zum Tode. Doch beide können sich retten. Das Kind reift zum Mann und ist in allem das Gegenteil seines Vaters. Der Zarewitsch rettet einen Schwan aus Todesnot. Der Schwan schenkt dem Zarensohn eine Stadt, ein goldene Nüsse knackendes Eichhorn und dreiunddreißig aus der Flut emporsteigende wehrhafte Recken. Dem um Liebe werbenden Jüngling aber schenkt sich der Schwan selbst in Gestalt einer Schwanen-Zarewna. Der Ruhm des Paares und seiner Reichtümer dringt zum Zaren Saltan und lockt ihn zum Insselland Bujan, um dort die Wunder zu sehen. Das größte Wunder aber widerfährt Zar Saltan, als er die Totgeglaubten und reuevoll Betrauerten — Frau und Sohn — in die Arme schließen kann und Verzeihung findet.

Vorgänge
Prolog (1. Bild): *Dörfliche Stube. Winterabend. Drei Schwestern spinnen, seitwärts sitzt die Mutter Babaricha.* Die Schwestern Powaricha, Tkatschicha und Militrissa hängen Mädchenträumen nach: was wäre, käme ein Zar, um sie zu freien? Die Älteste wollte dann ein Fest für alle Welt geben, die Mittlere feinste Leinwand weben, die Jüngste aber dem Zaren einen Heldensohn schenken. Der Zar des Landes hat das Gespräch belauscht, freit die Jüngste und verspricht den anderen ein Leben als Köchin und Weberin. Voll Neid auf die Jüngste hadern die Älteren mit ihrem Schicksal, doch weiß Mutter Babaricha Trost. Zare sind immer in Kriege verwickelt. Wenn die Zarin geboren hat, wird man dem Vater eine Botschaft ins Feld senden, seine Frau hätte ein Ungeheuer zur Welt gebracht.
I. Akt: Instrumentale Einleitung. ›Zar Saltan zieht in den Krieg‹. (2. Bild): *Zarenhof in Tmutarakan. Am Meeresufer. Auf der einen Seite die Höfe und Hallen des Zarenpalastes, auf der anderen Seite Blick auf die Stadt.* Die Zarin hat einen Sohn geboren. Der Zar ist im Krieg. Babaricha hat Militrissa beim Zaren ver-

leumdet. Der zornige Saltan befiehlt in einem Sendschreiben, Zarin und Kind in ein Faß zu sperren und ins Meer auszusetzen. Dieser Befehl wird befolgt. Das Volk nimmt klagend Anteil am Schicksal der sanften schönen Militrissa.

II. Akt: Instrumentale Einleitung. ›Die Meeresfahrt der Tonne‹. (3. Bild): *Die Insel Bujan. Meeresufer, das auf der einen Seite in der Tiefe der Szene von einer öden Landzunge gebildet wird. Auf der anderen Seite ist ein Hügel, auf dem Hügel eine Eiche. Auf der Uferböschung das aufgebrochene Faß.* Das mitleidige Meer hat das Faß mit der Zarin und ihrem Sohn ans Ufer der Insel Bujan geworfen. Der Zarewitsch ist im Faß stündlich größer geworden und befreite sich und seine Mutter. Beide beobachten, wie ein Geier einen Schwan bedroht. Der Zarewitsch tötet den Geier. Mit Menschenstimme bedankt sich der Schwan. Auf sein Geheiß entsteht auf der öden Insel die Stadt Ledenez, die Weiße-Vieltürmige. Die Tore öffnen sich, das Volk begrüßt den Zarewitsch als seinen Herrscher, der sich nun Fürst Gwidon nennt.

III. Akt, 1. Bild (4. Bild): *Die Insel Bujan. Bewaldetes Meeresufer. Durch die Bäume hindurch schimmern die Kuppeln der Stadt Ledenez. In der Ferne segeln auf dem Meer Schiffe vorbei.* Der Wind steht günstig, er weht gen Osten. Gwidon entschließt sich, den Vater aufzusuchen. Der Schwan verwandelt ihn in eine Hummel, und er fliegt mit den Schiffen übers Meer.

III. Akt, 2. Bild (5. Bild): *Tmutarakan. In den Hallen des Zarenpalastes sind Tische mit Speisen und Getränken aufgestellt. Saltan sitzt auf dem Thron, neben ihm Powaricha, Tkatschicha und Babaricha.* Seeleute kehren bei Saltan ein und werden als Gäste herzlich begrüßt. Auch die Hummel kommt mit den Seeleuten an Land. Der von Reue geplagte, um seine Militrissa trauernde Zar bittet die Weitgereisten, ihm von der Welt zu erzählen. Sie berichten vom Wunder auf der Insel Bujan, die einst öde ins Meer ragte und nun eine schöne Stadt trägt, deren Herrscher, Fürst Gwidon, dem Zaren Grüße bestellen läßt. Saltan entschließt sich, dieses Wunder selbst anzuschauen. Powaricha, Tkatschicha und Babaricha aber wollen das verhindern, sie erzählen von anderen Wundern: Powaricha berichtet von einem Eichhörnchen, das goldene Nüsse knackt; Tkatschicha weiß von dreiunddreißig Recken, die bewaffnet aus dem Meer emporsteigen, und Babaricha preist eine Zarewna, die so schön ist, „daß sie tags das Licht verdunkelt und nächtens wie die Sonne funkelt". Die Widerreden der Frauen erbosen den Zaren. Er beschließt, am nächsten Tag zu reisen. Die Hummel bestraft die bösen Frauen und sticht sie.

IV. Akt, 1. Bild (6. Bild): *Die Insel Bujan. Bewaldetes Ufer. Durch die Bäume hindurch schimmern die Kuppeln der Stadt Ledenez. Nacht.* Gwidon wünscht sich die schöne Zarewna zur Frau und ruft den Schwan zu Hilfe. Der Schwan erforscht Gwidon und erkennt die ernste Absicht des Jünglings. Der Vogel verwandelt sich in die schöne Schwanen-Zarewna, die den Mond im Haar trägt. Instrumentale Einleitung. ›Die drei Wunder‹. „Das Eichhörnchen singt und knackt Nüsse nach des Liedchens Takt. Plötzlich flammend wie Gewitter springen dreiunddreißig Ritter aus der Flut in blankem Stahl, ein gewaltiger Reckenchor, und es führt sie Tschernomor. Und ein Schwan erscheint als Frau, schreitet

stolz gleich wie ein Pfau, glänzt ein Mond in ihrem Haar, auf der Stirn ein Sternlein klar." (Puschkin)
IV. Akt, 2. Bild (7. Bild): *Die Stadt Ledenez. Das Innere des Kreml mit den fürstlichen Gemächern. Blick auf die Stadt, in der Ferne das Meer.* Zar Saltan sieht die drei Wunder, das größte Wunder aber widerfährt ihm selbst, als er die Zarin Militrissa wiederfindet und in Gwidon seinen Sohn erkennt. Babaricha flieht. Saltans Freude bewahrt die bösen Schwestern vor der verdienten Strafe. Ein Freudenfest hebt an, und alle rühmen den Schwan.

Genesis
Die Idee zu einer Oper nach Alexander Puschkins ›Märchen vom Zaren Saltan‹ verdankt Rimski-Korsakow Wladimir Stassow. Die Oper entstand im wesentlichen im Jahre 1899, dem Jahr der 100. Wiederkehr des Geburtstages von Alexander Puschkin, und wurde 1900 beendet. Die Ausführung des Librettos hatte Wladimir Belski, Kenner der russischen Literatur und enger Freund Rimski-Korsakows, übernommen, wobei er eine ganze Reihe Puschkinscher Originalverse einbezog. Die Figuren des Skomorochen und des Alten, der an Militrissas Hof ein Märchen erzählt, sind Ergänzungen durch den Komponisten. Seinen ursprünglichen Plan, den Alten das Puschkinsche ›Märchen vom Popen und seinem Knecht Balda‹ erzählen zu lassen, gab Rimski-Korsakow später auf. Statt dessen wählte er die Puschkinsche ›Erzählung vom Krieg des Bären gegen die Vögel‹. Der Alte wird Zeuge von Militrissas Glück und Unglück und feiert Gwidons Hochzeit. Die Neigung des Komponisten zu eingestreuten Erzählungen ließ diese Figur entstehen, doch wurde damit auch Puschkins Erzählweise übertragen: „Ich war dort, trank Met und Bier, naß ward nur der Schnauzbart mir." Das Volk wird Zeuge der Vorfälle am Zarenhof.
Paul Friedrich verwandelte in seiner Fassung diesen Alten in einen geheimnisvollen Weisen, der Militrissas Schicksal voraussagt. Damit verfälscht er nicht nur diese Figur, die Handlung vollzieht sich nun auch nach einem vom Komponisten nicht beabsichtigten teleologischen Konzept.
Bereits vor dem Druck der Partitur und vor der Uraufführung des Werkes faßte Rimski-Korsakow die instrumentalen Einleitungen zum 2., 3. und zum letzten Bild zusammen und brachte seine Sinfonischen Bilder aus der Oper ›Zar Saltan‹ am 4. Dezember 1899 im Zweiten Russischen Sinfoniekonzert in Petersburg zur Aufführung.

Strukturen
Rimski-Korsakow hat eine wesentliche Komponente der Puschkinschen Dichtung und damit der russischen Volkspoesie ins Musikalische übertragen. In der bäuerlichen slawischen Kultur wurden über Jahrhunderte hinweg animistische und totemistische Vorstellungen gegen die mit der Zentralgewalt eindringende monistische Religion reproduziert. Das unvermittelte Umschlagen eines Naturbildes in eine Sozialschilderung ist eine Besonderheit der Volkspoesie. Doch wird hierbei nicht, wie zum Beispiel in den Kunstfabeln eines Krylow, die Naturdar-

stellung zum Gleichnis, um menschlichen Verhältnissen auf den Grund zu kommen. In der Volkspoesie ist das Naturbild keine poetische Funktion, um etwas anderes im Gleichnis zu erfassen. Vielmehr tritt die Natur als besondere, fremde und selbständige Größe in Erscheinung. Elementarkräfte — Wasser, Wind, Feuer — sowie Tiere erscheinen als Wesenheiten, mit Verstandeskräften und Empfindungen begabt, die sie dem Menschen vergleichbar machen, dem sie aber doch fremd bleiben.

Berühmt geworden ist die Gestalt der Schwanenjungfrau. Das strahlende Weiß des Schwanenkleides wurde zum Synonym für Schönheit und Lauterkeit.

Die Gleichsetzung von Schwan und Jungfrau gelingt auf onomatopoetische Weise: Lebed (der Schwan) — lebeduschka (das Schwanenweibchen) — djewuschka (das Mädchen). Beschworen wird so im Bild das Ideal einer Übereinstimmung von innerer und äußerer Schönheit, von Wesen und Erscheinung. Es ist daher für Gwidon und seine Mutter nicht verwunderlich, wenn der Schwan mit einer Mädchenstimme spricht. In Puschkins Märchen wird der Schwan daher nicht zu einem Mädchen namens Schwanhilde und muß auch nicht von einem Zauber befreit werden (wie es z. B. die Fassung von Paul Friedrich glauben macht), sondern der Schwanen-Vogel wechselt freiwillig seine Existenzweise und wird zur Schwanen-Zarewna. Der Vorgang ist in der sprachlichen Form exakt erfaßt: der Schwanen-Vogel (lebed-ptiza) wird zur Zarewna-Schwan (Zarewna-lebed). Damit ist das Wesen dieser Doppelexistenz präzise bestimmt. Im Schlußchor wird dem Schwan gehuldigt, und in der Huldigung wird eine zusätzliche Bedeutung seiner Doppelexistenz ausgesprochen: als Schwan tummelte er sich glücklich im Meer, Mühsal erwartet ihn als Mensch. Die Entscheidung, eine Ehe einzugehen, wird nicht als befreiender Akt gefeiert, sondern der Schwanen-Zarewna und jetzigen Frau Gwidons wird Bewunderung dafür ausgesprochen, die Bürde des Mensch- und Frau-Seins auf sich zu nehmen. Selbst am Beispiel einer glücklichen Verbindung zweier sozial Gleichberechtigter dringt die Realität ins Bild, in der die Frau ein beengtes Leben erwartet.

Rimski-Korsakow hat die zwei Existenzweisen musikalisch adäquat gefaßt. Der Schwanen-Vogel artikuliert sich in einer chromatisch, figurativ bestimmten, instrumental geführten Vokallinie. Harmonisch geschärfte Akkorde umgeben ihn. Während des Verwandlungsvorganges neigt sich die Vokallinie stärker dem Stil des Gedehnten Liedes (protjashnaja pesnja) zu. Der Braut Gwidons eignen verschiedene Ausdrucksweisen, wobei die erste in der zweiten musikalisch aufgehoben ist. Das löst diese Frauengestalt deutlich von der diatonisch, lyrisch bestimmten Figur der Militrissa ab. Die zwischen Mensch und Natur herrschende Unterschiedenheit und Einheit bestimmt als Gegensatz und Vermischung von vokalem und instrumentalem Stil, von chromatisch und diatonisch orientierter Harmonik die Struktur der Komposition insgesamt: „Für den ›Saltan‹ wählte ich einen gemischten Kompositionsstil, den ich als instrumental-vokalen Stil bezeichnen möchte. Die phantastischen Abschnitte haben vornehmlich instrumentalen, die realistischen überwiegend vokalen Charakter. Der reine Vokalstil scheint mir im Prolog besonders gut gelungen zu sein. Die heimliche Unterhaltung der zwei älteren Schwestern mit Babaricha nach dem zweistimmigen Liedchen, die Phrase der jüngsten Schwester, der Auftritt Saltans und das abschließende Gespräch fließen frei und ungezwungen in streng musikalischer Aufeinanderfolge dahin; das melodische Schwergewicht liegt immer bei den Singstimmen, die nicht an die bruchstückhaften melodischen Phrasen des Orchesters gebunden sind ... Der phantastische Gesang des Schwanes im II. Akt hat teilweise instrumentalen Charakter, auch enthält er ganz neuartige Harmonien!" (Chronik meines musikalischen Lebens)

Die Gestalt der Schwanen-Zarewna aber ist eines der schönsten Beispiele, wie Puschkin Motive der russischen Volkspoesie mit denen der Weltkultur zu verbinden wußte. Wenn von der Schwanen-Zarewna berichtet wird, sie trage einen Mond in ihrem Haar, erinnert Puschkin hier an das Bild vom Hohen Paar. In der Vorstellung vom Hohen Paar hatte das Weib den Mond, der Mann die Sonne für sich; beide sollten und konnten als Hohes Paar am menschlichen Himmel wirken. Auf diese mythisch-kosmische Utopie der Ehe verweist der Mond im Haar der Zarewna. Sie unterscheidet sich deutlich von Militrissa. Der den Domostroi-Gesetzen folgenden, dem Mann als Herrn bedingungslos ergebenen Frau Saltans steht die „stolze" Schwanenprinzessin gegenüber, die von Gwidon erst erfragt, ob er bereit sei, der Frau Achtung entgegenzubringen, bevor sie sich verwandelt und ihm als gleichberechtigte liebende Frau entgegentritt. Die Sehnsucht Gwidons, sich mit der Schwanen-Zarewna zu vereinen, enthält den Wunsch, sich dem Ideal einer Frau zu vermählen. Das junge Paar gibt somit eine Alternative zum Elternpaar.

Die strukturbildenden zwei- und dreimaligen Wiederholungen einzelner Vorgänge hat Rimski-Korsakow sorgfältig auskomponiert, entsprechen sie doch dem magischen Gehalt des Märchens, in dem Vorgänge nicht nur nacherzählt, Ereignisse geschildert, sondern auch Hoffnungen beschworen werden. „Was die Symmetrie in den Selbstanpreisungen der beiden älteren Schwestern anlangt, so dient sie der Unterstreichung des märchenhaften Charakters!" (Chronik)

Auch die Universalität des Puschkinschen Denkens hat Rimski-Korsakow musikalisch verdeutlicht und in den drei Sinfonischen Orchestervorspielen thematisiert. Der marionettenhafte Marsch des Orchestervorspiels zum I. Akt ist zugleich die Musiziersphäre der Figur des Saltan. In der ›Meeresfahrt der Tonne‹ (Orchestervorspiel zum II. Akt) verbindet sich der Klagelaut der Militrissa — das alte tradierte Seufzermotiv — mit dem Gesang der sich in Moll- und Dur-Terzen wiegenden Wellen, blinken die Sterne in den fallenden Pizzikati von Harfe, Celesta und Flöte, wird die menschliche Klage zu einer Stimme im tönenden Universum. Im Orchestervorspiel zum letzten Bild wird der Marionettenton im Tanzlied des Nüsse knackenden Eichhörnchens wieder aufgegriffen und mit dem Donnerton der aus dem Meer emporsteigenden Recken kontrastiert, vollzieht sich die Verwandlung des Schwanes in die liebende Zarewna. Das Hohe mischt sich mit dem Niederen, das Tragische mit dem Komischen. Auch deshalb hat Rimski-Korsakow mit seinen jedes Bild einleitenden Trompetenfanfaren den Ton des altrussischen Jahrmarkttheaters aufgegriffen. „Der Prolog und jeder Akt beziehungsweise jedes Bild heben mit derselben kurzen Trompetenfanfare an; sie will das Publikum auffordern, Ohren und Augen für das nun folgende Geschehen zu öffnen; eine originelle und gerade für das Märchen geeignete Lösung." (Chronik)

Aneignung
›Das Märchen vom Zaren Saltan‹ gehört zu den vielgespielten Opern des Komponisten. Obgleich die Handlung logisch und in sich geschlossen ist, gibt es doch mannigfaltige Versuche, sie zusätzlich zu „erläutern" oder gar zu verändern. 1937 und 1959 stellten die Regisseure Loski und Ansimow am Bolschoi Theater Moskau eigene Fassungen vor, in denen sie die Orchestervorspiele bildlich in die Handlung einbezogen. Paul Friedrich verfälschte in seiner Fassung den Ideengehalt des Märchens, indem er es in ein teleologisch-psychologisierendes Korsett zwängte.

Für die Uraufführung 1900 hatte der Maler Michail Wrubel die Ausstattung geschaffen. Die Schwanenprinzessin — das erste Mal von Nadeshda Sabela-Wrubel gesungen — wurde zu einer der Lieblingspartien so bedeutender russischer Sopranistinnen wie Jelena Stepanowa, Antonina Neshdanowa und Irina Maslennikowa.

Der Uraufführung durch die Russische Privatoper in Moskau folgten Einstudierungen 1902, 1905 und 1908 in Petersburg, 1906 in Moskau durch die von Simin geleitete Neue Russische Privatoper und 1908 in Kiew. Erst 1913 kam es zur ersten Inszenierung am Moskauer Bolschoi Theater, der sich 1937 und 1959 weitere Neueinstudierungen anschlossen. Das Mariinski Theater brachte seine erste Inszenierung 1915. Nach der Revolution kam in Leningrad der ›Zar Saltan‹ 1930, 1937 und 1948 auf die Bühne. Die ersten Aufführungen außerhalb der Sowjetunion waren 1924 in Barcelona, 1925 in Riga, 1926 in Brüssel, 1927 in Buenos Aires, 1929 in Paris und Mailand, 1933 in London; 1928 erlebte die Oper in Aachen ihre deutsche Erstaufführung (dt. von August Bernhard), es folgten 1959 Köln und Bern, 1962 Stralsund, 1968 Weimar, 1977 Dresden, 1981 Bern.

Autograph Staatliche Öffentliche Bibliothek M.J.Saltykow-Schtschedrin Leningrad
Ausgaben Part Bessel Petersburg 1901; KlA Bessel Petersburg 1900; KlA (russ./dt.) Musgis Moskau 1931; Part In: GA (Polnoje sobranije sotschineni.) Bd.10A und 10B, Musgis Moskau 1957; KlA In: GA (Polnoje sobranije sotschineni.) Bd.38, Musgis Moskau 1957; KlA Deutsche Bühnenfassung in sechs Bildern von Paul Friedrich. Alkor-Edition Kassel 1961 (Subvertrieb Henschelverlag Berlin); Text (dt. von August Bernhard) Bessel Paris/ Breitkopf & Härtel Wiesbaden o.J.
Literatur I.Oserezkowskaja: ›Das Märchen vom Zaren Saltan‹. (›Skaska o zare Saltane‹.) In: Die Opern N.A.Rimski-Korsakows. (Opery N.A.Rimskogo-Korsakowa.) Moskau 1976

Servilia (Serwilija)
Oper in fünf Akten (Opera w pjati dejstwijach)
Libretto von Nikolai Rimski-Korsakow
nach dem gleichnamigen Drama von Lew Mej

Entstehung 1900–1901

Uraufführung 14. Oktober 1902   Mariinski Theater Petersburg

Personen
Sofonius (Ofonius) Tigellinus, Präfekt der Prätorianer_____Baß
Senatoren: Thrasea Pätus, Soranus Barea,   Tenor, Baß,
Paconius Agrippinus, Helvidius Priscus, Curtius Montanus_____Baß, Baß, Tenor
Valerius Arulenus Rusticus, Volkstribun_____Tenor
Egnatius, Freigelassener des Senators Soranus_____Bariton
Bürger: Fulcinius Afer, Avidius Hyspo, Cästus,   Tenor, Baß, Baß,
Velox (ad lib.), Mella (ad lib.)_____Baß, Tenor
Servilia, Tochter des Senators Soranus_____Sopran
Antonia, Amme der Servilia_____Mezzosopran
Locusta, Zauberin_____Mezzosopran
Nevolia, Sklavin der Locusta_____Sopran
Ein Greis_____Baß
Prätor_____Baß
Herold_____Tenor
Centurio_____Baß
Sklave_____Tenor
Erscheinung_____Alt
Polenta-Verkäufer, ein Junge_____Alt
Blumenmädchen_____Sopran
Senatoren, Tribunen, Priester, Korbträgerinnen,
Schreiber, Prätorianer, Gladiatoren,
Musikanten und Musikantinnen, Sänger,
Tänzerinnen, Sklaven, Sklavinnen, Passanten, Volk__Gemischter Chor und Ballett

Orchester 3 Fl (III auch Picc), 2 Ob (II auch EH), 2 Klar, BKlar, 2 Fg, 4 Hr, 2 Trp, 1 Trp auf der Szene, 3 Pos, Tb, Pkn, Bck, Trgl, Tr, Tt, Hrf, Str

Story
Seine Macht zu festigen, verleumdet der Prätorianerpräfekt Tigellinus römische Senatoren und den Volkstribun Rusticus bei Nero. Der Freigelassene Egnatius geht ihm dabei zur Hand. Der ehemalige Sklave will sich durch List und Verrat die Liebe der Senatorentochter Servilia erzwingen. Die verzweifelte Servilia ergibt sich ihm nicht, sondern flüchtet, Vater und Geliebten verlorengebend, in die

Religionsgemeinschaft der von Nero verfolgten Christen. Die Intrige wird aufgedeckt, alles wendet sich zum Guten — doch Servilias Leben verlischt. Sterbend bekennt sie sich zum Christentum.

Vorgänge
Die Handlung spielt in Rom im Jahre 67 zur Zeit Kaiser Neros.
I. Akt (1. Bild): *Das Forum in Rom. Im Hintergrund Basiliken und Tempel der Minerva. Links das Capitol. In der Mitte des Forums ein Springbrunnen, geschmückt mit der Säule der Göttin Diana. Im Vordergrund das Wohnhaus des Soranus, vom Forum durch eine Straße getrennt. — Morgen. — Über das Forum gehen Krieger, Sklaven, Händler mit Früchten und Eßwaren, Blumenverkäuferinnen. Auf der ersten Stufe des Brunnens mehrere Bürger.* Einige Bürger, darunter Afer, Cästus, Velox und Mella, fürchten die Willkürherrschaft des Tigellinus und die Verrätereien des Hyspo. Afer bietet einem unbekannten Alten Platz im Schatten und auch Geld an. Der Greis lehnt ab. Hyspo stachelt die Bürger Roms gegen die Christen auf. Das Volk ehrt den Cäsaren und erinnert sich lobend jenes Festes, zu dem Nero Christen als lebende Fackeln verbrennen ließ.

Ein Festzug feiert die Minerva. Man singt und tanzt. Alle huldigen der Göttin, bis auf den unbekannten Greis. Der Alte gibt sich als Christ zu erkennen und zerschlägt das Standbild der Diana. Auf Bitten Servilias rettet der Volkstribun Valerius Rusticus den Greis vor dem aufgebrachten Volk und läßt ihn ins Gefängnis werfen.

II. Akt (2. Bild): *Die Thermen des Agrippa. Ein Marmor-Speisesaal mit Lagern für die Speisenden.* Die Senatoren Paconius, Curtius und Helvidius glauben sich durch Messalinas Schutz sicher vor Nachstellungen. Sie ziehen den Freigelassenen Egnatius in ihr Vertrauen. Die Senatoren geben sich den Freuden des Gastmahls hin. Mänaden tanzen. Die Feiernden werden von einer Feuersbrunst bedroht. Alle scheinen verloren. Doch Egnatius rettet sie und kann so sein wahres Gesicht verbergen, denn er ist ein Parteigänger des Tigellinus.

III. Akt (3. Bild): *Perystilium im Hause des Soranus. Das Perystilium ist von Blumenbeeten umgeben. Links und rechts Türen zur Bibliothek, zum Schlafzimmer, Opferraum und Empfangsraum. Servilia sitzt am Spinnrocken. Einige Schritte weiter sind Antonia und mehrere Sklavinnen mit Nähen beschäftigt. Antonia und die Sklavinnen singen.* Servilia versucht vergeblich, ihren Vater zur Auflösung der Verlobung mit dem alten Senator Thrasea zu bewegen. Thrasea tritt selbst zurück, als er die Liebe des Volkstribunen Valerius zu Servilia erkennt.

Valerius und Servilia gestehen einander ihre Liebe. Der Vater segnet das Paar. Ein Centurio verhaftet die von Egnatius verleumdeten Senatoren Thrasea und Soranus im Namen des Kaisers.

IV. Akt (4. Bild): *Empfangsraum im Hause der Locusta. Ärmlicher Hausrat. Nacht. — Locusta allein, später Egnatius.* Egnatius beauftragt Locusta, ihre Wahrsagerei in seinem Sinne auszuführen, und versteckt sich. Servilia kommt zu Locusta, um sich von ihr das Schicksal ihres Vaters und Verlobten weissagen zu lassen. Locustas Künste vermögen ihr nicht zu helfen. Da gesteht ihr Egnatius seine Liebe.

Egnatius, der freigelassene ehemalige Sklave des Soranus, wurde als Kind germanischer Eltern von den Römern geraubt und hegt seitdem Rachegefühle gegenüber seinem ehemaligen Herrn. Deswegen hat er sich mit dem Prätorianerpräfekten Tigellinus verbündet. Er bietet Servilia an, den Vater vor Neros Strafe zu retten, wenn sie zur Ehe mit ihm bereit ist. Trotz der Mitteilung, daß ihr Verlobter Valerius Rusticus bereits ermordet sei, weigert sich Servilia, seinen Vorschlag anzunehmen. Egnatius schließt sie ein und droht ihr mit Gewalt. Locustas Sklavin Nevolia, eine Christin, befreit Servilia.

V. Akt (5. Bild): *Tempel der Venus. Hinten in der Mitte die achtsäulige Vorhalle des Tempels. Sitze des Cäsaren und der Konsuln, Sessel des Prätors und Bank der Tribunen, an den Seiten halbkreisförmig die Bänke der Senatoren.* Soranus und Thrasea sind beschuldigt, gegen Nero Verrat geübt zu haben, und werden trotz Einspruch des Volkes zu lebenslänglicher Verbannung verurteilt. Servilia wird zur Ehe mit Egnatius verdammt.

Entgegen der Aussage des Egnatius aber lebt Valerius und kann Nero von der Unschuld der Verurteilten überzeugen. Damit wendet sich alles zum Guten. Servilia bekennt sich zum Christentum, bittet Valerius, seinen Feinden zu vergeben, und stirbt. Der unbekannte Greis tritt in Erscheinung und lobt die Gnade des Herrn.

Genesis

Seit 1891 trug sich Rimski-Korsakow mit dem Plan einer Oper nach Mejs Drama ›Servilia‹, da er sich vom römischen Lokalkolorit einen Zuwachs an neuen Ausdrucksmitteln erhoffte. „Ein Stoff aus dem Leben des alten Rom gestattete mir eine absolut freie Wahl der stilistischen Mittel, mit Ausnahme des offensichtlich Stilwidrigen, wie zum Beispiel des spezifisch Deutschen, Französischen oder Russischen. Von der Musik der Antike ist nichts überliefert, niemand hat sie jemals gehört, infolgedessen konnte, sofern nur das offensichtlich Stilwidrige vermieden wurde, dem Komponisten auch niemand den Vorwurf machen, seine Musik sei nicht römisch. Es war also eine fast unbegrenzte Freiheit, die sich mir hier bot. Allein eine Musik ohne nationale Merkmale gibt es nicht; im Grunde ist auch alle ‚allgemeinmenschliche' Musik nicht zuletzt national... Folglich mußte auch die Musik zur ›Servilia‹ eine möglichst passende nationale Prägung erhalten. Italienische und griechische Intonationen schienen mir hierfür am geeignetsten zu sein, während für die folkloristischen Momente, also für Tänze und ähnliches, meiner Ansicht nach byzantinische und orientalische Anklänge am besten paßten. Eine eigene Kunst hatten die Römer ja nicht, was sie besaßen, war von den Griechen entlehnt. Ich bin nicht nur von der Verwandtschaft der alten griechischen Musik mit der orientalischen überzeugt, sondern glaube auch, daß Reste der altgriechischen Musik sich in der byzantinischen erhalten haben, die ihrerseits ihre Spuren in dem russischen orthodoxen Kirchengesang hinterlassen hat. Auf dem Grunde dieser Erwägungen reifte meine Vorstellung von den

stilistischen Grundlagen der ›Servilia‹-Musik." (Chronik meines musikalischen Lebens)
Die im Frühjahr 1900 in Angriff genommene Komposition wurde im Sommer 1901 vollendet.

Strukturen

›Servilia‹ ist die letzte der vier nach Dramen von Lew Mej entstandenen Opern. Rimski-Korsakow widmete sie dem Dichter. Der von 1822 bis 1862 lebende russische Lyriker und Dramatiker (auch Übersetzer) hatte seine moralische, zwischen aufgeklärtem Monarchie- und Demokratieverständnis schwankende Gesinnung in Schauspielen aufbereitet, in denen sich bürgerliches Rührstück und Intrigendrama miteinander mischten. Im Vorwort zu seiner ›Servilia‹ beruft sich Mej auf Tacitus' ›Historien‹ und ›Annalen‹. Tacitus berichtet vom Kampf aufrechter römischer Senatoren gegen die Willkürherrschaft des Cäsarengünstlings Ofonius Tigellinus, und Mej versteht das als Kampf der Bürgertugenden gegen Höflingsverderbtheit.

Gegenüber dem Drama mit seinen 43 Personen beschränkte der Komponist in seinem Libretto die Personenzahl auf 25, verkürzte die gegen Tyrannenwillkür eifernden Reden der Senatoren wesentlich und konzentrierte die Handlung auf drei Punkte: auf die Behauptung der ethischen Überlegenheit des Christentums gegenüber der heidnischen Vielgötterei, auf die Gefährdung des monarchischen Prinzips durch ungetreue und unaufrichtige Diener und auf die Darstellung der durch eine Intrige aus der Glücksbahn geworfenen, unschuldigen tugendhaften Frau. Genreszenen kolorieren auswechselbare Situationen. Die Handlung wird weniger durch einen Konflikt als vielmehr durch glückliche oder unglückliche Zufälle vorangetrieben. Die Affekte gestaltenden dynamischen, motivischen und instrumentalen Mittel geraten zu stereotypen Effekten. Choralintonationen charakterisieren die christliche Sphäre, müssen als Ausweis für „die Spuren, die die byzantinische Musik im russischen orthodoxen Kirchengesang hinterlassen hat", genügen. Der Bösewicht Tigellinus tritt zwar szenisch kaum in Erscheinung, ist aber mit einer Triolendrohgebärde motivisch präsent. Italienische Kantilene, ein von Streichern, Flöte, Oboen und Klarinetten bestimmter Orchesterklang malen das Seelendrama der tugendhaften Servilia. Die Zugaben byzantinischer und orientalischer Musik — zum Beispiel der ausgiebige Gebrauch von Kirchentonarten in den Genreszenen oder chromatischer Leitern in der Zauber-Szene bei Locusta — verschwinden im Sog einer „allgemeinmenschliche" Affekte zeichnenden Musik.

Folgt der Komponist im II. und III. Akt einer strengen Gliederung in Nummern, gelangt er im I., IV. und V. Akt durch weitgespannte Modulationspläne zu frei ineinander übergehenden musikalischen Formen. „Der rein dramatische Stoff der Oper verlangt einen vorwiegend vokalen Kompositionsstil, in dessen Anwendung ich mich jetzt absolut sicher fühlte, was sich denn auch an der kantablen und ausdrucksvollen Melodiegestaltung zeigte. Hinsichtlich der Instrumentierung hatte ich es mir diesmal zur Aufgabe gemacht, die Singstimmen nicht nur nicht zu überdecken, sondern sie mit dem Orchesterpart weitgehend zu stützen, was mir, wie die Aufführung später zeigte, auch gelungen ist. Die Arien der Servilia im III. Akt und die Sterbe-Szene sind wohl die besten Beispiele hierfür. Der Servilia-Stoff bot nur an einer einzigen Stelle die Möglichkeit, ein ausgedehntes Ensemble zu schreiben — das Quintett am Schluß des III. Aktes... Das musikalische Material für das abschließende vielstimmige Credo stammt aus dem Amen der ›Pskowitjanka‹-Fassung, das dort keine Verwendung gefunden hatte. Was mir selbst an diesem Credo gar nicht gefällt, ist der Übergang vom solistischen Gesang in den allmählich anschwellenden Chor. Wie in den vorausgegangenen Opern habe ich auch in der ›Servilia‹ ausgiebig von der Leitmotivtechnik Gebrauch gemacht." (Chronik)

Verbreitung
Zur Uraufführung am Mariinski Theater 1902 war der Oper nur ein Achtungserfolg beschieden. Auch bei der Moskauer Erstaufführung 1904 am Theater Solodownikows durch die Russische Operngesellschaft blieb der Erfolg aus. Hingegen war ein Jahr zuvor am gleichen Theater Anton Rubinsteins ›Nero‹ mit großem Erfolg aufgeführt worden, so daß die ›Servilia‹ wie die thematisch schwächere Wiederholung dieser Erfolgsoper erschien.

Autograph I. und II. Akt verschollen; III. bis V. Akt Staatliche Öffentliche Bibliothek M. J. Saltykow-Schtschedrin Leningrad
Ausgaben KlA (russ./dt., dt. von August Bernhard) Bessel Petersburg 1901; Part In: GA (Polnoje sobranije sotschineni) Bd. 11 A und 11 B, Musgis Moskau 1963; KlA In: GA (Polnoje sobranije sotschineni.) Bd. 39, Musgis Moskau 1963
Literatur Lew Danilewitsch: Die letzten Opern Rimski-Korsakows. (Poslednije opery Rimskogo-Korsakowa.) Moskau 1961

Der unsterbliche Kaschtschej
(Kaschtschej bessmertny)
Ein kleines herbstliches Märchen (Osennjaja skasotschka)
Oper in einem Akt, drei Bildern, ohne Pause
(Opera w odnom dejstwii, trjoch kartinach, bes pererywa musyki)
Libretto von Nikolai Rimski-Korsakow nach einer Idee von Jewgeni Petrowski

Entstehung 1901–1902

Uraufführung 25. Dezember 1902 Theater Solodownikows Moskau mit dem Ensemble der Moskauer Privatoper

Personen
Der unsterbliche Kaschtschej_____Tenor
Zarewna Herzliebste-Schöne_____Sopran

Iwan Königssohn	Bariton
Kaschtschejewna, Kaschtschejs Tochter	Mezzosopran
Der Recke Sturmwind	Baß
Unsichtbare Stimmen (Chor aus den Kulissen)	Gemischter Chor

Orchester 3 Fl (II auch Picc), 2 Ob (II auch EH), 2 Klar (II auch BKlar), 2 Fg (II auch KFg), 4 Hr, 2 Trp, 3 Pos, Tb, Pkn, Bck, GrTr, Cel, Hrf, Str

Aufführungsdauer Gesamt 1 Std., 10 Min. (ohne Pause)

Story
Die Macht des Bösen beruht auf der Willfährigkeit und Grausamkeit seiner Diener. Solange die schöne Tochter des Kaschtschej die dem Vater rächend nahenden Recken bezaubert und dann tötet, ist der Herrscher des Finsteren Reiches unsterblich. Auch die Liebe der Kaschtschejewna zu Iwan Königssohn kann Kaschtschej noch nicht verderben. Erst der solidarische Kuß der Zarewna Herzliebste-Schöne löst die Verkrustung von der Seele der Kaschtschejewna. Sie taugt als Wächter des Bösen nicht mehr. Ihre Tränen fließen, und sie geht als Pflanze ins Naturreich ein. Das Böse fällt dem Tod anheim.

Vorgänge
1. Bild: *Das Zauberreich Kaschtschejs. Finstere Herbstlandschaft. Ein Turm. Es dunkelt.* Kaschtschej hält die Zarewna Herzliebste-Schöne gefangen. Anstelle der ersehnten Freiheit bietet er ihr in einem Spiegel den Abglanz der Wirklichkeit. Der Spiegel reflektiert die schöne weinende Zarewna, ihren Geliebten, den zur Befreiung nahenden Recken Iwan Königssohn, sowie die Kaschtschejewna, die Tochter Kaschtschejs. Der Herrscher des Finsteren Reiches versteht die Warnung des Spiegels. Er läßt den eingeschlossenen Recken Sturmwind frei und sendet ihn mit der Botschaft zur Tochter, sie möge wachsam sein und den Vater beschützen. Kaschtschejs Unsterblichkeit ist ein Geheimnis: sie ist ihm so lange geschenkt, wie das Herz seiner schönen Tochter ungerührt bleibt und ihr Auge keine Träne vergießt. Mit einem Zauberspruch schützt der Alte sein Heim, und ein undurchdringlicher Schneesturm umtobt sein Reich.
2. Bild: *Das Dreißigste Zarenreich. Bergiges Ufer einer Insel. Blaues Meer. Nacht. Mondschein.* Die Kaschtschejewna bereitet sich auf die Begegnung mit einem neuen Recken vor. Sie schärft ihr Schwert, pflückt Bilsenkraut und Mohn. Der von Tatendrang und Sehnsucht nach der Zarewna Herzliebste-Schöne beseelte Iwan Königssohn wird vom Zauber der Natur und der Kaschtschejewna berückt. Ein Trank der Schönen versenkt Iwan in Schlaf. Zweimal zögert die Kaschtschejewna, den schlafenden Helden zu töten; erst beim dritten Mal ist sie entschlossen, da aber fällt ihr der Sturmwind ins Schwert. Er bringt die Mahnung des Vaters zur Wachsamkeit. Doch kommt er zur unrechten Zeit, denn sein Geschwätz weckt den Königssohn. Gegen die Interessen seines Herrn trägt der unbotmäßige Diener den Recken Iwan zu Kaschtschej davon.

3. Bild: *Das Zarenreich Kaschtschejs. (Dekoration des ersten Bildes) Nacht. Der Schneesturm hat sich gelegt.* Die Zarewna singt Kaschtschej ein Wiegenlied, wünscht ihm ewigen Schlaf und kein Erwachen mehr. Auf den Flügeln des Sturmwinds kommt Iwan Königssohn und führt die Zarewna davon. Die Kaschtschejewna versperrt ihnen den Weg, bietet beiden die Freiheit, wenn Iwan ihrer Liebeswerbung folgt. Die Liebenden aber lassen sich nicht trennen. Der erwachte Kaschtschej findet die Flüchtigen und eine pflichtvergessene, unglücklich liebende Tochter. Die Zarewna jammert das Leiden der Kaschtschejewna, und sie küßt die Rivalin auf die Stirn. Das löst die Tränen. Die Kaschtschejewna weint und verwandelt sich in eine Weide. Kaschtschej stirbt.
Finale: *Die Tore öffnen sich weit und geben den Blick auf eine sonnenbeglänzte Lichtung frei. Im Reich Kaschtschejs beginnen die Bäume und Sträucher zu grünen. Alles erstrahlt im Glanz der Sonne. Der Sturmwind steht am Tor.* Der Recke Sturmwind weist den Liebenden den Weg in die Freiheit.

Genesis
Die Idee zu einer Oper mit einer historisierend-psychologisierenden Deutung der bekannten russischen Märchenfigur des Unsterblichen Kaschtschej hatte im November 1900 der Musikkritiker Jewgeni Petrowski, nach Rimski-Korsakow ein „gebildeter Mensch, guter Musikant und unwiderruflicher Wagnerianer". Doch wollte eine Zusammenarbeit beider nicht gelingen, so daß Rimski-Korsakow 1901 bis 1902 den ursprünglichen Librettoentwurf so weitgehend veränderte und gemeinsam mit der Tochter Sofja Nikolajewna sprachlich umarbeitete, daß er sich im Vorwort zur Erstausgabe des Werkes 1902 bei Bessel als alleinigen Autor angeben konnte, Petrowski jedoch als Anreger erwähnte. Petrowskis ursprünglicher Librettoentwurf erschien 1903 in Petersburg unter dem Titel ›Iwan Königssohn‹.

Strukturen
Nicht zufällig betont Rimski-Korsakow, daß Jewgenij Petrowski ein „unwiderruflicher Wagnerianer" sei, steht doch die Neudeutung der bekannten russischen Märchenfigur des Unsterblichen Kaschtschej dem Feuerbachschen philosophischen Gedankengut nahe. Die des Vaters Unsterblichkeit hütende grausame Tochter gewinnt Empfindungsfähigkeit durch Liebe, erfährt menschliches Mitgefühl und wird so von ihrer herzlosen Kälte erlöst. Indem die Tochter neues Leben gewinnt, erlöscht das des Vaters.

Wenn diese Idee auch Handlung und Fabel strukturiert, so hat doch Rimski-Korsakow als Librettist darauf geachtet, daß die Texte und Situationen nichts von der kräftigen klaren Bildhaftigkeit des russischen Märchens verlieren, daß die naive Gleichsetzung von psychischer Situation und Naturbild erhalten bleibt. Die Musik widersteht der pantheistischen Liebesphilosophie, verhindert so deren Auflösung ins Optimistisch-Flache, indem die Figuren des Kaschtschej und der Kaschtschejewna als zwei dialektisch aufeinander bezogene Weisen des Unrecht-Tuns in kontrastierenden musikalischen Strukturen abgebildet werden. Die schon im äußeren Erscheinungsbild — *Finsteres Reich Kaschtschejs · Schöner Garten der Kaschtschejewna · Finsteres Reich Kaschtschejs* — erkennbare Reprisen-Form wird musikalisch deutlich artikuliert. Es überwiegen schrille Bewegtheit und dunkler Farbklang gegenüber der weichen Flächigkeit und den satt-warmen Klängen im Reich der Kaschtschejewna. Die Klage und das Wiegenlied der Zarewna mit ihrer linearen Melodik, der Reckengesang des Königssohns, selbst das Lied des Sturmwindes erscheinen als tonal feste Inseln im Sog eines nach freitonaler Reibung drängenden Stromes.

Rimski-Korsakow grenzte sich gegenüber einem Modernismus ab, dem die Auflösung der Tonalität bloße Attitüde war. Er tat dies mit dem Hinweis auf die immer in ursächlich-logischem Zusammenhang zur dargestellten Person und Situation angewandten Gestaltungsmittel. „Die Musik zeichnet sich durch eine Reihe eigenartiger harmonischer Effekte aus, die ich hier zum ersten Mal verwendete: Folgen großer Terzen, innere Haltetöne, unterbrochene Kadenzen und Trugschlüsse, die in dissonierenden Akkorden auslaufen, außerdem zahlreiche durchgehende Akkorde. Die recht umfangreiche Schneegestöber-Szene ist fast vollständig auf einem ausgehaltenen verminderten Septakkord untergebracht. Die Form des Werkes ist zusammenhängend, ohne Zäsuren; die Wahl der Tonarten und der Modulationsplan sind wie immer bei mir wohldurchdacht und nirgends zufällig... Die Grundstimmung des Werkes ist düster und trostlos, stellenweise unheilvoll flackernd, mit einigen wenigen Aufheiterungen." (Chronik meines musikalischen Lebens)

Skalenmotivik, Leitfarben und -klänge prägen Figuren, gestalten Situationen, verdrängen die traditionellen Formen wie Arien und Ensembles aus ihrer alleinigen formbestimmenden Funktion. Wenn Arien oder Ensembles deutlich als traditionelle Gebilde in Erscheinung treten, bringen sie eine Kritik oder Neubestimmung ein. So versteckt sich zum Beispiel im kleinen Arioso des Kaschtschej der große A-B-A-förmige Heldenmonolog. Aber welcher Held ist hier gezeichnet! Der Mittelteil — sonst der Reflexion vorbehalten — beschränkt sich auf zehn Takte, das in den Ecksätzen mechanisch wiederholte Klagemotiv erstarrt zur Geste, die sich von dem äußernden Subjekt entfernt, so daß mit Kaschtschej eine von eigenem und fremdem Stöhnen umstäubte Figur ins Klangbild tritt. Ein Mensch wird vorgestellt, der nicht nachdenken kann oder will. In der Verwendung solcher Typen wie Arie, Ariette und Ensemble erscheint das zweite Bild ausgesprochen traditionell, doch kontrastiert hier die szenische Situation die musikalische Form, so wenn die Kaschtschejewna ihre Zaubergesänge trällert und dazu das Messer wetzt oder wenn der Königssohn auf tonal sicherem As-Dur-Grund seine Ariette schmettert, derweil die Kaschtschejewna bereits ihr Opfer fixiert.

Das Finale hat, trotz der sich klärenden und eindeutig befestigenden D-Dur-Stimmung am Schluß, nichts Oratorisch-Sieghaftes. Es haftet ihm vielmehr — nicht zuletzt durch die drängend sequenzierenden Streicherläufe und das zweimalige Abbrechen im Piano — etwas zögernd Fragendes an, auch hier musikalisch-glaubwürdig einem Zeitgefühl Ausdruck gebend.

Vom ›Unsterblichen Kaschtschej‹ führt eine direkte Linie zum ›Goldenen Hahn‹. Am deutlichsten wird das in der Figur des Recken Sturmwind, dieser heidnischer Vorstellungswelt und Volkskunst entlehnten Inkarnation einer Elementarkraft. Als Naturgewalt muß er — wie die Zarin Schemacha im ›Goldenen Hahn‹ — erkannt sein, soll er gebändigt werden. Im Recken Sturmwind ist die Ahnung, vielleicht auch das Wissen, vom möglichen, bald bevorstehenden Ausbruch breiter Massen aus dem Gefängnis ihrer sozialen und ideologischen Unmündigkeit verkörpert. Kaschtschej beherrscht den Sturmwind nicht mehr. Der Diener wird ausgeschickt, den Herrn zu schützen, und trägt statt dessen den Feind ins Reich. Gestaltet ist so in märchenhafter Form ein Akt der Empörung und Unbotmäßigkeit.

Aneignung
Das nicht abendfüllende Werk wurde zu seiner Uraufführung zusammen mit Tschaikowskis ›Jolanthe‹ gespielt. Die ungewöhnliche Struktur des Werkes rief zur Moskauer Uraufführung eine Sensation hervor. Tanejew nannte den ›Kaschtschej‹ ein „geniales Werk", auch Glasunow und Ljadow waren beeindruckt. Glasunow leitete 1905 die Petersburger Erstaufführung. Das mutige Eintreten Rimski-Korsakows für die Selbstverwaltung des Konservatoriums, sein demonstrativer Austritt aus der von reaktionären Mitgliedern durchsetzten Direktion der Russischen Musikgesellschaft gaben auf dem Hintergrund großer sozialer Konflikte — Hungersnöte, die zum Blutsonntag führten, studentische Unruhen und zaristische Repressalien — dem Werk und seiner Aufführung in Petersburg einen besonders aktuellen, nämlich deutlich politischen Sinn, so daß sich die Aufführung zu einer politischen Manifestation gestaltete. Die Petersburger Erstaufführung am 27. März 1905 kam auf Initiative des Revolutionären Komitees der Lernenden zustande. Der Erlös der Vorstellung — Rimski-Korsakow dirigierte selbst den hinter den Kulissen singenden Chor — war für die Familien der am Blutsonntag Erschossenen bestimmt.

Für die Ende des Jahrhunderts geborene russische Komponistengeneration wurde der ›Unsterbliche Kaschtschej‹ zu einem Schlüsselwerk. „Die komponierende Jugend — jene, die nach wenigen Jahren nicht nur zu Verehrern des ›Kaschtschej‹ werden sollten, sondern auf die das Werk auch den stärksten Einfluß haben sollte — jene Jugend also betrachtete anfänglich den ‚giftigen' harmonischen Stil des ›Kaschtschej‹, die kühnen unaufgelösten Dissonanzen mit einigem Befremden", berichtet der 1883 geborene Schüler Rimski-Korsakows, der Moskauer Komponist Michail Gnessin.

Bereits 1919 in Petrograd gespielt, gelangte die Oper 1931 in Riga, dann 1944 im Stanislawski-Nemirowitsch-Dantschenko-Musiktheater in Moskau und 1950 in Leningrad am Staatlichen Akademischen Kleinen Theater für Oper und Ballett (Maly Theater) wieder zur Aufführung.

Außerhalb Rußlands und der Sowjetunion wurde das Werk 1924 in Barcelona, 1929 in Dortmund (dt. Übersetzung von August Bernhard unter dem Titel ›Unhold Ohneseele‹), 1930 in Stockholm gespielt.

Autograph Nicht erhalten; Skizzen zum und Niederschrift des veränderten Finales von 1906 Staatliche Öffentliche Bibliothek M.J.Saltykow-Schtschedrin Leningrad
Ausgaben Part und KlA (russ./dt., dt. von August Bernhard) Bessel Petersburg 1902; Part In: GA (Polnoje sobranije sotschineni.) Bd.12, Musgis Moskau 1955; KlA In: GA (Polnoje sobranije sotschineni.) Bd.40, Musgis Moskau 1955
Literatur Michail Gnessin: Nachdenken über und Erinnerungen an N.A.Rimski-Korsakow. (Mysl i wospominanija o N. A. Rimskom-Korsakowe.) Moskau 1956; Andrej Rimski-Korsakow: N.A.Rimski-Korsakow. Leben und Schaffen. (Shisn i tworschestwo.) Bd.5, Moskau 1946; Lew Danilewitsch: Die letzten Opern Rimski-Korsakows (Poslednije opery Rimskogo-Korsakowa.) Moskau 1961; W.Zendrowski: ›Der unsterbliche Kaschtschej‹. (›Kaschtschej bessmertny‹.) In: Die Opern N. A. Rimski-Korsakows. (Opery N. A. Rimskogo-Korsakowa.) Moskau 1976

Pan Wojewode (Pan Wojewoda)
Oper in vier Akten (Opera w tschetyrjoch dejstwijach)
Libretto von Ilja Tjumenew

Entstehung 1902—1903

Uraufführung 16. Oktober 1904   Großer Saal des Petersburger Konservatoriums, mit dem Ensemble der Neuen Oper, einem privaten Opernunternehmen des Grafen Zeretelli

Personen
Pan Wojewode_____Baß
Jadwiga Zapolska, eine reiche Witwe, Aristokratin_____Sopran
Gutsnachbarn des Wojewoden:
Dzjuba, ein Alter; Olesnicki, ein Jüngling_____Baß, Alt
Bolesław Czapliński, ein Szlachcic_____Tenor
Poslawski, ein Szlachcic, sein Freund_____Bariton
Maria Oskolska, eine Szlachcianka, Waise_____Sopran
Dorosz, alter Imker_____Baß
Hofmarschall des Wojewoden_____Tenor
Gäste des Wojewoden: Gutsbesitzer und Gutsbesitzerinnen,
Jäger, Burschen, Szlachcice_____Gemischter Chor und Ballett
(Seit dem 17.Jahrhundert ist Szlachta die Bezeichnung für den polnischen niederen Adel.)

Orchester Picc, 2 Fl (II auch Picc), 2 Ob (II auch EH), 2 Klar (II auch BKlar), 2 Fg (II auch KFg), 4 Hr, 2 Trp, 3 Pos, Tb, Pkn, Bck, Trgl, Tamb, GrTr, Gl, Hrf, Str

Story

Maria liebt Czapliński und wird wiedergeliebt, aber vom mächtigen Wojewoden zur Heirat gezwungen.

Jadwiga liebt den Wojewoden und wird nicht wiedergeliebt, so wie auch Olesnicki Jadwiga liebt und keine Erwiderung findet. Jadwiga benutzt den um sie werbenden Jüngling als Werkzeug, um Maria zu ermorden. Der Jüngling aber vergiftet statt dessen seinen Nebenbuhler, den Wojewoden.

So geht Jadwiga leer aus. Maria und Czapliński werden ein Paar.

Vorgänge

Die Handlung spielt im Polen des 16./17. Jahrhunderts.

I. Akt (1. Bild): *Offene Waldwiese. In der Tiefe zwischen den Bäumen ist eine Wassermühle zu sehen. Heller Sommertag.* Im Wald herrscht Stille, die von Vogelgesang und dem gedämpften Klang des Mühlwassers getragen wird.

Czapliński hat sich mit Maria verabredet, und beide gestehen einander ihre Liebe. Vom Jagdgefolge des Wojewoden überrascht, flüchten sie in den Wald.

Der Wojewode feiert mit seinen Freunden und seiner Favoritin, der schönen Witwe Jadwiga, die von Olesnicki umworben wird. Als der Wojewode gesteht, daß er in ein ihm unbekanntes junges Mädchen, das er im Wald gesehen habe, verliebt sei, beendet Jadwiga das Fest. In Maria entdeckt der Wojewode die ihm unbekannte Schöne. Er ergreift sie gegen den Widerstand Czaplińskis, bestimmt sie zu seiner Braut und lädt alle zur Hochzeitsfeier ein.

II. Akt (2. Bild): *Eine kleine Waldwiese im Dickicht des tiefen Waldes. Der Bienenstand des Dorosz. Eine halb in die Erde gebaute Hütte mit niedriger Tür. Abenddämmerung.* Jadwiga erhält Auskunft über die Zukunft und muß erfahren, daß der Wojewode Maria heiraten wird. Sie läßt sich Gift geben. Zufällig belauscht sie eine Verschwörung der Kleinadligen gegen den Wojewoden: Czapliński will mit Hilfe seiner Freunde Maria befreien.

III. Akt (3. Bild): *Hochzeitsfeier des Wojewoden. Geschmückter erleuchteter Saal.* Die Gäste feiern und drängen hinaus in den Garten. Im leeren Saal füllt Jadwiga das Gift in Marias Becher. Bevor sie sich heimlich entfernen kann, wird sie entdeckt und rechtfertigt als Ungeladene ihre Anwesenheit, indem sie dem Wojewoden die Verschwörung Czaplińskis verrät. Die Verschwörung wird niedergeschlagen, zwölf Aufständische — darunter Czapliński — werden gefangengenommen.

IV. Akt (4. Bild): *Hochzeitssaal mit den Zeichen der Verwüstung nach dem Kampf am nächsten Morgen.* Maria bittet den Wojewoden vergeblich um das Leben Czaplińskis. Der Wojewode erkennt, daß sie ihn nie lieben wird. Er bestimmt die Hinrichtung Czaplinskis und die darauffolgende Trauung mit Maria, der er freistellt, nach der Trauung ins Kloster zu gehen.

Jadwiga bewegt Olesnicki mit dem Versprechen, dann ihm zu gehören, Gift in den Hochzeitsbecher der Maria zu füllen. Der Wojewode gesteht Jadwiga, daß er sich ihr wieder zuwenden will. Olesnicki beobachtet das Einverständnis der beiden und füllt das Gift in des Wojewoden Becher. Als der Wojewode das Zeichen zur Hinrichtung Czaplińskis gibt, wirkt das Gift und er stirbt. Jadwiga verzweifelt. Maria befiehlt, Czapliński freizugeben, und interpretiert den Tod des Wojewoden als ein Gottesurteil.

Genesis

Der Plan einer Oper mit polnischem Lokalkolorit entstand bereits um die Jahrhundertwende; die Oper selbst wurde in den Jahren 1902 und 1903 geschrieben. „Auf meine Bitte unternahm es I. F. Tjumenew, ein Libretto ›Der Wojewode‹ ganz nach meinen Wünschen zu schreiben: Es sollte ein dramatisches Stück aus dem polnischen Volksleben des 16. und 17. Jahrhunderts ohne politischen Hintergrund werden, mit sparsam eingestreuten phantastischen Elementen, wie etwa Wahrsage- oder Zauber-Szenen; außerdem sollte es Gelegenheiten für polnische Tänze bieten.

Schon lange trug ich mich mit dem Gedanken, eine Oper über einen polnischen Stoff zu schreiben. Die polnischen Melodien, die ich als Kind von meiner Mutter gehört hatte und die schon meiner Mazurka für Violine und Orchester zugrunde liegen, verfolgten mich noch immer; zum anderen war ich in meinem kompositorischen Schaffen ohne Frage Chopin verpflichtet, sowohl was die Melodiebildung als auch was die harmonische Verarbeitung anlangt... Das nationale polnische Element in der Chopinschen Musik, die ich über alles liebe, begeisterte mich von jeher. Mit meiner ‚polnischen' Oper wollte ich nun dieser Begeisterung meinen Tribut zollen..." (Chronik meines musikalischen Lebens)

Strukturen

Rimski-Korsakow hatte Tjumenew um ein Stück „ohne politischen Hintergrund" gebeten. Er widmete jedoch seine Oper Fryderyk Chopin, sprach so der polnischen Kultur seine Bewunderung aus und bekannte sich zu einem Land, dessen Kampf um nationale Selbständigkeit 1863 durch das zaristische Regime blutig niedergeschlagen worden war. Rimski-Korsakow war als zaristischer Offizier selbst unmittelbar mit diesen Ereignissen konfrontiert worden. Mit seiner „polnischen" Oper ordnete er sich demonstrativ in die durch die Freundschaft Puschkin—Mickiewicz beispielhaft exponierte Tradition völkerverbindender Beziehungen zwischen russischer und polnischer Intelligenz ein.

Der Librettist Ilja Tjumenew war ein allseitig gebildeter ehemaliger Schüler des Komponisten, der sich mit Kulturgeschichte beschäftigte, malte, Erzählungen schrieb und ›Don Giovanni‹, den ›Freischütz‹, den gesamten ›Ring des Nibelungen‹ sowie ›Die Meistersinger von Nürnberg‹ ins Russische übertragen hatte. Doch mit dem Libretto zum ›Wojewoden‹ gelang ihm nicht mehr als eine ungeschickte Kompilation von klischeehaft geratenen traditionellen Opernsituationen und -figuren. Die Geschichte der zur Heirat gezwungenen Maria, die Intrige der Jadwiga, die Willkürherrschaft des Wojewoden und der Aufstand des polnischen Kleinadels werden durch eine den Zufall übermäßig strapazierende Dramaturgie notdürftig zusammengehalten. Dagegen bekennt sich der Komponist zu einer für ihn wesentlichen Qualität des Librettos: „Das Libretto ›Der Wojewode‹ befriedigte mich vollauf; Tjumenew hatte darin mit geschickter Hand das folkloristische Element eingefangen. Das Drama selbst bot nichts Neues, enthielt aber viele dankbare Vorlagen für einen Komponisten." (Chronik)

Zwar bleibt Rimski-Korsakow ganz den klischeehaften Affektkonfigurationen verhaftet, erschöpft sich in Wiederholungen und stilistischen Selbstzitaten, doch bemühte er sich auch um kompositorisch-technische Feinheiten. Zum ersten Mal charakterisierte er eine Figur — hier den Wojewoden — durch einander kontrastierende Themen. Polonaisenrhythmus und der kriegerische Ton der Blechblasinstrumente betonen Nationalität und sozialen Status. Mollfärbung und eine von Celli, Bratschen, Klarinette und Fagott kolorierte liedhafte Melodik konstituieren das erste Thema. Heller Durklang, in hohen Registern geführte Instrumente und Motorik kennzeichnen das zweite Thema, das den Wojewoden in seiner höfischen Geselligkeit vorführt. Beide Themen lassen den sozialpsychologischen Typus der Hauptgestalt entstehen. In den Genreszenen dominieren Nationaltänze: Mazurka, Polonaise, Kasatschok, Krakowiak. Die hier ausgebildeten rhythmischen stilistischen Mittel finden wie die differenzierten und vielfältigen Blechbläsereffekte später ihre Entsprechung im ›Goldenen Hahn‹.

Im III. Akt wird das den elegischen Volksliedton sprengende Lied der Maria vom sterbenden Schwan „Ich singe ein Lied über die Opfer der Gewalt" („Pesnju spoju ja proshertwu nassilija") zur Keimzelle einer komplexen musikalischen Szene. Das Thema wird aus seiner unmittelbaren Situations- und Figurenbezogenheit gelöst und zum Kontrast getrieben, den Konflikt zwischen herrschender Macht und aufbegehrendem Individuum andeutend.

Im chorbegleiteten Quintett (III. Akt) gelingt Rimski-Korsakow die höchstmögliche Annäherung an das von ihm erstrebte Ideal der Glinkaschen Ensemblekunst: größte Selbständigkeit in der Stimmführung bei gleichzeitig wechselnden Ausdrucksgehalten. Die Einheit der Gegensätze findet in der musikalischen Form ihre Erfüllung.

Da dem Libretto jede Vielschichtigkeit mangelt, fühlte sich der Komponist zu vielschichtiger Stimmungsmalerei veranlaßt. Das den II. Akt gliedernde Nocturne ›Mondlicht‹ ist partiell in sechs selbständig geführte Stimmen aufgefächert. Das Thema wird sequenziert und gleichzeitig kontrapunktiert, melodisch-harmonisch figuriert, akkordisch-instrumental gefärbt. Die Kompositionstechniken der sinfonischen Bilder aus der ›Unsichtbaren Stadt Kitesh‹ (wie ›Lob der Einsamkeit‹ oder ›Die Schlacht bei Kershenez‹) sowie die Orchesterstruktur des ›Goldenen Hahns‹ sind hier schon ausprobiert und vorgebildet.

Wenn Jadwiga aus einem wassergefüllten Becher ihr künftiges Schicksal liest, wenn ihr aus dem Dunkel das Licht der Erkenntnis leuchtet, vollzieht Rimski-Korsakow den Vorgang als ein Heraustreten heller Klänge aus einem dunklen Grund konsequent nach, werden alle instrumentalen, harmonischen und melodischen Elemente auf ihren Farbwert hin eingesetzt, gewinnt die Musik eine impressionistische Dimension.

Diese Oper besteht aus einer Vielzahl abgegriffener Situationen und unwahrer Figuren, musikalischer Stereotype und Selbstzitate. Gleichzeitig findet sich aber auch impressionistische, neue Ausdrucksgehalte erschließende Musik. Von dieser meinte der Komponist: „Der Anfang der Oper, das Nocturne, die Wahrsage-Szene, die Mazurka, der Krakowiak und die Polonaise, die im Pianissimo die Szene Jadwiga—Dzjuba begleitet, sind wirkliche Kabinettstücke ... Die Instrumentation ist vom ersten bis zum letzten Takt schlechterdings ideal..." (Chronik)

Verbreitung
Bereits im Mai 1905 kam die Oper am Großen Opern- und Ballett-Theater Warschau zur Aufführung. Im Sommer 1905 wurden einige Vorstellungen durch das Große Jahrmarkttheater in Nishni-Nowgorod gegeben, bevor das Werk im September 1905 unter dem Dirigat Sergej Rachmaninows am Bolschoi Theater Moskau inszeniert wurde. 1935 kehrte die Oper in einer Neueinstudierung an den Ort ihrer Uraufführung, das Leningrader Konservatorium, zurück und erfuhr 1954 weitere Inszenierungen in Gorki und Nowosibirsk.

Autograph Bibliothek des Staatlichen Konservatoriums N.A.Rimski-Korsakow Leningrad
Ausgaben Part und KlA Bessel Petersburg 1904; Part In: GA (Polnoje sobranije sotschineni.) Bd.13A und 13B, Musgis Moskau 1955; KlA In: GA (Polnoje sobranije sotschineni.) Bd.41, Musgis Moskau 1955
Literatur Ilja Tjumenew: Erinnerungen an N.A.Rimski-Korsakow. (Wospominanija o N.A.Rimskom-Korsakowe.) In: Musikalisches Erbe. (Musykalnoje nasledstwo.) Bd.2, Moskau 1954; Lew Danilewitsch: Die letzten Opern Rimski-Korsakows. (Poslednije opery Rimskogo-Korsakowa.) Moskau 1961; Semjon Kruglikow: ›Pan Wojewoda‹. In: *Russkoje slowo*, Nr.264 vom 9.10.1905

Die Legende von der unsichtbaren Stadt Kitesh und der Jungfrau Fewronija (Skasanije o newidimom grade Kiteshe i dewe Fewronii)
Oper in vier Akten, sechs Bildern
(Opera w tschetyrjoch dejstwijach, schesti kartinach)
Libretto von Wladimir Belski

Entstehung 1903—1904

Uraufführung 20. Februar 1907   Mariinski Theater Petersburg

Personen
Fürst Juri Wsewolodowitsch_____Baß
Fürstensohn Wsewolod Jurjewitsch_____Tenor
Fewronija_____Sopran
Grischka Kuterma_____Tenor
Fjodor Pojarok_____Bariton

Ein Knabe	Mezzosopran
Zwei bessere Leute	Tenor, Baß
Gusljar (Guslispieler)	Baß
Bärenführer	Tenor
Bettler-Vorsänger	Bariton
Tatarische Anführer: Bedjai, Burundai	Baß, Baß
Paradiesvögel: Sirin, Alkonost	Sopran, Alt
Fürstliche Schützen, Gefolge, Domraspieler, bessere Leute, Bettelbrüder, Volk, Tataren	Gemischter Chor (Ballett)

Orchester 3 Fl (III auch Picc, II auch AFl), 2 Ob, EH, 3 Klar (III auch BKlar), 2 Fg, KFg, 4 Hr, 3 Trp (III auch ATrp), 3 Pos, Tb, Pkn, Bck, Trgl,. Tamb, Sch, Tr, Tt, Gl, Cel, 2 Hrf, Str
Bühnenmusik: ATrp (aus dem Orchester), TTb, BTb, 8 Gl, Domra, Bal

Aufführungsdauer I. Akt: 35 Min., II. Akt: 30 Min., III. Akt, 1. Bild: 35 Min., III. Akt, Intermezzo und 2. Bild: 30 Min., IV. Akt, 1. Bild: 30 Min., IV. Akt, 2. Bild: 30 Min.; Gesamt: 3 Stdn., 10 Min.

Story
Die Jungfrau Fewronija speist die Tiere des Waldes, hält mit ihnen Zwiesprache und wird vom Fürstensohn Wsewolod zur Braut erkoren. Tatarische Feinde fallen ins Land, verwüsten Klein-Kitesh, töten alle Einwohner, nehmen Fewronija gefangen und finden im Säufer Kuterma einen Verräter, der sie nach Groß-Kitesh führen wird. Wsewolods Heer wird vernichtet. Groß-Kitesh wird unsichtbar. Kuterma entflieht mit Fewronija der Gefangenschaft, doch treiben ihn seine Gewissensqualen in den Tod. Fewronija erscheint der tote Wsewolod, und sie geht mit ihm in die paradiesische Stadt Groß-Kitesh ein.

Vorgänge
Die Handlung spielt im Jahre 6 751. (Nach byzantinischer Zeitrechnung. Diese wurde 1700 [7 208] von Peter I. durch den Julianischen Kalender aufgehoben — S. N.)
I. Akt (1. Bild): *Wilder Wald mit einer Quelle und der Behausung eines Baumkletterers. Mittsommernacht.* Orchestervorspiel. ›Lob der Einsamkeit‹. Die Jungfrau Fewronija speist die Tiere des Waldes und hält mit den Vögeln, Bären und Elchen Zwiesprache. Einem auf der Jagd verwundeten jungen Mann gewährt sie Hilfe. Der Jüngling fragt Fewronija nach ihrem Glauben. Sie bekennt sich zu dem in allem Lebendigen, so auch in den Tieren und Pflanzen allmächtigen Gott. Der junge Mann bittet sie, seine Frau zu werden. Sie willigt ein und erfährt, daß er der Sohn des Herrschers von Groß-Kitesh ist.
II. Akt (2. Bild): *Die Stadt Klein-Kitesh. Marktplatz mit Kaufbuden und Gasthof.* Man erwartet den Brautzug, der Fewronija nach Groß-Kitesh bringen soll. Ein Bär dient zur Belustigung der Menge. Ein Guslispieler erhebt seine Stimme

und warnt vor Unheil. Soziale Konflikte brechen auf. Die „besseren Leute" (Rimski-Korsakow) verachten das Waldmädchen Fewronija und fürchten um die Würde des Fürstenthrons. Sie geben dem Trinker Grischka Kuterma Geld, damit er gegen Fewronija hetzt. Den Bettlern aber verweigern sie ein Almosen. Der von allen verhöhnte und verachtete Kuterma beschimpft nun Fewronija. Das Volk gebietet Kuterma Einhalt. Man singt das Lob der Braut.

Tataren überfallen die Stadt, keiner findet sich, den Feinden den Weg nach Groß-Kitesh zu zeigen. Die Tataren töten die Einwohner. Kuterma widersteht der Androhung von Folter nicht und erklärt sich zum Verrat bereit. Fewronija wird gefangengenommen. „Gott, mache Groß-Kitesh unsichtbar!", bittet sie.

III. Akt, 1. Bild (3. Bild): *Groß-Kitesh. Mitternacht. Vor dem Dom.* Der Strelizenführer Fjodor Pojarok wurde von den Tataren geblendet und nach Groß-Kitesh gesendet, den Fürsten und dem Volk den nahen Tod anzukündigen. Der Verräter Kuterma hat das Gerücht verbreitet, Fewronija zeige den Tataren den Weg nach Groß-Kitesh. Fürst Wsewolod zieht mit seiner Kriegerschar gegen die übermächtigen Feinde. Gott erhört die Gebete der Zurückgebliebenen und macht, Fewronijas Wunsch gemäß, Kitesh-Grad unsichtbar.

Zwischenspiel. ›Die Schlacht am Kershenez‹.

III. Akt, 2. Bild (4. Bild): *Eichenwald am Ufer des Sees Swetly Jar; das gegenüberliegende Ufer, an dem Groß-Kitesh liegt, ist durch dichten Nebel verhüllt.* Kuterma führt die Tataren zum See. Da Kitesh nicht zu erblicken ist, binden sie ihn an einen Baum. Der nächste Morgen wird über sein Schicksal entscheiden. Die Sieger teilen die Beute. Einer der beiden Tatarenführer tötet den anderen im Streit um Fewronija.

Alle Tataren begeben sich zur Ruhe. Obgleich Kuterma ihr gesteht, sie verleumdet zu haben, begibt Fewronija sich selbst in Gefahr und befreit Kuterma. Als der Verräter im See das Spiegelbild von Kitesh-Grad erblickt, die Glocken läuten hört, die Stadt aber selbst nicht zu sehen ist, wird er wahnsinnig, rennt in den Wald und zieht Fewronija mit sich. Als die Tataren das Spiegelbild der unsichtbaren Stadt sehen, erfaßt sie Grauen, und sie laufen davon.

IV. Akt, 1. Bild (5. Bild): *Dunkle Nacht. Ödes Dickicht in den Kershenez-Wäldern.* Fewronija bemüht sich um die von Gewissensqualen zerrissene Seele Kutermas. Der Wahnsinnige entflieht. Fewronija bleibt allein in der Ödnis. Um sie herum erblühen Paradiesblumen, Vögel beginnen zu singen. Der Paradiesvogel und Gnadenträger Alkonost kündet ihr den Tod. Es erscheint ihr der an vierzig Wunden verblutete Fürst Wsewolod. Der Freuden-Vogel Sirin weist beiden den Eingang in das ewige Leben.

Überleitung zum 2. Bild: *Der Gang zur unsichtbaren Stadt. Glockengeläut. Paradiesvögel. Fewronija und Wsewolod gehen in die unsichtbare Stadt ein. Die Paradiesvögel verkünden, daß den Suchenden Freude geschenkt werde und Gottes Wort sich erfülle.*

IV. Akt, 2. Bild (6. Bild): *Die Wolken zerteilen sich, man sieht die Stadt Groß-Kitesh in wunderbarer Verwandlung. Das Ideal einer Stadt und ihrer Einwohner.* Die Vögel Sirin und Alkonost verheißen den Ankommenden das Paradies und den Beginn des ewigen Augenblicks. Unter all den Lauteren erinnert sich Fewronija des sündigen, unerlösten Kuterma, und sie schreibt ihm einen Brief, in dem sie die Wunder des Paradieses schildert, ihn zur Reue auffordert und ihm den Beistand des Himmels und der Erde zusichert.

Hell klingen die Glocken, man feiert die Hochzeit Fewronijas mit Wsewolod.

Genesis

Die Jahre zwischen 1898 und 1904, in denen die Idee zur Oper reifte und das Werk entstand, sind für Rimski-Korsakow Jahre des Suchens nach qualitativ neuen Stoffen, um aus den Themenbereichen seiner bisherigen Opern auszubrechen. Von den in diesem Zeitraum geschaffenen fünf Opern erscheinen ›Das Märchen vom Zaren Saltan‹ und ›Der unsterbliche Kaschtschej‹ als glückliche Intermezzi, als Beispiele, wie der Komponist durch ihm wesenseigene Stoffe gefangengenommen und inspiriert wurde.

Ganz anders war es nun bei dieser Oper. Zwar schuf ihm auch hier Wladimir Belski, literarisch und philosophisch umfassend gebildet, ein intelligentes Libretto, doch hat er den Komponisten gleichzeitig auch verunsichert. Die christlich-eschatologische Ethik der ›Legende von der unsichtbaren Stadt Kitesh‹ lag Rimski-Korsakow fern. Er erhob gegen das ihm Unverständliche immer wieder Einspruch und drängte Belski zu Veränderungen. Die Gründe für das ethisch Zwitterhafte und ästhetisch Uneingelöste des Werkes zeichnen sich in den Briefen ab, die beide während des Entstehungsprozesses wechselten. Die gesprächsweisen Vorbereitungen zur Oper nahmen Jahre in Anspruch.

Schon während der Arbeit am ›Zaren Saltan‹ entschlossen sich beide, die ›Legende von der unsichtbaren Stadt Kitesh‹ mit der ›Geschichte von Pjotr und Fewronija aus Murom‹ (entstanden im 15. Jahrhundert) zu verbinden, „in der von der Liebe zwischen dem Muromer Fürsten Pjotr und der einfachen Bauerntochter Fewronija, einer starken, unbeugsamen, den ‚Tod überdauernden Liebe' die Rede ist. Fewronija ähnelt den Stillen Engeln Rubljows. Sie ist eine ‚weise' Jungfrau ... Ihre Weisheit ist nicht allein Zierde ihres Verstandes, sondern auch ihres Gefühls und Willens." (Dmitri Lichatschow: Russische Literatur und europäische Kultur des 10.–17. Jahrhunderts)

Zwischen 1900 und 1901 kam es zu den ersten Skizzen, aber erst 1903 bis 1904, nachdem ›Servilia‹, ›Der unsterbliche Kaschtschej‹ und ›Pan Wojewode‹ entstanden waren, gelangte das Libretto der ›Unsichtbaren Stadt Kitesh‹ zur Komposition. Als Belski forderte, „im letzten Bild ein Außeratemkommen aus Begeisterungsüberschwang (musikalisch) herzustellen", erhob Rimski-Korsakow Einspruch: „Das ist gut zu sagen: solche Worte gibt es viele auf der Welt, aber es ist nicht wünschenswert, das in Musik zu machen. Schließlich und wahrscheinlich werde ich eine ganz passable Musik machen, und das Außeratemkommen vor Begeisterungsüberschwang mag irgendein anderer in irgendeinem anderen Falle zustande bringen, wir werden sehen, wem das gelingt. Das ist doch leicht gesagt: die Musik sei das beim Zuschauer Tränen Entlockende oder ihn in einen mystischen Schrecken Versetzende usw. Aber wie ist das zu machen, wo existiert so etwas? Die Tränen beim Zuschauer — das ist seine Nervenschwäche, und der mystische Schrecken — das ist eine gekünstelte Sache..." (Brief vom 4. August 1903)

Gegen Belskis Absicht, in der Oper eine abstrakte Idee zu verherrlichen, wandte sich Rimski-Korsakow mit der Forderung: „In die ‚liturgische' Oper ist unbedingt etwas Realismus hineinzutragen. Im II. Akt, während des unterbrochenen unfreundlichen Liedes Kutermas, stoßen sie ihn und tun so, als wenn sie ihn veranlaßten, zu schweigen. Hier sind unbedingt einige unwirsche kurze, nervöse Phrasen nötig... Wenn der Brautzug naht, dann sind Worte wie: ‚Sei gegrüßt, sei gegrüßt herrliche Fürstin' auch zu wenig, man muß hier noch einiges ergänzen... Und die ‚besseren Leute' können, abseits von den anderen und unter sich, dem Gedanken Ausdruck geben, daß die Braut keine Partie für den Fürsten sei, daß dieser mit ihr einen falschen Schritt tut. Das alles ist nötig, weil es sonst nichts gibt, woran ich die Musik entwickeln kann, und eine szenische Handlung, die sich als Pantomime entfaltet, liebe ich nicht sehr. Ich bitte Sie sehr, bedenken Sie das, und entwerfen Sie einige Sätze, und schicken Sie sie mir. Ich weiß, daß Sie das nicht schätzen, aber wirklich, es ist sehr nötig..." (Brief vom 11. Mai 1904)

Der Komponist bestand auf Vorgängen und erzwang sie vom Librettisten, der sich hingegen auf die innere Wahrhaftigkeit von Figuren und Situationen berief.

Kurz vor Beendigung der Komposition reagierte Rimski-Korsakow noch einmal ironisch auf Belskis Poetik: „Ich fühle eine rechtschaffene Müdigkeit... Schüren Sie nicht in sich den Gedanken, irgendein Wunder zu hören. Wunder gibt es keine, aber es gibt eine passable Musik einerseits und eine große Dürre andererseits..." (Brief vom 21. Juli 1904)

Bestimmend für die Haltung des Komponisten war auch, daß er sich an der internationalen Opernentwicklung messen, einen Vergleich mit ihr bestehen wollte. So suchte er nach „internationalen" Stoffen, beschäftigte sich mit Homers ›Ilias‹, erwog die Nausikaa-Episode, verwarf sie aber als Vorlage zu einer Oper, so wie er auch die Pläne zu einer Oper über Ilja Muromez oder Stenka Rasin aufgab. Rimski-Korsakow sah sich 1904 einer Kritik ausgesetzt, die seine Musik als veraltet qualifizierte. Er reagierte mit scharfer Ablehnung ihm unverständlicher Kompositionsweisen, wie die von Claude Debussy, sah sich aber veranlaßt, die gerade entstehende ›Legende von der unsichtbaren Stadt Kitesh‹ als Beweis für das Nichtveraltete seiner Musik in die Waagschale zu werfen. „Ich meine, daß ›Kitesh‹ keine zurückgebliebene Oper wird, sondern eine zeitgenössische und sogar eine ausreichend fortschrittliche mit einigen Tälern der Kühle und außerdem mit nicht verlorenen wertvollen Elementen: Melodie, Form, Harmonie, Kontrapunkt und... und... und..., folglich Schönheit... Der ganze Gedanke des Terminus ‚liturgische' Oper ist mir nicht klar, und deswegen bitte ich Sie irgendwann einmal um eine Erklärung. Übrigens wird das letzte Bild von ›Kitesh‹ dem am nächsten sein, was ich vorerst unter einem wunderlichen Wort verstehe." (Brief vom 28. April 1904) Rimski-Korsakow spielte hier mit der doppelten Bedeutung von Wort (slowo), das im Russischen auch einen Märchen und Wahrheit mischenden Bericht bezeichnet.

1904 behauptete Rimski-Korsakow unter dem Zwang der Kritik, seine neue Oper verfüge über besondere Qualitäten, während er noch 1903 ehrlich klagte: „Jastrebzew war zwei Tage in Krapatschuch und hat mich zu Tode erschreckt: er sagte, daß ›Kitesh‹ unbedingt von irgendeiner besonders hohen Qualität werden muß ... Wenn von allen Seiten solche Forderungen gestellt werden, ist dann nicht zu befürchten, daß irgend etwas in der Arbeit fehlschlägt?" (Brief vom 4. August 1903) Offensichtlich unterlagen die Freunde des Komponisten in dieser Zeit dem gleichen Erfolgszwang.

Am 16. Juli 1904 teilte er Belski mit: „Die unvollständigste aller unvollständigen Opern habe ich vollendet ... Insgesamt fürchte ich einige Längen. Kuterma ist schon sehr redselig." Die Furcht vor Längen war ungewöhnlich bei Rimski-Korsakow.

Strukturen

Der Ideengehalt des Werkes erschließt sich vor dem Hintergrund pantheistischer Weltanschauung und christlich-eschatologischer Heils- und Erlösungslehre. Für Fewronija sind in ihrem Gespräch mit Wsewolod Gott und die Welt im materialistischen, pantheistischen Sinne eins. Gott ist ihr die Summenformel für Welt. Fewronija erfährt, wie die Welt in eine miese Realität und in ein ideales Paradies zerfällt. Der Zusammenhang beider stellt sich über ein Gott vertrauendes Subjekt her.

Für den idealistischen Pantheisten Belski bilden Gott und Welt keine absolute Einheit. Er läßt „zwischen Gott und Welt ein — wenn auch gegenüber der christlichen Religion eingeschränktes — Verhältnis bestehen, aber räumt in diesem Verhältnis Gott den Vorrang ein. Der idealistische Pantheismus befindet sich dergestalt in einer bloß unterschiedlichen Stellung zur Religion. Seinem Wesen nach ist er eine philosophisch verbrämte Form religiösen Denkens." (Philosophisches Wörterbuch) Dementsprechend forderte Belski vom Komponisten auch, mit seiner Musik „mystischen Schrecken" hervorzurufen. In der Ablehnung dieses Ansinnens durch Rimski-Korsakow manifestierte sich der Unterschied zwischen materialistischem und idealistischem Pantheisten.

In den Jahren 1919 und 1926 wurde die Oper stark kritisiert. Anatoli Lunatscharski, erster Volksbildungskommissar der UdSSR, sah sich genötigt, das Werk gegen massive, den religiösen Charakter verurteilende Angriffe zu verteidigen. Er hob den Altruismus der Fewronija hervor und verwies dabei besonders auf den Brief, den diese an Kuterma schreibt. Daran zeige sich, daß sie sich im Glück eines Unglücklichen erinnere.

Belski hat unter anderem in seinem Libretto auch die Flucht aus der realen Misere in den Überschwang gestaltet und Wert auf die inneren, psychologischen Vorgänge seiner Figuren gelegt. Der Librettist sprach in seinen ›Bemerkungen zum Text‹ davon, daß es ihm nicht um eine Handlung im Sinne äußerlicher Ereignisse zu tun gewesen sei, sondern um den „organischen Zusammenhang der psychischen Haltungen und die Logik der Abwechslung".

Rimski-Korsakow hingegen war an der Ausformung sozialer Spannungen gelegen, wie sie im Bild Klein-Kitesh im II. Akt angelegt sind. „Die Oper endet mit einem F-Dur-Akkord piano trombo der Glocken", wußte der Komponist schon im August 1903 zu berichten und machte deutlich, daß er das paradiesische Ende, die Flucht aus der Misere, nicht als Sieg gefeiert sehen wollte. Seiner Tonartenästhetik entsprechend betonte er: „Es-Dur — das ist die Tonalität der kämpferischen Stadt, und Kitesh gehört das helle F-Dur." Er war sich, wie Wassili Jastrebzew in seinem Tagebuch am 2. März 1904 vermerkte, darüber im klaren, daß er die Tataren „slawisierte", indem er sie mit dem russischen Volkslied „Pro tatarski polon ..." kennzeichnete. Im Paradies erheben neben den beiden Paradiesvögeln Sirin und Alkonost auch Vögel aus Fewronijas Wald ihre Stimme. Das vieltürmige Groß-Kitesh nimmt im Glockenton Klanggestalt an, aber auch der Natur verleiht der Pantheist Rimski-Korsakow Stimme. Wenn im berühmt gewordenen Vorspiel ›Lob der Einsamkeit‹ sich Oboen- und Flötenmelodien von Harfenarpeggien und Streichertremoli wie einzelne Bewegungen ablösen, erhält der Wald Raum und Gestalt. Nach der A-cappella-Chorfuge im III. Akt — der Anrufung der Jungfrau Maria — setzen die Violoncelli und Kontrabässe in die flimmernde Erwartung eines Wunders hinein ein und singen von der Einsamkeit und Ruhe des Sees Swetly Jar (Helles Ufer).

Zweifellos eignet bestimmten Situationen etwas Musikalisches; die unsichtbare Stadt Kitesh wird in den Glocken existent und kann so verschiedene Bedeutungen erhalten. Die Glocken erinnern zum Beispiel Kuterma an seinen Verrat. In seinem Ohr wird deren Klang seltsam verzerrt, wenn Harfe und Flöte, von Horn und Fagott sekundiert, die kleine Terz läuten, die Sept dazwischensticht und unaufgelöst bleibt, unerlöst wie Kuterma. Rein illustrative Elemente — die Nachahmung von Vogellauten, das Posaunensignal bei Erwähnung der vierzig Wunden Wsewolods oder der die Tataren charakterisierende Galopp — stehen neben Leitmotiven und Leitharmonien, die die Handlung selbständig erzählen. Das im I. Akt von Fewronija und Wsewolod angeschlagene Liebesthema findet im Paradies seine Wiederholung und Bestätigung.

Aneignung
1908, bereits ein Jahr nach ihrer Petersburger Uraufführung, wurde die Oper am Bolschoi Theater Moskau nachgespielt. In der Saison 1916/17 übernahm das Bolschoi die Inszenierung des Mariinski Theaters, während das Petrograder Theater für Oper und Ballett 1918 eine neue Inszenierung herausbrachte. Wiederaufnahmen erfolgten 1926 und 1933. Sah sich Anatoli Lunatscharski bereits 1919 in einem in der Zeitschrift *Shisn Iskusstwa* veröffentlichten Artikel: Gedanken zur ›Stadt Kitesh‹ veranlaßt, das Werk zu verteidigen, so bekräftigte er 1926 seine Meinung noch einmal öffentlich in der *Iswestija*, als die Oper von beiden großen Opernhäusern der Sowjetunion gespielt wurde. Im Auftrag des Bolschoi Theaters schuf Sergej Gorodezki eine Librettofassung, in der das Verschwinden der Stadt Kitesh durch starken Nebeleinfall rationalistisch-meteorologisch begründet wird und sich dem erstaunten Blick der Tataren, nachdem sich der Nebel gelichtet hat, die russischen Streitkräfte in voller Rüstung zeigen. Dar-

aufhin fliehen die Tataren in panischem Schrecken. Wsewolod gesundet auf wunderbar schnelle Weise von seinen vierzig Wunden, findet im Wald Fewronija und feiert mit ihr im unzerstörten Groß-Kitesh Hochzeit. In diesem Sinne konnte die Oper als ein Werk glücklicher Vaterlandsverteidigung gegeben werden und hat sich in dieser Gestalt bis in die Gegenwart im Spielplan des Bolschoi Theaters gehalten.

Die ersten Aufführungen außerhalb der Sowjetunion fanden 1926 in Barcelona, London (konzertant an der Covent Garden Opera), Paris (konzertant an der Grand Opéra) und (in lettischer Sprache) in Riga statt. Es folgten Buenos Aires 1929, Mailand 1933 und Brünn (Brno) 1934. Die deutsche Erstaufführung war 1935 in Duisburg (deutsch von Brockmann-Neubauer). Weitere Inszenierungen: 1936 in New York und Kaunas, 1937 in Berlin, 1938 in Prag, 1949 in Riga. In letzter Zeit erlebte das Werk unter anderem Inszenierungen am Kirow Theater Leningrad 1958, am Bolschoi Theater Moskau 1966, in Köln 1968, in Graz 1969.

Autograph Staatliche Öffentliche Bibliothek M.J. Saltykow-Schtschedrin Leningrad
Ausgaben Part und KlA Belaieff Leipzig 1906; KlA (russ./frz./dt., dt. von Elfriede Brockmann) Belaieff Leipzig 1926; Text (dt. von Elfriede Brockmann) Belaieff Leipzig 1936; Part In: GA (Polnoje sobranije sotschineni.) Bd. 14A und 14B, Musgis Moskau/Leningrad 1962; KlA In: GA (Polnoje sobranije sotschineni.) Bd. 42, Musgis Moskau/Leningrad 1962
Literatur Boris Assafjew. Ausgewählte Werke. (Isbrannyje trudy.) Bd. 3, Moskau 1954; Abram Gosenpud: Aus Beobachtungen zum schöpferischen Prozeß Rimski-Korsakows. (Is nabljudeni nad twortscheskim prozessom Rimskogo-Korsakowa.) In: Musikalisches Erbe. (Musykalnoje nasledstwo.) Bd. 2, Moskau 1954; Genrich Orlow: Die Quellen der ›Legende von der unsichtbaren Stadt Kitesh‹. (Istoki ›Skasanija o grade Kitesh‹.) Autoreferat zur Dissertation. Moskau 1957; Lew Danilewitsch: ›Die Legende von der unsichtbaren Stadt Kitesh‹. (›Skasanije o newidimom grade Kiteshe‹.) In: Die letzten Opern Rimski-Korsakows. (Poslednije opery Rimskogo-Korsakowa.) Moskau 1961; Anatoli Lunatscharski: Gedanken über die ›Stadt Kitesh‹. (Mysli o ›Grade Kiteshe‹.) In: In der Welt der Musik. Aufsätze und Reden. (W mire musyki. Statji i retschi.) Moskau 1971; Lidija Kerschner: ›Die Legende von der unsichtbaren Stadt Kitesh‹. (›Skasanije o newidimom grade Kiteshe‹.) In: Die Opern N.A. Rimski-Korsakows. (Opery N.A. Rimskogo-Korsakowa.) Moskau 1976; Dmitri Lichatschow: Russische Literatur und europäische Kultur des 10.–17. Jahrhunderts. (dt. von Renate Franke) Berlin 1977

Der goldene Hahn (Solotoi petuschok)
Eine unglaubliche Geschichte (Nebyliza w lizach)
Oper in drei Akten nach dem Märchen von Alexander Puschkin
(Opera w trjoch dejstwijach po skaske A.S. Puschkina)
Text von Wladimir Belski

Entstehung 1906–1907

Uraufführung 7. Oktober 1909 Theater Solodownikows Moskau mit dem Ensemble der Privatoper von Sergej Simin

Personen
Zar Dodon_____Baß
Zarewitsch Gwidon_____Tenor
Zarewitsch Afron_____Bariton
Heerführer Polkan_____Baß
Beschließerin Amelfa_____Alt
Astrologe_____Tenor-Altino (Hoher Tenor)
Zarin (von) Schemacha_____Sopran
Der goldene Hahn_____Sopran
Hofgesinde, Volk, Soldaten, Sklavinnen_____Gemischter Chor
(Die Betonung bei Dodon liegt auf der zweiten Silbe, demzufolge das erste o wie a ausgesprochen wird. Puschkin schreibt daher auch Dadon.)

Orchester Picc, 2 Fl (II auch Picc), 2 Ob, 2 Klar, EH, BKlar, 2 Fg, KFg, 4 Hr, 2 Trp, ATrp, 3 Pos, Tb, Pkn, Bck, Trgl, Tamb, Tr, GrTr, Glöck, R, Xyl, Cel, 2 Hrf, Str

Aufführungsdauer Prolog und I. Akt: 50 Min., II. Akt: 46 Min., III. Akt und Epilog: 24 Min.; Gesamt: 2 Stdn.

Story
Ein kundiger Mann, ein mächtiger Mann und eine ungeknechtete Frau — Astrologe, Zar und Orientalin — treffen aufeinander. Der Kundige benutzt den Mächtigen, um die Ungeknechtete zu domestizieren. Doch sie läßt sich weder durch den liebesunkundigen Zaren noch durch den liebesunfähigen Astrologen gewinnen und verschwindet gemeinsam mit dem goldenen Hahn. Was bleibt, ist ihr Lachen, ein ermordeter Zar und die Aufforderung des Astrologen, aus der Geschichte zu lernen.

Vorgänge (I)
Prolog: Ein Astrologe stellt sich als Inszenator und Akteur des folgenden Spiels vor und fordert zur Enträtselung der nun folgenden Geschichte auf.
I. Akt: *Halle im Palast des Dodon mit Blick auf das Zarenreich.* Zar Dodon war einst ein Schlagetot. Nun ist er alt und sucht Ruhe. Die Duma und auch seine beiden Söhne wissen keinen Rat, das Land vor Feinden zu schützen. Der Astrologe schafft Hilfe. Er schenkt dem Zaren einen goldenen Hahn. Dieser bewacht das Reich und erhebt warnend die Stimme, wenn Feinde drohen. Den Lohn für das Geschenk behält sich der Astrologe vor. Der Zar pflegt der Ruhe, bis der Hahn kräht. Die ersten beiden Male schickt Dodon seine Söhne gegen den Feind, beim dritten Mal aber muß er selbst hinaus ins Feld.
II. Akt: *Schlachtfeld: Finstere Nacht.* Dodon findet seine Heere geschlagen, die

beiden Söhne haben sich gegenseitig umgebracht. Ein Feind aber ist nicht zu sehen. Mit der Morgenröte erscheint ein schönes Weib, gibt sich als Zarin Schemacha, Tochter der Königin der Luft, zu erkennen. Dodon bietet ihr Herz und Hand.

III. Akt: *Straße in der Hauptstadt vor der Treppe des Zarenpalastes.* Dodon kehrt ohne Söhne, aber mit einer Braut ins Reich zurück. Der Astrologe klagt seinen Lohn ein und fordert vom Zaren die Königin Schemacha. Der Zar weigert sich, den Lohn zu zahlen, und erschlägt den Astrologen. Der Hahn tötet den Zaren. Den Hauptstädtern bleibt Entsetzen, der tote Zar und die Frage nach einer Zukunft ohne Zaren. Schemacha und der Hahn sind verschwunden.

Epilog: Der Astrologe beansprucht für sich und Schemacha allein das Attribut des Lebendigseins und möchte alle anderen Personen aus dieser Geschichte ins Reich der Schatten und des Nichts verbannt sehen.

Vorgänge (II)
(Versifizierung Sigrid Neef)

Prolog:
Ein Astrologe rühmt sich, Schatten zu beleben,
verspricht, ein lehrreich' Spiel zu geben.
Ein Spiel, lehrreich, für wen, wozu?
Da schließt sich schon der Vorhang zu.

I. Akt: *Halle im Palast des Dodon mit Blick auf das Zarenreich.*
Einst ein großer Schlagezu,
sucht Dodon im Alter Ruh,
wünscht sich nun, den Feind zu schlagen,
ohne eine Schlacht zu wagen.
Hat die Duma einberufen,
soll den Stein der Weisen suchen.
Keiner kann ihm Hilfe schaffen,
mittendrin die Söhne gaffen
neidisch auf des Vaters Thron:
dumm ist Prinz Gwidon, dümmer noch Afron.
Ein Astrologe hilft, schenkt Dodon einen Hahn,
und dieser tut, was keiner je getan:
er warnt rechtzeitig vor Gefahr und laut
den Zaren, der ihm alsogleich vertraut.
Als Dank soll jeder Wunsch gewähret sein,
versprich Dodon, dann schläft er ein.
Er träumt, doch nicht wie sichs fürs Alter schickt,
ein Frauenbildnis ihm den Sinn verstrickt.
Da kräht der Hahn in seinen Traum,
er schickt die Söhne, nach dem Feind zu schaun.

Beim drittenmal muß er sich selbst bemühn
und doch hinaus, dem Feind entgegenziehn.

II. Akt: *Schlachtfeld. Finstere Nacht.*
Des Schreckens Flügel schatten übers Feld,
mit Toten ist der Acker hier bestellt.
Zar Dodon findet seiner Söhne Leichen,
sie fielen, einer von des andern Streichen.
Dodon ruft sein Heer zum Vergeltungsschlag,
da hebt sich die Nacht, und es dämmert der Tag,
kein Feind zeigt sich in Waffen und Wehr,
aber ein schönes Weib schreitet einher.
Königin Schemacha bittet den Zaren, ihr Gast zu sein,
sie schmeichelt dem Alten, er willigt ein.
Der Orient offenbart sich durch die Königin,
doch trifft ihr Reiz auf tauben Sinn,
zwar schwört Dodon, verliebt zu sein,
wirbt um die Königin, und sie willigt ein,
ihm zu folgen, doch paßt das Bild nicht recht,
neben Schemacha erscheint Dodon als Knecht.
Die Tochter der Lüfte ist gut und böse, kalt und heiß,
sie fügt sich nur dem Willen dessen, der ihr zu gebieten weiß.

III. Akt: *Straße in der Hauptstadt vor der Treppe des Zarenpalastes.*
Das Volk benimmt sich ganz so, wie es soll,
es sorgt sich um den Zaren, ist seines Lobes voll
und preist und rühmt den Heimgekehrten
als weisen Herrn und hochverehrten.
Stolz zeigt Dodon dem Volk die Braut,
doch die hat ihn nicht angeschaut,
sieht auf den Astrologen, der sich naht,
und der nun seinen Lohn einklagt:
der Weise fordert vom Alten das junge Weib
und erhält vom Zaren einen Stoß in den Leib.
Er stirbt, was die Königin amüsiert,
das wiederum hat den Hahn provoziert.
Er hackt Dodon den Schädel ein
und verschwindet mit Schemacha, das Volk bleibt allein
und fragt sich sorgenvoll,
wie es ohne Zaren leben soll.

Epilog:
Der Astrologe spricht allein sich und der Königin
Leben zu und tiefern Sinn.

Wem das Ende blutig scheint:
So handeln Schatten, das war gemeint.

Genesis

Rimski-Korsakows ›Chronik meines musikalischen Lebens‹ endet im August 1906 mit der Überlegung des Komponisten, ob er das Komponieren nicht gänzlich aufgeben solle, da er seine künstlerischen Kräfte erschöpft sieht und sich von den politischen Ereignissen in Rußland nach der Niederschlagung der Revolution von 1905 entmutigt fühlt. Doch Puschkins 1834 geschriebenes ›Märchen vom goldenen Hahn‹ mobilisierte die schöpferischen Energien des Resignierenden. Im Unterschied zum Entstehungsprozeß früherer Opern, deren Stoffe und Ideen Rimski-Korsakow sehr lange mit sich herumtrug, bevor er mit der Arbeit begann, konzentrierte Puschkins Märchen die Energien des Komponisten, so daß er am 15. Oktober 1906 die ersten musikalischen Skizzen niederschrieb, am 19. Oktober dem Librettisten Wladimir Belski, der ihm schon zuvor Operntexte geliefert hatte, seine Absicht mitteilte und das Werk innerhalb von elf Monaten bis zum 29. August 1907, trotz großer anderweitiger Belastungen, fertigstellte.

Als Epigraph ist der Oper ein Zitat aus Gogols Erzählung ›Die Mainacht‹ vorangestellt: „Ein gutes Lied, ein Brautwerber, schade nur, daß die Obrigkeit darin mit ungebührlichen Worten bedacht wird." Um die Zielrichtung seines neuen Werkes nicht allzu offen preiszugeben, nahm Rimski-Korsakow dieses Epigraph zurück. Das konnte jedoch nicht verhindern, daß die Zensur verlangte, Prolog, Epilog und insgesamt 45 Verszeilen, darunter Verse von Puschkin, zu streichen. Da sich Rimski-Korsakow dazu nicht bereit fand, wurde lediglich die Erlaubnis zum Druck, nicht aber zu einer Aufführung gegeben. Der Komponist vermerkt deshalb ausdrücklich in der bei Jurgenson 1908 erschienenen Erstausgabe: „... ich bin der Ansicht, daß weder im Klavierauszug noch in der Partitur irgendwelche Veränderungen vorgenommen werden dürfen. Klavierauszug und Partitur müssen für immer in ihrer Originalgestalt verbleiben, das gleiche gilt für das Libretto..."

Hier verwahrt sich nicht schlechthin ein Komponist gegen Regiewillkür, sondern ein politisch bewußter Künstler gegen mögliche Verfälschungen.

Das Werk erklang zu Lebzeiten des Komponisten nur konzertant und in Ausschnitten, so der Prolog, der Hochzeitsmarsch und die Arie der Schemacha. Zur Aufführung gelangte die Oper erst nach dem Tode Rimski-Korsakows, allerdings mit den von der Zensur geforderten und von ihm befürchteten Eingriffen.

Strukturen

In seinem Vorwort zur Erstausgabe der Oper erläutert der Librettist Wladimir Belski seine Interpretation des Puschkinschen Märchens. Das Geschehen wird durch das Interesse eines ewig lebenden Zauberers, eines Astrologen, ausgelöst. Er will eigenes unbewältigtes Leben im Spiel bestehen und anderen eine Botschaft übermitteln. Doch nicht der lehrhafte Aspekt wird betont, wie auch die subjektive Perspektive nicht den Gang des Geschehens bestimmt. Belski gibt vielmehr durch des Astrologen Worte im Prolog einen Hinweis auf die im Werk angelegte Tendenz und auf die historische Bedeutung der dargestellten Geschichte. Im Epilog spricht der Astrologe nur den beiden phantastischen Gestalten — der Zarin Schemacha und sich selbst — Leben und tieferen Sinn zu, den historisch realen Personen — wie Zar Dodon, dessen Söhnen, dem Heerführer — lediglich ein Schattendasein. Die tatsächlichen Verhältnisse werden umgekehrt und somit bewertet. Die Epilogworte des Astrologen bedeuten keine Zurücknahme oder neckische Entschuldigung des Gezeigten als „leeres Gaukelspiel", wie es die Übersetzung von Heinrich Möller glauben machen will. Sie lauten: „Seht, damit endet unser Märchen. Aber es ist eine blutige Geschichte. Doch keine bedrückende. Sie muß Euch nicht erregen. Denn nur ich und die Zarin waren hier die lebendigen Personen. Die restlichen waren ein Fieberwahn, ein Traum, ein totenbleiches Gespenst, ein Nichts."

Die „Restlichen" meint die Mächtigen. Im offiziellen Sprachgebrauch gehören den Mächtigen die Attribute „gesund, real, lebendig, bedeutend". Der Astrologe wendet den offiziellen Untertext zu Macht in sein Gegenteil. Er leistet so im und mit dem Wort Widerstand gegen die real existierende Gewaltherrschaft. Nicht zufällig nahm die Zensur gerade an Prolog und Epilog Anstoß.

Der Astrologe ist der Typus eines russischen Intellektuellen, Wissenschaftlers und Demokraten. Er erinnert sich des Vergangenen, auch des eigenen Versagens, um daraus Erkenntnisse zu gewinnen. Die Zarin Schemacha nennt Belski eine Tochter der Luft. Die Luft aber, die den Wind bildet, ist in der russischen Märchensymbolik eine freie Wesenkraft der Natur, und als solche fungiert hier auch ihre Tochter. Frei von jeglichen sozial bestimmten Moralvorstellungen verführt sie Dodon nicht, vielmehr stellt sie sich und die ihr eigene kreatürliche Liebesfähigkeit dar. Sie verweigert sich allen Besitzansprüchen, spottet der Macht (Dodon und seinen Söhnen) und verlacht den beschränkten Geist (Astrologen), und sie verschwindet folgerichtig aus der Geschichte, keiner weiß wie und wohin, da es niemandem gelungen ist, sie zu halten. Was bleibt, ist ihr Lachen, denn sie ist unbarmherzig und naiv wie ein Kind — auch hierin eine Wesenskraft der Natur. Sie lacht über die Liebesunfähigkeit des balzenden Dodon genauso wie über den Mord an dem seine Möglichkeiten überschätzenden Astrologen. Schemacha tritt mit der Morgenröte ins Spiel, denn als Kind der Luft kommt sie mit der im Osten aufgehenden Sonne. (Schemacha war die Hauptstadt des gleichnamigen Kreises im russisch-transkaukasischen Gouvernement Baku und früher Residenzstadt der tatarischen Chane.) Schemachas Kräfte wirken verderblich, wenn sie auf Besitzgier und Machtansprüche treffen, und doch ist sie schön, sanft, und in ihrem Wesen liegt Hoffnung. Sie ist Morgenröte und Hoffnung, ihr gilt die bange doppelsinnige Frage nach des Zaren Tod: „Was gibt eine neue Morgenröte?" („Schto dast nowaja sarja?") Die Zarin Schemacha ist in dieser Ausformung Belskis Erfindung. In ihr und in der Beziehung des Astrologen zu ihr sind die Erfahrungen der russischen Intelligenz mit der Revolution von 1905 gestaltet. Die Substanz der Oper erschöpft sich also nicht in der Satire auf das überlebte zaristische System, vielmehr wird hier die Frage gestellt, inwieweit die russischen

Demokraten den politischen Realitäten gewachsen waren, wieweit sie die zur Freiheit drängenden Kräfte zu halten und zu bändigen verstanden. Belski sah die Ursachen für das Scheitern der Revolution nicht ausschließlich in der Stärke des zaristischen Machtapparates, sondern auch in der Unreife der russischen demokratischen Kräfte. Der Astrologe erhebt mithin im Prolog die Forderung, sich der Niederlage von 1905 zu stellen und Lehren daraus zu ziehen. In dieser Absicht wird auch der Begriff Volk verwendet. Gemeint sind damit die Duma — die Gilde bezahlter käuflicher Ratgeber des Zaren — und die städtischen, dem Zarenhof Dienst leistenden Schichten. Ins Visier genommen wird also eine Bevölkerung, die von der zaristischen Hofhaltung lebte und ohne den Zaren tatsächlich nicht existieren konnte. Im Schlußchor mit seiner Frage „Wie werden wir denn ohne Zaren leben?" („Kak she budjem bes Zarja?") ist die Puschkinsche Ironie deutlich mitkomponiert. Der Klage- und Schreckenston wird durch Molltrübung und von Streichertremoli grundierten Sekundschärfungen grimassierend betont. Auch gibt die vorausgegangene Frage „Was gibt neues Morgenrot?" („Schto dast nowaja sarja?") den Schlüssel für die Antwort auf die letzte Frage. „Sarja", das Morgenrot, ist im Klang ganz ähnlich dem „Zarja", dem durch das Wort „ohne" bedingten Genitiv von Zar. Hier wird die Aussage: Morgenrot ist, ohne Zar zu sein, unausgesprochen laut. Von Piccolo und Flöte angeführte chromatische Läufe bis hinab zu den aus ihrer Erstarrung erwachenden Celli erinnern noch einmal kurz an Hahn und Zarin Schemacha, an Wesenheiten, die bereits ohne Zaren leben.

Der Zar setzt sich den Hahn aufs Dach. Der Hahn auf dem Dach bedeutet Feuer im Haus. Der Hahn in seiner sprichwörtlichen Bedeutung wurde von den russischen demokratisch gesinnten Künstlern auch als Feuer der Empörung begriffen. ›Der goldene Hahn‹ bei Puschkin und bei Rimski-Korsakow steht in einer Tradition mit Alexander Blocks Gedicht vom Hahn und der Alten und ist ein Zeichen für aufbegehrende, bisher in Unmündigkeit (Domestikation) gehaltene Kräfte. Wie bei Puschkin werden auch in der Oper die Märchenfiguren zu poetischen Zeichen einer antizaristischen Kritik.

Belski befürchtete, daß mit einer slawophil possenhaften Darstellungsweise dem Werk seine Zielrichtung genommen würde. Deutlich, aber in der Theaterpraxis ungehört, wendet er sich gegen folkloristische Ausdeutung, wenn er sich in seinem Vorwort auf die Universalität der Puschkinschen Poetik beruft. Auf dem Malgrund weltoffener Ideen soll das Russische als umrißgestaltendes, nicht aber als sinngebendes Element in Erscheinung treten.

Wie stark Belski vom psychologisierenden und moralisierenden Märchengehalt abwich, machen die vielfältigen Interpretationsversuche der sowjetischen Musikwissenschaft deutlich. Die größte Schwierigkeit bereitet die Entschlüsselung der Zarin Schemacha. Einige Wissenschaftler (Jankowski, Kabalewski) sehen in ihr die Verkörperung bestimmter Kunstprinzipien, andere (Assafjew, Keldysch, Solowzow, Gosenpud) das absolut Böse. Alexej Finagin ging so weit, Schemacha als Verkörperung des L'art-pour-l'art-Prinzips zu bezeichnen. Erst Michail Gnessin äußerte die Meinung, der sich Lew Danilewitsch anschloß, die

Zarin sei „ein Symbol der Jugend und Schönheit, des Traumes vom Herrlichen" — eine Sinngebung, die zweifellos den Absichten des Komponisten entspricht, wenn sie diese auch nicht völlig erschöpft.

Die russischen Demokraten sahen im Osten eine exotische, utopische Gegenwelt zu ihrer ständisch-feudalen Gesellschaft. Doch da sie oft als Offiziere oder Beauftragte des zaristischen Systems in den Osten kamen, täuschten sie sich über die reale Lebensweise dieser in feudal-patriarchalischen Verhältnissen lebenden Völker. Puschkin war einer der wenigen, die diese Welt ohne Vorurteil sahen und darstellten. Er schilderte die Knechtung der Frau, die totale Abhängigkeit von der Natur (›Der Gefangene im Kaukasus‹). Das Wissen um die wahren Verhältnisse wurde zunehmend verdrängt zugunsten eines Wunschbildes. Ungehemmte Liebesfähigkeit und freie Natürlichkeit glaubten die Petersburger und Moskauer Künstler in der orientalischen Kultur finden zu können. Sie schätzten die Folklore der kaukasischen und transkaukasischen Völker. Die Orientalinnen trugen für sie die Zeichen des Fremd-Geheimnisvollen, des Wild-Ungezähmten, des Freiseins von ständisch-städtischer zivilisatorischer Beengtheit.

Die Zarin Schemacha ist eine solche Phantasie-Orientalin. Ihr ist der II. Akt der Oper gewidmet. Als Merkmale östlicher Musik sind — neben der Verwendung des aserbaidshanischen Tschargjach — chromatische, oft durch vergrößerte Sekundschritte verfremdete Läufe, Sequenzierungen der Motive, Transformation der Themen, Kontrapunktierung der verschiedenen Varianten, Bildung von Motivketten sowie eine auf dem verkleinerten Septakkord und dem großen Nonakkord basierende Leitharmonik zu finden. Das Orchester wirkt selbständig sein Gewebe, bald scheint es sich aufzulösen, zerfließt wie eine Phantasmagorie. Streichertremoli, klar abgesetzte Klänge der Celesta und Harfe, solistisches Musizieren von Violine, Bratsche, Violoncello, Flöte und Klarinette wirken an einem jeder Verfestigung widerstehenden, in sich ruhenden bewegten Klangbild. Wie das dazugehörende, aber vom Gewebegrund abgehobene Muster tönt der tropfenweise fallende und aufspringende helle Klang von Piccolo, Flöte, Oboe und Klarinette, dem sich die Stimme des Astrologen anheftet, die musikalische Verwandtschaft zwischen ihm und Schemacha bezeichnend. Ganz gestisch auf seine Signalmotivik festgelegt, ist der Hahn in der Helle seines Trompetenklanges den beiden verschwistert. Die Beziehung Astrologe—Schemacha beschrieb Wladimir Belski 1907 in seinem Vorwort zur Erstausgabe der Oper: „Der unerschöpflich reiche Inhalt des ›Märchens vom goldenen Hahn‹ ist trotz seiner scheinbaren Einfachheit durch und durch von einer eigenartigen Rätselhaftigkeit. Ich spreche hierbei nicht von den bekannten Versen: Ist auch kraus des Märchens Sinn, eine Lehre steckt darin!, in denen nur im allgemeinen auf die Möglichkeit hingewiesen wird, daß aus einem Märchen eine nützliche Moral gewonnen werden kann, sondern von dem Geheimnis, das bei Puschkin die Beziehungen zwischen den phantastischen Gestalten des Märchens, dem Astrologen und der Zariza von Schemacha, umgibt. Ob sie ein Komplott gegen den Zaren Dodon geschmiedet haben oder ob sie ihn zufällig und unabhängig voneinander überfallen, ist bei Puschkin gänzlich unaufgeklärt. Eine Bühnenversion des Märchens konnte sich aber mit einer derartig schwankenden Grundlage nicht zufriedengeben. Es war notwendig, dieses Rätsel zuvor mit aller Entschiedenheit aufzuklären.

Die Zuschauer des Märchens werden also einem verzweifelten Versuch beiwohnen, den ein noch immer lebender Zauberer vor vielen Jahrtausenden unternommen hat, um die mächtige Tochter der Luft seinem magischen Einfluß dienstbar zu machen. Da er nicht imstande war, sich ihrer direkt zu bemächtigen, kam er auf den Gedanken, sie sich aus den Händen Dodons ausliefern zu lassen. Aber, wie man sieht, unterliegt er dabei, so daß ihm nichts übrigbleibt, als zum Trost den herzlosen Undank des Zaren den Zuschauern zu zeigen."

Dunkle Klänge der Blechblasinstrumente, starre, zur Verfestigung drängende Rhythmen, ausgebreitete Kadenzfloskeln, eine Fülle prägnanter, die Situationen und Charaktere zeichnender Themen bestimmen die Zarenwelt. Rimski-Korsakow weist alte bekannte und gebräuchliche Muster, wie den Parademarsch, das Wiegenlied, die Slawa-Chöre, als Zitate aus, indem er sie in ihrer Charakteristik überzeichnet. Das bestimmt das Wesen dieser Musiziersphäre, weil damit die Macht auch musikalisch als ein Schatten, ein Nichts, ein Traum von vergangener Größe kenntlich gemacht wird. Das Zitat wird zum Schild, hinter dem sich der verwesende Leichnam versteckt.

In der Beziehung des Zaren Dodon zur Schemacha liegt eine elementare Kritik an der Unnatur der Macht. Nur in seinem Reich erscheint der mächtige Zar auch als der allvermögende Mensch. Die Söhne bestätigen ihn als Autorität, die Duma als weisen und gerechten Staatenlenker, die Beschließerin Amelfa als potenten Liebhaber. Dieser Anschein idealer Menschlichkeit, geistiger und erotischer Potenz wird ihm aber nur durch die Unnatur der Verhältnisse und den Domestikencharakter seiner Untergebenen zuteil. Der Zar wird zum Knecht und offenbart hierin sein eigentliches Wesen, wenn er der unverfälschten Natur, der Tochter der Lüfte, gegenübertritt. Was dem Niedrigsten und Unbedeutendsten seines Volkes gelingen mag, durch Körper und Geist einem anderen Menschen zu gefallen, gelingt dem Zaren nicht. Fern von Krone und Reich, als Mensch mit der Natur konfrontiert, ist er nur noch ein ohnmächtiger, häßlicher, ungebildeter alter Mann.

In seiner letzten Oper hat Rimski-Korsakow das Prinzip, durch Klangfarben, Leitharmonien und Instrumentalbeziehungen die Fabel zu erzählen, so vervollkommnet, daß jeder wichtigen Situation und Figur eine charakteristische klangliche Aura eigen ist, die im Sinne der romantischen Leitmotivik mit der jeweiligen psychologisch-dramatischen Grundfunktion zusammenhängt, sich darin aber nicht erschöpft. Im I. Akt werden durch ein ausgefeiltes Prinzip der Wiederholung und Bestätigung von Vorgängen die musikalischen Bausteine so zusammengefügt, daß sie mit den gemeinten außermusikalischen Inhalten identifiziert werden können. Der II. Akt erscheint wie ein intermezzohafter Kontrast zum vorausgegangenen und folgenden, während im III. Akt ein neues Geflecht alter Beziehungen hergestellt wird und sich polytonale Strukturen entwickeln, indem die verschiedenen Leitmotive zueinander in Entsprechung gebracht und miteinander kontrastiert werden.

Aneignung

Die erste Aufführung außerhalb Rußlands erfolgte 1914 durch die Djagilew-Truppe als Ballett-Oper in der Choreographie Michail Fokins in Paris. Gegen das ihrer Meinung nach dekadente Bühnenbild der Natalia Gontscharowa erhob die Familie des verstorbenen Komponisten Klage bei französischen Gerichten.

Es folgten Aufführungen in London 1914, New York 1918, Berlin 1923 (unter Leo Blech, dt. von Heinrich Möller), Antwerpen 1923, Turin 1925, Buenos Aires 1925, Warschau 1926, Riga 1928, Wien 1929, London 1954 (unter Igor Markevitch an der Covent Garden Opera), New York 1967, Berlin 1968 (Deutsche Staatsoper Berlin), Leipzig 1968.

Am Bolschoi Theater Moskau trat der Astrologe 1931 in der Maske von Rimski-Korsakow auf — ein unvollkommener Versuch, die Entstehungszeit der Oper ins Theaterspiel einzubringen. Zur Uraufführung hatte der als Kenner altrussischer Bräuche und Kostüme bekannte Iwan Bilibin eine detailreiche folkloristische Ausstattung geschaffen, die berühmt wurde. Ebenso folklore-betont war auch die Ausstattung von Konstantin Korowin in der Inszenierung am Bolschoi Theater Moskau 1913. Die von Mamontows Operntruppe mit der Inszenierung von ›Snegurotschka‹ 1885 erkämpfte fortschrittliche Position, eine national betonte Bildsprache gegen den feudal-antikisierenden Geschmack durchzusetzen, wurde durch die Reduzierung des Nationalen aufs Folkloristische gefährdet. So inszenierte dann auch das Theater in Saratow 1947, einer Idee Stanislawskis zu ›Snegurotschka‹ folgend, den ›Goldenen Hahn‹ im Stil Palecher Miniaturen. Die Titelfigur, der Hahn selbst, geriet nun zum dekorativen Schmuck, der Gehalt des Werkes ging dabei verloren.

Autograph Staatliche Öffentliche Bibliothek M.J.Saltykow-Schtschedrin Leningrad
Ausgaben Part und KlA Jurgenson Moskau 1907; Text (dt. von Heinrich Möller) Jurgenson / Robert Forberg Leipzig 1923; Part In: GA (Polnoje sobranije sotschineni.) Bd. 15A, 15B und 15W, Musgis Moskau/Leningrad 1950; KlA In: GA (Polnoje sobranije sotschineni.) Bd. 43, Musgis Moskau/Leningrad 1951
Literatur Andrej Rimski-Korsakow: N.A.Rimski-Korsakow. Leben und Schaffen. (Shisn i tworschestwo.) Bd.5, Moskau 1946; Lew Danilewitsch: Die letzten Opern Rimski-Korsakows. (Poslednije opery Rimskogo-Korsakowa.) Moskau 1961; Wiktor Berkow/Wladimir Protopopow: ›Der goldene Hahn‹. (›Solotoi petuschok‹.) In: Die Opern N.A.Rimski-Korsakows. (Opery N.A.Rimskogo-Korsakowa.) Moskau 1976; Iwan Bilibin. Bildband mit Einführungstext. Hrsg. von S.Golynez (dt. von Gertrud Chwostowa) Leningrad 1981

Anton Grigorjewitsch
Rubinstein
1829–1894

Kulikower Schlacht (Kulikowskaja bitwa) _____ 1849–1850
Oper in drei Akten
nach der Tragödie ›Dmitri Donskoi‹ von Wladislaw Oserow
Sibirische Jäger (Sibirskije ochotniki) _____ 1852
Oper in einem Akt
Die Rache (Mest) _____ 1852
Oper in einem Akt
nach der Erzählung ›Chadshi-Abrek‹ von Michail Lermontow
Fomka, der Dummkopf (Fomka-duratschok) _____ 1852
Komische Oper in einem Akt
Das verlorene Paradies _____ 1855–1856
Oratorium in drei Teilen frei nach John Milton
Die Kinder der Heide _____ 1860
Oper in vier Akten nach dem Roman in Versen ›Janos‹ von Karl Beck
Feramors _____ 1861–1862
Lyrische Oper in drei Akten
nach dem Gedicht ›Lalla Rookh‹ von Thomas Moore
Der Turm zu Babel _____ 1868–1869
Geistliche Oper in einem Akt
Der Dämon _____ 1871
Phantastische Oper in drei Akten
nach dem gleichnamigen Poem von Michail Lermontow
Die Maccabäer _____ 1872–1874
Oper in vier Akten nach dem gleichnamigen Roman von Otto Ludwig
Nero _____ 1875–1877
Oper in vier Akten
Kaufmann Kalaschnikow _____ 1879
Oper in drei Akten nach einem Poem von Michail Lermontow
Sulamith _____ 1882–1883
Ein biblisches Bühnenspiel in fünf Bildern nach dem Hohelied Salomos
Unter Räubern _____ 1883
Komische Oper in einem Akt
nach der Erzählung ›Voyage en Espagne‹ von Théophile Gautier
Der Papagei _____ 1884
Komische Oper in einem Akt
nach einem Märchen aus dem persischen Papageienbuch

Moses _____ 1887—1891
Geistliche Oper in acht Bildern
Gorjuscha _____ 1888
Oper in vier Akten nach einer Erzählung von Dmitri Awerkijew
Christus _____ 1893
Geistliche Oper in sieben Vorgängen, einem Prolog und Epilog

Als Pianist erlangte Rubinstein Weltgeltung. Zugleich setzte er sich engagiert und tatkräftig für die Befreiung der Musiker Rußlands von feudalen Fesseln ein.

In seinem Artikel ›Über die Musik in Rußland‹ erklärte der Komponist, daß die russischen Musiker aus dem Kreis adliger Förderung herauszutreten und sich einer heranzubildenden kunstinteressierten Öffentlichkeit zu stellen hätten.

Rubinstein selbst begann seine Laufbahn als Hofkomponist der Großfürstin Jelena Pawlowa, und er zog mit seinem Programm die Konsequenz eigener Entwicklung.

Auf seine Initiative wurde am 8. Februar 1859 in Petersburg die Russische Musikgesellschaft ins Leben gerufen. Gemeinsam mit dem Juristen Dmitri Stassow arbeitete er die Statuten aus. Bereits im ersten Paragraphen ist das grundlegende Ziel der Tätigkeit benannt: „Die Entwicklung der musikalischen Bildung und Neigung zur Musik in Rußland sowie die Förderung der vaterländischen Talente." In diesem Sinne trat Rubinstein als Dirigent in Erscheinung, gestaltete er die Konzertprogramme der Russischen Musikgesellschaft. 1860 veranlaßte er seinen Bruder Nikolai, in Moskau eine weitere Musikgesellschaft mit gleichen Zielen ins Leben zu rufen; Gründungen in den Städten Kiew, Charkow und Saratow folgten 1863 und trugen wesentlich zur Popularisierung der neuen russischen Musik bei. Die der Russischen Musikgesellschaft angegliederte Musikklasse wurde 1862 in das Petersburger Konservatorium umgewandelt, dessen erster Direktor Anton Rubinstein bis 1867 war.

In Frontstellung zu Rubinstein warnten Alexander Serow und Wladimir Stassow vor Tendenzen des Akademismus und des „Westlertums", und so begann in der Mitte des 19. Jahrhunderts eine Polemik, die bis in unsere Zeit Freunde und Feinde der russischen Musik beunruhigen sollte. Als Rubinstein 1867 alle seine Ämter niederlegte, wurde sein Gegenspieler Mili Balakirew zum Dirigenten der Russischen Musikgesellschaft ernannt, doch gestaltete dieser die Konzertprogramme nach ähnlichen Prinzipien wie der befehdete Rubinstein und scheiterte an den gleichen Schwierigkeiten. Die feudal-höfischen Feinde der Russischen Musikgesellschaft waren mächtig, die demokratisch gesinnten Freunde zerstritten. Die Situation hatte sich auch 1887 nicht prinzipiell verändert, als Rubinstein erneut — nun bis zu seinem Tode — die Leitung der Russischen Musikgesellschaft und des Konservatoriums übernahm.

Vom Begriff der Neuen Russischen Schule, der das Schaffen der Komponistenkollegen Balakirew, Borodin, Cui, Mussorgski, Rimski-Korsakow bezeichnete, blieb Rubinsteins Werk ausgeschlossen.

Eklektizistische Züge im Einzelwerk und im Gesamtschaffen des Opernkomponisten Rubinstein sind nicht zu übersehen. Rubinstein versuchte, Formen und Materialien unterschiedlicher kultureller Herkunft und ungleichen Entwicklungsniveaus aneinanderzubinden. Eine Affekttypologie auszubilden gelang ihm nicht. Aber der „synagogale Orientalismus" der ›Maccabäer‹ und des ›Turms zu Babel‹, der „sextstrukturierte Lyrismus" des ›Dämons‹ und der ›Sulamith‹ sind ihrem Impetus nach nationale russische Musizierhaltungen, unter anderem der Intonationssphäre der städtischen Romanze entlehnt. Rubinstein steht so zwischen Glinkas Orientalismus und Tschaikowskis Lyrismus und kann als russischer Komponist gelten. Dies wird durch seine häufig geäußerte Absicht, an einer russischen Operntradition mitzuwirken, und durch seine stetige, mit der ersten Oper ›Dmitri Donskoi‹ (›Kulikower Schlacht‹) begonnenen Suche nach national bedeutsamen Themen bestätigt.

Die Geistlichen Opern waren ein Versuch, menschheitsgeschichtlich bedeutsame Themen zu gestalten, universelle Deutungen menschlichen Lebens zu geben. Der Komponist wollte den Mächtigen der Welt, Priestern und Fürsten, den geistig und künstlerisch produktiven Menschen entgegensetzen. Doch gelang ihm lediglich eine affirmative Beschreibung des Weltenlaufes. Menschliches Ringen ist in den Rahmen von Himmel und Hölle eingepaßt. Der technischen und künstlerischen Intelligenz seiner Zeit erschienen diese Deutungen zu naiv, dem Bourgeois war eine moralisierend-teleologische Weltdarstellung uninteressant. Rubinsteins Geistliche Opern fanden daher keinen Adressaten.

Literatur Anton Rubinstein: Brief über die Geistliche Oper. In: Vor den Culissen. Bd. 2, Berlin 1882; Anton Rubinstein: Autobiographische Erinnerungen. (Awtobiografitscheskije wospominanija.) In: *Russkaja starina* (Sonderdruck), Petersburg 1889, H. 11 – Deutsch von Eduard Kretschmann. Leipzig 1893 und 1895; Anton Rubinstein. Ausgewählte Briefe. (Isbrannyje pisma.) Hrsg. von Lew Barenboim, Moskau 1954; A.G. Rubinstein. Musikalisch-literarischer Nachlaß. (Musykalnoje literaturnoje nasledije.) Hrsg. von Wladimir Odojewski, Moskau 1956; Bernhard Vogel: A.G. Rubinstein. Biographischer Abriß nebst Charakteristik seiner Werke. Leipzig 1888; Catalog der im Druck erschienenen Compositionen von A.G. Rubinstein. Jubiläums-Ausgabe, erschienen zur Feier des 50jährigen Künstler-Jubiläums von A.G. Rubinstein am 30. Nov. 1889. Leipzig 1889; Nikolai Findeisen: A.G. Rubinstein. Abriß seines Lebens und musikalischen Schaffens. (Otscherk jego shisni i musykalnoi dejatelnosti.) Moskau 1907; Nic. Bernstein: A. Rubinstein. Musikerbiographien. Leipzig 1911; Lew Barenboim: A.G. Rubinstein. Bd. 1 1829–1867 und Bd. 2 1867–1894, Leningrad 1957 und 1962

Kulikower Schlacht
(Kulikowskaja bitwa/Dmitri Donskoi)
Oper in drei Akten (Opera w trjoch dejstwijach)
Libretto von Wladimir Sollogub (I. und III. Akt) und Wladimir Sotow (II. Akt) nach der Tragödie ›Dmitri Donskoi‹ von Wladislaw Oserow

Entstehung 1849–1850

Uraufführung 30. April 1852   Bolschoi Theater Moskau

Personen

Dmitri Michailowitsch Wolynski	Baß
Bojar Twerskoi	Tenor
Bojar Beloserski	Bariton
Bojar Torusski	Tenor
Ksenia	Sopran
Swetlana	Mezzosopran
Mamai	Bariton
Usbek, Botschafter Mamais	Tenor
Guslispieler	Tenor
Derwisch	Tenor

Verbreitung
Nach der Uraufführung folgten keine weiteren Inszenierungen.

Autograph Bis auf eine Arie des Fürsten Wolynski Autograph nicht erhalten. Arie des Fürsten Wolynski: Staatliche Öffentliche Bibliothek M.J.Saltykow-Schtschedrin Leningrad. Librettovariante: Wissenschaftliches Forschungsinstitut für Theater und Musik Leningrad. **Ausgaben** Bis auf die Ouvertüre nicht verlegt.

Sibirische Jäger (Sibirskije ochotniki)
Oper in einem Akt (Opera w odnom dejstwii)
Libretto von Andrej Sherebzow
(Deutscher Text nach dem Russischen des Sherebzow von Peter Cornelius)

Entstehung 1852

Uraufführung 9. November 1854   Hoftheater Weimar

Personen

Semjon, ein sibirischer Jäger	Baß
Tanja, seine Tochter	Sopran
Iwan, ihr Verlobter	Tenor
Sibirische Jäger: Fjodor, Udaloi	Tenor, Bariton
Schneefrau	Sopran
Sibirische Jäger und Schneemädchen	Gemischter Chor

Aufführungsdauer (Nicht abendfüllend)

Handlung
Die Handlung spielt in Sibirien – teils im Hause Semjons, teils in einer Schneesteppe.
1. Bild: *Das Innere einer Jagdhütte.* Tanjas Bräutigam ist zur Jagd, obgleich ihm nach einer alten Jägerlegende der Tod droht, wenn er den vierzigsten Bären erlegt. Als Tanja davon erfährt, macht sie sich auf die Suche nach dem Geliebten.
2. Bild: *Schneesteppe.* Schneesturm. Schneemädchen gebieten um Tanjas willen dem wilden Wetter Einhalt. So findet Tanja ihren Iwan. Ein Jagdgefährte Iwans, der Tanja liebt, verleumdet den glücklichen Nebenbuhler, er sei ein Bündnis mit den bösen Mächten eingegangen. Alle wenden sich von Iwan ab, allein Tanja bekennt sich zu ihrem Geliebten. Die Schneefrau tötet den Verleumder. Tanja und Iwan werden ein Paar.

Kommentar
Die sibirische Legende, nach der die Jagd auf den vierzigsten Bären für den Jäger tödlich endet, bewahrt totemistisches Gedankengut. Die Anzahl der zu erjagenden Tiere wurde durch ein Tabu beschränkt, um einem Versiegen der in dieser kargen Landschaft lebensnotwendigen Fleischquelle vorzubeugen. Die Ausnahme von dieser Regel wird hier durch die Liebe bewirkt.

Die Figuren sind nur vage charakterisiert. Chromatismen bleiben der Schilderung von Wind und Schneesturm vorbehalten. Die chorbegleiteten Ensembles sind kunstvoll, aber ohne tonale Spannungen. Ein russisches Volkslied ist zitatartig einem instrumentalen Nachspiel eingearbeitet.

Verbreitung
Die russischsprachige Erstaufführung erfolgte fast ein halbes Jahrhundert nach der Weimarer Uraufführung unter dem Titel ›Sibirische Jäger oder Der vierzigste Bär‹ (Oper in zwei Akten) am 22. August 1900 am Theater Farce in Moskau.

Ausgaben KlA (dt. von Peter Cornelius) Bartholf Senff Leipzig 1893; KlA (dt. von Peter Cornelius) Universal Edition Wien/Leipzig o.J.

Die Rache (Mest)
Libretto von A. Shemtschushnikow
nach Lermontows Erzählung ›Chadshi-Abrek‹

Entstehung 1852

Personen
Nach dem Libretto: Bej Bulat, Leila, Sulimah, Chadshi-Abrek

Die Oper wurde nicht aufgeführt und nicht verlegt, die Komposition ist nicht erhalten.

Autograph Libretto von Shemtschushnikow
Zentrales Staatliches Historisches Archiv
Moskau

Fomka, der Dummkopf (Fomka-duratschok)
Komische Oper in einem Akt (Komitscheskaja opera w odnom dejstwii)
Libretto von Michail Michailow

Entstehung 1852

Uraufführung 12. Mai 1853   Alexandrinski Theater Petersburg

Personen
Miron, ein Ältester _____ Tenor
Annuschka, seine Tochter _____ Sopran
Fedor, ihr Bräutigam _____ Tenor
Fomka, der Narr _____ Tenor
Pantelej _____ Baß
Stepanowna, Brautwerberin _____

Verbreitung
Die Oper erlebte nach der Uraufführung keine weitere Vorstellung. Das Werk wurde nicht verlegt, es ist kein Material erhalten.

Kommentar
Die drei einaktigen Opern entstanden zwischen 1852 und 1853. Im Januar 1853 schrieb der vierundzwanzigjährige Rubinstein seiner Mutter: „... Die Nummer 1 ›Sibirische Jäger‹ ist eine romantische, Nummer 2 ›Die Rache‹ eine tragische und die Nummer 3 ›Der Dummkopf‹ eine komische Oper. Die Nummer 2 ist die, die bei der Großfürstin aufgeführt werden soll."

Die geplante Aufführung bei der Großfürstin Jelena Pawlowna fand nicht statt. Die ›Sibirischen Jäger‹ teilen das Schicksal der frühen Opern Rubinsteins, die in Rußland nicht gespielt und erst Anfang der 90er Jahre verlegt wurden. Das Libretto zu ›Fomka, der Dummkopf‹ schrieb der Schriftsteller und Revolutionär Michail Michailow (1829–1865), mit dem Rubinstein zu Beginn der 50er Jahre eine gemeinsame Wohnung innehatte. Nach den Rezensionen der Uraufführungsvorstellung am Alexandrinski Theater zu urteilen, war dieser Opern-Einakter eine satirische Bauernkomödie.

Das verlorene Paradies
Oratorium in drei Teilen
Text (deutsch) von Arnold Schönbach frei nach John Milton

Entstehung 1855–1856

Uraufführung 1858 Weimar

Personen
Ein Engel	Sopran
Eva	Sopran
Raphael	Sopran
Michael	Alt
Gabriel	Alt
Abdiel	Tenor
Eine Stimme	Tenor
Adam	Bariton
Satan	Bariton

Chor der Himmlischen und Höllischen — Gemischter Chor, Ballett (oder Statisten)

Orchester Picc, 2 Fl, 2 Ob, 2 Klar, 2 Fg, 4 Hr, 2 Trp, 2 TPos, BPos, Pkn, GrTr, Hrf, Org, Str

Vorgänge
I. Teil: Lobpreisung Gottes. Empörung Luzifers. Verdammung des Empörers. Kampf der Himmlischen Heerscharen gegen die Höllischen. Erweckung der bösen Kräfte durch Luzifer.
II. Teil: Bericht von der Erschaffung der Welt.
III. Teil: Vertreibung von Adam und Eva aus dem Paradies.

Kommentar
Empörung gegen Gott wird von Luzifer zwar behauptet, wenn auch die Gründe nicht mehr genannt werden, und die Engel setzen ihm ihr Bekenntnis zu Gott entgegen. Doch der Kampf der widerstreitenden Kräfte im I. Teil gerät nur zum Wechselgesang zweier Chöre. Die Schöpfungsgeschichte des II. Teils ist ein musikalisch kolorierter Bericht für eine Singstimme mit begleitendem Chor. Die Vertreibung aus dem Paradies setzt den Sündenfall als Geschehen voraus. Der Zorn Gottes findet bei den Engeln Widerhall: „Nach göttlichem Worte schließ dich, o Pforte, hinter der Menschheit donnernd zu!"

Rubinstein zielte mit seinem ›Verlorenen Paradies‹ auf eine universelle Deutung menschlichen Lebenszusammenhanges. Doch Miltonsches Gedankengut wird kaum noch reflektiert. Es wird keine Stellung zur Weltgeschichte bezogen, vielmehr ein unbeeinflußbares Geschehen beschrieben. Die Hinweise des Komponisten zur theatralischen Realisierung seines Werkes machen deutlich, daß er religiöse Riten durch Kunstveranstaltungen ersetzen wollte. In der Partitur finden sich folgende Hinweise des Komponisten:

„1. Das Theater ist ohne Logen und Ränge, nur ein großes Parterre amphitheatralisch angelegt für die Zuschauer — gegenüber der Bühne (auf dem Platz, wo gewöhnlich die große königliche Loge sich befindet) eine Orgel, von der auf beiden Seiten bis zum Proszenium eine Galerie angebracht ist, auf welcher sich nächst der Orgel das Orchester aufstellt und die Galerie entlang auf beiden Seiten der Chor (Herren und Damen in gewöhnlicher Stadttoilette), der Kapellmeister gegenüber der Bühne.

2. Die Bühne denke ich mir zweiteilig (Himmel und Hölle) und dreiteilig (Himmel, Erde, Hölle), je nach Bedürfnis des Textes — die Versenkung der Bühne ist der Raum für die Hölle, die Bühne selbst der Raum für die Erde, der obere Teil stellt durch Lichteffekte den Himmelsraum dar.

3. Die ‚eine Stimme' ist immer unsichtbar (der Sänger steht neben der Orgel), die Himmelsscharen werden durch Ballett (Kinder und Erwachsene) oder Statisten dargestellt, ebenso die Höllengeister, Luzifer (Satan) singt im Kostüm im Höllenraum, Adam und Eva auf der Erde (der gewöhnlichen Bühne), ein Engel auf einer Erhöhung auf der Bühne, die drei Erzengel und die drei Engel im dritten Teil ebenfalls. Wenn ‚eine Stimme' sich zu Adam und Eva wendet, wird seine Gegenwart durch einen hell beleuchteten Ort angedeutet.

4. Die Szenen, die auf der Bühne undarstellbar sind, wie der Himmelskrieg Nr. 5, wie der ganze zweite Teil (Die Schöpfung), denke ich mir durch ‚Dissolving views' (das sind auflösbare Bilder — S.N.) dem Zuschauer möglich zu vergegenwärtigen." (Vom Komponisten in deutscher Sprache abgefaßt.)

Ausgaben KlA und Part Bartholf Senff
Leipzig 1860

Die Kinder der Heide

Oper in vier Akten
Text (deutsch) von Salomon Hermann Mosenthal
frei nach dem Roman in Versen ›Janos‹ von Karl Beck
Seiner Majestät Alexander II., dem Kaiser von Rußland gewidmet

Entstehung 1860

Uraufführung 23. Februar 1861   Kärntnertortheater Wien

Personen
Graf Waldemar, Offizier_____Tenor
Conrad, ein deutscher Schankwirt auf dem Gut des Grafen_____Bariton

Maria, dessen Tochter	Sopran
Wania, ein Roßhirt	Tenor
Isbrana, eine Zigeunerin	Mezzosopran
Zigeuner: Grigori, Bogdan, Pawel	Baß, Bariton, Baß
Eine Zigeunerin	Mezzosopran
Ein Diener des Schankwirts	Tenor
Ein Zigeuner	Tenor
Schloßleute, Hirten, Bauern, Bäuerinnen, Zigeuner (Musikanten), Zigeuner (Räuber)	Gemischter Chor

Handlung

Ort der Handlung sind die Heiden der Ukraine.
I. Akt, 1. Bild (1. Bild): *Öder Platz abseits eines Dorfes.* Die Zigeunerin Isbrana liebt den Roßhirt Wania, verrät ihm den Plan ihrer Sippe, den Schankwirt Conrad auszuplündern, erwirbt sich die Dankbarkeit des Mannes und den Haß der Zigeuner. I. Akt, 2. Bild (2. Bild): *Eingang zum Hause Conrads.* Die Zigeuner brechen in das Haus ein, Wania rettet den Schankwirt und dessen Tochter Maria und verliebt sich in das Mädchen.
II. Akt (3. Bild): *Halle in Conrads Haus.* Maria liebt einen Grafen, will aber aus Dankbarkeit Wania heiraten. Der Graf kehrt aus der Fremde zurück, gesteht der Braut seine Liebe und macht den Bräutigam betrunken.
III. Akt (4. Bild): *Halle in Conrads Haus. Nacht.* Maria trifft sich mit dem Grafen. Wania überrascht sie und tötet den Grafen. Isbrana bietet dem Mörder den Schutz der Zigeuner an.
IV. Akt (5. Bild): *Felsenkluft im Walde.* Wania ist der Anführer der Zigeuner geworden. Auf einem Beutezug fangen seine Kumpane Conrad mit seiner wahnsinnig gewordenen Tochter Maria. Wania wird von Reue erfaßt. Die eifersüchtige Isbrana verrät die Bande an die Häscher und gibt sich selbst den Tod. Wania überantwortet sich kampflos den irdischen Richtern.

Kommentar

Salomon Mosenthal schlug 1858 Franz Liszt ein Libretto nach Karl Becks Roman in Versen ›Janos‹ vor. Liszt lehnte ab, doch fand Rubinstein Interesse daran. Intonationsquellen seiner Komposition sind ukrainische, russische und Zigeunerlieder sowie städtische Romanzen. Nach dem Urteil des russischen Schriftstellers und Musikwissenschaftlers Wladimir Odojewski soll es Rubinstein besser gelungen sein, Zigeunerlieder zu bearbeiten, als die russischen Volkslieder zu übertragen. Der sowjetische Rubinstein-Biograph Lew Barenboim vertritt die Meinung, daß in der Oper ›Die Kinder der Heide‹ eine der städtischen Romanze entlehnte „elegische Sextfärbung" schon so ausgebildet sei, wie sie sich später erst als wesensbestimmend in der lyrischen Melodik Tschaikowskis ausprägen sollte. Insofern kommt dem Werk eine musikgeschichtliche Bedeutung zu, die allerdings durch die mangelnde Qualität des Librettos eingeschränkt wird. Versatzstücke der Trivialliteratur sind zu einer Handlung zusammengestellt, die immer wieder abreißt und nur durch die Dramaturgie des Zufalls in Fluß gehalten wird.

Verbreitung
1862 Weimar, 1867 Bolschoi Theater Moskau — unter dem Titel ›Deti stepej ili ukrainskije zygane‹ (Übersetzung von A. Grigorjew), 1885 Danzig, 1886 Kassel, 1891 Prag, 1892 Bremen, 1893 Kroll-Oper Berlin, 1893 Dresden, 1903 Eremitage-Theater Moskau.

Ausgaben KlA C. A. Spina Wien o. J.; KlA Jurgenson Moskau 1887; Part und KlA Bartholf Senff Leipzig o. J.
Literatur A. G. Rubinstein. Musikalisch-literarischer Nachlaß. (Musykalnoje literaturnoje nasledije.) Hrsg. von Wladimir Odojewski, Moskau 1956; Lew Barenboim: A. G. Rubinstein. Bd. 1, Leningrad 1957

Feramors
Lyrische Oper in drei Akten
Libretto (deutsch) von Julius Rodenberg
nach dem Gedicht ›Lalla Rookh‹ von Thomas Moore

Entstehung 1861—1862

Uraufführung 24. Februar 1863   Dresden

Personen
Lalla Rookh, Prinzessin von Hindustan...Sopran
Hafisa, ihre Freundin...Alt
Feramors, ein Sänger..Tenor
Fadladin, Großwesir von Hindustan..Baß
Chosru, Gesandter des Königs von Kaschmir......................................Bariton
Ein Muezzin..Tenor
Ein Bote..Tenor
Gefolge der Prinzessin, Edle von Buchara, Rajahs, Muezzins, Offiziere, Bewaffnete, Volk von Kaschmir, Bajaderen, Bräute von Kaschmir, Sklaven, Sklavinnen, Neger................................Gemischter Chor und Ballett

Orchester Picc, 2 Fl, 2 Ob, EH, 2 Klar, BKlar, Fg, 4 Hr, 2 Trp, 3 Pos, Tb, Pkn, Bck, Trgl, GrTr, Hrf, Str
Bühnenmusik: 4 Hr, Trp, Pos, Tb, Pkn, MTr

Handlung
Die Handlung spielt bei und in Kaschmir.
I. Akt: *Talgrund bei Kaschmir.* Lalla Rookh — das bedeutet Tulpenwange — verbringt die letzte Nacht vor ihrer Hochzeit im Tal vor der Stadt Kaschmir. Sie

ist von ihrem Vater dem ihr unbekannten König Kaschmirs versprochen worden. Doch sie liebt den Sänger Feramors.
II. Akt: *Ein anderer Teil des Talgrundes. Nacht.* Lalla Rookh und Feramors gestehen einander ihre Liebe. Der Großwesir Fadladin ertappt den Sänger im Zelt der Prinzessin und fordert seinen Tod. Des Königs Gesandter Chosru läßt Feramors gefangensetzen und verurteilt ihn zum Tod im Morgengrauen.
III. Akt, 1. Bild: *Das Innere des Königlichen Harems in Kaschmir.* Die über des Sängers Schicksal verzweifelte Braut wird geschmückt. III. Akt, 2. Bild: *Thronsaal im Schalimar, dem Wasserpalast.* Lalla Rookh entdeckt im König von Kaschmir ihren geliebten Sänger Feramors. Ihre Freundin Hafisa gewinnt in Chosru einen liebenden Mann, nur Fadladin geht leer aus.

Genesis
Die Idee zu einer Oper nach Thomas Moores orientalischer Verserzählung ›Lalla Rookh‹ (›Lalla Ruch‹) hatte Rubinstein selbst. Er bat Julius Rodenberg um ein Libretto nach diesem Stoff. Außer Rubinstein bezogen sich auch Gasparo Spontini (›Lalla Rookh‹, Festspiel 1821), Félicien César David (›Lallah Roukh‹, Oper 1862) und Robert Schumann (›Das Paradies und die Peri‹, Oratorium 1843) auf diese Dichtung von Thomas Moore.

Strukturen
In Thomas Moores 1817 entstandener Verserzählung verherrlicht der Sänger Feramors die Revolutionsideale der um ihre Freiheit kämpfenden Völker. Die Kritik des Höflings Fadladin zeigt, wie sich politische Einwendungen geschickt hinter geschmäcklerischen Vorurteilen verbergen lassen. Thomas Moore zielte im Geplänkel zwischen dem Künstler und dem Höfling auf die Größe und Gefährdung von Kunst, wenn sie sich mit dem Freiheitskampf verbindet. Das ist der Gegenstand von Thomas Moores Dichtung. Er hat dafür eine Rahmenhandlung geschaffen: Die Prinzessin Lalla Rookh (Ruch) wird auf ihrem Brautzug zum König von Kaschmir von Feramors begleitet, der das Herz der Schönen durch seine Lieder gewinnt, aber „Feramors selbst war der Beherrscher der Bucharai, der in dieser Verkleidung seine junge Braut nach Dehli begleitet hatte und der, nachdem er ihre Liebe als demütiger Diener gewonnen, jetzt völlig verdiente, sie als König auch zu genießen" (Thomas Moore).

Die Rahmenerzählung gewinnt bei Thomas Moore ihren Sinn allein daraus, daß der Sänger sich in seinen Liedern zum Freiheitskampf der unterdrückten Völker bekennt und so Hoffnung gibt, als König außergewöhnlich zu sein. Julius Rodenberg hat, das Verhältnis zwischen Rahmenhandlung und Gegenstand der Dichtung verkehrend, die Rahmenerzählung selbst zur Haupthandlung seines Librettos gemacht. Er beraubte Thomas Moores Werk so seines Inhaltes, indem er an dessen Stelle eine simple Liebesgeschichte setzte.

Vom Komponisten ist östliches Kolorit mit „melancholischen Doppeltriolen" (Eduard Hanslick) eingebracht. Fadladin ist, seiner Funktion als Kunstkritiker beraubt, eine tölpelhaft-dumme Figur und wird durch einige karikierende Phrasen in extrem hohen und tiefen Registern und mit „chromatischen Ausrutschern" charakterisiert. Das kompositorische Schwergewicht liegt auf den lyrischen Gesängen der beiden Liebenden. Tschaikowski bekannte 1879 anläßlich der Berliner Aufführung des Werkes in einem Brief an Frau von Meck seine Liebe zu dieser Oper.

Auch Eduard Hanslick bewertete den I. Akt der Oper sehr hoch: „Die Chöre klingen frisch und charakteristisch, die Ballettmusik gehört zu dem Schönsten, was in diesem Fache geschrieben wurde. Nichts Zarteres, Eigentümlicheres kann man sich denken als den Lichtertanz der Bajaderen mit seiner langsamen Klage in d-Moll, aus welcher die hinreißende Melodie in A-Dur als Trio auftaucht ... wie dann in die Reprise des d-Moll-Satzes die Stimmen Lalla Rookhs und Hafisas sich verflechten („Fahret wohl, ihr bunten Flammen") und in schön getragenem, mächtig steigerndem Gesang das Ganze abschließen — das ist genial gemacht und in der Ausführung eines großen Meisters würdig ... In Wahrheit könnte der ›Feramors‹ Note für Note componiert sein, ohne daß je ein Richard Wagner gelebt hätte; wenn man Anklänge an andere Meister finden will, so wird man welche an Meyerbeer, an Gounod, vielleicht auch an Schumann finden, aber von Wagners ‚Musikdrama' ist Rubinsteins Oper durch eine unübersteigliche Kluft getrennt."

Verbreitung
1872 Hofoper Wien, 1874 Mailand, 1879 Berlin, 1880 Danzig, 1884 Petersburg (Liebhaberaufführung), 1897 Moskau (Examensarbeit von Schülern des Konservatoriums), 1898 Petersburg (Aufführung durch das Ensemble der Entreprise von Maksakow und am Mariinski Theater), 1903 Mariinski Theater Petersburg.

Ausgaben Part und KlA Bartholf Senff Leipzig o.J.; Part Jurgenson Moskau o.J.; KlA (dt./russ., russ. von E.A.Tr.) Jurgenson Moskau 1881; Text Jurgenson Moskau 1883

Literatur Eduard Hanslick: Die moderne Oper. Kritiken und Studien. Berlin 1877; Cesar Cui: ›Feramors‹ von A. Rubinstein. (›Feramors‹ A. Rubinschtejna.) In: Gesammelte Aufsätze. (Isbrannyje statji.) Leningrad 1952

Der Turm zu Babel
Geistliche Oper in einem Aufzug
Gedichtet (deutsch) von Julius Rodenberg

Entstehung 1868—1869

Uraufführung 9. Februar 1870   Königsberg (konzertant)

Personen
Nimrod .... Baß
Abram .... Tenor

Aufseher	Bariton
Vier Engel	Kinderstimmen
Gefolge Nimrods	Männerchor
Volk (Männer, Frauen, Kinder), Engelscharen, Höllengeister	Gemischter Chor

Orchester Picc, 2 Fl, 2 Ob, 2 Klar, 2 Fg, 4 Hr, 2 Trp, 3 Pos, Pkn, Str

Vorgänge

Im Vordergrund ein mächtiger Baum, an welchem ein dröhnendes Erz (Tamtam) hängt. Baugerüste. Die Schlußdekoration zeigt eine Ebene im Lande Sinear.

Der Morgen beginnt zu grauen. Der Aufseher treibt die Bauleute zur Arbeit. Nimrod läßt einen Turm bauen, um auf ihm emporzusteigen und Gott zu schauen. Abram spricht sich gegen den Bau des Turmes aus. Nimrod läßt ihn in einen glühenden Ofen werfen, doch Abram entsteigt ihm unversehrt. Die Völker geraten in Streit, welchem Gott dieses Wunder zu danken sei. Nimrod gebietet ihrem Zwist Einhalt. Wenn er den Turm bestiegen habe, werde er Gott sehen können. Abram tritt abermals gegen ihn auf. Nimrod läßt ihn vom Turm herabstürzen. Da bricht das gesamte Gemäuer zusammen. Abram nimmt keinen Schaden. Die Natur gerät in Aufruhr, alle fliehen, nur Abram verharrt im Gebet. Der zurückkehrende Nimrod zeigt Einsicht in die Nichtigkeit seines Beginnens; Abram belehrt ihn, daß sich nun die Völker trennen und einander nicht mehr verstehen werden. In drei Nebelbildern erschauen sie den Auszug der Semiten, Hamiten und Japhetiten. Engel interpretieren den Vorgang und loben Gott, während die Höllengeister Gottvater schmähen.

Kommentar

Mit den jüdisch-orientalisch kolorierten und polyphon strukturierten Volkschören sowie dem Kampf Abrams mit Nimrod gibt sich das Werk dramatisch-konfliktreich. Doch liegt ihm eine statische, teleologische Weltsicht zugrunde. Nach dem Auszug der drei auf Noahs Söhne zurückgeführten Stämme, der Semiten, Hamiten und Japhetiten, besagt die Anweisung zur Gestaltung der Schlußszene: „Der Bühnenraum, dreifach geteilt, stellt Himmel, Erde und Hölle dar. Der Himmel beleuchtet die Glorie vom Thron Gottes, um den Engelscharen sich gruppieren, so daß er unsichtbar ist, die Erde wird durch die bisherige Szene dargestellt. Nimrod und sein Gefolge, zu denen sich die Frauen gesellt haben, beten knieend. Unter der Bühne die Hölle mit Satans Thron, um den sich die Höllengeister scharen."

Verbreitung

1870 Wien, 1889 Petersburg (zum 50. Geburtstag des Komponisten).

Ausgaben Part und KlA Bartholf Senff Leipzig o.J.;   KlA (russ.) Jurgenson Moskau o.J.

Der Dämon (Demon)

Phantastische Oper in drei Akten
(Fantastitscheskaja opera w trjoch dejstwijach)
Libretto von Pawel Wiskowatow (und Apollon Maikow)
nach dem gleichnamigen Poem von Michail Lermontow

Entstehung 1871

Uraufführung 25. Januar 1875   Mariinski Theater Petersburg

Personen
Fürst Gudal _____ Baß
Tamara, seine Tochter _____ Sopran
Fürst Synodal, Bräutigam von Tamara _____ Tenor
Alter Diener des Fürsten _____ Baß
Amme der Tamara _____ Alt
Ein Engel _____ Mezzosopran
Der Dämon _____ Bariton
Reiter des Fürsten Synodal _____ Tenor
Geister, Grusinier und Grusinierinnen,
Tataren, Diener und andere _____ Gemischter Chor und Ballett

Orchester Picc, 2 Fl, 2 Ob, EH, 2 Klar, BKlar, 2 Fg, 4 Hr, 2 Trp, 3 Pos, Tb, Pkn, Slzg (Trgl), Hrf, Cemb, Org, Glasharm, Kl, Str

Aufführungsdauer Prolog und I. Akt: 65 Min., II. Akt: 50 Min., III. Akt: 50 Min.; Gesamt: 2 Stdn., 45 Min.

Vorgänge
Die Handlung spielt in Grusinien.
Prolog. Sinfonische Einleitung. Böse und gute Geister, ein Dämon und ein Engel wetteifern miteinander und streiten sich, ob es besser sei, die Welt zu verfluchen, weil sie Schlechtes hervorbringe, oder die Welt zu lobpreisen, weil sie bestens eingerichtet sei. Der Dämon behauptet, er habe ein Recht auf Freiheit, Leidenschaft und Kampf; der Engel hält die Pflicht zu Unterordnung, Liebe und Versöhnung dagegen.
I. Akt, 1. Bild: *Am Fluß in der Nähe des Schlosses Gudal.* Die Tochter des Fürsten Gudal erwartet ihre baldige Verheiratung. Der Dämon sieht sie und entbrennt in Leidenschaft. Tamara hört seine Stimme und vernimmt sein Werben. Sie verspürt Unruhe.
I. Akt, 2. Bild: *Gebirgsgegend. Im Hintergrund eine Kapelle.* Fürst Synodal ist auf dem Wege zu seiner Braut Tamara. Er hält mit seiner Gefolgschaft Rast. Der Dämon lauert ihm auf, gaukelt dem Müden Wahnbilder vor, schwächt so des

Fürsten Wachsamkeit. Synodal wird von Tataren überrascht und umgebracht. Sinfonisches Zwischenspiel.
II. Akt: *Hochzeitsfest auf Schloß Gudal.* Gesang und Tänze. Das fröhliche Treiben endet, als der Bräutigam — tot — eintrifft. Tamara trauert aufrichtig um ihn, kann aber des Dämons Werben nicht vergessen. Sie geht ins Kloster.
III. Akt, 1. Bild: *Vorhof und Garten eines Klosters.* Gegen den Widerstand des Engels betritt der Dämon das Kloster. III. Akt, 2. Bild: *Tamaras Zelle.* Der Dämon zieht Tamara in seinen Dunstkreis. Doch das Mädchen zerbricht an dem Riß, der durch den unmäßigen Freiheitswillen des Dämons in ihrem auf Unterordnung ausgerichteten Weltbild entsteht.
Epilog. Der Streit zwischen Engel und Dämon bleibt unentschieden. III. Akt, 3. Bild: *Apotheose.* Engel reklamieren den toten Körper Tamaras für sich.

Genesis

Rubinstein wollte seit seiner ersten Oper, ›Kulikower Schlacht‹, eine „nationale russische Oper" schaffen. Es gelang ihm nicht. Seine neunte Oper, ›Der Dämon‹, war ein ernst zu nehmender Schritt in diese Richtung.

Auf der Suche nach geeigneten Stoffen interessierten den Komponisten Lermontows Poem ›Der Dämon‹ und Gogols Erzählung ›Schreckliche Rache‹. Seine Wahl fiel auf Lermontows Werk, auf die Gogolsche Erzählung kam er nicht mehr zurück.

Das zwischen 1829 und 1841 entstandene Poem ›Der Dämon‹ durfte erst 1860 in Rußland erscheinen, nachdem es bereits 1856 im Ausland gedruckt worden war. Schon vor Rubinstein hatte Boris Fitingof-Schel nach diesem Sujet seine Oper ›Tamara‹ (entstanden 1860—1871, uraufgeführt 1886) komponiert. Pawel Blaramberg schrieb in dieser Zeit ein *Musikalisches Bild Der Dämon*, Mili Balakirew ein *Sinfonisches Poem Tamara* und Eduard Naprawnik die *Sinfonie Dämon*.

Rubinstein ließ sich bei der Umformung des Poems in ein Libretto von dem russischen Schriftsteller Jakow Polonski beraten, der es jedoch dem Komponisten abschlug, den Text zu verfassen. So schrieb sich dann Rubinstein das Szenarium selbst. Ein anderer Schriftsteller, Apollon Maikow, fand sich schließlich bereit, Rubinstein das gewünschte Libretto anzufertigen, legte aber bald die Arbeit nieder und verwies den Komponisten an den Lermontow-Biographen Pawel Wiskowatow. Dieser hat in seinem Bericht ›Meine Bekanntschaft mit Rubinstein‹ eine Schilderung der Arbeit am Libretto gegeben. Wenngleich seine Darstellung nicht objektiv ist, macht sie doch deutlich, daß Rubinstein den Librettisten wohl nur als Zuarbeiter für das bereits vorliegende Szenarium duldete, während sich Wiskowatow als Mitarbeiter mit eigenen Auffassungen und Ideen verstanden wissen wollte. Die Zusammenarbeit endete im Streit. Wiskowatow verbot, ihn als Urheber des Librettos zu nennen.

Das Wesen der Meinungsverschiedenheit beider kann heute nicht mehr rekonstruiert werden, da Wiskowatows Librettofassung nicht erhalten geblieben ist. Der Rubinstein-Biograph Lew Barenboim vermutet aufgrund der erhaltenen

Briefe, daß Komponist und Librettist, obgleich sich beide auf Lermontow beriefen, unterschiedlicher Meinung über den Ideengehalt des Poems waren und Rubinstein gegenüber Wiskowatow die fortgeschrittenere Position vertrat.

Der Komponist schreibt über den Anlaß seiner Komposition: „1871 war für die russische Operntruppe (in Petersburg) so gut, daß ich mich entschloß, etwas für sie zu schreiben, und ich schrieb den ›Dämon‹." Nach einem Vorspiel am Mariinski Theater 1871 wurde das Werk von der Repertoire-Kommission für die darauffolgende Spielzeit angenommen, doch untersagte die Theaterzensur eine Inszenierung der Oper, so daß der ›Dämon‹ erst 1875 zur Uraufführung gelangte. Rubinstein bemühte sich um die Gunst des Balakirew-Kreises und spielte im Hause Stassows den Komponisten des Mächtigen Häufleins seine Oper vor, doch blieb ihm Anerkennung versagt.

Strukturen

Sowjetische Musikwissenschaftler (u. a. Assafjew, Keldysch, Barenboim) vertreten die Ansicht, daß ›Der Dämon‹ eine wichtige Stellung in der russischen Operngeschichte einnehme, die auf dem Reichtum an Intonationen, dem lyrischen Grundton (hierin Tschaikowskis ›Eugen Onegin‹ vorwegnehmend) und vor allem in dem für die russische Oper neuen Typus des modernen zerrissenen Menschen beruhe. Der Dämon ist — und hierin folgt der Komponist Rubinstein dem Dichter Lermontow — ein Wesen, dessen Freiheitswille in einem erstarrten autoritären Gesellschaftssystem zerstörerisch — sich selbst und anderen gegenüber — wirken muß. Der Dämon ist ein Aufbegehrender und zugleich ein Leidender, Resignierter, Unglücklicher und kein dunkles unheimliches Phantom. Der lyrische Grundton der Musik hat hier seine Wurzeln, und die Kritik am Werk trifft Falsches, wenn sie der Musik Mangel an Schärfe vorwirft. Sie trifft auch Falsches, wenn Kritiker wie Bernhard Vogel das Zentrum der Figur nicht erkennen und im ›Dämon‹ lediglich Versatzstücke westeuropäischer Vorbilder aufspüren: „... Dabei ist der Dämon soviel in einer Person, daß man gar nicht recht weiß, wohin er eigentlich rubriziert werden soll. Hier borgt er sich ein Stückchen Grübelei vom ›Faust‹, dort ein Fünkchen Ewigkeitstrotz von Ahasver; hier etwas Erlösungsbedürfnis vom ›Fliegenden Holländer‹, dort ein Portiönchen diabolische Sinnlichkeit vom ›Vampyr‹, hier eine Dosis Weltschmerz vom ›Manfred‹ ..."

Die beiden Außenakte sind die philosophisch und musikalisch bedeutenden, während der Mittelakt in seiner Ausbreitung von Genreszenen ganz der Theaterpraxis der Entstehungszeit verhaftet ist. Die musikalische Dramaturgie wird von harmonisch charakterisierenden Strukturen (sextbetont, chromatisch) und Instrumentalfarben bestimmt, die Zusammenhänge bilden und Konstraste schaffen, so daß man von einer „Intonationsdramaturgie" (Barenboim) sprechen kann, die in der Begegnung Tamara—Dämon (III. Akt) dank sinfonischer Gestaltungsmomente zu einer großen aussagekräftigen musikalischen Szene führt.

Im Kontrast zwischen diatonischer Harmonik mit sextbetonter Melodik und chromatisch strukturierten Klangflächen entfaltet sich die Handlung musikalisch, mithin die Doppelexistenz des Dämons als eines nach Liebe verlangenden Wesens und einer nach Freiheit strebenden Kraft.

Östliches Kolorit ist nach Meinung des grusinischen Komponisten Dmitri Arakischwili durch ostinate Rhythmik, harmonische Durchgangstöne, Rufintonationen in der Quinte und Melodiezitate eingebracht. Doch bei aller harmonischer, melodischer und intonatorischer Prägnanz fehlt der Komposition das orchestralinstrumentale Äquivalent.

Der Widerstreit zwischen guten und bösen Geistern, zwischen Dämon und Engel assoziiert sofort im Prolog die christliche Anschauung vom Kampf zwischen Himmlischen und Höllischen Heerscharen, zwischen Luzifer und Gott. In Prolog, Epilog und Apotheose wird zwar demonstriert, daß sich die Welt in Oben und Unten, in Gut und Böse, Licht und Finsternis scheidet, doch wird diese Dualität zugleich auch in Frage gestellt. Denn weder Lermontows noch Rubinsteins Dämon-Gestalten lassen sich darauf reduzieren, Antipoden Gottes zu sein. Der Dämon hat sich emanzipiert. Er behauptet, der Schöpfer Gott habe sich mit seiner Schöpfung überflüssig gemacht, während er selbst als bewegender Impuls unabdingbar geworden ist. Rubinsteins Dämon hat auch musikalisch die Kraft der Ambivalenz, er ist Bewegung und Zerstörung. Der Streit zwischen Engel und Dämon bleibt unentschieden. Die Oper ist nicht auf christliches Gedankengut zu reduzieren. Eine typisch russische Gestalt ist dieser Dämon insofern, als er mit sich selbst entzweit ist. „Auf seinem Flug von irgendwoher tief aus den Bergen prallte er gegen die rauhe, harte, grobe russische Wirklichkeit, zerschellte und zerfiel in kostbare Splitter", schrieb Alexander Benois über Michail Wrubels Bild ›Der gestürzte Dämon‹. Das gilt auch für die Titelfigur von Rubinsteins Oper. Tamara hingegen steigt aus der stofflichen Wirklichkeit empor und stirbt in der dünnen Luft der Utopie.

Verbreitung
1879 Bolschoi Theater Moskau, 1881 London (ital. von Giuseppe Vacotti), 1882 Köln (dt. von Alfred Offermann), 1883 Leipzig, 1884 Odessa, 1886 Bolschoi Theater Moskau (Dirigent Anton Rubinstein), 1886 Städtisches Theater Kiew (Ensemble der Entreprise von Sawin), 1892 Saratow, 1893 Staatliches Theater Tiflis (Ensemble der Entreprise von Forcatti, Fjodor Schaljapin als Gudal), 1895 Theater Aquarium Petersburg (Ensemble der italienischen Oper unter Ugetti), 1896 Städtisches Theater Nishni-Nowgorod (Fjodor Schaljapin als Gudal), 1896 Mariinski Theater Petersburg, 1897 Bolschoi Theater Moskau, 1899 Wien (Dirigent Gustav Mahler), 1904 Theater Moskau (Fjodor Schaljapin als Dämon), 1906 Monte Carlo (Fjodor Schaljapin als Dämon), 1918 Kosmodemjansk, 1921 Kaunas, 1922 New York (in russ. Sprache), 1932 Tel Aviv, 1948 Riga. 1919 inszenierte Alexander Tairow Rubinsteins ›Der Dämon‹ am Moskauer Künstlerischen Theater (MCHAT).

Autograph Zentrale Musikbibliothek des Staatlichen Akademischen Theaters für Oper und Ballett S.M.Kirow Leningrad
Ausgaben Part und KlA Bessel Petersburg

1876; KlA (dt. von Alfred Offermann) Bartholf Senff Leipzig/Berlin o.J. (später Simrock); KlA Musgis Moskau 1958; KlA Musyka Moskau 1968
Literatur Bernhard Vogel: A.G.Rubinstein. Biographischer Abriß nebst Charakteristik seiner Werke. Leipzig 1888; S.Schejn: ›Der Dämon‹ A.G.Rubinsteins. (›Demon‹ A.G.Rubinschtejna.) Moskau 1953; Lew Barenboim: A.G.Rubinstein. Bd.2, Leningrad 1962; Pawel Wiskowatow: Brief an die Redaktion. (Pismo w redakziju.) In: *Golos*, Petersburg 1875, Nr.39; Pawel Wiskowatow: Meine Bekanntschaft mit A.G.Rubinstein. (Moje snakomstwo s A.G. Rubinschtejnom.) In: *Russki westnik*, Petersburg 1896, Nr.4; Pawel Wiskowatow: ›Der Dämon‹. (›Demon‹.) In: *Russki westnik*, Petersburg 1896, Nr.3; Alexander Benois: Wrubel. In: *Retsch*, Petersburg 1910, Nr.91 (3.4.1910); Boris Assafjew: A.G.Rubinstein. In: Ausgewählte Arbeiten über die russische musikalische Kultur. (Isbrannyje stati o russkoi musykalnoi kulture.) Moskau 1955; Lew Masel: Die Rolle der Sext in der lyrischen Melodik. Über die Beobachtung B. Assafjews. (Rol sekstowosti w liritscheskoi melodike. O nabljudenii B. Assafjewa.) In: Fragen der Musikwissenschaft. (Woprossy musykosnanija.) Bd. 2/1955, Moskau 1956

Die Maccabäer

Oper in vier Akten, sechs Bildern
Libretto (deutsch) von Salomon Hermann Mosenthal
nach dem gleichnamigen Roman von Otto Ludwig

Entstehung 1872—1874

Uraufführung 17.April 1875 Berlin

Personen
Antiochus Epiphanes, König von Syrien..............Baß
Kleopatra, seine Tochter..............Sopran
Gorgias, Feldhauptmann..............Bariton
Leah, aus dem Hause der Hasmonäer..............Alt
Ihre Kinder:
Judah, Eleazar, Joarim, Benjamin..............Bariton, Tenor, Mezzosopran, Sopran
Noëmi, Judahs Gattin..............Sopran
Semiten: Boas, Simei, Amri..............Baß, Bariton, Tenor
Jojakim, ein Priester..............Baß
Drei Sklavinnen..............Soprane
Volk, Priesterknaben, syrische Krieger und Priester, griechische Sklavinnen..............Gemischter Chor und Ballett

Orchester Picc, 2 Fl, 2 Ob, 2 Klar, 2 Fg, 4 Hr, 4 Trp, APos, TPos, BPos, Tb, Pkn, Trgl, Hrf, Str
Bühnenmusik: 4 Hr, 2 Trp, 2 Tr

Vorgänge
Die Handlung spielt im Judäischen Gebirge in der Stadt Modin, in Jerusalem

und Umgebung um 160 vor Christi Geburt.
I. Akt (1. Bild): *Eine Straße in Modin.* Die Stämme der Hasmonäer und Semiten sind in der Gewalt der Syrer. Während Leah im Hasmonäerstamm das Bewußtsein der Unterdrückung und notwendigen Befreiung wachhält, sind die Semiten auf Versöhnung mit den Eroberern bedacht. Leah will durch die Legende von der göttlichen Auserwähltheit ihres Erstgeborenen, Judah, den Aufstand erzwingen. Judah aber hat die Semitin Noëmi geheiratet. Leah empfindet das als Verrat an ihrem Gott und überträgt die Idee von der göttlichen Auserwähltheit auf den Zweitgeborenen, Eleazar. Als die Syrer die Juden zur Anbetung der Pallas Athene zwingen, entscheidet sich der Semite Boas, ein Beispiel der Unterwerfung zu geben. Judah befürchtet, daß dieses zu langjähriger Knechtschaft führen und der Kampfeswille des Volkes erlöschen könnte. Er tötet Boas, den Vater seiner Frau. Mit der Polarisierung der Semiten und Hasmonäer und ihrer Konfrontation mit den Syrern zwingt er sein Volk zum Kampf. Es ergreift die Waffen. Leah bekennt sich zu Judah.
II. Akt, 1. Bild (2. Bild): *Hügel bei Emmaus. Gegen Abend.* Judahs Heer war siegreich, doch sind die Feinde noch nicht vernichtet. Der Priester Jojakim befiehlt, den Sabbath einzuhalten. Vergeblich spricht Judah dagegen. Die Juden lassen sich wehrlos und widerstandslos von den Syrern während der Sabbathgebete niedermetzeln. Judah allein kämpft.
II. Akt, 2. Bild (3. Bild): *Prachtgemach der Kleopatra.* Leahs Zweitgeborener, Eleazar, lebt unter dem Namen Phaon bei den Syrern, liebt des Syrerkönigs Tochter, wird wiedergeliebt und huldigt der griechischen Liebesgöttin Aphrodite.
II. Akt, 3. Bild (4. Bild): *Platz und Straße in Modin.* Leah hat einen Teil der Hasmonäer gegen die Syrer geführt und war siegreich. In Leahs Siegesjubel dringt die Kunde von der Vernichtung des jüdischen Heeres während der Sabbathfeier in Emmaus und von Eleazars Verrat. Leah verflucht ihren Zweitgeborenen. Das Volk wendet sich von ihr ab. Die Semiten nehmen Leahs kleine Söhne Joarim und Benjamin als Geiseln. Leah wird gefesselt. Noëmi befreit sie heimlich. So hat Leah all ihre Söhne verloren, aber eine Tochter gewonnen.
III. Akt (5. Bild): *Platz in der Umgebung von Jerusalem, im Hintergrund der Tempel. Sternenhelle Nacht.* Heimlich schleichen die Juden zum Tempel, huldigen ihrem Gott und erflehen Judahs Rückkehr. Judah gibt sich seinem Volk zu erkennen. Noëmi bringt die Nachricht vom Verrat der Semiten und von der Geiselnahme der Kinder. Das Volk steht zum Kampf bereit.
IV. Akt (6. Bild): *Das königliche Zelt im Lager des Antiochus.* Das syrische Heer ist durch die Metzelei bei Emmaus verstört und weigert sich, gegen die Juden zu kämpfen. Antiochus läßt sich nicht warnen. Er will mit der Geiselnahme der Brüder und der Mutter Judahs das sich empörende Volk zur Unterwerfung zwingen. Er stellt Leah vor die Entscheidung, ihre Kinder zum Abfall von Jahwe zu bewegen oder sie den Feuertod sterben zu sehen. Die gläubige Leah siegt über die Mutter Leah. Eleazar geht mit seinen Brüdern in den Feuertod. Leah stirbt. Antiochus wird wahnsinnig. Kleopatras Glück ist zerstört. Die Syrer fliehen. Judah, Noëmi und das jüdische Volk loben Gott.

Genesis

Den Stoff nach Otto Ludwigs Roman ›Makkabäer‹ hatte sich Rubinstein selbst gewählt und den österreichischen Schriftsteller Salomon Hermann Mosenthal als Librettisten gewonnen. 1872 begann Anton Rubinstein mit der Arbeit am Werk, unterbrach diese durch eine Konzerttournee nach Amerika und schloß die Komposition erst 1874 ab. Dabei stand die Arbeit am letzten Akt schon unter dem Druck des Uraufführungstermins in Berlin im April 1875.

Strukturen

Eduard Hanslick sah in Rubinsteins Oper ›Die Maccabäer‹ einen schöpferischen Protest gegen die Wagnerschen Opernprinzipien, doch kann man das nicht als Anlaß für die Entstehung des Werkes gelten lassen. Zwar vermittelt die Musik hier tatsächlich nicht reflektierend zwischen Stoff und Thema, und der Zusammenhang zwischen Musik und Szene wird unmittelbar-naiv hergestellt, doch treten polyphone Strukturen wie auch sinfonische Gestaltungselemente zurück, weil es das besondere Thema fordert. Schnittpunkte des Geschehens entstehen, wenn Einzelaktionen in Massenbewegungen umschlagen. Das zieht hier den Verzicht auf polyphone Strukturen sowie das Bekenntnis zu harmonischer Simplizität nach sich. Die Handlung ist auf musikalisch-dramatische Zentren hin gebaut, in denen sich jeweils der Umschwung vollzieht. Zum Beispiel stimmt Judas (Judah) nach der Zerschlagung der Athena-Statue einen Freiheitsgesang an, der vom Volk aufgegriffen wird (I. Akt), umgekehrt singen die Juden Freiheits- und Kampflieder, bis der resignierte Judas einstimmt (III. Akt). Ganz anders ist es wieder, wenn Lea (Leah) in dem berühmt gewordenen Siegesdithyrambus „Schlagt die Pauke" (II. Akt, 2. Bild) ihre Sippe verherrlicht und dabei vor Begeisterung außer sich gerät, das Volk aber sich von ihr abwendet und verstummt.

Dem Stoff angemessen sind jüdische Musiziermodelle verwendet. (Bernhard Vogel und Lew Barenboim sprechen von der Benutzung synagogaler Gesänge.) Den triumphalen und anhaltenden Erfolg des Werkes versuchte bereits die zeitgenössische Kritik zu erklären, und der russische Kritiker Sergej Kasanski bestimmte als eine der Ursachen die Sehnsucht der Massen, ihren wachsenden Widerstandswillen in theatralischen Aktionen wiederzufinden.

Dieser Zugriff zum Werk ergibt sich allerdings nicht, wenn man wie Bernhard Vogel in „Neid, Verräterei, Waffenglück, Mutterstolz und Glaubenstreue" die „Angelpunkte der Handlung" sieht.

In Otto Ludwigs Roman ›Makkabäer‹ von 1854 erscheint die in den Apokryphen berichtete Geschichte von Judas Makkabäus lediglich als ein Rohstoff, der dem Autor zur Formung einer seiner Zeit sehr nahen Thematik diente. Wie im Roman wird auch in der Oper am Schicksal des Judas Makkabäus und seiner Mutter Lea nach der Möglichkeit gefragt, wie Gewalt zu widerstehen ist und wie Massenbewegungen in Gang zu bringen seien.

Lea will ihr zu Widerstand und Kampf nicht bereites Volk zum Aufstand bewegen. Im selbstgerechten stolzen Sendungsbewußtsein überschätzt sie den subjektiven Faktor. Sie deklariert ihren erstgeborenen Sohn Judas zum Auserwählten Gottes und hält damit die Hoffnung und den Widerstandswillen des Volkes wach. Der Sohn aber enttäuscht sie, da er nicht handelt und den Kampf nicht erzwingt. Daher „entthront" sie ihn und setzt an seine Stelle den Zweitgeborenen. Doch ergreift Judas als schöpferisch-politische Natur den Augenblick des Handelns. Durch den Mord an einem Unterwürfigen spitzt er den latent vorhandenen Konflikt zwischen Juden und Syrern so zu, daß für die Unterdrückten in der Konfrontation mit den herausgeforderten Unterdrückern Gegenwehr unumgänglich wird.

Der Bruder Eleazar ist keine schöpferisch-politische Natur, so daß ihn der Mutter Ehrgeiz überfordert und zu Neid und Eifersucht gegenüber dem Bruder drängt.

Der Gehalt des I. Aktes dieser Oper besteht darin, daß drei Menschen in einer Konfliktsituation handeln wollen und nur einer zur politisch-schöpferischen Tat gelangt. Diese Tat wird in ihren Bedingungen, ihrem Entstehen und ihrer Ausführung gezeigt. Als Judas sich ein zweites Mal seiner schöpferischen Kraft bedienen will und die Nichteinhaltung des Sabbath angesichts des drohenden Feindes fordert, folgt ihm keiner. Ein Zeichen, daß sein Volk den Anforderungen noch nicht gewachsen ist. Leas Aktionen aber fallen mit der Niederlage Judas und dem Verrat Eleazars, den sie selbst verschuldete, zusammen. Sie beschwört darüber hinaus ihren eigenen und ihrer jüngsten Kinder Untergang herauf, indem sie in einer aussichtslosen Lage fanatisch zum sinnlosen Widerstand auffordert und den Zorn des Volkes auf sich zieht.

Im I. und II. Akt werden Fanatismus und Opportunismus gegen schöpferisch-politische Haltung gestellt.

Im III. und IV. Akt scheinen diese Konflikte durch einige dem alttestamentarischen Stoff innewohnende apologetisch-zionistische Momente verdunkelt, doch nicht völlig verdeckt.

Wenn Judas Makkabäus nach Jerusalem zurückkehrt, hat sein Volk in der Knechtschaft zur Widerstandsfähigkeit gefunden. Das Verhältnis Volk und Führer hat eine Wandlung erfahren. Leas Entscheidung, ihrem Gott nicht abzuschwören und dadurch ihre Kinder dem Feuertod zu überantworten, enthält zweifellos ambivalente Werte. Sie hat am Anfang als stolze Mutter auserwählter Söhne ihr Volk zum Glaubenskrieg aufgefordert. Nun muß sie sich, um kein falsches Beispiel zu geben, als Mutter auslöschen.

Bis auf wenige Ausnahmen — Arie der Kleopatra, Duett Kleopatra—Eleazar — sind die Situationen so gebaut, daß in den Affektdarstellungen immer ein politischer Impetus mitschwingt.

Verbreitung

Der Berliner Uraufführung 1875 folgten: 1875 Prag, Stockholm; 1876 Hamburg, Hoftheater München; 1877 Mariinski Theater Petersburg; 1878 Wien; 1880 Hannover; 1881 Leipzig; 1883 Dresden, Bolschoi Theater Moskau; 1888 Städtisches Theater Kiew (Ensemble der Entreprise von Sawin); 1892 Kroll-Oper Berlin; 1893 Saratow und früheres Kononow Theater Petersburg; 1894 Stuttgart;

1895 Nikitski Theater Moskau (Ensemble der Russischen Operngesellschaft unter Unkowski); 1898 Theater Arkadija Petersburg (Ensemble der Operngesellschaft unter Maksakow); 1889 Riga, Bolschoi Theater Moskau; 1901 Städtische Oper Kiew (Russisches Opernensemble); 1905 Theater Solodownikows Moskau; 1909 Volkshaus Petersburg.

Ausgaben Part und KlA (dt.) Bote & Bock Berlin 1876; KlA (russ.) Bessel Petersburg 1877; KlA Oper in drei Akten. (russ./dt.) Jurgenson Moskau 1883 (lt. Zensurgenhmigung); Text (dt.) Bote & Bock Berlin 1877; Text (russ.) Bessel Petersburg 1877

Literatur Eduard Hanslick: Musikalische Stationen. Berlin 1880; Sergej Kasanski (Pseudonym Rebrow): Die Oper ›Maccabäer‹ von A. G. Rubinstein auf der Moskauer Bühne. (Opera ›Makkawej‹ A. G. Rubinschtejna na moskowskoi szene.) In: *Musykalny mir*, Moskau 1883, Nr. 10

Nero (Néro)

Oper in vier Akten, acht Bildern (Opéra en quatre actes)
Libretto (französisch) von Anton Rubinstein nach Jules Barbier

Entstehung 1875—1877

Uraufführung 1. November 1879 Hamburg

Personen

Nero Claudius, Imperator	Tenor
Julius Vindex, Fürst von Aquitanien	Bariton
Tigellinus, Präfekt der Prätorianer	Bariton
Balbillus, Astrologe	Baß
Saccus, Poet	Tenor
Sevirus, Oberpriester im Tempel Evanders	Baß
Terpander, Citharist, Freigelassener Agrippinas	Tenor
Poppäa Sabina, Othos Gattin, Neros Geliebte	Sopran
Epicharis, eine Freigelassene	Alt
Chrysa, ihre Tochter	Sopran
Agrippina, Witwe des Kaisers Claudius, Neros Mutter	Alt
Lupus, ein römischer Knabe	Sopran
Verschworene: Calpurnius Piso,	Baß
Fänius Rufus, Sporus, Valerius Messala	Bariton, Tenor, Tenor
Thrasea Pätus, Senator	Stumm
Salvius Otho, Statthalter von Lusitanien	Stumm
Delia, Sklavin Poppäas	Stumm
Ein Greis, Christ	Stumm
Anführer einer Gaukler-Bande	Tenor
Ein öffentlicher Ausrufer	Bariton
Getränke- und Früchteverkäufer	Tenor

| Ein Centurio | Bariton |

Erscheinungen:
Kaiser Claudius, Britannicus, Seneca, Burrus, Lucanus, Petronius,
Octavia und andere; Senatoren, Patrizier, Augustanen,
Prätorianer, Priester, Lictoren, Schauspieler, Tänzer, Musiker
Christen, Griechen, Gallier, Germanen, Äthiopier,
römisches Volk, Sklaven — Vestalinnen, römische Frauen,
Kurtisanen, Tänzerinnen, Sklavinnen — Gemischter Chor und Ballett

Orchester Picc, 2 Fl, 2 Kl, 2 Ob, 2 Klar, 2 Fg, 4 Hr, 2 Trp, 2 TPos, BPos, Tb, Pkn, Bck, Trgl, Gl, Hrf, Str

Vorgänge
Die Handlung spielt in Rom in den Jahren 59 bis 68 nach Christi Geburt.
I. Akt (1. Bild): *Im Hause der Epicharis in Rom.* Rom stöhnt unter der Willkürherrschaft Neros, doch wagt keiner offen gegen den Kaiser aufzutreten. Vor den Nachstellungen Neros flüchtet sich ein Mädchen ins Haus der Edelkurtisane Epicharis. Der gallische Fürst Vindex will es schützen, doch vermag er nichts gegen den Cäsaren.
    Epicharis erkennt in dem Mädchen ihre Tochter Chrysa, und sie rettet die Tochter vor der Entehrung, indem sie ihr ein schnellwirkendes Schlafmittel reicht und vorgibt, das Mädchen vergiftet zu haben.
II. Akt, 1. Bild (2. Bild): *Frauengemach Poppäas im kaiserlichen Palast.* Von dem Vorfall in Epicharis Haus unterrichtet, fürchtet Poppäa um Neros Liebe, obgleich er sie mit der Nachricht von der Ermordung seiner Frau Octavia beruhigt und ihr den Thron anbietet. Als offenbar wird, daß Chrysa noch lebt, entschließt sich Poppäa, um ihre Liebe zu kämpfen.
    II. Akt, 2. Bild (3. Bild): *Platz in Rom vor dem Tempel Evanders.* Einige Römer fürchten Neros Willkür, fühlen sich aber ohnmächtig, da der Cäsar die Gunst des Pöbels genießt. Poppäa entdeckt Vindex und Epicharis, daß sich Chrysa in Agrippinas Verwahrung befindet.
III. Akt, 1. Bild (4. Bild): *Gemach im kleinen Haus der Epicharis beim Tempel Evanders.* Vindex hat Chrysa aus den Händen Agrippinas entführt, die sich mit dem Mädchen die Gunst ihres Sohnes Nero erkaufen wollte. Der erzürnte Nero läßt nun seine Mutter töten. Vindex und Chrysa gestehen einander ihre Liebe. Nero entdeckt das versteckte Mädchen, wird aber von Poppäa überrascht. Nero hat Rom anzünden lassen. Er beschuldigt die Christen der Brandstiftung.
    III. Akt, 2. Bild (5. Bild): *Freier Platz beim Turm des Mäcenas. Der Brand von Rom.* Nero betrachtet und besingt das von ihm inszenierte Schauspiel der brennenden Stadt. Chrysa fordert den Pöbel auf, nicht die Christen, sondern Nero zu töten, bekennt sich selbst zum Christentum und wird umgebracht.
IV. Akt, 1. Bild (6. Bild): *Eine Straße in Rom.* Der Pöbel hat Nero seine Gunst entzogen. Der Kaiser ist geflohen. Seine Anhänger verlassen ihn.
    IV. Akt, 2. Bild (7. Bild): *Im Mausoleum des Augustus.* Nero erscheinen die

Geister der von ihm Ermordeten. Einzig der Poet Saccus ist bei ihm geblieben, um zu sehen, wie ein Nero stirbt.

IV. Akt, 3. Bild (8. Bild): *In der römischen Campagna.* Gallische Legionäre unter Vindex Führung ziehen gegen Rom. Nero wird auf der Flucht entdeckt und tötet sich mit Saccus Hilfe. Am Himmel erscheint das Zeichen des Kreuzes.

Genesis

Schon Ende der 60er Jahre hatte der Direktor der Grand Opéra Paris gegenüber Rubinstein Interesse an einer Oper von ihm erkennen lassen, doch scheiterte das Projekt, da es an einem geeigneten Stoff mangelte. Jules Barbier hatte sich mit den Libretti zu Gounods ›Faust‹ und ›Romeo und Julia‹, zu Thomas' ›Mignon‹ und ›Hamlet‹ ausgewiesen, und Rubinstein vertonte nun seinen ›Nero‹, weil er auf eine Aufführung an der Grand Opéra hoffte.

Die Arbeit an dem effektvoll-kolportagehaften Intrigendrama ging dem Komponisten schwer von der Hand, und er gestand im Januar 1876, daß diese Komposition wie ein Alp auf ihm laste. Die Hoffnung, daß sein Werk an der Pariser Oper gespielt würde, erfüllte sich nicht. Die Uraufführung in Hamburg wurde jedoch ein triumphaler Erfolg. Hans von Bülow stellte Rubinstein mit diesem Werk als originell-gleichberechtigten Künstler neben Richard Wagner. Trotz des Erfolges ließ Rubinstein gegenüber Freunden und seinem Verleger Bartholf Senff eine distanzierte Haltung zu diesem Werk erkennen.

Kommentar

Der Intonationsraum der Oper bleibt im Unbestimmten, die Figuren erscheinen musikalisch charakterlos, zusammengewürfelt aus bewährten Musiziermodellen. Die Chöre haben weder die polyphone Kraft des ›Turms von Babel‹ noch die simple Farbigkeit der ›Maccabäer‹. Bezeichnenderweise unterscheidet der Rubinstein-Biograph Barenboim nicht einzelne Szenen oder Figuren, sondern benennt lediglich einige Nummern als bemerkenswert in einer sonst schwachen Komposition und zählt dazu den populär gewordenen Gesang des Vindex „Dir sing ich, Gott Hymenäus", Neros Klage, das Wiegenlied der Epicharis und Chrysa, die Arie der Poppäa „Ja, ich hoffe aufs neue" und das Duett Vindex—Chrysa.

Verbreitung

Der Hamburger Uraufführung 1879 folgten: 1880 Berlin, 1884 Mariinski Theater Petersburg (mit dem Ensemble der italienischen Operntruppe unter Vicentini), 1884 Bolschoi Theater Moskau, 1894 Théâtre des Arts Rouen, 1902 Mariinski Theater Petersburg, 1903 Theater Aquarium Moskau (Ensemble der Operngesellschaft unter Medwedjew), 1903 Theater Solodownikows Moskau (Ensemble der Russischen Privatoper), 1905 Städtisches Theater Nishni-Nowgorod (Ensemble der Entreprise von Dracula), 1906 Mariinski Theater Petersburg, 1907 Volkshaus Petersburg, 1907 Bolschoi Theater Moskau, 1908 Helsingfors, 1923 Moskau (Freie Oper von Sergej Simin), 1924 Kiew, 1927 Swerdlowsk.

Ausgaben KlA (russ./frz.) Jurgenson Moskau 1883; KlA (dt.) Bartholf Senff Leipzig o. J.; Bartholf Senff Leipzig o. J.; Text (russ./frz.) Jurgenson Moskau 1884; Text Vollständiger Text der Bearbeitung für die deutsche Bühne. Bartholf Senff Leipzig um 1880

Literatur Wjatscheslaw Karatygin: ›Nero‹ von A. G. Rubinstein auf der Bühne des Marodnow-Hauses. (›Nero‹ A. G. Rubinschtejna na szene Marodnowa doma.) In: *Towarischtsch*, Moskau 1907, Nr. 400; Hans von Bülow: Neue Briefe. Hrsg. und eingel. von R. du Moulin Eckart, München 1927

Kaufmann Kalaschnikow
(Kupez Kalaschnikow)

Oper in drei Akten (Opera w trjoch dejstwijach)
Libretto von Nikolai Kulikow nach dem Poem ›Das Lied vom Zaren Iwan Wassiljewitsch, dem jungen Opritschnik und dem kühnen Kaufmann Kalaschnikow‹ von Michail Lermontow unter Beibehaltung vieler Originalverse

Entstehung 1879

Uraufführung 5. März 1880   Mariinski Theater Petersburg

Personen
Zar Iwan Wassiljewitsch Grosny—————————————————————Baß
Maljuta Skuratow, dem Zaren Nahestehender——————————————Tenor
Kiribejewitsch, Opritschnik———————————————————————Tenor
Wjassemski, Opritschnik————————————————————————Tenor
Basmanow, Opritschnik—————————————————————————Tenor
Grjasnoi, Opritschnik——————————————————————————Bariton
Kolytschew, Opritschnik————————————————————————Baß
Stepan Paramonowitsch Kalaschnikow, Kaufmann——————————Bariton
Aljena Dmitrijewna, seine Frau—————————————————————Sopran
Brüder Kalaschnikows: Jeffim, Sergej——————————————Tenor, Baß
Timofej Birjuk, Knecht Kalaschnikows——————————————————Baß
Nikitka, Neffe Timofejs, Narr des Zaren————————————————Tenor
Solomonida, Kleinbürgerin————————————————————————Alt
Simeon Koltschin, reicher Kaufmann, weißhaariger Alter———————Baß
Filat, Fleischer————————————————————————————Bariton
Tschelubej, Tatare, Athlet———————————————————————Tenor
Polizeihauptmann————————————————————————————Bariton
Erster, zweiter Herold——————————————————————Tenor, Tenor
Erster, zweiter, dritter Opritschnik———————————————Tenor, Tenor, Baß
Fürst Michail Temrjukowitsch Tscherkasski——————————————Stumm
Opritschniki, Bojaren, Volk, Sänger, Trompeter, Krieger———Gemischter Chor
Gaukler, Tänzer————————————————————————————Ballett

Orchester Picc, 2 Fl, 2 Ob, 2 Klar, 2 Fg, 4 Hr, 2 Trp, APos, TPos, BPos, Tb, Pkn, Str

Handlung
Die Handlung spielt in der Alexandrowsker Vorstadt, in Samoskworetschje, im Hause Kalaschnikows und an der Moskwa.
I. Akt: *Gemach des Zaren.* Iwan Grosny glaubt an seine Opritschniki als treue Diener seines Staates, während diese ihre Stellung mißbrauchen und sich zwischen ihn und das Volk stellen. Der Narr Nikitka führt Vertreter der Moskauer Bürger zum Zaren.
Instrumentale Einleitung.
II. Akt, 1. Bild: *Platz an der Moskwa. Bürgerhäuser. Abend.* Kalaschnikows Frau Aljena geht zur Abendandacht, wird von des Zaren Liebling, Opritschnik Kiribejewitsch, auf offener Straße überfallen und entführt. Die Nachbarn verhöhnen und bemitleiden den heimkehrenden Ehemann.
II. Akt, 2. Bild: *Im Hause Kalaschnikows.* Aljena ist von Nikitka aus den Fängen des Opritschnik befreit worden, gilt aber in den Augen der Nachbarn als entehrt. Kalaschnikow bekennt sich zu seiner Frau.
III. Akt: *Faustkampfplatz auf der zugefrorenen Moskwa.* Volksfest an der Moskwa. Kiribejewitsch fordert die Moskauer Bürger zum Faustkampf auf. Kalaschnikow kämpft mit ihm und tötet ihn. Aljena bittet den Zaren um Gnade, vorgebend, der Kaufmann hätte den Opritschnik zufällig umgebracht. Kalaschnikow jedoch bekennt, den Zarenliebling mit Absicht getötet zu haben. Er verschweigt die Motive seiner Tat. Der Zar achtet den Kaufmann, verspricht ihm, Frau, Kinder und Brüder zu beschützen. Ihn aber läßt er hinrichten.

Genesis
Der russische Vaudeville-Schreiber, Regisseur und Schauspieler Nikolai Kulikow verfaßte das Libretto nach einem Plan Rubinsteins, ergänzte Lermontows Poem um einige Personen, Situationen und Verse. Rubinstein trieb ausgedehnte Volksliedstudien und ließ sich beraten, unter anderem auch von Wladimir Stassow, bei dem er im Mai 1876 anfragte, ob es besser sei, aus der Volksliedsammlung von Pratsch oder der von Sacharow zu zitieren. Offenkundig war er bemüht, seine Hinwendung zum russischen Volkslied zu demonstrieren.

Kommentar
Lermontows Poem spielte in der russischen Literatur eine besondere Rolle, weil es als scharfe antizaristische Kritik verstanden wurde. Wenn der Kaufmann Kalaschnikow Iwan Grosny verschweigt, warum er den Opritschnik umgebracht hat, lehnt er den Zaren als seinen Gerichtsherrn im Streit mit Kiribejewitsch ab und steht als Bürger für sich selbst ein. Er bezahlt dafür mit seinem Leben. Als die Oper Rubinsteins uraufgeführt wurde, kam es zu einer fast gespenstischen Übereinstimmung von Kunst und Wirklichkeit. Am 20. Februar 1880 hatte der junge Narodowolze Mlodezki ein Attentat auf den Innenminister Loris-Melikow verübt

und wurde am Morgen des 22. Februar, dem Tag der Uraufführung, hingerichtet (beide Zeitangaben nach der alten Zeitrechnung).

Rubinstein hatte 1869 sein *Musikalisches Charakterbild Iwan Grosny* komponiert, und auch in seiner Oper ist der Zar musikalisch die dominierende Gestalt. Er hat ihn mit einem „erhabenen" (welitschawo) rezitativischen Stil gekennzeichnet, läßt ihn in einem psalmodierenden Ton das Urteil über Kalaschnikow verkünden, ordnet ihm ein wiederkehrendes, einprägsames, rhythmisch akzentuiertes Motiv zu.

Die instrumentale Einleitung zum II. Akt könnte man als ein Musikalisches Bild bezeichnen, in dem geschildert wird, wie das Volk unter der Knute des schrecklichen Zaren stöhnt. Rubinstein parodierte zeitgenössische städtische Romanzen und charakterisierte mit ihnen die betrunkenen Opritschniki. Den III. Akt eröffnet er mit Zitaten des altrussischen Blagowest, des Glockengeläuts bei feierlichen Anlässen, hier der Eröffnung des Volksfestes an der Moskwa. Rituelle Klagelieder und das Ruhmeslied „Slawa" finden im Finale der Oper Verwendung.

Verbreitung

Nach zwei Vorstellungen, am 5. und am 8. März 1880 am Petersburger Mariinski Theater, wurde die Oper trotz oder gerade wegen ihres großen Publikumserfolges ohne Angabe von Gründen von Alexander II. verboten. Die politischen Ursachen hierfür lagen offen. Das Schicksal des Kaufmanns Kalaschnikow erinnerte allzu deutlich an den kurz zuvor hingerichteten Terroristen Mlodezki. Vorschläge zur Veränderung oder Kürzung lehnte Rubinstein ab. Nach neun Jahren unternahm die Kaiserliche Theaterdirektion in Petersburg einen zweiten Versuch, das Werk im Spielplan anzusiedeln; doch nach wiederum zwei Vorstellungen (22. und 25. Januar 1889) wurde es unter einem anderen Vorwand erneut, nun von Alexander III., verboten. Das veranlaßte Rubinstein in seinen 1889 niedergeschriebenen Erinnerungen zu der Äußerung: „Mein Verhalten zur offiziellen Welt war immer von Abscheu und Ekel geprägt. Auch die offizielle Welt zollte mir keine Ehre."

Ungeachtet der Petersburger Querelen ist ›Kaufmann Kalaschnikow‹ eine von Rubinsteins meistgespielten Opern: 1888 Tiflis, 1891 Hamburg, 1901 Theater Solodownikows Moskau (mit dem Ensemble der Russischen Privatoper), 1901 Kasan, 1902 Odessa (Entreprise von Borodai), 1902 Saratow, 1903 Theater Solodownikows Moskau (mit dem Ensemble der Gesellschaft der Russischen Privatoper), 1912 Theater Solodownikows Moskau (mit dem Ensemble der Privatoper von Sergej Simin), 1924 Odessa, 1959 Kuibyschew.

Ausgaben Part Bartholf Senff Leipzig o. J.; KlA Jurgenson Moskau 1879; KlA (dt. von Hermann Wolff) Bartholf Senff Leipzig o. J.; Text (dt. von Hermann Wolff) Bartholf Senff Leipzig o. J.

Literatur Olga Tompakowa: ›Kaufmann Kalaschnikow‹ von A. G. Rubinstein. (›Kupez Kalaschnikow‹ A.G.Rubinschtejna.) In: *Musikalnaja shisn*, Moskau 1983, H.17

Sulamith

Ein biblisches Bühnenspiel in fünf Bildern nach dem Hohelied Salomos
Text (deutsch) von Julius Rodenberg

Entstehung 1882—1883

Uraufführung 8. November 1883   Hamburg

Personen

Salomo, König Israels .... Bariton
Sulamith, eine Winzerin aus dem Libanon .... Sopran
Ein junger Schäfer, ebenfalls aus dem Libanon .... Tenor
Der Hauptmann der Jerusalemer Stadtwache .... Baß
Die Hüterinnen des Harems, Landleute des Libanon,
Gefolgsleute des Königs, Stadtwache von Jerusalem,
Männer und Frauen von Jerusalem etc. .... Gemischter Chor

Aufführungsdauer Nicht abendfüllend

Vorgänge
Die Handlung spielt in Jerusalem und Libanon.
1. Bild: *Frauengemach. Harem im Palast des Königs Salomo zu Jerusalem.* Salomo hat die Winzerin Sulamith entführt und wirbt um ihre Liebe. Sie weist den König ab, da sie ihren Schäfer liebt.
2. Bild: *Landschaft im Libanon. Frühlingsfest.* Der Schäfer trauert um die verschwundene Sulamith und erfährt, daß sie von König Salomo entführt wurde.
3. Bild: *Harem im Palast des Königs Salomo. Frauengemach. Nacht.* Der Schäfer hat Sulamith gefunden. Beide fliehen.
4. Bild: *Freier Platz in Jerusalem.* Die Stadtwache nimmt die Fliehenden fest.
5. Bild: *Thronsaal zu Jerusalem.* Der König ist zur Hochzeit bereit, doch die Braut wird in Ketten vorgeführt. Salomo verzeiht den Liebenden und gibt Sulamith frei.

Genesis
Bereits 1860 interessierte sich Rubinstein für die Verse von Ernest Renan nach dem Hohelied Salomos und bat Julius Rodenberg um ein Libretto für eine Kantate mit drei Hauptpersonen: Sulamith, Schäfer und Salomo, sowie mit einer Stimme aus dem Volk, Männer- und Frauenchor. 1872 erhielt er von Rodenberg den gewünschten Text, aber erst zehn Jahre später, 1882, griff er darauf zurück und schuf sein Biblisches Bühnenspiel ›Sulamith‹, das er im Juni 1883 vollendete.

Kommentar

Rubinstein nannte ›Sulamith‹ eine Geistliche Oper, jedoch unterscheidet sich dieses Biblische Bühnenspiel von den übrigen diesem Genre zuzurechnenden Werken, weil weder ein einzelner noch das Volk heroisiert wird.

Rubinstein-Biograph Lew Barenboim rechnet ›Sulamith‹ zu den interessantesten Werken des Komponisten und meint, daß einzelne Szenen sehr wohl eine konzertante Wiederentdeckung verdienten. Dem gesamten Werk gegenüber gibt es allerdings Einschränkungen: Die Liebesaffäre hat rein privaten Charakter, auch wenn der Librettist durch Chortexte öffentliches Interesse vortäuscht. Da die Situationen nicht zwingend sind, sucht der Komponist den Figuren in Sequenzierungen emotionale Spannung zu geben, gewinnt er durch dynamische Effekte den Schein dramatischer Zuspitzungen.

Verbreitung

Nach der Hamburger Uraufführung von 1883 folgten: Berlin 1888, Amsterdam 1889, Petersburg (mit einer konzertanten Aufführung) 1901.

Ausgaben KlA Bote & Bock Berlin/Posen o. J.; KlA (russ. von P. Melnikow) Jurgenson Moskau 1901; Text (russ. von L. Woman) Jurgenson Moskau 1901

Unter Räubern

Komische Oper in einem Akt
Libretto (deutsch) von Ernst Wichert
nach der Erzählung ›Voyage en Espagne‹ von Théophile Gautier

Entstehung 1883

Uraufführung 8. November 1883   Hamburg

Personen

Prinz Edgar, reist inkognito als Naturforscher	Bariton
Nelke, sein Diener	Tenor
Pedro Torez, Räuberhauptmann	Bariton
Antonio, Räuber	Tenor
Perez, Räuber	Tenor
Rodrigo, Räuber	Baß
Rullo, Hauptmann einer anderen Räuberbande	Baß
Mados, reisender Kaufmann	Baß
Donna Ulrika	Alt
Laura, ihre Tochter	Sopran
Eulalia, Sängerin	Sopran
Miss Braddem	Stumm

Offizier	Stumm
Räuber	Männerchor

Aufführungsdauer Nicht abendfüllend

Handlung
Die Handlung spielt in Spanien, nahe bei Madrid, Anfang des 19. Jahrhunderts.
Reisende fallen unter rivalisierende Räuberbanden. Der Räuberhauptmann Pedro klagt dem inkognito reisenden Prinzen die Not des Räuberlebens: Die Anverwandten sind nicht mehr bereit, für die Entführten zu zahlen. Der Prinz hilft ihnen, das Räuberdasein aufzugeben. Außerdem schlichtet er noch einen Liebeshändel, so daß zum Schluß alles in bester Ordnung ist und der Zwischenfall jedem zu seinem Glück verholfen hat.

Kommentar
Die Oper folgt in Lokalkolorit, Handlungsdetails, Melodik und Harmonik ihrem Vorbild ›Fra Diavolo‹ von Daniel François Esprit Auber.

Verbreitung
1893 Berlin, 1899 Petersburg (konzertante Aufführung mit Kräften des Konservatoriums Petersburg), 1900 Theater Farce, Sommerspielstätte des Theaters Aquarium Moskau.

Autograph Biblioteka Slaska Katowice Bote & Bock Berlin o. J.;   Text (russ. von
Ausgaben KlA (dt./russ. von A. Gortscha- A. Gortschakowa) Bessel Petersburg 1899
kowa) Bessel Petersburg 1899;   KlA

Der Papagei
Komische Oper in einem Akt
Libretto (deutsch) von Hugo Wittmann
nach einem Märchen aus dem persischen Papageienbuch

Entstehung 1884

Uraufführung 11. November 1884   Hamburg

Personen
Almanzier, Kaufmann	Bariton
Feth-Ali, Sohn eines Dichters	Tenor
Suleika, Almanziers Tochter	Sopran
Fathme, Suleikas Gesellschafterin	Alt
Der Kadi	Baß

Ein Derwisch	Tenor
Erster, zweiter Gerichtsbeisasse	Tenor, Baß
Erster, zweiter Häscher	Tenor, Baß
Dienerschaft (Männer und Frauen) des Almanzier,	
Soldaten, Häscher, Schergen, Volk	Gemischter Chor

Orchester Picc, 2 Fl, 2 Ob, 2 Klar, 2 Fg, 4 Hr, 2 Trp, APos, TPos, BPos, Pkn, Bck, Trgl, GrTr, Hrf, Str

Aufführungsdauer Nicht abendfüllend

Handlung
Die Handlung spielt in Isphahan (Persien). Morgengrauen. Isphahan. Prächtiges Bild einer morgenländischen Stadt.
Feth-Ali kommt mit dem einzigen Erbstück seines Vaters, einem Spiegel, nach Isphahan, hier sein Glück zu suchen. Im Spiegel erblickt er das Bild der schönen Suleika und küßt es. Die Dienerin Fathme verklagt ihn und fordert seine Bestrafung. Der Kadi ist ob der Urteilsfindung in Verlegenheit. Der Papagei eines Derwischs spricht Recht: „Maß gegen Maß. Da Feth-Ali das Spiegelbild geküßt hat, werde sein Schatten gepeitscht." — Der gerettete Feth-Ali küßt die ihn liebende Suleika, deren Vater erkennt in ihm den Sohn eines berühmten, einst verbannten Dichters, der Papagei urteilt, auf Schatte(n) reime sich Gatte, und Feth-Ali wird der Mann Suleikas.

Kommentar
Der anekdotische Vorfall gerät zur simplen Geschichte. Die blassen Leidenschaften und stereotypen Situationen geben einer auswechselbaren Musik Raum.

Verbreitung
Der Uraufführung 1884 folgte 1886 die russischsprachige Erstaufführung durch das Theater Solodownikows in Moskau mit dem Ensemble der Russischen Privatoper.

Ausgaben KlA Bartholf Senff Leipzig o. J.

Moses
Geistliche Oper in acht Bildern
Text (deutsch) von Salomon Hermann Mosenthal

Entstehung 1887—1891

Uraufführung 25. und 27. Juni 1892 Städtisches Theater (Neues Deutsches Theater) Prag (Geschlossene Generalproben der ihrer Länge wegen an zwei Abenden gespielten Oper durch die Truppe von Angelo Neumann. Eine öffentliche Aufführung kam nicht zustande, da die Truppe Pleite machte.)

Personen

Asmath, Tochter des Pharao	Sopran
Johebet, eine Israelitin	Alt
Miriam, ihre Tochter	Sopran
Sklavin Asmaths	Alt
Moses	Bariton
Der Hauptmann der Krieger	Tenor
Der Fronvogt	Baß
Job, israelitischer Ältester	Tenor
Stimme Gottes	Tenor
Jethro, midianitischer Priester	Baß
Zipora, seine Tochter	Alt
Pharao, König von Ägypten	Tenor
Ein Bote	Tenor
Aaron	Baß
Korah	Tenor
Kur	Bariton
Joshua	Tenor
Balak, moabitischer König	Baß
Bileam, Prophet	Tenor
Vier Priester, Leviten	Tenor, Tenor, Baß, Baß
Mädchen und Frauen aus dem Gefolge Asmaths, Israelitinnen, ägyptische Krieger, Himmlische Heerscharen, Midianiten, Edomiten, Priester und Priesterinnen von Osiris und Isis, Gefolge des Pharao und der Asmath, ägyptisches Volk, israelitische Älteste aus dem Gefolge Moses, midianitische Mädchen, Edomiten (Hirten), Gefolge Balaks, israelitische Krieger, Chor der Himmlischen und der Nachtgeister	Gemischter Chor

Vorgänge

Die Handlung spielt in Ägypten während der Regierungszeit Ramses'.

1. Bild: *Nilufer in Ägypten.* Das Kind Moses wird ausgesetzt und von der Pharaonentochter Asmath aufgenommen.

2. Bild: *Vor den Riesenbauten des Ramses.* Die Ägypter zwingen die Israeliten zum Frondienst. Die Geknechteten empören sich. Moses bekennt sich zu seinem Volk.

3. Bild: *Oase in der Wüste.* Zipora wird von Edomiten bedroht und von Moses gerettet. Dem Retter winkt Ziporas Hand und ein glückliches Leben. Moses entscheidet sich aber, Gottes Wort zu folgen und sein Volk aus Ägypten zu führen.

4. Bild: *Halle in Pharaos Palast.* Mit Mißernten, Unwettern und Sonnenfinsternis zwingt Gott den Pharao, die Israeliten freizugeben.
5. Bild: *Am Gestade des Schilfmeeres.* Moses führt sein Volk durchs Rote Meer, die Krieger des Pharao aber ertrinken.
6. Bild: *Jenseitiges Ufer.* Die Israeliten danken Gott.
7. Bild: *Am Fuße des Sinai. Wüste.* Moses geht in die Berge, die Gesetze aufzuschreiben. Korah empört sich gegen Moses und inszeniert mit seinen Söhnen den Tanz um das Goldene Kalb. Moses verkündet die Strafe: vierzigjährige Wanderschaft. Korahs Geschlecht fährt zur Hölle.
8. Bild: Der Chor der Nachtgeister und der Himmlischen interpretiert das Geschehen.

Kommentar
Im Libretto sind Situationsklischees aneinandergereiht, ohne daß der Rahmen einer platten Bibeldarstellung verlassen wird. Der Komponist beschränkt sich darauf, Affekte durch fortwährende Sequenzierungen darzustellen, und er erreicht effektvolle Kontraste durch den häufigen Wechsel zwischen ariosen Gesängen und Chören.

Verbreitung
Der Inszenierung des verdienstvollen Theatermannes Angelo Neumann folgten bisher lediglich konzertante Aufführungen: 1892 erklangen einige Bilder am Leipziger Gewandhaus und am 20. Februar 1895 das vollständige Werk in Riga.

Ausgaben Part und KlA Bartholf Senff Leipzig o. J.;   Text 3., 6. und 7. Bild. (dt.)   Bartholf Senff Leipzig o. J.;   Text (russ. von M. Dawidowa) Petersburg 1894

Gorjuscha (Gorjuscha)
Oper in vier Akten (Opera w tschetyrjoch dejstwijach)
Libretto von Dmitri Awerkijew

Entstehung 1888

Uraufführung 3. Dezember 1889   Mariinski Theater Petersburg

Personen
Fürst, fünfzig Jahre_____Bariton
Fürstin, seine zweite Frau, achtzehn Jahre_____Sopran
Daschutka, Waise, aufgezogen im Hause des Fürsten_____Mezzosopran
Iwan, armer Adliger, Beschließer beim Fürsten_____Tenor
Bojar Poltew_____Baß

Schelog, Skomoroch_____Tenor
Adlige und Leibeigene des Fürsten,
Gäste und Adlige des Bojaren Poltew_____Gemischter Chor
Deutsche Schauspieler und Schauspielerinnen_____Ballett

Orchester 2 Fl, 2 Ob, 2 Klar, 2 Fg, 2 Trp, 4 Hr, 3 Pos, Tb, Pkn, Str

Handlung
Die Handlung spielt Ende des 17. Jahrhunderts auf den Landgütern des Fürsten und des Bojaren Poltew.
I. Akt: Die Waise Daschutka liebt den armen Adligen Iwan und glaubt sich wiedergeliebt. Der Fürst, der die beiden miteinander verheiraten will, begibt sich auf eine Reise.
II. Akt: Daschutka fleht vergeblich um Iwans Liebe. Sie entdeckt die junge Fürstin und Iwan bei einem heimlichen Stelldichein. Iwan will die Lauscherin umbringen, die Fürstin bittet für das Mädchen. Daschutka sinnt auf Rache. Sturm und Gewitter.
III. Akt: Poltew führt seinen Gästen, unter ihnen dem Fürsten, eine deutsche Schauspielertruppe vor. Das langatmige allegorische Spiel wird durch des Fürsten Narren aufgelockert. Daschutka unterbricht das Spiel und berichtet vom vermeintlichen Ehebruch der Fürstin mit Iwan. Der Fürst läßt Daschutka arretieren.
IV. Akt: Der Narr warnt Iwan vor dem Zorn des Fürsten, doch Iwan, der seine Unschuld beteuert, flieht nicht und soll hingerichtet werden. Daschutka bereut, setzt sich für Iwan ein und bringt sich um. Alle stehn erschüttert. Der Fürst läßt Iwan frei und schickt die Fürstin ins Kloster.

Kommentar
Ein anekdotischer Vorfall wird durch Einlagen eines allwissenden Narren, Allegoriendarstellungen einer Schauspielertruppe, Darstellung von Sturm und Gewitter auf vier Akte gestreckt. Die Anlässe für Arien sind mühsam gefunden. Vier Akte lang irrt sich Daschutka und versucht vergeblich, auf sich aufmerksam zu machen. Sie wird so zu einer eher aufdringlich dummen denn tragischen Gestalt, wie es der Titel der Oper ›Gorjuscha‹, die Kummervolle, vorgibt. Mit russischnational kolorierten Chören werden die Szenen zusätzlich gedehnt.

Verbreitung
Nach der Uraufführung fand 1902 nur noch eine Inszenierung am Theater Solodownikows in Moskau durch das Ensemble der Russischen Privatoper statt.

Ausgaben KlA und Text (russ.) Jurgenson Moskau 1889

Christus

Geistliche Oper in sieben Vorgängen nebst einem Prolog und einem Epilog nach einer Dichtung von Heinrich Bulthaupt (deutsch)

Entstehung 1893

Uraufführung 2. Juni 1894 Stuttgart, einige Bilder konzertant
25. Mai 1895 Theater Bremen, konzertant

Personen

Engel der Verkündigung	Sopran
Erster, zweiter, dritter König	Bariton, Bariton, Baß
Hirte	Tenor
Jesus Christus	Tenor
Satan	Baß
Johannes der Täufer	Bariton
Jünger Jesu: Simon Petrus, Johannes,	Baß, Tenor
Jacobus, Judas	Bariton, Bariton
Maria, Mutter Jesu	Alt
Maria Magdalena	Sopran
Kaiphas, Hohepriester	Baß
Pilatus	Bariton
Weib des Pilatus	Sopran
Tempelvogt	Tenor
Wächter	Bariton
Ein Pharisäer	Baß
Eine Mutter	Sopran
Ihr Sohn	Alt
Ein Priester	Tenor
Paulus	Bariton
Die anderen Jünger Jesu, Käufer, Händler, Kinder, Engel, Hirten, Gefolge der Könige, Priester, jüdisches Volk, Anhängerinnen Jesu, Dämonen, Apostel, Gläubige	Gemischter Chor

Orchester Picc, 2 Fl, 2 Ob, 2 Klar, 2 Fg, 4 Hr, Trp, 3 Pos, Tb, Pkn, Bck, Trgl, Tamb, GrTr, Hrf, Str

Vorgänge
Prolog: *Freies Feld.* Engel verkünden den Hirten die Geburt Christi. Die drei Könige kommen, dem neuen Herrscher zu huldigen.
1. Vorgang: *Wüste – Sand und Felsen – Dämmerung.* Christus wird vom Satan versucht, aber er weist den Verführer von sich.
2. Vorgang: *Eine vom Jordan durchströmte Ebene.* Johannes der Täufer er-

kennt Christus, huldigt ihm und tauft ihn. Junge Männer schließen sich Jesus an.
3. Vorgang: *Freie Landschaft unweit Jerusalems.* Jesus predigt, speist die Hungernden, steht Maria Magdalena bei und erweckt einen Toten. Das Volk lobpreist ihn.
4. Vorgang: *In Jerusalem. Vorhof des Tempels.* Jesus tadelt die Händler, die im Vorhof ihre Waren feilbieten. Die Händler verbünden sich mit dem Hohepriester gegen Jesus. Judas möchte Gottes Allmacht bewiesen haben und bietet sich dem Hohepriester als Handlanger an.
5. Vorgang: *Ein Zimmer, in welchem der Tisch zum Abendmahl bereitet ist.* Jesus Mutter wird von Vorahnungen gequält. Maria Magdalena wäscht und salbt Christus die Füße. Der Meister hält Abendmahl mit seinen Jüngern.
Verwandlung: Garten von Gethsemane. Christus im Gebet. Man kommt, ihn zu verhaften. Judas bereut seinen Verrat.
6. Vorgang: *Freier Platz in Jerusalem vor dem Palast des Pilatus.* Die Anhängerinnen Christi bitten vergeblich um seine Freilassung. Die von den Priestern aufgestachelte Menge fordert seinen Tod, und Pilatus beugt sich der Menge.
7. Vorgang: *Eine zerrissene Wolkenwand. In der Ferne sind die drei Kreuze zu sehen. In der Höhe die Engel, in der Tiefe der Satan und die Dämonen.* Engel und Dämonen streiten miteinander.
Epilog: *Eine weite sonnenbeleuchtete Landschaft, in deren Mitte auf einer Höhe, von einer Glorie umstrahlt, ein Kreuz ragt.* „Menschen aller Nationen und Stände, jung und alt, Frauen und Männer, sind um das Kreuz versammelt. Unter ihnen predigend, helfend und speisend die zwölf Apostel, von denen unmittelbar unter dem Kreuz Paulus, weiter zur Rechten und Linken Johannes und Petrus stehen." (Rubinstein)
Paulus berichtet von seiner Wandlung. Alle lobpreisen Christus.

Kommentar
Die Geistliche Oper ›Christus‹ zeichnet sich durch einige charakteristische Szenen aus. Wichtig waren dem Komponisten Situationen, aus denen heraus „spontanes" Singen glaubwürdig wurde. Das ist der Fall, wenn Christus einen Toten erweckt (3. Vorgang). Die Anwesenden sind davon so beeindruckt, daß sie Gott preisen. Und ganz wie Leah in den ›Maccabäern‹ fordert die Mutter des vom Tode erweckten Kindes das Volk zum Lobgesang auf, wird das Prinzip Vorsänger—Chor dramatisch motiviert, gerät Musizieren selbst zum Vorgang. Die Szene, in der sich die Massen um Freilassung oder Hinrichtung Christi streiten (6. Vorgang), bildet den Höhepunkt des Werkes. Pilatus zeigt sich von den Massenaktionen betroffen und bekennt seine Ohnmacht mit den Worten: „Dem kochenden Haß, dem taumelnden Volk ring ich das Opfer nicht ab." Rubinstein läßt nicht aus stilistischen Kontrasten, sondern aus dynamischen Effekten die Dramatik dieser Chorszene entstehen.
Teleologische Weltdeutung findet sich, so wie in seinen anderen Geistlichen Opern, auch in dieser letzten. Das irdische Ringen wird in den Rahmen von Himmel und Hölle eingepaßt und ist in der Szenenanweisung zum 7. Vorgang scharf

ausgeprägt: „Eine zerrissene Wolkenwand nimmt die ganze Breite der Bühne ein. Durch dieselbe sieht man ungewiß, von der blutroten Sonne beleuchtet, von den ziehenden Wolken zuzeiten verdeckt, auf einer Anhöhe in der Ferne drei Kreuze errichtet. In der Höhe, auf Wolken gelagert, die Engel, in der Tiefe, in Fels und Geklüft, Satan und Daemonen."

In diesem Christus-Epos von Rubinstein/Bulthaupt erscheint Judas als die musikalisch interessanteste Gestalt. Seine Zweifel, seine Besessenheit, seine Reue werden durch große Intervallspannungen chrakterisiert. In harmonischer und melodischer Hinsicht hebt sich diese Figur deutlich von der sonst vorherrschenden lyrischen Affekttypologie ab.

Ausgaben Part, KlA, Text (dt.) Bartholf
Senff Leipzig o. J.

Juri Alexandrowitsch Schaporin
1887—1966

Juri Schaporin war von 1926 bis 1930 Präsident der Leningrader Sektion der Assoziation für zeitgenössische Musik und Leiter des Musikverlages Triton.

Ab 1939 lehrte er am Konservatorium Moskau und wurde 1940 zum Professor ernannt. 1941—1942 leitete er das Lied- und Tanzensemble der Transkaukasischen Streitkräfte der Roten Armee. 1948 wurde er zum Leitungsmitglied, 1952 zum Sekretär des Komponistenverbandes der UdSSR gewählt.

Der Komponist war mit dem Dichter Alexander Block befreundet, nach dessen Gedichten der Vokalzyklus ›Ferne Jugend‹ und das Oratorium ›Auf dem Kulikower Feld‹ entstanden.

Als Schaporins bedeutendstes Werk gilt seine einzige, zwischen 1947 und 1952 entstandene Oper ›Die Dekabristen‹.

Die Dekabristen (Dekabristy)
Oper in vier Akten, zehn Bildern
(Opera w tschetyrjoch dejstwijach, desjati kartinach)
Libretto von Wsewolod Roshdestwenski (in Zusammenarbeit mit Alexej Tolstoi)

Entstehung 1947—1952

Uraufführung 23. Juni 1953   Staatliches Akademisches Großes Theater der UdSSR (Bolschoi Theater) Moskau

Personen
Dekabristen:
Kondrati Rylejew, Leutnant a. D._____Bariton
Pawel Pestel, Oberst des Wjatsker Infanterieregiments_____Baß
Alexander Bestushew, Stabskapitän der Leib-
garde des Dragonerregiments_____Baß
Sergej Trubezkoi, Oberst der Leibgarde des
Preobrashensker Regiments_____Bariton
Pjotr Kachowski, Oberleutnant a. D._____Tenor
Alexander Jakubowitsch, Oberst der Dragoner
des Nishegorodsker Regiments_____Baß
Dmitri Schtschepin-Rostowski, Stabskapitän der
Leibgarde des Moskauer Regiments_____Tenor

Olga Mironowna Schtschepina-Rostowskaja, Mutter Dmitris	Mezzosopran
Orlowa, verarmte Gutsbesitzerin	Mezzosopran
Jelena, ihre Tochter	Sopran
Marja Timofejewna, Hausverwalterin auf dem Gut der Schtschepin-Rostowskis	Sopran
Gutsbesitzer, Nachbar der Schtschepin-Rostowskis	Tenor
Stescha, Zigeunerin	Mezzosopran
Rostowzew, Oberleutnant der Leibgarde des Jägerregiments	Tenor
Nikolai I.	Baß
Graf Benckendorf	Baß
General-Gouverneur	Baß
Metropolit	Tenor
Sergej, alter Soldat	Baß
Wache in der Festung	Baß
Dworezki	Bariton
Nachtwache	Baß
Kasperlespieler auf dem Jahrmarkt: Erster Bauer, zweiter Bauer	Tenor, Baß
Zwei Polizisten	Baß, Bariton
Nastenka Rylejewa	Stumm
Kammerdiener	Stumm
Volk, Soldaten, Handwerker, Bauern auf dem Jahrmarkt, Leibeigene auf dem Gut, Zigeuner, Ballgäste u. a.	Gemischter Chor und Ballett

Handlung

Die Handlung spielt 1825 bis 1826.

I. Akt: Auf dem Gut der Schtschepin-Rostowski läßt die Gutsherrin unbotmäßige Leibeigene auspeitschen. Ihr Sohn Dmitri gebietet ihr Einhalt. Die Entfremdung zwischen beiden wächst, als die Mutter nun dem Sohn die Heirat mit der verarmten Adligen Jelena Orlowa untersagt.

In einer Zigeunerschenke, zwischen Moskau und Petersburg gelegen, treffen sich junge Adlige. Sie kämpfen gegen Zarenwillkür und Leibeigenschaft und planen einen Aufstand, der Rußland in einen demokratischen Staat verwandeln soll.

Zar Alexander I. ist unerwartet in Taganrok verstorben. Auf den Märkten fragt sich das Volk, wer der neue Herrscher werden wird, und wünscht sich einen Pugatschow herbei. Die Zeit für einen Aufstand ist günstig.

II. Akt: In der Nacht zwischen dem 13. und 14. Dezember 1825 versammeln sich bei Rylejew die Verschwörer gegen das Zarenregime und beschließen den Aufstand für den nächsten Morgen, wenn die Truppen dem neuen Zaren den Eid leisten sollen. Doch unter ihnen befindet sich ein Monarchist, der Gardeleutnant Rostowzew. Er gibt dem neuen Zaren die Namen der Verschwörer an. Nikolai I. fürchtet einen Volksaufstand und trifft Gegenmaßnahmen.

14. Dezember 1825 morgens. Auf dem Senatsplatz sind Schtschepin und Bestushew mit ihren Regimentern angetreten. Im Namen des Zaren agitiert die Geistlichkeit die Soldaten, die Waffen niederzulegen. Das Volk steht bereit, sich

mit den Aufständischen zu verbünden. Das erschreckt den Verschwörer Trubezkoi, der den Palast besetzen und den Zaren gefangennehmen sollte. Trubezkoi versäumt es, seinen Auftrag zu erfüllen. Die Aufständischen zögern, das Feuer zu eröffnen. Der Zar hingegen zögert nicht und gibt Schießbefehl. Der Aufstand wird niedergeschlagen, bevor er stattgefunden hat.

III. Akt: Nikolai I. feiert seine Krönung mit einem festlichen Ball. Unter den Geladenen ist auch die Fürstin Schtschepina-Rostowskaja. Sie sagt sich von ihrem Sohn los. Jelena Orlowa hingegen bekennt sich zu den Dekabristen und bewirkt vom Zaren die Gnade, Dmitri Schtschepin-Rostowski in die Verbannung folgen zu dürfen.

IV. Akt: Unmittelbar vor ihrer Hinrichtung nehmen die Dekabristen voneinander Abschied. Es sind alles Menschen, die reich und glücklich waren, es aber nicht bleiben wollten und konnten in einer Welt voll Armut und Unglück.

Die zur Verbannung Begnadigten machen sich auf den Weg nach Sibirien. Jelena folgt Dmitri. Sie ist eine der vielen Dekabristenfrauen, die das harte und kurze Leben der sibirischen Verbannung mit ihren Männern teilen werden.

Kommentar

Den Plan zu einer Oper über den Dekabristenaufstand faßte Schaporin bereits in den 20er Jahren. Sorgfältig studierte er die historischen Quellen, bevor er die ersten Texte fixierte. In die Arbeit am Libretto bezog er den Schriftsteller Alexej Tolstoi und den Historiker Schtschogolew ein. Erst 1952 schloß Schaporin die Komposition ab. Er war nicht der erste, der sich dem Aufstand von 1825 zuwandte. Bereits 1825 war Wassili Solotarjows Oper ›Die Dekabristen‹ uraufgeführt worden und erklang 1957 noch einmal in einem Konzert in Moskau unter dem Titel ›Kondrati Rylejew‹.

Wer waren diese Dekabristen? Sie traten im Dezember (dekabr) des Jahres 1825 aus ihren warmen Salons heraus, fanden sich auf dem Senatsplatz in Petersburg zusammen, verweigerten dem neuen Zaren den Treueeid und forderten ein demokratisches Rußland ohne Leibeigenschaft und absolutistischen Selbstherrscher. Sie starben unterm Beil oder in der Verbannung. Ihre Tat aber und ihre Namen blieben unvergessen. Die Dekabristen waren Adlige, die die Gedanken der französischen Revolution, das humanistische Ideengut der Aufklärung ernst genommen hatten und es für ihr Land in die Tat umsetzen wollten. Ihre Führer Rylejew oder Bestushew waren nicht Dichter und Revolutionäre, sie wurden zu Revolutionären, weil sie Dichter waren. An ihnen erwies sich der „hohe Bürgersinn" (Rosa Luxemburg) der russischen Intelligenz in exemplarischer Weise.

Schaporin hat Jahrzehnte um eine adäquate Gestaltung des Stoffes gerungen. Am Schicksal des Fürsten Dmitri Schtschepin-Rostowski hat er einen der möglichen Wege nachgezeichnet, wie junge Adlige sich ihrer Familie und Klasse entfremdeten. So konnte er sich biographische Hinweise bei den anderen Dekabristen ersparen und sich auf die Darstellung des historischen Geschehens konzentrieren. In Schaporins Oper finden sich viele traditionelle Formen wie

Klagegesänge, Jahrmarktszenen, Zigeunertänze und -weisen. Doch stehen sie alle in einem erzählerisch interessanten, der Fabel dienenden Kontext. So sind Jahrmarkt und Zigeunerlokal die Treffpunkte der Dekabristen. Den Mittelpunkt der Handlung bildet die Szene auf dem Senatsplatz. Schaporin ist den Dokumenten gefolgt und hat die entscheidende Frage nicht verschwiegen. Die Dekabristen traten mit Recht im Namen ihres Volkes auf, aber sie sprachen für das Volk und nicht mit ihm. Sie hätten bei einem erfolgreichen Aufstand die Massen möglicherweise mitreißen können. Die Kugeln des Zaren aber waren schneller, und sie sprachen die leicht verständliche Sprache der Gewalt. Doch mit den Dekabristen war die Sprache der Vernunft in Rußland öffentlich und unüberhörbar laut geworden. Sie sollte von da ab nicht mehr verstummen, wenn auch fast ein ganzes Jahrhundert noch vergehen sollte, bis sie sich 1917 gegen die Gewalt behaupten und die Massen ergreifen konnte. Lenin nannte daher die Dekabristen die erste Generation russischer Revolutionäre. Alexander Herzen ehrte sie als eine „Phalanx von Helden".

Neben Gedichten der Dekabristen zitiert Schaporin Soldaten- und Studentenlieder vom Anfang des 19. Jahrhunderts. Auch musikalisch hebt er die verschiedenen sozialen Schichten — Adlige, Leibeigene, Höflinge, Bauern, Handwerker, Zigeuner, Soldaten — voneinander ab.

Verbreitung
1953 Kirow Theater Leningrad; 1954 Kiew (Gastspiel des Bolschoi Theaters Moskau).

Ausgaben KlA Musfond SSR Moskau 1953; KlA Musgis Moskau 1956; KlA Sowjetski kompositor Moskau 1975
Literatur Sofja Lewit: J. A. Schaporin. Abriß des Lebens und Schaffens. (J. A. Schaporin. Otscherk shisni i twortschestwa) Moskau 1964; Wladimir Protopopow: ›Die Dekabristen‹ von J. Schaporin. (»Dekabristy‹. J. Schaporina.) In: *Sowjetskaja musyka*. Moskau 1950, Nr. 11

Dmitri Dmitrijewitsch Schostakowitsch
1906—1975

Die Zigeuner (Zygane) _____ vor 1926
Oper nach Alexander Puschkin (bis auf drei Nummern vom Autor vernichtet)
Die Nase (Nos) _____ 1927—1928
Oper in drei Akten nach der gleichnamigen Erzählung von Nikolai Gogol
Lady Macbeth des Mzensker Landkreises _____ 1930—1932
(Ledi Makbet Mzenskogo ujesda)
Oper in vier Akten nach der gleichnamigen Erzählung von Nikolai Leskow
Katerina Ismailowa _____ 1956—1963
(Zweitfassung der Oper ›Lady Macbeth des Mzensker Landkreises‹)
Das Märchen vom Popen und seinem Knecht Balda 1933—1935
(Skaska o pope i rabotnike jego Balde)
Opernszenen in vier Bildern
nach der Komposition op. 36 zum gleichnamigen Film
und dem Märchen von Alexander Puschkin
Die Spieler (Igroki) _____ 1942
Oper nach Nikolai Gogol
Fragment

Die Oper im Gesamtschaffen

Im Gesamtschaffen Schostakowitschs, dessen letztes Werk die Opuszahl 147 trägt und das auch fünfzehn Sinfonien einschließt, nimmt die Oper einen kleinen Platz ein. Doch ist sein Werk unteilbar. Die einzelnen Genres waren ihm gleich wichtig, boten sie ihm doch verschiedene Ausdrucksmöglichkeiten für sein heftig reagierendes Temperament.

Von marionettenhaft agierenden Menschen fühlte er sich betroffen, und er protestierte gegen Vernichtung und Tod, indem er bekannte und unbekannte, geehrte und vergessene Tote in seinen Werken beschwor. Die Marionette und der Tod waren in seiner Kunst untrennbar miteinander verbunden, wie seine letzten Sinfonien und viele seiner Kammermusikwerke, auch das dem Andenken Iwan Sollertinskis gewidmete Trio e-Moll, auf bestürzende Weise zeigen.

Satire und Tragödie gehen in seinen Opern eine unauflösliche Verbindung ein. Hier weinen Marionetten und zappeln Menschen, vom Gespinst der Parzen umstrickt. Satirische Individuation und tragische Objektivation finden in seinem letzten Werk, der Sonate für Bratsche und Klavier op. 147, statt. Sie entstand kurz vor seinem Tode 1975. Im Allegretto-Satz läßt der Komponist noch einmal alle Marionetten seiner bereits 1942 komponierten Oper ›Die Spieler‹ tanzen, um sofort, im darauffolgenden Satz, durch Zitate den Weg zu Beethovens

Opus 27, Nr. 2 zu suchen. Eigenes und Fremdes, Beschwören und Zitieren, Oper und Instrumentalmusik gehen ineinander über.

Schostakowitschs letztes Werk manifestiert so die Unteilbarkeit seines Schaffens. Das frühe Werk, die Oper von 1942, wird im Spätwerk, der Sonate von 1975, aufgehoben.

Auf der Suche

Nicht allein die Marionette hat Schostakowitsch dargestellt, sondern den Menschen auf der Suche nach dem anderen. Der Major Kowaljow sucht seine Nase — das vermeintliche bessere Ich, Katerina den ihr gemäßen Mann — einen Liebhaber, der Falschspieler Icharew sein Opfer, der Pope als Herr einen Knecht. Jeder findet, was er sucht. Der Major entdeckt seine Nase als hochgestellte Person auf der Straße und hat sie später wieder unverändert im Gesicht; die Kaufmannsfrau Katerina bekommt den ihr Vermögen knechtisch Liebenden; der Falschspieler gerät an Ganoven seiner Art; der Betrüger wird selbst betrogen, und genauso ergeht es dem Popen. Jeder ist Macher und Opfer der Verhältnisse.

Die neue Epoche hatte 1917 mit einer großen Massenbewegung begonnen. Doch die Revolution hatte sich im Alltag zu bewähren. Dringend stellte sich die Frage, wie das Individuum beschaffen ist, das die Masse ausmacht, den Alltag bestimmt und vom Alltag bestimmt wird, wie sich Individualität ausbilden und behaupten kann, wenn sich veränderndes Tun nur noch über Massenbewegung realisieren läßt. Schostakowitsch spielt in exemplarischen und abwegigen Situationen durch, wie Individualität beansprucht wird.

Musikalisch-theatralische Sinfonie

Schostakowitsch opponierte in seinen Opern gegen überlieferte Vorstellungen, nach denen Hohes von Niederem, Tragisches von Komischem, die sogenannte klassische Musik von der Trivialmusik streng zu scheiden war. Er wollte an der Verfestigung ästhetischer Hierarchien nicht mitwirken. In seinen Werken verkehrt sich daher Hohes in Niederes, Tragisches in Komisches, Erhabenes in Triviales und umgekehrt. Der Komponist stellte den Galopp, die Polka, den Walzer neben das sinfonisch konzipierte Zwischenspiel, das Lakaiengeplärr neben die ariose Larmoyanz eines Majors, den prosaischen Dialog vor den Hintergrund sakraler Musik; er ließ atonale, hochexpressive Episoden mit spielerisch-neoklassizistischen, naiv-folkloristischen wechseln, die kalte Groteske mit der scherzosen Maskerade. Er stellte zwischen den in der Realität nebeneinander existierenden Musiziersphären sinnerhellende Zusammenhänge her und entzog die einzelnen musikalischen Gestaltungsmittel ihrer herkömmlichen Gleichsetzung mit bestimmten ethischen, sozialen und ästhetischen Werten. Wer bei Schostakowitsch ein Volkslied singt, wie Kowaljows Diener Iwan in der ›Nase‹ oder Gawrjuschka in ›Die Spieler‹, ist damit noch nicht als ein „guter" Mensch etikettiert. Sogenannte Volkstypen, wie das „heruntergekommene Bäuerlein" in der ›Katerina Ismailowa‹, die Lakaien Alexej und Gawrjuschka in den ›Spielern‹, sind durch Volkslieder, aber auch durch extreme Höhen- oder Tiefenlage in der Stimmführung, Reduzierung des Orchesterparts auf wenige stereotype Begleitfiguren, oft auch Beschränkung auf nur ein Begleitinstrument charakterisiert. Das deutet auf Vereinseitigung hin: die Diener sind keine „ganzen" Menschen mehr, sondern nur noch das kontrastierende Gegenbild zu ihren quicken, farbig-schillernden Herren.

Sinn und Eindeutigkeit erhalten die einzelnen musikalischen Gestaltungselemente allein durch ihren Bezug zur szenischen Situation. Schostakowitsch nannte daher seine Gestaltungsweise „musikalisch-theatralische Sinfonie" und hat diese 1929 gegenüber dem Regisseur Nikolai Smolitsch so begründet: „… Rimski-Korsakow schrieb in einem Vorwort zu seinen Opern, daß ‚die Oper vor allem ein musikalisches Werk sei'. Wenn man einen solchen Standpunkt teilt, dann müßte man alle Operntheater schließen und die Werke im Frack und in der Philharmonie aufführen. Als ich die ›Nase‹ schrieb, ging ich nicht von diesem Standpunkt aus. ›Die Nase‹ verliert für mich jeden Sinn, wenn man sie nur von der musikalischen Seite aus betrachtet. Denn der musikalische Teil geht von der Handlung aus. Anders kann es doch auch gar nicht klar werden, warum hier eine solche Musik ist, jener Akteur ein Tenor und ein anderer ein Baß ist."

Schostakowitsch schätzte den Regisseur der Uraufführung seiner ›Nase‹, Nikolai Smolitsch (1888–1968), sehr und erreichte es, daß dieser auch die ›Lady Macbeth des Mzensker Landkreises‹ 1933/34 in Leningrad einstudierte: „Ich schätze Sie als den einzigen Regisseur, dem ich diese Oper und jedes Werk im Sinne eines musikalischen Theaters anvertrauen kann", schrieb er Smolitsch 1930 und formulierte im gleichen Brief einige prinzipielle Überlegungen in bezug auf Musik und Szene: „… mit einem tiefen Gefühl der Freude und des Vergnügens erinnere ich mich Ihrer Arbeit an der ›Nase‹, wo meine Musik dem Hörer so dargeboten wurde, daß er sie ganz aus ihrer Verbindung mit der Szene verstehen konnte. Besonders deutlich erinnere ich mich eines vielleicht unbedeutenden Umstandes. Auf der ersten Orchesterprobe der Szene Poststation, bald nach dem Abgang der Verkäuferin, gibt es zwei Glissandi in den Posaunen. Sie bemerkten diesen Umstand sofort und veranlaßten zwei Polizisten, die Glissandi zu ‚spielen'. Wenn ich mir die gesamte Inszenierung vergegenwärtige, dann fallen mir eine Menge solcher Einzelheiten ein. Aber gerade durch sie kam die notwendige Verbindung zwischen Szene und Musik zustande, und das führte dann insgesamt zu einer musikalischen Aufführung."

Smolitsch scheint einer der wenigen Regisseure jener Zeit gewesen zu sein, die ein Prinzip realisierten, das Wsewolod Meyerhold 1935 während seiner Arbeit an Tschaikowskis ›Pique Dame‹ auf klassische Weise formuliert hatte: „Die musikalische Geste soll die szenische fortsetzen. Der szenische Gestus akzentuiert den musikalischen."

Zwischen Smolitsch und Schostakowitsch bestand eine lebenslange Freundschaft, und aus ihrem Briefwechsel geht hervor, wie sehr der Komponist an seinen beiden Opern-Erstlingen hing. 1948 beendete er einen Brief an Smolitsch mit den Worten: „Ein bis heute dankbarer Autor der zu recht in Grund und Boden verdammten Opern (›Die Nase‹/›Lady Macbeth). D. Schostakowitsch."

Dem Werk Nikolai Gogols war Schostakowitsch in besonderer Weise zugetan. Der betrunkene Pope in der ›Katerina Ismailowa‹ preist den Dichter in einer ganz unpassenden, ungehörigen Situation, als er dem vergifteten, sterbenden Boris Ismailow die Beichte abnimmt. Das ist ein bewußt irritierender Hinweis auf die Präsenz von Gogol in Schostakowitschs Gesamtwerk. Mit dem Dichter teilt der Komponist die Gabe, deutlich und scharf „das Banale des Lebens herauszustellen, mit solcher Kraft das Banale des Menschen zu zeichnen, daß all das Unbedeutende, das den Augen entgleitet, allen groß vor Augen tritt" (Nikolai Gogol).

Literatur D. Schostakowitsch über die Zeit und über sich. 1926—1975. (D. Schostakowitsch o wremeni i o sebe. 1926—1975.) Hrsg. von M. Jakowlew. Moskau 1980; Dmitri Schostakowitsch. Erfahrungen. Aufsätze, Erinnerungen, Reden, Diskussionsbeiträge, Interviews, Briefe. Hrsg. von Christoph Hellmundt und Krzysztof Meyer, Leipzig 1983; Lew Danilewitsch: Dmitri Dmitrijewitsch Schostakowitsch. Moskau 1958; Marina Sabinina: Der Sinfonismus bei Schostakowitsch. (Simfonism u Schostakowitscha.) Moskau 1965; Lew Danilewitsch: Unser Zeitgenosse. Das Schaffen Schostakowitschs. (Nasch sowremmenik. Tworetschestwo Schostakowitscha.) Moskau 1965; Lew Danilewitsch (Hrsg.): Dmitri Schostakowitsch. Sammlung von Materialien und Aufsätzen. (Dmitri Schostakowitsch. Sbornik materialow i statej.) Moskau 1967 (darin unter anderem Dmitri Schostakowitsch: Tragödie-Satire., Marina Sabinina: Bemerkungen zur Oper ›Katerina Ismailowa‹., Alexander Dolshanski: Der Alexandrinische Pentachord in der Musik Dmitri Schostakowitschs., Edison Denissow: Über das Orchester Schostakowitschs.); Iwan Sollertinski: Von Mozart bis Schostakowitsch. Essays, Kritiken, Aufzeichnungen. Leipzig 1979; Sofja Chentowa: D. D. Schostakowitsch in den Jahren des Großen Vaterländischen Krieges. (D. D. Schostakowitsch w gody Welikoi Otetschestwennoi woiny.) Leningrad 1979; Krysztof Meyer: Dmitri Schostakowitsch. Leipzig 1980; Derek C. Hulme: Dmitri Shostakovich. Catalogue, Bibliography & Discography. Ord Drive, Muirof Ord, Rors-shire 1982; G. Judin: „... Ihre Arbeit ist für mich ein Erlebnis fürs ganze Leben." („... Wascha rabota dlja menja sobytije na wsju shisn.") In: *Sowjetskaja musyka*, Moskau 1983, H. 6; Sigrid Neef: Wegbereiter neuer Musik. Dmitri Schostakowitsch. In: *Musik und Gesellschaft*. Berlin 1985, Nr. 8

Die Nase (Nos)

Oper in drei Akten, zehn Bildern
(Opera w trjoch dejstwijach, desjati kartinach)
Libretto von Georgi Jonin, Alexander Preiss, Jewgeni Samjatin und Dmitri Schostakowitsch nach der gleichnamigen Erzählung von Nikolai Gogol

Entstehung 1927—1928

Uraufführung 18. Januar 1930 Staatliches Akademisches Kleines Theater für Oper und Ballett (Maly Theater) Leningrad
(Konzertante Voraufführung: 16. Juni 1929 Maly Theater Leningrad)

Personen

Platon Kusmitsch Kowaljow, Kollegienassessor	Bariton
Iwan Jakowlewitsch, Barbier	Baß
Praskowja Ossipowa, Frau des Iwan Jakowlewitsch	Sopran
Ein Wachtmeister	Sehr hoher Tenor
Iwan, Lakai Kowaljows	Tenor
Die Nase	Tenor
Pelageja Grigorjewna Podtotschina, Stabsoffiziersfrau	Mezzosopran
Tochter der Podtotschina	Sopran
Beamter aus der Annoncenredaktion	Baß
Ein Arzt	Baß
Jarischkin	Tenor
Eine alte Gutsherrin	Alt
Eine Händlerin	Sopran
Dazu 66 Episodenrollen, 7 Sprechrollen und stumme Rollen Beter in der Kathedrale, Abreisende, Begleitpersonen, Polizisten, Eunuchen	Gemischter Chor

(Entsprechend den Empfehlungen des Komponisten können 58 Episodenrollen mit 16 Sängern besetzt werden.)

Orchester Fl (auch Picc und AFl), Ob (auch EH), Klar (auch PiccKlar und BKlar), Fg (auch KFg), Hr, Trp (auch Kor), BPos, Pkn, Bck, Tr, Glsp, Flex, Cel, 2 Hrf, Domra, Bal, Kl, Str
(Neben dem reichbestückten Schlagzeugapparat — 9 Spieler — sind mit Domra und Balalaika zwei typisch russische Volksmusikinstrumente im Orchester vertreten.)

Aufführungsdauer I. Akt (1.–4. Bild): 26 Min., II. Akt (5.–6. Bild): 27 Min., III. Akt (7.–10. Bild): 51 Min.; Gesamt: 1 Std., 44 Min.

Vorgänge
Schauplatz der Handlung ist Petersburg.
I. Akt — Einleitung (Nr. 1): Gegen Ende der instrumentalen Einleitung: Der Barbier Iwan Jakowlewitsch bei der alltäglichen Rasur des Kollegienassessors Kowaljow. (Kurzer gesprochener Dialog, das musikalische Gewebe wird lichter, die Musik läuft aus.)
   1. Bild (Nr. 2): *Die Barbierstube des Iwan Jakowlewitsch.* Der Barbier findet im frischgebackenen Brot eine Nase. Die Frau jagt ihn mit der Nase aus dem Haus.
   2. Bild (Nr. 3): *Uferstraße.* Iwan Jakowlewitsch versucht die Nase loszuwerden. (Presto. Fugato) und wirft sie in den Fluß. Das Auge des Gesetzes wacht in C-Dur: ein Wachtmeister stellt ihn zur Rede. Zwischenspiel (Nr. 4): Eine Paraphrase für Schlagzeugbatterie über das Thema: Das Gesetz nimmt seinen Lauf.
   3. Bild (Nr. 5): *Kowaljows Schlafzimmer.* Der Kollegienassessor erwacht aus

angenehmen Träumen und findet seine Nase nicht mehr im Gesicht. Er begibt sich auf die Suche. Galopp (Nr. 6): Paraphrase über einen, der aus dem Trott geraten ist. (Genreparodie)

4. Bild (Nr. 7): *Kasaner Kathedrale.* Hier betet Kowaljows Nase in der Uniform eines Staatsrates. Der Kollegienassessor bittet sie unterwürfig, in sein Gesicht zurückzukehren. Der Staatsrat läßt ihn abblitzen.

II. Akt — Vorspiel (Nr. 8): Kowaljow will beim Polizeimeister unangemeldet vorgelassen werden. Doch das Gesetz verweigert ihm Präsenz und Hilfe und macht Ausflüchte durch den Mund eines Portiers.

5. Bild (Nr. 9): *In der Annoncenredaktion einer Zeitung.* Lakaien und Hausknechte geben Annoncen unterschiedlichster Art auf. Kowaljow versucht, durch Bitten, Schmeicheleien und rührende Darstellung seiner Leiden den Beamten zu bewegen, eine Vermißtenanzeige aufzunehmen (Arioso des Kowaljow). Vergeblich. Suchanzeigen nach verlorenen Nasen werden nicht angenommen. Der Betrieb geht weiter. Wieder geben Lakaien und Hausknechte Annoncen unterschiedlichster Art auf (Oktett der Hausknechte, Vokalpolyphonie, strenger Doppelkanon mit Stimmumkehrung).

Zwischenspiel (Nr. 10): Sinfonisch konzipiertes Zwischenspiel: Paraphrase über die Verzweiflung Kowaljows.

6. Bild (Nr. 11): *Kowaljows Wohnung.* Unberührt vom Schicksal seines Herrn, singt Iwan Romanzen zum Klang einer Balalaika. Der von seiner vergeblichen Ausfahrt heimgekehrte Kowaljow gibt sich ganz seinem Schmerz hin: „Ohne Nase ist der Mensch kein Mensch, höchstens ein Vogel" (Großes Lamento des Kowaljow).

III. Akt — 7. Bild (Nr. 12): *Poststation am Stadtrand von Petersburg.* Dem zehnköpfigen Polizeitrupp scheint es gefährlich, einer uniformierten Nase auflauern zu müssen (sogenanntes Gedehntes russisches Volkslied, zehnstimmiger Chor mit dem Wachtmeister als Vorsänger). Allerlei Abreisende mit ihren Begleitpersonen sprechen von Räubern und amourösen Abenteuern. Eine Brezelverkäuferin versucht, Geschäfte zu machen, und gerät in die zwanzig lüsternen Arme der Justiz (die nacheinander einsetzenden und sich ablösenden musikalischen Themen werden in einem Quasifinale zusammengeführt, überlagern sich, und die gellenden Schreie der Brezelverkäuferin bilden ein „soprano ostinato"). Die uniformierte Nase verpaßt die Abfahrt der Kutsche und versucht, das Pferd zu stoppen. Das kluge Tier erschrickt, und eine Panik bricht aus. Die Nase wird als vermeintlicher Räuber zusammengeschlagen, schrumpft auf ihre natürliche Größe und wird so vom Wachtmeister festgenommen, der sie in sein Schnupftuch einpackt.

8. Bild (Nr. 13): *Wohnzimmer des Kowaljow und das der Podtotschina.* Der Wachtmeister erstattet Kowaljow die Nase zurück und erschwatzt sich ein Trinkgeld. Die Nase aber hält nicht. Ein Arzt erklärt das für ein großes Glück: ohne Nase auch kein Schnupfen. Freund Jarischkin gibt dumme Ratschläge, aber Kowaljow hat die Podtotschina in Verdacht, durch den Nasenraub die Heirat mit der Tochter erzwingen zu wollen. Ein in dieser Vermutung geschriebener Brief

wird mißverstanden, beseitigt zwar Kowaljows Verdacht, hilft ihm jedoch nicht weiter (Quartett mit dem Text von Brief und Antwortschreiben).

Intermezzo (Nr. 14): Auf den Straßen der Stadt läuft die Menge dem Gerücht nach, man könne Kowaljows Nase spazierengehen sehen. Im Sommergarten kommt es zu einem fürchterlichen Gedränge. Polizei und Feuerwehr müssen eingreifen.

Epilog — 9. Bild (Nr. 15): *Kowaljows Schlafzimmer.* Die Nase ist beim Erwachen wieder an ihrem angestammten Platz (trivial-städtisches Tanzlied und Polka). Iwan Jakowlewitsch erscheint zur Rasur (wörtliche Wiederholung des Dialogs aus Nr. 1).

Epilog — 10. Bild (Nr. 16): *Ein Teil des Newski Prospekts.* Kowaljow ist ganz der alte, flaniert, trifft Bekannte und flirtet (Polkabeschwingtheit und der Klang einer singenden Säge).

Genesis

›Die Nase‹ ist Dmitri Schostakowitschs zweite Oper. Die erste war während des Studiums nach Puschkins Poem ›Die Zigeuner‹ entstanden und wurde von ihrem Schöpfer nach Beendigung der Konservatoriumszeit vernichtet.

Mit der Komposition der ›Nase‹ begann Dmitri Schostakowitsch 1927.

Die Wahl einer Gogolschen Erzählung als Opernstoff war nicht zufällig. 1926 drehten Juri Tynjanow, Grigori Kosinzew und Lew Trauberg einen Film nach Gogols ›Mantel‹, inszenierten Wsewolod Meyerhold und Igor Terentjew den ›Revisor‹. Gogols Erzählweise entsprach dem Zeitempfinden. In seiner Kunst fanden sich die Einheit von Tragischem und Komischem, der plötzliche Wechsel vom Prosaischen zum Phantastisch-Unwirklichen, vom Burlesken zum Tödlichen, wurde mit großer Kraft das Banal-Alltägliche herausgestellt, „damit all das Unbedeutende, das den Augen entgleitet, allen groß vor Augen steht" (Nikolai Gogol).

Als Schostakowitsch die Arbeit am Libretto bereits abgeschlossen hatte, begann er als Korrepetitor bei Meyerhold zu arbeiten: „In diesem Theater war es für mich sehr interessant. Und das Bemerkenswerteste waren Meyerholds Proben. Wenn er seine neuen Inszenierungen vorbereitete, war das ungemein spannend, es war hinreißend. Am nächsten stand mir der ›Revisor‹, vielleicht deshalb, weil darin mit meiner Arbeit an der Oper ›Die Nase‹ etwas Gemeinsames lag." (Dmitri Schostakowitsch: Im Jahr 1928)

In der Literatur über ›Die Nase‹ hat sich die Legende gebildet, die ›Revisor‹-Inszenierung und die Opernkomposition stünden im Verhältnis von Vorbild und Nachahmung zueinander. Schostakowitsch selbst ist dieser Behauptung entgegengetreten, weil es ihm wichtig erschien zu betonen, daß in jener Zeit verschiedene Künstler gleichzeitig und voneinander wissend, doch selbständig nach ähnlichen Methoden und Prinzipien in verschiedenen Kunstarten arbeiteten. So setzte auch die Opernkomposition ›Die Nase‹ auf ein bestimmtes visuelles Konzept, wie es sich bei Tatlin, Malewitsch und anderen in jener Zeit realisierte: „Zu verwegenen Galopps und tollkühnen Polkas drehten, wirbelten die Dekorationen von Wladimir Dmitrijew durcheinander: Gogols Phantasmagorie wurde Klang und Farbe. Die besondere Bildlichkeit der jungen russischen Kunst, verbunden sowohl mit recht kühnen Versuchen auf dem Gebiet der Form als auch mit dem städtischen Liedgut — Aushängeschilder der kleinen Kaufläden und Kneipen ... Orchester bei billigen Tanzabenden —, stürmte ins Reich der ›Aida‹ und des ›Troubadours‹. Gogols Groteske wütete: Was war hier Farce, was Prophezeiung? Unwahrscheinliche Orchesterklänge, Texte, die undenkbar zum Singen schienen ... ungewöhnliche Rhythmen ... die Einbeziehung all dessen, was früher antidichterisch, antimusikalisch, vulgär schien, in Wirklichkeit aber lebendige Intonation, Parodie — Kampf gegen das Konventionelle war ... Das war eine sehr lustige Aufführung." (Grigori Kosinzew zur Uraufführung der ›Nase‹. In: Raum der Tragödie. 1973)

„Ich schrieb die Oper ›Die Nase‹ und die Suite für Klavier ›Aphorismen‹ unter dem Einfluß Assafjews", erinnerte sich Dmitri Schostakowitsch 1956 in seinen ›Gedanken über den zurückgelegten Weg‹.

Als Gründe für die Wahl des Stoffes führte er an: „Die sowjetischen Schriftsteller schufen eine Reihe gewaltiger und bedeutender Werke. Es war mir aber, als nichtprofessionellem Literaten, zu schwierig, sie in ein Opernlibretto umzuformen. Die Autoren dieser Werke kamen mir in dieser Beziehung auch nicht entgegen, sie motivierten dies mit Zeitmangel, Überlastung ... Es schien mir wesentlich leichter zu sein, kleinere Werke in ein Opernlibretto umzuformen, aber solche, die mir genug Material für eine Oper gegeben hätten, fand ich in der zeitgenössischen Literatur nicht. So wandte ich mich den Klassikern zu. Damit rechnend, daß in unserer Zeit eine Oper nach einem klassischen Sujet dann höchst aktuell ist, wenn das Sujet satirischen Charakter trägt, begann ich bei den drei Großen der russischen Satire — Gogol, Saltykow-Schtschedrin und Tschechow — zu suchen und blieb schließlich bei der ›Nase‹ von Gogol." (Dmitri Schostakowitsch: Warum ›Die Nase‹?, 1930)

›Die Nase‹ war für ihn in vielfacher Hinsicht interessant: „1. Ist die ›Nase‹ als eine Satire auf die Epoche der Prügelstrafe unter Nikolai I. die stärkste aller ›Petersburger Erzählungen‹ Gogols. 2. Sind die Dialoge höchst prägnant und ausdrucksstark. 3. Gibt es viele interessante szenische Situationen. 4. Ist sie höchst leicht in eine Opernform zu bringen." (Dmitri Schostakowitsch: Textheft ›Die Nase‹. 1930)

Auch fühlte sich der Komponist „von dem phantastischen, unsinnigen Inhalt, den Gogol in einem höchst realistischen Ton widergegeben hatte", angesprochen. (Dmitri Schostakowitsch: Zur Premiere der ›Nase‹. 1929) In einer Debatte über die neue Oper im Januar 1930 bekräftigte er diesen Gedanken noch einmal: „Das Phantastische, das Unsinnige des Sujets der ›Nase‹ diente mir als Grundstock der Satire, die Phantastik ist hier nicht das Ziel, sondern ein Mittel."

Das Libretto schrieb sich Schostakowitsch bis auf einige Szenen selbst: „Das Libretto des I. Aktes machte ich selbst, ausgenommen die Szene, wenn Kowaljow erwacht. Diese stammt von Jewgeni Samjatin. Das Libretto des II. Aktes habe ich insgesamt selbst geschrieben." (Dmitri Schostakowitsch: Zur Premiere der

›Nase‹. 1929). Am Entstehen des III. Aktes waren Georgi Jonin und Alexander Preiss beteiligt.

Um die Einheit des Gogolschen Stils nicht zu zerstören, wurden, wenn es nötig war, Dialoge und Sätze aus anderen Werken des Dichters herangezogen. Mit lustvoll-kriminalistischer Genauigkeit hat Schostakowitsch selbst alle Quellen seines Librettos publik gemacht. Zitiert werden aus Gogols ›Heirat‹, aus den Erzählungen ›Der Jahrmarkt von Sorotschinzy‹, ›Taras Bulba‹, ›Mainacht‹, ›Aufzeichnungen eines Wahnsinnigen‹, ›Geschichte des Streitfalls Iwan Iwanowitsch gegen Iwan Nikiforowitsch‹, ›Gutsbesitzer aus alter Zeit‹ und aus dem Poem ›Die toten Seelen‹. Als Quelle für den Liedtext des Lakaien Iwan im 6. Bild der Oper gibt Schostakowitsch Fjodor Dostojewskis Roman ›Die Brüder Karamasow‹ an, doch hat Dostojewski dieses Lied nicht selbst gedichtet. „Der Lakai Smerdjakow singt ein Lakaienlied. Das Lied ist nicht von mir ... Ich habe es vor 40 Jahren gehört. Es ist von keinem Sammler jemals aufgeschrieben worden und erscheint hier das erste Mal", teilte Dostojewski 1879 einem Freund mit. Die Quellensituation macht nicht nur die Belesenheit des Komponisten und seiner Freunde deutlich, sie dokumentiert auch Schostakowitschs Aufmerksamkeit gegenüber „Wortmusik", hier sein Gespür für das authentische Lakaienlied.

Strukturen

›Die Nase‹ ist ein exemplarisches Beispiel der avantgardistischen sowjetischen Theaterkultur der 20er Jahre. Schostakowitsch realisierte mit Konsequenz die den veränderten Kommunikationsbedingungen entsprechenden neuen dramaturgischen Mittel und Techniken, und er führte zugleich die Tradition der klassischen russischen Rezitativoper weiter. Mussorgskis Opéra dialogue ›Die Heirat‹ und Alban Bergs 1927 in Leningrad aufgeführter ›Wozzeck‹ waren entscheidende Vorbilder.

Das Libretto bindet die Geschichte vom Verschwinden, Suchen und Wiederfinden einer Nase zu kurzen Szenen mit wechselnden Schauplätzen und vielfältigen Charakteren aus unterschiedlichen sozialen Schichten. Die Szenen folgen nicht in einem linear-kausalen Zusammenhang aufeinander, sind nicht an einen zentralen Helden gebunden.

Wechsel und Vielfalt der Schauplätze, Gesellschaftskreise und Charaktere entsprechen dem Prinzip, einen Gegenstand in seiner Bewegung und von vielen Seiten zu betrachten. In diesem Sinne — Montage von in der Realität unverbundenen Bereichen — sprach Schostakowitsch davon, daß „das Libretto nach dem Prinzip der literarischen Montage gearbeitet" sei. Diese Aussage spielte in dem Anfang der 30er Jahre einsetzenden Verdammungsprozeß des Werkes eine große Rolle, um der Oper stilistische Uneinheitlichkeit und Eklektizismus vorzuwerfen. Dabei berief man sich darauf, daß neben der Erzählung ›Die Nase‹ auch Worte und Wendungen aus anderen Werken Gogols im Libretto zitiert werden. Meint aber „literarische Montage" das Verfahren, verschiedene Realitätsbereiche zu verketten, um damit die unbedeutende Anekdote um die verschwundene Nase auf dem Gogolschen Niveau einer tödlichen Satire zu halten, so ist das Zitatverfahren ein handwerklicher, auf die stilistische Einheit der Sprache Gogols bedachter Vorgang. Schostakowitsch hat dies auch so begründet, doch kehrten sich die Kritiker nicht daran und gründeten auf dem Zitatverfahren ihren Vorwurf des stilistischen Eklektizismus. „Wenn im Verlaufe der Oper die eine oder andere Replik, Phrase beziehungsweise der eine oder andere Dialog nötig wurde, die nicht in der Erzählung enthalten waren, so wurden solche aus anderen Erzählungen Gogols entnommen, um nicht die Einheit des Gogolschen Stiles zu zerstören." (Dmitri Schostakowitsch: Zur Premiere der ›Nase‹. 1929) Dem Prinzip der literarischen Montage entspricht das der musikalischen, wenn Genres der Trivialmusik (Polka, Walzer, Galopp, Romanze), der Sakralmusik (Chorgesänge) und Formen der traditionellen klassischen Konzert- und Opernmusik (Sinfonisches Zwischenspiel, verschiedene Arientypen, etc.) gleichberechtigt nebeneinander funktionieren.

Schostakowitsch bezeichnete seine Gestaltungsweise als „musikalisch-theatralische Sinfonie": „In der ›Nase‹ sind die Elemente der Handlung und der Musik gleichberechtigt. Weder die eine noch die andere nehmen eine bevorzugte Stellung ein. Pausen sind zwischen den Akten. Jeder Akt aber ist Teil einer einheitlichen musikalisch-theatralischen Sinfonie." (Dmitri Schostakowitsch: Zur Premiere der ›Nase‹. 1929)

Der Komponist „bescheidet" sich in der Funktion, zwischen den in der Realität nebeneinander existierenden sozial und ästhetisch gesonderten Musiziersphären sinnerhellende Zusammenhänge herzustellen: Der Galopp neben der sinfonisch konzipierten Musik; der prosaische Dialog vor dem Hintergrund sakraler Musik; das kunstvoll organisierte Chaos als Ausdruck totalen Kommunikationsverlustes, wenn im achtstimmigen Chorsatz — einem genau kalkulierten Doppelkanon mit Stimmumkehrung — gleichzeitig acht verschiedene Texte gesungen werden; wenn die ewige Leier ewig gleichbleibender Gedanken und Gespräche eingefangen wird durch Aufblenden und Abblenden, das kurzfristige grelle Beleuchten musikalischer Chraktere; wenn in Quasifinali alle diese Themen ohne Anfang und Ende, ohne Zentrum übereinandergelagert werden und jeder ostinat auf seinem Thema beharrt, den anderen nicht beachtet, nicht hört und selbst nicht gehört wird. Komik gibt die Musik durch die Struktur, nicht im Ausdruck. Das ist ungewöhnlich. Schostakowitsch wußte das und gab bereits 1930 „eine Hilfe für die Darbietung des Textes..., da die Musik keine vorsätzlich ‚parodistische' Färbung trägt. Nein! Unbeachtet der gesamten komischen szenischen Vorgänge, die Musik selbst stellt sich nicht komisch. Ich setze auf den wahren Ton, so wie ja auch Gogol alle komischen Vorgänge im seriösen Ton wiedergibt. Darin liegt die Kraft und die Qualität des Gogolschen Humors. Gogol ‚witzelt' nicht. Die Musik strebt ebenfalls nicht danach zu ‚witzeln'." (Dmitri Schostakowitsch: Warum ›Die Nase‹? 1930)

Neben Motivgeflechte treten Instrumentalfarben. Durch Sekundklänge geschärfte, üblicher Funktionalität ausweichende Harmonik und Klangfarbengestus sind konstituierende Elemente des Stils.

Zum Begriff der „musikalisch-theatralischen Sinfonie" fand Schostakowitsch aber auch durch seine Wertschätzung der Meyerholdschen Spielweise, und er meinte damit Selbständigkeit und dialektische Bezüglichkeit aller am theatralischen Kunstwerk beteiligten Künste. „Der Kontrast zwischen der komischen Handlung und der seriösen Musik sinfonischen Typus bringt einen besonderen theatralischen Effekt hervor." (Dmitri Schostakowitsch: Zur Premiere der ›Nase‹. 1929)

In der Konsequenz ihrer Mittel ist die Oper ›Die Nase‹ ein exponiert avantgardistisches Werk, stellt aber gleichzeitig die Weiterführung einer bestimmten Traditionslinie der klassischen russischen Oper dar. Schostakowitsch bindet die Melodie an die Sprache. Das Alltagssprache typisierende, nachahmende und verfremdende Rezitativ dominiert. Die Umbildung der klassischen melodischen Periodenstruktur zur musikalischen Prosa und zur Sprachformel kennzeichnet die Musik des frühen 20. Jahrhunderts, so auch die von Schostakowitsch in der ›Nase‹, verbindet aber seine Oper mit traditionellen russischen klassischen Werken wie Dargomyshskis ›Der steinerne Gast‹ und Mussorgskis ›Heirat‹.

„Ich versuchte eine Synthese zwischen der Kunst der Rede und der Kunst der Musik ... Weshalb alle Partien so hoch notiert sind? Nehmen wir den Wachtmeister. Das ist ein Polizeibüttel. Dieser schreit, wenn er spricht. Das ist bei ihm schon Gewohnheit. Deshalb gab ich ihm eine solch hohe Lage."
(Dmitri Schostakowitsch in einer Debatte über seine Oper am 14. Januar 1930)

Auf Alban Bergs ›Wozzeck‹ bezieht sich Schostakowitsch in anspielungs- und sinnreicher Weise. Hier wie dort steht am Beginn eine Herr-Knecht-Szene. Der äußere Vorgang, ein Barbier geht seinem Geschäft nach und seift einen Offizier beziehungsweise einen Beamten ein, steht in umgekehrtem Verhältnis zum inneren: Hauptmann (›Wozzeck‹) und Kollegienassessor (›Die Nase‹) greifen, unter dem Messer des Barbiers, diesen an. Sie werden zwar buchstäblich geschoren, kommen aber im übertragenen Sinne ungeschoren davon. Der Knecht erhebt sein Messer nicht gegen seinen Peiniger. Hier wie dort greifen Anfang und Ende ineinander, ist der Schluß kein Ende, das ganze Geschehen ein Kreislauf, steht die offene Form der losen Szenenfolge in spannungsvollem Kontrast zu den strengen musikalischen Formen.

Aneignung

Wenn uns heute ›Die Nase‹ als eine außergewöhnliche Oper erscheint, weil sie dreißig Jahre lang in der UdSSR nicht inszeniert wurde, bedeutet das nicht, daß sie schon zu ihrer Entstehungszeit eine Sonderstellung eingenommen hätte. Die Uraufführung (1930 am Maly Theater Leningrad) gehörte zum Programm einer seit 1925 unter dem Dirigenten Samuil Samossud an dieser Institution praktizierten „Sowjetisierung des Repertoires", worunter die thematische und formale Erneuerung des Genres verstanden wurde. 1925 war hier eine der ersten sowjetischen Opern mit einem zeitgenössischen Stoff Gladkowski/Prussaks ›Für das rote Petrograd‹ uraufgeführt worden, 1927 folgten Křeneks ›Sprung über den Schatten‹, Bergs ›Wozzeck‹, 1930 ›Die Nase‹, 1934 Schostakowitschs ›Lady

Macbeth des Mzensker Landkreises‹, 1935 Meyerholds Version von Tschaikowskis ›Pique Dame‹ und Dsershinskis ›Der stille Don‹.

Die Uraufführung der ›Nase‹ wurde kein Massenerfolg, doch erreichte das Werk immerhin sechzehn Repertoirevorstellungen. Nächste Inszenierungen fanden statt in: Düsseldorf 1957, Florenz 1965, Rom 1967 (Inszenierung Eduardo Philippo), Berlin DDR 1969, München 1971, Sadler's Wells Theatre London 1973, Moskau 1974 (Inszenierung Boris Pokrowski, Musikalische Leitung Gennadi Roshdestwenski), Helsinki 1975, Strasbourg 1979.

Die Kritiker diskutierten das Werk in den 20er Jahren unter folgenden Aspekten: Fehlen eines „positiven Helden", Verwendung der Satire als Gestaltungsmittel und Einfluß moderner westeuropäischer Kompositionsverfahren sowie dramaturgischer Mittel. Durch diese in der Problemstellung zu kurz gefaßte Kritik geriet das Werk immer mehr in Mißkredit. Ihm wurde als Mangel angelastet, was es aufgrund seines Charakters gar nicht geben wollte: „positive Helden".

Formalismus wurde der Oper noch 1953 durch den Vorsitzenden des sowjetischen Komponistenverbandes, Tichon Chrennikow, vorgeworfen. Ein dementsprechendes Urteil fand dann auch über die ins Deutsche übersetzte Schostakowitsch-Biographie von Iwan Martynow Eingang in eine der ersten deutschsprachigen Schostakowitsch-Monographien, die von Alfred Brockhaus.

Es wäre aber zu kurz gefaßt, wenn man den Verlauf der Diskussion und das Schicksal des Werkes nur durch eine dogmatische Auffassung vom Sozialistischen Realismus verschuldet sähe. Die Oper ›Die Nase‹ intendiert eine bestimmte Theaterkonzeption, und deren Popularität hängt von ökonomischen und politischen Bedingungen ab.

Das Werk hat trotz Kritik Wirkungen gehabt. Nicht zuletzt sind Rodion Schtschedrins Opernszenen ›Tote Seelen‹ (1979) ein Bekenntnis zu diesem frühen Werk Schostakowitschs. Das bestätigt rückwirkend die 1930 von Iwan Sollertinski, dem Freund Schostakowitschs, Polyglotten und universal gebildeten Kunstwissenschaftler, geäußerte Meinung: „Die heilsamen Folgen der Erneuerung der Mittel in der ›Nase‹ werden wir noch später verspüren. ›Die Nase‹ ist ein weitreichendes Geschütz. Anders ausgedrückt, sie ist eine Kapitalanlage, welche sich nicht sofort rentiert, dafür dann aber später ausgezeichnete Resultate ergibt."

Ausgaben KlA Leningrad 1929; Text Teakinopetschat Leningrad 1930; Part und KlA (dt. von Helmut Wagner und Karl Heinz Füssel) Universal Edition Wien 1962; KlA Musyka Moskau 1974; Part In: GW (Sobranije sotschineni.) Bd. 18, Musyka Moskau 1981; KlA In: GW (Sobranije sotschineni.) Bd. 19, Musyka Moskau 1981

Literatur Dmitri Schostakowitsch: Zur Premiere der ›Nase‹ (K premjere ›Nosa‹) In: Rabotschi i teatr, 1929, Nr. 24; Dmitri Schostakowitsch: Bemerkungen zur ›Nase‹. Stenogramm einer Debatte zur Oper ›Die Nase‹ vom 14. Januar 1930 im Haus der Kultur Moskowsko-Narwski; Dmitri Schostakowitsch: Warum ›Die Nase‹? (Potschemu ›Nos‹?) In: Textbuch ›Die Nase‹ Leningrad 1930 und in: *Rabotschi i teatr* 1930, Nr. 3 (15. 1. 1930); Dmitri Schostakowitsch: ›Die Nase‹. (›Nos‹.) In: Artikelsammlung zur ›Nase‹. Hrsg. vom Staatlichen Kleinen Opernttheater Leningrad (Malegot), Leningrad 1930; Dmitri Schostakowitsch:

Gedanken über den zurückgelegten Weg. (Dumy o proidennom puti.) In: *Sowjetskaja musyka*, Moskau 1956, Nr. 9; Iwan Sollertinski: ›Die Nase‹ — ein weitreichendes Geschütz. (›Nos‹ — orudije dalnoboinoje.) In: *Rabotschi i teatr*, 1930, Nr. 7; Iwan Martynow: Dmitri Schostakowitsch. Berlin 1947; Heinz Alfred Brockhaus: Dmitri Schostakowitsch. Leipzig 1962; Abram Gosenpud: Russisches-sowjetisches Operntheater 1917—1941. (Russki sowjetski operny teatr 1917—1941.) Leningrad 1963; Boris Assafjew: Über das Schaffen Schostakowitschs und seine Oper ›Lady Macbeth des Mzensker Landkreises‹. (O twortschestwe Schostakowitscha i jego opere ›Ledi Makbet Mzenskogo ujesda‹.) In: Krusche Aufsätze und Rezensionen. (Krititscheskije statji i rezensii.) Leningrad 1967; G. Judin: „... Eure Arbeit ist für mich ein Ereignis fürs ganze Leben". („... Wascha rabota dlja menja sobytije na wsju shisn".) Schostakowitsch und Smolitsch im Briefwechsel zur Uraufführung der ›Nase‹. In: *Sowjetskaja musyka*, Moskau 1983, Nr. 6; Dmitri Schostakowitsch: Im Jahr 1928., Grigori Kosinzew: Raum der Tragödie. Zitiert nach: Natalja Lukjanowa: D. D. Schostakowitsch. Berlin 1982; Sigrid Neef: ›Wozzeck‹ von Alban Berg und ›Die Nase‹ von Dmitri Schostakowitsch. In: Musik und Gesellschaft. Berlin 1985, Nr. 2

Katerina Ismailowa (Katerina Ismailowa)
Lady Macbeth des Mzensker Landkreises (Ledi Makbet Mzenskogo ujesda)

Oper in vier Akten, neun Bildern
(Opera w tschetyrjoch dejstwijach, dewjati kartinach)
Libretto von Dmitri Schostakowitsch und Alexander Preiss
nach der Erzählung ›Lady Macbeth des Mzensker Landkreises‹
von Nikolai Leskow

Entstehung Lady Macbeth des Mzensker Landkreises 1930—1932
Katerina Ismailowa 1956—1963

Uraufführung Lady Macbeth des Mzensker Landkreises 22. Januar 1934
Staatliches Akademisches Kleines Theater für Oper und Ballett (Maly Theater) Leningrad
Katerina Ismailowa 8. Januar 1963 Moskauer Akademisches Musikalisches Theater K. S. Stanislawski und W. I. Nemirowitsch-Dantschenko

Personen
Boris Timofejewitsch Ismailow, Kaufmann_____Hoher Baß
Sinowi Borissowitsch Ismailow, sein Sohn_____Tenor
Jekaterina Lwowna Ismailowa, Frau des Sinowi Borissowitsch_____Sopran
Sergej, ein Arbeiter bei den Ismailows_____Tenor
Aksinja, Arbeiterin bei den Ismailows_____Sopran
Ein heruntergekommenes Männchen (verwahrlostes Subjekt)_____Tenor
Handlungsgehilfe_____Baß
Hausknecht_____Baß
Erster Arbeiter_____Tenor

Zweiter Arbeiter	Tenor
Ein Arbeiter von der Mühle	Bariton
Priester	Baß
Kreispolizeichef	Baß
Ein ortsansässiger Nihilist	Tenor
Gendarm	Baß
Ein alter Zwangsarbeiter	Baß
Sonetka, Zwangsarbeiterin	Alt
Zwangsarbeiterin	Sopran
Unteroffizier	Baß
Wachtposten	Baß
Arbeiter und Arbeiterinnen bei den Ismailows, Hochzeitsgäste, Polizisten, Zwangsarbeiter und Zwangsarbeiterinnen	Gemischter Chor
Gespenstererscheinung des Boris Timofejewitsch	Chor-Baß

(Personenangabe nach dem Klavierauszug der russischsprachigen Fassung von ›Katerina Ismailowa‹)

Orchester Picc, 2 Fl (II auch AFl und Picc), 2 Ob, EH, PiccKlar, 2 Klar, BKlar, 2 Fg, KFg, 4 Hr, 3 Trp, 3 Pos, Tb, Pkn, Slzg, Gl, Xyl, Cel, 2 Hrf, Str
Bühnenmusik: 4 Kor, 2 AHr, 2 THr, 2 BarHr, 2 BHr, 2 Trp

Aufführungsdauer I. Akt: 50 Min., II. Akt: 58 Min., III. Akt: 26 Min., IV. Akt: 36 Min.; Gesamt: 2 Stdn., 50 Min.

Vorgänge
Die Handlung spielt in einer kleinen russischen Kreisstadt in der zweiten Hälfte des vorigen Jahrhunderts.
I. Akt — 1. Bild: *Garten im Hause der Ismailows.* Die Kaufmannsfrau Katerina beklagt ihr sinnloses Dasein. (Sprachglättung in der zweiten Fassung ohne Sinnveränderung gegenüber der ersten.) Der Schwiegervater Boris macht ihr Unfruchtbarkeit zum Vorwurf. Eine Hochwasserkatastrophe auf entfernten Gütern der Ismailows erfordert die Anwesenheit des Besitzers. Katerinas Mann Sinowi verläßt für einige Tage seinen Hof. Boris demütigt die Schwiegertochter. Er zwingt Katerina, ihrem Ehemann vor dem Gesinde einen Treueschwur zu leisten. Von dem neu eingestellten Arbeiter Sergej weiß die Köchin Aksinja zu berichten, daß er ein Frauenheld sei und mit seiner vorigen Dienstherrin ein Verhältnis hatte.
    Zwischenspiel. *Allegretto.* (In der Erstfassung ein Largo, das das thematische Material der Passacaglia vorbereitete.)
    2. Bild: *Auf dem Hof der Ismailows.* Die Arbeiter treiben mit Aksinja rohe Späße. Katerina tritt dazwischen. Sergej wirft im spielerischen Ringkampf die Herrin zu Boden.
    Zwischenspiel. *Allegro.* 3. Bild: *Das Schlafzimmer Katerinas.* Aus der Klage,

an einen ungeliebten Mann gekettet zu sein (Sprachglättung in der Täubchen-Arie ohne Sinnveränderung), erwächst in Katerina der Wunsch nach Liebe. (Orchestrales Nachspiel und Überleitung zum Auftritt Sergejs. In der ersten Redaktion als instrumentale Ausdeutung von Katerinas erotischen Angstträumen und Wunschbildern konzipiert. In der zweiten Fassung neu komponiert. Einführung des Dies-irae-Motivs und Vorbereitung des thematischen Materials der anschließenden Begegnung mit Sergej.)

Sergej sucht Katerina zur Nachtzeit unter dem Vorwand auf, Bücher ausleihen zu wollen. Er paßt sich Katerinas seelischer Situation an, zeigt sich als verständnisvoller Mensch, gewinnt ihr Vertrauen und veranlaßt sie zum Beischlaf. (Die Textveränderungen gegenüber der Erstfassung gehen darauf aus, den Eindruck eines allzuschnellen Einverständnisses Katerinas mit Sergej nicht aufkommen zu lassen. In der Fassung von 1963 trägt Sergej deutlicher die gesamte Verantwortung und ist in diesem Liebesverhältnis der Aktivere. Katerina ist die von der Situation Überraschte.)

II. Akt — 4. Bild: *Auf dem Hof der Ismailows.* Lüstern lungert Boris vor dem Fenster seiner Schwiegertochter herum. Er entdeckt, daß ihm Sergej den begehrten Brocken weggeschnappt hat. Er prügelt Sergej mit Hilfe des herbeigerufenen Gesindes halbtot. Danach bestellt er sich bei Katerina den Rest des Pilzgerichtes vom Vorabend. Katerina vergiftet das Essen. Der Alte stirbt, von einem betrunkenen Popen gesegnet. Katerina klagt um den Schwiegervater und nennt als Todesursache eine Pilzvergiftung.

Zwischenspiel. *Passacaglia.* 5. Bild: *Das Schlafzimmer Katerinas.* Katerina pflegt Sergej und wird von Gewissensbissen, aber auch von der Angst vor ihrem bald heimkehrenden Mann gequält. (Während sie in der ersten Fassung vor der Angst in die Leidenschaft flüchtet, formuliert sie in der zweiten die Motive ihres Mordes und gibt ihre Gewissensqualen kund.) Der Ehemann Sinowi kommt nach Hause, prügelt seine Frau und wird von Sergej und Katerina umgebracht. (In der ersten Fassung wird die Tat als Mord durch beide dargestellt, in der zweiten Redaktion als Totschlag entschuldigt. Regieanweisung in der ersten Fassung: Sergej tritt ein, Katerina stürzt auf ihn zu und küßt ihn. Katerina packt Sinowi Borissowitsch, schlägt ihn nieder und beginnt ihn zu würgen. Sergej stürzt hinzu und drückt Sinowi Borissowitsch zu Boden. Sinowi Borissowitsch wehrt sich, Sergej schlägt ihm mit einem schweren Leuchter über den Kopf. — Regieanweisung in der zweiten Fassung: Sergej tritt ein. Sinowi Borissowitsch stürzt sich auf Sergej. Kampf. Sergej tötet Sinowi Borissowitsch.) Die Leiche wird im Vorratskeller versteckt.

III. Akt — 6. Bild: *Auf dem Hof der Ismailows.* Da der Hausherr verschwunden ist, glaubt man ihn beim Hochwasser ertrunken. Katerina heiratet Sergej. Während alle in der Kirche sind, bricht ein heruntergekommenes Männchen, auf der Suche nach verborgenen Schnapsvorräten, den Keller auf und findet dort die Leiche. (Sprachglättung ohne Sinnveränderung.) Es läuft zur Polizei.

Zwischenspiel. *Allegro.* 7. Bild: *Polizeirevier.* Die Polizisten sind mit Nichtstun beschäftigt; der Kreispolizeichef ärgert sich, daß er nicht zur Hochzeit eingeladen wurde. Das heruntergekommene Subjekt bringt ihm den fehlenden Vorwand, an der Hochzeitsfeier nun doch teilnehmen zu können.

Zwischenspiel. Presto. (Für die zweite Fassung umgearbeitet und Allegretto-Zwischenteil entfernt.)

8. Bild: *Hochzeitstafel im Garten der Ismailows.* Während der Hochzeitsfeier entdeckt Katerina das aufgebrochene Kellerschloß. Sie versucht, mit Sergej zu fliehen, doch die Polizei ist schneller. Katerina übersieht das Angebot des Polizeichefs zur Bestechung. Sie wird (obgleich sie in der zweiten Fassung ausdrücklich alle Schuld auf sich nimmt) zusammen mit Sergej verhaftet.

IV. Akt — 9. Bild: *Am Ufer des Sees.* Zwangsarbeiter und -arbeiterinnen bereiten sich auf ihrem Weg nach Sibirien ein Nachtlager. Katerina nutzt das ihr verbliebene Geld, um die Wachtposten zu bestechen und sich in die Nähe Sergejs zu stehlen. Für diesen hat sie nach dem Verlust ihres Reichtums und ihrer Stellung als Kaufmannsfrau jeglichen Reiz eingebüßt. Sergej nutzt Katerina aus und nimmt von ihr Geschenke, mit denen er die Liebesdienste der jungen Sonetka bezahlt. Katerina wird von ihren Leidensgefährten verspottet. (Erstfassung der Arie Katerinas: Sie vergleicht ihren Schmerz mit einem See. In der Zweitfassung äußert sie ihre Gewissensqualen.) Einzig ein alter Zwangsarbeiter (Einfügung dieses Textes in der zweiten Fassung) findet ein solidarisches Wort für sie. Katerina stößt Sonetka ins Wasser und springt selbst hinterher. Beide ertrinken. Die Sträflinge ziehen weiter.

Genesis

Schostakowitsch schrieb seine zweite Oper zwischen 1930 und 1932. Bereits Ende 1932 äußerte er sich zu seinem neuen Werk, machte mit seinen Absichten bekannt und gab an, daß diese Oper der erste Teil einer von ihm geplanten und „der Lage der Frau in verschiedenen Epochen Rußlands gewidmeten Trilogie" sein solle. Sowohl die zyklische Konzeption als auch das Thema selbst — die Lage der Frau in Rußland — finden sich häufig in der sowjetischen Kunst und Literatur der 20er und 30er Jahre, um historisch weitreichende Prozesse erfassen und die neue geschichtliche Situation genauer bestimmen zu können. In der auf Despotie und strengem Patriarchat gegründeten zaristischen Ordnung war die Frau das am stärksten geknechtete Wesen. Wenn die Revolution etwas im Leben der Menschen geändert hatte, so mußte sich das am deutlichsten an der veränderten Situation der Frau erweisen. In dieser Absicht wurden Frauenschicksale in der Literatur aufgegriffen und auf dem Theater gezeigt. In dieser Absicht plante Schostakowitsch seine Trilogie.

Doch sah sich Schostakowitsch gedrängt, die Wahl einer Mörderin als Heldin zu rechtfertigen, und diese Tendenz verstärkte sich im Laufe der Jahre. Das zeigte sich bereits in den beiden nur geringfügig voneinander abweichenden Artikeln des Komponisten: Meine Auffassung der ›Lady Macbeth‹, die 1934/35 zu den drei Inszenierungen in Leningrad und Moskau publiziert wurden. Die Konsequenz dieser Rechtfertigung ist dann letztlich die neue Werkfassung von 1963.

Die Ursachen für diese große öffentlich geführte Polemik gegen das Werk und die daraufhin vom Komponisten vorgenommenen Veränderungen liegen nicht allein in der dogmatischen Kulturpolitik Shdanows 1936. Vielmehr kollidierte die Erzählweise Schostakowitschs mit der Auffassung, die Oper müsse erhabene Gegenstände erhaben gestalten und das Prinzip der Wohlanständigkeit befolgen.

Schostakowitsch selbst befand sich in einem Zwiespalt. Leskow nannte seine ›Lady Macbeth des Mzensker Landkreises‹ eine Skizze (otscherk). Der Dichter skizzierte eine Handlung, gab wechselnde Perspektiven auf seine Gestalten, so daß der Leser sich das Geschehen selbst vervollständigen, sich seine eigene Meinung bilden muß. Leskow enthielt sich jeder moralischen Wertung. Die Charakteristik der Leskowschen Erzählweise durch Walter Benjamin trifft auf die ›Lady Macbeth‹ in exemplarischer Weise zu: „Es gibt nichts, was Geschichten dem Gedächtnis nachhaltiger anempfiehlt als jene keusche Gedrungenheit, welche sie psychologischer Analyse entzieht." Das Wertgefüge, nach dem die handelnden Personen beurteilt werden, wird so dem Leser anheimgestellt und nicht durch eine zentrale positive Figur vermittelt. Gerade aber diese zentrale positive Figur erwartete man. Das entsprach den Bedürfnissen der neuen Planer und Leiter von Kultur. Und Schostakowitsch war rechtschaffen bemüht, diesen Erwartungen gerecht zu werden. Doch war der gewählte Stoff dafür untauglich und er selbst subjektiv überfordert, denn seine Musizierhaltung stimmte mit der Leskowschen Erzählweise überein. Der Riß geht durch die Oper, der Zwiespalt bestimmte den Schaffensprozeß und manifestierte sich in den Publikationen des Komponisten zu seinem Werk. Hier wurden die Grundlagen für spätere Mißverständnisse gelegt. So schrieb er 1935: „Meine Aufgabe (bestand) darin, daß ich, bei Bewahrung der ganzen Kraft des Leskowschen Werkes, mich dazu kritisch verhielt und die in ihm sich entwickelnden Vorgänge von unserem heutigen Gesichtspunkt aus beleuchtete ... Ich habe mich bemüht, Katerina Lwowna als positive, das Mitgefühl des Zuschauers verdienende Person zu behandeln ..." Dieses Mitgefühl zu legitimieren, nahm er dann in der Fassung von 1963 eines der für Katerina wichtigen Handlungsmotive, den sexuellen Trieb, zurück, indem er alle Wendungen und Worte auf ihre „Wohlanständigkeit" hin überprüfte und entsprechend glättete.

Eine Entscheidung für die erste oder zweite Fassung ist schwer zu treffen. Wer gewillt ist, einer vereinfachenden Rechtfertigung der Titelfigur zu widerstehen, findet dazu sowohl in der ersten als auch in der zweiten Fassung ausreichend Möglichkeiten und kann sich in der Zweitfassung auf eine Verdichtung des motivisch-thematischen Materials und auf eine Zurücknahme von Extremen in der Singstimmenbehandlung sowie im Wechsel der Tempi stützen.

Strukturen

„Tragödie-Satire" (Tragedija-Satira) nannte Schostakowitsch seine Oper in dem 1932 publizierten Artikel zur Oper. Das ist keineswegs so zu verstehen, daß der Komponist auf der einen Seite die leidende Frau und auf der anderen Seite die Bösewichter dargestellt, das Werk in eine Tragödie des Opfers und in eine Satire der Täter gespalten habe. Allerdings hat er in dem 1935 publizierten Artikel solcher Betrachtungsweise selbst Vorschub geleistet, als er seine Oper gegenüber der Leskowschen Prosa abzugrenzen suchte: „... Ich habe mich bemüht, Katerina Lwowna als positive, das Mitgefühl des Zuschauers verdienende Person zu behandeln. Dieses Mitgefühl hervorzurufen ist nicht so einfach: Katerina Lwowna verübt eine Reihe von Verbrechen, die mit Moral und Ethik nicht zu vereinbaren sind. Und hier zeigt sich die fundamentale Abweichung von Leskow: Leskow zeichnet Katerina Lwowna als ein sehr wildes Weib, das, weil es ‚der Hafer sticht', den Mord, nach der Meinung Leskows, unschuldiger Menschen begeht. Ich aber möchte die Begebenheiten nicht auf diese Art erklären: Katerina Lwowna ist eine kluge, begabte und schöne Frau, durch die schweren bedrückenden Bedingungen, denen das Leben sie unterworfen hat, durch die Einkreisung im barbarischen, habgierigen und kleinlichen Kaufmannsmilieu wird ihr Leben freudlos, uninteressant, düster."

Schostakowitsch folgte diesen in Worten klar formulierten Absichten in seiner Musik nicht sklavisch. Diese ist reicher und widersprüchlicher als sein verbales Konzept. Es gibt in der Partitur keine musikalischen Parameter, denen eindeutig ein positiver oder negativer Wert zukäme. Traditionelle Volksliedelemente sind den in die Verbannung ziehenden Sträflingen genauso zugeordnet wie dem arglistigen Kaufmann Boris. Der Arbeiter Sergej „erklimmt" die hohe Stilebene, den Romanzenton, wenn er die Kaufmannsfrau umschmeichelt. Katerina selbst bewegt sich in diesem stilistischen Umfeld, denn auch die Romanzenfiguration im 3. Bild und das Solo zweier Harfen im letzten sind keine spontanen „natürlichen" Ausdrucksformen für die ungebildete, in den Kaufmannsstand Eingeheiratete.

Ausnahmslos alle Figuren haben musikalisch geborgte Kleider an. Das Gewand, zu groß oder auch zu klein, deckt die Blöße nicht, wenn die Gestalten posieren. Das macht die Satire. So kündigt sich mit herrischem Fanfarenton der heimkehrende impotente Ehemann an. Die musikalischen Gestaltungselemente sind nicht schlechthin nur ambivalent, das heißt mehrdeutig. Sie sind vielmehr auch Bestandteil einer Groteske. Damit ist hier die Konstellation gemeint, in der die einzelnen Gestaltungselemente, wenn man sie unmittelbar aufeinander bezieht, sich gegenseitig in Frage stellen.

Der Realismus dieser Oper ist Widerspruch und Opposition gegen ein hierarchisches (ästhetisches) Wertgefüge, weil die scheinbar eindeutigen Normen das reale mörderische Chaos verdeckt haben. Stilmischung auf allen Ebenen ist das entscheidende Kriterium, nach dem die Musik die Handlung realisiert. Schostakowitsch aktiviert auch in der ›Katerina Ismailowa‹ die verschiedensten Musiziermodelle, collagiert stilistisch unterschiedliche Genres, montiert verschiedene Theatercoups, bis hin zur Gespenstererscheinung, verletzt bewußt das Prinzip der ästhetischen Trennung von Erhabenem und Niedrigem. So finden sich Genrecharakteristika und -parodien nicht nur in den Genreszenen, sondern ebenso in der Zeichnung bösartiger Absichten und Handlungen. Wenn der Herr des Hauses lüstern nach der Schwiegertochter geilt, wird das durch Walzer- und Galoppklänge ebenso „banalisiert" wie Sergejs Worte „doch ich bin ein Mensch von Zartgefühl" durch eine in reinem C-Dur stehende Polkabegleitung.

Das Orchester spielt eine relativ selbständige Rolle, gibt eine Komplementärperspektive, montiert die Vorgänge, wenn in der offiziellen rituellen Klage der Katerina über der Leiche des vergifteten Schwiegervaters schon der Jubel über die Befreiung von ihrem Peiniger vorweggenommen wird (der Vokalpart wird durch die Flöte in der Oktave und zwei stakkatierende Fagotte verdoppelt) oder wenn aus der Angst vor den Folgen des ersten Mordes der Plan zum zweiten Mord geboren wird und Baßtrommel, Posaunen- und Tubaklänge den Weg des Irdischen weisen.

Wie schon in der ›Nase‹ verwendete Schostakowitsch auch hier das Prinzip der Klangfarbencharakteristik — so sind zum Beispiel Boris das Fagott, Sinowi die Altflöte zugeordnet.

Trotz großer Orchesterbesetzung gibt es nur wenige Tutti-Einsätze, es dominiert ein solistisches akkompagnierendes Musizieren.

Aneignung

Zwei Tage nach der Uraufführung, am 24. Januar 1934, hatte die Oper unter dem Titel ›Katerina Ismailowa‹ am Stanislawski-Nemirowitsch-Dantschenko-Musiktheater in Moskau Premiere, und am 26. Dezember 1935 erlebte das Werk eine dritte Inszenierung an der Moskauer Filiale des Bolschoi Theaters. Die Aufnahme durch das Publikum war günstig. Am Moskauer Musiktheater fanden im Verlaufe von zwei Jahren 94 Aufführungen statt, am Leningrader Maly Theater waren es 80.

Die erste Inszenierung im Ausland hatte am 31. Januar 1935 am Metropolitan Opera House in Cleveland mit den Art of Musical Russia Singers unter Artur Rodzinski Premiere; es schlossen sich Aufführungen in New York, Philadelphia, Stockholm, Prag, Zürich an. 1936 wurde die Oper in der englischen Übersetzung von Calvocoressi in der Queen's Hall in London gegeben.

Als das Leningrader Maly Theater im Januar 1936 mit Dsershinskis Oper ›Der stille Don‹ (uraufgeführt am 22. Oktober 1935) und Schostakowitschs ›Lady Macbeth‹ in Moskau gastierte, besuchte Stalin eine Vorstellung. Schostakowitschs Oper fand nicht seinen Beifall. In der Presse begann daraufhin eine Kampagne gegen das Werk. Das war der Anlaß, es sofort vom Spielplan aller drei sowjetischen Theater abzusetzen. Schostakowitsch selbst gab den Plan, eine Trilogie zu schreiben, auf. Die ›Lady Macbeth‹, der „Weg der Katerina aus sozialer Unselbständigkeit zu erotischer Freiheit" (Boris Assafjew), mußte nun — einst als Teil einer umfangreicheren Geschichte von der Befreiung der Frau geplant — für das Ganze stehen. Auch das war einer der Beweggründe, warum sich Schostakowitsch 1958 zu einer Überarbeitung entschloß. Die Zweitfassung der Oper gelangte am 8. Januar 1963 am Moskauer Stanislawski-Nemirowitsch-Dantschenko-Musiktheater zur Aufführung. Der Komponist selbst gab dazu, auf einer Pressekonferenz anläßlich des Edinburgh-Festivals 1962, folgende Einschätzung: „Die Oper ist seinerzeit als Ganzes kritisiert worden und nicht einzelne Teile. Diese Kritik enthielt viel Berechtigtes, deshalb habe ich — wie zu ersehen ist — es für notwendig befunden, eine Reihe von Veränderungen, ja Verbesserungen vorzunehmen. Auf keinen Fall aber kann gesagt werden, daß es sich bei der neuen Redaktion um eine neue Oper handelt."

Aufnahme und Interpretation der Oper sind von zwei extremen Auffassungen geprägt: einerseits stößt man sich daran, daß die Katerina zum „positiven Helden" gemacht wird, andrerseits bejaht man in Katerina vorbehaltlos die zentrale Identifikationsfigur. Hans Heinz Stuckenschmidt hat die erste Position anläßlich der deutschen Erstaufführung 1959 an der Deutschen Oper am Rhein Düsseldorf zum Ausdruck gebracht: „Ein sehr merkwürdiger, sehr geteilter Eindruck. Denn diese Katerina Ismailowa, einer Novellenfigur von Nikolai Ljeskow nachgebildet, wird bei Schostakowitsch und seinem Librettisten A. Preiss zu einer Art Heldin der direkten Aktion, der mörderischen Auflehnung gegen ihre soziale Umwelt, zu einer konsequenteren Madame Bovary, die ihr Recht auf freie Liebe mit Rattengift und strangulierenden Händen verteidigt …" Die zweite Position vertritt beispielhaft Eckart Kröplin (Leipzig) in seiner Dissertation: Das Opernschaffen Dmitri Schostakowitschs. Seiner Meinung nach erfährt die Katerina „durch die Musik eine ideelle Erhöhung", während „die Charaktere der übrigen Gestalten durch die Musik, das heißt durch deren doppelbödigen Charakter entlarvt und bloßgestellt" werden. Er unterscheidet zwischen einem „Katerina-Intonationsfeld" — hier käme ein „tiefes und echtes Traditionsbewußtsein Schostakowitschs" zur Geltung — und einer „musikalischen Ungewichtigkeit beziehungsweise Unwertigkeit" aller anderen Figuren. Auch der vielgerühmten Inszenierung von 1973 an der Deutschen Staatsoper Berlin lag eine solche Auffassung zugrunde. Große Beachtung fand Anja Silja in der Titelpartie 1981 am War Memorial Opera House in San Francisco. 1983 inszenierte Bohumil Herlischka die Erstfassung an der Deutschen Oper am Rhein in Düsseldorf.

Ausgaben Lady Macbeth von Mzensk KlA (russ./engl.) Musgis Moskau 1935; Text Universal Edition Wien o. J. (wahrscheinlich 1948); Dt. Textfassung von Jörg Morgner und Siegfried Schoenbohm (seit der Wuppertaler Inszenierung von 1980) Sikorski Hamburg o.J.
Katerina Ismailowa KlA Musfond Moskau 1963; Part (2 Bde.) Musfond Moskau 1965; KlA (dt. von Joachim Herz, Hans-Jörg Leipold und Kurt Seipt) Henschelverlag Berlin 1965; KlA (dt. von Enns Fried) Sikorski Hamburg 1964; Text (dt. von Herz, Leipold, Seipt) Reclam Leipzig 1963
Literatur Dmitri Schostakowitsch: Tragödie-Satire. (Tragedija-Satira.) In: *Sowjetskoje iskusstwo*, 1932, Nr. 47 (16.10.1932); Dmitri Schostakowitsch: Zu ›Lady Macbeth‹. (K ›Ledi Makbet‹.) In: *Wetschernaja Moskwa* vom 21.12.1932; Dmitri Schostakowitsch: ›Jekaterina Ismailowa‹. Der Autor über seine Oper. (Awtor o jego opere.) In: *Sowjetskoje iskusstwo*, 1933, Nr. 57 (14.12.1933); Dmitri Schostakowitsch: ›Lady Macbeth‹ im Malegot. (›Ledi Macbet‹ w Malegote.) In: *Wetschernjaja gaseta*, Leningrad, vom 21.1.1934; Dmitri Schostakowitsch: Meine Auffassung der ›Lady Macbeth‹. (Mojo ponimanije ›Ledi Makbet‹.) In: ›Lady Macbeth‹. Artikelsammlung. Hrsg. vom Staatlichen Kleinen Operntheater (Malegot), Leningrad 1934; Dmitri Schostakowitsch: Über meine Oper. (O mojej opere.) In: ›Katerina Ismailowa‹. Artikelsammlung. Hrsg. vom Nemirowitsch-Dantschenko-Musiktheater, Moskau 1934; Dmitri Schostakowitsch: Meine Auffassung der ›Lady Macbeth‹. (Mojo ponimanije ›Ledi Makbet‹.) In: Textbuch ›Lady Macbeth‹. Hrsg. vom Staatlichen Akademischen Großen Theater der UdSSR (Bolschoi Theater), Moskau 1935; Dmitri Schostakowitsch: Schaffens-Rapport des Komponisten. (Twortscheski raport kompozitora.) In: *We-*

tschernaja krasnaja gaseta, 1934, Nr. 20 (25.1.1934) Boris Assafjew: ›Lady Macbeth‹. (›Ledi Makbet‹.) In: Artikelsammlung. Hrsg. vom Staatlichen Kleinen Operntheater (Malegot), Leningrad 1934; Beschluß des ZK der KPdSU zu Fragen der Opernkunst. In: *Prawda* vom 8.6.1958, dt. in: *Presse der Sowjetunion*, Nr. 68 vom 13.6.1958; J. Jiranek: Aufzeichnungen von der Pressekonferenz mit Dmitri Schostakowitsch anläßlich des Edinburgh-Festivals 1962. In: *Hudebni Rozhledy Praha*, Prag 1962, Nr. 18; Hans Heinz Stuckenschmidt: Dmitri Schostakowitsch ›Lady Macbeth auf dem Lande‹. Deutsche Oper am Rhein Düsseldorf 1959. In: Oper in dieser Zeit. Europäische Opernereignisse aus vier Jahrzehnten. Velber 1964; Hans-Peter Müller: Bemerkungen zu Dmitri Schostakowitschs ›Katerina Ismailowa‹. In: Studien 1/1965, Beilage zu *Theater der Zeit*, Berlin 1965, H. 21; Stephan Stompor: Einführung in die Oper ›Katerina Ismailowa‹. In: Textbuch ›Katerina Ismailowa‹. Leipzig 1965; Hans-Peter Müller: Tragödie und Satire. In: Programmheft ›Katerina Ismailowa‹. Deutsche Staatsoper Berlin 1973; Eckart Kröplin: Das Opernschaffen Dmitri Schostakowitschs. Ein Beitrag zur Entwicklung des sozialistischen Musiktheaters. Philosophische Dissertation. Leipzig 1975; Iwan Sollertinski: ›Lady Macbeth des Mzensker Kreises‹. In: Von Mozart bis Schostakowitsch. Essays, Kritiken, Aufsätze. Leipzig 1979; Erik Fischer: Engagement und ironische Distanz. Schostakowitsch: ›Ledi Makbet Mzenskowo ujesda‹. In: Zur Problematik der Opernstruktur. Wiesbaden 1982; weitere Literatur siehe Dmitri Schostakowitsch

Das Märchen vom Popen und seinem Knecht Balda
(Skaska o pope i rabotnike jego Balde)

Opernszenen in vier Bildern
nach Dmitri Schostakowitschs Komposition op. 36 zum gleichnamigen Film und Alexander Puschkins Märchen
Einrichtung der Texte und teilweise Rekonstruktion der Musik durch Sofja Michailowna Chentowa

Entstehung 1933–1935

Uraufführung 28. September 1980 Staatliches Akademisches Kleines Theater für Oper und Ballett (Maly Theater) Leningrad

Personen

Balda, der Knecht Lümmel	Baß
Pope	Baß
Popenfrau	Tiefe männliche Sprechstimme
Popentochter	Sopran
Popensöhnchen	Kind, ohne Text
Glöckner	Tenor
Alter Teufel	Baß
Teufelin	Mezzosopran
Enkel des Teufels	Tenor

	Chorsolisten:
Neun Händler	5 Tenöre, 3 Bässe, 1 Sprechstimme
Zwei Händlerinnen	2 Soprane
Drei Kaufleute	2 Tenöre, 1 Baß
Ein Bursche	Tenor
Zwei Spielzeugpuppen	Sopran, Baß
Dorfbewohner, Bauern und Bäuerinnen, Teufel	Gemischter Chor

Orchester Picc, 2 Fl, 2 Ob, EH, PiccKlar, 2 Klar, BKlar, SSax, TSax (Klarinetten und Saxophone: 4 Spieler), 2 Fg, KFg, 4 Hr, 3 Trp, 3 Pos, Tb, Slzg, Hrf, Bajan (Knopfgriffakkordeon), Bal, Git, Str
Kammermusikfassung von Joachim-Dietrich Link: 2 Fl (auch Picc), Ob (auch EH), 2 Klar (I auch EsKlar, II ad lib TSax), 2 Fg (II auch KFg), 2 Hr, 2 Trp, Pos, Tb, Pkn, Slzg, Hrf, Balalaika (ad lib Hrf), BGit (ad lib Hrf), Akkordeon, Str

Aufführungsdauer Gesamt: 70–80 Min.

Story
Der Knecht Lümmel sucht Arbeit, der Herr Pope sucht einen Knecht. Beide werden handelseinig. Als Lohn für ein Jahr Arbeit fordert der Knecht, dem Herrn drei Nasenstüber geben zu dürfen. Das Jahr vergeht. Der Knecht ißt für vier und arbeitet für sieben, bleibt dabei immer guter Dinge. Die Popentochter verliebt sich in ihn, das Popensöhnchen nennt ihn Vater gar.

Gegen Ende des Jahres greift der Pope zur Hinterlist, schickt den Knecht zum Teufel, den verweigerten Tribut einzufordern, wohl wissend, daß von dorther keiner mehr zurückkehrt. Arglos geht der Knecht in die Falle, vermag den Teufel aber zu überlisten, kehrt mit dem Tribut ins Dorf zurück, nimmt sich seinen Lohn und schlägt dabei dem Popen den Verstand aus dem Kopf.

Vorgänge
I. Akt, 1. Bild (1. Bild): *Jahrmarkt.*
Ouvertüre. Nr. 1: *Jahrmarkt, Chor und Solisten.* Kauf und Verkauf. Jeder preist seine Waren, Gänse schnattern, Hühner gackern. Der Glöckner hat sich aus der Kirche geschlichen und beschaut sich das Treiben. Nr. 2: *Auftritt Baldas, Lied.* Balda ist ohne Arbeit und kommt auf den Markt, sich selbst feilzubieten. Er preist sein Können und zeigt seine Stärke. Nr. 3: *Tanz des Bären, Chor und Rezitativ.* Durch einen Bären wird ihm die Schau gestohlen. Doch bringt Balda das faule Tier zum Tanzen und, zur Freude der Frauen, ein Karussell zum Drehen. (Nr. 4: *Karussell, Walzer*). Nr. 5: Der Pope bestaunt Baldas Kräfte. Nr. 6: *Dialog Baldas mit dem Popen, Rezitativ.* Der Herr sucht einen billigen Knecht. Er wird mit Balda handelseinig, da dieser kein Geld fordert, sondern nur zur Bedingung macht, er wolle dem Popen nach Jahresfrist drei Nasenstüber geben. Nr. 7: *Finale, Chor und Solisten.* Der Jahrmarkt geht weiter. Das Volk wundert sich über den merkwürdigen Handel. Nr. 8: *Parade der Teufel, Chor.* Die Teufel werden

aufmüpfig und lauern am Weg armen Sündern auf. Nr. 9: *Tanz des Glöckners*. Der Glöckner wird ein Opfer der Teufel.

    I. Akt, 2. Bild (2. Bild): *Dorf und Anwesen des Popen*. Nr. 10: *Dorfleben, Chor und Solisten*. Der Pope predigt, das Volk geht in die Kirche. Nr. 11, 12 und 13: *Baldas Arbeitstag, Chor und Lied*. Balda schuftet auf dem Hof des Popen. Die Frau lobt ihn, die Popentochter ist in ihn verliebt. Nr. 14: *Tanz des Popensöhnchens*. Das Popensöhnchen tanzt vor Freude über den großen freundlichen Balda. Nr. 15: *Schlaflied des Balda und der Popentochter, Duett a cappella*. Der Knecht und die Tochter des Herrn singen dem Kleinen ein Lied zur Nacht. Nr. 16 und 17: *Lieder, Chor*. Das Dorf geht schlafen. Die Lichter verlöschen. Nr. 18: *Der Traum der Popowna, Arie*. Die Popentochter träumt, der Knecht sei Zar und sie ihm angetraut. Nr. 19: *Ständchen, Chor*. Nicht nur die Popentochter ist verliebt, die anderen Burschen und Mädchen des Dorfes auch. Nr. 20: *Die Angst des Popen, Lied und gesprochener Dialog*. Der Pope hat Angst, den Lohn zu zahlen. Die Frau rät, Balda zum Teufel zu schicken, den fälligen Tribut einzuklagen. Nr. 21: *Die Freude des Popen, Arie und Chor*. Der Pope tanzt vor Freude über den guten Rat und schickt Balda zum Teufel. Nr. 22: *Marsch Baldas, Lied*. Balda macht sich auf den Weg.

    II. Akt, 1. Bild (3. Bild): *Am Ufer des Meeres*. Nr. 23: *Dialog Baldas mit dem alten Teufel, Rezitativ*. Aus dem Meer steigt der alte Teufel. Balda fordert den Tribut. Die Frau des Teufels schickt den schlauen Enkel, die Sache zu bereinigen. Nr. 24: *Dialog Baldas mit dem Teufelchen, Rezitativ, Lied, Galopp und Chor*. Das Teufelchen schlägt einen Wettlauf vor. Balda schickt seinen jüngeren Bruder als Wettkampfpartner vor, fängt einen Hasen, und das Teufelchen rennt gemeinsam mit dem Hasen los. Balda fängt derweil einen zweiten Hasen und erwartet mit ihm am Zielpunkt das abgemattete Teufelchen, das sich täuschen läßt und sich geschlagen gibt. Nr. 25: *Zweiter Dialog Baldas mit dem Teufelchen, Chor, Rezitativ, Lied, Chor*. Balda fordert den Tribut und erhält ihn. Die Teufel laden den Tribut auf und tragen ihn, Balda obendrauf, ins Dorf.

    II. Akt, 2. Bild (4. Bild): *Wieder im Dorf*. Nr. 26: *Marsch Baldas*. Balda kommt im Triumph zurück. Nr. 27: *Rezitativ und Chor*. Der Pope hat sich aus Angst versteckt. Nr. 28: Alle suchen, der Pope wird gefunden und erhält seinen Lohn:
„Beim ersten Nasenstüber
Sprang er bis zur Decke und drüber,
Beim zweiten Nasenstüber
Verlor den Verstand er kopfüber.
Und Balda belehrte dabei bedächtig:
‚Sei, Pfaffe, nicht geizig und niederträchtig'." (Puschkin)
Nr. 29: *Finale, Chor*. Das Volk freut sich mit Balda.

Genesis und Quellensituation

Der Musik-Trickfilm ›Das Märchen vom Popen und seinem Knecht Balda‹ entstand in der Regie von Michail Zechanowski. Schostakowitsch schrieb die Musik zwischen 1933 und 1935. Der Komponist verband seine Opernerfahrungen mit den Prinzipien des jungen Sowjetfilms. Eisenstein, Pudowkin und Alexandrow hatten 1928 in ihrer Erklärung über ›Die Zukunft des Tonfilms‹ die „kontrapunktische Verwendung von Ton und Bild" gefordert. Zechanowski und Schostakowitsch verfuhren nach diesem Prinzip.

Generell war der Trickfilm in der jungen sowjetischen Filmkunst Bestandteil der Agitationskunst und wurde als eine Art „belebter Plakatkunst" verstanden. Diesem Charakter des Trickfilms entsprach Schostakowitsch nach eigener Aussage mit einer „Vielzahl geistreicher hyperbolischer Situationen und grotesker Personen", und Zechanowski wollte „die satirische Schärfe nutzen, um das Lachen so zu gestalten, daß es nicht froh macht, sondern einem die Därme umdreht".

Während der faschistischen Belagerung wurden viele Filme, die in den Studios bei Lenfilm lagerten, vernichtet. Von Michail Zechanowskis und Dmitri Schostakowitschs Musik-Trickfilm sind 60 Meter gerettet worden. Sie wurden 1967 während der V. Internationalen Filmfestspiele in Moskau gezeigt. Erhalten geblieben sind aber die Reinschriften der Komposition. Gennadi Roshdestwenski brachte am 25. September 1979 in Leningrad eine Suite ›Das Märchen vom Popen und seinem Knecht Balda‹ zur Aufführung. Jahre zuvor hatte sich schon die Leningrader Musikwissenschaftlerin und Schostakowitsch-Biographin Sofja Chentowa das Ziel gesetzt, die Filmmusik nach dem erhalten gebliebenen Notenmaterial für die Bühne zu rekonstruieren. Sie informierte Schostakowitsch über ihr Vorhaben und fand das zustimmende Interesse des Komponisten. Durch Schostakowitschs Tod wurde die Arbeit erheblich verzögert. Jedoch entdeckte die Wissenschaftlerin alte buchhalterische Belege von Lenfilm und konnte so die genaue Abfolge der einzelnen Musiknummern feststellen. Ihr Prinzip war, nichts durch Fremdes zu ergänzen und Fehlendes durch Wiederholung von Vorhandenem zu ersetzen. Auf diese Art avancierte ein Marschlied des Balda zu einem Leitthema der Theaterversion. Die Singstimmen mußten in einigen Fällen ergänzt werden. Die Texte hierfür konnten alle dem dialogreichen Puschkinschen Märchen entnommen werden.

Strukturen

Die Fabel folgt dem gleichnamigen Märchen von Puschkin. Der Dichter hat 1830 den Knecht Lümmel den Aufstand proben lassen. Und nicht zufällig ist man an Heinrich Heines Wort vom „Volk, dem großen Lümmel" erinnert. Als „Balda" werden im Russischen ungehobelte Menschen bezeichnet. Balda heißt auch ein Werkzeug, mit dem der Erdboden festgestampft wird. Puschkins Balda ist eine halb individuelle, halb kollektive Figur. Große ungelenke Kraft, Gutmütigkeit und Jähzorn, Eitelkeit und Bescheidenheit, Arglosigkeit und Witz vereinigen sich in dieser Figur. Spontanität und planende Vorausschau, produktive und zerstörerische Kraft liegen nahe beieinander.

Dem entspricht die Musik in der Grellheit ihrer melodischen Einfälle und instrumentalen Effekte. Diese Komposition ist der erste und einzige Versuch Schostakowitschs, unmittelbar folkloristische Modelle zu verarbeiten. Ganz den

Puschkinschen Intentionen folgend, machte er das Volksmäßige zum Gegenstand seiner Komposition. Er verwendet Volksmusikmodelle nie bloß affirmativ, sondern überzeichnet sie. So sind sie entweder überdeutlich im Detail, oder sie erhalten nach der Aussage Schostakowitschs durch „die Verwendung von ungewohnten Instrumenten (z. B. im Zusammenspiel von Saxophon und Gitarre — S. N.) und einer paradoxen Registerbenutzung" einen satirischen Effekt. Ergänzt wird diese musikalische Ebene durch Elemente der Tanz- und Trivialmusik der 30er Jahre.

In Melodik und Harmonik erscheint die Musik schlicht, fast primitiv. Bis auf das A-cappella-Duettchen Balda—Popowna gibt es keine Ensembles. Diese Schlichtheit wird durch eine raffinierte, farben- und nuancenreiche, der Tradition der ›Nase‹ folgende Instrumentation kontrastiert. Einzelne Figuren haben instrumentale Leitfarben und -klänge. So wird der selbstsichere Pope durch die Tuba gekennzeichnet, doch piepst die Klarinette in den höchsten Registern, wenn er Angst hat. Der Traum der Popentochter vom Liebesglück mit Balda wird in seiner Mischung von Sentiment und Kitsch durch den Zusammenklang von Saxophon und Gitarre charakterisiert. Die Musik der aufmüpfigen Teufel ist vom Klang der Saxophone, gestopften Trompeten, sekundiert vom Schlagzeug und von synkopierten Rhythmen, bestimmt. Die rhythmischen Elemente sind generell akzentuiert und oft deutlich zu tänzerischen Nummern ausgeformt. Marsch, Galopp und Walzer sind bevorzugt.

Aneignung

Das Ensemble der Deutschen Staatsoper Berlin brachte das Werk 1986, anläßlich des 80. Geburtstages des Komponisten, zur deutschsprachigen Erstaufführung, studierte es im Rundfunk ein und gastierte mit seiner Inszenierung 1987 zu den Dresdner Musikfestspielen. 1987 folgte eine Einstudierung am Friedrich-Wolf-Theater Neustrelitz und am Theater Plauen.

Ausgaben Part und KlA Musfond SSSR Moskau 1981; Part Sowjetski kompositor Leningrad 1981; Part und KlA (deutsche Fassung Sigrid Neef, Kammerfassung Joachim-Dietrich Link) Henschelverlag Berlin 1985

Literatur Sofja Chentowa: ›Das Märchen vom Popen und seinem Knecht Flegel‹ — eine unbekannte Oper von Schostakowitsch. In: Musik und Gesellschaft, Berlin 1980, Nr. 2; Ungewöhnlicher Weg einer Oper Schostakowitschs auf die Bühne. Werkstattgespräch. In: Neues Deutschland Berlin vom 26.5.1986

Die Spieler (Igroki)

Libretto entspricht dem Text des gleichnamigen Schauspiels von Nikolai Gogol
Fragment

Entstehung 1942

Uraufführung 18. September 1978 Philharmonie Leningrad, konzertant mit Sängern des Kammer-Musik-Theaters Moskau und dem Philharmonischen Orchester Leningrad unter der musikalischen Leitung von Gennadi Roshdestwenski

Personen
Icharew	Tenor
Alexej, Diener	Baß
Gawrjuschka, Diener	Baß
Krugel	Tenor
Uteschitelny	Bariton
Schwochnew	Baß

In der Fassung von Krzysztof Meyer kommen hinzu:

Michal Alexandrowitsch Glow	Baß
Alexander Michalowitsch Glow	Tenor
Samuchryschkin	Bariton

Orchester Instrumentation von Gennadi Roshdestwenski Picc, 2 Fl, 2 Ob, EH, PiccKlar, 2 Klar, BKlar, 2 Fg, KFg, 4 Hr, 3 Trp, 3 Pos, Tb, Pkn, Kast, Tamb, Xyl, 2 Hrf, Baß-Bal, Kl, Str

Aufführungsdauer Fragment: 45 Min.

Fassungen Die Oper liegt in zwei Fassungen vor: als Fragment mit der Instrumentation von Gennadi Roshdestwenski und in einer Bearbeitung von Krzysztof Meyer.

Story
Ein elegantes Fagott, sekundiert von elegischer Klarinette und pathetischem Horn, verzehrt sich in Leidenschaft und hetzt sich ab, einer biederen Wirtshauslivrée das Gauner-Einmaleins beizubringen;
 eine einfältige Balalaika wird zum Plaudern gebracht, in Erstaunen versetzt, gerät in Verzückung und fällt als stolpernde Tuba wieder auf die Beine;
 eine windige Piccololeidenschaft mischt sich fortwährend in das Geschwätz einer baritonalen Gebetsmühle, während ein Baß immerfort seinem Einsatz hinterherläuft und ein Tenor gerade dann zur Stelle ist, wenn es Löcher im Gewebe zu stopfen gilt.

Vorgänge
Die Handlung spielt in einem russischen Provinzgasthof in der Mitte des 19. Jahrhunderts.
1. Szene: *Icharew und Alexej.* Ein merkwürdiger Herr und ein unkundiger Diener. Der Reisende fragt nicht nach Land und Leuten, sondern nach den Gewohnheiten der Gäste. Der Diener gibt Auskunft und erhält Geld.

2. Szene: *Icharew.* Die große Liebe des kleinen Herrn gilt keinem Mädchen, sondern einem Kartenspiel.

3./4. Szene: *Alexej und Gawrjuschka.* Zwei Diener machen sich miteinander bekannt. Sie gleichen einander und doch hat keiner Interesse am anderen. Alexej fragt Gawrjuschka nach dem Leben und erhält Auskünfte über das Personal.

5. Szene: *Krugel und Schwochnew mit Gawrjuschka.* Erste Variation eines bekannten Themas: Zwei merkwürdige Herren und ein unkundiger Diener. Befragt nach den Gewohnheiten seines Herrn gibt der Diener Auskunft und erhält Geld.

6. Szene: *Gawrjuschka.* Ein Diener legt sein Weltbild dar.

7. Szene: *Icharew und Alexej.* Zweite Variation eines bekannten Themas: Ein merkwürdiger Herr und ein wissend werdender Diener. Alexej findet sich bereit, Zuträgerdienste für den Falschspieler Icharew zu leisten.

8. Szene: *Icharew und Krugel, Schwochnew, Uteschitelny.* Wie sich Gauner miteinander bekannt machen oder eine Lektion, wie man reale materielle Interessen verbirgt, indem man über Ideale redet. Ein gutes Essen ist ein Höhepunkt im Leben. Im Falschspiel wird die Wahrheit kund. Die Gauner entdecken den Gauner und schlagen Icharew einen Interessenverband vor. Die Herren sind sich einig und plaudern aus der Gaunerschule.

Schluß: Diener Gawrjuschka gibt der Geschichte eine Moral.

Kommentar

Schostakowitschs zweite Gogol-Oper ist eine Gaunerkomödie. Ein Gauner sitzt auf dem anderen, treibt ihn an; alles jagt, rennt, rettet, flüchtet; manch einer wird unversehens mitgerissen; er weiß nicht wozu und wohin.

Gogol und Schostakowitsch behaupten, von „Dingen längst vergangener Tage" zu berichten. Doch dieses dem Werk als Motto vorangestellte Puschkin-Zitat ist nichts anderes als die ironische Behauptung des Gegenteils.

Erzählt wird die Geschichte eines Mannes, der mit viel Klugheit, Mühe und Geduld ein Kartenspiel präpariert hat. Die Schwierigkeit, das gezinkte Blatt unter die Leute zu bringen, macht ihn vom Gesinde abhängig.

In einem Provinzgasthaus findet er die ersehnte Gelegenheit, setzt seine Karten gegen drei Gäste ein, wird von diesen als genialer Falschspieler erkannt, anerkannt und eingeladen, in ihre Gaunerbande einzutreten, bietet doch das gemeinschaftliche Vorgehen den Vorteil, sich gegenseitig die Gelegenheiten zuzuspielen. Hier endet das Opernfragment.

Gogol erzählt weiter, daß der Mann auf den Vorschlag eingeht und sie nun gemeinsam ein Provinzjüngelchen ausnehmen. Die Bande bietet dem Mann die gewonnenen, aber noch nicht ausgezahlten Spielschulden von 15 000 Rubel gegen seine 8 000 Rubel baren Spieleinsatzes. Während die drei mit dem Bargeld verschwinden, entdeckt der Zurückgebliebene, daß er betrogen wurde, da das vermeintliche Provinzjüngelchen selbst ein Mitglied der Bande war.

Der historische Fortschritt gilt auch für das Gaunergewerbe: Kooperation ist der Einzelarbeit überlegen.

Schostakowitsch schrieb sein Opus 63 ›Die Spieler‹ 1942, im Entstehungsjahr der Leningrader Sinfonie.

Werk und Thematik seiner unvollendeten Oper blieben ihm wichtig und unvergessen, denn 1975 richtete er die gesamte instrumentale Einleitung der Oper für Bratsche und Klavier ein, gesellte dem eine Variationsfolge des Gawrjuschka-Liedes bei, und so entstand der zweite Satz seiner letzten Komposition, der Sonate für Bratsche und Klavier op. 147. Im Jahre 1975 läßt der Komponist alle Figuren seiner 1942 komponierten Oper noch einmal tanzen.

1948 verschaffte Gennadi Roshdestwenski dem Material des nachgelassenen Werkes Aufführungsreife, gab dem Fragment durch die Wiederholung des Gawrjuschka-Liedes einen sinnerhellenden Abschluß und brachte es zur konzertanten Uraufführung.

Die Substanz der Oper liegt nicht im erzählbaren Vorfall, sondern in der Thematisierung des Herr-Knecht-Verhältnisses.

Die Diener Gogols, damit auch Schostakowitschs, sind Unwissende. Sie beneiden ihre wendigen Herren, schätzen sich glücklich, wenn ihre eigenen kleinen Gaunereien am Eigentum des Herrn nicht entdeckt werden, und wähnen, in der besten aller Welten zu leben. Extrem tiefe Stimmführung, in Abhebung zur quikken tenoralen Höhe der Herren Icharew und Krugel, Reduzierung des Orchesterparts auf wenige stereotype Begleitfiguren, Beschränkung auf ein Instrument, paradoxe Zusammenstellung von Baßbalalaika und Tuba charakterisieren den Diener Gawrjuschka. Das Volkslied leiht ihm noch die Melodie, doch die Verzierungen geraten ihm aus der Form.

Das Rad der Geschäfte dieser Herren Gauner kreist, steht still, wechselt die Richtung, läuft mal schneller, mal langsamer. Alle wähnen, daß sie die Hand an der Achse hätten, doch sitzt ein jeder nur auf der Speiche. Dem entsprechen der fortwährende Kreislauf motivischen Materials, die Richtungsumschwünge durch veränderte Abfolgen, der Tempowechsel. Generell ist das motivische Material in Klangfarbe, Klanggeste, harmonischem Charakter bereits im Orchesterpart ausgeformt und hörbar gemacht, ist als selbständiges Objekt in Erscheinung getreten, bevor es zur subjektiven Formgebung durch die vokale Äußerung kommt.

Schostakowitsch gibt Portraits, und er verwendet dabei die Mittel der Reduzierung und Statik, vollzieht ein Auf- und Abblenden, ein kurzfristiges Beleuchten von Figuren und Situationen. Durch Sekundklänge geschärfte, üblicher Funktionalität ausweichende Harmonik und Klangfarbengestus sind konstituierende Elemente der Musizierweise.

Wenn Gogol das Marionettendasein in seiner Prosa sprachlich genial erfaßt, so zum Beispiel in der Wendung „da flüsterte ein kaffeebrauner Mantel einer außer Atem gekommenen quadratischen Figur etwas zu", so ist es Schostakowitsch gelungen, die Verdinglichung in der musikalischen Form wiederzugeben.

Verbreitung

Die deutsche Erstaufführung fand am 18. Oktober 1981 an der Deutschen Staatsoper Berlin konzertant in der deutschen Textfassung von Sigrid Neef statt.

Krzysztof Meyer, der sich selbst als Schüler Schostakowitschs bezeichnet, ergänzte das Fragment durch eigene Kompositionen und führte die Handlung nach Gogols Text zu Ende. In der deutschen Übersetzung von Jörg Morgner kam diese Fassung am 10. April 1983 in Wuppertal zur szenischen Aufführung.

Ausgaben Part und KlA (russ./dt., dt. von Sigrid Neef) Musfond SSSR, Moskau 1979; KlA Sowjetski kompositor Moskau 1981; KlA (dt. von Jörg Morgner, musikalische Ergänzungen von Krzysztof Meyer) Sikorski Hamburg 1982

Literatur Hansjürgen Schaefer: Faszinierender Ausklang mit Schostakowitsch-Erstaufführung. In: *Neues Deutschland* vom 20.10.1981; Michael Dasche: Zum Ausklang: Opernfragment ›Die Spieler‹ von Schostakowitsch. In: *Musik und Gesellschaft*, Berlin 1981, H. 12

Rodion Konstantinowitsch
Schtschedrin
1932

Der 1932 in Moskau geborene Rodion Schtschedrin ist als Komponist der ›Carmen-Suite‹, eines von vielen Ensembles in der Welt getanzten Ballettes, bekannt. Mit der legendären Primaballerina des Bolschoi Theaters Moskau Maja Plissezkaja verbindet ihn nicht nur eine langjährige Ehe, sondern auch eine enge schöpferische Gemeinschaft. Sie regte ihn zu seinen Ballettmusiken ›Carmen-Suite‹ (1967), ›Anna Karenina‹ (1971 nach Tolstoi), ›Die Möwe‹ (1980 nach Tschechow) an. Bis auf die von Alberto Alonso einstudierte ›Carmen-Suite‹ kamen alle diese Ballette in der Choreographie der Plissezkaja und mit ihr in den Titelrollen am Bolschoi Theater Moskau zur Uraufführung. Auch das 1960 nach einem russischen Volksmärchen entstandene Ballett ›Das bucklige Pferdchen‹ zählt zum ständigen Repertoire der sowjetischen Ensembles.

Schtschedrin, der bei Juri Schaporin und bei Jakow Flijer Klavier studierte, ist ein glänzender Pianist und Interpret seiner eigenen Werke. Ein Lehrbuch zeitgenössischen polyphonen Musizierens und zugleich eine Ehrung Johann Sebastian Bachs sind das ›Polyphone Heft‹ und sein ›Zyklus von 24 Präludien und Fugen‹. Der Komponist ist mit dem Dichter Andrej Wosnessenski befreundet, der ihm den Text für das Oratorium ›Poetoria‹ schuf.

In seinen drei Sinfonien und drei Klavierkonzerten kommt es zu einem interessanten Mit- und Nebeneinander von traditionellen und zeitgenössischen Musizierweisen.

Seine erste Oper ›Nicht nur Liebe‹ fiel 1961 am Bolschoi Theater Moskau noch durch. Doch als mit ihr Boris Pokrowski 1972 sein Kammer-Musik-Theater in Moskau eröffnete, erlebte sie einen großen Erfolg. Ein wichtiges Ereignis im sowjetischen Musikleben wurde 1977 die Uraufführung seiner zweiten Oper ›Tote Seelen‹. Diese gilt als bedeutendstes, unmittelbar an Schostakowitschs ›Nase‹ anschließendes Werk der neueren Opernliteratur.

Nicht nur Liebe (Ne tolko ljubow) _____ 1961
Lyrische Oper in drei Akten und einem Epilog
nach Erzählungen von Sergej Antonow
Tote Seelen (Mjortwyje duschi) _____ 1966–1976
Opernszenen nach dem Poem von Nikolai Gogol

Nicht nur Liebe (Ne tolko ljubow)

Lyrische Oper in drei Akten und einem Epilog
(Liritscheskaja opera w trjoch dejstwijach s epilogom)
Libretto von Wassili Katanjan nach Motiven aus Erzählungen von
Sergej Antonow, unter Verwendung zeitgenössischer Tschastuschki-Texte

Entstehung 1961

Uraufführung 5. November 1961   Staatliches Akademisches Theater für Oper und Ballett Nowosibirsk

Personen
Warwara Wassiljewna, Vorsitzende eines Kolchos_____Mezzosopran
Wolodja Gawrilow_____Tenor
Fedot Petrowitsch, Brigadier der Traktoristen_____Baß
Natascha, Braut Wolodja Gawrilows_____Hoher lyrischer Sopran
Traktoristen: Iwan Trofimow, Mischka und Grischka_____Bariton, 2 Tenöre
Ein Mädchen mit hoher Stimme_____Koloratursopran
Katerina, die Geschiedene_____Alt
Konduruschkin, Leiter des Laienblasorchesters_____Hoher Baß
Anjutka_____Sopran
Ein Bursche_____Tenor
Mädchen_____2 Soprane, 4 Alte
Mädchen und Burschen des Dorfes_____Gemischter Chor

Orchester Fassung für großes Orchester   Picc (auch Fl III), 2 Fl (II auch Picc), 2 Ob, EH, 2 Klar, BKlar (auch Klar III), 2 Fg, KFg, 4 Hr, 3 Trp, 3 Pos, Tb, Pkn, Bck, Bck (hängend), Trgl, KlTr, Tr, Tt, Glsp, Schlagbrett, Peitsche, Hupe, Xyl, Cel, Hrf, Kl, Str
Bühnenmusik (Banda): 2 Trp, Hr, Tb, Bck, Tr; hinter der Szene: 2 Klar, Bal ad lib
Fassung für Kammerorchester   Fl, 2 Klar, Pos, Bck (hängend), Trgl, KlTr, Holzblock, Tt, GrTr, Vib, Xyl, Schüttelrohr (Tubo), Zimbeln, Schlagbrett
Bühnenmusik: 2 Pos, Klar, Tb, Bckn, GrTr (1 Spieler)

Aufführungsdauer I. Akt: 35 Min., II. Akt: 40 Min., III. Akt: 25 Min.; Gesamt: 1 Std., 40 Min.

Handlung
Die Handlung spielt in unseren Tagen in einem Kolchos inmitten der Felder Rußlands.
I. Akt: *Morgen. Frühling. Dorfstraße.* Regen geht übers Land. Das Korn kann nicht in den Boden. Das Warten stimmt melancholisch und aggressiv. Der Bur-

sche Wolodja kehrt aus der Stadt ins Heimatdorf zurück und prahlt, Stadtluft mache frei. Es kommt zwischen ihm und den Dorfburschen zu einer Rauferei. An diesem Streit erkennt Warwara, wie die nutzlos verrinnende Zeit die Menschen böse und trübe stimmt. Sie fühlt als Frau und glaubt, daß sie als Kolchosvorsitzende auch für die Stimmung im Dorf verantwortlich ist. Doch muß sie sich ihre Ohnmacht eingestehen.

II. Akt: *Abend. Sommer. Dorfanger.* Das Korn ist im Boden. An den Abenden treffen sich die Burschen mit den Mädchen, sie locken und reizen einander mit Lied und Gegenlied. Das staatlich geförderte Laienblasorchester ruft zur staatlich verordneten Abendunterhaltung. Der falsch geblasene Marsch der dörflichen Dilettanten kann sich neben Wolodjas Schlager städtischer Fabrikation nicht behaupten. Es kommt zum Skandal. Mit einer Romanze versöhnt der Bursche die Aufgebrachten. Die Paare finden sich zum Tanz. Warwara erweckt alte Weisen zu neuem Leben: die Liebesklage und das lockende Tanzlied. Die elementare Kraft dieser Frau irritiert. Der Brigadier schickt alle nach Hause. Zögernd gehen die Mädchen, langsam verhallt ihr Lied.

III. Akt: *Abend. Dämmerung. Waldrand.* Zeit der Paarung. Warwara schwimmt mit und gegen den Strom. Sie ist in den jungen Wolodja verliebt. Doch es fügt sich alles nach der Sitte: die Jungen finden zu den Jungen, Wolodja zu Natascha. Warwara weist den Kompromiß, die Werbung des ungeliebten Fedot, zurück.

Epilog: *Morgen. Es wird hell.* (Der Komponist bietet zwei Versionen an.) Erste Version: Die Träume sind geträumt, der Alltag hat Warwara wieder. Sie sieht sich mit dem Glück der Jugend, dem Frohsinn anderer konfrontiert (Chor der zur Arbeit ziehenden Burschen und Mädchen). Zweite Version: Von ferne hört Warwara die Lieder der Mädchen. Sie klingen ihr wie die Schatten der eigenen, unerfüllbaren Wünsche (Mädchenchor aus dem Finale des I. Aktes).

Kommentar

1951 hatte Sergej Antonow seinen Erzählband ›Poddubskier Tschastuschki‹ (›Poddubskije tschastuschki‹) publiziert. Der 1915 geborene Erzähler gibt darin ein Bild des russischen Dorfes. Er schildert das Leben der Frauen und Mädchen, die die Last des Alltags tragen, weil das Land an Männern arm geworden ist. Er beobachtet neues Selbstbewußtsein und weiß von alten unerfüllten Sehnsüchten zu berichten. Das Tschastuschka — das russische improvisierte Lied, ein kleiner Teil (tschast) vom großen Volksliedschatz — war für Antonow ein Spiegel, den Witz und die Zärtlichkeit der russischen Frau wiederzugeben. So zitiert er in seinen Erzählungen viele alte und neue Tschastuschki-Texte. Zehn Jahre später, 1961, griffen Wassili Katanjan und Rodion Schtschedrin diese Methode Antonows auf und entlehnten seinen Erzählungen ihre Figuren und Motive.

Der 1902 geborene Publizist und Literaturwissenschaftler Wassili Katanjan (1980 in Moskau gestorben) gehörte zum Freundeskreis Majakowskis. Er war der letzte Lebensgefährte der Lilja Brik und betätigte sich als Chronist seines berühmten Freundes. Auch er sah wie Antonow im Tschastuschka einen Spiegel für die Seele der russischen Frau, aber schärfer als der Dichter begriff er, daß dieser Spiegel bereits im 19. Jahrhundert zerbrochen und seitdem nur immer wieder zusammengestückt worden war. Diesen Spiegel zu benutzen bedeutete für ihn, in einzelnen Scherben ein scharfes Bild zu erhalten, mit den Bruchstellen aber auch Verzerrungen ins Bild zu bekommen. Wesentliche Unschärfen entstanden durch die Volksliedbearbeitungen des 19. und 20. Jahrhunderts sowie die staatlich geforderte und geförderte Laienkunst der 30er und 50er Jahre unseres Jahrhunderts. Musikalische Handlung findet daher in der Oper statt, indem das Verfertigen neuer Lieder und das Nachsingen alter Weisen auf Angemessenheit, Aufrichtigkeit und elementare Kraft befragt wird.

Des Komponisten Sympathie gilt dabei den Frauen. In ihren Chören und Liedern bringt er charakteristische Züge des russischen Volksliedes zur Geltung. Ein Mädchenchor gliedert rondoartig den I. Akt. In ihm gestaltet der Komponist durch Verengung und Ausdehnung des impulsgebenden Motivs die „atmende Melodie" des Gedehnten russischen Volksliedes nach. In den Scherzliedern des II. Aktes wird die Lust der Singenden durch ostinate Figurationen, schnellen Registerwechsel und „Glissandi"-Modulationen deutlich, verfestigt sich der kecke Mut zur Pose. Im Tanzlied der Warwara erhält das Wort selbst eine elementare magische Funktion, wird es zum rhythmusgebenden Impuls.

Die horizontale Denkweise des Volksliedes kommt der polyphonen Musizierweise des Komponisten entgegen. Berühmt geworden ist die „Regenfuge", eine kunstvoll-lautmalerische „Melancholieschilderung". Häufig laufen Stimmen, einander kontrastierend, parallel, kommt es zu polytonalen Effekten.

Die musikalische Gestalt der Warwara besteht aus einem leitmotivisch eingesetzten, sinfonisch entwickelten Thema.

Ergänzen sich Prinzipien der Volks- und Kunstmusik in der musikalischen Charakterisierung der Frauen, so dominiert das Prinzip der Reduzierung bei den männlichen Gestalten: die beiden Tenöre Mischkas und Grischkas werden unisono geführt, Wolodja zitiert fragmentarisch, Fedot wiederholt stereotyp.

In der Figur der Wolodja ist Fjodor Schaljapins Entsetzen über das Schicksal des russischen Volksliedes exemplarisch Gestalt geworden: „Die russischen Menschen singen gleichsam von der Wiege, von der Geburt an Lieder. Sie singen immer. Das heißt, so war es in meiner Jugendzeit. Das in den dunkelsten Tiefen des Lebens leidende Volk sang wehmutsvolle und bis zur Verzweiflung lustige Lieder. Was ist mit ihm geschehen, daß es diese Lieder vergaß und fortan Tschastuschki sang, dieses deprimierende, unerträgliche, abgeschmackte Zeug? Lebte es auf einmal besser auf der weiten Welt, oder aber hatte es jegliche Hoffnung auf bessere Zeiten verloren und war es in der Zeit, da es zwischen Hoffnung und Verzweiflung hin und her gerissen wurde, in diese verteufelte Sackgasse geraten? Waren die Fabriken daran schuld, die glänzenden Gummischuhe oder die neumodischen Wollschals, die man sich heute ohne jeden Grund an den schönsten Sommertagen, wenn die Vögel singen, um den Hals bindet? Oder die Korsetts, mit denen sich die Dorfschönen den Leib schnüren? Oder die verfluchte deutsche Harmonika, von der sich die Menschen gar nicht mehr trennen können? Ich weiß es nicht und will es auch gar nicht zu klären versuchen. Ich weiß nur, daß das keine Lieder sind, sondern unanständig aufgeputzter, billigster Schund..." (Fjodor Schaljapin: Maske und Seele. 1932)

Die Tschastuschki sind älter, als es Schaljapin wahrhaben wollte. Doch richtig ist seine Beobachtung, daß sich mit der Entwicklung der Stadt auch die Volksmusik grundlegend wandelte. Wolodja schmückt sich mit dem aufgelesenen Tand aus der Stadt, und der falsch geblasene Marsch des Laienblasorchesters ist die zur Grimasse erstarrte Lustigkeit einer dem Land verordneten „Volkskunst".

Die historisch gewachsenen Tschastuschki werden in der Oper nach ihrer Bedeutung für die heutige Generation befragt. Was an ihnen uneingelöst und verbraucht ist, wird nicht verschwiegen. Ein freundliches Verhältnis zum nationalen Volkslied ist den meisten aller russischen Opern immanent. Mit Rodion Schtschedrins Oper ›Nicht nur Liebe‹ wurde Mitte des Jahrhunderts dieses Verhältnis selbst zur Diskussion gestellt.

Rodion Schtschedrin bekannte sich 1973 in einem Gespräch nachdrücklich zu seinem Opernerstling: „Mich interessierte das Schicksal einer Frau mittleren Alters, die vergessen wollte und glaubte, vergessen zu können, daß sie eine Frau ist. Diesen verdrängten Anspruch entdeckt sie in der Begegnung mit einem jungen Burschen, der seinerseits ihre Gefühle gar nicht zu begreifen vermag, zumal er ein Mädchen seines Alters liebt und wiedergeliebt wird. So gelingt es dieser Frau zwar, sich selbst und verdrängte Gefühle zu entdecken, aber sie kann dieses Neue nicht verwirklichen. Warum mich dieser Stoff reizte? Wahrscheinlich wollte ich damit zum Ausdruck bringen, daß man den Anspruch auf individuelle Glückserfüllung in der Liebe trotz beruflicher Erfolge nicht verdrängen und aufgeben kann." (Rodion Schtschedrin: Warum mich dieser Stoff reizte.)

Verbreitung
Nach der Uraufführung 1961 in Nowosibirsk folgte am 25. Dezember des gleichen Jahres eine Inszenierung am Bolschoi Theater Moskau mit Tamara Sinjawskaja in der Hauptrolle. Die Oper konnte im Repertoire dieses Theaters nicht bestehen.

1972 — am 18. Januar — eröffnete der Chefregisseur des Bolschoi Theaters Moskau, Boris Pokrowski, sein Kammer-Musik-Theater mit einer theatereigenen Fassung von ›Nicht nur Liebe‹. Die dem lyrisch-intimen Charakter des Werkes entsprechende Inszenierung brachte der Oper einen lang anhaltenden Erfolg.

1973 wurde Schtschedrins erste Oper am Litauischen Akademischen Theater für Oper und Ballett in Vilnius und am Staatlichen Akademischen Kleinen Theater für Oper und Ballett (Maly Theater) Leningrad inszeniert. Für das Maly Theater hatte der Chefregisseur Emil Pasynkow eine 75minütige Fassung erarbeitet, die 1975 an der Deutschen Staatsoper Berlin zur Aufführung gelangte. Die Fassung Emil Pasynkows schränkt die Fabel ein und erzählt die Geschichte so: Ein Lektor wird zu einem Vortrag über das Thema Liebe erwartet. Er kommt aus der Stadt und verspätet sich. Während der Wartezeit wird ein Estradenprogramm geboten, bei dem ein dörfliches Laienensemble aufspielt. Die Burschen und Mädchen machen sich derweil selbst einen Vers auf das Thema Liebe und beobachten die Romanze zwischen dem aus der Stadt heimgekehrten Wolodja und ihrer Kolchosvorsitzenden Warwara teils mit Anteilnahme, teils mit Spott. Als der Lektor aus der Stadt eintrifft, hat Warwara bereits ihre Lektion gelernt.

Ausgaben KlA Musfond SSSR Moskau 1960; KlA Musyka Moskau 1965; Part Sowjetski kompositor Moskau 1976; KlA Fassung Emil Pasynkow (dt. von Sigrid Neef) Deutsche Staatsoper Berlin o.J.; Part Kammerfassung Musyka Moskau 1982
Literatur Rodion Schtschedrin: Warum mich dieser Stoff reizte. In: *Theater der Zeit*, Berlin 1973, H.8; Semjon Schlifschtejn (Schlifstein): Rodion Schtschedrin. In: *Musikalnaja shisn*, Moskau 1964, Nr.20; Irina Lichatschewa: Das musikalische Theater Rodion Schtschedrins. (Musykalnaja teatr Rodiona Schtschedrina.) Moskau 1977; Michail Tarakanow: Das Schaffen Rodion Schtschedrins. (Twortschestwo Rodiona Schtschedrina.) Moskau 1980; Tschastuschki. In: Große Sowjet-Enzyklopädie. (Bolschaja sowjetskaja enzyklopedija.) Bd.47, Moskau 1957; Tatjana Popowa: Über die Lieder unserer Tage. (O pesnjach naschich dnej.) Moskau 1969; Fjodor Schaljapin: Maske und Seele. (Kapitel 6) In: Fjodor Schaljapin: Aus meinem Leben. Leipzig 1972; Sergej Antonow: Poddubskije tschastuschki. Moskau 1951; Sergej Antonow: Was in Poddubkin gesungen wird. In: Die einsame Staniza. Erzählungen. Berlin 1955; Sergej Antonow: ›Tante Luscha‹. Erzählung. In: Sowjetliteratur, Moskau 1972, H.5 (dt.)

Tote Seelen (Mjortwyje duschi)
Opernszenen nach dem Poem von Nikolai Gogol
(Opernyje szeny po poemje Nikolaja Gogolja)
Libretto von Rodion Schtschedrin

Entstehung 1966—1976

Uraufführung 7.Juni 1977 Staatliches Akademisches Großes Theater der UdSSR (Bolschoi Theater) Moskau (3.Juni 1977 Öffentliche Voraufführung)

Personen
Vorsänger (2 Solisten im Orchester) —————— Mezzosopran, Alt
Pawel Iwanowitsch Tschitschikow —————— Virtuoser Bariton
Nosdrjow —————— Dramatischer Tenor
Korobotschka —————— Mezzosopran
Sobakewitsch —————— Baß von großem Stimmumfang
Pljuschkin —————— Mezzosopran
Manilow —————— Lyrischer Tenor
Lisanka Manilowa, seine Frau —————— Lyrischer Koloratursopran
Selifan, Kutscher Tschitschikows —————— Hoher Tenor
Mishujew, Schwager Nosdrjows —————— Tiefer Baß
Anna Grigorjewna, eine in jeder Beziehung angenehme Dame —————— Koloratursopran
Sofja Iwanowna, eine einfach angenehme Dame —————— Koloratur-Mezzosopran

Gouverneur	Baß
Gouverneurin	Alt
Gouverneurstochter	Stumm (Ballerina)
Staatsanwalt	Bariton (auch hoher Baß)
Polizeimeister	Baßbariton
Postmeister	Dramatischer Tenor
Kammerpräsident	Tenor
Priester	Lyrischer Tenor
Polizeihauptmann	Baß (auch Baßbariton)
über „welche sonst niemals etwas zu hören war":	
Sysoi Pafnutjewitsch, Macdonald Karlowitsch	Tenor (auch Bariton), Tenor
Bauern am Wegesrand: Bärtiger, Bauer mit Ziege	Tiefer Baß, Baß
Gesinde Nosdrjows: Pawluschka, Porfiri	Tenor, Baß
Petruschka, Lakai Tschitschikows	Stumm (Pantomime)
Familienporträts an den Wänden des Hauses von Manilow:	
Mutter Manilows, Vater Manilows, Großvater Manilows	Sopran, Tenor, Baß
Porträts griechischer Feldherren an den Wänden des Hauses von Sobakewitsch:	
Bobelina, Miauli, Kanari, Maurokordato	Sopran, Tenor, Tenor, Baß
Gutsbesitzer, Beamte, Ballgäste, Porträts an den Wänden	Gemischter Chor
Lakaien, Bedienstete, Kutscher	Pantomimen

Orchester Picc, 2 Fl, AFl, 2 Ob, 2 Klar, BKlar, 2 Fg, KFg, 4 Hr, 3 Trp, 3 Pos, Tb, 4 Pkn, Batterie I: KlTr, 3 Gongs, 3 Bongos (S,A,T), Flex, Vib, Sch (Troika), Tempelblock, Pfeife, Glasglockenspiel, Zimbeln, Vogelstimmen; Batterie II: KlTr, Tt, Sch (Troika), Sch, Guiro (Kürbisraspel), Xyl (oder Mar), Ratsche, Tamb, Tubo (Schüttelrohr); Batterie III: Bckn, GrTr, Tubo, Charlstonmaschine, Maracas, 2 Tt, 2 Kuhglocken (S); Batterie IV: Russisches Glockengeläut (hinter der Szene), Tt (ad lib), Cel, Cemb (elektr. ad lib), Hrf, Bal, EGit; Str: 8 Sopran-, 8 Alt-, 6 Tenor-, 6 Baritonstimmen anstelle der VII und VIII, 12 Va, 10 Vc, 8 Kb Anstelle der ersten und zweiten Violinen musizieren im Orchester ein kleiner gemischter Chor und zwei Solistinnen. Die Solistinnen und der Kutscher Selifan singen in der russischen volkstümlichen Art.

Aufführungsdauer I. Akt: 50 Min., II. Akt: 50 Min., III. Akt: 30 Min.; Gesamt: 2 Stdn., 10 Min.

Story
Die Unterschiede zwischen Lebenden und Toten — die einen brauchbar, die anderen nutzlos — gelten für Herrn Tschitschikow nicht: Er kauft tote Seelen und findet für seine Geschäfte Partner. Der Sinn solchen Tuns interessiert die gutsherrlichen Halter und Verkäufer lebender und toter Seelen wenig, mehr der Gewinn. In jedem Gutsherrn steckt ein Tschitschikow. Tschitschikow ist der moderne Mensch im Embryonalzustand. In jedem von uns ist ein Manilow, eine Korobotschka, ein Nosdrjow, ein Sobakewitsch oder ein Pljuschkin.

Ein Riß zieht sich durch das von Tschitschikow befahrene Land. Er klafft zwischen Oben und Unten, zwischen Herren und Knechten, denen auf den Wegen und denen am Wegesrand. Der Riß schließt sich nicht, wenn man einen Strich zieht.

Vorgänge
I. Akt — Nr. 1: *Einleitung.* Ein Lied von dem, was nicht mehr ist, vom weißen Schnee, der schmilzt und vergeht.

Nr. 2: *Mittagessen beim Staatsanwalt (Dezett).* Gastfreundschaft in der Provinz: Man gibt dem Besucher aus der Hauptstadt, wovon man reichlich hat. Tschitschikow wird wie eine Mastgans genudelt.

Nr. 3: *Weg (Quintett).* Kutscher Selifan und sein Herr Tschitschikow fahren in Geschäften übers Land. Bauern stehen am Wegesrand.

Nr. 4: *Manilow* (manilowschtschina bedeutet Phantasterei). Dem Gutsbesitzer Manilow ist sein Land das beste aller Länder und jeder seinesgleichen ein Ehrenmann. Tschitschikows Geschäft, tote Leibeigene aufzukaufen, irritiert ihn. Der Hinweis auf die Rechtlichkeit des Geschäftes beruhigt ihn. Der Handel wird perfekt. Die Ahnen Manilows schütteln ihre porträtierten und gerahmten Häupter über den Handel mit den toten Seelen.

Nr. 5: *Unweg.* Tschitschikow und sein Kutscher sind wieder unterwegs. Ein Unwetter bricht über sie herein. Sie kommen vom Weg ab. Doch Tschitschikow hält nicht nach Rettung seiner Seele, sondern nach Schutz vorm Gewitter Ausschau.

Nr. 6: *Korobotschka.* In einem Winkel des großen russischen Landes sitzt eine Alte und klagt über schlechte Zeiten, schlechte Leute, schlechte Ernten. Auf Gewinn ist sie aus, Vorteilen gegenüber ist sie offenherzig, aber beschränkt in ihrem Denken: aufnahmebereit und beschränkt wie eine leere Schachtel (korobotschka bedeutet Schachtel). Bei ihr findet Tschitschikow Zuflucht und Gehör. Sie feilscht um den Preis toter Seelen, verkauft ihm diese und obendrein Hanf. Dann macht sie sich auf, um in der Stadt den Marktwert toter Seelen zu erfahren.

Nr. 7: *Lieder.* Klagen über das Wermutsgras, das Wehmutsbringerkraut. Es ist emporgeschossen und hat den Garten überwuchert.

Nr. 8: *Nosdrjow.* Gutsbesitzer Nosdrjow saugt sich an Tschitschikow fest wie ein Schwamm (nosdrewaty — schwammartig). Er quält ihn mit Sprüchen, Lügenmärchen, Aufschneidereien. Tschitschikow denkt ans Geschäft. Nosdrjow an Spiel und Spaß. Tschitschikow kündigt ihm das Spiel und die Freundschaft.

II. Akt — Nr. 9: *Sobakewitsch.* Dem Gutsbesitzer Sobakewitsch (sobaka — Hund) ist sein Land das schlechteste aller Länder und jeder seinesgleichen ein Gauner. Nur toten Seelen zollt er Achtung, um den Preis hochzutreiben. Tschitschikow wird mit ihm handelseinig.

Nr. 10: *Kutscher Selifan (Quartett).* Der Kutscher hält eine Ansprache an seine Freunde, die Pferde.

Nr. 11: *Pljuschkin.* Plüsch (pljusch — Plüsch) wird staubig, wie alles, was Pljuschkin zusammenträgt, geizig bewacht und nutzlos verkommen läßt. Tschitschikow macht sich erbötig, für die von der Pest hinweggerafften Bauern die restlichen Steuern zu zahlen. Pljuschkin gibt diese Toten gern und klaglos her und sinnt darüber nach, welchen Plunder er Tschitschikow noch verkaufen könnte.

Nr. 12: *Klage.* Eine Soldatenfrau weint um den toten Mann, das tote Kind, den toten Freund.

Nr. 13: *Ball beim Gouverneur.* Tschitschikows Käufe werden erörtert. Offiziell handelt es sich um lebende Seelen. Tschitschikow wird als Millionär gefeiert. Die Damen umschmeicheln ihn, die Gouverneurstochter schenkt ihm ihre Gunst. Da hängt Nosdrjow den Zustand der gekauften Seelen an die Ballglocke, und die Korobotschka kommt, den staatlichen Preis für tote Seelen zu erfahren. Die Beamten und ihre Damen geraten in Verwirrung.

III. Akt — Nr. 14: *Gesang.* Noch immer klingt das Lied von dem, was nicht mehr ist, vom weißen Schnee, der schmilzt und vergeht.

Nr. 15: *Tschitschikow.* Der Geschäftige ist ohne Geschäft und denkt nach. Für sein Mißgeschick macht er den Erfinder von Gesellschaftstänzen verantwortlich.

Nr. 16: *Zwei Damen (Duett).* Zwei Damen der Gesellschaft erklären sich den Weltzustand im allgemeinen und Tschitschikows Fall im besonderen. Sie kommen zu dem Schluß, Tschitschikow wollte die Gouverneurstochter entführen.

Nr. 17: *Gerüchte in der Stadt (Ensemble).* Tschitschikow wird zum Spion, Agenten, Geldfälscher erklärt; man vermutet in ihm den aufrührerischen Hauptmann Kopejkin, ja sogar Napoleon. Der Verdacht, Tschitschikow könne ein Revisor sein (tschinownik — der Beamte), bringt den Staatsanwalt ums Leben.

Nr. 18: *Totenmesse für den Staatsanwalt.*

Nr. 19: *Szene und Finale (Quintett).* Tschitschikow weiß von all dem nichts. Von allen gemieden, sitzt er allein und vergessen im Gasthof. Vom Lügner Nosdrjow erfährt er die Wahrheit über die Vorgänge in der Stadt, hört er von den Gerüchten über seine Person, Tschitschikow sieht sich seiner Geschäftsgrundlage beraubt. Er macht sich auf, in anderen Teilen des Landes sein Glück zu suchen. Bauern am Wegesrand überlegen, wie weit das Wagenrad noch rollen wird.

Genesis

„Das Poem ›Die toten Seelen‹ ist mein Lieblingsbuch. Zehn Jahre habe ich an der Oper gearbeitet", schrieb der Komponist anläßlich der Uraufführung. „Die große Gefahr für den Komponisten bestand darin, die Prosa Gogols durch die Musik bloß zu illustrieren oder zu begleiten. Es schien mir, daß nur der Blick auf das Wesen, auf das Innere dieses bedeutenden Buches und eine konsequente Übertragung des Poems in ein anderes, eigenen Gesetzen und eigenen Ausdrucksmitteln gehorchendes Genre zu einem schöpferischen Ergebnis führen könnte. Ich entschloß mich, in allem von der Musik, vom Gesang, von der menschlichen Stimme mit ihren vielfältigen und unwiederholbaren Intonationen auszugehen, und wollte nach Möglichkeit alle in den Jahrhunderten entstandenen Formen des Genres benutzen..."

Ich war bestrebt, die äußerst prägnanten Charakteristika der Gogolschen Typen nicht nur durch die Themen, durch einen individualisierten Gesangspart, sondern auch durch das Orchestertimbre hervorzuheben..." (Rodion Schtschedrin im Programmheft ›Tote Seelen‹. Bolschoi Theater Moskau)

Schostakowitschs Vorbild wird aus diesen Worten ersichtlich. Tatsächlich suchte Schtschedrin das Gespräch mit dem Komponisten der ›Nase‹: „Als ich die ›Toten Seelen‹ schrieb, führte ich entsprechende Gespräche mit Schostakowitsch. Ich erinnere mich, daß ich ihm irgendeinen Gedanken mitteilte und er unvermittelt fragte: ‚Und wie werden diese Worte bei Ihnen sein?', und auswendig zitierte er mir einen großen Auszug (aus Tschitschikows Rede – S.N.): ‚Ich gestehe, ich fahre in fremden Angelegenheiten' (‚Prisnajus, jedu ja po delam drugogo'). ‚Und wie sind diese Worte bei Ihnen?' fragte er beharrlich. Ich bekannte, sie nicht beachtet zu haben. ‚Nun', sagte er, ‚dann wird er bei Ihnen die toten Seelen nicht erhalten können'... Und da begriff ich, daß das tatsächlich bedeutsame, weil notwendige Worte waren: nicht zufällig hat Gogol selbst sie viermal in verschiedener Betonung wiederholen lassen... Das bedeutet, daß er diese Phrase nicht einfach niedergeschrieben, sondern sie sorgsam gewählt, gehegt und gepflegt hat; sie ist so zu einer programmatischen Sentenz Tschitschikows geworden." (Rodion Schtschedrin im Gespräch mit Lew Grigorjew und Jakow Platek im Juni 1982)

Diese Arbeit im Detail und am Detail kennzeichnet die Komposition und erklärt die Entstehungszeit von zehn Jahren. 1982 sagte der Komponist rückschauend: „Die ›Toten Seelen‹ – das war einer meiner uralten Träume, nein, nicht einfach ein Traum, eher eine Zwangsidee, die mich von jeher brannte, anzog, quälte ... Aber die Arbeit war insgesamt nicht quälend, obgleich sie mir manchmal wie eine Zwangsarbeit erschien. Die Arbeit des Nachdenkens, des Suchens nach einem Weg, nach dem Schlüssel für eine operngerechte Lesart Gogols, das war qualvoll."

Strukturen

Am Schluß der Oper fährt die Kalesche mit Herrn Tschitschikow an zwei Bauern am Wegesrand vorüber, und die beiden disputieren lange darüber, ob das Wagenrad bis Kasan halten wird oder nicht. Ihr Disput findet kein Ende, sie haben zwar das letzte Wort in der Oper, aber keine Antwort. Schaljapin berichtet in seiner Autobiographie, daß die Gleichgültigkeit der Kasaner gegenüber historischen Ereignissen sprichwörtlich war. Das merkwürdige, unerhebliche Gespräch der zwei Bauern am Wegesrand, so zeigt sich, meint die historische Perspektive. Die Kalesche, die Herrn Tschitschikow und seinen seltsamen, sich mit Pferden unterhaltenden Kutscher Selifan trägt, ist vielleicht ein Bild Rußlands, allerdings aus der Perspektive am Wegesrand.

Wie der Schluß, so ist die gesamte Oper gebaut. Eine Volksliedebene ist als quasi nie abreißender musikalischer Untergrund konzipiert, der nur kurzzeitig von den Geschäften des Herrn Tschitschikow übertönt wird.

Seit dem Erscheinen des Gogolschen Werkes werden im russischsprachigen

Raum die ewig Opportunen, die Raffgierigen und ständig Jammernden, die Aufschneider und notorischen Lügner, die Lieblosen, die in sich selbst Verliebten und die Geizigen mit den Namen eines Manilow, einer Korobotschka, eines Nosdrjow, Sobakewitsch und Pljuschkin bedacht. So genau hat Gogol diese Typen getroffen, ihr Wesen aufs Skelett reduziert.

Schtschedrin hat diese Reduzierung musikalisch nachvollzogen. Manilow zum Beispiel gibt sich liebenswürdig, das heißt, er drückt sich geziert, „verblümt" aus. Wenn er lebhaft wird, verheddert er sich in Vorschlägen, Doppelschlägen, Trillern, und die Flöte spielt ihm dazu auf. Will er sich legato geben, versinkt er in „portamentener Langeweile", das Wort erstirbt ihm im Munde. Der Korobotschka ständiges Jammern wird im wiederkehrenden, vom Fagott penetrant hervorgekehrten Seufzermotiv zur Gebärde verfestigt. Da sie über den ihr gesetzten kleinen Lebensraum nicht hinausschaut, leiht ihr das Rondo die Form, immer wieder auf das ihr Gemäße zurückzukommen. Nosdrjow befindet sich in einem ständigen Konflikt zwischen Wort- und Melodieakzent, er jagt ewig einer Übereinstimmung hinterher. Das Horn bläst zur Jagd. Nosdrjow ist hier Jäger und Gejagter in einer Person. Sobakewitsch wird von zwei Kontrabässen in die Zange genommen, quetscht seine Weisheiten heraus, läßt sie wie Hammerschläge in Oktavintervallen auf den Gesprächspartner niederfallen. Seine Worte geben ihren Geist, von geradtaktigen Melodieakzenten erschlagen, auf. Pljuschkin hingegen sabbert. Ihm tropfen die Worte wie Speichel aus dem Mund. Ein Falsetton verrät, wie ein kleiner Spritzer, daß da ein verrostetes Gehirn am Arbeiten ist.

Alle Texte der Oper (außer in den Volksliedern) sind wörtlich aus Gogols Poem entnommen. Einzelne Instrumente sind bestimmten Personen zugeordnet, sowohl traditionelle als auch neuere Musizierweisen in einen sinnerhellenden Zusammenhang gebracht.

Der Komponist breitet einen Klangteppich aus, gewoben aus verschiedenen Volksliedern, und läßt darauf die einzelnen Visiten Tschitschikows spielen. Der Lärm von dessen Geschäften vermag aber immer nur kurzzeitig den Volksgesang zu übertönen. Hier wird in der „atmenden Melodie" des Gedehnten Liedes eine von Hast und Indolenz freie menschliche Sensibilität charakterisiert. Doch auch die Sphäre der Empfindungsfähigen ist nicht frei von Schrecknissen und Zwängen. Darauf deuten nicht nur die Texte hin, das wird auch in der Intonationsweise des Kutschers Selifan deutlich. Sein Rufen verrät das Angestrengte, den Versuch, sich unter Druck aufrecht zu halten.

Verbreitung

Schtschedrin betonte wiederholt, daß er dieses Werk ohne Rücksicht auf die Produktionsbedingungen und auf das Interpretationsniveau des zeitgenössischen sowjetischen Opernstheaters geschaffen habe und er es selbst als einen Glücksfall betrachten würde, sollte diese Oper jemals aufgeführt werden.

Dieser Glücksfall konnte 1977 eintreten, da der Chefregisseur des Bolschoi Theaters durch seine Inszenierungen der ›Nase‹ von Schostakowitsch und des

›Spielers‹ von Prokofjew einen Stil für zeitgenössisches Operntheater entwickelt und das Moskauer Publikum vorbereitet hatte. Die in Schtschedrins Oper angewandten verschiedenartigen vokalen Stile waren für die Interpreten ungewohnt. 1978 folgte eine Übertragung der Moskauer Inszenierung für das Kirow Theater Leningrad. Dirigent beider Einstudierungen sowie der sowjetischen Schallplattengesamtaufnahme von 1982 ist Juri Temirkanow.

Dem Werk wird von der sowjetischen Musikwissenschaft eine ebenso weitreichende Bedeutung zugeschrieben wie Schostakowitschs Oper ›Die Nase‹, in deren Traditionslinie es steht.

Ausgaben Part und KlA Musfond SSSR Moskau 1976; KlA Sowjetski kompositor Moskau 1979; Part Musyka Moskau 1980; Part und KlA (dt. von Sigrid Neef) Edition Peters Leipzig o.J.
Literatur Rodion Schtschedrin: Zur Oper ›Tote Seelen‹. In: Programmheft ›Tote Seelen‹. Bolschoi Theater Moskau 1977; Rodion Schtschedrin: Gespräch mit Lew Grigorjew und Jakow Platek im Juni 1982. In: *Sowjetskaja musyka*, Moskau 1983, Nr. 1
Nikolai Gogol: Vier Briefe zu verschiedenen Personen des Poems ›Die toten Seelen‹. In: Gesamtausgabe. (Polnoje sobranije sotschineni.) Bd. 6, Moskau 1949
Rimma Kosatschewa: Bemerkungen über Neuerertum und Traditionen im Operngenre. Die Oper ›Tote Seelen‹ von Rodion Schtschedrin. (Sametki o nowatorstwe i tradizijach opernogo shanra. Opera Rodiona Schtschedrina ›Mjortwyje duschi‹.) In: Sowjetische musikalische Kultur. (Sowjetskaja musykalnaja kultura.) Moskau 1980; M.Tscherkaschina: Die ›Toten Seelen‹ in der Partitur und auf der Bühne. (›Mjortwyje duschi‹ w partiture i na szene.) In: Die Musik Rußlands. (Musyka Rossii.) Ausgabe 3, Moskau 1980; Michail Tarakanow: Das Schaffen Rodion Schtschedrins. (Twortschestwo Rodiona Schtschedrina.) Moskau 1980; Irina Lichatschowa: Die Oper ›Tote Seelen‹ von Rodion Schtschedrin. (Opera ›Mjortwyje duschi‹ Rodiona Schtschedrina.) Moskau 1982

Gleb Serafimowitsch Sedelnikow
1944

Der in Moskau geborene Sedelnikow schloß seine Studien am Moskauer Konservatorium 1971 als Musikwissenschaftler und 1974 als Komponist ab.
   Neben Kantaten und Liedern schrieb er ein Oratorium, ›Das Lied über den Falken‹, und zwei Opern, ›Arme Leute‹ nach Fjodor Dostojewskis Briefroman und ›Die Nachtlampe Iljitschs‹ nach Andrej Platonows Erzählung.

Arme Leute (Bednyje ljudi)
Einaktige Oper in dreizehn Briefen für zwei Solisten und Streichquartett
(Odnoaktnaja opera w trinadzati pismach dlja dwuch solistow
i strunnogo kwarteta)
Libretto von Gleb Sedelnikow
nach dem gleichnamigen Briefroman von Fjodor Dostojewski

Entstehung 1973–1974

Uraufführung 14. Mai 1974   Kleiner Saal des Moskauer Konservatoriums mit dem Ensemble des Kammer-Musik-Theaters Moskau

Personen
Warwara Aleksejewna Dobroselowa (19 Jahre)_____Sopran
Makar Aleksejewitsch Dewuschkin (47 Jahre)_____Bariton

Orchester Streichquartett

Aufführungsdauer Gesamt: 48 Min.

Handlung
Die Handlung spielt in Petersburg Anfang der 40er Jahre des 19. Jahrhunderts.
Das von einem reichen Gutsbesitzer verführte und sitzengelassene Mädchen Warwara weigert sich, die ihr von „mitleidigen" Verwandten angebotene Karriere als Prostituierte einzuschlagen. Ein einsamer alternder Beamter erfährt von ihrer Not und hilft dem Mädchen durch Geldzuwendungen, seine Existenz zu fristen. Nach außen hin erscheint ihr Verhältnis eindeutig: ein alter Mann hält ein junges Mädchen aus. Beide kämpfen darum, in dieser schiefen Lage nicht aus dem Gleichgewicht zu geraten. Sie sehen einander nur vom Fenster aus, ihr Kontakt

beschränkt sich auf den Austausch von Briefen. In diesen stellen sie sich selbst dar, doch wächst auch allmählich das Interesse für den anderen und für die ihn umgebende Welt. Das Geld des Beamten reicht auf die Dauer für ein solches Leben nicht aus. Der reiche Verführer macht Warwara einen Heiratsantrag, und sie nimmt ihn an.

Kommentar

Die Kammeroper ›Arme Leute‹ ist die Examensarbeit Gleb Sedelnikows. Mit der Uraufführung legte der Komponist seine Prüfung erfolgreich ab.

Der 1846 entstandene Briefroman ›Arme Leute‹ war die erste Buchpublikation des jungen Schriftstellers Dostojewski.

Der Komponist hat Dostojewskis Roman dreizehn Briefe in Auszügen entnommen, und die Geschichte der Beziehungen zwischen Warwara und Makar erzählt: wie sie miteinander bekannt werden, sich näher kennenlernen, immer besser verstehen, Glück empfinden und sich wieder trennen müssen.

Das Streichquartett begleitet einfühlend und ausdeutend. Durch eine den vier Instrumenten entlockte Farbigkeit und durch Kontraste in Rhythmik und Spieltechnik kommen die wechselnden Haltungen der Protagonisten ausdrucksvoll zur Geltung.

Verbreitung

Die Oper steht seit ihrer Uraufführung mit Erfolg im Repertoire des Kammer-Musik-Theaters Moskau und wurde 1980 bei Melodija eingespielt.

Ausgaben KlA Sowjetski kompositor Moskau 1981
Literatur David Kriwizki: Die einaktige Oper. (Odnoaktnaja opera.) Moskau 1979; Marina Sabinina: Opern-Oratorium und Mono-Oper. (Opera-oratorija i mono-opera.) In: Sowjetisches musikalisches Theater. Probleme der Genre. (Sowjetski musykalny teatr. Problemy shanrowa.) Moskau 1982

Alexander Nikolajewitsch
Serow
1820—1871

Judith _____ 1861—1862
Oper in fünf Akten
Rogneda _____ 1863—1865
Oper in fünf Akten
Des Feindes Macht (Wrashja sila) _____ 1867—1871
Oper in fünf Akten
nach dem Drama ›Lebe nicht so, wie du möchtest‹ von Alexander Ostrowski

Alexander Serow ist nach einem Wort des sowjetischen Musikwissenschaftlers Georgi Chubow „der Vater der wissenschaftlichen Musikkritik in Rußland".
    Serow betrachtete es als seine Aufgabe, eine kunstinteressierte, urteilsfähige Öffentlichkeit in Rußland zu schaffen. Er hielt Vorträge zur Musikgeschichte und gab ab 1867 siebzehn Nummern der Zeitschrift *Musika i teatr* (Musik und Theater) heraus. Einige seiner Arbeiten stellten bis zur Jahrhundertwende entscheidende theoretische, historisch fundierte Positionsbestimmungen einer bürgerlichen nationalen russischen Musikentwicklung in Rußland dar. Dazu gehören die Studien ›Russalka‹ (1856), ›Versuch einer technischen Kritik an der Musik Glinkas‹ (1859), ›Erinnerungen an M. I. Glinka‹ (1860), ›Musik der südrussischen Lieder‹ (1861), ›Das Schicksal der Oper in Rußland‹ (1864), ›Die russische Oper und ihre Entwicklung‹ (1866), ›Ruslan und die Ruslanisten‹ (1867) und ›Das russische Volkslied als Gegenstand der Wissenschaft‹ (1869—1871). Mit diesen Abhandlungen entstand in Rußland die professionelle Musikkritik.
    Wladimir Stassows diskriminierendes Urteil, mit dem er Serow das Verständnis für fast „alles nach Beethoven Geschaffene" absprach, bestimmte für Jahrzehnte die Meinung der breiten Öffentlichkeit und der Fachwelt.
    Serow und Stassow waren in der Jugend miteinander befreundet gewesen. Ihre spätere Entfremdung verschärfte die sachliche Auseinandersetzung, so daß sie nicht frei von persönlich gemeinten Kränkungen war. Während Stassow jedoch im Balakirew-Kreis Freunde fand und die Polemik mit Serow dort seine Autorität festigte, stand Serow allein und vereinsamte schließlich. Der Streit um Inhalte und Formen einer nationalen bürgerlichen Musik in Rußland zwang beide Antipoden dazu, ihre Positionen zu präzisieren, und so muß diese Polemik letztlich als ein unabdingbares Moment der Herausbildung der Neuen Russischen Schule gelten. Der historisch und musikalisch-technisch versierte und logisch argumentierende Serow hat die Komponisten und Propagandisten des Mächtigen Häufleins gezwungen, ihre Standpunkte deutlich und in der Öffentlichkeit darzulegen und zu verteidigen.

Serow bereitete den Weg zu einer kritisch-produktiven Auseinandersetzung mit Glinkas Opernschaffen. Das begann mit der in der Zeitschrift *Musyka i teatr* publizierten Arbeit ›Ruslan und die Ruslanisten‹. Glinkas Opern gegen das Musikdrama Richard Wagners abwägend, setzte Serow Relationen, und sein kritischer Verstand ließ ihn bei aller Bewunderung für Glinka zu der Erkenntnis gelangen, daß die nationale Entwicklung mit der internationalen Schritt halten muß und so die Opern eines Richard Wagner auch in Rußland nicht unbeachtet bleiben dürften. Diese Erkenntnis vollzogen Rimski-Korsakow und Cesar Cui erst Jahrzehnte später nach. Serow hatte sie noch den Vorwurf eingebracht, Glinka zu verleumden.

Als der berühmt-berüchtigte und viel befeindete Musikkritiker Serow sich mit einundvierzig Jahren kompositorisch zu betätigen begann, stand er als geschmähter Einzelgänger unter einem starken Erfolgszwang. Inhalt und Form seiner 1870, ein Jahr vor seinem Tode, geschriebenen ›Autobiographischen Skizze‹ belegen das auf erschütternde Weise. Cesar Cuis hämische Worte — „Wie soll es auch den Opern Serows an Erfolg fehlen, in der einen (›Judith‹ — S. N.) gibt es Kamele, in der anderen (›Rogneda‹ — S. N.) Hunde" — stellten Serow zu seiner Zeit bloß und wollten glauben machen, der streitbare Musikkritiker sei um des Erfolges willen seinen Idealen untreu geworden.

Hingegen war sich Serow des Widerspruches sehr wohl bewußt, einerseits als Programmatiker einer Nationaloper aufzutreten und andererseits auf die Effekte der Französischen Oper zu setzen. Er wollte das Ziel einer russischen nationalen Oper g e m e i n s a m mit dem Publikum erreichen und sich seinem Opernideal schrittweise nähern. Sein Tod hat die Realisierung dieses Experimentes verhindert.

Bereits 1852/53 hatte er nach Gogols Erzählung eine Oper ›Die Mainacht‹ in Skizzen fertiggestellt. Nach Meinung Georgi Chubows nahm er davon „in der Überzeugung Abstand, daß er solcher großen schöpferischen Aufgabe noch nicht gewachsen sei". Erst vierundzwanzig Jahre später (1878/79) führte Rimski-Korsakow mit seiner Oper ›Mainacht‹ ein solches Vorhaben aus.

Serows erste Oper, ›Judith‹, ist in Stoff, Stil und Haltung von seinem Ideal einer Nationaloper am weitesten entfernt. Erst der triumphale Erfolg dieses Werkes machte ihm Mut, für die nächste Oper, ›Rogneda‹, einen nationalen Stoff, die Christianisierung des Kiewer Staates, zu wählen. Einen noch deutlicheren und bekenntnishaften Schritt auf sein Ziel zu wagte er in der dritten Oper, ›Des Feindes Macht‹.

Serow wollte auf diesem Weg weiter fortschreiten. „Auf der Suche nach volkstümlichen Stoffen für eine neue Oper wandte er sich den Werken Gogols (›Taras Bulba‹), Ostrowskis (›Tuschino‹), Schewtschenkos (›Die Heidamaken‹) und anderen zu." (Georgi Chubow) Serow plante nach der Komposition von ›Des Feindes Macht‹ eine Komisch-phantastische Oper nach Gogols ›Die Nacht vor Weihnachten‹ zu schreiben und eine „große tragische in den Hussitenkriegen spielende Oper". (Alexander Serow)

Serows ›Autobiographische Skizze‹ endet mit dem Satz des Fünfzigjährigen:

„Drei, vier Opern wird man von ihm (Serow spricht hier von sich in der dritten Person — S. N.) getrost noch erwarten können."
Diese Opern hat er nicht mehr schreiben können, denn er starb mit einundfünfzig Jahren.
Doch bilden die drei Opern ›Judith‹, ›Rogneda‹, ›Des Feindes Macht‹ eine Brücke, über die Borodin, Mussorgski und Rimski-Korsakow gegangen sind. Sie haben das vom Komponisten Serow Geschaffene hinter sich gelassen, zugleich aber auch einige seiner Programmpunkte realisiert.
Borodin parodierte in seinem Opernpasticcio ›Bogatyri‹ (›Die Recken‹) Serows ›Rogneda‹. Doch verrät sowohl Mussorgskis Analyse der ›Judith‹ als auch Borodins Opernparodie eine genaue Kenntnis des Kritisierten. Rimski-Korsakow bekennt in der ›Chronik meines musikalischen Lebens‹, daß er trotz des Spottes seiner Freunde von Serows Opern beeindruckt war. Rimski-Korsakow hat nicht nur von Serow geplante Stoffe, wie Gogols Erzählungen ›Die Mainacht‹ und ›Die Nacht vor Weihnachten‹, komponiert, er hat auch von der Karnevalsszene aus ›Des Feindes Macht‹ gelernt und ähnlich gebaute Szenen in seine Opern integriert.
Serows drei Opern sind ein ernst zu nehmender Versuch, eine nationale bürgerliche russische Oper zu schaffen.

Literatur Alexander Serow. Briefe. (Pisma.) Petersburg 1896; Alexander Serow. Briefe an die Schwester. (Pisma k sestre.) Petersburg 1896; Alexander Serow. Ausgewählte Aufsätze. (Isbrannyje statji.) 2 Bde., Moskau/Leningrad 1950 und 1959; Alexander Serow. Aufsätze zur Musikgeschichte. Berlin 1955; Wladimir Stassow: A. N. Serow. Materialien zu einer Biographie. (Materialy dlja biografii.) In: *Russkaja starina*, Petersburg 1875, H. 8; Walentina Serowa: Erinnerungen. (Wospominanija.) Petersburg 1914; Oscar von Riesemann: Monographien zur russischen Musik. Bd. 1, München 1923; Georgi Chubow: Das Leben A. Serows. (Shisn A. Serowa.) Moskau/Leningrad 1947; Alexander Stupel: A. N. Serow. Leningrad 1968; Boris Assafjew: Russische Musik. (Russkaja musyka.) Leningrad 1979

Judith (Judif)

Oper in fünf Akten (Opera w pjati dejstwijach)
Libretto von D. Lobanow, K. Swanzow und Apollon Maikow

Entstehung 1861—1862

Uraufführung 28. Mai 1863   Mariinski Theater Petersburg

Personen
Judith_____Sopran
Awra, ihre Sklavin_____Mezzosopran
Älteste: Osin, Charmi_____Baß, Baß

Eliakim, Priester _____ Baß
Achior, Führer der Ammoniter _____ Tenor
Holofernes, assyrischer Feldherr _____ Baß
Asfanes, Vertrauter des Holofernes _____ Tenor
Wagoa, Vorsteher von Holofernes' Harem _____ Tenor
Israelisches Volk und israelische Krieger, assyrische Heerführer
und Krieger, Sklaven und Sklavinnen des Holofernes _____ Gemischter Chor
Odalisken _____ Ballett

Orchester 2 Picc, 3 Fl, 2 Ob, EH, 2 Klar, 2 Fg, 4 Hr, 4 Trp, 2 Kor, 3 Pos, Tb, Pkn, Bck, Trgl, Tamb, Sch, Tt, GrTr, 2 Hrf, Str
Bühnenmusik: Picc, 4 Trp, Bck, Trgl, GrTr (Militärorchester)

Vorgänge
Die Handlung spielt in Judäa im 6. Jahrhundert vor unserer Zeitrechnung.
I. Akt: *Platz in der Stadt Bethulia.* Seit 30 Tagen belagert Holofernes mit seinem starken Heer die Stadt. Der Priester Eliakim ruft das Volk zum Gebet. Doch keiner glaubt noch an eine Rettung. Die Ältesten beschließen, die Stadttore dem Feind zu öffnen. Der von Holofernes verstoßene Ammoniterfürst Achior wird aufgenommen. Sein Bericht über Holofernes' Grausamkeit zerstört jede Hoffnung auf Gnade.
II. Akt: *Judiths Haus.* Judith beschließt, zu Holofernes zu gehen und ihn zu töten. Die Ältesten billigen ihr Vorhaben.
III. Akt: *Zelt des Holofernes.* Odalisken versuchen, Holofernes' Unmut über die sich hinziehende Belagerung der Stadt zu beschwichtigen. Der gefürchtete Eroberer beschließt den Sturm auf Bethulia, wird aber an der Durchführung seines Vorhabens durch Judith gehindert, „deren Schönheit die ganze Welt zu unterjochen vermag" und die selbst Holofernes und seine Krieger bezaubert.
IV. Akt: *Zechgelage im Zelt des Holofernes.* Der Feldherr ersticht aus Eifersucht seinen Freund Asfanes. Judith tötet Holofernes.
V. Akt: *In der Stadt Bethulia.* Die Bevölkerung ist verzweifelt, die Not ist unerträglich geworden. Da sieht man, wie die Feinde das Feld räumen und Judith mit dem Kopf des Holofernes naht. Ihr gilt Dank und Ruhm.

Genesis
„Seitdem sich Serow mit der Absicht trug, eine Oper zu schreiben, hatten ungefähr zwanzig geeignete Stoffe seine Aufmerksamkeit auf sich gezogen. Aber schließlich blieb er an einem Stoff hängen, den er vorher gar nicht im Auge gehabt hatte... Im Jahre 1860 kam die berühmte italienische Tragödin Ristori nach Petersburg. In ihrem Repertoire befand sich ein ziemlich minderwertiges Stück eines Signor Giacometti über den Judith-Stoff aus der Bibel. Aber für Serows Geschmack stellte dieses Drama fast das fertige Gerüst für eine Oper dar. Serow überlegte nicht lange und machte sich daran, für sich einen Text zusammenzudichten, zuerst als Programm für ein italienisches Libretto. Für den fünften Akt

wurden sogar von einem zu seiner Zeit berühmten Improvisator, Giustiniani, italienische Verse gedichtet. Serow komponierte auf den italienischen Text die ganze Schlußhymne mit der vorangehenden Volksszene und begab sich mit seinem Manuskript im Februar 1861 zu der italienischen Sängerin Lagrois mit der Bitte, diese Arie in ihrem Benefizkonzert zu singen, aber die berühmte europäische Primadonna lehnte es natürlich ab, den Traum eines unbekannten russischen ‚Amateurs' zu erfüllen... Serow gab nun den Traum auf, für sein Debüt mit der italienischen Routine zu einer Übereinstimmung zu kommen, und machte sich daran, sein Libretto selbst ins Russische zu bringen... In der Folge wurde der Text während der Niederschrift der Partitur von A.N.Maikow verbessert und vervollständigt." (Alexander Serow: Autobiographische Skizze)

Strukturen

Den vielfältigen Deutungen und Formungen des Judith-Stoffes hat Alexander Serow eine eigenwillige, reizvolle hinzugefügt. Eröffnungs-, Mittel- und Schlußakt sind jeweils auf ein Zentrum hin organisiert. Einer dahinstürmenden Person oder Volksmenge wird durch einen Botenbericht Einhalt geboten. Die Grundsituationen des I., III. und V. Aktes gewinnen so eine musikalische Dimension: Dahinstürmen — Einhalten — Richtungsänderung — erneute schnelle Bewegung.

Im III. Akt erscheint diese Grundsituation als Achse des Werkes, gleichsam verdichtet und ins Gleichnishafte erhoben. Dem martialischen Ton des Holofernes, mit dem dieser die Eroberung der Stadt befiehlt, dem sich um ihn wellenförmig ausbreitenden, scharf signalartig akzentuierten Klang schlagen aus der Ferne herandrängende, anders geartete Laute entgegen. Diese verdichten sich zu einem dynamischen Gesang, in dem sich die kriegerischen Fanfaren verlieren. Die Knechte und Krieger des Holofernes greifen den fremden Ton auf. Holofernes erscheint nicht mehr als das Zentrum seiner Welt, sondern eine fremde Bewegung dringt auf ihn ein, bannt ihn an die Stelle. Judith tritt ihm entgegen. Der Gewaltherrscher wird durch die Schönheit aus seinem Zentrum verdrängt.

Diese Grundsituation erfährt allerdings keine Erweiterung, Vertiefung oder Sublimierung; sie ist von stofflich-groben, plakativen Szenen, wie den Tänzen der Odalisken oder dem Zechgelage des Holofernes, umstellt.

Die beiden Protagonisten, Judith und Holofernes, sind nicht als Konflikte austragende Charaktere, sondern als mythische Gestalten und Prinzipienträger angelegt. Sie werden von einem Grundgefühl beherrscht, das in ihren Arien zur demonstrativen Gestik gerät. Das hat Serow den Vorwurf eingetragen, die Konflikte veräußerlicht anstatt verinnerlicht zu haben, eher Meyerbeer als Wagner zu folgen. Boshaft bemerkte Mussorgski zu Balakirew: „Die beleibte Judith war für Serow ohne Harfen nicht denkbar." Oscar Riesemann bemängelte auch die modulatorische Logik, die „in den Rezitativen oft unbeholfen ist. Der Quartsextakkord als plötzliches Modulationsmittel erscheint immer wieder als Retter in der Not."

Der sowjetische Musikwissenschaftler Boris Assafjew schätzte Serows Oper sehr hoch: „Zwischen ›Ruslan‹ und ›Igor‹ und den beiden Volksdramen Mussorgskis erscheint ›Judith‹ als ein Denkmal des monumentalen Stils."

Die historische Bedeutung der Oper hob Mussorgski in seinem Brief an Mili Balakirew hervor: „Auf jeden Fall ist die ›Judith‹ nach der ›Russalka‹ die erste ernsthafte Oper auf der russischen Bühne... Das Verwünschungen ausstoßende Volk, das außer Rand und Band geratene Volk verliert im Fugetto (gemeint ist der große fugierte Chor im I. Akt — S. N.) seine letzte Hoffnung, das letzte Bewußtsein seiner Kräfte. — Kraftlos überläßt es sich nur einem Gefühl, der Hoffnung auf irgendeine übernatürliche Hilfe; ein scharfer Übergang zum Pianissimo (die Quint in den Bässen hat etwas besonders Mystisches); welch eine feierliche Stille, aber keine abschließende. Der Eindruck ist wahr und schön. Das ist die beste Stelle der Oper." (Brief vom 10. Juni 1863)

Verbreitung
1865 Bolschoi Theater Moskau, 1898 Theater Solodownikows Moskau mit dem Ensemble der Russischen Privatoper von Sawwa Mamontow (Schaljapin als Holofernes), 1903 Saratow, 1907 Mariinski Theater Petersburg (Schaljapin als Holofernes), 1908 Neues Theater Moskau (Ensemble der Privatoper von Sergej Simin), 1909 Paris (konzertante Aufführung der Djagilew-Truppe mit Schaljapin als Holofernes), 1914 Mariinski Theater Petersburg (Schaljapin als Holofernes), 1925 Staatliches Theater für Oper und Ballett Leningrad.

Autograph Zentrale Musikbibliothek des Staatlichen Akademischen Theaters für Oper und Ballett S. M. Kirow Leningrad
Ausgaben Part (dt. von J. Arnold) Röder Leipzig 1903; KlA Stellowski Petersburg (1881 lt. Zensurvermerk); KlA Gutheil Moskau 1885; Text Stellowski Petersburg 1863
Literatur Modest Mussorgski: Brief an Mili Balakirew. In: Literarischer Nachlaß. Briefe, biographisches Material und Dokumente. (Literaturnoje nasledije. Pisma, biografitscheskije materialy i dokumenty.) Moskau 1971

Rogneda (Rogneda)
Oper in fünf Akten, acht Bildern
(Opera w pjati dejstwijach, wosmi kartinach)
Libretto von Alexander Serow nach Versen von Dmitri Awerkijew

Entstehung 1863—1865

Uraufführung 8. November 1865 Mariinski Theater Petersburg

Personen
Krasnoje Solnyschko (Lichte Sonne), Fürst der Kiewer Hauptstadt___Bariton
Rogneda, eine seiner Frauen___Mezzosopran
Isjaslaw, sein Sohn, 13 Jahre___Alt
Dobrynja Nikititsch, Onkel des Fürsten___Baß
Ruald, junger Waräger, Christ___Tenor

Dessen Freunde, Waräger: Ingred, Drulaw	Tenor, Baß
Alter Pilger	Baß
Oberpriester Peruns	Baß
Narr des Fürsten, ein lustiger Skomoroch	Tenor
Skulda, warägische Zauberin	Mezzosopran
Malfrida, eine der Sklavinnen Rognedas	Sopran
Amme Isjaslaws	Sopran
Hetzjäger	Bariton
Jäger	Tenor und Baß

Ritter, Fürstengefolgschaft, städtische Greise, Kämmerer, Truchsesse, Hetzjäger, Falkner, Schreiber, Jäger zu Pferd und zu Fuß, Priester Peruns und Opfer, greise Pilger, Frauen auf dem Fest, Sklavinnen Rognedas, Skomorochen, Tänzer und Tänzerinnen, Krieger, gefangene Petschenegen, Waräger, Volk — Gemischter Chor und Ballett

Orchester 2 Picc, 2 Fl, 2 Ob, EH, 2 Klar, 2 Fg, 4 Hr, 3 Trp, 3 Pos, Tb, Pkn, Bck, Trgl, Tamb, GrTr, 2 Hrf, Cemb, Kl, Str
Bühnenmusik: 6 oder 12 Hr zu je drei Gruppen (III. Akt: Jagd des Fürsten)

Vorgänge
Die Handlung spielt im heidnischen Rußland Ende des 10. Jahrhunderts.
I. Akt, 1. Bild (1. Bild): *Höhle der Zauberin Skulda.* Der Oberpriester Peruns fürchtet um seine Macht durch das eindringende Christentum und einen den alten Glauben vernachlässigenden Fürsten. In seinem Auftrag hetzt Skulda Rogneda zum Mord am Fürsten auf. Der Fürst hatte einst Rognedas Heimat überfallen, Vater und Bruder getötet, sie in Gefangenschaft geführt, zur Frau genommen, sich dann aber bald Konkubinen zugewandt.
I. Akt, 2. Bild (2. Bild): *Am Ufer des Dnepr.* Zur Feier der siegreich heimkehrenden Krieger werden zwei Knaben als Opfer für Perun vorbereitet. Der Waräger Christ Ruald wendet sich gegen diesen Brauch und wird selbst vom Oberpriester zum Tode bestimmt. Als der Priester erfährt, daß Ruald auf Rache am Fürsten sinnt, weil der Mächtige dem Christen die Braut entführte, läßt er ihn frei, seine Rache zu üben.
II. Akt (3. Bild): *Platz in Kiew.* Die Heimkehr des Fürsten wird gefeiert. Rualds Versuch, die Braut zu befreien, schlug fehl. Der Fürst befiehlt, Ruald einzufangen und hinzurichten.
III. Akt (4. Bild): *Wald bei Kiew.* Christliche Pilger kehren heim. Ruald trifft auf seinen Taufvater. Der Fürst wird auf der Jagd von einem Bären angefallen. Ruald rettet ihn, das eigene Leben nicht schonend. Dem staunenden Fürsten erläutert ein alter Pilger das christliche Gebot der Nächstenliebe.
IV. Akt (5. Bild): *Terem der Rogneda.* Von der Nacht überrascht, kehrt der Fürst bei Rogneda ein. Als er Rognedas Mordabsicht entdeckt, befiehlt er für den nächsten Morgen ihre Hinrichtung.

V. Akt, 1. Bild (6. Bild): *Höhle Skuldas.* Die Zauberin und der Oberpriester sehen in einer Zukunftsvision, wie Peruns Bild gestürzt wird.

V. Akt, 2. Bild (7. Bild): *Terem Rognedas.* Die Fürstin erwartet ihre Hinrichtung. Ihr dreizehnjähriger Sohn stellt sich, die Mutter schützend, dem Vater entgegen. Der Fürst beruft die Wetsche (Volksversammlung) ein.

V. Akt, 3. Bild (8. Bild): *Wetsche. Platz in Kiew.* Ein Beauftragter des Fürsten berichtet von Rognedas Mordplan. Die Männer entscheiden: Blut für Blut. Ein Kind, Rognedas und des Fürsten Sohn, erhebt Einspruch: Schuld ist nicht durch Schuld zu tilgen. Das Volk fleht den Fürsten um Gnade an. Er bleibt unerbittlich, bis ihn die heimkehrenden Pilger an Rualds Tat und Glauben erinnern.

Genesis

Serow wandte sich sofort nach der erfolgreichen Uraufführung der ›Judith‹ 1863 einer neuen Oper zu. In seiner ›Autobiographischen Skizze‹ berichtet er: „Diesmal sollte es sich auf den Rat vieler und seiner eigenen Neigung nach um einen vaterländischen, heimischen Stoff handeln. Gelegentlich hatte ihn der Dichter Polonski auf die Sage von der Rogneda hingewiesen (die Rogneda-Episode wurde seit 1825 durch eine Duma — ein episches Lied — Kondrati Rylejews überliefert — S. N.).

Das halbmythische alte Rußland und der Farbenreichtum, zu dem ein solcher Stoff herausforderte, seine innere dichterische Schönheit — wenn man die Rogneda-Episode mit der Morgenröte des Christentums in Zusammenhang brächte, ein Gedanke, der in Serow auftauchte —, alles das zog den Komponisten der ›Judith‹ an, dem die malerische Schilderung musikalischer religiöser Stimmungen so außerordentlich lag und der für die Bühne vor einer manchmal bis zur Härte gehenden Palette nicht zurückschreckte ... Die Musik dieser Oper entstand ebenso wie die Musik der ›Judith‹ nicht nach den Worten des Textes, der ja noch nicht existierte, sondern auf Grund von ‚Situationen', die in der Vorstellung des Komponisten bereits eine fertige Form angenommen hatten. Daher mußten häufig zu der fertigen oder halbfertigen Musik die Worte gesucht werden. In D. W. Awerkijew fand sich ein Mitarbeiter, der außerordentlich genau die Absichten des Komponisten und Dramaturgen sozusagen im Embryonalzustand erfaßte. Ohne von dem vom Komponisten erdachten Entwurf der einzelnen Szenen abzuweichen, brachte Awerkijew allmählich den ganzen Text in passende Verse. Diese Arbeit ging fast unmerklich vor sich, unter Gesprächen mit vielen Literaten, wie zum Beispiel Maikow, Dostojewski u. a., die mit Serow in Verkehr standen, während gleichzeitig die Komposition vor sich ging ...

Abgeschlossen wurde diese fünfaktige riesige Partitur erst im Sommer 1865 (das heißt genau zwei Jahre nach der ›Judith‹)." 1866 wurde die Sängerin der Rogneda von Petersburg nach Moskau verpflichtet, und Serow schrieb diese Partie für eine Altstimme um. Dabei nahm er „einige wichtige Änderungen in der Partitur vor". (Alexander Serow: Autobiographische Skizze)

Strukturen

In seinem 1865 geschriebenen Vorwort zu ›Rogneda‹ legt Serow seine Opernästhetik dar. Er bekennt sich zum Prinzip der Wahrhaftigkeit und gibt zu verstehen, daß er den Forderungen einer breiten Publikumsschicht nach unverbindlichem Schönklang nicht nachkommen werde. Gleichzeitig betont er, daß ihn primär Einzelsituationen und weniger eine Gesamthandlung inspirierten. Eine Oper zu komponieren bedeutete für ihn, bereits vorgeprägte, mehr oder minder festgelegte musikalische Strukturen mit passenden Worten auszufüllen. Dmitri Awerkijew (1836—1905), der als Dichter und Dramatiker, besonders durch seine Komödie ›Frol Skobejew‹, große Popularität genoß, war ihm hierbei ein adäquater Partner. Doch brachte er in der ›Rogneda‹ die Einzelsituationen nur mühsam zu einer Geschehensfolge. Nahtstellen blieben sichtbar, die Handlung trägt einen Bilderbogencharakter. Die Szenen streben auseinander und verselbständigen sich.

Der Komponist schuf musikalisch-stilistische Kontraste und entsprach damit dem Konflikt zwischen den Vertretern heidnischer Anschauungen und christlichen Glaubens. Im Götzenopfer-Chor des I. Aktes wird die Aggressivität einer aufgeputschten Menge durch ziellos hin und her schießende Motive, die sich ohne Einhalt aneinanderketten, charakterisiert; das musikalische Material, fast in seinen Rohzustand zurückversetzt, gibt der Situation deutlich Ausdruck. Hingegen baut der sich strenger Disziplin unterwerfende Wille der Christen in streng fortschreitender Thematik auf des Basses feste Fundamentalgewalt. Doch geben die Aktionen von Massen kaum mehr als ein Zeit- und Lokalkolorit.

Hatte sich Mussorgski noch für die ›Judith‹ interessiert, bekannte sich nur Rimski-Korsakow in späteren Jahren zur ›Rogneda‹: „Im Kreise Balakirews wurde die Oper arg verspottet; lediglich den Götzenopfer-Chor des I. Aktes und ein paar Takte aus dem Knappenchor ließ man als brauchbare Stellen gelten. Ich persönlich muß gestehen, daß mich die ›Rogneda‹ sehr interessierte und mir auch vieles darin gefiel, zum Beispiel die Hexenszene, der Götzenopfer-Chor, der Knappenchor, der Tanz der Spielleute, das Jäger-Vorspiel, der Chor im Siebenviertaktakt, das Finale und viele andere Stellen. Auch die recht unkultivierte, aber farbige und effektvolle Instrumentation, die, nebenbei bemerkt, Ljadow während der Proben nach Kräften geglättet hatte, gefiel mir nicht schlecht. Doch ich wagte nicht, vor Balakirew und seinen Freunden diese Meinung zu äußern, und selbst im Kreise der Bekannten, unter denen ich meine dilettantische Tätigkeit entfaltete, hielt ich es als glühender Verteidiger der Balakirewschen Ideale für meine Pflicht, die Oper zu verurteilen." (Rimski-Korsakow: Chronik meines musikalischen Lebens)

Die zeitgenössische sowjetische Kritik ist härter in ihrem Urteil. So schreibt der Serow-Forscher Georgi Chubow: „›Rogneda‹ kann als Beispiel dienen, wie Serow entgegen seiner eigenen Idee und seinem eigenen Plan den Effekten des Ausstattungsstückes einer ‚Großen Oper' Meyerbeerschen Typs reichlichen Tribut zollte. In den kaleidoskopartigen... Szenen mit Pilgern, Jägern, Gauklern, Zauberern... konnte der Ideengehalt der von Serow wiedererweckten russischen

Legende von Rogneda keineswegs den ‚vornehmsten Ehrenplatz' einnehmen. Die kühne und verlockende Aufgabe, in der Oper ein historisches Bild des Kampfes des Christentums mit dem Heidentum im alten Rußland zu entfalten, ist von dem Komponisten äußerlich, im hergebrachten Opernstil gelöst worden. Serows Vorstellung von einer völligen, organischen Verschmelzung der Musik mit den Erfordernissen wahrhafter Dramaturgie ist unverwirklicht geblieben. Somit steht vieles in der ›Rogneda‹ mit Serows eigenen ästhetischen Forderungen in unvereinbarem Widerspruch."

Einige auffällige musikalische Anachronismen wurden von den Zeitgenossen bemerkt und verspottet. Auch Alexander Borodin zielte mit seiner Opernparodie ›Bogatyri‹ (›Die Recken‹) auf diese Eigenart der ›Rogneda‹-Partitur. Serow verwandte zum Beispiel für das Lied des Narren ein Mitte des 19. Jahrhunderts populäres städtisches Lied, die Barynja, und legte den Tänzen der Mädchen gängige städtische Melodien zugrunde. Serows ›Rogneda‹ wirft damit unüberhörbar die Frage nach musikalischer Authentizität in der Gestaltung historisch weit zurückliegender Stoffe auf.

Verbreitung
1868 Bolschoi Theater Moskau, 1872 Kiew (Ensemble der Entreprise von Berger), 1878 Kasan (Ensemble der Entreprise von Medwedjew), 1879 Kiew (Ensemble der Entreprise von Setow), 1897 Theater Solodownikows Moskau mit dem Ensemble der Russischen Privatoper von Sawwa Mamontow, 1902 Kiew, 1909 Petersburg (Volkshaus mit der Russischen Operngesellschaft unter Leitung von Kirikow und Zimmermann), 1914 Mariinski Theater Petrograd.

Autograph Zentrale Musikbibliothek des Staatlichen Akademischen Theaters für Oper und Ballett S.M. Kirow Leningrad
Ausgaben Part Stellowski Petersburg o.J.; KlA Stellowski Petersburg 1866; KlA Jurgenson Moskau 1881; KlA Gutheil Moskau 1904

Literatur Pjotr Tschaikowski: Die Neueinstudierung von Serows Oper ›Rogneda‹. (Wosobnowlennaja ›Rogneda‹ opera Serowa.) In: Musikalische Bemerkungen und Feuilletons Tschaikowskis. (Musykalnyje sametki i feljetony Tschaikowskogo.) Petersburg 1898

Des Feindes Macht (Wrashja sila)

Oper in fünf Akten (Opera w pjati dejstwijach)
Libretto von Alexander Ostrowski nach seinem Drama ›Lebe nicht so, wie du möchtest‹ unter Mitarbeit von Pjotr Kalaschnikow und Alexander Shochow

Entstehung 1867–1871

Uraufführung 31. April 1871   Mariinski Theater Petersburg

Personen

Ilja, ein reicher Moskauer Kaufmann	Baß
Pjotr, Sohn Iljas	Bariton
Dascha, die Frau Pjotrs	Sopran
Agafon, Vater Daschas, in Wladimir ansässig	Tenor
Stepanida, Mutter Daschas, in Wladimir ansässig	Mezzosopran
Afimja, Tante Pjotrs	Mezzosopran
Spiridonowna, Wirtin einer Herberge	Mezzosopran
Grunja, ihre Tochter	Mezzosopran
Wassja, junger Kaufmannssohn	Tenor
Jeremka, Schmied in der Herberge	Baß
Reisender Kaufmann	Baß
Bärenführer	Baß
Schützin	Sopran
Schütze, erster Zecher	Tenor
Zweiter Zecher	Baß
Kaufleute, Durchreisende, Fuhrleute, Mädchen, die bei Grunja zu Gast sind, Pfefferkuchenverkäufer, Zecher, eine Menge spazierengehendes Volk, Schalmeienspieler und Violinspieler, Maskierte des Faschingsumzuges	Gemischter Chor

Orchester Picc, 2 Fl, 2 Ob, EH, 2 Klar, BKlar, 3 Fg, 4 Hr, 2 Trp, 2 Cornets à piston, 3 Pos, Tb, Pkn, Bck, Trgl, Tamb, GrTr, Str

Vorgänge
Die Handlung spielt in Moskau im 17. Jahrhundert zur Faschingszeit.
I. Akt: *Zimmer im Kaufmannshaus.* Der Kaufmann Pjotr liebt seine Frau nicht mehr. Die Mahnungen des Vaters und die Tränen seiner Frau Dascha lassen ihn ungerührt. Vom jungen Kaufmannssohn Wassja erfährt Dascha, daß sich Pjotr in ein junges Mädchen verliebt hat, und sie entschließt sich, zu den Eltern zurückzukehren.
II. Akt: *In der Herberge.* Pjotr verbirgt Grunja, dem Töchterlein der Herbergswirtin, daß er verheiratet ist, und das Mädchen schenkt ihm seine Liebe. In der Herberge treffen die Eltern Daschas, die ihre Tochter besuchen wollen, und Dascha, die zu ihren Eltern zurückkehren will, aufeinander. Grunja erfährt so die Wahrheit über Pjotr. Die Eltern hoffen auf eine Versöhnung mit dem Ehemann.
III. Akt: *In der Herberge.* Grunja sagt sich von Pjotr los und gibt dem um sie werbenden Wassja ihr Heiratsversprechen. Jeremka verspricht Pjotr Hilfe.
IV. Akt: *Marktplatz in der Stadt. Schenke. Faschingstreiben.* Pjotr will Wassja töten, wird aber von der Menge daran gehindert. Grunja gibt Pjotr dem Spott preis. Jeremka hetzt Pjotr auf, Dascha umzubringen. Wassja belauscht beide.
V. Akt: *Wolfsschlucht. Wald. Nacht. Sturm. (Hundebellen, Pfeifen.)* Jeremka hat Dascha mit der Lüge, Pjotr liege krank im Wald, aus der Stadt gelockt und führt sie zur Wolfsschlucht. Pjotr ermordet seine Frau. Wassja kommt mit Da-

schas Eltern und Pjotrs Vater zu spät. Ilja prophezeit der Toten ewige Seligkeit, dem Sohn Pjotr aber ewige Verdammnis.

Genesis

„Auf der Suche nach einer realistischeren, lebenswahreren, unkomplizierten Handlung fiel Serows Wahl schließlich auf ein Stück aus dem gewöhnlichen Leben, ›Lebe nicht so, wie du möchtest‹ von A. N. Ostrowski, und schon im Sommer 1867 wurde zur Abfassung einer Oper über diesen Stoff geschritten, die sich — nur ein Jahr später — bei dem Komponisten mehr nach der tragischen Seite hin umgestaltete und den Titel ›Des Feindes Macht‹ erhielt.

Als Aufgabe stellte sich der Komponist in diesem Werk außer der dramatischen Wahrhaftigkeit eine möglichst große, auf der russischen Opernbühne noch nie dagewesene Annäherung an die Formen der **russischen Musik des einfachen Volkes** (von der es unermeßliche Schätze in den russischen Liedern gibt). Es versteht sich, daß hier nur ein Stil möglich war, der nichts mit den üblichen Opernbegriffen, ja nicht einmal mit den beiden vorhergehenden Opern Serows gemeinsam hat." (Alexander Serow: Autobiographische Skizze)

Die Zusammenarbeit zwischen Komponist und Dichter begann hoffnungsvoll mit einer programmatischen Erklärung des Komponisten: „Die Geschichte der Oper in allen Ländern zeigt, daß sie sich aus höfischen, festlichen, untrennbar mit Ballett verbundenen Schaustellungen entwickelt hat. Die Spuren **dieses** Elements sind in der Oper noch bis in unsere Zeit hinein spürbar. Andererseits aber zeigt dieselbe Geschichte der Oper der letzten Epoche durchaus, daß ihre heutigen Aufgaben mehr und mehr zum **einfachen und ernsthaften** Drama hinzielen, das auf Grund seines **inneren Wertes** der luxuriösen Ausstattung nicht bedarf ... Im gegenwärtigen Augenblick zieht es mich gerade zu **solch** einem Drama (ohne alles äußere Beiwerk) wie Ihrem ›Lebe nicht so ...‹. Ich bin überzeugt, daß der innere dramatische Gehalt dieses Stückes mit echt russischen Tönen die Herzen ansprechen wird, völlig im Charakter der unvergleichlichen **Lieder** des großrussischen Volkes ... Gerade mit dieser **Prunklosigkeit** der Szenerie wollen wir beide etwas ganz Großes schaffen und viele Vorurteile besiegen. Die Zeit für eine reinrussische Musik ohne Beimischung westlicher Elemente ist herangereift." (Brief an Ostrowski vom 26. Mai 1868)

Georgi Chubow berichtet zur Genesis: „Auf den Vorschlag Serows schrieb Ostrowski selbst das Libretto ... Aber im Verlaufe der Komposition änderte Serow seine Anschauung über die Entwicklung der Handlung des Ostrowskischen Stückes, das mit seinem ‚heiteren' Ausgang nur für eine komische Oper geeignet gewesen wäre. ‚Für mich', betonte Serow, ‚ist dies ein **seriös-tragischer** Stoff mit grob-komischen Episoden. Und wenn das ganze Drama auf höchst realistischem Boden steht, so verdirbt und zerstört die geringste Beimischung von Nichtrealem den ganzen Eindruck.' Wegen den in dieser Frage entstandenen Unstimmigkeiten wurde die Zusammenarbeit des Komponisten mit dem Dichter abgebrochen ... Schließlich sah sich Serow gezwungen, das Libretto entsprechend seiner Idee eines Musikdramas ... abzuändern. Mit dem neuen Namen ›Des

Feindes Macht‹ (der übrigens dem Text des IV. Aktes entnommen ist) unterstrich Serow gewissermaßen die selbständige Idee der Oper."

Strukturen

Mit der Oper ›Des Feindes Macht‹ vollzog Serow hundert Jahre nach der vergleichbaren Entwicklung in Westeuropa den Schritt zum bürgerlichen Rührstück und suchte sich seine Helden im städtischen Mittelstand. Zur ästhetischen Legitimation seiner Figuren mischte er hohen und niederen Stil, Tragisches und Komisches. So progressiv die Abwendung vom feudal bestimmten italienischen Operntypus gemeint war, bedeutete doch die idyllisierende, folkloristische Darstellung städtischen Lebens eine Einschränkung, wenn auch einen Gewinn an realistischen Details.

Die Anpassung des Individuums an die puritanischen Normen verlief in der Realität nicht ganz so wunschgemäß, wie es Ostrowski in seinem Drama glauben machen möchte. Das mag Serow gestört haben. Deshalb gab er seiner Oper im Unterschied zum Schauspiel einen tragischen Schluß. Allerdings erscheint das Opernfinale der Handlung gewaltsam aufgedrängt, da die Mordtat des Kaufmanns an seiner Ehefrau in dem gutmütig-biederen Charakter nicht angelegt ist. So gerät der Einflüsterer böser Gedanken, Jeremka, zur Kopie der Kaspar-Figur aus Webers ›Freischütz‹. Sind Kaspars Absichten jedoch als Rache des Jägerburschen an dem bevorzugten Rivalen und als moralische Wurzellosigkeit des Söldlings nach einem dreißigjährigen Krieg motiviert, so fehlt der Figur des Jeremka eine vergleichbare Dimension. Er ist schlicht ein Bösewicht, der es ganz wie der Kaufmann auf die Herbergstochter abgesehen hat.

Den V. Akt hat der Komponist vor seinem Tode nur als Skizze entworfen. Auf Wunsch der Witwe vollendete und instrumentierte der Petersburger Komponist und Dozent des Konservatoriums Nikolai Solowjow die Partitur.

Nach Meinung des sowjetischen Musikwissenschaftlers Boris Assafjew hat es Serow in ›Des Feindes Macht‹ gewagt, „die städtische Folklore einzuführen (sowohl Lied als auch Romanze und Couplet), und nur kurzsichtige Kritiker-Ästheten werfen dem Autor einer glänzenden Studie (Serow — S. N.) über das russische Volkslied stilistische Grobheit, Mangel an Feinsinnigkeit und Hinwendung zu liedhaftem Material vor! ›Des Feindes Macht‹ war und bleibt ein kraftvolles, schönes Sittenbild. Die beiden Butterwochen-Szenen (die Butterwoche geht dem sechswöchigen Osterfasten voran und ist dem Karneval vergleichbar — S. N.) — der Chor der Lobpreisung des Faschings in der Herberge und die meisterhafte Zeichnung des Faschingsumzuges — sind hervorragende Beispiele dieses Genres, sogar in der an Sittenbildern so reichen russischen Musik."

In den tetrachordisch gebauten Volksliedmelodien, den Volksinstrumente nachahmenden Begleitfigurationen, in den Rufintonationen der Händler, in der Verklammerung von Lied, Arie, Ensemble und Rezitativ, in den Übergängen von Redeintonation zu Gesang zeigt sich der Gewinn, den die Milieu- und Stoffwahl dieser Oper gebracht hat. Am realistischen Detail lassen sich Standort und Bedeutung dieser Oper ermessen.

Verbreitung

1879 Mariinski Theater Petersburg (Fjodor Schaljapin als Jeremka), 1880 Charkow, 1881 Bolschoi Theater Moskau, 1892 Haus Schelputins Moskau, Russische Operngesellschaft unter Leitung von Prjanischnikow, 1899 Perm, 1899 Theater Solodownikows Moskau mit dem Ensemble der Russischen Privatoper von Sawwa Mamontow, 1902 Bolschoi Theater Moskau, 1916 Privatoper von Sergej Simin Moskau (Schaljapin als Jeremka), 1920 Staatliches Akademisches Theater für Oper und Ballett Petrograd (Regie und Rolle des Jeremka Fjodor Schaljapin). Am 20. Mai 1947 wurde die Fassung von Boris Assafjew am Bolschoi Theater Moskau erstaufgeführt.

Autograph Zentrale Musikbibliothek des Staatlichen Akademischen Theaters für Oper und Ballett S. M. Kirow Leningrad
Ausgaben KlA Gutheil Moskau 1885; KlA Stellowski Petersburg o. J.; Text Stellowski Petersburg 1871; KlA Musyka Moskau 1968

Literatur Alexander Serow. Briefwechsel mit Ostrowski. In: Ostrowski und die russischen Komponisten. Sammelband. (Ostrowski i russkije kompository. Sbornik.) Moskau/Leningrad 1937

Mark Shirkow
1892—1951

Der in Wiljuisk (Jakutien) geborene Mark Shirkow war bis zur Revolution Geiger und Leiter eines Laienensembles. Von 1933 bis 1936 besuchte er das Moskauer Konservatorium. Nach Jakutien zurückgekehrt, leitete er die musikalische Abteilung des Nationaltheaters in Jakutsk und den nationalen Chor. Er erforschte die musikalische Folklore seiner Heimat, sammelte Volkslieder und publizierte sie.

1940 wurde das erste jakutische musikalische Drama, ›Njurgun Bootur, der Kühne‹, mit der Musik von Mark Shirkow aufgeführt. Während des Krieges stand Mark Shirkow einer Arbeitsgruppe vor, die den Auftrag hatte, ein Repertoire jakutischer Musik zu schaffen. Dieser Arbeitsgruppe gehörten auch Moskauer Komponisten an, unter ihnen Heinrich Litinski. Mit ihm zusammen schuf er 1945 die erste jakutische Oper.

Heinrich Iljitsch Litinski
1901—1985

Der Komponist ist gebürtiger Ukrainer. 1928 beendete er das Moskauer Konservatorium, wo er bei Reinhold Glier Komposition studiert hatte. Litinski unterrichtete danach selbst am Moskauer Konservatorium sowie am Musikalisch-Pädagogischen Gnessin-Institut und am Kasachischen Konservatorium. Zu seinen Schülern gehörten unter anderen Arutjunjan, Shiganow, Terentjew und Chrennikow. Durch seine Freundschaft mit Mark Shirkow war er besonders an der jakutischen Musik interessiert. Beide schufen die erste jakutische Oper, ›Njurgun Bootur‹.

Njurgun Bootur
Oper in vier Akten, sechs Bildern, und einem Prolog
Libretto von Dmitri Siwzew (Suoron Omollon)

Entstehung 1945

Uraufführung 29. Juni 1947   Jakutisches Musikalisch-Dramatisches Theater Platon Ojunski Jakutsk

Personen

Njurgun Bootur, der Ungestüme, mächtiger Held der Mittleren Welt	Tiefe Männerstimme
Uot Usutaaky, Sohn Arsan Duolas, des Herrschers der Unteren Welt	Tiefe Männerstimme
Kyys Kyskyidaan, Schwester Uot Usutaakys, Verkörperung des Häßlichen und Bösen	Tiefe Frauenstimme
Tjuene Mogol, Ältester des Stammes der Aiyy	Tiefe Männerstimme
Kjun Kjubej, seine Frau	Tiefe Frauenstimme
Tuiaaryma-Kuo, die Hellgesichtige, ihre Tochter	Hohe Frauenstimme
Jurjon Uolan (Der Helle Jüngling), Held des Stammes der Aiyys, Bräutigam von Tuiaaryma-Kuo, der Hellgesichtigen	Hohe Männerstimme
Aiyy Dshuragastai, Held der Oberen Welt	Tiefe Männerstimme
Aiyy Umsuur Udaganka, himmlische Schamanin, Schwester Njurgun Booturs	Hohe Frauenstimme
Aal Eskel-Chotun, Geist des heiligen Lebensbaumes Aal Luuk	Tiefe Frauenstimme
Yrya Tschagaan, improvisierender Vorsänger	Hohe Männerstimme
Boten-Knaben, Helden der Mittleren und der Oberen Welt, himmlische Schamaninnen, Geister der Gräser und der Blumen, Töchter der Himmelskörper, Boten der Oberen und der Unteren Welt, unterirdische Kriechtiere, Ungeheuer, Volk: Leute des Stammes Aiyy	Gemischter Chor und Darsteller

(Von den Interpreten wird sowohl die Beherrschung des traditionellen episch-improvisierenden Stils der jakutischen Folklore (Diereti Yry) als auch des akademischen Gesanges verlangt.)

Handlung

Die Handlung des jakutischen Heldenepos ›Oloncho‹ spielt auf drei Ebenen, in drei Welten. Die Obere Welt besteht aus neun Rängen. Hier leben unter anderen die guten Schamaninnen, die Schutzherrinnen der Oloncho-Helden. Hier befindet sich auch das Reich Dshylg Toions, des allmächtigen Gebieters aller Richter. Die Untere Welt ist der Wohnort der finsteren Mächte, der hinterlistigen Ungeheuer, der Abaasen.

Die Mittlere Welt ist das Reich des ewig strahlenden Tages — das Land der Aiyys, der legendären Vorfahren der Jakuten.

Die Handlung der Oper spielt in der Mittleren und der Unteren Welt in prähistorischer Zeit.

Prolog: Die Tochter des Ältesten des Aiyy-Stammes, die hellgesichtige Tuiaaryma-Kuo, fürchtet kommendes Unheil.

I. Akt, 1. Bild (1. Bild): *Im Mittleren Reich. Fest der Aiyys auf einer blumengeschmückten Flur.* Der Älteste der Aiyys bittet die Helden seines Stammes um Hilfe. Seine Tochter Tuiaaryma-Kuo muß nach dem Richtspruch des grausamen

Dshylg Toion einem Helden der Unteren Welt verfallen, wenn es nicht gelingt, das am Himmel schwebende goldene Ei, Symbol des Glückes, mit einem Pfeil zu durchbohren. Dem Hellen Jüngling Jurjon Uolan gelingt der Schuß, und er feiert Hochzeit mit der schönen Tuiaaryma-Kuo. Während der Hochzeit raubt Uot Usutaaky, der Sohn des Herrschers der Unteren Welt, die Braut.

I. Akt, 2. Bild (2. Bild): *Platz am Lebensbaum.* Der Recke Njurgun Bootur erhält Nachricht vom Brautraub. Er macht sich auf, das Mädchen zurückzugewinnen. Vom Geist des Lebensbaumes erhält er eine Schale mit Lebenswasser. Die Aiyys schmieden ihm eine Rüstung.

II. Akt (3. Bild): *Im Unteren Reich.* Die hellgesichtige Schöne weigert sich, den Beischlaf zu vollziehen. Um Zeit zu gewinnen, schickt sie den ungebetenen Bräutigam nach Gras für das Hochzeitslager. Uot Usutaaky übergibt den Schlüssel zum bräutlichen Kerker seiner Schwester Kyys Kyskyidaan. Diese verliebt sich in Jurjon Uolan, der noch vor Njurgun Bootur eingetroffen ist, seine Braut zu befreien. Der Jüngling wird von Uot Usutaaky, dem Brauträuber, getötet. Kyys Kyskydaan neidet dem Bruder sein Glück und raubt Tuiaaryma-Kuo die Seele und vertraut diese dem Ungeheuer Alyp-Char an.

Der Recke Njurgun Bootur tötet Kyys Kyskydaan, erweckt Jurgon Uolan mit dem Wasser des Lebens, befiehlt, die entseelte Braut in die Heimat zurückzubringen, und fordert Uot Usutaaky zum Kampf.

III. Akt, (4. Bild): *Das Schlachtfeld.* Eine himmlische Schamanin rüstet Njurgun Bootur mit einem Schwert aus. Der Kampf der Titanen erschüttert die Erde. Die Meere treten über ihre Ufer, der Himmel gerät ins Wanken. Der erzürnte Dshylg Toion befiehlt, den Kampf im Zauber-Chanat fortzusetzen. Der Kampf findet kein Ende. Njurgun Bootur schleudert seinen Gegner in das brennende Meer und erlangt so eine Frist, sich vom Kampfplatz zu begeben und sein Werk, die Rettung der Braut, weiter zu betreiben.

IV. Akt, 1. Bild (5. Bild): *In einer Höhle des Ungeheuers Alyp-Char.* Hier schmachtet der Held Aiyy Dshuragastai. Er wird von Njurgun Bootur mit dem Zauberschwert aus seinen Fesseln befreit. Doch nun bedroht der Feueratem des Ungeheuers beide Helden. Sie müßten verderben, kämen ihnen nicht die himmlischen Schamaninnen und die Töchter der Himmelskörper zu Hilfe. Alyp-Char wird getötet. Dem Herzen des sterbenden Ungeheuers entreißen die Helden die Seele von Tuiaaryma-Kuo. Die Recken öffnen die Tore der Höhle, und mit ihnen kehren die gefangengehaltenen Helden der Aiyys in die Heimat zurück.

IV. Akt, 2. Bild (6. Bild): *Auf der Flur der Aiyys.* Der Körper Tuiaaryma-Kuos wird zu Grabe getragen. Njurgun Bootur bringt ihre Seele, schenkt sie Jurjon Uolan, der seine Braut beseelt und mit einem Kuß ins Leben zurückruft.

Kommentar

In der vorbereitenden Arbeit zu ihrer Oper zeichneten Mark Shirkow und Heinrich Litinski die Gesänge bekannter Olonchisten (jakutischer Volkssänger) auf und übertrugen in die Vokalpartien der Oper die Eigenarten dieses deklamatorischen Gesangsstils. Die Handlung entwickelt sich in einer Abfolge geschlossener

Nummern: Lieder, rezitativische Monologe und Berichte, Ensembles, Chöre, Tänze, orchestrale Intermedien.

Nach dem Tode Shirkows erarbeitete Heinrich Litinski 1955 eine neue Fassung der Oper.

Der Inhalt der Oper ist nach einer zentralen Episode des ›Oloncho‹, des jakutischen Heldenepos, gestaltet. Das mündlich überlieferte Epos gibt ein Bild, wie sich heidnische und christliche Vorstellungen miteinander verbinden, wie sich animistisch-totemistisches Gedankengut mit christlicher Mythologie mischt. Jakutien war in der zweiten Hälfte des 18. Jahrhunderts christianisiert worden.

Der Begründer der jakutischen Literatur, Platon Ojunski (1893—1939), zeichnete Anfang der 30er Jahre das ›Oloncho‹ auf. Es wurde unter dem Titel ›Njurgun Bootur, der Kühne‹ in neun Gesängen und dreißigtausendsechshundert Versen publiziert. 1938 dramatisierte Ojunski eine Episode des ›Oloncho‹ und nannte sein Drama nach der Hauptheldin ›Tuiaaryma-Kuo‹. Der Dichter Dmitri Siwzew adaptierte Ojunskis Drama für ein Schauspiel, zu dem Mark Shirkow die Musik schrieb. Es wurde 1940 aufgeführt.

Auf dieser Grundlage entstand die erste jakutische Oper, ›Njurgun Bootur‹ von Mark Shirkow und Heinrich Litinski.

Verbreitung
1957 wurde in Jakutsk die überarbeitete Fassung aufgeführt. Im Dezember 1957 wurde die Oper während der Dekade jakutischer Kunst und Literatur im Stanislawski-Nemirowitsch-Dantschenko-Musiktheater in Moskau gezeigt.

Michail Matwejewitsch Sokolowski

Geboren um 1756

Von Michail Matwejewitsch Sokolowskis Leben und Schaffen ist wenig bekannt. Berühmt wurde sein Name, weil das 1779 uraufgeführte singspielartige Werk ›Müller, Zauberer, Betrüger und Brautwerber‹ als die erste russische Komische Oper gilt.

Er arbeitete als Geiger am Moskauer Petrowski Theater, dirigierte dort auch gelegentlich und gab Unterricht an der Moskauer Universität.

Müller, Zauberer, Betrüger und Brautwerber
(Melnik, koldun, obmanschtschik i swat)

Komische Oper in drei Akten (Komitscheskaja opera w trjoch dejstwijach)
Libretto von Alexander Ablessimow

Entstehung 1779

Uraufführung 31. Januar 1779 Theater von Michael Maddox im Hause Woronzow auf der Snamenka in Moskau

Personen
Ankudin, Bauer — Baß
Fetinja, seine Frau — Mezzosopran
Anjuta, beider Tochter — Sopran
Filimon, Hofbesitzer, Bursche — Tenor
Gawrilitsch Faddej, Müller-Zauberer, Betrüger und Brautwerber — Baß
Einige Freundinnen Anjutas — Ballett

Orchester Fl, 2 Ob, 2 Hr, Trp, Str mit Bc (Bei späteren Aufführungen kamen Klar und Fg hinzu.)

Handlung
Die Handlung spielt auf dem Dorf.
I. Akt: *Wald. In der Ferne die Hütten eines kleinen Dorfes, in der Nähe die Mühle.* Der junge Bursche und Hofbesitzer Filimon will die Bauerntochter Anjuta heiraten. Doch die Mutter wünscht einen Höfling, der Vater einen Bauern zum Schwiegersohn. Der Liebhaber bittet den als Zauberer gerühmten Müller um Hilfe in seiner Herzensangelegenheit.

II. Akt: *Feld. In der Ferne die Mühle, in der Nähe ein Bauernhof.* Der Müller verspricht unter vier Augen der Mutter den gewünschten Herrn, dem Vater den Bauern.

III. Akt: *Bauernhaus.* Mutter und Vater wähnen sich vom Müller betrogen, da ein Mann nicht Herr und Bauer zugleich sein kann. Der Müller aber stellt ihnen Filimon als Hofbesitzer, daher Herr und Bauer in einer Person, vor. Der Hochzeit steht nichts mehr im Wege.

Kommentar

Alexander Onissowitsch Ablessimow (1742—1783) wurde durch den Text zur Komischen Oper ›Müller, Zauberer, Betrüger und Brautwerber‹ bekannt. Jean-Jacques Rousseaus ›La Divin du village‹ mag ihm hierbei als Vorbild gedient haben. Die 19 Nummern, meist strophenförmige Liedchen, 2 Duette, 1 kleiner Chor und 1 Schlußcouplet mit Chor komponierte der Geiger Michail Sokolowski. Eine instrumentale Einleitung soll einigen Quellen zufolge Jewstignej Fomin, nach anderen Angaben Ernst Wanshura geschrieben haben. Eine Zeitlang galt daher Jewstignej Fomin als Komponist des gesamten Werkes.

Nach Meinung sowjetischer und deutscher Musikwissenschaftler „sind Volkslieder in großer Zahl und hoher künstlerischer Meisterschaft in die Oper einbezogen... Jede handelnde Figur bringt in ihrer Partie für sie typische Intonationen zum Ausdruck. So sind Anjutas Gesänge von lyrischen Liedern, Filimons von schlagfertigen Tschastuschki geprägt... Die Oper bot zwar nichts Außergewöhnliches in Hinsicht auf den melodischen Einfall, da fast allen Liedern bekannte Melodien zugrunde lagen, jedoch war es gerade die ‚Einbeziehung des Volksliedes als organischer Bestandteil des dramaturgischen Ganzen' (Juri Keldysch), die das Werk so wertvoll machte." (Guido Bimberg: Die Oper im russischen Musiktheater des 18. Jahrhunderts).

Verbreitung

Die Oper gehörte zu den populärsten Schöpfungen ihrer Zeit. Bereits das Dramatische Wörterbuch von 1787 betonte dies. Der Uraufführung folgten Vorstellungen 1779 im Winterpalais in Petersburg, 1781 im Freien Theater Petersburg (Theater von Karl Knipper) und in Zarskoje Selo, 1806 im Theater des Hauses Paschkow in Moskau, 1819 im Großen Theater in Petersburg, 1827 in Odessa, 1832 im Bolschoi Theater Moskau, 1850 im Theater Zirk Petersburg, 1855 und 1867 wieder im Bolschoi Theater Moskau, 1910 im Palast des Großfürsten Konstantin in Pawlowsk sowie 1955 im Haus der Kultur der Moskauer Universität mit Studenten des Opernstudios.

Autograph Handschriftenabteilung der Staatlichen Bibliothek der UdSSR W. I. Lenin Moskau
Ausgaben KlA Jurgenson Moskau 1884 und 1894; KlA Musgis Moskau 1956; Part Musyka Moskau 1984; Text Moskau 1782
Literatur Guido Bimberg: Die Oper im russischen Musiktheater des 18. Jahrhunderts. Dissertation. Halle 1981; weitere Literatur siehe Dmitri Bortnjanski

Alexander
Spendiarow
(Spendiarjan)
1871—1928

Alexander Spendiarow wurde in Kachowka (Gebiet Simferopol) geboren. Die alte tatarische Stadt Ak-Metschet auf der Halbinsel Krim fiel 1783 an das zaristische Rußland und wurde Simferopol genannt. Sie war die Hauptstadt des russischen Gouvernements Taurien, in ihr lebten Armenier, Aserbaidshaner, Juden, Russen und Tataren. Das Stadtbild wurde von Kirchen, Synagogen und Moscheen bestimmt.

Der hier geborene Armenier Spendiarow ging nach Petersburg, um Jura zu studieren. Als Mitglied des Studentenorchesters erhielt er auch Musikunterricht und widmete sich bald ganz dem Kompositionsstudium. Er wurde Schüler Rimski-Korsakows und studierte bei ihm von 1896 bis 1900.

Nach seinem Studium lebte Spendiarow auf der Krim. Hier schrieb er die zwei Suiten ›Krim-Skizzen‹ (1903 und 1912) sowie das sinfonische Poem ›Drei Palmen‹ (1905).

1924 übersiedelte er nach Jerewan. Er baute dort am Konservatorium eine Orchesterklasse auf, führte Konzertveranstaltungen in regelmäßiger Folge durch und wirkte führend an der Herausbildung einer armenischen professionellen Musikkultur. Mit seinen Orchesterwerken, darunter die ›Konzertouvertüre‹ und die Orchestersuite ›Jerewaner Etüde‹ (1925), schuf er die Grundlagen für eine nationale armenische Sinfonik.

Das Armenische Akademische Theater für Oper und Ballett in Jerewan wurde am 20. Januar 1933 mit einer Aufführung seiner Oper ›Almast‹ eröffnet.

Literatur Georgi Tigranow: Alexander Spendiarow. Moskau 1959 und 1971; Alexander Spendiarow. Briefe. (Pisma.) Hrsg. von der Akademie der Wissenschaften der Armenischen SSR, Jerewan 1962; Alexander Spendiarow. Aufsätze und Forschungen. (Stati i issledowanija.) Hrsg. von der Akademie der Wissenschaften der Armenischen SSR, Jerewan 1973

Almast (Almast)
Oper in vier Akten
Libretto von S. Parnok
nach dem Poem ›Die Eroberung der Festung Tmuk‹ von Howhannes Tumanjan

Entstehung 1916—1928   (Vollendung durch Maximilian Schteinberg 1929)

Uraufführung 23. Juni 1930 Staatliches Akademisches Großes Theater der UdSSR (Bolschoi Theater) Moskau

Personen

Tatul, armenischer Fürst	Bariton
Fürstin Almast, seine Frau	Mezzosopran
Ruben, Kampfgefährte Tatuls	Baß
Gajaneh, Vertraute Almasts	Mezzosopran
Schah Nadir, persischer Machthaber	Baß
Scheich, oberster Geistlicher Persiens	Tenor
Leibwächter des Schahs	Baß
Ali Murad, Heerführer des Schahs	Tenor
Ein Aschug, am Hof Schah Nadirs	Tenor
Erster, zweiter, dritter Heerführer des Schahs Nadir	Tenor, Tenor, Baß
Narr am Hof Tatuls	Tenor
Alte Wahrsagerin	Mezzosopran oder Alt
Armenischer Krieger	Tenor
Kampfgefährten Tatuls, Mädchen-Stickerinnen, Bedienstete, Tänzerinnen, Leibwächter des Schahs, Höflinge des Schahs, Reiter, Henker	Gemischter Chor und Ballett

Handlung

Die Handlung spielt in den 30er Jahren des 18. Jahrhunderts.

I. Akt: Schah Nadir belagert die armenische Festung Tmuk vergeblich, und auch in der offenen Feldschlacht kann er Fürst Tatul nicht besiegen. Ein alter Scheich rät zur List. Er solle der Frau Tatuls, Almast, die persische Krone anbieten, die ehrgeizige Frau werde ihm dann die Tore der Festung öffnen.

II. Akt: Der Schah entsendet einen Aschugen zu Almast. Der Dichtersänger weckt mit seiner Botschaft von der Liebe des Schahs und von der persischen Krone das Interesse der schönen Frau. Ihr Mann Tatul kehrt nach einer siegreichen Schlacht gegen die Perser in die Festung zurück.

III. Akt: Die Armenier feiern ihren Sieg. Almast bittet ihren Mann, seinen Herrschaftsbereich auszudehnen, fremde Länder zu erobern, nach der persischen Krone zu greifen. Solcher Ehrgeiz aber ist Tatul fremd. Da gibt Almast das Zeichen, dem Feind die Tore zu öffnen.

IV. Akt: Die Armenier werden von den Persern besiegt. Almast aber muß erkennen, daß sie vom Schah betrogen wurde. Nicht die persische Krone, einen Platz neben anderen Frauen im Harem bietet er ihr. Sie versucht, den Schah zu ermorden. Es mißlingt. „Köpft die Verräterin", befiehlt der Perser.

Kommentar

„Ich träumte davon, auf ein solches Thema wie in ›Iwan Sussanin‹, ›Fürst Igor‹ oder in ›Kitesh‹ zu stoßen, nur sollte es mit der Geschichte Armeniens, mit dem Leben und dem heldenhaften Kampf meines Volkes verbunden sein", bekannte

Alexander Spendiarow. In Howhannes Tumanjans 1902 entstandenem Poem ›Die Eroberung der Festung Tmuk‹ fand er das Gesuchte. Die Dichterin S. Parnok schrieb ihm das Libretto und stellte im Unterschied zum Poem nicht den Kampf der Armenier gegen die Perser, sondern die Geschichte Almasts in den Vordergrund.

Spendiarow, der armenische und iranische Volksliedsammlungen studiert hatte, zitiert aus ihnen, besonders im III. Akt der Oper, im Tanz der Almast. Berühmt geworden ist der Persische Marsch. Der Konflikt zwischen Armeniern und Persern findet im Kontrast unterschiedlicher Melodiemodelle seine Entsprechung.

Vom Tod überrascht, konnte Spendiarow den IV. Akt seiner Oper nicht mehr instrumentieren. Maximilian Schteinberg übernahm diese Aufgabe. 1939 stellte er gemeinsam mit dem Literaten T. Achumjan eine Fassung her. Sie ergänzten die Oper um einige von Spendiarow hinterlassene Skizzen und Entwürfe.

Verbreitung
1930 Odessa (in ukrainischer Sprache), 1932 Tbilissi, 20. Januar 1933 in Jerewan zur Eröffnung des Armenischen Akademischen Theaters für Oper und Ballett, 1939 (Fassung von Maximilian Schteinberg) zur Dekade armenischer Kunst und Literatur als Gastspiel des Operntheaters Jerewan in Moskau, 1953 Taschkent.

Ausgaben KlA (russ. von S. Parnok und W. Swjadinzewa) Musgis Moskau 1939; Text Iskusstwo Moskau 1939

Literatur Elmira Abassowa: Die Oper ›Almast‹ von A. Spendiarow. (Opera ›Almast‹ A. Spendiarowa.) Baku 1958; weitere Literatur siehe Armenische Oper

Igor Strawinski
1882—1971

Die Nachtigall (Solowej/Le Rossignol) _____ 1908—1914
Lyrisches Märchen in drei Akten nach Hans Christian Andersen
Renard (Baika) _____ 1915—1916
Burleske Geschichte, zu singen und zu spielen
nach russischen Volksmärchen
Geschichte vom Soldaten (Histoire du soldat) _____ 1917—1918
Zu lesen, zu spielen und zu tanzen
Mawra _____ 1921—1922
Opera buffa in einem Akt
nach dem Verspoem ›Das kleine Haus in Kolomna‹ von Alexander Puschkin
Oedipus Rex _____ 1926—1927
Opern-Oratorium in zwei Akten nach Sophokles
Persephone _____ 1933—1934
Melodrama in drei Teilen
The Rake's Progress _____ 1947—1951
Eine Oper in drei Akten
Die Flut (The Flood) _____ 1961—1962
Ein musikalisches Spiel nach der Schöpfungsgeschichte
und Mysterienspielen des York and Chester Cycles

„Vom musikalischen Standpunkt aus ist Babel ein Segen", bekannte der Komponist russisch-, französisch- und englischsprachiger Texte 1959/60 in einem Gespräch mit seinem Assistenten Robert Craft. Der gebürtige Russe, als Kosmopolit gescholten, ist in jüngster Zeit, so bei Michail Druskin, als ein Puschkin vergleichbarer Proteus gelobt worden. Doch selbst im Lob hört man die Irritation noch mit, denn Proteus ist zwar der Wandlungsfähige und Wandelbare, aber auch der Wetterwendische.

In vielen Arbeiten über Strawinski wird der Versuch unternommen, das spezifisch Russische dieses Komponisten zu bestimmen, in der Absicht, ihn entweder für die russische Kultur zu reklamieren oder als einen bindungslosen Künstler zu feiern.

Die Frage, wieweit und wie lange der Schüler Rimski-Korsakows ein russischer Komponist war, verfolgt ein unerreichbares Ziel, wenn versucht wird, das zu sondern, was einer Sonderung vom Wesen her widerspricht.

Die falsche Alternative
Die Frage enthält nur dann einen produktiven Ansatz, wenn sie dazu führt, die

Beziehungen zwischen nationaler Kultur und internationalem Umfeld zu charakterisieren.

Die russische Literatur und Kunstmusik konnte sich im Vergleich zu westeuropäischen Kulturen erst sehr spät entwickeln. Der russischen Berufskunst wurde so das Schicksal zuteil, sich bereits im Kindheitsalter als Besonderes behaupten zu müssen, um unter „Erwachsenen" bestehen zu können. Die Auseinandersetzungen zwischen national Orientierten und international Ausgerichteten, zwischen „Slawophilen" und „Westlern", begannen mit der Politik Peters I. und verfolgten politische Ziele. Die Kunst und die Künstler wurden in diese politische Standortbestimmung hineingezogen, wurden hierbei Mittel zum Zweck. Das erklärt, warum die Polemik zwischen den einander befehdenden Kritikern Serow und Stassow, zwischen dem Balakirew- und dem Beljajew-Kreis für die Entwicklung der künstlerischen Formen und Inhalte nicht fruchtbar werden konnte. Nationale Besinnung oder internationale Orientierung war eine falsche Alternative.

Strawinski hat die trügerische Tendenz dieser Alternative erkannt und sehr früh schon für sich scharf abgelehnt. Puschkin war ihm hierin ein Vorbild: „Wir verehrten nicht nur den universellen Geist dieses genialen Künstlers, für uns bedeutete er ein Programm. Sein ganzes Wesen, seine Mentalität und seine Ideologie machen Puschkin zum vollkommensten Repräsentanten jener Reihe außerordentlicher Persönlichkeiten, die, wie Peter der Große, westlichen Geist mit spezifisch russischen Elementen zu verschmelzen wußten." (Chronique de ma vie / Erinnerungen) Dieses Bekenntnis zu Puschkin ist zugleich auch des Komponisten ästhetisches Konzept.

Der Komponist ist dem Dichter tatsächlich darin vergleichbar, daß auch er seinen Part im Welttheater sofort und mit dem ersten Werk suchte und fand. Unter diesem Aspekt, allerdings nur unter diesem, gehören Strawinskis Persönlichkeit und sein Schaffen zur russischen Musikkultur. Er machte diese Suche zum immerwährenden, bald stärker, bald schwächer hervortretenden Hintergrund seiner Werke. Er beanspruchte weder die Rolle des Dienenden noch die des Herrschenden in diesem Welttheater. Er läßt diese Rollenaufteilung ebensowenig gelten wie die zwischen nationaler (russischer) und internationaler (westeuropäischer) Kultur. Er gibt sich als Unvollendet-Unvollkommener unter ähnlich Unvollendet-Unvollkommenen. Er beschwört die Aura traditioneller Meisterwerke, er imaginiert sie, er verhält sich zu ihnen wie ein Gleicher unter Gleichen. Es ist seine Art, sich als russischer Künstler von Geburt und Ausbildung in der Weltkultur zu behaupten und, ohne Eigenes aufzugeben, sich doch Fremdes anzuverwandeln. Er spottet der sauberen Sondierung zwischen Nationalem und Internationalem, zwischen Eigenem und Fremdem, zwischen Altem und Neuem, zwischen hoher und niederer Kunst, zwischen den einzelnen Kunstgattungen. Dieser Spott ist als imitierende Stilirritation stets mitkomponiert.

Periodisierung

Die Musikwissenschaft gliedert heute allgemein Strawinskis Schaffen in drei Perioden: die das Frühwerk (ab 1908) bis 1918/20 umfassende „russische" Periode, die die Zeit bis ›The Rake's Progress‹ (1951) kennzeichnende „neoklassizistische" und die das Spätschaffen abschließende „serielle" Altersperiode. Demgegenüber behauptete der sowjetische Komponist Alfred Schnittke 1973: „Die Entwicklung Strawinskis ist folgerichtig und einheitlich. Es gibt keinen Bruch zwischen einer ‚russischen Etappe' und einer ‚neoklassizistischen', es gab keine Kapitulation vor der Mode der Zwölftontechnik."

Kennzeichnend für alle Werke ist, daß das Wort, in welcher Sprache auch immer, nur ein Ausdrucksmittel unter anderen ist. Die Verwendung russischer Texte als Stoffgrundlage bei ›Renard‹ oder ›Mawra‹ unterscheidet diese Werke nicht prinzipiell, sondern nur graduell von ›Persephone‹, ›Oedipus Rex‹ oder ›The Rake's Progress‹. Auf die innere Einheit und Folgerichtigkeit seines Schaffens hat Strawinski selbst in dem berühmt gewordenen Manifest zur ›Persephone‹-Uraufführung hingewiesen: „Ich muß das Publikum darauf aufmerksam machen, daß ich Orchestereffekte als Mittel zur Verschönerung hasse. Man soll nicht erwarten, von verführerischen Klängen berückt zu werden. Die Eitelkeit des ‚brio' habe ich schon lange abgelegt... Diese Partitur, so wie sie geschrieben ist und wie sie in den musikalischen Archiven unserer Zeit bleiben muß, bildet ein unlösliches Ganzes mit den Bestrebungen, die ich auch in meinen früheren Werken immer wieder verfolgte. Sie ist die logische Fortsetzung von ›Oedipus Rex‹, der ›Psalmensinfonie‹ und einer ganzen Reihe von Werken, deren musikalische Eigengesetzlichkeit durch das Fehlen einer Bühnenhandlung in keiner Weise beeinflußt wird. ›Persephone‹ ist die gegenwärtige Manifestation dieser Bestrebungen... Alles dies ist keineswegs eine Laune von meiner Seite. Ich bin auf einem vollkommen sicheren Weg. Daran ist nichts zu diskutieren oder zu kritisieren. Man kritisiert nicht jemand, der seine Funktion erfüllt. Eine Nase ist nicht gemacht – sie ist einfach da. So auch meine Kunst."

Für die sogenannte „neoklassizistische" Periode ist kennzeichnend, daß sich der Komponist betont an den Grundsatz seines Dichterfreundes Jean Cocteau hielt: „Die Ergriffenheit, die von einem Kunstwerk herrührt, ist nur dann wesentlich, wenn sie nicht durch Gefühlserpressung erreicht worden ist."

Die Kategorie „Haltung"

Der Komponist hat mit der Arbeit am ›Oedipus Rex‹ zu einer Kategorie gefunden, die er selbst als „Haltung" bezeichnete. Mit diesem Terminus faßte er die Figuren oder Situationen charakterisierenden Instrumentenzusammenstellungen, den Musiziergestus und das metrische Grundmuster als eine musikalisch-dramaturgische Einheit. Haltung hat Strawinski als Terminus technicus verstanden und zugleich als eine Weltanschauung vermittelnde Methode, um die Beziehungen zwischen Individuum und einem mythisch gedeuteten kollektiven Lebenszusammenhang darzustellen.

Einzelschicksal und mythisch gedeuteter Lebenszusammenhang

Drei in Sprache und Form so unterschiedliche und zeitlich so weit auseinanderliegende Werke wie ›Die Nachtigall‹, ›Persephone‹ und ›The Rake's Progress‹ zeigen, daß der Komponist besonders davon betroffen war, wie in seiner Zeit der Lebensrhythmus des Menschen und der Kreislauf der Natur auseinanderfielen.

Nach Theodor W. Adornos Worten reagierte er auf das „im späten Industrialismus unwiderstehlich gesteigerte Mißverhältnis zwischen dem Leib des einzelnen Menschen und den Dingen und Kräften der technischen Zivilisation..., über die er gebietet, ohne daß sein Sensorium die Möglichkeit der Erfahrung, das losgelassene Unmaß hätte bewältigen können, solange noch die individualistische Organisationsform der Gesellschaft kollektive Verhaltensweisen ausschließt, die vielleicht subjektiv dem Stand der objektiv-technischen Produktivkräfte gewachsen wären." (Philosophie der neuen Musik)

Alfred Polgar hat die Problematik ins Bild gesetzt, als er sich, nicht ohne Ironie, über die Konsequenzen eines Gewächshauses entsetzte: „Armer reicher Mann. Er hat die Jahreszeiten verloren. Ihm reift und blüht alles durcheinander. Er muß auf nichts warten. Wenn er will, setzt er sich am ersten Februar in den fünfzehnten August. Seine Ernte ist unabhängig von Klima und Wetter. Seine Gärten messen ein paar Joch und erstrecken sich doch über sämtliche Breitengrade. Er hat seinen Privatäquator. Und wenn seine Kinder singen: ‚Komm, lieber Mai und mache...', so tun sie das nur aus Wohlerzogenheit. Denn sie sind auf den Mai nicht angewiesen. Traurig und komisch, daß einer den Mai nicht braucht." (Alfred Polgar: Garten des Krösus)

In der ›Nachtigall‹, in ›Persephone‹ und ›The Rake's Progress‹ gelingt dem einzelnen noch die Eingliederung in den mythisch-jahreszeitlichen Rhythmus. Mit Hilfe der Nachtigall gewinnt der Kaiser ein Gefühl für das natürliche Maß seiner Existenz; von Tom Rakewell wird dafür ein hoher Preis gefordert: er zahlt mit seiner Vernunft. Persephone wird zum Opfer der gestörten Beziehungen zwischen Mensch und Natur, und sie macht sich selbst zum Unterpfand einer Harmonie.

Ein Bruch im kompositorischen Schaffen?

Die Hinwendung zur Reihentechnik in den Spätwerken stellt keinen Bruch im kompositorischen Schaffen des Komponisten dar. Strawinski gelangte folgerichtig zur Dodekaphonie. In seinen Poetik-Vorlesungen bekennt er 1939/40: „Komponieren bedeutet für mich, eine gewisse Zahl von Tönen nach gewissen Intervallbeziehungen zu ordnen." Und 1959/60 bekräftigt er dieses Prinzip Robert Craft gegenüber: „Der Komponist von heute denkt nicht in einzelnen Noten, sondern in Reihen, die nach Intervallanordnung, Dynamik, Oktavlage und Klangfarbe gegliedert sind."

Welchem Genre gehören seine Werke an?

Die Gattungsbezeichnungen sind so mannigfaltig wie ungewöhnlich: Lyrisches Märchen (›Die Nachtigall‹), Burleske Geschichte zu singen und zu spielen (›Renard‹), Zu lesen, zu spielen und zu tanzen (›Geschichte vom Soldaten‹), Opera buffa (›Mawra‹), Opern-Oratorium (›Oedipus Rex‹), Melodrama (›Persephone‹),

Eine Oper (›The Rake's Progress‹), Ein musikalisches Spiel (›Die Flut‹). Der Begriff Oper läßt sich für die meisten seiner Werke nicht anwenden. Für die beiden vom Komponisten selbst als Opern bezeichneten Werke ›Mawra‹ und ›The Rake's Progress‹ ist der Begriff nicht hinreichend. Der Terminus Musiktheater erscheint zu allgemein, da er nur in einem Punkt bestimmt ist, in der Ablehnung einer von Marktzwängen diktierten Opernkunst. Musiktheater mag daher ein auf interpretatorischer Ebene sinnvoll angewandter Begriff sein, auf schöpferischer Ebene aber ist er unzureichend.

Carl Dahlhaus hat 1981 den Versuch unternommen, Strawinskis oben genannte Werke unter dem Aspekt des „Epischen Theaters" zu fassen. Er geht davon aus, daß Strawinski das Wagnersche Musikdrama ablehnte und zu dem Affekte konfigurierenden italienischen Opernmodell keine Beziehung fand. Die Bezeichnung „neoklassizistisch" scheint Dahlhaus ebenfalls nicht zutreffend, da klassizistische Ästhetik das Unauffälligmachen der Kunstmittel beinhalte, während es Strawinski um das Auffälligmachen, das Ausstellen der künstlerischen Mittel ginge. Mit Brechts Ästhetik des Epischen Theaters sei demzufolge Strawinskis Theater durch Viktor Schklowskis Kategorie der Verfremdung verbunden. Entscheidend aber sei Strawinskis Stellung außerhalb dramatischer Gattungen, weil er „die entscheidende Kategorie sowohl des Musikdramas als auch der italienischen Oper, die Kategorie des Dialogs, preisgibt oder zumindest in den Hintergrund drängt". Mit „Preisgabe des Dialogs" ist die nicht immer, jedoch häufig anzutreffende Trennung der Bühnenfiguren in Erzählende, Singende, Tanzende, Musizierende gemeint. Das Auffälligmachen von Kunstmitteln tritt zum Beispiel dann ein, wenn das Orchester nicht nur zu hören, sondern auch zu sehen ist.

Die Preisgabe des Dialogs, wie sie Dahlhaus annimmt, korrespondiert mit Adornos Feststellung, in den Frühwerken, wie ›Renard‹ oder die ›Geschichte vom Soldaten‹, sei die organisch-ästhetische Einheit des ästhetischen Subjekts dissoziiert: „Sprecher, Bühnenvorgang und sichtbares Kammerorchester werden nebeneinander gestellt und damit die Identität des tragenden ästhetischen Subjekts selber herausgefordert. Der anorganische Aspekt verhindert jede Einfühlung und Identifikation ... Ausdruck, der allemal aus dem Leiden des Subjekts am Objekt hervorgeht, wird verpönt, weil es zum Kontakt gar nicht mehr kommt." (Theodor W. Adorno: Philosophie der neuen Musik)

Preisgabe des Dialogs und der Identität des tragenden Subjekts, Verzicht auf Ausdruck und auf den Kontakt zwischen Subjekt und Objekt kennzeichnen Strawinski als Komponisten der Verweigerung. Tatsächlich aber wären die Negativbestimmungen, sofern sie zutreffen, nicht hinreichend, Strawinskis Ästhetik zu bezeichnen.

Worauf er Verzicht leistet, ist eine Ästhetik, in der die einzelnen Kunstmittel darauf ausgerichtet sind, eine linear-finale Bühnenhandlung zu illusionieren. Strawinskis Werke sind im buchstäblichen und im übertragenen Sinne für einen konkret geschichtlich bestimmbaren, visuell und geistig auszufüllenden Raum geschaffen. Er hat mit und in seinen Werken Anweisungen gegeben und Vorschläge gemacht, ein Spiel zu organisieren, bei dem die Teilnehmenden fortwährend an die Relativität und gleichzeitige Konsequenz ihrer Rolle und ihres Spiels erinnert werden.

Für Strawinskis Bühnenwerke könnte insgesamt gelten, was Charles Ramuz zur Genrebestimmung der ›Geschichte vom Soldaten‹ zu berichten wußte: „Da ich kein Theaterfachmann war, hatte ich Strawinski den Vorschlag gemacht, nicht ein Stück im eigentlichen Sinn, sondern besser eine ‚Geschichte' zu schreiben, und ich machte ihm klar, daß man den Begriff Theater in einem viel umfassenderen Sinn anwenden könnte, als man es für gewöhnlich tut, und daß Theater sich zum Beispiel sehr gut für das eignet, was man erzählenden Stil nennen könnte." (Charles Ferdinand Ramuz: Erinnerungen an Igor Strawinsky)

Literatur Igor Strawinsky: Musikalische Poetik. Mainz 1949; Igor Stravinsky: Chronique de ma vie, Paris 1935—1936; Igor Strawinsky: Erinnerungen. Zürich 1937, Mainz 1957, München 1958; Igor Strawinsky: Gespräche mit Robert Craft. Zürich 1961; Igor Strawinsky und Robert Craft: Erinnerungen und Gespräche. Frankfurt/Main 1972; Igor Strawinsky und Robert Craft: Retrospectives and Conclusions. New York 1969/deutsch: Erinnerungen und Gespräche. Frankfurt/Main 1972; Igor Strawinsky: Selected Correspondence (Ausgewählter Briefwechsel). Vol. I, II und III. London/Boston 1982, 1984 und 1985; Boris Assafjew: Ein Buch über Strawinski. (Kniga o Strawinskom.) Leningrad 1929 und 1977; Eric Walter White: Strawinsky. A Critical Survey. London 1947, Übers. von Gottfried v. Einem, Hamburg 1949; Heinrich Strobel: Igor Strawinsky. Zürich 1956; Theodor W. Adorno: Philosophie der neuen Musik. Frankfurt/Main 1958; Helmut Kirchmeyer: Igor Strawinsky — Zeitgeschehen im Persönlichkeitsbild. Regensburg 1958; Robert Siohan: Igor Stravinsky in Selbstzeugnissen und Bilddokumenten. Reinbek 1960; Eric Walter White: Stravinsky. The composer and his works. London 1966; Alfred Schnittke: Die Paradoxie als ein Zug der musikalischen Logik Strawinskis. (Paradoksalnost kak tscherta musykalnoi logiki Strawinskogo.) In: I.F. Strawinski. Aufsätze und Materialien. (Statji i materialy.) Hrsg. von Djatschkow, Moskau 1973; Charles Ramuz: Erinnerungen an Igor Strawinsky. Frankfurt/ Main 1974; Michail Druskin: Igor Strawinsky. Leipzig 1976; Dorothee Eberlein: Russische Musikanschauung um 1900. Regensburg 1978; Carl Dahlhaus: Igor Strawinskys episches Theater. In: Beiträge zur Musikwissenschaft, Berlin 1981, H.3; Ernst Bloch: Zeitecho Stravinskij. In: Erbschaft dieser Zeit. Frankfurt/Main 1962

Die Nachtigall (Solowej/Le Rossignol)

Lyrisches Märchen in drei Akten (Conte lyrique en trois actes)
Libretto von Igor Strawinski und Stepan Mitussow
nach Hans Christian Andersen

Entstehung 1908—1909 und 1913—1914

Uraufführung 26. Mai 1914   Théâtre National de l'Opéra de Paris

Personen
Die Nachtigall_____Sopran

Der Fischer	Tenor
Das Küchenmädchen	Sopran
Der chinesische Kaiser	Bariton
Kammerherr	Baß
Bonze	Baß
Erster japanischer Gesandter	Tenor
Zweiter japanischer Gesandter	Tenor
Dritter japanischer Gesandter	Tenor
Der Tod	Alt
Ein Statist (als Fischer)	Stumm
Höflinge	Gemischter Chor
Chor der Geister (hinter der Szene)	Chor-Alt

Orchester Picc, 2 Fl, 2 Ob, 2 Klar, BKlar, 2 Fg, 4 Hr, 3 Trp, 3 Pos, Tb, Pkn, Bck, Cel, 2 Hrf, Str

Aufführungsdauer I. Akt: 17 Min., II. Akt: 15 Min., III. Akt: 14 Min.; Gesamt: 46 Min.

Vorgänge
I. Akt: *Nächtliche Landschaft. Ufer des Meeres. Waldesrand. Ein Fischer im Kahn. (Der Sänger des Fischers ist im Orchester zu plazieren, auf der Bühne agiert ein Statist.)* Ein Fischer gibt eine Deutung der Welt: Der Weltgeist hat das Fischernetz ausgeworfen. Es verfangen sich viele Fische. Mit den Vögeln erhält die Welt Stimme. Einer der Vögel, die Nachtigall, singt vom kaiserlichen Palast mit seinen bunten Rosen. Höflinge kommen, um die Nachtigall zum Kaiser zu bitten. Sie halten das Muhen einer Kuh und das Quaken von Fröschen für den Gesang der Nachtigall. Das Küchenmädchen allein weiß ihnen die Sängerin zu zeigen. Gern folgt die Nachtigall der Einladung.

Vom Fischer ist zu vernehmen, daß der Weltgeist der Nachtigall eine Stimme gegeben hat, mit der sie Weise zu rühren vermag. Deren Tränen blinken als Sterne am Himmel.

II. Akt: Zwischenakt. ›Zugwinde‹. *(Spielt bei geschlossenen Tüllvorhängen.) Der Palast wird festlich geschmückt.* ›Chinesischer Marsch‹ *(Ende des Zwischenspiels.) Der phantastische Palast des chinesischen Kaisers.* Die Höflinge setzen sich in Positur, der Kaiser erscheint. Die Nachtigall singt vor dem Herrscher und rührt ihn zu Tränen. Japanische Gesandte bringen als Geschenk ihres Kaisers eine künstliche Nachtigall. ›Das Spiel der künstlichen Nachtigall‹. Während das Spielzeug präsentiert wird, fliegt die Nachtigall unbemerkt davon. Der Kaiser verbannt die Unbotmäßige aus seinem Reich.

Vom Fischer ist zu vernehmen, daß mit Nebel und Kälte der Tod gekommen ist und den Weltgeist besiegt hat.

III. Akt: *Palast des Kaisers. Nacht. Mondschein. Schlafzimmer mit einem gigantischen Bett, das durch einen Vorhang von der Umgebung abgetrennt ist.*

Der Tod sitzt auf dem Bett des Kaisers mit dessen Krone auf dem Kopf, dessen Säbel und Banner in den Händen. Des Kaisers Bett umlagern Gespenster. Es sind seine Taten. Der Kaiser will sie nicht kennen und nicht hören. Sie zu übertönen, ruft er nach Musik. Die Nachtigall hört ihn und singt ihm von der Schönheit seines Gartens mit den bunten Rosen. Als sie von dem „anderen Garten jenseits der weißen Mauer" mit den „weißen Rosen" zu singen anhebt, gefällt auch dem Tod ihr Lied. Er gibt dafür Krone, Säbel und Banner des Kaisers zurück. Die Nachtigall singt dem Tod von seinem Garten. Der Tod verschwindet. Dem Kaiser gefällt das Lied der Nachtigall. ›*Zeremonieller Marsch*‹. Die Höflinge kommen, ihren toten Kaiser zu betrauern, und sie finden einen lebendigen.

Vom Fischer ist zu vernehmen, daß die Sonne gekommen ist und mit ihr die Vögel, die Stimme des Weltgeistes.

Genesis

Strawinski lernte Stepan Mitussow bei seinem Lehrer Rimski-Korsakow kennen und begann 1908 mit der Komposition des I. Aktes seiner Oper. Erst 1913, durch einen Auftrag der neu gegründeten Freien Bühne in Moskau dazu veranlaßt, kehrte er zu diesem Projekt zurück.

„Ich schwankte lange, ob ich diesen Auftrag annehmen sollte. Von der Oper existierte nur das erste Bild, der Prolog, und den hatte ich vor vier Jahren geschrieben. Meine musikalische Sprache hatte sich seitdem erheblich gewandelt, und ich fürchtete, daß die Musik der folgenden Bilder durch ihren neuen Geist sich zu sehr von der des Prologs unterscheiden würde...

Da die Handlung erst im zweiten Akt beginnt, sagte ich mir, daß es nicht unlogisch sei, wenn die Musik des Prologs einen anderen Charakter zeigte als die der folgenden Bilder. In der Tat: Der Wald mit der Nachtigall, die reine Seele des Kindes, das von ihrem Gesang bezaubert wird, diese ganze zarte Poesie von Andersen kann nicht in der gleichen Weise behandelt werden wie der chinesische Hof mit seiner bizarren Etikette, den Palastfesten, den Tausenden von Glöckchen und Laternen, der brummenden, scheußlichen japanischen Nachtigall, kurz, der ganzen exotischen Phantasie, die natürlich eine andere musikalische Ausdrucksweise verlangt... Aber noch bevor ich die Partitur beendet hatte, erhielt ich die Nachricht, daß das Unternehmen der Freien Bühne in Moskau zusammengebrochen war. Ich konnte also frei über meine Oper verfügen, und Djagilew... nahm die Gelegenheit mit Freuden wahr... Benois entwarf für uns prachtvolle Dekorationen und Kostüme, und die Oper wurde vollendet aufgeführt unter der musikalischen Leitung von Monteux!" (Chronique de ma vie / Erinnerungen)

1917 schlug Djagilew dem Komponisten vor, ›Die Nachtigall‹ getanzt herauszubringen. Wie 1914 in Djagilews berühmt gewordener Aufführung von Rimski-Korsakows ›Goldenem Hahn‹, sollten die Sänger im Orchester plaziert sein und die Handlung tänzerisch dargestellt werden. „Ich machte ihm einen Gegenvorschlag. Ich hatte sowieso die Absicht, aus der Musik zu den beiden homogenen Akten der ›Nachtigall‹ (dem zweiten und dritten Akt) eine symphonische Dichtung für Orchester zusammenzustellen; ich bot ihm nun an, über diese Arbeit zu verfügen, falls er sie für ein Ballett gebrauchen könne... Am 6. Dezember 1919 wurde in Genf bei einem Abonnementskonzert des Orchestre de la Suisse Romande unter Leitung von Ernest Ansermet meine Partitur ›Chant du Rossignol‹ (›Gesang der Nachtigall‹) zum ersten Male aufgeführt."

Am 2. Februar 1920 erfolgte dann an der Grand Opéra Paris in der Choreographie von Leonid Mjassin die szenische Aufführung der Sinfonischen Dichtung für Orchester ›Gesang der Nachtigall‹ (Dekorationen und Kostüme: Henri Matisse).

Strawinskis Haltung zu seinem ersten Bühnenwerk hat die Kritiker veranlaßt, vom uneinheitlichen Material dieses Werkes zu sprechen. 1917 bezeichnete Strawinski den II. und III. Akt als die beiden homogenen Teile des Werkes und verwendete die Musik für seine Sinfonische Dichtung für Orchester ›Chant du Rossignol‹. Später äußerte er in seinen Gesprächen mit Robert Craft (1958/59), „daß der erste Akt trotz seinen offensichtlichen Debussyismen, seinen Vokalisen à la Lakmé und seinen — selbst für jene Zeit — allzu süßen und niedlichen Tschaikowski-Melodien wenigstens opernwirksam ist, während es sich bei den folgenden Akten mehr um eine Art von Ausstattungsopernballett handelt. Ich kann den musikalischen Stil der späteren Akte — die große Sekunde, die parallelen Intervalle, die pentatonischen Tonfolgen, die Orchestereffekte wie Tremolos, sordiniertes Blech, Kadenzen — nur dem Umstand zuschreiben, daß ich nach fünf Jahren, und besonders nach dem ›Sacre du Printemps‹, Schwierigkeiten hatte, wieder eine Oper zu schreiben."

Strukturen

Strawinski folgt im Hergang dem Märchen von Andersen. Doch in dessen Deutung gewinnt er seiner Oper eine andere Dimension. Die Auslegung des Geschehens tritt gleichberechtigt neben die Darstellung.

Der Gegenstand der Lyrischen Oper ›Die Nachtigall‹ ist mit dem Widerspruch zwischen Natur und Kunst nicht bestimmt. Strawinskis Oper zielt auf Mythen, wie die von der Seelenwanderung, von Tod und Wiedergeburt. Deutlich verweist der Komponist dabei auf mitzudenkende Bezüge zur bildenden Kunst, zu deren Gestalten und Symbolen.

Das Bühnenbild zum I. Akt ist als „nächtliche Landschaft" (notschnoi pejsash) gekennzeichnet. Der Fischer ist Funktion und Inhalt dieser Landschaft. Seine Erscheinung ist in Stimme (Sänger im Orchester) und Gestalt (Statist auf der Bühne) gespalten. Die organische Einheit des ästhetischen Subjekts ist dissoziiert. Der Fischer beschreibt den Weltgeist und ist zugleich dessen Inkarnation. Er berichtet vom liebevollen Verhältnis des Weltgeistes zur Nachtigall und bekennt seine eigene Liebe zu dem Vogel. Die künstliche Trennung macht versteckte Antinomien anschaulich: Fischer und Fisch, Täter und Opfer. Das Modell ist alt. Christus selbst vergleicht sich mit einem Fischer, nannte die Jünger „Menschenfischer". Zugleich wurde bereits in frühchristlicher Zeit der Fisch zum Anagramm Christi, und er wurde so zum wesentlichen Requisit im Arsenal der bildenden Kunst. Im Märchen von Andersen aber ist der Fischer eine Episodenfigur, die neben dem Küchenmädchen die Verbundenheit des einfachen Volkes mit der Natur zur Anschauung bringt.

Die Nachtigall besingt am Bett des todkranken Kaisers den Palastgarten mit seinen farbigen Blumen. Doch gesteht sie, nichts Größeres zu kennen als das Sternenflimmern. Nimmt man dieses Sternenflimmern als konventionell-leere Floskel, bleibt unmotiviert, warum der Vogel durch dieses Wort dazu inspiriert wird, von „einem weißen Rosenstrauch, der in Tränen steht, dort in jenem Garten jenseits der weißen Mauer" zu singen. Das Zeichen des Fisches wird seit den ältesten Zeiten auch als Sternbild verehrt. Mit dem Bild vom Sternenflimmern bringt der Vogel das Fischmotiv und mit ihm die Einheit der Welt in Erinnerung: hinter dem bunten Garten (der Lebenden) liegt der weiße Garten (der Toten). In diesem Augenblick erst interessiert sich der Tod für das Lied der Nachtigall, gibt Krone, Säbel und Banner dem Kaiser zurück. Während die Nachtigall den „weißen Garten" besingt, verschwindet der Tod. Die Nachtigall hat den Tod annehmbar gemacht. Der Tod kann verschwinden. Dem Kaiser gefällt das Lied. Er hat den Tod angenommen. Das Finale der Oper — Zeremonieller Marsch — erfüllt die Märchenformel vom glücklichen Ende und hinterfragt sie zugleich auf ihren mythischen Ursprung. Es bleibt ein Rest Unaufgelöstes.

Anders im Märchen von Andersen. Da wird das Verschwinden des Todes lapidar erklärt: „Da bekam der Tod Sehnsucht nach seinem Garten und schwebte wie ein weißer Nebel davon." Dann bedankt sich der Kaiser bei der Nachtigall für seine Rettung, und der Vogel singt dem Kaiser ein Schlummerlied. Bei Strawinski/Mitussow aber gesundet der Kaiser durch das Lied vom Todesgarten. Die Melismen der Nachtigall sind vom Wechsel zwischen großer und kleiner Terz geprägt. Diese Gleichzeitigkeit des zwischen Dur- und Mollgeschlecht unterscheidenden Intervalls scheint das musikalische Synonym für Vogel zu sein, für die sich in ihm manifestierende Einheit von Freude und Trauer. Dieser musikalische Ausdruck verbleibt der Nachtigall auch, wenn sie vom Todesgarten singt. Das Todesmotiv erscheint wie ein Symbol, gebannt als ostinates orchestrales Quartenmotiv.

Der Zwischenakt — ›Zugwinde‹ — zielt auf die Vergegenständlichung eines bei Andersen festgehaltenen Augenblicksgemäldes: „Auf dem Schloß war festlich aufgeputzt. Die Wände und der Fußboden, die aus Porzellan waren, glänzten im Lichte vieler tausend Goldlampen; die herrlichsten Blumen, die recht klingeln konnten, waren in den Gängen aufgestellt. Das war ein Laufen und ein Zugwind, und alle Glocken klingelten, so daß man sein eigenes Wort nicht hören konnte… und die kleine Köchin hatte die Erlaubnis bekommen, hinter der Tür zu stehen, da sie nun den Titel einer wirklichen Köchin bekommen hatte."

Die kunstvoll-melismatische und simpel-diatonische Vokalität von Nachtigall und Fischer steht der Instrumentalität der pentatonisch kolorierten Kaiserwelt gegenüber. Vokalität und Instrumentalität konstituieren bei Strawinski den Konflikt, nicht Einfachheit und Künstlichkeit wie bei Andersen. Die kunstvoll-melismatische Vokalität ist bereits bei Rimski-Korsakow in den Gestalten der

Wolchowa (›Sadko‹), der Schwanenprinzessin (›Märchen vom Zaren Saltan‹), der Zarin Schemacha (›Der goldene Hahn‹) ausgebildet; die simpel-diatonische Vokalität in den Gestalten der Militrissa (›Märchen vom Zaren Saltan‹), der Zarewna (›Der unsterbliche Kaschtschej‹). Im Marsch gebannte Marionetten sind Rimski-Korsakows Zar Saltan und Zar Dodon. Der Kontrast zwischen der Vokalität von Phantasiegestalten und der Instrumentalität von Realmächtigen wurde als konfliktkonstituierendes musikdramatisches Element von Rimski-Korsakow ausgebildet und wirkt in Strawinskis Oper ›Die Nachtigall‹ fort.

Verbreitung
Für die Uraufführungsinszenierung des Djagilew-Ensembles 1914 schuf Alexander Benois das Bühnenbild. Es war nach Strawinskis Meinung „die schönste Ausstattung von allen meinen früheren Werken bei Djagilew".

Mit dieser Inszenierung gastierten die Ballets russes 1914 in London. Es folgte 1918 eine Inszenierung am Mariinski Theater Petrograd. Für die Petrograder Einstudierung bestimmte Strawinsky persönlich Wsewolod Meyerhold als Regisseur, das Bühnenbild schuf Alexander Golowin. Die Sinfonische Dichtung für Orchester ›Chant du Rossignol‹ (›Gesang der Nachtigall‹) erlebte ihre Uraufführung am 6. Dezember 1919 in Genf und kam 1920 in einer Choreographie von Leonid Mjassin als „Ballett-Sinfonie" am Théâtre National de l'Opéra in Paris zur Aufführung.

Das Werk wurde ins Repertoire vieler Theater aufgenommen: unter anderem 1923 in Mannheim, 1926 in New York und Mailand, 1927 in Buenos Aires, 1929 in Berlin (als Ballett), 1935 in Prag, 1963 in New York, 1967 in Wien, 1969 in Amsterdam.

Autograph Teile im Nachlaß des Komponisten
Ausgaben Part und KlA (russ./frz.) Russischer Musikverlag Berlin/Moskau/Petersburg 1914; Part und KlA Boosey & Hawkes London o. J.; Text Russischer Musikverlag Moskau/Petersburg 1915; Part (dt. von Liesbeth Weinhold) Russischer Musikverlag (Edition Russe) Berlin 1921

Literatur Igor Strawinsky. Gespräche mit Robert Craft. Mainz 1961; Alexander Benois: Briefe an Igor Strawinsky zur Uraufführung. In: Strawinsky. Gespräche mit Robert Craft. Mainz 1961; K. Rudnizki: Der Regisseur Meyerhold. (Reshissjor Mejerchold.) Moskau 1969; Boris Assafjew: ›Die Nachtigall‹. (›Solowej‹.) In: Ein Buch über Strawinski. (Kniga o Strawinskom.) Leningrad 1929 und 1977

Renard (Renard)
Burleske Geschichte zu singen und zu spielen,
nach russischen Volkserzählungen für die Bühne eingerichtet
(Histoire burlesque chantée et jouée,
fait pour la scène d'après des contes populaires russes)

Schnurre
von Fuchs, Hahn, Kater und Hammel
(Baika pro lisu, petucha, kota da barana)
Fröhliche Vorstellung mit Gesang und Musik
(Wesjoloje predstawlenije s penijem i musykoi)
Texte aus russischen Volkserzählungen zusammengestellt von Igor Strawinski
Französische Nachdichtung von Charles Ferdinand Ramuz

Entstehung 1915—1916

Uraufführung 3. Juni 1922 Théâtre National de l'Opéra de Paris (zusammen mit ›Mawra‹) (Angabe nach Eric Walter White. Dieser führt auch eine Vorstellung von ›Renard‹ am 18. Mai 1922 an.)

Personen
Fuchs, Hahn, Kater, Hammel_____Clowns, Tänzer, Akrobaten
Alle Spielrollen sind stumm.
Die Sänger sitzen im Orchester.

Orchester Fl (auch Picc), Ob (auch EH), PiccKlar, Fg, 2 Hr, Trp, Pkn, Bck, Trgl, Tamb mit Sch, Tamb ohne Sch, MTr, GrTr, Cym oder Kl, 1 V I, 1 V II, 1 Va, 1 Vc, 1 Kb — 2 Tenöre, 2 Bässe

Aufführungsdauer Gesamt: 16 Min.

Vorgänge
Prozession (schestwije): Zu ihren Klängen treten die Akteure auf die Szene *(Marsch, Einzug der Darsteller).*
Allegro: Einer lebt in Angst, mehrere freuen sich am Morden.
Meno mosso: Der Hahn (Tenor I im Orchester) sitzt auf der Stange und hütet das Haus. Der Fuchs (Tenor II im Orchester) kommt als Mönch verkleidet. Der Hahn erkennt den Fuchs, läßt sich aber, *più mosso,* auf ein Gespräch ein und wird, *colla parte,* von seiner Sündhaftigkeit überzeugt. *Salto mortale des Hahns.*
Stringendo: Der Fuchs packt den Hahn, der schreit um Hilfe. *Con brio:* Kater und Hammel (Baß I und II im Orchester) kommen. Der Fuchs läßt den Hahn fal-

len. *Sempre l'istesso:* Hahn, Kater und Hammel tanzen einen Freudentanz, verspotten den Fuchs, reproduzieren seine hinterlistige Scheinheiligkeit. Der Hahn gibt sich belehrt.
Meno mosso: Der Hahn macht es sich auf der Stange bequem. Der Fuchs erscheint und läßt das Mönchsgewand fallen. *Sempre l'istesso tempo:* Der Fuchs legt sich eine Stimmaske an (falsettierender Baß). *Colla parte: Salto mortale des Hahns. Stringendo:* Der Fuchs packt den Hahn, der schreit um Hilfe. *Moderato:* Der Fuchs rupft den Hahn. Der Hahn lädt seinen Henker zum Mahl und, *poco a poco accelerando,* empfiehlt seine Seele den Heiligen. *Scherzando:* Kater und Hammel singen dem Fuchs ein gefälliges Liedchen. *Poco meno mosso:* Der Fuchs (jetzt Tenor I) schaut aus dem Bau. *Molto ritenuto e pesante:* Kater und Hammel machen den Fuchs glauben, die anderen Tiere hätten es auf seinen Schwanz abgesehen. Der Fuchs hadert mit seinem Schwanz und gibt ihn der Vernichtung preis. Kater und Hammel packen den Schwanz, fangen den Fuchs und erwürgen ihn. *Vivo:* Der Fuchs stirbt.
Allegro: Alle singen dem Fuchs ein Totenlied, prahlen mit ihrem Appetit und bitten um ihren Lohn.
Prozession (Marsch): Zu ihren Klängen verlassen die Akteure die Szene.

Genesis

Im Frühjahr 1915 beschäftigte sich Strawinski mit russischer Volkspoesie, und es entstand der Plan zu ›Les Noces‹ und ›Bajka‹. Es gelang ihm, die Tochter des amerikanischen Nähmaschinenfabrikanten, die berühmte und reiche Kunstmäzenin, Prinzessin Edmond de Polignac, an einer Aufführung des ›Renard‹ in ihrem Hause zu interessieren. Der großzügigen Mäzenin ist das Werk gewidmet, obgleich sich die geplante Aufführung zerschlagen sollte.

In einem Genfer Restaurant hörte Strawinski ein Cymbal und verliebte sich in dieses Instrument. „Mich begeisterte sein einfacher, voller Klang, mir gefiel der direkte Kontakt, in dem der Musiker mit den Saiten steht, vermittels der kleinen Stöckchen nämlich, die er in den Händen hält, und ich liebte es auch wegen seiner trapezartigen Form...

Ich... lernte sehr schnell auf ihm zu spielen, so viel jedenfalls, daß ich den Zimbelpart komponieren konnte, den ich in meine kleine Orchesterpartitur für den ›Renard‹ einfügte. Während dieser Zeit sah ich Ramuz häufig. Wir arbeiteten gemeinsam an der französischen Übersetzung der russischen Texte zu den ›Pribaoutki‹ (Pribautki), den ›Katzenwiegenliedern‹ und dem ›Renard‹. Ich führte ihn in den besonderen Charakter und die Feinheiten der russischen Sprache ein und wies ihn dabei auf die Schwierigkeiten hin, die der tonische Akzent bereitet. Sein Scharfsinn ebenso wie seine intuitive Auffassungsgabe entzückten mich; es war bewundernswert, wie es ihm gelang, den Geist der russischen Volkslieder auf französisch wiederzugeben, in einer Sprache also, die ihrem Wesen nach ganz anders geartet ist." (Chronique de ma vie / Erinnerungen)

Strukturen

Strawinski fügte mehrere Motive, Figuren und Vorgänge aus russischen Tiermärchen und Erzählungen zu einem Geschehen zusammen und nannte es ›Baika‹. Handlungsbestimmend ist die ›Geschichte vom Hähnchen Goldkamm‹. Baika hat den Sinnesgehalt von Schnurre, Faxen und Spinnerei.

Das Werk erfuhr in der Fassung von Charles Ferdinand Ramuz und unter dem Titel ›Renard‹ seine Verbreitung.

Im russischen Titel ›Schnurre von Fuchs, Hahn, Kater und Hammel‹ werden ein Raubtier und drei Haustiere als Titelfiguren benannt. Tatsächlich stellt der „Krieg" zwischen domestizierten Tieren und Wildtieren eine Schicht des Werkes dar.

Der Hahn selbst versteht sich als Künder des Morgens und Wächter des Hauses. Er ist das eine, das andere aber ist er nicht. Kater und Hammel repräsentieren die mit der Domestikation gewonnenen kooperativen Fähigkeiten. Die Intelligenz des Katers verbündet sich mit der Kraft des Hammels. Ein Hammel ist ein kastrierter Schafbock. Domestikation bringt Gewinne und Verluste für die Domestizierten. Was mit Domestikation gemeint ist, verrät Strawinski in seiner, die Inszenierung der Nishinska lobenden Äußerung: „Renard war auch eine Satire auf die russische Gegenwart. Die Tiere (Kater und Hammel — S.N.) salutierten ähnlich wie die Soldaten der russischen Armee, und ihre Bewegungen hatten jedesmal einen besonderen Sinn."

Den drei domestizierten Tieren, Hahn, Kater und Hammel, steht der Fuchs entgegen. Der latente Konflikt zwischen „wahrem und falschem Bewußtsein" wird beim Hahn durch den Fuchs provoziert, und zweimal hat der Fuchs auch Erfolg. Das dritte Mal aber verfängt er sich selbst in der Schlinge. Er läßt sich mit seinem Schwanz entzweien und gibt einen Teil von sich selbst der Vernichtung preis: „Der Fuchs, von Wut erfaßt, wedelt mit dem Schwanz, er schreit ihm zu: ,Du Aas, wenn die Viecher dich nur auffräßen!' Die Tiere fassen den Fuchs beim Schwanz, ziehen ihn selbst heraus und erwürgen ihn." (Regieanweisung)

Das Tiermärchen ist nur eine Ebene des Werkes. Auf einer zweiten wird eine soziale Funktion sichtbar.

Schnurrenerzähler wenden sich an ein Publikum, das unterhalten werden will und dafür bezahlen soll. Der altrussische Possenreißer, der Skomoroch, bekannte sich zu dieser Doppelfunktion: Unterhaltung und Unterhalt. Das Erdachte, Unwahr(scheinlich)e des Dargebotenen wird offen zugegeben, wird betont, einzelne Vorgänge werden effektvoll präsentiert. Ein alter Brauch, der sich in vielen russischen Erzählungen als unverändert wiederkehrender Topos erhalten hat, findet sich auch im Finale der ›Baika‹. Der Mäzen wird direkt und unverhohlen um eine Gabe angesprochen. Strawinski hat ›Baika‹ (›Renard‹) seiner Mäzenin, der Prinzessin Edmond de Polignac, gewidmet. 1915 mußte die Kunst nach Brot gehen. Strawinski stellte seine Arbeit an ›Les Noces‹ zurück, um ›Baika‹ für die Kammerbühne der Prinzessin fertigzustellen.

„Der Trick besteht natürlich darin, daß man sich seinen Auftrag selbst aussucht, daß man das komponiert, was man komponieren möchte, und es sich nachträglich bestellen läßt. Ich hatte Glück, daß mir dies öfters gelang", verriet Strawinski später in Gesprächen mit Robert Craft.

Strawinski hat mit der sozialen Funktion auch den besonderen Kunstbegriff des altrussischen Jahrmarkttheaters (Balaganny-Theater) aktiviert. Die Relevanz des Dargebotenen wird nicht von der Übereinstimmung zwischen dem Darzustellenden und dem Abzubildenden bestimmt. Relevanz entsteht vielmehr aus dem Wechsel zwischen Nachahmen und Anverwandeln. Ähnlichkeit mit dem darzustellenden Gegenstand und Unterschiedenheit von dem darzustellenden Gegenstand sind im Balaganny-Theater keine Antinomien, sondern einander ergänzende mimetische Aktivitäten. Das findet in ›Baika‹ (›Renard‹) seine Entsprechung in einer Aufspaltung des Spiels in eine vokal-instrumentale und eine körperlich-gestische Präsentation.

Die Anweisung des Komponisten im Vorwort der Partitur lautet: „›Renard‹ soll von Clowns, Tänzern und Akrobaten gespielt werden, am besten auf einem Podest, mit dem Orchester dahinter. Bei Aufführungen im Theater sollte man vor dem Vorhang spielen. Die Spieler verlassen die Bühne nicht. Sie treten während des kleinen Marsches, der als Einleitung dient, gemeinsam auf, und ihr Abgang erfolgt in gleicher Weise. Alle Spielrollen sind stumm. Die Singstimmen befinden sich im Orchester."

Erster und zweiter Tenor ordnen sich Hahn und Fuchs, erster und zweiter Baß Kater und Hammel zu. Werden Aktionen beendet oder sind Effekte zu intensivieren, kadenzieren beide Tenöre gemeinsam die Schlußformel, wie beim zweimaligen Hilferuf des Hahns.

Die Freudentänze von Hahn, Kater und Hammel nach der zweimaligen Befreiung des Hahns und der Schlußgesang aller sind Pribautki. (Eine Pribautka ist ein Scherzlied als Rundgesang oder als Solo mit einfallenden Nebenstimmen.) In ihnen wird die Rollenzuteilung aufgehoben, wenngleich die Handlung fortgeführt wird, indem der Fuchs verspottet, der Hahn belehrt und dem Fuchs ein Totenlied gesungen wird, die Possenreißer ihre Kunst loben und den Mäzen um eine Gabe angehen. Wenn der Fuchs ein zweites Mal kommt, den Hahn von der Stange zu locken, läßt er demonstrativ das Mönchskleid vor den Augen des Hahnes fallen. Anstelle der Ver-Kleidung legt der Fuchs eine Stimm-Maske (falsettierender Baß) an. Verwirrend erscheint zunächst, wenn der dem Hahn Stimme gebende erste Tenor später auch dem Fuchs seine Stimme leiht. Die Erklärung ist so einfach wie schlagend: Sobald der Fuchs in die Situation des Opfers gerät, sind Hahn und Fuchs austauschbar, ihre Stimmen daher auch. Mit dem Tod des Fuchses ist die Rollenzuordnung aufgehoben: „Beide Tenöre und beide Bässe heulen mit voller Kraft. Der Fuchs stirbt", heißt es dazu in der Partitur. Das Sterben des Fuchses vollzieht sich zur Tempoanweisung Vivo.

Im Unterschied zum Balaganny-Theater ist der Witz in Strawinskis ›Renard‹ nicht naiv. Gemeinsam aber ist der ›Bajka‹ und ihrem alten Vorbild, daß die aufgestellten Regeln sinnvoll erfüllt werden und Spaß nicht zum Un-Sinn verkommt. So sind Zusammenhänge zwischen Stimmen und Figuren genauso logisch einsehbar und dramaturgisch motiviert wie deren partielle Aufhebung. Skomorochen waren immer auch Imitatoren. Tierstimmennachahmung findet sich sowohl im vokalen als auch im instrumentalen Part. Den Kehlkopfakrobaten und Kammervirtuosen im Frack werden höchste technische Fertigkeiten für Inhalte abverlangt, die den Skomorochen-Kollegen nur eine kleine Mühe wert waren.

Die Partitur weist eine Vielzahl wechselnder Tempobezeichnungen auf. Jede von ihnen zeigt genau Beginn und Ende einer Aktion an. Das Tempo gibt die Einstellung, den Blickwinkel, es entscheidet über den Gestus der Figur und den Charakter des Vorgangs. Hier ist ein unerbittlicher und begabter Regisseur in die Partitur eingearbeitet.

Die letzte Schicht dieser Schnurre geht aber weder im Tiermärchen noch im Balaganny-Theater auf. Strawinski hat eine Episode wie ein Epigraph dem Spiel vorangestellt. Nachdem die Akteure eingezogen sind, läuft der Hahn ängstlich schreiend „auf einer Stange hin und her". Zweiter Tenor, erster und zweiter Baß bekunden lauthals Mordgelüste. Hier wird eine Zeit ins Gleichnis gebracht: einer lebt in Angst, viele freuen sich an der Gewalt und üben sie aus. Erst dann beginnt das Spiel von Fuchs, Hahn, Kater und Hammel. Es kann nur als ein Gleichnis begriffen werden.

Aneignung

Die Uraufführung war nach Strawinskis Meinung künstlerisch vollendet: „Ansermet dirigierte — und ... die Dekorationen und Kostüme waren eine der schönsten Schöpfungen von Larionow ... Die Nijinska (Nishinska — S. N.) hatte den Geist des kurzen Possenspiels bewundernswert erfaßt ... Sie selbst spielte den Fuchs und schuf mit dieser Rolle eine unvergleichliche Gestalt." Trotzdem brachte ihm die Premiere eine tiefe Enttäuschung, da „man die beiden kleinen intimen Einakter ›Baika‹ und ›Mawra‹ zwischen prunkvolle Ausstattungsstücke eingeschachtelt hatte".

Die Integration dieser beiden Kammeropern in ein konventionelles Opernrepertoire ist auch heute noch ein Problem.

Autograph Nachlaß des Komponisten
Ausgaben Part (russ./frz.) Ad. Henn Genf 1917; Part Chester London / Schott Mainz / Wiener Philharmonischer Verlag; Part Musyka Moskau 1973; Text (dt. von Rupert Koller) Chester London / Alberti Berlin o.J.
Literatur Eric Walter White: Strawinsky. Hamburg o.J.; Boris Assafjew: ›Renard‹. In: Ein Buch über Strawinski. (Kniga o Strawinskom.) Leningrad 1929 und 1977

Geschichte vom Soldaten
(Histoire du soldat)
Zu lesen, zu spielen und zu tanzen
(A réciter, jouer et danser)
Worte von Charles Ferdinand Ramuz

Entstehung 1917–1918

Uraufführung 28. September 1918 Stadttheater Lausanne (Strawinski: ›Erinnerungen‹ 29. September 1918)

Personen
Erzähler_____Schauspieler
Der Soldat_____Schauspieler
Der Teufel_____Schauspieler
Die Prinzessin_____Tänzerin

Orchester Klar, Fg, Trp (Kor), Pos, V, Kb, Slzg (Bck, Trgl, 2 KlTr, MTr mit Schnarrsaite, MTr ohne Schnarrsaite, Tamb, Bck)

Aufführungsdauer Gesamt: 50 bis 70 Min.

Vorgänge
I. Teil ›Marsch des Soldaten‹ 1. Szene: *Ufer eines Baches.* Ein Soldat auf Urlaub ist auf dem Weg nach Hause. Er findet seine Taschen leer, im Sack nur eine Geige. ›Kleine Melodien am Bach‹. Vom Teufel (als altem Mann) wird er in einen Handel verwickelt, gibt dem Bösen seine Geige und erhält dafür ein Buch. Der Teufel fordert ihn auf, drei Tage seines Urlaubs bei ihm zu verbringen und ihm bei bester Bewirtung das Geigenspiel beizubringen. Als der Soldat nach Hause zurückkehrt, sind nicht drei Tage, sondern drei Jahre vergangen. Die Mutter läuft vor ihm davon, die Braut hat Mann und Kinder.
2. Szene: *Vor dem Dorf. In der Ferne der Kirchturm des Dorfes.* ›Pastorale‹. Den Verzweifelten lehrt der Teufel (als Viehhändler), wie man mit dem Buch sein Glück machen kann.
3. Szene: *Ein Büro.* Der Soldat ist reich, aber nicht glücklich. Der Teufel (als alte Frau, Kramhändlerin und Kupplerin) zeigt ihm seinen Plunder, darunter die Geige. Der Reiche vermag das Instrument nicht mehr zu spielen. Der Soldat wirft die Geige weg und zerreißt das Buch. ›Variation der Kleinen Melodien am Bach‹.
II. Teil ›Marsch des Soldaten‹. Der Soldat auf dem Weg. Er hört eine Proklamation des Königs, der seine Tochter dem zur Frau verspricht, der sie von ihrer Krankheit heilt. ›Königsmarsch‹. Ein Vorsaal im Königspalast. Der Teufel als Geigenvirtuose. ›Finale des Königsmarsches‹. Der Soldat spielt mit dem Teufel

(als Geigenvirtuosen) um seine Geige, verliert, macht den Teufel betrunken, nimmt ihm die Geige ab und spielt auf ihr. ›Kleines Konzert‹. *Das Zimmer der Prinzessin.* Der Soldat fiedelt die Prinzessin gesund. ›*Drei Tänze: Tango, Walzer, Ragtime*‹. Der Teufel — zum ersten Mal dem Soldaten als der Böse kenntlich — überrascht ihn, doch der Soldat spielt ihm zum Tanz auf, bis er erschöpft umfällt. ›*Tanz des Teufels*‹. Soldat und Prinzessin umarmen einander. ›*Kleiner Choral*‹. Der Teufel warnt den Soldaten, die Grenze zur Heimat zu überschreiten. ›*Couplet des Teufels*‹. Die Prinzessin möchte die Herkunft des Soldaten erfahren und drängt ihn, die Heimat aufzusuchen. ›*Großer Choral*‹. *Vor dem Dorf. Im Hintergrund der Kirchturm des Dorfes.* Als der Soldat die Grenze überschreitet, bricht ihm der Teufel das Genick. Der Böse triumphiert. ›*Triumphmarsch des Teufels*‹.

Genesis

Das Werk entstand Ende 1917/Anfang 1918, in Monaten, an die sich Strawinski als an die schwersten seines Lebens erinnert. Wieder war der Komponist auf der Suche nach einem Mäzen, den er in Werner Reinhart aus Winterthur fand. „Im Vertrauen auf seine Unterstützung machten wir uns ans Werk. Ich beschäftigte mich damals sehr intensiv mit der berühmten Anthologie russischer Märchen von Afanassjew, und in ihr fand ich das Thema für unser Schauspiel. Ramuz, mit seinem feinen Empfinden für russische Volksdichtung, teilte meine Begeisterung. Uns zog vor allem der Legendenkreis an, der von den Abenteuern des Soldaten handelt, des Deserteurs, dessen Geschichte regelmäßig damit endet, daß ihm der Teufel mit unfehlbarer Kunst die Seele abgewinnt. Dieser Zyklus verdankt seine Entstehung volkstümlichen Erzählungen aus der Zeit Nikolaus' I. Die grausamen Zwangsrekrutierungen dieser Epoche spiegeln sich auch in zahlreichen Liedern wider, den Rekrutskije, die von den Tränen und Klagen der Frauen künden, denen man Sohn oder Bräutigam geraubt hat...

Mit großem Eifer ging ich an die Arbeit, wobei wir uns immer vor Augen halten mußten, daß der Apparat für die Aufführung, über den wir verfügen durften, nur sehr bescheiden war. Ich machte mir auch keine Illusionen über die Tatsache, daß ich für die musikalische Wiedergabe nur mit sehr wenigen Ausführenden rechnen konnte. Das einfachste wäre gewesen, wenn ich ein polyphones Instrument, Klavier oder Harfe, gewählt hätte. Das letztere jedoch kam nicht in Frage, weil seine Dynamik so dürftig ist, daß sie keine klaren Akzente zuläßt. Das Klavier ist zwar als polyphones Instrument unendlich viel differenzierter..., aber auch auf dieses Instrument mußte ich verzichten, und zwar aus zwei Gründen: entweder hätte meine Partitur wie eine Klavierbearbeitung gewirkt, was einen ärmlichen Eindruck gemacht hätte — und das lag keineswegs in unserer Absicht —, oder ich hätte das Klavier als Soloinstrument behandeln und alle technischen Möglichkeiten ausnutzen müssen, das heißt, anders ausgedrückt, ich wäre gezwungen gewesen, meine Partitur ganz klaviermäßig zu bearbeiten und aus ihr ein Virtuosenstück zu machen, um die Wahl des Instruments zu rechtfertigen. Ich sah also keine andere Lösung, als mich auf eine kleine Anzahl von Instrumenten zu beschränken, eine Besetzung, in der von den instrumentalen Gruppen jeweils die repräsentativen Typen, die hohen wie die tiefen, vertreten sind: von den Streichern also Violine und Kontrabaß; von den Holzbläsern die Klarinette — weil sie das größte Register hat — und das Fagott; vom Blech Trompete und Posaune und endlich Schlaginstrumente, soweit sie von einem einzigen Musiker bedient werden können, das alles wohlverstanden unter der Leitung eines Dirigenten." (Chronique de ma vie / Erinnerungen)

Strukturen

Strawinski bezog seine Anregungen zur ›Geschichte vom Soldaten‹ aus russischen Erzählungen und aus den Rekrutskije, den Klageliedern der Soldatenfrauen aus der Epoche Nikolais I., der als „Gendarm Europas" in die Geschichte eingegangen ist.

Der russische Komponist meinte beide Stoffbereiche, als er die Tendenz seines gemeinsam mit einem französischen Dichter geschaffenen Werkes beschrieb: „Naturgemäß haben diese Märchen einen spezifisch russischen Charakter, aber zugleich sind die Situationen, die sie schildern, die Gefühle, die sie ausdrücken, und die Moral, die sie beschließt, so allgemein menschlich, daß sie jeder Nation verständlich sein müssen. Und diese menschliche Note war es, die Ramuz und mich reizte an der tragischen Geschichte vom Soldaten, dessen Schicksal es ist, vom Teufel geholt zu werden."

Diese Aussage hat dem Komponisten den Tadel des Kosmopolitismus (Boris Jarustowski) und das Lob des Universalismus (Boris Assafjew) eingetragen.

Am Schicksal des Soldaten gestaltete Strawinski die Not der Ohnmächtigen und Unwissenden, die auf der Suche nach Glück von Mächtigeren und Wissenderen übers Ohr gehauen werden. Das Glücksverlangen des Soldaten ist ein altes Märchenmotiv, doch was dem Soldaten mit dem Teufel zustößt, ist geschichtlich und sozial sehr konkret. Es ist sowohl auf die Epoche, da Nikolai I. Europa bekriegte, als auch auf die europäische Nachkriegssituation Anfang des 20. Jahrhunderts zu beziehen.

Das Vergangene (Zeit Nikolais I.) und das Aktuelle (erster Weltkrieg) bestimmen das Wesen der beiden Protagonisten: Soldat und Teufel. Der Soldat ist ein Mushik, ein russischer Bauer, der auf 25 Jahre zum Militärdienst gepreßt wurde. Obgleich er vom Zaren als Soldat in verschiedene Gegenden Europas kommandiert, also umgetrieben wurde, bleibt er ein Unwissender, ein Analphabet. Das Buch, das er sich gegen die Geige eintauscht, ist für ihn daher völlig nutzlos. Das Reichsein bleibt ein folgenloses unglückliches Intermezzo. Der Fluch, der auf ihm lastet und ihn zur tragischen Figur macht, ist: er erkennt den Teufel selbst dann nicht, wenn ihn dieser ein paarmal am Kragen hat.

Bezüge und Distanz zum Faust-Mephisto-Verhältnis sind als kunst-geschichtlicher Hintergrund eingebracht. Ramuz beschreibt den Soldaten als „sehr einfach. Er ist beinahe unbeweglich. Er ist immer derselbe, er ist ganz offen und naiv, aber nicht dumm. Er darf nicht lächerlich sein, höchstens erheiternd wirken... Der Vorleser und der Soldat sind ein und dieselbe Person, sie sollten sich eigentlich ähnlich sehen. Der Vorleser ist sozusagen das Gewissen des Soldaten. Der Vorleser ist ihm gut gesinnt, schließlich kommt er ihm sogar zu Hilfe."

Im Gegensatz zum Soldaten muß nach Ramuz „der Teufel schillernd, unfaßbar, vielgestaltig sein (seine Masken!). Er ist bald Mann, bald Frau. Er hat verschiedene Körpergrößen, die verschiedensten Haltungen, bald eine hohe, bald eine tiefe Stimme. Zuerst ist er ein kleiner Alter, mager, unscheinbar, dann ein Viehhändler, sehr groß, vierschrötig, Befehlsstimme, ganz militärisch. Dann als Kupplerin honigsüß, falsch und betrügerisch. Es ist also wichtig, daß der Schauspieler seine Rolle mit größter Sorgfalt durchführt und die entgegengesetzten, unerwartetsten Wirkungen hervorruft, besonders in der Stimmlage (vom Baß bis zur Fistelstimme). Bei der Rolle des Teufels lege ich Wert auf die Bedeutung des Spiels, die sehr stark ist und größte Sorgfalt erfordert. Der Dialog ist nur ein kleiner Teil des Ganzen, der Ausdruck liegt anderswo." (Ramuz: Vorbemerkungen zum Textbuch. 1924)

Der Teufel hat auch einen Teil national-russischer Wesenszüge. Sie offenbaren sich am deutlichsten darin, daß und wie der Teufel dem Soldaten das Lesen beibringt. Nicht das Studium der menschlichen Natur, sondern des Börsenkurses lehrt er. Mit dieser Handlung ordnet sich der Teufel von Ramuz in die von Anton Tschechow geprägte Teufelstradition ein. Seit Tschechow wird zu Ende des 19. Jahrhunderts der Teufel zu einer Imagination, mit der sich der naturwissenschaftlich gebildete, aufgeklärte, humanistisch gesinnte Intellektuelle die gesellschaftlichen und ökonomischen Paradoxien des Kapitalismus vor Augen führt. Der Teufel wurde zu einem, „der über Besitzern und Arbeitern herrschte und die einen wie die anderen betrog" (Tschechow). Der Arzt Koroljow reflektiert in Tschechows Erzählung ›Ein Fall aus der Praxis‹ über den Teufel. In seinen Worten ist auch der geistesgeschichtliche Hintergrund für Strawinskis und Ramuz' ästhetisches Konzept des Teufels gegeben: „… er dachte an den Teufel, an den er nicht glaubte …, jene unbekannte Macht, die die Beziehungen zwischen den Starken und den Schwachen geschaffen hatte, diesen groben Irrtum, den man durch nichts wiedergutmachen kann. Es ist nötig, daß der Starke den Schwachen am Leben hindert, das besagt das Gesetz der Natur, doch verständlich und einleuchtend ist es nur im Lehrbuch oder in einem Zeitungsartikel; in dem Wirrwarr aber, als der sich Alltagsleben präsentiert, in dem Durcheinander all jener Kleinigkeiten, aus denen die menschlichen Beziehungen gewebt sind, ist es kein Gesetz mehr, sondern logischer Unsinn, wenn der Starke sowie der Schwache gleichermaßen ihren gegenseitigen Beziehungen zum Opfer fallen …"

Wie Tschechow trachteten Strawinski und Ramuz nicht danach, die realen Paradoxien aufzuheben, sondern vielmehr, sie durch Zuspitzung dem Alltagsbewußtsein sichtbarer zu machen.

Musik und Text unterstützen sich dabei wechselseitig in dem Bemühen, den Soldaten als tragisch-komische Figur in Erscheinung treten zu lassen. So ist zum Beispiel das Marschieren Lebensweise und Schicksal des Soldaten. Er geht nicht, er marschiert nach Hause: „À marché, à beaucoup marché", sagt der Erzähler, und dazu erklingen Zapfenstreich und Fanfarenmotive. Es mischen sich die Signale für den Drill und für die Parade, für den Soldaten sind Drill und Parade zwei Seiten einer zu erleidenden elenden Existenz. Die Musik denunziert nicht den Soldaten, sondern seinen Stand.

Die Musik zur ›Geschichte vom Soldaten‹ versteht sich als Komponente einer kontrapunktischen Aufführung, sie zielt nicht auf die allseitige Darstellung von Personen oder Situationen. Hier genügen Signale, um die Kontur zu geben, ein Zeichen für einen Vorgang und ein Ereignis zu setzen. Der Komponist beabsichtigt die gedankliche Durchdringung des Vorgangs, nicht dessen Illusionierung. Fast alle Musiknummern sind Zeichen für aktivistische Rituale: Soldatenmarsch, Königsmarsch, Triumphmarsch (des Teufels), Tango, Walzer, Ragtime, Teufelstanz.

Strawinskis Musik gibt nicht das Einmaligkeit beanspruchende subjektive Erleben, sondern die Darstellung erinnerter, wiederholbarer Formen und ihre konkrete Erfüllung. In den Märschen und Tänzen wird das Verhältnis zwischen Norm und Erfüllung an den polyfunktionalen Bezügen zwischen Baßfundament und Melodiestimmen „diskutiert".

Strawinski fordert, daß Musiker und Dirigent sichtbar auf der Bühnenseite plaziert sind, und gibt dafür folgende Motivation: „Diese Lösung war für mich besonders anziehend auch um des Interesses willen, das sie für den Zuschauer bietet, der die einzelnen Musiker ihre konzertante Rolle ausüben sieht. Denn ich habe immer eine Abscheu davor gehabt, Musik mit geschlossenen Augen zu hören, also ohne daß das Auge aktiv teilnimmt.

Aus diesen Überlegungen heraus kam mir die Idee, mein kleines Orchester für die ›Geschichte vom Soldaten‹ in voller Sicht neben der Bühne aufzubauen und auf der anderen Seite eine kleine Estrade für den Vorleser vorzusehen. Diese Anordnung kennzeichnet genau das Nebeneinander der drei wesentlichen Elemente des Stücks, die, eng miteinander verbunden, ein Ganzes bilden sollen: in der Mitte die Bühne mit den Schauspielern, flankiert auf der einen Seite von der Musik, auf der anderen vom Rezitator. Nach unserem Plan sollten diese drei Elemente bald einander das Wort abwechselnd überlassen, bald sich wieder zu einem Ensemble vereinigen." (Chronique de ma vie / Erinnerungen)

Für Ramuz war die Hauptsache, „daß man nicht vergißt, daß es sich um eine Geschichte handelt. Die Erzählung und damit die Vorlesung und der Akteur stehen im Vordergrund. Der Vorleser muß als Akteur lesen; er muß die Handlung vermitteln, das heißt den Charakter der Personen und das ganze Szenenbild sichtbar und fühlbar machen, schon bevor Personen und Szenenbild da sind. Der Vorhang geht nicht auf und fällt im Verlauf der Geschichte. Die gespielten Szenen sind gewissermaßen nur Illustrationen; sie bringen Gestalten und Bilder, um den Eindruck des Hörers klarer und stärker zu machen. Es kommt also darauf an, daß die Szenen nicht dem Text widersprechen...

Was den Aufbau des ganzen Stücks betrifft, ist zu sagen, daß der erste Teil nichts abschließt. Der zweite Teil scheint anfangs sogar nur eine Wiederholung zu sein. Der erste Teil muß eher gleichmäßig gehalten werden, mit ziemlich dramatischen Lokalakzenten, zum Beispiel die zweite Szene, wo der Teufel

Viehhändler ist, dann abklingend. Der zweite Teil muß sich im Gegenteil rasch entfalten. Hier müssen die Beleuchtungseffekte genau studiert werden. Sobald der Soldat den Teufel besiegt hat, muß etwas Heiteres in der Luft liegen, das Fest beginnt, Bühne und Saal werden hell, die Musik beherrscht alles. Alles gehorcht ihr. Man spricht nicht mehr, man tanzt, es ist ein Spiel, eine Lustbarkeit. Nur in der Schlußszene tritt eine neue Note hinzu, aber ganz kurz und gedämpft."

Analog zu diesen Gedanken haben die Autoren im ersten Teil eine Gliederung in drei Szenen vorgenommen, führen dieses Gliederungsprinzip im zweiten Teil jedoch nicht fort.

Generell überwiegen in der ›Geschichte vom Soldaten‹ die gesprochenen Texte gegenüber der Musik. Diese ist rein instrumental, mit Ausnahme eines kurzen Couplets des Teufels. Dem gemeinsamen, von Ramuz formulierten Konzept entsprechend, nimmt im zweiten Teil der Anteil der Musik zu, ändert sich auch ihr Charakter: „...das Fest beginnt..., die Musik beherrscht alles. Alles gehorcht ihr." Das hat Strawinski in seinem ›Kleinen Konzert‹ komponiert. Die ausgedehnte, in sich geschlossene Musiknummer steht an zentraler Stelle. In ihr sind, nach einem Wort von Eric Walter White, alle Motive des Werkes wie in einem „Elsternnest" zusammengetragen, finden sich alle sieben Instrumente zum Spiel. Die auch den charakteristischen Instrumentenklang betonende Linearität und die Selbständigkeit in der Stimmführung ermöglichen ein wechselseitiges freies Miteinander und Gegeneinander, ein Dialogisieren und eine maskenhaft sich spreizende instrumentale Polarität von Klarinette, Trompete und Violine: Teufel, König und Soldat. Die Puppentheaterpersonnage wird sogleich durch die Prinzessin in Tango, Walzer und Ragtime vervollständigt.

„Nur in der Schlußszene tritt eine neue Note hinzu, aber ganz kurz und gedämpft", schreibt Ramuz. Der ›Triumphmarsch des Teufels‹ weist in den Ostinati ein wesentliches Element des Genres auf. Während aber dem gebräuchlichen Triumphmarsch eine crescendierende Bewegung in Farbe und Fülle eigen ist, stellt der Triumphmarsch des Teufels das Gegenteil vor: Statik zwar auch, doch verbunden mit Reduktion, Verlust an Farbe und Fülle. Es ist, als verliere der Böse im Triumph seine Masken, Kleider, Haut und Fleisch — und mit dem Schlagzeugsolo verbliebe nur noch das Skelett: im Teufel der Tod, im Tod die Marionette, wie bei einer Matrjoschka.

Verbreitung

Am 20.Juni 1923 brachte Hermann Scherchen das Werk in der von Paul Hindemith initiierten Kammermusikwoche Neue Musik am Frankfurter Schauspielhaus zur deutschen Erstaufführung. Paul Hindemith spielte den Geigenpart, Richard Weichert führte Regie, und der Bühnenbildner der Uraufführung, René Auberjonois, hatte auch hier die Dekorationen entworfen. Die Kritik reagierte deutlich: sowohl ablehnend als auch zustimmend. Theodor W. Adorno legte in der Rezension dieser Aufführung bereits im Ansatz die Gedanken dar, die er später in seiner ›Philosophie der neuen Musik‹ ausführte.

Nicht zuletzt durch Adornos prinzipiell ablehnende Haltung wurde dem Werk das Image eines künstlerischen Manifestes aufgedrängt. Doch dachten Strawinski und Ramuz in der schweren Zeit — als der Krieg die Grenzen um die Schweiz schloß, die Ballets russes nicht mehr spielten und Einnahmen ausblieben — nicht daran, ein Kunstkonzept zu manifestieren. Vielmehr sollte die ›Geschichte vom Soldaten‹ ein Geschäft sein, „und zwar ein gutes Geschäft; sie ist niemals ein gutes Geschäft geworden, und eigentlich überhaupt kein Geschäft... Ihr Verdienst (wenn sie eins hat), ist, daß sie nicht von ästhetischen Voraussetzungen ausgegangen ist, daß sie nicht der Ausdruck einer Doktrin sein wollte, daß sie nichts von einem Manifest hat, daß sie alles dem Zufall verdankt." (Charles Ferdinand Ramuz: Erinnerungen an Igor Strawinsky) 1923 fand eine Aufführung anläßlich der Bauhaus-Ausstellung in Weimar statt. Die Berliner Erstaufführung am 7. Juni 1925 dirigierte Erich Kleiber, Ernst Legal spielte den Teufel; 1928 folgte eine Inszenierung an der Krolloper unter Otto Klemperer. In der Inszenierung 1964 an der Deutschen Staatsoper Berlin war Wolfgang Langhoff der Vorleser.

Hermann Scherchen setzte sich auch nach 1923 für das Werk ein und dirigierte die Konzertsuite 1924 in Leipzig und Berlin, 1927 in Bukarest, 1925 und 1930 in München.

Ramuz gibt in seinen ›Erinnerungen an Igor Strawinsky‹ einen Bericht, wie sich die ursprüngliche Absicht, dem Werk zu Popularität zu verhelfen, durch dessen unkonventionelle Form nicht erfüllte: „Wir bemerkten ein wenig spät, daß es am praktischsten gewesen wäre, bei unserer Arbeit im Rahmen der üblichen Kunstform zu bleiben, das heißt also, im Rahmen des Gewohnten, wie es dem Publikum, und auch denen, deren Beruf es ist, das Publikum zu unterhalten, geläufig ist; — daß die Einführung von Neuerungen, selbst wenn es eine ‚Vereinfachung' bedeutet, sofort alles komplizierter macht. Wir hatten nur ein ganz kleines Orchester von sieben Musikern, aber es ergab sich, daß diese sieben Musiker, und gerade deshalb, weil es nur sieben waren, notwendigerweise auch Solisten sein mußten. Wir sahen uns plötzlich Personen gegenüber, die ganz gewiß keiner bestimmten Kategorie von Schauspielern angehörten, weil sie alle Kategorien vertreten, obwohl ihrer nur drei waren; — aber zuerst war da der Vorleser, eine immerhin neue Art von Darsteller..., dann war da der Soldat, der meistens ohne etwas zu sagen auf der Bühne steht; es gab den Teufel, der bald Mann, bald Frau war — der zugleich jede Spezies Mensch war, das heißt also, daß er nicht nur Schauspieler, sondern auch Pantomimendarsteller sein mußte; dann war da schließlich noch die Prinzessin, die selbst nichts sagte, die aber tanzte (gegensätzliche Kunststile, sich widersetzende Kunststile)." (Charles Ferdinand Ramuz: Erinnerungen an Igor Strawinsky)

Autograph Nachlaß des Komponisten
Ausgaben Part und KlA Chester London 1924; TPart (dt. von Hans Reinhart) Wiener Philharmonischer Verlag Wien 1925; Text (dt. von Hans Reinhart) Zürich 1924; Text (dt. von R. H. Hiltung und E. Holliger) St. Gallen 1961; Text Chester London 1975
Literatur Charles Ferdinand Ramuz. In: ›Die Geschichte vom Soldaten‹. Zürich 1924; Igor Strawinski. In: ›Histoire du soldat‹ —

›Geschichte vom Soldaten‹. St. Gallen 1961; Charles Ferdinand Ramuz: Erinnerungen an Igor Strawinsky. Frankfurt/Main 1974; N. Belser: Wege und Wegmetaphern bei Charles Ferdinand Ramuz. Zürich 1974; Hermann Scherchen: Konzentration statt Expansion. In: Gravesaner Blätter IX, 1957; Edison Denissow: Schlaginstrumente in der Musik Strawinskis. (Udarnyje instrumenty w musyke I. Strawinskogo.) In: I. F. Strawinski. Aufsätze und Materialien. (Statji i materialy.) Hrsg. von Djatschkow, Moskau 1973; Boris Assafjew: ›Geschichte vom Soldaten‹. In: Ein Buch über Strawinski. (Kniga o Strawinskom.) Leningrad 1929 und 1977; Michael Trapp: Studien zu Strawinskis ›Geschichte vom Soldaten‹. Zu Idee und Wirkung des Musiktheaters der 1920er Jahre. Kölner Beiträge zur Musikforschung. Bd. 96, Regensburg 1978

Mawra (Mawra)

Opera buffa in einem Akt nach Puschkin
(Opéra bouffe en 1 Acte d'après Pouchkine)
Libretto von Boris Kochno
nach dem Verspoem ›Das kleine Haus in Kolomna‹ von Alexander Puschkin

Entstehung 1921−1922

Uraufführung 3. Juni 1922   Théâtre National de l'Opéra de Paris (zusammen mit ›Renard‹) (Angabe nach Eric Walter White)

Personen
Parascha_____Sopran
Die Nachbarin_____Mezzosopran
Die Mutter_____Alt
Der Husar_____Tenor

Orchester Picc, 2 Fl, 2 Ob, EH, PiccKlar, 2 Klar, 2 Fg, 4 Hr, 4 Trp, 2 Pos, BPos, Tb, Pkn, Str

Aufführungsdauer Gesamt: 30 Min.

Vorgänge
(Versifizierung Sigrid Neef)

Jung und schön sitzt Parascha am Fenster, stickt und singt.
Jung und schön kommt der Husar ans Fenster, blickt und singt
Parascha von seiner Liebe und Leidenschaft.
Da hat sich das Mädchen in ihn vergafft.
Nun singen beide von ihren Gefühlen,
beschließen, gemeinsam die Glut zu kühlen.

Jung und schön sitzt Parascha am Fenster, stickt und singt,
Bis die Mutter kommt und die Nachricht bringt,
Daß die Töpfe schmutzig sind und der Kater schreit,
Weil die Köchin gestorben ist. Parascha ist bereit,
Eine neue Köchin zu finden. Sie geht.
Die Mutter klagt um die Verstorbene. Wie sie da steht,
Kommt die Nachbarin. Sie reden von Sonne, Regen, Nacht und Tag,
Von der Köchin und was sich sonst noch finden mag.

Parascha kommt mit der neuen
Köchin. Die Mutter tät sich freuen.
Mawra nennt die Neue sich auf Befragen
Und zeigt ein sittsames Betragen.
Man singt das Lob der verstorbenen Köchin, der alten.
Mawra verspricht, sich an ihr Beispiel zu halten.
Die Nachbarin geht. Die Mutter ebenso.
Darüber ist Parascha froh.
Die neue Köchin ist der Husar.
Nun singen beide von ihren Gefühlen,
Beschließen, gemeinsam die Glut zu kühlen.
Da wird gestört das Glück,
Die Mutter kehrt zurück.
Die Köchin soll die Töpfe putzen,
Derweil will sie die Zeit benutzen,
Die Kirche aufzusuchen. Parascha folgt ihr nach.
Gemach.

Gemach.
Mawra allein, beschließt sich schön zu machen,
Entledigt sich der Weibersachen
Und schwingt den Pinsel, sich zu rasieren.
Da sollt es just passieren,
Daß die Mutter ihn entdeckt.
Das hat die Alte sehr erschreckt.
Die Nachbarin spektakelt laut.
Parascha ist wieder am Fenster und ... schaut.
Schreit nach ihrem Husar. Der ist verschwunden
Und ward nie mehr gefunden.

Genesis
1922 kamen Strawinski und Djagilew überein, ein Werk zu schaffen, das dem Andenken Puschkins gewidmet sein sollte. „Dieser Plan entsprang unserer gemeinsamen Liebe und grenzenlosen Verehrung für den großen Dichter Puschkin, der Nichtrussen leider nur dem Namen nach bekannt ist. Wir verehrten

nicht nur den universellen Geist dieses Künstlers, für uns bedeutete er ein Programm. Sein Wesen, seine Mentalität und seine Ideologie machen Puschkin zum vollkommensten Repräsentanten jener Reihe außerordentlicher Persönlichkeiten, die ... westlichen Geist mit spezifisch russischen Elementen zu verschmelzen wußten ...

Der Plan ... führte zur Komposition meiner Oper ›Mawra‹, deren Stoff der Versnovelle Puschkins ›Das kleine Haus in Kolomna‹ entnommen ist. Diese Wahl traf ich gemeinsam mit Djagilew. Durch sie wird meine Haltung präzisiert gegenüber den beiden Richtungen der russischen Mentalität ... In musikalischer Hinsicht führte mich das Gedicht von Puschkin geradewegs zu Glinka und Tschaikowski zurück, und ich stellte mich entschlossen an ihre Seite. Ich gab so meinem ästhetischen Gefühl deutlichen Ausdruck, meiner Vorliebe ebenso wie meiner Opposition, ich nahm die gute Tradition wieder auf, die die großen Meister einst geschaffen hatten, und dem Andenken Puschkins, Glinkas und Tschaikowskis widmete ich mein Werk." (Chronique de ma vie / Erinnerungen)

Strukturen

Strawinski schätzte seine Opera buffa sehr, und er sprach von ihr als einem Werk, das in seinem musikalischen Schaffen einen Wendepunkt bedeutet. Die zurückhaltende, skeptische Aufnahme zur Uraufführung beeindruckte ihn nicht, zumal der große Bühnenrahmen und die Nachbarschaft prunkvoller Ausstattungsstücke die beiden intimen Einakter ›Baika‹ (›Renard‹) und ›Mawra‹ erdrückt hatten. „All das vereinte sich zu dem Ergebnis, daß meine kleinen Stücke fehl am Platze wirkten, ganz besonders wurde ›Mawra‹ davon betroffen ... (Es) wurde allgemein als eine wahre Mißgeburt angesehen, als eine wirre Laune des Komponisten. So nämlich lautete einmütig das Urteil der Kritik ... Sie verdammten das Werk in Bausch und Bogen, sprachen ihm jede Bedeutung ab ... Nur einige wenige Musiker der jungen Generation nahmen ›Mawra‹ ernst und erkannten, daß dieses Werk in meinem musikalischen Schaffen einen Wendepunkt bedeutet.

Ich meinerseits stellte befriedigt fest, daß es mir gelungen war, meine musikalischen Gedanken klar auszudrücken." (Chronique de ma vie / Erinnerungen)

Als Werk der Wende müßte die Oper ›Mawra‹ Aufschluß geben über Abschied und Neuanfang. An ihr wäre es zu erkennen, wenn Strawinski Abschied von einer russischen Frühperiode genommen und danach einen westeuropäischen Neuanfang gemacht hätte.

Auffallend an dieser Oper ist das anekdotisch Bedeutungslose des geschilderten Vorfalls: ein verliebter Husar als Köchin. Dieses Merkmal weist allerdings bereits Puschkins 1830 entstandenes vierzigstrophiges Verspoem ›Das kleine Häuschen in Kolomna‹ auf. In den ersten neun Strophen orientiert der Dichter den Leser, indem er provozierend behauptet, die Dichter könnten jetzt über Verse so gebieten wie Napoleon oder Tamerlan über Soldaten. Ritten sie hierbei jedoch noch immer den inzwischen alt und zahnlos gewordenen Pegasus, dann fänden sie auf dem Parnaß nur Brennesseln und würden lediglich das Tintenfaß des pensionierten Apoll auf dem Trödelmarkt erstehen können. Mit den nun folgenden einunddreißig Strophen beweist Puschkin, daß die erhabensten Gegenstände im Munde eines knechtisch Gesinnten an Größe verlieren, während auch der unbedeutendste Vorfall durch einen kühnen Denker an Bedeutung gewinnt.

Puschkin führt diesen Beweis aber nicht, indem er den kleinen Vorfall mit Gewichten behängt. Das kleine Häuschen (domnik) in Kolomna wird nicht zum Mittelpunkt der Welt gemacht, vielmehr faßt der Dichter mit diesem Erdenwinkel die Welt ins Auge, indem er selbst als ästhetisches Subjekt immer im Gedicht anwesend ist. Er erinnert sich des Vorfalls mit dem verliebten Husaren als Köchin, wenn er an der Stelle vorbeifährt, an der früher das kleine Häuschen stand und nun ein dreistöckiger Bau aufragt. Er vergegenwärtigt sich dabei ein Ereignis, von dem er nur die Hauptperson Parascha kennt, die er im Vorübergehen am Fenster sitzend erspähen konnte.

Verbannt man aus diesem Verspoem den Dichter als ästhetisches Subjekt, löst sich das Ganze in ein Nichts auf. Gerade dieser Vorwurf aber wird Strawinski und seiner ›Mawra‹ gemacht.

›Mawra‹ jedoch ist Strawinskis erster Versuch, den Komponisten als ästhetisches Subjekt im musikalischen Spiel anwesend sein zu lassen, ohne, wie in der ›Nachtigall‹ oder in ›Renard‹, die organische Einheit der Bühnenfiguren zu dissoziieren. In ›The Rake's Progress‹ sollte der Komponist auf das in der ›Mawra‹ Erprobte zurückkommen.

Strawinski hat Puschkins Blickwinkel komponiert: Vorbeigehen, von der Straße ins Fenster schauen, Erinnerung und liebevoll-ironische Vergegenwärtigung.

Sowohl dem englischen Strawinski-Biographen Eric Walter White als auch dem sowjetischen Musikwissenschaftler Boris Assafjew ist aufgefallen, daß im ›Mawra‹-Orchester die Bläser dominieren: „Eigentlich handelt es sich um ein Blasorchester; die tieferen Streicher beschränken sich darauf, den regelmäßig fortschreitenden Baß zu verstärken, während die Solovioline und die Viola der Schattierung, Bindung und Akzentuierung der Bläserstimmen dienen", bemerkte White 1947. Assafjew pointierte 1929 die gleiche Beobachtung: „Die Orchesterintonation ist im allgemeinen die von Truppen- und Platzparaden in den Gärten, auf den Plätzen und Straßen von Petersburg, und das bildet einen Kontrast zur vokalen Intonation, die von der sentimentalen Romanze, dem kleinbürgerlichen Lied und der musikalisierten Rede bestimmt wird."

Puschkin hat die prosaischen Existenzen, die „kleinen Leute", auf die Höhe des erhabenen Stils gehoben, sie in Jamben, dem Versmaß der Heroen, besungen. Die „kleinen Leute" werden aber nicht schlechthin veredelt. Die mit ihnen ins Auge gefaßte „niedere" soziale Realität führt zu einer Veränderung, zu einer Entwicklung der Sprache. Puschkin veredelt mit seinen Versen die kleinen Leute, und die kleinen Leute veredeln seine Verse: „Damit die Reime nicht auf Stelzen gehen / Nehm ich dazu auch Verben ungeniert / Mag das zwar allen Bräuchen widerstehen / ... / Warum beim Himmel sollte ich mich schämen."

Es mag belanglos erscheinen, daß Strawinski seine Partitur dem Andenken

Puschkins, Glinkas und Tschaikowskis widmete, dieses Bekenntnis wiederholt erneuerte, aber in der dritten Poetik-Vorlesung sagte: „Die Musik von ›Mawra‹ hält sich an die Tradition von Glinka und Dargomyshski." Er bezieht sich dabei auf Dargomyshskis nach Puschkins Versdrama ›Der steinerne Gast‹ geschriebene Oper. Das bedeutet ein Anknüpfen an eine Tradition, in der durch Versmaß und Reim die einzelne Redewendung und der einzelne Klang gebunden werden. Diese Unterordnung unter eine rhythmisch-sprachliche Periodizität gab aber Strawinski die Freiheit, Sprache als ein besonderes Material zu behandeln. Er hat diese Technik selbst beschrieben. Nachdem er befriedigt festgestellt hatte, daß es ihm in der ›Mawra‹ gelungen war, seine musikalischen Gedanken klar auszudrücken, beschloß er, „sie weiter auszubauen, und zwar diesmal auf symphonischem Gebiet. Ich begann, mein Oktett für Blasinstrumente zu komponieren... Ein solches Ensemble kann den Hörer nicht durch große Klangentfaltung überwältigen. Damit das Publikum diese Musik überhaupt richtig hören kann, ist es nötig, die Einsätze der verschiedenen Instrumente zu ‚verschärfen' und ‚Luft' zwischen den musikalischen Phrasen zu ‚schaffen' (Atmung). Die Intonierung muß sorgfältig beachtet werden, ebenso die Tonstärken der Instrumente und die Verteilung der Akzente. Kurz, es handelt sich darum, Ordnung und Disziplin auf dem Gebiet des reinen Klangs herzustellen, denn dem Klang gebe ich immer den Vorzug vor den Elementen des pathetischen Ausdrucks." (Chronique de ma vie / Erinnerungen)

Es bleibt ein Rest von ästhetisch Uneingelöstem in dieser Oper; und zwar der Rest, der durch den Dichter Auden in ›The Rake's Progress‹ eingebracht werden sollte.

Strawinski bekennt in der dritten Poetik-Vorlesung, daß er Puschkins Verspoem zum Anlaß genommen habe, sich in der Opera buffa zu üben. Puschkin faßte mit dem Erdenwinkel Kolomna die Welt. Auden umfaßte mit dem Leben des Wüstlings einen mythisch-geschichtlichen Kosmos. Kochno beschied sich mit dem kleinen Häuschen in Kolomna. Das erklärt das Urteil von Carl Dahlhaus, man könne von der ›Mawra‹ als einem „seltsamen Unterfangen sprechen, die Opera seria, eine längst tote Gattung, wieder einmal — als lebe sie noch — in einer Opera buffa zu parodieren".

Doch geht die ›Mawra‹ in der Parodie der Opera seria nicht ganz auf. Das allein erklärt nicht die Aura von vokalem Glanz, instrumentaler Behendigkeit und raffinierter kompositorischer Kunstfertigkeit. Wie bei Puschkin der virtuosschöpferische Mensch zum ästhetischen Subjekt der Dichtung wird, gibt Strawinski auch den Sängern und Instrumentalisten die Möglichkeit, zu ästhetischen Subjekten der Oper zu werden. Denn Strawinski läßt die Rolle, die der Sänger als Virtuose dem Publikum gegenüber spielt, mit dem Charakter der darzustellenden Figuren korrespondieren. Subjektivität erscheint so als Virtuosität, Virtuosität als Subjektivität. Nur wenn dieser geheime Punkt realisiert wird, ist der Oper ›Mawra‹ ein Sinn abzugewinnen, wird man die Frage nach der Moral so ironisch wie Puschkin abwehren können:
„Ich komm zum Schluß... und sollt man mich jetzt fragen:

‚War das denn alles? Das ist sonderbar!
Solch prahlerischen Lärm darum zu schlagen.
Achtzeilige Strophen zu bemühn sogar!
Ein umständlicher Weg, das muß man sagen!
Bot sich kein bessres Thema dafür dar?
Wo steckt da die Moral, die gute Lehre?'
Geduld! Glaubt nicht, daß mich das gar nicht schere!

Nach meiner Meinung ist dies die Moral:
Man soll umsonst nie eine Köchin dingen,
Auch ist's für Männer komisch und fatal,
In Weiberkleider listig sich zu zwingen.
Denn jeder Mann muß sich doch schließlich mal
Rasieren, und so kann sein Trick mißlingen.
Ein Bart paßt nicht zur weiblichen Natur.
Schnappt man den Mann, gilt er als Spitzbub nur."

Verbreitung
Nach der skeptisch aufgenommenen Uraufführung konnte sich Strawinski in zwei konzertanten Aufführungen vom Erfolg dieser Oper überzeugen. Am 26. Dezember 1922 leitete Ansermet ein Konzert mit den Symphonischen Stükken für Blasinstrumente und der ›Mawra‹, und im Januar 1923 dirigierte Strawinski in Brüssel ein von der Gesellschaft Pro Arte vorbereitetes Konzert mit dem Oktett für Bläser, der ›Pulcinella‹-Suite und ›Mawra‹.

Die deutsche Erstaufführung fand 1925 in Kiel statt (dt. von Alexander Elukhen). Es folgten Aufführungen in Prag 1927, Berlin 1928, Leningrad 1928, Moskau 1929, London 1934 (Rundfunk), Philadelphia 1934, Mailand 1955, Edinburgh 1956, Buenos Aires 1961, Mainz 1966 und Dresden 1973.

Autograph Skizzen im Nachlaß des Komponisten
Ausgaben Part und KlA Russischer Verlag (S. & N. Koussewitzky) 1925; KlA Boosey & Hawkes London 1947; KlA (engl./frz./dt.; dt. von Alexander Elukhen) Boosey & Hawkes New York 1956; KlA Musyka Moskau 1975
Literatur Eric Walter White: Strawinsky. Hamburg o. J.; Boris Assafjew: ›Mawra‹. In: Ein Buch über Strawinski. (Kniga o Strawinskom.) Leningrad 1929 und 1977; Vsevolod Setschkareff: Alexander Puschkin. Sein Leben und sein Werk. Wiesbaden 1963; Hans Heinz Stuckenschmidt: Strawinsky-Abend. Krolloper Berlin 1929. In: Oper in dieser Zeit. Europäische Opernereignisse aus vier Jahrzehnten. Velber 1964

Oedipus Rex (Oedipus Rex)

Opern-Oratorium in zwei Akten nach Sophokles
(Opéra-Oratorio en deux actes d'après Sophocle)
von Igor Strawinski und Jean Cocteau. Lateinischer Text von Jean Daniélou

Entstehung 1926–1927

Uraufführung 30. Mai 1927   Théâtre Sarah Bernhardt Paris

Personen
Oedipe (Oedipus) _____ Tenor
Jocaste (Iokaste) _____ Mezzosopran
Créon (Kreon) _____ Baß-Bariton
Tirésias (Teiresias) _____ Baß
Le Berger (Der Hirte) _____ Tenor
Le Messager (Der Bote) _____ Baß-Bariton
Chor _____ Tenöre und Bässe
Sprecher

Orchester 3 Fl (III auch Picc), 2 Ob, EH, 3 Klar (III auch PiccKlar), 2 Fg, KFg, 4 Hr, 4 Trp, 3 Pos, Tb, Pkn, Bck, KlTr, GrTr, Hrf, Kl, Str

Aufführungsdauer Gesamt: 50 Min.

Vorgänge
Der Sprecher gibt dem Publikum Hinweise zum Drama des Sophokles. Er gibt eine Sicht auf das folgende Geschehen: „Ohne es zu wissen, ist Oedipus mit den Mächten im Kampf, die uns von der anderen Seite, von der des Todes aus, bewachen. Sie haben ihn umgarnt, seit seiner Geburt. Sie werden Zeuge sein, daß sich jetzt eine Falle schließt." (Dieser Eröffnung folgen an fünf weiteren Punkten des Geschehens Hinweise des Sprechers, wodurch die Abfolge in sechs Komplexe gegliedert wird.)
I. Akt — (1) *Chor:* Die Thebaner erflehen von Oedipus die Errettung der Stadt von der Pest. *Solo:* Oedipus gelobt zu helfen. (2) *Solo:* Der von Oedipus nach Delphi gesandte Kreon verkündet den Orakelspruch: Rache für die Ermordung des Königs Laios. Der Mörder befindet sich in Theben. *Solo:* Oedipus rühmt seine Kunst im Rätsellösen. Er wird den Mörder finden und vertreiben. (3) *Chor:* Anrufung der Götter. *Solo:* Oedipus befragt die Quelle der Wahrheit, den Seher Teiresias. Der weigert sich, Auskunft zu geben, da er die Wahrheit kennt. Von Oedipus beschuldigt, selbst der Mörder zu sein, verkündet Teiresias: „Den König erschlug ein König." *Solo:* Oedipus beschuldigt Teiresias, sich mit Kreon gegen ihn verbündet zu haben. Der Streit der Fürsten ruft Iokaste herbei. *Chor:* Die Männer Thebens grüßen die Königin.

II. Akt — *Chor (Wiederholung):* Die Männer Thebens grüßen die Königin.
(4) *Solo:* Iokaste ermahnt die Fürsten, an die heimgesuchte Stadt zu denken. Sie glaubt nicht an Prophezeiungen, denn sie hat selbst erfahren, daß Orakel lügen. Ihrem Manne Laios war geweissagt worden, von der Hand seines Sohnes zu fallen, doch wurde er von einem Räuber am Kreuzweg zwischen Daulia und Delphi getötet. *Duett:* Oedipus erfaßt Angst, da er vor zwölf Jahren am gleichen Kreuzweg einen unbekannten Greis getötet hat. Iokaste sucht ihn zu beruhigen, warnt ihn vor dem Orakel und bittet ihn ins Haus.
(5) *Solo:* Ein Bote meldet Oedipus den Tod des Königs Polybos und offenbart ihm, daß jener nicht sein Vater war. Oedipus wurde als Kind mit durchstochenen Füßen im Gebirge gefunden. *Solo:* Ein Hirte beklagt, daß durch den Boten die Herkunft des Oedipus enthüllt wurde. Iokaste begreift die Wahrheit und eilt ins Haus. *Solo:* Oedipus glaubt, Iokaste schäme sich, das Weib eines Emporkömmlings zu sein, und er ermuntert den Boten, das Geheimnis seiner Herkunft zu enthüllen. Hirte, Bote und Thebaner wissen nun die Wahrheit: Oedipus ist des Laios und der Iokaste Sohn. *Solo:* Die Wahrheit zerschmettert den König. *Lux facta est.* Er geht ins Haus.
(6) Der Sprecher kündigt den Botenbericht an, in dem vom Selbstmord der Iokaste und der Selbstblendung des Oedipus berichtet wird. *Solo und Chor:* Dreimal verkünden Bote und Thebaner die grausige Kunde. Der König ist vernichtet. Er will, daß ihn alle sehen. Man vertreibt ihn. „Man hat dich geliebt, Oedipus, leb' wohl."

Genesis

Bevor Strawinski den Stoff für sein neues, der ›Mawra‹ folgendes Bühnenwerk bestimmen konnte, wußte er schon, welcher Gehalt sich in ihm manifestieren sollte.

Die Lektüre eines Buches über den heiligen Franz von Assisi, der bei feierlichen Anlässen nicht seine Muttersprache Italienisch, sondern Französisch sprach, bekräftigte ihn in der Meinung, „daß zu allem, was ans Erhabene rührt, eine besondere Sprache gehört, die nichts mit dem Alltag gemein hat. Daher suchte ich jetzt nach einer Sprache für mein geplantes Werk, und schließlich wählte ich das Lateinische. Es hat den Vorzug, ein Material zu sein, das nicht tot ist, aber versteint, monumental geworden und aller Trivialität entzogen... Ich beschloß, es (das Thema — S. N.) dem Umkreis der berühmten Mythen des klassischen Griechenlands zu entnehmen. Als Verfasser für das Textbuch schien mir niemand geeigneter als Jean Cocteau, mein langjähriger Freund... Zwei Monate blieb ich in ständiger Verbindung mit Cocteau. Er hatte viel Gefallen an meinem Plan gefunden und sich sofort an die Arbeit gemacht. Als Thema hatten wir den Mythos vom König Oedipus gewählt, den gleichen Stoff also, den Sophokles in seiner berühmten Tragödie behandelt. Wir hielten unser Vorhaben streng geheim, denn wir wollten mit diesem Werk Djagilew eine Überraschung bereiten zu seinem zwanzigjährigen Bühnenjubiläum, das im Frühjahr 1927 gefeiert werden sollte." Das war 1926.

„Zu Beginn des neuen Jahres schickte mir Cocteau den Anfang des endgültigen Textes zum ›Oedipus‹ in der lateinischen Übersetzung von Jean Daniélou... Die Hoffnung, die ich auf Cocteau gesetzt hatte, war glänzend in Erfüllung gegangen. Kein anderer Text hätte meinen Wünschen besser entsprechen können." (Chronique de ma vie / Erinnerungen)

Strukturen

Mit dem Opern-Oratorium ›Oedipus Rex‹ fanden sich zwei bedeutende Künstler mit ausgeprägten ästhetischen Ansichten zu einer Arbeit zusammen, in der sie die ihnen wesentlichen Anschauungen arbeitsteilig formulierten. Cocteau und Strawinski waren nicht nur langjährige Freunde, der Komponist berichtet auch, daß beide vor dem ›Oedipus Rex‹ „gelegentlich gemeinsame Pläne erwogen hatten". Ende 1922 hatte Cocteau eine Bearbeitung der Sophokleischen ›Antigone‹ geschaffen, die er selbst als einen Versuch bezeichnete, „Griechenland aus einem Flugzeug zu photographieren". Strawinski kannte Cocteaus ›Antigone‹ und schätzte daran, wie der Dichter „den antiken Mythos behandelt und in eine zeitgemäße Form" gekleidet hatte. Cocteau hat sein und des Komponisten Verhältnis zum antiken Mythos in den eröffnenden Textworten des Sprechers formuliert, damit einen Schlüssel zum Verständnis des Werkes und zur Kategorie des Erhabenen gebend.

Der Sprecher (nach Strawinskis Angaben in einen Frack gekleidet) eröffnet mit teilnahmsloser Stimme und gibt in seinen Worten den Anwesenden eine Sicht auf das Werk, stellt den Zuhörer auf das Thema des Opern-Oratoriums ein. Die wörtliche Übersetzung des Eröffnungstextes lautet:

„Damit Sie sich eine Überanstrengung Ihrer Ohren und Ihres Gedächtnisses ersparen, und so wie das Opern-Oratorium von den Szenen nur einen bestimmten monumentalen Aspekt bewahrt (et comme l'opéra-oratorio ne conserve des scènes qu'un certain aspect monumental), werde ich Ihnen in diesem Maß (au fur et a mesure) das Drama des Sophokles zurückberufen (rapellerai).

Ohne es zu wissen, ist Oedipus mit den Mächten im Kampf, die uns von der anderen Seite, von der Seite des Todes aus, bewachen (avec les forces qui nous surveillent de l'autre côté de la mort). Sie haben ihn umgarnt, seit seiner Geburt. Sie werden Zeuge sein (vous allez voir), daß sich jetzt eine Falle schließt."

Cocteau sagt hier nicht, daß er das Drama des Sophokles in Erinnerung rufen will. Er sagt, daß er es nach dem gleichen Maß wie das Opern-Oratorium, das heißt unter Konservierung eines bestimmten Aspektes, zurückberuft. Er bestimmt dann diesen Aspekt: das Sich-im-Kampf-Befinden mit den Mächten, die uns von der anderen Seite, von der Seite des Todes, bewachen. Cocteau hat damit auch im ›Oedipus Rex‹ ein Grundthema seines Gesamtschaffens angeschlagen und gleichzeitig eine Erklärung für sein und Strawinskis Verständnis der Kategorie des Erhabenen gegeben. Dieser Begriff des Erhabenen/Monumentalen setzt die Annahme eines Kampfes zwischen lebenden und toten Geschlechtern voraus. Dieser Kampf wird als ein universeller und fortdauernder angenommen, wenn er auch nicht von jedem ausgefochten wird.

›Oedipus Rex‹ gilt als das „offizielle Hauptwerk" des Neoklassizismus. Dieser Begriff, der keine stilistische oder ästhetische Verbindlichkeit besitzt, kann für Strawinskis künstlerische Methode sinnerhellend werden, wenn man in ihm den Cocteauschen Gedanken vom Kampf der lebenden und toten Geschlechter aufbewahrt sieht. ›Oedipus Rex‹, als Werk des Neoklassizismus, wäre dann ein Versuch, Geschichte als eine Wiederholung zu stilisieren, Kunstperioden zu datieren und sie als Akteure und als Schatten an diesem andauernden Kampf zu beteiligen.

„Cocteau ist auch ein ausgezeichneter Regisseur, er weiß die Werte zu vertauschen und Kleinigkeiten zu großer Bedeutung zu erheben", sagte der Komponist von seinem Dichterfreund und folgte seinem Vorbild.

Lapidar formulierte Cocteau: „Theben ist demoralisiert. Nach der Sphinx — die Pest." Wer es noch hinnehmen mag, daß die Thebaner die Verantwortung für ihre Stadt völlig auf den König delegieren und damit zur Selbstüberhebung des Oedipus beitragen, den verweist Strawinski nachdrücklich durch eine „musikalische Kleinigkeit" auf den Sinn dieses Demoralisiert-Seins. Iokaste eilt, durch den lauten Streit der Fürsten beunruhigt, herbei und wird von den Thebanern mit Jubelchören begrüßt, mit einem der Situation unangemessenen Gloria-Gesang. Die Ähnlichkeit dieses Chores mit Mussorgskis Slawa-Chören ist oft bemerkt worden. Sie läßt sich auch erstaunlich genau am musikalischen Material bestimmen. Mit Pauken und Klavier und einem ostinaten Quintintervall wird die für Mussorgskis Slawa-Chöre so typische, den Glockenklang imitierende und gleichzeitig verfremdende Intonation erzeugt. Die Ähnlichkeit ist keineswegs zufällig. Mussorgskis Werk zielt wie das Strawinskis auf das „demoralisierte", das unmündige Volk.

Anhand der lateinischen Sprache entwickelte der Komponist eine besondere Methode der Personencharakterisierung. Er bezeichnete sie mit dem Wort Haltung und verstand darunter die dramaturgisch-musikalische Einheit von Figuren oder Situationen charakterisierenden Instrumentenzusammenstellungen, Musiziergestus und metrischem Grundmuster. Instrumentenzuordnungen — wie Flöte, Klarinette, Englischhorn — kennzeichnen unter anderem Oedipus, die Harfe ist der Königin Iokaste, das Fagott dem Seher Teiresias beigegeben, und der volle Bläsersatz bestimmt den Bruder der Königin, Kreon. Der Sturz des Oedipus von der Selbstüberhebung in die Tiefe seiner unheilvollen Existenz ist musikalisch „wörtlich" genommen. Hohes Register und Koloraturen eignen dem Verblendeten, der von selbständig und souverän musizierenden Instrumenten umgeben ist. Das erste ihn anwandelnde Angstgefühl aber flüstert er, nur von Pauken sekundiert. Mit dem Sturz geht ein Verlust an Höhe, Klangvolumen und melismatischer Geziertheit einher. Das die schweren Taktteile ausstampfende volltönende Blech charakterisiert Kreon hinreichend als politische Figur. Dem Konflikt Iokastes, die Wahrheit zu ahnen, sie aber verleugnen zu müssen, wird musikalisch Bedeutung gegeben. Die diatonische Simplizität ihrer Vokallinie verrät die von einer italienischen Operndiva geborgte Geste, die sie umlagernden, „atemlos" musizierenden Instrumente offenbaren Gehetztheit.

Seit Dargomyshskis Oper ›Der steinerne Gast‹ ist in der russischen Operntradition die kleine Sept zum Signum für das unversehens in den Alltag eintretende Unheimliche geworden. Sie markiert den plötzlichen Riß im Gemäuer. So auch im ›Oedipus Rex‹. Nach Kreons Verkündung des Orakelspruchs hämmern die Thebaner ihrem König ein: „Deus dixit, tibi dixit, tibi dixit" ("der Gott spricht, zu Dir spricht er, zu Dir spricht er"). Das die Dreizahl erfüllende „tibi dixit" können die Thebaner nicht mehr aussprechen, Oedipus reißt es an sich. Er selbst spricht das dritte „tibi dixit", um es sofort in ein „Mici, mici debet se dedere" ("Mir, mir muß er sich ergeben") umzuwandeln. Mit der kleinen Sept schwingt er sich in das „mici", in sein unheilvolles Ich hinein.

Der Selbstmord der Iokaste und die Selbstblendung des Oedipus werden schon bei Sophokles durch einen Boten berichtet. Cocteau läßt diesen Botenbericht vom Sprecher wie eine zirzensische Attraktion ankündigen. Die Nüchternheit angesichts des grausigen Geschehens hat dem Werk den Vorwurf der kalkulierten Künstlichkeit eingebracht. Tatsächlich aber läßt sich der ›Oedipus Rex‹ nicht mit Kategorien wie „natürlich" oder „emotional anrührend" erfassen. Das Werk ist nach dem ästhetischen Grundsatz Cocteaus geschaffen, der da lautet: „Die Ergriffenheit, die von einem Kunstwerk herrührt, ist nur dann wesentlich, wenn sie nicht durch Gefühlserpressung erreicht worden ist."

Aneignung

Der besondere Charakter des ›Oedipus Rex‹ erfordert eine besondere Sorgfalt seiner Plazierung in einem abendfüllenden Programm. Strawinski machte bei der Uraufführung 1927 eine negative Erfahrung: „Die erste Aufführung des ›Oedipus‹ fand am 30. Mai im Théâtre Sarah Bernhardt statt. Sie wurde damals noch zweimal unter meiner Leitung wiederholt. Abermals hatte ein Werk von mir (vorher bereits die ›Mawra‹ — S. N.) darunter zu leiden, daß man ihm einen falschen Platz zugewiesen hatte: ein Oratorium zwischen zwei Akten Ballett! Das Publikum, das Tänze sehen wollte, wurde durch diesen Kontrast außer Fassung gebracht, es war unfähig, sich plötzlich vom Gesicht aufs Gehör umzustellen. Ich war daher von den späteren Aufführungen des ›Oedipus‹ als Oper unter Klemperer in Berlin, im Konzert unter meiner Leitung in Dresden, London und Paris — weit mehr befriedigt." (Chronique de ma vie / Erinnerungen)

Gar nicht befriedigt war der junge Hanns Eisler als Berichterstatter der *Roten Fahne* vom 6. März 1928. Er schrieb unter anderem: „(Staatsoper). Um es gleich zu sagen: Hier ist der Gipfel einer geradezu widernatürlichen Schmokerei erreicht. Was muß in dem Hirn eines Künstlers vorgehen, was muß ein solcher Kerl empfinden, was muß er schließlich, der so gerissen ist, wie der beste Börsenmakler, von dem, was ihn umgibt, verstehen, wenn er folgendes macht: Er läßt sich von Jean Cocteau, einem schmierigen französischen Literaten, der Dadaismus mit Katholizismus verbindet, eine Bearbeitung des griechischen Dramas von Sophokles anfertigen… Die Musik, die er zu diesem ›Oedipus‹ geschrieben hat, will genau so streng ästhetisch erhaben sein wie der Text. Sie strebt, im Gegensatz zu der sehr komplizierten modernen Musik wieder zu einer gewissen

Einfachheit zurück und das wäre schon allerdings etwas Positives. Diese Einfachheit wird aber durch eine Stilkopie der klassischen Musik (Händel, Bach) erreicht und ist eine sehr dürftige Kopie...

In diesem neuen musikalischen Stile („neue Sachlichkeit') ist fast nichts neu und fast nichts sachlich. Einfallslos, dürftig, eine Aneinanderreihung oft sehr abgebrauchter musikalischer Phrasen, nirgends eine scheinbar angestrebte große musikalische Linie; ein graues, stumpfes Orchester und endlose Textwiederholungen machen schließlich dieses Werk zu einer langweiligen, belanglosen Angelegenheit. Dieses künstlerische Eunuchentum ist aber symptomatisch für den heutigen fast hoffnungslosen Zustand der bürgerlichen Musikproduktion..."

Neben Berlin (Krolloper, Otto Klemperer) fanden 1928 szenische Aufführungen in Wien, Leningrad, Ljubljana und Budapest statt. 1931 folgten Aufführungen in Philadelphia, Buenos Aires, Zürich, 1934 in Barcelona, 1960 in London und Santa Fé.

Autograph Part Boosey & Hawkes, New York NY; KlA Library of Congress, Washington, DC
Ausgaben Part und KlA Russischer Musikverlag (Edition Russe de Musique) 1927; Part und KlA Revidierte Fassung. Boosey & Hawkes London 1949
Literatur Jean Cocteau: Tagebuch eines Unbekannten. Berlin 1967; Hans Heinz Stuckenschmidt: Strawinsky-Abend. Krolloper Berlin 1928. In: Oper in dieser Zeit. Europäische Opernereignisse aus vier Jahrzehnten. Velber 1964; Mathias Hansen: Wort-Ton-Verhältnis in Igor Strawinskys ›Oedipus Rex‹. In: *Musik und Gesellschaft*, Berlin 1978, H.6; Hanns Eisler: Musik und Politik. Schriften. Addenda. Hrsg. von Günter Mayer, in: Gesammelte Werke. Serie III, Bd. 3, Leipzig 1983

Persephone (Perséphone)
Melodrama in drei Teilen (Mélodrame en trois parties d'André Gide)
Text von André Gide

Entstehung 1933—1934

Uraufführung 30. April 1934   Théâtre National de l'Opéra de Paris

Personen
Eumolpos, Priester_____Tenor
Persephone, eine Göttin_____Gesprochen/Gespielt/Getanzt
Demeter_____Stumm
Triptolemos_____Stumm
Merkur (Hermes)_____Stumm
Nymphen, Schatten, Danaiden_____Gemischter Chor
_____Knabenchor (S, A)

Orchester 3 Fl (III auch Picc), 3 Ob (III auch EH), 3 Klar (III auch BKlar), 3 Fg (III auch KFg), 4 Hr, 3 Trp (III auch PiccTrp), 3 Pos, Tb, Pkn, KlTr, GrTr, Xyl, 2 Hrf, Kl, Str

Aufführungsdauer Gesamt: 55 Min.

Vorgänge
Erster Teil. *Die Entführung der Persephone.*
Der Priester Eumolpos führt in den Sinn der Eleusinischen Mysterien ein: Demeter zu huldigen heißt sich des von Homer berichteten Raubes der Persephone zu erinnern, sich das Verschwinden und die Wiederkehr des Frühlings zu vergegenwärtigen und sich dem Wechsel der Jahreszeiten einzugliedern.
　Die Nymphen atmen ewige Schönheit und wiegen Demeters Tochter Persephone in Sicherheit.
　Der Priester Eumolpos stört das Gleichmaß. Er preist die Narzisse. Ihr Duft gebe Kenntnis von der unbekannten Welt der Unterirdischen. Die Nymphen warnen. Persephone aber folgt Eumolpos und erschaut ein Volk ohne Hoffnung. Die Nymphen rufen sie zurück, doch Eumolpos mahnt, Persephone werde von den Hoffnungslosen erwartet.
Zweiter Teil. *Persephone in der Unterwelt.*
Orchestervorspiel: Persephone geht zu den Schatten. Sie geht freiwillig.
　Eumolpos aber weiß zu berichten, daß Homer erzählt habe, der König des Winters, Plutos, habe Persephone der Mutter und damit auch der Erde den Frühling geraubt.
　Danaiden wiegen die schlafende Persephone. Doch Persephone schüttelt die Ruhe ab und stellt Fragen nach dem Ort und dem Treiben der Schatten. Ihre dritte Frage stört die Ruhe der Schatten. Persephone fragt, was sie für deren Glück tun könne. „Nichts", erhält sie zur Antwort, „die Schatten sind nicht unglücklich."
　In ihrer Dunkelheit aufgestört, bitten die Schatten, Persephone möchte ihnen von der Erde singen. Plutos/Eumolpos weist Persephone an zu herrschen. Er bietet ihr einen Becher Lethewasser. Der Trank werde ihr die Schätze der Erde eröffnen. Persephone weist dieses Geschenk, wie auch alle anderen, die ihr von den Schatten angeboten werden (Orchestrales Zwischenspiel), zurück. Merkur (Hermes) bringt ihr von Demeter einen Granatapfel. Eumolpos/Demeter bangt und hofft, daß Persephone dieses Geschenk annehme. Persephone ist verwirrt, schwankt, weiß nicht, was tun.
　Die Tochter nimmt das Geschenk der Mutter an und beißt in den Granatapfel, schmeckt die verlorene Erde, vergeht und kommt wieder zu Sinnen. Dem Rat der Schatten folgend, atmet sie den Duft der Narzisse und sieht, wie die Erde in ewigem Winter erstarrt ist. Es jammert sie die Verzweiflung der Mutter. Eumolpos aber wiegt sich schon in der Hoffnung auf eine Wiedergeburt der Persephone. Er weiß, daß Demophon und Triptolemos im Auftrage Demeters die Wiedergeburt vorbereiten.

Persephone sehnt sich nach ihrem irdischen Bräutigam Triptolemos und erklärt, Plutos auf immer zu verlassen.
Dritter Teil. *Die Wiedergeburt der Persephone.*
Orchestervorspiel: Persephone steigt aus dem Reich der Schatten empor.
Eumolpos weiß nach den Homerischen Überlieferungen von den Anstrengungen zu berichten, die dieser Wiedergeburt vorausgegangen waren. Die Athener haben Demeter in Eleusium einen Tempel errichtet.
Die Eleusinischen Mysterien: Die Kinder der Götter rufen die Menschen, und die Kinder der Menschen bitten, empfangen zu werden. (Gemischter Chor: „Kommt zu uns, Kinder der Menschen." Kinderchor: „Empfangt uns, Kinder der Götter.") Gemeinsam beschwören sie Triptolemos, die Todespforten zu öffnen. Persephone erscheint, und wo sie geht, erblüht die Erde. Sie vereint sich mit ihrer Mutter, umfängt Triptolemos in Liebe, erklärt, daß sie die Frau Plutos' bleibe, und ist bereit, freiwillig in die Unterwelt und in die Hoffnungslosigkeit hinabzusteigen.
Eumolpos erklärt den Anwesenden Persephones Tat.

Genesis
Über die Entstehung des Melodramas ›Persephone‹ berichtet Strawinski: „Zu Beginn des Jahres 1933 hatte Mme. Rubinstein mich fragen lassen, ob ich bereit sei, die Musik zu einem Stück von André Gide zu schreiben, das er vor dem Krieg verfaßt hatte und das Mme. Rubinstein gerne herausbringen wollte. Ich erklärte mich grundsätzlich bereit, und Ende Januar besuchte mich André Gide... Er gab mir seine Dichtung, deren Stoff er dem herrlichen Homerischen Hymnos auf Demeter entnommen hatte, und zugleich erklärte er sich bereit, alle textlichen Änderungen vorzunehmen, die durch meine Komposition erforderlich werden sollten. Unter diesen Umständen wurden wir schnell einig. Einige Monate später sandte er mir den ersten Teil seines Textes, und ich begann sogleich mit der Arbeit.
Dies war mit Ausnahme zweier Melodien über Worte von Verlaine, die ich vor dem Kriege komponiert hatte, das erstemal, daß ich Musik zu französischen Versen schrieb. Ich hatte immer die Schwierigkeiten des französischen Tonfalls gefürchtet. Obgleich ich seit vielen Jahren in Frankreich lebte, und obgleich ich die französische Sprache seit meiner Kindheit kannte, hatte ich doch immer gezögert, sie in der Musik zu verwenden. Diesmal beschloß ich, das Abenteuer zu wagen, und im Laufe meiner Arbeit fand ich mehr und mehr Gefallen daran. Besonderen Genuß bereitete es mir, die syllabische Methode des Gesangs auf die französische Sprache anzuwenden, wie ich es bereits für das Russische in der ›Hochzeit‹ und für das Lateinische in ›Oedipus Rex‹ getan hatte." (Chronique de ma vie / Erinnerungen)
Dieser Kontakt mit André Gide im Januar 1933 scheint zu keiner Annäherung beider Künstler geführt zu haben. Denn Strawinski berichtet von der Uraufführung: „Die drei einzigen Aufführungen von ›Persephone‹ fanden am 30. April und am 4. und 9. Mai 1934 in der Pariser Oper statt. Meine Teilnahme an diesen

Vorstellungen beschränkte sich auf die Leitung des Orchesters; auf die szenische Wiedergabe hatte ich keinen Einfluß. Ich möchte hier nur meiner Sympathie für den Ballettmeister Kurt Jooss Ausdruck geben, um der großen Mühe willen, die er aufgewandt hat, und gleichzeitig mein Bedauern darüber aussprechen, daß der Dichter weder bei den Proben noch bei den Aufführungen zugegen war." (Chronique de ma vie / Erinnerungen)

Strawinski erklärte in seinen Gesprächen mit Robert Craft 1958/59 die Gründe für die Nichtübereinstimmung zwischen Dichter und Komponisten: „Es gibt mindestens zwei Erklärungen für Gides Mißfallen an meiner ›Persephone‹-Musik. Die eine ist, daß ihn die musikalische Betonung des Textes überraschte und befremdete, obwohl er im voraus gewarnt worden war, daß ich das Französische so strecken und akzentuieren und sonst ‚traktieren' würde, wie ich es mit dem Russischen getan hatte... Die andere Erklärung ist einfach die, daß er meiner musikalischen Sprache nicht zu folgen vermochte. Als ich ihm die Musik zum erstenmal bei Ida Rubinstein vorspielte, meinte er nur: ‚C'est curieux, c'est très curieux', und verschwand darauf so bald als möglich. Er nahm nicht an den Proben teil, und falls er einer der Aufführungen beiwohnte, habe ich ihn auf jeden Fall nicht gesehen... Kurz nach der Uraufführung schickte er mir den neu herausgegebenen Text mit der Widmung ‚en communion'. Ich antwortete, daß ‚communion' genau das war, was uns fehlte."

Strukturen

Strawinski bezeichnet die ›Persephone‹ als Melodrama. Das Werk entspricht dem Gattungsbegriff insofern, als entscheidende Handlungsmotive der Hauptperson durch das mit Musik unterlegte Dichterwort mitgeteilt werden. Andererseits ist nach Meinung des sowjetischen Musikwissenschaftlers Michail Druskin 1934 das melodische Deklamieren bereits ein ästhetischer Anachronismus. Robert Craft stellte Strawinski 1958/59 zu ›Persephone‹ die Frage, wie er heute zur Verwendung von Musik als Untermalung der Rezitation stehe, und erhielt zur Antwort: „Fragen Sie nicht. Sünden können nicht ungeschehen gemacht werden." Diese Sünde ist eine Konsequenz der Auftragserteilung durch Ida Rubinstein, die die Persephone selbst sprechen und pantomimisch darstellen wollte.

Der Homer zugeschriebene (vermutlich von einem unbekannten Rhapsoden verfaßte) Hymnos auf Demeter und das Ritual der Frühlingsweihe geben den Handlungsrahmen.

Von der Göttin Demeter (wahrscheinlich Ge-meter = Erd-mutter) wird berichtet, sie habe nach dem Raub der Tochter Persephone die Gemeinschaft der Götter verlassen und das Wachstum auf der Erde so lange verhindert, bis ihr die Tochter zurückgegeben wurde. Auf der Suche nach der Entführten fand sie in Attika freundliche Aufnahme. Sie regte dort in Eleusis einen ihr gewidmeten Kult (Eleusinische Mysterien) an und lehrte die Athener durch Triptolemos den Ackerbau. In diesem Mythos wird die Entmachtung der Muttergottheit durch Zeus erzählt. Homers Hymnos auf Demeter macht die Erdgöttin durch die ausführlich beschriebene Suche nach der Tochter zur „Schmerzensmutter der Antike". Als eine durch Leid Geläuterte unterwirft sie sich mit ihrer Tochter dem Willen und Richtspruch des Vatergottes Zeus.

Gide hat sich Strawinski gegenüber zu diesem Hymnos als Quelle seines Werkes bekannt. Er schickte dem Komponisten im Februar 1933 eine Homer-Ausgabe, in der die Hymnen enthalten waren: „Es ist die letzte dieser Hymnen (an Demeter), die mich anregte, und ich zweifle nicht, daß Sie darin denselben außerordentlichen Aufschwung empfinden werden wie ich, als ich sie zum erstenmal las. Mein Bemühen geht dahin, die Noblesse dieses Aufschwungs durch meinen ganzen Text beizubehalten."

Gide hat an Homers Hymnos einzelne Motive umgedeutet, um die Vaterfigur Zeus (der Göttervater zeugte mit Demeter Persephone) völlig auszuschalten und der Persephone ein besonderes Profil zu geben. Persephone geht, im Unterschied zur Homerischen Überlieferung, freiwillig in die Unterwelt. Nicht auf einen Befehl des Zeus wird sie der Mutter zurückgegeben, vielmehr führen die Bemühungen der Demeter zur Wiedergeburt. Auch Persephones Rückkehr in die Unterwelt ist freiwillig und kein Zugeständnis des Zeus an Plutos.

Das Gespräch der Persephone mit den Schatten hat einen den mythologischen Kontext sprengenden Gedankengehalt. Die Danaiden lehnen Persephones Angebot, für das Glück der Schatten etwas zu tun, mit der Begründung ab, für ihr Glück gäbe es nichts zu tun, da sie — bar der Liebe und jeden Hasses, ohne Hoffnung und Wünsche — nicht unglücklich seien. Für Gide ist der Hades eine Welt, „in der der Tod der Zeit das ewige Leben macht".

Da Persephone für die Schatten nichts tun kann, erscheint ihre Rückkehr in die Unterwelt als ein „acte gratuit" (wörtlich: grundlose Handlung), als eine sinnlose Tat. Der Terminus Acte gratuit ist mit André Gide zu einer weltliterarischen Kategorie geworden. Im Acte gratuit genießt das Individuum die Illusion der völligen Freiheit.

Die Begründung für die freiwillige Rückkehr der Persephone in die Unterwelt muß daher auf einer anderen Bedeutungsebene des Werkes gesucht werden. Eumolpos hat die letzten Worte in diesem Melodrama, und er begründet Persephones Rückkehr damit, daß sie „in das unermeßlich schlafende Land ein wenig vom Tage, ein wenig von der Liebe" bringe. „Denn für die Wiederkehr des Frühlings ist es nötig, daß das Korn zustimmt, unter der Erde zu sterben, um endlich in der goldenen Ernte für die Zukunft wiederzuerstehen."

Gide will Persephones Entschluß weniger sozial-sentimental als vielmehr philosophisch interpretiert sehen, denn er läßt sie sagen, daß ihre Rückkehr nicht eine Tat der Liebe, sondern der Notwendigkeit sei.

Gide machte Strawinski auf die Vermischung verschiedener Bedeutungsebenen aufmerksam: „Wie Sie selbst empfinden werden, ist der Vorwurf selbst ein Mittelding zwischen einem naturhaften Vorgang (der Rhythmus der Jahreszeiten; das Korn, das in die Erde fällt, muß sterben, um durch den Winterschlaf zu neuem Leben zu erstehen) und einem mythischen Vorgang; auf diese Weise verbindet sich der Mythos gleichzeitig mit den alten ägyptischen Kulten und mit der christlichen Lehre."

Eumolpos wird von Gide als Priester bezeichnet. Er hat jedoch wechselnde Bedeutungen. Er ist Priester der Erd-Göttin Demeter, legt aber in deren Tochter Persephone den Keim produktiver Unruhe, entfremdet sie der Mutter. Nachdem die Tochter aus dem mütterlichen Kreis ausgebrochen ist, deutet Eumolpos in der Funktion des kommentierenden Erzählers die Distanz des Spiels zur Homerischen Überlieferung. In der Rolle des Plutos will er Persephone mit dem Lethetrank die Macht über die Erde und damit über die Mutter schenken. Persephone lehnt das „kostbare Geschenk" zwar ab, ist aber verwirrt. In diesem kritischen Augenblick sendet Demeter durch Hermes (Merkur) einen Granatapfel als ihr Geschenk. Der Biß in den Apfel bringt der Tochter nicht nur die Erinnerung an die Mutter, sondern auch das Mitleid mit deren Verzweiflung. Das ist eine entscheidende Abweichung von Homer, denn dort überlistet Plutos die Persephone mit dem Granatapfel, dem Symbol der Liebe, und bindet sie mit diesem Geschenk an sich.

Die wiedergeborene Tochter wird als Frühlingskönigin gefeiert, sie hat sich emanzipiert. Das war der Lohn für Tod und freiwillige Heimkehr zur Mutter.

Der Text der ›Persephone‹ enthält in großer Dichte Grundthemen des Werkes von André Gide: Distanz zu Überliefertem (›Paludes‹, 1895), Mutter- oder Erdmythos (›Uns nährt die Erde‹, 1897), Berührung mit dem Tod (›Der Immoralist‹, 1902) und Widerspruch zwischen familiären Emanzipationsbestrebungen und Bindungsverlangen (›Die Heimkehr des verlorenen Sohnes‹, 1908). Diese wesentlichen Grundthemen seines Schaffens hat André Gide in der ›Persephone‹ zu einer Modellsituation verdichtet. Eumolpos und Persephone erscheinen als Figurationen der Sehnsüchte und Ängste des Dichters selbst.

Strawinski deckte nichts an den Dichterworten zu, er tat aber auch nichts, um die für Gide wesentlichen thematischen Akzente zu verdeutlichen. „Ich gab nichts auf den Geist oder die Tendenz seiner Erzählungen", sagte er deutlich zu Robert Craft (1959/60).

Bestimmten Tendenzen Gides hat Strawinski sogar Widerstand geleistet. So schlug der Dichter am 24. Februar 1933 dem Komponisten vor: „Die Rolle des Sprechers (Eumolpos, der Begründer und erste Priester der Eleusinischen Mysterien) sollte von einem Bariton, die Rolle des Plutos von einem Baß — dem bassest möglichen Baß — und der Chor nur von Frauenstimmen gegeben werden!" Strawinski realisierte diese Vorstellungen nicht. Er gab dem Text einen eigenständigen Sinn. Trotz mangelnder Zusammenarbeit konnte der Komponist den Dichter von seiner Auffassung überzeugen, im Melodrama ›Persephone‹ das alte Ritual der Eleusinischen Mysterien zu imaginieren. Am 8. Februar 1933 schreibt Gide an Strawinski: „Sie (gemeint ist Ida Rubinstein — S.N.) ist äußerst froh über das, was ich ihr von Ihrer Auffassung des Themas als die Feier eines Mysteriums erzählte." (Hervorhebung — S.N.) Dieses Thema wird wesentlich und selbständig von der Musik gestaltet.

Für Strawinski war Gides Sprache ein Material, aus dem Gleichmaß der dahinfließenden schönen Worte Ereignisse hervorzuheben, in denen sich mannigfaltige Personen unverwechselbar äußern können.

Der Priester Eumolpos eröffnet und „inszeniert" die Mysterien. In seiner Funktion als „Spielleiter" und Priester ist er auch Plutos. Er identifiziert sich am kritischen Punkt der Mysterien — als Persephone irritiert ist — mit Demeter und Persephone. Er selbst gibt den hoffnungslosen Schatten als erster Stimme. Er hält das Bewußtsein der Distanz zwischen der Homerischen Überlieferung und der „Wahrheit" der Mysterien wach. Als Priester eignet ihm ein chromatisch geschärfter freitonaler Vokalpart. Im Rollenspiel macht er sich, ähnlich wie der Schauspieler durch Kostüm und Maske, durch eine Tonart kenntlich. Als Interessenvertreter der Hoffnungslosen beendet seine c-Moll-Mahnung den G-Dur-Gesang der Nymphen, unterbricht sein Schritt ($^2/_2$) den Tanz ($^3/_2$) der Sorglosen. Mit dem sich heldisch gebenden D-Dur-Trompetenton bestimmt Eumolpos als Plutos die Tonart der Unterwelt. Wenn er sich mit Demeter identifiziert und sich in Persephones Verwirrung einfühlt, dann wählt er die Moll-Tonart des Frühlings (a-Moll).

Strawinski kontrastiert Oberwelt und Unterwelt zwar durch die Instrumentenzusammenstellung, aber das Wiegenlied der Danaiden hat durch seinen $^3/_4$-Takt und das feste D-Dur einen ähnlich tänzerischen Gestus wie die Nymphenchöre. Bevor sie durch das Mysterium bestätigt wird, weiß die Musik bereits von der Einheit von Ober- und Unterwelt. Auch der Bericht der Schatten von ihrem Dasein steht in dem ruhigen Plutos-D-Dur. Das Aufgestörtsein der Schatten durch Persephones Frage nach dem Glück wird in der Rückung nach cis-Moll und in der hoketosartigen Satztechnik deutlich. Das Stockend-Atemlose des Tons läßt hinter der Selbstdarstellung der Schatten, sie seien nicht unglücklich, eine Dimension unsagbaren Leides ahnen. Auch der scheinbar ungebrochene Ton, in dem die Schatten ihr Leben im ewigen Gleichmaß beschreiben, wird von spitzen kleinen, an unterdrückte Schreie gemahnenden instrumentalen Rufintonationen hinterfragt. Als die flehenden Bitten und Beschwörungen der Priester und Menschen, die Todespforte zu öffnen, vergeblich scheinen und der c-Moll-Klagelaut erstirbt, kündigt sich mit dem B-Dur-Gesang der Holzbläser eine Hoffnung an, tritt Persephone ans Licht.

In der Musik wächst der Persephone auch eine Dimension zu, die sie neben die männliche christliche Erlöserfigur stellt. Persephones freiwilligen Gang in die Unterwelt gestaltet das Orchestervorspiel zum zweiten Teil, den Abstieg und das ängstliche Zögern in Klang und Bewegung nachzeichnend. Unversehens aber erhebt sich in der Mitte des Weges eine Oboenmelodie in E-Dur und erinnert an die dem Erlöser huldigenden und von Christusliebe kündenden Gesänge in den Bachschen Oratorien. Dieses Strukturzitat breitet sich in siebzehn Takten aus und kehrt nie wieder. Sein E-Dur steht völlig fremd und unvermittelt im musikalischen Kontext.

Von Robert Craft 1959/60 nach der Bedeutung der „punktierten Rhythmen" im Oboensolo der ›Persephone‹ befragt, antwortete Strawinski: „Punktierte Rhythmen sind charakteristisch für die Musik des 18. Jahrhunderts. Ihre Verwendung in den genannten Werken und in anderen Kompositionen aus dieser Periode ... ist als bewußter stilistischer Hinweis zu verstehen."

Tonarten- und Taktwahl, Instrumentenzusammenstellungen, Wechsel der Metren, Kontraste der instrumentalen und vokalen Linie sondern die Ereignisse und Personen, stiften Zusammenhänge. Der Komponist hat den Text wie der Filmregisseur sein Szenarium behandelt. Er hat jeder Situation und Figur eine typische unverwechselbare Einstellung gegeben.

Autograph Part Nachlaß des Komponisten; KlA Victoria Ocampo, Buenos Aires
Ausgaben Part und KlA Russischer Musikverlag (Edition Russe de Musique) Berlin 1934; Part und KlA Boosey & Hawkes London o.J.; KlA (dt. von Fritz Schroeder) Boosey & Hawkes London o.J.; Part Nouvelle Version 1949. Boosey & Hawkes London 1950; KlA Russischer Musikverlag 1953; KlA Musyka Moskau 1979

Literatur Homer: ›Hymnos auf Demeter‹. In: Griechische Lyrik. Berlin/Weimar 1980; André Gide: Erzählungen. Nachwort von Brigitte Sändig. Berlin 1979; Eric Walter White: Strawinsky. Hamburg o.J.; Hans Heinz Stukkenschmidt: Igor Strawinsky. ›Persephone‹. Große Oper Paris 1934. In: Opern in dieser Zeit. Europäische Opernereignisse aus vier Jahrzehnten. Velber 1964

The Rake's Progress
Eine Oper in 3 Akten (An Opera in 3 Acts)
Eine Fabel von Wystan Hugh Auden und Chester Kallman
(A Fable by Wystan Hugh Auden and Chester Kallman)

Entstehung 1947—1951

Uraufführung 11. September 1951   Teatro la Fenice di Venezia anläßlich des XIV. Internationalen Festivals Zeitgenössischer Musik der Biennale von Venedig mit Chor und Orchester der Mailänder Scala

Personen
Trulove _____ Baß
Ann, seine Tochter _____ Sopran
Tom Rakewell _____ Tenor
Nick Shadow _____ Bariton
Mutter Goose _____ Mezzosopran
Baba, genannt die Türkenbab _____ Mezzosopran
Sellem, Auktionator _____ Tenor
Wärter des Irrenhauses _____ Baß
Dirnen und grölende Burschen, Diener, Bürger, Irre _____ Gemischter Chor

Orchester 2 Fl (II auch Picc), 2 Ob (II auch EH), 2 Klar, 2 Fg, 2 Hr, 2 Trp, Pkn, Cemb (Kl), Str

Aufführungsdauer I. Akt, 1. Bild: 20 Min., I. Akt, 2. Bild: 14 Min., I. Akt, 3. Bild: 8 Min., II. Akt, 1. Bild: 14 Min., II. Akt, 2. Bild: 15 Min., II. Akt, 3. Bild:

11 Min., III. Akt, 1. Bild: 16 Min., III. Akt, 2. Bild: 19 Min., III. Akt, 3. Bild: 23 Min.; Gesamt: 2 Stdn., 40 Min.

Vorgänge
Die Handlung spielt in England im 18. Jahrhundert.
I. Akt, 1. Bild: *Garten an Vater Truloves Haus auf dem Lande. Frühlingsnachmittag. Pastorale*: Das Mädchen Ann und der Jüngling Tom wie Adam und Eva im Paradies. Anns Vater drängt den Liebhaber zu einem soliden Broterwerb. Tom will sich nicht in die Sielen spannen lassen. Er wünscht sich Geld. Sein Wunsch geht sofort in Erfüllung. Ein Unbekannter steht an der Pforte und bietet ihm Geld, die Erbschaft eines reichen Verwandten. Er trägt sich Tom als Diener an. Tom verspricht Ann die baldige Wiederkehr und macht sich mit seinem Diener, Nick Shadow, nach London auf.
   I. Akt, 2. Bild: *Mutter Gooses Freudenhaus in London.* Die Huren und Lebemänner singen von der Liebe zum Kampf und vom Kampf der Liebe. Nick nimmt mit Tom den Katechismus der Liebe durch, und Tom wird von Madame konfirmiert. Er verliert die Unschuld.
   I. Akt, 3. Bild: *Garten an Vater Truloves Haus auf dem Lande. Herbstnacht. Vollmond.* Ann hat von Tom keine Nachricht, ahnt, er sei in Not, und entschließt sich, ihm beizustehen. Sie verläßt das Vaterhaus und macht sich auf nach London.
II. Akt, 1. Bild: *Frühstückszimmer in Toms Haus in einem Villenviertel in London.* Toms Leben läuft nach der Uhr der Mode; Herz, Sinne und Verstand aber laufen leer. Tom wünscht sich, er wäre froh. Sofort weiß Nick Shadow einen Rat. Er deutet Toms Melancholie als Folge von Unfreiheit durch das ewige Sollen und Müssen. Durch die Heirat eines Monstrums, der berühmten Türkenbab, könne er sich von diesem Zwang befreien. Da er das Mannweib weder liebt noch begehren kann, ist die Heirat eine sinnlose Tat – ein Acte gratuit – und diese beweise ihm seine vollkommene Freiheit. Tom nimmt diese Lektion an.
   II. Akt, 2. Bild: *Straße vor Toms Haus in London. Herbst. Dämmerung.* Ann wartet auf den Liebsten. Tom kommt mit seiner frisch angetrauten Ehefrau und weist Ann ab.
   II. Akt, 3. Bild: *Frühstückszimmer in Toms Haus in einem Villenviertel in London. Es ist jetzt überladen mit jeder erdenklichen Art von Gegenständen, wie ausgestopften Tieren, Schaukästen mit Mineralien, Porzellan, Gläsern.* Baba hat Tom nicht die Freiheit gebracht, sondern die Knechtung unter ihre Zuneigung und Hinwendung fordernden Ansprüche. Tom macht die Baba mundtot und fügt sie den toten Gegenständen bei. Er selbst schläft ein. Pantomime: Nick Shadow führt dem Publikum vor, wie man durch einen plumpen Trick und mit einer präparierten Maschine aus Steinen Brot machen kann. (Ende der Pantomime) Tom träumt sich aus der realen Misere in die Überschwenglichkeit. Er wünscht sich, Menschheitsbeglücker zu sein. Wieder erfüllt ihm Shadow sofort diesen Wunsch. Tom steckt sein Geld in die Schwindelmaschine und geht pleite.
III. Akt, 1. Bild: *Frühstückszimmer in Toms Haus in einem Villenviertel in*

London. Alles ist mit Spinnweben und Staub bedeckt. Frühlingsnachmittag. Die toten Gegenstände werden aus dem Schlummer gerissen und versteigert. Unter ihnen ist auch die Türkenbab. Ann fragt nach dem lebenden Tom. Sie erhält keine Auskunft, aber von der Türkenbab den Rat, Tom zu suchen und von Shadow zu trennen. Die Türkenbab wendet sich nach dem mißglückten Eheintermezzo wieder dem Zirkus zu. Ann macht sich auf die Suche nach Tom.

III. Akt, 2. Bild: *Ein Kirchhof. Gräber. Sternenlose Nacht.* Nick fordert seinen Lohn, Toms Leben und Seele. Tom spielt mit Nick um sein Leben. Bar aller Wünsche und Hoffnungen errät er die richtigen Karten und mit der Herzkönigin sein verfehltes Lebensziel. Nick kehrt ins Schattenreich zurück und zerreißt als Vorabzahlung das Band zwischen Toms Seele und Verstand.

III. Akt, 3. Bild: *Irrenhaus.* Tom erwartet als Adonis seine Venus. Ann besucht ihn und gibt Toms irrendem Geist Ruhe. Der Vater befiehlt die Tochter nach Hause. Als ein von Venus verlassener Adonis stirbt Tom.

Epilog: *Vor dem Vorhang. Zuschauerraum hell.* Baba, Tom, Nick, Ann und Trulove. Die Männer ohne Perücke, Baba ohne ihren Bart.

Jeder gibt seine Moral von der Geschichte.

Genesis

1947 sah Strawinski im Chicago Art Institute die Bilderfolge ›The Rake's Progress‹ von William Hogarth. Das „regte bei mir sogleich eine Reihe von Opernszenen an. Ich war indessen auch gerade besonders empfänglich für eine solche Anregung, denn schon seit meiner Ankunft in den Vereinigten Staaten hatte ich den Wunsch, eine Oper in Englisch zu komponieren. Ich wählte Auden auf Empfehlung meines guten Freundes und Nachbarn Aldous Huxley... So schrieb ich im Oktober 1947 an Auden und setzte ihm meinen ›Rake's Progress‹-Plan auseinander."

Im November lernten sich Strawinski und Auden kennen und entwarfen in zehn Tagen das Szenarium zu ›The Rake's Progress‹. Über die sehr glückliche Zusammenarbeit berichtete Strawinski: „Beginnend mit einem Helden, einer Heldin und einem Bösewicht und auf Grund eines Beschlusses, daß diese Leute ein Tenor, ein Sopran und ein Baß sein sollten, gingen wir dazu über, eine Reihe von Szenen zu erfinden, die zum letzten, in unserer Vorstellung bereits verankerten Bild in Bedlam hinführen. Wir hielten uns zunächst eng an Hogarth, bis unsere eigene Geschichte eine andere Bedeutung anzunehmen begann. Mother Goose und die Häßliche Herzogin (später die Türkenbab — S.N.) waren Audens Beitrag, aber die Handlung und das Schema ihres Ablaufs wurden von uns gemeinsam Schritt für Schritt ausgearbeitet." (Gespräch mit Robert Craft 1959/60)

Im Frühjahr 1948 teilte Auden dem Komponisten mit, daß er einen alten Freund von sich als Mitarbeiter herangezogen habe. Strawinski war damit einverstanden, registrierte aber genau, was dieser Dritte, Chester Kallman, in die gemeinsame Arbeit einbrachte: „Von ihm stammen im ersten Akt der letzte Teil der Szene, die ganze zweite Szene, im zweiten Akt die erste Szene bis und mit der Arie von Tom ›Vary the song‹ und die ganze zweite Szene, im dritten Akt die erste Szene (mit Ausnahme der Worte hinter der Szene von Tom und Shadow) und das Karten-Ratespiel in der zweiten Szene. Auden schrieb natürlich alles übrige." (Gespräche mit Robert Craft 1958/59)

Strukturen
Mit William Hogarths 1732/33 entstandener Bilderserie ›The Rake's Progress‹ ist die Stoffquelle, aus der die Librettisten ihre Anregung bezogen, nicht ausgeschöpft. Carl Dahlhaus bemerkt dazu, daß die Behauptung, das Libretto gehe auf die Bilderfolge von Hogarth zurück, „ebenso unanfechtbar wie unzulänglich" sei. „Denn die rührende Geschichte, die Hogarth erzählt, stellte lediglich eine Anregung dar, von der Auden ausging, bildet aber keineswegs die Substanz des Stükkes, das er für Strawinsky entwarf und das dessen Enthusiasmus hervorrief." Das wird von Auden selbst bestätigt: „Hogarths Wüstling erbt Geld, vergeudet es durch Lotterleben, heiratet eine häßliche Frau, um an ihr Geld zu kommen, verliert es im Glücksspiel, wird verrückt und stirbt. ‚Die Moral aus dieser Geschicht' scheint finanzielle Abstinenz zu heißen. Sich mit Weibern einzulassen ist schlecht, weil's Geld kostet. Ich glaube eigentlich, daß Hogarth nicht sonderlich am Charakter seines Wüstlings interessiert war. Er brauchte ihn lediglich als Mittelpunkt für sein Dekor." Nach Audens Absicht hingegen sollte Tom Rakewells „Wesen einen den heutigen Hörer allgemein interessierenden tragischen Fehler aufweisen, an dem er zugrunde geht. Wir machten ihn schließlich zu einem Manisch-Depressiven, der unfähig ist, den gegenwärtigen Augenblick als wertvoll zu erkennen. Er ist glücklich, wenn er sich die Möglichkeit einer Zukunft vorstellt, zu der kein Weg ihn hinführt, er ist traurig, wenn er schuldbewußt über seine Vergangenheit nachsinnt. Aber er kann nicht bereuen."

Die Handlung wird von drei Wünschen Toms in Bewegung gehalten: dem Wunsch nach Vergnügen, dem Wunsch nach absoluter individueller Freiheit und dem Wunsch nach einer menschheitsbeglückenden Tat. Das Vergnügen verkehrt sich in die Knechtschaft unter das Diktat der Mode, der Drang nach absoluter Freiheit endet in der Drangsalierung durch die Launen eines ungeliebten Monsters, und der Versuch, als Geschäftsmann gleichzeitig auch Menschheitsbeglücker zu sein, endet im Ruin. Auden kam es (wie er Strawinski 1948 mitteilte) darauf an, „jeden Schritt von Rake's Progress einmalig zu machen, nämlich:
Bordel — Le plaisir
Baba — L'acte gratuit
La machine — Il désire devenir Dieu."

„Le plaisir" ist das Vergnügen, „L'acte gratuit" ist die absolut sinnlose Handlung, mit der nach André Gide sich das Individuum die Illusion absoluter Freiheit vorgaukelt, und „Il désire devenir Dieu" ist der Wunsch, Gott zu werden. Der Pakt zwischen dem nichtfaustischen Tom und seinem Schatten-Mephisto (shadow = Schatten) bringt die Handlung zwar in Gang, aber nicht voran, endet sie allerdings drastisch.

Das 1. Bild des I. Aktes — *Garten an Vater Truloves Haus* — meint Ann und Tom im Stande der Unschuld wie Miltons Adam und Eva im Garten Eden. Unter diesem Blickwinkel hat der Weg Toms einen Bezug zur christlichen Schöpfungsgeschichte. Doch nicht der Stachel der Erkenntnis (ver)treibt Adam/Tom aus dem Paradies, und Eva/Ann bleibt, nicht verführt, zurück. Nick Shadow ist der schäbig gewordene Teufel, das heruntergekommene Dämonische. Er posiert in der Rolle des Verführers. Seine Tradition begann mit Puschkins Hermann, dem „Mephisto mit Napoleonsprofil" in ›Pique Dame‹, und führt zu Anton Tschechow. Seit Tschechow imaginiert sich der naturwissenschaftlich Gebildete, humanistisch Gesinnte im Teufel „jene unbekannte Macht, die die Beziehungen zwischen den Starken und Schwachen geschaffen hatte, diesen großen Irrtum, den man nun durch nichts wiedergutmachen kann. Es ist nötig, daß der Starke den Schwachen am Leben hindert, das besagt das Gesetz der Natur, doch verständlich und einleuchtend ist es nur im Lehrbuch oder in einem Zeitungsartikel; in dem Wirrwarr aber, als der sich das Alltagsleben präsentiert, in dem Durcheinander all jener Kleinigkeiten, aus denen die menschlichen Beziehungen gewebt sind, ist es kein Gesetz mehr, sondern logischer Unsinn, wenn der Starke sowie der Schwache gleichermaßen ihren gegenseitigen Beziehungen zum Opfer fallen..." (Anton Tschechow: Ein Fall aus der Praxis, Erzählung)

Nick hat in Tom jene schäbig-alltägliche Illusion des mittelmäßigen Bürgers genährt, die blinde Zufallsgöttin sei ihm dienstbar; das Geld hätte ihm die Macht gegeben, Glück zu gewinnen, ohne auf den Gesamtzusammenhang zwischen eigenem und fremdem Leben zu achten. Als sich Tom mit dem Tod konfrontiert sieht, sucht er den Weg zurück in den Stand der Unschuld, den Weg in die Kindheit. Der Weg zurück, die Negation von gelebtem Leben als Fazit einer Biographie, wird von Nick Shadow materialistisch-realistisch ins Kindische — das heißt Irre-Werden umgedeutet.

Der wahnsinnige Tom nennt sich Adonis. So erhält der Weg des „Wüstlings" auch durch den Mythos von Adonis und Aphrodite (Venus) eine besondere Deutung. Der Mythos überliefert, daß Adonis von Aphrodite geliebt wird, aber ihre Liebe zurückweist, weil er „frei sein will und sich den Freuden der Jagd hingeben möchte. Ein Eber tötet ihn, zerstört sein Leben, aber er wird von der Göttin halb errettet und für jeweils ein halbes Jahr zur Erde zurückgebracht. Es ist zu sehen, wie Tom Ann Trulove abweist, um seinen Wünschen nach Vergnügen und Freiheit in den Bordells, auf den Jahrmärkten und an der Börse von London nachzugehen. Nach ‚einem Jahr und einem Tag' ist er in den Fängen des Schattenreichs, des Hades, der von seinem Diener Nick Shadow verkörpert wird, aber er wird durch Anns Liebe auch halb errettet: nicht mit einer eindeutigen temporalen Einteilung wie im Mythos, sondern mit einer simultanen: er ist zur gleichen Zeit sowohl auf der Erde als auch in der Hölle — und das ist Wahnsinn. Im Irrenhaus glaubt Tom von sich, daß er Adonis im Hades ist, umgeben von Minos, Orpheus, Persephone und anderen, die auf die Rückkehr der Aphrodite warten. Es ist wieder Frühling und sie kommt." (Joseph Kermann: Opera as Drama)

Auden hat die Lebensstationen Tom Rakewells auf die alten Mythen von der Vertreibung aus dem Paradies und von Venus und Adonis bezogen, christlich und antik-heidnisches Gedankengut miteinander verknüpfend. Insofern hat er

Hogarth nicht schlechthin eine neue Lesart abgewonnen, vielmehr unterscheidet sich Audens Version von Hogarths Vorlage „durch die Umwandlung ihres mechanistisch-materialistischen Gehaltes in einen mythisch-idealistischen" (Frank Schneider).

Strawinski folgte diesen Angeboten, fand und gestaltete aber noch andere Schichten. Auden charakterisierte seinen Helden als einen „Manisch-Depressiven". Rake bedeutet Harke, Kratzeisen, bedeutet aber auch sich neigen, überhängen, schiefe Stellung und meint im übertragenen Sinne einen Lebemann, einen liederlichen Burschen oder Wüstling. In der Übertragung aber klingt die ursprüngliche Bedeutung, das Herausfallen aus der Norm, das Schiefe der Lage noch immer mit. — Und so sucht auch Strawinskis Tom Rakewell einen Weg außerhalb der von den Vätern vorgeprägten Werte. Ein Wüstling ist er im Sinne der bürgerlichen Wohlanständigkeit. Von seiner Liebsten, von Ann, wird er nie moralisch beurteilt.

In dieser streng nach Arien, Ensembles und Rezitativen gegliederten Oper fallen fünf Sätze des Helden als besondere auf, denn sie werden gesprochen! Der erste Satz ist eine Ablehnung: „Der alte Narr." Damit meint Tom den rüstigen Trulove und dessen Vorschlag, eine bürgerliche Existenz (Eintritt in ein Bankhaus) zu wählen. Die nächsten drei Sätze sprechen Wünsche aus:
„Ich wünschte,
> ich hätte Geld;
>> ich wäre froh;
>>> es wäre wahr."

Der letzte gesprochene Satz aber lautet: „Ich wünsche nichts mehr." Und dann kommt sofort gesungen die Erkenntnis: „Die Liebe ist Anfang und Ende." Diese Erkenntnis ist zugleich ein Be-kenntnis, denn Tom singt, mit anderen Worten zwar, eine Melodie nach, die Ann im Angesicht des kalten Mondes gefunden hat, als sie sich entschloß, von zu Hause wegzugehen: „Ich geh, ich geh zu ihm. Die Liebe wankt nicht, kann nicht vergehn."

So hat sich musikalisch der Kreis zwischen Ann und Tom geschlossen. Dieser Kreis bannt Shadow, der sogleich der Hölle Flammen spürt. Der Teufel ist aus dem Spiel und hat für sein Versagen — diesmal — zu büßen.

Der erste Wunsch Toms zielt darauf, der ländlichen Einförmigkeit zu entfliehen. Er enthält noch keinen Verrat an der Liebe. Im Bordell bricht der gelehrige Schüler, der sich noch willig katechisieren ließ, plötzlich aus. Er will zu seiner Liebe zurück. Nick Shadow muß die Uhr zurückdrehen, um Tom Relativität allen Geschehens, freie Verfügbarkeit von Lebenszeit, Umkehrbarkeit aller Taten vorzutäuschen. Strawinski hat die ursprüngliche, im Szenarium noch festgehaltene Absicht, Tom Rakewell „ein galantes Lied" singen zu lassen und ihn damit als einen bereits Angepaßten vorzuführen, verändert. Toms Cavatine steht in E-Dur, einer der „Frühlingstonart" A-Dur verwandten Tonart. Rakewell irritiert mit seinem Ausfall die Huren so, daß sie kurzzeitig diesen Ton übernehmen, obgleich er ihnen trübe erscheint und sie ihn daher abschatten. Mars und Venus, Krieg und Liebe, die Vereinbarkeit des Unvereinbaren — so lautet die Losung der Städter. Die Welt aber, aus der sich Tom fortbewegt, um am Schluß wieder zurückzufinden, ist eine kampflose Welt, eine Imagination des verlorenen Paradieses.

Toms Abhängigkeit erwächst nicht aus Besitzstreben oder Vergnügungssucht, sondern aus dem Nichtfinden eines sinnvollen humanen Lebenszentrums. Diesen im Libretto zwar angelegten, aber nicht zentralen Punkt hat Strawinski zum Gegenstand seiner Musik gemacht.

Tonartenbeziehungen, Instrumentenzuordnungen zu Personen und Situationen, die zentrierende Rolle des den Frühling und die Liebe signalisierenden und erinnernden A-Dur schaffen Zusammenhänge und sind Komponenten der musikalischen Erzählweise. Das Herausheben der fabelbestimmenden Punkte (Abwehr der bürgerlichen Existenz, Etablierung subjektiven Wollens in drei Wünschen und resignierendes Selbstauslöschen) durch das gesprochene Wort, sind ein weiteres Mittel. Das Nichtfinden eines sinnvollen Lebenszusammenhanges etabliert Strawinski in einer großen Szene zu Beginn des zweiten Aktes. In der instrumentalen Introduktion wird das „Lied" der Großstadt London musiziert: grell, schrill, zerfahren. Toms Arie manifestiert sein Leiden an dieser Mißgestimmtheit. In der Arie demonstriert Rakewell seine kleine Empörung und einen winzigen Stachel des Widerstandes. Die Arie bricht ab, und Tom reflektiert über die Ursachen der ihn umgebenden Mißgestimmtheit (Rezitativ): die Loslösung der Menschen aus dem Kreislauf der Natur. Das Rezitativ hat eine Mitte, die als Kontrastteil zur abgebrochenen Arie steht. Tom macht sich Mut, den Kampf gegen die Unnatur aufzunehmen. Doch dann wird dieser Aktivismus zurückgenommen. Zwar faßt nun in der Arien-Reprise Tom seine eigene Existenz schärfer, er sieht sich selbst als Jäger in einem öden Wald, vor dem das Wild zurückweicht, aber seine Haltung bleibt unverändert. Das Abbrechen der Arie, das eingeschobene ausgedehnte Rezitativ und die Wiederaufnahme der Arie (Arien-Reprise) macht in der Form den Inhalt transparent: emotional bestimmte Haltung, vernunftbestimmte Erwägungen, Rückkehr zur unverändert gebliebenen Haltung. In dieser Szene hat Strawinski einen wesentlichen Charakterzug Tom Rakewells gezeichnet. Die seine Handlungen bestimmenden emotionalen Motivationen bleiben hinter seinem kritisch reflektierenden Verstand zurück. Die Erkenntnis seiner Lage führt zu keiner Veränderung oder Überprüfung seiner Haltung. Kritische Vernunft und vernünftiges Gefühl bilden in diesem Wesen kein funktionierendes Ganzes mehr.

Genau umgekehrt ist es um Ann bestellt. Die darauffolgende zweite Szene des zweiten Aktes zeigt nun das Mädchen in den Klauen der Großstadt. Auch sie empfindet wie Tom die Unnatur der Stadt. Doch wo dieser Verachtung spürt und einen kleinen Widerstand probiert, ist sie nur furchtsam. Deswegen tönt ihr auch die Großstadtweise anders als Tom: nicht grell, schrill und zerfahren, sondern dunkel, drohend kompakt. Obgleich sie verstandesmäßig das sie Umgebende nicht bewältigt (Rezitativ), aktiviert sie emotionalen Widerstand und behauptet ihn auch (Arioso).

Diese Unterschiedenheit beider Figuren findet ihr deutliches Bild im Schlummerlied, das Ann für Tom im Irrenhaus singt. Das Band zwischen Toms Seele und Verstand ist zerrissen, Ann kann diesen Riß nicht heilen. Aber mit ihrem Schlummerlied bringt sie Toms Seele zur Ruhe.

Das „Lied der Großstadt" und die „Weise der Natur" waren für Strawinski historisch-musikalische Spannungsfelder, denn er bekannte sich 1959/60 in einem Gespräch mit Robert Craft zu einem Ausspruch Johan Huizingas: „Krankheit und Gesundheit waren (im Mittelalter — S.N.) stärker voneinander verschieden, die Kälte und die Dunkelheit des Winters waren realere Übel; Ehre und Reichtum stachen mehr von dem sie umgebenden Elend ab... Der Kontrast zwischen Schweigen und Ton, Dunkelheit und Licht, Sommer und Winter beherrschte das Leben anders als heute. Die moderne Stadt kennt schwerlich mehr das Schweigen oder die Finsternis in ihrer Gänze und auch nicht den Eindruck eines einsamen Lichtes oder eines vereinzelten fernen Schreis ..."

Die Form dieser Oper scheint konventionell zu sein. Ihre strenge Gliederung in Arien, Ensembles, Rezitative läßt die Orientierung an dem seit Wagner „unmodern" gewordenen italienischen Formmodell erkennen. Der Komponist bekennt sich zu diesem Modell. Zum Typus der italienischen Oper allerdings verhält sich Strawinskis Oper ›The Rake's Progress‹ wie Mozarts ›Titus‹ oder ›Idomeneo‹ zum Typus der Opera seria.

Das Thema der Oper ›The Rake's Progress‹ ist das Grundthema von Strawinskis Poetik: „Der Kontrast ist ein Element der Mannigfaltigkeit, aber er verwirrt die Konzentrationskraft. Die Analogie entsteht aus dem Willen zur Einheit. Der Wunsch nach Abwechslung ist vollkommen legitim, aber man darf nicht vergessen, daß die Einheit der Vielfalt vorausgeht. Ihre gleichzeitige Existenz ist übrigens dauernd erforderlich, und alle Probleme der Kunst, ja überhaupt alle denkbaren Probleme, inbegriffen das Problem der Erkenntnis und das des Ewigen, drehen sich verzweifelt um diese Frage ... Der Kontrast ist überall. Es genügt, ihn als Tatsache festzustellen. Die Analogie ist verborgen, man muß sie entdecken, und ich entdecke sie nur mit äußerster Anstrengung!" (2. Poetik-Vorlesung)

Der Unterschied zwischen dem Komponisten und seinem Helden besteht darin, daß der eine sich der Anstrengung unterwirft, während der andere sich diesen Anstrengungen entzieht. Der Komponist weiß, daß die „Einheit der Vielfalt vorausgeht", während der Held ein umgekehrtes Verhältnis annimmt und am Schluß die Wahrheit erahnt.

Während der Komponist im Schöpferischen die „Einheit der Vielfalt" sucht und findet, gibt Tom seinen Anspruch mit den Worten: „Ich wünsche nichts mehr" auf, gewinnt so nur eine trügerische Einheit im Verlöschen.

Nicht nur die Wirkungen des an ›Così fan tutte‹ orientierten Orchesters, die Ähnlichkeiten im Klangbild, die melodischen oder strukturellen Zitate machen die Nähe dieser Oper zu Mozart aus. Es gibt auch eine Gemeinsamkeit des Themas, wie sie sich im Verhältnis von Einheit und Mannigfaltigkeit, von Analogie und Kontrast in Menschenbild und musikalischer Dramaturgie darstellt.

Wie in allen Mozart-Opern findet sich auch in Strawinskis ›The Rake's Progress‹ die spannungsvolle Identität und Nichtidentität zwischen dem Schöpfer und seinem Geschöpf. Wie bei Mozart stellt sich der männliche Protagonist in Charaktermasken dar, während die Frau Ann als Ganzheit reagiert.

Und wie bei Mozart gibt das Schlußensemble vor, die Moral der Geschichte zu verkünden. Es zeigt aber vielmehr, daß sich die Geschichte nicht in eine Moral fassen läßt.

Autograph Part University of California, Los Angeles, CA
Ausgaben Part und KlA Boosey & Hawkes New York 1951; KlA (dt. von Fritz Schröder) Boosey & Hawkes New York o.J.
Literatur Igor Strawinsky: W.H. Auden und ›The Rake's Progress‹. In: Gespräche mit Robert Craft. Zürich 1961; Igor Strawinsky/Wystan H. Auden: Szenarium zu ›The Rake's Progress‹. In: Igor Strawinsky: Gespräche mit Robert Craft. Zürich 1961; Wystan Hugh Auden: Reflexionen über Oper. / Emilia Zanetti: Strawinsky hat gesagt... Interview mit Strawinsky zu ›The Rake's Progress‹. In: Musik der Zeit. Eine Schriftenreihe zur zeitgenössischen Musik, H.1. Igor Strawinsky zum 70. Geburtstag. Hrsg. von Heinrich Lindler, Bonn 1952; Joseph Kermann: Opera as Drama. New York 1956 (Zitate in der Übersetzung von Frank Schneider); Frank Schneider: ›The Rake's Progress‹ oder Die Oper der verspielten Konventionen. In: Peters-Jahrbuch 1980, Leipzig 1981

Die Flut (The Flood)
Ein musikalisches Spiel (A Musical Play)
Text ausgewählt und arrangiert von Robert Craft nach der Schöpfungsgeschichte und den Mysterienspielen des York and Chester Cycles (geschrieben zwischen 1430 und 1500)

Entstehung 1961—1962

Uraufführung 14. Juni 1962   Fernsehen der USA
30. April 1963   Hamburgische Staatsoper

Personen
Luzifer, Satan_____Tenor
Gott_____2 Bässe
_____Chor (S, A, T)
Noah_____Sprechrolle
Noahs Weib_____Sprechrolle
Noahs Sohn_____Sprechrolle
Erzähler_____Sprechrolle
Rufer_____Sprechrolle

Orchester 3 Fl (III auch Picc), AFL, 2 Ob, EH, 2 Klar, BKlar, KbKlar, 2 Fg, KFg, 4 Hr, 3 Trp, 3 Pos, 2 TPos (I auch APos), BPos, KbTb, Pkn, Bck, 3 Tomtoms, GrTr, Xyl-Mar, Cel, Hrf, Kl, Str

Aufführungsdauer Gesamt: 24 Min.

Vorgänge
Prelude. *Das Ritual der Lobpreisung Gottes.* Der Erzähler liest aus der Schöpfungsgeschichte. Der Schöpfungsakt. Adam und Eva entstehen. Luzifer wird von Gott verstoßen. Als Satan sinnt er in der Hölle auf Rache.
Melodrama. *Die Versuchung.* Vertreibung aus dem Paradies. Beschluß Gottes, die Sünde durch die Sintflut zu vernichten. Gott gibt Noah den Auftrag, die Arche zu bauen.
Der Bau der Arche. *(Choreographische Szene)*
Der Katalog der Tiere. Ein Rufer fordert die Tiere auf, die Arche zu besteigen. Die Tiere folgen willig.
Die Komödie. *(Noah und sein Weib).* Noahs Weib sträubt sich einzusteigen, wird aber von ihren Söhnen umgestimmt. Sie betritt die Arche und schlägt zum Dank für die Rettung den Ehemann.
Die Flut. *(Choreographische Szene)*
Der Bund. Gott schließt mit Noah einen Bund und weist ihm Lebensraum zu. Satan sieht, daß die Sünde durch die Sintflut vertilgt ist.
Das Ritual der Lobpreisung Gottes.

Genesis
In seinem Bericht über die szenische Uraufführung in Hamburg teilt Hans Heinz Stuckenschmidt zur Entstehung des Werkes folgendes mit: „Eine nordamerikanische Fernsehgesellschaft gab den Auftrag zu einem Televisionsspiel, dessen Länge auf sechzig Minuten veranschlagt wurde. Strawinsky, seit langem fast ausschließlich an sakraler Kunst interessiert, wählte den Sintflut-Stoff, machte aus biblischen Motiven und Modellen englischer Mysterienspiele einen Plan gemeinsam mit Robert Craft, der das Libretto herrichtete... Das Resultat war kürzer als geplant. Deshalb dehnte man es in der amerikanischen Fernsehwiedergabe (an der... George Balanchine als Choreograph mitwirkte) durch Kommentare, Aufnahmen bei der Probenarbeit und Reklamesendungen, die mit anderer Musik versehen waren. Zwar wirkten Strawinsky und Craft als Dirigenten mit. Sie konnten jedoch die Entstellung des Werkes nicht verhindern."

Strukturen
Jeder Vorgang in diesem Musical Play hat seine besondere Darstellungsweise.
    Neben der Zeremonie (Lob Gottes in lateinischer Sprache), mit der das Spiel anhebt und endet, stehen der Bericht (erzählte Schöpfungsgeschichte), die Verkündigung (Gott schafft Adam und Eva und vertreibt sie), das Melodram (Eva wird von der Schlange verführt), der gesungene Monolog, die Arie (Luzifer rühmt sich selbst, schmiedet Rachepläne, erkennt die Vergeblichkeit seiner Mühen), die gesungenen und gesprochenen Dialoge (Gott gibt Noah den Auftrag zum Archebau, schließt mit ihm einen Bund), die Pantomime (Katalog der Tiere, Noahs Ärger mit seinem Weib) und das Ballett (Bau der Arche, die Sintflut).

Das Nacheinander verschiedener historischer Darstellungsweisen macht das Musical Play in Kongruenz zur biblischen Schöpfungsgeschichte zu einer Schöpfungsgeschichte des Theaters. Und in der Vermischung von hohem und niederem Stil, im Nebeneinander von strenger, an die Zwölftontechnik gebundener Linearität und dem Ambiente mittelalterlicher Mehrstimmigkeit in den Chören ist das Musical Play ein Spiel mit den verschiedensten Elementen. Der Künstler setzt sich so unversehens an Gottes Statt, indem er über Ungleichzeitiges, Nichtzusammengehörendes verfügt und nach seinem Willen ein Zusammenspiel arrangiert.

Carl Dahlhaus meint, daß gerade in der Schroffheit der Sukzessivkontraste die latente Pointe des Musical Play läge, das als Allegorie gemeint sei: „Der Stil des Bassistenduetts, das die Stimme Gottes repräsentiert, erinnert durch spröden homorhythmischen Tonsatz — trotz der Zwölftontechnik, die dem Werk insgesamt zugrunde liegt — an mittelalterliche Mehrstimmigkeit ... Der archaisierende Ton aber, den Strawinskij in den zeremoniellen Teilen des Werkes anschlägt, gehört zweifellos zu den prägnantesten Darstellungsmitteln des erhabenen Stils in der Musik des ‚genus sublime'. Demgegenüber repräsentiert Noah in ähnlicher Kraßheit den niederen Stil, das ‚genus humile'. Seine Redeweise — die eines Mannes, der sich als unwürdiges Werkzeug fühlt — bildet zur Stimme Gottes einen Kontrast, wie er schroffer kaum denkbar ist, und zwar durch ein bloßes Sprechen mit karger Instrumentalbegleitung, ein Sprechen, das eine zur Komik tendierende Alltäglichkeit sinnfällig macht."

Für Strawinski „ist diese Geschichte von Noah gleichnishaft. Ich sehe in Noah eine alttestamentliche Erlösergestalt, ähnlich Melchisedek. Das Thema der Sintflut ist nicht die Geschichte Noahs, sondern vielmehr die Sünde." (Programmheft der Hamburgischen Staatsoper)

Auch in der ›Sintflut‹ wird deutlich, was Strawinskis gesamtes musiktheatralisches Schaffen charakterisiert. Der Komponist sucht sich einen Standpunkt außerhalb des Dargestellten, so daß der Blick auf das Geschehen immer mitkomponiert ist.

Verbreitung

Von der kuriosen Fernseh-Uraufführung durch die CBS in den USA war im Entstehungsbericht bereits die Rede. Verständlich, daß der achtzigjährige enthusiastisch gefeierte Komponist die szenische Darbietung durch die Hamburgische Staatsoper (Regie Günther Rennert, Musikalische Leitung Robert Craft, Bühnenbild Teo Otto) als die eigentliche Uraufführung seines Werkes akzeptierte. Eine Verbreitung des Werkes setzte sie allerdings nicht in Gang.

Ausgaben Part und KlA Boosey & Hawkes New York 1952 (dt. 1963)
Literatur Carl Dahlhaus: Igor Strawinskijs episches Theater. In: Beiträge zur Musikwissenschaft, Berlin 1981, H. 3; Hans Heinz Stuckenschmidt: Igor Strawinsky. ›Die Sintflut‹. Hamburgische Staatsoper 1963. In: Oper in dieser Zeit. Europäische Opernereignisse aus vier Jahrzehnten. Velber 1964; Norbert Jers: Igor Strawinskys späte Zwölftonwerke (1958—1966). In: Kölner Beiträge zur Musikforschung. Bd. 89, Regensburg 1976

Otar Wassiljewitsch
Taktakischwili
1924

Der Komponist studierte zwischen 1942 und 1947 am Konservatorium seiner Heimatstadt Tbilissi. Ab 1959 lehrte er selbst an diesem Institut und war von 1962 bis 1965 dessen Rektor.

1965 wurde er zum Kulturminister der Georgischen (Grusinischen) SSR ernannt, 1967 zum Sekretär des Verbandes der Komponisten der SSSR gewählt und arbeitet seitdem als Mitglied des Präsidiums des Internationalen Musikrates bei der UNESCO.

Die Leitung der Staatlichen Chor-Kapelle der Grusinischen SSR befand sich von 1952 bis 1956 in seinen Händen.

Er ist der Komponist der Nationalhymne der Georgischen SSR, die er 1945 schrieb.

Staatliche Auszeichnungen erhielt er u. a. 1949 für seine 1. Sinfonie, 1951 für sein Klavierkonzert und 1967 für das Oratorium ›Auf den Spuren Rustawelis‹.

Seine Liebe zur Musik der transkaukasischen Völker dokumentierte er in der Kantate ›Gurische Lieder‹ (1971) und in der Suite ›Megrelische Lieder‹ (1972).

Die Uraufführung seiner ersten Oper, ›Mindija‹, 1961 gilt als bedeutendstes Ereignis in der grusinischen Musikgeschichte der jüngsten Zeit.

Mindija 1959—1960
Oper in zwei Akten nach Dichtungen von Washa-Pschawela
Drei Novellen/Drei Leben 1967/1972
Drei Operneinakter nach Erzählungen von Michail Dshawachischwili
Der Raub des Mondes (Pochischtschenije luny) 1976
Oper in drei Akten
nach dem gleichnamigen Roman von Konstantin Gamsachurdia
Mussussi 1977/1980
Komische Oper
nach der gleichnamigen Novelle von Michail Dshawachischwili
Die Sonderlinge/Erste Liebe (Tschudaki/Perwaja ljubow) UA 1984
Komische Oper in zwei Akten
nach der gleichnamigen Erzählung von Rewas Gabriadse

Literatur Ljudmila Poljakowa: Otar Taktakischwili. Moskau 1956 und 1979; Grusinische SSR. (Grusinskaja SSR.) In: Geschichte der Musik der Völker der UdSSR. (Istorija musyki narodow SSSR.) Bd. 5, Teil 2, Moskau 1974

Mindija (Mindija)
Oper in drei Akten, drei Bildern
Libretto von Rewas Tabukaschwili
nach Dichtungen von Washa-Pschawela (Luka Rasikaschwili)

Entstehung 1959–1960

Uraufführung 21. (23.) Juli 1961 Staatliches Akademisches Theater für Oper und Ballett Tbilissi

Personen
Mindija, ein junger Bergbewohner_____Tenor
Msija, seine Geliebte_____Sopran
Tschalchija, Bergbewohner_____Bariton
Chewisberi, Vater Mindijas, Führer der Bergbewohner_____Baß
Ein Bote_____Baß
Dorfgemeinschaft;
Chor, der die Stimme der Natur wiedergibt_____Gemischter Chor

Orchester 3 Fl, 3 Ob, 3 Klar, 3 Fg, 4 Hr, 4 Trp, 3 Pos, Tb, Pkn, Slzg, Hrf, Kl, Str

Aufführungsdauer I. Akt: 35 Min., II. Akt: 30 Min., III. Akt: 30 Min.; Gesamt: 1 Std., 35 Min.

Handlung
Die Handlung spielt in unbestimmter Vergangenheit in Grusinien. Der Jüngling Mindija kehrt aus Gefangenschaft in die heimatlichen Berge zurück und hofft auf glückliche Tage. Er verfügt über die Gabe, die Stimmen der Pflanzen und Tiere zu verstehen. Er wird von ihnen freundlich als ein friedlicher, auf Eintracht bedachter Mensch begrüßt. Doch der Vater fordert von Mindija, Rache für den getöteten Bruder an Tschalchija zu nehmen.
 Mindija weigert sich, das Blutvergießen fortzusetzen. Er wird als Feigling verhöhnt.
 Feinde überfallen das Land. Mindija kämpft heldenhaft. Der Feind wird verjagt. Mindija hofft nun auf eine Zeit des Friedens und der Liebe mit dem Mädchen Msija. Doch sowohl die Geliebte als auch der in der Schlacht verwundete sterbende Vater fordern von ihm, die Blutschuld zu begleichen. Mindija weigert sich abermals und wird nun von Tschalchija angegriffen. Er verteidigt sich und tötet den Angreifer.
 Mindija geht in die Berge. Er hört die ihm zürnenden Stimmen der Natur und findet seinen Frieden erst im Tod.

Kommentar

Washa-Pschawela ist ein Synonym und bedeutet der Pschawische Mann. So nannte sich der bedeutende grusinische Poet Luka Rasikaschwili (1861—1915), der sein Leben in den Bergen von Pschawo-Chewsurien verbrachte und neben Kasbegi als der bedeutendste Vertreter der sogenannten georgischen Bergschule gilt. „Zentrale Motive seiner Dichtungen sind die Beziehungen zwischen Mensch und Natur sowie die Auseinandersetzung zwischen dem humanistischen Anspruch des Individuums auf freie Selbstbestimmung und Traditionen... Die zumeist tragischen Schicksale starker Persönlichkeiten... sind zugleich eingebettet in eindringliche Schilderungen der vom Gesetz der Natur und der Notwendigkeit der Selbstbehauptung geprägten Lebensverhältnisse der georgischen Bergstämme." (Heinz Fähnrich: Pschawela)

Die Poesie Washa-Pschawelas war ein Grunderlebnis für den Komponisten Taktakischwili. Bereits 1949/50 hatte er Pschawelas ›Ballade vom verwundeten Adler‹ für Mezzosopran und Volksinstrumente vertont. Er nahm sie 1961 als Gleichnisarie in seine Oper ›Mindija‹ auf. 1957 schrieb er einen vokal-sinfonischen Zyklus ›Der Weg des Poeten‹ nach Versen Pschawelas, 1961 gestaltete er diesen Weg in theatralischer Form in seiner Oper ›Mindija‹.

In Washa-Pschawelas Poem ›Smeëed‹ war der schon ältere Mindija in die Gefangenschaft von Bergsteigern geraten, hatte zufällig von deren Nahrung, Schlangenfleisch, gekostet und verstand danach die Sprache der Tiere und Pflanzen. So geriet er in Konflikte, als er fürderhin seine Familie ernähren und Lebendes töten sollte.

Anders bei Taktakischwili. Hier ist Mindija schon als junger Mann mit der Fähigkeit begabt, die Sprache der Natur zu verstehen. Sie spricht zu ihm von Liebe und Eintracht. Daher weigert sich der Jüngling, den Geboten der Blutrache zu folgen. Nach dieser kühnen, gegen die Sitte verstoßende Weigerung wird Mindija zweimal gezwungen, in Notwehr zu töten. Das erste Mal vertreibt er gemeinsam mit seinen Stammesgenossen Feinde, das zweite Mal verteidigt er sich gegen Tschalchija. Die erste Notwehrhandlung macht ihn zum Helden, sie wird von der Natur nicht zur Kenntnis genommen. Allein die zweite ruft den Zorn der Natur hervor. Der Unterschied zu Washa-Pschawelas Poem liegt unter anderem darin, daß in der Oper Konfliktkonstellation und Handlung nicht konsequent und logisch durchgeführt sind.

Für die Stimmen der den heimkehrenden Mindija begrüßenden Natur schrieb Taktakischwili eine hymnisch-chorische Musik, die er nach Mindijas Tod wieder erklingen läßt. Ostinate, fallende chromatische Läufe, ein Merkmal grusinischer Figurationstechnik, symbolisieren eine hingebungsvolle Haltung. Das schafft eine musikalische Klammer, innerhalb derer traditionelle Muster des Genres — Kriegslieder, Ariosi, Trauergesänge, hymnische Chöre — dominieren.

Verbreitung

1972 Minsk, Jerewan, Tartu, Kutaisi (Georgische SSR); 1974 Saarbrücken; 1982 Meiningen.

Ausgaben KlA (russ. von Em. Aleksandrowa) Sowjetski kompositor Moskau 1963; KlA Deutsche Bühnenfassung von Jörg Morgner. (dt. von Nelly Amaschukeli und Wolfgang Offermanns) Sikorski Hamburg
Literatur Siehe Otar Taktakischwili; Heinz Fähnrich: Pschawela. In: Lexikon fremdsprachiger Schriftsteller. Bd. 3, Leipzig 1980

Drei Novellen/Drei Leben
Zwei Urteile/Zwei Brüder
Oper in einem Akt
Libretto von Otar Taktakischwili nach der gleichnamigen Erzählung von Michail Dshawachischwili (Adamaschwili)
Der Soldat/Das Schicksal des Soldaten
Oper in einem Akt
Libretto von Otar Taktakschwili nach der Erzählung ›Die Auszeichnung‹ von Michail Dshawachischwili (Adamaschwili)
Tschikori
Oper in drei Bildern und einem Epilog
Libretto von Otar Taktakischwili und Sergej Zenin unter Verwendung von Versen des Dichters Galaktion Tabidse

Entstehung 1967/1972

Uraufführung Drei Novellen 19. November 1967 Staatliches Akademisches Theater für Oper und Ballett Tbilissi

Drei Leben 9. September 1972 Moskauer Akademisches Musikalisches Theater K. S. Stanislawski und W. I. Nemirowitsch-Dantschenko

Personen
Zwei Urteile/Zwei Brüder
Mutter	Mezzosopran
Vater	Tenor
Ihre Söhne: Batschila, Mate	Tenor, Bariton
Mascho	Sopran
Richter	Baß
Wächter	Baß
Eine Alte, 3 Landstreicher	Alt, Tenor, Bariton, Baß
Volk	Gemischter Chor

Der Soldat/Das Schicksal des Soldaten
Georgi Simonischwili, Soldat	Bariton
Die Mutter eines jungen Arbeiters	Sopran
Offizier	Tenor
Unteroffizier	Bariton
Arbeiter, Bauern, Soldaten	Gemischter Chor

Tschikori

Poet-Revolutionär	Baß-Bariton
Lehrer	Bariton
Tschikori	Tenor
Ziala	Sopran
Fabrikbesitzer	Tenor
Mutter	Alt
Volk	Gemischter Chor

Handlung
Zwei Urteile/Zwei Brüder
Die Handlung spielt in einer Vorstadt von Tiflis im Jahre 1903.
Zwei Brüder verlieben sich in ein Mädchen, geraten darüber in Streit, und der eine Bruder tötet zufällig den anderen. Der Richter spricht ihn frei, doch straft sich der Brudermörder selbst und bringt sich um. Das wahre Urteil wurde ihm durch den Schmerz der Mutter zuteil.

Der Soldat/Das Schicksal des Soldaten
Die Handlung spielt in Tiflis im Jahre 1905.
Ein Deserteur erinnert sich wenige Minuten vor seiner Hinrichtung: Er hatte einen streikenden Arbeiter erschossen, wurde dafür ausgezeichnet, bekam Gewissensbisse, bat die Mutter des Erschossenen um Verzeihung, wurde von ihr verflucht, desertierte und wurde gefaßt. Das Kommando zur Erschießung setzt der Erinnerung ein Ende.

Tschikori
Die Handlung spielt in Tiflis im Jahre 1921.
Ein Lehrer und Verfasser symbolistischer Gedichte gerät mit einem aus der Verbannung geflohenen ehemaligen Schüler und revolutionären Poeten in eine Auseinandersetzung über die Bestimmung der Poesie in dieser Zeit.

Beide erleben, wie in einer kleinen Fabrik einem Arbeiter der Arm abgerissen wird. Der revolutionäre Poet rät zum Streik und wird von dem obdachlosen Tschikori unterstützt. Der Fabrikbesitzer läßt alle ins Gefängnis werfen. Im Gefängnis lesen die beiden Poeten gemeinsam Gedichte und werden vom Volk befreit.

Die Stadt ist in Aufruhr. Tschikori hißt die rote Fahne und wird dabei erschossen. An seiner Leiche liest der Symbolist die Trauerklage. Das Volk steht zur Revolution bereit.

Kommentar
Die Oper ›Der Soldat‹ wurde unter dem Titel ›Die Auszeichnung‹ bereits 1963 als Fernsehoper aufgeführt. Für die Inszenierung 1972 in Moskau überarbeitete Taktakischwili alle drei Novellen. In den ersten beiden Opern-Novellen zitiert er städtische Folklore, nutzt Tänze, Märsche, erweitert seine Opernform um rezitativische Strukturen. In der dritten Opern-Novelle zitiert er neben bäuerlicher und städtischer Folklore auch internationales Liedgut

Ausgaben KlA Drei Novellen. (russ. von I. Arakischwili und E. Aleksandrowa) Sowjetski kompositor Moskau 1973
Literatur Siehe Otar Taktakischwili

Der Raub des Mondes
(Pochischtschenije luny)
Oper in drei Akten, vier Bildern
(Opera w trjoch destwijach, tschetyrjoch kartinach)
Libretto von Otar Taktakischwili
nach dem gleichnamigen Roman von Konstantin Gamsachurdia
Verse von Schota Nischnianidse

Entstehung 1976

Uraufführung 25. März 1977   Staatliches Akademisches Großes Theater der UdSSR (Bolschoi Theater) Moskau

Personen
Arsakan _____Tenor
Tarasch, sein Ziehbruder_____Bariton
Tamar_____Sopran
Swambaj, Vater von Arsakan_____Baß
Mutter von Arsakan_____Mezzosopran
Tariël, der Vater Tamars_____Baß
Machwsch, Ältester der Swanen_____Baß
Malanur, Anführer der Maskierten_____Tenor
Freunde Arsakans_____4 Tenöre, 4 Bässe
Bauern, Maskierte, swanische Jäger_____Gemischter Chor und Ballett

Handlung
Die Handlung spielt im grusinischen Dorf Okumi in der Zeit der Festigung der Sowjetmacht.
Der Bauernsohn Arsakan ist gegen den Willen des Vaters Komsomolze geworden. Sein Ziehbruder Tarasch ist das Kind eines in der Emigration gestorbenen Höflings. Beide lieben die Tochter des Priesters, die schöne Tamar. Der Priester verflucht Arsakan, weil er die alten Sitten verletzt. Tamar liebt nicht ihn, sondern Tarasch. Als auf den Komsomolzen ein Attentat verübt wird, rettet Tarasch den Ziehbruder und tötet dabei den Attentäter. Vor der Blutrache müssen Arsakan, sein Vater und Tarasch in die Berge fliehen. Dort leidet Tarasch an Depressionen, es erscheint ihm die sterbende Tamar, und er tötet sich. Arsakan geht wider den Willen des Vaters den Kommunisten entgegen, die sich einen Weg durch die Berge bahnen.

TAKTAKISCHWILI

Kommentar
Es dominieren ausgedehnte Genreszenen, die relativ beziehungslos neben dem angestrebten „Ideendrama", der Liebestragödie und dem Familienzwist stehen. Grusinische, megrelische und swanische Lieder werden zitiert.

Ausgaben KlA Musfond SSSR Moskau; **Literatur** Siehe Otar Taktakischwili
KlA Sowjetski kompositor Moskau 1979

Mussussi (Mususi)
Komische Oper in einem Akt
Libretto von Otar Taktakischwili
nach der Novelle ›Mususi‹ von Michail Dshawachischwili
Verse von Michail Tarchnischwili

Entstehung 1977/1980

Uraufführung Komische Oper in einem Akt 1978   Staatliches Theater der Musikalischen Komödie W. Abaschidse Tbilissi
Komische Oper in zwei Akten 18. März 1981   Kammer-Musik-Theater Moskau

Personen
Petre_____Baß
Fefo, seine Tochter_____Sopran
Dondlo, ihr Bräutigam_____Stumm, tänzerisch ausgebildet
Micha_____Tenor
Zwei (auch mehr) Klatschbasen_____Soprane
Mutter Dondlos_____Mezzosopran
Feunde Petres (Anzahl ad. lib.)_____Bässe
Freundinnen Fefos und Michas, Dorfbewohner_____Gemischter Chor

Orchester Fl, Ob, Klar, Hr, Trp, Pos, Slzg, grusinische Volksinstrumente (darunter Swirel und Dornow), Hrf, Kl, Str

Aufführungsdauer I. Akt: 32 Min., II. Akt: 32 Min.; Gesamt: 1 Std., 4 Min.

Handlung
Die Handlung spielt im grusinischen Dorf der Gegenwart.
Der Soldat Micha kehrt ins Dorf zurück. Er verliebt sich in Fefo, die bereits dem reichen Dondlo versprochen ist. Fefos Vater ordnet an, daß die beiden Bewerber ihr Können im Tanz zeigen sollen. Dondlo erweist sich artistisch perfekt, doch

Micha ist ausdauernder. Aber der Sieg im Tanz hilft dem Soldaten nichts, denn Fefo bleibt Dondlos Braut. Die Klatschbasen streuen das Gerücht aus, Micha sei ein Schürzenjäger, ein Mususi. Doch Fefo läßt sich nicht beirren. Sie flieht mit ihrem Micha in die Berge. Das versetzt dem hartherzigen Vater einen solchen Schrecken, daß er in die Heirat von Fefo mit Micha einwilligt.

Kommentar
Auf Bitten des Leiters des Moskauer Kammer-Musik-Theaters, Boris Pokrowski (der bereits 1977 am Bolschoi Theater Taktakischwilis Oper ›Der Raub des Mondes‹ zur Uraufführung gebracht hatte), ergänzte Otar Taktakischwili seine einaktige Oper um einige Genreszenen zu einer zweiaktigen Handlung.

Grusinische Volkslieder und -tänze werden zitiert, Charakteristika der Volksmusik so überdeutlich herausgestellt, daß die Musik insgesamt eine lachende Maske zu tragen scheint. Der Scherzando-Charakter wird besonders in der Anwendung des Krimantschuli-Prinzips deutlich: ein mehrstimmiger Gesang wird durch virtuose Ornamente der falsettierenden Diskantstimme ausgeschmückt.

Taktakischwili hat eine witzige und einfallsreiche Musik geschaffen. Er parodiert moderne Operettenkompositionen mit ihren typischen „Pfefferminzakkorden", den Schöngesang der Großen italienischen Oper des 19. Jahrhunderts, russische und grusinische Volksliedbearbeitungen sowie alte und neue Marsch- und Ballettmusik. So ist Dondlo als ein kleiner ›Schwanensee‹-Prinz gezeichnet. Darüber hinaus sind Anklänge an Strawinskis berühmte ›Geschichte vom Soldaten‹ präsent und kalkuliert, denn auch Micha ist ein Soldat, der nach Hause kehrt.

Ausgaben KlA (russ. von P. Gradow) Sowjetski kompositor Moskau 1981
Literatur Olga Lewtinowa: Mususi. In: Informationsblatt der WAAP, Moskau 1983, H. 1; weitere Literatur siehe Otar Taktakischwili

Sergej Iwanowitsch Tanejew
1856—1915

Sergej Tanejew war ein sogenanntes Wunderkind. Seit seinem fünften Lebensjahr erhielt er Klavierunterricht, und mit neun Jahren wurde er ins Moskauer Konservatorium aufgenommen. Hier lernte er bei Pjotr Tschaikowski Improvisation und Instrumentenkunde, bei Nikolai Rubinstein Klavier. Das Konservatorium verließ er 1875 und wurde schnell ein viel beachteter und geschätzter Pianist. Bereits 1878 wurde er als Lehrer ans Konservatorium berufen. Siebenundzwanzig Jahre lange lehrte er hier und war von 1885 bis 1889 Direktor dieses Instituts. Mit seiner lauteren Gesinnung, seinem tiefen Wissen und seiner progressiven Weltanschauung beeinflußte er viele Musiker.

Zwischen 1890 und 1900 lagen seine produktivsten Jahre. In dieser Zeit entstanden seine Sinfonie c-Moll (1898), sechs Streichquartette, zwei Streichquintette, ein Zyklus von Romanzen, eine Reihe von A-cappella-Chören sowie seine einzige Oper, ›Orestie‹. Er publizierte ein Lehrbuch zur Kontrapunkttechnik, das lange Zeit als Standardwerk galt.

In der Revolution von 1905 engagierte sich Tanejew politisch auf seiten der revolutionären Demokraten und setzte sich für die linken Kräfte unter den Studenten ein. Die Direktion des Konservatoriums hingegen trat offen reaktionär auf. Aus Protest verließ Tanejew nach siebenundzwanzig Jahren die geliebte Lehranstalt. Obgleich er seine staatlichen Ämter niedergelegt hatte, blieben ihm seine Schüler und Anhänger treu, und Tanejew wurde zum Konsultanten des 1905 gegründeten Volkskonservatoriums ernannt.

Zu seinen berühmtesten Schülern gehörten Sergej Rachmaninow, Alexander Skrjabin, Reinhold Glier, Sergej Wassilenko, Sachari Paliaschwili.

Orestie (Oresteja)
Musikalische Trilogie in drei Teilen, acht Bildern
(Musykalnaja trilogija w trjoch tschastjach, wosmi kartinach)
Libretto nach Aischylos von Alexej Wenkstern

Entstehung 1882—1894

Uraufführung 29. Oktober 1895   Mariinski Theater Petersburg

Personen
I. Teil: Agamemnon
Agamemnon, König von Argos _____ Baß
Klytaimnestra, seine Frau _____ Alt
Aigisth, sein Vetter _____ Bariton
Kassandra, trojanische Gefangene _____ Sopran
Ein Wächter _____ Baß
Volk, Dienerinnen Klytaimnestras, Krieger,
Gefangene, Leibwächter _____ Gemischter Chor

II. Teil: Die Choëphoren
Klytaimnestra _____ Alt
Der Schatten Agamemnons _____ Baß
Elektra, die Tochter Agamemnons und Klytaimnestras _____ Sopran
Orestes, der Sohn Agamemnons und Klytaimnestras _____ Tenor
Ein Sklave _____ Baß
Dienerinnen Klytaimnestras _____ Frauenchor

III. Teil: Die Eumeniden
Orestes _____ Tenor
Apollon _____ Bariton
Pallas Athena _____ Sopran
Ein Archonte _____ Baß
Ein Koryphäe _____ Baß
Eumeniden, athenisches Volk, Archonten,
Teilnehmer der Panathenäen _____ Gemischter Chor

Orchester Picc, 2 Fl, 2 Ob, EH, 2 Klar, 2 Fg, 4 Hr, 2 Trp, 3 Pos, Tb, Pkn, Bck, Trgl, Tt, GrTr, Glöck, Cel, 2 Hrf, Str

Aufführungsdauer 3 Stdn., 50 Min. (Nach einem Probendurchlauf am Mariinski Theater, dessen Zeit Sergej Tanejew in seinem Tagebuch notierte. 9. Oktober 1895)
2 Stdn., 50 Min. (Gekürzte Fassung des Mariinski Theaters, notiert von Gennadi Kondratjew, der von 1884 bis 1899 Chefregisseur dieses Theaters war.) 1. Bild: 25 Min., 2. Bild: 41 Min., 3. Bild: 16 Min., 4. Bild: 24 Min., 5. Bild: 21 Min., 6. Bild: 11 Min., 7. Bild: 14 Min., 8. Bild: 17 Min.; Gesamt: 2 Stdn., 50 Min.
2 Stdn., 35 Min. (Fassung des Belorussischen Staatlichen Großen Theaters für Oper und Ballett Minsk nach der Schallplatteneinspielung von Melodija.) I. Akt: 1 Std., 5 Min., II. Akt: 50 Min., III. Akt: 35 Min.; Gesamt: 2 Stdn., 35 Min.

Vorgänge
I. Teil. Agamemnon. 1. Bild: *Argos. Platz vor dem Palast der Atriden. Nacht.* In Argos wartet man seit Jahren auf die Rückkehr des griechischen Heeres aus Troja. Feuerzeichen zeigen an, daß Agamemnon heimkehrt. Aigisth hat sich dessen Platz in Klytaimnestras Bett angemaßt. Er will sich nun für ein Verbrechen

rächen, das Agamemnons Vater einst an Aigisths Erzeuger verübte. Klytaimnestra macht Aigisths Sache zu der ihren. Agamemnon ist auch ihr verhaßt, hat er doch die Tochter Iphigenie den Göttern für eine glückliche Heerfahrt zum Opfer gebracht.

2. Bild: *Argos. Platz vor dem Palast der Atriden. Tag.* Klytaimnestra bereitet dem Heimgekehrten einen freundlichen Empfang. Arglos geht Agamemnon in sein Haus und in die Falle. Er wird von Klytaimnestra erschlagen. Die gefangene Trojanerin Kassandra kündet dem Volk vom Blutbad im Innern des Palastes. Bürgerkrieg droht. Das Volk will Aigisth als den vermeintlichen Mörder töten. Klytaimnestra schützt ihn.

II. Teil. Die Choëphoren. 1. Bild (3. Bild): *Frauengemach im Palast der Atriden.* Klytaimnestra wird von ihrer Blutschuld gequält. Sie schickt die Tochter Elektra, am Grabe Agamemnons zu opfern.

2. Bild (4. Bild): *Olivenhain mit Grab Agamemnons.* Elektra stachelt den heimlich heimgekehrten Bruder Orestes zur Rache auf.

3. Bild (5. Bild): *Frauengemach im Palast der Atriden.* Orestes berichtet dem Herrscherpaar den Tod des Orestes und bringt den sich nun in Sicherheit wähnenden Aigisth um. Klytaimnestra bittet die Muttergottheiten um Schutz. Vergeblich. Der Sohn beruft sich auf einen Auftrag des Gottes Apollon und tötet seine Mutter.

III. Teil. Die Eumeniden. 1. Bild (6. Bild): *Öde Gegend am Meeresufer.* Orestes wird von den Muttergottheiten, den Eumeniden, verfolgt und gequält. Er bittet Apollon um Hilfe.

2. Bild (7. Bild): *Tempel Apollons in Delphi.* Apollon gebietet den Eumeniden, von Orestes abzulassen. Er schickt den Muttermörder nach Athen, sich dem Richtspruch der Pallas Athena zu stellen.

3. Bild (8. Bild): *Athen. Akropolis.* Die Mitglieder des Schiedsgerichtes entscheiden sich zu gleichen Teilen für und gegen den Muttermörder, den Ausschlag gibt die Stimme der Pallas Athena. Sie spricht Orestes frei.

Kommentar

Tanejew wählte sich Aischylos' (525/24—456/55 v. u. Z.) Trilogie, die 458 v. u. Z. aufgeführte ›Orestie‹ (der vierte Teil, das Satyrspiel ›Proteus‹, ging verloren), behielt die Disposition des Originals bei und ließ es sich von Wenkstern aus dem Griechischen in einen pseudoklassizistischen russischen Stil übertragen. „Der Inhalt der Trilogie ist der Geschichte des Atriden-Geschlechts entnommen. Das ist eine finstere und blutige Geschichte. Verbrechen folgt auf Verbrechen und gebiert neue. Die unerbittlichen Eumeniden peinigen den Verbrecher, aber die Sitte der Blutrache fordert den Rächer heraus, und zwar den nächsten Verwandten des Opfers. Dieser gerät, indem er das blutige Amt der Rache ausübt, selbst in die Macht der Eumeniden, die sich ein dauerhaftes Nest im Palast gebaut haben. Endlich entsetzen sich selbst die olympischen Götter über die blutigen Greuel der Menschen. Ihr Einschreiten ist nötig, um die verhängnisvolle, grausame Sitte aufzuheben. Das vollbringen Apollon und Athena. Sie schaffen das

Volksgericht der Ephoren, das die Macht hat, zu richten und zu strafen. Für die Menschen beginnt eine neue Ära des Friedens und der Gerechtigkeit unter dem Schutze der unsterblichen Götter. Mit diesem Triumph des lichten Prinzips über das Chaos endet die Trilogie." (Sergej Tanejew)

Der Komponist reagierte mit seiner ›Orestie‹ auf die ununterbrochene Folge von Gewalttaten in seiner Zeit und protestierte gegen das Denken in den Kategorien von Schuld und Sühne. Doch hatte er sich mit Aischylos' ›Orestie‹ den falschen Stoff gewählt. Denn hier wird die Kette gewaltsamer Taten nicht zerrissen, vielmehr wird ein neues auf Zwang gegründetes patriarchalisches Recht an die Stelle des alten Mutterrechtes gesetzt. Pallas Athena, obgleich Frau, setzt dieses Männerrecht durch und steht mit ihrer Person selbst für dessen Gültigkeit ein, wurde sie doch nicht von einer Frau geboren, sondern entsprang dem Haupte des Zeus.

Tanejew hat „sein" Thema nur partiell und gegen den Stoff gestalten können. Es ist ihm gelungen, wenn nach der jeweils vollendeten Tat — Mord am Vater und Mörder des Kindes sowie an der Mutter und Mörderin des Erzeugers — weder Klytaimnestra noch Orestes froh werden können, sondern von Ängsten gequält werden. Tanejews Oper trägt zur Humanisierung des Menschengeschlechts bei, weil er zeigt, daß es furchtbar ist, ein Sieger zu sein. Beispiele dafür sind Klytaimnestras Traum, Angst und Klage (II. Teil, 1. Bild) und Orestes Qual und Angst (III. Teil, 1. Bild).

Einige sowjetische Musikwissenschaftler meinen, die ›Orestie‹ sei nicht typisch für Tanejews Stil, andere halten die Oper für einen Höhepunkt seines Schaffens. Auffallend ist der stilistische Eklektizismus. Im Vokalpart hat sich Tanejew an Pjotr Tschaikowski, in der Orchesterbehandlung partiell auch an Richard Wagner orientiert. Der Musikwissenschaftler Pawel Kowaljow erhob 1925 den Vorwurf, Tanejew habe keine neoklassizistische Tragödie, sondern eine „lyrische Oper" geschrieben und sich dem Einfluß Tschaikowskis nicht entziehen können.

Als Tanejews ästhetisches Credo gilt: „… dem russischen Lied die gleiche geistige Arbeit angedeihen zu lassen, wie sie dem Lied der westlichen Völker zuteil geworden ist …, also mit einfachen kontrapunktischen Formen zu beginnen, dann zu komplizierteren überzugehen, die Form einer russischen Fuge zu entwickeln, von der aus es nur noch ein Schritt zu den komplizierten Instrumentalformen ist."

Unter diesem Gesichtspunkt scheint Tanejews Oper noch nicht erschlossen zu sein.

Verbreitung

Zwanzig Jahre nach der Uraufführung wurde die ›Orestie‹ in den alten Dekorationen von 1895 am 23. Oktober 1915 am Mariinski Theater in Petrograd wieder in den Spielplan aufgenommen, aber nur siebenmal gespielt.

Die Uraufführung selbst war ein großer Erfolg. Das Publikum liebte das Werk, weil in ihm der Tenor Jerschow als Orestes brillieren konnte, doch wurde die

›Orestie‹ bereits nach fünfzehn Vorstellungen abgesetzt. Darüber berichtet Rimski-Korsakow: „Das Publikum nahm die Oper sehr gut auf. Doch nach zwei oder drei Vorstellungen bestand die Direktion auf Kürzungen... Tanejew war empört; er dachte nicht daran, sein Einverständnis zu erklären, und so wurde das Werk kurzerhand abgesetzt. Beljajew, dem die ›Orestie‹ gefiel und der nicht minder entrüstet war über das Verhalten der Direktion, bot dem Komponisten daraufhin die baldige Veröffentlichung der Oper an..." (Chronik meines musikalischen Lebens) Anfang 1915 spielte Tanejew seine Oper Sergej Simin, dem Moskauer Mäzenaten und Eigner eines privaten Opernensembles, vor, und dieser wollte die ›Orestie‹ Ende des Jahres an seinem Theater inszenieren lassen. Der Tod Tanejews verzögerte das Vorhaben bis zum Herbst 1917. Am 23. September 1917 erfolgte dann die Moskauer Erstaufführung am Theater des Moskauer Sowjets der Arbeiterdeputierten mit dem Opernensemble Sergej Simins und in der Regie von Fjodor Komissarshewski. Eineinhalb Monate vor der Oktoberrevolution inszeniert, erlebte die Oper einen großen Erfolg und wurde bis zum Ende der Saison fünfunddreißigmal gegeben. Die Gründe für dieses ungewöhnliche Interesse sind nicht bekannt, da das Schaffen Fjodor Komissarshewskis noch nicht erforscht ist.

Studenten des Moskauer Konservatoriums führten 1939 Szenen aus der ›Orestie‹ im Kleinen Saal des Konservatoriums auf, 1945 organisierte die Allunions-Theater-Gesellschaft eine konzertante Aufführung.

Autograph Zentrale Musikbibliothek des Staatlichen Akademischen Theaters für Oper und Ballett S.M. Kirow Leningrad
Ausgaben Part und KlA (russ./frz./dt.; dt. von Hans Schmidt) Belaieff Leipzig 1900; Part und KlA (russ., frz., dt.; dt. von Hans Schmidt) Musyka Moskau 1970; Text (dt. von Hans Schmidt) Belaieff Leipzig 1901
Literatur Sergej Iwanowitsch Tanejew. Persönlichkeit, Schaffen und Dokumente seines Lebens. (Litschnost, tworscheswo i dokumenty jego shisni.) Hrsg. zum 15. Todestag des Komponisten von Konstantin Kusnezow. In: Geschichte der russischen Musik in Forschungsbeiträgen und Materialsammlungen. (Istorija russkoi musyki w issledowanijach i materialach.), Bd. 2, Moskau/Leningrad 1925; S.I. Tanejew und die russische Oper. (S.I.Tanejew i russkaja opera.) Sammelband. Hrsg. von Igor Belsa, Moskau 1946; Grigori Bernandt: S.I. Tanejew. Moskau 1950; S.I. Tanejew. Materialien und Dokumente. (Materialy i dokumenty.) Hrsg. von der Akademie der Wissenschaften der UdSSR, Bd. 1: Briefwechsel und Erinnerungen. (Perepiska i wospominanija.) Moskau 1952; Sergej Tanejew. Tagebücher. (Dnewniki.) 3 Bde., Bd. 1: 1894—1898, Moskau 1981; Anatolij Lunačarskij: Taneev und Skrjabin (Novy mir 1925, Nr.6) In: Musik-Konzepte 32/33. Alexander Skrjabin und die Skrjabinisten. München 1983; Swetlana Sawenko: Sergej Iwanowitsch Tanejew. Moskau 1985

Awet Terterjan
1929

Awet Terterjan wurde in Baku geboren und erhielt seine Ausbildung am Konservatorium Jerewan. Dort ist er heute als Lehrer für Instrumentationskunde tätig. Außerdem ist er Vorstandsmitglied des armenischen Komponistenverbandes. Er schrieb Film- und Schauspielmusiken, vokal-sinfonische Zyklen — darunter einen nach Worten von Jegische Tscharenz —, Kammermusik und bisher sechs Sinfonien sowie die Opern ›Der Feuerring‹ und ›Das Erdbeben in Chili‹ nach Heinrich Kleist.

Der Feuerring _____ 1966—1967
Oper in zwei Akten
nach der Erzählung ›Der Einundvierzigste‹ von Boris Lawrenjow
Das Erdbeben in Chili _____ 1982—1984
Oper nach der gleichnamigen Novelle von Heinrich Kleist

Der Feuerring
Oper in zwei Akten
Libretto von Wladimir Schachnasarjan
nach Motiven der Erzählung ›Der Einundvierzigste‹ von Boris Lawrenjow
und Versen von Jegische Tscharenz

Entstehung 1966—1967

Uraufführung 2. November 1967   Staatliches Akademisches Theater für Oper und Ballett A. A. Spendiarjan Jerewan

Personen
Mädchen _____ Sopran
Unterleutnant _____ Bariton
Stimme hinter der Szene _____ Tenor
Poet _____ Sprechrolle
_____ Frauenchor, Männerchor und Ballett

Orchester Picc, 2 Fl, 2 Ob, EH, 3 Klar, BKlar, 2 Fg, 4 Hr, 3 Trp, 3 Pos, Tb, Pkn, Slzg, Xyl, Cel, Hrf, Kl, Str

Handlung

Die Handlung spielt in den Bergen während des Bürgerkrieges.
I. Akt — 1. Bild: Ein Soldat fängt einen anderen Soldaten. 2. Bild: Schlacht *(Ballett)*. Die Kämpfer fallen auf beiden Seiten. Die beiden Soldaten bleiben allein. Es ist eine Rotarmistin mit einem gefangenen Offizier. 3. Bild: Das Mädchen singt den fiebernden Feind in den Schlaf. Die Berge stimmen in ihren Gesang ein. Zwei Menschen allein *(Sprecher)*. 4. Bild *(Chor)*: Die Erde ist mit Blut getränkt.
II. Akt — 5. Bild: Zeit ist vergangen. Einsamkeit. Die zwei Feinde sprechen nicht miteinander. Da spricht die Natur zu ihnen *(Chor)*. 6. Bild: Liebe *(Ballett, einstimmiger Gesang, dazu Schlagzeug allein)*. 7. Bild: Die Rotarmistin träumt sich als Frau. Der Offizier will seinen Gegner töten. Er vermag das Mädchen nicht umzubringen *(Unisono-Gesang)*. 8. Bild: Menschen nähern sich. Die Welt zerfällt wieder in Freunde und Feinde. Die Rotarmistin erschießt den weißgardistischen Offizier.

Kommentar

Boris Lawrenjows 1926 geschriebene Erzählung ›Der Einundvierzigste‹ ist sehr bekannt geworden. Nach ihr entstanden ein Film, ein Schauspiel und mehrere Opern. Eine davon ist Terterjans ›Feuerring‹. Awet Terterjan hat das Thema der Erzählung neu aufbereitet. Zwei Menschen geraten ungewollt in Beziehung zueinander, nachdem der eine zum Gefangenen des anderen geworden ist. Der Versuch, das Modell Sieger und Besiegter zu durchbrechen, mißlingt. Der Konsequenz des Krieges, Tod für den einen, Verzweiflung für den anderen, entgehen sie nicht. Die Oper endet mit „einem lauten Schrei des Mädchens, der sich fortpflanzt". Terterjan hat in der Verbindung von Sprache, Gesang und Ballett das traditionelle klassische Opernmodell durchbrochen und an ältere Theatertraditionen angeknüpft. In den Unisono-Gesängen erinnert er an den alten monodischen armenischen Gesangsstil, in den Chören an die Melodik armenischer Volksmusik mit ihrer reichen Melismatik, ihrer Figurations- und Fortspinnungstechnik.

Verbreitung

DDR-Erstaufführung 1977 Landestheater Halle.

Ausgaben KlA (russ. von A. Maschistow) Sowjetski kompositor Moskau 1972; Aufführungsmaterial (dt. von Andreas Reimann) VEB Edition Peters Leipzig

Literatur Siehe Armenische Oper

Armen Tigranjan
1879–1950

Armen Tigranjan wurde in Alexandropol, dem heutigen Leninakan (Armenische SSR), geboren, einer durch ihre jahrhundertealte musikalische Tradition berühmten Stadt. Er wuchs in einer Atmosphäre lebendigen nationalen Brauchtums auf. Seine musikalische Ausbildung erhielt Tigranjan an der Musikhochschule in Tiflis.

Von 1908 bis 1912 schrieb er nach Howhannes Tumanjans gleichnamigem Poem seine Oper ›Anusch‹, die ihn sofort populär machte und noch heute sehr beliebt ist.

Seit 1913 lebte Tigranjan in Tiflis. Er wurde dort Gründungsmitglied und Präsident der Armenischen Musikalischen Gesellschaft sowie einer der aktivsten Organisatoren und Lehrer im Haus der armenischen Kunst.

Er schrieb Kantaten, Suiten nach armenischen Tänzen, Schauspielmusiken und zwei Opern.

Anusch 1908–1912
Oper in fünf Akten nach dem gleichnamigen Poem von Howhannes Tumanjan
David-bek 1950
Oper in vier Akten
nach dem gleichnamigen Roman von Raffi (Akop Melik-Akopjan)

Anusch (Anusch)
Oper in fünf Akten, sieben Bildern
Libretto von Armen Tigranjan
nach dem gleichnamigen Poem von Howhannes Tumanjan

Entstehung 1908–1912

Uraufführung 4. August 1912   Staatliches Haus des Volkes Alexandropol

Personen
Anusch — Sopran
Saro, ihr Bräutigam — Tenor
Mosi, ihr Bruder — Bariton
Kechwa, Ältester — Baß
Mutter Anuschs — Mezzosopran

Mutter Saros	Mezzosopran
Ogan	Bariton
Wächter	Baß
Zwei Freundinnen Anuschs	Sopran, Mezzosopran
Schäfer	Bariton
Schäfer, Schäferinnen, Hochzeitsgäste, Dorfbevölkerung, Burschen und Mädchen	Gemischter Chor und Ballett

Aufführungsdauer I. Akt: 35 Min., II. Akt: 26 Min., III. Akt: 22 Min., IV. Akt: 19 Min., V. Akt: 26 Min.; Gesamt: 2 Stdn., 8 Min.

Handlung
Die Handlung spielt in den Bergen und in einem armenischen Dorf Ende des 19. Jahrhunderts
I. Akt: Anusch und Saro lieben einander. Ist er in den Bergen, hört sie sein Lied im Dorf; geht sie zu den Quellen nach Wasser, eilt er zu ihr.
II. Akt: Das Fest Ambarzuma wird gefeiert. Saro und Anuschs Bruder, Mosi, sind Freunde. Aufgefordert, ihre Kräfte im Wettstreit zu messen, lehnen sie ab, denn nach alter Sitte verliert, wer von einem anderen auf die Erde geworfen wird, seine Ehre.
Zum Fest gehört ein Brauch, Wahrsagung durch das Los. Die Mädchen singen Lieder, fröhliche und ein trauriges. Das Los zeigt an, daß sich an Anusch das traurige Lied erfüllen wird.
III. Akt: Eine Hochzeit wird gefeiert. Die Freunde Mosi und Saro lassen sich verleiten und treten gegeneinander an, um im Wettkampf ihre Kräfte zu messen. Saro vergißt den alten Brauch und wirft Mosi auf die Erde. Die Hochzeit endet. Mosi ist zum Todfeind seines ehemaligen Freundes geworden und schlägt jedes Versöhnungsangebot aus.
IV. Akt: Anusch und Saro sind vor Mosis Rache in die Berge geflohen.
V. Akt: Saro wird von Mosi getötet. Anusch wird wahnsinnig und stürzt sich in einen Gebirgsfluß.

Kommentar
Howhannes Tumanjans Poem ›Anusch‹ enstand 1892. „Die größte Kraft der Poesie Tumanjans zeigt sich in seinen lyrischen Poemen. In ihnen offenbart sich ein allseitiges und tiefes Wissen vom Leben des Volkes... Die Poesie Tumanjans ist Armenien, das neue und das alte, wiedererstanden in Versen von großer Meisterschaft." Das schrieb der russische Symbolist Waleri Brjussow über Tumanjans Kunst.
›Anusch‹ ist eine Lied-Oper, das heißt, sie besteht aus dem Wechsel zwischen Sologesängen und Chören sowie wenigen, kaum ausgebildeten Ensembles. Die einfache harmonische Struktur machte es möglich, daß an der Uraufführung auch Laien mitwirken konnten. Das Orchester ist klein, die Holzblasinstrumente, darunter die Hirtenschalmei Swirel, sind solistisch eingesetzt. Reiche Melismatik,

Figurationen verschiedenster Art zeichnen die Melodik aus. Die Tänze sind rhythmisch vielfältig, von Synkopen und polyrhythmischen Strukturen gekennzeichnet. In der ersten Fassung beginnt die Oper mit einer Feenklage. Berggeister trauern um die beiden Liebenden. In der Fassung von 1935 trat an ihre Stelle ein vokal-sinfonischer Prolog. Der Komponist und Dirigent S. Schatirjan erarbeitete zwischen 1935 und 1939 gemeinsam mit A. Ter-Gewondijan eine Fassung für großes Opernorchester und veränderte dementsprechend auch die harmonische Struktur. Die Oper ist heute in der zweiten Fassung bekannt.

Verbreitung
Original: 1913 Baku, 1919 Tiflis. Neue Fassung von S. Schatirjan und Anuschawan Ter-Gewondijan: 1935 Jerewan, 1939 Gastspiel des Opern- und Ballett-Theaters Jerewan in Moskau zur Dekade armenischer Kunst und Literatur, 1941 Baku, 1956 Gastspiel des Opern- und Ballett-Theaters Jerewan in Moskau zur Dekade armenischer Kunst und Literatur.

Autograph Staatliches Museum für Literatur und Kunst Jegische Tscharenz Jerewan

Ausgaben KlA (arm./russ., russ. von N. Adanjan) Jerewan 1954
Literatur Siehe Armenische Oper

Pjotr Iljitsch
Tschaikowski
1840—1893

Der Wojewode (Wojewoda)_____1867—1868
Oper in drei Akten
nach dem gleichnamigen Schauspiel von Alexander Ostrowski
Undine (Undina)_____1869
Oper in drei Akten
nach dem gleichnamigen Märchen von Friedrich de la Motte-Fouqué
Der Opritschnik (Opritschnik)_____1870—1872
Oper in vier Akten
nach der gleichnamigen Tragödie von Iwan Lashetschnikow
Der Schmied Wakula (Kusnez Wakula)_____1874
Oper in drei Akten
nach der Erzählung ›Die Nacht vor Weihnachten‹ von Nikolai Gogol
Eugen Onegin (Jewgeni Onegin)_____1877—1878
Lyrische Szenen in drei Akten
nach dem gleichnamigen Roman in Versen von Alexander Puschkin
Die Jungfrau von Orleans (Orleanskaja dewa)_____1878—1879
Oper in vier Akten nach der gleichnamigen Romantischen Tragödie
von Friedrich Schiller, dem Drama ›Jeanne d'Arc‹ von Jules Barbier
und dem Opernlibretto ›Jeanne d'Arc‹ von Auguste Mermet
Maseppa_____1881—1883
Oper in drei Akten nach dem Poem ›Poltawa‹ von Alexander Puschkin
Pantöffelchen (Tscherewitschki)_____1885
Komisch-phantastische Oper in vier Akten
nach der Erzählung ›Die Nacht vor Weihnachten‹ von Nikolai Gogol
(Neufassung der Oper ›Der Schmied Wakula‹)
Die Zauberin (Tscharodejka)_____1885—1887
Oper in vier Akten
nach der gleichnamigen Tragödie von Ippolit Schpashinski
Pique Dame (Pikowaja dama)_____1890
Oper in drei Akten
nach der gleichnamigen Erzählung von Alexander Puschkin
Jolanthe (Iolanta)_____1891
Lyrische Oper in einem Akt
nach dem Drama ›König Renés Tochter‹ von Henrik Hertz

Komponist und Opernalltag

Tschaikowski entsetzte sich oft darüber, in welcher Gestalt seine zerbrechlichen Geschöpfe, die jugendlichen Schwärmer und empfindsamen Träumerinnen, auf der Opernbühne einherkamen. Er war deshalb manchmal versucht, das Schreiben von Opern aufzugeben. Doch die finanzielle Hilfe Nadeshda von Mecks sicherte seine materiellen Verhältnisse so, daß er es in einigen Fällen wagte, der verbreiteten Opernroutine und dem herrschenden Publikumsgeschmack zu trotzen. Das geschah am konsequentesten mit ›Eugen Onegin‹ und ›Pique Dame‹.

Andrerseits entschied er selbst sich für Libretti, in denen ihn nur wenige Figuren und Vorgänge ansprachen. Das hatte Konsequenzen für die Komposition. Ein merkwürdiges Qualitätsgefälle, ein mitunter verblüffendes Nebeneinander von Genialem und Banalem erweist sich so nicht als eine Frage der kompositorischen Fähigkeiten allein.

1879, als er aus seinen ersten Opernversuchen Lehren zu ziehen versuchte, gestand er, daß es ihm sehr schwerfiele, sich als Musiker einzuschränken: „Ich fühle mich beim Schreiben einer Oper irgendwie behindert und unfrei, und es scheint mir wirklich, daß ich keine Opern mehr komponieren werde." Aber er hielt sich nicht daran, denn, so schlußfolgerte er, „gäbe es keine Opern, so hätten wir auch keinen ›Don Giovanni‹, keinen ›Ruslan‹, und auch nicht ›Figaros Hochzeit‹". Mozart und Glinka waren seine Vorbilder.

Widersprüche

Tschaikowski schätzte Sinfonien und Kammermusikwerke höher als Opernkompositionen. „Entwerfe ich eine Sinfonie oder eine Sonate, so bin ich völlig frei, keinerlei Beschränkungen hemmen mich. Die Oper aber bietet den Vorteil, sich durch Musik an die Massen zu wenden. Allein schon, daß eine Oper vierzigmal in einer Spielzeit gegeben werden kann, gibt ihr ein Übergewicht über die Sinfonie, die vielleicht einmal in zehn Jahren zur Aufführung gelangt..." Und trotzdem, „soviel Verlockendes eine Oper auch bietet, so schreibe ich dennoch mit unvergleichlicherer Freude und viel größerem Genuß eine Sinfonie, eine Sonate oder ein Quartett".

Tschaikowski lebte mit diesen Widersprüchen, und obgleich es ihm schwerfiel, die „Bühnenforderungen der Oper anzuerkennen", versuchte er es immer wieder. 1881 hoffte er, daß es ihm gelungen sei, „die ›Jungfrau von Orleans‹ so zu komponieren, wie eine Oper sein soll". Bereits ein Jahr später überarbeitete er das Werk.

Einerseits war er gegen die Attitüde, gegen einen auf Effekte bedachten, die Vorgänge theatralisierenden Stil und kam auch in ›Eugen Onegin‹ und in ›Pique Dame‹ ohne dieses Zubehör aus. Andrerseits aber neigte er der Attitüde, dem theatralisierenden Stil zu, sah darin das Wesen der Oper. Die häufigen sequenzierenden Streicherläufe zur Darstellung von Affektsteigerung charakterisieren Tschaikowskis Opernstil, sind Ausdruck affettuoser Stereotypie. Ganz ähnlich sind die Harfenarpeggien mit satt einsetzender Solovioline oder die sich in Sekundfortschreitungen, Terz- und Sextschritten bewegenden Holzbläsermelodien signifikante Mittel und verbrauchte Klangsymbole. Für die Opern ›Maseppa‹ oder ›Jolanthe‹ sind sie geradezu typisch.

Tschaikowski als Antipode des Mächtigen Häufleins?

Tschaikowski wird oft als Antipode des Mächtigen Häufleins bezeichnet. Dabei wird geltend gemacht, er habe sich zu wenig für die nationale Folklore interessiert. Wollte man den Vorwurf dadurch entkräften, daß man auf die vielen Volksliedzitate in seinen Opern verweist, würde das allein noch nicht ausreichen. Es ist genauer nachzufragen, wie sich Tschaikowskis Werk in diesem Punkt von dem der Komponisten des Mächtigen Häufleins unterscheidet.

Wie bei Borodin finden sich auch bei Tschaikowski Hinweise auf altrussische Genres, wie den Blagowest (Glockengeläut vor dem Gottesdienst) oder den Nabat (Sturmgeläut bei Feuer oder Überfall durch den Feind). Während nun Borodin diese für den Alltag der Kiewer Rus charakteristischen Klänge in der Oper ›Fürst Igor‹ zur Grundlage seines kompositorischen Konzepts machte, verwendet Tschaikowski sie nur als illustrative Geräusche. Er verlangt in Regiebemerkungen zur ›Zauberin‹ und zur ›Jungfrau von Orleans‹, daß die entsprechenden Glockengeläute aus der Ferne zu hören, daß heißt hinter der Szene zu erzeugen seien.

Ebenso finden sich die alten Volksinstrumente Gudok und Shalaika beim Auftritt der Skomorochen in der ›Zauberin‹ ausschließlich in der Regieanweisung, nicht aber im Klangbild. Dementsprechend hört sich dann auch der Tanz dieser altrussischen Jahrmarktsgaukler wie eine Balletteinlage an, während es Borodin oder auch Rimski-Korsakow verstanden, den auf Orchesterinstrumenten nachgeahmten Klang der altrussischen Gusli als charakterisierende Farbe einzusetzen.

Man kann diese Art der Konfrontation zwischen Tschaikowski und dem Mächtigen Häuflein noch weiterführen, wenn man die Funktion der Chöre betrachtet.

Bis auf wenige, dann allerdings wesentliche Ausnahmen haben die Chöre bei Tschaikowski Stimmung gebende, kulissenhafte Funktion. Das Volk in den Opernwerken, in denen Tschaikowski Massenerhebungen oder geschichtliche Umwälzungen darstellen wollte (wie in der ›Jungfrau von Orleans‹ oder in ›Maseppa‹), ist nicht mehr als bloße Staffage für die Protagonisten und ihre Konflikte.

Opern des russischen Alltags

Wendet man sich jedoch seinen im russischen Alltag spielenden Tragödien zu, wie ›Eugen Onegin‹ oder ›Pique Dame‹, entdeckt man eine andere Konzeption. Der Komponist versucht, im Verhältnis Protagonist und Chor die Beziehungen zwischen dem einzelnen und seinem unmittelbaren sozialen Umfeld zu charakterisieren. Das gelingt unterschiedlich überzeugend. Es gewinnt im I. Akt des ›Eugen Onegin‹ und in der ›Zauberin‹ Bedeutung. Tschaikowski läßt „seine" Tatjana den Bauern- und Dienstbotengesängen aufmerksam lauschen, während sich die anderen Menschen ihrer Umgebung gleichgültig verhalten. Das Mädchen aber versteht den Inhalt der archaischen Gesänge, der Volkslieder, und es reagiert darauf. Es ist allerdings nur noch ein Re-agieren, es dominiert das Mit-leiden. Anders ist es bei Nastasja, der Hauptfigur der ›Zauberin‹, die ja der Tatjana sehr nahesteht, denn beide bringen den Mut auf, Konventionen zu durchbrechen. Im Unterschied zu Tatjana aber fühlt sich Nastasja als Teil einer Gemeinschaft, in der sie selbst aktiv und tonangebend auftritt. Auch ihre Widersacherin, eine standesbewußte Fürstin, findet mit ihrer Trauer über die Untreue ihres Mannes einen Widerhall im Klagegesang der Dienstmädchen. Dadurch könnte sie vor Vereinsamung bewahrt werden. Sie aber weist das Lied mitfühlender Menschen zurück, verbietet den Gesang und bricht so die Beziehungen ab.

Das Volk ist hier nicht unmittelbarer Darstellungsgegenstand. Tschaikowski wollte vielmehr die Empfindungsfähigkeit seiner Protagonisten anschaulich machen. Hierin erfüllt sich die Funktion der Chöre

Die lyrische Grundhaltung

Tschaikowski selbst hat nur die Szenen des ›Eugen Onegin‹ als lyrisch charakterisiert. Lyrisch ist aber die Grundhaltung fast aller seiner Opernwerke, trotz ihrer dramatischen Effekte, denn die Handlung ist meist aus der Perspektive einer leidenden Persönlichkeit gestaltet. Tschaikowski gibt fast nie eine Komplementärperspektive. Hierin hat er Glinkas Vorbild nicht folgen können. Eine Ausnahme bestätigt in ihrer Gewolltheit dieses Unvermögen: ein betrunkener Kosak (in ›Mazeppa‹) singt kurz vor der Enthauptung eines unschuldig Verurteilten obszöne Lieder, um zu demonstrieren, daß es ihm egal sei, wessen Herrenkopf da rollen wird.

Das Dramatische im Alltäglichen – das Poetische im Gewöhnlichen

Bedeutsam und originell ist, wie in den Partituren des ›Eugen Onegin‹ und der ›Pique Dame‹ die alltäglichen Gespräche von Momenten des Poetischen durchbrochen werden, wie das Dramatische im Alltäglichen — die lautlose Katastrophe — hörbar gemacht wird. Unvermittelt blüht ein schwärmerischer Gedanke auf oder wird ein quälender Gedanke laut. Dann erfolgt eine Sinnänderung der orchestralen Textur, ein Wechsel der Orchesterfunktion vom Interpunktieren der Worte zum Gestalten von Affekten. Es ist, als ob sich die eine oder andere Person kurzzeitig in schwärmerische Höhen erhebe oder in einen Abgrund fiele, ohne daß es vom Gesprächspartner bemerkt wird.

Der Regisseur Wsewolod Meyerhold entdeckte als einer der ersten in seiner berühmt gewordenen ›Pique Dame‹-Inszenierung von 1935 am Maly Theater Leningrad diese besondere Qualität von Tschaikowskis Musik: „Wir haben von neuem die Musik durchgesehen. Die einzelnen Nummern — Arien, Duette, Ensembles —, die gewöhnlich mit solcher Hingabe genossen und abgesungen werden, sind doch nicht nur Inseln; wichtig sind doch auch die Verbindungsglieder zwischen ihnen. Dadurch, daß wir auf diese Zwischenglieder (zwischen den Arien, Duetten, Ensembles) besondere Aufmerksamkeit verwandten, gelang es uns, die Oper mit dem Geist der Puschkinschen ›Pique Dame‹ zu erfüllen... Die Keime der wunderbaren Melodien, der einzelnen melodischen Phrasen, die vorher nie zu Gehör kamen, befinden sich gerade an diesen nie bemerkten Stellen, die vorher bloß Durchgangscharakter zu haben schienen. Die szenische Hervorhebung geschieht mit dem einzigen Ziel, die Grundelemente der Partitur sorgfältig aufzudecken und dem Publikum das zu Gehör zu bringen, was es bislang niemals hörte. Die musikalische Geste soll die szenische fortsetzen. Der szenische Gestus akzentuiert den musikalischen."

Literatur Primärliteratur: Peter I. Tschaikowski. Erinnerungen und Musikkritiken. Hrsg. von Richard Petzoldt, Leipzig 1961; Teure Freundin. Peter Iljitsch Tschaikowski in seinen Briefen an Nadeshda von Meck. Hrsg. von Ena von Baer und Hans Pezold, Leipzig 1964; Wissenschaftliche Gesamtausgabe des literarischen Nachlasses: Pjotr I. Tschaikowski. Literarische Werke und Briefwechsel. (Literaturnyje proiswodenija i perepiska.) In: GA (Polnoje sobranije sotschineni) Bd. 5—17, Moskau 1955—1981; Einzelausgaben: Pjotr I. Tschaikowski. Tagebücher 1873—1891. (Dnewniki 1873—1891.) Hrsg. von Ippolit Tschaikowski, Moskau/Petrograd 1923; Pjotr I. Tschaikowski. Erinnerungen und Briefe. (Wospominanija i pisma.) Petrograd 1924; Pjotr I. Tschaikowski. Briefwechsel mit N. F. von Meck. (Perepiska s N. F. fon Mekk.) 3 Bde., Moskau/Leningrad 1934—1936; P. I. Tschaikowski und S. I. Tanejew. Briefe. (P. I. Tschaikowski i S. I. Tanejew. Pisma.) Hrsg. von Wladimir Shdanow, Moskau 1951; Ausgewählte Auszüge aus Briefen und Artikeln Tschaikowskis: P. I. Tschaikowski über die Oper. (P. I. Tschaikowski ob opere.) Moskau/ Leningrad 1952; Pjotr I. Tschaikowski über das volkstümliche und nationale Element in der Musik. (Pjotr I. Tschaikowski o narodnom i nazionalnom elemente w musyke.) Moskau 1953; Tschaikowski und das Volkslied. (Tschaikowski i narodnaja pesnja.) Moskau 1963 Sekundärliteratur: Nikolai Kaschkin: Erinnerungen an P. I. Tschaikowski. (Wospominanija o P. I. Tschaikowskom.) Moskau 1896; Modest Tschaikowski: Das Leben Peter Iljitsch Tschaikowskis. Übers. von Paul Juon, 2 Bde., Moskau/Leipzig 1900 und 1903, Bd. 3 (russ.), Moskau 1902; Tage und Jahre P. I. Tschaikowskis. Chronik des Lebens und Schaffens. (Dni i gody P. I. Tschaikowskogo. Letopis shisni i tworschestwa.) Hrsg. von Wassili Jakowlew, Moskau 1940; Boris Assafjew: Pjotr I. Tschaikowski. In: Ausgewählte Arbeiten. (Isbrannyje trudy.) Bd. 2, Moskau 1954; Erinnerungen an P. I. Tschaikowski. (Wospominanija o P. I. Tschaikowskom.) Hrsg. von Jewgeni Bortnikow, K. Dawydow, G. Pribegin, Moskau 1954, 1973 und 1979; Wladimir Protopopow und Nadeshda Tumanina: Das Opernschaffen Tschaikowskis. (Opernoje tworstschestwo Tschaikowskogo.) Moskau 1957; G. Dombajew: Das Schaffen P. I. Tschaikowskis in Materialien und Dokumenten. (Twortschestwo P. I. Tschaikowskogo w materialach i dokumentach.) Moskau 1958; Nadeshda Tumanina: Tschaikowski. Weg zur Meisterschaft. Monographie. (Put k masterstwu. Monografija.) Moskau 1962; Nadeshda Tumanina: Tschaikowski. Der bedeutende Meister. Monographie. (Weliki master. Monografija.) Moskau 1968; Everett Helm: P. I. Tschaikowski. Reinbek 1976; Jelena Orlowa: P. I. Tschaikowski. Moskau 1980; Julija Rosanowa: P. I. Tschaikowski. In: Geschichte der russischen Musik. (Istorija russkoi musyki.) Bd. 2, 3. Buch, Moskau 1981; Systematisches Verzeichnis der Werke von P. I. Tschaikowski. Ein Handbuch für die Musikpraxis. Hamburg 1973

Der Wojewode (Wojewoda)

Oper in drei Akten, vier Bildern
(Opera w trjoch dejstwijach, tschetyrjoch kartinach)
Libretto von Alexander Ostrowski und Pjotr Tschaikowski
nach Ostrowskis Schauspiel ›Der Wojewode‹ (›Der Traum an der Wolga‹)

Entstehung 1867—1868

Uraufführung 11. Februar 1869   Bolschoi Theater Moskau

Personen
Wlas Djuschoi _____ Baß
Nastasja, seine Frau _____ Sopran
Seine Töchter: Marja Wlassewna, Praskowja Wlassewna _____ Sopran, Sopran
Nedwiga _____ Mezzosopran
Bastrjukow _____ Tenor
Oljona _____ Mezzosopran
Dubrowin _____ Bariton
Ein Narr _____ Tenor
Reswy _____ Baß
Der Wojewode _____ Baß
Der neue Wojewode _____ Baß
Diener des Wojewoden, des Djuschoi, Ammen,
Dienstmädchen, Volk _____ Gemischter Chor

Orchester Picc, 2 Fl, 2 Ob, EH, 2 Klar, 2 Fg, 4 Hr, 2 Trp, 3 Pos, Tb, Pkn, Bck, Trgl, GrTr, Hrf, Str

Aufführungsdauer I. Akt: 62 Min., II. Akt, 1. Bild: 16 Min., II. Akt, 2. Bild: 31 Min., III. Akt: 46 Min.; Gesamt: 2 Stdn., 35 Min.

Vorgänge
Die Handlung spielt in einer großen Stadt an der Wolga, Mitte des 17. Jahrhunderts.
Ouvertüre. **I. Akt** (1. Bild): *Garten des Bojaren Djuschoi.* Die beiden Töchter des Bojaren sehnen sich danach, das Vaterhaus zu verlassen. Die ältere Tochter ist dem betagten Wojewoden, dem Statthalter, versprochen. Als der betrunkene Wüstling zufällig die jüngere Schwester sieht, ändert er seine Meinung und bestimmt die Zweitgeborene zu seiner Braut. Marja aber liebt den jungen Bojaren Bastrjukow und wird von ihm wiedergeliebt.
II. Akt, 1. Bild (2. Bild): *Im Hause Bastrjukows.* Bei Bastrjukow verbirgt sich der Bojar Dubrowin, dem der Wojewode die Frau Oljona geraubt hat. Die Männer verabreden, Marja und Oljona zu entführen.

Zwischenaktmusik und Tänze der Dienstmädchen. II. Akt, 2. Bild (3. Bild): *Im Terem (Frauengemach) des Bojaren Djuschoi.* Oljona macht Marja mit dem Plan der Männer bekannt, sie bei Nachtzeit zu entführen. Zwischenaktmusik. **III. Akt** (4. Bild): *Hof auf dem Anwesen des Bojaren Djuschoi.* Die Flucht der beiden Paare wird entdeckt. Das Volk strömt herbei und beklagt die Unglücklichen. Die Männer erwartet Bestrafung. Marja wird vom Wojewoden in den Terem geschleppt, kann seinen Fängen entfliehen, und als sie sich vor den Augen der Menge in den Tod stürzen will, erscheint ein neuer Wojewode. Er verspricht, für Recht und Gesetz zu sorgen. Alle singen ein Loblied auf die Gerechtigkeit.

Genesis

Mit Alexander Ostrowskis Werk wurde Tschaikowski näher bekannt, als er 1864 die Ouvertüre zu einer Aufführung des Dramas ›Gewitter‹ schrieb. 1866 lernte er den Schriftsteller persönlich kennen und bat ihn um ein Libretto. Ostrowski sagte zu, seine Komödie ›Der Wojewode‹ in ein Libretto umzuformen. Doch nach der Zusendung des I. Aktes geriet diese Arbeit ins Stocken. Ostrowski entschuldigte sich mit Zeitnot, verlor aber bald ganz das Interesse. Auch Tschaikowski war, wie er später, 1882, dem Freund und Komponisten Sergej Tanejew gestand, „vom Sujet und von der bereits geschriebenen Musik enttäuscht". Und so entschloß er sich, „das Werk aufzugeben und auch Ostrowski nicht länger mehr zu behelligen".

Ende 1867 bat dann die damals berühmte Sängerin Menschikowa den Komponisten, für ihre Benefizvorstellung die Oper zu vollenden. Tschaikowski konnte ihr schlecht absagen und nahm die Arbeit wieder auf, schrieb sich nun selbst den Text, den er später Tanejew gegenüber als „ekelhaft, das Flachste und Dümmste, was ich je geschrieben habe", bezeichnete.

Die bereits 1865 komponierten ›Charakteristischen Tänze‹ fügte Tschaikowski dem II. Akt der Oper als *Zwischenakt* und *Tänze der Dienstmädchen* hinzu. Diese Musik erklang am 2. Dezember 1867 im zweiten Sinfoniekonzert der Russischen Musikgesellschaft in Moskau unter Nikolai Rubinsteins Leitung. Die Aufführung wurde ein großer Erfolg.

Ende 1868 begannen die Vorbereitungen zur Aufführung am Bolschoi Theater Moskau, und im Februar 1869 teilte der Komponist seinem Bruder Modest mit: „Meine Oper ist sehr glücklich angekommen. Trotz des flachen Librettos war es ein glänzender Erfolg. Man rief mich fünfzehnmal heraus."

Nach der Uraufführung wurde der ›Wojewode‹ noch viermal gespielt und verschwand dann vom Spielplan.

Der Musikwissenschaftler Nikolai Kaschkin berichtet in seinen Erinnerungen an Tschaikowski, daß der Komponist mit List, fast wie ein Dieb, die Partitur aus der Theaterbibliothek entwendete und verbrannte, so daß vom ›Wojewoden‹ nur noch die Nummern übrigblieben, die er in den ›Opritschnik‹ einarbeitete. Doch konnte der Komponist nicht des gesamten Orchestermaterials habhaft werden, und dieses lagerte weiterhin in den Archiven des Bolschoi Theaters.

Diese Erinnerungen Kaschkins wiesen den Weg für die spätere Rekonstruktion der Oper.

Kommentar

Die rekonstruierte Oper beweist, daß Tschaikowskis Entscheidung, seine Komposition zu vernichten, richtig war. Schnelle Tempi, Steigerungseffekte, grobe harmonische und instrumentatorische Kontraste sollen Dynamik und Konflikte vortäuschen. Die Handlung wird mühsam durch eine gradlinig erzählte Liebesgeschichte zusammengehalten. Der III. Akt erscheint, unbeabsichtigt, wie eine Parodie des ›Fidelio‹, wenn auf dem Höhepunkt der kolportagehaften Situation — das von einem Wüstling bedrängte Mädchen will sich gerade vor den Augen einer Menschenmenge und des gefesselten Geliebten in den Tod stürzen — ein neuer Wojewode erscheint und der alte Machthaber sein Opfer erschreckt freiläßt. Warum ein neuer Wojewode kommt, bleibt ungeklärt. Sicher ist, daß er alles zum „guten Ende" wenden wird.

Verbreitung

Die Oper wurde am Bolschoi Theater Moskau insgesamt fünfmal gespielt. Der Komponist entwendete aus der Theaterbibliothek die Partitur und vernichtete sie, da ihm sein Werk künstlerisch unzureichend erschien. Man kann Tschaikowskis Entscheidung weiterhin als gültig betrachten, auch nachdem die Oper von Lamm, Popow, Schebalin und Kotschurow aus den vorhandenen Materialien rekonstruiert wurde. Eine Aufführung dieser Rekonstruktion fand am 28. September 1949 am Maly Theater in Leningrad statt.

Autograph Erhalten gebliebenes Material Staatliches Haus-Museum P.I. Tschaikowski Klin
Ausgaben Text Jurgenson Moskau 1869; Part In: GA (Polnoje sobranije sotschineni.) Bd.1A, 1B und 1W, Musgis Moskau 1953. KlA In: GA (Polnoje sobranije sotschineni.) Bd.1D, Musgis Moskau 1953. Die Oper wurde für die Gesamtausgabe rekonstruiert. Pawel Lamm, Wissarion Schebalin und Boris Assafjew ergänzten einige Vokalpartien. Der neue Text des Schlußchores stammt von Sergej Gorodezki.

Literatur Nikolai Kaschkin: Erinnerungen an P.I.Tschaikowski. (Wospominanija o P.I. Tschaikowskom.) Moskau 1896; Modest Tschaikowski: Das Leben Peter Iljitsch Tschaikowskis. (dt.) Bd. 1, Moskau/Leningrad 1900; Alexander Ostrowski und die russischen Komponisten. Briefe. (Alexander Ostrowski i russkije kompository. Pisma.) Moskau/Leningrad 1937; P.I. Tschaikowski und S.I. Tanejew. Briefe. (P.I. Tschaikowski i S.I. Tanejew. Pisma.) Moskau 1951

Undine (Undina)

Oper in drei Akten (Opera w trjoch dejstwijach)
Libretto von Wladimir Sollogub
nach dem Märchen ›Undine‹ von Friedrich de la Motte-Fouqué
in der freien Übersetzung durch Wassili Shukowski

Entstehung 1869

Uraufführung Nicht aufgeführt

Orchester Picc, 2 Fl, 2 Ob, 2 Klar, 2 Fg, 4 Hr, 2 Trp, 3 Pos, Tb, Pkn, Bck, Trgl, GrTr, Hrf, Kl, Str

Aufführungsdauer Introduktion: 6 Min., Lied der Undine: 4 Min., Finale I. Akt: 5 Min., Duett Undine — Gulbrandson: 4 Min.

Kommentar
Tschaikowski reichte 1869 seine Oper ›Undine‹ dem Petersburger Mariinski Theater ein, doch vernichtete er die Partitur, nachdem sie von der Repertoirekommission des Theaters abgelehnt worden war. Er griff einige Musiknummern in späteren Werken wieder auf:
1. Instrumentale Introduktion zur Oper. Sie wurde von Tschaikowski 1873 vollständig in die Schauspielmusik zu Ostrowskis ›Snegurotschka‹ übernommen.
2. Lied der Undine „Wodopad — moi djadja" (Wodopad — mein Onkel) aus dem I. Akt. Es fand wenig verändert ebenfalls in der Schauspielmusik zu ›Snegurotschka‹ Aufnahme.
3. Finale des I. Aktes. In der Zweiten Sinfonie verwendet.
4. Hochzeitsmarsch des III. Aktes. Im zweiten Satz der Zweiten Sinfonie verwendet.
5. Duett Undine—Gulbrandson aus dem III. Akt. Wurde im II. Akt des Balletts ›Schwanensee‹ (Pas de deux) verarbeitet.
 Die erhalten gebliebenen Fragmente wurden im Band 2 der Gesamtausgabe Moskau/Leningrad 1950 publiziert.

Der Opritschnik (Opritschnik)

Oper in vier Akten, fünf Bildern
(Opera w tschetyrjoch dejstwijach, pjati kartinach)
Libretto von Pjotr Tschaikowski
nach der gleichnamigen Tragödie von Iwan Lashetschnikow

Entstehung 1870—1872

TSCHAIKOWSKI

Uraufführung 24. April 1874   Mariinski Theater Petersburg

Personen
Fürst Shemtschushny_____Baß
Natalja, seine Tochter_____Sopran
Moltschan Mitkow, Bräutigam Nataljas_____Baß
Bojarynja Morosowa, Witwe_____Mezzosopran
Andrej Morosow, ihr Sohn_____Tenor
Basmanow, junger Opritschnik_____Alt
Fürst Wjasminski_____Bariton
Sacharjewna, Amme Nataljas_____Sopran
Volk, Opritschniki, Dienstmädchen,
Diener des Fürsten Shemtschushny_____Gemischter Chor und Ballett

Orchester Picc, 2 Fl, 2 Ob, EH, 2 Klar, 2 Fg, 4 Hr, Trp, 3 Pos, Tb, Pkn, Bck, Trgl, GrTr, Hrf, Str

Aufführungsdauer I. Akt: 40 Min., II. Akt: 55 Min., III. Akt: 40 Min., IV. Akt: 40 Min; Gesamt: 2 Stdn., 55 Min.

Vorgänge:
Die Handlung spielt in Moskau in der Zeit der Opritschnina.
(Opritschnina heißt: das ausgesonderte Land. Es existierte zwischen 1565 und 1572. Es wurde von Iwan IV. (Iwan Grosny) ausgesondert, indem er die dort ansässigen Fürsten enteignete. So wollte er die Opposition der Teilfürsten und des Hochadels gegen die Zentralgewalt schwächen. Der Verwaltungs- und Verteidigungsapparat der Opritschnina war dem Zaren direkt unterstellt, die damit Beauftragten wurden Opritschniki genannt. Sie waren dem Zaren allein und unmittelbar dienstbar und verantwortlich.)
Introduktion. **I. Akt** (1. Bild): *Garten des Fürsten Shemtschushny.* Der alte Moltschan Mitkow wirbt um die Hand Nataljas, der jungen Tochter des Fürsten, und erhält dessen Jawort. Natalja aber liebt den jungen Bojaren Andrej Morosow. Dieser wird vom Zarengünstling Basmanow als Opritschnik angeworben. Andrej hofft, als Opritschnik der verwitweten und verarmten Mutter helfen und Natalja heiraten zu können.
Zwischenaktmusik. **II. Akt**, 1. Bild (2. Bild): *Hütte der Bojarin Morosowa.* Der Bojar Morosow hatte Feinde und wurde hingerichtet. Die Witwe lebt in Not. Sie verbietet dem Sohn, zu den Opritschniki zu gehen. Andrej verheimlicht der Mutter, daß er sich bereits anwerben ließ.
  II. Akt, 2. Bild (3. Bild): *Zarengemach in der Alexandrowsker Vorstadt.* Andrej muß den Schwur der Opritschniki leisten. Das bedeutet, aller familiären Bindung abzuschwören, den Zaren als Vater und Gott anzuerkennen. Ein alter Feind der Morosows, Fürst Wjasminski, nimmt ihm den Schwur ab. Andrej sieht sich in seiner Hoffnung, der Mutter helfen und Natalja heiraten zu können, betrogen.

Zwischenaktmusik. **III. Akt** (4. Bild): *Platz in Moskau.* Natalja ist vor der verhaßten Heirat aus dem Vaterhaus geflohen, wird aber wieder eingefangen. Die Mutter Morosowa entdeckt, daß ihr Sohn Opritschnik ist, und verflucht ihn.
IV. Akt (5. Bild): *Innenraum.* Der Zar erbarmt sich Andrejs. Wenn Mitternacht verflossen ist, soll er als Opritschnik entlassen sein und seiner Heirat mit Natalja nichts mehr im Wege stehen. Doch auf Betreiben Wjasminskis fordert Iwan Grosny das Recht der ersten Nacht. Andrej weigert sich, dem Befehl stattzugeben, und verfällt so nach dem Opritschniki-Gesetz dem Tode. Natalja wird zum Zaren geschleppt, Andrej hingerichtet und die alte Morosowa stirbt, als Fürst Wjasminski ihr das Schauspiel der Hinrichtung zeigt.

Genesis
Pjotr Tschaikowski schrieb selbst das Libretto nach der gleichnamigen Tragödie von Iwan Lashetschnikow, die mit viel Erfolg Anfang der 70er Jahre am Alexandrinski Theater Petersburg und am Maly Theater Moskau gespielt wurde.
 Iwan Lashetschnikow (1792—1869) „gehörte zu den ersten bedeutenden Vertretern des russischen historischen Romans ... Lashetschnikow blieb in seinem Menschenbild ganz der Tradition romantischer Dichtung verpflichtet, aber es gelang ihm, in seinen Romanen das historische Kolorit wahrheitsgetreu zu erfassen." (Peter Keßler)
 Historisches Kolorit und romantisches Menschenbild sprachen Tschaikowski an, doch ging die Arbeit an der 1870 begonnenen Komposition nur schleppend voran, und der Komponist sah die „Ursachen hierfür darin, daß das Sujet, obgleich es sehr gut ist, doch nicht ganz meiner Seele entspricht". (Tschaikowski an den Bruder Anatoli im April 1870)
 Tschaikowski versuchte, sich das „Sujet passend zu machen", indem er die Tragödienhandlung freizügig veränderte, doch scheint er dem Stoff auch dann nur partiell Interesse abgewonnen zu haben. Zwar konzentrierte er sich 1871 ganz auf diese Opernkomposition und führte sie auch zu Ende, doch zog er dazu Musiknummern aus früheren Werken heran und fügte sie in diese Arbeit ein. Für die erste Szene des I. Aktes im ›Opritschnik‹ verwendete er Musik und Texte aus einer Szene der Oper ›Der Wojewode‹, die der ›Opritschnik‹-Szene allerdings auch inhaltlich völlig gleicht: ein alter Mann (im ›Opritschnik‹ der Bojar Moltschan Mitkow, im ›Wojewoden‹ der Wojewode selbst) wirbt um ein viel jüngeres Mädchen und erpreßt vom Vater das Jawort. Auch die darauffolgende Szene (Chor der Mädchen und Lied Nataljas) ist mit einer Szene aus dem ›Wojewoden‹ identisch. (Der Dienstmädchenchor und das Lied der Marja Wlassewna aus dem ›Wojewoden‹ wird den Dienstmädchen und Natalja im ›Opritschnik‹ übertragen.) Das Finale des II. Aktes aus dem ›Wojewoden‹ wird zum Finale des I. Aktes der Oper ›Der Opritschnik‹. Dem Duett Natalja—Andrej im letzten Akt liegt das Hauptthema der 1869 entstandenen Sinfonischen Fantasie ›Fatum‹ zugrunde. Die Zwischenaktmusik zum II. Akt stammt von Wladimir Schilowski.
 Das alles deutet darauf hin, daß der Komponist von dem selbst gewählten Stoff nicht durchgängig gefesselt war, sich aber nach den Enttäuschungen über

die beiden ersten Opern, ›Der Wojewode‹ und ›Undine‹, nun mit der dritten Oper eine Bestätigung seines künstlerischen Vermögens erzwingen wollte.

Im Frühjahr 1872 schickte er die Partitur an Eduard Naprawnik, den Dirigenten des Mariinski Theaters Petersburg. Im Dezember 1873 schlug ihm Naprawnik Kürzungen vor, die die Partie der Morosowa im II. und den Hochzeitschor im letzten Akt betrafen, und bestätigte ihm die Annahme des Werkes durch die Repertoirekommission des Mariinski Theaters. Tschaikowski akzeptierte Naprawniks Kürzungsvorschläge, konnte sie aber nicht mehr in den Klavierauszug einarbeiten, da sich dieser bereits im Druck befand, um im Februar 1874 bei Bessel in Petersburg zu erscheinen.

Bereits vor der szenischen Uraufführung stellte Nikolai Rubinstein Auszüge aus der Oper am 14. März 1874 im neunten Sinfoniekonzert der Russischen Musikgesellschaft in Moskau vor.

Kommentar

Die Oper ›Der Opritschnik‹ zerfällt in einige wenige Szenen von formaler Dichte und Geschlossenheit und viele Szenen mit einer auswechselbaren, substanzarmen Musik.

Der Komponist wußte das, hat es selbst wiederholt ausgesprochen und plante eine Umarbeitung. Gegen die Herausgabe der unbearbeiteten Fassung hat er sich 1891 so entschieden ausgesprochen, daß die ursprüngliche Fassung der Oper nicht zum autorisierten Nachlaß des Komponisten zu zählen ist. Die Verleger und Theaterpraktiker haben sich nicht an den Willen des Komponisten gehalten.

Tschaikowskis Standpunkt zu seiner dritten Oper ist dokumentarisch belegt. Kurz nach der Uraufführung, bereits im Mai 1874, schrieb er an Anna Merkling: „Meine Oper, um die Wahrheit zu sagen, ist ein überaus schwaches Werk. Ich bin sehr unzufrieden mit der Oper. Die Hervorrufe und der Applaus zur Uraufführung haben mich nicht im geringsten in die Irre geführt. Das war, wie man sagt, ein succès d'estime (Achtungserfolg — S.N.). Ich hatte mich mit den vorausgegangenen Werken, besonders mit den sinfonischen, gut empfohlen... In der Oper ist wenig dramatische Bewegung, eine Ungleichmäßigkeit des Stils, und sie ist sichtbar mit der ‚heißen Nadel' genäht. Wahrscheinlich werde ich (bleibe ich leben) — weil ich (ohne falsche Bescheidenheit) das machen möchte —, noch gute Opern schreiben. Aber diese Oper ist schwach, und das schmerzt mich."

Dieses Urteil bekräftigte und erweiterte er im selben Jahr gegenüber seinem Verleger Wassili Bessel: „In ihr (der Oper — S.N.) gibt es keinen Stil und keine Bewegung — zwei Bedingungen, die zwangsläufig zur Abkühlung des Publikums führen werden... Auf jeden Fall bin ich froh darüber, daß die Oper gespielt wurde. Ich habe kein Fiasko erlitten und habe anstelle dessen eine ausgezeichnete Unterrichtsstunde in Opernkomposition erhalten, denn ich erkannte, von der allerersten Probe an, ihre groben Fehler, und ich werde diese natürlich nicht wieder machen, wenn ich die nächste Oper schreibe."

1884 wollte das Moskauer Bolschoi Theater den ›Opritschnik‹ erneut spielen. Tschaikowski verhinderte dies, weil er die geplante Umarbeitung noch nicht realisiert hatte. Tagebucheintragungen belegen den Plan einer Umarbeitung: „Ich spielte das Cis-Moll-Quartett und den I. Akt des ›Opritschnik‹, den ich im Sommer umzuarbeiten gedenke." (1. Nov. 1886) „Ich spielte den III. Akt ›Opritschnik‹. Schlimm. Wenn man ihn umarbeitet, dann gründlich." (15. Nov. 1886) „Ich spielte die Sinfonie Glasunows und den IV. Akt ›Opritschnik‹. Schlecht." (16. Nov. 1886)

1891 wollte Wassili Bessel die Partitur des ›Opritschnik‹ publizieren. Er informierte den Komponisten und bat um dessen Einverständnis. Tschaikowski antwortete darauf (2. Juni 1891): „1. Ich weiß nicht und habe durch die Umstände auch nicht die Möglichkeit, mich danach zu erkundigen, ob ich nach dem Gesetz das Recht habe, Ihr Vorhaben zu entscheiden oder Sie an Ihrem Vorhaben zu hindern. Wenn ich es habe, dann erkläre ich hiermit, daß ich bedingungslos die Gravur, den Druck und die Herausgabe der Partitur der Oper ›Der Opritschnik‹ verbiete.

2. Wenn ich ein solches Recht nicht beanspruchen kann, dann bitte ich Sie und rate Ihnen, ein so seltsames Vorhaben nicht zu realisieren. Die Gründe hierfür sind folgende: Der Druck einer Opernpartitur hat doch nur dann einen Sinn, wenn die Oper an irgendeiner Bühne gegeben wird ... ›Der Opritschnik‹ aber wird nirgends gegeben werden, solange ich lebe, und das wird in Rußland auch so bleiben, denn so wie die Oper jetzt existiert, kann sie nicht gespielt werden ... Eine Oper aber zu publizieren, die nirgends aufgeführt wird, die musikalisch schwach ist und völlig abstoßend in der Instrumentation, ist wenig rationell. Es ist Ihnen bekannt, daß ich in mehr oder weniger ferner Zukunft vorhabe, die Oper ›Der Opritschnik‹ umzuarbeiten ... Der Umstand, daß Sie die Partitur vielleicht trotz meines Protestes drucken werden (17 Jahre nachdem Sie das Herausgaberecht erworben haben), wird mich nicht im geringsten daran hindern, die Oper umzuarbeiten. Es wäre eine Umarbeitung von schlimmstenfalls zwei Dritteln, wenn nicht sogar von drei Vierteln der Musik, eine völlige Neuinstrumentation. Sie würden dann natürlich als Verlag die von mir einzige autorisierte Fassung des Werkes erhalten.

Noch und noch einmal protestiere ich gegen den Druck der Oper ›Der Opritschnik‹ in ihrer gegenwärtigen Gestalt, und ich setze Sie davon in Kenntnis, daß ich nichts versäumen werde, um Sie an der Realisierung Ihres Vorhabens zu hindern."

Wassili Bessel unterließ daraufhin den Druck der Partitur, drängte den Komponisten aber immer wieder zur Umarbeitung. Im Oktober 1893 glaubte Tschaikowski, dafür Zeit zu finden. Die Partiturhandschrift wurde am 20. Oktober aus der Kaiserlichen Theaterbibliothek in die Wohnung Tschaikowskis gebracht. Am 25. Oktober starb der Komponist. 1896 veröffentlichte die Firma Bessel die Partitur der Oper ›Der Opritschnik‹ und handelte damit gegen den ausdrücklichen Willen des Komponisten.

Der I., III. und IV. Akt verfielen dem Verdikt des Komponisten. Nur über den II. Akt äußerte er keine Unzufriedenheit, obgleich er den Kürzungswünschen Naprawniks zum 1. Bild des II. Aktes (Arie der Morosowa) zugestimmt hatte. In beiden Bildern des II. Aktes konzentrierte sich die Handlung auf den Konflikt des Andrej Morosow. Mit dieser Gestalt hat sich der Komponist am stärksten identifiziert. Morosow emanzipiert sich, indem er der Mutter verschweigt, daß er Opritschnik und bereit zum eigenverantwortlichen Handeln geworden ist. Im 2. Bild wird der Unerfahrene, der bisher von der Mutter Behütete, unvorbereitet in den Geheimbund der Opritschniki aufgenommen. Das geschieht mit seinem Einverständnis, aber wider sein Gefühl und sein Gewissen. Die formale Geschlossenheit dieses Bildes entsteht aus der rondoartigen Anlage. Die Opritschniki kündigen sich an, stellen sich vor, wiederholen „ihr Thema" so lange, bis sie den scheuen Initianden umkreist und bezwungen haben. Im Opritschniki-Thema finden sich alle musikalischen Parameter, mit denen Tschaikowski auch in seinen sinfonischen Werken die starre unaufhaltsame Maschinerie zeichnet, die das Subjekt jagt, erschöpft und zu Tode hetzt: ungeschmeidiger Blechbläsersatz, dunkle Klangfarbe, Marschrhythmus, Geradtaktigkeit.

Es ist wahrscheinlich, daß Tschaikowski bei einer Umarbeitung dieses Bild allein als gültig befunden hätte.

Verbreitung
Tschaikowskis dritte Oper, ›Der Opritschnik‹, wurde nach ihrer Uraufführung mit großem Erfolg in der Provinz nachgespielt: Odessa und Kiew (1874), Charkow (1880).
Am Bolschoi Theater Moskau kam das Werk 1875, 1899 und 1911 zur Aufführung, das Mariinski Theater Petersburg brachte 1897 eine Neuinszenierung heraus.
1908 fand in Helsinki die erste Aufführung außerhalb Rußlands statt.

Autograph Zentrale Musikbibliothek des Staatlichen Akademischen Theaters für Oper und Ballett S.M. Kirow Leningrad
Ausgaben Text Bessel Petersburg 1873; KlA (russ./dt. Titel Der Leibwächter, dt. von I. von Arnold) Bessel Petersburg 1896; Part Bessel Petersburg 1896; Part In: GA (Polnoje sobranije sotschineni.) Bd. 3 A und 3 B, Musgis Moskau 1959; KlA In: GA (Polnoje sobranije sotschineni.) Bd. 34, Musgis Moskau 1959
Literatur Pjotr I. Tschaikowski. Tagebücher 1873–1891. (Dnewniki 1873–1891.) Moskau/ Petersburg 1923; Pjotr I. Tschaikowski. Erinnerungen und Briefe (Wospominanija i pisma.) Petersburg 1924; Pjotr I. Tschaikowski. Briefwechsel mit der Firma Bessel zur Erstausgabe der Partitur. In: Sowjetskaja musyka, Moskau 1938, Nr. 6; Pjotr I. Tschaikowski. Briefwechsel mit Jurgenson. (Perepiska s P. I. Jurgensonom) Bd. 2, Moskau/Leningrad 1952; Pjotr I. Tschaikowski. Briefe an Nahestehende. (Pisma k bliskim.) Moskau 1955; Peter Keßler: Iwan Iwanowitsch Laschetschnikow. In: Lexikon fremdsprachiger Schriftsteller. Bd. 2, Leipzig 1979

Eugen Onegin (Jewgeni Onegin)

Lyrische Szenen in drei Akten, sieben Bildern
(Liritscheskije szeny w trjoch dejstwijach, semi kartinach)
Libretto von Pjotr Tschaikowski und Konstantin Schilowski
nach dem gleichnamigen Roman in Versen von Alexander Puschkin

Entstehung 1877–1878

Uraufführung 29. März 1879   Kleines Theater Moskau (mit Absolventen des Moskauer Konservatoriums)

Personen
Larina, Gutsbesitzerin_____Mezzosopran
Tatjana, ihre Tochter_____Sopran
Olga, ihre Tochter_____Alt
Filippjewna, Amme_____Mezzosopran
Eugen Onegin_____Bariton
Lenski_____Tenor
Fürst Gremin_____Baß
Ein Hauptmann_____Baß
Sarezki_____Baß
Triquet, ein Franzose_____Tenor
Guillot, Kammerdiener_____Stumm
Bauern, Bäuerinnen, Ballgäste, Gutsbesitzer
und Gutsbesitzerinnen, Offiziere_____Gemischter Chor
Ballgäste_____Ballett

Orchester   Picc, 2 Fl, 2 Ob, 2 Klar, 2 Fg, 4 Hr, 2 Trp, 3 Pos, Pkn, Hrf, Str

Aufführungsdauer   I. Akt: 80 Min., II. Akt: 45 Min., III. Akt: 35 Min.; Gesamt: 2 Stdn., 40 Min.

Vorgänge
Die Handlung spielt auf dem Land und in Petersburg in den 20er Jahren des 19. Jahrhunderts.
Introduktion. **I. Akt**, 1. Bild (1. Bild): *Auf dem Gut der Larins. Garten. Es wird Abend.* Die Stimmung eines Sommerabends und die Sehnsucht nach Glück erhalten im Gesang der jungen Mädchen Tatjana und Olga Klang, und der Ton ihres Liedes dringt ans Ohr zweier alternder Frauen, der Mutter Larina und der Amme Filippjewna. Die Erinnerung an vergangenes Glück wird wachgerufen und klingt mit der Hoffnung auf künftiges zusammen *(Duett und Quartett).* Landleute bringen der Gutsbesitzerin Larina eine Garbe als Zeichen vollbrachter Arbeit. Die Herrin fordert Fröhlichkeit und ein lustiges Lied. Tatjana interessiert

sich für die Leute. Olga wehrt den Ernst der Schwester ab und gibt ein Beispiel für frische Munterkeit.

Der Nachbar und Gutsbesitzer Lenski besucht die Larins und stellt ihnen seinen Freund Onegin vor. Onegin sieht sich in Lenski getäuscht, weil der Poet sich keine traurig-schwärmerische Muse, sondern die heitere Olga gewählt hat. Er macht es dem Freund zum Vorwurf. Lenski weist ihn zurück. Olga sieht, wie die Schwester von Onegin fasziniert ist, und erkennt, daß der Ruf Onegins als Sonderling die Schwester prädisponierte. Tatjana glaubt, ihre unbestimmte Sehnsucht könne in Onegin ein Ziel finden. *(Quartett)* Die vier lösen sich zu zwei Paaren auf. Lenski schwärmt. Olga scheint Mäßigung angemessen. Onegin treibt Konversation. Tatjana ist ungeschickt und erscheint blöde. Die Filippjewna bemerkt Tatjanas Hilflosigkeit und sorgt sich.

I. Akt, 2. Bild (2. Bild): *Tatjanas Zimmer.* Tatjana sucht eine Orientierung und wendet sich um Rat an die Amme. Filippjewna erzählt ihr Schicksal, sie wurde als Leibeigene vierzehnjährig zur Ehe mit einem Jüngeren gezwungen. Tatjana findet den Mut, gegen die Konvention zu handeln und Onegin ihre Liebe zu gestehen. Sie schreibt ihm einen Brief. *(Szene und Duett)* Tatjana besteht der Amme gegenüber auf ihrer Entscheidung und schickt die Filippjewna mit dem Brief zu Onegin.

I. Akt, 3. Bild (3. Bild): *Ein anderer Platz im Garten des Larinschen Gutes.* Mädchen pflücken Beeren und singen ein Lied. Es herrscht Gleichklang zwischen Menschen und Natur. Nur Tatjana ist aus dem Gleichgewicht. Sie flieht und erwartet Onegin, Unverständnis fürchtend, auf Erwiderung ihrer Liebe hoffend. Onegin erklärt Tatjana, sie zu achten, aber nicht zu lieben.

Zwischenaktmusik. **II. Akt**, 1. Bild (4. Bild): *Ein festlich beleuchteter Saal im Larinschen Hause.* Der Landadel begrüßt den Ball als willkommene Abwechslung im langweiligen Alltag. Onegins Schritte werden belauert und hämisch kommentiert. Vom Geschwätz gereizt, tanzt Onegin wiederholt mit Olga, um Lenski zu ärgern, der ihn zum Besuch dieses Balls verleitet hat.

Weder Olga noch Onegin bemerken, wie tief sich Lenski verletzt fühlt. Lenski fordert Onegin zum Duell. Obgleich Onegin seine Leichtfertigkeit bedauert, nimmt er die Forderung an.

II. Akt, 2. Bild (5. Bild): *Ländliche Wassermühle, Bäume, Ufer eines Flusses. Früher Morgen. Die Sonne ist noch nicht aufgegangen. Winter.* Onegin und Lenski bereuen ihre Unbesonnenheit, doch findet keiner von beiden die Kraft zu einem befreienden Wort. Onegin tötet Lenski im Duell.

III. Akt, 1. Bild (6. Bild): *Ein Nebensaal in einem reichen herrschaftlichen Hause in St. Petersburg. Festlicher Ball. Polonaise.* Der Petersburger Adel setzt sich in Szene: Ball. Onegin, seit Jahren auf der Flucht vor der Erinnerung an Lenskis Tod, empfindet sich auch in dieser Gesellschaft als ein Fremdling und wird mißtrauisch beobachtet. Eine vielbeachtete Frau weckt sein Interesse. Er erfährt von Fürst Gremin, daß dies Tatjana Larina sei, jetzt Fürstin Gremina. Er verliebt sich in die Fürstin.

III. Akt, 2. Bild (7. Bild): *Gästezimmer (Empfangsraum) im Hause des Fürsten*

Gremin. Onegin erklärt Tatjana seine Liebe. Die Fürstin Gremina fühlt sich zur Treue ihrem Gatten gegenüber verpflichtet und weist Onegins Werbung zurück.

Genesis

Anregungen zu den Opern ›Der Wojewode‹ (1867/68) und ›Der Schmied Wakula‹ (1874) hatte sich Tschaikowski bei Ostrowski und Gogol geholt. Der Zufall machte ihn 1877 auf Puschkins ›Eugen Onegin‹ aufmerksam. Er wurde von diesem Roman in Versen so stark berührt, daß er an Nikolai Rubinstein schrieb: „Völlig unabhängig vom Inhalt, dem er eine Form verleiht, ist man von der Musik der Verse, von der Harmonie der Lautfolge tief bewegt. Ja, dieses Etwas, das uns in seinen (Puschkins — S.N.) Gedichten erschüttert, ist Musik." (Brief vom 3. Juli 1877)

Ohne Rücksicht auf das Arsenal überkommener traditioneller Opernmittel schuf Tschaikowski seine Oper ›Eugen Onegin‹: „Denn es lag mir nur daran, den ›Onegin‹ durch meine Musik zu illustrieren. Ich zitterte und verging, von einer unbeschreiblichen Seligkeit erfaßt, als ich ihn komponierte. Und sollten die Zuhörer nur einen kleinen Teil dessen empfinden, was ich damals fühlte, so werde ich zufrieden sein."

Zu Kompromissen gegenüber der Theaterpraxis seiner Zeit war der Komponist nicht bereit. So schreibt er an Sergej Tanejew: „Ich pfeife darauf, daß es keine bühnenmäßige Oper wird. Dann spielt es eben nicht! Ich habe diese Oper nur komponiert, weil ich eines Tages das unüberwindliche Verlangen fühlte, alles, was im ›Onegin‹ geradezu nach einer Vertonung verlangt, in Musik zu setzen. Und das tat ich auch, so gut ich es vermochte. Ich habe mit ungeheurer Begeisterung und tiefem Genuß an dieser Oper gearbeitet, ohne mich um Wirkungen zu kümmern. Auf diese Wirkungen pfeife ich ..." (Brief vom 2. Januar 1878) Das zeigt sich in der thematischen und formalen Konsequenz der Oper, am deutlichsten in der musikalischen Konzeption des I. Aktes.

Das von Tschaikowski 1877 entworfene ursprüngliche Szenarium sowie die Briefe an Nikolai Rubinstein aus demselben Jahr bezeugen die Einheit von Handlungskonzept und musikalischer Form. Modest Tschaikowski vertrat die Meinung, daß sich die Mitarbeit Schilowskis, „abgesehen vom Szenarium, auf den französischen und russischen Text der Couplets für Triquet" beschränkte.

Strukturen

In der Literaturwissenschaft wird Puschkins ›Eugen Onegin‹ nicht selten durch Lermontows ›Helden seiner Zeit‹ erklärt. Während es Lermontow vornehmlich um die Zeichnung eines „überflüssigen Menschen", eines zur Unproduktivität Verdammten, ging, gestaltete Puschkin im ›Eugen Onegin‹, wie sich Lebensinhalte trotz gleicher Existenzbedingungen gegenläufig entfalteten, wie es für die aufeinanderfolgenden Generationen, für Mann und Frau, für Herrschende und Dienende, für Stadt- und Landadel keine gemeinsamen Bezugspunkte mehr gibt. Obgleich die Menschen durch ökonomischen Druck, durch die Macht der Gewohnheit oder auch durch den Zufall zusammengezwungen werden, gibt es keine politische Realität, keine nationale Identität, die den einzelnen Schichten in dieser feudalen Standesgesellschaft Ziel und Richtung geben könnten.

Tschaikowski hat Puschkins Thema erraten, weil er sich selbst als Außenseiter empfand und im ›Eugen Onegin‹ sein eigenes Lebensthema erkannte. In Puschkins Roman war er auf das gestoßen, was er suchte: „... ein intimes, aber erschütterndes Drama, das auf solchen Konflikten und Situationen beruht, die ich selbst durchgemacht oder gesehen habe". (Brief vom 2. Januar 1878 an Tanejew)

Auch die Genrebezeichnung *Lyrische Szenen* verrät das Bekenntnis zum leidenden Subjekt und zur unverstellten Autorenperspektive. Tschaikowski setzt in Musik, daß sowohl Onegin als auch Tatjana und Lenski ein ähnliches Zeitempfinden haben, an der zunehmenden Vereinzelung und Entfremdung verzweifeln, aber nicht zueinander darüber sprechen können. Die Konsequenz dessen ist der Mord am Freund im Duell, Onegins Flucht vor der Erinnerung, Tatjanas Aufopferung für eine abstrakte Pflicht und Ehre. Auf das Verhältnis zwischen dem Thema der Oper ›Eugen Onegin‹ und der gesellschaftlichen Realität ihrer Zeit trifft Heiner Müllers Bemerkung zu: „Was man noch nicht sagen kann, kann man vielleicht schon singen."

Das Thema der gegenläufigen Zeit findet erste musikalische Ausformung im Kontrast zwischen dem fließenden Melos Tatjanas und Olgas zu dem Parlandoton der alten Frauen. Zwei Junge äußern Zukunftsfreude, zwei Alte hängen Erinnerungen nach, so werden im Quartett unterschiedliche Stimmungen laut, wird die Zeit an einem Schnittpunkt festgehalten. Der Kontrast zwischen Hoffnung und Erinnerungslast bestimmt auch die Szenen Tatjanas mit ihrer Amme.

Ganz wie Glinka fühlte sich auch Tschaikowski Mozarts Ensemblekunst verpflichtet und machte das mit der Bemerkung „á la Mozart" zum Quartett Tatjana—Olga—Lenski—Onegin deutlich. Tschaikowski bringt die Konflikte im Finale des vierten Bildes — auch hierin wieder Glinka vergleichbar — zu solcher Konsequenz, daß durch die musikalischen Parameter (z. B. das Nacheinander-Eintreten der Stimmen, harmonische Veränderung e-Moll nach c-Moll, Onegin durchbricht die Erstarrung durch eine brüske Wendung nach A-Dur) der dramatische Vorgang gleichsam als musikalisches Stenogramm gegeben wird.

Tschaikowski hat durch die sinnstiftende Zuordnung von Motiven zu Figuren und Handlungsvorgängen die Fabel musikalisch organisiert, ohne allerdings Nummernfolge und sinfonisches Prinzip bruchlos miteinander zu verbinden. In den Arien und Ariosi werden die Personen durch ein kurzes Orchestermotiv charakterisiert, das harmonische und instrumentale Einfärbungen erfährt und so die emotionale Situation wiedergibt. Der Gesangspart stützt sich auf dieses thematische Material, ohne völlig in ihm aufzugehen. Auch in der berühmten Brief-Szene wird die Darstellung der widerstreitenden Gefühle Tatjanas weniger über kontrastierendes Material als vielmehr über die unterschiedliche Einfärbung eines Motivs erreicht.

Im I. Akt sind die Chöre unmittelbar in die Handlung integriert, weil Tatjana auf die Gesänge der Bauern und Dienstmädchen reagiert. Sie werden im II. und III. Akt zunehmend kulissenhafter. Das leere Geschwätz des Landadels und der

Petersburger Gesellschaft ist im Text gestaltet, doch wird die kritische Haltung des Komponisten durch den aktivistischen Musiziergestus, die rhythmische und harmonische Glätte schwer erkennbar. Zwiespältig ist der Charakter der Tänze in den beiden Ball-Bildern. Sie sind Balletteinlagen. Tschaikowski war bei ›Eugen Onegin‹, entgegen den eigenen Absichten, nicht ganz frei von der Erinnerung an einen Opernbetrieb, in dem das Ballettensemble unabhängig vom konkreten Kunstwerk sein technisches Können unter Beweis zu stellen hatte.

Bedeutsam und originell ist, wie die alltäglichen Gespräche, die Alltagssituationen von Momenten des Poetischen durchbrochen werden. Das unvermittelte Aufblühen eines schwärmerischen Gedankens erfolgt durch die Sinnänderung der orchestralen Textur, durch den Wechsel vom Interpunktieren der Worte zum Darstellen von Affekten.

Der besondere Charakter des ›Eugen Onegin‹ beruht auch darauf, daß Tschaikowski die zeitgenössische städtische Romanze stilistisch aufgegriffen hat und die melodische Struktur durch die Verwendung des altrussischen lyrischen chromatischen Laufes mit einer „elegischen Einfärbung" (Boris Assafjew) versehen hat. Das berühmteste Beispiel dafür ist die Sequenz der Tatjana, wie sie in der Introduktion etabliert wird, um in der Brief-Szene und in allen nachfolgenden Szenen den musikalischen Zusammenhang des Werkes bis zum Finale hin zu bestimmen.

Aneignung

Tschaikowski befürchtete, daß das Operntheater seiner Zeit mit seinem Starkult und seiner heroisch-monumentalen Stilistik den Alltagsfiguren nicht gerecht werden könne, und er sah einer Inszenierung des ›Eugen Onegin‹ mit Sorge entgegen. Das sprach er im Oktover 1877 dem Dirigenten Nikolai Rubinstein gegenüber aus: „Gerade ein Konservatorium ist mein Ideal. Die Oper ist nämlich für bescheidene Mittel und eine kleine Bühne berechnet."

Nikolai Rubinsteins Vorhaben, das Werk mit Absolventen des Moskauer Konservatoriums zur Uraufführung zu bringen, erweckte in Tschaikowski die Hoffnung, zumindest für die vier Hauptpersonen ensprechend junge Interpreten zu finden, die sich in ihrem Fühlen und Denken noch auf den Alltag zu beziehen und so den Zeitgenossen darzustellen vermochten. In dieser Hinsicht erfüllte die Moskauer Uraufführung vom 29. März 1879 die Wünsche des Komponisten.

Aber erst die konventionelle Petersburger Aufführung, am 19. Oktober 1884 am Mariinski Theater, brachte der Oper einen, wahrscheinlich falschen Erfolg.

Dem Wesen des Werkes entsprechende Inszenierungen sind bis auf den heutigen Tag nicht die Regel, sondern die Ausnahme. Zur Ausnahme gehört auch Stanislawskis berühmt-legendäre Inszenierung 1922 am Opernstudio. Die Schwierigkeiten in der Aneignung dieses Werkes bestehen darin, das nationale Kolorit nicht zum exotischen Anstrich verkommen zu lassen und eine Spielweise zu finden, die ohne Sentimentalität, Larmoyanz und Behäbigkeit dem unruhevollen Gejagtsein, der nervösen Sensibilität vereinsamter, verzweifelnder Jugend Ausdruck zu geben vermag.

Der Musikkritiker Nikolai Kaschkin berichtet in seinen ›Erinnerungen an Tschaikowski‹: „Tschaikowski führte leidenschaftlich alle Gründe zugunsten einer Aufführung des ›Onegin‹ im Konservatorium an und erklärte: ‚Für den ›Onegin‹ brauche ich folgendes: Erstens: Mittelmäßige Sänger, die aber gut geschult und diszipliniert sind.

Zweitens: Sänger, die gleichzeitig schlicht, aber gut und natürlich spielen.

Drittens: Brauche ich keine luxuriöse Bühnenausstattung, sondern eine, die der damaligen Zeit entspricht. Die Kostüme müssen unbedingt echt sein, aus der Zeit, in der die Oper spielt (20er Jahre).

Viertens: Die Chöre sollen nicht einer Herde gleichen, sondern Menschen, die sich an der Opernhandlung beteiligen.

Fünftens: Der Dirigent darf keine aufgezogene Maschine, er muß ein wirklicher musikalischer Leiter sein.'"

An diesen Kriterien gemessen, ist Tschaikowskis ›Eugen Onegin‹ für die Opernbühne des 20.Jahrhunderts ein unbekanntes Werk. Die Einstudierung der Oper in tschechischer Sprache 1888 in Prag eröffnete ein weiteres schwieriges Kapitel der Inszenierungsgeschichte. Aus der Arbeit an der deutschen Erstaufführung 1892 in Hamburg zog sich Tschaikowski mit der Begründung zurück, daß die Übersetzung von August Bernhard den Zusammenhang zwischen Wort und Musik empfindlich störe. Spätere Übersetzungen bemühten sich, diesem Mangel abzuhelfen. Es ist nicht gelungen. So wird die Aneignung des Werkes nicht unwesentlich von der Entscheidung für oder gegen den Text in seiner Originalgestalt geprägt. London 1892 (engl.), Nizza 1895 (frz.), Riga 1896 (dt.), Wien 1897 (dt.), Berlin 1898 (dt.), Madrid 1898 (span.), Warschau 1899 (ital.), Mailand 1900 (ital.), Budapest 1902 (ung.), Ljubljana 1903 (slow.), Stockholm 1903 (schwed.), Amsterdam 1906 (ital.), Helsinki 1906 (russ.), Paris 1911 (russ.), Buenos Aires 1911 (ital.), Kopenhagen 1917 (dän.), Sofia 1919 (bulg.), New York 1920 (engl.), Bukarest 1938 (rum.).

Als eine herausragende Inszenierung der neueren Zeit gilt die des Dirigenten Juri Temirkanow 1982 am Kirow Theater Leningrad.

Autograph Staatliches Zentrales Museum Musikalischer Kultur M.I.Glinka Moskau
Ausgaben Part Jurgenson Moskau 1880; KlA Jurgenson Moskau 1878; Part In: GA (Polnoje sobranije sotschineni.) Bd.4, Musgis Moskau/Leningrad 1948; KlA In: GA (Polnoje sobranije sotschineni.) Bd.36, Musgis Moskau/Leningrad 1946; KlA (dt. von August Bernhard und Max Kahlbeck). Rahter Hamburg 1920 und Felix Bloch Erben Berlin; KlA (dt.von Felix Wolfes nach August Bernhard) Breitkopf & Härtel Leipzig 1969; KlA (dt. von Wolf Ebermann und Manfred Koerth — nach der wissenschaftlich-kritischen Gesamtausgabe) Deutscher Verlag für Musik Leipzig 1970; Text (dt. von Rudolf Hartmann) Apollo-Verlag Wien/München 1952; Text (dt. von August Bernhard, revidiert von Wilhelm Zentner) Reclam Stuttgart 1970. Weitere Übersetzungen von Max Kahlbeck, Julius Kapp, Karlheinz Gutheim (letztere bei Felix Bloch Erben Berlin)
Literatur Pjotr I.Tschaikowski. Briefwechsel mit N.F.von Meck. (Perepiska s N.F.fon Mekk.) 3 Bde., Moskau/Leningrad 1934—1936; P.I.Tschaikowski und S.I.Tanejew. Briefe. (P.I.Tschaikowski i S.I.Tanejew. Pisma.) Moskau 1951; Pjotr Tschaikowski. Literarische Werke und Briefwechsel. (Literaturnyje proiswedenija i pere-

piska.) In: GA (Polnoje sobranije sotschineni.) Bd. 5—17, Moskau 1959—1981; Modest Tschaikowski: Das Leben Peter Iljitsch Tschaikowskis. Bd. 1, Moskau/Leipzig 1900; Boris Assafjew: ›Eugen Onegin‹. Versuch einer Analyse des Stils und der musikalischen Dramaturgie. Berlin/Potsdam 1949; Jelena Berljand-Tschornaja: Tschaikowski und Puschkin. (Tschaikowski i Puschkin.) Moskau 1950; Nikolai Kaschkin: Erinnerungen an P. I. Tschaikowski. (Wospominanija o P. I. Tschaikowskom.) Moskau 1896 und in: Ausgewählte Aufsätze über P. I. Tschaikowski. (Isbrannyje statji o P. I. Tschaikowskom.) Moskau 1954; Grigori Kristi: Stanislawskis Weg zur Oper. Berlin 1954; Leoš Janáček: ›Eugen Onegin‹. In: Musik des Lebens. Skizzen, Feuilletons, Studien. Leipzig 1979; Alexander Scholp: ›Eugen Onegin‹. Skizzen. (›Jewgeni Onegin‹. Otscherki.) Leningrad 1982; weitere Literatur siehe Pjotr Tschaikowski

Die Jungfrau von Orleans
(Orleanskaja dewa)
Oper in vier Akten, sechs Bildern
(Opera w tschetyrjoch dejstwijach, schesti kartinach)
Libretto von Pjotr Tschaikowski unter Benutzung der gleichnamigen Romantischen Tragödie von Friedrich Schiller (in der Übersetzung von Wassili Shukowski), des Dramas ›Jeanne d'Arc‹ von Jules Barbier und des Librettos der Oper ›Jeanne d'Arc‹ von Auguste Mermet

Entstehung 1878—1879

Uraufführung 25. Februar 1881   Mariinski Theater Petersburg

Personen
König Karl VII. _____ Tenor
Erzbischof _____ Baß
Dunois, französischer Ritter _____ Bariton
Lionel, burgundischer Ritter _____ Bariton
Thibaut d'Arc, Johannas Vater _____ Baß
Raimond, Johannas Bräutigam _____ Tenor
Bertrand, ein Bauer _____ Baß
Ein Krieger _____ Baß
Loré _____ Baß
Johanna d'Arc _____ Sopran oder Mezzosopran
Agnes Sorel _____ Sopran
Solostimme im Chor der Engel _____ Sopran
Kavaliere und Hofdamen, französische und englische Krieger,
Ritter, Mönche, Menestrels, Scharfrichter, Engel _____ Gemischter Chor
Zigeuner und Zigeunerinnen, Pagen, Narren, Zwerge, Gaukler _____ Ballett

Orchester Picc, 2 Fl, 2 Ob, EH, 2 Klar, 2 Fg, 4 Hr, 2 Kor, 2 Trp, 3 Pos, Tb, Pkn, Slzg, Gl, Hrf, Org, Str
Bühnenmusik: 3 Trp und Banda (2 Kor, 2 AHr, 3 THr, 1 BHr, BTb)

Aufführungsdauer I. Akt: 47 Min., II. Akt: 59 Min., III. Akt: 52 Min., IV. Akt: 22 Min.; Gesamt: 3 Stdn.

Vorgänge
Introduktion. **I. Akt** (1. Bild): *Ländlicher Platz.* Johanna — ein Bauernmädchen — wird von ihrem Vater zur Heirat gedrängt, damit sie in den kriegerischen Zeiten einen Beschützer habe. Sie widersetzt sich und verweist auf einen göttlichen Auftrag. Der zürnende Vater unterstellt ihr Eingebungen der Hölle. Das Kriegsgeschehen nähert sich dem Dorf. Johanna macht den verzweifelnden Landleuten Mut und stärkt sie im Glauben auf Gottes Beistand. Das Mädchen hört Engelstimmen. Es erhält den Auftrag, der irdischen Liebe zu entsagen, das Schwert zu ergreifen, Frankreich zu befreien und den König zu krönen.
II. Akt (2. Bild): *Hoflager Karls bei Chinon.* Karl ist mutlos und verzweifelt. Sein letzter Getreuer, Dunois, versucht, ihn zum Kampf gegen den Feind zu bewegen, vermag aber den Verzagten nicht mehr aufzurichten und verläßt ihn. Der Erzbischof verkündet dem Mutlosen, Gott stehe den Franzosen wieder bei: Johanna hat vor der Stadt Orleans Wunder vollbracht, den Feind zurückgeschlagen. Dunois kehrt zurück. Vom Erzbischof gesegnet, von Karl begrüßt, vom Volk bejubelt, ruft die Jungfrau zur Befreiung Frankreichs auf.
III. Akt, 1. Bild (3. Bild): *Schlachtfeld.* Die Jungfrau handelt wider ihren göttlichen Auftrag und tötet den Verräter Lionel nicht, sondern läßt ihn — betroffen von seiner Schönheit und Jugend — am Leben. Lionel verliebt sich in Johanna und kehrt in die Dienste Frankreichs zurück. Die Jungfrau leidet unter ihrem Verrat an dem göttlichen Auftrag.
III. Akt, 2. Bild (4. Bild): *Platz vor der Kathedrale in Reims.* Karl wird unter dem Jubel des Volkes gekrönt. Vater Thibaut klagt die eigene Tochter an, Frankreichs Befreiung mit Hilfe teuflischer Mächte bewirkt zu haben. Alle sind irritiert und bedrängen Johanna, sich zu rechtfertigen. Sie schweigt. Dunois bekennt sich zu ihr. An Stelle einer Antwort ertönt ein Donnerschlag. Der Himmel selbst scheint gegen Johanna zu sprechen. Alle verlassen sie, bis auf Lionel. Doch ihn verflucht sie und flieht. Er folgt ihr.
IV. Akt, 1. Bild (5. Bild): *Wald.* Johanna versucht, ihrer Leidenschaft zu Lionel Herr zu werden. Das Volk wendet sich von Johanna ab. Lionel findet Johanna. Sie gestehen einander ihre Liebe. Die Engländer töten Lionel und nehmen die Jungfrau gefangen.
IV. Akt, 2. Bild (6. Bild): *Platz in Rouen.* Unter Beifalls- und Mitleidsbekundungen der Menge wird Johanna verbrannt. Johanna hört ihre Engelstimmen und fühlt sich mit ihrem Gewissen ausgesöhnt.

Genesis

Tschaikowski schrieb das Libretto zu seiner Oper ›Die Jungfrau von Orleans‹ selbst, doch bekannte er, daß es ihm sehr schwerfiele. Er war von der historischen Johanna fasziniert, studierte Geschichtsdarstellungen und suchte zugleich in Jules Barbiers Drama und Auguste Mermets Libretto Anregungen. Schillers Werke wurden auf den Schauspielbühnen Rußlands in den 70er und 80er Jahren des 19. Jahrhunderts viel gespielt und waren beliebt. So entschied sich Tschaikowski für Schillers Romantische Tragödie und nahm sie als Stoffgrundlage für sein Opernlibretto. Er begründete seine Wahl mit einer Einschränkung: „Obwohl es (das Schauspiel Schillers — S.N.) nicht ganz der historischen Wahrheit entspricht, übertrifft es doch alle anderen künstlerischen Darstellungen der Johanna durch seine psychologische Wahrheit..." Das Wörtchen „obwohl" verrät Tschaikowskis Zwiespalt. Er folgte Schillers Deutung, schuf sich aber ein vom Dichter abweichendes Finale. Um der historischen Wahrheit willen, wie er sie verstand, wird in seiner Oper Johanna in Rouen von den Engländern verbrannt. Den so entstandenen Bruch zwischen Romantischer Tragödie und Historienspektakel empfand er wohl, verschob aber eine Veränderung des Finales auf später und führte sie nie aus. 1882 überarbeitete Tschaikowski die Oper, indem er sie kürzte und die Hauptpartie für einen Mezzosopran umschrieb.

Strukturen

Tschaikowski hat seine Oper ein Jahr nach ihrer Entstehung und wenige Monate vor ihrer Uraufführung eingeschätzt: „Ich glaube nicht, daß die ›Jungfrau‹ meine beste, am stärksten von mir empfundene Oper ist. Ich fühle, daß der ›Onegin‹ und einige Orchesterwerke meiner geistigen Individualität näher stehen. Die ›Jungfrau‹ habe ich mit weniger Hingabe komponiert..., doch unter viel stärkerer Berücksichtigung der Klang- und Bühnenwirksamkeit."

Anfang und Ende des I. Aktes repräsentieren die für Tschaikowski typischen Gestaltungsmittel: der russische Volksliedton in Melodik und Harmonik, in der Verbindung zwischen Soli und Chor, die den wechselnden Emotionen entsprechend variierten instrumentalen Begleitmotive sowie eine an Mozart orientierte Ensembletechnik.

Wird das Thema des Volkskampfes angesprochen oder werden Massenaktionen unmittelbar gezeigt, gibt Tschaikowski seiner Musik einen aktivistischen Grundgestus, der durch Synkopierung, Dreivierteltakt und durchgehende Triolen- und Achtelbewegung entsteht. Lokalkolorit bringt Tschaikowski ein, wenn er die Atmosphäre von Karls Hoflager zeichnet und dem Gesang der Menestrels das französische Lied „Mes belles amourettes" zugrunde legt. Die gesamten Massenszenen aber, besonders die zur Krönungszeremonie und bei Johannas Verbrennung, machen deutlich, daß, im Unterschied zu Mussorgskis ›Boris Godunow‹ zum Beispiel, das Volk in dieser Oper letztlich bloße Staffage bleibt.

Bemerkenswert ist ein Tanz der Narren und Gaukler. Mit seinen Konstrasten, grellen Farbklängen, den gegenläufigen Motiven, die fast eine Kontrastrhythmik erzeugen, mit dem mittelalterlichen Vor- und Nachtanzprinzip hebt sich diese

Nummer deutlich von den Balletteinlagen in anderen Opern Tschaikowskis ab. Gegenüber Schillers Romantischer Tragödie hat Tschaikowski nicht nur den Schluß geändert, sondern auch das Handlungsgefüge vereinfacht, die Motivationen der Figuren simplifiziert. Schillers historischer Ansatz, Johanna als Teil eines in Bewegung geratenen Volkes zu zeigen, das in der Bewegung seine Widersprüche austrägt, wird zwar noch sichtbar, besonders im I.Akt, verliert sich dann aber immer mehr. Es dominiert Johannas Konflikt zwischen eingebildeter Pflicht und spontaner Neigung.

Die am stärksten „opernhaft" wirkende Szene — der Vater klagt die Tochter öffentlich des Bündnisses mit teuflischen Mächten an, Johanna schweigt, Donnerschläge scheinen gegen sie zu zeugen, und alles entsetzt sich und flieht —, gerade diese Szene ist nicht von Tschaikowski erfunden, sondern von Schiller. Ein bedeutsames Moment der Schillerschen Tragödie ist hier in die Oper übernommen: Kriege und Massenbewegungen führen zu einem veränderten Selbstbewußtsein der darin Verstrickten. Auf das scheinbar Unnatürliche (Johanna ergreift als Untertan und Frau das Schwert) wird mit der Anklage des Widernatürlichen (der Vater verleumdet sein Kind und verdammt das neue Selbstbewußtsein als teuflisch) reagiert.

Tschaikowski verfügte über keine Gestaltungsmittel zur Darstellung von Schrecklichem. Das Finale der Oper — die Verbrennung der Jungfrau — ist kurz, stellt einen Bruch dar. Der Komponist entwirft keine Utopie, die Flucht aus der realen Misere in den Überschwang findet in dieser Oper nicht statt. Der Ansatz zu einer Apologie ist zaghaft, der Chor der Engel ist mit den Chören der Soldaten, der Mönche und des Volkes kontrastiert. Johanna stirbt mit sich selbst versöhnt. Das Finale macht es unbezweifelbar: Tschaikowskis Oper ist die Tragödie des mit sich selbst entzweiten Individuums.

Verbreitung

›Die Jungfrau von Orleans‹ war die erste Oper Tschaikowskis, die außerhalb Rußlands inszeniert wurde. Das war 1882 in Prag. Obwohl das Werk auf den russischen Provinzbühnen — so in Tiflis und Saratow — Erfolge hatte und zur Popularität des Komponisten beitrug, setzte sich die Oper im Repertoire der russischen und später der sowjetischen Bühnen nicht durch. Die Aufführung 1956 durch die Sagra Musicale Umbra in Perugia war die erste in Westeuropa nach der Prager Inszenierung. Erst die Aufführung des Staatstheaters Kassel in der Spielzeit 1967/68 (dt. Bühnenfassung von Paul Friedrich) machte wieder auf das Werk aufmerksam. Die Bühnenfassung von Paul Friedrich stellt sowohl hinsichtlich der Neugestaltung des Schlusses als auch anderer, ganz den Werkintentionen entsprechender Veränderungen einen guten Vorschlag dar, diese Oper den Bühnen zu erschließen.

Autograph Staatliches Zentrales Museum Musikalischer Kultur M.I.Glinka Moskau
Ausgaben KlA Jurgenson Moskau 1880; Part Jurgenson Moskau 1902; KlA (dt. von L. von Westerhagen und R.Thomas) Rahter 1965; Part In: GA (Polnoje sobranije

sotschineni.) Bd. 5A und 5B, Musyka Moskau 1964; KlA In: GA (Polnoje sobranije sotschineni.) Bd. 37, Musgis Moskau 1963; KlA Deutsche Bühnenfassung von Paul Friedrich. Alkor-Edition Kassel 1967; KlA Musyka Moskau 1979
Literatur P.I.Tschaikowski über die Oper. (P.I.Tschaikowski ob opere.) Darin das Szenarium zur ›Jungfrau von Orleans‹. Moskau/ Leningrad 1952; Tage und Jahre P.I.Tschaikowski. Chronik des Lebens und Schaffens. (Dni i gody P.I.Tschaikowskogo. Letopis shisni i twortscheswa.) Hrsg. von Wassili Jakowlew, Moskau 1940; weitere Literatur siehe Pjotr Tschaikowski

Maseppa (Masepa)

Oper in drei Akten, sechs Bildern
(Opera w trjoch dejstwijach, schesti kartinach)
Libretto von Wiktor Burenin nach dem Poem ›Poltawa‹ von Alexander Puschkin, überarbeitet vom Komponisten

Entstehung 1881–1883

Uraufführung 15. Februar 1884 Bolschoi Theater Moskau

Personen
Maseppa _____ Bariton
Kotschubej _____ Baß
Ljubow Kotschubej _____ Mezzosopran
Maria _____ Sopran
Andrej _____ Tenor
Orlik _____ Baß
Iskra _____ Tenor
Betrunkener Kosak _____ Tenor
Kosaken und Kosakinnen, Gäste, Diener Kotschubejs,
Leibwache Maseppas, Mönche, Scharfrichter _____ Gemischter Chor
Tänzer des Kotschubej _____ Ballett

Orchester Picc, 2 Fl, 2 Ob, EH, 2 Klar, 2 Fg, 4 Hr, 2 Kor, 2 Trp, 3 Pos, Tb, Pkn, Slzg, Hrf, Str
Bühnenmusik: Banda (2 Kor, 2 AHr, 3 THr, 1 BHr, BTb)

Aufführungsdauer I. Akt: 60 Min., II. Akt: 65 Min., III. Akt: 35 Min.; Gesamt: 2 Stdn., 40 Min.

Vorgänge
Die Handlung spielt zu Anfang des 18. Jahrhunderts in der Ukraine.
Introduktion. **I. Akt**, 1. Bild (1. Bild): *Das Anwesen Kotschubejs. Haus mit Garten.* Die noch sehr junge und schöne Tochter Kotschubejs, Maria, liebt den alten Hetman Maseppa, der ihr Vater sein könnte, und wird wiedergeliebt. Hingegen

findet der junge Andrej bei Maria keine Gegenliebe. Maseppa wirbt bei seinem Freund Kotschubej um die Hand der Tochter, wird aber wegen seines hohen Alters abgewiesen. Maria verläßt mit Maseppa gegen den Willen der Eltern das Vaterhaus.

I. Akt, 2. Bild (2. Bild): *Zimmer im Hause Kotschubejs.* Maria hat eine klagende Mutter und einen gekränkten, zornigen Vater zurückgelassen, dessen Anhänger zu einem Kriegszug gegen Maseppa raten. Doch Kotschubej will nicht das Hab und Gut Maseppas, sondern ihn selbst vernichten. Als des Hetmans langjähriger Freund und Vertrauter besinnt er sich auf dessen Wunsch, Alleinherrscher der Kosaken zu werden, sich vom Moskowiterzaren loszusagen und dem Schwedenkönig anzuschließen. Andrej macht sich auf, Zar Peter I. von Maseppas geplantem Verrat zu berichten.

II. Akt, 1. Bild (3. Bild): *Unterirdisches Gefängnis im Turm des Bjelozerkowsker Palastes.* Maseppa ist Kotschubej zuvorgekommen, hat ihn bei Peter I. verleumdet. Kotschubej ist gefangengenommen worden. Unter der Folter wurden ihm falsche Aussagen abgepreßt. Er erwartet seinen Tod.

II. Akt, 2. Bild (4. Bild): *Zimmer im Palast Maseppas.* Maseppa fürchtet, Maria könne von den Ereignissen erfahren, und isoliert sie. Erst die heimlich herbeigeschlichene Mutter entdeckt Maria das Furchtbare. Sie hofft, die Tocher könne die Hinrichtung des Vaters verhindern. Beide Frauen eilen zur Richtstätte.

II. Akt, 3. Bild (5. Bild): *Ein Feld mit der aufgebauten Richtstätte.* Der schaulustigen Menge mißfällt das Lied eines betrunkenen Kosaken, den es nicht kümmert, wessen Kopf da rollen wird. Kotschubej und sein treuer Gefährte Iskra zeigen sich tapfer in der Todesstunde. Maria und ihre Mutter erreichen den Richtplatz in dem Augenblick, da das Henkerbeil den Kopf des Vaters und Gatten vom Rumpfe trennt.

Zwischenaktmusik: ›Die Schlacht von Poltawa‹

III. Akt (6. Bild): *Das verwilderte und verwüstete Anwesen Kotschubejs.* Die Schweden wurden von Peter I. geschlagen. Andrej kämpfte und siegte auf des Zaren Seite. Maseppa hat den Schwedenkönig unterstützt und sucht nun Zuflucht vor den Truppen des Zaren. Andrej erhebt gegen ihn das Schwert und wird (hier gibt es einen Alternativvorschlag des Komponisten) von Maseppa beziehungsweise von dessen Diener Orlik erschossen. Durch den Lärm aufgeschreckt, erscheint die wahnsinnig gewordene Maria, erkennt in dem lebensmüden Maseppa ihren Geliebten nicht mehr und singt dem sterbenden Andrej ein Wiegenlied.

Genesis

Tschaikowski bat im Mai 1881 den Komponisten und Direktor des Petersburger Konservatoriums, Karl Dawydow, ihm Wiktor Burenins Libretto nach Puschkins Poem ›Poltawa‹ zu überlassen, falls er es nicht mehr vertonen wolle. Im April 1881 sandte ihm Dawydow das Libretto zu. Zwar hatte Tschaikowski sofort nach Erhalt des „anständigen Librettos" begeistert vier Nummern komponiert, teilte aber bereits im August 1881 seinem Freund, dem Komponisten Sergej Tanejew, mit, daß seine Kräfte „zu mehr nicht ausreichen werden". Auch wenn sich allmählich „ein herzlicheres Verhältnis zu den handelnden Personen" (Mitteilung Tschaikowskis an Frau von Meck 1882) herstellen sollte, kam es doch nie zu der für Tschaikowskis Schaffen notwendigen „leidenschaftlichen Begeisterung". Er überarbeitete das Libretto, versuchte alle Dialoge des Puschkinschen Poems für den Operntext zu verwenden. Nach drei Jahren, einer für Tschaikowskis schöpferische Unrast sehr langen Entstehungszeit, bekennt er dann auch, daß ihm „noch nie eine größere Komposition so schwergefallen" sei. Im April 1883 war die Arbeit an der Oper abgeschlossen.

Kommentar
In Puschkins Poem ›Poltawa‹ wird die Frage nach dem Verhältnis von objektiven Handlungszwängen und subjektiver Handlungsfreiheit gestellt. Im Kontrast zwischen epischem Grundgestus und eingesprengten Dialogen gelangt der Zusammenhang zwischen den unaufhaltsam zur Lösung drängenden geschichtlichen Widersprüchen und den um ihre Zwecke und Bestimmungen ringenden Individuen zur Darstellung. Wird diese Struktur zerstört, geht die Substanz verloren. Tschaikowski war an Puschkins Fragestellung nicht interessiert, er hatte sich eine ungewöhnliche Liebesgeschichte versprochen. Daher erkannte er anfänglich auch nicht, daß das „anständige Libretto" zwar handwerklich geschickt Arien und Ensembles zu Tableaus zusammenfügte, aber eine kolportagehafte Handlung zustande gekommen war. Den vier von ihm zuerst komponierten Nummern lagen die Originaldialoge aus dem Poem zugrunde. Hier konnte die Sprache dem Komponisten noch Anregung geben. Wenn ihm für die Beendigung des Projektes auch seine handwerkliche Versiertheit half, vermochte das doch nicht, den Mangel an Inspiration aufzuwiegen.

Tschaikowski zitiert in dieser Oper mehrfach originale, besonders auch ukrainische Volkslieder, so im Eingangschor der Mädchen, in der Streit-Szene zwischen Kotschubej und Maseppa im I. Akt, in den Volkschören, im Lied des betrunkenen Kosaken und im *Sinfonischen Gemälde ›Die Schlacht bei Poltawa‹* Anfang des letzten Aktes.

Verbreitung
Die Oper war auf den Bühnen der beiden bedeutenden Theaterstädte Rußlands, Petersburg und Moskau, sowie in der russischen Provinz erfolgreich. Für die Petersburger Erstaufführung am 18. Februar 1884 unter Eduard Naprawniks Leitung überarbeitete Tschaikowski seine Partitur und wünschte sich für die Rolle des Orlik den Sänger Fjodor Strawinski. Ende 1885 wurde ›Maseppa‹ unter Michail Ippolitow-Iwanows Leitung in Tiflis aufgeführt. Tschaikowski, der im April 1886 eine Aufführung in Tiflis besuchte, äußerte sich anerkennend über die Arbeit des Ensembles.

Die ersten Inszenierungen im Ausland fanden 1912 in Warschau, 1931 in Wiesbaden, 1934 in Prag und 1954 in Florenz statt.

Autograph Staatliches Zentrales Museum   Musikalischer Kultur M.I.Glinka Moskau

Ausgaben KlA Jurgenson Moskau 1883; Part Jurgenson Moskau 1899; KlA (dt. von Lina Esbeer) Jurgenson Moskau 1899; KlA (dt. von Alfred Simon) Rahter Leipzig 1931; und Rahter Hamburg/London 1960 und Felix Bloch Erben Berlin; Part In: GA (Polnoje sobranije sotschineni.) Bd. 6A und 6B, Musyka Moskau 1969; KlA In: GA (Polnoje sobranije sotschineni.) Bd. 38, Musyka Moskau 1968 Für die Petersburger Erstaufführung 1884 überarbeitete Tschaikowski die Partitur. Die Veränderungen sind im Klavierauszug von 1883 noch nicht enthalten, erscheinen erst in der Partiturausgabe von 1899.
Literatur Pjotr I. Tschaikowski. Literarische Werke und Briefwechsel. (Literaturnyje proiswedenija i perepiska.) In: GA (Polnoje sobranije sotschineni.) Bd. 10 und 11, Moskau 1966; Jelena Berljand-Tschornaja: Tschaikowski und Puschkin. (Tschaikowski i Puschkin.) Moskau 1950; Galina Tjumenewa: Tschaikowski und das ukrainische Volkslied. (Tschaikowski i ukrainskaja pesnja.) In: Aus der Geschichte der russisch-ukrainisch musikalischen Verbindungen. (Is istorii russko-ukrainsko-musykalnych swjasej.) Moskau 1956; Julija Rosanowa: ›Maseppa‹. In: P. I. Tschaikowski. Geschichte der russischen Musik. (Istorija russkoi musyki.) Bd. 2, 3. Buch, Moskau 1981; weitere Literatur siehe Pjotr Tschaikowski

Pantöffelchen (Tscherewitschki)
Komisch-phantastische Oper in vier Akten, acht Bildern
(Komiko-fantastitscheskaja opera w tschetyrjoch dejstwijach, wosmi kartinach)
Libretto von Jakow Polonski
nach der Erzählung ›Die Nacht vor Weihnachten‹ von Nikolai Gogol

Entstehung 1874/1885

Uraufführung Der Schmied Wakula 6. Dezember 1876 Mariinski Theater Petersburg
Pantöffelchen 31. Januar 1887 Bolschoi Theater Moskau

Personen
Wakula, Schmied_____Tenor
Solocha, Mutter Wakulas, eine Hexe_____Mezzosopran
Der Teufel aus der Hölle, eine phantastische Figur_____Bariton
Tschub, ein alter Kosak_____Baß
Oksana, Tochter Tschubs_____Sopran
Tschubs Gevattern: Pan Golowa, Panas_____Baß, Tenor
Schulmeister_____Charakter-Tenor
Durchlaucht_____Baß-Bariton
Zeremonienmeister_____Baß
Diensthabender_____Tenor
Alter Saporosher_____Baß
Stimme des Waldteufels_____Bariton
Burschen, Mädchen, Alte (Männer und Frauen), Guslispieler, Russalken,
Echo, Geister, Hofdamen und Kavaliere, Saporosher_____Gemischter Chor
Russalken, Geister, Hofdamen und Kavaliere, Saporosher_____Ballett

Orchester Picc, 2 Fl, 2 Ob, 2 Klar, 2 Fg, 4 Hr, 2 Trp, 3 Pos, Tb, Pkn, Slzg, Hrf, Str
Bühnenmusik: Picc, 2 Fl, 2 Ob, 2 Klar, 2 Fg, 2 Kor (Trp), 2 Hr, 2 THr, BarHr, BTb, Pkn

Aufführungsdauer 1. Akt: 55 Min., II. Akt: 45 Min., III. Akt: 45 Min., IV. Akt: 15 Min.; Gesamt: 2 Stdn., 40 Min.

Vorgänge
Die Handlung spielt in Dikanka in der Ukraine und in Petersburg Ende des 18. Jahrhunderts.
Ouvertüre. **I. Akt,** 1. Bild (1. Bild): *Platz im Dorf Dikanka. Winter, Mondnacht.* Solocha schaut nach einem Freier aus und trifft auf den lüsternen Teufel. Er hat, wie alle Geister, in der Nacht vor Weihnachten bis zum Läuten der Frühmesse Ausgang und will sich am Schmied Wakula rächen, der ihn verspottet hat. Er entfesselt einen Schneesturm und stiehlt den Mond, um dem Schmied das Stelldichein mit der schönen Oksana zu verderben, bewirkt aber nur, daß die alten Männer den Weg zur Schenke nicht finden.
    I. Akt, 2. Bild (2. Bild): *In der Hütte des Kosaken Tschub.* Oksana hängt Mädchenträumen nach und quält den wagemutigen, durch Schnee und Dunkelheit gekommenen, verliebten, aber schüchternen Wakula mit koketter Sprödigkeit. Zwischenaktmusik. **II. Akt,** 1. Bild (3. Bild): *Hütte der Solocha.* Solochas Verehrer nutzen die Dunkelheit, um auf ein Schäferstündchen bei ihr anzuklopfen. Doch keiner kommt zum Zug, weil einer den anderen stört. Beginnend mit dem Teufel, verstecken sie sich voreinander in den leeren Kohlesäcken am Herd. Der Sohn Wakula räumt der Mutter die Stube auf und trägt die Säcke davon.
    II. Akt, 2. Bild (4. Bild): *Dorfplatz.* Die Dorfjugend zieht singend durch die Straßen und wird mit Geschenken belohnt. Oksana bewundert die neuen Schuhe einer Freundin. Wakula verspricht ihr schönere. Spottend gelobt ihm die Launenhafte die Heirat, brächte er ihr die Schuhe der Zarin. Der Schmied wird verlacht und verliert den Kopf. Noch einen der Säcke aus seiner Mutter Stube auf dem Rücken, stürzt er davon und vergißt die anderen Säcke auf dem Dorfplatz. Neugierig öffnet man die prall Gefüllten, hofft auf reiche Beute und findet darin Solochas Freier — die Dorfobrigkeit.
Zwischenaktmusik. **III. Akt,** 1. Bild (5. Bild): *Winterlandschaft, Mühle am Fluß.* Russalken beklagen ihre winterliche Gruft, den zugefrorenen Fluß, und stören die Ruhe des Waldschrats. Wakula will seinem Leben ein Ende bereiten. Der Teufel, den er im Sack noch immer mit sich herumträgt, freut sich aber zu früh. Seine Freude verrät ihn. Wakula droht ihm mit dem Kruzifix und zwingt den Bösen, ihn nach Petersburg zu tragen. III. Akt, 2. Bild (6. Bild): *Im Zarenschloß.* Durch klugen Rat hilft der Teufel, daß Wakula mit den Saporoshern am Hof empfangen wird. III. Akt, 3. Bild (7. Bild): *Saal im Zarenschloß.* Empfang. Mit naiver Schmeichelei erringt der Schmied das Wohlgefallen Seiner Hoheit und erhält die gewünschten Schuhe.

IV. Akt (8. Bild): *Freier Dorfplatz in Dikanka. Weihnachtsmorgen.* Solocha und Oksana klagen um den verschwundenen Wakula. Als der verloren Geglaubte mit den Schuhen der Zarin heimkehrt, steht dem Glück nichts mehr im Wege.

Genesis

Die Wahl der Gogolschen Erzählung ›Die Nacht vor Weihnachten‹ für ein Libretto hatte Tschaikowski nicht selbst getroffen. Alexander Serow wollte eine nationale Komische Oper schaffen und ließ sich von Jakow Polonski ein Libretto ›Der Schmied Wakula‹ anfertigen. Doch starb Serow, bevor er das Projekt in Angriff nehmen konnte, und die Großfürstin Helene setzte einen Preis für die beste Vertonung des vorhandenen Textes aus. Nachdem sich Tschaikowski zuerst versichert hatte, daß kein gleichrangiger Komponist am Wettbewerb teilnehmen würde, wandte er sich der Lektüre des Librettos zu, ließ sich von dessen Schönheiten gefangennehmen und beteiligte sich am Wettbewerb. Im Oktober 1875 erhielt der fünfunddreißigjährige Komponist den ersten und zweiten Preis zugesprochen.

Am 6. Dezember 1876 kam ›Der Schmied Wakula‹ am Petersburger Mariinski Theater zur Uraufführung. Fast zehn Jahre trug sich der Komponist mit dem Gedanken einer Überarbeitung und nahm sie 1885 vor, nachdem er bereits 1878 festgestellt hatte: „Hätte ich nur meine Inspiration in Schach gehalten! Die ganze Oper leidet unter einer Überfülle an Einzelheiten und unter ermüdenden Verwendungen von chromatischen Harmonien. Doch ich habe daraus für die Zukunft gelernt. Ich glaube, der ›Eugen Onegin‹ ist ein Schritt vorwärts." 1879 bekennt er: „Trotzdem gehört dieses Werk zu den Kompositionen, die ich am meisten schätze, denn ich habe es mit Liebe und Freude geschrieben, ebenso wie den ›Onegin‹, die Vierte Sinfonie und das Zweite Streichquartett ..., nur daß ich den Zuhörer durch zu viele Einzelheiten, komplizierte Harmonik und Mangel an Maß in der Ausarbeitung orchestraler Wirkungen ermüdete." Andrerseits schrieb er nach der Umarbeitung 1890 an den Verleger Jurgenson: „Ich glaube an das Schicksal der ›Pantöffelchen‹ als Repertoireoper, aber halte sie nicht für meine beste Opernmusik."

Die Umbenennung von ›Der Schmied Wakula‹ in ›Pantöffelchen‹ nahm Tschaikowski vor, um sein Werk von den gleichnamigen Opern eines Solowjow oder Schurowski zu unterscheiden. Die Umarbeitung konzentrierte sich auf Instrumentationsretuschen und darauf, die Struktur der Rezitative zu vereinfachen. Neugeschaffen wurden das Duett Oksana—Wakula und die letzte Szene im I. Akt, das Liedchen des Schulmeisters und das Quintett im II. Akt sowie das eingeschobene Lied-Arioso des Wakula und das Couplet der Durchlaucht im III. Akt.

Auf Veranlassung der Zensur mußte die kräftig und charakteristisch gezeichnete Figur eines Beamten umbenannt werden und findet sich jetzt im Personenverzeichnis der Oper als Schulmeister wieder, jedoch ist in Tschaikowskis Aufzeichnungen immer wieder von einem Beamten die Rede. Der Komponist hat die Figur auch in diesem Sinne ausgeführt.

Strukturen

Gogols Erzählung gewinnt ihre Thematik aus der Vermischung heidnischer und christlicher Bräuche, aus dem Widerstreit zwischen Sinneslust und kirchlichem Dogma sowie aus dem ironisch bewerteten Gegeneinander von Obrigkeiten und ihren Untertanen. Libretto und Musik folgen der Thematik, ohne der Liebesgeschichte von Wakula und Oksana Übergewicht zu geben. Die Szenen mit der Solocha, dem Teufel und den Galanen sind tänzerisch akzentuiert. Es dominieren charakterisierende kurze Redeintonationen und parodierende Genretypisierungen, wie im Duett Solocha—Teufel, im Lied des Schulmeisters oder im Quintett der Solocha mit den vier in den Säcken versteckten Liebhabern. Vom Typ des Getragenen russischen Liedes sind die Chöre der Koljadi singenden Dorfjugend („Koljadi nennt man bei uns die Lieder, die am Abend vor Weihnachten vor den Fenstern gesungen werden", Gogol). Die Szene am Zarenhof ist stilistisch ins 18. Jahrhundert zurückversetzt, wie das Couplet der Durchlaucht (gemeint ist Potjomkin) und die „rokokohafte" Musik des Menuetts. Die Balletteinlagen gewinnen im russischen (Kasatschok) und im Saporosher Tanz Nationalkolorit. Unangemessen erscheint im Kontext der Dorfszenen die primadonnenhafte Arie der Oksana, und langatmig sind die diversen Arien und Lieder des klagenden Wakula, dagegen ist das Duett Solocha—Oksana ein Beispiel für charakterisierende Melodiebildung.

Wortwitz und Musik gehen in den Szenen mit der Solocha ebenso eine Symbiose ein wie Wortklang und Melodiefluß in den Chören.

Aneignung

Voraussetzungen, dieses Werk den westeuropäischen Bühnen zu erschließen, sind: eine witzig-poetische Übersetzung und das In-Szene-Setzen des hinter den einfachen Vorgängen liegenden Widerstreits zwischen Heiden- und Christentum, Sinneslust und Duckmäuserei, zwischen Oben und Unten.

Die erste Inszenierung außerhalb Rußlands hatte am 16. Mai 1922 in New York Premiere. In Mannheim wurde die Oper 1932 unter dem Titel ›Die goldenen Schuhe‹ (Übersetzung H. Burkard) und in Köln als ›Der Pantoffelheld‹ (Übersetzung M. Hofmüller) vorgestellt.

Autograph Staatliches Zentrales Museum Musikalischer Kultur M.I.Glinka Moskau
Ausgaben Der Schmied Wakula: KlA Jurgenson Moskau 1876; KlA In: GA (Polnoje sobranije sotschineni), Bd.35, Musgis Moskau/Leningrad 1956
Pantöffelchen: Part Jurgenson Moskau 1898 KlA (russ./frz. Les caprices d'Oksana) Jurgenson Moskau 1885 Part In: GA (Polnoje sobranije sotschineni), Bd.7A und 7B, Musgis Moskau/Leningrad 1951; KlA In: GA (Polnoje sobranije sotschineni), Bd.39, Musgis Moskau/Leningrad 1951; KlA Musyka Moskau 1972; KlA Deutsche Bearbeitung von Georg Wambach. Henschelverlag Berlin 1979
Literatur Boris Assafjew: ›Pantöffelchen‹. (›Tscherewitschki‹.) In: Ausgewählte Arbeiten. (Isbrannyje trudy.) Bd.2, Moskau 1954; Julija Rosanowa: ›Pantöffelchen‹. (›Tscherewitschki‹.) In: P.I.Tschaikowski. Geschichte der russischen Musik. (P.I.Tschaikowski. Istorija russkoi musyki.) Bd.2, 3.Buch, Moskau 1981; weitere Literatur siehe Pjotr Tschaikowski

Die Zauberin
Nishegorodsker Legende
(Tscharodejka)   (Nishegorodskoje predanije)
Oper in vier Akten   (Opera w tschetyrjoch dejstwijach)
Libretto von Ippolit Schpashinski nach seiner gleichnamigen Tragödie

Entstehung 1885–1887

Uraufführung 1. November 1887   Mariinski Theater Petersburg

Personen
Fürst Nikita Danilytsch Kurljatew, Großfürstlicher
Statthalter in Nishni-Nowgorod_____Bariton
Fürstin Jewpraksija, seine Frau_____Mezzosopran
Fürst Juri, sein Sohn_____Tenor
Mamyrow, alter Beamter_____Baß
Nenila, seine Schwester, Kammerfrau der Fürstin_____Mezzosopran
Iwan Shuran, fürstlicher Leibjäger_____Baß-Bariton
Nastasja, mit dem Spitznamen Gevatterin, eine junge Frau und Wirtin
einer Herberge an der Überfahrt über die Oka_____Dramatischer Sopran
Foka, ihr Onkel_____Bariton
Polja, Freundin der Nastasja_____Sopran
Balakin, Kaufmann aus Nishni-Nowgorod_____Tenor
Potap und Lukasch, Söhne von Kaufleuten_____Baß-Bariton, Tenor
Kitschiga, Faustkämpfer_____Baß
Paisi, Vagabund als Mönch verkleidet_____Charakter-Tenor
Kudma, ein Zauberer_____Bariton
Mädchen, Gäste aus Nishni-Nowgorod, Polizeioffiziere,
fürstliches Gesinde, Jäger, Hundewärter, Volk_____Gemischter Chor
Skomorochen_____Ballett

Orchester Picc, 2 Fl, 2 Ob, EH, 2 Klar, 2 Fg, 4 Hr, 2 Trp, 3 Pos, Tb, Pkn, Slzg, Hrf, Str

Aufführungsdauer I. Akt: 50 Min., II. Akt: 50 Min., III. Akt: 40 Min., IV. Akt: 45 Min.; Gesamt: 3 Stdn., 5 Min.

Vorgänge
Die Handlung spielt in Nishni-Nowgorod und Umgebung im letzten Viertel des 15. Jahrhunderts.
Introduktion. **I. Akt:** *Herberge Nastasjas, in der Ferne sind die Mündung der Oka und die Stadt Nishni-Nowgorod zu sehen. Die männliche Jugend von Nishni-Nowgorod zieht es aus der Enge der Stadt zu der an der Mündung der*

Oka gelegenen Herberge der Wirtin Nastasja. Als Töne des Blagowest (Geläut zum Gottesdienst) von Nishni-Nowgorod herüberklingen und zum Gebet rufen, verschließen die Gäste ihr Ohr. Doch Nastasjas Lied mit dem Bekenntnis zu Natur und Freiheit lauschen sie aufmerksam, und Jubel erschallt, als der junge Fürst Juri am Ufer vorbeifährt. Der Anblick des edlen Helden rührt das Herz der schönen Nastasja. Der Statthalter von Nishni-Nowgorod, Fürst Nikitin, will die Wirtin festnehmen. Der Beamte Mamyrow hat sie wegen Zauberei und Unzucht verklagt. Nastasja überzeugt den Fürsten, daß der Zauber in ihrem freundlichen, gastfreundlichen Wesen bestehe. Der Fürst trinkt den Wein, den sie ihm reicht. Ihr Liebreiz nimmt auch ihn gefangen. Skomorochen unterhalten die Gäste der Wirtin.

Zwischenaktmusik. **II. Akt:** *Haus des Statthalters.* Der Beamte Mamyrow hat den alten Fürsten mit Nastasja ins Gerede gebracht. Die Fürstin hört davon. Sie stellt den Ehemann zur Rede, beruft sich auf Standesehre und das Gebot der Kirche. Der Fürst droht ihr mit dem Kloster.

Auf Veranlassung Mamyrows plündern Knechte aus dem fürstlichen Gefolge den Markt. Juri, der Sohn des Fürsten, mischt sich das erste Mal in die Angelegenheiten seines Vaters und stellt Ruhe und Ordnung her. Als der Sohn von der Leidenschaft des Vaters zu Nastasja hört und dazu noch von der Drohung, die Mutter ins Kloster zu verbannen, entschließt er sich, die beleidigte Mutter zu rächen und die Zauberin zu töten.

Introduktion. **III. Akt:** *Wohnstube Nastasjas.* Der alte Fürst drängt Nastasja seine Liebe auf. Sie weist ihn ab. Man trägt ihr zu, daß der junge Fürst sie umbringen will. Doch sie flieht nicht, lehnt jeglichen Schutz ab. Sie erwartet ihren Mörder und überzeugt Juri von ihrer Unschuld. Auch bekennt sie ihm ihre Liebe.

Zwischenaktmusik. **IV. Akt:** *Dunkler Wald.* Der Einsiedler Kudma gilt als Zauberer. Die Fürstin sucht ihn auf und erbittet Gift von ihm. Nastasja erwartet Juri, um mit ihm zu fliehen. Als Pilgerin verkleidet erschmeichelt sich die Fürstin das Vertrauen des Mädchens und gibt ihr das Gift. Nastasja stirbt in den Armen des Geliebten. Die Fürstin bekennt sich zu diesem Giftmord. Der Sohn verflucht die Mutter. Der alte Fürst macht seinen Anspruch auf Nastasja geltend, sieht das Mädchen ermordet und tötet den Sohn. Gewitter und Sturm brechen los. Der Fürst sieht sich seines Glückes beraubt und verliert den Verstand.

Genesis

Tschaikowski ließ sich das Libretto zur ›Zauberin‹ von Ippolit Schpashinski, dem Autor der gleichnamigen, damals viel gespielten Tragödie schreiben. Gegenüber dem ›Wojewoden‹ hatte Tschaikowski nach eigener Aussage gelernt, scheinbaren Nebenfiguren gleiches Gewicht beizulegen wie den Hauptfiguren. Aus dem ›Eugen Onegin‹ und der ›Jungfrau von Orleans‹ waren ihm Erfahrungen in der Zeichnung selbstbewußter Frauen zugewachsen, was sich besonders in der Figur der Zauberin selbst niederschlug: „In den Tiefen ihrer Seele schlummert eine tiefe und schöne moralische Kraft... Diese Kraft ist die Liebe. Nastasja ist ein starker Charakter", schrieb Pjotr Tschaikowski im Februar 1886 an den Bruder Modest, mußte aber nach der Uraufführung feststellen: „Ich habe mir bei keiner anderen Oper solche Mühe gegeben, so gearbeitet; trotzdem hat mich die Presse noch nie so verfolgt wie jetzt." Die Kritik der Presse richtete sich nicht zuletzt gegen die angeblich amoralische Hauptgestalt.

In der Zusammenarbeit mit dem Librettisten mußte Tschaikowski oft gewaltsam, manchmal mit List seinen Willen zur Prägnanz und Kürze des Textes durchsetzen. Der Komponist kürzte auch dann noch, als Jurgenson bereits den ersten Klavierauszug gedruckt hatte.

Strukturen

„Ich bin überzeugt, daß die ›Zauberin‹ meine beste Oper ist", schrieb Tschaikowski im November 1887. Er hatte sich als Instrumentalkomponist Einschränkungen auferlegt und sinfonische Gestaltungsmittel nur in den Introduktionen und Zwischenaktmusiken angewandt. Er nahm nun, allerdings nur vorübergehend, an, daß der Lohn für seine Disziplin ein künstlerischer Erfolg sein müsse. Obgleich im 15. Jahrhundert spielend, zielte ›Die Zauberin‹ in ihrer Thematik und Problematik auf das Rußland des 19. Jahrhunderts. Die selbstbewußte, sich ihren Lebensunterhalt verdienende Frau, scheut sich, ganz wie Tatjana, nicht, dem Mann ihre Liebe als erste zu bekennen. Das Besondere dieser Frauengestalt besteht darin, daß sie ihre Außenseiterposition begreift und die Kraft und Klugheit findet, sich ihre Existenz immer wieder zu erkämpfen. Ihre gegen die Doppelmoral der Kirche gewandte Haltung unterscheidet Nastasja von der Fürstin, mit der sie andrerseits ein gleiches Schicksal teilt: sich gegen die Knechtung durch eine patriarchalische Gesetzgebung wehren zu müssen. Die lyrische, dem Volksliedmelos verhaftete, auf weichen Holzbläser- und Streicherklang gestellte musikalische Gestalt der Herbergswirtin kontrastiert den metallisch getönten, schärferen, von schneidenden Sforzatoklängen durchdrungenen Duktus der Fürstin.

Die beiden Idealgestalten, Nastasja und Juri, sind gegen ihre Umwelt durch Klangfarbencharakteristika — weicher Holzbläserklang und auf Sekundfortschreitungen, Terzen und Sexten basierende, fließende Melodik — abgehoben.

Eine Art von Schicksalsmotiv verweist auf Gestaltungsmittel der Tschaikowskischen Instrumentalmusik und kommt besonders in der Zwischenaktmusik zum IV. Akt zur Geltung.

Tschaikowskis Haß auf die Kirchenmoral seiner Zeit ist nicht nur moralisch-thematisch im Werk verankert, sondern auch musikalisch. Nicht nur dem Blagowest (Geläut zum Gottesdienst) wird eine Volksweise entgegengesetzt, auch Nastasjas Tod wird mit einer nach alten Vorbildern gesetzten Kirchenweise beklagt. Das war als Affront gegen die zeitgenössische Kirche und ihre Riten gemeint und wurde auch so verstanden. Bereits 1881 hatte das Moskauer Episkopat Tschaikowskis ›Liturgie des Joannes Chrysostomos‹ verboten. Seit 1878 datieren Tschaikowskis Versuche, „die echte russische Kirchenmusik zu fördern". (Tagebucheintragung vom November 1881)

Merkwürdig blaß und farblos sind demgegenüber die Charakteristika des alten und des jungen Fürsten geblieben, es dominieren stereotype konventionelle, am italienischen Opernstil der Zeit geschulte Elemente.

Trotz der beschriebenen, den Konflikt modulierenden Kontraste liegt über der Oper ein Schleier kunsthafter Abtönung. Tschaikowski nimmt die Gelegenheit, seine Konservatoriumsharmonik zu erweitern, nicht wahr. So hat er zum Beispiel beim Auftritt der Skomorochen vermerkt: „Gudok und Shalaika ertönen". Doch der Klang der altrussischen Volksinstrumente ist nur als Regieanweisung, nicht aber als Komposition in die Partitur eingegangen.

Eine musikalische Besonderheit stellt der achtfach geteilte A-cappella-Chor mit zehn Solostimmen im I. Akt dar.

Aneignung

Die Bilder vom gerechten, daher jungen und schönen Fürstensohn, von der sanften fruchtbaren Natur (als Mütterchen Wolga besungen) und von der zerstörerischen Natur, wie sie in Entsprechung zur Seelenstimmung der Figuren als Gewitter in die Handlung eintritt, diese Topoi waren Jahrhunderte hindurch in der russischen Volkspoesie Sinnbilder für die Hoffnung auf Gerechtigkeit, vom Glauben an die Einheit von Mensch und Natur. Der Untertitel der Oper *Nishegorodsker Legende* oder auch Überlieferung verweist auf den besonderen Charakter der Handlung. Allerdings ist es dem Librettisten nicht immer gelungen, die Bedeutung dieser Topoi völlig transparent werden zu lassen, da besonders in den beiden letzten Akten die kolportagehaften Züge stark überwuchern. Das kurze Erscheinen Juris an den Ufern der Oka im I. Akt ist im Sinne eines psychologisch orientierten Realismusverständnisses genauso peinlich und überflüssig wie der zauberkundige Eremit und das Gewitter im letzten Akt. Die Bearbeitung von Julius Kapp, in der diese Figur auch folgerichtig dem Rotstift zum Opfer fällt, bietet ein schönes Beispiel für eine solche platt-realistische Kunstauffassung.

Tschaikowskis Bekenntnis zur ›Zauberin‹ als seiner besten Oper endet mit den Worten: „... und trotzdem wird sie bald ins Archiv wandern." Diesem Schicksal scheint die Oper bis in die Gegenwart nicht entronnen zu sein, obgleich Sergej Gorodezki 1941, ohne die Fabel zu verändern, eine stilistisch überarbeitete Fassung des Textes vorgelegt hatte, die am 22. Mai 1941 am Leningrader Kirow Theater uraufgeführt wurde.

In der Bearbeitung von Julius Kapp kam ›Die Zauberin‹ am 31. Januar 1941 an der Berliner Staatsoper zur deutschen Erstaufführung. Fast alle größeren deutschen Opernhäuser, wie Mannheim, Freiburg, Düsseldorf, folgten sofort; in Breslau, Hamburg, Köln, Kassel, Frankfurt und Wien war mit den Proben begonnen worden. Mit dem Einfall Hitlerdeutschlands in die Sowjetunion veränderte sich schlagartig die Kulturpolitik. Allen Inszenierungsvorbereitungen wurde ein Ende gesetzt. 1949 brachten die Leipziger Oper und die Städtische Oper Berlin ›Die Zauberin‹ wieder auf die Bühne.

Autograph Staatliches Zentrales Museum   Musikalischer Kultur M. I. Glinka Moskau

Ausgaben KlA (russ./dt., dt. von A. Hubert) Jurgenson Moskau 1887 (Enthält nicht die von Tschaikowski vorgenommenen Kürzungen und Veränderungen letzter Hand.); Part Jurgenson Moskau 1901; KlA (russ./dt. Die Bezaubernde.) Musgis Moskau 1926; KlA Deutsche Bearbeitung von Julius Kapp Universal Edition Wien 1940; KlA (dt. von Dorothea und Peter Gülke) Deutscher Verlag für Musik Leipzig 1963; KlA (Überarbeiteter Text von Sergej Gorodezki) Musyka Moskau 1970; Part In: GA (Polnoje sobranije sotschineni.) Bd. 8A und 8B, Musgis Moskau/Leningrad 1948; KlA In: GA (Polnoje sobranije sotschineni.) Bd. 40A und 40B, Musgis Moskau/Leningrad 1949
Literatur Boris Assafjew: ›Die Zauberin‹ (›Tscharodejka‹.) In: Ausgewählte Arbeiten. (Isbrannyje trudy.), Bd. 2, Moskau 1954; Nadeshda Tumanina: Tschaikowski. Der bedeutende Meister. (Weliki master.) Moskau 1968; Julija Rosanowa: ›Die Zauberin‹. (›Tscharodejka‹.) In: P. I. Tschaikowski. Geschichte der russischen Musik. (Istorija russkoi musyki.) Bd. 2, 3. Buch, Moskau 1981; weitere Literatur siehe Pjotr Tschaikowski.

Pique Dame (Pikowaja dama)
Oper in drei Akten, sieben Bildern
(Opera w trjoch dejstwijach, semi kartinach)
Libretto von Modest Tschaikowski nach der gleichnamigen
Erzählung von Alexander Puschkin unter Verwendung von Versen
von Konstantin Batjuschkow, Gawrila Dershawin, Wassili Shukowski

Entstehung 1890

Uraufführung 19. Dezember 1890 Mariinski Theater Petersburg

Personen
Hermann —————————————————————— Tenor
Graf Tomski (Slatogor) ————————————————— Bariton
Fürst Jelezki ——————————————————————— Bariton
Tschekalinski ——————————————————————— Tenor
Surin ——————————————————————————— Baß
Tschaplizki ———————————————————————— Tenor
Namurow ————————————————————————— Baß
Festordner ————————————————————————— Tenor
Gräfin ——————————————————————————— Mezzosopran
Lisa ———————————————————————————— Sopran
Polina (Milowsor) —————————————————————— Alt
Gouvernante ———————————————————————— Mezzosopran
Stubenmädchen Mascha ———————————————————— Sopran
Ein Kind, das seine Gefährten im Spiel kommandiert ————— Sprechrolle
Kinderfrauen, Gouvernanten, Ammen,
Spaziergänger, Gäste, Kinder, Spieler ———————————— Gemischter Chor
Knaben und Mädchen im 1. Bild —————————————— Kleiner Kinderchor

Personen im Intermedium:
Priljepa (die Angenehme, nicht von Lisa zu spielen)――――――Sopran
Milowsor (der Liebliche, Polina)――――――――――――Mezzosopran
Slatogor (der mit den goldenen Bergen, Graf Tomski)―――――Bariton
Hymen, Amor, Schäfer und Schäferinnen―――――Gemischter Chor und Ballett

Orchester 3 Fl (III auch Picc), 2 Ob (I auch EH), 2 Klar, BKlar, 2 Fg, 4 Hr, 2 Trp, 3 Pos, Tb, Pkn, Tr, GrTr, Hrf, Kl, Str
Bühnenmusik: Kindertrommeln und Kindertrompeten (für die exerzierenden Kinder im 1. Bild)

Aufführungsdauer I. Akt: 60 Min., II. Akt: 45 Min., III. Akt: 60 Min.; Gesamt: 2 Stdn., 45 Min.

Vorgänge
Die Handlung spielt in Petersburg gegen Ende des 18. Jahrhunderts.
Introduktion. **I. Akt**, 1. Bild (1. Bild): *Im Sommergarten.* Der erste Sonnenschein verlockt die Städter ins Freie. Ammen, Kinderfrauen und Gouvernanten beaufsichtigen die Sprößlinge des Adels. Die Kinder ahmen im Spiel die Erwachsenen nach, üben sich, Braut oder Soldat zu sein. Zwei adlige Offiziere sind durch das Verhalten eines Ingenieur-Offiziers namens Hermann irritiert. Allabendlich nimmt er als Beobachter an den Glücksspielen teil, ohne selbst eine Karte anzurühren. Hermann ist finster und verstört. Dem Freund Tomski scheint das mit Hermanns Leidenschaft zu einer unbekannten Schönen hinreichend erklärt zu sein. Fürst Jelezki rühmt sich einer glücklichen Verlobung. Hermann ist arm und ohne Rang, er fühlt sich an den Rand der feudalen Standesgesellschaft gedrängt. Fürst Jelezki stellt seine Braut Lisa vor. Hermann erkennt in ihr die heimlich Geliebte. Seine Liebe ist hoffnungslos, denn neben dem Mädchen steht als drohende Wächterin der feudalen Standesschranken eine alte Gräfin. Tomski gibt die Geschichte der Gräfin, die als junge Schönheit eine wagemutige Glücksspielerin war und das Geheimnis von drei unschlagbaren Karten in Erfahrung gebracht haben soll, zum besten. Hermann klingt der Satz Tomskis im Ohr, daß der das Geheimnis der drei Karten gewänne, der sich der Gräfin liebestoll nahte. Er fühlt sich angesprochen, denn er liebt Lisa und ist entschlossen, den nötigen Reichtum zu erkämpfen.
I. Akt, 2. Bild (2. Bild): *Lisas Zimmer.* Den adligen Mädchen ist jede Gelegenheit zu fröhlicher Unterhaltung recht, und sie bestehen darauf, auch wenn die Gastgeberin mißgestimmt ist. Lisa sinnt ihrer Traurigkeit nach und beklagt die Unerfüllbarkeit ihrer Mädchenträume. Wie ein Wunschbild erscheint ihr Hermann. Er will sein Schicksal, Liebe oder Tod, von ihr entscheiden lassen. Lisa verspricht ihm Leben, somit Liebe und Glück.
II. Akt, 1. Bild (3. Bild): *Großer Saal. Maskenball im Hause eines hohen Würdenträgers.* Jelezki spürt das Widerstreben Lisas und versucht, ihre Liebe durch Edelmut zu gewinnen. Hermann irrt als auffallender Kontrapunkt durch die fröh-

liche Gesellschaft. Er vermag seine Liebe zu Lisa und sein Verlangen, durch die drei Karten Reichtum zu gewinnen, nicht voneinander zu trennen.

Intermedium: Slatogor, der mit den goldenen Bergen, wirbt mit Schätzen, der arme Milowsor mit seinem lieblichen Anblick um Priljepa, die Angenehme. Diese schlägt den Reichtum aus und wählt die Liebe. Graf Tomski und Polina beteiligen sich als Slatogor und Milowsor am Schäferspiel der adligen Damen und Herren.

Lisa steckt Hermann den Schlüssel zu ihrem Zimmer zu. Als er von ihr erfährt, daß der Weg zu ihr durchs Zimmer der Gräfin führt, ist er entschlossen, der Alten das Geheimnis der drei Karten zu entreißen. Man singt das Lob der Zarin, und sie erscheint.

II. Akt, 2. Bild (4. Bild): *Schlafzimmer der Gräfin.* Hermann versteckt sich im Zimmer. Die Gräfin wird zur Ruhe gebracht und schlummert ein. Hermann bedroht die Alte, sie erschrickt und stirbt. Lisa entdeckt die Tat. Hermann mißlingt die Rechtfertigung.

III. Akt, 1. Bild (5. Bild): *Kaserne. Zimmer Hermanns.* Lisa hat die Hoffnung nicht aufgegeben und bittet Hermann um ein Stelldichein. Verzweiflung und Verlorenheit klingen in Hermanns Ohr wie Grabgesang. Der Geist der Gräfin erscheint ihm. Er erfährt das Geheimnis der drei Karten, ohne es zu verstehen. Er begreift nur die Namen der drei Karten und ihre Folge — Drei-Sieben-As —, nicht aber, daß die Bedingung, Lisa glücklich zu machen, daran geknüpft ist.

III. Akt, 2. Bild (6. Bild): *Winterlicher Kanal. Kai.* Lisa hofft noch immer auf Hermanns Liebe. Für einen kurzen Augenblick vermag sie, Hermann an seine Leidenschaft zu erinnern, dann gewinnt der Wahn wieder Macht über ihn. Lisa beendet ihr Leben.

III. Akt, 3. Bild (7. Bild): *Spielklub.* Fürst Jelezki, dem Lisa die Verlobung aufgekündigt hat, sucht sein Glück im Spiel. Der Adel huldigt einer Lebensweise, die zur Mannestugend erklärt, was einem sinnlosen Leben Augenblicke der Lust abzugewinnen vermag. Hermann bekennt sich nun auch zu diesem Ideal. Er setzt im Spiel nacheinander auf die Drei, dann auf die Sieben und gewinnt große Summen. Keiner wagt mehr, gegen ihn anzutreten, nur der Fürst stellt sich dem letzten Spiel. Hermann setzt auf As, greift aber Pique Dame, und aus der Karte grinsen ihn das Gesicht der alten Gräfin, Verlust und Tod an. Der Tod befreit ihn vom Wahn, und er erkennt in Lisas Liebe den unerfüllt gebliebenen Sinn seines Lebens.

Genesis

Die Idee zu einer Oper nach Puschkins Erzählung ›Pique Dame‹ hatte der Direktor der Kaiserlichen Theater, Iwan Wsewoloshski. Doch bevor er sich auf Modest, später dann auf Pjotr Tschaikowski besann, beauftragte er andere Komponisten, deren Namen heute ohne Belang sind, ihm eine Puschkin-Oper nach seinem Geschmack zu schreiben. Aber die von ihm Auserwählten hatten entweder keine Zeit, verloren das Interesse, oder Wsewoloshski entzog ihnen selbst seine Gunst.

1888 versuchte Modest Tschaikowski, seinen Bruder an ›Pique Dame‹ zu interessieren. Pjotr Tschaikowski zeigte unter den gegebenen Umständen keine große Neigung zu diesem Projekt, wurde aber zwei Jahre später, 1890, von Modests Szenarium zu ›Pique Dame‹ und durch die Erzählung selbst so fasziniert, daß er sich zur Komposition entschloß und die Oper innerhalb kürzester Zeit — zwischen dem 19. Januar und dem 3. März — in Florenz komponierte.

Wie schon bei ›Eugen Onegin‹ fand er in ›Pique Dame‹ Konflikte und Situationen, in die er sich einfühlen konnte, und sogar zwei Helden — Hermann und Lisa —, mit denen er sich zu identifizieren vermochte. Doch anders als bei ›Eugen Onegin‹, nahm er nun Rücksicht auf die Forderungen der Opernpraxis seiner Zeit. Der Schaffensprozeß ist so unter anderem davon bestimmt, sich einen künstlerischen Freiraum zu bewahren. Der wesentlichste Eingriff Wsewoloshskis, der von einem effektvollen Spektakel träumte, bestand in der Forderung, die Oper aus der Zeit der Puschkinschen Erzählung (20er Jahre des 19. Jahrhunderts) in die Epoche der letzten Regierungsjahre Katharinas II., ins Ende des 18. Jahrhunderts zurückzuverlegen.

Für Tschaikowski war der Hermann ein Alter ego geworden. Er geriet durch diesen Eingriff in eine komplizierte Situation, die er durch die Montage verschiedener Stilebenen zu meistern versuchte, um keine Nähe und Betroffenheit vortäuschen zu müssen, wo ihm Prunk und Repräsentation abverlangt wurde. Er veranlaßte, daß für die Montage unterschiedlicher historischer Texte authentische Vorlagen herangezogen wurden; so für das Intermezzo eine Pastorale aus dem 18. Jahrhundert und für die Romanzen der Lisa und der Polina Gedichte von Zeitgenossen Puschkins. Dem Montageprinzip auf der Textebene entsprechen Genrezitate, wie eine zur Zeit Katharinas II. populäre Polonaise für den Begrüßungschor der Zarin im II. Akt, die Verwendung eines französischen Liedes für die Gräfin-Szene im 4. Bild oder das als Stilzitat komponierte gesamte Intermezzo. Den Text des russischen Liedes im 2. Bild, der Arie des Jelezki im 3. und fast des gesamten 6. Bildes schrieb der Komponist selbst. Um das 6. Bild *(Winterlicher Kanal. Kai.)* hatte der Komponist kämpfen müssen. Für Modest Tschaikowski war Lisa eine Randfigur. In der auf die Katastrophe zusteuernden Tragödie Hermanns erschien dem Librettisten Lisas Schicksal als ein retardierendes Moment. Pjotr Tschaikowski aber blieb allen Ratschlägen gegenüber taub und bestand hartnäckig auf diesem Bild. ›Pique Dame‹ war für ihn die Tragödie zweier Menschen, Hermanns und Lisas. Mit dem 6. Bild meinte der Komponist die Tragödie einer vernichteten Liebe. Mit der Szenenanweisung *Winterlicher Kanal* zielte er nicht auf eine platte Ortsangabe, sondern er setzte damit das Zeichen für Kälte, Erstarrung, Tod. Das hat er auch komponiert.

Strukturen
Alexander Puschkins Erzählung, Modest Tschaikowskis Libretto und Pjotr Tschaikowskis Musik stehen in einem spannungsvollen Verhältnis zueinander.

Dem Opernlibretto nach liebt der unbegüterte Hermann die umsorgte Pflegetochter einer reichen Gräfin. Die Leidenschaft setzt in ihm das Streben nach

Geld frei und veranlaßt ihn, sein Glück im Spiel zu suchen. Über der Spielleidenschaft vergißt er seine Liebe. In Puschkins Erzählung hingegen hofiert Hermann in trügerischer Absicht die arme, unbeachtete Lisa nur, um den Zutritt zur Gräfin zu erlangen und das Geheimnis der drei Karten zu erfahren.

So erscheint Hermann in der Oper entschuldbarer, da das „positive" Gefühl — Liebe — die „negative" Spielleidenschaft freisetzt. Dieser Gewinn an entschuldbaren Gründen für den Helden kann auch als Verlust gewertet werden. An die Stelle scharfer Beobachtung tritt naiv-sentimentales Moralisieren.

Wird die Oper auf dieser Ebene bewertet, fällt es nicht schwer, den Stab über sie zu brechen, wie es exemplarisch Richard H. Stein 1927 in seiner Tschaikowski-Biographie getan hat: „Aber selbst wenn es gelänge, alle Bühnenvorgänge glaubhaft zu machen, so würde man es doch nie erreichen, dem Mann, der über Leichen ging, um seiner Spielleidenschaft zu frönen, die innere Anteilnahme der Hörerschaft an seinem Schicksal zu sichern. Auch ein Verbrecher, selbst ein Mörder kann unter Umständen sympathisch, ja sogar ein Held sein. Aber dieser Hermann wird nach dem ersten Akt immer verächtlicher, und sein Ende wirkt nicht tragisch, weil wir ihm gegenüber schließlich nur noch kalte Verachtung empfinden. Ethisch indifferente Hörer kümmert das nicht."

Wenn wir nicht diesem Verdikt folgen, läßt sich erkennen, wie Pjotr Tschaikowski das Libretto seines Bruders interpretiert, indem er mit seiner Musik die Ebene naiv-sentimentalen Moralisierens verläßt. Das Thema der Oper Tschaikowskis kann dann mit der Erzählung Puschkins verglichen werden. Am Beispiel des Ingenieur-Offiziers Hermann wird der Verlust von Liebes- und Empfindungsfähigkeit signalisiert. In dieser Figur ist der Typus des Menschen gekennzeichnet, der von Erfolgszwängen gejagt und gepreßt, seine Identität verliert, seine Liebe verrät, seine Leidenschaftlichkeit und Kraft verschleudert. Der Unterschied zwischen Puschkins und Tschaikowskis Werk besteht in der historischen Perspektive und der daran geknüpften Wahl unterschiedlicher Gestaltungselemente. Puschkin bevorzugt die Mittel der Romantischen Ironie, um zu kämpferischer Kritik zu bewegen. Tschaikowski vertraut der kathartischen Wirkung von Kunst und beschwört in der Gestalt Lisas die Kraft der Liebe.

Die in jüngster Zeit von sowjetischen Musikwissenschaftlern veröffentlichten Studien zum Entstehungsprozeß bestätigen, daß die von Tschaikowski während des Kompositionsprozesses vorgenommenen Korrekturen darauf abzielten, die einzelnen Figuren musikalisch nicht als Träger von Prinzipien und moralischen Werten zu fixieren. Wenn man dann noch erfährt, daß das Thema der Ballade Tomskis als eines der ersten notiert war, bestätigt sich am Entstehungsprozeß des Werkes seine Struktur. Die Verdinglichung menschlichen Lebensanspruches erfährt in der Ballade Tomskis ihre sprachliche Ausformung und erhält im Motiv der drei Karten ihre stärkste Konzentration, so daß diese musikalische Phrase im Nachfolgenden als Bezugspunkt für das sich immer stärker entfremdende Subjekt dient. Zu der vielgestaltigen, aber immer charakteristisch-eindeutigen, abrupt fordernden aktivistischen Klanggebärde mit dem dissonierenden Eintritt der Anfangsnote in das sie umgebende Klanggewebe kontrastiert eine rhythmisch-melodisch wechselnde liedhafte Klanggeste. Eine Überhöhung des Dramatischen durch das Poetische findet sich in den ganz kurzen, scheinbar unwichtigen, aber doch wesentlichen Worten Lisas zu der Freundin Polina und zu dem Stubenmädchen Mascha, findet sich im kurzen unvermittelten Aufblühen in der orchestralen Textur, wenn Lisa von der Schönheit der Nacht schwärmt. Das Moment des Poetischen herrscht aber auch in den Gesprächen und Monologen Hermanns, wenn er von Verzweiflung gepeinigt wird. Der stilistische Wechsel ist sowohl vokal als auch instrumental nur skizziert. Die vokale Linie geht auf den Sprachduktus zurück und gewinnt Selbständigkeit, die orchestrale Textur erfährt eine Sinnänderung, wechselt von der Interpunktion zum Affekt. So wird das poetische Moment aus dem Konversationstext herausgehoben, ohne daß das Gewebe zerrissen wird. Es entsteht in der musikalischen Struktur ein Sinnbild von Hermanns Grundsituation, wenn er in seichten Konventionen und Konversationen über Abgründe hinwegschreitet. Hier sind die lautlosen Katastrophen des Alltags hörbar gemacht worden.

Von dieser musikalischen Grundstruktur auf die Genreszenen blickend, verbergen selbst das scheinbar so heiter harmlose Kinderspiel des 1. Bildes, die Chöre der Knaben, Mädchen, Ammen und Kinderfrauen, eine düstere Ahnung, die im Laufe des Stückes zur Gewißheit wird. Bereits im kindlichen Soldatenspiel ist die Alternativlosigkeit des russischen Adels und Mittelstandes exponiert, während später im Intermezzo mit Katharina II. das Zentrum der sinnlos kreisenden Gesellschaft vorgeführt wird. Der Begriff Genreszenen verliert in dieser Oper seine auf kulissenhafte Stimmung abzielende, ursprüngliche Bedeutung, da alle diese Szenen die enge Verflechtung der stattfindenden Tragödie des einzelnen mit dem Geschick seines Standes transparent werden lassen.

Wenn die Handlung nun nicht im 19. Jahrhundert, sondern, im Unterschied zur Puschkinschen Erzählung, gegen Ende des 18. Jahrhunderts spielt, bedeutet diese Zurückverlegung nicht zwangsläufig eine Entschärfung der Problematik, wie es noch Meyerhold annahm, in dessen Inszenierung von 1935 die Opernhandlung Ende des 19. Jahrhunderts spielt. Meyerhold hat sich darauf berufen, daß Hermanns und Lisas Tragödie auch die Tragödie des Komponisten selbst war. Der in Hermann typisierte, von Zwangsvorstellungen gepeinigte Mensch entlehnte seine Ideale und Motivationen — das wird im Trinklied des letzten Bildes sehr deutlich — unter anderem der westeuropäischen Kultur und Lebensweise. Er ergibt sich in seiner verzweifelten Haltlosigkeit plattem Materialismus und gibt sich „aufgeklärt". Die mit Peter I. begonnene Orientierung Rußlands an Westeuropa war mit Katharina II. zu einer konservativ-reaktionären Politik erstarrt. Aufklärerisches Gedankengut, seines sozial-aufrührerischen Gehaltes beraubt und zum platten Materialismus verkommen, war erlaubt, wurde gefördert und durch eine weltoffene Attitüde ergänzt. Diese wurde in der französischen Mode deutlich ausgestellt, während die feudalen Verhältnisse konserviert wurden. Das aber war der Nährboden für solche Schicksale wie die von Hermann und Lisa. Mit Katharina II. hatte dies begonnen und war zu Ende des 19. Jahrhunderts noch nicht zu Ende. Die Gräfin selbst war Spiegel und Zerrbild dieser

Verhältnisse. Ihr entfloh man nicht, weder zu Ende des 18. noch des 19. Jahrhunderts.

Verbreitung

1900 kam die Oper in Darmstadt zur deutschen Erstaufführung; 1902 dirigierte Gustav Mahler das Werk in Wien; Aufführungen in anderen Weltstädten wie Mailand 1906, Berlin 1907, Stockholm 1909, New York 1910 oder Paris 1911 folgten. Am 25. Januar 1935 kam am Leningrader Maly Theater die Meyerholdsche Textfassung zur Aufführung. In der berühmt gewordenen Inszenierung und Neutextierung der Oper hatte Wsewolod Meyerhold die Aktualität des Werkes für die 30er Jahre unseres Jahrhunderts herzustellen versucht. Einer der letzten Höhepunkte in der Rezeptionsgeschichte von ›Pique Dame‹ war 1978 Rudolf Noeltes Inszenierung am Kölner Opernhaus.

Autograph Partitur Staatliches Haus-Museum P. I. Tschaikowski Klin; Klavierauszug Staatliches Zentrales Museum Musikalischer Kultur M. I. Glinka Moskau

Ausgaben Part und KlA (russ./dt., dt. von August Bernhard) Jurgenson Moskau 1890; KlA (russ./dt., dt. von August Bernhard) Jurgenson Moskau 1899; KlA (dt. von August Bernhard) Rahter Hamburg 1891; KlA (dt. von Max Kahlbeck) Rahter Hamburg/Leipzig 1923; KlA (dt. von Rolf Lauckner) Rahter Hamburg/Leipzig 1925; Part In: GA (Polnoje sobranije sotschineni.) Bd. 9A und 9B, Musgis Moskau/Leningrad 1950; KlA In: GA (Polnoje sobranije sotschineni.) Bd. 41, Musgis Moskau/Leningrad 1950; KlA (dt. von Wolf Ebermann und Manfred Koerth unter Mitarbeit von Horst Seeger) Deutscher Verlag für Musik Leipzig 1970

Der erste Interpret des Hermann, der Sänger Nikolai Figner, veränderte eigenmächtig seinen Vokalpart. Die effektvolle, auf tenoralen Glanz bedachte Variante des Finales ist seit der Publikation des Klavierauszuges 1899 bei Jurgenson Moskau in alle nachfolgenden Ausgaben der ›Pique Dame‹ übernommen worden, obgleich sie vom Komponisten nicht autorisiert wurde. Pjotr Tschaikowski spricht sich im Gegenteil in seinem Brief an den Bruder Modest vom 2. November 1890 entschieden gegen eine Veränderung des Finales durch Figner aus.

Auch wenn in einigen Ausgaben vermerkt ist: „Nach der Partitur", gibt das keine Gewähr für die Richtigkeit des Vokalparts. Das bezieht sich lediglich auf den Begleitpart, den Figner ebenfalls verändert hatte. Die authentische Fassung ist an den drei Zwischentakten nach Hermanns letzten Worten und dem Choreinsatz zu erkennen, während Figner den Text verlängerte, so daß der Chor in seiner Fassung unmittelbar nach Hermanns letztem Ton einsetzt. Der Klavierauszug des Deutschen Verlages für Musik Leipzig folgt der Gesamtausgabe und enthält die authentische Fassung, ist allerdings in der Übersetzung ungenau bis sinnentstellend.

Literatur Pjotr I. Tschaikowski. Briefe P. I. Tschaikowskis an Modest I. Tschaikowski zwischen Januar und April 1890. In: GA (Polnoje sobranije sotschineni) Bd. XV B, Moskau 1977; Sammelband Artikel und Materialien zur Inszenierung der Oper durch W. E. Meyerhold am Staatlichen Akademischen Kleinen Operntheater. (Sbornik statej i materialow k postanowke opery W. E. Mejercholda w Gossudarstwennom Akademitscheskom Malom Opernom teatre.) Leningrad 1935; N. Rukawischnikow: Wie entstand die Pastorale der ›Pique Dame‹ (Kak sosdawalas Pastoral ›Pikowoi Damy‹?) In: *Sowjetskaja musyka*, Moskau 1940, Nr. 3; Jelena Berljand-Tschornaja: Tschaikowski und Puschkin. (Tschaikowski i Puschkin.) Moskau 1950; Iwan Sollertinski: ›Pique Dame‹. (›Pikowaja Dama‹.) In: Kritische Aufsätze. (Krititscheskije statji.) Leningrad 1963; Boris Assafjew: ›Pique Dame‹. (›Pikowaja Dama.‹) In: Kritische Aufsätze, Essays und Rezensionen. (Krititscheskije stati, otscherki i rezensii) Moskau/Leningrad 1967; Leoš Janáček: ›Pique Dame‹. In: Musik des Lebens. Skizzen, Feuilletons, Studien. Leipzig 1979; Juri Wassiljew: Zu den Handschriften der ›Pique Dame‹ (K rukopisjam ›Pikowoi Damy‹) In: *Sowjetskaja musyka*, Moskau 1980, Nr. 7; weitere Literatur siehe Pjotr Tschaikowski

Jolanthe (Iolanta)

Lyrische Oper in einem Akt (Liritscheskaja opera w odnom dejstwii)
Libretto von Modest Tschaikowski
nach dem Drama ›König Renés Tochter‹ von Henrik Hertz

Entstehung 1891

Uraufführung 18. Dezember 1892   Mariinski Theater Petersburg

Personen
René, König der Provence — Baß
Robert, Herzog von Burgund — Bariton
Graf Vaudemont, ein burgundischer Ritter — Tenor
Ebn-Jahia, ein maurischer Arzt — Bariton
Almerich, Waffenträger des Königs René — Tenor
Bertram, Pförtner des Schlosses — Baß
Jolanthe, Tochter des Königs René, blind — Sopran
Martha, die Frau Bertrams, Jolanthes Amme — Alt
Brigitte und Laura, Freundinnen Jolanthes — Mezzosoprane
Dienerinnen und Freundinnen Jolanthes, Gefolge des Königs, Krieger und Waffenträger des Herzogs von Burgund — Gemischter Chor

Orchester Picc, 2 Fl, 2 Ob, EH, 2 Klar, 2 Fg, 4 Hr, 2 Trp, 3 Pos, Tb, Pkn, 2 Hrf, Str

Aufführungsdauer Gesamt: 90 Min.

Vorgänge
Die Handlung spielt in den Bergen des südlichen Frankreich im 15. Jahrhundert. Blühender Garten, von einer Mauer umgeben. Jolanthe, die blinde Tochter des Königs René, wächst in einem umfriedeten, vor Fremden streng geschützten Bereich auf. Auf Geheiß des Vaters wird ihr der Mangel, nicht sehen zu können, verschwiegen. Der maurische Arzt Ebn-Jahia macht das Wissen Jolanthes um ihre Blindheit und ihr eigenes Wollen, diesem Zustand abzuhelfen, zur Bedingung für einen erfolgreichen Eingriff. Fürchtend, daß bei einem Mißlingen Jolanthe um ihre Geborgenheit in der Unwissenheit gebracht würde und dann ihr Leben in Kenntnis ihres Unglücks verbringen müßte, lehnt der König diese Bedingung ab.

Auf der Jagd verirren sich der Herzog von Burgund und sein Freund Graf Vaudemont und dringen in den Garten ein, obgleich sie durch eine Schrifttafel gewarnt werden, jeder Eindringling fände den Tod. Der Herzog ist König Renés Tochter als Bräutigam versprochen, möchte sich aber von dieser Bindung befreit sehen, da er eine andere Frau liebt. Als die Freunde die schlafende Jolanthe entdecken, verliebt sich Vaudemont sofort in sie; dem Herzog aber erscheint die Situation unheimlich. Er geht, sein Gefolge zu holen.

Die erwachende Jolanthe findet Gefallen an den Worten Vaudemonts. Er aber entdeckt, daß sie blind ist und weckt ihre Neugierde auf das Sonnenlicht. König René droht ihm mit dem Tod. Der Arzt ergreift die Chance, denn nun wünscht Jolanthe selbst den Eingriff, damit der Fremde nicht sterben muß. Die Heilung gelingt, der Herzog gesteht dem König, daß er eine andere liebt, und Graf Vaudemont erhält Jolanthe zur Frau.

Genesis
Den Stoff für die einaktige Oper hatte sich Tschaikowski selbst gewählt. Sein Bruder Modest schrieb ihm nach dem 1845 uraufgeführten Stück des dänischen Dichters Henrik Hertz ›König Renés Tochter‹ ein Libretto, das der Fabel des Schauspiels folgt.

Außer Tschaikowski schrieb der russische Komponist Juferow nach Hertz' Drama eine Oper ›Jolanda‹, die 1893 am Petersburger Panajewski Theater zur Uraufführung gelangte.

Struktur
Die dem Schauspiel folgende Fabel der Oper hat einen historisch-politischen Hintergrund, der sich im Streitgespräch des Königs René mit dem maurischen Arzt Ebn-Jahia zeigt. Der König vertritt ein monarchistisch-autoritäres Prinzip. Er entscheidet, ob dem einzelnen die Wahrheit zugemutet werden kann, und maßt sich demzufolge ein Verbotsrecht gegenüber seiner Tochter an. Dem maurischen Arzt dagegen gilt die Kenntnis der Wahrheit — selbst wenn sie für den einzelnen lebenslanges Unglück zur Folge haben sollte — als Voraussetzung von Veränderung, in diesem Falle der Heilung der blinden Königstochter Jolanthe. Der König beharrt auf seinem Standpunkt, und da er die Macht besitzt, der Arzt aber nur beratende Funktion hat, würde sich das monarchistisch-autoritäre Prinzip durchsetzen, wenn nicht mehrfache Zufälle dem Arzt zu Hilfe kämen: der Bräutigam Jolanthes liebt eine andere, sein Freund verliebt sich in Jolanthe, diese verliebt sich in ihn, erfährt durch ihn die Wahrheit — und einem schlimmen Ende entgeht Vaudemont, weil der Eingriff gelingt und Jolanthe geheilt wird. Das heißt, nicht die Wahrheit — das Prinzip des Arztes —, sondern der Zufall hat gesiegt. Das autoritäre Prinzip wird der Notwendigkeit enthoben, seine Konsequenzen zu zeigen. (Im Schauspiel funktioniert das noch gradliniger: da dringt zufällig der Bräutigam in das verbotene Gebiet ein, verliebt sich in die unbekannte Braut und diese in ihn etc.) Da solche Zufälle verhindern, daß der Streit der beiden Prinzipe ausgetragen wird, bleibt als Essenz des Stückes: Durch

der Liebe Macht aus der Blindheit Nacht. Zum Vorschein kommt so eine pseudo-aufklärerische Haltung, eine Depravierung des einstigen „durch Nacht zum Licht", eine Zurücknahme kämpferischer Haltung, Ersatz durch ein abstrakt-allgemeines Prinzip humanitas. Nicht zufällig verleiht Tschaikowski seiner Jolanthe, ihrem Vaudemont und dem Streben nach Licht den „Heiligenschein" des Harfendreiklangs. Es gibt kaum rezitativische Deklamationen, ein symmetrisches Strukturprinzip drängt sich als statisches Moment in den Vordergrund.

Verbreitung
Da die Oper nicht abendfüllend ist, wurde sie zusammen mit Tschaikowskis Ballett ›Der Nußknacker‹ uraufgeführt.

Bis heute ist das Werk fester Bestandteil des Repertoires russischsprachiger Bühnen. Auch beim deutschen Publikum fand die Oper Ende des 19. und zu Beginn des 20. Jahrhunderts Anklang. So folgten der Hamburger Erstaufführung von 1893 (nur sechzehn Tage nach der Uraufführung) Inszenierungen in Karlsruhe 1894, in Wien unter Gustav Mahlers musikalischer Leitung 1900 und in Bremen 1907. In der DDR stellte das Bolschoi Theater Moskau anläßlich seines Gastspiels die Oper 1980 vor.

Autograph Staatliches Zentrales Museum Musikalischer Kultur M.I.Glinka Moskau
Ausgaben Part und KlA Jurgenson Moskau 1892; KlA (dt. von Hans Schmidt) Rahter Hamburg/Leipzig 1900; KlA (dt. von Hans Schmidt) Breitkopf & Härtel Leipzig 1953; Part In: GA (Polnoje sobranije sotschineni.) Bd.10, Musgis Moskau 1953; KlA In: GA (Polnoje sobranije sotschineni.) Bd.42, Musgis Moskau 1953

Literatur Boris Assafjew: ›Jolanthe‹. (›Jolanta‹.) In: Ausgewählte Arbeiten. (Isbrannyje trudy.) Bd.2, Moskau 1954; Julija Rosanowa: ›Jolanthe‹. (›Jolanta‹.) In: P.I.Tschaikowski. Geschichte der russischen Musik. (Istorija russkoi musyki.) Bd.2, 3.Buch, Moskau 1981; weitere Literatur siehe Pjotr Tschaikowski

Schirwani
Tschalajew
1936

Schirwani Tschalajew wurde in einem Aul der lakischen Bergbewohner geboren.
   Sein Lehrer wurde Gottfried Gassanow (1900—1965), der Begründer der dagestanischen Berufsmusik. Tschalajew begann seine Ausbildung bei Gassanow an der Musikschule in Machatschkala, der Hauptstadt Dagestans, und studierte dann von 1959 bis 1964 am Konservatorium Moskau. 1968 beendete er eine Aspirantur bei Wladimir Fere, einem kirgisischen Komponisten, der von 1962 bis 1971 in Moskau lebte und am Konservatorium lehrte.
   Tschalajew sammelte und bearbeitete lakische, awarische, darginische, kumykische und lesginische Volkslieder, schuf eine Vielzahl von Romanzen, einige Vokalzyklen, zwei Ballette, die Oper ›Die Bergbewohner‹ und drei Sinfonien.
   Bekannt sind die ›Sieben lakischen Lieder‹ für Stimme und Kammerorchester. Seine Kinderoper ›Maugli‹ nach Richard Kiplings ›Dschungelbuch‹ wurde am Kindermusiktheater der Natalja Saz in Moskau uraufgeführt.

Die Bergbewohner (Gorzy)
Oper in zwei Akten, sieben Bildern, und einem Prolog
Libretto von Schirwani Tschalajew und Georgi Fere
nach Motiven des gleichnamigen Dramas von Roman Fatujew

Entstehung 1970

Uraufführung 30. Januar 1971   Staatliches Akademisches Kleines Theater für Oper und Ballett (Maly Theater) Leningrad

Personen
Tapa Chartum, Ältester des Auls Kirit_____Baß
Aina, seine Frau_____Mezzosopran
Bachu, beider Tochter_____Sopran
Beider Söhne: Ismail, Radshab, Jussif_____Bariton, Bariton, Sprechrolle
Ai-Gasi, Gasargine_____Tenor
Schachmardan, Mulla und Kadi_____Tenor
Abdurachman, junger Reicher_____Tenor
Omar, Trabant Abdurachmans_____Tenor

Dibir, Kommandeur einer Partisanenabteilung _____ Bariton
Bewohner des Auls Kirit, Älteste aus Gasargo,
Freunde Abdurachmans, Nukeren, Partisanen _____ Gemischter Chor
(Nukeren sind bewaffnete Bedienstete am Hof eines feudalen Bergbewohners.)

Handlung

Die Handlung spielt in den fernen Bergen des Auls Kirit in Dagestan zwischen 1919 und 1920.

I. Akt: Gerüchte über den Vormarsch der Roten Armee erreichen den abgelegenen Aul Kirit und versetzen die Vertreter des alten Regimes, den Mulla Schachmardan und den reichen Herrn Abdurachman, in Panik. Sie wollen von den drohenden Ereignissen ablenken und ihre erschütterte Position wieder festigen. Deshalb rufen sie eine längst vergessene und verjährte Blutschuld in Erinnerung. Von dieser Blutschuld sind zwei Familien betroffen, die aus verschiedenen Auls stammen. Sie werden aufeinander gehetzt.

II. Akt: Der alte Tapa Chartum aus dem Aul Kirit schickt seine zwei ältesten Söhne nacheinander aus, Rache zu üben. Sie kehren nicht wieder. Abdurachman hat sie hinterlistig ermordet. Der Verdacht an diesen Morden wird auf den Falschen gelenkt. Spät und zufällig erkennt der Vater den wahren Mörder. Er bereut, der alten Sitte gefolgt zu sein, begreift die wahren Gründe für den Verlust seiner Söhne und schließt sich der Roten Armee an.

Kommentar

Die alte Sitte der Blutrache war, wie Friedrich Engels in ›Der Ursprung der Familie, des Privateigentums und des Staats‹ beschreibt, eine ursprüngliche Form der Konfliktbegleichung zwischen den in Horden organisierten Menschengruppen. Die ewig fortzeugende Tat — der den Mord fordernde Mord — ist eine Erfindung späterer Zeit. In den Auls Dagestans lebten die Menschen bis ins 20. Jahrhundert hinein teils in Familien, teils in lockerer Hordenform zusammen, wurden von feudalen Machthabern beherrscht und von der islamischen Religion bestimmt. Tschalajews Konfliktkonstruktion ist einfach: ein Reicher ruft alte Sitten in Erinnerung, um seine Interessen durchzusetzen. Die zentrale Figur der Oper ist der alte Familienvater Tapa Chartum, der auf den „argen Weg" der Erkenntnis geschickt wird, um aus den alten Vorstellungen herauszutreten und ein neues Selbstbewußtsein zu erlangen.

In den Partien des Tapa Chartum sowie des Liebespaares Bachu und Ai-Gasi verbindet Tschalajew Kantilene und östliche Melismatik.

Es gibt große Chorszenen. Auf breitem Raum werden Volksversammlungen und Beratungen dargestellt.

Tschalajews Oper ›Die Bergbewohner‹ ist die erste dagestanische Oper.

Ausgabe KlA Musyka Moskau 1974

Mukan Tulebajew
1913—1960

Der im Gebiet Taldy-Kurgan geborene Komponist war mit einer schönen Stimme und einem guten musikalischen Gedächtnis begabt und wurde 1936 an das Kasachische Opernstudio des Moskauer Konservatoriums delegiert. Hier studierte er bis 1951. Seine Lehrer waren Nikolai Mjaskowski in Moskau, Wladimir Fere und Jewgeni Brussilowski in Kasachstan. Seit 1953 lehrte Tulebajew selbst am Kasachischen Konservatorium in Alma-Ata. Von 1956 bis 1960 war er Präsident des Kasachischen Komponistenverbandes. Gemeinsam mit Jewgeni Brussilowski und Latyf Chamidi schuf er 1945 die Kasachische Staatshymne. Seine erste Oper ›Amangeldy‹ entstand 1944/45 in Zusammenarbeit mit Jewgeni Brussilowski.

Die zweite Oper ›Birshan und Sarah‹ gilt als sein bedeutendstes Werk.

Amangeldy _____ 1944—1945
Oper in drei Akten und einem Prolog
in Koproduktion mit Jewgeni Brussilowski
Birshan und Sarah (Birshan men Sarah) _____ 1945
Oper in vier Akten

Birshan und Sarah (Birshan men Sarah)
Oper in vier Akten
Libretto von Abdilda Tashibajew und Chamid Dshumalijew

Entstehung 1945

Uraufführung 7. November 1946 Staatliches Akademisches Theater für Oper und Ballett Alma-Ata

Personen
Birshan, Akyn (Poet und Sänger) _____ Tenor
Analyk, seine Mutter _____ Mezzosopran
Koshagul, sein Vater _____ Bariton
Sarah, junge Dichterin und Sängerin _____ Sopran
Estai, Akyn, Freund von Birshan _____ Tenor
Shienkul, reicher Bei _____ Bariton
Shambota, örtlicher Machthaber _____ Bariton

Altynai, Verwandte Shambotas	Sopran
Serik, Leibwächter Shambotas	Tenor
Mullahs, Volk, Dshigiten, Gefolgsleute von Shienkul und Shambota	Gemischter Chor

Orchester Picc, 4 Fl, 5 Ob, 2 Klar, 2 Fg, 4 Hrn, 3 Trp, 3 Pos, Tb, Pkn, Cel, Glsp, Slzg, Str

Aufführungsdauer 1 Std., 30 Min.

Handlung
Die Handlung spielt im 17./18. Jahrhundert in Kasachstan.
I. Akt: Es ist Markt im Dorf Kujanda. Der örtliche Regent Shambota versucht sich im Gesang, verteilt Geld unter die Armen und setzt einen Preis für den Sieger im Sängerwettstreit aus. Birshan und Sarah treten gegeneinander an. Sarah besingt die Freundlichkeit und das Glück, Birshan den Kampf und die Freiheit. Darüber hinaus verspottet er die Reichen. Shambota befiehlt, den Wettstreit zu beenden. Doch das Volk besteht auf seinem Vergnügen. Shambota zieht den kürzeren und wird vom Markt verjagt.
II. Akt: Birshans Vater wünscht, daß sein Sohn den Mächtigen gehorche. Die Mutter verteidigt die Kühnheit des Sohnes. Birshan und Sarah gestehen einander ihre Liebe. Shambota befiehlt, daß Sarah den alten reichen Shienkul heirate.
III. Akt: Die Vorbereitungen zur Hochzeit Sarahs mit Shienkul werden getroffen. Birshan und Sarah beklagen ihr Schicksal und beschließen zu fliehen.
IV. Akt: Birshan wird von Shambota in eine Felsschlucht geworfen. Die Flucht der Liebenden ist mißlungen. Birshans Freunde befreien ihn aus der Schlucht. Er stirbt in den Armen Sarahs und hinterläßt ihr als Vermächtnis seine Lieder.

Kommentar
Birshan Koshagulow war eine reale historische Figur. Er zählte zu den beliebtesten kasachischen Volkssängern, den Akynen. Er dichtete und komponierte seine Lieder selbst und trug sie auf den Marktplätzen vor. Die Dichtungen Koshagulows, seine streitbaren Lieder, die Aitys, und die Reflexionen und Erzählungen, die Tolgaus, wurden berühmt, nachgesungen, später gesammelt und aufgeschrieben. So konnte Mukan Tulebajew viele Melodien und Dichtungen Birshan Koshagulows in seiner Oper zitieren. Im I. Akt gestaltet er mit dem Sängerwettstreit eine reale historische Situation nach. Tulebajew bewahrte in seiner Musik Charakteristika der kasachischen Volksmusik: den getragenen freien Gesangsstil, den deklamierenden Sprachgestus und die unregelmäßigen Metren.

Verbreitung
1958 während der Dekade kasachischer Kunst und Literatur in Moskau gespielt.

Ausgaben KlA (russ. von S. Bolotin und T. Sikorska) Musgis Moskau 1959

Danilo Sawwitsch
Tuptalo
(Dmitri Rostowski)
1651—1709

Danilo Tuptalo zählt zu den bemerkenswertesten Erscheinungen der russischen Kunst und Literatur. Er war ein universal gebildeter Gelehrter von europäischem Rang. Man nannte ihn Dmitri Rostowski nach der Stadt Rostow, auch hierin einem Erasmus von Rotterdam vergleichbar.

Er wuchs in Kleinrußland auf, lebte und wirkte später aber sowohl in der Ukraine als auch in Litauen und in Sibirien. Peter I., dessen Reformen er begrüßte und unterstützte, ernannte ihn 1702 zum Metropoliten der Stadt Rostow. Hier gründete Tuptalo ein Seminar, in dem Griechisch und Lateinisch unterrichtet wurde. Auf der Bühne dieses Seminars führte man 1702 sein Schuldrama ›Die Komödie von Christi Geburt‹ (›Rostower Spiel‹) auf.

Rostower Spiel (Rostowskoje dejstwo)

Entstehung Um 1700

Uraufführung Original 24. Dezember 1702 Groß Rostow (Rostow weliki)
Rekonstruktion 30. Juni 1982 Kammer-Musik-Theater Moskau

Personen
Prolog
Glaube — Mezzosopran
Hoffnung — Sopran
Natur — Bariton
Goldenes Zeitalter — Bariton
Eisernes Zeitalter — Tenor
Sanftmut — Mezzosopran
Grimm — Sopran
Friede — Baß
Zank — Bariton
Liebe — Sopran
Haß — Sopran
Güte — Mezzosopran
Bosheit — Mezzosopran
Trauer — Sopran

TUPTALO

Freude	Mezzosopran
Zufriedenheit	Mezzosopran
Neid	Mezzosopran
Leben	Tenor
Tod	Baß
Gefolgsleute der Allegorien	Gemischter Chor

I. Akt

Drei Hirten (Boris, Awram, Afonja)	Tenor, Bariton, Baß
Drei Engel	2 Soprane, Mezzosopran
Zwölf Knaben	Kinderchor
Sterndeuter	Bariton
Drei Könige aus dem Morgenland (Kaspar, Balthasar, Melchior)	2 Tenöre, Baß
Hirten, Sterne	Frauenchor (S, Mez, A)

II. Akt

Knaben	2 Knabenstimmen
Herodes (Unmensch)	Tenor
Vier Senatoren	2 Tenöre, Bariton, Baß
Zwei Kebsweiber	Sopran, Mezzosopran
Gesandter der drei Könige	Bariton
Rahel	Sopran

Orchester Pkn, GrTr, Tamb, ad lib: Gusli, Cel, Vib, Gl

Aufführungsdauer Original: 6 Stdn.; Rekonstruktion des Kammer-Musik-Theaters Moskau: 2 Std.

Vorgänge
Prolog: Glaube, Hoffnung, das Goldene und das Eiserne Zeitalter fragen die Natur nach dem Wesen des Menschen *(Nr. 1: Gespräch der Allegorien)*. Die sieben Paare reiner und unreiner Geister stellen sich vor *(Nr. 2 und Nr. 3)*, geraten in Streit *(Nr. 4)* und begeben sich in den Kampf, um sich ihren Anteil am Menschen zu erstreiten *(Nr. 5: Finale)*.
I. Akt: Die Hirten sind unschuldig wie das Vieh auf der Weide *(Nr. 6: Koljadka des Afonja)*. Die Engel lobpreisen den Herrn *(Nr. 7)*, sie verkünden die Geburt Christi *(Nr. 8)*. Die Hirten finden sich zur Huldigung ein *(Nr. 9: Marsch der Hirten)*. Hirten und Engel singen Christus ein Wiegenlied *(Nr. 10)*. Die Hirten verjagen die bösen Geister *(Nr. 11: Koljadki der Hirten)*. Die drei Könige aus dem Morgenlande und die Sterne huldigen dem Kind *(Nr. 12 und Nr. 13: Finale des I. Aktes)*.
II. Akt: Der Unmensch, der kriegerische König Herodes, feiert mit seinen Kebsweibern ein Bacchanal *(Nr. 14)*. Er erhält Nachricht von der Geburt des Königs aller Könige *(Nr. 15: Marsch der Weisen aus dem Morgenland und Nr. 16)*. Der Unmensch befiehlt, alle Kinder zu ermorden *(Nr. 17)*. Ein Wehgeschrei durchzieht das Land *(Nr. 18: Klagechor, Nr. 19: Klage der Rahel, Nr. 20 Reprise:*

Klagechor und Nr. 21: Könige aus dem Morgenlande). Der Tod tanzt einen Chorowod *(Nr. 22).* Dem Unmensch wird ein Wiegenlied gesungen *(Nr. 23).* Der Bote des Todes kündigt seinen Herrn an, und der Unmensch tanzt mit dem Tod *(Nr. 26−28: Finale des II. Aktes).*
Epilog: Die Allegorien urteilen: der Kampf ist unentschieden, er dauert fort.

Kommentar

In der ukrainischen Kultur des 17. Jahrhunderts fand das sogenannte „Schuldrama" eine weite Verbreitung. Für diese Schuldramen wurde die Geschichte von Christi Geburt als ein allen bekannter Stoff gewählt. In die legendäre Handlung fügte man Menschen und Situationen der jeweiligen Zeit und des jeweiligen Ortes ein. Das war eine populäre Form, sich über Zeitprobleme zu verständigen, deren sich auch Dmitri Rostowski bediente. Er gibt in seinem Rostower Spiel von der Geburt Christi einem dialektisch-materialistischen Weltverständnis Ausdruck. Der Kampf der sieben unreinen mit den sieben reinen Geistern um die Bestimmung der menschlichen Natur bleibt unentschieden. Der Verlauf des II. Aktes läßt eher eine düstere Prognose des Gelehrten Tuptalo vermuten. Der Prolog ist eine Allegorie, der I. Akt eine Legende, der II. Akt ein Zeitstück. Nicht zufällig wird im II. Akt die *Klage der Rahel* zum Kernstück der Handlung. Ihre Aufführungsdauer beträgt 30 Minuten, sie ist ohne instrumentale Begleitung und bewegt sich im Tonraum von drei Oktaven. Im liturgischen Deklamationston gibt Rahel einen Bericht über den Kindermord, wendet sich dann sprechend an das Publikum, wirbt um Anteilnahme, um dann einen der volkstümlichen Klagegesänge (platsch) anzustimmen.

Im ganzen wechseln gesprochene Monologe und Dialoge mit gesungenen Solonummern, Ensembles, A-cappella-Chören, mit Tänzen und pantomimischen Darstellungen. Rhythmusgebende und kolorierende Instrumente sind ad libitum einzusetzen.

Dmitri Rostowski schuf keine Partitur im herkömmlichen Sinne. Er collagierte die Musik, so wie russische, ukrainische und lateinische Texte auch. Er wählte aus dem reichen Schatz der Völker, was ihm zur Darstellung seines Gegenstandes nötig schien: Lieder aus russischen, ukrainischen, belorussischen, polnischen Christusspielen, darunter Koljadi, Slawilnyje, Kalendy, also Lieder, mit denen böse Geister vertrieben, gute beschworen, das neue Jahr begrüßt wurde, in denen sich heidnisches Brauchtum und christliche Mythen mischten. Er verwandte liturgische Wendungen, Psalmen und kontrastierte sie mit Wiegenliedern, Klagegesängen, Tanzweisen. Die musikalischen Mittel sind von treffender Naivität, immer sinnfällig, so wenn sich im I. Akt Hirten und Engel zum gemeinsamen Lob Christi zusammenfinden und im Sextett die tiefen Stimmen der Hirten mit den hellen, hohen der Engel wie Erde und Himmel sich vereinigen.

In zehnjähriger Arbeit hat ein großes Kollektiv von Musikwissenschaftlern und Historikern an der Rekonstruktion dieses Spektakels gearbeitet. 1982 wurde es am Kammer-Musik-Theater Moskau aufgeführt.

Die Arbeit dieses Theaters hat in den letzten Jahren immer stärker in der Öffentlichkeit das Bewußtsein verbreitet, daß die russische Oper weit vor Glinka begonnen hat und daß ihre Formen vielfältig sind. Im Repertoire des Theaters läßt sich die Entwicklung des Genres bis zu seinen Wurzeln zurückverfolgen, und man findet so reizvolle Modelle wie das ›Rostower Spiel‹, das sich nicht auf eine linear erzählte Handlung, auf das Prinzip des Singspiels oder der Nummernoper festlegen läßt.

Autograph der Rekonstruktion: Kammer-Musik-Theater Moskau
Literatur Libretto. ›Rostower Spiel‹. In: Russische Dramaturgie aus dem letzten Viertel des 17. und vom Anfang des 18. Jahrhunderts. (Russkaja dramaturgija poslednej tschetwerti XVII i natschala XVIII ww.) Moskau 1972; O. Lewtonowa: Die wunderbare Wiedergeburt einer Musik. (Tschudesnoje wosroshdenije musyki.) In: *Musykalnaja shisn*, Moskau 1982, H. 24; L. Korabelnikowa: Bewahrte Kultur. Die Kultur der Bewahrung. (Pamjat Kultury. Kultura pamjati.) In: *Sowjetskaja musyka*, Moskau 1983, Nr. 10

Alexej Nikolajewitsch Werstowski
1799—1862

Alexej Werstowski war der Sohn eines Tambowsker Gutsbesitzers, der als Komponist dilettierte und Musik für sein Leibeigenenorchester schrieb. Der siebzehnjährige Werstowski ging 1816 nach Petersburg, um sich als Ingenieur ausbilden zu lassen. 1819 errang er mit seinem Opern-Vaudeville ›Babuschkiny popugai‹ (›Der Papagei der Babuschkina‹) einen so großen Erfolg, daß er sich der Komponistenlaufbahn zuwandte. Er übersiedelte nach Moskau, war hier ab 1825 Musikinspektor und von 1848 bis 1860 Leiter des Moskauer Theaterkontors.

Die Zeit zwischen 1825 und 1862 ist auch als „Epoche Werstowski" in die Annalen eingegangen. Das spiegelt seinen großen administrativen Einfluß auf das Moskauer Theater wider und gibt einen Begriff von der ungeheuren Popularität seiner Werke.

Zwischen 1825 und 1862 schrieb er an die 40 Lieder und Romanzen, Musik zu mehr als 30 Melodramen und Vaudevilles.

Er stellte sich das Ziel, eine „russische nationale Oper romantischen Charakters auf der Grundlage historischer Überlieferungen" zu schaffen. Die Romane Michail Sagoskins waren ihm dafür die beste Stoffquelle. Der Romancier selbst schrieb für drei der insgesamt sechs Opern die Libretti. ›Askolds Grab‹ gilt als das bedeutendste und als ein typisches Beispiel dieser künstlerischen Bestrebungen.

Michail Sagoskin (1789—1852) „führte mit seinem außerordentlich erfolgreichen (von Walter Scott beeinflußten — S.N.) Roman ›Juri Miloslawowitsch oder die Russen im Jahre 1612‹ das Genre des historischen Romans in die russische Literatur ein" (Peter Keßler). Zusammen mit dem Begründer des Moskauer Slawenkommitees, dem Historiker Michail Pogodin (1800—1875), gehörte Sagoskin zum Freundeskreis Werstowskis, in dem konservativ-nationalistische, slawophile Ansichten kultiviert und die patriarchalische Ordnung des mittelalterlichen Rußland idealisiert wurden.

Obgleich diesem Gedankengut verpflichtet, hatte sich Werstowski doch den 1824 in Rußland erstaufgeführten ›Freischütz‹ von Carl Maria von Weber zum Vorbild genommen, um mit ›Askolds Grab‹ „in die europäische Form den Charakter einer nationalen russischen Musik einzubringen". (Alexej Werstowski: Autobiographischer Brief an Wladimir Odojewski von 1836)

Die Bewertung der Opern Werstowskis hat sich in der russischen und sowjetischen Musikgeschichtsschreibung gewandelt. Noch 1940 galt er als wichtiger Vorläufer Glinkas: „Werstowski ist der herausragendste Name unter den russischen Komponisten der Zeit vor Glinka. Er erscheint als Vorgänger des großen Schöpfers von ›Iwan Sussanin‹ sowie ›Ruslan und Ljudmila‹." (Geschichte der russischen Musik) Seit den 50er Jahren aber finden verstärkt die Opern von Matinski, Paschkewitsch, Fomin und Bortnjanski das Interesse der sowjetischen Theater, wird eine andere Traditionslinie evident und wichtig.

Das Repertoire der russischen Bühnen wurde Mitte des 19. Jahrhunderts von folgenden Werken Werstowskis beherrscht:

Der Papagei der Babuschkina (Babuschkiny popugai) _____ 1819
Opern-Vaudeville
Quarantäne (Karantin) _____ 1820
Opern-Vaudeville
Wer ist Bruder, wer ist Schwester? (Kto brat, kto sestra?) _____ 1827
Opern-Vaudeville
Der Sänger im Lager der russischen Krieger _____ 1827
(Pewez w stane russkich woisk)
Lyrische Szene
Fünf Jahre in zwei Stunden (Pjat let w dwa tschassa) _____ 1828
Opern-Vaudeville
Pan Twardowski (Pan Twardowski) _____ 1828
Romantische Zauberoper
nach der gleichnamigen Erzählung von Michail Sagoskin
Ein Mittel, Töchter zu verheiraten _____ 1828
(Sredstwo wydat dotscherej samush)
Opern-Vaudeville
Wadim (Wadim) _____ 1832
Zauberoper nach dem gleichnamigen Roman von Michail Sagoskin
Askolds Grab (Askoldowa mogila) _____ 1835
Romantische Oper nach dem gleichnamigen Roman von Michail Sagoskin
Heimweh (Toska po rodine) _____ 1839
Komische Oper nach dem gleichnamigen Roman von Michail Sogoskin
Wachtraum (Son najawu) _____ 1844
Zauberoper
Gromoboi (Gromoboi) _____ 1857
Große Phantastische Oper

Literatur Boris Dobrochotow: A. N. Werstowski. Leben, Theatertätigkeit, Opernschaffen. (Shisni, teatralnaja dejatelnost, opernoje tworschestwo.) Moskau/Leningrad 1949

Askolds Grab (Askoldowa mogila)
Romantische Oper in vier Akten
(Romantitscheskaja opera w tschetyrjoch dejstwijach)
Libretto von Michail Sagoskin nach seinem gleichnamigen Roman

Entstehung 1835

Uraufführung 28. September 1835   Bolschoi Theater Moskau

Personen
Ein Unbekannter_____Baß
Toropka Golowan, Gudokspieler_____Tenor
Wseslaw, fürstlicher Knappe_____Tenor
Alexej, alter Fischer_____Baß
Nadeshda, seine Tochter_____Sopran
Wyschata, fürstlicher Beschließer_____Baß
Frelaf, warägischer Schwertträger_____Tenor
Stemid, fürstlicher Steigbügelhalter_____Tenor
Fenkal, warägischer Skalde_____Tenor
Eine Alte_____Sopran
Buslajewna, Amme_____Sopran
Ljubascha, junge Kiewerin_____Sopran
Wache_____Bariton
Prosten, fürstlicher Gridnja_____Pantomime
Krieger der warägischen Gefolgschaft:
Jakun, Ikmor, Ruald, Erik, Arnulf_____Pantomimen
Ostromir, fürstlicher Falkner_____Pantomime
Wachramejewna, Kiewer Hexe_____Alt
Bedienstete in Predislawino:
Sadko, Jurka, Ilenko, Tschurila_____1 Bariton, 3 Pantomimen
Erster und zweiter Fischer_____Pantomimen
Kiewerinnen und Kiewer, slawische und warägische Gefolgsleute
des Fürsten Swjatoslaw, Dienerinnen und Bedienstete
im Dorf Predislawino, Fischer, Chor der Höllengeister_____Gemischter Chor

Handlung
Die Handlung spielt im mittelalterlichen Rußland zur Zeit des Fürsten Swjatoslaw Igorjewitsch.
Der Fürst Swjatoslaw und seine Gefolgsleute sind Heiden, doch leben in Kiew bereits viele Christen, unter ihnen auch der Fischer Alexej und seine Tochter Nadeshda. Sie ist die Braut des Fürstenknappen Wseslaw, der als Waise unbekannter Herkunft beim Fürsten aufgewachsen ist. Ein fremder Alter versucht die Kiewer Bevölkerung gegen den Fürsten aufzuhetzen. Er erinnert an die alten Rechte und Freiheiten unter Fürst Askold. Von dem Unbekannten erfährt Wseslaw, daß er aus Askolds Geschlecht stamme. Um Wseslaw gegen den Fürsten aufzubringen, stachelt der Unbekannte die Gefolgsleute des Fürsten an, das Fischermädchen Nadeshda zu rauben. Wseslaw verteidigt seine Braut und tötet dabei einen der Entführer. Er flieht vor der Strafe mit Nadeshda ins Dorf Predislawino.
  Auf der Suche nach dem flüchtigen Mörder befragt der Fürstendiener Wyschata die Hexe Wachramejwna, und sie gibt ihm mit Hilfe des Teufels dessen

Aufenthaltsort an. Ein Bote bringt die Nachricht, daß Fürst Swjatoslaw seinem Knappen verzeihe. Der Unbekannte stürzt sich in die Fluten des Dnepr und versinkt.

Kommentar

Die Oper kam ein Jahr vor Glinkas ›Iwan Sussanin‹ auf die Bühne und machte „einfache Leute" zu Helden einer legendär-romantischen Geschichte. Genreszenen mit ausgedehnten Chorpassagen, Arien und kurze gesprochene Dialoge wechseln einander ab. Michail Sagoskin schrieb das Libretto nach einem eigenen Roman, ›Askolds Grab‹, doch veränderte er dessen tragischen Schluß in ein glückliches Opernfinale.

In der gesamten Oper sind Gestalten vorweggenommen, die in späteren Opern Charakter und Profil gewinnen sollten: Nadeshda findet sich in Glinkas Antonida, Gorislawa oder Ljudmila wieder, Frelaf erscheint neu in Glinkas Farlaf, der Gudokspieler Toropka ist der Ahne einer ganzen Galerie von Gauklern in den Opern Rimski-Korsakows und Tschaikowskis.

Zu den Charakteristika russischer Musik in Werstowskis Oper rechnen sowjetische Musikwissenschaftler „... die fließende, allmählich stufenweise fortschreitende Bewegung in den Chören bei Verwendung der in den Volksliedern bevorzugten Quart-, Quint- und Oktavintervalle ... Eine in der Harmonik der Chöre dominierende Dreiklangsbasis, oft unisono geführte Stimmen ..." Sie heben hervor, daß „in der Zeichnung der individuellen Charaktere die zeitgenössische Romanze zutage tritt, das Streben nach emotionsbestimmter Chromatik, Melodiesprüngen und -akzenten, Vorhalten, weichen Endungen, melodramatischem Einsatz des Brusttonregisters, melodramatischen, vokalen Kadenzen." (Geschichte der russischen Musik. 1940)

Schon Alexander Serow rühmte den melodischen, vom Charakter russischer Volkslieder geprägten Reichtum dieser Oper und lobte besonders den Mädchenchor im III. Akt, „der nicht weniger die Seele der russischen Frau widerspiegelt als die Melodien der Antonida, Ljudmila oder Gorislawa" (Frauengestalten aus Glinkas beiden Opern — S. N.).

Die Partie des Unbekannten gehörte zu Fjodor Schaljapins berühmten Rollen.

Werstowski hat auch nach der Uraufführung mit ihrem durchschlagenden Erfolg an dieser Oper weitergearbeitet, für nachfolgende Inszenierungen Nummern hinzugefügt beziehungsweise einige Stellen überarbeitet. Für die Theaterpraxis war das ein Anlaß, selbständig Ergänzungen oder andere Veränderungen einzubringen, so daß die Oper im Laufe der Jahre allmählich ihr Gesicht verlor.

Die 1959 von Boris Dobrochotow ausgeführte musikalische Überarbeitung folgt den vom Komponisten selbst vorgenommenen Veränderungen und reinigt die Oper von Ergänzungen aus zweiter Hand.

Das neue Libretto von Birjukow befreit insbesondere die gesprochenen Dialoge von Entstellungen und reduziert sie auf das Notwendige.

Die Erstaufführung dieser Fassung fand am 28. November 1959 am Staatlichen Akademischen Opern- und Ballett-Theater Schewtschenko in Kiew statt.

In der neuen Librettofassung wird die Versöhnungsgeste Swjatoslaws gegenüber seinem Lieblingsknappen und unbotmäßigen Diener als monarchistische Tendenz getilgt. Der Fürstendiener Wyschata handelt beim Mädchenraub eigenmächtig und will bei der Verfolgung der flüchtigen Liebenden eigennützige Interessen durchsetzen. Er wird von Freunden Wseslaws auf eine falsche Fährte gehetzt, so daß Swjatoslaws Versöhnungszeichen überflüssig wird. Aus Sagoskins Roman übernimmt das neue Libretto das Motiv, daß der Unbekannte sich auf der Suche nach Askolds Urenkel irrt. Nicht Wseslaw ist der Gesuchte, sondern sein Freund Stemid. Als der Unbekannte das erkennt, ist es zu spät, weil er Stemid selbst getötet hat. Aus Verzweiflung stürzt sich der Unbekannte in die Fluten des Dnepr.

Die Oper manifestiert in phantastischer Form und mit romantischer Gebärde die Hoffnung, christliches Gedankengut könne dem fortwährenden Streit der Fürstengeschlechter, der andauernden Folge von Mord, Raub, Rache, Verfolgung und wieder Mord ein Ende setzen.

Alexander Serows ›Rogneda‹ (zwischen 1863 und 1865 geschrieben) steht in dieser Tradition.

Verbreitung

Nach der Uraufführung folgten Aufführungen in Kursk 1839, Nishni-Nowgorod 1840, Petersburg (Großes Theater) 1841, Charkow 1843, Astrachan 1843, Ufa 1843, Saratow 1844, Moskau (Bolschoi Theater) 1849, Tiflis 1856.

1867 wurde mit ›Askolds Grab‹ das Ständige Opernteater in Kiew eröffnet. Die neue Redaktion von Birjukow und Dobrochotow kam 1959 und 1982 ebenfalls in Kiew zur Inszenierung.

1869 wurde die Oper in einer Bearbeitung in New York gespielt. Es war die erste Aufführung einer russischen Oper in den USA. Weitere Aufführungen gab es 1883 in Riga, in Moskau 1897 an der Russischen Privatoper von Sawwa Mamontow und 1914 an der Privatoper von Sergej Simin. Am Moskauer Operettentheater wurde ›Askolds Grab‹ in einer Bearbeitung unter dem Titel ›Die heimliche Braut‹ (›Ukradennaja newesta‹) 1944 aufgeführt.

Autograph Bibliothek des Staatlichen Akademischen Großen Theaters der UdSSR (Bolschoi Theater) Moskau
Ausgaben KlA (ohne Gesangspartien) Stellowski Petersburg o. J.; KlA Stellowski Petersburg 1866; KlA Neues Libretto von N. Birjukow und musikalische Redaktion von Boris Dobrochotow. Musgis Moskau 1963; Part nicht verlegt, ausleihbar vom Staatlichen Akademischen Theater für Oper und Ballett T.G.Schewtschenko Kiew; Text In: Die Werke Michail Sagoskins. (Sotschinenija Michaila Sagoskina.), Bd. 7, Petersburg 1889

Literatur Michail Pekelis: A. Werstowski. In: Geschichte der russischen Musik. (Istorija russkoi musyki.) Bd. 1, Moskau/Leningrad 1940; Alexander Serow: Werstowski und seine Bedeutung für die russische Kunst. (Werstowski i jego snatschenije dlja russkogo iskusstwa.) In: Ausgewählte Aufsätze. (Isbrannyje statji.) Bd. 2, Moskau 1957; Peter Keßler: Michail Sagoskin. In: Lexikon fremdsprachiger Schriftsteller. Bd. 3, Leipzig 1980

Kyrill Jewgenjewitsch Wolkow
1943

Kyrill Wolkow wurde 1943 in Moskau geboren. 1967 beendete er sein Kompositionsstudium am Moskauer Konservatorium bei Aram Chatschaturjan. Der begabte Student erhielt das Rimski-Korsakow-Ehrenstipendium. Als Wolkow seine Aspirantur 1969 abschloß, sagte sein Lehrer Aram Chatschaturjan von ihm: „Kyrill Wolkow ist ein talentierter Komponist ... Sein tiefes Wissen, die Beherrschung der zeitgenössischen Kompositionstechnik und das Verständnis dafür, daß das Schaffen nicht ohne hohe Ideale und große Gefühle möglich ist, gibt die Gewißheit, daß eine gute Generation heranwächst."

Seit seinem Studium lehrt Wolkow am Gnessin-Institut und am Moskauer Konservatorium.

Sein kompositorisches Schaffen umfaßt Kammermusik, sinfonische Werke, Lieder und Filmmusiken und drei Opern, von denen er eine, ›Unser Gaidar‹, speziell für Kinder geschrieben hat.

Ein Bauernmärchen (Mushizki skas) _____ 1969
Fernseh-Oper in drei Bildern und einem Prolog
nach der Erzählung ›Bäuerliches Märchen über Lenin‹ von Lydia Sejfullina
Leb und vergiß nicht (Shiwi i pomni) _____ 1981
Oper in zwei Akten nach der gleichnamigen Erzählung von Valentin Rasputin

Literatur Kyrill Wolkow: Folklore und zeitgenössisches, kompositorisches Schaffen. (Folklor i sowremennoje kompositorskoje twortschestwo.) In: *Sowjetskaja musyka*, Moskau 1982, Nr. 11; Natalja Siw: Kyrill Wolkow. In: Komponisten Moskaus. (Kompository Moskwy.) Moskau 1976; P. Bely: Einige Skizzen zu einem Porträt. (Neskolko eskisow k portretu.) In: *Sowjetskaja musyka*, Moskau 1983, Nr. 7

Ein Bauernmärchen (Mushizki skas)
Fernseh-Oper in drei Bildern und einem Prolog
(Tele-opera w trjoch kartinach s prologom)
Libretto von Felix Rosiner, Wadim Kowda und Juri Entin
nach der Erzählung ›Bäuerliches Märchen über Lenin‹ von Lydia Sejfullina

Entstehung 1969

Uraufführung 1972   Fernsehen der UdSSR
Theaterfassung 3. April 1975   Landestheater Dessau

Personen

Eine Kosakin, führend beim Geschichtenerzählen	Mezzosopran
Armer Bauer	Bariton
Kulak, im Märchen der General	Baß
Böser Bauer, im Märchen der Zar	Tenor
Frau mit Kind	Sopran
Schreibkundiger Bauer, im Märchen Offizier	Tenor
Ein Alter, im Märchen Offizier	Tenor
Ein Mädchen	Sopran
Ein Bursche, im Märchen Fabrikant	Bariton
Bauern und Bäuerinnen, im Märchen Mönche, Soldaten, Rotarmisten, Würdenträger, Bojaren und Bojarinnen	Gemischter Chor

Orchester Fassung für großes Orchester Picc, 2 Fl, 2 Ob, 2 Klar, 4 Hr, 3 Trp, 3 Pos, 1 Tb, Pkn, Slzg, Cel, Hrf, Kl, Str
Fassung für Kammerorchester Fl, Ob, Klar, Fg, 2 Hr, Trp, Pos, Tb, Pkn, Slzg, Hrf, Kl, Str

Aufführungsdauer Gesamt: 50 Min.

Vorgänge
Prolog: Das Jahr 1918. Ein Lied von einer Zeit, da nicht mehr Nacht und noch nicht Tag ist.
1. Bild: Im fernsten Winkel des fernen Sibirien sind arme und reiche Bauern in Streit geraten. Sie wollen aber ihre Konflikte nicht zuspitzen und überlegen, wie man ihre Probleme in Moskau, am Zarenhof entscheiden würde. Sie spielen ein Spiel vom Zaren und seinem unbotmäßigen Untertanen. Jeder wählt die ihm gemäße Rolle.
2. Bild: Das Spiel. Der Zar erhält Kunde von einem Menschen, der die Macht hat, ihn durch ein geheimes Wort in Staub zu verwandeln. Er bietet ihm sein halbes Reich. Doch der Mensch lehnt ab und schlägt statt dessen eine Teilung des Reiches in „schwarze Knochen" (das schmutzige Arbeitsvolk) und „weiße Knochen" (die sauberen Herren) vor. Froh stimmt der Zar dieser Teilung zu und behält die „weißen Knochen". Doch erlebt er bald die Konsequenz: sein Hof verkommt.
3. Bild: Der Zar versucht, die „schwarzen Knochen" zurückzuerobern. Doch diese wehren sich, und das Spiel wird Realität. Dem Bauern-Zar steht die Dorfarmut entgegen. In der Ferne erklingt das Lied der Revolution.

Kommentar
Die Oper entstand 1969 als Auftragswerk des Fernsehens der UdSSR.

Das Libretto hat einen die Musik außerordentlich begünstigenden Grundeinfall: ein altes Märchenmodell wird aufgegriffen, variiert, und auf seine Konsequenzen durchgespielt. Man spielt, um reale Konflikte abzubauen, und — erreicht das Gegenteil, die Zuspitzung der Konflikte. Wolkow greift dementsprechend traditionelle Musiziermodelle auf, verändert sie geringfügig und ergänzt um eine Komplementärperspektive. Die Märsche, Lieder, Arien und Tänze am Zarenhof haben Pathos und Glanz, bei Glinka, Borodin und Mussorgski entlehnt. Doch die Patina ist brüchig; Dissonanzen durchbohren heroische Gesten, Komplementär- und Kontrastrhythmik werfen die Tänzer aus ihrer Bahn, lassen das Zeremoniell aus den Fugen geraten.

Ein musikalisches Bekenntnis zu Schostakowitschs ›Nase‹ und Prokofjews ›Liebe zu den drei Orangen‹ wird hörbar und schlägt sich in einer eigenständigen, das Instrumentarium sicher beherrschenden Kompositionsweise nieder.

Verbreitung
Die Oper wurde nach ihrer sowjetischen Uraufführung 1972 durch das Landestheater Dessau 1975 zur deutschen Erstaufführung gebracht. Es folgte im gleichen Jahr eine Inszenierung an der Hochschule für Musik Hanns Eisler Berlin und 1978 eine Einstudierung der Dresdner Staatstheater.

Ausgaben Part und KlA Musfond SSSR Moskau 1974; Part und KlA Deutsche Text- und Theaterfassung von Sigrid Neef. Peters Leipzig o. J. (Die deutschsprachige Theaterfassung — vom Komponisten autorisiert — verändert nichts an der Struktur des Werkes, sondern entspricht durch geringfügige Textveränderungen den Bedingungen des Theaters. Die Oper wird in einem Bühnenbild und ohne Pause gespielt.)

Leb und vergiß nicht (Shiwi i pomni)
Oper in zwei Akten (Opera w dwuch dejstwijach)
Libretto von Nikolai Kusnezow
nach der gleichnamigen Erzählung von Valentin Rasputin

Entstehung 1981

Uraufführung 22. Dezember 1984   Kammer-Musiktheater Moskau

Personen
Nastjona _____ Dramatischer Sopran
Andrej Guskow _____ Baß-Bariton
Micheïtsch, Vater Andrejs _____ Baß
Semjonowna, Mutter Andrejs _____ Mezzosopran
Maxim _____ Tenor
Nadka _____ Sopran

Lisa	Lyrischer Sopran
Nestor, Kolchosvorsitzender	Bariton
Junge und alte Frauen des Dorfes; das Gewissen Nastjonas, die Stimme der Natur	Frauenchor
Wie das Echo des Krieges	Männerchor

(In der Kammermusikfassung: anstelle des Frauenchores ein Vokalensemble von 4—6 Frauenstimmen; kein Männerchor, sondern Tonbandeinspielung)

Orchester Fassung für großes Orchester 2 Fl, 2 Ob, 2 Klar, 2 Fg, 4 Hr, Pkn, Glsp, Mar, Vib, Hrf, Kl, Str
Fassung für Kammerorchester Fl, 2 Ob, Klar, Fg, 2 Hr, Trp, Pkn, Tt, Mar, Vib, Hrf, Kl, Str

Aufführungsdauer 2 Stdn.

Handlung
Die Handlung spielt in einem sibirischen Dorf zu Kriegsende.
Fern ist der Krieg und nah zugleich. Er speit lebende und tote Männer aus, spült einen Krüppel, einen Totenschein und einen Deserteur zurück ins Dorf.

Dem Krüppel wird ein Freudengeläut zuteil. Er wird in Zukunft mit den Sorgen eines Mannes in einem Dorf ohne junge Männer zu leben haben, seine Frau wird den Schmerz der anderen Frauen um ihre Toten nicht überhören können.

Der Deserteur schleicht sich zu seiner Frau und lebt fortan fern vom Dorf als ein Wolf unter Wölfen.

Nastjona hält zu ihrem desertierten Mann, aus Unterwürfigkeit und Mitleid zuerst, dann aus Liebe. Sie führt ein Doppelleben: als Frau eines vermißten Frontsoldaten und als Geliebte ihres Mannes. In dem Maße, wie die Vertrautheit zwischen den Eheleuten wächst, vereinsamt Nastjona im Dorf. Sie wird schwanger.

Der Krieg ist zu Ende. Es soll alles wieder zur Ruhe und in Ordnung kommen. Nastjonas Schwangerschaft ist den anderen unerklärlich und macht sie verdächtig. Man ahnt im Dorf die Wahrheit. Die Mutter verflucht den Sohn, der Vater aber hat Mitleid und will ihn warnen. Nastjona schweigt.

Sie bittet ihren Mann, den Konflikt zu lösen. Er vermag es nicht und entschließt sich zu fliehen. Nastjona kann nicht mit Andrej, aber auch nicht ohne ihn leben. Es gibt keine Lösung, nur ein Ende.

Kommentar
Valentin Rasputins Erzählung ›Leb und vergiß nicht‹ erschien 1974 (dt. 1977). Neunundzwanzig Jahre nach dem großen Verteidigungskampf eines Volkes wandte sich der sibirische Schriftsteller Menschen zu, die der Krieg nicht zu Helden gemacht hatte, sondern die dem unmenschlichen Maß nicht gewachsen gewesen waren. Der Krieg hat Andrej zerbrochen. Als Deserteur ist er aus der menschlichen Gemeinschaft verbannt, muß er als Ausgestoßener leben.

Die Zentralfigur in der Erzählung wie in der Oper ist Nastjona, die Frau des Deserteurs. In fünf Begegnungen der Eheleute wird gezeigt, wie beide, aus ihrer Bahn gerissen, konventionelle Beziehungen hinter sich lassen, Fremdheit überwinden, zu einer elementaren Leidenschaftlichkeit gelangen, die Vollendung in einer Liebe erfährt, die um ihren Untergang weiß. Nastjona blieb in den Ehejahren vor dem Krieg kinderlos. Jetzt erst empfängt sie von Andrej ein Kind. Die Schwangerschaft ist im Rasputinschen Sinne als ein Zeichen erworbener Liebesfähigkeit zu deuten.

Nastjonas Konflikt entwickelt sich im steten Wechsel zwischen dem öffentlichen Leben im Dorf und dem heimlichen Leben im Versteck Andrejs. Das korrespondiert mit einem Wechsel der Chorfunktionen. Der Chor stellt zum einen die realen Frauen des Dorfes dar, er verleiht aber auch den Gedanken Nastjonas Klang, er ist die Stimme des Gewissens und der Natur, jedoch auch das „Echo des Krieges". Dieses ist in den intimsten Situationen zu hören und wird mitten im Siegesjubel laut. Wolkow nutzt hier auf eindrucksvolle Weise die Möglichkeit des Genres, Vergangenes und Gegenwärtiges, Fernes und Nahes gleichzeitig zum Erklingen zu bringen.

Es gibt keine Rettung für die Liebenden, keine Lösung ihres Konfliktes. Bei Rasputin erfährt man, daß Nastjona ertrinkt, als sie zu ihrem Mann auf die andere Seite des Flusses übersetzen will. Bei Kusnezow und Wolkow gibt es keinen dramatisch-effektvollen Schluß. Nastjona geht, und die Musik läßt ahnen, daß sie ins Nichts geht.

Wolkow verleiht neben Nastjona auch anderen Frauengestalten Profil. Es finden sich bei ihnen Auflehnung gegen das Schicksal und ergebene Klage zugleich. Für solche Haltungen sind in der russischen Volksmusik und -poesie melodisch-rhythmische Wendungen und Sinnbilder geprägt worden. Wolkow greift auf sie zurück, verwendet sie in einer Mischung zwischen Stil- und Melodiezitat. Seine Musik ist harmonisch farbig und kontrastreich, rhythmisch prägnant und melodisch ausdrucksstark.

Verbreitung
Das Kammer-Musik-Theater Moskau gastierte mit ›Leb und vergiß nicht‹ 1986 zu den Dresdner Musikfestspielen. 1987 fand am Landestheater Dessau die deutschsprachige Erstaufführung (deutsche Fassung Sigrid Neef) statt.

Ausgaben KlA Musfond SSSR Moskau   1981; KlA (deutsche Fassung Sigrid Neef) Henschelverlag Berlin 1987

Nachwort

1.

Dieses Handbuch ist das Ergebnis einer zehnjährigen Praxis als Dramaturgin an der Deutschen Staatsoper Berlin. Ich arbeitete dort mit sowjetischen Regisseuren und Dirigenten zusammen und konnte an Inszenierungen russischer Opern mitwirken. Bei der Übersetzung verschiedenster Libretti aus dem 18., 19. und 20. Jahrhundert lernte ich eine Wegstrecke russischer Opernentwicklung quasi von innen heraus, aus der Sicht der Autoren kennen. Dazu gehören ›Der Geizige‹ von Wassili Paschkewitsch, ›Fürst Igor‹ von Alexander Borodin, ›Das Märchen vom Popen und seinem Knecht Balda‹ sowie ›Die Spieler‹ von Dmitri Schostakowitsch, ›Richard Sorge‹ von Juli Mejtus, ›Das Bauernmärchen‹ von Kyrill Wolkow, ›Nicht nur Liebe‹ und ›Tote Seelen‹ von Rodion Schtschedrin. Mir fiel auf, daß die Werke meist reicher waren, kühner in Gedanken, Bild und Ausdruck, weniger folkloristisch-exotisch und gefühlvoll-sentimental als dann ihre Realisierung auf der Bühne.

Dieses Handbuch ergreift für die Librettisten und Komponisten Partei. Daher wurde es zu einem wichtigen Prinzip, alles ernst zu nehmen, was die Autoren geschrieben haben, ob es nun Genrebezeichnungen, Nummernfolgen, Regieanweisungen oder Bildangaben sind. Ich entdeckte dabei im Vergleich zwischen wissenschaftlichen und gebräuchlichen Ausgaben, daß in letzteren Musik zum Teil „vergessen" oder gar neue „erfunden" worden war. Ich mußte von manchen mir lieb gewordenen Ansichten Abschied nehmen. So hat zum Beispiel Mussorgski seinen ›Boris Godunow‹ nie ein Musikalisches Volksdrama genannt. Borodin läßt seinen ›Fürst Igor‹ nicht mit einem Loblied auf den Titelhelden enden, sondern vielmehr mit einem Epilog, in dem der unbesonnene Heereszug verurteilt wird. Der sterbende Hermann in Tschaikowskis ›Pique Dame‹ buhlt nicht mit hohen Tönen und tenoralem Glanz um die Gunst und das Mitleid des Publikums. Das ist eine „kompositorische Erfindung" des Petersburger Sängers Nikolai Figner, die seit 1899 für das Finale von ›Pique Dame‹ ausgegeben wird. Tschaikowski ließ seinen Helden ohne melodramatischen Effekt sterben.

2.

Die Lust umzudenken soll der Benutzer des Buches nicht nur in bezug auf Details gewinnen. Denn ich konnte darüber hinaus feststellen, daß lange Zeit verachtete und verschwiegene Werke in den letzten Jahren eine gerechte Bewertung erfuhren und in der Wertschätzung mehr und mehr steigen. Die Neuorientierung erfaßt in der Sowjetunion Interpreten, Musikliebhaber und Wissenschaftler gleichermaßen, und sie begann mit der Gründung des Moskauer Kammer-Musik-Theaters 1972, der Inszenierung von Schostakowitschs Oper ›Die Nase‹ sowie den sowjetischen Erstaufführungen von Prokofjews ›Spieler‹ 1974 und Strawinskis ›The Rake's Progress‹ 1978.

Diesen großen und erregenden Prozeß der Neubestimmung von Tradition und Moderne gilt es zu vermitteln. Das bestimmte Auswahl und Darstellung.

NACHWORT

Wenn das Buch auch mit 158 Titeln russischer und sowjetischer Opern recht umfangreich ist, müssen trotzdem viele Werke unberücksichtigt bleiben, manche können nur erwähnt oder knapp abgehandelt werden. Andere erhalten größeres Gewicht, als es ihnen bisher in vergleichbaren Publikationen zugebilligt wurde. So haben Inszenierungen bei uns und in der Sowjetunion deutlich gemacht, daß ›Die Nase‹ von Schostakowitsch gleichberechtigt neben ›Katerina Ismailowa‹ erscheinen muß, die Frühwerke Prokofjews ebensoviel gelten wie seine Spätwerke und Strawinskis Bühnenschaffen umfassend darzustellen ist. Einige zu ihrer Entstehungszeit hoch geschätzte Werke wiederum verlieren an Bedeutung, wie Dsershinskis Lied-Oper ›Der stille Don‹, Chrennikows Revolutionsoper ›Im Sturm‹, Muradelis ›Oktober‹ oder Kabalewskis ›Familie Taras‹. Dieses Aufsteigen und Absinken deutlich zu machen, waren alle die genannten Werke aufzuführen. Herausragende Beispiele sollen kenntlich werden. Es war daher nötig, das „mittlere Umfeld" ausschnittsweise zu präsentieren. Will man den Wert der Opern von Borodin, Mussorgski oder Rimski-Korsakow wirklich ermessen, muß man sie auch mit denen ihres Mitstreiters Cesar Cui vergleichen können. Immerhin gab dessen zwischen 1861 und 1868 entstandener ›William Ratcliff‹ den Auftakt für das Opernschaffen des Mächtigen Häufleins. Wer aber, auch unter den musikalisch Gebildeten, weiß mehr von Cui, als daß er zu dieser Komponistengruppe gehörte? Doch schrieb er 15 Opern, genausoviel wie sein Freund Rimski-Korsakow. Dieser Prozeß der Neubestimmung muß mit der Prüfung von unvollständig Bekanntem und Unbekanntem einhergehen. Das betrifft besonders das Opernschaffen von Anton Rubinstein und Alexej Werstowski.

Auch für die russische/sowjetische Opernentwicklung gilt: um sich im 20. Jahrhundert zurechtzufinden, muß man das 19. Jahrhundert begreifen. Die Namen von Glinka, Mussorgski, Rimski-Korsakow oder Tschaikowski scheinen uns heute für das 19. Jahrhundert signifikant zu sein. Entspricht das aber auch dem Selbstverständnis jener Zeit? Wenn das Opernschaffen des 19. Jahrhunderts aus sich selbst heraus begriffen werden soll, muß man wissen, daß die Jahre zwischen 1825 und 1862 als „Epoche Werstowski" in die Annalen eingegangen sind. Er war der meistgespielte Opernkomponist jener Zeit. Mit seiner Oper ›Askolds Grab‹, die heute noch aufgeführt und deshalb vorgestellt wird, eröffnete man 1867 sogar das erste Ständige Operntheater der Ukraine in Kiew.

3.
Es galt, die bekannten und beliebten Standardwerke der klassischen russischen Oper des 19. Jahrhunderts als Zeitstücke darzustellen. Dieser Ansatz ist in seinen allgemeinen Aspekten nicht neu. Joachim Herz zum Beispiel hatte bereits zwischen 1973 und 1976 begonnen, ihm allgemeine Gültigkeit zu verleihen, als er in Leipzig Richard Wagners ›Ring des Nibelungen‹ inszenierte. Es wurde damals viel gestritten, ob man die Bilderwelt aus Mythologie, Sage, Religion und Geschichte als „Verfremdung" der Welt des 19. Jahrhunderts verstehen kann. Heute ist eine solche Auffassung bei uns unumstritten. Für die Werke Borodins, Glinkas, Mussorgskis, Rimski-Korsakows oder Tschaikowskis muß die Erkenntnis

noch durchgesetzt werden, daß sie mit ihren Kiewer und Moskauer Reichen wie Fürsten das Willkürregime und die zaristischen Selbstherrscher des 19.Jahrhunderts meinten, daß sie mit ihren Märchen- und Zauberopern auf eine Hoffnung anspielten, die mit den Dekabristen 1825 in die Welt gekommen war. Die Dekabristen gehörten den begütertsten und vornehmsten Familien an, und doch setzten sie ihr Leben und das ihrer Liebsten dafür ein, daß in Rußland alle Menschen frei und glücklich würden.

Die Festsstellung, daß ›Boris Godunow‹ oder die ›Chowanschtschina‹ Ende des 16. beziehungsweise Ende des 17.Jahrhunderts spielen, ist unbezweifelbar, jedoch unzureichend. Mussorgski interessierte sich für die alten Konflikte, weil er sich mit den Konsequenzen der unaufgelösten Widersprüche zwischen Herrschern und Volk in seiner Zeit konfrontiert sah.

Das Lachen von Rimski-Korsakow über die Mächtigen seiner Zeit blieb nicht immer so gelöst wie 1878/79 in der ›Mainacht‹. Man kann im ›Goldenen Hahn‹ (1906/07) hören, wie mühsam es geworden ist, wie sich das Entsetzen breitmacht, als Zar Dodon entdeckt, daß sich seine beiden Söhne gegenseitig abgeschlachtet haben, sein gesamtes Heer erschlagen liegt. Gemeint war der Russisch-Japanische Krieg von 1904/05, in dessen Verlauf die zaristische Staatsmaschinerie total zusammenbrach und mit ihr das alte „Weltgebäude".

Man weiß von Rimski-Korsakow, daß er ein der Natur sehr verbundener Mensch war. In fast allen seinen Opern gibt es Naturwesen, Elementargeister, die sich mit den Menschen in freundlicher oder feindlicher Absicht einlassen. Natürlich kannte man im 19.Jahrhundert keine Umweltproblematik in unserem Sinne. Doch wußte der Komponist um die bedrohten, in einigen Fällen bereits gestörten Beziehungen zwischen Mensch und Natur. Wenn wir heute seine Werke studieren, werden wir auf diese Punkte besonders feinfühlig reagieren, in ihnen werden wir deren fortdauernde Aktualität erkennen.

Viele der Märchen Puschkins und der Phantastischen Erzählungen Gogols inspirierten die russischen Komponisten. Für beide Dichter waren Gut und Böse keine abstrakten, rein moralischen Begriffe. Sie zielten damit immer auf konkrete, komplexe zwischenmenschliche Beziehungen. Das gilt auch für Glinkas Zauberoper ›Ruslan und Ljudmila‹.

Der persönliche Mut, das staatsbürgerlich bewußte Auftreten der russischen Komponisten darf nicht außer acht gelassen, muß in Beziehung zu ihrem Schaffen gebracht werden. Sie setzten in vielen Fällen ihr Wohlergehen und ihre materielle Sicherheit aufs Spiel, um für ihre Ideale und für Verfolgte und Entrechtete einzutreten. Solche Künstler konnten in ihren Opern keine unverbindlichen Geschichten erzählen. Wenn sie gezwungen waren, in der „Sklavensprache" zu schreiben, ist es heute unsere Pflicht und Aufgabe, das von ihnen Gemeinte freizulegen.

4.

Ungewöhnlich mag manchem erscheinen, daß hier auch Fragmente dargestellt werden. Spätestens seit der Unvollendeten von Franz Schubert aber weiß man, daß das Fragmentarische auf eine besondere und aufschlußreiche Weise Auskunft über den Künstler und seine Zeit gibt. Deshalb werden unvollendete Opern ihrem Rang entsprechend behandelt und finden die ihnen gebührende Würdigung.

In den Inhaltsangaben wurde der Versuch unternommen, etwas vom Wesen der Handlungsführung zu vermitteln. Daher bot sich in einigen Fällen die Versifizierung an. Es ist angestrebt, mehr die Vorgänge zwischen den Menschen und die Motive ihres Handelns und weniger die zum Bereich der Realisierung gehörenden Gefühle wiederzugeben.

Der Charakter der Inhaltsdarstellungen ist unterschiedlich und entsprechend ausgewiesen. Unter der Rubrik Handlung wird die Geschichte mehr oder minder lapidar erzählt. Das Wort Vorgänge findet sich dort, wo exakt die Abfolge der musikalischen Nummern wiedergegeben ist. Um das mühsame Geschäft zu erleichtern, dem Handlungsfaden auf all seinen verschlungenen Wegen zu folgen, ist, wo es erforderlich erschien, eine Kurzfassung in einer sogenannten Story vorangesetzt. Mit dieser kann man sich identifizieren, muß es aber nicht. Die Absicht war, den Leser in ein lebendig-aufmerksames Verhältnis zum Werk zu bringen, denn die Story ist immer auf die uns interessierenden Probleme konzentriert.

Die Recherchen für die einzelnen Werke waren langwierig und mühsam, aber lohnend. Denn nun sind die Informationen umfänglich, weil sie sowohl die Daten der Entstehung und Uraufführung als auch Hinweise zur Aneignungs- und Verbreitungsgeschichte umfassen und durch Angaben zu Aufführungsdauer, Orchesterbesetzung, Standort des Autographs, Ausgaben, Übersetzungen und Literatur komplettiert werden. Ich habe mich zu diesen weitreichenden Informationen entschlossen, auch auf die Gefahr hin, sie nicht für jedes Werk vollständig geben zu können. Es müssen Lücken bleiben.

Obgleich viele Werke anhand von wissenschaftlichen Editionen, alle aber anhand von russischsprachigen Partituren und Klavierauszügen und nicht nach deutschen Übersetzungen geprüft wurden, sind Unstimmigkeiten nicht ausgeschlossen. Das betrifft besonders Daten und resultiert aus der Differenz zwischen dem Julianischen und dem Gregorianischen Kalender.

5.
Die Überblicksdarstellungen zu den einzelnen Unionsrepubliken sind ein erster Schritt, den multinationalen Charakter des sowjetischen Opernschaffens zu erschließen. Es ist heute, auch für sowjetische Fachleute, unmöglich, ohne orientierende Hilfe auszukommen. Selbst die Vetreter der sowjetischen Urheberrechtszentrale, der WAAP in Moskau, kennen nicht alle in den letzten Jahren entstandenen Werke. So mußte ich mich bei der Auswahl beraten lassen, der Meinung von Kollegen und deren Forschungen vertrauen. Im Unterschied zur russischen Opernentwicklung konnte ich diese in Aserbaidshan oder in Armenien nicht selbst Werk für Werk prüfen. Doch legte ich Wert darauf, deutlich zu machen, wie sich die nationalen Kulturen auf ihre eigenen Traditionen besinnen,

suchte nach Spuren alter Volkskunst und fand sie in der Mugam-Oper Aserbaidshans, dem Oloncho Jakutiens, den Aitys und Tolgaus Kasachstans, dem Wertep der Ukraine und dem Kisytschka Usbekistans.

Unverkennbar ist, welchen Einfluß russische Komponisten auf Herausbildung, Entwicklung und Formen der verschiedenen nationalen Opernkulturen hatten. Doch entstand auch viel Eigenständiges von eigenartigem Reiz. Wo ich es finden konnte, wurde es dargestellt, wie die lettische Rock-Oper ›Ich spielte, ich tanzte‹ von Imants Kalniņš.

Ich hoffe, dieses Buch gewinnt der russischen und sowjetischen Oper neue Freunde und macht den vielen Kennern dieser Kunst Lust, Vertrautes aufs neue zu überdenken.

Sigrid Neef
Berlin, Oktober 1983

Komponistenverzeichnis

Aschrafi,
  Muchtar/Wassilenko 93
  (Usbekische SSR)
  Buran 93

Borodin,
  Alexander Porfirjewitsch 96
  Fürst Igor 98
Bortnjanski,
  Dmitri Stepanowitsch 107
  Der Falke 108
Buzko,
  Juri Markowitsch 111
  Weiße Nächte 111

Cholminow,
  Alexander Nikolajewitsch 113
  Der Mantel 114
  Die Kutsche 114
  Tschapajew 115
  Die zwölfte Folge 117
Chrennikow,
  Tichon Nikolajewitsch 120
  Im Sturm 121
  Der unerwünschte Schwiegersohn/
  Frol Skobejew 123
Cui,
  Cesar Antonowitsch 127
  Der Gefangene im Kaukasus 130
  Der Sohn des Mandarins 131
  William Ratcliff 133
  ‚Angelo 136
  Mlada 137
  Am Meer/Der Seeräuber 138
  Das Gelage während der Pest 139
  Der Sarazene 141
  Mademoiselle Fifi 142
  Der Schnee-Held 144
  Mateo Falcone 145
  Die Hauptmannstochter 146
  Rotkäppchen 148
  Iwanuschka, der Dummkopf 149

  Der gestiefelte Kater 150
Dargomyshski,
  Alexander Sergejewitsch 152
  Esmeralda 153
  Russalka 155
  Der steinerne Gast 158
Deschewow,
  Wladimir Michailowitsch 162
  Eis und Stahl 162
Dolidse,
  Viktor 166
  (Georgische SSR)
  Keto und Kote 166
Dsershinski,
  Iwan Iwanowitsch 169
  Der stille Don 170

Fere,
  Wladimir Georgijewitsch
  siehe Maldybajew, Abdylas
Flejschman,
  Wenjamin Josifowitsch 173
  Rothschilds Geige 173
Fomin,
  Jewstignej Ipatowitsch 176
  Die Kutscher auf der
  Poststation 177
  Die Amerikaner 179
  Orpheus und Eurydike 181

Gadshibekow,
  Useïr Abdul Hussein-ogly 183
  (Aserbaidshanische SSR)
  Leili und Medshnun 184
Glinka,
  Michail Iwanowitsch 186
  Iwan Sussanin 189
  Ruslan und Ljudmila 194
Gulak-Artemowski,
  Semjon Stepanowitsch 202
  (Ukrainische SSR)

Der Saporosher hinter der
Donau 202

Ippolitow-Iwanow,
Michail Michailowitsch 205
Asja 206

Kabalewski,
Dmitri Borissowitsch 208
Colas Breugnon/Der Meister
von Clamecy 209
Die Familie Taras 211
Schwestern 213
Kalniņš,
Alfreds 215
(Lettische SSR)
Baņjuta 215
Kalniņš,
Imants 218
(Lettische SSR)
Ich spielte, ich tanzte 218
Kangro,
Raimo 222
(Estnische SSR)
Opfer 222
Karnavičius,
Jurgis 225
(Litauische SSR)
Gražina 225
Kasjanow,
Alexander Alexandrowitsch 227
Stepan Rasin 227
Kirejko,
Witali Dmitrijewitsch 230
(Ukrainische SSR)
Das Waldlied 230
Knipper,
Lew Konstantinowitsch 232
Nordwind 233
Kulijew,
Mamed Mechti-ogly 236
(Aserbaidshanische SSR)
Die betrogenen Sterne 236

Litinski,
Heinrich (Genrich) Iljitsch
siehe Shirkow, Mark
Lyssenko,
Nikolai Witaljewitsch 238
(Ukrainische SSR)
Nocturne 239

Maldybajew,
Abdylas/Fere/Wlassow 241
Ai-tschurek, die Mondgleiche 242
Matjuschin,
Michail Wassiljewitsch 244
Sieg über die Sonne 245
Moltschanow,
Kyrill Wladimirowitsch 250
Im Morgengrauen ist es noch
still 251
Muradeli,
Wano Iljitsch 254
Die große Freundschaft 254
Oktober 256
Mussorgski,
Modest Petrowitsch 259
Salammbô 266
Die Heirat 269
Boris Godunow 274
Chowanschtschina 288
Der Jahrmarkt von Sorotschinzy 302

Naprawnik,
Eduard 310
Dubrowski 311

Paliaschwili,
Sachari Petrowitsch 314
(Georgische SSR)
Abessalom und Eteri 314
Daïssi/Dämmerung 317
Latawra 319
Paschkewitsch,
Wassili Alexejewitsch 321
Der Geizige 323

Petrauskas,
Mikas 326
(Litauische SSR)
Eglė, die Natternkönigin 326
Petrow,
Andrej Pawlowitsch 329
Peter der Erste 329
Prokofjew,
Sergej Sergejewitsch 333
Maddalena 338
Der Spieler 342
Die Liebe zu den drei Orangen 347
Der feurige Engel 353
Semjon Kotko 361
Die Verlobung im Kloster 366
Krieg und Frieden 370
Die Geschichte eines wahren Menschen 376

Rachmaninow,
Sergej Wassiljewitsch 381
Aleko 382
Francesca da Rimini 384
Der geizige Ritter 386
Rimski-Korsakow,
Nikolai Andrejewitsch 388
Pskowitjanka/Das Mädchen von Pskow 398
Die Bojarin Wera Scheloga 405
Mainacht 407
Snegurotschka/Schneeflöckchen 411
Mlada 418
Die Nacht vor Weihnachten 422
Sadko 427
Mozart und Salieri 435
Die Zarenbraut 439
Das Märchen vom Zaren Saltan 444
Servilia 451
Der unsterbliche Kaschtschej 455
Pan Wojewode 460
Die Legende von der unsichtbaren Stadt Kitesh und der Jungfrau Fewronija 464
Der goldene Hahn 471
Rubinstein,
Anton Grigorjewitsch 481
Kulikower Schlacht 483
Sibirische Jäger 484
Die Rache 485
Fomka, der Dummkopf 486
Das verlorene Paradies 487
Die Kinder der Heide 488
Feramors 490
Der Turm zu Babel 492
Der Dämon 494
Die Maccabäer 498
Nero 502
Kaufmann Kalaschnikow 505
Sulamith 508
Unter Räubern 509
Der Papagei 510
Moses 511
Gorjuscha 513
Christus 515

Schaporin,
Juri Alexandrowitsch 518
Die Dekabristen 518
Schostakowitsch,
Dmitri Dmitrijewitsch 522
Die Nase 525
Katerina Ismailowa 534
Das Märchen vom Popen und seinem Knecht Balda 542
Die Spieler 546
Schtschedrin,
Rodion Konstantinowitsch 551
Nicht nur Liebe 552
Tote Seelen 556
Sedelnikow,
Gleb Serafimowitsch 563
Arme Leute 563
Serow,
Alexander Nikolajewitsch 565
Judith 567

Rogneda 570
Des Feindes Macht 574
Shirkow,
Mark/Litinski 579
(Jakutische ASSR)
Njurgun Bootur 579
Sokolowski,
Michail Matwejewitsch 583
Müller, Zauberer, Betrüger
und Brautwerber 583
Spendiarow,
Alexander 585
(Armenische SSR)
Almast 585
Strawinski,
Igor 588
Die Nachtigall 593
Renard 599
Geschichte vom Soldaten 604
Mawra 611
Oedipus Rex 617
Persephone 622
The Rake's Progress 629
Die Flut 637

Taktakischwili,
Otar Wassiljewitsch 640
(Georgische SSR)
Mindija 641
Drei Novellen/Drei Leben 643
Der Raub des Mondes 645
Mussussi 646
Tanejew,
Sergej Iwanowitsch 648
Orestie 648
Terterjan,
Awet 653
(Armenische SSR)
Der Feuerring 653
Tigranjan,
Armen 655
(Armenische SSR)
Anusch 655

Tschaikowski,
Pjotr Iljitsch 658
Der Wojewode 663
Undine 666
Der Opritschnik 666
Eugen Onegin 672
Die Jungfrau von Orleans 678
Maseppa 682
Pantöffelchen 685
Die Zauberin 689
Pique Dame 693
Jolanthe 700
Tschalajew,
Schirwani 703
(Dagestanische ASSR)
Die Bergbewohner 703
Tulebajew,
Mukan 705
(Kasachische SSR)
Birshan und Sarah 705
Tuptalo,
Danilo 707
Rostower Spiel 707

Wassilenko,
Sergej Nikiforowitsch
siehe Aschrafi, Muchtar
Werstowski,
Alexej Nikolajewitsch 711
Askolds Grab 712
Wlassow,
Wladimir Alexandrowitsch
siehe Maldybajew, Abdylas
Wolkow,
Kyrill Jewgenjewitsch 716
Ein Bauernmärchen 716
Leb und vergiß nicht 718

Opernverzeichnis

Abessalom und Eteri
 (Paliaschwili) 314
Ai-tschurek, die Mondgleiche
 (Maldybajew/Fere/Wlassow) 242
Aleko (Rachmaninow) 382
Almast (Spendiarow) 585
Amerikaner, Die (Fomin) 179
Am Meer (Cui) 138
Angelo (Cui) 136
Anusch (Tigranjan) 655
Arme Leute (Sedelnikow) 563
Asja (Ippolitow-Iwanow) 206
Askolds Grab (Werstowski) 712

Baņjuta (A. Kalniņš) 215
Bauernmärchen, Ein (Wolkow) 716
Bergbewohner, Die
 (Tschalajew) 703
Betrogenen Sterne, Die
 (Kulijew) 236
Birshan und Sarah (Tulebajew) 705
Bojarin Wera Scheloga, Die
 (Rimski-Korsakow) 405
Boris Godunow (Mussorgski) 274
Buran (Aschrafi/Wassilenko) 93

Chowanschtschina (Mussorgski) 288
Christus (Rubinstein) 515
Colas Breugnon (Kabalewski) 209

Daïssi (Paliaschwili) 317
Dämmerung siehe Daïssi 317
Dämon, Der (Rubinstein) 494
Dekabristen, Die (Schaporin) 518
Drei Leben siehe Drei Novellen
Drei Novellen (Taktakischwili) 643
Dubrowski (Naprawnik) 311

Eglė, die Natternkönigin
 (Petrauskas) 326
Eis und Stahl (Deschewow) 162
Esmeralda (Dargomyshski) 153

Eugen Onegin (Tschaikowski) 672

Falke, Der (Bortnjanski) 108
Familie Taras, Die
 (Kabalewski) 211
Feindes Macht, Des (Serow) 574
Feramors (Rubinstein) 490
Feuerring, Der (Terterjan) 653
feurige Engel, Der (Prokofjew) 353
Flut, Die (Strawinski) 637
Fomka, der Dummkopf
 (Rubinstein) 486
Francesca da Rimini
 (Rachmaninow) 384
Frol Skobejew siehe Der
 unerwünschte Schwiegersohn 123
Fürst Igor (Borodin) 98

Gefangene im Kaukasus, Der
 (Cui) 130
Geizige, Der (Paschkewitsch) 323
geizige Ritter, Der
 (Rachmaninow) 386
Gelage während der Pest, Das
 (Cui) 139
Geschichte eines wahren Menschen,
 Die (Prokofjew) 376
Geschichte vom Soldaten
 (Strawinski) 604
gestiefelte Kater, Der (Cui) 150
goldene Hahn, Der
 (Rimski-Korsakow) 471
Gorjuscha (Rubinstein) 513
Gražina (Karnavičius) 225
große Freundschaft, Die
 (Muradeli) 254

Hauptmannstochter, Die (Cui) 146
Heirat, Die (Mussorgski) 269

Ich spielte, ich tanzte
 (I. Kalniņš) 218

OPERNVERZEICHNIS

Im Morgengrauen ist es noch still
  (Moltschanow) 251
Im Sturm (Chrennikow) 121
Iwan Sussanin (Glinka) 189
Iwanuschka, der Dummkopf
  (Cui) 149

Jahrmarkt von Sorotschinzy, Der
  (Mussorgski) 302
Jolanthe (Tschaikowski) 700
Judith (Serow) 567
Jungfrau von Orleans, Die
  (Tschaikowski) 678

Katerina Ismailowa
  (Schostakowitsch) 534
Kaufmann Kalaschnikow
  (Rubinstein) 505
Keto und Kote (Dolidse) 166
Kinder der Heide, Die
  (Rubinstein) 488
Krieg und Frieden (Prokofjew) 370
Kulikower Schlacht
  (Rubinstein) 483
Kutsche, Die (Cholminow) 114
Kutscher auf der Poststation, Die
  (Fomin) 177

Latawra (Paliaschwili) 319
Leb und vergiß nicht (Wolkow) 718
Legende von der unsichtbaren Stadt
  Kitesh und der Jungfrau Fewronija,
  Die (Rimski-Korsakow) 464
Leili und Medshnun
  (Gadshibekow) 184
Liebe zu den drei Orangen, Die
  (Prokofjew) 347

Maccabäer, Die (Rubinstein) 498
Mädchen von Pskow, Das
  siehe Pskowitjanka 398
Maddalena (Prokofjew) 338
Mademoiselle Fifi (Cui) 142
Mainacht (Rimski-Korsakow) 407

Mantel, Der (Cholminow) 114
Märchen vom Popen und seinem
  Knecht Balda, Das
  (Schostakowitsch) 542
Märchen vom Zaren Saltan, Das
  (Rimski-Korsakow) 444
Maseppa (Tschaikowski) 682
Mateo Falcone (Cui) 145
Mawra (Strawinski) 611
Meister von Clamecy, Der
  siehe Colas Breugnon 209
Mindija (Taktakischwili) 641
Mlada (Cui) 137
Mlada (Rimski-Korsakow) 418
Moses (Rubinstein) 511
Mozart und Salieri
  (Rimski-Korsakow) 435
Müller, Zauberer, Betrüger und
  Brautwerber (Sokolowski) 583
Mussussi (Taktakischwili) 646

Nachtigall, Die (Strawinski) 593
Nacht vor Weihnachten, Die
  (Rimski-Korsakow) 422
Nase, Die (Schostakowitsch) 525
Nero (Rubinstein) 502
Nicht nur Liebe (Schtschedrin) 552
Njurgun Bootur
  (Shirkow/Litinski) 579
Nocturne (Lyssenko) 239
Nordwind (Knipper) 233

Oedipus Rex (Strawinski) 617
Oktober (Muradeli) 256
Opfer (Kangro) 222
Opritschnik, Der
  (Tschaikowski) 666
Orestie (Tanejew) 648
Orpheus und Eurydike (Fomin) 181

Pantöffelchen (Tschaikowski) 685
Pan Wojewode (Rimski-Korsakow)
  460
Papagei, Der (Rubinstein) 510

731

Persephone (Strawinski) 622
Peter der Erste (Petrow) 329
Pique Dame (Tschaikowski) 693
Pskowitjanka (Rimski-Korsakow) 398

Rache, Die (Rubinstein) 485
Rake's Progress, The
 (Strawinski) 629
Raub des Mondes, Der
 (Taktakischwili) 645
Renard (Strawinski) 599
Rogneda (Serow) 570
Rostower Spiel (Tuptalo) 707
Rothschilds Geige (Flejschman) 173
Rotkäppchen (Cui) 148
Ruslan und Ljudmila (Glinka) 194
Russalka (Dargomyshski) 155

Sadko (Rimski-Korsakow) 427
Salammbô (Mussorgski) 266
Saporosher hinter der Donau, Der
 (Gulak-Artemowski) 202
Sarazene, Der (Cui) 141
Schneeflöckchen
 siehe Snegurotschka 411
Schnee-Held, Der (Cui) 144
Schwestern (Kabalewski) 213
Seeräuber, Der
 siehe Am Meer 138
Semjon Kotko (Prokofjew) 361
Servilia (Rimski-Korsakow) 451
Sibirische Jäger (Rubinstein) 484
Sieg über die Sonne
 (Matjuschin) 245
Snegurotschka (Rimski-Korsakow) 411

Sohn des Mandarins, Der (Cui) 131
Spieler, Der (Prokofjew) 342
Spieler, Die
 (Schostakowitsch) 546
steinerne Gast, Der
 (Dargomyshski) 158
Stepan Rasin (Kasjanow) 227
stille Don, Der (Dsershinski) 170
Sulamith (Rubinstein) 508

Tote Seelen (Schtschedrin) 556
Tschapajew (Cholminow) 115
Turm zu Babel, Der
 (Rubinstein) 492

Undine (Tschaikowski) 666
unerwünschte Schwiegersohn, Der
 (Chrennikow) 123
unsterbliche Kaschtschej, Der
 (Rimski-Korsakow) 455
Unter Räubern (Rubinstein) 509

Verlobung im Kloster, Die
 (Prokofjew) 366
verlorene Paradies, Das
 (Rubinstein) 487

Waldlied, Das (Kirejko) 230
Weiße Nächte (Buzko) 111
William Ratcliff (Cui) 133
Wojewode, Der (Tschaikowski) 663

Zarenbraut, Die
 (Rimski-Korsakow) 439
Zauberin, Die (Tschaikowski) 689
zwölfte Folge, Die
 (Cholminow) 117

Personenregister

Aav, Evald (1900—1939), estn. Komponist **24**, 26
Abai, Kunanbajew (1845—1904), kasach. Dichter **33—34**
Abdrajew, Mukasch (1920—1979), kirg. Komponist 36
Ablessimow, Alexander Onissowitsch (1742—1783), russ. Dichter 41, 177, 583, 584
Achumjan, T. — arm. Literat 587
Achundow, Mirsa Fath Ali (1812—1878), aserb. Literat, Philosoph, Staatsmann **17**, 236, 237
Achundowa, Schafiga Gulam-kysy (geb. 1924), aserb. Komponistin 16
Adorno, Theodor Wiesengrund (1903—1969), dt. Philosoph, Ästhetiker, Musikwissenschaftler, Komponist 591, 592, 609, 610
Afanassjew, Alexander Nikolajewitsch (1826—1871), russ. Folkloreforscher 424, 426, 431, 605
Aini, Sadriddin (1878—1954), tadshik. Schriftsteller 80
Aischylos (525—456 v. u. Z.), altgriech. Tragiker 648, 650, 651
Aitmatow, Tschingis (geb. 1928), kirg. Schriftsteller 38
Akbarow, Ikram (geb. 1921), usbek. Komponist 89
Aladow, Nikolai Iljitsch (1890—1973), belor. Komponist 20
Alembert, Jean le Rond d' (1717—1783), frz. Enzyklopädist 54
Alexander II. (1818—1881, getötet durch Attentat), russ. Zar seit 1855, hob 1861 die Leibeigenschaft auf 48, 293, 507
Alexandrow, Anatoli Nikolajewitsch (1888—1982), russ.-sowj. Komponist 250
Alexandrow, Nikolai Grigorjewitsch (1903—1983), russ.-sowj. Filmregisseur 545
Alexejew, Eduard — russ.-jak. Komponist 32
Alexejew, Wladimir Sergejewitsch (1861—1939), russ.-sowj. Regisseur, Bruder Stanislawskis 443
Aljabjew, Alexander Alexandrowitsch (1787—1851), russ. Komponist 53, 83
Alonso, Alberto — kuban. Choreograph 551
Alunāns, Ādolfs (1848—1912), lett. Dramatiker, Begründer des lett. Theaters 41
Amirow, Fikret Meschadi Dschamil-ogly (1922—1983), aserb. Komponist 16
Andersen, Hans Christian (1805—1875), dän. Märchendichter 588, 593, 595, 596, 597
Andrejew, Leonid Nikolajewitsch (1871—1919), russ. Schriftsteller 48
Anossow, Nikolai — russ. Dirigent 179, 182
Ansermet, Ernest (1883—1969), schweiz. Dirigent und Komponist 596, 603, 616
Ansimow, Georgi Pawlowitsch (geb. 1922), sowj. Regisseur 450
Antonow, Sergej Petrowitsch (geb. 1915), russ.-sowj. Schriftsteller 551—553
Araja, Francesco (1700—1767), ital. Komponist 52
Arakischwili, Dmitri (1873—1953), grusin. Komponist **29**, 497
Arenski, Anton Stepanowitsch (1861—1906), russ. Komponist 381
Arkas, Nikolai (1852—1909), ukr. Komponist 85
Arutjanjan, Erik (geb. 1933), arm. Komponist 12

Arutjunjan, Alexander (geb. 1920), arm. Komponist **10**, 11, 579
Aschrafi, Muchtar (1912—1975), usbek. Komponist 89—91, **93—95**
Ashajew, Wassili Nikolajewitsch (geb. 1915), russ.-sowj. Schriftsteller 169
Asmaiparaschwili, Schalwa (1902—1957), grusin. Komponist **29**, 30
Aspāzija (Elza Rozenberga, 1868—1943), lett. Dichterin 39, 42
Assafjew, Boris Wladimirowitsch (Igor Glebow, 1884—1949), russ.-sowj. Komponist und Musikwissenschaftler 72, 74, 107, 129, 164, 169, 200, 283, 284, 301, 350, 353, 397, 415, 477, 496, 529, 540, 569, 577, 578, 606, 614, 676
Auber, Daniel François Esprit (1782—1871), frz. Komponist 71, 510
Auberjonois, René — Bühnenbildner 609
Auden, Wystan Hugh (1907—1973), engl. Dichter 615, 629, 631, 632, 634
Auesow, Muchtar (1897—1961), kasach.-sowj. Schriftsteller und Philologe 35
Awerkijew, Dmitri Wassiljewitsch (1836—1905), russ. Dramatiker 120, 123, 481, 513, 570, 572, 573
Awwakum, Petrowitsch (1620—1682, verbrannt), russ. Geistlicher (Protopope), Führer der Altgläubigen im Kampf gegen die Nikonschen Reformen, die 1654 zur Kirchenspaltung (raskol) führten 294

Babajew, Andrej (1923—1964), aserb. Komponist **11**, 12
Babatajew, Bulat (1802—1871), kasach. Dichter 33
Bach, Johann Sebastian (1685—1750), dt. Komponist 551, 622, 628
Bachturin, Konstantin — russ. Literat 194
Badalbejli, Afrasijab Badal-ogly (1907—1976), aserb. Komponist 16
Bakst, Lew Samoilowitsch (1866—1924), russ. Maler, Grafiker, Bühnenbildner 58
Balakirew, Mili Alexejewitsch (1836—1910), russ. Komponist **60—61**, 63—65, 96, 128, 134, 159, 187, 195, 200, 238, 268, 277, 392, 400, 401, 482, 495, 496, 565, 569, 570, 573, 589
Balanchine, George (1904—1983), am. Tänzer und Choreograph grusin. Herkunft 638
Balantschiwadse, Andrej (geb. 1905), grusin. Komponist 29
Balantschiwadse, Meliton (1862—1937), grusin. Komponist **28—29**, 30, 205
Balassanjan, Sergej (1902—1982), arm.-tadshik. Komponist **80—81**
Balsys, Eduardas (geb. 1919), lit. Komponist 328
Banschtschikow, Gennadi Iwanowitsch (geb. 1943), sowj. Komponist, zwei Opern: ›Ljubow und Silen‹ 1968. ›Der Streit zwischen Iwan Iwanowitsch und Iwan Nikiforowitsch‹ 1970
Barataschwili, Nikolos (1817—1845), grusin. Lyriker 317
Barbier, Jules (1822—1901), frz. Schriftsteller 502, 504, 658, 678, 680
Barbusse, Henri (1873—1935), frz. Schriftsteller 87
Barenboim, Lew Aronowitsch (geb. 1906), sowj. Musikwissenschaftler 489, 495, 496, 500, 504, 509
Barkauskas, Vytautas (geb. 1931), lit. Komponist 46
Bartók, Béla (1881—1945), ungar. Komponist 334

Bashow, Pawel Petrowitsch (1879—1950), russ.-sowj. Schriftsteller 250
Batjuschkow, Konstantin Nikolajewitsch (1787—1855), russ. Dichter 693
Beck, Karl (1817—1879), österr. Schriftsteller 481, 488, 489
Bedil, Mirsa Abdukadir (1644—1721), pers.-sprachiger Dichter 80
Bedny, Demjan (Jefim Alexejewitsch Pridworow, 1883—1945), russ.-sowj. Lyriker 65, 97
Beethoven, Ludwig van (1770—1827), dt. Komponist 65, 83, 522, 565
Belinski, Wissarion Grigorjewitsch (1811—1848), russ. rev. Demokrat 238
Beljajew (Belaieff), Mitrofan Petrowitsch (1836—1904), russ. Industrieller, Verleger, Mäzen, **57, 60**, 97, 195, 393, 400, 589, 652
Beljajew, Wiktor Michailowitsch (1888—1968), russ.-sowj. Musikwissenschaftler 276
Belsa, Igor Fjodorowitsch (geb. 1904), russ.-sowj. Komponist, Musikforscher
Belski, Wladimir Iwanowitsch (1866—1946), russ. Jurist, Naturwissenschaftler, Literat 395, 427, 430, 431, 433, 444, 447, 464, 467—469, 471, 475—478
Bely, Andrej (1880—1934), russ.-sowj. Dichter 66
Benda, Jiří Antonín (Georg, 1722—1795), tschech. Komponist 182
Benjamin, Walter (1892—1940), dt. Publizist 538
Benois, Alexander Nikolajewitsch (1870—1960), russ. Maler, Bühnenbildner, Kunsthistoriker, Kritiker, Regisseur 58, 421, 497, 595, 598
Béranger, Jean-Pierre de (1780—1857), frz. Lyriker 26
Berg, Alban (1885—1935), österr. Komponist 164, 357, 530, 532
Berschadski — sowj. Komponist 74, 229
Bessel, Wassili Wassiljewitsch (1843—1907), Gründer und Leiter des Petersburger Musikverlages 408, 669, 670
Bestushew (Marlinski), Alexander Alexandrowitsch (1797—1837), russ. Schriftsteller und Kritiker, Dekabrist 518, 520
Bilibin, Iwan Jakowlewitsch (1876—1942), russ.-sowj. Maler und Bühnenbildner 59, 480
Bimberg, Guido — DDR-Musikwissenschaftler 57, 584
Birjukow — sowj. Literat 714, 715
Bizet, Georges (1838—1875), frz. Komponist 59, 68, 70
Bjornson, Bjornstjerne (1832—1910), norweg. Literat 206
Blaramberg, Pawel Iwanowitsch (1841—1907), russ. Komponist 495
Blaumānis, Rūdolfs (1863—1958), lett. Dichter 39, 218
Blech, Leo (1871—1908), dt. Dirigent 480
Block, Alexander Alexandrowitsch (1880—1921), russ. Dichter 54, **66—68**, 72, 86, 111, 253, 477, 518
Boccaccio, Giovanni (1313—1375), ital. Dichter 108
Bogatyrjow, Anatoli Wassiljewitsch (geb. 1913), belor. Komponist 21
Bogdanowitsch, Maxim Adamawitsch (1891—1917), belor. Lyriker 21
Bogoslowski, Nikita Wladimirowitsch (geb. 1913), sowj. Komponist, UA der Oper ›Salz‹ nach Isaak Babels Roman ›Die Reiterarmee‹ 1981 am Kammer-Musik-Theater Moskau

Personenregister

Bokonbajew, Dshoomart (1910—1944), kirg. Lyriker und Dramatiker 36, 37, 242, 243

Bolotnikow, Iwan Issajewitsch (1608 ermordet), Führer des ersten großen russ. Bauernaufstandes 1606/1607, 48, 50, 74

Borodin, Alexander Porfirjewitsch (1833—1887), russ. Komponist 49, 51, 59, 60, 65, **96—106**, 128, 138, 238, 363, 420, 482, 567, 574, 660, 718, 721—723

Borodina, Jekaterina Sergejewna — Frau des Komponisten 96, 97

Borowski, David — sowj. Bühnenbildner 269

Bortnjanski, Dmitri Stepanowitsch (1751—1825), russ. Komponist **53**, 55, 76, 78, **107—112**, 323, 712

Brecht, Bertolt (1898—1956), dt. Schriftsteller 26, 357, 592

Brigadere, Anna (1861—1933), lett. Dichterin 39, 40

Brik, Lilja Jurjewna (1892—1979), russ. Publizistin, Übersetzerin 553

Brjussow, Waleri Jakowlewitsch (1873—1924), russ. Dichter 10, 11, 333, 353, 356, 357, 359, 656

Brockhaus, Heinz Alfred (geb. 1930), DDR-Musikwissenschaftler 533

Brussilowski, Jewgeni Grigorjewitsch (1905—1981), russ. Komponist **34**, 705

Bukija, Alexander (geb. 1906), grusin. Komponist 29

Bulgakow, Michail Afanassjewitsch (1891—1940), russ.-sowj. Dichter 74, 358

Bülow, Hans von (1830—1894), dt. Dirigent und Pianist 504

Bulthaupt, Heinrich — Literat 515, 517

Burenin, Wiktor (1841, Sterbedatum unbekannt), russ. Kritiker und Dichter 682, 683

Busch, Fritz (1890—1951), dt. Dirigent 285

Buzko, Juri Markowitsch (geb. 1938), sowj. Komponist **111—112**

Calvocoressi, Michel Dimitri (1877—1944), frz. Musikschriftsteller und Kritiker 298, 540

Campanini — Impresario ital. Herkunft 349, 350

Canobbio, Carlo (um 1741—1822), ital. Komponist 321

Cavos, Catterino (1776—1840), ital. Komponist 56, 97, 156

Cecchetti, Enrico (1850—1928), ital. Tänzer und Choreograph 421

Chaikin, Boris Emanuilowitsch (1904—1978), russ.-sowj. Dirigent 161, 201, 286

Chamidi, Latyf Abdulchajewitsch (geb. 1906), kasach. Komponist 34, 705

Chatschaturjan, Aram (1903—1978), arm. Komponist 716

Chentowa, Sofja Michailowna (geb. 1922), sowj. Musikwissenschaftlerin 542, 545

Cheraskow, Michail Matwejewitsch (1733—1807), russ. Dichter 53

Chlebnikow, Welemir (1885—1922), russ.-sowj. Dichter, Mathematiker, Biologe 74, 247—249

Chmelnizki, Bogdan (um 1595—1657), ukr. Kosakenhetman, Führer der nationalen Befreiungskämpfe 1648—1654 82

Personenregister

Cholminow, Alexander Nikolajewitsch (geb. 1925), sowj. Komponist 75, 77, 78, **113–119**
Chopin, Fryderyk (1810–1849), poln. Komponist 462
Chrennikow, Tichon Nikolajewitsch (geb. 1913), sowj. Komponist 69, 74, 75, **120–126**, 365, 533, 579, 722
Chubow, Georgi Nikititsch (geb. 1902), sowj. Musikwissenschaftler 64, 292, 565, 566, 573, 576
Chudjakow, Iwan Alexandrowitsch (1842–1876), russ. Historiker und Folklorist 277
Cimarosa, Domenico (1749–1801), ital. Komponist 52
Coates, Albert (1882–1953), engl. Dirigent und Komponist, von 1910 bis 1919 Dirigent am Mariinski Theater seiner Geburtsstadt Petersburg 344, 618
Cocteau, Jean (1891–1963), frz. Schriftsteller 590, 617–621
Cornelius, Peter (1824–1874), dt. Komponist 484
Craft, Robert (geb. 1923), am. Dirigent und Musikwissenschaftler 337, 588, 591, 596, 602, 625, 628, 631, 632, 636–639
Crommelynck, Fernand (1888–1970), belg. Dramatiker frz. Sprache 72
Cui, Cesar Antonowitsch (1835–1918), russ. Komponist 52, 60, **61**, 64, 65, 96, 97, **127–151**, 152, 157, 159, 161, 271, 273, 302, 310, 312, 420, 482, 566, 722

Dahlhaus, Carl (geb. 1928), dt. Musikwissenschaftler 62, 264, 265, 284, 592, 615, 632, 639
Dambis, Pauls (geb. 1936), lett. Komponist 42
Damiani, Luciano (geb. 1923), ital. Bühnenausstatter, Filmregisseur 358
Daniélou, Jean – Literat und Übersetzer 617, 619
Danilewitsch, Lew Wassiljewitsch (geb. 1912), sowj. Musikwiss. 393, 396, 477
Dankewitsch, Konstantin Fjodorowitsch (1905–1984), ukr. Komponist 87
Dante Alighieri (1265–1321), ital. Dichter 381, 384
Dargomyshski, Alexander Sergejewitsch (1813–1869), russ. Komponist 53, 58, 62, 64, 71, 78, 128, 132, **152–161**, 264, 271, 273, 310, 322, 346, 387, 395, 436, 437, 532, 615, 621
David, Félicien César (1810–1876), frz. Komponist 491
Dawydow, Denis Wassiljewitsch (1784–1839), russ. Lyriker 370
Dawydow, Karl Juljewitsch (1838–1889), russ. Cellist, Komponist, Dirigent, Direktor des Petersburger Konservatoriums von 1876 bis 1886 683
Dawydow, Stepan Iwanowitsch (1777–1825), russ. Komponist 156
Debussy, Claude Achille (1862–1918), frz. Komponist 393, 468, 596
Dehn, Siegfried Wilhelm (1799–1858), dt. Musiktheoretiker und Pädagoge 188
Demtschinski, B. N. – russ. Schriftsteller 344
Denissow, Edison Wassiljewitsch (geb. 1929), sowj. Komponist 80, 334
Dershanowski, Wladimir W. (1881–1942), russ.-sowj. Musiker 341, 363
Dershawin, Gawrila Romanowitsch (1743–1816), russ. Dichter 179, 693
Deschewow, Wladimir Michailowitsch (1889–1955), russ.-sowj. Komponist **72–73, 162–165**

Personenregister

Desjatnikow, Leonid Arkadjewitsch (geb. 1955), sowj. Komponist, UA seiner Oper ›Arme Lisa‹ nach Karamsin 1980 am Kammer-Musik-Theater Moskau
Diderot, Denis (1713—1784), frz. Enzyklopädist 54
Dilezki, Nikolai (1630—um 1680), ukr. Gelehrter 82
Djagilew (Diaghilew), Sergej Pawlowitsch (1872—1929), Kunstunternehmer, Redakteur, Gründer (1909) und Leiter der Ballets russes 66, 285, 289, 300, 336, 344, 345, 393, 404, 480, 570, 595, 598, 612, 613, 618, 619
Dmitrijew, Wladimir Wladimirowitsch (1900—1948), sowj. Bühnenbildner 352, 529
Dobrochotow, Boris Wassiljewitsch (geb. 1907), sowj. Musikwiss. 714, 715
Dobroljubow, Nikolai Alexandrowitsch (1836—1861), russ. Publizist 294
Dolidse, Viktor (1890—1933), grusin. Komponist 29, 30, **166—168**
Dostojewski, Fjodor Michailowitsch (1821—1881), russ. Schriftsteller 62, 77, 78, 111, 112, 333, 342, 344, 345, 530, 563, 564, 572
Downes, Edward (geb. 1911), am. Dirigent und Musikwissenschaftler 338, 340
Dranischnikow, Wladimir Alexandrowitsch (1893—1939), russ.-sowj. Dirigent 164, 285, 350, 352
Druskin, Michail Semjonowitsch (geb. 1905), sowj. Musikwissenschaftler 588, 625
Dsershinski, Iwan Iwanowitsch (1909—1978), sowj. Komponist 20, 41, 69, **75, 169—172**, 533, 540, 722
Dshalilow, Tuchtasyn — usbek. Folkloreforscher und -sammler 90
Dshangirow, Dshangir Schirgent-ogly (geb. 1921), aserb. Komponist 16
Dshawachischwili (Adamaschwili), Michail (1880—1937), grusin. Erzähler 640, 643, 646
Dshumalijew, Chamid — kasach. Literat 705
Dumas (Vater), Alexandre (1802—1870), frz. Schriftsteller 127, 141
Dunajewski, Isaak Ossipowitsch (1900—1955), sowj. Komponist 253
Dunin-Marzinkewitsch, Wikenti (1807—1884), belor. Schriftsteller 19, 20
Dvarionas, Balys (1904—1972), lit. Komponist 43, **45**

Eberlein, Dorothee — Musikwissenschaftlerin 393
Effel, Jean (1908—1982), frz. Zeichner und Karikaturist 329
Ehrenburg, Ilja Grigorjewitsch (1891—1967), sowj. Schriftsteller 72
Eisenstein, Sergej Michailowitsch (1898—1948), sowj. Filmregisseur 67, 545
Eisler, Hanns (1898—1962), dt. Komponist 621
Engel, Juli Dmitrijewitsch (1868—1927), russ.-sowj. Musikschriftsteller 63, 129
Engels, Friedrich (1820—1895), dt. Historiker und Philosoph 327, 704

Fadejew, Alexander Alexandrowitsch (1901—1956), sowj. Schriftsteller 378
Fähnrich, Heinz — DDR-Literaturwissenschaftler 642
Fatujew, Roman — dagest. Literat 703
Fedin, Konstantin Alexandrowitsch (1892—1977), russ.-sowj. Schriftsteller 232
Femelidi, Wladimir Alexandrowitsch (1905—1931), ukr. Komponist 86

Fere, Wladimir Georgijewitsch (1902—1971), sowj. Komponist **36**, 37 **241—243**, 703, 705
Feuerbach, Ludwig (1804—1872), dt. Philosoph 457
Fewralski, Alexander Wiljamowitsch (1901—1984), Chefdramaturg und wiss. Sekretär am Meyerhold-Theater, Theaterrezensent der *Prawda* 338
Figner, Nikolai Nikolajewitsch (1857—1918), russ. Sänger (Tenor) 699, 721
Filippo, Edoardo de (1900—1984), ital. Komödienautor, Regisseur 533
Finagin, Alexej Wassiljewitsch (1890—1942), russ.-sowj. Musikhistoriker 477
Findeisen, Nikolai Fjodorowitsch (1868—1928), russ.-sowj. Musikhistoriker 149, 427, 430
Firdusi, (Firdaisi, Ferdusi), Abu'l-Ouasim Mansur (um 934—1020 oder 1025/26), pers.-tadshik. Epiker 184
Fisuli (Fusuli), Mohammed Suleiman-ogly (1498—1556), aserb. Dichter 14, 90, 184, 185
Fitingof-Schel, Boris Alexandrowitsch (1829—1901), russ. Komponist 495
Flaubert, Gustave (1821—1880), frz. Romancier 259, 266—268
Flejschman, Wenjamin Josifowitsch (1913—1941, gefallen), sowj. Komponist **173—175**
Flijer, Jakow Wladimirowitsch (geb. 1912), sowj. Pianist 551
Fokin, Michail Michailowitsch (1880—1942), russ. Tänzer und Choreograph 480
Fomin, Jewstignej Ipatowitsch (1761—1800), russ. Komponist 50, **53**, 54, **176—182**, 323, 584, 712
Fortunatow, Juri Alexandrowitsch (geb. 1911), sowj. Musikwissenschaftler, Komponist, Pädagoge 100, 105, 106
Fouqué, Friedrich de la Motte (1777—1843), dt. Schriftsteller 333, 658, 666
Franck, Joseph (1774—1842), österr. Arzt 43
Friedrich, Paul — Musikwissenschaftler 447, 450, 681
Frohmader, Jerold — am. Komponist 249
Furmanow, Dmitri Andrejewitsch (1891—1926), russ.-sowj. Schriftsteller 75, 113, 115

Gabriadse, Rewas — grusin. Schriftsteller 640
Gadshibekow, Useïr Abdul Hussein-ogly (1885—1948), aserb. Komponist **13**, 14, 90, **183—185**
Galuppi, Baldassare (1706—1785), ital. Komponist 107
Gamsachurdia, Konstantin (1891—1975), grusin. Schriftsteller 640, 645
Ganelin, Wjatscheslaw Scheweljewitsch (geb. 1944), lit. Komponist, UA seiner Oper ›Die rothaarige Lügnerin und der Soldat‹ 1977 am Kammer-Musik-Theater Moskau
Gassanow, Gottfried (1900—1965), dagest. Komponist **23**, 703
Gauk, Alexander Wassiljewitsch (1893—1963), russ.-sowj. Komponist und Dirigent 270, 273
Gautier, Théophile (1811—1872), frz. Schriftsteller 481, 509
Gedeonow, Alexander Michailowitsch (1790—1867), Direktor der Kaiserlichen

Personenregister

Petersburger (seit 1834) und der Moskauer Theater (von 1842 bis 1858)
Gedeonow, Michail 194, 198
Gedeonow, Stepan Alexandrowitsch (1815—1878), von 1867 bis 1875 Direktor der Kaiserlichen Theater Petersburg, Librettist der ›Mlada‹ 137, 138, 418, 420
Gedimin (um 1275—1341), Großfürst von Litauen seit 1316, führte seit 1325 die Abwehrkämpfe gegen die deutschen Kreuzritter 43, 46
Gide, André (1869—1951), frz. Schriftsteller 622, 624—627, 632
Gladkowski, Arseni Pawlowitsch (1894—1945), sowj. Komponist 532
Glasunow, Alexander Konstantinowitsch (1865—1936), russ.-sowj. Komponist 19, 60, 97—100, 103, 106, 200, 225, 442, 459, 670
Glier, Reinhold Morizewitsch (1874—1956), russ.-sowj. Komponist 14, 15, 89, 90, 185, 205, 232, 579
Glinka, Michail Iwanowitsch (1804—1857), russ. Komponist 23, 24, 31, 51, 53, **55**, 56, 60, 62, 64—66, 97, 105, 151, 152, **186—201**, 202, 212, 226, 297, 322, 396, 397, 400, 402, 408, 417, 427, 434, 442, 443, 463, 483, 565, 566, 613, 615, 659, 661, 675, 709, 711, 714, 718, 722, 723
Gluck, Christoph Willibald (1714—1787), dt. Komponist 60, 71
Gnessin, Michail Fabianowitsch (1883—1957), russ.-sowj. Komponist 120, 459, 477
Gnessina, Jelena Fabianowna (1874—1967), russ.-sowj. Pädagogin, Pianistin, Gründerin und Leiterin des Gnessin-Instituts 232
Goethe, Johann Wolfgang (1749—1832), dt. Dichter 40
Gogol, Nikolai Wassiljewitsch (1809—1852), russ. Dichter 52, 64, 65, 72, 73, 76—78, 83, 85, 111, 113, 115, 187, 231, 238, 259, 260, 264, 269, 271—273, 302, 304—308, 388, 391, 407—409, 422, 424—427, 475, 495, 522, 525, 528—531, 546, 548, 549, 551, 556, 559—561, 566, 567, 658, 674, 685, 687, 688, 723
Golenischtschew-Kutusow, Arseni Arkadjewitsch (1848—1913), russ. Lyriker, Freund Mussorgskis 259, 281, 283, 302, 306—308
Golowanow, Nikolai Semjonowitsch (1891—1953), russ.-sowj. Dirigent, Pianist, Komponist 382, 383
Gontscharowa, Natalia Sergejewna (1881—1962), russ. Malerin und Bühnenbildnerin 389, 480
Gorbatow, Boris Leontjewitsch (1908—1954), sowj. Schriftsteller 208, 211
Gordon, Mary — am. Sängerin, Leiterin der Oper in Chicago 356
Gorki, Maxim (Peschkow, Alexej Maximowitsch 1868—1936), russ.-sowj. Schriftsteller 69, 120, 227
Gorodezki, Sergej Mitrofanowitsch (1884—1967), russ.-sowj. Dichter 74, 189, 192, 193, 470, 692
Gosenpud, Abram Akimowitsch (geb. 1908), sowj. Musikwissenschaftler 28, 65, 171, 433, 477
Gounod, Charles (1818—1893), frz. Komponist 492, 504
Gozzi, Carlo (1720—1806), ital. Dramatiker 72, 333, 335, 347, 350
Gräwe, Karl-Dietrich (geb. 1937), dt. Musikpublizist 299

Grāvītis, Olgerts (geb. 1926), lett. Komponist 42
Gribojedow, Alexander Sergejewitsch (1795—1829), russ. Dramatiker und Diplomat 27, 28
Grigorjan, Grant (1919—1962), jak. Komponist 32
Grigorjew, L. (Pseudonym für L. G. Ginsburg), sowj. Musikwissenschaftler 560
Grimm, Wilhelm (1786—1859), dt. Sprachwissenschaftler 104
Gubarenko, Witali Sergejewitsch (geb. 1934), ukr. Komponist 87
Gulak-Artemowski, Semjon Stepanowitsch (1813—1873), ukr. Komponist 84, **202—204**
Gunija, Walerjan — grusin. Schauspieler und Schriftsteller 317, 318
Guro, Jelena (1877—1913), russ. Dichterin und Malerin 244

Händel, Georg Friedrich (1685—1759), dt. Komponist 622
Halévy, Ludovic (1834—1908), frz. Schriftsteller 154
Hamsa, Hakim-sade (Nijasi, 1889—1929), usbek. Schriftsteller 88
Hanslick, Eduard (1825—1904), österr. Musikschriftsteller, Kritiker und Ästhetiker 491, 492, 500
Hasse, Johann Adolf (1699—1783), dt. Komponist 43
Heine, Heinrich (1797—1856), dt. Schriftsteller 127, 133, 134, 545
Herder, Johann Gottfried (1744—1803), dt. Dichter, Philosoph 39
Herlischka, Bohumil — dt. Regisseur 346, 541
Hertz, Henrik — dän. Schriftsteller 658, 700, 701
Herz, Joachim (geb. 1924), DDR-Regisseur 100, 106, 286, 375, 722
Herzen, Alexander Iwanowitsch (1812—1870), russ. Schriftsteller, Revolutionär 238, 293—295, 521
Hiller, Johann Adam (1728—1804), dt. Komponist 39
Hindemith, Paul (1895—1963), dt. Komponist 609
Hogarth, William (1697—1764), engl. Kupferstecher und Maler 631, 632, 634
Homer (9./8. Jh. v. u. Z.), altgriech. Dichter 468, 624—628
Hugo, Victor (1802—1885), frz. Schriftsteller 127, 136, 152—154
Huizinga, Johan (1872—1945), niederl. Historiker 636
Huxley, Aldous Leonard (1894—1963), engl. Schriftsteller 631

Iljenko, Juri — sowj. Filmregisseur 231
Ippolitow-Iwanow, Michail Michailowitsch (1850—1935), russ. Komponist 28, 93, 135, 142, **205—207**, 270, 271, 273, 276, 443, 684
Issahakjan (Isahakjan), Awetik (1875—1957), arm. Dichter 12
Iwan III. Wassiljewitsch (1440—1505), Großfürst von Moskau ab 1462 47, 50
Iwan IV. Wassiljewitsch (Beiname Grosny — der Schreckliche, 1530—1584), Großfürst von Moskau und ganz Rußland ab 1533, Zar ab 1547 47, 74, 282, 391, 401—406, 441, 442, 506
Iwanow, Lew (1834—1901), russ. Tänzer und Choreograph 421
Iwanow, Wsewolod Wjatscheslawowitsch (1895—1963), sowj. Schriftsteller 208

741

Jadlowker, Hermann (1877—1953), dt. Sänger (Tenor) 41
Jakowlew, Wassili Wassiljewitsch (1880—1957), russ.-sowj. Musikwissenschaftler 285
Jankowski (Chisin), Moissej Ossipowitsch (1898—1972), sowj. Musikwissenschaftler 477
Janowski, Boris Karlowitsch (1875—1933), ukr. Komponist 86
Jarecki (Jarocki), Henryk (1846—1918), poln. Komponist 44
Jarustowski, Boris Michailowitsch (1911—1978), sowj. Musikwissenschaftler 606
Jaschen, Kamil — usbek. Schriftsteller 90, 93, 94
Jastrebzew, Wassili Wassiljewitsch (1866—1934), russ.-sowj. Musikhistoriker 427, 430, 432, 469, 470
Jefremow, Oleg — russ.-sowj. Filmregisseur 74
Jerschow, Iwan Wassiljewitsch (1867—1943), russ.-sowj. Sänger (Tenor) 67, 651
Jessenin, Sergej Alexandrowitsch (1895—1925), russ. Lyriker 12, 26, 113, 222
Jewsejew, Sergej Wassiljewitsch (1894—1956), sowj. Komponist und Musikschriftsteller 410
Jochum, Eugen (geb. 1902), dt. Dirigent 286
Jonin, Georgi — sowj. Literat 525, 530
Jooss, Kurt (1901—1979), dt. Tänzer, Choreograph und Pädagoge 625
Judakow, Sulaiman (geb. 1916), usbek. Komponist 88
Juferow, Sergej Wladimirowitsch (1865 — Sterbedatum unbekannt), russ. Komponist 701
Jurgenson, Pjotr Iwanowitsch (1836—1904), gründete 1861 den Moskauer Musikverlag 195, 475, 687
Juška (Juszkiewiecz), Antanas — lit. Folkloreforscher 44

Kabalewski, Dmitri Borissowitsch (1904—1987), sowj. Komponist 75, **208—214**, 393, 477, 722
Kallman, Chester — engl. Literat 629, 631
Kalaschnikow, Pjotr — russ. Literat 574
Kalniņš, Alfrēds (1879—1951), lett. Komponist 40, **215—217**
Kalniņš, Imants (geb. 1941), lett. Komponist 40, 86, **218—221**, 725
Kalniņš, Jānis (geb. 1904), lett. Komponist 40
Kaminski, Mark Wenjaminowitsch (geb. 1930), ukr. Komponist 87
Kanajew, Schortab (1818—1881), kasach. Dichter 33
Kangro, Raimo (geb. 1947), estn. Komponist 26, **222—224**
Kapp, Artur (1878—1952), estn. Komponist und Dirigent 64
Kapp, Eugen (geb. 1908), estn. Komponist 25
Kapp, Julius (1883—1962), dt. Musikschriftsteller, gründete 1921 die Blätter der Staatsoper Berlin, war dort von 1920 bis 1945 Dramaturg 692
Kapp, Villem (1913—1964), estn. Komponist 25
Karajew, Kara Abulfas-ogly (geb. 1918), aserb. Komponist 13
Karamsin, Nikolai Michailowitsch (1766—1826), russ. Historiker und Literat 276, 277, 281, 292, 403, 441, 442

Karatygin, Wjatscheslaw Gawrilowitsch (1875—1926), russ.-sowj. Musikkritiker 275, 302

Karmalina, Ljubow Iwanowna (1836—1903), russ. Sängerin, Vertraute der Komponisten des Mächtigen Häufleins 96, 97, 103, 152, 304

Karnavičius, Jurgis (1884—1941), lit. Komponist 46, **225—226**, 328

Kasanski, Sergej Pawlowitsch (1857—1901), russ. Kritiker 500

Kasbegi, Alexander (1848—1893), grusin. Schriftsteller 29, 642

Kaschkin, Nikolai Dmitrijewitsch (1839—1920), russ. Musikkritiker 63, 664, 665, 677

Kasjanow, Alexander Alexandrowitsch (1891—1982), russ.-sowj. Komponist 74, **227—229**

Kassatkina, Natalja Dmitrijewna (geb. 1934), sowj. Tänzerin und Choreographin 329

Katajew, Valentin Petrowitsch (geb. 1897), russ.-sowj. Schriftsteller 333, 361, 363

Katanjan, Wassili (1902—1980), sowj. Literat, Folkloreforscher 552, 553

Katenin, Pawel Alexandrowitsch (1792—1853), russ. Dichter, Dramatiker, Kritiker 322

Katharina II. (1729—1796), dt. Prinzessin, russ. Zarin ab 1762 51, 52, **54**, 56, 57, 104, 107, 147, 176, 187, 321, 323, 425, 696, 698

Kauer, Ferdinand (1751—1831), dt. Komponist 156

Keldysch, Juri Wsewolodowitsch (geb. 1907), sowj. Musikwissenschaftler 49, 50, 178, 477, 496, 584

Kellermann, Bernhard (1879—1951), dt. Schriftsteller 72

Kerman, Joseph (geb. 1924), am. Musikwissenschaftler 633

Kerstens, Huub — holl. Komponist 249

Keßler, Peter — DDR-Literaturwissenschaftler 668, 711

Kiisbajewa, Saira (geb. 1917), kirg. Sängerin 37

Kiladse, Grigori (1902—1962), grusin. Komponist **29**, 167

Kipling, Joseph Rudyard (1865—1936), engl. Schriftsteller 703

Kirejko, Witali Dmitrijewitsch (geb. 1926), ukr. Komponist 86, **230—231**

Kirschon, Wladimir Michailowitsch (1902—1938), sowj. Dramatiker 232, 233

Klebanow, Dmitri Lwowitsch (geb. 1907), ukr. Komponist 87

Kleiber, Erich (1890—1956), österr. Dirigent 610

Kleist, Heinrich (1777—1811), dt. Dichter 653

Klemperer, Otto (1885—1973), dt. Dirigent und Komponist 610, 621, 622

Klova, Vytautas (geb. 1926), lit. Komponist **45**, 46

Kluschin, Alexander (1780—1804), russ. Schriftsteller 179, 180

Knaifel, Alexander Aronowitsch (geb. 1943), sowj. Komponist, eine Oper: ›Das Gespenst von Canterville‹

Knipper, Karl — dt. Apotheker, Theaterunternehmer in Petersburg 53, 182, 321, 584

Knipper, Lew Konstantinowitsch (1898—1974), russ.-sowj. Komponist 69, **75**, 182, **232—235**, 323

Knjashnin, Jakow Borissowitsch (1740—1791), russ. Dichter 53, 54, 181, 182, 321—324
Kobekin, Wladimir Alexandrowitsch (geb. 1947), sowj. Komponist, UA seiner Opern ›Schwanengesang‹ nach Tschechow und ›Tagebuch eines Wahnsinnigen‹ nach Gogol 1980 am Kammer-Musik-Theater Moskau
Kochno, Boris — russ. Literat, Sekretär Djagilews 611, 615
Komissarshewski, Fjodor Fjodorowitsch (1882—1954), russ. Regisseur, Sohn von F. P. Kommissarshewski **58—60**, 67, 652
Komissarshewski, Fjodor Petrowitsch (1838—1905), russ. Sänger (Tenor) 59
Komissarshewskaja, Vera Fjodorowna (1864—1910), russ. Schauspielerin und Theaterleiterin, Tochter von F. P. Komissarshewski 59
Komrokow, Hermann Nikandrowitsch (geb. 1937), sowj. Komponist 32
Kondraschin, Kyrill Petrowitsch (1914—1981), sowj. Dirigent 417
Korowin, Konstantin Alexejewitsch (1861—1939), russ. Bühnenbildner und Maler 58, 389, 417, 434, 480
Kortes, Sergej (geb. 1935), belor. Komponist 21
Kos-Anatolski, Anatoli Jossifowitsch (geb. 1909), ukr. Komponist 87
Kosinzew, Grigori Michailowitsch (1905—1973), sowj. Filmregisseur 73, 528, 529
Koslowski, Alexej Fjodorowitsch (1905—1972), ukr./usbek. Komponist 89
Kostomarow, Nikola (auch Mikola) Iwanowitsch (1817—1885), russ. Historiker und Dichter 403
Kotljarewski, Iwan Petrowitsch (1769—1838), ukr. Dichter 84, 85, 238
Kotscherga, Iwan Antonowitsch (1881—1952), ukr. Dichter 86, 230
Kotschetow, Wsewolod Anissimowitsch (geb. 1912), sowj. Schriftsteller 170
Kotschurow — sowj. Musikwissenschaftler 665
Kowal, Marian Viktorowitsch (1907—1971), sowj. Komponist 74
Kowaljow, Pawel Iwanowitsch (1889—1951), sowj. Musikwissenschaftler 651
Krauss, Clemens Heinrich (1893—1954), österr. Dirigent 41
Křenek, Ernst (geb. 1900), österr. Komponist 532
Kroos, Jaan (geb. 1920), estn. Schriftsteller 26
Kröplin, Eckart (geb. 1943), DDR-Theaterwissenschaftler 235, 541
Kruglikow, Semjon Nikolajewitsch (1851—1910), russ. Musikkritiker 59, 63
Krūmiņš, Arturs — estn. Literat 215, 437
Krutschonych, Alexej Jelissejewitsch (1886—1968), russ.-sowj. Dichter **74**, 244, 247, 248
Krylow, Iwan Andrejewitsch (1769—1844), russ. Dichter 53, 54, 156, 179, 180, 322
Krylow, Viktor — Freund der Komponisten des Mächtigen Häufleins 97, 130, 131, 135, 418, 420
Küchelbecker, Wilhelm Karlowitsch (1797—1846), russ. Dichter, Dekabrist 187
Kukolnik, Nestor Wassiljewitsch (1809—1868), russ. Literat 192, 194, 198
Kuleschow (Kuljaschow), Arkadi Aljaxandrawitsch (geb. 1914), belor. Dichter 22
Kulijew, Mamed Mechti-ogly (geb. 1936), aserb. Komponist 17, **236—237**

Personenregister

Kulikow, Nikolai — russ. Literat 505, 506
Kusnezow, Nikolai — sowj. Regisseur 77, 718

Lagidse, Rewas (geb. 1921), grusin. Komponist 29
Lamm, Pawel Alexandrowitsch (1882—1951), russ.-sowj. Musikwissenschaftler, Pianist, Pädagoge 97, 98, 106, 263, 266, 268, 276, 283, 285, 286, 289, 297, 302—304, 308, 309, 363, 665
Langhoff, Wolfgang (1901—1966), dt. Schauspieler, Regisseur 610
Larionow, Michail (1881—1964), russ.-frz. Maler, Bühnenbildner 603
Laroche, German (Hermann) Awgustowitsch (1845—1904), russ. Musikkritiker 64
Lashetschnikow, Iwan Iwanowitsch (1792—1869), russ. Schriftsteller 658, 666, 668
Laurušas, Vytautas (geb. 1930), lit. Komponist 45
Lawrenjow, Boris Andrejewitsch (1891—1959), sowj. Schriftsteller 12, 162, 250, 653, 654
Lawrow, Ilja — sowj. Schriftsteller 208, 213
Leberecht, Hans (1910—1960), estn. Schriftsteller 26
Legal, Ernst (1881—1955), dt. Schauspieler, Regisseur 610
Lemba, Artur (1885—1963), estn. Komponist und Pianist 64
Lemeschew (Lemeschow), Sergej Jakowlewitsch (1902—1977), sowj. Sänger (Tenor) 417
Lenin (Uljanow), Wladimir Iljitsch (1870—1927), russ. Revolutionär, Philosoph und sowj. Staatsmann 33, 48, 74, 122, 521
Lenski, Alexander Stepanowitsch (1910—1978), russ.-tadshik. Komponist 81
Leonowa, Darja Michailowna (1829—1896), russ. Sängerin (Alt), Glinka-Schülerin, Freundin Mussorgskis 297, 307
Lermontow, Michail Jurjewitsch (1814—1841), russ. Dichter 17, 403, 481, 485, 494—497, 505, 506, 674
Leskow, Nikolai Semjonowitsch (1831—1895), russ. Schriftsteller 31, 72, 522, 534, 538, 539, 541
Levano, Chaim — holl. Dadaist 249
Lewaschow, Jewgeni Michailowitsch (geb. 1944), sowj. Musikwissenschaftler 100, 105, 106
Lewitan, Isaak Iljitsch (1860—1900), russ. Maler 58, 389
Lichatschow, Dmitri — sowj. Literaturwissenschaftler 467
Lichtenfeld, Monika — Musikwissenschaftlerin 351
Liszt, Ferenc Franz (1811—1886), ungar. Komponist und Pianist 83, 489
Litinski, Heinrich Iljitsch (1901—1985), ukr. Komponist 31, 32, 241, **579—582**
Ljadow, Anatoli Konstantinowitsch (1855—1914), russ. Komponist 60, 162, 164, 200, 215, 225, 303, 459, 573
Ljatoschinski, Boris Nikolajewitsch (1894—1968), ukr. Komponist 86
Ljubimow, Juri Petrowitsch (geb. 1917), russ. Regisseur und Schauspieler 252, 269

Personenregister

Lloyd-Jones, David — engl. Dirigent und Musikwissenschaftler 106, 263, 276, 283
Loris-Melikow, M. (1825—1888), russ. Graf 506
Loski, Wladimir Apollonowitsch (1874—1946), russ.-sowj. Sänger, Opernregisseur 450
Ludwig, Otto (1813—1865), dt. Erzähler 481, 498, 500
Lukas, Dmitri Alexandrowitsch (geb. 1911), belor. Komponist 21
Lunatscharski, Anatoli Wassiljewitsch (1875—1933), erster Kommissar für Volksbildung der UdSSR, Publizist, Kritiker, Kunstwissenschaftler 60, 66—68, **69—70**, 469, 470
Luxemburg, Rosa (1871—1919, ermordet), revolutionäre Sozialistin 520
Lwow, Nikolai (1751—1803), russ. Dichter und Folklorist 50, 54, 69, 177, 178
Lyssenko, Nikolai Witaljewitsch (1842—1912), ukr. Komponist 84, **85—86**, 87, **238—240**

Maddox, Michael (1747—1822), engl. Kaufmann, Theaterunternehmer in Moskau 57, 583
Magistros, Gregor (Grigór) der Pahlavunier (990—1058), arm. Poet und Philosoph 9
Mahler, Gustav (1860—1911), österr. Komponist und Dirigent 497, 699, 702
Mahomajew, Abdul Muslim (1855—1937), aserb. Komponist **15**, 183
Maiboroda, Georgi Illarionowitsch (geb. 1913), ukr. Komponist 87
Maikow, Apollon Nikolajewitsch (1821—1897), russ. Dichter 494, 495, 567, 569, 572
Majakowski, Wladimir Wladimirowitsch (1893—1930), sowj. Dichter 12, 248, 553
Maldybajew, Abdylas (1906—1978), kirg. Komponist 36, 37, **241—243**
Malewitsch, Kasimir Sewerinowitsch (1878—1935), russ.-sowj. Maler, Grafiker, Publizist **74**, 244, 248, 528
Malikow, Kubanytschbek (geb. 1911), kirg. Schriftsteller 36, 37, 242, 243
Maljutin, Sergej Wassiljewitsch (1859—1937), russ.-sowj. Maler, Grafiker 434
Malko, Nikolai Andrejewitsch (1883—1961), russ. Dirigent und Komponist
Mallarmé, Stéphane (1842—1898), frz. Lyriker 337
Mamedow, Ibrahim Kurban-ogly (geb. 1928), aserb. Komponist 16
Mamedow, Murtasa Meschadi Rsa-ogly (Bül-bül, 1897—1961), aserb. Sänger (Tenor) 13
Mamedowa, Schewket Gasan-kysy (geb. 1897), aserb. Sängerin (Sopran) 15
Mamontow, Sawwa Iwanowitsch (1841—1918), russ. Industrieller, Theaterunternehmer, Gründer und Leiter der Moskauer Russischen Privatoper **57—58**, 60, 68, 71, 157, 161, 300, 389, 404, 405, 411, 417, 428, 434, 435, 439, 444, 480, 570, 574, 578, 715
Mandelstam, Ossip Emiljewitsch (1891—1939), sowj. Dichter 73
Marianaschwili, P. (1860—1940), grusin. Pädagoge und Literat 314, 315
Markevitch, Igor (1912—1984), Dirigent und Komponist russ. Herkunft 480

PERSONENREGISTER

Markowitsch (Markewitsch), Nikolai Andrejewitsch (1804—1860), ukr. Ethnograph, Historiker, Poet, Musiker 194, 198
Martín y Soler, Vicente (1754—1806), span. Komponist und Pädagoge 321
Martini, Giovanni Battista (1706—1784), ital. Komponist 176
Martynow, Iwan Iwanowitsch (geb. 1908), sowj. Musikwissenschaftler 533
Marx, Karl (1818—1883), dt. Historiker, Philosoph 104
Maslennikowa, Irina Iwanowna (geb. 1918), sowj. Sängerin (Koloratur-Sopran), Pädagogin, Übersetzerin, Frau von B. A. Pokrowski 450
Massin (Mjassin, Massine), Leonid (geb. 1896), Tänzer und Choreograph russ. Herkunft 596, 598
Matačić, Lovro von (1899—1985), jug. Dirigent 100, 106
Matinski, Michail Alexejewitsch (1750—1820), russ. Komponist 321, 712
Matisse, Henri (1869—1954), frz. Maler 596
Matjuschin, Michail Wassiljewitsch (1861—1934), russ.-sowj. Maler, Grafiker, Komponist 74, **244—249**
Matschawariani, Alexej (geb. 1913), grusin. Komponist 30
Maupassant, Guy de (1850—1893), frz. Schriftsteller 127, 142, 143
Meck, Nadeshda Filaretowna von (1831—1894), Mäzenin P. I. Tschaikowskis 492, 659, 684
Mediņš, Jānis (1890—1966), lett. Komponist 40
Mediņš, Jāzeps (1877—1947), lett. Komponist 41
Mejtus, Juli Sergejewitsch (geb. 1903), ukr. Komponist 15, **86—87**, 90, 185, 721
Mej, Lew Alexandrowitsch (1822—1862), russ. Lyriker und Dramatiker 388, 398, 400, 402, 403, 405, 439, 441, 442, 450, 453, 454
Melik-Akopjan, Akop (Raffi, 1835—1888), arm. Dichter 9, 655
Melik-Paschajew, Alexander Schamiljewitsch (1905—1964), sowj. Dirigent grusin. Abstammung 201
Melngailis, Emils (Emilis, 1874—1954), lett. Komponist 41, 276, 285
Mendelson-Prokofjewa, Mira A. — des Komponisten S. S. Prokofjew zweite Frau 366, 370, 374, 376, 378
Mérimée, Prosper (1803—1870), frz. Schriftsteller 127, 145
Merkling, Anna Petrowna (geb. Tschaikowskaja, 1830—1911), Cousine P. I. Tschaikowskis 669
Mermet, Auguste — frz. Literat 658, 678, 680
Mesróp Maschthózs (361—440), arm. Schriftsteller 9
Meyer, Krzysztof — poln. Komponist 547, 549
Meyerbeer, Giacomo (1791—1864), dt. Komponist und Dirigent 97, 154, 492, 569, 573
Meyerhold, Wsewolod Emiljewitsch (1874—1940), russ.-sowj. Regisseur 41, 66, 69, 70, **71—72**, 73, 161, 285, 335, 337, 338, 346, 347, 350, 352, 417, 524, 528, 532, 533, 598, 661, 699
Michailow, Michail Larionowitsch (1829—1865), russ. Schriftsteller, rev. Demokrat 486

Personenregister

Mickiewicz, Adam (1798—1855), poln. Nationaldichter 46, 205, 225, 462
Milhaud, Darius (1892—1974), frz. Komponist 72
Milton, John (1608—1647), engl. Dichter 481, 487, 632
Minshilkijew, Bulat (geb. 1940), kirg. Sänger 38
Mitussow, Stepan Stepanowitsch (1878—1942), russ.-sowj. Pianist und Pädagoge 593, 595, 597
Mjaskowski, Nikolai Jakowlewitsch (1881—1950), russ.-sowj. Komponist 208, 340, 341, 344, 705
Mjassin (Massine), Leonid Fjodorowitsch (1895—1979), russ. Tänzer und Choreograph 596, 598
Mlodezki — Narodowolze 506, 507
Mokroussow, Boris Alexandrowitsch (1909—1968), sowj. Komponist 75, 117
Molière, Jean-Baptiste Poquelin (1622—1673), frz. Komödiendichter 323
Moltschanow, Kyrill Wladimirowitsch (1922—1982), sowj. Komponist 75, **250—253**
Moniuszko, Stanisław (1819—1872), poln. Komponist 20, 85
Monteux, Pierre (1875—1964), frz. Dirigent 595
Moore, Thomas (1779—1852), ir. Dichter 481, 490, 491
Mordowzew, Daniïl Lukitsch (1830—1905), russ. Historiker und Erzähler 261, 283, 293
Mosenthal, Salomon Hermann (1821—1877), dt. Literat 488, 489, 498, 500, 511
Mozart, Wolfgang Amadeus (1756—1791), österr. Komponist 59, 176, 381, 435, 636, 637, 659, 675
Mschwelidse, Schalwa (geb. 1904), grusin. Komponist 29
Muchamedshanow, Sydych (geb. 1924), kasach. Komponist 35
Muchel, Georgi Alexandrowitsch (geb. 1909), russ./usbek. Komponist 90
Müller, Heiner (geb. 1929), DDR-Schriftsteller 675
Muradeli, Wano Iljitsch (1908—1970), sowj. Komponist 74, 122, 167, 168, **254—258**, 722
Murawjow, M. (1796—1866), russ. Offizier, Anhänger der Dekabristen, 1825 Übertritt zur Reaktion, ab 1851 im Staatsdienst 44
Muschfiqi, Abdarrahman (1539—1588), pers. Dichter 80
Mussorgski, Modest Petrowitsch (1839—1881), russ. Komponist 21, 41, 59, 60, **61—62**, 64—66, 68, 70, 83, 96, 97, 128, 129, 132, 134, 138, 152, 160, 164, 186, 206, 238, 258, **259—309**, 310, 346, 391, 395, 400, 413, 420, 421, 430, 482, 530, 532, 567, 569, 570, 573, 620, 680, 718, 721—723

Nagibin, Juri Markowitsch (geb. 1920), sowj. Erzähler 250
Naprawnik, Eduard Franzewitsch (1839—1916), russ. Komponist tschech. Abstammung, Dirigent am Mariinski Theater 65, 161, 276, **310—313**, 344, 421, 495, 669, 670, 684
Nawoï, Nisamaddin Alischer (1441—1501), usbek. Dichter 88, 90, 91
Nazim Hikmet (1902—1963), türk. Lyriker und Dramatiker 46

PERSONENREGISTER

Nemirowitsch-Dantschenko, Wladimir Iwanowitsch (1858—1943), russ.-sowj. Regisseur und Theaterleiter **68—69**, 125, 382, 383
Neshdanowa, Antonina Wassiljewna (1873—1850), russ.-sowj. Sängerin (Sopran) 417, 443, 450
Nestjew, Israel (geb. 1911), sowj. Musikwissenschaftler 336, 359, 360, 364, 365, 378
Netschajew, Sergej (1847—1882), russ. Anarchist, gründete 1869 den Geheimbund Volksgericht 281
Neumann, Angelo (1838—1882), österr. Sänger, 1882 Gründung und Leitung des Wagner-Tourneetheaters 66, 512, 513
Nietzsche, Friedrich (1844—1900), dt. Philosoph 60
Nikisch, Arthur (1855—1922), Dirigent ungar. Herkunft 67
Nikolai I. (1796—1855), russ. Zar ab 1825, Gendarm Europas 19, 48, 187, 400, 519, 520, 529, 605, 606
Nikolajew, Alexej Alexandrowitsch (geb. 1931), sowj. Komponist 80
Nikolajew, Leonid Wladimirowitsch (1878—1942), ukr. Komponist, Pianist, Pädagoge 164, 205
Nikolski, Wladimir Wassiljewitsch (1836—1883), russ. Historiker und Literaturwissenschaftler 276
Nikon (1605—1681), Patriarch, seine Reform bewirkte die Kirchenspaltung (raskol) 294
Nisami Gandshewi, Ilje Jussuf-ogly (um 1141—1209), aserb. Dichter und Philosoph 14, 16
Nischnianidse, Schota — grusin. Lyriker 645
Nishinska (Nijinska), Bronislawa Fominitschna (1891—1972), russ. Tänzerin und Choreographin 601, 603
Noelte, Rudolf (geb. 1921), dt. Regisseur 699
Normet, Leo (geb. 1922), estn. Komponist 26

Odojewski, Alexander Iwanowitsch (1802—1839), russ. Dichter 403
Odojewski, Wladimir Fjodorowitsch (1804—1969), russ. Schriftsteller, Musiktheoretiker 489, 711
Offenbach, Jacques (1819—1880), frz. Komponist 97
Oganesjan, Edgar (geb. 1930), estn. Komponist 9
Ojakäär, Valter (geb. 1923), estn. Komponist 26
Ojunski, Platon Slepzow (1893—1939), jak. Dichter **31**, 32, 579, 582
Olenin, Pjotr Sergejewitsch (1874—1922), russ.-sowj. Sänger und Regisseur **58—59**, 67
Ordshonikidse, Grigori (1886—1937), grusin. Revolutionär und Staatsmann 255
Oserow, Wladislaw (1770—1816), russ. Dichter 481, 483
Ostrowski, Alexander Nikolajewitsch (1823—1886), russ. Dramatiker 64, 169, 388, 391, 411, 413, 415, 565, 566, 574, 576, 577, 658, 663, 664, 666, 674
Ostrowski, Nikolai Alexejewitsch (1904—1936), sowj. Schriftsteller 378
Otčenášek, Jan (geb. 1924), tschech. Erzähler 250

749

Otto, Teo (1904—1968), dt. Bühnenbildner 639
Owesow, Dangatar (geb. 1910), turkm. Komponist 86, 90

Paisiello, Giovanni (1740—1816), ital. Komponist 43, 52
Paliaschwili, Sachari (1871—1933), grusin. Komponist 29, 30, **314—320**
  648
Paltanavičius, Vytautas (geb. 1824), lit. Komponist 45
Paltschun, Wladimir Wiktorowitsch (geb. 1947), sowj. Komponist, UA seiner
  Oper ›Nachts‹ nach Tendrjakow 1978 am Kammer-Musik-Theater Moskau
Panajew, Iwan Iwanowitsch (1812—1862), russ. Lyriker 154
Parnach, Valentin — russ. Musiker 72
Parnok, S. — Dichterin 585, 587
Paschkewitsch, Wassili Alexejewitsch (1742—1797), russ. Komponist **53**, 54, 55,
  76, 78, **321—325**, 712, 721
Paschtschenko, Andrej Filippowitsch (1885—1972), russ.-sowj. Komponist 74,
  75, 117
Pasynkow, Emil — sowj. Regisseur 555
Pekelis, Michail Samoilowitsch (1899—1979), sowj. Musikwissenschaftler 55,
  154, 275
Perrault, Charles (1628—1703), frz. Schriftsteller 127, 128, 148, 150, 151
Peskó, Zoltán (geb. 1937), ungar. Dirigent und Musikwissenschaftler 268
Peter I. (der Große, 1672—1725), russ. Zar ab 1689 47, 51, 74, 261—263, 288,
  289, 292, 294, 299, 300, 329—331, 589, 698, 707
Petrauskas, Mikas (1873—1937), lit. Komponist **46**, 225, **326—328**
Petrow, Andrej Pawlowitsch (geb. 1930), sowj. Komponist 261, **329—332**
Petrow, Ossip Afanassjewitsch (1807—1878), russ. Sänger (Baß), Schüler Glinkas, erster Sussanin 305
Petrowa-Swanzewa, Vera Nikolajewna (1875—1944), russ.-sowj. Sängerin
  (Mezzosopran) 58
Petrowski, Jewgeni Maximowitsch (1873—1918), russ. Musikkritiker 455, 457
Phillippe, Charles-Louis (1874—1909), frz. Schriftsteller 310
Pirumow, Alexander Iwanowitsch (geb. 1930), sowj. Komponist 80
Platek, Jakow Moissejewitsch (geb. 1930), sowj. Musikwissenschaftler 560
Platonow, Andrej (1899—1951), sowj. Schriftsteller 563
Plissezkaja, Maja Michailowna (geb. 1925), russ. Tänzerin, Choreographin und
  Pädagogin, Primaballerina am Bolschoi Theater Moskau 551
Podgorezki, Boris Wladimirowitsch (1873—1919), ukr. Komponist 85, 86
Pogodin, Michail Petrowitsch (1800—1875), russ. Historiker, Begründer des
  Moskauer Slawenkomitees 711
Pokrowski, Boris Alexandrowitsch (geb. 1912), sowj. Regisseur, 1937—1943 Regisseur in Gorki, 1952—1963 sowie 1970—1983 Chefregisseur am Bolschoi
  Theater Moskau, 1972 Gründung und Leitung des Kammer-Musik-Theaters
  Moskau **76**, 77, 78, 325, 346, 359, 365, 375, 417, 533, 551, 555, 647
Polewoi, Boris Nikolajewitsch (1908—1984), sowj. Schriftsteller 333, 376, 378

Polgar, Alfred (1873—1955), österr. Novellist, Essayist, Theater- und Literaturkritiker 591
Polignac, Prinzessin Edmond de (geb. Winaretta Singer, 1865—1943), Tochter und Erbin des am. Nähmaschinenfabrikanten, Mäzenin 600, 601
Poljakowa, Ljudmila Viktorowna (geb. 1921), sowj. Musikwissenschaftlerin 403
Polonski, Jakow Petrowitsch (1820—1898), russ. Lyriker 65, 424, 495, 572, 685, 687
Polozki, Simeon (1629—1680), belor. Dichter 18
Popow, Michail (1742—1790), russ. Schriftsteller 54
Popow, Sergej Sergejewitsch (1887—1947), sowj. Musikwissenschaftler 665
Powelichina, Alla — sowj. Kunstwissenschaftlerin 244
Pratolini, Vasco (geb. 1913), ital. Schriftsteller 250
Pratsch, Iwan (Jan Bohumír Práč, gest. 1818), russ. Folklorist, Komponist tschech. Abstammung 50, 178, 506
Preiss, Alexander Germanowitsch — sowj. Literat 525, 530, 534, 541
Prjanischnikow, Ippolit Petrowitsch (1847—1921), Sänger (Bariton), Opernunternehmer von 1889 bis 1893 106, 161, 410, 578
Prokofjew, Sergej Sergejewitsch (1891—1953), sowj. Komponist 69, 72, 73, 75, 77, 78, 164, **333—380**, 718, 721
Prussak, J. W. 532
Puccini, Giacomo (1858—1924), ital. Komponist 59
Pudowkin, Wsewolod Illarionowitsch (1893—1953), sowj. Filmregisseur 545
Pugatschow, Jemeljan Iwanowitsch (1740 oder 1742—1775, hingerichtet), Führer des Bauern- und Kosakenaufstandes von 1773 bis 1775 48, 54, **74,** 147, 263
Pumpurs, Andrejs (1841—1902), lett. Dichter 39
Purgold, Alexandra Nikolajewna (1844—1929), Schwägerin von N. A. Rimski-Korsakow 271
Purgold, Nadeshda Nikolajewna (1848—1919), spätere Frau N. A. Rimski-Korsakows 408
Puschkin, Alexander Sergejewitsch (1799—1837), russ. Dichter 17, 27, 30, 31, 40, 52, 56, 62, 71, 127, 130, 131, 139, 140, 146, 147, 151, 152, 155, 158, 160, 169, 187, 194, 197—199, 238, 259, 260, 264, 274—277, 281, 284, 307, 310, 312, 322, 329, 333, 345, 381, 383, 386, 387—389, 391, 427, 435—437, 444, 447—449, 462, 471, 475, 477, 478, 522, 528, 542, 544, 545, 548, 549, 588, 589, 611—615, 633, 658, 662, 672, 674, 675, 682—684, 693, 695—698, 723

Rääts, Jan (geb. 1932), estn. Komponist 222
Rabinowitsch, Alexander Semjonowitsch (1900—1943), sowj. Musikwissenschaftler 107, 322
Rachmadijew, Erkegali (geb. 1934), kasach. Komponist 35
Rachmaninow, Sergej Wassiljewitsch (1873—1943), russ. Komponist und Pianist 63, 160, **381—387**, 394, 411, 464, 648

Personenregister

Račiūnas, Antanas (geb. 1905), lit. Komponist 45
Radlow, Wassili Ernestowitsch (1892–1958), sowj. Regisseur 164, 352
Rainis, Jānis (1865–1929), lett. Dichter 39, **40**, 42, 217–220
Ramuz, Charles Ferdinand (1878–1947), Romancier und Essayist der frz. Schweiz 593, 599, 600, 601, 604–608, 610
Rappaport, Herbert — estn.-sowj. Regisseur 421
Rasin, Stepan (Stenka) Timofejewitsch (um 1630–1671, hingerichtet), Führer des Kosaken- und Bauernaufstandes von 1670/1671 48, 50, **74**, 227–229, 468
Rasputin, Valentin Grigorjewitsch (geb. 1937), sowj. Schriftsteller 75, 716, 718–720
Rathaus, Karol (1895–1954), am. Dirigent und Komponist 276
Rauchwerger, Michail Rafailowitsch (geb. 1901), sowj. Komponist 38
Raupach, Hermann (1728–1778), dt. Komponist 52, 53, 176
Ravel, Maurice (1875–1937), frz. Komponist 273, 289, 301
Reed, John (1887–1920), nordam. Schriftsteller 87
Reger, Max (1873–1916), dt. Komponist 249
Renan, Ernest — Schriftsteller 508
Rennert, Günther (1911–1978), dt. Regisseur 369, 639
Repin, Ilja Jefimowitsch (1844–1930), russ. Maler 403, 417
Rewuzki, Lew Nikolajewitsch (1889–1977), ukr. Komponist 87
Rhesa, Ludwig (1776–1840), lit. Folkloreforscher 44
Richepin, Jean (1849–1926), frz. Dichter 138
Richter, Swjatoslaw Teofilowitsch (geb. 1914), sowj. Pianist 374
Riesemann, Bernhard Oscar von (1880–1934), dt. Musikhistoriker 275, 394, 569
Rilke, Rainer Maria (1875–1926), dt. Dichter 104
Rimski-Korsakow, Andrej Nikolajewitsch (1878–1940), Musikwissenschaftler, Sohn des Komponisten 301
Rimski-Korsakow, Nikolai Andrejewitsch (1844–1908), russ. Komponist 10, 19, 20, 28, 30, 41, 49, 51, 52, 58–66, 68, 71, 83, 96–100, 103, 106, 128, 129, 138, 151, 160, 187, 188, 195, 205, 225, 238, 258, 276, 277, 283, 285, 286, 288, 289, 297, 300–302, 310, 387, **388–480**, 482, 524, 566, 567, 573, 585, 588, 595, 597, 598, 651, 660, 714, 716, 722, 723
Rodenberg, Julius (1831–1914), dt. Literat 490–492, 508
Rodzinski, Artur (1894–1958), am. Dirigent 540
Rolland, Romain (1866–1945), frz. Schriftsteller 208, 209
Roerich, Nikolai Konstantinowitsch (1874–1947), russ. Maler, Bühnenbildner
Rosanow, Wassili Wassiljewitsch (1856–1919), russ. Schriftsteller 107, 108
Rosenfeld, Gerhard (geb. 1931), dt. Komponist 151
Roshdestwenski, Gennadi Nikolajewitsch (geb. 1931), sowj. Dirigent, mus. Leiter des Kammer-Musik-Theaters Moskau **76**, 111, 173, 533, 545–547, 549
Roshdestwenski, Wsewolod Alexandrowitsch (geb. 1895), sowj. Lyriker 518
Roslawez, Nikolai Andrejewitsch (1881–wahrscheinlich 1944), russ.-sowj. Komponist 244

Rossini, Gioacchino (1792—1868), ital. Komponist 97
Rostowski, Dmitri, s. Tuptalo
Rostozki, Stanislaw — poln. Filmregisseur 252
Rousseau, Jean-Jacques (1712—1778), frz. Schriftsteller, Musiker und Philosoph 54, 584
Rubin, Wladimir Iljitsch (geb. 1924), sowj. Komponist, drei Opern: ›Die drei Dicken‹, ›Juliaufstand‹ und ›Der geflügelte Reiter‹
Rubinstein, Anton Grigorjewitsch (1829—1894), russ. Komponist 28, 41, 52, 455, **481–517**, 722
Rubinstein, Ida Lwowna (1885—1960), Tänzerin russ. Herkunft 624, 625, 627
Rubinstein, Nikolai Grigorjewitsch (1835—1881), russ. Pianist und Dirigent, Bruder des Komponisten 482, 648, 664, 669, 674, 676
Rubljow, Andrej (1360—1430), russ. Ikonenmaler 467
Rustaweli, Schota (1166 — Anf. 13. Jh.), grusin. Nationaldichter 29, 314, 317
Rylejew, Kondrati Fjodorowitsch (1795—1826, hingerichtet), russ. Lyriker, Dekabrist 191, 192, 403, 518—520, 572
Ryndin, Wadim Fjodorowitsch (1902—1974), sowj. Bühnenbildner 417

Sabela-Wrubel, Nadeshda Iwanowna (1867—1913), russ. Sängerin (Sopran), Frau des Malers Wrubel 58, 389, 394, 411, 417, 434, 443, 450
Sachnowski, Juri Sergejewitsch (1866—1930), russ.-sowj. Komponist, Dirigent, Musikschriftsteller 63, 302
Sadowski, Nikolai (Tobilewitsch, 1856—1933), ukr. Theaterunternehmer 85
Sadykow, Talibdshan (1907—1957), usbek. Komponist 89, 90
Sagoskin, Michail Nikolajewitsch (1789—1852), russ. Literat 711, 712, 714
Saifiddinow, Scharofiddin (geb. 1929), tadshik. Komponist **80–81**
Sajāt-Nowá (Harutjunjan Sajadjan, 1712—1795), arm. Lyriker, Aschuge 10, 11
Salieri, Antonio (1750—1825), ital. Komponist 43, **435–438**
Saltykow-Schtschedrin, Michail Jewgrafowitsch (1826—1889), russ. Schriftsteller 529
Samjatin, Jewgeni Iwanowitsch (1884—1937), russ. Schriftsteller 72, 525, 529
Samossud, Samuil Abramowitsch (1884—1964), russ.-sowj. Dirigent 171, 374, 421, 532
Sarti, Giuseppe (1729—1802), ital. Komponist 52, 321
Saz, Natalja (geb. 1903), Gründerin und Leiterin des Musiktheaters für Kinder in Moskau 703
Schachidi, Sijadullo (geb. 1914), tadshik. Komponist 80
Schachowskoi, Alexander Alexandrowitsch (1777—1846), russ. Dramatiker 56, 156, 179, 186, 194
Schaljapin, Fjodor Iwanowitsch (1873—1938), russ. Sänger (Baß), 28, 57—59, 63, 71, 157, 201, 285, 300, 383, 389, 401, 404, 411, 438, 497, 554, 555, 560, 570, 578, 714
Schanschiaschwili, S. — grusin. Schriftsteller 314, 319

Schaporin, Juri Alexandrowitsch (1887–1966), russ.-sowj. Komponist **518–521**, 551

Schatirjan, S. — grusin. Komponist und Dirigent 657

Schebalin, Wissarion Jakowlewitsch (1902–1963), sowj. Komponist 120, 302–304, 308, 309, 665

Scherchen, Hermann (1891–1966), dt. Dirigent 609, 610

Schestakowa, Ljudmila Iwanowna (1816–1906), Glinkas Schwester 104, 186, 273

Schewtschenko, Taras Grigorjewitsch (1814–1861), ukr. Schriftsteller 85, 238, 566

Schiller, Friedrich (1759–1805), dt. Dichter 658, 678, 680, 681

Schilowski, Konstantin Stepanowitsch (1849–1893), russ. Poet und Musikant 672, 674

Schilowski, Wladimir Stepanowitsch (1852–1893), Tschaikowskis Schüler 668

Schirkow, Walerjan — russ. Literat 194, 198

Schkafer, Wassili Petrowitsch (1867–1937), russ.-sowj. Sänger und Opernregisseur 207

Schklowski, Viktor Borissowitsch (1893–1984), sowj. Literaturwissenschaftler, Erzähler und Essayist 592

Schneider, Frank (geb. 1942), DDR-Musikwissenschaftler 634

Schnittke, Alfred Garrijewitsch (geb. 1934), sowj. Komponist 334, 590

Scholochow, Michail Alexandrowitsch (1905–1984), sowj. Schriftsteller 169, 170, 172, 233

Schönbach, Arnold — Literat 487

Schönberg, Arnold (1874–1951), österr. Komponist 244, 249, 334, 335

Schostakowitsch, Dmitri Dmitrijewitsch (1906–1975), sowj. Komponist 69, 72, 73, 76–78, 115, 171, 173, 264, 276, 286, 288, 289, 295, 301, 334, 421, **522–550**, 560, 562, 718, 721, 722

Schpashinski, Ippolit Wassiljewitsch (1844–1917), russ. Dramatiker 658, 689, 690

Schteinberg (Steinberg), Maximilian Ossejewitsch (1883–1946), Prof. für Theorie und Komposition 164, 585, 587

Schtrup, Nikolai Martynowitsch (1871–1915), Mitglied des Künstlerischen Rates der Gesellschaft für Musikfreunde in Petersburg 427, 430

Schtschapow, Afanassi Prokofjewitsch — russ. Historiker 294

Schtschedrin, Rodion Konstantinowitsch (geb. 1932), sowj. Komponist 76, 77, 478, 533, **551–562**, 721

Schtschepin-Rostowski, Dmitri Alexandrowitsch (1798–1868), Dekabrist 518, 520

Schtschogolew — sowj. Historiker 520

Schtschuko, Wladimir Alexejewitsch (1878–1939), sowj. Bühnenbildner 421

Schubert, Franz (1797–1828), österr. Komponist 724

Schukschin, Wassili Makarowitsch (1929–1954), sowj. Schriftsteller und Regisseur 113, 117, 229

Schumann, Robert (1810—1856), dt. Komponist 491, 492
Schurowski, Pjotr Andrejewitsch (1845—1908), russ. Komponist und Dirigent 687
Schwarz, Jewgeni Lwowitsch (1896—1958), sowj. Dichter 26
Scott, Walter (1771—1832), schott. Romancier 186, 711
Sedelnikow, Gleb Serafimowitsch (geb. 1944), sowj. Komponist 76, 77, **563—564**
Sejfullina, Lydia Nikolajewna (1899—1954), sowj. Schriftstellerin 716
Sekar-Roshanski, Anton Wladislawowitsch (1863—1952), russ.-sowj. Sänger (Tenor) 441
Senff, Bartholf Wilhelm (1815—1900), dt. Verleger 504
Serow, Alexander Nikolajewitsch (1820—1871), russ. Komponist und Musiktheoretiker 30, 49, 61, **64—65**, 96, 97, 103, 198, 200, 268, 310, 482, **565—578**, 589, 687, 714, 715
Serow, Valentin Alexandrowitsch (1865—1911), russ. Maler und Grafiker, Sohn des Komponisten 389
Shakespeare, William (1564—1616), engl. Dramatiker 56, 120, 186, 199, 272
Shdanow, Andrej Alexandrowitsch (1896—1948), sowj. Politiker 538
Sheljabow, Andrej Iwanowitsch (1851—1881, hingerichtet), russ. Revolutionär, Narodowolze, am Attentat auf Zar Alexander II. beteiligt 48
Shelobinski, Waleri Wiktorowitsch (1913—1946), sowj. Komponist 74
Shemtschushnikow, Alexander Michailowitsch (1826—1896), russ. Literat 485
Sherebzow, Andrej — russ. Literat 484
Sheridan, Richard Brinsley Butler (1751—1816), engl. Dramatiker 120, 333, 366, 369
Shiganow, Nasib Gajasowitsch (geb. 1911), tatar. Komponist 579
Shirkow, Mark (1892—1968), jak. Komponist 31, 32, **579—582**
Shochow, Alexander — russ. Literat 574
Shubanow, Achmet (1906—1951), kasach. Komponist 34
Shubanowa, Gasisa (geb. 1927), kasach. Komponistin 35
Shukowski, German Leontjewitsch (geb. 1913), ukr. Komponist 87
Shukowski, Wassili Andrejewitsch (1783—1852), russ. Romantiker und Dichter 145, 186, 191, 192, 666, 678, 693
Silja, Anja (geb. 1940), dt. Sängerin (Sopran) 541
Siloti, Alexander Iljitsch (1863—1945), russ. Pianist und Dirigent, seit 1925 in Amerika 344, 381
Simin, Sergej Iwanowitsch (1875—1942), Leiter und Organisator der Russischen Privatoper in Moskau, ab 1917 Direktionsmitglied des verstaatlichten Theaters **57—59**, 67, 68, 157, 300, 443, 450, 471, 504, 507, 570, 578, 652, 715
Simonow, Konstantin Michailowitsch (1915—1979), sowj. Schriftsteller 253
Siwzew (Pseudonym: Suoron Omollon), Dmitri Kononowitsch (geb. 1906), jak. Schriftsteller 31, 579, 582
Skalbe, Kārlis (1879—1945), estn. Schriftsteller 222
Skrjabin, Alexander Nikolajewitsch (1872—1915), russ. Komponist 393, 648

Personenregister

Skulte, Adolfs (geb. 1909), lett. Komponist 40
Slonimski, Sergej Michailowitsch (geb. 1932), sowj. Komponist, drei Opern: ›Virineja‹, ›Der Meister und Margarita‹ nach Bulgakow, ›Maria Stuart‹ nach Stefan Zweig, DDR-EA 1984 Opernhaus Leipzig
Smetana, Bedřich (1824—1884), tschech. Komponist 85
Smirnow, Sergej Sergejewitsch (1915—1976), russ. Romancier 250
Smolitsch, Nikolai Wassiljewitsch (1888—1968), russ.-sowj. Regisseur 524
Smolski, Dmitri Bronislawowitsch (geb. 1937), belor. Komponist 21
Sobinow, Leonid Witaljewitsch (1872—1934), russ.-sowj. Sänger (Tenor) 58, 67, 201, 389, 417
Sokolowski, Michail Matwejewitsch (geb. um 1756), russ. Geiger und Komponist 41, 177, **583—584**
Sollertinski, Iwan Iwanowitsch (1902—1944), russ.-sowj. Historiker, Publizist 76, 522, 533
Sollogub, Wladimir Alexandrowitsch (1814—1882), russ. Schriftsteller 483, 666
Solotarjow, Wassili Andrejewitsch (1872—1964), belor. Komponist 520
Solowjow, Nikolai Feopemptowitsch (1846—1916), russ. Komponist, Kritiker 577, 687
Solowjow, Sergej Michailowitsch (1820—1879), russ. Historiker, Schellingianer 292, 294
Solowjow, Wladimir Nikolajewitsch (1887—1941), russ.-sowj. Regisseur, Theaterwissenschaftler, Historiker 347, 350
Solowzow, Anatoli Alexandrowitsch (1898—1965), sowj. Musikwissenschaftler 477
Sophokles (um 496—406 v. u. Z.), altgriech. Tragiker 588, 617—619, 621
Sotow, Wladimir — russ. Literat 483
Spendiarow (Spendiarjan), Alexander (1871—1928), arm. Komponist **10**, 83, **585—587**
Spontini, Gasparo (1774—1851), ital. Komponist 491
Stalin, Jossif Wissarionowitsch (1879—1953), grusin.-sowj. Staatsmann 212, 255, 540
Stanislawski (Alexejew), Konstantin Sergejewitsch (1863—1938), russ.-sowj. Regisseur und Theaterleiter **68—69**, 443, 480, 676
Stankowitsch, Jewgeni Fjodorowitsch (geb. 1942), ukr. Komponist 86
Stassow, Dmitri Wassiljewitsch (1828—1918), Jurist, Bruder W. W. Stassows 482
Stassow, Wladimir Wassiljewitsch (1824—1906), russ. Literat, Kunsthistoriker, Folkloresammler 60, 61, 64, 103, 128, 129, 132, 134, 200, 238, 259, 260, 268, 271, 276, 283, 292, 293, 296, 307, 417, 420, 427, 430, 447, 482, 496, 506, 565, 589
Steinberg, Maximilian Ossejewitsch (1883—1946), Lehrer für Theorie und Komposition 164, 585, 587
Stepanowa, Jelena Andrejewna (1891—1978), sowj. Sängerin (Koloratur-Sopran) 450

Strauss, Richard (1864—1949), dt. Komponist 71, 341, 393
Strawinski, Fjodor Ignatjewitsch (1843—1902), russ. Sänger (Baß), Vater des Komponisten 410, 684
Strawinski (Strawinsky), Igor Fjodorowitsch (1882—1971), Komponist russ. Herkunft, ab 1945 am. Staatsbürger 53, 71, 76—78, 289, 301, 322, 336, 337, 345, 397, 421, **588—639**, 647, 721, 722
Strehler, Giorgio (geb. 1921), ital. Regisseur und Schauspieler 358
Stuckenschmidt, Hans Heinz (geb. 1901), dt. Musikwissenschaftler und Publizist 368, 541, 638
Sulfugarowitsch, Nijasi (geb. 1912), aserb. Komponist 16
Sumarokow, Alexander Petrowitsch (1717—1777), erster russ. Berufsschriftsteller 52, 324

Tabidse, Galaktion (1892—1959), grusin. Dichter 643
Tabukaschwili, Rewas — grusin. Literat 641
Tairow, Alexander Jakowlewitsch (1885—1950), russ.-sowj. Regisseur 65, 97, 497
Taktakischwili, Otar (geb. 1924), grusin. Komponist 29, 30 **640—647**
Tamberg, Eino (geb. 1930), estn. Komponist **25**, 26, 222
Tammsaare (Hansen), Anton (1878—1940), estn. Schriftsteller 26
Tanejew, Sergej Iwanowitsch (1856—1915), russ. Komponist 60, 63, 83, 187, 314, 381, 459, **648—652**, 664, 674, 675, 683
Tarakanow, Michail Jewgenjewitsch (geb. 1928), sowj. Musikwiss. 334
Tarchnischwili, Michail — grusin. Lyriker 646
Tashibajew, Abdilda (geb. 1909), kasach. Literat 705
Tatlin, Wladimir Jewgrafowitsch (1885—1953), russ.-sowj. Maler, Grafiker, Konstrukteur 528
Tedeschi, Rubens — ital. Musikwissenschaftler 269
Temirkanow, Juri (geb. 1938), sowj. Dirigent 562, 677
Tendrjakow, Wladimir Fjodorowitsch (1923—1984), sowj. Erzähler 403
Terentjew, Igor — Mitarbeiter von Meyerhold 528, 579
Ter-Gewondijan, Anuschwan (1887—1961), arm./aserb. Komponist 657
Terterjan, Awet (geb. 1929), arm. Komponist 12, **653—655**
Thomas, Charles Louis Ambroise (1811—1896), frz. Komponist 504
Thun, Nyota — DDR-Literaturwissenschaftlerin 74, 252
Tichonrawow, Nikolai Sawwitsch (1832—1893), russ. Literaturhistoriker 293
Tigranjan (Tigran), Armen (1879—1950), arm. Komponist **9**, 11, **655—657**
Tikozki, Jewgeni Karlowitsch (1893—1970), belor. Komponist 21
Titow, Wassili Polikarpowitsch (um 1650—1715), russ. Komponist 51
Tjumenew, Ilja Fjodorowitsch (1855—1927), russ. Schriftsteller, Maler, Übersetzer 439, 441, 442, 450, 460, 462, 463
Tjutschew, Fjodor Iwanowitsch (1803—1873), russ. Dichter
Togolok Moldo (Pseudonym für: Bajymbet Abdarachmanow) (1860—1942), kirg. Volkssänger 36

Personenregister

Toktogul Satylganow (1864—1933), kirg. Volkssänger 36
Tolstoi, Alexej Nikolajewitsch (1833—1945), russ.-sowj. Schriftsteller 222, 223, 261, 263, 518, 520
Tolstoi, Lew Nikolajewitsch (1828—1901), russ. Schriftsteller 48, 66, 333, 370, 374, 375, 551
Toradse, David (geb. 1922), grusin. Komponist **28**, 29
Toradse, Gulbat — grusin. Musikwissenschaftler 314
Tormis, Veljo (geb. 1930), estn. Komponist 26
Toscanini, Arturo (1867—1957), ital. Dirigent 285
Trauberg, Leonid Schacharowitsch (geb. 1902), sowj. Filmregisseur 73, 528
Trifonow, Juri Walentinowitsch (1925—1981), sowj. Schriftsteller 48
Triodin, Pjotr Nikolajewitsch (1887—1950), russ. Komponist 74, 229
Tschaadejew, Pjotr Jakowlewitsch (1794—1856), russ. Schriftsteller
Tschaikowski, Anatoli Iljitsch (1850—1915), Bruder des Komponisten 668
Tschaikowski, Modest Iljitsch (1850—1916), Jurist, Literat, Bruder des Komponisten 311, 312, 384, 385, 664, 674, 690, 693, 695, 696, 700, 701
Tschaikowski, Pjotr Iljitsch (1840—1893), russ. Komponist 28, 30, 41, 59, 65, 66, 71, 83, 107, 193, 205, 207, 310, 363, 424, 430, 459, 483, 489, 492, 496, 524, 533, 596, 613, 615, 648, 651, **658—702**, 714, 721—723
Tschalajew, Schirwani (geb. 1936), dagest. Komponist 23, **703—704**
Tscharenz (Pseudonym für: Sagomonjan), Jegische (1897—1937), arm. Dichter 12, 653
Tschawtschawadse, Ilia (1837—1907), grusin. Dichter 29, 314
Tschechow, Anton Pawlowitsch (1860—1904), russ. Schriftsteller 78, 113, 173, 174, 529, 551, 607, 633
Tscherepnin, Nikolai Nikolajewitsch (1873—1945), russ. Komponist 29, 60, 271, 237, 303, 304, 309
Tschernyschewski, Nikolai Gawrilowitsch (1828—1889), russ. Publizist, Schriftsteller 238, 293
Tschuchadshjan, Tigran (1837—1898), arm. Komponist **9**, 10
Tschurkin, Nikolai (1869—1964), belor. Komponist 20
Tulebajew, Mukan (1913—1960), kasach. Komponist **34**, 35, 93, **705—706**
Tumanjan, Howhannes (1869—1923), arm. Dichter 10, 12, 585, 587, 655, 656
Tuptalo, Danilo Sawwitsch (Rostowski, Dmitri, 1651—1709), Universalgelehrter und Poet 19, 76, 78, 82, 84, **707—710**
Turenkow, Alexej (1886—1958), belor. Komponist **20**, 21
Turgenjew, Iwan Sergejewitsch (1818—1983), russ. Schriftsteller 206, 207
Tursubekow, Dshussup (1910—1943), kirg. Schriftsteller 37, 242, 243
Twardowski, Alexander Trifonowitsch (geb. 1910), sowj. Lyriker 75
Tynjanow, Juri Nikolajewitsch (1894—1943), sowj. Schriftsteller, Literaturwissenschaftler und Essayist 73, 528

Ukraïnka, Lesja (Kossatsch-Kwitzka, Larissa Petrowna, 1871—1913), ukr. Dichterin 86, 230, 231, 238

Urbach, Samuil Juljewitsch (geb. 1908—1969), sowj. Komponist 81
Urusow, Pjotr Wassiljewitsch (1733—1813), russ. Fürst, Theatermäzen 57
Uspenski, Wiktor Alexandrowitsch (1879—1949), sowj. Komponist 90
Ustinow, Peter (geb. 1921), engl. Schauspieler, Dramatiker, Regisseur 273, 274
Uwarow, Sergej Semjonowitsch (1786—1855), russ. Graf, Minister für Volksaufklärung 282, 298

Vedro, Adolfs (1890—1944), estn. Komponist 24
Verdi, Giuseppe (1813—1901), ital. Komponist 10, 30
Verlaine, Paul (1844—1896), frz. Dichter 624
Vogel, Bernhard — dt. Musikschriftsteller 496, 500
Voltaire (1694—1778), frz. Philosoph und Schriftsteller 53, 54, 180, 232
Vytautas (1392—1430), lit. Großfürst 43

Wagner, Genrich Matussowitsch (geb. 1922), belor. Komponist 22
Wagner, Richard (1813—1883), dt. Komponist 24, 41, 42, 59, 60, **65—68**, 69, 70, 97, 188, 345, 350, 394, 397, 402, 416, 417, 457, 492, 504, 566, 569, 592, 636, 651, 722
Walter, Bruno (1876—1962), am. Dirigent dt. Herkunft 59
Wanshura (Wanžura, Vančura), Ernest (um 1750—1802), russ. Komponist tschech. Abstammung 584
Washa-Pschawela (Rasikaschwili, Luka, 1861—1915), grusin. Dichter 29, 314, 317, 640—642
Wasnezow, Apollinari Michailowitsch (1856—1933), russ. Landschaftsmaler, Archäologe, Grafiker, Bruder von W. M. Wasnezow 58, 389
Wasnezow, Viktor Michailowitsch (1848—1926), russ. Maler und Bühnenbildner 58, 389, 417
Wassilenko, Sergej Nikiforowitsch (1872—1956), russ.-sowj. Komponist 89, 90, **93**, 205, 648
Wassiljew, Boris Lwowitsch (geb. 1924), sowj. Schriftsteller 75, 250, 251, 252
Wassiljow, Wladimir Judowitsch (geb. 1931), sowj. Tänzer und Choreograph 329
Weber, Carl Maria von (1796—1826), dt. Komponist 711
Wedernikow, Anatoli Iwanowitsch (geb. 1920), sowj. Pianist 374
Weichert, Richard (1880—1961), dt. Regisseur 610
Wenjamin, A. — ukr. Komponist 85, 86
Wenkstern, Alexej — russ. Literat 648, 650
Weprik, Alexander Moissejewitsch (1899—1958), sowj.-kirg. Komponist 36
Werschigora, Pjotr Petrowitsch (1905—1963), sowj. Schriftsteller 169
Werstowski, Alexej Nikolajewitsch (1799—1862), russ. Komponist 55, **711—715**, 722
White, Eric Walter — engl. Strawinski-Biograph 599, 609, 611, 614
Wichert, Ernst (1887—1950), dt. Literat 509
Wildenbruch, Ernst von (1845—1909), dt. Dramatiker 310
Wirta, Nikolai Jewgenjewitsch (geb. 1906), sowj. Schriftsteller 120, 121

Wischnewski, Wsewolod Witaljewitsch (1900—1951), sowj. Dramatiker 113
Wiskowatow, Pawel — russ. Literat 494, 495
Wittmann, Hugo — dt. Literat 510
Wlassow, Wladimir Alexandrowitsch (geb. 1903), sowj. Komponist 36, 37, 241, **242—243**
Wogak, Konstantin — Mitarbeiter Meyerholds 347, 350
Wolfurt, Kurt (1880—1957), dt. Komponist, Pädagoge, Literat 275, 299
Wolkenstein, Oswald von (1377—1445), dt. Minnesänger 43
Wolkow, Kyrill Jewgenjewitsch (geb. 1943), sowj. Komponist 75, 77, **716—720**, 721
Wosnessenski, Andrej Andrejewitsch (geb. 1933), sowj. Dichter 551
Wrubel, Michail Alexandrowitsch (1856—1910), russ. Maler 58, 131, 135, 207, 389, 438, 443, 450, 497
Wsewoloshski, Iwan Alexandrowitsch (1835—1909), Direktor der Kaiserlichen Theater von 1881 bis 1899 434, 695, 696

Zagareli, Awksenti (1857—1902), Schriftsteller 166
Zariņš, Margeris (geb. 1910), lett. Komponist 41
Zechanowski, Michail Michailowitsch — sowj. Filmregisseur 544, 545
Zenin, Sergej — grusin. Literat 643
Zeretelli, Akaki (1840—1915), grusin. Dichter 29, 317
Ziedonis, Imants (geb. 1933), lett. Dichter 40, 219
Žilinskis, Arvīds (geb. 1905), lett. Komponist 40
Zwetkowa, Jelena Jakowlewna (1877—1929), russ.-sowj. Sängerin (Sopran), 58, 207, 389